i+ Interactif de Chenelière Éducation, le nouveau standard de l'enseignement

- **Créer** des préparations de cours et des présentations animées.
- **Partager** des annotations, des documents et des hyperliens avec vos collègues et vos étudiants.
- **Captiver** votre auditoire en utilisant les diffé outils performants.

Profitez dès maintenant des contenus spéciale conçus pour ce titre.

i+ Interactif

Créer | Partager | Captiver

Mc Graw Hill Education   CHENELIĒRE ÉDUCATION

3500-M ISBN 978-2-7651-0738-5

CODE D'ACCÈS ÉTUDIANT →

VOUS ÊTES ENSEIGNANT ?
Communiquez avec votre représentant pour recevoir votre code d'accès permettant de consulter les ressources pédagogiques en ligne exclusives à l'enseignant.

http://mabibliotheque.cheneliere.ca

FONDEMENTS DU MANAGEMENT CONTEMPORAIN

Gareth R. JONES
Texas A&M University

Jennifer M. GEORGE
Rice University

Jane W. HADDAD
Seneca College of Applied Arts
and Technology

Michael ROCK
Seneca College of Applied Arts
and Technology (retraité)
University of Guelph

ADAPTATION FRANÇAISE

Louise Clément
Université Laval

Izold Guihur
Université de Moncton

Jacques Leroux
Université de Sherbrooke

RÉDACTION DES RUBRIQUES « LE POINT SUR »

Louise Clément

CONSULTATION

Jacques Leroux
Université de Sherbrooke

Dorra Skander
Université du Québec à Trois-Rivières

Étienne St-Jean
Université du Québec à Trois-Rivières

CONCEPTION, RÉDACTION ET ADAPTATION DES OUTILS PÉDAGOGIQUES EN LIGNE

Jane W. Haddad

Louise Clément

Izold Guihur

Jacques Leroux

Achetez en ligne ou en librairie
En tout temps, simple et rapide!
www.cheneliere.ca

McGraw Hill Education

CHENELIÈRE ÉDUCATION

Fondements du management contemporain

Traduction et adaptation de : *Essentials of Contemporary Management, Fourth Canadian Edition* de Gareth R. Jones, Jennifer M. George, Jane W. Haddad, Michael Rock (ISBN 978-0-07-105149-1)
© 2013, 2010, 2007, 2005 par McGraw-Hill Ryerson Limited, une filiale de The McGraw-Hill Companies.
© 2011, 2009, 2007, 2004 par The McGraw-Hill Companies Inc. Tous droits réservés.

Essentials of Contemporary Management, Fourth Canadian Edition by Gareth R. Jones, Jennifer M. George, Jane W. Haddad, Michael Rock (ISBN 978-0-07-105149-1)
© 2013, 2010, 2007, 2005 by McGraw-Hill Ryerson Limited, a Subsidiary of The McGraw-Hill Companies.
© 2011, 2009, 2007, 2004 by The McGraw-Hill Companies Inc. All rights reserved.

© 2016 TC Média Livres Inc.

Conception éditoriale : Eric Monarque
Édition : Frédérique Grambin
Coordination : Olivier Rolko
Traduction : Jeanne Charbonneau
Révision linguistique : Sylvie Bernard
Correction d'épreuves : Maryse Quesnel
Conception graphique : Michelle Losier
Adaptation de la conception graphique originale : INSPIRE DESIGN
Conception de la couverture : Guylène Lefort
Impression : TC Imprimeries Transcontinental

Catalogage avant publication
de Bibliothèque et Archives nationales du Québec
et Bibliothèque et Archives Canada

Jones, Gareth R.

[Essentials of contemporary management. Français]

Fondements du management contemporain

Traduction de la 4e édition canadienne de : Essentials of contemporary management. Comprend des références bibliographiques et un index.

ISBN 978-2-7651-0738-5

1. Gestion – Manuels d'enseignement supérieur. I. George, Jennifer M. II. Rock, Michael, 1942- . III. Haddad, Jane. IV. Guihur, Izold, 1968- . V. Leroux, Jacques, 1959- . VI. Clément, Louise, 1964- . VII. Titre. VIII. Titre : Essentials of contemporary management. Français.

HD31.J6314 2016   658.4   C2015-942619-7

5800, rue Saint-Denis, bureau 900
Montréal (Québec) H2S 3L5 Canada
Téléphone : 514 273-1066
Télécopieur : 514 276-0324 ou 1 800 814-0324
info@cheneliere.ca

ISBN 978-2-7651-0738-5

Dépôt légal : 2e trimestre 2016
Bibliothèque et Archives nationales du Québec
Bibliothèque et Archives Canada

Imprimé au Canada

1   2   3   4   5   ITIB   20   19   18   17   16

Gouvernement du Québec – Programme de crédit d'impôt pour l'édition de livres – Gestion SODEC.

Des marques de commerce sont mentionnées ou illustrées dans cet ouvrage. L'Éditeur tient à préciser qu'il n'a reçu aucun revenu ni avantage conséquemment à la présence de ces marques. Celles-ci sont reproduites à la demande de l'auteur ou de l'adaptateur en vue d'appuyer le propos pédagogique ou scientifique de l'ouvrage.

Le matériel complémentaire mis en ligne dans notre site Web est réservé aux résidants du Canada, et ce, à des fins d'enseignement uniquement.

L'achat en ligne est réservé aux résidants du Canada.

Ce projet est financé en partie par le gouvernement du Canada

Les auteurs de l'édition originale

Gareth R. Jones est professeur de gestion au Lowry Mays College et à la Graduate School of Business de la Texas A&M University. Il a obtenu un baccalauréat en sciences économiques et en psychologie ainsi qu'un doctorat en gestion de l'University of Lancaster. Il se spécialise dans la gestion stratégique et la théorie des organisations. Il est connu pour ses recherches visant à utiliser l'analyse des coûts de transaction pour expliquer de nombreuses formes de comportements stratégiques et organisationnels. Il s'intéresse à des sujets tels que les processus stratégiques, l'avantage concurrentiel et les technologies de l'information. Il effectue aussi des recherches sur les relations entre l'éthique, la confiance et la culture organisationnelle, et il étudie le rôle de l'affect sur le processus de prise de décisions stratégiques. Le professeur Jones a publié de nombreux articles dans de grandes revues du domaine de la gestion, dont *Academy of Management Review, Journal of International Business Studies, Human relations* et *Journal of Management*. Ses connaissances théoriques lui ont permis de rédiger des manuels importants en gestion ainsi que dans trois autres domaines qui y sont liés, soit le comportement organisationnel, la théorie des organisations et la gestion stratégique. Ses ouvrages ont acquis une vaste renommée en raison de leur contenu innovateur et contemporain ainsi que de la clarté avec laquelle ils présentent aux étudiants des sujets à la fois réalistes et complexes.

Jennifer M. George occupe la chaire Mary Gibbs Jones en gestion et en psychologie de la Jesse H. Jones Graduate School of Business de la Rice University. Elle a obtenu un baccalauréat en psychologie et en sociologie de la Wesleyan University ainsi qu'une maîtrise en administration des affaires en finance et un doctorat en gestion et en comportement organisationnel de la New York University. La professeure George se spécialise dans le comportement organisationnel et s'est fait connaître pour ses recherches sur l'humeur et l'émotion en milieu de travail, ainsi que leurs causes et leurs effets sur divers résultats du travail en ce qui a trait aux personnes et aux groupes. Elle a reçu plusieurs prix en tant qu'auteure de nombreux articles publiés dans des revues prestigieuses, révisées par des membres influents de la profession, et elle a été membre de plusieurs conseils de révision de publications. Madame George est également membre de l'American Psychological Association, de l'American Psychological Society, de la Society for Industrial and Organizational Psychology et de la Society for Organizational Behaviour. Elle a été rédactrice en chef adjointe du *Journal of Applied Psychology* pendant six ans. Enfin, elle a aussi écrit, en collaboration avec des collègues, un manuel utilisé dans de nombreuses écoles de gestion, *Understanding and Managing Organizational Behaviour*.

Jane W. Haddad a obtenu un baccalauréat spécialisé de l'Université Queen's en Ontario, en 1984, et une maîtrise de l'Institut d'études pédagogiques de l'Ontario de l'Université de Toronto en 1986. Elle a enseigné aux facultés de sociologie et de pédagogie de l'Université de la Saskatchewan et de l'Université de Regina (en Saskatchewan) ainsi qu'à la Salem International University, dans un programme de formation à distance de maîtrise des sciences de l'administration. En plus d'enseigner en formation générale continue les sciences humaines et la théorie de la gestion depuis plus de 20 ans, elle est coordinatrice d'un programme de certificat d'études supérieures portant sur le leadership et la gestion d'organismes sans but lucratif à la School of Business Management du Seneca College of Applied Arts and Technology de Toronto, en Ontario. La professeure Haddad a coordonné le programme de bourses Alliances de recherche universités-communautés offertes par le Conseil de recherches en sciences humaines (CRSH) à Seneca de 2000 à 2005, et est actuellement membre du Research Ethics Review Board de cette ville. Ses recherches portent notamment sur la formation des jeunes et les marchés du travail, les obstacles à l'accès à l'éducation postsecondaire, l'innovation sociale et les entreprises sociales. Elle a prononcé, à la Learned Society et un peu partout au Canada, plusieurs conférences sur l'enseignement, qui ont été publiées dans des revues telles que *Canadian Women's Studies Journal* et *The College Quarterly*.

Michael Rock est professeur retraité du Seneca College of Applied Arts and Technology. Pendant de nombreuses années, il a été professeur adjoint au College of Management and Economics de l'Université de Guelph, où il donne encore un cours intitulé «Ethics in Leadership» dans le cadre du programme de formation à distance d'études en leadership à la maîtrise. Le professeur Rock a obtenu un doctorat en formation des adultes de l'Indiana University (1974). Il est accompagnateur et facilitateur agréé en matière d'intelligence émotionnelle à la société Emotional Quotient-*Inventory*© (EQ-*i*©) du docteur Reuven Bar-On. Il a récemment coécrit, en collaboration avec le docteur Bar-On, le Spiritual Quotient-*Inventory*© (SQ-*i*©). Il est l'auteur de plus de 150 articles publiés par des revues et magazines spécialisés et traitant de sujets liés aux relations humaines, ainsi que de 12 ouvrages, dont *EQ Goes to Work* et *Ethics: To Live By, To Work By*. Il est également coauteur de *The 7 Pillars of Visionary Leadership*. Il termine actuellement un doctorat et un D. Th. (doctorat en théologie) sur la spiritualité en milieu de travail et sur la théologie à l'Université Saint-Paul et à l'Université d'Ottawa. Il continue d'organiser des retraites pour les conseils de direction et de faire des exposés dans les domaines de l'intelligence émotionnelle, de la spiritualité et de l'éthique en milieu de travail, ainsi que sur le développement du leadership.

L'équipe de l'adaptation française

Louise Clément est professeure à la Faculté des sciences de l'éducation au Département des fondements et pratiques en éducation de l'Université Laval depuis 2015, où elle donne des cours de gestion au 2ᵉ cycle. Elle a fait ses études de cycles supérieurs en administration à l'Université du Québec à Trois-Rivières ainsi qu'à l'École nationale d'administration publique (ÉNAP). Elle évolue dans le domaine de l'enseignement de l'administration depuis plus de 20 ans. Elle a également occupé des postes de direction et de coordination auprès d'équipes multidisciplinaires dans des établissements scolaires et agi en tant que consultante auprès de différents organismes. Ses projets de recherche portent sur les déterminants (individuels, interactionnels et organisationnels) ainsi que les manifestations salutogéniques (bien-être, attitudes et comportements) de la motivation au travail.

Izold Guihur est professeure en management à la Faculté d'administration de l'Université de Moncton. Diplômée en sciences de l'Université McGill et en ingénierie de Polytechnique Montréal, elle a obtenu sa maîtrise en gestion de projets et son doctorat en administration des affaires de l'Université du Québec à Trois-Rivières. Après avoir occupé quelques années le poste d'ingénieure en industrie sidérurgique, Izold Guihur effectue désormais des recherches sur l'innovation, l'entrepreneuriat et la croissance dans les contextes de PME, de coopératives et de réseaux d'entreprises. Elle a publié notamment dans les périodiques *International Journal of Innovation Management*, *Management Review: An International Journal* et *Revue Française de Gouvernance d'Entreprise*.

Elle prononce régulièrement des conférences à l'European Conference on Innovation and Entrepreneurship, à l'Association des sciences administratives du Canada et au Congrès international francophone en entrepreneuriat et PME. En tant que professeure, elle a élaboré de nombreux cours sur la gestion, la gestion de l'innovation, l'entrepreneuriat, le design organisationnel et la gestion des PME. Elle se passionne pour l'enseignement par projets.

Jacques Leroux a obtenu un baccalauréat en administration des affaires de l'Université de Sherbrooke en 1982 et une maîtrise en administration de la même université en 1985. Son mémoire de maîtrise, dont le concept a été validé par des gens d'affaires, portait sur le design des PME gagnantes. Depuis 1982 et tout au long de sa carrière, il a joué un rôle actif dans le milieu des affaires, ayant été directeur général et copropriétaire de quatre entreprises en démarrage. Parallèlement à cette carrière, il enseigne le management à l'Université de Sherbrooke depuis 1986, comme chargé de cours. En combinant son expertise du milieu des affaires et son expérience en enseignement de la gestion, il a été en mesure d'évaluer les différents concepts du management, de les nuancer, et même de les améliorer. Enfin, il est très intéressé par le transfert des connaissances, particulièrement dans la discipline du management, où l'aspect pratique prend toute son importance. Il a d'ailleurs gagné, avec son équipe, le concours des prix institutionnels pour la reconnaissance de la qualité de l'enseignement de l'Université de Sherbrooke en 2007-2008, catégorie « équipe d'enseignement ».

Un gestionnaire est une personne qui donne un sens au travail des autres. Lorsque des groupes de personnes se réunissent en vue d'atteindre un objectif commun, souvent pour satisfaire leurs besoins collectifs, il leur faut organiser diverses activités qui leur permettront d'assembler les ressources requises et de les utiliser pour réaliser cet objectif. La ou les personnes auxquelles on attribue la tâche de canaliser l'énergie de l'ensemble du groupe pour qu'il travaille à atteindre ce but, de fixer les échéances, de concevoir une stratégie et de maintenir en place la structure qui encadre les activités et les relations font ce qu'on appelle de la « gestion ». Les activités de gestion sont essentielles dans n'importe quelle entreprise de coopération complexe. La gestion est à la fois un art et une science, et sert à agencer et à employer les facteurs de production physiques et humains en vue d'obtenir un résultat socialement désirable sans nuire à la capacité de la nature de se régénérer.

Cette quatrième édition canadienne propose aux étudiants une introduction aux processus de gestion durable. Elle a été conçue et structurée en fonction des quatre principaux ensembles d'activités auxquels les gestionnaires consacrent leurs efforts pour réaliser les objectifs de leur entreprise : la planification, l'organisation, la direction et le contrôle du rendement.

Beaucoup de temps et une grande attention ont été consacrés à l'élaboration d'exercices qui sont pertinents dans le contexte actuel, qui favorisent un apprentissage par la pratique et qui permettent de bien comprendre la signification de la gestion. Ces exercices sont regroupés à la fin de chaque chapitre dans une première section intitulée « Les gestionnaires à l'œuvre », elle-même divisée en plusieurs sous-sections.

La sous-section « Sujets à traiter et activités connexes » consiste en un ensemble de questions en rapport avec le chapitre et basées sur les trois niveaux d'acquisition des connaissances selon la taxonomie de Bloom : le niveau 1 vérifie les connaissances et la compréhension des étudiants, le niveau 2, la capacité des étudiants à appliquer et à analyser les concepts, et le niveau 3, les habiletés de synthèse et d'évaluation des étudiants.

La sous-section « Exercice pratique en petit groupe » est spécialement conçue pour les classes nombreuses et permet d'avoir recours à des échanges interactifs expérimentaux à l'intérieur de groupes de trois ou quatre étudiants. Le professeur demande à ses étudiants de former de petits groupes constitués de personnes assises à proximité les unes des autres. Tous participent à l'exercice et un mécanisme permet à chaque groupe de faire part aux autres de ce qu'il a appris.

Avec la sous-section « Exercice de planification d'affaires », les étudiants ont l'occasion de rédiger un plan d'affaires pour une nouvelle entreprise ou un plan stratégique pour une entreprise déjà existante. À la fin de chaque chapitre, ils peuvent appliquer les concepts de gestion et d'organisation qu'ils viennent d'apprendre à leur plan d'affaires en se basant sur les indications données à l'annexe « L'élaboration d'un plan d'affaires ».

Ceux qui étudient la gestion des organisations peuvent tirer des applications directes du matériel de cet ouvrage et pourront s'en servir lorsqu'ils posséderont leur propre entreprise, privée ou sociale, qu'ils en géreront une ou y travailleront.

La sous-section « Exercice de gestion relatif à l'éthique » présente un scénario ou un dilemme, et invite les étudiants, individuellement ou en groupe, à réfléchir au sujet traité sous l'angle de l'éthique en vue de les aider à comprendre les problèmes auxquels les gestionnaires font face dans l'exercice de leurs fonctions.

La sous-section « La gestion mise au défi » consiste en un scénario concret dans lequel un gestionnaire doit relever un défi ou profiter d'une opportunité donnée. Les étudiants jouent alors le rôle de conseillers en gestion et doivent recommander un plan d'action à adopter au regard de ce qu'ils ont appris dans le chapitre.

La sous-section « Projet de préparation d'un dossier de gestion » offre aux étudiants l'occasion d'observer et d'analyser une organisation de leur choix tout au long de la session. Chaque chapitre contient un exercice dans lequel ils sont invités à évaluer la façon dont cette organisation compose avec les sujets ou les problèmes traités dans le chapitre.

Ensuite, la deuxième section, « Étude de cas », porte sur des entreprises très en vue et des gestionnaires chevronnés, et se termine par des questions auxquelles les étudiants doivent réfléchir.

Enfin, à la fin de chaque partie du manuel, la section « Un cas à suivre » fournit des occasions de regrouper de façon cohérente les concepts et les éléments essentiels de la matière apprise dans les chapitres précédents. Cette section permet aux étudiants de s'intéresser à des problèmes propres aux petites entreprises.

Avant-propos de l'adaptation française

Dans la partie 1 « Le management », le chapitre 1, intitulé « Les gestionnaires et la gestion », décrit ce qu'est la gestion et son importance. Il porte aussi sur les gestionnaires eux-mêmes et sur leur façon d'utiliser des ressources pour atteindre les objectifs de l'organisation. On y décrit leurs tâches de planification, d'organisation, de direction et de contrôle du rendement, ainsi que les principes de saine gestion généralement reconnus pour mener à bien leurs activités et contribuer au rendement de l'organisation. On y distingue les types de fonctions et les échelons que les gestionnaires occupent au sein de la hiérarchie pour ainsi mieux comprendre leurs responsabilités. Les types d'habiletés requises par les gestionnaires et les différents rôles dont ils s'acquittent dans leur travail sont aussi expliqués. Le chapitre se termine par un aperçu des récents changements dans les pratiques de gestion qui touchent le travail des gestionnaires.

Dans la partie 2 « L'environnement du management », le chapitre 2, « La gestion du contexte organisationnel », décrit le processus de gestion des organisations dans leurs contextes interne et externe. On y voit que le gestionnaire doit tenir compte des forces et des faiblesses inhérentes à la culture et à la structure de l'organisation dans ses efforts visant le rendement de l'entreprise. On constate qu'il doit aussi considérer la pression des éléments extérieurs à l'organisation et déterminer s'ils représentent des opportunités ou des menaces dans ses efforts pour acquérir un avantage concurrentiel durable pour l'entreprise. En ce qui a trait à l'environnement immédiat de l'organisation, le chapitre décrit les pressions des fournisseurs, des concurrents, des distributeurs, des clients ainsi que des barrières à l'entrée et à la sortie de l'industrie. En ce qui concerne l'environnement général, il aborde les contextes économique, socioculturel, politico-juridique, écologique, démographique et technologique qui, à leur tour, influent sur la dynamique d'une organisation. Au regard du droit de propriété qui existe au Canada, le chapitre décrit les avantages et les inconvénients des quatre principales formes juridiques des entreprises, soient l'entreprise individuelle, la société de personnes, la société par actions et la coopérative. Puis, le chapitre montre que la connaissance des différences qui existent entre les cultures de divers pays est un important facteur de réussite lorsqu'il s'agit de se tailler une place dans l'économie mondiale. Le chapitre permet finalement de constater que le gestionnaire doit tenter de réduire l'impact des pressions externes tout en demeurant un agent de changement pour contribuer à l'acquisition d'un avantage concurrentiel pour l'entreprise. Le chapitre 3, qui a pour titre « La gestion en matière d'éthique, de responsabilité sociale et de diversité », traite de la relation étroite entre ce qu'il faut faire pour satisfaire les parties prenantes et respecter l'environnement, et ce qui doit être fait pour assurer le succès de son entreprise. Il y est question d'utiliser le plus vaste réservoir de talents disponibles dans un contexte de multiples parties prenantes, de multiculturalisme et de vieillissement de la population. Les concepts d'éthique et de déontologie professionnelle sont expliqués pour aider les gestionnaires à déterminer le comportement à adopter dans le cadre de leurs activités. On y traite des différentes façons pour une organisation d'aborder la responsabilité sociale, de gérer la diversité et de prévenir le harcèlement en milieu de travail.

Dans la partie 3 « La planification », le chapitre 4, intitulé « La prise de décisions organisationnelles », examine le principal défi que les gestionnaires ont à relever, celui de prendre des décisions efficaces et qui ne nuisent pas au caractère durable des ressources. Ces décisions doivent permettre aux entreprises d'atteindre trois résultats essentiels au développement durable : le bien des personnes, celui de la planète et le rendement de l'entreprise. En ce sens, les gestionnaires doivent être aptes non seulement à prendre des décisions judicieuses, mais aussi à résoudre des problèmes complexes. Cela signifie qu'il leur faut prendre conscience de l'influence de partis pris cognitifs et de l'importance des stratégies de durabilité, d'apprentissage organisationnel et de créativité pour mieux décider. Le chapitre conclut que dans un contexte contemporain de plus en plus complexe, l'utilisation et l'incorporation de systèmes d'information de gestion aux structures organisationnelles peuvent devenir essentielles aux décisions des gestionnaires. Le chapitre 5, « Les processus de planification et de gestion stratégique », s'attaque aux sujets du processus de planification des objectifs organisationnels, de la formulation de stratégies et de la recherche des meilleures façons de mettre en application ces objectifs et ces stratégies et d'en évaluer la réussite. Les étudiants y apprendront deux techniques courantes d'analyse du contexte organisationnel qui jouent un rôle fondamental dans la formulation d'une stratégie d'acquisition d'un avantage concurrentiel : l'analyse FFOM et le modèle des cinq forces de Porter.

Dans la partie 4 « L'organisation », le chapitre 6, qui a pour titre « La structure organisationnelle », permet aux étudiants d'apprendre que cette structure est appelée à changer selon la façon dont on répartit les tâches entre les divers postes de travail, on regroupe les postes de travail au sein des unités de travail, on répartit l'autorité et on accorde un contrôle sur la prise de décisions. Le type de structure organisationnelle dépend aussi de facteurs liés au contexte organisationnel, à la stratégie, à la technologie ainsi qu'aux ressources humaines. Le chapitre 7, «L'innovation et la gestion du changement organisationnel», souligne l'importance de promouvoir une culture organisationnelle valorisant l'innovation pour assurer le succès des entreprises. Lorsqu'une organisation induit un changement, elle doit veiller à adapter sa culture pour pouvoir préserver et améliorer sa compétitivité. Ce chapitre présente deux modèles de changement organisationnel afin de mieux cerner les défis des gestionnaires dans un tel contexte.

Dans la partie 5 «La direction», le chapitre 8, intitulé «Le leadership», souligne l'importance d'un leadership efficace dans la gestion du rendement d'une organisation. On y examine les théories des traits, le modèle béhavioriste et les caractéristiques situationnelles, et on y compare les styles de leadership transactionnel et transformationnel. Le chapitre 9, «La motivation», porte sur les moyens que les gestionnaires peuvent utiliser pour motiver leurs employés à effectuer efficacement leurs tâches et à avoir un rendement élevé. On y explique plusieurs théories des besoins et processuelles. Il y est également question de l'importance de la stratégie de la récompense générale, qui se base sur des comportements à motivation intrinsèque et extrinsèque.

Le chapitre 10, qui a pour titre «La gestion des ressources humaines et la gestion des équipes», présente d'abord les quatre principales composantes de la gestion des ressources humaines, soit le recrutement et la sélection, la formation et le développement des compétences, l'évaluation de la performance et la rétroaction sur le rendement, ainsi que la rémunération et les avantages sociaux. Il aborde ensuite la gestion des équipes et, plus particulièrement, son importance quant à la performance organisationnelle, ainsi que les types de groupes et d'équipes qu'on trouve dans les organisations actuelles. Il précise en outre les éléments de la dynamique de groupe, décrit les techniques de prise de décisions en groupe et explique ce que les gestionnaires peuvent faire pour créer des équipes très performantes au sein de leur organisation. Le chapitre 11, «La communication organisationnelle et la gestion des conflits», traite de l'importance de la communication en milieu organisationnel, des différents moyens de communication ainsi que des habiletés requises en communication chez les gestionnaires puisque ces derniers peuvent être appelés à résoudre différents types de conflits. La gestion des conflits exige de connaître les sources des conflits organisationnels ainsi que les différentes stratégies pour exercer adéquatement le rôle de médiateur.

Dans la partie 6 «Le contrôle», le chapitre 12, intitulé «Les systèmes de contrôle organisationnel», explique la façon dont les gestionnaires mesurent et supervisent l'utilisation des ressources pour s'assurer que les procédés et les produits respectent les normes établies tout le long de la chaîne de valeur. Il y est également question des méthodes de gouvernance à la lumière des récentes crises économiques. Les types de contrôle que les gestionnaires utilisent ont un effet sur la culture et la structure organisationnelles et reflètent des valeurs soit conservatrices, soit innovatrices.

L'équipe de l'adaptation française a choisi de donner une couleur particulière à l'ouvrage en y présentant le parcours d'entreprises québécoises dont les fondateurs et dirigeants continuent toujours d'inspirer le monde des affaires. C'est ainsi que chaque chapitre comporte une rubrique intitulée «Le point sur», dans laquelle une entreprise fait l'objet d'une courte présentation et qui met en évidence les liens conceptuels du chapitre. Bien qu'il existe un bassin important d'entreprises québécoises, ce choix a d'abord été guidé par quatre critères visant à couvrir le large éventail d'entreprises qui composent le tissu économique du Québec : leur taille (petite, moyenne ou grande), leur secteur d'activité (secondaire ou tertiaire), la localisation de leurs activités (régionale, nationale ou internationale) et le type d'environnement dans lequel elles évoluent (stable ou plutôt concurrentiel). Ensuite, ce choix a tenu compte d'une diversité d'entreprises, certaines présentant un long parcours historique où les générations se sont succédé, d'autres ayant récemment pris naissance à la faveur d'une idée qui a germé dans la tête du fondateur. En somme, ce choix visait à témoigner du dynamisme et de la créativité de femmes et d'hommes du Québec.

À la fin de chaque partie (à l'exception de la partie 2), la section «Un cas à suivre» permet aux étudiants de faire la synthèse de la matière importante de la partie en l'appliquant aux défis en matière de gestion et d'organisation auxquels une petite entreprise doit faire face. C'est à la fin de la partie 3 que l'étudiant aura l'occasion de vérifier ses connaissances sur les parties 2 et 3, en répondant aux questions de la section «Un cas à suivre», qui portent sur la matière des chapitres 2 à 5.

Enfin, l'annexe A portant sur l'évolution des théories de la gestion offre un complément d'information théorique tandis que l'annexe B, portant sur l'élaboration d'un plan d'affaires, propose un modèle de plan auquel les étudiants pourront se référer tant dans le cadre de ce cours que dans leur future pratique professionnelle.

Remerciements des auteurs

J'aimerais remercier toutes les personnes qui ont accepté de lire les premières ébauches de cet ouvrage et qui m'ont fourni des commentaires constructifs et empreints de discernement. J'ai essayé, autant que possible, de tenir compte de leurs préoccupations et d'appliquer leurs suggestions. Leur apport a grandement contribué à l'amélioration de cette quatrième édition! Je tiens à remercier tout particulièrement Michael Rock pour la générosité dont il a fait preuve à mon égard en me permettant d'utiliser une partie de ses textes dans cet ouvrage. Je veux aussi exprimer ma reconnaissance à tous les membres du personnel de McGraw-Hill Ryerson qui ont travaillé à la production de ce manuel. Sans leur supervision et leur soutien, cet ouvrage n'aurait jamais vu le jour. Enfin, je voudrais remercier les membres de ma famille de m'avoir soutenue et encouragée dans mon travail.

Jane W. Haddad

Au cours de la préparation de cette édition, nous avons grandement tiré profit des critiques constructives et des suggestions de nombreux professeurs un peu partout au pays. Ils nous ont aidés à traiter et à clarifier certaines notions, à réorganiser et à éliminer du matériel ainsi qu'à trouver de nouveaux sujets et exemples susceptibles de stimuler l'intérêt des étudiants. Leur contribution nous a été grandement utile. Nous présentons tous nos remerciements aux personnes suivantes.

Kerry Couet	Collège universitaire Concordia de l'Alberta
Denise Fortier	Williams School of Business, Université Bishop's
Robert Greene	Niagara College School of Business and Management
Timothy Hardie	Université Lakehead
Brenda Lang	Bissett School of Business, Université Mount Royal
Ed Leach	Université Dalhousie
Michael Pearl	Seneca College School of Business Management
Kerry Rempel	Collège Okanagan
Vic de Witt	Red River College

Remerciements de l'équipe d'adaptation

Nous tenons tout d'abord à remercier les auteurs de la quatrième édition anglaise, qui nous ont permis de réaliser la première édition de cette adaptation française, ainsi que madame Jane W. Haddad, qui a préparé, à l'attention des enseignants, les banques de questions et leurs réponses, accessibles sur la plateforme (i+) *Interactif*.

Cette première adaptation française a été élaborée dans la perspective de rendre simples et limpides des concepts complexes. À cet effet, nous tenons à exprimer notre reconnaissance à l'équipe dynamique de la maison d'édition Chenelière Éducation qui, grâce à Eric Monarque (éditeur-concepteur), Frédérique Grambin (éditrice), Olivier Rolko et Suzanne Champagne (chargés de projets), Sylvie Bernard (réviseure linguistique) et Maryse Quesnel (correctrice d'épreuves), nous a offert l'encadrement et le soutien administratif et technique nécessaires au processus d'édition. Leur professionnalisme ainsi que leur contact délicat et encourageant nous ont aidés à élaborer une adaptation riche, pertinente et appropriée au contexte de gestion actuel.

Nous remercions également monsieur Martin X. Noël, Ph. D., professeur agrégé du Département des sciences administratives de l'Université du Québec en Outaouais, pour ses précieux commentaires qui ont contribué à enrichir cette première édition.

Nous tenons à remercier particulièrement madame Dorra Skander, Ph. D., professeure au Département des sciences de la gestion à l'Université du Québec à Trois-Rivières, ainsi que monsieur Étienne St-Jean, Ph. D., professeur titulaire au Département des sciences de la gestion à l'Université du Québec à Trois-Rivières pour leur contribution à titre de consultants de cet ouvrage.

Louise Clément

Izold Guihur

Jacques Leroux

Les outils d'apprentissage

Objectifs d'apprentissage

Les objectifs d'apprentissage sont mis en évidence au début de chaque chapitre, repris dans le texte et approfondis en fin de chapitre, dans la section « Résumé et révision ».

CHAPITRE 6

Résumé et révision

Cette section vous servira à vérifier l'acquisition des objectifs d'apprentissage.

OA1 La conception d'une structure organisationnelle Une structure organisationnelle est un système de relations entre les tâches et les rapports d'autorité parmi les membres de l'organisation, qui détermine la façon dont les employés utilisent les ressources en vue d'atteindre les objectifs de l'entreprise. Le fonctionnement d'une telle structure dépend de la façon dont les tâches sont réparties entre les postes de travail, de la façon dont les postes sont regroupés à l'intérieur des unités de travail (les fonctions et les divisions), de la façon dont la coordination et la répartition de l'autorité se font ainsi que de la nature de la structure, soit rigide ou flexible.

OA2 L'élaboration et la répartition des tâches au sein des postes de travail L'élaboration des tâches est le processus initial par lequel les gestionnaires répartissent les tâches entre les postes de travail. Afin de rendre ces derniers plus intéressants et d'amener les employés à avoir un comportement qui s'adapte aux changements, les gestionnaires peuvent élargir et enrichir leurs tâches. Le modèle des caractéristiques de l'emploi proposé par les professeurs Hackman et Oldham leur fournit un outil afin de mesurer le degré de motivation ou de satisfaction du personnel.

OA3 Le regroupement des postes de travail selon différentes structures Les gestionnaires peuvent choisir parmi divers types de structures organisationnelles celle qui favorisera une utilisation optimale des ressources de leur entreprise. En fonction du type de problèmes qu'ils doivent régler, ils peuvent opter pour une structure par fonction, par départementalisation ou divisionnaire (par produit, par localisation géographique des marchés ou par type de clientèle), matricielle, par équipe de produit, en réseau ou de forme hybride, c'est-à-dire qui combine plusieurs formes de structures.

OA4 Les interactions et la coordination entre les fonctions et les divisions Quelle que soit la structure qu'ils choisiront, les gestionnaires doivent déterminer les façons de répartir l'autorité à l'intérieur de leur entreprise, le nombre d'échelons qu'aura la chaîne hiérarchique ainsi que l'équilibre à établir entre la centralisation et la décentralisation afin de maintenir un nombre minimal d'échelons dans la chaîne hiérarchique. À mesure que les entreprises se développent, les gestionnaires doivent accroître les mécanismes d'intégration pour assurer une coordination entre les différentes fonctions et divisions.

OA5 Le choix entre une structure de nature rigide ou flexible Quatre principaux facteurs déterminent le choix d'une structure organisationnelle : l'environnement externe de l'entreprise, sa stratégie, la technologie qu'elle utilise et les ressources humaines dont elle dispose. En général, plus le degré d'incertitude associé à ces facteurs est élevé, plus une structure de nature flexible et adaptable se révèle appropriée par opposition à une structure de nature rigide et conventionnelle.

OA1 Déterminer les éléments inhérents à la conception des structures organisationnelles.

OBJECTIFS D'APPRENTISSAGE

OA1 Déterminer les éléments inhérents à la conception des structures organisationnelles.

OA2 Expliquer la façon dont les gestionnaires répartissent les tâches au sein des postes de travail tout en favorisant la motivation et la satisfaction des employés.

OA3 Décrire la façon dont les gestionnaires peuvent regrouper les postes de travail au sein de structures élaborées par fonction, par départementalisation ou divisionnaires, en réseau ainsi que selon une forme hybride.

OA4 Décrire les façons dont les gestionnaires peuvent répartir l'autorité hiérarchique et coordonner les activités organisationnelles.

OA5 Examiner les facteurs dont les gestionnaires tiennent compte lorsqu'ils privilégient une structure organisationnelle de nature rigide ou flexible.

Définitions des termes clés

Les termes clés, en cyan gras dans le texte, renvoient aux définitions en bas de page ainsi qu'aux termes anglais équivalents.

La liste des termes clés à la fin du chapitre inclut les pages où se trouvent les définitions dans le chapitre, tandis que le glossaire en fin de manuel reprend toutes les définitions de l'ouvrage.

5.6 Étapes 4 et 5 : Mettre en application la stratégie et l'évaluer

L'application ou l'implantation des stratégies représente un élément essentiel au succès d'une organisation. Pour que la planification stratégique se transforme en réalité, il faut un **plan opérationnel** bien étoffé. Nous allons voir plus en profondeur ce que contient ce plan.

5.6.1 L'application de la stratégie

Après avoir effectué une analyse FFOM et étudié attentivement les forces présentes dans leur secteur, les gestionnaires élaborent des stratégies directrices, d'affaires et fonctionnelles appropriées qui aideront leur entreprise à réaliser sa vision, à accomplir sa mission et à atteindre

Plan opérationnel (*functional-level plan*)
Ensemble des décisions des directeurs concernant les objectifs qu'ils se fixent pour aider la division à atteindre ses objectifs d'affaires.

TERMES CLÉS

analyse FFOM (p. 144)
chef de division (p. 142)
coopétition (p. 152)
démarche de formulation stratégique (p. 147)
directeur (p. 160)
diversification (p. 155)
diversification conglomérale (p. 155)
diversification liée (p. 155)
division (p. 142)
énoncé de la mission (p. 146)
énoncé de la vision (p. 146)
fonction (p. 159)
horizon temporel (p. 143)

intégration verticale (p. 156)
leadership stratégique (p. 147)
modèle des cinq forces de Porter (ou modèle d'analyse structurelle des secteurs) (p. 151)
objectif général (p. 146)
plan de gestion de crise (p. 145)
plan opérationnel (p. 161)
plan stratégique (p. 154)
stratégie concurrentielle ou d'affaires (p. 157)
stratégie d'entreprise ou directrice (p. 153)

stratégie de concentration avec différenciation (p. 159)
stratégie de concentration avec domination par les coûts (p. 159)
stratégie de différenciation (p. 157)
stratégie de domination (globale) par les coûts (p. 157)
stratégie fonctionnelle (p. 159)
synergie (p. 155)
technique des scénarios (p. 144)

Glossaire

Action sociale positive (ou comportement prosocial) (*prosocially motivated behavior*) Comportement adopté parce qu'il procure des avantages à d'autres ou dans le but de les aider.

Agent d'éthique (*ethics ombudsperson*) Personne qui surveille les activités et les façons de procéder d'une organisation pour s'assurer qu'elles sont en

Apprentissage qui se fait lorsqu'une personne devient motivée à adopter un comportement en l'observant chez une autre personne et en constatant que cette autre personne reçoit un renforcement positif en raison de ce comportement.

Attente ou expectation (*expectancy*) Dans la théorie des attentes,

tâches et des responsabilités en matière de prise de décisions.

Auto-renforcement (*self-reinforcer*) Tout résultat souhaitable ou intéressant ou toute récompense qu'une personne s'offre à elle-même lorsqu'elle est satisfaite de sa performance.

Autorité (*authority*) Pouvoir légitime de demander à ses employés de rendre

Des rubriques riches et pertinentes

Entrée en matière

L'entrée en matière présente une entreprise qui a connu une problématique liée au thème du chapitre ainsi que les notions traitées dans le chapitre. Les questions qui y sont associées permettent à l'étudiant d'appliquer la matière aux défis de gestion et d'organisation auxquels une entreprise doit faire face.

Le point sur

Liée au thème du chapitre, la rubrique « Le point sur » présente la problématique d'une entreprise québécoise dont les fondateurs et dirigeants inspirent le monde des affaires et témoignent du dynamisme et de la créativité de femmes et d'hommes du Québec. Les questions qui y sont associées permettent à l'étudiant d'approfondir sa réflexion au moyen de recherches personnelles qu'il doit effectuer.

LE POINT SUR ⟩ Le Mouvement Desjardins

Le leadership de Monique Leroux

Consacré en 2014 par l'agence d'information financière Bloomberg comme étant l'institution bancaire la plus solide en Amérique du Nord et parmi les cinq plus solides au monde, le Mouvement Desjardins[30] est sans contredit l'histoire d'un succès québécois. Ce premier groupe financier coopératif en Amérique fondé au tournant du XXe siècle par Alphonse et Dorimène Desjardins est aujourd'hui l'un des 20 plus importants employeurs au Canada, avec un effectif de 45 000 employés déployé au Québec et en Ontario ainsi que dans 30 pays en voie de développement.

Une croissance aussi fulgurante n'est possible qu'en présence de leaders de grande stature. L'impulsion imprimée par la dirigeante Monique Leroux dans un environnement en transformation continue témoigne du leadership qu'elle exerce avec succès depuis son accession à la tête du Mouvement en tant que présidente et chef de la direction en 2008. Cette ascension au sommet témoigne de son habileté à exercer une fonction de pouvoir. Pouvoir légitime au premier chef, découlant de sa position hiérarchique au sein de l'organisation, et également pouvoir d'expert et pouvoir de référence, associés au charisme. Elle favorise un leadership transformationnel fondé sur l'adhésion et la persuasion, une stratégie qui donne lieu à des changements plus durables.

Au cours de sa carrière, Monique Leroux a occupé des postes prestigieux témoignant de cette expertise et de ce charisme avant son arrivée au Mouvement Desjardins, en 2001. Elle a été notamment première vice-présidente

Direction du Québec et première vice-présidente Finances à la Banque Royale du Canada (1995-2000), et première vice-présidente exécutive et chef de l'exploitation de Québecor inc. (2000-2001). La trajectoire professionnelle de Monique Leroux est en outre jalonnée de nombreuses marques de distinction : membre de l'Ordre du Canada, officière de l'Ordre du Québec et récipiendaire de l'insigne de Chevalier de l'Ordre de la Pléiade de l'Assemblée parlementaire de la Francophonie, pour n'en nommer que quelques-unes, sans compter les multiples doctorats honoris causa qui lui ont été remis.

De surcroît, la vision, le leadership et l'expertise de Monique Leroux sont sollicités par de nombreux organismes œuvrant à l'échelle locale, provinciale, nationale et internationale. Récemment, la chancelière allemande Angela Merkel l'invitait, ainsi que 62 leaders en provenance de 29 pays, à participer au Forum de dialogue avec les femmes, tenu en marge de la réunion des pays du G7 à Berlin, en septembre 2015. Sans conteste, Monique Leroux est une administratrice de grande expérience et la figure de proue du géant financier québécois où elle jouit, de plus, d'une reconnaissance à l'échelle internationale.

1. À l'aide du tableau 8.2 de la page 249 (Les caractéristiques et les traits personnels associés à un leadership efficace) et de vos recherches personnelles effectuées dans Internet ou dans toute autre source d'information pertinente, nommez les principaux traits de caractère de Monique Leroux. Justifiez votre réponse.

Conseils aux gestionnaires

La rubrique « Conseils aux gestionnaires » attire l'attention sur une série de points à retenir qui sont utiles dans la pratique organisationnelle.

Conseils aux gestionnaires

Les tâches et les rôles

Utilisez la classification des rôles interpersonnels de Mintzberg pour favoriser efficacement la diversité dans votre organisation.

1. Faites savoir qu'une gestion efficace de la diversité est un objectif important (symbole).

2. Servez de modèle et établissez des lignes de conduite et des procédures pour vous assurer que tous les membres de votre organisation sont traités justement (leader).

3. Permettez à des personnes et à des groupes différents de coordonner leurs efforts et de coopérer les uns avec les autres à l'intérieur et aux frontières de l'organisation (agent de liaison).

Un apprentissage par la pratique

Les gestionnaires à l'œuvre

Cette première section d'évaluation en fin de chapitre regroupe une série d'exercices qui sont pertinents dans le contexte actuel et qui permettent de bien comprendre la signification de la gestion.

Le pictogramme (i+) indique que des ressources pédagogiques en ligne sont accessibles sur la plateforme (i+) *Interactif* afin d'offrir un soutien additionnel à l'enseignement.

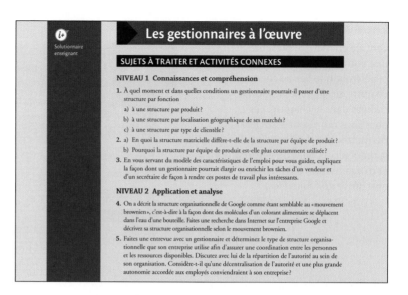

Étude de cas

Cette deuxième section d'évaluation en fin de chapitre présente une étude de cas portant sur des entreprises très en vues, dont les questions sont destinées à favoriser la réflexion, l'analyse et l'intégration des thématiques abordées.

Un cas à suivre

Cette troisième section permet à l'étudiant de regrouper de façon cohérente les concepts et les éléments essentiels de la matière apprise dans les chapitres précédents. Elle apparaît à la fin de chaque partie du manuel, à l'exception de la partie 2. En effet, c'est à la fin de la partie 3 que l'étudiant aura l'occasion de vérifier ses connaissances sur les parties 2 et 3 en répondant aux questions de la section « Un cas à suivre », qui portent sur la matière des chapitres 2 à 5.

Table des matières

PARTIE 5

CHAPITRE 8

Les gestionnaires et la gestion

Entrée en matière

La gestion de Brick Brewing Co. Limited

La Brick Brewing Co. Limited est la plus grande brasserie de propriété canadienne établie en Ontario faisant appel public à l'épargne. Fondée par Jim Brickman en 1984, elle a été la première brasserie artisanale à s'installer en Ontario; on la croit d'ailleurs à l'origine de la renaissance actuelle de ce secteur au Canada. Sa division Waterloo Brewing Co. produit une vaste sélection de bières artisanales et saisonnières. La société offre une série de bières de prestige, telles la J. R. Brickman Founder et la Waterloo Dark, ainsi que d'autres marques populaires telles que la Laker, la Red Cap et la Formosa[1]. En 2011, l'entreprise a acheté à la société Corby Distilleries Limited les droits au Canada de la marque Seagram Coolers.

Selon son directeur des finances, Jason Pratt, engagé en 2008 par le président et chef de la direction George Croft, le coût de cette transaction s'est élevé à 7,3 millions de dollars, auxquels s'ajoutent les marchandises en stock. Monsieur Pratt est responsable de la rapidité et de l'exactitude de l'information financière fournie au conseil d'administration et aux actionnaires. Il agit à titre de secrétaire au comité d'audit et aux réunions du conseil d'administration. Il contribue grandement à l'application de la stratégie d'ensemble de l'entreprise[2].

Jason Pratt a obtenu un baccalauréat avec spécialisation en commerce de la McMaster University

et son titre de comptable agréé alors qu'il travaillait chez Ernst & Young LLP. Avant de devenir directeur des finances à Brick Brewing, en 2008, il a été agent responsable des comptes financiers dans des entreprises des secteurs des télécommunications, des services alimentaires et de la brasserie. Lorsque monsieur Pratt s'est joint à son entreprise, George Croft a déclaré : « Il a une carrière impressionnante en ce qui concerne la mise sur pied et la direction d'équipes très performantes et il apporte à l'entreprise une combinaison hors du commun de sens des affaires, d'habiletés professionnelles et d'intégrité[3]. »

Depuis 1984, Brick Brewing a appuyé financièrement des milliers d'événements culturels et d'organismes de bienfaisance et communautaires. Qu'il s'agisse d'un soutien à des équipes sportives ou à des athlètes amateurs, ou encore d'une participation à un festival n'importe où en Ontario, elle considère chaque relation de parrainage ou de commandite comme étant un partenariat.

Cet engagement à soutenir les collectivités et à offrir des produits innovateurs permet à l'entreprise d'être très performante, c'est-à-dire de fournir aux consommateurs des produits et des services qu'ils souhaitent obtenir.

▶ **Après avoir réfléchi aux concepts présentés dans ce chapitre, vous serez en mesure de répondre aux questions suivantes.**

1. Quels types d'activités ou de tâches font partie de la planification, de l'organisation, de la direction et du contrôle du rendement à Brick Brewing ?

2. Décrivez le type et le niveau de gestion présentés dans cet exemple.

3. Quelles habiletés Jason Pratt apporte-t-il à Brick Brewing à titre de cadre supérieur ?

4. Lesquels des rôles décrits par le professeur Mintzberg chaque gestionnaire de Brick Brewing présenté dans ce chapitre illustre-t-il ?

Les activités des cadres supérieurs de Brick Brewing montrent bien les nombreux défis que les gestionnaires ont à relever. La gestion d'une organisation est une entreprise complexe et, pour qu'elle soit efficace, ses gestionnaires doivent avoir les habiletés et les connaissances requises. Il est difficile de toujours prendre de bonnes décisions, et même les gestionnaires les plus compétents commettent des erreurs. Les plus efficaces sont ceux qui, comme George Croft et Jason Pratt, s'efforcent sans cesse de trouver des moyens d'améliorer le rendement de leur organisation.

Dans ce chapitre, nous verrons ce qu'est la gestion ainsi que les activités ou les tâches qui font partie de ce processus. Nous étudierons les types de gestionnaires et leurs échelons dans la hiérarchie d'une organisation ainsi que les habiletés qu'ils doivent posséder et les rôles dont ils doivent s'acquitter pour être efficaces. À la fin de ce chapitre, vous pourrez comprendre le rôle que jouent les gestionnaires dans la mise sur pied d'une organisation à rendement élevé.

OA1	Définir la gestion, les activités des gestionnaires et leurs façons d'utiliser des ressources pour atteindre les objectifs de l'organisation, et décrire les principes de saine gestion généralement reconnus ainsi que leur importance pour le travail du gestionnaire.

1.1 Qu'est-ce que la gestion?

Lorsqu'il est question de gestionnaires, à quel genre de personne pensez-vous? S'agit-il de quelqu'un qui peut décider de la prospérité à venir d'une grande entreprise? Imaginez-vous plutôt quelqu'un qui administre un organisme sans but lucratif, comme une école, une bibliothèque ou un organisme de bienfaisance? Pensez-vous à la personne qui gère le restaurant McDonald's ou la pharmacie Jean Coutu de votre voisinage? Qu'est-ce que toutes ces personnes ont en commun?

La gestion se fait dans une **organisation**, c'est-à-dire un ensemble de personnes qui collaborent et coordonnent leurs activités pour atteindre une grande variété d'objectifs et de résultats souhaités[4]. Les organisations fournissent des emplois et du travail. Au Canada, la plupart des gens qui ne travaillent pas dans le secteur public sont employés par de petites ou moyennes entreprises du secteur privé, ou encore dans le secteur des services sociaux ou communautaires. D'après une enquête d'Industrie Canada publiée en 2013[5], un peu plus de 11,1 millions de Canadiens travaillent dans le secteur privé, incluant le secteur des services sociaux. Près de 90 % de ces emplois se situent dans de petites et moyennes entreprises, tandis que 10 % sont fournis par les grandes entreprises.

On classe les organisations non gouvernementales en fonction de leurs objectifs fondamentaux (*voir la figure 1.1*)[6]. Ce classement va des organisations à mission strictement sociale, par exemple les organismes de bienfaisance sans but lucratif qui fonctionnent à l'aide de subventions et de dons, jusqu'aux entreprises strictement commerciales et à but lucratif, qui donnent priorité aux résultats économiques. Les entreprises sociales et les entreprises à vocation sociale combinent des missions sociales et commerciales à des degrés divers. Elles font partie de ce qu'on appelle l'« **économie sociale**[7] ». Ce concept s'applique à toutes les organisations dont la mission et les activités sont axées sur des objectifs sociaux et qui ont des objectifs économiques explicites ou produisent une certaine valeur économique grâce aux services qu'elles fournissent et aux achats qu'elles effectuent[8]. On qualifie souvent l'économie sociale de « troisième pilier de l'économie », les deux autres piliers étant constitués par les entreprises privées et les organisations du secteur public. Un nombre croissant d'organismes de bienfaisance, d'organismes sans but lucratif (OSBL ou OBNL), de coopératives et d'organismes communautaires créent des entreprises capables de produire des bénéfices économiques aussi bien que sociaux et environnementaux. Aussi, les partenariats public-privé, qui mobilisent en partie des ressources privées et publiques, représentent une nouvelle voie par laquelle nos sociétés peuvent s'occuper des problèmes sociaux. Les entreprises sociales ont pour but d'utiliser les mécanismes du marché dans la production ou la vente de biens et de services qui procurent un bénéfice social ou environnemental. Elles embauchent souvent leurs propres clients et permettent ainsi aux personnes appartenant à des groupes marginalisés d'acquérir une expérience précieuse et des habiletés dont ils pourront ensuite se servir dans un marché plus vaste. Ensemble, les diverses organisations de l'économie sociale construisent une infrastructure qui aide les communautés d'un pays à grandir et à prospérer. Le secteur des organismes sans but lucratif et de bénévolat du Canada est le deuxième plus gros au monde. Les

---

Organisation (*organization*)
Groupe de personnes qui travaillent ensemble et qui coordonnent leurs activités en vue d'atteindre des objectifs et d'obtenir des résultats souhaités.

Économie sociale (*social economy*)
Concept « passerelle » des organisations dont la mission et les activités sont axées sur des objectifs sociaux et qui adoptent des objectifs économiques explicites ou qui produisent une valeur économique quelconque grâce aux services qu'elles procurent et aux achats qu'elles effectuent.

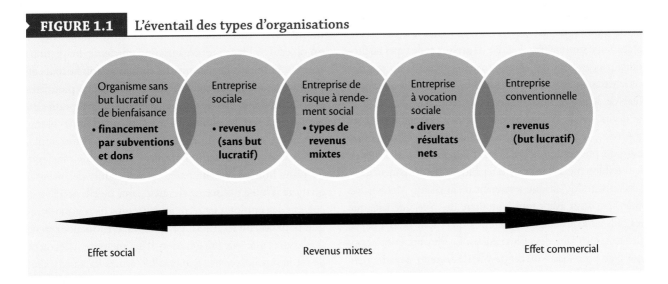

> **FIGURE 1.1** L'éventail des types d'organisations

Pays-Bas occupent la première place dans ce classement, et les États-Unis, la cinquième. Une enquête nationale de Statistique Canada rapportait en 2003 l'existence de 161 227 organismes de bienfaisance ou à but non lucratif au Canada. En 2008, ce secteur a contribué à 8,1 % du PIB, un pourcentage qui dépasse celui des secteurs de l'automobile ou manufacturier. Plus de deux millions de personnes y travaillent, soit environ 13 % de la main-d'œuvre canadienne, presque autant que le secteur manufacturier et bien plus que les secteurs de la construction, de l'agriculture ou de la foresterie[9].

En plus des entreprises sociales, le secteur privé regroupe des entreprises à but lucratif de toutes tailles et dans tous les domaines d'activité tels que le commerce de gros et de détail, la construction, la fabrication, l'agriculture, la pêche, la foresterie, ainsi que les services professionnels, techniques et scientifiques. En 2012, on comptait au Canada plus de 1,08 million d'entreprises des secteurs privé et social[10]. Plus de 98 % de ces entreprises étaient de petite taille, employant moins de 100 personnes. Elles embauchaient néanmoins plus de deux personnes sur trois au Canada et contribuaient à environ 30 % du PIB en 2008. En comparaison, les moyennes entreprises, qui comptent entre 100 et 499 employés, représentaient 1,6 % des entreprises, tout en contribuant à près de 9 % du PIB. Pour ce qui est des grandes entreprises, qui comptent au moins 500 employés, leur contribution au PIB atteignait 36 %, même si elles ne représentaient que 0,1 % des organisations. Pour sa part, le secteur public était responsable de 25 % du PIB du pays. Force est de constater la grande diversité des organisations, que l'on considère leurs objectifs, les domaines où elles interviennent, leur taille ou encore les ressources qu'elles utilisent ou dont elles disposent. C'est pourquoi nous avons ajouté une description

d'une organisation à l'image de cette diversité dans chacun des chapitres de ce manuel.

Dans les organisations, la **gestion** est un processus de planification, d'organisation, de direction et de contrôle du rendement des ressources en vue d'atteindre certains objectifs avec efficacité et efficience. Les **ressources** sont des actifs tels que la main-d'œuvre, le matériel, les matières premières, les connaissances, les habiletés et le capital financier. Les **gestionnaires** ont la responsabilité de veiller à la bonne allocation des ressources d'un groupe ou d'une organisation de façon que celui-ci ou celle-ci réalise ses objectifs. Autrement dit, les gestionnaires sont responsables de la contribution de leur unité aux objectifs fixés par l'organisation, à partir des ressources allouées, tout en veillant à l'exécution du travail de l'unité.

1.1.1 Un objectif de la gestion : atteindre un rendement élevé

Un des principaux objectifs des organisations et de leurs membres est de fournir des biens ou des services que la clientèle apprécie. En d'autres termes, les organisations cherchent à créer de la valeur, que celle-ci soit de nature économique ou caritative. Comme nous l'avons vu dans l'entrée en matière,

---

Gestion (*management*)
Action de planifier, d'organiser, de diriger et de contrôler les ressources en vue de réaliser les objectifs de l'entreprise avec efficacité et efficience.

Ressources (*resources*)
Actifs tels que la main-d'œuvre, le matériel, les matières premières, les connaissances, les habiletés et le capital financier.

Gestionnaire (*manager*)
Personne chargée de superviser l'utilisation des ressources d'une organisation de façon que celle-ci réalise ses objectifs.

l'achat des droits de la marque Seagram Coolers a permis à Brick Brewing de satisfaire un éventail plus vaste de clients grâce à une gamme plus étendue de saveurs et de types de produits conçus pour des consommateurs avertis[11]. En prenant cette décision stratégique, Brick Brewing pouvait ainsi profiter de synergies intéressantes pour créer plus de valeur et se distinguer de la concurrence. Il en va de même pour les médecins, le personnel infirmier et les gestionnaires d'hôpitaux, qui ont pour principal objectif d'accroître les capacités de leur établissement à favoriser le rétablissement des patients. Les gestionnaires de chaque restaurant de la chaîne McDonald's cherchent aussi avant tout à produire des plats vite faits que les gens aiment manger et à un prix qu'ils sont prêts à payer, de façon à en faire des clients fidèles. Le Phoenix Print Shop, une entreprise sociale du centre-ville de Toronto, a quant à elle pour but de fournir à de jeunes gens vulnérables un lieu de formation où ils pourront acquérir des habiletés en vue de se trouver un emploi tout en générant des revenus pour soutenir le fonctionnement des maisons de transition pour les jeunes. Tous ces exemples servent à illustrer l'importance qu'occupe la satisfaction des besoins des clients dans les objectifs que se fixent les gestionnaires. Ils contribuent ainsi à la mission de l'organisation, soit de créer de la valeur en répondant à un besoin du marché ou de la société, et cela, d'une manière qui la différencie afin de mieux se positionner par rapport à la concurrence.

Le **rendement organisationnel** est une mesure de l'efficience et de l'efficacité des gestionnaires dans leur utilisation des ressources disponibles pour satisfaire des clients et réaliser les objectifs de l'organisation. Il augmente en proportion directe de l'accroissement de l'efficacité et de l'efficience. Autrement dit, les organisations qui ont un rendement élevé sont à la fois efficientes et efficaces (*voir la figure 1.2*). Que sont l'efficience et l'efficacité?

L'**efficacité** sert à évaluer à quel point les objectifs choisis par les gestionnaires pour l'organisation sont appropriés et dans quelle mesure l'organisation parvient à atteindre ces objectifs.

Peter Drucker, un expert en gestion, compare ainsi ces deux concepts: l'efficacité consiste à faire la bonne chose, et l'efficience, à faire les choses correctement[12]. Ainsi, on parle d'organisations efficaces lorsque leurs gestionnaires choisissent les objectifs appropriés et réussissent à les atteindre. Par exemple, il y a quelques années, des gestionnaires de McDonald's se sont fixé l'objectif d'offrir un service de petits déjeuners en vue d'attirer davantage de clientèle. Cet objectif s'est révélé un choix avisé, car les ventes de petits déjeuners rapportent maintenant plus de 30% des produits de la chaîne et continuent de croître; c'est une des principales raisons des bénéfices records de McDonald's en 2011.

L'**efficience** permet de mesurer le degré de succès ou de productivité dans l'utilisation des ressources pour réaliser un objectif[13]. Dans une organisation efficiente, les gestionnaires minimisent la quantité des ressources (ou facteurs de production tels que la main-d'œuvre, les matières premières et les composants) ou de temps nécessaire pour produire un bien ou un service donné. Ils assurent une bonne allocation des ressources et en évitent le gaspillage. Par exemple, McDonald's a mis au point une friteuse plus efficiente qu'avant non seulement parce qu'elle réduit de 30% la quantité d'huile utilisée, mais aussi parce qu'elle accélère la cuisson des pommes de terre frites (moins de temps est requis pour obtenir les frites). Les gestionnaires ont pour tâche de s'assurer que leur organisation et ses membres effectuent de façon aussi efficiente que possible toutes les activités requises pour fournir des biens et services à leurs clients. Des organisations à rendement élevé comme Brick Brewing, McDonald's, Walmart, Intel, IKEA et Habitat pour l'humanité sont à la fois efficientes et efficaces.

1.1.2 Les principes de saine gestion

Les gestionnaires réalisent un large éventail de tâches à travers tous les échelons de l'organisation et ses diverses fonctions. Leur travail se caractérise par la diversité des connaissances mobilisées et la multitude de relations interpersonnelles avec de nombreuses parties prenantes. Quoique le champ de pratique des gestionnaires devienne ainsi complexe, certains principes dits «de saine gestion» peuvent guider leurs actions pour les maintenir dans un cadre éthique tout en visant un rendement élevé et la création de valeur. Comme définis par l'Ordre des administrateurs agréés du Québec (ADMA), les principes de saine gestion généralement reconnus sont les suivants[14].

1. **La transparence.** Par ce principe, le gestionnaire doit laisser paraître la réalité tout entière, sans l'altérer ou la déformer, d'une part en rendant compte de sa gestion à ses mandants et, d'autre part, en agissant de façon transparente avec les diverses parties prenantes et sans préjudice aux mandants.

Rendement organisationnel (*organizational performance*)
Mesure de l'efficience et de l'efficacité avec lesquelles un gestionnaire utilise des ressources en vue de satisfaire les clients et de réaliser les objectifs d'une organisation.

Efficacité (*effectiveness*)
Mesure de la pertinence des objectifs qu'une organisation s'est fixés et du succès avec lequel elle parvient à les réaliser.

Efficience (*efficiency*)
Mesure du degré de succès ou de la productivité dans l'utilisation des ressources pour atteindre un objectif.

> **FIGURE 1.2** L'efficacité, l'efficience et le rendement dans une organisation

	Faible	**Élevée**
EFFICACITÉ — Élevée	**Faible efficience/efficacité élevée** Le gestionnaire choisit les objectifs appropriés, mais utilise mal les ressources pour les réaliser. Résultat : Un produit qui plaît aux clients, mais qu'ils n'achètent pas parce que le prix est trop élevé.	**Efficience élevée/efficacité élevée** Le gestionnaire choisit les objectifs appropriés et utilise adéquatement les ressources pour les réaliser. Résultat : Un produit de qualité que les clients veulent se procurer parce que son prix leur convient.
EFFICACITÉ — Faible	**Faible efficience/faible efficacité** Le gestionnaire choisit des objectifs inappropriés et utilise mal les ressources disponibles. Résultat : Un produit de qualité inférieure que les clients ne veulent pas acheter.	**Efficience élevée/faible efficacité** Le gestionnaire choisit des objectifs inappropriés, mais utilise bien les ressources pour les atteindre. Résultat : Un produit de qualité dont les clients n'ont pas besoin.

EFFICIENCE

2. **La continuité.** Selon ce principe, le gestionnaire doit choisir des solutions qui permettent à l'organisation qu'il gère de poursuivre ses activités et d'être viable à long terme. Le principe de continuité signifie que le gestionnaire doit passer les pouvoirs aux intervenants désignés pour que ces derniers puissent remplir adéquatement leurs obligations envers l'organisation.

3. **L'efficience (intégrée).** Ce principe allie à l'optimisation des ressources les concepts d'efficacité et de développement durable dans les décisions et les actes du gestionnaire. Par ce principe, le gestionnaire vise le rendement optimal de l'organisation qu'il gère en cherchant à atteindre les résultats souhaités, tout en maximisant l'utilisation des ressources à sa disposition et en respectant l'environnement et la qualité de vie. À partir de ce principe d'efficience, le gestionnaire est conscient que les ressources sont limitées et qu'il doit les utiliser de façon judicieuse, avec diligence et parcimonie, sans préjudice à l'organisation et à ses parties prenantes.

4. **L'équilibre.** Selon le principe d'équilibre, le gestionnaire doit mettre en place des moyens de répartir et de balancer l'exercice du pouvoir afin d'obtenir une harmonie contributrice entre les forces et les idées opposées, dans un mouvement qui permet d'évoluer. De tels mécanismes donnent au gestionnaire la possibilité de répartir adéquatement le pouvoir entre des fonctions qui nécessitent des compétences et façons de faire différentes et, ainsi, de les habiliter à agir.

5. **L'équité.** Ce principe de justice rappelle que le gestionnaire doit agir en respectant les lois telles que la *Charte canadienne des droits et libertés* et la Charte québécoise des droits et libertés de la personne de manière à prévenir les abus de pouvoir ou son usage arbitraire.

6. **L'abnégation.** Selon ce principe, le gestionnaire renonce à tout avantage ou intérêt personnel dans l'exercice de ses fonctions, à moins qu'ils fassent partie de conditions déterminées par contrat de travail.

En somme, les principes de saine gestion guident le gestionnaire dans l'exercice complexe de son travail afin de gérer des organisations de façon éthique, durable et professionnelle.

1.1.3 L'importance d'étudier la gestion

De nos jours, les cours de gestion sont de plus en plus populaires auprès des étudiants. Qu'ils suivent des cours dans une université ou un collège ou qu'ils s'inscrivent à des formations en ligne, les étudiants sont toujours nombreux à souhaiter obtenir une maîtrise en administration des affaires (un M.B.A.), le passeport idéal pour un poste de cadre supérieur. Pour quelles raisons ce domaine est-il si attirant[15]? Trois raisons principales reposent sur les objectifs de la gestion, qui sont de contribuer à créer de la valeur pour l'organisation en utilisant de façon judicieuse les ressources allouées tout en soutenant le caractère distinctif de cette organisation grâce à la participation de tous ses membres.

Premièrement, dans n'importe quelle société ou culture, les ressources sont coûteuses et rares, qu'il s'agisse de matières premières qu'il faut se procurer ou de personnel engagé et désireux de contribuer au succès de l'organisation. Par conséquent, plus les organisations les utilisent de façon efficace et efficiente, plus la prospérité et le bien-être relatifs des membres de cette société augmentent. Comme les gestionnaires ont la tâche de décider des façons d'utiliser un grand nombre des ressources les plus précieuses d'une société, soit sa main-d'œuvre qualifiée, ses matières premières (p. ex. le pétrole et les terrains), ses systèmes informatiques et d'information, de même que ses actifs financiers, ils ont un effet direct sur son bien-être et sur celui de ses membres. Il est donc essentiel de comprendre ce qu'ils font et comment ils le font pour déterminer les façons dont une société crée de la richesse et s'occupe du bien-être de ses citoyens.

Deuxièmement, la gestion est de plus en plus participative, les employés étant sans cesse sollicités pour faire partie d'une équipe et prendre des décisions. Dans un contexte où l'information circule on ne peut plus facilement et où les problèmes deviennent de plus en plus complexes, les connaissances et la contribution de chacun sont nécessaires pour résoudre ces problèmes et répondre aux besoins des clients. Même si la plupart des gens ne sont pas des gestionnaires et n'ont pas l'intention de le devenir, nous avons presque tous affaire à des gestionnaires parce que la plupart d'entre nous ont des emplois et des employeurs. En outre, de nos jours, beaucoup de gens travaillent en groupe ou en équipe et doivent s'entendre avec leurs collègues de travail pour résoudre des problèmes complexes. L'étude de la gestion les aide à savoir s'y prendre avec ces derniers ainsi qu'avec leur employeur. Elle leur indique des façons de comprendre les gens qu'ils côtoient au travail et de savoir comment interagir ou collaborer avec eux. Elle leur permet de prendre des décisions et d'adopter des mesures qui retiennent l'attention et obtiennent le soutien de l'employeur et de leurs collègues ou, en d'autres termes, qui favorisent leurs stratégies de collaboration. La gestion enseigne aux gestionnaires novices et aguerris des façons de diriger leurs collègues, de régler des conflits entre eux, de réaliser des objectifs en équipe et d'augmenter ainsi le rendement de leur organisation.

Troisièmement, dans toute société, les gens souhaitent obtenir une ressource très importante: un emploi payant qui permet de faire une carrière intéressante et satisfaisante. L'étude de la gestion est l'une des meilleures voies à suivre pour réaliser cet objectif lorsqu'on est attiré par les situations complexes, dynamiques et comportant toutes

sortes d'interactions interpersonnelles. Pour plusieurs, plus un emploi comporte de complexité et de responsabilités, plus il est intéressant. Toute personne à la recherche d'un travail stimulant qui évolue avec le temps aurait donc avantage à développer ses habiletés en gestion et à accroître ses compétences de façon à obtenir de l'avancement. Quelqu'un qui, après avoir travaillé plusieurs années, retourne étudier et décroche un M.B.A. peut espérer obtenir un emploi plus intéressant, plus satisfaisant et beaucoup plus payant que son emploi antérieur. De plus, les salaires augmentent rapidement à mesure qu'on s'élève dans la hiérarchie d'une organisation, que ce soit dans l'éducation, une grande entreprise à but lucratif, un organisme de bienfaisance ou une entreprise sociale à but non lucratif.

Toutefois, l'argent n'est qu'un des types de récompenses accordées en raison d'un rendement élevé. Les gestionnaires retirent également une grande satisfaction de la résolution de problèmes sociaux et de leur contribution au développement des organisations et de la société. La plupart des gestionnaires ont la responsabilité d'un groupe ou d'une unité dans des entreprises pour lesquelles la survie et la croissance dépendent de l'utilisation judicieuse de ressources souvent limitées. Par leur rendement élevé, les gestionnaires permettent aux entreprises de créer de l'emploi, dans des conditions saines, et d'offrir aux clients des produits et des services qu'ils souhaitent acheter. De nos jours, que font les gestionnaires pour apporter de telles contributions[16]?

OA2 Faire la distinction entre la planification, l'organisation, la direction et le contrôle du rendement, et expliquer l'effet de la capacité des gestionnaires à s'acquitter de chacune de ces tâches sur le rendement des organisations.

1.2 Les tâches des gestionnaires

Les gestionnaires ont la responsabilité d'aider leur organisation à faire le meilleur usage possible de ses ressources en vue de la réalisation de ses objectifs. Pour y parvenir, ils assument quatre fonctions ou tâches essentielles: la planification, l'organisation, la direction et le contrôle du rendement (*voir la figure 1.3*). Henri Fayol a été le premier à décrire la nature de ces tâches dans un ouvrage intitulé *Administration industrielle et générale*, publié en 1916 (*voir l'annexe A, à la page 418*). Encore aujourd'hui, on consulte cet ouvrage de référence qui explique ce que doivent faire les gestionnaires pour créer une organisation à rendement élevé[17].

> **FIGURE 1.3** Les quatre tâches des gestionnaires

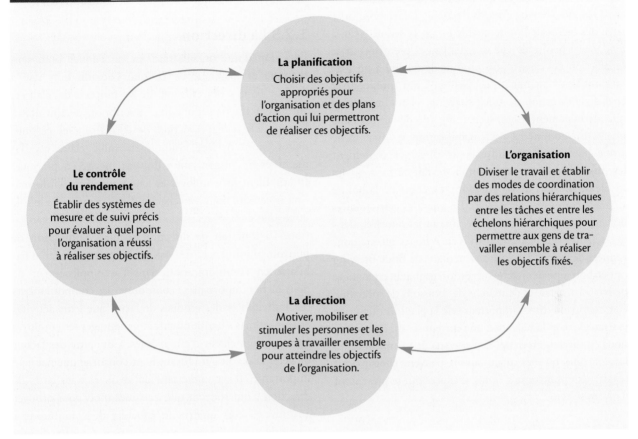

Les gestionnaires de tous les échelons et de tous les services (dans les petites comme dans les grandes organisations, à but lucratif ou non lucratif, établies dans un seul pays ou dans le monde entier) ont la responsabilité d'effectuer ces quatre tâches que nous étudierons séparément. Le succès des gestionnaires à s'en acquitter détermine le degré d'efficacité et d'efficience de leur organisation. Outre les gestionnaires, d'autres personnes peuvent aussi prendre part à la planification, à l'organisation, à la direction et au contrôle du rendement. Il est donc important de comprendre ces processus.

1.2.1 La planification

La **planification** est un processus qui sert à déterminer et à choisir des objectifs et des façons de procéder appropriés. Ce processus comporte cinq étapes.

1. Décider des objectifs que l'organisation cherchera à atteindre.

2. Analyser les ressources disponibles et le contexte organisationnel pour déterminer les capacités organisationnelles et déceler les menaces et les occasions qui peuvent se présenter.

3. Décider des plans d'action ou de la stratégie à adopter.

4. Déterminer l'affectation des ressources organisationnelles pour mettre en application le plan d'action choisi.

5. Évaluer si la stratégie a donné les résultats escomptés.

La capacité de planification des gestionnaires détermine les degrés d'efficacité et d'efficience de leur organisation, c'est-à-dire son niveau de rendement[18].

La planification a pour résultat une **stratégie**, c'est-à-dire un ensemble de décisions concernant les objectifs à atteindre, les mesures à prendre et les façons d'utiliser des ressources pour réaliser ces objectifs. Prenons l'exemple de Brick Brewing, qui a adopté une stratégie de domination (globale) par les coûts en vendant au prix le plus bas autorisé non seulement sa marque populaire Laker, mais

---

Planification (*planning*)
Fonction du processus de gestion qui consiste à déterminer et à choisir des objectifs et des façons de procéder appropriés.

Stratégie (*strategy*)
Ensemble de décisions prises en fonction de la mission de l'organisation concernant les objectifs à atteindre, les mesures à prendre et les façons d'utiliser des ressources pour les réaliser.

aussi des bières artisanales de qualité telle la Red Baron Premium Blonde Lager, qui a obtenu une médaille d'or aux Ontario Brewing Awards de 2011. L'entreprise offre ainsi des bières de bonne qualité et à prix réduit. «On a tendance à perdre de vue une des causes premières de la satisfaction des clients: un produit de qualité à un prix raisonnable», fait remarquer George Croft, président et chef de la direction de Brick Brewing. «J'ai l'impression que, dernièrement, notre secteur a perdu de vue ces deux phares du commerce.» La planification est une tâche ardue parce qu'il est difficile de discerner clairement les objectifs qu'une organisation devrait se fixer ou les meilleurs moyens de les atteindre. Le choix de la bonne stratégie comporte des risques. En effet, les gestionnaires doivent engager des ressources organisationnelles dans des activités qui peuvent aussi bien échouer qu'être couronnées de succès. Les cadres supérieurs de Brick Brewing ont élaboré une démarche de gestion gagnante en matière de bière artisanale et de marché des boissons de spécialité. Cet exemple illustre l'importance de la planification et de la stratégie dans la réussite d'une entreprise. Au chapitre 5, nous étudierons en détail le processus de planification et les stratégies que les organisations peuvent choisir pour réagir aux opportunités et aux menaces qui se présentent dans un secteur.

1.2.2 L'organisation

L'**organisation** est un processus qui sert à diviser le travail et à établir des modes de coordination en structurant les relations en milieu de travail de façon que les membres d'une organisation travaillent de concert à la réalisation de ses objectifs. Il s'agit de déterminer le travail à faire, de le diviser en tâches, puis de grouper des personnes dans des services en fonction des tâches propres à l'emploi qu'elles occupent. Les gestionnaires doivent également établir les voies ou canaux hiérarchiques d'autorité et de responsabilités entre les différents individus et groupes. Ils déterminent aussi les meilleures façons de coordonner les ressources organisationnelles, en particulier les ressources humaines, pour que l'ensemble des tâches effectuées par chacun produise le travail requis.

Il en résulte une **structure organisationnelle**, c'est-à-dire un système formel de relations entre les tâches et de rapports de subordination qui permet de coordonner et de stimuler les efforts des membres de l'organisation de façon qu'ils travaillent ensemble à la réalisation de ses objectifs. Cette structure détermine les meilleures façons d'utiliser les ressources de l'organisation pour produire des biens et des services. Le processus d'organisation sera étudié en détail dans le chapitre 6, où il sera question des structures

organisationnelles dont les gestionnaires peuvent se servir pour diviser les tâches et coordonner la main-d'œuvre.

1.2.3 La direction

La vision d'une organisation est un énoncé bref, synthétique et inspirant de ce que l'organisation vise à devenir et des objectifs qu'elle se propose de réaliser; autrement dit, il s'agit d'une description de son état à l'avenir. Dans leur fonction de **direction**, les gestionnaires énoncent une vision d'ensemble claire que les membres de l'organisation doivent mettre en pratique. Ils stimulent les employés et leur fournissent l'information nécessaire pour que chacun d'eux comprenne le rôle qu'il joue dans la réalisation des objectifs de l'organisation. La fonction de direction requiert l'utilisation de pouvoir, d'influence, de vision, de persuasion et d'habiletés en communication dans l'accomplissement de deux tâches importantes: coordonner les comportements des individus et des groupes de façon que leurs activités et leurs efforts s'harmonisent, et encourager les employés à fournir le meilleur d'eux-mêmes. Connaître des façons de gérer et de diriger efficacement constitue une habileté importante. Il est intéressant de savoir que les chefs de direction n'ont souvent que quelques mois pour prouver aux investisseurs qu'ils sont capables de communiquer une vision et de l'amener à sa réalisation. En effet, d'après des études récentes, les investisseurs et les analystes n'accordent que 14 à 18 mois aux chefs de direction pour qu'ils obtiennent des résultats[19].

Une vision claire et un bon leadership de la direction ont pour résultat d'accroître la motivation et l'engagement des membres de l'organisation. Par exemple, la vision du président et chef de la direction de Brick Brewing, George Croft, est d'en faire la microbrasserie

---

Organisation (*organizing*)
Fonction du processus de gestion qui consiste à diviser le travail et à établir des modes de coordination en structurant les relations en milieu de travail de façon que les membres d'une organisation travaillent de concert à la réalisation de ses objectifs.

Structure organisationnelle (*organizational structure*)
Système formel de tâches interreliées et de rapports de subordination qui sert à coordonner et à stimuler les efforts des membres de l'organisation de façon qu'ils travaillent ensemble à la réalisation de ses objectifs.

Direction (*leading*)
Fonction du processus de gestion qui consiste à formuler clairement les ambitions de l'organisation, puis à stimuler ses membres et à leur accorder l'autonomie nécessaire pour que tous comprennent leur rôle personnel dans la réalisation de ses buts.

pionnière dans le développement de nouvelles bières de qualité distinctive au Canada. Son leadership s'appuie sur cette vision et sur la reconnaissance de son expertise technique et de son intégrité éthique, faisant de lui un leader de style charismatique. Ensemble, la vision claire et le leadership charismatique de George Croft ont incité son équipe d'employés à travailler fort pour produire des boissons auxquelles on a décerné des prix[20]. Il dit d'ailleurs lui-même : « Je suis fier de mon équipe de travailleurs, qui a rendu ces résultats possibles, et particulièrement heureux de ces récompenses, qui confirment le fait que nous procurons aux amateurs de bière des produits d'une qualité exceptionnelle. Notre succès aux Ontario Brewing Awards est un exploit collectif. » Il sera question de la gestion des équipes et du leadership des individus et des groupes dans les chapitres 8 à 11.

1.2.4 Le contrôle du rendement

Les gestionnaires responsables du **contrôle du rendement** doivent évaluer jusqu'à quel point l'organisation réussit à réaliser ses objectifs et à prendre des mesures pour maintenir ou améliorer le rendement. Par exemple, ils évaluent le rendement des personnes, des services et de l'organisation dans son ensemble pour vérifier si, à tous les niveaux, les normes de rendement établies sont respectées. Si l'écart de rendement n'est pas acceptable, ils prennent des mesures pour redresser la situation. Les personnes qui travaillent en groupe ont également la responsabilité du contrôle du rendement. En effet, elles doivent s'assurer que le groupe réalise les objectifs qui lui sont fixés et qu'il mène à bien l'ensemble des activités prévues. L'objectif de Brick Brewing est de produire de la bière qui a une saveur distinctive. L'entreprise y parvient en utilisant une méthode de brassage « de qualité artisanale certifiée », qui précise par exemple la qualité des matières premières qui entrent dans le brassage, les températures de fermentation et les zones d'entreposage. Si la température baissait en deçà des normes, les groupes de brasseurs la remonteraient jusqu'à la zone souhaitée et retireraient les lots de bière hors norme de la ligne de production.

Le processus de contrôle a pour résultat de mesurer le rendement avec précision et de maintenir le niveau d'efficience et d'efficacité de l'organisation. Pour exercer un tel contrôle, les gestionnaires doivent déterminer les objectifs à mesurer (p. ex. des objectifs liés à la

---

Contrôle du rendement (*controlling*)
Fonction du processus de gestion qui consiste à évaluer le degré de réussite d'une organisation à réaliser ses objectifs et à prendre des mesures pour maintenir ou améliorer sa performance.

productivité, à la qualité ou à la réceptivité aux besoins des clients) et concevoir des systèmes d'information et de contrôle qui leur fourniront les données nécessaires pour évaluer le rendement. Ces mécanismes leur procurent une rétroaction, qu'ils communiquent ensuite à leurs employés. Le contrôle du rendement permet ainsi aux gestionnaires d'évaluer le rendement de l'organisation dans son ensemble, tant le rendement des employés que leur propre performance en ce qui a trait à l'accomplissement de leurs trois autres tâches, soit la planification, l'organisation et la direction. Les gestionnaires peuvent alors prendre des mesures correctives lorsqu'elles s'imposent.

Nous étudierons les aspects les plus importants du contrôle du rendement au chapitre 12. Nous en décrirons le processus de base et nous examinerons quelques-uns des systèmes de contrôle que les gestionnaires peuvent utiliser pour superviser et mesurer le rendement organisationnel.

Les quatre tâches que nous venons d'évoquer (la planification, l'organisation, la direction et le contrôle du rendement) sont les éléments essentiels du travail des gestionnaires. À tous les échelons de la hiérarchie de gestion et dans tous les services d'une organisation, une gestion efficace consiste à prendre les bonnes décisions et à s'acquitter de ces quatre tâches avec succès.

OA3 Faire la distinction entre les types de fonctions et les échelons au sein de la hiérarchie pour comprendre les responsabilités des gestionnaires.

1.3 Les types de fonctions et les échelons au sein de la hiérarchie

Pour que les gestionnaires effectuent leurs quatre tâches de gestion de façon efficace et efficiente, les organisations les différencient en les regroupant de deux façons distinctes : 1) par type de fonction et 2) par échelon dans la hiérarchie de l'organisation[21]. D'abord, elles les différencient en fonction de trois échelons dans la hiérarchie de l'autorité : les cadres de terrain, les cadres intermédiaires et les cadres supérieurs, suivant un ordre ascendant. Puis, elles regroupent les gestionnaires dans différents services (appelés aussi « fonctions ») d'après leur ensemble particulier d'habiletés, leur expertise et leur expérience, par exemple des habiletés en génie, une expertise en marketing ou de l'expérience dans la vente.

On définit un **service**, par exemple la production, la comptabilité, le service technique ou le service des ventes, comme étant un groupe de gestionnaires et d'employés qui travaillent ensemble parce qu'ils possèdent des habiletés et une expérience similaires ou parce qu'ils utilisent le même type de connaissances ou les mêmes instruments ou techniques pour effectuer leur tâche. À l'intérieur de chaque service, on trouve les trois échelons de gestionnaires : les cadres de terrain, les cadres intermédiaires et les cadres supérieurs. À chaque échelon, les gestionnaires ont des responsabilités différentes mais connexes en ce qui concerne l'utilisation des ressources de l'organisation pour accroître son efficience et son efficacité. Comme l'indique la figure 1.4, les cadres de terrain, intermédiaires et supérieurs se distinguent les uns des autres par les responsabilités propres à leurs postes, mais ils sont présents dans chacun des principaux services d'une organisation.

Examinons les raisons pour lesquelles les organisations se dotent d'une hiérarchie de gestionnaires et regroupent ceux-ci dans des services selon les tâches qu'ils accomplissent.

1.3.1 Les cadres de terrain

À la base de la hiérarchie des gestionnaires, on trouve les **cadres de terrain**, souvent appelés «chefs de section» ou «contremaîtres». Ils ont la tâche de superviser et de coordonner quotidiennement le travail du personnel non-cadre qui effectue un grand nombre des activités nécessaires à la production de biens et de services. Ainsi, de façon générale, les cadres de terrain rendent compte de leur gestion aux cadres intermédiaires qui, eux-mêmes, relèvent des cadres supérieurs. On trouve les cadres de terrain dans tous les services d'une organisation. Le superviseur d'une équipe de travail dans l'atelier de production d'une usine de construction d'automobiles, l'infirmière-chef du service d'obstétrique d'un hôpital et le chef mécanicien qui supervise le travail d'une équipe de mécaniciens

---

Service (*department*)
Groupe de personnes qui possèdent des habiletés similaires ou qui utilisent les mêmes connaissances et qui travaillent ensemble sous l'autorité d'un même chef.

Cadre de terrain (*middle manager*)
Cadre responsable de la supervision et de la coordination quotidiennes du travail du personnel non-cadre.

Cadre intermédiaire (*first-line manager*)
Personne chargée de superviser le travail des cadres de terrain et de trouver la meilleure manière d'utiliser des ressources en vue de la réalisation des objectifs de l'organisation.

dans le service auxiliaire d'un concessionnaire d'automobiles constituent autant d'exemples de cadres de terrain.

1.3.2 Les cadres intermédiaires

Les **cadres intermédiaires** supervisent les cadres de terrain. Ils doivent chercher à optimiser l'organisation des ressources humaines dans la réalisation des objectifs organisationnels. Pour accroître l'efficience, ils essaient d'aider les cadres de terrain et le personnel non-cadre à faire un meilleur usage des ressources, de façon à réduire les coûts de production ou à améliorer la prestation des services à la clientèle. Pour accroître l'efficacité, ils ont la responsabilité d'évaluer si les objectifs de l'organisation sont appropriés et, si nécessaire, de suggérer aux cadres supérieurs des moyens de les modifier. Une grande partie du travail des cadres intermédiaires consiste à développer et à perfectionner les habiletés et le savoir-faire (p. ex. une expertise en production ou en marketing) qui permettent à leur organisation d'être efficace et efficiente. Ces cadres assurent aussi la coordination des ressources entre les services et les divisions. Ils prennent les milliers de décisions qui s'appliquent tout particulièrement à la production de biens et à la prestation de services : par exemple, à quels cadres de terrain faut-il confier tel projet ? Où peut-on trouver des ressources

FIGURE 1.4   La hiérarchie des gestionnaires

Chef
de la
direction
Cadres supéreurs

Cadres intermédiaires

Cadres de terrain
Superviseurs

Ressources humaines | Recherche et développement | Exploitation | Comptabilité et finance | Ventes et marketing

de la meilleure qualité possible ? Comment pourrait-on organiser la main-d'œuvre de façon à optimiser l'utilisation des ressources ?

Compte tenu de leur position entre les cadres de terrain et les cadres supérieurs et des liens qu'ils maintiennent entre les unités de terrain, les cadres intermédiaires sont surtout présents dans les grandes organisations employant plusieurs centaines de personnes. Les cadres intermédiaires jouent un rôle important dans ces grandes organisations. Disposant d'une vision plus entière du rôle d'un service et de ses membres pour l'organisation, ainsi que des ressources allouées, les cadres intermédiaires peuvent fortement motiver et stimuler l'engagement des cadres de terrain et des employés qui se trouvent souvent éloignés de la vision globale de l'organisation. De plus, les cadres intermédiaires facilitent la circulation de l'information et des connaissances entre les personnes, ce qui stimule l'apprentissage et l'innovation.

1.3.3 Les cadres supérieurs

Contrairement aux cadres intermédiaires, les **cadres supérieurs** ont la responsabilité du rendement de tous les services. En général, ils font partie de la haute direction[22]. Ils s'occupent des relations entre les différents services et font le lien entre les diverses parties d'une organisation. Leurs tâches sont multiples.

- Ils planifient les grands axes d'activité de l'entreprise en favorisant la réalisation de la vision de l'organisation. Il s'agit d'établir les principaux objectifs et stratégies d'entreprise, par exemple, et de choisir le type de biens ou de services que l'organisation devrait produire ou fournir.
- Ils organisent le fonctionnement de l'entreprise en déterminant les types d'interactions entre les services ainsi que les budgets qui sont alloués à ces services.
- Ils dirigent de larges parties de l'organisation en supervisant la façon dont les cadres intermédiaires (de chaque service) utilisent leurs ressources tout en les motivant à réaliser les objectifs fixés.
- Ils contrôlent également le rendement des divers services ou divisions en comparant leur performance aux objectifs fixés, ce qui leur permet de prendre des mesures correctives concernant ces divisions[23].

En fin de compte, les cadres supérieurs portent la responsabilité du succès ou de l'échec d'une organisation. Par conséquent, leur rendement est examiné minutieusement par des gens de l'intérieur et de l'extérieur de l'organisation, tels les employés, les auditeurs et les investisseurs[24].

Les cadres supérieurs rendent des comptes au chef de la direction. Par exemple, le directeur des finances Jason Pratt doit rendre compte de ses activités à George Croft, qui est à la fois président et chef de la direction de Brick Brewing. Dans les organisations qui disposent d'un conseil d'administration, le chef de la direction devra à son tour rendre des comptes au conseil d'administration. Le conseil d'administration regroupe des administrateurs, c'est-à-dire des gestionnaires aguerris des environnements interne et externe de l'entreprise qui, tout en dessinant les larges orientations stratégiques de l'entreprise à long terme et dans sa position globale et sociétale, rendront des comptes aux propriétaires de l'organisation.

Le chef de la direction et le président ont la responsabilité de développer de bonnes relations de travail entre les cadres supérieurs qui dirigent les divers services (p. ex. la production et le marketing) et qui ont généralement le titre de vice-présidents ou de chefs de service. Une des principales tâches du chef de la direction est de former une équipe de **haute direction** qui fonctionne harmonieusement. Cette équipe est composée du chef de la direction, du directeur général et des chefs des principaux services tels que les vice-présidents qui contribuent le plus à la planification et à la réalisation des objectifs de l'organisation[25]. Le chef de la direction a également la responsabilité d'établir la vision de l'organisation.

L'importance relative de chacune des quatre tâches de gestion (la planification, l'organisation, la direction et le contrôle du rendement) dépend du poste qu'un gestionnaire occupe dans la hiérarchie de l'organisation[26]. À mesure qu'il gravit les échelons, il doit employer plus de temps à la planification et à l'organisation des ressources en vue de maintenir et d'améliorer le rendement organisationnel (*voir la figure 1.5, à la page suivante*). Les cadres supérieurs consacrent la plus grande partie de leur temps à planifier et à organiser, car ce sont des tâches essentielles dans la détermination du rendement à long terme d'une organisation. Plus sa position est basse dans l'échelle hiérarchique, plus un gestionnaire doit passer de temps à diriger et à contrôler le travail des cadres de terrain et du personnel non-cadre, déterminant ainsi davantage le rendement à court terme de l'organisation.

Cadre supérieur (*top manager*)
Gestionnaire qui établit certains objectifs de l'organisation, détermine les stratégies pour les réaliser, décide des modes de division et de coordination entre les services, et supervise et évalue le travail des cadres intermédiaires.

Haute direction (*top-management team*)
Groupe composé du chef de la direction, du directeur général et des chefs des principaux services (cadres supérieurs).

> **FIGURE 1.5** La quantité de temps relative que les gestionnaires consacrent à leurs quatre principales tâches

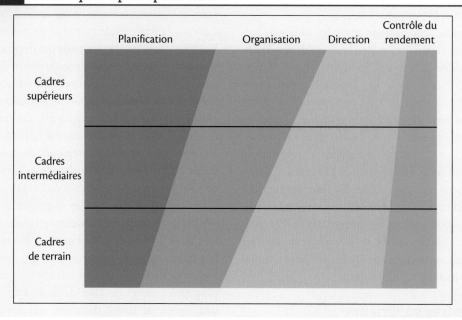

OA4 Faire la distinction entre les types d'habiletés et entre les différents rôles des gestionnaires.

1.4 Les habiletés et les rôles des gestionnaires

Pour accomplir avec succès leurs tâches de planification, d'organisation, de direction et de contrôle du rendement, les gestionnaires doivent posséder certaines habiletés et remplir différents rôles dans le cadre de leurs activités quotidiennes.

1.4.1 Les habiletés en gestion

Selon des études, une éducation systématique, une formation institutionnelle et de l'expérience aident les gestionnaires à acquérir trois principaux types d'habiletés : des habiletés conceptuelles, interpersonnelles et techniques[27]. Le niveau de développement de chacun de ces types d'habiletés qu'un gestionnaire doit atteindre dépend de son échelon dans la hiérarchie de gestion (*voir la figure 1.6*).

Les habiletés conceptuelles

Les **habiletés conceptuelles** se manifestent par une capacité d'analyser une situation, de diagnostiquer un problème

---

Habileté conceptuelle (*conceptual skill*)
Capacité d'analyser une situation, de diagnostiquer un problème et de distinguer les causes des effets, tout en considérant les caractéristiques et le contexte de l'organisation.

---

et de distinguer les causes des effets. La planification et l'organisation exigent une bonne dose d'habiletés conceptuelles. Les cadres supérieurs sont ceux qui utilisent le plus ce type d'habiletés parce qu'ils sont d'abord et avant tout responsables de l'exécution de ces deux tâches[28]. Une éducation systématique et une formation institutionnelle jouent un rôle important dans le développement des habiletés conceptuelles. Une formation en entreprise au niveau du baccalauréat et de la maîtrise (M.B.A.) fournit un grand nombre des outils conceptuels (théories et techniques en marketing, en finance et dans d'autres domaines) dont les gestionnaires ont besoin pour accomplir efficacement leurs tâches. Grâce à leurs habiletés conceptuelles, ils peuvent comprendre la situation générale à l'intérieur et à l'extérieur de l'entreprise, y compris l'impact de son environnement sociétal. La capacité de se concentrer sur une situation dans son ensemble et de réfléchir à plusieurs solutions, tout en ayant en tête les objectifs à long terme et la stratégie de l'organisation, leur permet de voir au-delà des circonstances immédiates.

De nos jours, l'éducation permanente et la formation continue en gestion, y compris l'apprentissage de technologies de l'information (TI) d'avant-garde, font partie intégrante de l'acquisition d'habiletés en gestion. En effet, il apparaît sans cesse de nouvelles théories et techniques conçues pour améliorer l'efficacité des organisations, telles que la gestion intégrale de la qualité (GIQ), l'étalonnage, l'organisation virtuelle et le commerce électronique interentreprises. En feuilletant un périodique comme *Les Affaires* ou *Canadian Business,* on peut trouver toutes sortes

| FIGURE 1.6 | Les habiletés conceptuelles, interpersonnelles et techniques utilisées dans les trois échelons de gestion |

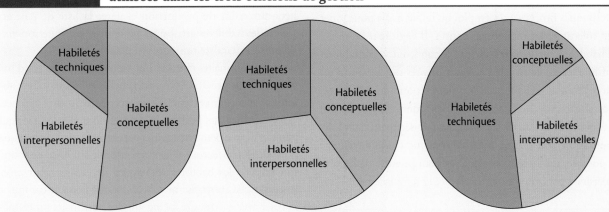

de séminaires, sur des sujets aussi variés que la commercialisation (ou marketing) de pointe, la finance, le leadership et la gestion des ressources humaines, qui s'adressent aux gestionnaires des différents échelons d'une organisation, des cadres supérieurs de la haute direction aux cadres intermédiaires. Les sociétés Suncor, TELUS, BCE et beaucoup d'autres encore délimitent la partie du budget personnel des gestionnaires que chacun peut utiliser à sa discrétion pour suivre des programmes de perfectionnement en gestion.

Il arrive aussi que des organisations souhaitent qu'un de leurs gestionnaires acquière des habiletés dans un domaine précis, par exemple qu'il étudie une nouvelle composante des habiletés nécessaires dans certains services, telle la négociation d'obligations internationales, ou qu'il développe les compétences indispensables à l'application d'un programme de gestion intégrale de la qualité. L'organisation paie alors pour que le gestionnaire suive des programmes d'études spécialisées. En fait, sa disposition à investir dans le perfectionnement d'un de ses gestionnaires indique que la personne en question effectue bien ses tâches. De même, il arrive souvent qu'une organisation envoie des membres de son personnel non-cadre, qui accomplissent un travail supérieur à la moyenne (parce qu'ils ont étudié la gestion), suivre des cours intensifs de formation en gestion pour qu'ils développent leurs habiletés dans ce domaine.

Les habiletés interpersonnelles

Parmi les habiletés interpersonnelles, on compte la capacité de comprendre, de modifier, de diriger et de contrôler le comportement d'autres personnes et groupes. Les capacités à communiquer et à fournir une rétroaction, à coordonner et à motiver les personnes, à reconnaître l'apport des autres, à former des équipes ayant de la cohésion et à se servir des stratégies

avec discernement caractérisent les gestionnaires efficaces. Ces gestionnaires disposent d'une grande intelligence émotionnelle, c'est-à-dire de fortes capacités à utiliser les sentiments et les émotions pour comprendre les rapports interpersonnels. Pour bien gérer les rapports entre les personnes, il faut que chaque membre d'une organisation apprenne à sympathiser avec les autres, c'est-à-dire à comprendre leurs points de vue et les problèmes qui les préoccupent. Pour connaître leurs forces et leurs faiblesses, les gestionnaires auraient avantage à demander à leurs supérieurs, à leurs pairs et à leurs subordonnés de leur fournir une rétroaction concernant leur rendement. Ils doivent aussi être capables de gérer efficacement les intrigues de bureau de façon à pouvoir composer avec la résistance des personnes qui ne partagent pas leurs objectifs. Les gestionnaires efficaces utilisent des stratégies politiques pour influencer les autres et s'assurer de leur soutien dans la réalisation de leurs objectifs, tout en surmontant la résistance ou l'opposition de certains.

Que la personnalité d'un gestionnaire le prédispose ou pas à certaines habiletés dans ses rapports avec les autres, il lui est possible de développer des habiletés interpersonnelles, comme les habiletés conceptuelles, par l'éducation et la formation, ainsi que par l'expérience[29].

Les organisations utilisent de plus en plus des programmes d'avant-garde pour favoriser le développement d'habiletés en leadership et en direction d'équipe en vue de mettre à profit les avantages des équipes autogérées[30]. Une rétroaction directe permet aussi aux gestionnaires de développer leurs habiletés interpersonnelles.

Habileté interpersonnelle (*human skill*)
Capacité à comprendre, à modifier, à guider et à superviser le comportement d'autres personnes et de groupes de personnes.

Les habiletés techniques

Les **habiletés techniques** sont les connaissances et les techniques propres à un emploi qu'il faut avoir pour jouer un rôle utile dans une organisation. Il s'agit, par exemple, d'habiletés particulières en production, en comptabilité, en marketing et en TI. Les gestionnaires ont besoin d'un large éventail d'habiletés techniques pour être efficaces. La nature et le nombre des habiletés dont ils ont besoin varient en fonction de la position qu'ils occupent dans l'organisation. Ainsi, le gérant d'un restaurant aurait avantage à posséder des habiletés culinaires pour prendre de bonnes décisions concernant, par exemple, le remplacement d'un

---

Habiletés techniques (*technical skills*)
Ensemble des connaissances et des techniques correspondant à un emploi donné et qui sont requises pour remplir un rôle dans une organisation.

---

cuisinier absent, des habiletés en comptabilité et en tenue des comptes pour bien comprendre les données financières liées aux coûts de production et gérer la liste de paie et, enfin, des habiletés artistiques pour aider à ce que son établissement paraisse toujours attrayant à ses clients.

Les gestionnaires efficaces ont besoin des trois types d'habiletés : conceptuelles, interpersonnelles et techniques. L'absence d'un seul de ces types d'habiletés peut les mener à l'échec. Un des principaux problèmes auxquels font face les gens qui démarrent une petite entreprise, par exemple, est leur manque d'habiletés conceptuelles et interpersonnelles. Une personne qui possède les habiletés techniques nécessaires pour créer une nouvelle entreprise ne sait pas nécessairement comment la gérer avec succès. De même, un des principaux problèmes des scientifiques et des ingénieurs qui changent de carrière pour passer de la recherche à la gestion est leur manque d'habiletés interpersonnelles efficaces. Les gestionnaires qui ont de l'ambition ou les gens qui veulent devenir gestionnaires sont

---

LE POINT SUR ❯ Bestar

Les défis de gestion d'une entreprise ancrée dans sa communauté qui a dû naviguer en eaux agitées

La vie d'une entreprise manufacturière n'a rien d'un long fleuve tranquille. En effet, pour assurer la pérennité de leur entreprise, les gestionnaires sont appelés à composer avec de nombreux défis de nature économique, financière et commerciale.

Fondée à Lac-Mégantic en 1948 par Jean-Marie Tardif, Bestar[31] est une entreprise familiale de fabrication de meubles ayant fait son entrée en Bourse en 1986 et qui se spécialise dans le créneau des meubles prêts-à-assembler. Elle compte parmi les joueurs majeurs de ce secteur d'activité. Important employeur de la région, l'entreprise, qui compte aujourd'hui environ 150 employés, a ses installations dans la municipalité estrienne de Lac-Mégantic, sise à environ 30 km des frontières des États-Unis, où elle exporte 65 % de sa production.

À compter du tournant des années 2000, l'entreprise a procédé à plusieurs vagues de mises à pied, faisant graduellement passer son effectif de 500 à environ 150 employés en raison de plusieurs facteurs contextuels : diminution du volume d'affaires, surcapacité de production, ralentissement économique et augmentation de la valeur du dollar canadien relativement au dollar américain. De plus, la communauté et l'entreprise ont été, le 6 juillet 2013, frappées par une tragédie qui a plongé dans l'horreur la population de cette municipalité de quelque 6 000 habitants ainsi que le personnel de l'entreprise. Le

déraillement et l'explosion de plusieurs wagons composant un convoi ferroviaire transportant du pétrole ont entraîné la mort de plus de 40 personnes, dont un employé de Bestar. Bien que ses installations n'aient pas été touchées par les incendies majeurs provoqués par les explosions, l'entreprise a cependant dû réagir rapidement et déployer des services de soutien psychologique pour ses employés. Ceux-ci ont été incapables de reprendre la production pendant environ une semaine, plusieurs ayant des amis et membres de la famille parmi les victimes. Enfin, comme elle fonctionnait selon la formule du juste-à-temps, une approche qui consiste à ne produire la marchandise qu'au moment d'une commande dont la livraison est imminente, Bestar a mis plusieurs semaines à reprendre le retard causé par une interruption de production d'une semaine.

L'ensemble de ces facteurs contextuels illustre bien les défis auxquels ont à faire face les gestionnaires des organisations, dont ils doivent malgré tout assurer la bonne performance. Dans l'accomplissement de leurs tâches et l'exercice de leurs fonctions, ceux-ci doivent alors faire la preuve de leur capacité à maîtriser plusieurs habiletés de gestion.

1. À partir de sources d'information pertinentes, dressez le portrait des défis de l'entreprise Bestar au cours des 15 dernières années en faisant ressortir les différentes habiletés de gestion que le maintien des activités commerciales de l'entreprise a requises au fil du temps.

sans cesse à la recherche des plus récents ouvrages didactiques pouvant les aider à développer les habiletés conceptuelles, interpersonnelles ou techniques nécessaires pour accroître leur rendement dans un environnement planétaire en évolution constante et de plus en plus compétitif.

1.4.2 Les rôles en gestion

Au début des années 1970, le professeur Henry Mintzberg de l'Université McGill a dressé une liste contenant des renseignements sur 10 rôles que les gestionnaires efficaces doivent assumer dans le cadre de leurs activités quotidiennes. Un **rôle** est un ensemble de tâches spécifiques qu'une personne est tenue d'effectuer en raison du poste qu'elle occupe dans une organisation. Les rôles que le professeur Mintzberg décrit ont des points en commun avec le modèle de Fayol, lui-même complémentaire aux tâches de planification, d'organisation, de direction et de contrôle décrites dans ce chapitre. Ces rôles nous paraissent particulièrement utiles parce qu'ils attirent l'attention sur ce que les gestionnaires font dans une heure, une journée ou une semaine typique de travail[32]; leur description est donnée ci-après.

Le professeur Mintzberg a examiné toutes les tâches que les gestionnaires doivent accomplir dans le cadre de la planification, de l'organisation, de la direction et du contrôle du rendement des ressources organisationnelles et les a réduites à 10 rôles, répartis en 3 grandes catégories : interpersonnels, liés à l'information et décisionnels (*voir le tableau 1.1, à la page suivante*)[33]. Les gestionnaires s'acquittent de chacun de ces rôles en vue d'influencer le comportement de personnes et de groupes à l'intérieur et à l'extérieur de l'organisation. À l'intérieur de l'organisation, il s'agit par exemple d'autres gestionnaires et d'employés, et à l'extérieur, de parties prenantes telles que des actionnaires, des clients, des fournisseurs, la collectivité dans laquelle est établie l'organisation, les médias et n'importe quels organismes gouvernementaux ou associations locales qui s'intéressent à l'organisation et à ce qu'elle fait[34]. Les gestionnaires assument souvent plusieurs de ces rôles simultanément.

Les rôles interpersonnels

Les gestionnaires assument des rôles interpersonnels lorsqu'ils coordonnent le travail des membres de l'organisation et ont des interactions avec eux, et lorsqu'ils s'occupent de la direction et de la supervision des employés et de l'entreprise dans son ensemble. Le premier rôle interpersonnel d'un gestionnaire est celui de symbole, c'est-à-dire une personne qui représente l'organisation ou

Rôle (*role*)
Ensemble des tâches spécifiques qu'une personne est tenue d'effectuer en raison du poste qu'elle occupe dans une organisation.

Le premier rôle interpersonnel d'un gestionnaire est celui de symbole, c'est-à-dire d'une personne qui représente l'organisation ou un service aux yeux des autres.

un service aux yeux des autres. Dans ce rôle, le chef de la direction doit déterminer l'orientation que prendra l'organisation, autrement dit, sa mission. Il doit aussi informer les employés et les autres parties prenantes des objectifs que l'organisation cherche à réaliser. Les gestionnaires de tous les échelons ont des rôles de symboles et de modèles, et c'est à ce titre qu'ils indiquent les comportements appropriés ou non au sein de l'organisation.

Dans son rôle de leader, le gestionnaire encourage ses subordonnés à fournir le meilleur rendement possible. Il prend des mesures pour les former, les conseiller et les encadrer afin de les aider à atteindre leur plein potentiel. Le pouvoir d'un gestionnaire de diriger les autres lui vient non seulement de l'autorité formelle que sa position dans la hiérarchie de l'organisation lui confère, mais aussi de ses qualités personnelles, notamment sa réputation, ses habiletés et sa personnalité. Le comportement du leader influe sur les attitudes des employés et sur leur comportement. En fait, la volonté des subordonnés d'avoir un rendement supérieur à la moyenne ou même d'arriver à temps au travail et de s'absenter le moins possible dépend du degré de satisfaction qu'ils éprouvent à travailler pour l'organisation.

À titre d'agent de liaison, le gestionnaire relie et coordonne les activités des personnes et des groupes à l'intérieur et à l'extérieur de l'organisation. À l'intérieur, sa tâche consiste à coordonner les activités des membres du personnel de divers services pour améliorer leur capacité à travailler conjointement. À l'extérieur, il a pour tâche de tisser des liens avec les fournisseurs, les clients ou la collectivité dans laquelle se trouve l'organisation en vue de se procurer des ressources, surtout les plus rares. Les gens de l'extérieur de l'organisation associent généralement celle-ci au gestionnaire avec lequel ils communiquent ou encore avec celui qu'ils voient à la télévision ou dont on parle dans les journaux.

TABLEAU 1.1	Les rôles des gestionnaires selon Mintzberg	
Type de rôles	**Rôle spécifique**	**Exemples d'activités liées à ce rôle**
INTERPERSONNELS	Symbole	Donne aux employés un aperçu des objectifs organisationnels pour l'avenir lors des réunions ; inaugure un nouvel édifice qui servira de siège social à l'entreprise ; énonce les directives de l'organisation en matière de déontologie et les principes relatifs aux comportements que les employés doivent adopter dans leurs relations avec les clients et les fournisseurs.
	Leader	Constitue un exemple à suivre pour les employés ; donne directement des ordres à ses subordonnés ; prend des décisions concernant l'utilisation des ressources humaines ou techniques ; mobilise les employés pour qu'ils appuient des objectifs spécifiques de l'organisation.
	Agent de liaison	Coordonne le travail des gestionnaires de différents services ; s'associe à diverses organisations en vue de partager des ressources pour la production de nouveaux biens ou la prestation de nouveaux services.
LIÉS À L'INFORMATION	Observateur actif	Évalue le rendement des gestionnaires dans différentes fonctions et adopte des mesures correctives pour l'améliorer ; surveille l'apparition de tout changement, dans l'environnement interne ou externe de l'organisation, qui pourrait avoir un effet sur elle à l'avenir.
	Diffuseur (d'information)	Renseigne les employés sur les changements dans l'environnement interne ou externe de l'organisation qui auront un effet sur elle et sur eux ; communique aux employés la vision et la raison d'être de l'organisation.
	Porte-parole	Lance une campagne publicitaire nationale pour faire connaître de nouveaux produits ou services ; prononce des allocutions pour informer la collectivité locale ou les médias des intentions de l'organisation.
DÉCISIONNELS	Entrepreneur	Mobilise des ressources organisationnelles pour la conception et la mise au point de biens et de services innovants ; tente de faire une percée sur le marché international en vue de trouver de nouveaux clients pour les produits de l'entreprise.
	Régulateur	Prend rapidement des mesures correctives pour régler des problèmes imprévus qui menacent l'organisation et qui proviennent de l'environnement extérieur (p. ex. un déversement de pétrole) ou intérieur (p. ex. la production de biens défectueux ou de services inadéquats).
	Répartiteur des ressources	Répartit les ressources entre les diverses fonctions et les différents services de l'organisation ; fixe les budgets et les salaires des cadres de terrain et intermédiaires.
	Négociateur	Travaille avec les fournisseurs, les grossistes et les syndicats pour parvenir à des ententes sur la qualité et le coût des facteurs de production, ainsi que des ressources humaines et techniques ; travaille avec d'autres organisations pour conclure des ententes qui visent à mettre en commun certaines ressources dans le cadre de projets conjoints.

Les rôles liés à l'information

Les rôles liés à l'information visent l'obtention et la diffusion de l'information. Le gestionnaire agit d'abord comme observateur actif. Il analyse l'information provenant de l'intérieur et de l'extérieur de l'organisation et s'en sert pour organiser et contrôler efficacement les personnes et d'autres ressources.

En tant que diffuseur, le gestionnaire transmet de l'information à d'autres membres de l'organisation en vue d'influer sur leurs attitudes et leur comportement au travail. Dans son rôle de porte-parole, il utilise les renseignements obtenus pour présenter l'organisation sous son meilleur jour de façon que les gens, à l'intérieur comme à l'extérieur, aient d'elle une opinion favorable.

Les rôles décisionnels

Les rôles décisionnels sont étroitement liés aux méthodes adoptées par les gestionnaires pour planifier des stratégies et utiliser des ressources. En tant qu'entrepreneur, le gestionnaire doit choisir les projets ou les programmes à entreprendre et les façons d'y investir des ressources en vue d'accroître le rendement de l'organisation. Dans son rôle de régulateur, le gestionnaire a la responsabilité de faire face à toute situation ou crise imprévue pouvant menacer l'accès de l'organisation aux ressources dont elle a besoin. Le cas échéant, le gestionnaire doit aussi assumer les rôles de symbole et de leader. Il s'agit pour lui de rallier les employés de façon qu'ils puissent l'aider à obtenir les ressources nécessaires pour parer au problème.

Dans des conditions normales, un des rôles les plus importants du gestionnaire est celui de répartiteur des ressources. Il consiste à déterminer les meilleures façons d'utiliser les ressources humaines et autres pour accroître le rendement de l'organisation. En outre, le gestionnaire doit s'acquitter du rôle de négociateur, c'est-à-dire conclure des ententes avec des collègues ou des groupes qui réclament un accès prioritaire aux ressources, avec l'organisation elle-même et avec des groupes extérieurs comme des actionnaires ou des clients.

Conseils aux gestionnaires

Les tâches et les rôles

Utilisez la classification des rôles interpersonnels de Mintzberg pour favoriser efficacement la diversité dans votre organisation.

1. Faites savoir qu'une gestion efficace de la diversité est un objectif important (symbole).

2. Servez de modèle et établissez des lignes de conduite et des procédures pour vous assurer que tous les membres de votre organisation sont traités justement (leader).

3. Permettez à des personnes et à des groupes différents de coordonner leurs efforts et de coopérer les uns avec les autres à l'intérieur et aux frontières de l'organisation (agent de liaison).

OA5   Étudier les changements récents dans les pratiques de gestion touchant le travail des gestionnaires.

1.5 Les changements récents dans les pratiques de gestion

Les tâches et les responsabilités des gestionnaires aux différents échelons de la hiérarchie ont changé de façon spectaculaire au cours des dernières années. De plus en plus, les cadres supérieurs encouragent les gestionnaires des échelons inférieurs à regarder au-delà des objectifs de leur propre service et à observer ce qui se passe dans les autres pour trouver de nouvelles occasions d'améliorer le rendement de l'organisation. Une compétition féroce pour les ressources sur les plans national et international accroît la pression sur les gestionnaires pour qu'ils améliorent l'efficience, l'efficacité et le rendement de leur organisation. Les systèmes d'information de gestion (SIG) fournissent aux gestionnaires de tous les échelons et de tous les domaines un accès à une information plus abondante et plus précise, ce qui améliore leur capacité de planifier, d'organiser, de diriger et de contrôler le rendement. Les plus récentes technologies procurent aussi aux membres du personnel non-cadre plus de renseignements sur leur travail et leur permettent de développer leurs habiletés, de se spécialiser et de devenir plus productifs[35]. Voyons de plus près ces éléments de changement.

1.5.1 La restructuration et l'externalisation

Pour pouvoir utiliser des technologies de pointe en vue d'accroître l'efficience et l'efficacité organisationnelles, les chefs de la direction et les équipes de haute direction se sont employés à restructurer leurs organisations et à externaliser certaines de leurs activités pour réduire le nombre d'employés sur leur liste de paie et augmenter la productivité de la main-d'œuvre restante.

La **restructuration** consiste en une simplification, une réduction ou un redimensionnement des activités d'une organisation dans le but de diminuer ses frais d'exploitation. C'est ce que font de nombreuses entreprises dans les périodes de récession, de compressions budgétaires ou lorsqu'un changement considérable se produit, par exemple en cas de fusion ou d'acquisition. On peut procéder à une restructuration en éliminant des services et en réduisant le nombre d'échelons dans la hiérarchie. Ces deux procédés entraînent de nombreuses pertes d'emplois qui touchent les cadres supérieurs, intermédiaires et de terrain ainsi que le personnel non-cadre.

De nombreuses restructurations sont causées par le progrès technique. Même si des innovations dans le domaine

---

Restructuration (*restructuring*)
Redimensionnement d'une organisation par la suppression d'un grand nombre de postes de cadres dirigeants, intermédiaires et de terrain, ainsi que du personnel non-cadre.

de la technologie ont causé une réduction du nombre d'emplois, elles ont aussi fait apparaître de nouveaux postes et professions qui n'existaient pas il y a quelques années à peine (p. ex. chef des relations Twitter à la compagnie aérienne Southwest). La capacité des nouvelles technologies d'accroître l'efficience a toutefois entraîné une augmentation du nombre de redimensionnements au cours des dernières années. En effet, ces technologies permettent d'employer moins de personnes pour effectuer une tâche donnée parce qu'elles augmentent la capacité de chacune d'elles à traiter de l'information et à prendre des décisions plus rapidement et avec plus d'exactitude. Les entreprises canadiennes dépensent des milliards de dollars annuellement pour des SIG qui améliorent l'efficience et l'efficacité des organisations et transforment les procédés de communication. Il sera question des nombreux effets de ces systèmes et des nouvelles technologies sur la gestion au chapitre 4 et tout au long de cet ouvrage.

Toutefois, la restructuration peut produire certains résultats extrêmement néfastes et faire perdre son efficience à la gestion. Elle peut démoraliser les employés qui restent et qui s'inquiètent de leur sécurité d'emploi. En outre, beaucoup de cadres supérieurs qui ont redimensionné leur organisation se sont rendu compte qu'ils étaient allés trop loin lorsque leur main-d'œuvre a commencé à se plaindre d'une surcharge de travail et qu'un nombre croissant de clients ont dénoncé la piètre qualité des services offerts[36]. La société Dell éprouve encore ce type de difficultés depuis les années 2000, alors qu'elle continue à réduire le nombre de ses conseillers du service à la clientèle et à externaliser cette catégorie d'emplois en Inde pour diminuer ses coûts.

L'**externalisation** consiste pour une organisation à confier, par contrat, l'exécution d'une activité qu'elle effectuait jusque-là (p. ex. la production, le marketing ou le service à la clientèle) à une autre entreprise dont les coûts de production sont moins élevés ou qui maîtrise une expertise ou la qualité mieux que l'organisation elle-même. Cette pratique vise à accroître l'efficience de l'organisation parce qu'elle réduit ses frais d'exploitation ou contrôle mieux la qualité, ce qui libère de l'argent et des ressources susceptibles d'être utilisés plus efficacement, par exemple pour mettre au point de nouveaux produits. Le besoin de réagir à une concurrence mondiale sur le plan des coûts a considérablement accéléré le phénomène de l'externalisation au début du XXIe siècle. Des millions d'emplois du secteur de la production ont été perdus au Canada depuis l'an 2000 à mesure que des entreprises ont déménagé leurs activités dans des endroits tels que la Chine, Taiwan et la Malaisie. De même, des pays comme l'Inde et la Russie ont hérité de dizaines de milliers d'emplois bien rémunérés en TI parce qu'ils disposent d'une main-d'œuvre qualifiée et que les salaires de leurs programmeurs ne s'élèvent qu'au tiers de ceux de leurs collègues canadiens et américains. Par exemple, la société Dell emploie à l'heure actuelle plus de 15 000 conseillers du service à la clientèle en Inde.

De nos jours, les grandes sociétés à but lucratif et le secteur public, au Canada et au Québec notamment, ont généralement de 10 à 20 % moins de main-d'œuvre qu'il y a 10 ans en raison de leurs efforts de restructuration et d'externalisation. Des entreprises comme Ford, IBM, Bell, HP, Dell et DuPont comptent parmi les milliers d'organisations qui ont rationalisé leurs activités pour diminuer leurs coûts et accroître leur efficience. En guise d'argument, elles font valoir que les gestionnaires et les employés qui ont perdu leur emploi en trouveront un autre dans de nouvelles entreprises en pleine expansion où leurs habiletés et leur expérience seront mieux utilisées. Par exemple, les millions d'emplois de production transférés à l'étranger pourraient être remplacés par d'autres emplois mieux payés dans le secteur des services que la croissance du commerce mondial permettra de créer. Néanmoins, de nombreuses personnes doivent encore déployer beaucoup d'efforts pour se trouver un gagne-pain intéressant.

Les restructurations liées à l'innovation chez la compagnie aérienne Southwest ont fait apparaître le nouveau poste de chef des relations Twitter.

Externalisation (*outsourcing*)
Fait de confier à une autre entreprise, par contrat, une activité que l'organisation effectuait elle-même jusque-là.

1.5.2 L'autonomisation et les équipes autogérées

Outre les SIG, l'autre moyen que les gestionnaires ont trouvé pour accroître l'efficience et l'efficacité de leur organisation est l'autonomisation du personnel non-cadre et la transition vers des équipes autogérées. L'**autonomisation** est une technique de gestion qui consiste à donner aux employés plus d'autorité et de responsabilités dans l'exécution des activités propres à leur travail, un procédé que la société Brick Brewing utilise.

L'exemple d'un constructeur de tracteurs bien connu illustre le potentiel de cette technique à accroître le rendement. La main-d'œuvre qui assemble les véhicules chez John Deere a une connaissance détaillée de leur fonctionnement. Les gestionnaires de l'entreprise se sont soudainement rendu compte que ces employés pouvaient se transformer en représentants convaincants si on leur fournissait la formation appropriée. Ils leur ont donc donné une formation de vente intensive et les ont envoyés chez leurs clients pour présenter les nouveaux produits John Deere et leur expliquer la façon de les utiliser et de les entretenir. Au cours de leurs échanges avec des clients, ces représentants nouvellement autonomisés peuvent aussi recueillir des renseignements destinés à aider l'entreprise à mettre au point de nouveaux produits qui répondraient mieux aux besoins exprimés. Toutefois, ces emplois ne sont que temporaires. Les représentants se voient assigner des tournées, puis reviennent à la chaîne de montage. Ils peuvent alors se servir de leurs nouvelles connaissances pour trouver des moyens d'améliorer leur efficience et la qualité des produits.

On utilise de plus en plus les TI dans le but d'autonomiser les employés. En effet, elles permettent à ceux-ci d'accroître leurs connaissances concernant leurs tâches et d'élargir leur champ de responsabilité. Il arrive souvent que des TI permettent à un seul employé d'effectuer une tâche exécutée jusque-là par plusieurs personnes. En conséquence, il bénéficie d'une plus grande autonomie et de davantage de responsabilités. Chez EllisDon, une entreprise canadienne de construction, on dispose d'une nouvelle plateforme technologique appelée « Edgebuilder ». Grâce à cet outil, les gestionnaires de l'organisation ont acquis suffisamment d'assurance pour confier de plus grandes responsabilités à de jeunes employés auxquels ils n'auraient probablement pas fait confiance auparavant. Selon la haute direction de l'entreprise, décider de confier plus de responsabilités à un employé dans un projet plus complexe que tout ce qu'il a entrepris jusque-là est beaucoup moins difficile lorsque les gestionnaires disposent de TI qui leur fournissent un aperçu de la progression du travail[37].

Les **équipes autogérées** sont des groupes d'employés à qui l'on confie la responsabilité de superviser leurs propres activités et de contrôler la qualité des produits qu'ils fabriquent ou des services qu'ils fournissent. Par exemple, Clive Beddoe, ancien chef de la direction de WestJet, a introduit l'autonomisation et l'autogestion de la main-d'œuvre dans cette société. Selon lui, dans un système de gestion provenant de la base, les employés ressentent de la fierté lorsqu'ils réalisent les objectifs généraux de l'entreprise sans l'intervention de superviseurs. Ce sont eux qui prennent les décisions sur ce qu'ils doivent faire et sur la façon de le faire. Les hiérarchies de gestion se transforment.

Autonomisation (*empowerment*)
Chez les membres du personnel, accroissement des connaissances, des tâches et des responsabilités en matière de prise de décisions.

Équipe autogérée (*self-managed team*)
Groupe d'employés qui supervisent leurs propres activités et contrôlent la qualité des produits et services qu'ils fournissent.

Résumé et révision

Cette section vous servira à vérifier l'acquisition des objectifs d'apprentissage.

OA1 Qu'est-ce que la gestion?   La gestion est un processus qui consiste à réaliser les objectifs d'une organisation en utilisant ses ressources de façon efficace et efficiente grâce à la planification, à l'organisation, à la direction et au contrôle du rendement. Ainsi, un gestionnaire est une personne chargée de superviser l'utilisation des ressources d'une organisation de façon que celle-ci réalise ses objectifs. Une organisation est un groupe de personnes qui travaillent ensemble et qui coordonnent leurs activités en vue d'atteindre une grande variété d'objectifs. Une organisation efficiente utilise ses ressources de la meilleure façon possible. Pour être efficace, elle doit se fixer des objectifs appropriés et les atteindre en utilisant ses ressources pour produire les biens et les services que des clients veulent acheter. Les six principes de saine gestion définis par l'Ordre des administrateurs agréés du Québec sont la transparence, la continuité, l'efficience (intégrée), l'équilibre, l'équité et l'abnégation. L'ensemble de ces principes guide le gestionnaire à travers la complexité de son travail pour gérer de façon éthique, durable et professionnelle l'organisation dont il est responsable.

OA2 Les tâches des gestionnaires   Les quatre principales tâches des gestionnaires sont la planification, l'organisation, la direction et le contrôle du rendement. À tous les échelons de la hiérarchie organisationnelle et dans les services, les gestionnaires effectuent ces tâches dans des proportions différentes selon les besoins. Pour être efficace, un gestionnaire doit s'acquitter de toutes ces activités avec succès.

OA3 Les types de fonctions et les échelons au sein de la hiérarchie   On distingue les gestionnaires par l'échelon qu'ils occupent dans la hiérarchie de l'organisation et par leur type de fonction. Parmi les fonctions, on compte généralement le marketing, la production, les ressources humaines, la comptabilité et la finance ainsi que la recherche et le développement. Dans les organisations, on trouve habituellement trois niveaux de gestion. Les cadres de terrain sont chargés de la supervision quotidienne du travail du personnel non-cadre. Les cadres intermédiaires ont la responsabilité de mettre au point et d'utiliser les ressources organisationnelles avec efficacité et efficience. Les cadres supérieurs coordonnent les différents services. Ils doivent établir des objectifs appropriés pour l'ensemble de l'organisation et s'assurer que les gestionnaires des divers services utilisent les ressources disponibles de façon efficace et efficiente en vue de réaliser ces objectifs.

OA4 Les habiletés et les rôles des gestionnaires   Trois types d'habiletés permettent aux gestionnaires de s'acquitter de leur rôle efficacement: les habiletés conceptuelles, interpersonnelles et techniques. Selon le professeur Mintzberg, les gestionnaires assument 10 rôles dans leurs activités quotidiennes: symbole, leader, agent de liaison, observateur actif, diffuseur (d'information), porte-parole, entrepreneur, régulateur, répartiteur de ressources et négociateur.

OA5 Les changements récents dans les pratiques de gestion   Pour accroître leur rendement, certaines organisations ont modifié leur hiérarchie de gestion par des moyens tels que la restructuration, l'externalisation, l'autonomisation de la main-d'œuvre et l'utilisation d'équipes autogérées. Des innovations dans le domaine des technologies et des rapports de force internationaux ont accéléré ces changements.

TERMES CLÉS

autonomisation (p. 21)
cadre de terrain (p. 12)
cadre intermédiaire (p. 12)
cadre supérieur (p. 13)
contrôle du rendement
   (p. 11)
direction (p. 10)
économie sociale (p. 4)
efficacité (p. 6)
efficience (p. 6)
équipe autogérée (p. 21)
externalisation (p. 20)

gestion (p. 5)
gestionnaire (p. 5)
habileté conceptuelle (p. 14)
habileté interpersonnelle
   (p. 15)
habiletés techniques (p. 16)
haute direction (p. 13)
organisation (terme désignant
   la fonction) (p. 10)
organisation (terme
   désignant le groupement)
   (p. 4)

planification (p. 9)
rendement organisationnel
   (p. 6)
ressources (p. 5)
restructuration (p. 19)
rôle (p. 17)
service (p. 12)
stratégie (p. 9)
structure organisationnelle
   (p. 10)

Solutionnaire
enseignant

Les gestionnaires à l'œuvre

SUJETS À TRAITER ET ACTIVITÉS CONNEXES

NIVEAU 1 Connaissances et compréhension

1. Décrivez ce qu'est la gestion et ce que font les gestionnaires pour réaliser les objectifs de leur organisation.

2. Expliquez les notions d'efficience et d'efficacité.

3. Décrivez les principales responsabilités correspondant aux trois échelons de la gestion et présentez les habiletés auxquelles les gestionnaires ont recours pour assumer leurs rôles et s'acquitter de leurs tâches.

NIVEAU 2 Application et analyse

4. Demandez à un cadre intermédiaire ou à un cadre supérieur, par exemple quelqu'un que vous connaissez déjà, de vous donner des exemples de la façon dont il exécute ses tâches de gestion, soit la planification, l'organisation, la direction et le contrôle du rendement. Combien de temps consacre-t-il à chacune de ces tâches?

5. Comme le professeur Mintzberg, essayez de trouver un gestionnaire qui acceptera de vous laisser le suivre pendant toute une journée de travail. Dressez une liste des types de rôles de ce gestionnaire et indiquez le temps qu'il consacre à chacun d'eux.

6. Faites une recherche sur iTunes ou ailleurs pour trouver une émission en baladodiffusion gratuite traitant des façons dont les gestionnaires utilisent le temps qu'ils consacrent à s'acquitter de leurs rôles et de leurs tâches. Rédigez un bref rapport de ce que vous aurez trouvé.

NIVEAU 3 Synthèse et évaluation

7. Évaluez deux organisations existantes dont l'une est, à votre avis, efficiente et efficace, et l'autre, inefficiente et inefficace, en ce qui a trait à l'utilisation de leurs ressources. Donnez des preuves de votre évaluation.

8. Mettez-vous à la place d'un cadre de terrain d'un magasin de détail comme La Baie. De quelles habiletés auriez-vous besoin et quels rôles devriez-vous assumer dans votre travail quotidien ? Quelles activités découlant de ces rôles devriez-vous probablement effectuer ?

9. Expliquez ce qui différencie les tâches de planification, de direction, d'organisation et de contrôle du rendement de chacun des trois échelons de gestion.

EXERCICE PRATIQUE EN PETIT GROUPE

Formez un groupe de trois ou quatre personnes et choisissez quelqu'un qui présentera les résultats de votre recherche à toute la classe lorsque votre professeur vous le demandera. Discutez ensemble du scénario suivant.

Votre leader a rédigé une proposition qui a été soumise au conseil municipal pour obtenir l'autorisation de présenter un concert. Il convoque une réunion du groupe pour vous annoncer que la proposition a été acceptée par les membres du conseil, mais à deux conditions *sine qua non* : le groupe doit veiller à ce qu'aucune loi ou aucun règlement ne soit enfreint et à ce que la sécurité de tous les spectateurs soit assurée pendant la durée du concert. Vous acceptez ces conditions et vous devez déterminer la façon de gérer cet événement.

1. Quel ensemble d'habiletés le leader du groupe a-t-il surtout utilisé dans sa préparation de la proposition ?

2. Que faut-il faire pour planifier ce concert de façon efficace et efficiente ?

3. Quels types de ressources le groupe doit-il utiliser dans l'organisation de ce concert ?

4. Précisez le rôle de gestion que le leader a assumé :

   a) lorsqu'il a convoqué une réunion du groupe ;

   b) lorsqu'il a rencontré les membres du conseil municipal ;

   c) lorsque les membres du groupe ont accepté les conditions de l'entente.

5. Comment le leader pourrait-il diriger son groupe de façon à présenter un concert qui aura du succès ?

6. Quel type de mesures de contrôle le groupe pourrait-il prendre pour respecter son entente avec le conseil municipal ?

EXERCICE DE PLANIFICATION D'AFFAIRES

Pour vous guider, consultez l'annexe B, à la page 426.

Cet exercice consiste à rédiger un plan d'affaires pour une nouvelle entreprise ou un plan stratégique portant sur une entreprise déjà existante. À la fin de chaque chapitre, vous aurez l'occasion d'appliquer les concepts de gestion et d'organisation que vous y aurez appris en rédigeant un de ces plans.

Avec deux partenaires, vous pensez rédiger un plan d'affaires pour ouvrir un grand restaurant dans votre quartier. Chacun de vous ne peut investir que 25 000 $ dans cette entreprise mais, avec un plan d'affaires précis, vous espérez obtenir 450 000 $ supplémentaires sous la forme d'un prêt bancaire. Votre expérience du secteur alimentaire se limite au service ou à la consommation de repas dans divers restaurants. Toutefois, la lecture du présent chapitre vous en a appris un peu plus sur la façon dont vous allez gérer votre entreprise.

1. Déterminez les activités et les tâches dont devraient se charger les trois échelons de gestion dans ce restaurant.

2. Comment devriez-vous procéder, vos partenaires et vous, afin d'agir efficacement en matière a) de planification, b) d'organisation, c) de direction et d) de contrôle des ressources lors de l'ouverture de ce nouveau restaurant ?

EXERCICE DE GESTION RELATIF À L'ÉTHIQUE

Récemment, six sociétés pharmaceutiques internationales ont admis avoir conspiré pour hausser artificiellement les prix des vitamines un peu partout dans le monde. Il s'agissait d'une société suisse, d'une société allemande et de quatre autres entreprises. La décision de gonfler les prix provenait de cadres supérieurs de chaque société qui s'étaient concertés. Cette façon d'agir, contraire aux lois et aussi à l'éthique, a eu comme résultat des hausses de coûts injustifiées pour les consommateurs. Les cadres en question se sont rencontrés à quelques reprises et à différents endroits dans le monde pour mettre au point leur stratégie, qui est passée inaperçue pendant des années. Une fois reconnus coupables, tous ont été congédiés ; certains ont été emprisonnés et on a engagé des poursuites judiciaires contre d'autres.

En réponse à cette situation, chaque société a accepté de créer un poste d'agent responsable de la déontologie pour superviser les comportements à tous les échelons de son organisation.

1. Pourquoi certaines personnes sont-elles prêtes à poser des gestes contraires à l'éthique et aux lois alors que d'autres ne songeraient même pas à agir de cette façon ?

2. Le respect de l'éthique est-il inné ou peut-on l'enseigner aux gens ? Peut-on obliger les gens à se comporter conformément à l'éthique ?

3. Comment définiriez-vous le « manque d'éthique » dans le cas présent ? Croyez-vous qu'il est possible pour des entreprises de se comporter conformément à l'éthique ?

4. Quels avantages les gestionnaires espéraient-ils tirer de leur façon d'agir ?

LA GESTION MISE AU DÉFI

Planifier même l'inconcevable[38]

Beaucoup de gens ont vu le film *Titanic* et connaissent l'incroyable tragédie qui s'y rattache. Le 15 avril 1912, à 2 h 20, le puissant navire qui a inspiré tant de rêves, *The R.M.S. Titanic,* a sombré dans les eaux glacées de l'Atlantique, entraînant dans la mort quelque 1 517 personnes[39]. Ce naufrage s'est révélé la catastrophe la plus sordide du xxᵉ siècle. Tout le monde se demande comment une chose pareille a pu se produire. La construction du *Titanic* date d'une époque d'optimisme. On produisait de nouveaux matériaux. On avait le goût de grandes aventures. La sécurité n'avait jamais été aussi assurée.

Pourrait-on attribuer cette catastrophe à de mauvaises pratiques de gestion ? Dans « Plan for the unthinkable », Mark Kozak-Holland écrit que « [...] la politique de prestige l'a emporté sur la sécurité dans la conception du *Titanic*. Le sort de ce vaisseau que bien des gens croyaient insubmersible était inévitable. Et, pire encore, les responsables de ce désastre n'ont jamais été inquiétés ». D'après le dossier préparé à l'époque, on prévoyait que le projet de construction d'un navire comme le *Titanic* aurait un délai de récupération de deux ans. Il s'agissait d'un exploit au début du siècle dernier. Toutefois, il y avait un très sérieux problème : une concurrence frénétique poussait les armateurs à mettre le bateau à l'eau le plus tôt possible. La haute direction n'a pas tenu compte des plans des architectes en matière de sécurité, de performance, de stabilité, de maintenabilité (ou facilité d'entretien) et d'environnement, qui visaient à s'assurer de la capacité du navire à remplir ses fonctions. Autrement dit, l'exploitation du *Titanic* constituait un risque pour tout le monde. Par conséquent, son rendement s'en trouvait grandement compromis. Des questions de fierté n'ont pas non plus aidé les choses. Les architectes ont cédé aux exigences des dirigeants, qui voulaient appareiller au plus tôt et offrir aux passagers « l'expérience de leur vie » en raison de leur confiance exagérée dans la conception du navire. « Les canots de sauvetage étaient considérés comme une mesure de sécurité supplémentaire, au cas où le *Titanic* aurait à secourir un navire en détresse. » Même si le navire était conçu pour contenir 42 canots de sauvetage, il a appareillé avec seulement 20 canots, soit à peine 4 de plus que les exigences légales britanniques de l'époque pour les 2 228 passagers et membres d'équipage présents. La planification des contrôles a aussi été bousculée par des considérations de temps et d'investissements. Malheureusement, les gens en ont conclu que le *Titanic* était à l'abri de toute défaillance. Des réputations, celles d'organisations et de personnes, étaient en jeu. Les tests ont été faits de façon intermittente et ils étaient, au mieux, inadéquats. Pourtant, la philosophie des dirigeants a continué d'être « en avant toute ! ».

1. Imaginez que vous êtes gestionnaire à l'échelon de votre choix au moment où votre société planifie la mise en service du *Titanic*. Quelles suggestions auriez-vous formulées concernant la planification et le contrôle du rendement dans ce projet ?

PROJET DE PRÉPARATION D'UN DOSSIER DE GESTION

L'observation et l'analyse d'une même organisation pendant un semestre pourraient vous aider à acquérir des habiletés en gestion. Chaque chapitre de ce manuel comporte donc un exercice qui consiste à évaluer la façon dont cette organisation compose avec les sujets qui y sont traités.

Choisissez une grande société canadienne faisant appel public à l'épargne (ou société cotée) sur laquelle il est facile de trouver des renseignements grâce à des sites Internet sur les entreprises, aux journaux, au site Internet des Autorités canadiennes en valeurs mobilières, à SEDAR et aux rapports annuels de l'entreprise. Citez toutes vos sources suivant la méthode appropriée. Répondez aux questions suivantes concernant l'organisation que vous avez choisi d'étudier.

1. Brossez un bref tableau d'ensemble de l'organisation. Quelle est sa taille en ce qui a trait au nombre d'employés, aux produits annuels et aux bénéfices, à l'emplacement de ses installations, etc. ? Quels types de produits ou de services offre-t-elle ?

2. Donnez un aperçu du secteur d'activité dans lequel cette organisation évolue. Dans quelle branche d'activité se situe-t-elle ? Combien a-t-elle de concurrents actifs ? Quel est son marché cible ?

3. Nommez les membres de sa haute direction. Qui est le chef de la direction et quel a été son parcours ? Donnez des exemples des activités de cette personne qui illustrent les façons dont elle s'acquitte de ses tâches de planification, d'organisation, de direction et de contrôle du rendement.

Étude de cas

Les secrets des meilleurs patrons canadiens

StarTech.com est une organisation en plein essor, située à London en Ontario. Avant 2002, son président, Paul Seed, n'avait jamais pris le temps de mesurer l'implication de ses employés dans son entreprise[40]. Toutefois, lorsqu'il l'a fait, à l'aide de ressources internes, il a été stupéfait de découvrir le degré d'insatisfaction de la main-d'œuvre de son centre de distribution de matériel informatique. Cette découverte lui a été salutaire. Selon Paul Seed, «lorsqu'on dirige une entreprise qui démarre de rien et qui s'agrandit jusqu'à employer 153 personnes, il faut modifier son style à mesure qu'elle prend de l'expansion. Or, nous n'avons pas remis à jour notre style de communication pour qu'il convienne à la taille de l'entreprise».

En 2005, après avoir surveillé de près pendant quelques années la motivation de ses employés, Paul Seed croyait fermement que la situation s'était améliorée et a inscrit son entreprise au programme des meilleurs employeurs en petite entreprise, le programme Best Small Business Employers (BSME). À sa grande surprise, StarTech.com ne s'est pas qualifiée parmi les 50 meilleures. De toute évidence, les employés n'étaient pas aussi motivés qu'il l'avait cru. En examinant soigneusement les rétroactions recueillies, le président de StarTech.com a remarqué deux doléances qui révélaient l'inefficacité de la méthode de gestion du personnel de son équipe de direction: un manque de communication entre la direction et les employés et le peu de participation de ceux-ci dans les prises de décisions au sein de l'entreprise.

Paul Seed a donc décidé d'effectuer des changements durables. Pour rétablir la communication entre les deux parties, il a rapidement insisté sur le dialogue entre la direction et les employés. Peut-être trop rapidement. Ce revirement soudain en a fait sourciller plusieurs, devenus cyniques avec le temps. «Tout le monde était un peu sceptique au début», admet monsieur Seed. Pourtant, il a maintenu le cap. Il a encouragé les cadres supérieurs à continuer d'amorcer des conversations avec les employés de première ligne, en contact direct avec la clientèle, de leur donner des nouvelles des événements ou des changements en cours dans l'entreprise et de prendre des mesures pour apaiser toute inquiétude. Au bout d'environ un an, même les employés les plus méfiants auraient difficilement pu mettre en doute les efforts de la direction en matière de communication.

Ensuite, afin d'amener les employés à participer au processus de prise de décisions, Paul Seed a réuni son personnel au siège social de l'entreprise pendant une fin de semaine pour discuter des progrès accomplis et des objectifs à atteindre. Cette conférence, appelée «StarTech One Team», visait à donner à tous les membres du personnel une bonne compréhension des réalisations de l'entreprise et de ses objectifs. Elle leur fournissait également une occasion de contribuer à l'orientation stratégique de StarTech.com. Ce fut un succès. À partir de 2005, ces conférences sont devenues annuelles et ont pris de l'ampleur dans plus d'un sens. D'abord, elles comportent maintenant un volet «divertissement». Il s'agit de réunions sociales axées aussi bien sur la consolidation des équipes que sur l'élaboration de stratégies. De plus, l'entreprise a récemment décidé de faire venir par avion ses employés des bureaux des États-Unis et du Royaume-Uni pour y assister. Le coût annuel de l'organisation de cette conférence se situe entre 50 000 et 60 000 $ pour l'entreprise, sans compter les salaires majorés de 50 % et les compensations que chaque participant reçoit pour travailler la fin de semaine. «Ça coûte cher, reconnaît Paul Seed, mais les employés ont l'occasion non seulement de parler à tout le monde, mais aussi de voir l'orientation que prend l'entreprise.»

Ces mesures ont clairement eu un effet sur le personnel. StarTech.com a enfin réussi à se faire une place dans la classification du BSME, au 45e rang en 2009 et au 36e rang en 2011. Paul Seed n'est pas peu fier d'avoir une main-d'œuvre dévouée et déterminée. Selon lui, «il ne faut jamais sous-estimer le pouvoir de l'implication des employés et la différence qui en résulte, car elle permet de transformer une bonne entreprise en une grande entreprise».

Même si StarTech.com ne publie pas ses états financiers, le chef de la direction établit un lien direct entre les initiatives dues à l'implication de ses employés et la croissance des revenus qui, de 10 % en 2005, est passée à 25 % en 2008, a encore augmenté de 5 % en 2009, en pleine récession, pour atteindre 35 % en 2010.

1. Quel changement dans les pratiques de gestion cet exemple illustre-t-il?

2. Comment Paul Seed a-t-il réalisé l'autonomisation des employés de StarTech.com?

3. Quels types d'habiletés de gestion l'exemple de Paul Seed illustre-t-il?

Fin de la partie 1 : Un cas à suivre

LA PRÉSENTATION DU CAS À SUIVRE

Dans cet ouvrage, nous insistons sur le fait que la gestion (la planification, l'organisation, la direction et le contrôle du rendement) ne relève pas uniquement de la haute direction, mais qu'il s'agit plutôt d'un processus auquel tous les gestionnaires doivent participer. C'est particulièrement évident dans le cas des petites entreprises de services où le propriétaire et exploitant dispose généralement d'un nombre restreint d'employés. Le succès de ce type d'entreprise dépend souvent de l'efficacité avec laquelle le gestionnaire organise les activités et utilise les ressources disponibles pour atteindre ses objectifs. Les quatre composantes du processus de gestion sont essentielles dans toute tentative de coopération complexe. La gestion est à la fois l'art et la science de l'organisation et de l'utilisation des facteurs de production physiques et humains en vue de réaliser un objectif souhaité. Vous trouverez, dans cet ouvrage, une introduction au processus de gestion.

Pour mieux illustrer et faire ressortir le rôle du cadre de terrain, nous nous servirons d'un exemple que nous reprendrons tout au long de ce manuel et qui porte sur une entreprise établie dans le sud du Québec. Chaque nouvelle partie de cet exemple montrera la façon dont les principaux protagonistes, le propriétaire et gestionnaire, Maurice Lavallée, et sa cadre de terrain, Jeannette Khan, font quotidiennement face à des problèmes de gestion et les résolvent en appliquant les concepts et les techniques présentés dans les différentes parties de ce manuel (partie 1 : le management ; partie 2 : l'environnement du management ; partie 3 : la planification ; partie 4 : l'organisation ; partie 5 : la direction ; partie 6 : le contrôle). Voici quelques renseignements de base dont vous aurez besoin pour répondre aux questions qui vous seront posées plus loin.

Le profil de l'entreprise

Après avoir mis au point un plan d'affaires typique pour répondre aux exigences d'un cours en entrepreneuriat, Maurice Lavallée a fondé le Magasin général chez Maurice en 2002. Son plan d'affaires comportait environ 20 pages et fournissait l'éventail habituel de renseignements pertinents : une description de l'entreprise, du secteur et du produit ou du service ; une présentation des plans en matière de marketing, d'organisation, d'exploitation et de systèmes de contrôle ; des états financiers *pro forma* ainsi que des tableaux et des annexes de projections financières. Le sommaire décisionnel d'une page comprenait un résumé du plan et traitait de l'entreprise, du marché, de la stratégie, de la concurrence, de la gestion et de certains éléments financiers, tels que la façon dont l'entreprise comptait générer des revenus et une stratégie vraisemblable en cas d'échec. Monsieur Lavallée avait l'intention ferme de fournir des articles d'épicerie de base, à faible prix, à la collectivité dans laquelle il vit, dans le sud du Québec. Il espérait un jour pouvoir vendre des contrats de franchise.

1. Quels types d'activités monsieur Lavallée doit-il envisager dans la planification, l'organisation, la direction et le contrôle du rendement de son entreprise ?

2. Quels ensembles d'habiletés monsieur Lavallée utilisera-t-il pour planifier, organiser et diriger son entreprise ainsi que pour en contrôler le rendement ?

3. Trouvez un exemple d'une activité que monsieur Lavallée pourrait entreprendre et qui illustrerait chacun des rôles des gestionnaires selon Mintzberg.

2

La gestion du contexte organisationnel

Entrée en matière

IKEA domine le monde de l'ameublement

IKEA est la plus grosse chaîne de magasins d'ameublement au monde[1]. En 2011, cette entreprise suédoise exploitait plus de 300 magasins répartis dans 35 pays et comptait plus de 130 000 employés. En 2008, ses ventes atteignaient un chiffre record de 31 milliards de dollars, soit plus de 20 % du marché international de l'ameublement. C'est tout un exploit si l'on considère combien le marché de l'ameublement est diversifié, comprenant des clientèles aux goûts et aux budgets variés, des fabricants de meubles de masse à bas prix et des artisans de meubles de qualité légués de génération en génération, ainsi que des fournisseurs de matériaux et de pièces de toutes sortes et matières. Toutefois, pour ses gestionnaires et ses employés, ce n'est que la pointe de l'iceberg. En effet, selon eux, l'entreprise connaîtra une croissance phénoménale dans le monde au cours de la prochaine décennie parce qu'elle offre au client type ce qu'il veut : des meubles contemporains bien conçus, bien faits et à des prix abordables. En effet, IKEA vise la clientèle de la classe moyenne, ce segment grandissant de la plupart des pays, notamment des pays émergents. Cette capacité d'IKEA de fournir à ses clients des meubles à petits prix résulte en grande partie de sa vision de la mondialisation, de la façon dont elle traite ses employés partout dans le monde et de la méthode de gestion de son réseau international de

magasins. L'approche globale d'IKEA se résume à quelques concepts : la simplicité, l'attention portée aux détails, une surveillance stricte des coûts et une réactivité dans chaque facette de ses activités et de son comportement.

La façon de faire d'IKEA à l'échelle internationale est tributaire des valeurs et des croyances personnelles de son fondateur, Ingvar Kamprad, concernant la manière dont les entreprises devraient traiter leurs employés et leurs clients. Kamprad est né en Småland, une province pauvre de la Suède dont les habitants sont renommés pour leur esprit d'entreprise, leur frugalité et leur assiduité au travail. Il s'est imprégné de ces valeurs dans sa jeunesse et, à ses débuts dans le secteur de l'ameublement, il en a fait la base de sa méthode de gestion. À son tour, il les inculque à ses gestionnaires et à ses employés. Dès le départ, il insiste sur la nécessité d'effectuer ses tâches en toute simplicité et de maintenir les coûts aussi bas que possible. Pour lui, ils sont tous en affaires ensemble, c'est-à-dire que chaque personne qui travaille dans le vaste empire d'IKEA joue un rôle essentiel et a une responsabilité envers les autres.

En pratique, qu'est-ce que cela signifie ? Tout simplement que, lorsqu'ils se déplacent par affaires, tous les membres d'IKEA voyagent en classe économique, logent dans des hôtels abordables et réduisent leurs dépenses au minimum. Cela signifie également que les magasins IKEA suivent un ensemble de règles et de procédures les plus simples possible et que les employés doivent coopérer pour résoudre les problèmes et mener à bien leurs tâches. Il existe de nombreuses anecdotes concernant la frugalité d'Ingvar Kamprad. Par exemple, il voyage toujours en classe économique et, lorsqu'il prend une cannette de Coke dans le minibar de sa chambre d'hôtel, il la remplace par une autre qu'il achète lui-même dans un magasin. Pourtant, il s'agit d'un multimilliardaire dont le nom figure dans la liste du magazine *Forbes* des 20 personnes les plus riches de la planète !

Les gestionnaires d'IKEA font de nombreuses études sur les cultures et les comportements de divers pays pour y trouver des points communs. Ils ont constaté que peu importe le pays, les gens passaient beaucoup de temps le matin à choisir leurs vêtements pour la journée et que c'était, pour la plupart, une situation stressante. Les concepteurs d'IKEA ont alors mis au point un miroir muni de crochets pour y suspendre les vêtements la veille et réduire le stress du matin. En fabriquant de plus grands volumes grâce aux similitudes relevées dans les différents marchés, IKEA peut s'assurer de coûts moins élevés auprès des fournisseurs et alors demander un plus bas prix aux clients. C'est ainsi qu'en mettant de l'avant le concept des meubles à assembler, IKEA a transformé les façons de faire de l'industrie.

Les employés d'IKEA sont initiés à la façon de faire de monsieur Kamprad dès leur embauche dans un magasin d'un des nombreux pays dans lesquels l'entreprise fait des affaires. Ils apprennent la culture d'IKEA en commençant au bas de l'échelle et obtiennent rapidement la formation nécessaire pour effectuer les diverses tâches qui font partie des activités d'un magasin. Au cours de ce processus, chacun fait siennes les valeurs et les normes d'IKEA, qui accordent de l'importance à l'esprit d'initiative et au sens des responsabilités pour résoudre des problèmes et tenir compte des besoins des clients. Les employés passent d'un rayon du magasin à un autre, et parfois d'un magasin à un autre. Ceux dont l'enthousiasme et la solidarité témoignent de leur adhésion à la culture d'IKEA peuvent espérer obtenir rapidement des promotions.

La plupart des cadres supérieurs d'IKEA ont commencé comme simples employés. Chaque année, ils doivent passer une semaine à travailler dans un magasin ou un entrepôt d'IKEA, ce qui leur permet de rompre avec leurs habitudes de bureaucrates. On s'assure ainsi qu'ils restent fidèles aux valeurs de base d'IKEA. Quel que soit le pays dans lequel ils se trouvent, tous les employés portent des vêtements décontractés pour travailler – Kamprad lui-même s'est toujours présenté avec le col de sa chemise ouvert – et il n'y a pas de privilèges attachés aux postes hiérarchiques, comme des salles à manger ou des places de stationnement réservées aux cadres. Les employés sont convaincus qu'en adhérant aux valeurs de travail d'IKEA, en se comportant de façon à conserver à ses activités croissantes à l'échelle internationale leur caractère simple et efficient, et en s'efforçant de prévenir les problèmes potentiels, ils participeront à sa réussite. La formation, les promotions, les salaires au-dessus de la moyenne, un système de primes généreux et la satisfaction personnelle qui se rattache au fait de travailler pour une société dans laquelle les gens se sentent appréciés sont quelques-unes des récompenses que Kamprad a été l'un des premiers à instaurer pour construire et consolider la méthode internationale d'IKEA. Force est de constater que cette équité sociale chez IKEA correspond à l'intérêt grandissant de la société pour le développement durable, incluant la responsabilité sociale des entreprises.

▶ **Après avoir réfléchi aux concepts présentés dans ce chapitre, vous serez en mesure de répondre aux questions suivantes.**

1. Évaluez les forces et les faiblesses d'IKEA telles que déterminées par la structure et la culture organisationnelles formant son environnement interne.

2. Expliquez l'effet des forces présentes dans l'environnement externe d'IKEA sur ses activités internationales.

3. Analysez l'influence de la culture nationale sur les décisions de gestion d'IKEA.

4. Évaluez la façon dont les gestionnaires d'IKEA composent avec la variation des forces dans le milieu et avec l'incertitude.

5. Expliquez la façon dont IKEA relève les défis de la concurrence sur le marché international.

Ces dernières années, on a pu observer un mouvement très net d'ouverture dans l'environnement international, où le capital circule plus librement et où les personnes et les entreprises sont à l'affût de nouvelles opportunités de générer des profits et de la richesse. Ce phénomène a accéléré le processus de mondialisation. La **mondialisation** résulte d'un ensemble de forces spécifiques et générales qui travaillent de concert à intégrer et à relier les systèmes économiques, politiques et sociaux de nombreux pays, cultures ou régions géographiques ; les nations deviennent ainsi de plus en plus interdépendantes et tendent à se ressembler. Les cadres supérieurs de sociétés internationales comme IKEA sont constamment en concurrence avec d'autres entreprises pour l'obtention de ressources rares et coûteuses. La mondialisation a été favorisée par la réduction des obstacles au commerce et aux investissements internationaux, les progrès en matière de transport et la disparition progressive des barrières culturelles.

Même si l'économie mondiale et les environnements internes des entreprises s'influencent mutuellement, nous ne traiterons en détail des façons de gérer ceux-ci que dans les troisième et quatrième parties du manuel. Dans ce chapitre, nous nous intéresserons plutôt à la nature des forces externes, c'est-à-dire les forces qui agissent et les conditions qui règnent au-delà des limites des organisations, mais qui ont un effet sur leur capacité d'acquérir et d'utiliser des ressources et des compétences internes. Deux composantes, l'environnement concurrentiel et l'environnement général, créent des opportunités, mais aussi des menaces avec lesquelles les gestionnaires doivent composer et qui, par conséquent, ont des effets sur la planification, l'organisation, la direction et le contrôle du rendement des organisations. Nous traiterons enfin des façons dont les gestionnaires déterminent les capacités internes de l'organisation et les forces externes en présence pour élaborer des mesures permettant à leur entreprise d'aborder adéquatement les problèmes liés à l'environnement externe et de s'y adapter.

compétences techniques, la mondialisation, la technologie et la concurrence, lesquelles peuvent avoir un effet sur la façon dont l'organisation fonctionne et dont les gestionnaires entreprennent leurs tâches de planification et d'organisation[2]. Ces forces se modifient avec le temps et peuvent donc fournir des opportunités ou représenter des menaces. Des transformations du contexte organisationnel, telles que la mise au point d'une nouvelle technologie de production efficiente, la disponibilité de composantes à moindre coût ou l'ouverture de nouveaux marchés internationaux, créent des occasions pour les gestionnaires d'augmenter la production et la vente de produits ainsi que d'obtenir davantage de ressources et de capitaux, de façon à consolider leur organisation.

Par contre, l'apparition de nouveaux concurrents à l'échelle internationale, une récession économique mondiale ou une pénurie de pétrole constituent des menaces qui peuvent avoir un effet dévastateur sur une organisation si ses gestionnaires ne parviennent pas à vendre ses produits et que son chiffre d'affaires et ses profits diminuent considérablement. La plus ou moins bonne compréhension qu'ont les gestionnaires des forces en présence dans le contexte international et leur capacité à réagir adéquatement à ces forces (p. ex. la capacité des gestionnaires d'IKEA de fabriquer et de vendre des produits d'ameublement que des clients veulent acheter partout dans le monde) sont des facteurs cruciaux pour le rendement de l'organisation.

On peut décomposer le contexte organisationnel en deux éléments : l'environnement interne et l'environnement externe. L'**environnement interne** comprend l'ensemble des forces qui s'exercent à l'intérieur d'une organisation et qui sont issues de sa structure et de sa culture, tels la stratégie, les ressources humaines, les parts de marché, les compétences distinctives et le potentiel technologique. L'**environnement externe** se

---

Mondialisation (*globalization*)
Mouvement résultant d'un ensemble de forces générales et spécifiques qui contribuent à intégrer et à relier les uns aux autres divers systèmes économiques, politiques et sociaux dans différents pays, cultures ou régions géographiques, de sorte que les nations deviennent de plus en plus interdépendantes et tendent à se ressembler.

Contexte organisationnel (*organizational environment*)
Cadre dans lequel évolue l'organisation, regroupant un ensemble de forces et de conditions qui peuvent influer sur la façon dont l'organisation fonctionne.

Environnement interne (*internal environment*)
Ensemble des forces qui s'exercent à l'intérieur d'une organisation et qui sont issues de la structure et de la culture de l'organisation.

Environnement externe (*external environment*)
Ensemble des forces qui s'exercent en dehors de l'organisation et qui influent sur son fonctionnement.

OA1 — Expliquer les raisons pour lesquelles la capacité de percevoir et d'interpréter le contexte organisationnel et d'y réagir de façon appropriée est essentielle pour réussir en gestion.

2.1 Le contexte organisationnel

Le **contexte organisationnel** est un cadre dans lequel évolue l'organisation et qui regroupe un ensemble de forces internes et de conditions externes, telles les ressources humaines, les

définit comme étant l'ensemble des forces qui s'exercent en dehors de l'organisation et qui influent sur son fonctionnement. On subdivise généralement ce dernier environnement en deux grandes catégories: l'environnement concurrentiel et l'environnement général. La figure 2.1 représente tous ces environnements. On appelle « **parties prenantes** » les personnes, les groupes et les institutions sur lesquels ces environnements interne et externe ont des effets directs.

| **OA2** | Déterminer les principales forces présentes dans l'environnement interne d'une organisation et leurs défis. |

2.2 L'environnement interne

Dans le contexte organisationnel, l'environnement interne concerne l'intérieur de l'organisation, où la structure et la culture définissent la façon dont le système ouvert de l'entreprise interagit avec l'environnement externe. L'organisation rassemble ainsi des individus qui travaillent ensemble pour atteindre un but commun, une mission, et qui consomment des ressources de l'environnement externe pour les transformer en extrants, soit de nouvelles ressources rendues disponibles à l'environnement. À l'issue de la transformation opérée par l'organisation, ces nouvelles ressources disposent d'une valeur ajoutée et prennent la forme de produits ou services que les clients, dans l'environnement externe, consomment à leur tour. Compte tenu de sa dépendance des ressources et de sa contribution à l'environnement, l'organisation doit cependant s'adapter continuellement aux conditions externes pour mieux accéder aux ressources, améliorer l'efficience et l'efficacité de leur transformation et assurer

---

Partie prenante (*organizational stakeholder*)
Personne, groupe ou organisation sur lesquels les activités et les décisions d'une organisation ont une influence directe.

> **FIGURE 2.1**   **Les forces dans le contexte organisationnel**

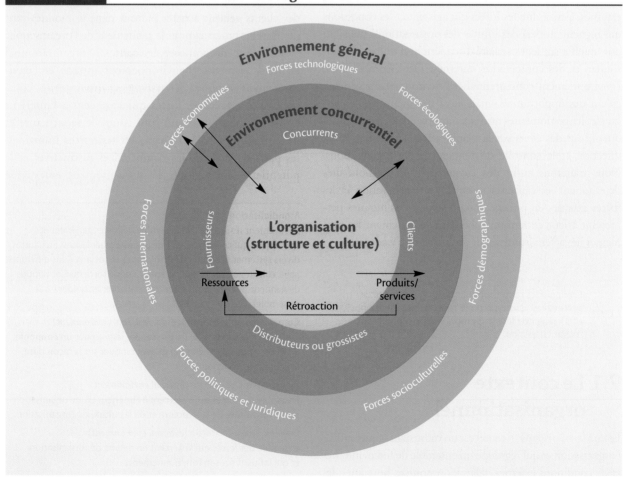

sa survie grâce à la consommation de ses produits et services par l'environnement.

L'organisation s'adapte à partir de ses capacités de transformation et d'amélioration telles qu'elles sont déterminées par les forces et les faiblesses de ses ressources et de ses compétences, telles qu'elles sont agencées par la structure et la culture organisationnelle de l'environnement interne. Une organisation disposant de puissants logiciels en dessin industriel, de fortes compétences en matière de conception grâce à ses ingénieurs et d'une culture organisationnelle laissant place aux essais et erreurs disposera de meilleures capacités d'adaptation aux changements de l'environnement externe que l'organisation dont l'environnement interne comprend des lignes de production standardisées et une main-d'œuvre peu qualifiée selon une culture de productivité. Néanmoins, l'environnement interne de cette dernière favorisera une transformation efficiente des ressources, l'amélioration des processus de fabrication et, par conséquent, la création de capacités de production avantageuses pour l'organisation dans un environnement externe plus stable. On constate ainsi que les ressources et compétences internes influent sur le fonctionnement de l'organisation et qu'elles constituent, suivant les conditions environnantes, des forces et faiblesses de l'organisation.

L'analyse de l'environnement interne et la gestion des capacités qui en résultent font partie intégrante des tâches de planification, d'organisation, de direction et de contrôle du gestionnaire. Elles seront approfondies aux parties 3 et 4 de l'ouvrage.

> **OA3** Déterminer les principales forces présentes dans l'environnement concurrentiel et l'environnement général d'une organisation ainsi que leurs défis.

2.3 L'environnement concurrentiel et l'environnement général

L'**environnement concurrentiel** est un ensemble de forces exercées directement sur l'organisation et de conditions imposées de l'extérieur par des fournisseurs, des distributeurs ou grossistes, des clients et des concurrents, qui influent directement sur la capacité d'une organisation d'obtenir des facteurs de production ou des matières premières et d'écouler sa production.

Les forces qui s'exercent dans l'environnement concurrentiel ont un effet immédiat et direct sur les gestionnaires parce qu'elles les influencent quotidiennement ; par conséquent, elles ont un impact considérable sur la prise de décisions. Lorsque des gestionnaires écoutent la radio ou regardent la télévision, et qu'en arrivant au bureau, ils dépouillent leur courrier ou jettent un coup d'œil à leur écran d'ordinateur, ils découvrent généralement des problèmes auxquels ils devront faire face, en raison de conditions qui changent dans l'environnement concurrentiel de leur entreprise.

L'**environnement général** est un vaste ensemble de facteurs externes comprenant notamment des forces économiques, politiques et juridiques, technologiques, socioculturelles, démographiques, écologiques et internationales qui ont une influence directe ou indirecte sur une organisation et sur l'environnement concurrentiel. Un gestionnaire a souvent plus de difficulté à déterminer les opportunités ou les menaces qui résultent de changements dans cet environnement, et à y réagir adéquatement, qu'à reconnaître celles qui surviennent dans l'environnement concurrentiel. Toutefois, les changements qui modifient ces forces externes peuvent avoir des effets importants sur son organisation.

La capacité des gestionnaires à percevoir et à interpréter les forces qui s'exercent dans le contexte organisationnel et à y réagir est essentielle pour le rendement d'une organisation. Il en résulte qu'ils doivent sans cesse analyser les forces présentes dans l'environnement général parce qu'elles ont un effet indéniable sur les prises de décisions et la planification en cours.

2.3.1 L'environnement concurrentiel

L'environnement concurrentiel comprend plusieurs groupes, organisations et personnes avec lesquels l'organisation traite directement dans ses activités quotidiennes et qui ont un effet immédiat sur ses opérations et son niveau de rendement. Les forces qui s'y exercent résultent des décisions prises par des fournisseurs, des distributeurs ou grossistes, des clients et des concurrents (*voir la figure 2.1*). Ces quatre groupes influent sur la capacité d'un gestionnaire à obtenir des ressources et à écouler des

---

Environnement concurrentiel (*task environment*)
Ensemble des forces exercées directement sur une organisation et des conditions imposées par les fournisseurs, les distributeurs ou grossistes, les clients et les concurrents qui influent sur la capacité de l'organisation d'obtenir les facteurs de production dont elle a besoin et d'écouler sa production, parce qu'elles influencent quotidiennement les décisions des gestionnaires.

Environnement général (*general environment*)
Ensemble des forces économiques, politiques et juridiques, technologiques, socioculturelles, démographiques, écologiques et internationales qui influent sur une organisation et son environnement concurrentiel.

produits de façon quotidienne, hebdomadaire ou mensuelle. Ils ont donc un effet non négligeable sur la prise de décisions. Nous analyserons séparément chacun de ces groupes.

Les fournisseurs

Le **fournisseur** est une personne ou une organisation qui procure à une autre organisation les facteurs de production (p. ex. les matières premières, les composantes ou les ressources humaines) dont elle a besoin pour fabriquer des biens ou offrir des services. En échange, il reçoit une compensation. Un des aspects importants du travail du gestionnaire consiste à assurer à son organisation un approvisionnement en facteurs de production sur lequel elle peut compter. Par exemple, la société IKEA comptait, en 2015, plus de 2 000 fournisseurs qui fabriquaient pour elle au-delà de 12 000 produits dans plus de 50 pays. Elle a mis au point son propre logiciel de commerce électronique de façon à pouvoir coordonner sa chaîne d'approvisionnement internationale de façon efficiente.

La recherche, sur d'autres continents, de fournisseurs qui offrent des produits de la meilleure qualité aux prix les plus bas constitue une tâche importante pour les gestionnaires d'organisations internationales. Comme ces fournisseurs sont établis dans des milliers de villes situées dans différents pays du monde, le simple fait de les trouver est en soi un exploit. Souvent, les sociétés ont recours aux services d'intermédiaires ou de représentants qui se trouvent à proximité de ces fournisseurs pour qu'ils leur indiquent celui qui satisfera le mieux à leurs exigences en matière de facteurs de production. L'agence Li & Fung est un de ces intermédiaires qui ont aidé des centaines d'entreprises internationales à se trouver des fournisseurs fiables à l'étranger, en particulier en Chine continentale[3].

Toutefois, depuis les années 2000, la gestion de la chaîne logistique des entreprises s'est considérablement compliquée. Pour réduire leurs coûts, de plus en plus de fournisseurs étrangers se sont spécialisés, c'est-à-dire qu'ils effectuent seulement une partie du processus de fabrication d'un produit. Par exemple, autrefois, une entreprise comme Target pouvait négocier avec un fournisseur étranger pour qu'il lui fabrique un million d'unités d'un type de chemise donné à un certain coût unitaire. Toutefois, en raison de la tendance à la spécialisation, Target pourrait réduire ses coûts de

La recherche sur d'autres continents de fournisseurs qui offrent des produits de la meilleure qualité aux prix les plus bas représente un défi important pour les gestionnaires d'organisations internationales.

production d'une chemise en décomposant les activités de production et en demandant à différents fournisseurs étrangers, établis dans différents pays, d'effectuer chacun une activité donnée. Ainsi, pour obtenir le coût unitaire le plus bas, plutôt que de négocier avec un seul fournisseur le prix de fabrication d'une chemise, elle pourrait négocier d'abord avec un fabricant au Vietnam pour obtenir du fil, puis expédier ce fil à un fournisseur chinois pour qu'il confectionne un tissu. Elle pourrait ensuite envoyer le tissu à différentes usines de Malaisie et des Philippines pour que leurs employés découpent le tissu et cousent les chemises. Une autre entreprise étrangère pourrait alors s'occuper de l'emballage et de l'envoi des chemises dans tous les pays du monde où elles seront vendues. Comme Target et les autres entreprises de ce type ont des milliers de vêtements différents en cours de fabrication un peu partout dans le monde et que ces vêtements varient constamment, les problèmes que pose la gestion d'une telle chaîne logistique, en particulier lorsqu'on veut obtenir toutes les économies de coûts possibles, sont complexes et coûteux à régler.

L'agence Li & Fung a su tirer profit de cette situation. Lorsque ses propriétaires se sont rendu compte que de nombreuses sociétés internationales n'avaient ni le temps ni l'expertise nécessaires pour trouver des fournisseurs spécialisés et peu coûteux, ils ont rapidement offert ce service. En 2014, leur société employait plus de 25 000 personnes dans plus de 40 pays, contribuant conjointement à dénicher de nouveaux fournisseurs et à vérifier les conditions de ceux qui existaient déjà, en quête de nouvelles façons d'aider leurs clients internationaux à obtenir les prix les plus bas ou les produits de la meilleure qualité[4]. Les sociétés multinationales acceptent volontiers

---

Fournisseur (*supplier*)

Personne ou organisation qui fournit à une autre organisation les facteurs de production tangibles ou intangibles nécessaires pour fabriquer des biens ou offrir des services.

d'externaliser la gestion de leur chaîne d'approvisionnement en la confiant à l'agence Li & Fung parce qu'elles réalisent ainsi des économies de coûts substantielles. En effet, même si elles versent à cette société des honoraires élevés, elles évitent d'avoir à engager et à payer leurs propres agents. En raison de la complexité croissante de la gestion des chaînes d'approvisionnement, de plus en plus d'agences comme celle de Li & Fung font leur apparition.

Des changements dans la nature, le nombre ou les types de fournisseurs créent des opportunités, mais présentent aussi des menaces auxquelles les gestionnaires doivent réagir pour s'assurer que leur organisation prospère. Souvent, lorsqu'ils ne réagissent pas à une menace, ils mettent leur organisation en situation de «désavantage» concurrentiel. Par exemple, la croissance rapide observée pendant la première décennie du XXIe siècle a posé de sérieux problèmes à IKEA. «Nous ne pouvons pas ouvrir plus de 20 magasins par année, a affirmé Lennart Dahlgren, le gestionnaire principal pour la Russie, parce que l'approvisionnement constitue un goulot d'étranglement[5].» Comme la Russie est un producteur de bois d'œuvre, IKEA a l'intention d'en faire un gros fournisseur de produits finis, soulageant ainsi une partie des pressions en approvisionnement.

Les distributeurs ou grossistes

Le **distributeur ou grossiste** est une organisation qui aide d'autres organisations à vendre leurs produits ou leurs services à des clients. Les décisions des gestionnaires concernant les façons d'organiser la distribution de leurs produits peuvent avoir des effets importants sur le rendement de leur entreprise. Par exemple, pendant des années, Apple a refusé de céder la vente de ses produits à d'autres organisations. Les gens devaient donc les acheter directement d'Apple. Par conséquent, des clients potentiels qui effectuaient leurs achats dans de grands magasins de produits électroniques étaient moins susceptibles d'acheter un ordinateur Apple puisque ces commerces n'en tenaient pas.

Des changements dans la nature des distributeurs et des méthodes de distribution peuvent aussi entraîner leur lot d'opportunités et de menaces. Lorsque des distributeurs deviennent si importants et puissants qu'ils sont en mesure de contrôler l'accès des consommateurs aux produits et services d'une organisation en particulier, ils peuvent constituer une menace pour elle en exigeant qu'elle réduise les prix de ses produits et services[6]. Par exemple, avant l'acquisition de Chapters par Indigo, les maisons d'édition se sont plaintes que cette chaîne se servait de sa part de marché pour les contraindre à diminuer leurs prix de gros en sa faveur. Comme Chapters était le plus important grossiste en livres au Canada, elles se sont senties obligées d'accéder à sa demande.

Par contre, le pouvoir d'un distributeur peut être affaibli lorsque les choix sont trop nombreux pour les fabricants comme pour les grossistes. Par exemple, la vente directe à d'autres entreprises ou à des consommateurs grâce au commerce électronique peut réduire de façon significative la demande des services de distributeurs en éliminant leur rôle d'intermédiaire et oblige encore aujourd'hui plusieurs entreprises à s'adapter à cette nouvelle façon de faire.

Les clients

Le **client** est une personne ou un groupe de personnes physiques ou morales qui achètent les biens et les services produits par une organisation. Des variations dans le nombre et les types de clients, ou des changements dans leurs goûts et leurs besoins peuvent constituer à la fois des opportunités et des menaces pour les organisations. Par exemple, la tentative de pénétration du marché japonais par IKEA s'est révélée un désastre. En effet, les consommateurs de ce pays voulaient des produits haut de gamme, fabriqués avec des matériaux de qualité supérieure, et non des produits peu coûteux faits de panneaux de particules de bois recyclés. IKEA doit s'orienter vers des clients potentiels qui apprécient son concept d'affaires et adapte maintenant ses produits aux particularités de nombreux marchés nationaux. «Ainsi, quand les Américains rangent leurs vêtements, la plupart d'entre eux choisissent de les plier tandis que les Italiens préfèrent les suspendre[7].» Par conséquent, les armoires vendues sur le marché américain comportent des tiroirs plus profonds qu'ailleurs.

Les concurrents

Une des forces les plus importantes – sinon la plus importante – auxquelles une organisation doit faire face dans son environnement concurrentiel est la concurrence. Un **concurrent** est une organisation qui produit des biens et des services semblables à ceux d'une organisation donnée. Autrement dit, des concurrents sont des organisations

---

Distributeur ou grossiste (*distributor*)
Organisation qui aide d'autres organisations à vendre leurs produits ou leurs services à des clients.

Client (*customer*)
Personne ou groupe de personnes qui achètent les biens et les services produits par une organisation.

Concurrent (*competitor*)
Organisation qui produit des biens et des services semblables à ceux d'une organisation donnée.

qui se disputent les mêmes clients. Selon un rapport de Statistique Canada en 2000, 38 % des entreprises qui réussissent ont indiqué qu'elles avaient plus de 20 concurrents chacune[8]. Les entreprises doivent réfléchir aux avantages que leur produit ou leur service apporte et se demander ensuite qui d'autre peut procurer les mêmes avantages à leurs clients. Puisque les sommes d'argent sont limitées dans le budget d'un consommateur ou d'une entreprise, ceux-ci doivent choisir la meilleure façon de les dépenser. La concurrence peut ainsi se définir comme étant chaque organisation qui, d'une façon ou d'une autre, dispute à l'entreprise le même argent à dépenser pour ces avantages.

La rivalité qui existe entre des concurrents peut constituer la force la plus menaçante avec laquelle les gestionnaires doivent composer. Une rivalité très forte résulte souvent en une concurrence des prix. Or, une baisse des prix génère une diminution des profits, voire une disparition des marges bénéficiaires et, par conséquent, réduit l'accès aux ressources.

Les grandes sociétés de télécommunications comme TELUS et Shaw Media se livrent une concurrence féroce dans l'Ouest canadien. La société IKEA s'acharne à réduire ses prix. Ce géant de la vente au détail vise à réduire les prix de tous ses produits de 2 à 3 % en moyenne chaque année. Ce pourcentage augmente lorsqu'il veut porter un coup à ses concurrents dans certains secteurs. Mark McCaslin, le directeur d'IKEA Long Island, dans l'État de New York, l'énonce ainsi : « Nous nous renseignons sur les prix de nos concurrents et nous offrons le même produit à la moitié de ce prix[9]. »

Les barrières à l'entrée

La rivalité qui existe entre les concurrents existants constitue une menace considérable, de même que l'entrée éventuelle d'autres concurrents dans l'environnement concurrentiel d'une organisation. En général, la possibilité que de nouveaux concurrents pénètrent dans un environnement concurrentiel (et, par conséquent, augmentent la concurrence) dépend des barrières à l'entrée[10]. Une **barrière à l'entrée** est un facteur qui rend difficile et coûteuse l'entrée d'une organisation dans un environnement concurrentiel ou dans un secteur donné[11]. Plus les barrières à l'entrée sont élevées, moins il y a de compétiteurs dans un même environnement concurrentiel et moins la menace que représente la concurrence est grande. Lorsque les concurrents sont peu nombreux, il est plus facile de se faire des clients et de maintenir des prix élevés. Les compagnies aériennes sont un exemple classique d'un secteur qui bénéficie de barrières à l'entrée. Pendant de nombreuses années, Air Canada, dont le siège social se trouve à Montréal, a fonctionné comme

un quasi-monopole en raison des coûts exorbitants liés à l'établissement d'une compagnie aérienne. En 2001, Royal Airlines et CanJet ont été achetés par Canada 3000, et Roots Air l'a été par Air Canada après seulement un mois d'activité.

Puis, Canada 3000 a cessé ses activités à la fin de 2001. À la mi-mars de 2005, Jetsgo a également mis fin à ses opérations. Des turbulences significatives dans les environnements concurrentiel et général, « les prix élevés du carburant, les guerres de tarifs passagers sans merci et des préoccupations en matière de sécurité ont fortement désavantagé cette entreprise[12] ». Depuis ce temps, des concurrents comme WestJet et Porter Airlines sont apparus et se sont emparés d'une part du marché.

Les barrières à l'entrée proviennent de deux sources principales : les économies d'échelle et la fidélité à la marque (*voir la figure 2.2*). Les **économies d'échelle** se définissent comme étant des avantages concurrentiels par les coûts associés à un grand volume d'activités. Les économies d'échelle résultent de facteurs tels que la capacité de fabriquer de grandes quantités de produits, d'acheter ses facteurs de production en gros et moins cher, ou d'être plus efficace que ses concurrents dans l'utilisation des ressources de son organisation, en mettant pleinement à profit les habiletés et les connaissances de ses employés, tout en amortissant au mieux les coûts fixes tels que les salaires et le loyer. Les organisations qui occupent déjà une place dans un environnement concurrentiel et qui, grâce à leur taille, profitent d'économies d'échelle importantes ont des coûts inférieurs à ceux que devraient assumer au départ des organisations souhaitant entrer dans le même environnement concurrentiel, de sorte que ces nouvelles venues pourraient trouver très coûteux de prendre ce secteur d'assaut.

La **fidélité à la marque** est aussi un avantage concurrentiel qui peut constituer une barrière à l'entrée. Elle s'exprime par la préférence des consommateurs pour les produits de certaines entreprises qui existent dans un environnement concurrentiel donné. Lorsque des organisations établis jouissent d'une fidélité à la marque

---

Barrière à l'entrée (*barrier to entry*)
Facteur qui rend difficile et coûteuse l'entrée d'une organisation dans un environnement concurrentiel ou un secteur donné.

Économies d'échelle (*economies of scale*)
Avantage concurrentiel par les coûts associés à un grand volume d'activités.

Fidélité à la marque (*brand loyalty*)
Avantage concurrentiel par la préférence des consommateurs pour des produits de certaines entreprises qui coexistent dans un même environnement concurrentiel.

> **FIGURE 2.2** Les barrières à l'entrée, les barrières à la sortie et la concurrence

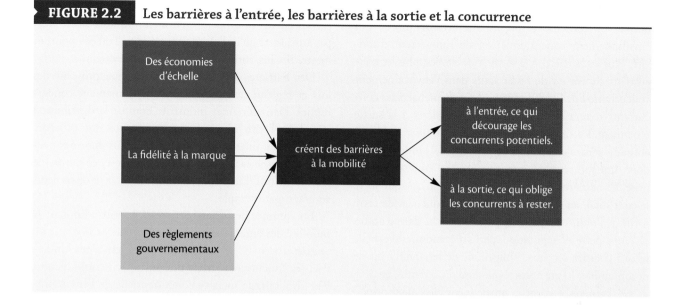

importante, il est extrêmement difficile et coûteux pour un nouveau venu d'obtenir une part de marché dans le même environnement concurrentiel. En effet, le nouvel arrivant doit défrayer les coûts élevés de la publicité nécessaire pour faire connaître aux consommateurs le produit ou le service qu'il a l'intention de leur offrir[13]. IKEA a créé, chez ses clients à l'échelle mondiale, un culte de sa marque de commerce dont les manifestations ont été recensées dans des études de cas des écoles de gestion. On a aussi recueilli d'innombrables commentaires[14] de clients comme ceux-ci : « Grâce à IKEA, je suis libre de devenir ce que je veux être ! » (Roumanie) ; « La moitié de ce qui se trouve dans ma maison provient d'IKEA et, pourtant, le magasin le plus près se situe à six heures de route d'ici. » (États-Unis) ; « Dans chaque cas, c'est à la mode, mais à moindre prix ! » (Allemagne). Dans certains cas, des règlements gouvernementaux servent de barrières à l'entrée par la création de monopoles. Par exemple, en 2011, le gouvernement de la Nouvelle-Écosse a mis sur pied une initiative communautaire visant à promouvoir l'énergie éolienne renouvelable. Toutefois, il a restreint le type d'éolienne à un seul des deux prototypes approuvés par la Nova Scotia Power Inc. Cette décision a empêché toute concurrence de libre entreprise en créant un monopole.

Beaucoup de secteurs qui ont été déréglementés, tels le transport aérien, le camionnage, les services publics et les télécommunications, ont connu par la suite une arrivée massive de nouveaux venus. Les entreprises déjà en place ont dû apprendre à fonctionner de façon plus performante pour ne pas être éliminées du marché. À l'échelle nationale et internationale, les obstacles administratifs

sont généralement issus de politiques gouvernementales qui créent une barrière à l'entrée et limitent les importations de marchandises provenant d'entreprises étrangères. Le Japon, en particulier, est réputé pour les nombreux moyens par lesquels il tente de restreindre l'arrivée de concurrents étrangers ou de réduire leur effet sur ses entreprises nationales. Par exemple, pourquoi les entreprises hollandaises exportent-elles des bulbes de tulipe dans presque tous les pays du monde sauf au Japon ? Les inspecteurs des douanes japonais insistent pour vérifier chaque bulbe de tulipe en coupant sa tige à la verticale en plein centre, le détruisant ainsi[15].

En résumé, de faibles barrières à l'entrée rendent un environnement concurrentiel très menaçant. Elles créent des difficultés aux gestionnaires qui tentent d'avoir accès à une clientèle et à d'autres ressources dont leur organisation a besoin. À l'inverse, des barrières à l'entrée très élevées ont pour résultat un environnement concurrentiel où les pressions de la concurrence sont plus modérées et où les gestionnaires ont davantage d'occasions de se faire des clients et de se procurer les ressources nécessaires à l'efficacité de leur organisation.

Les barrières à la sortie

Tout comme les barrières à l'entrée, les barrières à la sortie modèrent elles aussi la mobilité des concurrents et, par le fait même, le degré de rivalité dans un secteur. Des concurrents actuels qui sentent leur profitabilité s'éroder et le marché perdre en intérêt pourraient souhaiter se retirer d'un secteur d'activité. Toutefois, des barrières à la sortie peuvent limiter leur désir et les garder actifs dans le secteur, conservant ainsi à celui-ci son degré de rivalité.

Les **barrières à la sortie** sont des facteurs qui rendent difficile ou coûteuse la sortie d'une organisation de son environnement concurrentiel ou de son secteur d'activité. Plus les barrières à la sortie sont élevées, plus les concurrents choisiront de rester actifs dans l'environnement concurrentiel de l'organisation et plus la menace des concurrents restera élevée. En effet, les barrières à la sortie retiennent les organisations dans leur industrie, ce qui entraîne généralement une surcapacité de production et, donc, une forte rivalité entre concurrents. Pour une entreprise, les barrières à la sortie représentent en quelque sorte le coût total, au sens large, lié aux conséquences de cette sortie de l'industrie (perte de part de marché dans d'autres secteurs, perte de réputation, perte d'économies d'échelle liées à d'autres secteurs, obligations de réhabiliter ou de décontaminer le site après avoir cessé ses activités, etc.).

Les barrières à la sortie proviennent elles aussi principalement du besoin de tirer avantage d'économies d'échelle dans le secteur, ainsi que de la fidélité des clients à la marque et des multiples réglementations gouvernementales touchant le secteur (*voir la figure 2.2, à la page précédente*). Pour tirer profit d'économies d'échelle, les organisations doivent avoir la capacité d'acheter, de produire ou de livrer de grands volumes de produits ou de services, ce qui exige de leur part des investissements importants en machinerie, en entreposage ou en transport de forte capacité. Considérant ces investissements, il devient difficile pour ces organisations de se retirer du secteur au risque d'y perdre beaucoup d'argent. L'industrie sidérurgique, où il faut produire des centaines de milliers de tonnes d'acier par an pour rentabiliser les fours et laminoirs de centaines de millions de dollars, est le cadre d'une intensité concurrentielle très forte. Les concurrents préfèrent rester actifs dans le secteur plutôt que de faire face à des coûts de désinvestissement de plusieurs millions de dollars.

La fidélité à la marque, une fois obtenue dans le secteur d'activité, renforce l'image de l'organisation. Or, se retirer du secteur touche directement les attentes des clients fidèles, qui préfèrent acheter leur produit ou service de l'organisation. La déception des clients fidèles peut alors nuire fortement à l'image de l'organisation et diminuer la fidélité des clients dans ses autres secteurs d'activité. L'industrie de la mode et celle des services professionnels d'ingénieurs ou de comptables reposent sur la notoriété de leur marque. Une société de conseil y pensera à deux fois avant de se retirer d'un segment de marché donné, car les clients pourraient en conclure que la firme n'est pas aussi forte qu'ils l'espéraient ou même qu'elle pourrait mettre fin aux autres services qui les intéressent.

Des barrières à la sortie peuvent aussi provenir des lois et règlements concernant l'environnement concurrentiel. Dans certaines industries comme la distribution pétrolière, l'entreprise qui cesse ses activités doit procéder à la décontamination des lieux. Des coûts énormes peuvent être associés à la réhabilitation du site, ce qui freine sérieusement l'intérêt des stations d'essence à cesser leurs activités, par exemple.

En somme, de fortes barrières à la sortie limitent la mobilité des organisations qui souhaiteraient se retirer du secteur d'activité. En demeurant nombreux dans l'industrie, les concurrents vivent une surcapacité qui accentue leur rivalité et la menace concurrentielle de l'environnement. De faibles barrières à la sortie facilitent au contraire le retrait des concurrents, ce qui réduit la menace concurrentielle du secteur.

2.3.2 L'environnement général

Les gestionnaires doivent non seulement s'ingénier à trouver des fournisseurs et des clients, mais aussi se préoccuper du milieu plus vaste qui les entoure. Les forces économiques, technologiques, écologiques, démographiques, socioculturelles, politiques et juridiques, et internationales qui s'exercent dans l'environnement général d'une entreprise peuvent avoir des effets durables sur son environnement concurrentiel. Or, certains gestionnaires ne tiennent pas toujours compte de ces effets. Par exemple, les progrès technologiques dans le secteur des télécommunications ont permis à des entreprises du même secteur d'offrir à leurs clients un vaste éventail de produits. Autrefois, les consommateurs se contentaient de choisir l'offre globale de tarifs interurbains la moins coûteuse ou le meilleur système téléphonique offert. De nos jours, ils s'intéressent à des produits de communication perfectionnés, tels les messages textes, les logiciels d'application pour téléphones cellulaires, l'accès à Internet et la vidéoconférence, qui font désormais partie de l'offre globale. Les fournisseurs de services téléphoniques qui n'ont pas réussi à élargir rapidement leur éventail de produits ont eu de la difficulté à conserver leurs clients.

Les gestionnaires doivent donc constamment analyser les forces qui influent sur l'environnement général pour effectuer leurs tâches avec efficacité. Une avancée technologique dans un secteur peut aussi avoir des répercussions dans un autre secteur. Les décisions

---

Barrière à la sortie (*barrier to exit*)
Facteur qui rend difficile et coûteuse la sortie d'une organisation de son environnement concurrentiel ou de son secteur d'activité.

et la planification des gestionnaires auront des effets à long terme.

Dans les pages qui suivent, nous examinerons chacune des principales forces présentes dans l'environnement général ainsi que leurs effets sur la gestion des organisations et sur l'environnement concurrentiel, et traiterons des façons dont les gestionnaires peuvent composer avec elles.

Les forces économiques

Les **forces économiques** influent sur la santé et le bien-être d'un pays dans son ensemble ou sur l'économie régionale d'une organisation. Il s'agit, entre autres choses, de facteurs tels que les taux d'intérêt, l'inflation, le chômage et la croissance économique. Elles peuvent tout aussi bien produire des opportunités que représenter des menaces pour les gestionnaires. Des faibles taux de chômage et des taux d'intérêt à la baisse entraînent des changements dans la clientèle : plus de gens ont plus d'argent à dépenser, de sorte que les organisations ont l'occasion de vendre davantage de produits et de services. Des périodes économiques favorables ont un effet sur les approvisionnements : les entreprises peuvent acquérir des ressources plus facilement et à moindre coût. Elles ont ainsi l'occasion d'augmenter leur profit et de devenir prospères.

Par contre, une dégradation des conditions macroéconomiques constitue une menace, car elle limite la capacité des gestionnaires à accéder aux ressources dont leur organisation a besoin. Les organisations à but lucratif, tels les commerces de détail et les hôtels, ont moins de clients pour leurs produits et services en période de récession économique. Les organisations à but non lucratif, tels les organismes de charité et les universités, reçoivent alors moins de dons. Même une détérioration modérée des conditions économiques nationales ou régionales peut avoir un effet négatif important sur le rendement d'une organisation. De mauvaises conditions économiques compliquent l'environnement externe. Elles rendent aussi la tâche des gestionnaires plus difficile et plus exigeante. En effet, si les entreprises ne peuvent y voir une possibilité de croissance, ces mauvaises conditions peuvent les obliger à réduire le nombre d'employés dans leur service, de sorte qu'ils devront essayer d'augmenter la motivation de ceux qui restent.

Forces économiques (*economic forces*)
Facteurs tels que les taux d'intérêt, l'inflation, le chômage, la croissance économique et autres qui influent sur la santé et le bien-être d'un pays dans son ensemble ou sur l'économie régionale d'une organisation.

Le mouvement «Occupons», qui s'est répandu dans plusieurs grandes villes à l'automne 2011, s'inscrit dans un vaste mouvement mondial de lutte contre les situations d'inégalité économique et sociale.

Les gestionnaires comme les employés peuvent avoir à déterminer des façons d'obtenir et d'utiliser des ressources avec une efficience accrue. Les récentes crises dues à l'endettement de pays dans la zone euro, et plus précisément en Grèce, illustrent l'importance pour les gestionnaires de comprendre les effets des forces économiques sur leur organisation et de surveiller de près les changements qui se produisent dans les économies nationales et régionales afin de pouvoir y réagir de manière appropriée. Une menace ne représente pas nécessairement une baisse des affaires, mais les gestionnaires doivent malgré tout anticiper les possibilités de croissance ou de maintien des affaires dans ce contexte.

Toutefois, lorsqu'une récession mondiale se produit, comme en octobre 2008, les gestionnaires en subissent les contrecoups, en particulier dans le secteur financier. Cette crise financière mondiale a permis de constater que prendre une trop grande quantité de risques, manquer de vision à long terme et relâcher la gouvernance des forces économiques peut sérieusement enrayer la croissance économique. L'encadrement du crédit, précipité par la plus grosse bulle immobilière de l'histoire des États-Unis, a permis de constater la création de nombreux produits financiers innovateurs dérivés de titres adossés à des créances hypothécaires. Lorsque la valeur de ces produits a chuté, après l'éclatement de la bulle immobilière et la saisie des immeubles hypothéqués, de nombreuses maisons de courtage de valeurs américaines ont fait faillite et d'autres ont survécu. Les transactions sur ces instruments de créance ont donné lieu à la pire récession et entraîné la plus importante intervention des gouvernements sur les marchés depuis l'effondrement des marchés boursiers de 1929 et la grande dépression qui a suivi.

En deux semaines mouvementées, la Réserve fédérale et le Trésor ont nationalisé les deux plus grandes maisons de courtage de valeurs, Fannie Mae et Freddie Mac, fait l'acquisition d'AIG, la plus importante compagnie d'assurance au monde, élargi l'assurance-dépôts gouvernementale à 3,4 billions de dollars en fonds du marché monétaire, temporairement interdit la vente à découvert de plus de 900 actions, principalement du secteur financier et, ce qui est plus important, promis de prendre à leur compte jusqu'à 700 milliards de dollars en actifs toxiques adossés à des créances hypothécaires[16].

L'usage non réglementé d'instruments financiers a remis en question les façons d'agir des systèmes bancaires du monde entier. Toutefois, les banques canadiennes, relativement peu exposées à ces produits nouveaux et compliqués basés sur des créances, ont été classées comme étant parmi les plus solides au monde, avec une note de 6,8. Elles devançaient de peu celles de cinq autres pays – la Suède, le Luxembourg, l'Australie, le Danemark et les Pays-Bas –, qui ont toutes obtenu une note de 6,7. Les banques américaines se sont classées au 40e rang avec une note de 6,1 sur 7[17].

Les forces technologiques

La **technologie** est une combinaison du savoir-faire et du matériel que les gestionnaires utilisent dans la conception, la production et la distribution de biens et de services. Les **forces technologiques** sont les résultats de changements dans les technologies que les gestionnaires utilisent pour concevoir, produire ou distribuer des biens et des services. Elles ont considérablement augmenté depuis la Seconde Guerre mondiale parce que, dans l'ensemble, la rapidité des changements technologiques est beaucoup plus grande[18]. Les ordinateurs, par exemple, diminuent de taille et augmentent en vitesse. La vitesse des moyens de transport s'est aussi grandement accrue. Les centres de distribution peuvent suivre le déplacement des produits grâce à des techniques inconcevables il y a à peine 10 ans, tels les systèmes d'identification par radiofréquence (IDRF).

Les forces technologiques peuvent avoir des conséquences importantes pour les gestionnaires et les organisations. Du jour au lendemain, un changement technologique peut rendre obsolètes des produits réputés (p. ex. les machines à écrire, les téléviseurs noir et blanc et les encyclopédies en volumes) et obliger les gestionnaires à trouver de nouveaux produits à fabriquer. Même s'il peut constituer une menace pour une organisation, un changement technologique peut aussi lui fournir une multitude d'occasions de concevoir, de fabriquer ou de distribuer de nouveaux types de produits et de services de meilleure qualité que les précédents. La marque dynamique de Lululemon a acquis un avantage concurrentiel sur le marché mondial grâce à l'utilisation de tissus de haute technologie innovateurs. Les gestionnaires doivent se tenir prêts à réagir rapidement à de tels changements pour que leur organisation puisse survivre et prospérer.

Des changements dans les technologies de l'information modifient également la nature même du travail qui s'effectue dans les organisations et les tâches des gestionnaires. Le télétravail, les messages textes et la vidéoconférence sont maintenant des fonctions usuelles qui donnent aux gestionnaires la possibilité de superviser et de coordonner les activités des employés qui travaillent à la maison ou en d'autres lieux. Même les étudiants se mettent au télétravail, communiquent avec leurs camarades et leurs enseignants par courriels ou Facebook et effectuent leurs travaux à la maison. Ces technologies ont aussi modifié la façon dont les enseignants effectuent leurs tâches.

Les forces écologiques

L'écologie concerne l'ensemble des rapports entre la biosphère (le monde vivant) et les éléments inertes de l'atmosphère et de la lithosphère. Les **forces écologiques** proviennent des changements qui se produisent dans l'équilibre entre les sociétés humaines, les animaux et la végétation, ainsi que dans la qualité de l'air, le climat, les cours d'eau, les ressources minérales et les éléments chimiques présents. En 1992, la conférence des Nations Unies à Rio de Janeiro portant sur l'environnement et le développement a provoqué une prise de conscience collective de l'impact croissant des activités humaines sur l'environnement écologique et de l'importance d'assurer un développement durable des sociétés en incluant les préoccupations environnementales aux décisions[19].

Les forces écologiques peuvent influer profondément sur les activités d'une organisation puisque celle-ci puise

---

Technologie (*technology*)
Combinaison du savoir-faire et du matériel que les gestionnaires utilisent dans la conception, la production et la distribution de biens et de services.

Forces technologiques (*technological forces*)
Résultats de changements dans les technologies que les gestionnaires utilisent pour concevoir, produire ou distribuer des biens et des services.

Forces écologiques (*ecological forces*)
Résultats de changements dans les rapports entre les éléments de la biosphère, de l'atmosphère et de la lithosphère.

directement ou indirectement ses ressources de l'environnement naturel. Le papier et le carton, omniprésents dans le quotidien des organisations, proviennent des forêts. L'organisation transforme aussi ces ressources et insère dans l'environnement naturel de nouvelles matières sous forme de produits et de déchets, dans des proportions qui rompent l'équilibre écologique et qui modifient la disponibilité de ressources futures. D'immenses mines de bauxite alimentent les usines d'aluminium pour que d'autres usines fabriquent les tôles de voitures et de machines. Ces activités nécessitent aussi la circulation de grandes quantités d'eau pour refroidir les lignes de production. Dans de nombreux cas, ce sont les conditions climatiques qui influent directement sur les activités de l'organisation, que l'on pense non seulement aux secteurs de l'agriculture, des pêches, de la foresterie, mais aussi au tourisme et au transport. Ensemble, les forces écologiques présentent des menaces et aussi des opportunités pour les organisations. Tandis que certaines ressentent la menace de normes de bruit ou de taux de rejet de gaz à effet de serre, d'autres ont l'occasion de mettre au point des procédés de transformation «verts» minimisant leur empreinte écologique. Elles contribuent alors à la durabilité de leurs activités tout en profitant d'une meilleure image sur le marché et d'une distinction par rapport à leurs concurrents.

Les forces écologiques rendent le travail du gestionnaire plus complexe. Lors de la planification et de l'organisation, il faut tenir compte d'un grand nombre d'éléments environnementaux qui sont souvent liés entre eux ainsi que des nombreuses parties prenantes telles que les communautés environnantes. Les études d'impact que les gouvernements exigent avant d'octroyer des permis d'exploitation à des entreprises minières ou à des fermes d'élevage de grande capacité montrent la complexité du travail des gestionnaires préoccupés par les forces écologiques. De plus, la population accorde une importance croissante à l'écologie, si bien que de ne pas s'y adapter devient doublement risqué pour les gestionnaires et leur organisation.

Les forces démographiques

Les **forces démographiques** résultent de variations dans les caractéristiques d'une population, telles que l'âge, le genre, l'origine ethnique, la race, l'orientation sexuelle et la classe sociale, ou dans les attitudes envers ces

---

Forces démographiques (*demographic forces*)
Résultats de variations dans les caractéristiques d'une population, telles que l'âge, le genre, l'origine ethnique, la race, l'orientation sexuelle et la classe sociale, ou dans les attitudes envers ces caractéristiques.

---

caractéristiques. En 2006, la vérificatrice générale du Canada a déclaré ce qui suit concernant le vieillissement de la population.

> Les dés sont jetés: nous ne pouvons pas faire grand-chose pour ralentir ou renverser la tendance du vieillissement de la population canadienne au cours des prochaines décennies. Mais nous pouvons très certainement mieux nous y préparer. Et pour cela, nous devons disposer d'une meilleure information sur les répercussions financières à long terme de l'évolution démographique[20].

Comme les autres forces présentes dans l'environnement général, les forces démographiques sont à la fois des sources d'opportunités et de menaces pour les gestionnaires, et elles peuvent avoir des conséquences considérables sur les organisations. D'après les projections du service Emploi et Développement social Canada, le Canada aura besoin de combler environ 5,8 millions de

Dans les pays industrialisés, même si le vieillissement de la population constitue une source de menaces pour beaucoup d'organisations, il peut aussi augmenter les occasions d'affaires pour celles qui offrent des services aux personnes âgées.

nouveaux emplois entre 2013 et 2022, les trois quarts de ces emplois provenant de la demande de remplacement, et le reste (25 %), de la croissance économique. Les départs à la retraite seront responsables de 3,6 millions de postes à combler, représentant 84 % de la demande de remplacement[21]. Qu'est-ce qu'une bonne projection ? Il faut tenir compte de plusieurs variables à la fois, par exemple de nouvelles politiques du gouvernement favorisant le travail après l'âge de 65 ans ainsi que du profil des 60 ans et plus indiquant qu'un bon pourcentage aimeraient demeurer sur le marché du travail après l'âge de 65 ans. Ces possibilités d'emploi en 2022 sont-elles réalistes ?

Par ailleurs, l'accroissement spectaculaire du nombre de femmes sur le marché du travail a concentré l'attention générale sur des questions telles que l'égalité des salaires pour un travail égal et le harcèlement sexuel dans les milieux de travail. Une des questions dont les gestionnaires devront se préoccuper de plus en plus est le nombre insuffisant de femmes dans les postes de direction. Il s'agit d'un sujet important pour eux, car ils ont la responsabilité de rechercher et d'utiliser pleinement les talents de leurs employées. En 2014, 35,7 % des femmes sur le marché du travail occupaient des postes de gestion. La même année, environ 32,1 % des postes de haute direction dans les entreprises étaient détenus par des femmes au Canada[22]. D'après des recherches, les entreprises qui comptent un nombre significatif de femmes dans des postes de haute direction et dans leur conseil d'administration ont des niveaux de rendement plus élevés que les autres[23]. Inutile de dire combien il est important pour les gestionnaires de connaître et de comprendre l'interaction entre les variables pour être aptes à bien s'adapter aux nouvelles tendances de l'environnement.

Les variations dans la structure par âge d'une population constituent un autre exemple de l'effet des forces démographiques sur les gestionnaires et les organisations. Depuis quelques années, la plupart des pays industrialisés connaissent un vieillissement de leur population, en raison de la baisse des taux de natalité et de mortalité et du vieillissement de la génération de l'après-guerre.

À l'inverse, de nombreux pays en émergence connaissent un accroissement démographique des jeunes générations. Par exemple, en 2010, le pourcentage de personnes de plus de 65 ans était de 20,4 % en Allemagne, de 14,1 % au Canada, de 22 % au Japon et de 12,9 % aux États-Unis[24]. Par contre, selon les projections de la CIA, les pays où les jeunes forment la plus grande proportion de la population sont le Pakistan, l'Afghanistan, l'Arabie saoudite, le Yémen et l'Iraq[25]. Dans les pays industrialisés, le vieillissement de la population

augmente les occasions d'affaires pour les organisations qui offrent des services aux personnes âgées. Les secteurs du divertissement et des soins de santé à domicile, par exemple, constatent un accroissement de la demande pour leurs services. Toutefois, c'est avec une analyse complète de l'environnement que le gestionnaire sera en mesure d'élaborer le bon produit ou le bon service adapté à cette clientèle.

Le vieillissement de la population a également des répercussions dans les milieux de travail. La plus importante est une diminution relative du nombre de jeunes gens qui intègrent le marché du travail et une augmentation du nombre d'employés actifs qui souhaitent retarder le moment de prendre leur retraite au-delà de l'âge officiel. En raison de ces changements, il faudra que les organisations trouvent des façons de motiver leurs employés âgés et d'utiliser leurs habiletés et leurs connaissances. Il s'agit d'un problème de relève auquel de nombreuses sociétés industrialisées ne sont pas encore prêtes à faire face.

Les forces socioculturelles

Les **forces socioculturelles** sont des pressions qui proviennent de la structure sociale d'un pays ou d'une société, ou de sa culture nationale. Les pressions issues de ces deux sources peuvent constituer une contrainte pour le fonctionnement des organisations et le comportement des gestionnaires ou, au contraire, les faciliter. Une **structure sociale** est un ensemble organisé de relations entre les personnes et les groupes dans une société, qui est souvent fonction de l'histoire. Les sociétés diffèrent considérablement à cet égard. Par exemple, dans celles qui présentent une importante stratification sociale, il existe de nombreuses distinctions entre les individus et entre les groupes. Les systèmes de castes en Inde et au Tibet de même que la reconnaissance du statut de nombreuses classes sociales en Grande-Bretagne et en France produisent une structure sociale à multiples couches dans chacun de ces pays. À l'inverse, la stratification sociale est moins importante dans les sociétés relativement égalitaires de la Nouvelle-Zélande et du Canada, où les structures sociales présentent peu de distinctions entre les personnes. La plupart des cadres dirigeants de France proviennent des classes supérieures de la société. Par contre, au Canada, les cadres de cet échelon sont issus de toutes les couches de la société.

Forces socioculturelles (*socio-cultural forces*)
Pressions qui proviennent de la structure sociale d'un pays (ou d'une société) ou d'une culture nationale.

Structure sociale (*social structure*)
Ensemble organisé de relations entre les personnes et les groupes dans une société.

Les forces socioculturelles exercent des contraintes qui peuvent influer sur le fonctionnement des organisations et la prise de décisions des gestionnaires.

Les sociétés se distinguent aussi par le degré d'importance qu'elles accordent à l'individu par rapport au groupe. Cette différence de mentalité peut influer sur les méthodes que les gestionnaires emploient pour motiver et diriger des employés. La **culture nationale** consiste en un ensemble de valeurs que les membres d'une société partagent le plus souvent inconsciemment et en des normes en matière de comportements approuvés ou permis à l'intérieur de cette société. Les sociétés diffèrent considérablement en ce qui concerne les valeurs et les normes qu'elles privilégient. Par exemple, aux États-Unis, on accorde une grande valeur à l'individualisme ou, autrement dit, à ce que les intérêts de la personne priment ceux du groupe. En Corée et au Japon, par contre, on valorise le collectivisme, où les intérêts du groupe sont plus importants que ceux des personnes. Selon ces valeurs, les personnes

Culture nationale (*national culture*)
Ensemble de valeurs qu'une société juge importantes et de normes en matière de comportements approuvés ou permis dans cette société.

doivent se conformer aux attentes de leurs groupes[26]. La culture nationale, dont il sera question en détail plus loin dans ce chapitre, influe également sur la façon dont les gestionnaires motivent leurs employés et coordonnent leur travail ainsi que sur la manière dont les organisations font des affaires. Au chapitre 3, nous étudierons plus à fond l'éthique, qui constitue un aspect important de chaque culture nationale.

Non seulement la structure sociale et la culture nationale diffèrent d'une société à l'autre, mais elles se modifient aussi avec le temps à l'intérieur de chaque société. Par exemple, au Canada, les attitudes concernant les rôles des femmes, l'amour, la sexualité, l'orientation sexuelle et le mariage ont considérablement changé au cours des dernières décennies.

Dans des régions asiatiques telles que Hong Kong, Singapour, la Corée, le Japon et même la Chine, beaucoup de gens trouvent que la jeunesse est plus individualiste et «américanisée» que l'était celle des générations précédentes. Depuis quelque temps, dans une bonne partie de l'Europe de l'Est, de nouvelles valeurs basées sur l'individualisme et l'esprit d'entreprise remplacent les valeurs communautaires basées sur le collectivisme et l'obéissance à l'État. La rapidité de ces changements s'accroît sans cesse.

Les gestionnaires et les organisations doivent être très attentifs aux changements dans les structures sociales et les cultures nationales de tous les pays dans lesquels ils ont des activités et tenir compte des différences qui existent entre elles. Dans une économie internationale caractérisée par une interdépendance croissante, les gestionnaires auront de plus en plus souvent l'occasion de traiter avec des gens de divers pays. D'ailleurs, un bon nombre d'entre eux vivent et travaillent déjà à l'étranger. Pour être efficaces, ils doivent percevoir rapidement les différences entre les sociétés et adapter leurs comportements en conséquence.

Les gestionnaires et les organisations doivent aussi réagir aux changements sociaux qui se produisent à l'intérieur d'une société. Par exemple, depuis quelques décennies, les Canadiens se préoccupent de plus en plus de leur santé et de leur forme physique. Les gestionnaires qui ont pris très tôt conscience de cette tendance et qui ont exploité les opportunités qui en résultaient ont pu réaliser des gains importants pour leurs organisations. Ainsi, PepsiCo a profité de l'engouement pour la forme physique pour s'emparer d'une part du marché de son rival de toujours, Coca-Cola, en étant la première société à offrir des colas contenant peu ou pas de sucre et des boissons gazeuses à base de fruits. La société Quaker Oats a fait de Gatorade la boisson la plus populaire chez les sportifs et a mis sur le marché une multitude de produits alimentaires à faible teneur en calories. Toutefois, cette tendance des consommateurs à se préoccuper de leur santé n'a pas suscité d'opportunités pour toutes les entreprises. En fait, il s'agissait plutôt d'une menace pour certaines d'entre elles. Ainsi, les entreprises de tabac ont subi de très fortes pressions à mesure que les consommateurs se sont rendu compte des effets néfastes de ce produit sur leur santé. Laura Secord et d'autres fabricants de friandises ont également souffert de la tendance à la consommation d'aliments à faible teneur en calories et bénéfiques pour la santé. Dans les années 2000, la frénésie des consommateurs pour les aliments à faible teneur en glucides a mené à une augmentation considérable de la demande de viande et a désavantagé les fabricants de pain et de pâtes.

Les forces politiques et juridiques

Les **forces politiques et juridiques** résultent de changements dans les lois et les règlements. Elles sont dues à des événements politiques et juridiques qui ont lieu dans un pays, une région du monde ou dans le monde entier, et ont un impact important sur les gestionnaires et les organisations, où qu'ils se trouvent. Des processus politiques façonnent les lois d'un pays et les lois internationales qui régissent les relations entre les nations. Les lois ont un effet de contrainte sur les activités des organisations et des gestionnaires et peuvent ainsi créer des opportunités, comme des menaces[27]. Par exemple, dans une grande partie du monde industrialisé, on a pu observer une forte tendance à la déréglementation de secteurs jusque-là contrôlés par l'État et à la privatisation de sociétés auparavant publiques.

La déréglementation et la privatisation ne sont que deux exemples des forces politiques et juridiques qui peuvent présenter des défis pour les organisations et les gestionnaires. On peut également mentionner l'insistance accrue des pouvoirs en matière de sécurité dans les milieux de travail, de protection de l'environnement et de préservation des espèces menacées d'extinction. Les gestionnaires efficaces surveillent attentivement les modifications faites aux lois et aux règlements de façon à tirer avantage des opportunités qu'elles peuvent offrir et à contrecarrer les menaces qu'elles représentent pour l'environnement concurrentiel de leur organisation.

La *Loi sur la concurrence* de 1986 compte de nombreux articles qui portent sur la façon dont les entreprises peuvent fonctionner. En vertu de cette loi, le Bureau de la concurrence prend des mesures pour maintenir et encourager la concurrence au Canada. Par exemple, lorsque des entreprises fusionnent, le Bureau examine minutieusement la transaction pour s'assurer qu'elle ne comporte aucun avantage concurrentiel susceptible de défavoriser les consommateurs, les employés ou les autres parties prenantes. Ellis Jacob, le chef de la direction de Cineplex Galaxy LP, s'apprêtait à conclure « la transaction du siècle » en achetant, pour 500 millions de dollars, la chaîne de salles de cinéma rivale Famous Players de Viacom Inc. Toutefois, il a dû se départir de quelques-unes de ses propres salles pour répondre aux exigences des autorités de réglementation. « Le Bureau fédéral de la concurrence s'est efforcé de maintenir la concurrence en matière d'établissement des prix et de choix en imposant comme condition de l'entente que Cineplex vende 35 de ses salles de cinéma dans 17 villes du pays, dont les activités auraient rapporté environ 11 % des produits combinés des deux sociétés, lesquels s'élevaient à 874 millions de dollars[28]. »

Par ailleurs, une partie des lois et de la réglementation s'appliquent à l'environnement concurrentiel de façon plus particulière. La plupart des industries disposent de règlements spécifiques qui ne concernent pas nécessairement d'autres secteurs d'activité. Ainsi, l'industrie alimentaire est liée aux lois et aux normes de l'Agence canadienne d'inspection des aliments. Par exemple, les gestionnaires de ce secteur doivent s'assurer que leur organisation obtient et maintient la certification HACCP (Hazard Analysis Critical Control Point) sur l'analyse des risques et la maîtrise des points critiques concernant les aliments.

Les forces internationales

Les **forces internationales** résultent de changements dans les relations internationales, de modifications dans les systèmes économiques, politiques et juridiques ainsi que de changements dans la technologie. La force internationale la plus importante qui influe sur les gestionnaires et les organisations est probablement l'interdépendance économique croissante des pays dans le monde[29]. Des traités tels que l'Accord de libre-échange nord-américain (ALÉNA) et les accords de libre-échange mis en vigueur par l'Organisation mondiale du commerce (OMC), ainsi que la croissance de l'Union européenne (UE), ont aplani beaucoup d'obstacles à la libre circulation des produits et des services entre les pays[30].

Forces politiques et juridiques (*political and legal forces*)
Résultats de changements dans les lois et les règlements, telles la déréglementation des industries et la privatisation des organisations, et de l'insistance accrue des pouvoirs en matière de protection de l'environnement.

Forces internationales (*global forces*)
Résultats de changements dans les relations entre les pays et de modifications aux systèmes économiques, politiques, juridiques et technologiques des pays, notamment à cause de leur interdépendance.

La suppression des barrières commerciales a fait naître pour les organisations de chaque pays d'immenses possibilités en ce qui a trait à la vente de produits et services aux autres pays. Toutefois, en permettant aux sociétés étrangères de faire concurrence aux organisations nationales auprès de leur clientèle du marché intérieur, ce phénomène constitue aussi une menace sérieuse parce qu'il augmente la rivalité dans l'environnement concurrentiel de ces organisations. Après la signature de l'ALÉNA, un des grands défis des gestionnaires canadiens a été de trouver la façon de concurrencer avec succès les organisations américaines qui venaient s'établir au pays. Les chaînes de magasins Zellers et La Baie, de même que des boutiques plus petites, ont fait face à une concurrence féroce de la part de Walmart, par exemple. De son côté, la chaîne Rona est maintenant en concurrence avec les géants américains Home Depot et Lowes.

En réalité, depuis la disparition des barrières commerciales, les gestionnaires considèrent que le monde entier leur est accessible. Autrement dit, il s'agit pour eux d'un environnement dans lequel les entreprises sont libres d'acheter ou de vendre des produits et des services à n'importe quelles entreprises dans n'importe quels pays de leur choix. Elles peuvent également se faire librement concurrence les unes aux autres pour attirer des clients de partout dans le monde. Elles doivent donc établir un réseau international d'activités et de filiales pour s'assurer d'obtenir un avantage concurrentiel sur les marchés mondiaux. Ainsi, Coca-Cola et PepsiCo se sont fait une concurrence acharnée pendant 20 ans pour bâtir l'empire de la boisson gazeuse le plus puissant au monde. De même, Toyota et Honda ont installé des centaines d'usines de construction d'automobiles dans le monde pour fournir des véhicules qui plaisent à une clientèle dans tous les pays. Certains produits sont assujettis à des règles de « contenu régional ». De telles règles précisent le pourcentage des composantes devant être fabriquées ou assemblées dans les pays signataires de l'accord commercial pour que ces produits soient exempts de tarifs douaniers. C'est ce qui se passe dans le cas de l'ALÉNA. Ainsi, une société comme IKEA doit se conformer aux règles de contenu régional dans la fabrication de ses meubles pour pouvoir les vendre sans payer de droits de douane dans les différents pays membres de cet accord, soit les États-Unis, le Mexique et le Canada[31].

Qu'est-ce qui stimule la mondialisation? Pourquoi des personnes et des entreprises (telles que Bombardier, Nestlé, Toyota ou Microsoft) veulent-elles s'aventurer dans un environnement international incertain, mettant ainsi en branle un ensemble complexe de forces qui causent la mondialisation? C'est que la voie de la

La plupart des changements liés à la mondialisation résultent de la circulation des quatre formes principales de flux de capitaux (humain, financier, en ressources, politique) entre les pays et de leurs interactions.

mondialisation est tracée par le flux et le reflux des capitaux (des actifs précieux qui produisent de la richesse) qui se déplacent, en passant par les entreprises, les pays et les régions du monde, à la recherche d'une utilisation qui atteindra sa plus grande valeur, c'est-à-dire l'investissement grâce auquel ces capitaux auront le rendement le plus élevé (de la richesse). Des gestionnaires, des employés et des entreprises comme IKEA et Bombardier sont poussés par le désir de faire des profits ou d'obtenir des avantages en utilisant leurs habiletés à fabriquer des produits que des gens de partout dans le monde veulent acheter. Il existe quatre formes principales de flux de capitaux entre les pays.

1. **Le capital humain:** la circulation des personnes dans le monde grâce à l'immigration, la migration et l'émigration.

2. **Le capital financier:** la circulation du capital monétaire dans les marchés mondiaux par l'investissement, le crédit, les prêts et l'aide internationale.

3. **Le capital en ressources:** la circulation des ressources naturelles et des produits semi-finis, tels les métaux, les minéraux, le bois d'œuvre, l'énergie, les produits alimentaires, les microprocesseurs et les pièces d'autos, entre les entreprises et les pays.

4. **Le capital politique:** la circulation du pouvoir et des influences dans le monde par l'intermédiaire de la diplomatie, de la persuasion, de l'agression et de la force des armes pour protéger l'accès d'un pays, d'une région du monde ou d'un bloc politique à d'autres formes de capitaux.

La plupart des changements liés à la mondialisation résultent de ces quatre types de circulation de capitaux et des interactions entre eux. Les pays se font concurrence sur la scène mondiale pour protéger et accroître leur niveau de vie, et faire progresser les objectifs politiques et les causes sociales que les cultures de leurs sociétés défendent. Ce mouvement a un côté positif. Plus la circulation des capitaux est rapide, plus il y a de capital utilisé aux endroits où il peut produire la plus grande valeur. Autrement dit, les personnes se déplacent vers les endroits où leurs habiletés leur permettent de gagner le plus d'argent, les investisseurs choisissent des actions ou des obligations qui leur donnent les dividendes ou les intérêts les plus élevés, et les entreprises recherchent les sources des facteurs de production les moins coûteux. Toutefois, il y a aussi un côté négatif. Une circulation rapide du capital signifie aussi que des pays ou des régions du monde peuvent se retrouver les mains vides lorsque des entreprises et des investisseurs décident du jour au lendemain de déplacer leur capital pour l'investir de façon plus productive dans d'autres pays ou d'autres régions du monde, souvent là où les coûts de la main-d'œuvre sont plus bas et où les marchés sont en pleine expansion. Lorsque les capitaux quittent un pays, il en résulte, pour ses habitants, une hausse du chômage, une récession et une baisse du niveau de vie.

LE POINT SUR ▶ Groupe Biscuits Leclerc

Une entreprise familiale qui a le vent dans les voiles

En présence d'un environnement organisationnel complexe et changeant, une lecture critique et approfondie des principaux enjeux internes et externes de l'entreprise demeure un atout stratégique précieux afin de lui permettre de s'adapter à différentes situations. Or, c'est à la suite d'un exercice de ce type que Groupe Biscuits Leclerc, une entreprise familiale de Saint-Augustin-de-Desmaures fondée en 1905 et spécialisée dans la confection de biscuits, de craquelins et de barres tendres, a su développer son marché sur l'échiquier mondial par l'acquisition d'usines situées au-delà des frontières québécoises. En 2015, l'entreprise comptait six usines de fabrication regroupant plus de 650 travailleurs: deux à Québec, une en Ontario et trois aux États-Unis. Cette importante expansion, amorcée en 2002, s'est matérialisée sur plusieurs années et visait certes à augmenter la part de marché de l'entreprise, mais aussi à diminuer les dépenses liées au transport. En effet, à cette époque, le prix élevé du pétrole était caractérisé depuis plusieurs années par une tendance à la hausse. Des économies appréciables ont ainsi été réalisées en se rapprochant du marché des consommateurs étatsuniens (ce marché représente 35 % du chiffre d'affaires de l'entreprise). Par ailleurs, les décideurs de l'entreprise ont alors choisi de privilégier le transport ferroviaire au détriment du transport routier, ce qui a également contribué à diminuer les coûts d'exploitation.

En outre, préalablement à l'exportation de ses produits aux États-Unis, au Mexique, en Amérique du Sud ainsi qu'en Europe, il a été essentiel pour l'entreprise de bien connaître les préférences alimentaires de ces consommateurs, qui ne sont pas nécessairement les mêmes que celles des Québécois (le tiers de la production est exportée dans 26 pays). Par exemple, les consommateurs de la côte Ouest étatsunienne privilégient généralement des aliments biologiques et exempts d'organismes génétiquement modifiés (OGM), ce qui n'est pas nécessairement le cas pour les consommateurs québécois ou pour ceux de la côte Est étatsunienne. De plus, une analyse approfondie des variables économiques, technologiques, socioculturelles, démographiques, politiques et juridiques de chacun des pays visés par l'exportation de produits a favorisé l'établissement d'un réseau de distribution efficace et efficient, tant avec les fournisseurs de matières premières pour leur fabrication qu'avec les centres de distribution et les grandes chaînes alimentaires où les produits sont désormais vendus. L'organisation a aussi procédé à un examen minutieux de la concurrence afin de définir le mieux possible les avantages compétitifs de ses produits.

Parallèlement au plan d'agrandissement de sa zone d'activité commerciale, Groupe Biscuits Leclerc a fait preuve de responsabilité avec les consommateurs et ses employés. En effet, non seulement l'entreprise a créé un institut de recherche visant le développement de nouveaux produits favorisant la santé des consommateurs, mais elle a aussi fait construire, à son usine située à Saint-Augustin-de-Desmaures, un centre d'activité physique pour ses 450 employés[32]. Ces deux décisions, dont le coût total s'est élevé à sept millions de dollars, soulignent bien le sens de l'éthique dont les dirigeants font preuve dans un domaine hautement compétitif.

1. Regroupés en équipes, les étudiants sont invités à choisir une entreprise québécoise et à analyser l'environnement général (les facteurs économiques, technologiques, socioculturels, démographiques, politiques et juridiques, internationaux et écologiques) qui la caractérise.

Si la suppression des barrières commerciales a accéléré la mondialisation, les pays diffèrent encore grandement les uns des autres parce qu'ils ont des valeurs culturelles et des normes distinctes que les gestionnaires doivent bien comprendre s'ils veulent que leur entreprise demeure concurrentielle.

OA4 Connaître les formes juridiques des entreprises au Canada ainsi que leurs avantages et leurs inconvénients.

2.4 Les formes juridiques des entreprises

Le Canada est un État de droit régissant un système de lois et de règles qui garantissent le respect du droit pour tous[33]. Le Code civil du Québec et la jurisprudence (*Common Law*) des autres provinces canadiennes reconnaissent le **droit de propriété**[34] à l'aide de trois autres droits, soit le droit à la propriété même, le droit à la liberté de choix et le droit au profit. Ensemble, ces droits permettent aux individus de posséder des biens, de les utiliser comme bon leur semble sans enfreindre de lois, et d'en tirer profit s'ils le souhaitent. Sous certaines réserves, le droit de propriété s'applique non seulement à toutes les personnes physiques, mais également aux personnes morales. Une **personne morale** est une entité juridique qui personnifie une entreprise et qui lui donne une existence légale. Au Canada, il existe quatre principales formes d'entreprises, appelées «formes juridiques», qui ont toutes des avantages et des désavantages[35] : l'entreprise individuelle, la société de personnes, la société par actions et la coopérative.

2.4.1 L'entreprise individuelle

L'**entreprise individuelle**, ou entreprise à propriétaire unique, est la forme juridique la plus simple ayant, comme son nom l'indique, un unique propriétaire. L'entreprise et son propriétaire sont liés sur le plan juridique. En ce sens, tous les profits et aussi toutes les dettes de l'entreprise reviennent au propriétaire. Parmi ses avantages, l'entreprise individuelle est la plus simple et la moins coûteuse à constituer. Il n'y a qu'à enregistrer la raison sociale ou, autrement dit, le nom de l'entreprise auprès du Registraire des entreprises de la province où elle se trouve. Il n'y a même pas besoin d'enregistrer l'entreprise individuelle lorsqu'elle porte le prénom et le nom du propriétaire. Son fardeau de réglementation est aussi le plus simple des quatre formes juridiques et son fonds de roulement de démarrage est minimal. Le propriétaire bénéficie d'un contrôle direct sur les décisions, tous les profits lui reviennent et des avantages fiscaux sur le revenu personnel sont disponibles en cas de faibles revenus ou de perte fiscale de l'entreprise. Parmi ses désavantages, toutefois, le propriétaire conserve une responsabilité illimitée qui pourrait entraîner l'utilisation de ses biens personnels en cas de dettes de l'entreprise. Il faut remarquer que même les biens personnels de la conjointe ou du conjoint pourraient alors être touchés, suivant le contrat matrimonial l'unissant à la personne propriétaire. Comme les revenus de l'entreprise sont imposables au taux d'imposition personnel, ses revenus sont imposés à un taux supérieur à celui des entreprises constituées en personnes morales, et à un taux encore plus grand quand ses revenus sont importants et atteignent des tranches d'imposition élevées. Le financement de l'entreprise individuelle reste limité aux moyens du propriétaire et à ses capacités personnelles d'endettement. Finalement, l'absence, la maladie ou le décès du propriétaire nuisent profondément à la pérennité de l'entreprise. Les petits commerces tels que les dépanneurs et les nettoyeurs sont souvent des entreprises individuelles.

2.4.2 La société de personnes

La **société de personnes** est une personne morale qui se présente le plus souvent sous la forme de société en nom collectif ou de société en commandite. La société en nom collectif permet de réunir les ressources financières et les compétences de plusieurs partenaires appelés «associés». La société en nom collectif reste simple à constituer en l'enregistrant au Registraire des entreprises, même s'il est conseillé d'établir un contrat d'association entre les partenaires pour se protéger en cas de désaccord, de vente des parts ou de dissolution de l'entreprise. Ses avantages sont les mêmes que ceux de l'entreprise individuelle tout en y ajoutant que les partenaires partagent leurs expertises ainsi que la gestion, les coûts, les profits et les biens de la société, selon leur part d'investissement. De plus,

Droit de propriété (*right of ownership*)
Droit de posséder des biens, de les utiliser librement et d'en tirer profit.

Personne morale (*legal person*)
Entité juridique qui donne une existence légale à une entreprise.

Entreprise individuelle (*sole proprietorship*)
Entreprise à propriétaire unique.

Société de personnes (*partnership*)
Entreprise créée par l'association de partenaires dans leurs activités.

le partenariat permet de financer plus facilement l'entreprise grâce à la combinaison des contributions des partenaires. La société en nom collectif partage néanmoins les mêmes désavantages que l'entreprise individuelle, car la responsabilité des associés reste illimitée. En cas de pertes, les associés sont conjointement et solidairement responsables, c'est-à-dire qu'ils doivent tous contribuer à essuyer la dette, et que dans le cas où un partenaire est incapable de remplir ses obligations, les autres partenaires doivent en prendre la responsabilité. Des conflits peuvent aussi se produire entre les associés, ce qui peut nuire à la continuité de l'entreprise. De nombreux cabinets-conseils en comptabilité, en ingénierie ou de soins dentaires sont des sociétés en nom collectif.

La société en commandite permet quant à elle d'élargir les possibilités de financement de la société en nom collectif en disposant de deux types d'associés : les commandités et les commanditaires. Les commandités correspondent aux associés de la société en nom collectif tandis que les commanditaires sont des associés qui possèdent une part de l'entreprise grâce à leur investissement, mais qui n'ont pas de pouvoir décisionnel dans l'entreprise et dont la responsabilité est limitée à leur investissement. Les équipes sportives telles que les Alouettes ou l'Impact de Montréal adoptent fréquemment cette forme juridique.

2.4.3 La société par actions

La **société par actions**, ou compagnie, est une entité légale à part entière, constituée en personne morale distincte de ses investisseurs, qu'on appelle « actionnaires ». Les actionnaires peuvent acheter un plus ou moins grand nombre d'actions, qui déterminent alors leur part de propriété de l'entreprise. La société par actions peut être constituée, au niveau provincial, territorial ou national moyennant des frais de quelques centaines de dollars, auxquels s'ajoutent des frais légaux et des frais d'audits comptables. Elle peut aussi être une société ouverte ou fermée selon que ses actions sont cotées en Bourse et ouvertes au financement public, ou que l'achat et la vente de ses actions sont déterminés par un contrat entre des actionnaires privés. Ses avantages sont nombreux, car elle constitue une entité légale distincte. La responsabilité des actionnaires est limitée à leur investissement et la propriété est transférable. La continuité de la société par actions est donc facile. L'entreprise bénéficie aussi d'une plus grande diversité de compétences pour assurer sa gestion et sa gouvernance. Comme le financement est lié aux actions et qu'il peut y avoir plusieurs actionnaires, il est aussi plus facile de mobiliser des capitaux. Enfin, le taux d'imposition des sociétés par actions est plus bas que celui des particuliers, propre à l'entreprise individuelle et à la

société en nom collectif. Néanmoins, elles comportent des désavantages dus à leur constitution plus complexe, plus réglementée et plus coûteuse que l'entreprise individuelle et la société de personnes. Leur administration est lourde, comprenant de nombreuses réunions entre actionnaires et directeurs, ainsi qu'une imposante documentation des activités. Les actionnaires ne disposent pas de contrôle direct sur les décisions, et des conflits peuvent survenir entre actionnaires et directeurs. Cascades et Irving sont des exemples de sociétés par actions, respectivement ouverte et fermée.

Même si la société par actions offre de nombreux avantages, sa constitution plus complexe présente certains inconvénients, dont une administration plus lourde entraînant, entre autres, plusieurs réunions entre actionnaires et directeurs.

2.4.4 La coopérative

La **coopérative** a en général une vocation sociale, celle de servir ses membres, même si elle peut aussi souhaiter faire des profits. Elle est constituée en personne morale par des personnes ou des entreprises qui regroupent leurs ressources pour répondre à des besoins communs de service ou de production. La coopérative est ainsi détenue par une association de membres où le pouvoir est réparti selon le principe d'une voix par membre, quel que soit le nombre de parts sociales (le capital) que ce membre possède. Les excédents ou profits de la coopérative peuvent être réinvestis ou distribués aux membres sous forme de ristourne en fonction de leur utilisation des activités de la coopérative. Parmi les avantages de la coopérative, on compte la réponse aux besoins des membres tout en fonctionnant selon des

Société par actions (*joint stock company*)
Personne morale constituée par des actionnaires dont la responsabilité est limitée à leur investissement.

Coopérative (*cooperative*)
Personne morale constituée par l'association de membres pour répondre à leurs besoins.

principes généraux tels que la possession et le contrôle démocratique par les membres, leur participation aux aspects économiques de la coopérative, l'éducation, la formation et l'information des membres ainsi que l'intérêt pour la collectivité[36], la responsabilité limitée de ces derniers, un financement facilité par le nombre de membres, un taux d'imposition plus faible que celui des particuliers, le soutien du mouvement coopératif à l'échelle nationale et une forte pérennité. La coopérative comporte cependant des désavantages dus à sa constitution plus complexe, plus réglementée et plus coûteuse que celle de l'entreprise individuelle ou de la société de personnes. Par exemple, il faut au minimum trois membres pour constituer une coopérative selon la *Loi canadienne sur les coopératives*, et il en faut au moins cinq selon la Loi sur les coopératives du Québec[37]. La coopérative est aussi lourde à administrer entre ses membres, ses administrateurs et ses employés. Des tensions peuvent apparaître facilement à cause des intérêts différents des parties prenantes, et les membres n'exercent qu'un contrôle indirect sur les décisions. Enfin, la motivation à y investir des capitaux additionnels est moindre, car le pouvoir décisionnel demeure celui d'une voix par membre. Le Mouvement Desjardins, Agropur et Mountain Equipment Co-op sont des exemples de coopératives reconnues et prospères.

Le choix d'une forme juridique dépendra principalement des désirs et des moyens des propriétaires en matière d'autonomie, de tolérance au risque, de financement, de responsabilité vis-à-vis des tiers, de vocation sociale et de pérennité de l'entreprise.

OA5 Analyser les différences entre les cultures nationales et comprendre l'importance des systèmes politiques et sociaux mondiaux.

2.5 L'effet de la culture nationale

La mondialisation a eu pour effet d'accroître l'interdépendance des pays et des populations parce que les mêmes forces s'exercent sur eux de façon similaire. Les destins des gens de divers pays deviennent indissociables en raison du resserrement des liens entre les marchés et entre les entreprises. Plus les pays deviennent interdépendants, plus ils se ressemblent parce que leurs citoyens acquièrent les mêmes goûts. Ils développent la même attirance pour des produits aussi divers que les téléphones cellulaires, le iPod, les jeans, le Coke, le club Manchester United, le curry, le thé vert, le sirop d'érable, les voitures japonaises et le café colombien. La mondialisation a eu pour effet de transformer le monde en un « village global » : des produits, des services ou des personnes peuvent maintenant être connus partout sur la planète. C'est ce dont profite IKEA avec son éventail d'ameublements conçus pour plaire à des clients dans n'importe quels pays, comme nous l'avons vu au début du chapitre.

La culture nationale se compose de valeurs, de normes, de connaissances, de croyances, de principes moraux, de coutumes et d'autres pratiques qui unissent les citoyens d'un pays[38]. Elle façonne le comportement des personnes en précisant ce qui est approprié ou non en matière de comportements et de relations avec les autres. Les gens font l'apprentissage de leur culture nationale dans leur vie de tous les jours, par des interactions avec ceux qui les entourent. Cet apprentissage commence dès leur plus jeune âge et se poursuit tout au long de leur vie.

La culture nationale a pour base des valeurs et des normes. Les **valeurs** sont des idées normatives concernant ce qu'une société croit être bien, juste, désirable ou beau. Elles ont comme pierre angulaire des notions telles que la liberté individuelle, la démocratie, la vérité, la justice, l'honnêteté, la loyauté, les engagements sociaux, la responsabilité collective, les rôles qui conviennent aux femmes et aux hommes, l'amour, les relations sexuelles, le mariage, etc. Elles représentent plus que de simples concepts abstraits parce qu'elles véhiculent un contenu émotif très important.

Des gens se disputent, se battent et vont même jusqu'à sacrifier leur vie pour préserver des valeurs comme la liberté, l'égalité entre les races, l'égalité des genres, etc. Malgré leur enracinement profond dans une société, les valeurs ne sont pas immuables. Toutefois, leur changement à l'échelle d'un pays risque d'être lent et douloureux. Par exemple, les systèmes de valeurs de nombreux pays autrefois communistes, telle la Russie, subissent d'importantes modifications à mesure qu'ils s'éloignent d'une structure sociale qui met l'accent sur le principe de la primauté de l'État pour se rapprocher d'une autre, qui privilégie la liberté individuelle. Des bouleversements sociaux se produisent souvent dans des pays où les systèmes de valeurs ont subi de profonds changements.

Les gestionnaires doivent tenir compte des différences entre les diverses cultures nationales. Des pratiques de gestion efficaces au Canada pourraient ne pas avoir les mêmes résultats au Japon, en Hongrie ou au Mexique. Par exemple, les systèmes de rémunération en fonction

---

Valeurs (*values*)

Idées normatives concernant ce qu'une société croit être bien, juste, désirable ou beau ; convictions profondes et indéfectibles relatives à ce qui a de l'importance.

L'interdépendance des pays et des populations créée par la mondialisation entraîne des ressemblances dans le développement des goûts pour des produits similaires.

du rendement utilisés ici, qui accordent de l'importance au seul rendement des personnes, conviennent moins au Japon, où le rendement individuel est apprécié seulement quand il contribue à la réalisation des objectifs de groupe.

D'après les recherches des professeurs Karl Moore et Henry Mintzberg de l'Université McGill, pour être un gestionnaire efficace partout dans le monde, il faut avoir la capacité de comprendre de nombreuses cultures, d'avoir de l'empathie pour elles et de travailler efficacement à l'intérieur de leur cadre[39]. Comme nous le verrons dans notre analyse de la diversité au chapitre 3, les entreprises sont de plus en plus en contact avec des clients de cultures différentes. Pour faire des affaires partout dans le monde, la compréhension de ces différences est essentielle. Par exemple, en Amérique latine, les relations d'affaires sont en grande partie basées sur la confiance entre les personnes. Il faut faire la connaissance d'un patron mexicain ou argentin avant de lui présenter un contrat en bonne et due forme. En France, on fait directement affaire avec la haute direction. En Allemagne, par contre, les règles et

les procédures écrites revêtent la plus grande importance. Un gestionnaire étranger qui souhaite s'entretenir avec un chef de la direction allemand sera immédiatement conduit au chef de service approprié. Les Japonais, de leur côté, se conforment, dans leurs activités, à un ensemble de règles tout aussi strictes, mais non écrites, appelées *kata*. Aux États-Unis, on considère que la sécurité d'emploi rend les employés moins performants. Au Japon, au contraire, on croit que l'absence de sécurité d'emploi a ce même effet. Les Français admirent les capacités intellectuelles. Les Américains aiment les succès rapides. Les Australiens se méfient souvent des deux[40].

Les travaux de Geert Hofstede fournissent un cadre pour comprendre les différences qui existent entre les cultures nationales. À titre de psychologue à IBM, Hofstede a recueilli des données sur les valeurs et les normes de plus de 100 000 employés de l'organisation dans 64 pays différents. À l'aide de ces données, il a déterminé cinq « dimensions » le long desquelles on peut situer les cultures nationales. La première dimension, le degré d'individualisme ou de collectivisme, remonte très loin dans l'histoire de la pensée humaine. L'**individualisme** est une vision du monde qui accorde une grande valeur à la liberté des personnes et à l'expression de soi ainsi qu'au principe selon lequel on devrait évaluer les gens en fonction de leurs réalisations individuelles plutôt que de leur origine sociale. En d'autres termes, l'intérêt individuel prime celui du groupe. Dans les pays occidentaux, il s'accompagne d'un sentiment d'admiration pour le succès personnel, d'un attachement profond aux droits individuels et d'un grand respect pour les entrepreneurs qui sont les propres artisans de leur succès[41].

Le **collectivisme**, par contre, est une vision du monde qui prône la subordination de l'individu aux objectifs du groupe et l'acceptation du principe d'après lequel on doit évaluer les gens en fonction de leur contribution au groupe. Autrement dit, l'intérêt du groupe prime celui de l'individu, et le conformisme aux valeurs et aux normes du groupe y est de mise.

Individualisme (*individualism*)
Dimension culturelle de Hofstede correspondant à une vision du monde qui consiste à privilégier la liberté individuelle et l'expression de soi et à adopter le principe selon lequel on devrait évaluer les gens en fonction de leurs réalisations individuelles plutôt que de leur origine sociale.

Collectivisme (*collectivism*)
Dimension culturelle de Hofstede correspondant à une vision du monde qui prône la soumission de l'individu aux objectifs du groupe et le principe d'après lequel on doit évaluer les gens en fonction de leur contribution au groupe.

Le collectivisme était largement répandu dans les pays où le communisme a pris racine, mais a perdu de sa prépondérance dans la plupart d'entre eux depuis la chute de l'URSS. Par contre, le Japon est un pays non communiste où on lui accorde beaucoup de valeur. Dans ce pays, le collectivisme remonte à la fusion des pensées confucianiste, bouddhiste et shintoïste survenue pendant la période Tokugawa (entre 1600 et 1870)[42]. Une des valeurs primordiales qui a fait son apparition durant cette époque est l'attachement profond au groupe, qu'il s'agisse d'un village, d'une équipe de travail ou d'une entreprise. On croit qu'un puissant sentiment d'identification au groupe crée des pressions favorables à l'action collective de même qu'à l'adhésion aux normes du groupe et à l'absence relative d'individualisme[43].

Les gestionnaires doivent prendre conscience du fait que les organisations et leurs membres reflètent l'importance que leur culture nationale accorde à l'individualisme ou au collectivisme. Par exemple, une des raisons importantes pour laquelle les pratiques de gestion aux États-Unis diffèrent de celles du Japon est que la culture américaine privilégie l'individualisme alors que la culture japonaise valorise le collectivisme.

Des pays comme le Japon, dont les entreprises occupent un rang très élevé dans le classement des multinationales du magazine *Fortune 500,* ont de très faibles taux de diversité. «Ainsi, seuls les habitants du pays peuvent s'élever dans la hiérarchie des entreprises japonaises, ce qui restreint considérablement l'intérêt des jeunes étrangers ambitieux. Par conséquent, les multinationales japonaises se trouvent privées d'une source importante de nouvelles idées et il leur est difficile de comprendre réellement les marchés étrangers et de développer des gestionnaires d'envergure internationale[44].» Par contre, des pays qui ne figurent pas parmi les plus importants acteurs dans l'économie mondiale, mais qui présentent une grande diversité forment d'excellents gestionnaires d'envergure internationale. D'après les professeurs Moore et Mintzberg, le Canada, la Suisse, la Belgique, Singapour, la Norvège, la Suède, les Pays-Bas, le Danemark, l'Australie et la Finlande font partie de ces pays[45].

Selon Hofstede, la deuxième dimension est la **distance hiérarchique**, c'est-à-dire le degré auquel les sociétés acceptent l'idée que les inégalités de leurs membres en matière de pouvoir et de bien-être sont attribuables à des différences dans les capacités physiques et intellectuelles ainsi que dans l'hérédité des individus. Ce concept englobe aussi le degré auquel ces sociétés acceptent les différences économiques et sociales, en matière de richesse, de statut, d'échelles salariales et de bien-être, qui résultent de différences entre les capacités des individus.

Les sociétés qui acceptent que de telles inégalités se perpétuent et augmentent avec le temps présentent un degré élevé de distance hiérarchique. Dans ce type de sociétés, les travailleurs qui réussissent sur le plan professionnel amassent de l'argent et le lèguent à leurs enfants, de sorte que les inégalités peuvent s'accroître avec le temps. Le fossé entre les riches et les pauvres, avec toutes les conséquences politiques et sociales qui en résultent, se creuse alors de plus en plus. Par contre, dans les sociétés où il y a un faible degré de distance hiérarchique, on tolère mal le développement de grandes inégalités entre les citoyens. Les gouvernements utilisent les impôts et des programmes d'aide sociale pour les réduire et améliorer le bien-être des moins nantis. Ces sociétés sont plus habituées que les autres à empêcher l'élargissement du fossé entre les riches et les pauvres et minimisent ainsi la mésentente entre les diverses classes de citoyens.

Des pays occidentaux tels que les États-Unis, l'Allemagne, les Pays-Bas et la Grande-Bretagne présentent des degrés relativement faibles de distance hiérarchique et une forte tendance à l'individualisme. Des pays latino-américains économiquement pauvres tels que le Guatemala et Panama, ainsi que des pays asiatiques tels que la Malaisie et les Philippines, ont des degrés élevés de distance hiérarchique et une faible tendance à l'individualisme[46]. D'après ces observations, on peut penser que les valeurs culturelles des pays plus riches les poussent à accorder de l'importance à la défense des droits des individus, tout en offrant à chacun de leurs citoyens une juste chance de réussir. Le Canada fait des efforts pour défendre les valeurs de l'égalité des chances au moyen de divers organismes communautaires.

Selon Hofstede, la troisième dimension concerne le degré de masculinité et de féminité. Les sociétés ayant un fort degré de masculinité valorisent l'affirmation de soi, le rendement, la réussite, la concurrence et les résultats. Les sociétés qui montrent un fort degré de féminité

Distance hiérarchique (*power distance*)
Dimension culturelle de Hofstede correspondant au degré d'acceptation que les inégalités des membres de la société en matière de pouvoir et de bien-être sont attribuables à des différences individuelles dans les capacités physiques et intellectuelles ainsi que dans l'hérédité des individus.

Degré de masculinité (*achievement orientation*)
Dimension culturelle de Hofstede correspondant à une vision du monde qui accorde de l'importance à l'affirmation de soi, au rendement, au succès et à la compétitivité.

Degré de féminité (*nurturing orientation*)
Dimension culturelle de Hofstede correspondant à une vision du monde qui accorde de l'importance à la qualité de vie des personnes, à la cordialité des relations et à la coopération, ainsi qu'à des services et à des soins pour les personnes vulnérables.

accordent de l'importance à la qualité de vie, à la coopération, à des relations interpersonnelles chaleureuses ainsi qu'à des soins et des services pour les personnes qui en ont besoin. Le Japon et les États-Unis penchent vers un fort degré de masculinité tandis que les Pays-Bas, la Suède et le Danemark montrent un plus fort degré de féminité.

La quatrième dimension établie par Hofstede, le **contrôle de l'incertitude**, indique le degré de tolérance des sociétés comme des individus à l'égard de l'incertitude et du risque. Les sociétés de certains pays (comme les États-Unis et Hong Kong) ont un faible indice de contrôle de l'incertitude. Ils sont accommodants, valorisent la diversité et tolèrent bien les différences en matière de croyances et de conduite personnelle. D'autres sociétés (comme celles du Japon et de la France), dans lesquelles l'indice de contrôle de l'incertitude est élevé, se montrent plus rigides et plus sceptiques envers les gens dont les comportements ou les croyances diffèrent de la norme. Dans ce type de sociétés, la norme consiste pour les personnes à se conformer aux valeurs des groupes sociaux et des groupes de travail auxquels elles appartiennent. On y préfère les situations bien encadrées parce qu'elles inspirent un certain sens de sécurité.

La dernière dimension décrite par Hofstede concerne l'orientation en matière de vie et de travail[47]. Une culture nationale ayant une **orientation à long terme** s'appuie sur des valeurs comme l'économie (l'épargne) et la persévérance dans la poursuite de ses objectifs, et recherche par conséquent le profit à long terme. Une culture nationale ayant une **orientation à court terme** se préoccupe de maintenir une certaine stabilité ou un bonheur personnels et de vivre dans le présent, et recherche par conséquent le profit à court terme. Parmi les sociétés où domine une orientation à long terme, on compte Taiwan et Hong Kong, qui sont reconnues pour leur taux d'épargne élevé par personne. Dans des pays comme les États-Unis et la France, qui privilégient une orientation à court terme, les citoyens ont tendance à dépenser plus qu'ils épargnent.

Contrôle de l'incertitude (*uncertainty avoidance*)
Dimension culturelle de Hofstede correspondant au degré de tolérance d'une société à l'égard de l'incertitude et du risque.

Orientation à long terme (*long-term orientation*)
Dimension culturelle de Hofstede correspondant à une vision du monde qui privilégie l'épargne et la persévérance en matière de réalisation des objectifs, et qui vise le profit à long terme.

Orientation à court terme (*short-term orientation*)
Dimension culturelle de Hofstede correspondant à une vision du monde qui accorde de l'importance à la stabilité ou au bonheur personnel et à la vie au jour le jour, et qui vise le profit à court terme.

Une équipe de gestion culturellement diversifiée peut se révéler un atout sur le marché mondial. Les organisations qui emploient des gestionnaires provenant de diverses cultures ont une meilleure perception des différences entre les cultures nationales que celles dont les équipes de gestion sont culturellement homogènes, et elles adaptent leurs systèmes de gestion et leurs comportements en fonction de ces différences. Arcelor Mittal (en Inde) et Lenovo (en Chine) constituent de bons exemples d'entreprises multinationales très performantes qui se sont dotées d'équipes de gestion internationales. Elles sont en voie de devenir des modèles pour toutes les multinationales[48].

> **OA6** Expliquer les façons de minimiser les menaces et l'incertitude provoquées par des forces présentes dans l'environnement externe.

2.6 La gestion de l'environnement externe

Comme nous l'avons vu précédemment, une des tâches importantes des gestionnaires consiste à comprendre les façons dont les forces qui s'exercent dans l'environnement concurrentiel et dans l'environnement général peuvent susciter des opportunités ou présenter des menaces pour leur organisation. Pour analyser l'importance de ces opportunités ou de ces menaces dans l'environnement externe, ils doivent mesurer le degré de complexité de l'environnement externe et la rapidité avec laquelle cet environnement se modifie. Ces renseignements leur permettent de mieux planifier leur stratégie, de choisir les meilleurs objectifs à poursuivre et d'adopter les meilleurs plans d'action.

La complexité de l'environnement externe dépend du nombre des forces auxquelles les gestionnaires doivent réagir et de leurs effets possibles dans les environnements concurrentiel et général. Une force susceptible d'avoir un effet négatif important constitue une menace potentielle à laquelle les gestionnaires doivent consacrer une quantité élevée de ressources organisationnelles. Par contre, une force susceptible d'avoir des effets restreints ne présente qu'une faible menace pour l'organisation et nécessite peu d'engagement en matière de temps et d'attention. De même, une force susceptible d'avoir un effet positif considérable exige un engagement important en matière de temps et d'efforts de la part des gestionnaires pour tirer parti de cette opportunité. Lorsque la société Starbucks s'est installée à Vienne, elle a dû réfléchir sérieusement à sa politique antitabac. En effet, son café-restaurant aurait été le seul de la ville à interdire aux clients de fumer. Fort heureusement pour Starbucks, la menace que les gens se soient sentis attaqués dans leur mode de vie et boudent l'entreprise s'est révélée nettement plus faible que l'opportunité d'inviter les Viennois, si friands de café, à en savourer tous les arômes protégés de la fumée de cigarette.

En général, plus la taille d'une organisation est imposante, plus le nombre de forces auxquelles ses gestionnaires doivent faire face est élevé. Prenons l'exemple de la société Tim Hortons. Chaque année, elle doit prendre en considération, entre autres choses, le problème environnemental que posent ses gobelets de café lorsqu'elle annonce son concours « Déroule le rebord pour gagner ». Pour certaines personnes, par exemple à Edmonton, il s'agit d'une occasion de gagner un VUS. Par contre, pour les écologistes, ces gobelets restent peu biodégradables en plus d'ajouter des détritus dans l'environnement[49]. Selon Ronald Colman, directeur général de GPI Atlantic, un groupe à but non lucratif qui effectue des recherches sur des problèmes environnementaux et de qualité de vie, « c'est un manque flagrant de conscience sociale que d'adopter une promotion qui génère une quantité colossale de déchets[50] ». D'après une étude effectuée en Nouvelle-Écosse, Tim Hortons et McDonald's produisent à eux seuls un tiers de tous les déchets de la province. Les gestionnaires doivent donc s'assurer que les pratiques de leur organisation ne vont pas à l'encontre de tendances socioculturelles, telles que la durabilité en matière d'environnement, tout en restant sensibles aux attentes de leurs clients et ouverts à des stratégies de marketing efficaces. Au chapitre 4, nous étudierons la tendance en faveur de pratiques de prises de décisions plus axées sur le développement durable.

La **variation des forces dans le milieu (ou changements de l'environnement externe)** se définit comme étant le degré auquel les forces en présence dans les environnements concurrentiel et général varient et évoluent dans le temps. Tout changement est problématique pour une organisation et pour ses gestionnaires parce qu'il aura souvent des conséquences difficiles à évaluer à l'avance[51]. Les gestionnaires peuvent essayer de prévoir ou simplement de deviner les conditions futures avec lesquelles ils devront composer dans l'environnement

concurrentiel, par exemple en ce qui a trait à la nature et à la solidité d'un nouveau compétiteur. Toutefois, lorsqu'un environnement concurrentiel s'avère complexe et changeant, ils ne peuvent jamais être certains que les décisions et les mesures qu'ils prennent aujourd'hui seront encore appropriées à l'avenir. Une telle incertitude rend leur tâche particulièrement stimulante, et aussi stressante, d'où l'importance pour eux de bien comprendre les forces qui façonnent l'environnement externe de leur organisation.

Cette compréhension de l'environnement externe leur permet d'entrevoir l'aspect qu'aura l'environnement concurrentiel à l'avenir et de décider des mesures à prendre pour assurer la prospérité de l'organisation. McDonald's constitue un bon exemple de l'adaptabilité dont une entreprise doit faire preuve pour continuer à faire de bonnes affaires. Compte tenu notamment du vieillissement de la population et de l'importance de consommer des aliments à faible teneur en matières grasses, la société a commencé à modifier ses menus pour y inclure des salades et des sandwichs roulés contenant moins de matières grasses et de glucides qu'avant. Elle a aussi pris des mesures pour s'adapter au fait que certaines personnes souffrent d'allergies alimentaires et d'autres intolérances aux aliments[52]. La société Sony, au contraire, est l'exemple typique d'une entreprise qui n'a pas réussi à s'adapter aux changements du contexte organisationnel. Des entreprises en Corée, à Taiwan et en Chine se sont mises à créer de nouvelles technologies, tels les écrans à cristaux liquides numériques et la mémoire flash, qui ont rendu celles de Sony obsolètes. D'autres, comme Apple et Nokia, ont conçu et développé le baladeur iPod, des téléphones intelligents et des tablettes électroniques qui conviennent mieux aux besoins des consommateurs que les produits « vieille génération » de Sony, tel le baladeur Walkman.

2.6.1 La réduction de l'impact des forces en présence

Dans une organisation, tous les gestionnaires ont pour tâche de chercher des moyens de minimiser le nombre et l'impact potentiel des forces qui s'exercent dans l'environnement externe (*voir la figure 2.3, à la page suivante*).

La principale tâche du chef de la direction et de l'équipe de la haute direction en matière de planification est de concevoir des stratégies qui permettront à leur organisation de tirer parti des opportunités et de contrer les menaces provenant de l'environnement concurrentiel et de l'environnement général (*voir le chapitre 5*).

Variation des forces dans le milieu (ou changements de l'environnement externe) (*environmental changes*)
Degré auquel les forces en présence dans les environnements concurrentiel et général varient et évoluent dans le temps.

- Les cadres intermédiaires des divers services d'une organisation recueillent des renseignements pertinents concernant l'environnement concurrentiel tels que 1) les intentions des concurrents pour l'avenir, 2) l'identité de nouveaux clients potentiels et 3) l'identité de nouveaux fournisseurs de facteurs de production essentiels ou bon marché.

- Les cadres de terrain trouvent des moyens d'utiliser les ressources de façon plus performante pour maintenir les coûts aussi bas que possible, ou de se rapprocher des clients et de se renseigner sur ce qu'ils aimeraient obtenir.

- Les gestionnaires des trois échelons de la hiérarchie et de tous les services ou fonctions ont la responsabilité de réduire l'effet négatif des forces présentes dans

l'environnement externe à mesure qu'elles évoluent dans le temps (*voir le tableau 2.1*).

2.6.2 Les gestionnaires comme agents de changement

Il est important de noter que, même si la plupart des changements qui surviennent dans l'environnement externe se font indépendamment d'une organisation en particulier, par exemple des progrès en biotechnologie ou dans les plastiques, une quantité importante de ceux qui s'y produisent sont une conséquence directe des mesures prises par des gestionnaires à l'intérieur des organisations[53]. Une organisation est un système ouvert: elle prend des ressources et des facteurs de production dans l'environnement, les convertit en biens et en services,

> **FIGURE 2.3**   **Les responsabilités en matière de gestion des forces présentes dans l'environnement externe de l'organisation**

Le chef de la direction et l'équipe de la haute direction

conçoivent des stratégies pour examiner des opportunités et contrer les menaces provenant des forces présentes dans l'environnement général.

Les cadres intermédiaires

recueillent des renseignements pertinents sur les forces présentes dans l'environnement concurrentiel pour mettre en œuvre des stratégies de croissance.

Les cadres de terrain

trouvent des moyens d'utiliser les ressources de façon performante et de donner une valeur ajoutée aux produits pour créer chez les clients une fidélité à la marque.

> **TABLEAU 2.1**   La gestion des forces dans le contexte organisationnel

Gestionnaires des services	Rôle de gestion des forces dans le contexte organisationnel
Ventes et services	S'assurer de la satisfaction des clients et de leur fidélité à la marque
Recherche et développement	Composer avec les forces technologiques
Marketing et stratégie	Composer avec les pressions venant de la concurrence
Comptabilité et finance	S'occuper des forces économiques
Relations publiques et juridiques	Composer avec les forces politiques et juridiques
Gestion de l'exploitation et des matières	Composer avec les pressions venant des fournisseurs

puis les renvoie dans l'environnement. Par conséquent, les changements qui se produisent dans l'environnement résultent d'un processus bidirectionnel. Toutefois, les choix des gestionnaires concernant les produits à fabriquer et même la façon de concurrencer les autres organisations ont souvent un effet sur le système dans son ensemble. La capacité de prévoir et de contrôler le cours des événements est déterminée par la plus ou moins grande rapidité des changements qui surviennent dans l'environnement externe et par la complexité de cet environnement (*voir la figure 2.4*).

De nombreuses prises de décisions des gestionnaires en réaction aux forces présentes dans l'environnement externe se font dans des conditions d'**incertitude** et de risque. Comme nous le verrons au chapitre 4, il est très difficile de connaître tous les résultats possibles de l'adoption de tel choix ou de telle stratégie. Plus l'environnement est complexe et dynamique, plus l'incertitude et le risque augmentent. Les stratégies et les structures organisationnelles doivent être relativement flexibles pour faire place aux changements. Toutefois, lorsque des gestionnaires agissent dans des situations de **certitude** (ce qui est de moins en moins le cas), le risque est moins grand et ils ont une connaissance plus exacte des résultats possibles de leurs décisions (*voir la figure 2.5, à la page suivante*).

Les gestionnaires doivent minimiser les menaces qui résultent de changements dans les forces présentes à l'intérieur de l'environnement concurrentiel et de l'environnement général, tout en tirant parti des opportunités que ces changements suscitent. Pour ce faire, ils adoptent une structure et une culture organisationnelles souples. Les gestionnaires d'une société multinationale comme IKEA effectuent nécessairement leurs tâches dans des conditions d'incertitude et de risque. La structure organisationnelle décentralisée par région géographique du géant de l'ameublement facilite la gestion de ces risques en accordant aux gestionnaires de service l'autonomie qui leur permet d'adapter leurs produits pour qu'ils répondent à la demande de clients appartenant aux diverses cultures et populations auxquels ils sont vendus. Au Japon, la norme culturelle conformément à laquelle les entreprises offrent un emploi permanent à leurs travailleurs a constitué une menace à la capacité de la société Sony de gérer les forces présentes dans un contexte organisationnel en constante transformation.

Incertitude (*uncertainty*)
État dans lequel les forces de l'environnement externe évoluent si rapidement que les gestionnaires ne peuvent prédire les résultats probables d'un plan d'action.

Certitude (*certainty*)
État dans lequel les forces du milieu sont suffisamment stables pour permettre de prévoir les résultats possibles de certaines décisions.

> **FIGURE 2.4**   **L'incertitude dans l'environnement externe et les mesures de gestion**

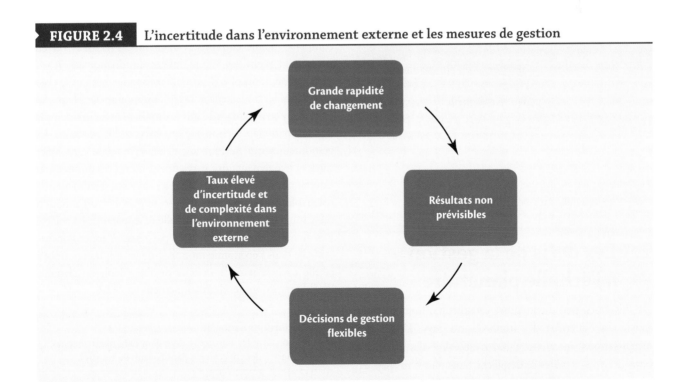

> **FIGURE 2.5**   Une matrice de l'incertitude

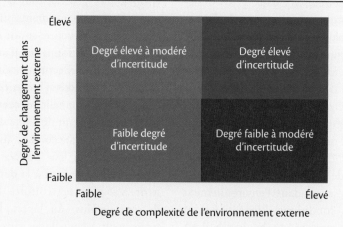

Conseils aux gestionnaires

La gestion de l'environnement externe

Voici quelques moyens de réduire l'incertitude et le risque associés à un degré élevé de changement dans les caractéristiques démographiques d'une population.

1. Reconnaître les exigences éthiques et juridiques en matière de traitement juste et équitable des ressources humaines.

2. Établir des politiques de ressources humaines qui ne comportent aucune forme de discrimination envers n'importe quel membre de l'organisation.

3. Tirer parti des talents d'une main-d'œuvre diversifiée formée de gens de plusieurs cultures nationales.

4. Établir une structure organisationnelle flexible et une culture forte.

OA7 Évaluer les défis à relever pour maintenir un avantage concurrentiel dans l'économie internationale.

2.7 Les défis de la gestion à l'échelle planétaire

De nos jours, peu d'entreprises canadiennes limitent leurs activités à l'intérieur des frontières du pays. L'essor des **organisations internationales**, c'est-à-dire des organisations dont les activités se déroulent dans plus d'un pays et

qui font face à des concurrents dans chacun de ces pays, a obligé beaucoup d'entre elles à améliorer leur rendement et à trouver de meilleures façons d'utiliser leurs ressources. La réussite du géant indien des métaux, Arcelor Mittal, d'entreprises chimiques allemandes telles que Schering et Hoechst, du fabricant de meubles italien Natuzzi, de la société électronique coréenne Samsung, du détaillant suédois d'ameublements contemporains IKEA, de la société aéronautique brésilienne Empresa Brasileira de Aeronautica S.A. (Embraer), toutes des multinationales, exerce de la pression sur les organisations d'autres pays de sorte qu'elles aspirent à hausser leur niveau de rendement pour affronter la concurrence avec succès.

La liste des 100 premières multinationales de 1998 ne comptait aucune entreprise canadienne. En 2011, on en trouvait 11 parmi les 500 premières multinationales. Il y a aujourd'hui 3 fois plus d'entreprises canadiennes qui se classent parmi les 5 meilleures sociétés du monde dans leur secteur qu'il y en avait il y a 20 ans[54]. Bombardier est un exemple de multinationale canadienne qui a réussi. De nos jours, les gestionnaires qui ne font aucun effort pour se renseigner sur les changements qui surviennent dans l'environnement externe mondial et pour s'y adapter doivent se contenter de réagir plutôt que d'innover, de sorte que leur organisation cesse souvent d'être concurrentielle et disparaît[55]. La société Research In Motion (RIM) n'a pas réussi à rester concurrentielle dans l'économie mondiale de la téléphonie mobile et elle a vu la part de marché de son téléphone portable BlackBerry diminuer dramatiquement en 2012.

Organisation internationale (*global organization*)
Organisation dont les activités se déroulent dans plus d'un pays et qui fait face à des concurrents dans chacun de ces pays.

De nos jours, les gestionnaires canadiens doivent relever trois grands défis s'ils veulent que leur organisation se taille une place dans l'économie mondiale : établir un avantage concurrentiel, maintenir des normes éthiques et utiliser de nouveaux types de systèmes d'information et de technologies de l'information.

2.7.1 L'établissement d'un avantage concurrentiel

Si les gestionnaires et les organisations veulent surpasser leurs concurrents et se maintenir dans une position enviable, ils doivent établir un **avantage concurrentiel**, c'est-à-dire la capacité d'une organisation d'obtenir un meilleur rendement que d'autres parce qu'elle fournit des produits ou des services recherchés de façon plus efficace et plus efficiente que ses concurrents. Les éléments fondamentaux de l'avantage concurrentiel sont une efficience, une qualité, une capacité d'innovation et une réactivité aux besoins des clients supérieures à celles de la concurrence (*voir la figure 2.6*).

Un accroissement de l'efficience

Les organisations augmentent leur efficience lorsqu'elles réduisent la quantité de ressources (p. ex. les personnes ou les matières premières) qu'elles utilisent pour produire des biens ou des services. Dans le contexte concurrentiel actuel, elles recherchent constamment de nouvelles manières de tirer parti de leurs ressources en vue d'améliorer leur efficience. Elles sont nombreuses à donner une formation à leurs travailleurs pour qu'ils acquièrent de nouvelles habiletés ou se familiarisent avec de nouvelles technologies qui leur permettront d'augmenter leur capacité à effectuer de nombreuses tâches nouvelles et différentes. Chez IKEA, les concepteurs collaborent étroitement avec les équipes de production internes pour trouver les matières les moins coûteuses et les fournisseurs offrant les prix les plus bas. Ils visent à diminuer le coût de tous leurs produits d'environ 2 à 3 % par année. Aucun produit ne se retrouve dans les rayons d'un magasin IKEA si son prix n'est pas abordable. La plupart des gros articles sont emballés à plat dans des boîtes pour que les clients puissent les apporter eux-mêmes chez eux. IKEA économise ainsi des millions de dollars en frais d'expédition.

De nouvelles solutions technologiques à la gestion de projet constituent une autre façon pour les entreprises d'accroître leur efficience. EllisDon, une des plus grandes entreprises de construction au Canada, a mis au point une plateforme logicielle pour l'aider à composer avec « des montagnes de documents – des formulaires, de la correspondance, des propositions de prix, des contrats, des échéanciers, des bons de commande, des plans architecturaux, des révisions de plans, des photographies, des comptes rendus de réunions, des feuilles de présence et des listes de paie, des autorisations, des rapports d'inspection préventive –, enfin tout ce qui est lié à la construction de structures et qui concerne les clients, les conseillers et d'innombrables fournisseurs[56] ». Cette initiative a permis à l'entreprise d'accroître ses activités de 50 % sans avoir à augmenter son personnel.

Avantage concurrentiel (*competitive advantage*)
Capacité d'une organisation d'obtenir un meilleur rendement que d'autres parce qu'elle fournit des produits ou des services en demande de façon plus efficace et plus efficiente que ses concurrents.

> **FIGURE 2.6** Les éléments fondamentaux de l'avantage concurrentiel

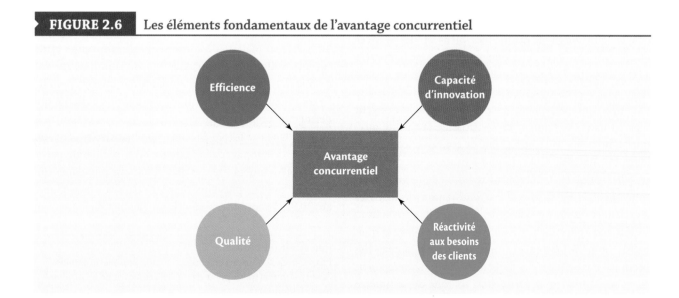

Outre la formation du personnel et l'adoption de nouvelles technologies, des entreprises envisagent aussi parfois un travail en collaboration pour augmenter leur efficience. L'établissement d'alliances et de partenariats, dans lesquels deux entreprises ayant leurs propres qualités relatives coopèrent pour obtenir des résultats qu'aucune d'elles n'aurait pu atteindre seule, peut entraîner des synergies positives et des économies de coûts. Il sera question plus en détail de ces types de structures en réseau et des relations de commerce électronique interentreprises au chapitre 6.

Un fabricant de jouets canadien, Spin Master, est parvenu à accroître son efficience en s'associant à d'autres entreprises pour chacune des étapes de ses activités, de la conception de nouveaux produits à la fabrication et à la vente au détail. Sa capacité d'externaliser, due à sa flexibilité, lui a permis de se concentrer sur ce qu'il fait le mieux : mettre des produits sur le marché plus rapidement que de grandes entreprises telles que Hasbro ou Mattel. L'exemple de l'entente concernant la fabrication et la mise en marché du produit Catch-a-Bubble le montre bien. « Six mois après la première réunion à Hong Kong, Spin Master expédiait 7 millions d'unités de ce jouet et facturait 15 millions de dollars[57]. » Pour se doter d'un avantage concurrentiel dans l'économie mondiale, une organisation doit atteindre un niveau d'efficience qui lui permet de fournir à ses clients des produits à prix abordables.

Un accroissement de la qualité

Le défi que représente la concurrence d'organisations multinationales, tels les fabricants de produits électroniques coréens, les producteurs agricoles mexicains et les sociétés financières et de marketing européennes, a aussi accru la pression exercée sur les entreprises pour qu'elles améliorent la qualité des biens et des services qu'elles offrent. Une des grandes avancées en la matière a été l'apparition de techniques d'amélioration de la qualité appelées « gestion intégrale de la qualité (GIQ) ». Les employés qui participent à ce processus sont souvent répartis dans des équipes de contrôle de la qualité auxquelles on confie la responsabilité de concevoir continuellement de nouveaux moyens plus efficaces d'effectuer leur travail. Ils doivent notamment réduire l'empreinte environnementale de ce travail par l'utilisation de matières recyclées et de sous-produits des activités de production. Ils ont aussi pour tâche de superviser et d'évaluer la qualité de ce qu'ils fabriquent. Ainsi, des tests rigoureux des produits en matière de durabilité, de fonctionnement et de conception font partie de la marque de commerce d'IKEA.

La capacité d'innovation

L'**innovation**, c'est-à-dire le processus qui consiste à inventer de nouveaux produits et services que les clients veulent acheter, ou encore à mettre au point de meilleures façons de les produire ou de les fournir, présente un défi particulier. Les gestionnaires doivent créer une culture organisationnelle dans laquelle les individus sont encouragés à innover. En général, l'innovation se fait au sein de petits groupes ou d'équipes. Les gestionnaires délèguent le contrôle des activités de travail à des membres de ces équipes et créent ainsi une culture d'entreprise qui récompense la prise de risques. La compréhension et la gestion de l'innovation, de même que la création d'un milieu de travail qui encourage la prise de risques, comptent parmi les tâches les plus difficiles des gestionnaires. Michael Rachlis, professeur associé au département des soins de santé de l'Université de Toronto, donnait comme exemple le Group Health Centre de Sault-Sainte-Marie, en Ontario, qui a confié à une infirmière visiteuse la tâche d'aller voir à domicile chacun des patients ayant subi une défaillance cardiaque sur son territoire. Cette pratique innovatrice a permis de diminuer de 70 % les réadmissions à l'hôpital[58]. Chez IKEA, la « culture de la conception » de même que la politique de responsabilité sociale et de compétitivité établissent un type de milieu de travail qui stimule l'innovation. Comme l'a dit la chef de la direction d'IKEA en Suède, Jeanette Söderberg, « il est facile de concevoir des produits qui sont beaux mais coûteux. Toutefois, concevoir des produits qui sont beaux, fonctionnels et peu coûteux, ça c'est un vrai défi[59] ».

La société Research In Motion (RIM) était particulièrement douée pour l'innovation. Fondée en 1984, RIM a son siège social à Waterloo en Ontario. Elle est un leader en matière de conception, de fabrication et de commercialisation d'appareils sans-fil innovateurs sur le marché mondial de la télécommunication mobile. D'abord, en 1999, elle a mis au point le BlackBerry, qui permettait pour la première fois d'envoyer des courriels sans fil. Une des forces de la marque BlackBerry était son système de messagerie sécuritaire. Il a servi tout particulièrement à organiser les manifestations populaires qui ont fait tomber plusieurs despotes dans les pays arabes en 2011. Le président américain Barak Obama et son

---

Innovation (*innovation*)
Processus qui consiste à créer de nouveaux produits et services, ou encore à mettre au point de meilleures façons de les produire ou de les fournir.

gouvernement se servaient exclusivement du BlackBerry en raison de son système de sécurité de premier ordre. Toutefois, en 2012, RIM a perdu une partie de son marché au profit de l'iPhone d'Apple et de l'Android de Google lorsque tous deux ont reçu l'approbation du gouvernement américain pour leur utilisation. Pendant 13 ans, RIM a joui d'une situation de quasi-monopole dans le domaine des télécommunications mobiles grâce à sa technologie innovatrice.

Un accroissement de la réactivité aux besoins des clients

Les organisations utilisent leurs produits et leurs services pour se faire concurrence les unes aux autres auprès des consommateurs. Il leur est donc essentiel de former des employés à réagir aux besoins de la clientèle, en particulier lorsqu'elles offrent des services. Les magasins de détail, les banques et les restaurants, par exemple, dépendent entièrement de leurs employés pour fournir à leurs clients un service de qualité supérieure à un coût raisonnable[60]. Compte tenu du fait que le Canada et de nombreux autres pays se dirigent vers une économie plus axée sur les services (en partie en raison des pertes d'emplois dans le secteur de la fabrication au profit de la Chine, de la Malaisie et d'autres pays où les coûts de la main-d'œuvre sont bas), la gestion des comportements dans les organisations dispensatrices de services devient de plus en plus importante. Par exemple, IKEA offre à ses clients des services de garde d'enfants de qualité pendant qu'ils font leurs courses.

Prenons un autre exemple, celui de Harry Rosen, un détaillant de vêtements pour hommes haut de gamme. De nos jours, dans un contexte de mondialisation, les innovations dans le secteur de la mode sont rapidement reproduites à faibles coûts par des fabricants établis dans les marchés émergents. Il ne suffit donc plus de vendre un produit unique à prix d'or. Le chef de la direction, Larry Rosen, l'explique en ces termes : « Pour le client, la qualité devient beaucoup moins une question de ce qu'on vend, mais plutôt de la façon dont on le vend. Lorsqu'on atteint un certain niveau de prix chez Rosen, c'est l'expérience qu'on achète. Nous ne nous considérons pas comme étant dans le secteur du vêtement. Nous ne vendons pas simplement des habits et des vestons. Il s'agit d'une entreprise basée sur les relations. Mon travail consiste à vous connaître, à vous amener à établir une relation avec un de mes associés, qui a reçu une formation rigoureuse. Rosen veut vous habiller pendant toute la durée de votre vie. La clé de notre réussite, c'est la loyauté de nos clients. Je crois fermement que nous avons une culture d'entreprise basée sur notre amour de la qualité et de nos clients. L'établissement de relations avec nos clients est un processus qui se gère[61]. »

2.7.2 Le maintien de normes éthiques

Pendant qu'ils décident de l'utilisation des ressources organisationnelles, les gestionnaires de tous les niveaux subissent des pressions considérables pour améliorer la performance de leur organisation. Par exemple, les actionnaires envoient des signaux à la haute direction pour qu'elle accroisse le rendement de l'ensemble de l'organisation de façon que le prix de l'action monte, que les profits augmentent ou que les dividendes s'élèvent. À leur tour, les cadres supérieurs peuvent alors exercer des pressions sur les cadres intermédiaires pour qu'ils trouvent de nouveaux moyens d'utiliser les ressources organisationnelles de manière à accroître la performance ou la qualité en vue d'attirer de nouveaux clients, d'avoir davantage de revenus et de réduire l'empreinte écologique de leurs activités.

Les pressions exercées pour améliorer la performance peuvent avoir des effets bénéfiques pour une organisation parce qu'elles incitent ses gestionnaires à s'interroger sur ses activités et à trouver de meilleures façons de planifier, d'organiser, de diriger et de contrôler le rendement. Toutefois, de trop fortes pressions ont parfois des effets nocifs[62]. Elles peuvent pousser des gestionnaires à adopter des comportements contraires à l'éthique dans leurs rapports avec les personnes et les groupes, à l'intérieur comme à l'extérieur de l'organisation[63]. Par exemple, le chef du service des achats (ou directeur de l'approvisionnement) d'une grande chaîne de vente au détail pourrait recourir à des mesures comme l'achat de vêtements de qualité inférieure pour réduire ses coûts. De même, pour s'assurer d'obtenir un important contrat dans un pays étranger, un directeur commercial d'une grande entreprise essaiera peut-être de soudoyer des fonctionnaires de ce pays. Des courtiers en valeurs mobilières trop zélés pourraient négocier un swap (un échange financier) sur défaillance de crédit et autres produits dérivés de façon à faire rapidement de l'argent sans réfléchir au risque d'un effondrement du marché financier, comme celui qui a failli se produire lors de la crise de 2008. Les codes d'éthique sont des outils utiles pour les gestionnaires parce qu'ils leur permettent d'indiquer à leurs employés et à leurs partenaires les comportements à adopter et, par la suite, de les contrôler. IKEA dispose, pour ses fournisseurs, d'un code d'éthique d'après lequel ceux-ci doivent se conformer à des normes de base en matière de respect de l'environnement ainsi que de conditions sociales et de travail pour leurs employés. Ce code interdit notamment d'avoir recours au travail des enfants.

Lorsque des gestionnaires se comportent d'une façon contraire à l'éthique, certains individus ou groupes peuvent en retirer des gains à court terme mais, à long terme, l'organisation ainsi que les personnes se trouvant à l'intérieur comme à l'extérieur de celle-ci finissent toutes par y perdre. Au chapitre 3, nous étudierons la nature de l'éthique et l'importance pour les gestionnaires et tous les membres d'une organisation de se comporter de façon éthique dans la poursuite des objectifs organisationnels.

2.7.3 L'utilisation de nouveaux systèmes informatiques et des technologies de l'information

Un autre défi important que les gestionnaires ont à relever est la pression exercée sur eux pour qu'ils accroissent le rendement de l'entreprise grâce à l'utilisation de nouveaux systèmes informatiques et de nouvelles technologies

de l'information[64]. Il sera question au chapitre 4 de l'importance de ces systèmes et technologies pour les gestionnaires lorsqu'il s'agit de se procurer et d'utiliser de l'information. Dans l'économie mondiale actuelle, il serait impossible pour IKEA de coordonner la production de milliers d'articles provenant de milliers de fournisseurs établis partout dans le monde si cette entreprise ne possédait pas son propre logiciel, l'Electronic Commerce for IKEA Suppliers (ECIS).

C'est au chapitre 5, portant sur les processus de planification et de gestion stratégiques, que nous étudierons les façons dont les gestionnaires analysent le contexte organisationnel sur le plan de l'environnement externe et de l'environnement interne pour en tirer des stratégies d'ensemble et sectorielles visant à procurer un avantage concurrentiel à leur organisation.

Résumé et révision

Cette section vous servira à vérifier l'acquisition des objectifs d'apprentissage.

OA1 Le contexte organisationnel Le contexte organisationnel est un cadre où l'organisation évolue, qui regroupe un ensemble de forces internes et de conditions externes, telles les ressources humaines, les compétences techniques, la mondialisation, la technologie et la concurrence, lesquelles peuvent avoir un effet sur la façon dont l'organisation fonctionne et sur la manière dont les gestionnaires entreprennent leurs tâches de planification et d'organisation. Il comporte deux composantes : l'environnement interne et l'environnement externe. L'environnement interne détermine les capacités de l'organisation à interagir avec l'environnement externe tandis que l'environnement externe est porteur d'opportunités et de menaces pour l'organisation.

OA2 L'environnement interne L'environnement interne est constitué de l'ensemble des forces qui s'exercent à l'intérieur d'une organisation et qui proviennent de la structure et de la culture organisationnelles. La stratégie, les ressources humaines, les parts de marché, les compétences distinctives et le potentiel technologique en sont des exemples. Ces ressources et ces compétences internes tirées de la structure et de la culture organisationnelles déterminent la capacité de l'organisation à s'adapter à son environnement externe.

OA3 L'environnement concurrentiel et l'environnement général L'environnement concurrentiel est l'ensemble des forces et des conditions que constituent les fournisseurs, les distributeurs ou grossistes, les clients et les concurrents, et qui influe directement sur le travail des gestionnaires de façon quotidienne. L'environnement général comprend des forces économiques, politiques et juridiques, technologiques, socioculturelles, démographiques, écologiques et internationales. Il s'agit de forces nationales et internationales qui ont un impact sur une organisation et sur son environnement concurrentiel.

OA4 Les formes juridiques des entreprises Quatre principales formes juridiques d'entreprises sont présentes au Canada. L'entreprise individuelle est la propriété d'un seul individu, qui conserve un contrôle direct, mais dont la responsabilité est illimitée. La société de personnes regroupe des partenaires dans leurs activités au sein de l'entreprise. Ils profitent d'un contrôle direct, mais leur responsabilité est illimitée, à moins qu'ils soient commanditaires. La société par actions est une personne morale financée par des actionnaires dont la responsabilité est limitée. Son fonctionnement est toutefois coûteux et complexe. La coopérative est une personne morale constituée par l'association de membres pour répondre à leurs besoins communs en service ou en production. La responsabilité des membres est limitée et le fonctionnement est démocratique. Sa structure est lourde et complexe à administrer.

OA5 L'effet de la culture nationale Les cinq dimensions définies par Hofstede peuvent aider les gestionnaires à comprendre les différences culturelles. Il s'agit du degré d'individualisme ou de collectivisme, de la distance hiérarchique, du degré de masculinité ou de féminité, de l'indice de contrôle de l'incertitude et d'une orientation en matière de vie et de travail qui est soit une orientation à long terme, soit une orientation à court terme. Des pratiques de gestion efficaces dans une culture peuvent ne pas l'être dans une autre. Les gestionnaires doivent donc être sensibles aux différences culturelles pour assurer la réussite de leur organisation sur le marché mondial.

OA6 La gestion de l'environnement externe Deux facteurs influent sur la nature des opportunités et des menaces auxquelles les organisations doivent réagir: le degré de complexité de l'environnement externe et la rapidité à laquelle des changements surviennent dans cet environnement. Les gestionnaires doivent savoir analyser les forces en présence dans l'environnement pour pouvoir réagir efficacement aux opportunités et aux menaces qu'elles représentent. Aux trois échelons de la hiérarchie et à la tête de tous les services, ils ont la responsabilité de réduire autant que possible l'effet négatif des menaces et de tirer avantage des opportunités générées par ces forces à mesure qu'elles évoluent dans le temps.

OA7 Les défis de la gestion à l'échelle planétaire De nos jours, la concurrence dans l'environnement international oblige les gestionnaires à relever trois grands défis: l'établissement d'un avantage concurrentiel par l'accroissement de la performance, de la qualité, de l'innovation et de la réactivité aux besoins des clients; l'adoption et le contrôle de comportements éthiques envers les parties prenantes qui se trouvent à l'intérieur comme à l'extérieur de l'organisation; et l'utilisation de nouveaux systèmes d'information et de technologies de l'information.

TERMES CLÉS

avantage concurrentiel (p. 59)
barrière à l'entrée (p. 38)
barrière à la sortie (p. 40)
certitude (p. 57)
client (p. 37)
collectivisme (p. 52)
concurrent (p. 37)
contexte organisationnel (p. 33)
contrôle de l'incertitude (p. 54)
coopérative (p. 50)
culture nationale (p. 45)
degré de féminité (p. 53)
degré de masculinité (p. 53)
distance hiérarchique (p. 53)
distributeur ou grossiste (p. 37)
droit de propriété (p. 49)
économies d'échelle (p. 38)
entreprise individuelle (p. 49)

environnement concurrentiel (p. 35)
environnement externe (p. 33)
environnement général (p. 35)
environnement interne (p. 33)
fidélité à la marque (p. 38)
forces démographiques (p. 43)
forces écologiques (p. 42)
forces économiques (p. 41)
forces internationales (p. 46)
forces politiques et juridiques (p. 46)
forces socioculturelles (p. 44)
forces technologiques (p. 42)
fournisseur (p. 36)
incertitude (p. 57)
individualisme (p. 52)

innovation (p. 60)
mondialisation (p. 33)
organisation internationale (p. 58)
orientation à court terme (p. 54)
orientation à long terme (p. 54)
partie prenante (p. 34)
personne morale (p. 49)
société de personnes (p. 49)
société par actions (p. 50)
structure sociale (p. 44)
technologie (p. 42)
valeurs (p. 51)
variation des forces dans le milieu (ou changements de l'environnement externe) (p. 55)

Les gestionnaires à l'œuvre

SUJETS À TRAITER ET ACTIVITÉS CONNEXES

NIVEAU 1 Connaissances et compréhension

1. Déterminez et décrivez les forces qui s'exercent dans l'environnement concurrentiel et l'environnement général d'une organisation.

2. Décrivez ce que signifient pour les gestionnaires des différences entre les cultures nationales.

3. Décrivez ce que les gestionnaires de chaque échelon peuvent faire pour réduire l'impact des forces présentes dans le contexte organisationnel.

NIVEAU 2 Application et analyse

4. Demandez à un gestionnaire de vous décrire le type et l'efficacité de chacune des forces qui s'exercent dans l'environnement concurrentiel de son organisation. Quelles sont, selon lui, les opportunités et les menaces actuelles que représentent des concurrents, des clients et des fournisseurs ?

5. Faites un examen des forces qui agissent sur les entreprises de votre localité en lisant la section « Affaires » du journal de votre région ou en écoutant une émission d'affaires. Expliquez l'effet de ces forces sur la capacité des entreprises locales d'acquérir et d'utiliser des ressources.

6. Effectuez les recherches nécessaires pour recueillir les renseignements qui vous permettront de comparer les systèmes politiques, économiques, démographiques et culturels du Mexique, des États-Unis et du Canada. Quels effets les ressemblances et les différences que vous notez pourraient-elles avoir sur la gestion d'une entreprise, telle que Walmart, qui est établie dans chacun de ces pays ?

NIVEAU 3 Synthèse et évaluation

7. Décrivez la façon dont chaque force qui s'exerce dans l'environnement concurrentiel et l'environnement général peut représenter une opportunité ou une menace pour le gestionnaire d'un restaurant Tim Hortons qui veut installer une succursale aux États-Unis.

8. Imaginez que vous occupez un poste de cadre de terrain chez un détaillant comme Tigre Géant. Quelles suggestions feriez-vous à votre patron sur la façon d'utiliser les quatre éléments fondamentaux qui permettraient d'assurer un avantage concurrentiel à votre entreprise ?

9. Quelle organisation est susceptible d'avoir à composer avec l'environnement concurrentiel le plus complexe : une entreprise de biotechnologie qui tente de mettre au point un traitement contre le cancer ou un grand détaillant comme Dollarama ou La Baie ? Justifiez votre réponse en traitant de chacune des forces présentes dans l'environnement concurrentiel de cette entreprise.

EXERCICE PRATIQUE EN PETIT GROUPE

Formez un groupe de trois ou quatre personnes et choisissez quelqu'un qui présentera les résultats de votre recherche à toute la classe lorsque votre professeur vous le demandera. Discutez ensemble du scénario suivant.

Supposez que vous et les membres de votre équipe exploitez une agence de consultation en gestion. Deux de vos clients, une société pharmaceutique multinationale et une entreprise de construction domiciliaire, sont préoccupés par des changements dans les tendances démographiques au Canada. L'âge moyen de la population s'élève en raison de la baisse des taux de natalité et de mortalité ainsi que du vieillissement de la génération de l'après-guerre.

1. Quelles pourraient être quelques-unes des conséquences (opportunités et menaces) de cette tendance démographique pour vos clients?

EXERCICE DE PLANIFICATION D'AFFAIRES

Pour vous guider, consultez l'annexe B, à la page 426.

Il vous faut maintenant analyser les forces présentes dans le contexte organisationnel et déterminer les effets (opportunités et menaces) que l'environnement concurrentiel et l'environnement général pourraient avoir sur votre plan d'affaires. Cette analyse occupera une place importante dans la présentation de votre secteur.

1. Qui sont vos clients? Faites une recherche sur les caractéristiques de votre marché cible. Par exemple, quelle est la taille de la population de votre quartier et quelles sont ses caractéristiques démographiques (l'âge, le revenu, etc.)?

2. Qui sont vos concurrents? Déterminez leur nombre, leurs points forts et leurs points faibles. Dans quelle mesure constituent-ils une menace pour votre entreprise?

3. Où trouverez-vous tous les facteurs de production dont vous aurez besoin pour gérer votre entreprise?

4. De quelles catégories de facteurs juridiques et politiques devez-vous tenir compte? De quels types de permis aurez-vous besoin éventuellement et où pourrez-vous vous les procurer?

5. Y a-t-il des forces socioculturelles dans votre collectivité qui pourraient représenter une opportunité ou une menace et que vous devriez analyser dans votre plan d'affaires?

6. Décrivez la façon dont les principes de base de l'avantage concurrentiel pourraient servir à favoriser la réussite de votre entreprise.

EXERCICE DE GESTION RELATIF À L'ÉTHIQUE

Vous êtes gestionnaire dans une entreprise pharmaceutique qui a récemment mis au point un comprimé pour guérir l'onchocercose, une maladie très répandue en Afrique. La solution était simple et rapide à trouver, mais aucun acheteur ne s'est présenté parce que les personnes qui souffrent de cette maladie ou celles qui pourraient en souffrir sont trop pauvres pour se procurer ce médicament.

Devriez-vous mettre de côté les comprimés déjà fabriqués et attendre que le marché puisse en payer le prix? Quelles autres solutions s'offrent à vous?

LA GESTION MISE AU DÉFI

Se tailler une place dans le secteur de la reprographie

Vous avez décidé d'ouvrir une petite entreprise d'imprimerie et de reprographie dans une ville de 100 000 habitants établie près d'une université. Votre entreprise sera en concurrence directe avec des sociétés comme Kinko de FedEx. Vous savez que plus de 50 % des petites entreprises font faillite pendant leur première année d'exploitation. Par conséquent, dans l'espoir d'augmenter vos chances de succès, vous avez l'intention d'effectuer une analyse détaillée de l'environnement concurrentiel du secteur de la reprographie pour déterminer les opportunités dont vous pourriez bénéficier et les menaces auxquelles vous devrez probablement faire face.

1. Déterminez ce que vous devez savoir concernant a) vos futurs clients, b) vos futurs concurrents et c) les autres forces importantes dans l'environnement concurrentiel pour être en mesure d'assurer la rentabilité de votre entreprise.

2. Évaluez les principales barrières à l'entrée du secteur de la reprographie.

3. En vous basant sur votre analyse, énumérez quelques-unes des mesures que vous pourriez prendre pour rentabiliser votre nouvelle entreprise.

PROJET DE PRÉPARATION D'UN DOSSIER DE GESTION

Répondez aux questions suivantes concernant l'organisation que vous avez choisi d'étudier.

1. Décrivez les principales forces présentes dans l'environnement concurrentiel qui ont un impact sur cette organisation.

2. Décrivez les principales forces présentes dans l'environnement général qui ont un impact sur cette organisation.

3. Tentez de déterminer si ces environnements concurrentiel et général sont relativement stables ou s'ils évoluent rapidement.

4. Expliquez l'effet des forces présentes dans ces deux environnements sur la tâche d'un gestionnaire de votre choix à l'intérieur de l'organisation. Comment ces forces déterminent-elles les opportunités et les menaces avec lesquelles les gestionnaires de l'organisation doivent composer ?

5. Comment l'organisation utilise-t-elle les quatre éléments fondamentaux d'un avantage concurrentiel ?

Étude de cas

Solutionnaire
enseignant

Un *gaijin* s'emploie à redresser Sony

Le fabricant japonais d'appareils électroniques, Sony, était autrefois renommé pour ses prouesses en matière d'innovation et d'ingénierie. Il avait mis sur le marché de nouveaux produits qui ont eu un succès fou, tels le Walkman (un baladeur) et le tube-écran Trinitron. Dans les années 1990, les ingénieurs produits de Sony présentaient en moyenne quatre idées de nouveaux produits chaque jour. Pourquoi ? La culture de Sony, cette « façon de faire Sony », qui constitue une grande partie de la réponse à cette question, accordait beaucoup d'importance à la communication, à la coopération et à l'harmonie entre les groupes d'ingénieurs dans toute l'entreprise pour favoriser l'innovation et le changement. Les ingénieurs jouissaient d'une très grande liberté et pouvaient travailler sur leurs propres idées. Les gestionnaires des différents groupes de produits se chargeaient de promouvoir leurs innovations. Toutefois, des problèmes ont commencé à se manifester dans les années 2000, quand des sociétés de Corée, de Taiwan et de Chine se sont lancées dans l'invention de nouvelles technologies, telles que les écrans à cristaux liquides numériques et la mémoire flash, qui ont rendu obsolètes celles de Sony. D'autres entreprises comme Apple et Nokia ont mis sur le marché le baladeur iPod, des téléphones intelligents et des tablettes électroniques mieux adaptés aux besoins des clients que les produits « vieille génération », tel le baladeur Walkman. Une des raisons pour lesquelles Sony a eu tant de difficulté à réagir à ces changements tient au fait que le succès avait modifié sa culture. Les cadres supérieurs de ses nombreux services avaient pris l'habitude de se comporter comme s'ils contrôlaient un « fief » et, protégé par la tradition japonaise de la permanence d'emploi, chacun favorisait les intérêts de son propre service au détriment de ceux de l'entreprise. Cette concurrence entre cadres avait augmenté la bureaucratie à l'intérieur de la société, ralentissant le processus de prise de décisions, de sorte qu'il devenait beaucoup plus difficile pour Sony de tirer parti de sa propre « mine » d'innovations en matière de produits. En même temps, ses coûts de recherche ont grimpé en flèche parce que chaque service réclamait de plus en plus de fonds pour créer de nouveaux produits.

Comprenant que leur société avait atteint un tournant décisif dans son histoire, les membres japonais de la haute direction de Sony ont fait appel à un cadre dirigeant *gaijin*, c'est-à-dire non japonais, pour diriger l'entreprise. Leur choix s'est arrêté sur Sir Howard Stringer, un Gallois, qui était à la tête de la section nord-américaine des activités de Sony et qui, à ce titre, avait réduit les coûts et augmenté les profits de sa division.

Pendant ses années à la tête de Sony, il a dû s'attaquer au problème des coûts de l'entreprise au Japon, pays où beaucoup de sociétés ont une politique de permanence de l'emploi. Il a donc annoncé de prochaines mises à pied en raison de la nécessité de réduire les charges d'exploitation trop élevées. Il a aussi fait clairement comprendre qu'il ne tolérerait plus de concurrence entre les divers groupes de conception de produits. Les gestionnaires devaient dorénavant accorder la priorité aux nouveaux produits, investir seulement dans ceux qui avaient le plus de chances de se démarquer parce que l'entreprise devait diminuer son budget colossal en recherche et développement. En fait, il avait pour objectif de faire à nouveau de l'ingénierie, et non de la gestion, la priorité chez Sony. Il souhaitait donc éliminer la surabondance d'échelons dans une hiérarchie devenue disproportionnée avec le temps, en rationalisant, par exemple, le siège social. Selon Stringer, Sony avait transformé sa culture pour faire de la gestion au lieu de fabriquer des produits. Toutefois, il avait fort à faire, car la culture nationale au Japon est réputée pour sa tendance au collectivisme, à l'orientation à long terme et à la méfiance envers tout ce qui est *gaijin*, ou venu d'outre-mer. Et ces mêmes valeurs avaient cours à l'intérieur de Sony. Stringer a donc dû se montrer entêté et obliger l'entreprise à faire un meilleur usage de ses ressources. Après un accroissement des pertes en 2009, il a fait une démonstration de sa méthode sans concession en remplaçant l'équipe de la haute direction et en rationalisant la structure hiérarchique pour accélérer le processus de prise de décisions.

Dans ses efforts pour moderniser l'entreprise, Stringer s'est heurté à des différences culturelles importantes et complexes. Toutefois, il a utilisé son expertise en matière de réduction des coûts pour s'attaquer à la situation de l'entreprise qui se détériorait. Sony continuait alors de lutter pour reconquérir son ancienne position de leader dans son secteur. Lorsque Stringer a quitté son poste en avril 2012, remplacé par Kazuo Hirai, le service des téléviseurs de Sony perdait encore 80 $ sur chaque unité vendue.

1. Évaluez l'impact sur Sony des forces en présence dans le contexte organisationnel.

2. En quoi les changements survenus dans les deux types d'environnements ont-ils influencé les mesures prises par la direction?

3. Comment le nouveau chef de la direction s'est-il servi des quatre éléments fondamentaux de l'avantage concurrentiel pour essayer de redresser les activités de Sony?

La gestion en matière d'éthique, de responsabilité sociale et de diversité

Entrée en matière

Mountain Equipment Co-op : miser sur la responsabilité sociale

En 2011, alors qu'elle fêtait ses 40 ans, la société Mountain Equipment Co-op (MEC) s'est classée parmi les 100 meilleurs employeurs canadiens. L'idée de cette coopérative a germé dans la tête de quatre alpinistes de Vancouver qui avaient exprimé leur frustration de devoir toujours se rendre aux États-Unis pour se procurer de l'équipement de plein air de qualité à un prix abordable.

En 1971, le groupe s'est donc constitué en coopérative pour fabriquer et vendre ce type d'équipement à des prix accessibles. Pour devenir membre de cette coopérative, il suffit de payer une cotisation. Les membres peuvent acheter des produits, s'exprimer par vote sur la gouvernance de la société et l'aider à réaliser sa mission. Comme chacun d'eux ne détient qu'un seul vote, aucun ne peut exercer plus d'influence que les autres. En outre, tous ont les mêmes droits et privilèges. Il n'y a pas d'actionnaires puisqu'il ne s'agit pas d'une société faisant appel public à l'épargne. Lorsque la coopérative a versé les salaires des employés qui travaillent dans ses 18 magasins au pays, qu'elle a payé ses fournisseurs canadiens et étrangers ainsi que ses charges d'exploitation, elle répartit entre ses membres ses profits, s'il y en a[1]. Toutefois, comme toutes les

coopératives, MEC n'a pas été fondée pour faire des profits, mais pour procurer des avantages à ses membres.

La coopérative effectue aussi ses activités dans le respect du développement durable en matière d'environnement et de ressources pour les générations futures. Ses matières premières et ses produits, tel le coton biologique, proviennent de fournisseurs soumis à un code d'éthique. Elle a mis au point des solutions de rechange à des composés dangereux tel le polychlorure de vinyle. Ses associés et les entreprises qui lui sont liées ont également adopté des codes de conduite qui garantissent aux employés de leurs usines des conditions de travail sécuritaires, des heures de travail conformes aux lois et un salaire raisonnable en échange du travail accompli. MEC supervise sa performance en matière de développement durable et en fait rapport à ses membres. Ces rapports de performance indiquent les secteurs dans lesquels elle a atteint ses objectifs et ceux dans lesquels il reste encore des efforts

à faire. Par exemple, l'objectif d'améliorer les conditions de travail grâce à une supervision des pratiques chez toutes les entreprises auxquelles elle accorde des contrats n'a pas été complètement réalisé en 2010. En effet, la vérification n'a eu lieu que dans 93 % de ces usines. Consciente aussi que toutes ses activités ont une empreinte écologique, la coopérative s'est engagée à la réduire en se préoccupant de l'environnement dans ses pratiques et ses activités, par exemple en réduisant ses émissions de CO_2 ainsi que sa consommation d'énergie et d'eau. En outre, MEC a donné 2,5 millions de dollars au Community Involvement Program, qui offre des subventions et investit dans des partenariats pour soutenir des organisations qui travaillent à la conservation des espèces et à l'accès à des espaces récréatifs.

Même si la coopérative est passée de 6 membres à plus de 4,3 millions de membres, la vision de départ de ses fondateurs est restée la même : celle d'une organisation gérée démocratiquement, qui fournit de l'équipement de plein air de qualité à prix abordables et qui se montre respectueuse de l'environnement. Une autre chose n'a pas changé : la cotisation de chaque membre s'élevait à 5 $ en 1971. Quarante-cinq ans plus tard, elle est encore de 5 $.

> **Après avoir réfléchi aux concepts présentés dans ce chapitre, vous serez en mesure de répondre aux questions suivantes.**
>
> **1.** Qui sont les parties prenantes dans cette organisation ? En quoi cette coopérative est-elle différente d'une société de capitaux traditionnelle ?
>
> **2.** Sur quel modèle en matière d'éthique les décisions de MEC sont-elles basées ?
>
> **3.** Comment décririez-vous la façon dont MEC aborde la responsabilité sociale ?

Alors qu'un code d'éthique solide peut influencer le comportement des employés, qu'est-ce qui pourrait pousser des gens à poser des gestes contraires à la morale ? Comment les gestionnaires et les employés peuvent-ils déterminer ce qui est éthique et ce qui ne l'est pas ? Dans ce chapitre, nous examinerons la nature des obligations et des responsabilités que les entreprises et leurs gestionnaires ont envers les personnes (et la société en général) et sur lesquelles leurs activités ont des effets. Nous verrons d'abord ce que signifie avoir un comportement éthique et socialement responsable envers les personnes et les groupes qui se trouvent dans le contexte d'une organisation.

Nous nous intéresserons ensuite aux façons de gérer la diversité pour assurer à chaque employé d'une organisation un traitement juste et équitable, et pour permettre à l'organisation d'augmenter sa capacité d'innovation et, par conséquent, sa capacité concurrentielle. La capacité et la volonté des gestionnaires de se comporter de façon éthique et de mieux gérer la diversité sont des préoccupations qui se situent au cœur du contexte organisationnel actuel. Il est clair que si les gestionnaires ne tiennent pas compte de ces questions ou n'agissent pas de façon appropriée, leur organisation est vouée tôt ou tard à l'échec.

Il sera enfin question du harcèlement en milieu de travail, qui n'est ni moralement acceptable ni permis par la loi. Il s'agit d'un comportement auquel les gestionnaires et les organisations doivent faire face et auquel ils doivent réagir sans tergiverser. À la fin de ce chapitre, vous comprendrez les raisons pour lesquelles l'éthique, la responsabilité sociale et la diversité sont des sujets qui rendent la tâche du gestionnaire non seulement complexe et stressante, mais aussi stimulante.

OA1 Décrire le concept d'éthique et les principes de la prise de décisions éthiques.

3.1 L'éthique et la prise de décisions

L'exemple de Mountain Equipment Co-op de l'entrée en matière illustre les enjeux éthiques auxquels les gestionnaires doivent être attentifs lorsqu'ils accomplissent leurs tâches et prennent des décisions. Définissons d'abord ce que l'on entend par « éthique ».

3.1.1 Qu'est-ce que l'éthique ?

L'**éthique**, qui est une discipline normative, est un ensemble de principes moraux ou de convictions concernant ce qui est bien ou mal. Ces convictions guident le comportement des personnes envers les autres (personnes ou groupes) dans des situations données et leur fournissent une base pour déterminer si un comportement est juste et approprié[2]. L'éthique indique aussi ce qu'est un comportement inapproprié et la façon de se conduire pour éviter de nuire aux autres. Elle aide les gens à trouver des solutions morales à des situations dans lesquelles la meilleure ligne de conduite n'est pas évidente.

Les gestionnaires font face à un dilemme lorsqu'ils se trouvent dans une situation qui les oblige à choisir entre deux plans d'action et, particulièrement, lorsque chacune de ces décisions risque d'avantager une partie prenante au détriment d'une autre, ou même de leurs propres intérêts[3].

Éthique (*ethics*)
Ensemble de principes moraux ou de convictions concernant ce qui est bien ou mal.

Souvent, une personne sait qu'elle fait face à un **dilemme éthique ou moral** lorsqu'elle éprouve des scrupules qui la font hésiter et réfléchir sur la «légitimité» ou la «rectitude» d'un plan d'action. Les scrupules sont des pensées et des sentiments qui indiquent à une personne ce qui est bien ou mal. Ils font partie de son sens éthique. L'essence du problème en matière d'éthique et de résolution de dilemmes moraux est qu'il n'existe aucune règle ni principe absolu et incontestable permettant de déterminer si un acte est bon ou mauvais. Autrement dit, divers groupes ou personnes pourraient contester le caractère éthique ou non éthique d'une action en fonction de leurs propres intérêts, attitudes, convictions et valeurs. Dans certains cas, il est facile de prendre une décision parce que de toute évidence, une norme, une valeur ou une règle de conduite s'applique clairement. Dans d'autres cas, les gestionnaires se trouvent dans des situations floues ou des zones grises et ont donc de la difficulté à déterminer ce qu'il faudrait faire. Par conséquent, comment les gens en général, les organisations, leurs gestionnaires et leurs employés peuvent-ils parvenir à déterminer ce qui est conforme à l'éthique et ainsi à agir de façon appropriée envers d'autres personnes ou groupes?

3.1.2 La prise de décisions éthiques

La société dans son ensemble peut, au moyen de procédés politiques et juridiques, réclamer et faire adopter des lois qui précisent ce que les gens peuvent et ne peuvent pas faire. Il existe de nombreux types de lois qui régissent les entreprises, par exemple, les lois contre la fraude et la falsification de données, ou encore celles qui portent sur le traitement des employés et des clients. Les lois indiquent aussi les peines ou les punitions qu'une organisation pourrait subir si elle contrevenait à ces lois. Divers groupes dans la société exercent des pressions pour faire adopter certaines lois en se basant sur leurs propres intérêts et leurs convictions personnelles concernant ce qui est bien ou mal. Le groupe qui parvient à obtenir le plus d'appuis est généralement en mesure de faire adopter les lois qui se rapprochent le plus de ses intérêts et convictions. Lorsqu'une loi a été adoptée, la décision portant sur le comportement approprié en ce qui concerne une personne ou une situation passe du domaine éthique régi par les individus au domaine juridique régi par la société. Quiconque ne se conforme pas à une loi peut être poursuivi. Et toute personne reconnue coupable d'avoir

enfreint cette loi est passible d'une peine quelconque. Elle n'a pas vraiment voix au chapitre : son sort est alors entre les mains des avocats et du tribunal.

Lorsqu'on étudie la relation entre l'éthique et le droit, il est important de comprendre que ni les lois ni l'éthique ne sont des principes immuables. Les convictions en matière d'éthique se modifient avec les années ou les siècles, de sorte que les lois changent pour refléter cette évolution de la société. Par exemple, dans l'Antiquité, chez les Romains et les Grecs, il était légal d'acheter et de posséder des esclaves et on considérait ce fait autorisé par la loi comme étant éthique. Il en était de même aux États-Unis jusque dans la seconde moitié du XIXe siècle, et en Arabie Saoudite, jusqu'en 1968.

Toutefois, le point de vue éthique et acceptable concernant le caractère moralement juste ou approprié de l'esclavage a changé et cette pratique est devenue illégale aux États-Unis lorsque les dirigeants ont décidé qu'elle avilissait le concept même d'humanité. En refusant d'admettre le droit à la liberté des autres, nous risquons de perdre le nôtre, de la même façon que voler les autres leur donne le droit de nous voler à leur tour.

Il existe de nombreux types de comportements (p. ex. le meurtre, le vol, l'esclavage, le viol, la conduite en état d'ébriété) que la plupart des gens (sinon la totalité) considèrent comme étant inacceptables et contraires à l'éthique, et qui sont illégaux. Toutefois, il y a d'autres comportements dont le caractère éthique est sujet à discussion. Certaines personnes peuvent croire qu'un comportement donné (p. ex. le fait de fumer du tabac ou de parier) est contraire à l'éthique et qu'on devrait le rendre illégal. Pour d'autres, la décision concernant le caractère éthique ou non de tels comportements comme les jeux de hasard ou l'avortement relève des individus ou des groupes et, par conséquent, ces comportements ne devraient pas être régis par des lois.

À mesure que les convictions relatives à l'éthique évoluent dans le temps, certains commencent à se demander si des lois actuelles qui interdisent des comportements particuliers sont encore appropriées de nos jours. D'après eux, même si tel comportement est considéré comme illégal, il n'est pas nécessairement contraire à l'éthique et, par conséquent, il faudrait modifier les lois qui le régissent. Ainsi, au Canada, la possession de marijuana (ou cannabis) a été criminalisée en 1923. Pour justifier l'existence de cette loi, on recourt généralement à l'argument d'après lequel la consommation de marijuana mène les gens à faire l'essai de drogues plus dangereuses telle l'héroïne, pouvant entraîner de graves dépendances. Cette pratique est alors contraire à l'éthique. Toutefois, des recherches effectuées partout dans le monde tendent à démontrer que la criminalisation de la possession ou de

---

Dilemme éthique ou moral (*ethical dilemma*)
Choix devant lequel se trouve une personne lorsqu'elle a à décider si elle devrait agir de façon à aider une autre personne ou un groupe, tout en sachant que ce geste risque de nuire à une autre personne ou à ses propres intérêts.

la consommation de cette herbe n'a pas réussi à résoudre le problème qui a servi de prétexte à son imposition.

En outre, on a établi que la consommation de marijuana présente des avantages de type thérapeutique. Par exemple, elle atténue certains effets secondaires indésirables comme la nausée et la perte d'appétit chez les personnes qui reçoivent des traitements de chimiothérapie pour un cancer, et chez les personnes atteintes du SIDA, qui doivent prendre des médicaments puissants. Il y a eu, au Canada, un vaste mouvement en faveur de la décriminalisation de la possession et de la consommation du cannabis. La décriminalisation ne rend pas cet usage légal, mais elle élimine la menace d'une poursuite devant les tribunaux, même dans les cas d'une utilisation non liée à un traitement médical. Le débat éthique sur la question fait couler de l'encre dans de nombreux pays.

Il est important de noter que même si des convictions éthiques mènent à l'élaboration de lois et de règlements en vue de prévenir certains comportements ou d'en encourager d'autres, les lois elles-mêmes peuvent changer ou disparaître à mesure que les convictions éthiques, ou parfois les intérêts, de ceux qui les ont proposées ou qui les ont fait naître évoluent. En 1830, il existait en Angleterre plus de 350 crimes différents passibles de la peine de mort, y compris le vol de moutons. De nos jours, il n'y en a plus aucun. En fait, c'est maintenant la peine de mort qui est devenue illégale dans ce pays. Par conséquent, les règles éthiques et juridiques sont relatives. Il n'existe aucune norme absolue et invariable permettant de déterminer la façon appropriée de se comporter, de sorte que les gens se trouvent constamment devant des dilemmes moraux. C'est pourquoi ils se voient obligés de faire des choix éthiques.

L'analyse qui précède met en lumière une question importante en ce qui a trait à la compréhension de la relation entre l'éthique, le droit et les affaires. Au cours des années 2000, de nombreux scandales ont éclaboussé de grandes entreprises telles qu'Enron, Nortel Networks, WorldCom, Hollinger Inc. et d'autres encore. Des gestionnaires, tel Conrad Black, Canadien d'origine et chef de la direction d'Hollinger Inc., sont souvent reconnus coupables d'avoir transgressé des lois et d'avoir volontairement dépouillé des investisseurs. Bien qu'il soit difficile d'établir des règles concernant ce qui est éthique et ce qui ne l'est pas, l'Ordre des administrateurs agréés du Québec (ADMA), dont nous avons parlé au chapitre 1, a répertorié six principes pour encadrer les comportements.

1. L'abnégation (le fait de prendre de l'organisation seulement ce à quoi on a droit selon son contrat de travail).

2. La continuité (le fait de considérer le long terme comme étant aussi important que le court terme).

3. L'équité (le fait d'être juste et équitable avec tous).

4. L'efficience (le fait de bien gérer les ressources humaines, matérielles, intangibles et financières sans abus et sans gaspillage).

5. L'équilibre (le fait d'avoir une cohérence et une juste proportion entre les parties prenantes, à l'intérieur comme à l'extérieur de l'organisation).

6. La transparence (le fait de donner l'information sans cacher quoi que ce soit).

Ces principes peuvent servir de guide aux gestionnaires pour les aider à prendre des décisions éthiques, comme nous le verrons plus loin.

OA2 Montrer l'utilité de l'éthique pour aider les gestionnaires à déterminer le comportement à adopter dans leurs relations avec les différentes parties prenantes.

3.2 L'éthique et les parties prenantes

Les personnes ou les groupes qui ont un intérêt, une créance ou une participation dans une organisation et dans ses activités sont appelés « parties prenantes de l'organisation »[4]. Les parties prenantes comprennent les actionnaires, les gestionnaires, le personnel non-cadre, les clients, les fournisseurs, la collectivité locale dans laquelle l'organisation effectue ses activités et même les citoyens d'un pays dans lequel ces activités se déroulent. Pour survivre et prospérer, une organisation doit parvenir à satisfaire les besoins souvent opposés de ses parties prenantes[5]. Les actionnaires s'attendent à des dividendes élevés, les gestionnaires et les employés veulent des salaires décents, un emploi stable, des défis intéressants et une reconnaissance, alors que les clients réclament des produits de qualité supérieure à des prix raisonnables. Si les parties prenantes n'obtiennent pas ce qu'elles demandent, elles peuvent retirer leur appui à l'organisation : les actionnaires vendent leurs actions, les gestionnaires et les employés cherchent des emplois dans d'autres organisations tandis que les clients se tournent vers des concurrents. Comme les activités d'une organisation ont un effet direct, bénéfique ou non, sur ses parties prenantes, celles-ci accordent une grande importance aux valeurs éthiques qui guident les gestionnaires. Quelles sont les principales parties prenantes d'une organisation ? Que lui apportent-elles et qu'exigent-elles en échange ?

Nous examinerons les demandes de ces parties prenantes (des actionnaires, des gestionnaires, des employés, des fournisseurs et des distributeurs et des clients) ainsi que celles de la collectivité, de la société et du pays où l'organisation mène ses activités.

3.2.1 Les actionnaires

Les actionnaires ont une créance sur une organisation parce que, lorsqu'ils achètent ses actions, ils en deviennent en partie propriétaires. Au moment où le fondateur d'une organisation décide de faire un appel public à l'épargne pour se procurer des capitaux, il émet des actions. Ces actions accordent à leurs acheteurs la propriété d'un certain pourcentage de l'entreprise et le droit de recevoir tout futur dividende provenant de ces actions en fonction de leur valeur. Par exemple, en décembre 2004, Microsoft a décidé de verser en dividendes aux propriétaires de ses cinq milliards d'actions un total record de 32 milliards de dollars. Bill Gates lui-même a reçu 3,3 milliards de dollars en raison du nombre d'actions qu'il détenait. Il a fait don de cet argent à la Fondation Bill et Melinda Gates. Il aurait versé jusqu'ici plus de 30 milliards de dollars à cette Fondation et en promet encore plus. De son côté, Warren Buffett s'est engagé en 2006 à faire don d'au moins 30 milliards de dollars à la même Fondation au cours de la prochaine décennie. Ces deux personnes parmi les plus riches du monde ont décidé de donner une grande partie de leur fortune à des causes éthiques, notamment pour s'attaquer à des problèmes de santé à l'échelle mondiale tels que la malnutrition, la malaria, la tuberculose et le SIDA.

Les actionnaires s'intéressent aux activités de leur organisation parce qu'ils veulent maximiser le rendement de leur capital investi. Ils surveillent étroitement ses gestionnaires pour s'assurer que ces derniers travaillent consciencieusement à accroître la rentabilité de l'organisation[6]. Toutefois, ils se préoccupent aussi de plus en plus de l'impact social des organisations dans lesquelles ils investissent. Les membres de MEC se rendent compte que, contrairement aux actionnaires des entreprises traditionnelles qui ont trop souvent pour principal objectif de maximiser leur profit personnel à court terme, ils tirent autant d'avantages en contribuant à la création d'une croissance durable et équilibrée. En suivant les principes de continuité, d'équilibre et d'équité de l'ADMA, les actionnaires évitent des décisions peu éthiques privilégiant des résultats à court terme et la maximisation du profit personnel aux dépens du profit organisationnel.

Les actionnaires veulent aussi s'assurer que les gestionnaires ont une conduite éthique et qu'ils ne mettent pas leurs capitaux en danger en se livrant à des activités qui pourraient nuire à la réputation de l'organisation. L'adoption de mesures telles que l'obligation de rendre compte avec transparence et la décision de rendre son rendement public ont donné à MEC une bonne réputation auprès des consommateurs.

3.2.2 Les gestionnaires

Les gestionnaires constituent un groupe essentiel des diverses parties prenantes. En effet, ils ont la responsabilité d'utiliser le capital financier et les ressources humaines d'une organisation pour accroître son rendement et, par conséquent, la valeur de ses actions[7]. Les gestionnaires fournissent leurs habiletés, leur expertise et leur expérience à l'organisation. L'investissement de ce capital humain pour améliorer sa performance leur permet d'en attendre un rendement ou une récompense substantiels. Une telle récompense comprend généralement un bon salaire, des avantages non pécuniaires, la perspective d'une promotion et d'une carrière ainsi que des options d'achat d'actions et des primes liées au rendement de l'entreprise.

Les gestionnaires ont la responsabilité de déterminer les objectifs que leur organisation cherchera à atteindre en vue de satisfaire le plus possible ses diverses parties prenantes et les façons les plus efficaces d'utiliser les ressources disponibles pour réaliser ces objectifs. Lorsqu'ils prennent ce type de décisions, ils se trouvent souvent dans une position où ils doivent tenter d'équilibrer les intérêts des différentes parties prenantes, dont ils font partie[8]. Ces décisions sont parfois très difficiles à prendre et constituent un défi en matière de respect des valeurs éthiques parce que dans certains cas, elles avantagent des groupes particuliers de parties prenantes (les gestionnaires et les actionnaires) au détriment d'autres groupes (certains travailleurs et les collectivités locales).

Ainsi, la décision de mettre des travailleurs à pied n'est jamais facile, car non seulement elle a de graves répercussions sur eux, leurs familles et la collectivité locale, mais elle signifie aussi que l'organisation perd la contribution d'employés précieux. Chaque fois que des décisions de ce type sont prises (qui avantagent certains groupes au détriment d'autres), il est question d'éthique, car cela relève d'une certaine hiérarchisation des valeurs et, indirectement, des priorités.

Comme nous l'avons vu au chapitre 1, les gestionnaires doivent être motivés et recevoir des primes d'encouragement pour travailler avec zèle dans l'intérêt des actionnaires. Toutefois, il faut aussi scruter minutieusement leur comportement afin de s'assurer qu'ils ne posent aucun geste contraire aux lois ou à l'éthique en cherchant à réaliser des objectifs personnels contraires aux intérêts des actionnaires et de l'organisation[9]. Malheureusement, on a pu observer au cours des années 2000 la facilité avec laquelle certains chefs de la haute direction ont trouvé des moyens de favoriser leurs intérêts personnels aux dépens de ceux des actionnaires et des employés parce que les lois et les règlements en vigueur n'étaient pas suffisamment sévères pour les obliger à se comporter de façon éthique. Par exemple, en 2007, en raison de ses activités contraires à l'éthique, Conrad Black a été reconnu coupable de fraude et condamné à une longue peine d'emprisonnement. En 2011, sa demande d'appel a été refusée. Toutefois, il a été libéré en 2012 après avoir purgé sa peine.

En bref, le problème vient du fait que dans de nombreuses entreprises, des gestionnaires corrompus s'efforcent non pas d'accroître le capital de l'entreprise, la richesse de ses actionnaires et le bien-être de la société, mais de maximiser leur propre richesse et leur capital personnel. Pour éviter de futures malversations, les gouvernements ont commencé à retravailler les règles qui régissent la relation entre une entreprise et son auditeur (ou vérificateur), ainsi que les règlements concernant les options sur actions. Ils ont également accru le pouvoir des administrateurs indépendants pour examiner le comportement d'un chef de la direction. Leur but est de transformer dans un avenir prochain des activités jusqu'ici jugées comme étant simplement contraires à l'éthique en comportements illégaux. Par exemple, les entreprises ont maintenant l'obligation de révéler aux actionnaires la valeur des options sur actions qu'elles accordent aux membres de la haute direction et à leurs directeurs. Elles doivent aussi indiquer le moment où elles les leur donnent, ce qui permet de connaître les sommes qui seront ainsi soustraites des profits de chaque organisation. Les gestionnaires et les directeurs peuvent désormais être poursuivis s'ils falsifient ou cherchent à dissimuler les montants de ces paiements. De nos jours, les chefs de direction de sociétés américaines peuvent gagner jusqu'à environ 600 fois le salaire moyen d'un de leurs employés. Dans les années 1980, ce ratio était d'environ 40 fois – une augmentation vertigineuse! Au Canada, en 2013, le chef de la direction le mieux payé a reçu environ 235 fois le salaire moyen d'un travailleur[10].

Le fait que les membres de la haute direction reçoivent des sommes aussi élevées de leur organisation est-il conforme à l'éthique? Selon l'ADMA, ce comportement ne l'est pas. Méritent-ils vraiment tout cet argent? Après tout, il aurait pu être versé aux actionnaires sous forme de dividendes. Il aurait également pu servir à réduire l'écart important de salaire entre ceux qui se sont hissés au sommet de la hiérarchie et ceux qui se trouvent à l'échelon le plus bas. Pour beaucoup de gens, la disparité croissante

entre les récompenses accordées aux chefs de la direction et à d'autres employés est contraire à l'éthique et il faudrait réglementer cet écart. Les salaires des chefs de la direction sont devenus trop élevés parce que ce sont eux qui établissent et contrôlent mutuellement leurs salaires et leurs primes. Ils en ont la capacité puisqu'ils siègent aux conseils d'administration d'autres entreprises, à titre d'administrateurs indépendants, et qu'ils peuvent ainsi contrôler les salaires et les options sur actions accordés à leurs collègues. Pour d'autres, les membres de la haute direction jouent un rôle important dans l'établissement du capital et de la richesse de l'entreprise, de sorte qu'ils méritent de recevoir une part importante de ses profits. Toutefois, le succès est-il l'affaire d'un leader ou plutôt d'une équipe?

3.2.3 Les employés

Les employés d'une entreprise sont les centaines de milliers de personnes qui travaillent dans ses divers services ou ateliers, à différentes fonctions, par exemple la recherche, la vente ou la fabrication. Ils s'attendent à recevoir des récompenses qui correspondent à leur rendement. Un des principaux moyens pour une organisation de se comporter de façon éthique envers eux et de répondre à leurs attentes consiste à établir une structure d'emploi qui les récompense équitablement pour leur travail. Les organisations ont avantage à développer des systèmes d'embauche, de formation, d'évaluation du rendement et de récompenses qui ne comportent aucun type de discrimination envers les employés. Il est tout aussi important que les employés considèrent ces systèmes comme étant justes. MEC a adopté les principes de l'Organisation internationale du travail (OIT) et est membre de la Fair Labor Association (FLA). Ces principes incluent:

- la liberté d'association et la reconnaissance effective du droit de négociation collective;
- l'élimination de toute forme de travail forcé ou obligatoire;
- l'abolition effective du travail des enfants;
- l'élimination de la discrimination en matière d'emploi et de profession[11].

3.2.4 Les fournisseurs et les distributeurs ou grossistes

Aucune organisation ne réussit totalement sans aide. Chacune se situe dans un réseau de relations qui la lie à d'autres organisations, lesquelles lui fournissent les facteurs de production (tels que des matières premières, des

Conseils aux gestionnaires

La défense des comportements éthiques

Certains ensembles de principes guident la prise de décisions éthiques. Les gestionnaires peuvent ainsi :

1. appliquer les modèles prônant l'utilitarisme, qui permettra d'accorder le plus d'avantages possible au plus grand nombre de personnes ;

2. utiliser le modèle des droits moraux, qui protégera les droits des parties prenantes ;

3. utiliser le modèle de la justice, qui aidera à répartir des avantages de façon équitable entre les parties prenantes.

composantes, du personnel contractuel et des clients) dont elle a besoin pour fonctionner. Elle compte aussi sur des intermédiaires tels que les grossistes et les détaillants pour faire la distribution de ses produits aux clients. Les fournisseurs attendent de l'organisation qu'elle leur paie rapidement ce qui leur est dû pour les facteurs de production qu'ils lui procurent. Les distributeurs ou grossistes, de leur côté, s'attendent à recevoir d'elle des produits de qualité à des prix conformes à ce qui a été convenu.

Encore une fois, la façon dont les organisations s'engagent par contrat auprès de leurs fournisseurs et de leurs distributeurs et la manière dont elles interagissent avec eux donnent lieu à de nombreux problèmes d'éthique. D'importantes questions, qui concernent la forme et les échéances des paiements ainsi que les spécifications en matière de qualité des produits sont régies par les clauses de contrats en bonne et due forme, conclus entre une organisation et ses fournisseurs et distributeurs. Il existe bien d'autres sujets liés à l'éthique des affaires. Par exemple, la fabrication de beaucoup de produits vendus dans des magasins canadiens a été externalisée et se fait dans des pays où il n'existe pas de lois et de règlements semblables à ceux du Canada pour protéger les travailleurs. Toutes les organisations doivent adopter une position éthique en ce qui a trait à la façon dont elles obtiennent et fabriquent les produits qu'elles vendent. En général, cette position apparaît dans leur site Internet. L'exemple de MEC illustre l'importance d'une externalisation responsable et les défis que pose un tel choix, comme celui des diverses pratiques de gestion du personnel.

3.2.5 Les clients

On considère souvent les clients comme étant la partie prenante la plus importante. En effet, si une organisation ne parvient pas à les inciter à acheter ses produits, elle ne sera pas longtemps en affaires. Par conséquent, les gestionnaires et les employés doivent s'efforcer d'accroître la performance des entreprises pour susciter chez leurs clients une fidélité à la marque et en attirer de nouveaux. Pour ce faire, ils leur vendent des produits de qualité à un prix raisonnable et leur fournissent un bon service après-vente. Ils peuvent aussi s'efforcer d'améliorer leurs produits avec le temps et garantir à leurs clients l'entière qualité de ces produits.

Il existe de nombreuses lois et des organismes, tel l'Office de la protection du consommateur, au Québec, pour protéger les consommateurs des entreprises qui essaient de leur vendre des produits dangereux ou de mauvaise qualité. Certaines d'entre elles permettent aux clients de poursuivre une entreprise dont un produit leur aurait causé des blessures ou du tort, par exemple un pneu ou un véhicule défectueux. D'autres obligent les entreprises à divulguer clairement les taux d'intérêt qu'elles exigent sur les achats – un coût important mais caché, dont les consommateurs ne tiennent souvent pas compte dans leurs décisions d'achat. Chaque année, des milliers d'entreprises sont poursuivies pour avoir contrevenu à ces lois. Par conséquent, lorsqu'on achète des biens et des services, il est important de suivre la consigne suivante : « Consommateurs, méfiez-vous ! »

3.2.6 La collectivité, la société et le pays

Les effets des décisions prises par les organisations et leurs gestionnaires touchent tous les aspects de la vie des collectivités, des sociétés et des pays dans lesquels ils effectuent leurs activités. La collectivité est un lieu physique, par exemple une ville ou un village, ou un milieu social, tel un quartier ethnique, dans lequel une organisation est établie. La collectivité procure à l'organisation l'infrastructure physique et sociale qui lui permet de fonctionner, les services publics et la main-d'œuvre dont elle a besoin, les maisons dans lesquelles logent ses gestionnaires et ses employés, les écoles, les collèges et les hôpitaux qui offrent les services nécessaires à tous ces gens, etc.

Grâce aux salaires et aux impôts qu'elle verse, l'organisation contribue à l'économie de la ville ou de la région et joue souvent un rôle déterminant dans la prospérité ou le déclin d'une collectivité. De même, elle a un impact sur la prospérité d'une société et d'un pays et, en fonction de sa situation dans le marché international, elle influe sur la prospérité de tous les pays où elle a des ramifications, contribuant ainsi à l'économie mondiale.

Par exemple, même si les effets du fonctionnement d'un seul restaurant McDonald's peuvent être modestes, les effets combinés des méthodes d'affaires de tous les McDonald's et autres établissements de restauration rapide sont considérables. Aux États-Unis seulement, plus de 500 000 personnes travaillent dans ce secteur et des milliers de fournisseurs, tels que des agriculteurs, des fabricants de gobelets en papier, des constructeurs, etc., dépendent de ces entreprises pour gagner leur vie. Rien de surprenant alors que les pratiques de ce secteur en matière d'éthique soient scrutées à la loupe. McDonald's, le plus gros acheteur d'œufs aux États-Unis, a réagi à des protestations d'un groupe de pression concernant l'élevage de poulets dans des cages si petites qu'il leur était impossible de déployer leurs ailes. McDonald's a alors publié de nouvelles directives conformes à l'éthique concernant la taille des cages et d'autres sujets connexes auxquelles ses fournisseurs d'œufs doivent se soumettre s'ils veulent conserver McDonald's comme client. Les poules devraient-elles vivre en liberté? On peut se demander quelles règles d'éthique l'entreprise utilise pour déterminer sa position en matière de taille minimale des cages. En fait, McDonald's cherche une position qui semble acceptable pour toutes les parties prenantes.

L'éthique des affaires est importante aussi parce que les faillites d'entreprises peuvent avoir des effets catastrophiques sur une collectivité, et un déclin général des affaires peut avoir un impact sur un pays entier.

Par exemple, la décision d'une grande entreprise de se retirer d'une collectivité peut mettre sérieusement en péril l'avenir de cette dernière. De même, certaines entreprises peuvent tenter d'accroître leurs profits en s'adonnant à des activités qui, sans être illégales, ont des effets potentiellement nuisibles à des collectivités ou à des pays, comme la pollution. Nous avons vu que des entreprises telles que Mountain Equipment Co-op s'efforcent de réduire les émissions de CO_2 produites par leurs activités de fabrication. Mais comment les gestionnaires et les organisations prennent-ils des **décisions éthiques**, c'est-à-dire des décisions que des parties prenantes raisonnables ou typiques trouveraient acceptables parce qu'elles servent leurs intérêts et ceux de l'organisation ou de la société? De même, comment peuvent-ils éviter de prendre des **décisions non éthiques**, c'est-à-dire des décisions qu'un gestionnaire préférerait camoufler ou cacher aux autres parce qu'elles permettent à une organisation ou à une personne en particulier d'obtenir des avantages au détriment de la société ou d'autres parties prenantes?

Pendant des siècles, les philosophes ont discuté des critères à utiliser pour déterminer si une décision est éthique ou non. Lorsque les gestionnaires prennent des décisions d'affaires, ils doivent tenir compte des intérêts de toutes les parties prenantes[12]. Pour favoriser la prise de décisions éthiques et l'adoption de comportements qui sont dans l'intérêt de tous les individus ou groupes, les gestionnaires peuvent se servir de trois ensembles de principes qui permettent d'analyser les effets de leurs décisions sur eux : les modèles de l'utilitarisme, des droits moraux et de la justice (*voir le tableau 3.1*)[13]. Nous pouvons remarquer que les six principes de l'ADMA semblent s'inspirer de ces trois modèles. Au lieu d'utiliser l'un ou l'autre de ces modèles, les gestionnaires pourraient avoir avantage à miser sur la synergie qu'ils peuvent offrir.

3.2.7 Le modèle de l'utilitarisme

D'après le **modèle de l'utilitarisme**, une décision éthique est celle qui produit le plus d'avantages pour le plus grand nombre de personnes en fonction aussi de leur pouvoir dans l'organisation. Pour déterminer le plan d'action le plus éthique en affaires, les gestionnaires devraient d'abord considérer les avantages et les désavantages que divers plans pourraient avoir pour les parties prenantes. Ils devraient ensuite choisir celui qui procure le plus d'avantages ou, à l'inverse, celui qui nuit le moins à l'ensemble des parties prenantes[14].

Le dilemme éthique des gestionnaires porte notamment sur la façon de mesurer les avantages ou les désavantages pour chaque groupe de parties prenantes. Mais comment évaluer les droits des divers groupes de parties prenantes et l'importance relative de chacun d'eux par rapport aux autres dans le contexte d'une décision à prendre? Comme les actionnaires sont les propriétaires de l'organisation, leurs intérêts devraient-ils passer avant ceux des employés? Par exemple, les gestionnaires pourraient avoir à choisir entre, d'une part, externaliser la production à l'étranger pour réduire les coûts d'exploitation et baisser les prix pour leurs clients et, d'autre part, continuer la production sur place en donnant de l'emploi et en contribuant à la collectivité malgré des coûts plus élevés.

Décision éthique (*ethical decision*)
Décision que des parties prenantes raisonnables ou typiques trouveraient acceptable parce qu'elle est dans leur intérêt et dans celui de l'organisation ou de la société.

Décision non éthique (*unethical decision*)
Décision qu'un gestionnaire préférerait camoufler ou cacher parce qu'elle permet à une organisation ou à une personne en particulier d'obtenir des avantages au détriment de la société ou d'autres parties prenantes.

Modèle de l'utilitarisme (*utilitarian model*)
Modèle selon lequel une décision éthique est celle qui produit le plus d'avantages pour le plus grand nombre de personnes.

> **TABLEAU 3.1**   Les modèles éthiques de l'utilitarisme, des droits moraux et de la justice

Modèle	Conséquences sur la gestion	Problèmes pour les gestionnaires
Utilitarisme Une décision éthique est celle qui produit le plus d'avantages pour le plus grand nombre de personnes.	Les gestionnaires devraient comparer les divers plans d'action possibles en fonction de leurs avantages et de leurs coûts pour les différents groupes de parties prenantes de l'organisation. Ils devraient ensuite choisir le plan d'action qui comporte le plus d'avantages pour les parties prenantes. Par exemple, ils devraient établir une nouvelle usine à l'endroit qui sera le plus avantageux pour ses parties prenantes.	Comment les gestionnaires décident-ils de l'importance relative de chaque groupe de parties prenantes par rapport aux autres ? Comment peuvent-ils mesurer avec précision les avantages et les désavantages qu'entraînera une décision pour chacun de ces groupes ? Par exemple, comment peuvent-ils choisir entre les intérêts des actionnaires, ceux des employés et ceux des clients ?
Droits moraux Une décision éthique est celle qui permet le mieux de maintenir et de protéger les droits et privilèges fondamentaux et inaliénables des personnes auxquelles elle s'applique. Par exemple, une décision éthique doit protéger les droits des personnes à la liberté, à la vie et à la sécurité, ainsi qu'au respect de la vie privée, de la liberté de parole et de la liberté de conscience.	Les gestionnaires devraient comparer les divers plans d'action possibles en fonction de leurs effets sur les droits des parties prenantes. Ils devraient ensuite choisir le plan qui protège le mieux ces droits. Par exemple, des décisions qui entraîneraient des effets susceptibles de nuire de façon significative à la sécurité ou à la santé des employés ou des clients ne seraient pas éthiques.	Si une décision protège les droits de certaines parties prenantes, mais brime ceux d'autres parties prenantes, comment les gestionnaires choisissent-ils lesquels de ces droits ils doivent protéger ? Par exemple, lorsqu'il s'agit de déterminer si le fait d'espionner des employés est conforme ou non à l'éthique, le droit au respect de la vie privée d'un employé l'emporte-t-il sur le droit de l'organisation de protéger sa propriété ou la sécurité des autres ?
Justice Une décision éthique est une décision par laquelle on répartit les avantages et les désavantages entre des parties prenantes de façon juste, équitable ou impartiale.	Les gestionnaires devraient comparer les divers plans d'action possibles en se basant sur le degré auquel chacun d'eux favorise une juste répartition des récompenses. Par exemple, les employés qui ont le même degré d'habileté, le même rendement ou des responsabilités comparables devraient recevoir le même salaire. La répartition des récompenses ne devrait pas être basée sur des différences arbitraires comme le genre, la race ou la religion.	Les gestionnaires doivent apprendre à ne pas faire de discrimination entre les personnes en raison de différences observables dans leur apparence ou leur comportement. Ils doivent aussi apprendre à se servir de méthodes équitables pour déterminer la façon de répartir des récompenses entre les membres de l'organisation. Par exemple, ils ne devraient pas calculer les hausses de salaire qu'ils accordent en fonction de leur affection ou de leur aversion envers leurs employés ni modifier des règles pour favoriser des personnes qu'ils préfèrent aux autres.

L'externalisation à l'étranger avantage les actionnaires et les clients, mais entraîne des mises à pied massives qui font du tort aux employés et à la collectivité dans laquelle ils vivent. Le plus souvent, dans des sociétés capitalistes comme celles du Canada et des États-Unis, les intérêts des actionnaires l'emportent sur ceux des employés, de sorte que la production sera envoyée à l'étranger. On considère généralement qu'il s'agit d'un choix éthique parce qu'à long terme, la solution de la production locale peut entraîner un déclin et une faillite de l'entreprise, auquel cas un plus grand tort en résulterait pour toutes les parties prenantes.

3.2.8 Le modèle des droits moraux

D'après le **modèle des droits moraux**, une décision éthique est celle qui permet le mieux de maintenir et de protéger les droits et privilèges fondamentaux et

---

Modèle des droits moraux (*moral rights model*)
Modèle selon lequel une décision éthique est celle qui permet le mieux de maintenir et de protéger les droits et privilèges fondamentaux et inaliénables des personnes auxquelles elle s'applique.

inaliénables des personnes auxquelles elle s'applique. Par exemple, une décision éthique doit protéger les droits des personnes à la liberté, à la vie et à la sécurité, ainsi qu'au respect de la propriété, de la vie privée, de la liberté de parole et de la liberté de conscience. L'adage selon lequel il ne faut pas faire aux autres ce qu'on ne voudrait pas qu'ils nous fassent est un principe des droits moraux que les gestionnaires devraient utiliser lorsqu'ils ont à déterminer les droits à respecter. Les clients doivent aussi, de leur côté, tenir compte des droits des organisations et des personnes qui créent et fabriquent les produits qu'ils veulent acheter.

Pour maintenir et respecter les droits moraux, les gestionnaires devraient comparer les divers plans d'action possibles en fonction de leurs effets sur les droits de chacune des parties prenantes de l'organisation. Ils devraient ensuite choisir le plan qui protège le mieux les droits de toutes les parties prenantes.

Par exemple, la décision de choisir un plan d'action susceptible de nuire de façon significative à la sécurité ou à la santé des employés ou des clients serait clairement contraire à l'éthique.

Les gestionnaires font face à des dilemmes éthiques parce que des décisions qui protègent les droits de certaines parties prenantes nuisent souvent aux droits d'autres parties prenantes. Comment devraient-ils choisir le groupe dont les droits seront protégés? Lorsqu'il s'agit de décider si le fait d'espionner des employés ou de les fouiller à la sortie de l'entreprise pour prévenir le vol est un comportement éthique, le droit des employés au respect de leur vie privée l'emporte-t-il sur le droit de l'organisation de protéger sa propriété? Supposez qu'en raison de problèmes personnels, un de vos collègues arrive souvent en retard au travail, en repart avant tout le monde et que vous vous trouvez dans l'obligation d'effectuer son travail à sa place. Devriez-vous en parler à votre supérieur même si vous savez que cette démarche serait à la source d'une mesure disciplinaire à l'endroit de votre collègue?

3.2.9 Le modèle de la justice

D'après le **modèle de la justice**, une décision éthique est celle qui permet de répartir des avantages et des désavantages entre des personnes et des groupes de façon juste, équitable ou impartiale. Les gestionnaires devraient comparer les divers plans d'action possibles en fonction de leur capacité à assurer une répartition juste et équitable

---

Modèle de la justice (*justice model*)
Modèle dans lequel une décision éthique est une décision par laquelle on répartit les avantages et les désavantages entre des personnes et des groupes de façon juste, équitable ou impartiale.

---

des récompenses aux parties prenantes. Par exemple, des employés qui ont le même degré d'habileté, le même rendement ou des responsabilités comparables devraient recevoir le même salaire. La répartition des récompenses ne devrait pas être basée sur des différences telles que le genre, la race ou la religion.

Le dilemme éthique des gestionnaires consiste à déterminer des règles et des méthodes équitables de répartition des résultats entre les parties prenantes. Par exemple, ils ne devraient pas accorder des hausses de salaire plus élevées aux personnes qui leur plaisent et moins élevées aux personnes qui leur déplaisent, ou encore contourner des règles pour favoriser certaines personnes. Par contre, si les employés veulent que les gestionnaires agissent avec équité envers eux, ils doivent faire de même en ce qui concerne leur organisation, c'est-à-dire travailler avec ardeur et faire preuve de loyauté envers elle. De même, les clients doivent agir honnêtement envers une organisation s'ils souhaitent être servis de façon honnête en retour. Ainsi, les personnes qui reproduisent illégalement des contenus numériques devraient y penser à deux fois.

En théorie, chacun des trois modèles offre un moyen différent (et complémentaire) de déterminer si une décision ou un comportement sont conformes à l'éthique. Tous trois devraient servir pour tenter d'établir clairement le caractère éthique d'un plan d'action donné. Toutefois, certaines questions d'éthique sont plus complexes à régler qu'on le croirait, et les intérêts des diverses parties prenantes sont fréquemment incompatibles, de sorte qu'il est souvent extrêmement difficile pour un décideur d'utiliser ces modèles pour déterminer le plan d'action le plus conforme à l'éthique.

C'est la raison pour laquelle de nombreux experts en matière d'éthique ont proposé le guide pratique suivant, qui permet de déterminer si une décision ou un comportement sont conformes ou non à l'éthique[15].

Une décision est probablement acceptable sur le plan de l'éthique s'il est possible de répondre par l'affirmative à chacune des questions suivantes.

1. Ma décision est-elle conforme aux valeurs ou aux normes acceptées qui s'appliquent généralement dans le contexte organisationnel?

2. Suis-je d'accord pour que ma décision soit communiquée à toutes les personnes et à tous les groupes sur lesquels elle aura des effets, par exemple par l'intermédiaire des journaux ou de la télévision?

3. Les gens avec lesquels j'ai des relations personnelles importantes, par exemple les membres de ma famille, mes amis ou des gestionnaires qui travaillent dans d'autres organisations, approuveraient-ils ma décision?

En se posant ces trois questions pratiques au moment d'analyser une décision d'affaires, les gestionnaires s'assurent qu'ils prennent en compte les intérêts de toutes les parties prenantes.

Une des principales responsabilités des gestionnaires est de protéger les ressources qu'ils sont chargés de gérer et d'en augmenter la valeur. N'importe quelle partie prenante d'une organisation (les gestionnaires, les travailleurs, les actionnaires, les fournisseurs) qui privilégie ses propres intérêts par un comportement contraire à l'éthique en accaparant par exemple des ressources ou en en refusant à d'autres, provoque un gaspillage de ressources collectives. Si d'autres personnes ou groupes adoptent le même comportement contraire à l'éthique («Si un tel le fait, nous pouvons le faire aussi!»), ce gaspillage augmente et, tôt ou tard, il ne reste que très peu de ressources disponibles pour produire des biens ou des services. Lorsqu'un comportement contraire à l'éthique demeure impuni, il encourage d'autres personnes à placer leurs intérêts personnels au-dessus des droits des autres[16]. Le cas échéant, les avantages que les gens retirent de leur travail collectif au sein d'une organisation disparaissent très rapidement. C'est la raison pour laquelle, de nombreuses organisations aident leurs gestionnaires et leurs employés à prendre des décisions conformes à l'éthique en élaborant des codes d'éthique.

3.2.10 Les codes d'éthique

Un **code d'éthique** est un ensemble de normes et de règles normatives fondées sur des convictions concernant ce qui est bien ou mal, que les gestionnaires peuvent utiliser pour prendre des décisions appropriées et qui servent le mieux les intérêts des parties prenantes de leur organisation[17]. Ces normes incarnent des points de vue portant sur des notions abstraites telles que la justice, la liberté, l'équité et l'égalité. Le code d'éthique d'une organisation découle de trois sources principales dans le contexte organisationnel : l'éthique sociale, qui régit la façon dont les membres d'une société se comportent les uns envers les autres en matière d'équité, de justice et de droits individuels ; l'éthique professionnelle ou déontologie, qui régit la façon dont les membres d'une profession prennent des décisions lorsque le comportement qu'ils devraient adopter n'est pas simple à déterminer ; et enfin, l'éthique personnelle, c'est-à-dire l'ensemble des normes individuelles qui régissent les relations interpersonnelles des membres d'une organisation (*voir la figure 3.1*).

Code d'éthique (*code of ethics*)
Ensemble de normes et de règles normatives fondées sur des convictions concernant ce qui est bien ou mal, que les gestionnaires peuvent utiliser pour prendre des décisions appropriées dans l'intérêt des parties prenantes de l'organisation.

> **FIGURE 3.1**   Les sources du code d'éthique d'une organisation

L'éthique sociale
Les valeurs et les normes exprimées dans les lois, les coutumes et les pratiques d'une société.

Les sources du code d'éthique d'une organisation

L'éthique professionnelle ou déontologie
Les valeurs et les normes que les groupes de gestionnaires et d'employés utilisent pour déterminer les comportements appropriés.

L'éthique personnelle
Les valeurs et les normes personnelles qui proviennent de l'influence de la famille, des pairs, de l'éducation et de la participation à des institutions sociales importantes.

L'éthique sociale

L'**éthique sociale** est l'ensemble des normes qui régissent la façon dont les membres d'une société se traitent les uns les autres en ce qui concerne l'équité, la justice et les droits individuels. Elle est issue des lois, des coutumes et des pratiques d'une société ainsi que d'attitudes, de valeurs et de normes non codifiées qui influent sur la façon dont les gens agissent les uns envers les autres. Dans un pays donné, les gens peuvent avoir un comportement naturellement éthique parce qu'ils ont intériorisé des normes et des valeurs qui précisent la façon de se comporter dans certaines situations. Toutefois, toutes les valeurs et les normes ne sont pas intériorisées. Dans une société, les façons normales de faire des affaires et les lois qui régissent l'utilisation de pots-de-vin et de pratiques de corruption résultent parfois de décisions prises et imposées à la société par des gens qui ont le pouvoir de déterminer ce qui est approprié.

L'éthique sociale varie d'une société à l'autre. Ainsi, certaines normes éthiques acceptées au Canada ne le sont pas dans d'autres pays. Dans certains pays pauvres, par exemple, la corruption est une pratique courante pour obtenir quelque chose comme l'installation d'une ligne téléphonique ou l'octroi d'un contrat. Au Canada, comme dans beaucoup de pays occidentaux, on considère la corruption comme étant contraire à l'éthique et elle est souvent illégale.

L'éthique sociale permet de contrôler les comportements intéressés des personnes et des organisations, soit des comportements qui menacent les intérêts collectifs de la société. Des lois qui expliquent clairement les pratiques d'affaires honnêtes ou appropriées sont profitables à tout le monde. Une concurrence libre et juste entre les organisations n'est possible que si des lois et des règles mettent des balises en définissant les comportements acceptables et inacceptables dans certaines situations. Par exemple, c'est une pratique conforme à l'éthique pour une organisation de faire concurrence aux autres organisations en fabriquant des produits de qualité supérieure aux leurs ou à un coût inférieur. Toutefois, il est contraire à l'éthique (et illégal) de le faire en répandant de fausses assertions concernant les produits de ses compétiteurs, en versant des pots-de-vin aux magasins pour qu'ils refusent de vendre ceux-ci, ou encore de porter atteinte à l'intégrité matérielle des usines concurrentes (en les faisant exploser, par exemple, dans les cas extrêmes).

L'éthique professionnelle

L'**éthique professionnelle ou déontologie** est l'ensemble des normes qui régissent la façon dont les membres d'une profession, gestionnaires ou travailleurs, prennent des décisions lorsque le comportement à adopter n'est pas bien défini[18]. La déontologie ou éthique médicale régit la façon dont les membres des professions médicales et infirmières traitent leurs patients. On s'attend à ce que les médecins n'effectuent que les traitements nécessaires et à ce qu'ils agissent dans l'intérêt de leurs patients plutôt que dans le leur. En recherche scientifique, la déontologie requiert des scientifiques qu'ils effectuent leurs expériences et présentent leurs résultats en utilisant des méthodes qui permettent de mesurer la validité de leurs conclusions.

Comme nous l'avons vu au chapitre 1, au Québec, l'Ordre des administrateurs agréés guide les professionnels de la gestion en ce qui a trait à l'éthique à l'aide des principes de saine gestion expliqués et, particulièrement, par l'obligation de suivre un code de déontologie fondé sur les normes suivantes[19].

- Devoirs envers le public d'honnêteté, de responsabilité, d'éducation et d'information, et d'intégration de l'éthique dans les processus décisionnels.

- Devoirs envers le client d'intégrité et d'objectivité, de disponibilité et de diligence, de responsabilité, d'indépendance, de secret professionnel et de confidentialité, d'accessibilité et de rectification de dossier, et d'honoraires justes et raisonnables.

- Devoirs envers la profession de n'exercer aucun acte dérogatoire, de maintenir des relations respectueuses et intègres avec l'Ordre, avec les administrateurs agréés et les autres personnes, et de contribuer à l'avancement de la profession.

- Devoirs de publicité honnête et respectueuse de la profession et de l'Ordre.

Comme la société dans son ensemble, la plupart des groupes professionnels peuvent imposer des peines en cas de transgression de leurs normes éthiques. Par exemple, des administrateurs, des ingénieurs ou des avocats peuvent se voir interdire la pratique de leur profession s'ils

---

Éthique sociale (*societal ethics*)
Ensemble de normes qui régissent la façon dont les membres d'une société se traitent les uns les autres en matière d'équité, de justice et de droits individuels.

Éthique professionnelle ou déontologie (*professional ethics*)
Ensemble de normes qui régissent la façon dont les membres d'une profession prennent des décisions lorsque le comportement à adopter n'est pas bien défini.

n'observent pas leur code déontologique et privilégient leurs propres intérêts au détriment de ceux de leurs clients.

Dans une organisation, des règles et des normes professionnelles régissent souvent la façon dont des employés, tels les avocats, les chercheurs et les comptables, prennent des décisions et agissent dans certaines situations. Ces règles et ces normes peuvent être incluses dans le code d'éthique de l'organisation. Le cas échéant, les travailleurs assimilent ces règles et normes de leur profession (comme ils le font pour celles de la société) et s'y conforment souvent automatiquement lorsqu'ils ont à décider du comportement approprié[20]. Comme la plupart des gens suivent les règles établies en matière de comportement, on croit souvent que le respect de l'éthique va de soi. Pourtant, lorsque des règles d'éthique professionnelle sont enfreintes, par exemple lorsque des scientifiques inventent des données pour camoufler les effets dangereux de certains produits, des questions d'éthique reviennent au premier plan de l'attention publique.

L'éthique personnelle

L'**éthique personnelle** est l'ensemble des valeurs et des attitudes individuelles qui régissent les relations interpersonnelles[21]. Elle se développe sous l'influence notamment de la famille, des pairs et de l'éducation reçue ainsi que de la personnalité et de l'expérience. L'expérience acquise au cours d'une vie (p. ex. par l'intermédiaire de l'appartenance à des institutions sociales importantes telles que l'école et la religion) contribue également au développement des normes et des valeurs dont une personne se sert pour déterminer ce qui est bien ou mal ou si elle doit poser certains gestes ou prendre certaines décisions. Beaucoup de décisions ou de comportements qu'une personne considère comme contraires à l'éthique, par exemple l'utilisation d'animaux pour tester des produits de beauté, peuvent paraître acceptables à une autre en raison de différences dans leur personnalité, leurs valeurs et leurs attitudes.

Pour faire comprendre l'importance du comportement éthique et de la responsabilité sociale, les gestionnaires peuvent faire en sorte que les valeurs et les normes éthiques constituent une composante essentielle de la culture d'entreprise. Le code d'éthique d'une organisation sert à guider le processus de prise de décisions chaque fois qu'une question éthique se pose, mais les gestionnaires peuvent en faire davantage en s'assurant que des valeurs et des normes éthiques importantes sont des facteurs clés de la culture de leur entreprise. Par exemple, la charte de MEC, qui régit toutes les activités de l'organisation, contient ceci concernant la saine gestion : « Nous sommes actifs, cohérents et généreux dans notre action pour préserver et restaurer les milieux sauvages[22]. » Des valeurs et des normes éthiques comme celles-ci, qui font partie de la culture d'une entreprise, aident ses membres à résister à la tentation d'agir dans leurs propres intérêts et à reconnaître leur appartenance à un ensemble plus important qu'eux-mêmes[23].

Le rôle des gestionnaires dans le développement de valeurs et de normes éthiques chez les autres employés est très important. Les employés se tournent naturellement vers les personnes en position d'autorité pour qu'elles les guident. Par conséquent, les gestionnaires, dont ils examinent attentivement les comportements, deviennent pour eux des modèles en matière d'éthique. Si les cadres supérieurs n'ont pas un comportement éthique, leurs subordonnés ne s'embarrasseront probablement pas de scrupules eux non plus. Ils pourraient même penser que si c'est acceptable pour un membre de la direction d'avoir un comportement douteux, ça l'est aussi pour eux. De plus en plus d'organisations se dotent d'un **agent d'éthique**, qui évalue leurs pratiques et leurs façons de procéder sur le plan éthique. Cet agent a pour tâche de faire connaître à tous les cadres et les employés les normes éthiques à respecter, de concevoir des systèmes permettant de contrôler le comportement des employés en conformité avec ces normes et d'enseigner aux gestionnaires et au personnel non-cadre de tous les échelons de l'organisation les manières de réagir de façon appropriée aux dilemmes éthiques[24]. Comme son autorité s'étend à tous les échelons de l'organisation, les membres de n'importe quel service peuvent lui rapporter des cas de comportements contraires à l'éthique chez leurs gestionnaires ou leurs collègues de travail sans crainte de représailles. Cette disposition facilite l'adoption de comportements éthiques chez tous les membres d'une organisation. En outre, l'agent d'éthique peut fournir des conseils aux personnes qui ont des doutes sur le caractère éthique d'une activité. Certaines organisations se dotent d'un comité d'éthique, pour tous leurs services et fonctions, chargé de proposer des lignes de conduite en cas de problèmes d'éthique. Ce comité peut également aider à rédiger et à mettre régulièrement à jour le code d'éthique de l'entreprise.

Éthique personnelle (*individual ethics*)
Ensemble de normes individuelles qui régissent les relations interpersonnelles.

Agent d'éthique (*ethics ombudsperson*)
Personne qui surveille les activités et les façons de procéder d'une organisation pour s'assurer qu'elles sont en conformité avec le code d'éthique.

Les systèmes de contrôle de l'éthique tels que les codes d'éthique et les programmes de formation continue aident les employés et les gestionnaires à bien connaître les valeurs et les comportements souhaitables au sein de leur organisation. Toutefois, seulement un tiers des entreprises canadiennes fournissent aux gestionnaires ce type de formation et elles y consacrent généralement moins d'une heure par année[25]. Pourtant, même des codes d'éthique robustes et de bonnes pratiques de gouvernance ne garantissent pas un comportement conforme à l'éthique. La société Enron et le cabinet comptable Arthur Andersen, qui a fait la vérification et la certification de ses comptes frauduleux, avaient tous deux des codes d'éthique. Même les entreprises qui sont reconnues et récompensées pour leur bonne gouvernance peuvent cacher des failles en matière d'éthique, comme l'illustre le cas de Satyam. En 2008, Satyam était la quatrième plus grande entreprise de développement de logiciels en Inde et elle a reçu le prix international du World Council for Corporate Governance (WCFCG) pour l'excellence de sa gouvernance. Pourtant en 2009, elle a fait l'objet du plus gros scandale de l'économie mondiale depuis la faillite d'Enron en 2001. Dans une déclaration envoyée à la Bourse, son fondateur et chef de la direction, Ramalinga Raju, a reconnu qu'il y avait eu «gonflement des profits», et les actions de la société ont immédiatement perdu 82 % de leur valeur. Selon lui, «ce qui a commencé par une légère divergence entre les bénéfices d'exploitation réels et ceux qui apparaissaient dans les livres de comptes a continué à s'accroître au fil des ans [...] C'était comme chevaucher un tigre et ne pas savoir comment mettre pied à terre sans être dévoré[26].»

OA3 Évaluer les quatre façons pour une organisation d'aborder la responsabilité sociale.

3.3 La responsabilité sociale

Il existe de multiples raisons pour lesquelles les gestionnaires et les organisations trouvent important d'adopter des comportements éthiques et de faire tout ce qui est en leur pouvoir pour éviter de nuire à leurs parties prenantes. Toutefois, quel est l'envers de cette médaille? Quelle est la responsabilité des gestionnaires en ce qui a trait aux profits qu'ils doivent procurer aux parties prenantes et aux plans d'action qu'ils doivent adopter pour améliorer le bien-être de la société dans son ensemble? L'expression **responsabilité sociale** s'applique au devoir ou à l'obligation des gestionnaires de prendre des décisions qui accroissent, protègent, améliorent et favorisent le bien-être et la prospérité des parties prenantes de l'organisation et de la société dans son ensemble. Divers types de décisions constituent des indices de l'intérêt d'une organisation à assumer sa responsabilité sociale (*voir l'encadré 3.1*).

Responsabilité sociale (*social responsability*)
Devoir ou obligation des gestionnaires de prendre des décisions qui favorisent le bien-être des parties prenantes de l'organisation et de la société dans son ensemble.

> **ENCADRÉ 3.1**   Des exemples de comportements socialement responsables

Les gestionnaires font preuve de responsabilité sociale et témoignent leur appui aux parties prenantes de leur organisation dans les situations suivantes.

- Ils fournissent des indemnités de fin de contrat de travail pour aider les employés mis à pied afin qu'ils puissent se trouver un autre emploi.

- Ils fournissent aux travailleurs des occasions d'améliorer leurs habiletés et d'acquérir une formation additionnelle pour que ceux-ci puissent demeurer productifs malgré des changements dans les technologies.

- Ils permettent aux employés de profiter d'absences rémunérées lorsqu'ils en ont besoin et leur accordent des prestations pour soins de santé et de retraite prolongées.

- Ils font des dons à des associations caritatives ou appuient diverses activités communautaires dans les villes ou régions dans lesquelles l'organisation est établie.

- Ils décident de maintenir les activités d'une usine dont la fermeture aurait des effets dévastateurs pour la collectivité locale.

- Ils décident de maintenir les activités de leur organisation au Canada pour protéger les emplois de travailleurs canadiens plutôt que de les externaliser et de déménager à l'étranger.

- Ils décident de consacrer de l'argent à la modernisation d'une usine pour l'empêcher de polluer l'environnement.

- Ils se procurent des facteurs de production de sources éthiques.

- Ils refusent d'investir dans des pays qui ont de mauvais bilans en matière de droits de la personne.

- Ils choisissent d'aider des pays pauvres à développer une base économique pour y améliorer le niveau de vie.

3.3.1 Les façons d'aborder la responsabilité sociale dans les entreprises traditionnelles

Le degré d'engagement des entreprises à but lucratif traditionnelles en matière de responsabilité sociale varie de faible à élevé (*voir la figure 3.2*)[27]. Au degré le plus faible, on trouve une **attitude obstructionniste**. Les gestionnaires obstructionnistes choisissent de ne pas se comporter d'une façon socialement responsable. Ils adoptent plutôt des comportements contraires à l'éthique, souvent illégaux, et font tout ce qui est en leur pouvoir pour empêcher que leur conduite soit connue des autres parties prenantes de l'organisation et de la société en général.

À titre d'exemple, citons le cas de Conrad Black, le magnat de la presse, qui a escroqué les actionnaires de Hollinger Inc. en utilisant des fonds de l'organisation à des fins personnelles.

L'**attitude défensive** indique au moins un certain degré d'engagement à se comporter de façon éthique. Les gestionnaires qui adoptent cette approche font tout ce qu'ils peuvent pour s'assurer que leurs employés agissent en toute légalité et qu'ils ne font aucun tort à autrui. Toutefois, lorsqu'ils ont à faire des choix où l'éthique joue un rôle, ils privilégient les droits et les intérêts de leurs actionnaires au détriment de ceux des autres parties prenantes.

Selon certains économistes, dans une société capitaliste, les gestionnaires devraient toujours considérer d'abord les intérêts des actionnaires. À leur avis, si de tels choix sont inacceptables ou considérés comme contraires à l'éthique par d'autres membres de l'entreprise, alors celle-ci doit adopter des lois et élaborer des règles et des règlements pour restreindre la liberté de choix des gestionnaires[28].

Selon les tenants de l'attitude défensive, ce n'est pas le devoir des gestionnaires de faire des choix socialement responsables. Leur tâche consiste plutôt à respecter les règles juridiques déjà établies. Selon Milton Friedman, « l'entreprise a une responsabilité sociale et une seule : utiliser ses ressources et entreprendre des activités conçues pour accroître ses profits, tout en respectant les règles du jeu, c'est-à-dire une concurrence libre et ouverte à tous, sans tromperie ni fraude[29] ».

Toutefois, on constate de plus en plus qu'aller au-delà de ce que précisent les lois pourrait devenir la seule façon de faire des affaires. Vedanta Resources, une grande entreprise minière indienne, a demandé à la Cour suprême de l'Inde l'autorisation d'exploiter de la bauxite dans les Nyuamgiri, des montagnes encore vierges d'un des États les plus pauvres du pays. Toutefois, la Cour a décidé qu'elle accorderait cette autorisation uniquement à la condition que Vedanta s'associe en coentreprise à la société d'État Orissa Mining Corporation et qu'elle dépense la plus élevée des deux sommes suivantes, soit 100 millions de roupies (2,4 millions de dollars américains) par année ou 5 % de son bénéfice d'exploitation, pour combattre la pauvreté et protéger la faune et la flore ainsi que les groupes autochtones établis sur ce territoire[30].

Une **attitude conciliante** reconnaît la nécessité pour les organisations d'appuyer la notion de responsabilité sociale. Les gestionnaires admettent que les membres

---

Attitude obstructionniste (*obstructionist approach*)
Refus de tenir compte de sa responsabilité sociale et disposition à adopter un comportement non éthique et souvent illégal et à en dissimuler les traces.

Attitude défensive (*defensive approach*)
Engagement minimal en matière de responsabilité sociale et disposition à ne faire que ce que la loi exige, et rien d'autre.

Attitude conciliante (*accomodative approach*)
Engagement modéré en matière de responsabilité sociale et disposition à faire plus que ce que la loi exige, dans le cas d'une demande à cet effet.

> **FIGURE 3.2**   Les attitudes des entreprises traditionnelles envers la responsabilité sociale

| Attitude obstructionniste | Attitude défensive | Attitude conciliante | Attitude proactive, dynamique ou progressiste |

Faible degré de responsabilité sociale ←——— Responsabilité sociale ———→ Degré élevé de responsabilité sociale

de leur organisation devraient agir de façon légale et éthique. En ce sens, ils essaient d'évaluer les intérêts des diverses parties prenantes pour s'assurer que les droits de chacune d'elles sont examinés en relation avec les droits des autres. Ceux qui adoptent cette attitude veulent faire des choix qui paraissent raisonnables à la société et acceptent de se conduire honnêtement quand on le leur demande instamment. Par exemple, on a critiqué Walmart Canada pour sa politique de recours à des tiers fournisseurs de services, tels que Hampton Industries, Sutton Creations, Global Gold, Stretch-O-Rama, Cherry Stix et By Design, qui importent des produits du Myanmar, un pays dans lequel on pratique le travail forcé ou obligatoire, y compris celui des enfants. Le porte-parole de l'entreprise, Andrew Pelletier, a défendu Walmart en ces termes : « Nous considérons en ce moment l'adoption d'une politique de surveillance des fournisseurs qui s'approvisionnent à l'étranger[31]. » L'entreprise a commencé par une attitude défensive en se contentant de ne rien faire d'illégal, mais elle a évolué vers une approche plus conciliante et, depuis 2005, s'oriente peut-être vers une attitude plus proactive. Même l'ex-président du Sierra Club, le célèbre groupe environnementaliste, « travaille maintenant avec l'ennemi ». On peut lire dans *Fast Company* que « le plus jeune président du Sierra Club, Adam Werbach, qualifiait autrefois Walmart de nuisible. Aujourd'hui, cette même entreprise est son principal client[32] ». Depuis 2005, Walmart s'est fixé comme objectif de devenir le détaillant le plus gros et le plus respectueux de l'environnement au monde en réduisant son empreinte écologique et en augmentant le nombre de produits écologiques qu'il vend. Enfin après quelques batailles juridiques désagréables, l'entreprise a décidé d'améliorer ses pratiques et ses conditions de travail[33].

Les gestionnaires qui adoptent une **attitude proactive, dynamique ou progressiste**, reconnaissent la nécessité de se comporter de façon socialement responsable. Ils prennent la peine de se renseigner sur les besoins des divers groupes de parties prenantes et sont prêts à utiliser les ressources de l'organisation pour promouvoir autant les intérêts des actionnaires que ceux des autres. David Suzuki commentait ainsi : « L'engagement de Walmart

---

Attitude proactive, dynamique ou progressiste
(*proactive approach*)
Engagement ferme à tenir compte de sa responsabilité sociale et disposition à faire plus que ce que la loi exige et à utiliser les ressources de l'organisation pour promouvoir les intérêts de toutes ses parties prenantes.

---

en matière de développement durable est un modèle et un encouragement à faire de même pour les autres entreprises. Cette société a une influence considérable sur le monde des affaires et je suis enchanté des priorités qu'elle a choisies[34]. »

3.3.2 Les raisons d'assumer sa responsabilité sociale

Le choix que font les gestionnaires et les organisations de la responsabilité sociale comporte plusieurs avantages. Premièrement, les employés de l'organisation et la société en général en bénéficient directement parce que les organisations (et non le gouvernement) assument une partie des coûts de l'aide aux employés. Deuxièmement, on a déjà constaté que si toutes les organisations au sein d'une société assumaient leur responsabilité sociale, la qualité de la vie de la population dans son ensemble s'en trouverait améliorée[35]. En fait, plusieurs experts en gestion affirment que la façon dont les organisations traitent leurs employés détermine un certain nombre des valeurs et des normes d'une société, et ainsi, l'éthique de ses citoyens. Ils donnent l'exemple du Japon, de la Suède, de l'Allemagne, des Pays-Bas et de la Suisse, pays dans lesquels les organisations se conduisent de façon socialement responsable et où, par conséquent, les taux de criminalité et de chômage sont relativement bas, le taux d'alphabétisation est relativement élevé et les valeurs socioculturelles privilégient l'harmonie entre les divers groupes de personnes. Parmi les autres raisons appuyant un comportement socialement responsable des entreprises, il y a le fait de se conduire honnêtement. Les organisations qui agissent de façon responsable envers leurs parties prenantes bénéficient d'un accroissement et d'une meilleure loyauté de leur clientèle et, conséquemment, d'une hausse de leurs profits[36]. Toutefois, la raison la plus urgente de faire des affaires de façon socialement responsable est le constat que la planète ne peut plus soutenir des pratiques non viables axées sur le profit à court terme. Selon le World Business Council for Sustainable Development, les entreprises ne peuvent pas fonctionner si les écosystèmes et les services qu'ils fournissent, tels l'eau, la biodiversité, les fibres, les aliments et les climats, se dégradent ou sont déséquilibrés[37].

Jason Mogus, le chef de la direction de Communicopia, considère que le fait d'être socialement responsable est un avantage concurrentiel. « En ce moment, un grand nombre d'entreprises de haute technologie traversent une période difficile. Les plus prospères sont celles qui ont vraiment tissé des liens avec leur collectivité, de sorte qu'elles jouissent d'une loyauté indéfectible de la part de leurs clients et de leurs employés. Lorsque tout le monde ne travaille qu'à faire monter la valeur de l'action et que celle-ci descend, ce que vous récoltez, c'est une équipe de travailleurs pas très motivés[38]. »

Compte tenu des avantages qu'elle procure, pourquoi reprocherait-on à des organisations et à leurs gestionnaires de se préoccuper de leur responsabilité sociale ? Certains répondront qu'assumer sa responsabilité sociale profite à certaines parties prenantes, mais pas à d'autres. Par exemple, des actionnaires peuvent considérer qu'on leur fait du tort financièrement lorsqu'on utilise les ressources de l'organisation à des plans d'action socialement responsables. Pour certains experts, tel Milton Friedman, les entreprises n'ont qu'une forme de responsabilité : celle d'utiliser leurs ressources pour des activités qui augmentent leurs profits et, par conséquent, qui récompensent leurs actionnaires[39] (*voir le tableau 3.2*).

Comment les gestionnaires devraient-ils déterminer, parmi les problèmes sociaux, ceux dont leur organisation pourrait s'occuper ? Jusqu'à quel point celle-ci devrait-elle échanger ses profits contre un gain social ? Dans l'**investissement socialement responsable**, les gestionnaires ne considèrent pas l'investissement dans des causes sociales comme incompatible avec la réalisation de profits.

En fait, l'organisation investit dans la résolution de problèmes sociaux ou environnementaux tout en produisant un rendement sur son capital investi ou une rentabilité financière supérieurs à ceux du marché, sachant que la collectivité et les organismes gouvernementaux ne peuvent suffire à la tâche.

En 2011, Global Impact Investing Network (GIIN) et J. P. Morgan ont effectué un sondage sur le sujet. Les organisations qui y ont répondu considéraient que l'investissement socialement responsable en était encore à ses débuts, mais la plupart d'entre elles s'attendaient à y consacrer de 5 à 10 % de la totalité de leur portefeuille d'ici une dizaine d'années[40]. De plus en plus de gens croient que les entreprises n'ont pas besoin de sacrifier leur rendement financier pour assumer leur responsabilité sociale. Un **audit sociétal** permet aux gestionnaires de considérer les effets de certaines décisions à la fois sur leur organisation et sur la société. Ce type d'audit classe différents plans d'action en fonction de leur rentabilité et aussi de leurs bénéfices pour la société. Le GIIN a compilé une liste de 399 mesures susceptibles d'être utilisées dans un audit sociétal pour évaluer ces plans et qui varient d'indicateurs décrivant l'empreinte écologique d'une entreprise jusqu'à ceux qui concernent le rendement ainsi que la portée de ses produits et services. À l'aide de ces mesures, on peut évaluer les impacts sociaux et environnementaux d'une organisation à la façon dont Standard & Poor's évalue son risque de crédit. Les investisseurs peuvent ainsi prendre des décisions basées sur des données standardisées et comparables, ce qui donnera à des entrepreneurs sociaux et à des entreprises sociales l'accès à un capital dont ils ont bien besoin.

D'après les résultats obtenus, les organisations dont les gestionnaires adoptent des comportements socialement responsables sont celles qui, à long terme, procureront le plus d'avantages à toutes leurs parties prenantes (y compris à leurs actionnaires). En comparaison de leurs concurrents peu portés à assumer leur responsabilité sociale, les organisations socialement responsables constituent des investissements moins risqués et tendent à être un

---

Investissement socialement responsable (*impact investment*)
Investissement destiné à résoudre des problèmes sociaux ou environnementaux tout en étant rentable financièrement pour les investisseurs.

Audit sociétal (*social audit*)
Instrument qui permet aux gestionnaires d'analyser la rentabilité d'activités socialement responsables sur les plans financier et social.

> **TABLEAU 3.2**   Les raisons d'assumer sa responsabilité sociale

Arguments défavorables	Arguments favorables
La seule responsabilité des entreprises est de maximiser les profits pour les actionnaires.	Les organisations assument une partie des coûts du bien-être de leurs employés.
Certaines parties prenantes ont l'impression qu'il y a une répartition inégale des profits.	La qualité de vie de tous s'améliore.
	Les affaires augmentent grâce à un avantage concurrentiel.
	Une harmonie socioculturelle et écologique se développe.

peu plus rentables et à avoir une main-d'œuvre plus loyale et plus encline à travailler à sa réussite. En effet, elles s'engagent au développement des compétences de leurs employés et à l'amélioration des procédés. Elles jouissent donc d'une meilleure **réputation**, c'est-à-dire

---

Réputation (*reputation*)

Estime ou renom que les personnes ou les organisations acquièrent lorsqu'elles se comportent de façon éthique.

---

l'estime que les organisations méritent en se comportant de façon éthique. De telles caractéristiques encouragent les parties prenantes (y compris les clients et les fournisseurs) à établir des relations d'affaires à long terme avec ces organisations[41]. Par conséquent, de nombreuses raisons permettent de croire qu'à la longue, un ferme soutien à l'investissement socialement responsable sera celui qui procurera le plus d'avantages aux parties prenantes des organisations (y compris aux actionnaires) et à la société en général.

LE POINT SUR ❯ Cascades

Le développement durable et l'ancrage dans la communauté

C'est en 1964, à Kinsgey Falls, dans la région du Centre-du-Québec, que Bernard et Laurent Lemaire fondent l'entreprise Cascades, en restaurant une usine désaffectée de la Dominion Paper[42]. Inspirés par leur père Antonio, les trois frères Lemaire – le frère cadet s'est joint aux deux autres en 1967 – se posent alors comme de véritables pionniers du recyclage, ayant adopté avant l'heure le développement durable comme vison de l'entreprise. En outre, plusieurs des valeurs qui animent les dirigeants de Cascades témoignent de leur sens aigu de la responsabilité sociale qui incombe aux entreprises.

Au premier chef, l'attachement de l'organisation envers la communauté est observable sur plusieurs plans : une part importante de son effectif est constituée de travailleurs de la municipalité, l'entreprise y compte toujours des installations et le siège social de cette entreprise multinationale d'envergure est toujours situé à Kinsgey Falls. À ses débuts, Cascades se distingue par sa posture progressiste, mettant en œuvre des pratiques de gestion respectueuses de l'environnement et des ressources naturelles, ainsi que des ressources humaines. Au chapitre du développement durable, Cascades est, dès sa conception, guidée par le souci de récupérer, de recycler, de réutiliser la matière et de développer des méthodes novatrices dans la fabrication de papier à base de fibres recyclées. Ses pratiques lui valent ainsi plusieurs sceaux de certification. Son usine de papiers sanitaires de Lachute reçoit en 2013 la certification LEED Or, une première au Canada pour un établissement consacré à la production de papier.

Sur le plan de la gestion des ressources humaines, l'entreprise fait montre à maintes reprises de l'importance qu'elle accorde à ses employés, notamment en instaurant un programme de partage des profits afin de redistribuer une partie des bénéfices aux employés. Cascades tient aussi à ce que les valeurs qu'elle professe se reflètent dans le profil des travailleurs qu'elle recrute. Elle est d'ailleurs titulaire de plusieurs prix de reconnaissance liés aux pratiques de responsabilité sociale au sein des entreprises.

Cascades a célébré le 50ᵉ anniversaire de sa fondation en 2014. La cérémonie soulignant cet anniversaire a d'ailleurs été marquée par un moment fort qui a mis en lumière la reconnaissance et le sentiment d'appartenance des employés à l'égard de l'entreprise et des valeurs qui ont guidé ses dirigeants dans leurs pratiques de gestion. Les frères Lemaire ont en effet été accueillis par une haie d'honneur composée d'un millier d'employés passés et actuels ainsi que par des membres de la communauté. Par ailleurs, l'entreprise inaugurait pour l'occasion la Passerelle des bâtisseurs, un lien piétonnier qui, enjambant la rivière Nicolet, relie désormais le parc municipal et le parc Marie-Victorin. L'ouvrage a été construit par Cascades et remis à la communauté pour souligner les liens étroits qui existent entre l'entreprise et les citoyens de la région. Grâce à sa croissance et à ses acquisitions, dont la plus récente a eu lieu en 2014, l'entreprise compte aujourd'hui plus de 12 000 employés travaillant dans plus d'une centaine d'unités d'exploitation situées en Amérique du Nord et en Europe.

1. Proposez aux dirigeants de Cascades des mesures additionnelles qu'ils pourraient mettre en œuvre en tant que gestionnaires d'une entreprise soucieuse de sa responsabilité sociale.

2. Quelles conséquences une entreprise qui ne parvient pas à respecter ses engagements quant à sa responsabilité sociale peut-elle redouter ?

OA4	Apprécier la diversité et expliquer les raisons pour lesquelles la gestion efficiente d'une main-d'œuvre diversifiée relève à la fois de l'éthique et de la gestion du changement.

3.4 La diversité

Une des questions les plus importantes en matière de gestion, apparue au cours des 30 dernières années, est l'accroissement de la diversité de la main-d'œuvre. La **diversité** est l'ensemble des différences entre les personnes en raison de l'âge, du genre, de la race, de l'origine nationale ou ethnique, de la couleur, de la religion, de l'orientation sexuelle, des antécédents socioéconomiques, des capacités ou handicaps, de la position, du statut, de l'ancienneté, du statut parental, etc. La gestion de la diversité soulève des questions complexes sur les plans de l'éthique, de la capacité concurrentielle et de la responsabilité sociale.

Les gestionnaires doivent traiter leurs employés équitablement et de la même manière, peu importe les différences de caractéristiques qu'ils présentent. Ne pas se conformer à cette obligation pourrait entraîner des accusations de discrimination et susciter des conflits entre les groupes et les personnes, ainsi que le mécontentement de certaines parties prenantes. Les organisations qui ont un rendement élevé gèrent généralement bien la diversité.

Gardenswartz et Rowe expliquent la complexité du problème de la diversité par un modèle qui comporte quatre couches (*voir la figure 3.3, à la page suivante*)[43]. Ce modèle illustre les facteurs organisationnels qui ont des effets sur les personnes, tels l'ancienneté et le statut, de même que des dimensions internes et externes qui influent sur la diversité. La couche de facteurs la plus rapprochée de la personnalité et qui crée de la diversité est celle de l'âge, du genre, des habiletés, de l'origine ethnique, de la race et de l'orientation sexuelle.

3.4.1 La diversité au Canada

De nos jours, le Canada est un pays dont la population est vraiment diversifiée, même si ce phénomène ne semble pas évident pour bien des gens. Par exemple, d'après le recensement de 2011, le pays compte plus de 200 groupes ethniques différents.

Diversité (*diversity*)
Différences entre les personnes en matière d'âge, de genre, de race, d'origine nationale ou ethnique, de couleur, de religion, d'orientation sexuelle, d'habiletés, d'état matrimonial, de situation de famille, etc.

Chez les Autochtones, le taux de natalité est 1,5 fois supérieur à celui des non-Autochtones. On estime aussi que 6 264 750 personnes sont membres de minorités visibles. Elles représentaient 19 % de la population totale en 2011 par rapport à 16,2 % en 2006[44]. Cependant, leur nombre varie grandement selon les régions. D'après le recensement de 2011, le plus grand nombre de ceux qui déclarent appartenir à des minorités visibles se trouve en Ontario, ce qui correspond à presque 3,3 millions de personnes, c'est-à-dire 25,9 % de la population de cette province. La Colombie-Britannique en compte presque 1,2 million, soit environ 27,3 % de sa population. Les concentrations en minorités visibles des autres provinces sont, par ordre décroissant : 18,4 % en Alberta, presque 13,1 % au Manitoba, environ 11 % au Québec, 6,7 % dans les Territoires du Nord-Ouest, environ 6,1 % au Yukon, 5,2 % en Nouvelle-Écosse et, enfin, 3 % et moins à l'Île-du-Prince-Édouard, au Nouveau-Brunswick, à Terre-Neuve-et-Labrador et au Nunavut. Le Canada accepte plus de 250 000 immigrants par année. En 2011, près d'un Canadien sur cinq appartenait à un groupe de minorités visibles. En 2017, on s'attend à ce que les minorités visibles constituent la majorité de la population canadienne.

Il est encore difficile pour de nombreux immigrants hautement qualifiés de trouver des emplois bien rémunérés et correspondants à leurs compétences au Canada. « Certains immigrants récents, bien que diplômés, gagnent seulement 0,48 $ pour chaque dollar qu'obtiennent leurs concitoyens d'origine canadienne ayant le même niveau de scolarité. Environ 30 % des immigrants de genre masculin qui possèdent un diplôme universitaire occupent des emplois qui ne requièrent pas plus qu'un diplôme de niveau secondaire ; c'est plus de deux fois le taux de ceux qui sont nés au pays[45]. »

Pourquoi le sujet de la diversité attire-t-il tant l'attention des médias ainsi que celle des gestionnaires et des organisations ? En voici quelques raisons.

1. Dans beaucoup de sociétés, des considérations éthiques visent à s'assurer que tous les êtres humains bénéficient de possibilités égales et sont traités avec justice et impartialité. Tout traitement discriminatoire est d'ailleurs illégal.

2. Une gestion efficiente de la diversité peut améliorer la performance d'une organisation. Lorsque les gestionnaires s'acquittent bien de cette tâche, non seulement ils encouragent leurs collègues à traiter les membres de leur organisation issus de groupes minoritaires ou sous-représentés de façon juste et équitable, mais ils se rendent aussi compte que cette diversité constitue

> **FIGURE 3.3**   Les sources de diversité dans la main-d'œuvre

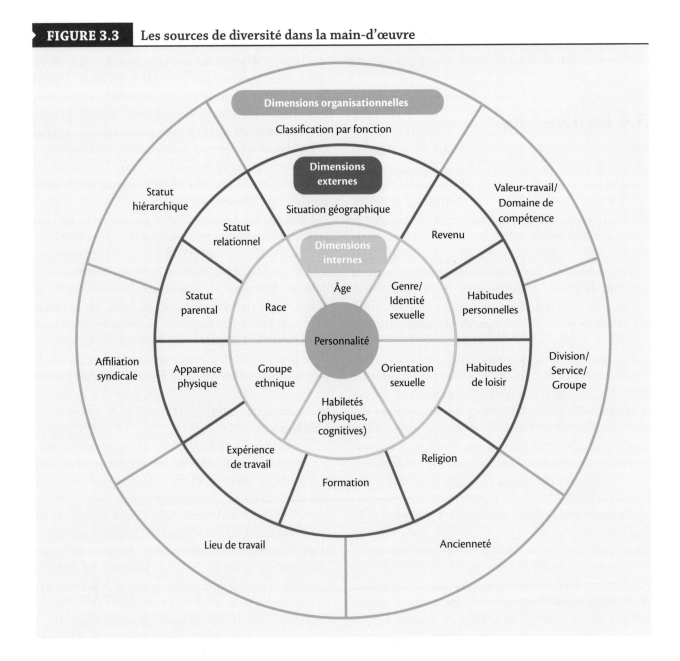

une ressource importante qui peut servir à acquérir un avantage concurrentiel.

3. L'acceptation de la diversité encourage la participation des employés, et permet ainsi l'expression de différentes opinions ou idées qui peuvent être précieuses pour l'organisation lorsqu'il faut prendre des décisions ou améliorer les produits et services. La richesse des idées favorise l'innovation.

Nous examinerons les raisons pour lesquelles une gestion efficiente de la diversité est logique. Nous verrons ensuite les mesures que les gestionnaires peuvent prendre pour parvenir à l'implanter au sein de leurs organisations.

3.4.2 La gestion d'une main-d'œuvre diversifiée

Comment les gestionnaires devraient-ils composer avec une telle diversité dans la main-d'œuvre? Comment des groupes sous-représentés dans cette main-d'œuvre peuvent-ils accroître leur participation? D'après le *Calgary Economic Development Report,* la suppression des obstacles par un changement d'attitudes et l'élimination des stéréotypes «dépend de plus en plus d'une réflexion sérieuse sur la façon de s'attaquer à tout ce qui s'oppose à une participation plus étendue. Par exemple, les attitudes et les croyances concernant les travailleurs plus âgés ont un impact sur leur capacité à se trouver un emploi.

Ces travailleurs sont parfois perçus comme ayant plus de problèmes de santé, étant moins productifs, moins prêts à s'adapter aux changements et moins qualifiés que les travailleurs récemment diplômés. Il faut donc modifier les perceptions des employeurs et des employés pour attirer et retenir la main-d'œuvre plus âgée[46]. »

La diversité en matière d'âge pose aux gestionnaires des défis particuliers. Les travailleurs plus âgés gardent leur emploi plus longtemps et prennent leur retraite plus tard alors que la génération Y ou post-boom représente la relève sur le marché du travail. La disponibilité des postes, le transfert des connaissances vers les jeunes, l'apprentissage par mentorat, l'accompagnement des travailleurs en fin de carrière vers la retraite font partie des préoccupations intergénérationnelles des gestionnaires.

Pour les gestionnaires, un de ces défis consiste à inspirer le respect et à susciter l'engagement des membres de ce nouveau groupe de parties prenantes. Le tableau 3.3, à la page suivante, présente quelques-uns des mythes concernant la génération Y et les stratégies antidiscriminatoires que les gestionnaires peuvent adopter pour aider ce groupe à mieux s'intégrer dans la main-d'œuvre[47].

3.4.3 Des principes moraux pour mieux gérer la diversité

Une gestion efficiente de la diversité est une obligation éthique dans la société canadienne. Deux principes moraux peuvent servir à guider les gestionnaires dans leurs efforts pour s'acquitter de cette obligation : la justice distributive et la justice procédurale.

La justice distributive

D'après le principe de la justice distributive, il faut que la répartition d'avantages tels que les hausses de salaire, les promotions (ou l'avancement), les postes, les tâches intéressantes, les locaux de travail et d'autres ressources entre les membres d'une organisation soit juste et équitable. Elle devrait être fondée sur la valeur des contributions des personnes à l'organisation (en matière de temps, d'efforts, de formation, d'habiletés, de capacités et de niveau de rendement), et non sur des caractéristiques personnelles non pertinentes sur lesquelles les individus n'ont aucun contrôle (tels le genre, la race ou l'âge)[48]. Les gestionnaires ont l'obligation de s'assurer qu'il y a une justice distributive dans leur organisation. Son application ne signifie pas que tous les membres d'une organisation doivent recevoir des récompenses identiques ou similaires, mais plutôt que les personnes qui en reçoivent davantage auront fait des contributions plus grandes ou plus importantes à l'organisation que les autres.

La justice distributive est-elle une pratique courante dans les organisations au Canada? Tout au plus pouvons-nous dire que la situation s'améliore. Il y a 50 ans, les cas de discrimination flagrante ou manifeste (le fait de refuser sciemment et volontairement à certaines personnes issues de groupes minoritaires ou sous-représentés l'accès à des possibilités ou à des récompenses dans l'organisation) envers les femmes, les personnes handicapées et les minorités n'étaient pas rares.

De nos jours, les organisations se rapprochent petit à petit d'une véritable justice distributive. D'après des statistiques qui comparent le traitement des femmes et des minorités en entreprises avec celui des travailleurs masculins moyens, la plupart des gestionnaires auraient besoin d'adopter une attitude proactive pour réussir à établir une répartition juste dans leur organisation. Par exemple, la société Enbridge Inc., l'une des plus importantes compagnies pétrolières au Canada, établie à Calgary en Alberta, a pris une attitude proactive en matière de répartition en appuyant les plans de carrières de ses employées de genre féminin par l'intermédiaire du programme women@enbridge[49]. Ce programme fournit un

Respecter les principes de justice distributive et de justice procédurale représente parfois un défi de taille pour les gestionnaires.

Génération Y ou post-boom (*generation Y*)
Ensemble des personnes nées entre 1981 et 1992.

Justice distributive (*distributive justice*)
Principe moral d'après lequel la répartition de hausses de salaire, de promotions et d'autres ressources organisationnelles doit se faire en fonction de la valeur de la contribution des personnes, et non d'après des caractéristiques personnelles sur lesquelles elles n'ont aucun contrôle.

Discrimination flagrante ou manifeste (*overt discrimination*)
Fait de refuser sciemment et volontairement à certaines personnes issues de groupes minoritaires ou sous-représentés l'accès à des possibilités ou à des récompenses dans l'organisation.

> **TABLEAU 3.3**   Les perceptions concernant la génération Y et les stratégies antidiscriminatoires de gestion

Perceptions	Pourquoi ?	Stratégies antidiscriminatoires
Les membres de la génération Y sont peu respectueux et se font entendre quand ils sont insatisfaits.	Ils ont été élevés de façon moins autoritaire que leurs aînés. Ils se sont adressés à leurs parents et à leurs enseignants en les appelant par leur prénom. Les décisions familiales ont été prises collectivement. Ils ont été encouragés à exprimer leurs sentiments et leurs opinions. Ils sont portés à tout remettre en question.	1. Susciter leur intérêt. Leur expliquer la façon de faire et les raisons d'accomplir une tâche. 2. Fournir aux employés des occasions de donner leur opinion et de faire part aux autres de leurs idées et de leurs préoccupations. 3. Tenter de gagner leur respect en les amenant à discuter et en les écoutant.
Leur éthique du travail n'est pas très développée.	Ils ne ressentent pas la même pression de réussir parce qu'ils entrent sur un marché du travail qui a besoin d'eux. Ils accordent de l'importance à l'équilibre entre le travail et la vie personnelle.	1. Se renseigner sur leur façon de définir l'éthique du travail et leur faire part de ses attentes. 2. Déterminer ce qui les motive. 3. Leur donner des défis à relever.
Ils ne sont pas loyaux.	Ils ont vu leurs parents et leurs grands-parents être victimes de restructurations après des années de loyaux services. Ils sont prêts à changer d'emploi si l'occasion se présente.	Ils resteront dans une entreprise 1. s'ils effectuent un travail constructif qui fait avancer les choses ; 2. si leurs collègues partagent les mêmes valeurs qu'eux ; 3. si l'entreprise leur permet d'atteindre leurs objectifs personnels ; 4. si l'entreprise a bien conscience de sa responsabilité sociale.
Ils sont exigeants.	Ils ont été élevés avec de grandes attentes en matière de réussite et de réalisations. En général, ils ont un peu plus de savoir-faire technologique et plus d'instruction que toutes les générations précédentes.	Ils s'attendent 1. à des expériences d'apprentissage constantes ; 2. à des défis nouveaux ; 3. à des voies de communication ouvertes en permanence.
Ils sont dépendants de la technologie.	Ils ont été élevés à l'époque de l'ordinateur. Ils peuvent constamment avoir accès à de l'information, recueillir des données et en faire part à d'autres.	1. Utiliser la technologie de façons nouvelles et innovatrices. 2. Ils ont besoin de stimulation pour rester intéressés par leur travail.
Ils sont conscients de leurs droits.	En raison de la facilité d'accès à l'information, ils connaissent la rémunération qui correspond à chaque emploi et sont susceptibles de remettre en question l'équation contribution-récompenses. Il faut être prêt à discuter de salaire.	Ils travailleront pour l'organisation qui 1. a le plus grand sens de ses responsabilités sociales ; 2. leur fournit des possibilités d'épanouissement professionnel ; 3. leur fournit des possibilités et un soutien dans la conciliation travail-vie privée.
Ils cherchent des relations d'encouragement.	Beaucoup d'entre eux ont eu un horaire chargé d'activités sportives, de cours de musique et autres. Les entraîneurs et les enseignants ont joué un rôle essentiel dans leur formation en leur fournissant des conseils et des rétroactions.	Avant qu'ils entreprennent une tâche, 1. leur indiquer clairement les paramètres ; 2. leur donner de l'espace pour s'atteler à la tâche ; 3. leur fournir régulièrement une rétroaction ; 4. faire une séance d'évaluation avec eux lorsque la tâche est terminée.

accompagnement par les pairs, des possibilités de mentorat et une formation en leadership. L'objectif est d'accroître la représentation des femmes au sein de la haute direction, d'encourager leur participation aux conseils d'administration et de les retenir à l'emploi de l'entreprise.

Dans beaucoup de pays, les gestionnaires ont non seulement l'obligation éthique d'essayer d'implanter une justice distributive dans leur organisation, mais aussi l'obligation légale de traiter tous leurs employés de façon juste et équitable. En fait, ils risquent d'être poursuivis si ceux-ci prouvent qu'ils ne sont pas traités équitablement.

La justice procédurale

D'après le principe de justice procédurale, les gestionnaires doivent utiliser des méthodes équitables pour déterminer la façon de répartir des récompenses entre les membres de l'organisation[50]. Ce principe s'applique à des procédés typiques tels que l'évaluation du rendement des subordonnés, la sélection de ceux qui obtiendront une hausse de salaire ou une promotion (ou de l'avancement), et le choix des employés qui seront mis à pied en cas de restructuration.

On parle de justice procédurale lorsque des gestionnaires évaluent soigneusement le rendement d'un subordonné; prennent en compte tout obstacle provenant du milieu qui échappe au contrôle de cet employé tout en limitant son rendement, par exemple, une pénurie de fournitures, une panne ou la baisse de la demande des clients pour un produit; et ne tiennent aucun compte de caractéristiques personnelles non pertinentes telles que son âge ou son origine ethnique. Comme la justice distributive, la justice procédurale est nécessaire non seulement pour assurer un comportement éthique, mais aussi parce qu'elle permet d'éviter des poursuites coûteuses. En effet, diverses lois portent sur la gestion de la diversité au Canada.

De nos jours, les gestionnaires canadiens ont un défi de taille à relever s'ils veulent s'assurer que les principes de justice distributive et de justice procédurale sont appliqués en vue d'éviter toute discrimination. Par exemple, les personnes qui ont des handicaps éprouvent souvent de la difficulté à trouver des emplois intéressants. Certaines organisations tâchent de remédier à ce problème.

Chaque année, un nombre important d'immigrants arrivent au Canada, mais ne parviennent pas à trouver un emploi qui leur convient parce que leurs titres professionnels ne sont pas reconnus. Le processus qu'ils doivent entreprendre pour obtenir une reconnaissance de leur expérience de travail et de leurs diplômes est à la fois long et coûteux. Beaucoup d'entre eux finissent par être sous-employés, alors que des entreprises auraient besoin de leurs services. Des organismes comme CAPLA travaillent à tous les paliers de gouvernement pour tenter d'accélérer le processus de la reconnaissance des accréditations internationales qui faciliterait l'intégration des immigrants qualifiés dans l'économie canadienne[51].

3.4.4 L'avantage d'une gestion efficiente de la diversité en affaires

Non seulement la diversité au sein des organisations résulte souvent d'une obligation de respecter des lois en vigueur, mais elle peut aussi leur apporter un avantage concurrentiel. En effet, elle aide les organisations à procurer à leurs clients de meilleurs produits et services[52]. Par exemple, le Cirque du Soleil, dont le siège social se trouve à Montréal, a fait de la diversité une partie de sa marque de commerce dans le monde. Son équipe d'exécutants, de gymnastes et d'artistes de toutes origines a donné à cette entreprise sa réputation de présenter des spectacles originaux et de qualité partout sur la planète. L'avantage concurrentiel du Cirque du Soleil réside dans son incarnation de diverses cultures[53]. La variété des points de vue et des façons d'aborder les problèmes et de tirer parti des possibilités que des employés fournissent à une organisation en raison de leur diversité peut améliorer les prises de décisions des gestionnaires et, par conséquent, la performance globale de l'organisation. Si la main-d'œuvre se diversifie de plus en plus, c'est aussi le cas des clients qui achètent les produits ou les services des organisations.

La diversité des membres d'une organisation lui permet de se tenir au courant des types de produits et services que les clients de divers segments du marché veulent ou ne veulent pas. Par exemple, les principaux constructeurs d'automobiles incorporent de plus en plus de femmes dans leurs équipes de conception pour s'assurer que les besoins et les désirs de la partie féminine de la clientèle (un segment du marché en pleine croissance) sont pris en considération dans la conception des nouvelles voitures.

Il y a une autre raison pour laquelle une gestion efficiente de la diversité est profitable pour les organisations. De plus en plus, les associations de consommateurs et les organismes de défense des droits civils réclament que des entreprises prennent en considération les questions de diversité sous différents angles. Ainsi, la Banque Royale du Canada, dont le siège social est à Toronto, a vu ses tentatives d'acheter Centura Banks Inc., située en Caroline du Nord, critiquées sévèrement par Inner City

---

Justice procédurale (*procedural justice*)
Principe moral qui exige le recours à des méthodes équitables pour déterminer la façon de répartir des récompenses entre les membres de l'organisation.

Press/Community on the move (ICP), un groupe de défense des droits civils aux États-Unis. En avril 2001, ce groupe a demandé aux autorités de réglementation canadiennes et américaines de retarder l'approbation de cette acquisition pour permettre une enquête plus approfondie sur des pratiques de prêts présumées abusives de la part de Centura. Selon Matthew Lee, le directeur d'ICP, « le taux normal d'intérêt sur les prêts de Centura empêche et exclut toutes demandes de crédit de la part de personnes non blanches[54] ». ICP alléguait que dans deux villes américaines, Centura refusait des demandes de prêt pour l'achat de maisons trois fois plus souvent à des personnes noires qu'à des personnes blanches. Le groupe voulait que la Banque Royale garantisse qu'elle mettrait un terme à ces présumées pratiques de prêts discriminatoires.

Les femmes qui portent le hijab, un foulard traditionnel qui recouvre la tête des musulmanes, sont souvent victimes de discrimination lorsqu'elles cherchent à obtenir un emploi au Canada. D'après une étude récente, dans 40 % des cas, lorsqu'une femme qui affiche sa confession musulmane se renseigne sur des emplois disponibles, on lui répond qu'il n'y en a pas ou on ne lui donne pas la chance de présenter sa candidature.

Les musulmanes qui portent le hijab sont souvent victimes de discrimination dans le milieu du travail.

Au Québec, un débat sur les accommodements raisonnables concernant l'intégration des minorités religieuses et ethniques a eu lieu en 2007 lorsque le premier ministre a formé la commission Bouchard-Taylor sur la question. Les audiences de cette commission ont rapidement mis au jour une polarisation des opinions de la population sur certains sujets. Par exemple, on s'est demandé si la présence de symboles religieux musulmans, y compris le hijab, dans la fonction publique devait ou non être permise. Comme les symboles et les pratiques religieuses chrétiens faisaient peu partie du débat, la minorité musulmane a accusé le gouvernement de discrimination religieuse manifeste envers les cultures non dominantes et a remis en question la réputation de tolérance du Canada en matière de diversité culturelle[55].

La conscience des problèmes liés à la diversité s'étend au-delà des employés et concerne également les fournisseurs, les clients et les consommateurs. Lorsque Nestlé Canada a annoncé qu'elle planifiait la suppression de ses produits sans traces de noix parce que les efforts pour conserver ses installations de production exemptes de toutes traces de produits de noix lui paraissaient plus coûteux que profitables, l'entreprise a aussitôt été inondée de protestations de la part des familles canadiennes qui comptaient sur certains produits. Entre 1 et 2 % de tous les Canadiens et environ 8 % des enfants sont allergiques aux arachides et à d'autres noix, ce qui explique la force des protestations que cette décision a soulevées. Au bout d'un mois, Nestlé Canada a fait savoir qu'elle reprendrait la production de ces friandises dans une installation spéciale pour satisfaire aux exigences des consommateurs qui souffrent de ce type d'allergies. La décision initiale de l'entreprise tenait compte d'une « demande croissante du public pour du chocolat contenant des noix ainsi que du besoin de protéger des emplois à l'usine de Toronto[56] ».

Le vice-président directeur de l'entreprise, Graham Lute, continue de vouloir accroître la capacité de fabrication de Nestlé au Canada, mais il note : « Nous le ferons d'une manière différente, pas nécessairement aussi intéressante que nous l'avions prévu, sous l'angle strictement commercial[57]. » Autrement dit, l'attention que l'entreprise doit accorder à cette forme particulière de diversité l'a obligée à repenser une partie de sa stratégie d'affaires.

3.4.5 Une prise de conscience accrue de la diversité

Il est naturel de considérer les gens de notre propre point de vue parce nos sentiments, nos pensées, nos attitudes et nos expériences orientent notre façon de percevoir les autres et d'interagir avec eux. Toutefois, la capacité d'apprécier la diversité exige des gens qu'ils prennent conscience de perspectives qui diffèrent des leurs et des diverses attitudes et expériences des autres. Dans les organisations, beaucoup de programmes d'ouverture à la diversité s'efforcent d'accroître la connaissance qu'ont les gestionnaires et les employés de leurs propres attitudes et partis pris ainsi que des stéréotypes qu'ils entretiennent. Ces programmes aident également les gestionnaires à prendre conscience des perspectives différentes des subordonnés, collègues de travail, clients et autres gestionnaires appartenant à des groupes minoritaires ou sous-représentés. Ces programmes ont souvent les objectifs suivants[58].

1. Fournir aux membres d'une organisation des renseignements exacts sur la question de la diversité.

2. Découvrir les partis pris et les stéréotypes personnels.

3. Évaluer des croyances, des attitudes et des valeurs personnelles et se renseigner sur d'autres points de vue.

4. Démontrer l'inexactitude de certains stéréotypes et croyances concernant divers groupes.

5. Créer une atmosphère dans laquelle les gens se sentent à l'aise pour discuter de leurs différentes façons de voir les choses.

6. Améliorer sa compréhension des personnes différentes de soi.

De nombreux gestionnaires ont recours à différentes techniques pour accroître la sensibilisation et les habiletés en matière de diversité dans leurs organisations : la distribution de documents imprimés et la présentation de films, ainsi que des exercices pragmatiques qui permettent de découvrir certains partis pris ou stéréotypes. Des **partis pris** sont une tendance systématique à utiliser des renseignements sur les autres de telles façons qu'il en résulte des perceptions inexactes tandis que des **stéréotypes** sont des convictions simplistes et souvent inexactes concernant les caractéristiques typiques de certains groupes de personnes. Il leur suffit parfois de tenir un forum au cours duquel les gens peuvent se renseigner sur leurs différences en matière d'attitudes, de valeurs et d'expériences. En discutant ensemble, ils se sensibilisent davantage à ces questions. Certains exercices de jeux dramatiques se révèlent également

utiles : ils consistent pour les participants à illustrer des problèmes engendrés par le manque d'ouverture, puis à montrer la compréhension accrue qui résulte de l'appréciation des points de vue des autres.

Des connaissances exactes et des expériences de formation permettent souvent de détruire des stéréotypes. Les exercices de groupe, les jeux de rôles et différentes expériences relatifs à la diversité peuvent aider les membres d'une organisation à développer les habiletés dont ils ont besoin pour travailler efficacement avec des personnes issues de groupes minoritaires et sous-représentés. Les gestionnaires embauchent parfois des conseillers de l'extérieur pour fournir une formation portant sur la diversité, tandis que certaines organisations ont leur propre expert sur le sujet.

3.4.6 L'importance de l'engagement de la haute direction en matière de diversité

Lorsque la haute direction d'une organisation est vraiment déterminée à favoriser la diversité, les cadres supérieurs adoptent cette cause en prenant des mesures appropriées et en donnant l'exemple. Ils répandent le message que la diversité peut être à la source d'un avantage concurrentiel, composent efficacement avec les employés appartenant à des groupes minoritaires ou sous-représentés et sont prêts à consacrer des ressources organisationnelles à la gestion de ce phénomène. Toutefois, cette dernière mesure seule ne suffit pas. Même si les cadres supérieurs affectent des ressources à la promotion de la diversité en investissant de l'argent dans des programmes de formation, par exemple, toutes les mesures qu'ils prennent sont vouées à l'échec si en tant que personnes, ils ne la valorisent pas.

Certaines organisations recrutent et engagent des femmes à des postes de cadres de terrain et de cadres intermédiaires mais, après être parvenues à cet échelon, certaines d'entre elles quittent leur emploi pour fonder leur propre entreprise. Une des principales raisons de leur comportement est qu'elles sont convaincues de ne jamais pouvoir accéder à des postes de haute direction en raison d'un manque d'appui au sein même de la haute direction. Néanmoins, Enbridge est un exemple d'organisation qui a pris beaucoup d'initiatives pour conserver ses employées féminines en s'efforçant de les promouvoir à des postes de direction.

Nous avons vu que les gestionnaires peuvent adopter différentes mesures pour mieux gérer la diversité. Beaucoup d'entreprises, telles qu'Enbridge et Deloitte, sont reconnues pour avoir mis au point de remarquables

---

Parti pris (*bias*)
Tendance systématique à utiliser des renseignements sur les autres de telles façons qu'il en résulte des perceptions inexactes.

Stéréotype (*stereotype*)
Conviction simpliste et souvent inexacte concernant les caractéristiques typiques de certains groupes de personnes.

programmes portant sur la diversité et l'inclusion. Leurs gestionnaires cherchent sans cesse à élaborer et à tester de nouvelles initiatives pour relever ce défi en matière d'éthique et d'affaires[59].

Même si certaines mesures ne donnent pas tous les résultats escomptés, les gestionnaires doivent s'engager à long terme à faire la promotion de la diversité. Les séances de formation qui visent des objectifs à court terme ne fonctionnent pas. Les participants retournent rapidement à leurs anciennes habitudes. Une gestion efficiente de la diversité, comme la gestion d'une organisation dans son ensemble, est un processus en évolution constante : il ne s'arrête jamais et n'a pas de fin. Pour une organisation, il existe plusieurs raisons de considérer la gestion de la diversité comme étant essentielle : elle améliore sa productivité et l'aide à demeurer concurrentielle ; elle favorise de meilleures relations de travail entre ses employés, renforce la responsabilité sociale de l'organisation et lui permet de respecter ses obligations légales.

> **OA5** Reconnaître les cas de harcèlement en milieu de travail et déterminer des façons de les prévenir.

3.5 Le harcèlement en milieu de travail

Le harcèlement en milieu de travail peut prendre différentes formes. Cette expression désigne tout comportement envers un employé qui est ou devrait être considéré comme insultant et humiliant. D'après Service Canada, il s'agit de « tout comportement déplacé à l'égard d'une autre personne dont l'importunité était connue de l'auteur ou n'aurait pas dû lui échapper. Le harcèlement peut prendre la forme de propos, d'actions ou de démonstrations répréhensibles qui humilient, rabaissent ou embarrassent une autre personne[60]. » Cette description inclut, selon la définition de la *Loi canadienne sur les droits de la personne*, le harcèlement fondé sur les motifs de distinction illicite tels le sexe, l'âge ou l'origine ethnique[61]. L'abus d'autorité et le harcèlement sexuel sont deux formes courantes de **harcèlement en milieu de travail** dont il sera question ici. Il y a abus d'autorité quand une personne utilise de façon inappropriée le pouvoir que lui confère son poste pour influencer le comportement d'un employé. Les menaces en vue d'intimider et de forcer un subordonné à adopter un comportement donné sont des exemples d'abus d'autorité au même titre que le chantage. « Lorsqu'une personne utilise de façon inappropriée l'autorité et le pouvoir inhérents à sa position pour mettre en danger l'emploi

d'une autre personne, pour nuire à son rendement, pour menacer son gagne-pain ou, d'une façon ou d'une autre, pour entraver sa carrière ou l'influencer négativement », on parle d'un abus d'autorité[62]. Brimer quelqu'un est une forme d'abus d'autorité lorsque ce comportement vient d'un patron. Dans plus de 72 % des cas, les brimades viennent de patrons, certaines proviennent de collègues de travail et une minorité d'entre elles sont le fait d'employés qui s'en prennent à des supérieurs. Un harceleur peut aussi bien être une femme qu'un homme[63].

La Cour suprême du Canada définit le **harcèlement sexuel** comme étant, dans un milieu de travail, un comportement de nature sexuelle non sollicité qui a des effets nuisibles sur le climat de ce milieu ou qui entraîne des conséquences défavorables en matière d'emploi pour l'employé qui en est victime[64]. Le harcèlement sexuel est malheureusement assez répandu dans les organisations de nos jours. Plusieurs femmes membres de la GRC ont récemment révélé qu'elles étaient victimes de harcèlement sexuel et d'insultes à caractère sexuel depuis de nombreuses années. Elles se sont plaintes du fait que la culture de l'organisation, dominée traditionnellement par les hommes, tolérait et encourageait tacitement le harcèlement de ses officiers féminins.

En 2012, ces femmes ont déposé un recours collectif contre la GRC, qui avait failli à sa tâche de les protéger. En 1987, la Cour suprême avait statué que les employeurs seraient tenus responsables du harcèlement commis par leurs employés et qu'ils avaient l'obligation de contribuer à établir un lieu de travail sans harcèlement. Cependant, on est en droit de se demander si ses règlements ont la moindre force de contrainte. Un seul officier de la GRC a été reconnu coupable de harcèlement sexuel en 2012 après avoir admis qu'il avait commis plusieurs actes de ce type. Toutefois, au lieu d'être congédié ou obligé de consulter un spécialiste, il a simplement été transféré de l'Ontario à la Colombie-Britannique, dans un autre service de la GRC[65]. Beaucoup de gens ont été indignés de cette décision, qui ressemblait davantage à une récompense qu'à une punition.

Les femmes sont plus fréquemment victimes de harcèlement sexuel que les hommes, en particulier

---

Harcèlement en milieu de travail (*workplace harassment*)
Comportement envers un employé généralement reconnu (ou qui devrait l'être) comme étant insultant et humiliant.

Harcèlement sexuel (*sexual harassment*)
Comportement de nature sexuelle non sollicité dans un milieu de travail et qui a une influence défavorable sur le climat de ce milieu ou qui entraîne des conséquences désagréables en matière d'emploi pour une employée ou un employé.

celles qui ont des emplois généralement occupés par des hommes ou des postes accompagnés de stéréotypes sur les relations entre les genres (comme la secrétaire travaillant sous les ordres d'un patron). Néanmoins, les hommes peuvent aussi en souffrir. Plusieurs employés masculins de la division américaine de Jenny Craig, une entreprise offrant des services pour perdre du poids, se sont plaints qu'ils étaient en butte à des remarques obscènes et inappropriées de la part de leurs collègues de travail et de gestionnaires féminines[66].

Le harcèlement sexuel a des conséquences graves sur les victimes et porte sérieusement atteinte à la réputation d'une organisation. Il s'agit non seulement d'un comportement contraire à l'éthique, mais aussi d'un comportement illégal. En plus de la publicité négative qu'il attire aux organisations, il peut leur coûter très cher. Les gestionnaires ont l'obligation éthique de s'assurer qu'eux-mêmes, leurs collègues et leurs subordonnés ne se livrent jamais à du harcèlement sexuel, même involontairement.

3.5.1 Les formes de harcèlement sexuel

Il existe deux formes fondamentales de harcèlement sexuel, le harcèlement sexuel par chantage et le milieu de travail malsain. On parle de **harcèlement sexuel par chantage** lorsqu'un harceleur demande à toute personne employée (homme ou femme) ou exige d'elle des faveurs sexuelles en échange desquelles elle pourra conserver son emploi, avoir de l'avancement (ou une promotion) ou une hausse de salaire, bénéficier d'un quelconque autre avantage lié au travail ou éviter des conséquences négatives comme une rétrogradation ou un renvoi[67]. Cette forme de harcèlement sexuel est extrême et ne laisse aucun doute sur le type de délit dont il s'agit[68]. Une étude menée par l'Université York en 1999 indiquait que 3 % des Canadiennes sur le marché du travail avaient vécu ce type de harcèlement[69].

Le **milieu de travail malsain** est une forme plus subtile de harcèlement sexuel. On l'observe lorsque des membres d'une organisation doivent affronter un environnement intimidant, hostile ou blessant en raison de leur genre[70]. Des farces obscènes, des commentaires à caractère sexuel, l'exposition de matériel pornographique, l'exposition ou la distribution d'objets à caractère sexuel et des remarques à caractère sexuel sur l'apparence physique d'une personne sont des exemples de harcèlement sexuel qu'on trouve dans un milieu de travail malsain. Environ 45 % des Canadiennes sur le marché du travail ont signalé ce type de harcèlement dans une étude de la York University en 2001. Barbara Orser, chercheuse au Conference Board of Canada, a fait remarquer que «le harcèlement sexuel est plus susceptible de se produire dans un milieu de travail où l'on tolère les brimades, l'intimidation, les vociférations, les allusions grivoises et d'autres formes de comportements discourtois[71]».

Un milieu de travail malsain nuit à la capacité des membres de l'organisation d'effectuer leurs tâches efficacement et il est considéré comme illégal par les tribunaux. Les gestionnaires qui se rendent coupables de harcèlement, créant ainsi des milieux de travail malsains, ou qui laissent d'autres personnes le faire risquent de provoquer des poursuites coûteuses pour leur organisation, comme en a fait l'expérience la société Magna International Inc., établie à Aurora en Ontario[72]. Le harcèlement sexuel est illégal.

Le harcèlement sexuel dans les milieux de travail constitue un abus d'autorité dans les relations de travail. Comme toute autre forme de violence sexuelle, il reflète et il renforce les inégalités entre les hommes et les femmes dans notre société. Aucun employé n'est à l'abri lorsqu'on ferme les yeux sur le harcèlement sexuel. Les organisations ont la responsabilité d'examiner toutes les plaintes portant sur ce type de comportement et d'enquêter sur chacune d'elles[73].

3.5.2 Les mesures susceptibles d'éliminer le harcèlement en milieu de travail

Les gestionnaires ont l'obligation éthique de bannir le harcèlement en milieu de travail de leur organisation. Il existe différents moyens d'atteindre cet objectif. Voici quatre mesures que les gestionnaires peuvent adopter pour résoudre ce problème[74].

1. Élaborer une politique en matière de harcèlement en milieu de travail approuvée par la haute direction et la communiquer clairement aux membres de l'organisation. Cette politique devrait interdire à la fois le harcèlement sexuel et tout climat de travail malsain. Elle devrait comprendre des exemples de types de comportements jugés inacceptables, une procédure que les employés peuvent suivre pour signaler des cas

---

Harcèlement sexuel par chantage
(*quid pro quo sexual harassment*)
Fait de demander à une personne ou d'exiger d'elle des faveurs sexuelles en échange d'une récompense ou pour éviter des conséquences négatives.

Milieu de travail malsain
(*hostile work environment sexual harassment*)
Ensemble de comportements tels que raconter des plaisanteries obscènes, afficher des images pornographiques, formuler des remarques de nature sexuelle concernant l'apparence d'une personne ou toute autre action à connotation sexuelle qui rend un climat de travail déplaisant.

de harcèlement, un exposé des mesures disciplinaires qui seront prises en cas de harcèlement et un engagement à renseigner les membres de l'organisation sur le harcèlement sexuel et à les former à y mettre fin.

2. Utiliser une procédure de plainte équitable pour enquêter sur des accusations de harcèlement sexuel en milieu de travail. Une telle procédure devrait être gérée par une tierce personne, non impliquée dans l'affaire, assurer que les plaintes sont traitées rapidement et sérieusement, protéger les victimes et les traiter équitablement et assurer aux harceleurs présumés un traitement équitable.

3. Lorsqu'on a déterminé qu'il y a eu harcèlement en milieu de travail, prendre des mesures correctives aussitôt que possible. Ces mesures peuvent varier en fonction de la gravité du harcèlement. S'il s'agit d'un harcèlement grave et étalé sur une longue période de temps, par exemple par contrepartie ou sérieusement

inacceptable de toute autre manière, des mesures disciplinaires pourraient inclure le congédiement du harceleur.

4. Fournir aux membres de l'organisation, y compris les gestionnaires, un enseignement et une formation sur le harcèlement en milieu de travail. Par exemple, les gestionnaires de chez DuPont, une entreprise scientifique, ont élaboré un programme pour aider les employés à se renseigner sur la question du harcèlement en milieu de travail et pour empêcher qu'il se produise.

Selon Barbara Orser, du Conference Board of Canada, la plupart des grandes organisations canadiennes ont, en théorie, des politiques anti-harcèlement, mais elles restent souvent lettre morte parce que beaucoup d'entre elles n'ont pas établi un processus clair pour résoudre ce problème[75]. Il est donc essentiel pour les organisations de mettre en œuvre de bonnes pratiques en matière de diversité des genres.

Résumé et révision

Cette section vous servira à vérifier l'acquisition des objectifs d'apprentissage.

OA1 L'éthique et la prise de décisions L'éthique est un ensemble de normes, de valeurs normatives, de principes moraux ou de convictions concernant ce qui est bien ou mal, et qui guident les gens dans leurs relations avec les autres personnes et les groupes (les parties prenantes) dans une situation donnée en leur fournissant une base pour déterminer si un comportement est juste et approprié. De nombreuses organisations ont un code d'éthique en bonne et due forme qui découle essentiellement de l'éthique sociale, de la déontologie ou éthique professionnelle ainsi que de l'éthique personnelle des membres de la direction de l'organisation.

OA2 L'éthique et les parties prenantes Les gestionnaires appliquent généralement des normes éthiques lorsqu'ils ont besoin d'aide pour déterminer la façon appropriée de se comporter envers les différentes parties prenantes de l'organisation (les personnes et les collectivités concernées par ses activités). Ils disposent de trois modèles pour promouvoir la prise de décisions éthiques : le modèle de l'utilitarisme, celui des droits moraux, et le modèle de la justice. Encourager les comportements éthiques et socialement responsables constitue un défi important pour les gestionnaires. Des codes d'éthique écrits servent à guider le comportement des employés et aident les gestionnaires à prendre de bonnes décisions.

OA3 La responsabilité sociale Il y a quatre façons pour les gestionnaires des entreprises à but lucratif traditionnelles d'aborder la question de la responsabilité sociale de leur entreprise : les attitudes obstructionniste, défensive, conciliante et proactive. L'attitude proactive est avantageuse pour les parties prenantes de l'organisation tout en donnant à celle-ci un avantage concurrentiel parce qu'elle privilégie des pratiques de développement durable qui sont à la fois économiques, sociales et respectueuses de l'environnement.

OA4 La diversité Par « diversité », on entend les différences entre les personnes attribuables à l'âge, au genre, à la race, à l'origine ethnique, à la religion, à l'orientation sexuelle, aux antécédents socioéconomiques, au statut et aux capacités ou incapacités. Une gestion efficiente de la diversité engendre une obligation éthique qui génère une capacité d'innovation profitable en affaires. Elle est possible si les membres de la haute direction d'une organisation s'engagent à appliquer des principes de justice distributive et de justice procédurale, s'ils reconnaissent que la diversité peut être à la source d'un avantage concurrentiel et s'ils sont prêts à consacrer des ressources de l'organisation à mieux faire connaître cette réalité et les atouts qu'elle représente à leurs employés. Parmi les principales raisons pour une organisation de mieux gérer la diversité, il y a la possibilité d'améliorer sa productivité et de demeurer compétitive, l'établissement de meilleures relations de travail entre ses employés, un renforcement de sa responsabilité sociale et la volonté de se conformer aux lois.

OA5 Le harcèlement en milieu de travail Le harcèlement en milieu de travail est tout comportement généralement reconnu (ou qui devrait l'être) comme étant insultant et déplaisant. Il peut prendre la forme d'un abus d'autorité, de brimades ou de harcèlement sexuel. Pour y mettre fin, les gestionnaires peuvent élaborer et communiquer à leurs employés une politique anti-harcèlement en milieu de travail approuvée par la haute direction, utiliser des procédures équitables de traitement des plaintes, prendre promptement des mesures correctives et disciplinaires en cas de harcèlement, renseigner les membres de l'organisation sur ce type de comportement ainsi que leur donner une formation pour qu'ils le reconnaissent et le dénoncent, ou y mettent fin.

TERMES CLÉS

agent d'éthique (p. 83)
attitude conciliante (p. 85)
attitude défensive (p. 85)
attitude obstructionniste (p. 85)
attitude proactive, dynamique ou progressiste (p. 86)
audit sociétal (p. 87)
code d'éthique (p. 81)
décision éthique (p. 78)
décision non éthique (p. 78)
dilemme éthique ou moral (p. 73)

discrimination flagrante ou manifeste (p. 91)
diversité (p. 89)
éthique (p. 72)
éthique personnelle (p. 83)
éthique professionnelle ou déontologie (p. 82)
éthique sociale (p. 82)
génération Y ou post-boom (p. 91)
harcèlement en milieu de travail (p. 96)
harcèlement sexuel (p. 96)
harcèlement sexuel par chantage (p. 97)

investissement socialement responsable (p. 87)
justice distributive (p. 91)
justice procédurale (p. 93)
milieu de travail malsain (p. 97)
modèle de l'utilitarisme (p. 78)
modèle de la justice (p. 80)
modèle des droits moraux (p. 79)
parti pris (p. 95)
réputation (p. 88)
responsabilité sociale (p. 84)
stéréotype (p. 95)

Solutionnaire
enseignant

Les gestionnaires à l'œuvre

SUJETS À TRAITER ET ACTIVITÉS CONNEXES

NIVEAU 1 Connaissances et compréhension

1. Décrivez le concept d'éthique et les trois modèles éthiques.

2. Présentez les quatre façons d'aborder la responsabilité sociale.

3. Définissez la diversité, le harcèlement en milieu de travail et le harcèlement sexuel.

NIVEAU 2 Application et analyse

4. Demandez à un gestionnaire de vous donner un exemple de comportement conforme à l'éthique et un autre de comportement contraire à l'éthique qu'il a déjà observés. Quelle a été la cause de chacun de ces comportements et quel en a été le résultat?

5. Dans des journaux, des magazines d'affaires ou une émission d'affaires en baladodiffusion, trouvez un exemple de comportement conforme à l'éthique et un autre de comportement contraire à l'éthique. Quelle a été la cause de chacun de ces comportements et quel en a été le résultat?

6. Décrivez une occasion où vous avez été victime d'un stéréotype et, par conséquent, traité injustement. Quelle était la cause d'un tel comportement et quel en a été le résultat?

NIVEAU 3 Synthèse et évaluation

7. Comparez les principes de justice distributive et de justice procédurale. Que devraient faire les gestionnaires pour renforcer l'application de ces principes dans leur organisation?

8. Dressez une liste de normes en matière de comportement éthique que vous pouvez intégrer à votre propre code d'éthique.

9. Élaborez un programme de gestion de la diversité dans une université.

EXERCICE PRATIQUE EN PETIT GROUPE

Formez un groupe de trois ou quatre personnes et choisissez quelqu'un qui présentera les résultats de votre recherche à toute la classe lorsque votre professeur vous le demandera. Discutez ensemble du scénario suivant.

Une réunion très importante des membres d'un service de la société XYZ doit avoir lieu en même temps qu'une fête religieuse d'un groupe minoritaire. Or, il s'agit d'une des fêtes les plus importantes et les plus solennelles dans cette religion. Un employé aborde son chef de service et lui explique qu'il ne pourra pas assister à la réunion en raison de cette fête. Le gestionnaire lui répond qu'il ne devrait pas s'attendre à avoir de l'avancement dans l'entreprise s'il ne se présente pas à des réunions comme celle-ci où la présence de tous les membres est obligatoire.

1. De quelles façons des partis pris, des stéréotypes ou une discrimination flagrante, s'il y en a, se manifestent-ils dans cette situation?

2. Que pourriez-vous faire, vous ou la personne qui a été intimidée, pour améliorer les choses et remédier immédiatement à la situation?

3. Si vous aviez de l'autorité sur la personne qui a émis cette menace (par exemple, si vous étiez son supérieur hiérarchique), quelles mesures prendriez-vous pour faire en sorte que ce gestionnaire ne traite plus des membres d'une minorité de la sorte?

EXERCICE DE PLANIFICATION D'AFFAIRES

Pour vous guider, consultez l'annexe B, à la page 426.

En groupe, déterminez les parties prenantes de votre nouvelle entreprise, les façons d'équilibrer leurs intérêts divergents et l'ensemble des valeurs éthiques et professionnelles que vous souhaitez intégrer à votre plan d'affaires.

1. Rédigez un exposé des valeurs et un code d'éthique que vous souhaitez incorporer à vos énoncés de vision et de mission.

EXERCICE DE GESTION RELATIF À L'ÉTHIQUE

Le Québec connaît une crise énergétique. À titre de gestionnaire d'Hydro-Québec, vous avez découvert qu'il est possible d'anticiper les périodes de pénurie d'énergie grave et de planifier une façon d'y remédier. En effet, il suffit de laisser les réservoirs se remplir la nuit, puis de les ouvrir pour produire de l'électricité durant le jour. L'électricité peut ainsi être produite à peu de frais, mais vendue avec une plus-value.

Vous vous renseignez sur les aspects juridiques de la question et vous constatez que ce comportement concorde avec ce que permettent les règles du marché de l'électricité. S'agit-il d'une bonne affaire ou d'un comportement contraire à l'éthique?

LA GESTION MISE AU DÉFI

Une leçon coûteuse en matière de discipline

Pendant plus de trois ans, Gaétan Brazeau avait comblé Christine Gagnon, plus jeune que lui de 25 ans, de cadeaux (des fleurs, des bijoux et même un billet d'avion pour aller rendre visite à ses parents en Espagne), le tout accompagné de cartes et de courriels empreints de romantisme[76].

Même si celle-ci avait accepté plusieurs de ses cadeaux, elle lui avait aussi indiqué que son comportement lui déplaisait, qu'il la rendait mal à l'aise. Toutefois, les tentatives de madame Gagnon pour repousser les avances de monsieur Brazeau qui, comme elle, occupe un poste de représentant à l'étranger, avaient été vaines. Mais, un jour, madame Gagnon en a finalement eu assez: elle a déclaré sans détour à son collègue qu'il était trop vieux pour elle, qu'aucune relation intime n'était possible entre eux et qu'elle considérait son comportement comme du harcèlement sexuel.

Monsieur Brazeau a aussitôt cessé de l'importuner, ce qui était approprié. Toutefois, il a également cessé de lui apporter son soutien comme il le faisait jusque-là, ce qui était moins approprié. Au cours des années suivantes, il a même, de temps en temps, adopté un comportement hostile envers madame Gagnon. Il ne lui fournissait plus le matériel et les renseignements dont elle avait besoin pour effectuer son travail efficacement. Il faisait des remarques désobligeantes sur sa vie sexuelle et a même accusé un collègue de flirter avec elle.

Supposant que monsieur Brazeau se vengeait de la rebuffade qu'il avait essuyée de sa part, madame Gagnon a porté plainte pour harcèlement sexuel auprès de son employeur.

1. Que devrait faire le supérieur de madame Gagnon?
2. Quelles autres mesures madame Gagnon aurait-elle pu prendre?

PROJET DE PRÉPARATION D'UN DOSSIER DE GESTION

Répondez aux questions suivantes concernant l'organisation que vous avez choisi d'étudier.

1. Décrivez brièvement toutes les parties prenantes. Comment l'entreprise satisfait-elle les divers besoins et tient-elle compte des différents intérêts de chaque groupe?
2. L'entreprise a-t-elle un code d'éthique en bonne et due forme? Comment a-t-elle composé avec des dilemmes éthiques dans le passé? (Consultez d'anciens bulletins de nouvelles.)
3. De quelle façon l'entreprise aborde-t-elle la question de la responsabilité sociale? Quel modèle utilise-t-elle?
4. De quelle façon l'entreprise aborde-t-elle la gestion de la diversité?

Solutionnaire
enseignant

Étude de cas

L'utilisation du travail des enfants est-elle acceptable?

Au cours des dernières années, le nombre d'entreprises canadiennes et américaines qui achètent leurs facteurs de production à bas prix de fournisseurs étrangers a augmenté. Toutefois, des préoccupations d'ordre éthique concernant l'emploi de jeunes enfants dans les usines ont également pris de l'ampleur. Au Pakistan, des enfants d'à peine six ans font de longues journées de travail dans des conditions déplorables, à fabriquer des tapis qui seront exportés dans des pays occidentaux. Beaucoup d'enfants de pays pauvres d'Afrique, d'Asie et d'Amérique du Sud travaillent dans des conditions semblables.

Les opinions sur l'aspect éthique du travail des enfants varient grandement. Certaines personnes considèrent que cette pratique est tout à fait répréhensible et qu'elle devrait être interdite partout dans le monde. D'autres, en particulier l'équipe du magazine *The Economist,* s'en font plutôt les défenseurs. D'après eux, même si personne n'approuve le travail des enfants dans les usines, les habitants des pays riches doivent se rendre compte que dans les pays pauvres, l'enfant est souvent le seul soutien de sa famille. Par conséquent, en privant un enfant de son gagne-pain, on fait souffrir toute sa famille. On suppose alors qu'en réparant un tort (le travail des enfants), on risque d'en produire un plus grand (la pauvreté des familles). Par conséquent, *The Economist* propose plutôt de réglementer les conditions de travail des enfants en espérant qu'avec le temps, à mesure que les pays pauvres s'enrichiront, le travail des enfants disparaîtra.

De nombreux détaillants nord-américains achètent des vêtements de fournisseurs étrangers à bas prix. Les gestionnaires de ces entreprises ont dû adopter leur propre position sur le plan de l'éthique concernant l'utilisation du travail des enfants. Par exemple, Mountain Equipment Co-op doit faire face aux demandes de certains de ses membres qui souhaitent l'arrêt de la fabrication de ses vêtements en Chine. Également, la société Walmart du Canada a été critiquée pour faire affaire avec des tiers fournisseurs de services, tels que Hampton Industries, Sutton Creations, Global Gold, Stretch-O-Rama, Cherry Stix et By Design, qui importent des produits du Myanmar (Birmanie), un pays dans lequel on pratique le travail forcé ou obligatoire, y compris celui des enfants. Le porte-parole de l'entreprise, Andrew Pelletier, a défendu Walmart en ces termes: «Nous considérons en ce moment l'adoption d'une politique en vue de surveiller des fournisseurs qui s'approvisionnent à l'étranger [...] Quant aux autres entreprises, nous nous attendons à ce qu'elles suivent les directives du gouvernement canadien. C'est ce que nous leur recommandons de faire.»

Pour le moment, le gouvernement canadien, contrairement au gouvernement américain, n'a adopté aucun règlement régissant l'utilisation du travail des enfants par des entreprises canadiennes établies à l'étranger.

1. Le Canada devrait-il élaborer des règlements concernant l'utilisation du travail des enfants par des entreprises canadiennes établies à l'étranger?

2. Supposez que vous dirigez une entreprise qui considère l'établissement d'une usine dans un pays où le travail des enfants est permis.

   a) Quels avantages votre entreprise retirerait-elle de la décision de ne pas avoir recours au travail d'enfants?

   b) Devriez-vous vous contenter de respecter les lois en vigueur dans ce pays si vous aviez à décider d'utiliser ou non le travail des enfants? Pourquoi?

La prise de décisions organisationnelles

Entrée en matière

De bonnes prises de décisions à la société PUMA

Lorsque Jochen Zeitz est devenu, à l'âge de 30 ans, chef de la direction de PUMA AG en 1993, l'entreprise faisait face à de sérieux problèmes[1]. Établi dans la petite ville allemande de Herzogenaurach[2], le fabricant d'espadrilles perdait de l'argent depuis huit ans et sa filiale américaine était menacée d'une faillite imminente.

Tenu de prendre des décisions difficiles pour redresser les finances de sa société, monsieur Zeitz a pris le parti de renoncer à faire concurrence aux autres fabricants de chaussures et d'équipement sportifs sur le plan de la performance pour mettre davantage l'accent sur le style, les couleurs et des gammes de chaussures fabriquées d'une façon écologiquement durable. Il y a vu une occasion d'essayer de démarrer une nouvelle division de l'entreprise axée sur l'expérimentation en matière de mode et de sport comme style de vie. Naturellement, monsieur Zeitz a également dû prendre certaines décisions difficiles pour régler les problèmes qui menaçaient la survie de l'entreprise. Par exemple, il a réduit considérablement les coûts de production et repris le contrôle de la distribution des produits de PUMA en Amérique du Nord[3]. De même, il a pris la décision de mettre à jour ses politiques en matière de production écologiquement durable. En collaboration avec l'organisme Greenpeace, son entreprise s'est engagée dans un processus de détoxication

de toutes ses activités. Considérant qu'une mise à jour de ses politiques de production durable devait être fondée sur des décisions mûrement réfléchies, monsieur Zeitz a entamé un dialogue avec des pairs de son secteur, des experts et le secteur des produits chimiques en vue de se renseigner sur les substances que la technologie existante permettait d'éliminer immédiatement et sur celles dont l'élimination exigerait davantage de recherche[4].

Néanmoins, la décision audacieuse de Jochen Zeitz de se tourner vers le monde de la mode et du style a grandement contribué à faire de PUMA le quatrième plus gros fabricant de vêtements de sport au monde.

Conscient de l'importance de proposer des créations originales et des produits écologiquement durables, monsieur Zeitz a décidé de créer une nouvelle division, nommée « Style de vie sportif », qu'il a alors confiée à Antonio Bertone, un jeune planchiste âgé de 21 ans à l'époque[5]. La division avait pour tâche de créer des produits de mode expérimentaux. En 1998, monsieur Bertone s'est associé au créateur de mode allemand Jil Sander pour transformer la chaussure de soccer classique avec semelle à reliefs des années 1960 en une chaussure à la mode avec parement de suède et couleurs « criardes ». Au début, cette gamme expérimentale de produits a été reçue avec beaucoup de scepticisme par les experts comme par les détaillants du secteur. Le célèbre joueur de soccer Pelé avait porté des PUMA à reliefs mais, pour bien des gens, il paraissait invraisemblable que l'entreprise puisse se tailler une place dans le monde de la mode. Monsieur Zeitz a déclaré: « Il a fallu un certain temps – et, en ce qui me concerne, pas mal d'énergie – pour protéger ce nouveau-né [le groupe mode de PUMA] des attaques extérieures [...] Finalement, il est devenu l'entreprise elle-même[6]. » Les consommateurs ont adoré la nouvelle gamme de chaussures écologiques, d'aspect rétro et aux couleurs vibrantes qu'on trouve dans toutes sortes d'endroits, de Foot Locker à des boutiques haut de gamme comme Barneys, en passant par les grands magasins chics.

Monsieur Zeitz a recherché de nouvelles occasions de réinventer des produits traditionnels pour combiner le rendement et le style, en s'associant par exemple à des concepteurs créatifs tels que Xuly Bet, originaire du Mali et maintenant couturier à Paris, et Yasuhiro Mihara, du Japon, pour créer de nouveaux produits. À titre de cadre supérieur, l'ancien planchiste Antonio Bertone a proposé de nouvelles gammes de produits novateurs comme la gamme à tirage limité appelée «Thrift» (des produits fabriqués à partir de vêtements d'époque d'excellente qualité) et les Mongolian Shoe BBQ (des souliers qu'on pouvait faire personnaliser lorsqu'on les achetait en ligne).

Monsieur Zeitz a pris des décisions pour réagir aux opportunités qui s'offraient à lui et, ce faisant, il a favorisé l'expansion de la gamme des produits PUMA dans des directions où ils rejoignent de plus en plus de personnes[7]. Il est clair que ses décisions et celles de ses collègues gestionnaires ont grandement contribué au succès actuel de PUMA. Et même si elles ont été prises dans un climat d'incertitude et d'ambiguïté et qu'elles ont parfois été accueillies avec scepticisme, elles ont fait de PUMA un moteur en matière d'innovation et de développement durable.

> **Après avoir réfléchi aux concepts présentés dans ce chapitre, vous serez en mesure de répondre aux questions suivantes.**
>
> **1.** Quel type de décision Jochen Zeitz a-t-il prise lorsqu'il a orienté PUMA vers la mode pour un style de vie sportif?
>
> **2.** Déterminez les opportunités et les menaces qui étaient présentes dans l'environnement concurrentiel de PUMA et qui ont influé sur les décisions de son chef de la direction.
>
> **3.** Comment PUMA a-t-elle favorisé le développement durable, la créativité et l'innovation? Pourquoi s'agissait-il d'une bonne décision?

La situation présentée dans l'entrée en matière permet de constater l'influence profonde que la prise de décisions peut avoir sur la performance d'une organisation. Les décisions que les gestionnaires prennent à tous les échelons des grandes et des petites entreprises sont susceptibles d'avoir un effet considérable sur la croissance et la prospérité de ces organisations ainsi que sur le bien-être de leurs employés, de leurs clients et de leurs autres parties prenantes. Pourtant, de telles décisions sont souvent très difficiles à prendre parce qu'elles sont pleines d'incertitude.

Dans ce chapitre, nous examinerons les façons dont les gestionnaires prennent des décisions et nous verrons que des facteurs personnels, collectifs et organisationnels influent sur la qualité de leurs décisions et, par conséquent, déterminent le rendement de leur entreprise. Nous analyserons la nature du processus de prise de décisions par les gestionnaires et nous examinerons quelques modèles qui permettent de découvrir les complexités de la prise de décisions efficaces. Puis, nous donnerons un aperçu des principales étapes de ce processus. Nous nous intéresserons également aux partis pris qui peuvent amener des gestionnaires compétents à prendre de mauvaises décisions à la fois en tant qu'individus et que membres d'un groupe. Nous étudierons ensuite la façon dont les gestionnaires peuvent favoriser le développement durable,

l'apprentissage organisationnel et la créativité pour améliorer la qualité de leur prise de décisions. Enfin, nous verrons que les systèmes d'information de gestion (SIG) modifient la façon dont les gestionnaires prennent des décisions à l'aide de la technologie. La lecture de ce chapitre vous permettra ainsi de comprendre le rôle essentiel que joue la prise de décisions dans la création d'une organisation qui a un rendement élevé.

> **OA1** Faire la différence entre des décisions programmées et des décisions ponctuelles ou non programmées, et expliquer les raisons pour lesquelles la prise de décisions ponctuelles est un processus complexe et incertain.

4.1 La nature de la prise de décisions en gestion

Chaque fois qu'un gestionnaire planifie, organise et dirige les activités d'une organisation ou contrôle son rendement, il prend toute une série de décisions. Par exemple, avant d'ouvrir un nouveau restaurant, il faut déterminer l'endroit où il se situera, les types de plats qu'il offrira à ses clients, les profils des personnes à embaucher, etc. La prise de décisions constitue une composante fondamentale de chacune des tâches que les gestionnaires effectuent.

Comme nous l'avons vu au chapitre 2, une des principales tâches des gestionnaires consiste à gérer le contexte organisationnel. Les gestionnaires doivent être conscients des nombreuses opportunités et menaces que les forces existant dans l'environnement externe peuvent susciter pour eux et leur entreprise. Ils doivent également être attentifs aux forces et aux faiblesses qui surviennent à l'intérieur même de l'entreprise au cours de l'utilisation des ressources organisationnelles. Pour composer efficacement avec ces opportunités et ces menaces externes, ainsi qu'avec ces capacités organisationnelles, les gestionnaires doivent prendre des décisions, c'est-à-dire qu'ils doivent choisir une solution parmi un ensemble de possibilités. La prise de décisions est un processus par lequel les gestionnaires réagissent aux situations qui se présentent dans le contexte organisationnel en analysant diverses possibilités et en déterminant des objectifs et des plans d'action précis à adopter pour leur entreprise. Les bonnes décisions reposent sur le choix d'objectifs et ont pour résultat des plans d'action appropriés qui augmentent le rendement d'une organisation. Au contraire, les mauvaises décisions ont pour effet de diminuer son rendement.

Il y a prise de décisions en réponse à des opportunités ou à des forces lorsque les gestionnaires cherchent des moyens d'améliorer le rendement de leur organisation au profit de ses clients, de ses employés et d'autres groupes de parties prenantes. Dans l'entrée en matière, nous avons vu que Jochen Zeitz a redressé la situation financière de PUMA en prenant des décisions en réponse à des opportunités qui s'offraient à l'entreprise et qu'il a continué de procéder de cette façon. Il y a prise de décisions en réaction à des menaces ou à des faiblesses lorsque des événements dans l'environnement externe ou interne de l'entreprise ont des effets défavorables sur son rendement et que les gestionnaires cherchent des moyens d'améliorer ce rendement[8]. Lorsque monsieur Zeitz a accédé au poste de chef de la direction de PUMA, des coûts de production élevés et un système de distribution inefficace l'ont obligé à prendre certaines décisions pour améliorer le rendement et assurer la viabilité de l'entreprise[9]. La prise de décisions est au cœur du rôle des gestionnaires et, chaque fois qu'ils planifient, organisent, dirigent et contrôlent (leurs quatre principales fonctions), ils prennent des décisions.

Les gestionnaires cherchent sans cesse des façons de prendre de meilleures décisions en vue d'améliorer le rendement de leur organisation. Ils s'efforcent également d'éviter de commettre des erreurs coûteuses qui pourraient nuire à ce rendement. Parmi les exemples de décisions remarquablement judicieuses, citons celle de Liz Claiborne, dans les années 1980, de se spécialiser dans la production de vêtements destinés aux femmes sur le marché du travail, dont le nombre était en pleine croissance, une décision qui a aidé à faire de son entreprise l'un des plus importants fabricants de vêtements. Citons aussi la décision de Bill Gates d'acheter un système d'exploitation informatique au prix de 50 000 $ d'une petite entreprise de Seattle et de le vendre à IBM, qui s'en est servi pour son nouvel ordinateur personnel, faisant ainsi de monsieur Gates et de Microsoft, respectivement l'homme et l'entreprise les plus riches des États-Unis. Inversement, parmi les exemples de décisions extraordinairement mauvaises, on compte celle des gestionnaires de la NASA et de Morton Thiokol de procéder au lancement de la navette *Challenger*, une décision qui a entraîné la mort de six astronautes en 1986. Il y a aussi celle de Richard Branson d'investir 20 millions de dollars dans la conception d'un baladeur MP3 appelé «Virgin Pulse», au moment où apparaissaient sur le marché l'iPod et l'iTunes d'Apple. Cet investissement a dû être annulé[10].

4.1.1 Les prises de décisions programmées et ponctuelles

Selon la situation qui amène le gestionnaire à amorcer un processus de prise de décisions, la décision qui en résultera sera soit programmée, soit ponctuelle[11].

La prise de décisions programmées

La prise de décisions programmées est un processus usuel et presque automatique. Il s'agit de décisions qui ont été prises si souvent dans le passé que les gestionnaires ont pu mettre au point des règles ou des directives à appliquer lorsque certaines situations se produisent inévitablement. C'est le cas, par exemple, quand un directeur d'école demande à sa commission scolaire d'engager un nouvel enseignant chaque fois que le nombre total d'inscriptions dans son établissement augmente de 40 élèves ou plus ; quand le chef d'un service de production embauche de nouveaux employés lorsque les heures supplémentaires de son effectif augmentent de plus de 10 % et quand un chef de bureau commande des fournitures de base, comme du papier et des stylos, lorsque le stock de

---

Prise de décisions (*decision making*)
Processus par lequel les gestionnaires réagissent aux situations qui se présentent dans l'environnement organisationnel en analysant diverses possibilités et en déterminant des objectifs et des plans d'action appropriés pour leur organisation.

Prise de décisions programmées (*programmed decision making*)
Prise de décisions usuelles, presque automatiques, qui se conforment à des règles ou à des directives préétablies.

ces fournitures a diminué jusqu'à un niveau donné. Dans ce dernier exemple, il est même probable que le chef de bureau commande chaque fois la même quantité de fournitures. Le processus de prise de décisions requis dans de pareilles situations constitue une tâche usuelle et répétitive qui illustre bien la prise de décisions programmées.

On parle de prise de décisions programmées parce qu'un chef de bureau, par exemple, n'a pas besoin de poser un nouveau jugement sur ce qu'il doit faire chaque fois. Il peut se fier à certaines règles préétablies, comme celles-ci.

1. Lorsque les rayons où l'on entrepose le papier sont aux trois quarts vides, il faut en commander.

2. Il faut commander suffisamment de papier pour remplir l'espace de rangement prévu à cet effet.

Les gestionnaires peuvent mettre au point des règles et des directives pour encadrer toutes les activités usuelles de leur organisation. Par exemple, ils établissent des règles qui précisent la façon dont un employé devrait s'acquitter d'une tâche donnée ou les normes de qualité auxquelles doivent répondre les matières premières. La majeure partie des prises de décisions liées au fonctionnement quotidien d'une entreprise sont des prises de décisions programmées. C'est le cas des décisions concernant la quantité de stock à conserver, le moment de payer les factures, celui de facturer les achats des clients et celui de commander les matières premières et les fournitures. La prise de décisions programmées a lieu lorsque les gestionnaires disposent des renseignements nécessaires pour établir des règles qui serviront à les guider dans des prises de décisions similaires. Par exemple, on peut sans difficulté déterminer le moment où un entrepôt est vide ou bien le nombre de nouveaux élèves dans une classe.

La prise de décisions ponctuelles ou non programmées

Supposons toutefois que les gestionnaires n'ont pas la certitude qu'un plan d'action donnera le résultat souhaité. De façon plus générale, supposons que les gestionnaires ne peuvent même pas définir avec précision le résultat qu'ils recherchent. De toute évidence, il est impossible d'établir des règles pour prévoir des événements incertains.

Il y a **prise de décisions ponctuelles ou non programmées** lorsqu'il n'existe aucune règle de prise de décisions préétablie que les gestionnaires pourraient appliquer dans une situation donnée. On a recours à ce type de prise de décisions dans le cas des décisions inhabituelles. Les décisions ponctuelles sont prises en réaction à des situations inhabituelles ou sans précédent. Il n'y a pas de règle préétablie parce que la situation est inattendue ou incertaine, et que les gestionnaires ne disposent pas de l'information nécessaire pour élaborer des règles pouvant s'y appliquer. C'est le cas lorsqu'il s'agit d'investir dans un nouveau type de technologie écologique, de développer un nouveau type de produit (comme l'a fait Jochen Zeitz, dont il est question dans l'entrée en matière), de lancer une nouvelle campagne de promotion, de pénétrer dans un nouveau marché, d'étendre les activités de son entreprise à l'échelle internationale ou même de fonder une nouvelle entreprise. Dans la suite du chapitre, lorsqu'il sera question de prises de décisions, il s'agira de prises de décisions ponctuelles ou non programmées parce que c'est le type qui pose le plus de problèmes aux gestionnaires.

Les gestionnaires sont parfois obligés de prendre rapidement des décisions sans avoir le temps de réfléchir mûrement aux différents aspects de la situation. Ils doivent alors se fier à leur intuition pour réagir de façon appropriée à un problème pressant. Par exemple, lorsque les chefs des pompiers, leurs capitaines et leurs lieutenants gèrent le travail de leurs subordonnés pendant que ceux-ci combattent des incendies dangereux ou impossibles à maîtriser, ils doivent souvent faire appel à leur expertise et à leur intuition pour prendre des décisions immédiates en vue de protéger la vie de leurs employés et celle des sinistrés, de contenir les flammes et de limiter les dégâts à la propriété. Il s'agit de décisions prises dans des situations d'urgence, qui comportent un taux élevé d'incertitude et de risques, dans des conditions qui changent rapidement[12].

Parfois aussi, même si les gestionnaires ont le temps nécessaire pour porter des jugements mûrement réfléchis, ils ne disposent d'aucune règle établie pour guider leur décision, comme lorsqu'il s'agit de donner suite ou non à une proposition de regroupement d'entreprises. Quelles que soient les circonstances, les décisions ponctuelles ou non programmées peuvent avoir pour résultats des prises de décisions efficaces ou non.

Les modèles classique et bureaucratique de prise de décisions permettent de découvrir un bon nombre des hypothèses, des complexités et des pièges qui ont des effets sur la prise de décisions. Ces modèles permettent de détecter les facteurs que les gestionnaires et autres décideurs doivent connaître s'ils veulent améliorer la qualité de leurs prises de décisions. Il faut toutefois se rappeler que ces modèles ne sont que des guides pour aider les gestionnaires à comprendre ce processus. Dans des situations concrètes, un tel processus n'est pas toujours simple. Comparons maintenant ces deux modèles.

Prise de décisions ponctuelles ou non programmées
(*nonprogrammed decision making*)
Prise de décisions non usuelles en réponse à l'apparition de situations inhabituelles et imprévisibles.

4.1.2 Le modèle classique

Un des plus anciens modèles de prise de décisions, le modèle classique (qu'on appelle aussi «modèle rationnel»), est normatif, c'est-à-dire qu'il indique des façons dont les décisions devraient être prises. Les gestionnaires qui l'emploient font une série d'hypothèses simplificatrices concernant la nature du processus de prise de décisions (*voir la figure 4.1*). L'idée qui sous-tend ce modèle est la suivante : lorsque les gestionnaires constatent la nécessité de prendre une décision, ils devraient pouvoir dresser une liste complète des possibilités qui s'offrent à eux. Ils devraient ensuite pouvoir indiquer pour chacune d'elles toutes les conséquences qu'elle peut avoir et, ensuite, choisir la meilleure. Autrement dit, dans le modèle classique, on suppose que les gestionnaires ont accès à toute l'information dont ils ont besoin pour prendre la décision optimale, c'est-à-dire la décision la plus appropriée possible, compte tenu de ce qu'ils considèrent comme étant les effets à venir les plus souhaitables pour leur entreprise. On suppose aussi que les gestionnaires peuvent dresser la liste des solutions préférables en fonction des objectifs établis et de les ordonner de la plus souhaitable à la moins souhaitable afin de prendre la meilleure décision.

4.1.3 Le modèle bureaucratique

James March et Herbert Simon ont contesté les hypothèses sur lesquelles reposait le modèle classique de prise de décisions. Selon eux, dans des situations concrètes, les gestionnaires n'ont pas accès à toute l'information dont ils ont besoin pour prendre une décision. Ils ont aussi fait remarquer que même s'ils disposaient de tous les renseignements requis, ils n'auraient pas nécessairement l'habileté mentale ou psychologique requise pour les assimiler et les évaluer correctement. March et Simon ont donc conçu un modèle bureaucratique de la prise de décisions visant à expliquer les raisons pour lesquelles il s'agit toujours d'un processus incertain et risqué. Il en découle que les gestionnaires peuvent rarement prendre des décisions en s'inspirant du modèle classique. Herbert Simon, qui avait une formation en science politique, a ainsi remis en question le courant de pensée à la mode chez les économistes les plus en vue selon lequel les gestionnaires «peuvent calculer les coûts et les avantages à la vitesse de l'éclair[13]». En réalité, ces gens doivent composer avec toutes sortes de contraintes dans leur prise de décisions. Le modèle bureaucratique est basé sur trois concepts importants : la rationalité limitée, le caractère incomplet de l'information et le principe du seuil de satisfaction de l'individu.

La rationalité limitée

Selon March et Simon, les capacités des êtres humains en matière de prise de décisions sont entravées par des limites cognitives propres à chacun, qui restreignent leur habileté à

Modèle classique (*classical model*)
Façon normative d'aborder la prise de décisions fondée sur l'idée que la personne qui décide est en mesure de déterminer et d'évaluer toutes les possibilités et leurs conséquences ainsi que de choisir de façon rationnelle le plan d'action le plus approprié.

Décision optimale (*optimum decision*)
Meilleure décision compte tenu de ce que les gestionnaires pensent être les conséquences les plus souhaitables pour leur organisation.

Modèle bureaucratique (*administrative model*)
Façon de considérer la prise de décisions en tant que processus intrinsèquement incertain et risqué, où les gestionnaires prennent des décisions satisfaisantes plutôt qu'optimales.

> **FIGURE 4.1** Le modèle classique de prise de décisions

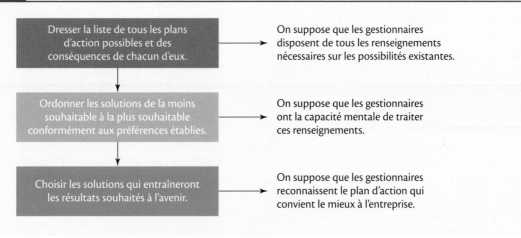

interpréter et à traiter l'information, puis à agir ensuite en conséquence[14]. Ces limitations de l'intelligence humaine diminuent la capacité des décideurs de déterminer la décision optimale. Les deux professeurs ont inventé l'expression **rationalité limitée** pour décrire la situation dans laquelle le nombre de possibilités à découvrir et la quantité de renseignements à considérer sont si importants que les gestionnaires peuvent difficilement en évaluer même la plus grande partie avant de prendre une décision[15].

Une information incomplète

Même si les gestionnaires avaient une capacité illimitée d'évaluer les renseignements, ils ne pourraient pas pour autant parvenir à la décision optimale parce que l'information dont ils disposent est incomplète. L'information est incomplète parce que, dans la plupart des situations, il est impossible de connaître l'éventail complet des possibilités sur lesquelles porte la prise de décisions et que les répercussions des possibilités connues restent incertaines[16]. Il y a trois raisons pour lesquelles l'information est incomplète.

1. En raison des risques et de l'incertitude, on ne peut pas déterminer tous les résultats possibles ni en déterminer les probabilités.

2. Une grande partie des renseignements dont les gestionnaires disposent constituent de l'**information ambiguë**. Leur signification n'est pas claire et peut être interprétée de nombreuses façons, souvent contradictoires[17].

3. Des contraintes de temps et les coûts liés à la recherche des solutions possibles peuvent rendre cette recherche impossible.

Le principe du seuil de satisfaction

Selon James March et Herbert Simon, les gestionnaires n'essaient pas de déterminer toutes les possibilités lorsqu'ils sont aux prises avec leur rationalité limitée, un avenir incertain, des risques non quantifiables, beaucoup d'ambiguïté, des contraintes de temps et des coûts élevés liés à la recherche d'information. Ils emploient plutôt une stratégie appelée « **principe du seuil de satisfaction de l'individu** » qui consiste à étudier un échantillon restreint de solutions possibles[18]. Considérons le cas du chef du service des achats chez Ford Motor Company. Il a un mois pour choisir un fournisseur (parmi des milliers) pour obtenir une petite pièce de moteur. Compte tenu du temps dont il dispose, il ne peut pas communiquer avec tous les fournisseurs potentiels et demander à chacun d'eux ses conditions (le prix, les délais de livraison, etc.). Et, même s'il avait le temps de le faire, les coûts

liés à l'obtention de tous ces renseignements, y compris celui du temps qu'il devrait y consacrer, seraient excessifs. Lorsque des gestionnaires adoptent le principe du seuil de satisfaction, ils recherchent et choisissent des façons acceptables ou satisfaisantes de régler des problèmes ou de profiter d'opportunités plutôt que d'essayer de prendre la meilleure décision possible[19]. Par exemple, le chef du service des achats de Ford Canada effectuera probablement une recherche circonscrite pour déterminer les fournisseurs dont il a besoin. Autrement dit, il se contentera de demander à un nombre restreint d'entre eux de lui indiquer leurs conditions, en pensant qu'elles devraient représenter, à peu de choses près, celles des fournisseurs en général. Il fera ensuite un choix parmi ceux auxquels il s'est adressé. Même si ce plan d'action est raisonnable du point de vue du chef du service des achats, il est possible qu'en agissant ainsi, il néglige de s'adresser à un fournisseur potentiellement supérieur aux autres.

James March et Herbert Simon font remarquer que les prises de décisions relèvent plus souvent de l'art que de la science. Dans des situations concrètes, les gestionnaires doivent se fier à leur intuition et à leur jugement pour prendre ce qui leur paraît être la meilleure décision, compte tenu de l'incertitude et de l'ambiguïté des conditions ambiantes[20].

L'**intuition** est la capacité d'une personne à prendre des décisions judicieuses fondées sur des expériences passées et sur des impressions immédiates concernant les renseignements disponibles. Le **jugement** est la capacité de se former une opinion éclairée grâce à la façon dont on évalue l'importance des renseignements disponibles dans un contexte donné. Les gestionnaires prennent souvent des décisions cruciales rapidement. Pour ce faire, ils

---

Rationalité limitée (*bounded rationality*)
Concept d'après lequel des limites cognitives gênent la capacité d'une personne à interpréter l'information, à la traiter et à agir en conséquence.

Information ambiguë (*ambiguous information*)
Renseignement qu'on peut interpréter de multiples manières, souvent contradictoires.

Principe du seuil de satisfaction de l'individu (*satisficing*)
Recherche et choix de moyens acceptables ou satisfaisants de réagir à des problèmes et de profiter des opportunités qui se présentent plutôt que d'essayer de prendre la meilleure décision.

Intuition (*intuition*)
Capacité de prendre des décisions judicieuses fondées sur des expériences passées et sur des impressions immédiates concernant les renseignements disponibles.

Jugement (*judgment*)
Capacité de se former une opinion éclairée fondée sur sa propre évaluation de l'importance des renseignements disponibles.

Évaluer le risque est un défi à relever pour les gestionnaires dans leurs prises de décisions.

se servent de leur intuition, de leur expérience et de leur jugement, sachant qu'ils ne disposent pas de toute l'information nécessaire. Même si cette façon de procéder n'a rien de blâmable en soi, les gestionnaires doivent être conscients du fait que le jugement humain est souvent faussé. Il en résulte que même les meilleurs gestionnaires finissent parfois par prendre de très mauvaises décisions[21]. Il sera question un peu plus loin dans ce chapitre des partis pris cognitifs susceptibles de mener à de mauvaises décisions, mais voyons d'abord les étapes que les gestionnaires doivent franchir pour prendre des décisions optimales.

OA2 Décrire les différents processus que les gestionnaires peuvent utiliser pour prendre des décisions judicieuses.

4.2 Les processus de prise de décisions

Les conditions d'une prise de décisions optimale sont rarement réunies. Pour prendre la meilleure décision possible, les gestionnaires ont recours à plusieurs processus de prise de décisions. Par exemple, pour mettre en marché un nouveau produit (comme l'a fait PUMA dans l'entrée en matière), le gestionnaire peut se référer au processus de planification (*voir le chapitre 5*) ; pour diminuer les coûts de structure, il peut se référer au processus d'organisation (*voir le chapitre 6*) ; pour améliorer le suivi des opérations, il peut se référer au processus de contrôle (*voir*

le chapitre 12). On peut ainsi constater que la prise de décisions fait partie intégrante des processus de planification, d'organisation, de direction et de contrôle, et que les tâches du gestionnaire reposent en grande partie sur la prise de décisions.

Toutefois, il existe des situations où les prises de décisions, dans le cadre des processus de planification, d'organisation et de contrôle, ne sont pas appropriées. Le gestionnaire doit alors se tourner vers d'autres modèles de prise de décisions. Il est essentiel pour un gestionnaire de bien déterminer le processus le plus approprié à la situation. Comme nous l'avons vu lors de l'étude du modèle classique, un processus de prise de décisions purement rationnel doit être utilisé avec beaucoup de réserve. Parmi les modèles de prise de décisions qui existent, on peut citer celui de Tichy et Bennis (le Leadership Judgment Process), qui combine le côté rationnel et intuitif. Selon ce modèle, le bon jugement d'un leader est particulièrement mis à l'épreuve lors de décisions concernant les gens, les stratégies d'entreprise et les crises organisationnelles. Néanmoins, le leader peut accroître ses chances de bon jugement en élaborant un contexte, un canevas relatif à la situation, où il se fait une idée des moyens de mener l'organisation vers le succès, articule et renforce les valeurs organisationnelles et établit une stratégie pour mobiliser l'énergie nécessaire à l'accomplissement de ses objectifs. Le leader peut alors se servir de ce contexte pour exercer son jugement selon le procédé en trois phases suivant.

1. **Préparation.** Cette phase initiale comporte trois étapes où il s'agit : a) de sentir et de reconnaître le problème en lisant les signaux précoces de la situation ; b) de définir le problème et d'établir un langage commun et des paramètres clairs pour situer le fond du problème ; et c) de mobiliser et de diriger les parties prenantes clés afin d'obtenir leur contribution et de canaliser leur énergie.

2. **Décision.** Il s'agit du moment où le leader annonce clairement et explique sa décision.

3. **Exécution.** Cette dernière phase comprend deux étapes, où le leader doit : a) mobiliser les ressources, les gens, l'information et la technologie nécessaires à la mise en place de la solution ; et b) suivre et évaluer sa mise en œuvre afin d'y apporter des correctifs au besoin.

Cette façon d'arriver à exercer un bon jugement repose aussi sur l'utilisation de boucles de reprise, qui permettent au leader de revenir en arrière et d'adapter ses démarches. Par exemple, un leader qui constate, dans la deuxième phase, que les parties prenantes résistent à la décision souhaitera revoir la façon dont il les a approchées dans la phase précédente et probablement la manière dont il a défini et communiqué le problème[22].

Un autre modèle de prise de décisions est le PRP (processus de résolution de problèmes) qui est un outil assez populaire pour reconnaître le problème prioritaire dans une entreprise et en déterminer les causes profondes afin de trouver une solution qui répond bien à la problématique et d'élaborer un plan pour la mettre en œuvre. Le PRP s'appuie sur la série d'étapes systématiques suivante: 1) définir le problème, 2) déterminer les causes, 3) inventorier les solutions, 4) choisir la solution, 5) appliquer la solution et 6) évaluer l'efficacité de la solution[23].

Nous nous attarderons plus longuement sur le processus de prise de décisions par étapes, qui a été mis au point par des chercheurs et qui traite des différents problèmes de gestion à régler à chaque étape. Il y a sept étapes à franchir pour prendre une décision éclairée (*voir la figure 4.2*)[24]. Pour présenter ce modèle, nous examinerons le cas d'une gestionnaire qui travaille dans une entreprise de taille moyenne et qui doit prendre une décision concernant le type de véhicule qu'elle achètera pour son équipe de vendeurs. Après de nombreuses années de service, la flotte actuelle de Ford Escort n'est plus efficiente et les employés qui utilisent ces véhicules ne se sentent plus en sécurité sur la route.

4.2.1 Étape 1: Reconnaître et définir la situation problématique

La première étape du processus de prise de décisions consiste à prendre conscience de la nécessité de prendre une décision en reconnaissant et en définissant une situation problématique. Les gestionnaires doivent souvent prendre des décisions en raison de changements dans l'environnement externe, mais aussi à cause de problèmes qui s'imposent à l'intérieur de l'entreprise[25]. Une entreprise possède un ensemble d'habiletés, de compétences et de ressources sous la forme non seulement d'employés, mais aussi de services tels que le marketing, la production et la recherche et développement, qui peuvent tous être sujets à des problèmes ou constituer des éléments de solution aux opportunités et aux menaces externes.

Les gestionnaires qui recherchent activement des moyens d'employer ces compétences suscitent le besoin de prendre des décisions. Ils peuvent donc se montrer dynamiques (proactifs) ou réactifs lorsqu'il s'agit d'admettre le besoin d'une prise de décisions après avoir reconnu et défini un problème. Cependant, l'essentiel est qu'ils prennent conscience de la nécessité de résoudre une situation problématique qui se présente et qu'ils y répondent au moment requis et d'une façon appropriée[26].

Lorsqu'ils ont reconnu une situation problématique, les décideurs doivent poser un diagnostic concernant le problème à régler de façon à en déterminer tous les facteurs sous-jacents. Autrement dit, ils doivent décrire la situation problématique, ses enjeux et le problème ou la question qu'il s'agit de régler. Dans notre exemple, madame Ladauversière est consciente du fait qu'un grand nombre des clients de son entreprise se trouvent dans des zones rurales où il n'y a pas de services de transport public tels que des avions, des autobus et des trains. Par conséquent, l'utilisation de véhicules d'entreprise lui semble la seule façon de les rejoindre. Or, la situation à laquelle madame Ladauversière fait face se résume ainsi: la flotte de voitures que le personnel de vente de son entreprise utilise n'est plus fiable. Selon elle, la nature du problème est qu'il faut remplacer les véhicules de la flotte. Elle formule ainsi la question suivante pour prendre sa décision: Quel type d'automobile faut-il acheter? Le fait de reconnaître et de définir une situation problématique est une partie importante de ce processus, qui comporte généralement deux étapes: énoncer le problème dans son contexte et formuler la question sur laquelle porte la décision. Rappelons que la définition du problème comprend une analyse de l'état actuel de la situation, la description des enjeux qui s'y rattachent et l'énoncé du problème ou de la question qui se pose, ainsi que des conséquences auxquelles il faudrait s'attendre si aucune décision n'était prise. Bien reconnaître et définir le problème s'avère très important dans le processus de prise de décisions, car ces éléments guident les étapes suivantes et montrent la nécessité de prendre une décision (*voir l'encadré 4.1*). Par exemple, qu'en aurait-il été si madame Ladauversière avait formulé le problème

---

FIGURE 4.2   Les étapes du processus de prise de décisions

Reconnaître et définir la situation problématique → Déterminer les objectifs et leurs critères → Analyser le problème en fonction des faits et des connaissances → Trouver et évaluer les solutions en fonction des critères préétablis → Choisir parmi toutes les solutions → Mettre en application la solution choisie → Évaluer la rétroaction et en tirer des leçons

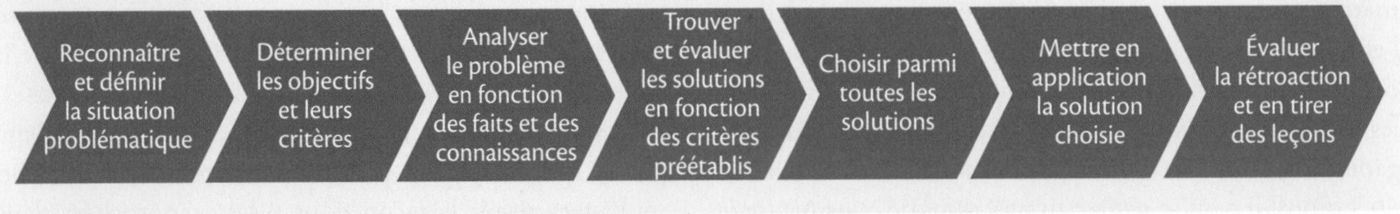

> **ENCADRÉ 4.1** **Des outils qui aident à évaluer la précision de l'énoncé du problème et de la question sur laquelle porte la décision**

- S'assurer qu'on énonce clairement l'état actuel de la situation et qu'il ne s'agit pas simplement d'un symptôme du problème.

- À ce stade, on ne s'interroge pas sur la raison pour laquelle il existe un problème qui nécessite une décision. On devrait plutôt se demander : Qui est touché par ce problème ? Sur quoi a-t-il des effets ? Quand ces effets se produisent-ils ? Comment et où se manifestent-ils ?

- Il faut s'assurer qu'on s'occupe d'un seul problème à la fois.

- Il faut s'assurer que l'énoncé du problème ne suggère pas d'avance une solution et qu'il n'attribue aucun blâme à qui que ce soit. En effet, il faut analyser la situation avant de suggérer une solution.

- La question sur laquelle porte la décision découle de l'énoncé combiné de l'état actuel de la situation et de la formulation du problème.

- La question sur laquelle porte la décision ne sert pas à chercher des raisons (pourquoi ?). Il faut la formuler en commençant par « quoi » ou « comment ».

au moyen de la question suivante : Comment rendre les voitures fiables ? Par ailleurs, comment rendre légitimes les dépenses liées à l'achat de nouveaux véhicules sans rappeler que le personnel de vente ne pourrait pas rendre ses services à la clientèle sans disposer de voitures fiables ? Le processus de prise de décisions est ainsi déterminé par la formulation du problème. Il n'est pas surprenant qu'une mauvaise formulation du problème puisse entraîner le décideur à prendre de mauvaises décisions. Au contraire, une bonne définition de la situation problématique conforte les décideurs dans leur analyse et leur décision à venir.

4.2.2 Étape 2 : Déterminer les objectifs et leurs critères

La deuxième étape du processus de prise de décisions sert à déterminer les objectifs poursuivis quant au problème et à la question formulée. Ces objectifs s'accompagnent de critères ou de facteurs limitatifs qui permettront d'évaluer les solutions qui seront proposées pour résoudre le problème. Déterminer les objectifs poursuivis consiste à décrire l'état qui serait souhaité à l'avenir, ce qui ne signifie pas pour autant qu'on a trouvé une solution. On se demande ce à quoi ressemblerait l'état des choses qu'on souhaite pour l'avenir. Quel est l'objectif poursuivi ? À quoi veut-on en venir ? Dans notre exemple, l'état à venir souhaité ou l'objectif est d'acheter une flotte de véhicules fiables qui répondraient aux besoins de l'équipe de vendeurs en matière de transport. La question qui découle de la constatation du problème concerne le type de véhicule que madame Ladauversière devrait acheter.

À partir de ces objectifs, il s'agit ensuite de déterminer les critères qui devraient influer sur le choix de diverses façons de réagir à la situation et qui devraient tenir compte de la pertinence, de la faisabilité et du réalisme de la prise de décisions. Les critères correspondent à des qualités ou

à des facteurs limitatifs auxquels les solutions proposées devraient satisfaire pour résoudre le problème et atteindre la situation souhaitée. Les critères permettent d'évaluer à quel point les solutions proposées respectent les objectifs fixés. Lorsque l'objectif est d'acheter un imperméable, par exemple, des critères d'achat peuvent être la qualité et le confort du vêtement, ou encore un budget de 100 $. Le fait de ne pas déterminer avec précision les critères qui comptent dans une situation où un choix s'impose peut entraîner la prise d'une mauvaise décision[27]. Toujours dans le cas de l'imperméable, un consommateur qui n'a pas précisé son budget peut alors regretter son achat d'un imperméable de 250 $, qui cause un manque de fonds pour d'autres achats nécessaires à son quotidien.

En outre, il faut examiner attentivement l'importance relative qu'on accorde à ces critères. En général, les bons gestionnaires utilisent quatre critères pour évaluer les avantages et les inconvénients de différents plans d'action (*voir la figure 4.3, à la page suivante*).

1. **L'aspect pratique.** Les gestionnaires doivent déterminer s'ils disposent des capacités et des ressources nécessaires pour mettre en œuvre une solution. Ils doivent aussi s'assurer que cette solution ne nuira pas à la capacité de l'organisation d'atteindre ses autres objectifs. À première vue, une solution pourrait paraître plus intéressante que les autres sur le plan économique, mais si les gestionnaires se rendent compte qu'elle présente une menace pour d'autres projets importants, ils décideront peut-être qu'elle n'est pas vraiment pratique.

2. **La faisabilité économique.** Les gestionnaires doivent déterminer si les solutions trouvées sont acceptables sur le plan économique et si elles correspondent aux objectifs de rendement de l'entreprise. Pour ce faire, ils effectuent généralement une analyse coûts-avantages

> **FIGURE 4.3**   Les critères généraux dans l'évaluation de plans d'action possibles

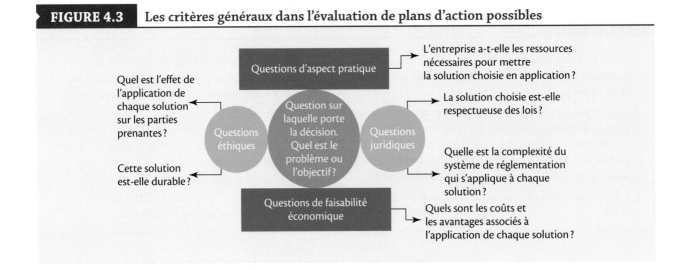

des différentes solutions pour déterminer laquelle donnera le meilleur résultat sur le plan financier.

3. **L'aspect éthique.** Les gestionnaires doivent s'assurer qu'un plan d'action possible respecte les règles de l'éthique et qu'il ne nuira pas, dans la mesure du possible, à une partie prenante quelconque. La majorité des décisions prises par des gestionnaires peuvent être avantageuses pour certaines parties prenantes de l'entreprise, mais nuire à d'autres (*voir le chapitre 3*).

4. **L'aspect juridique.** Les gestionnaires doivent s'assurer que chaque plan d'action envisagé est légal et qu'il ne contrevient à aucune loi nationale ou internationale ni à aucun règlement gouvernemental.

Très souvent, les gestionnaires doivent considérer ces quatre critères simultanément. On peut relier quelques-unes des pires décisions de gestion à une mauvaise évaluation des possibilités au choix. C'est le cas du lancement de la navette spatiale *Challenger*, dont il a été question précédemment. La volonté des gestionnaires de la NASA et de Morton Thiokol de faire une démonstration publique du succès du programme spatial américain pour s'assurer des investissements futurs (la faisabilité économique) ne concordait pas avec la nécessité d'assurer la sécurité des astronautes (l'aspect éthique). Les gestionnaires ont donné la priorité au critère économique et ont décidé de lancer la navette spatiale même si des doutes persistaient concernant la sécurité du vol. Malheureusement, quelques-uns des mêmes problèmes de prise de décisions ont entraîné la disparition de la navette spatiale *Columbia* en 2003, quelque 17 ans plus tard, causant la mort des 7 astronautes à son bord[28]. Dans le cas de ces deux catastrophes, des questions de sécurité étaient apparues avant le lancement, mais elles avaient été reléguées

à l'arrière-plan, en raison de questions de budgets, de faisabilité économique et d'échéanciers. Les principaux décideurs semblent n'avoir tenu aucun compte des renseignements que leur fournissaient les personnes ayant les compétences techniques pertinentes ou, du moins, les ont minimisés. Ils ont même dissuadé ces experts d'en parler[29]. Plutôt que de faire de la sécurité leur priorité, ils ont paru exagérément préoccupés par la nécessité de respecter les délais et les budgets prévus[30].

Pour parvenir à une décision raisonnable concernant le type de voiture à acheter, madame Ladauversière a consulté son personnel de vente et a dressé une liste des caractéristiques et des critères importants à considérer pour prendre la meilleure décision. Le nouveau véhicule devait avoir les caractéristiques suivantes pour répondre aux besoins de son équipe.

- Avoir une transmission intégrale
- Être entièrement équipé
- Offrir un bon rendement énergétique
- Avoir un système de freinage antiblocage
- Être vendu à un prix raisonnable
- Conserver une valeur élevée pendant des années
- Être pratique et facile à entretenir, et offrir une bonne garantie
- Provenir d'un constructeur automobile fiable ayant une bonne réputation

Madame Ladauversière a ensuite classé ces exigences par catégories de critères. Tout en sachant que certaines d'entre elles pouvaient entrer dans plus d'une catégorie, elle a décidé de combiner les préoccupations éthiques et juridiques. Elle a eu de la difficulté à déterminer les critères les plus importants en ce qui concerne la décision du type de véhicule à acheter. Elle savait que l'entreprise devrait affecter un budget substantiel au renouvellement de sa flotte. Toutefois, il était essentiel que les considérations sécuritaires ainsi que la rentabilité soient équilibrées. Elle a donc établi la pondération suivante : 50 % pour les questions d'ordre pratique, 20 % pour l'analyse de faisabilité économique et une valeur relative de 30 % pour les aspects éthique et juridique (*voir le tableau 4.1*).

| TABLEAU 4.1 | Les critères décisionnels pondérés |

Les critères	La pondération
L'aspect pratique : 50 %	
Transmission intégrale	20 %
Entièrement équipée	15 %
Bon rendement énergétique	10 %
Système de freinage antiblocage	5 %
La faisabilité économique : 20 %	
Valeur résiduelle dans cinq ans	11 %
Prix sur la route	9 %
Les aspects éthique et juridique : 30 %	
Qualité du service après-vente et garantie	11 %
Réputation du concessionnaire	10 %
Accessibilité du concessionnaire	9 %
Total	**100 %**

4.2.3 Étape 3 : Analyser le problème en fonction des faits et des connaissances

En gestion, la plupart des situations problématiques sont complexes, car elles impliquent de nombreuses parties prenantes et plusieurs facettes de l'organisation. De plus, les interactions entre les personnes et entre les services sont multiples et leurs résultats sont incertains. En ce sens, il ne suffit pas pour le gestionnaire de définir le problème et de déterminer la situation souhaitée pour qu'il puisse trouver des solutions pertinentes, soit des solutions qui résolvent le problème. Au contraire, le gestionnaire fait souvent appel à l'analyse approfondie des faits entourant le problème ainsi qu'à ses connaissances sur le sujet. Dans des situations complexes telles que le développement d'une stratégie d'entreprise, le gestionnaire collecte des informations, ordonne les faits concernant les forces et faiblesses de l'entreprise, ainsi que les menaces

et opportunités qui se présentent à elle. Ses connaissances lui permettent ensuite de catégoriser ces faits sous la forme d'une matrice des forces, faiblesses, opportunités et menaces (FFOM), ce qui lui permettra par la suite de générer des solutions et des stratégies, en utilisant les forces ou en réduisant les faiblesses pour saisir les opportunités ou réduire les menaces (*voir le chapitre 5*).

Il faut concevoir que les faits et les connaissances nécessaires au gestionnaire évoluent en fonction des situations problématiques et des objectifs qui ont été fixés. Par exemple, si une grande inondation envahissait la plaine du fleuve Saint-Laurent lors d'un rapide dégel du printemps et de fortes pluies, un gestionnaire pourrait choisir l'objectif d'évacuer les populations en détresse et, alors, analyser le problème sous l'angle des moyens de transport et d'hébergement d'urgence. Devant la même situation, un autre gestionnaire pourrait se concentrer sur le contrôle des eaux et analyser le problème sous l'angle des barrages et des canaux d'écoulement secondaires. Bien que dans notre exemple, le problème de madame Ladauversière soit moins complexe, la gestionnaire fait néanmoins appel à des faits et à ses connaissances pour analyser le problème : quel type d'automobile faut-il acheter ? Sa collecte d'informations concernant l'achat de véhicules par l'entreprise lui permet de constater que cette dernière n'achète que des voitures de catégorie sous-compacte. Bien qu'elle connaisse quelques modèles de cette catégorie, elle peut compléter la liste des modèles disponibles par une recherche sur le marché. Finalement, elle sait que la plupart des voitures sous-compactes respecteront le budget déterminé pour le renouvellement de la flotte.

4.2.4 Étape 4 : Trouver et évaluer les solutions en fonction des critères préétablis

Une fois qu'ils ont reconnu une situation problématique, qu'ils ont déterminé des objectifs pour atteindre la situation souhaitée et qu'ils ont analysé le problème à partir des faits et de leurs connaissances, les gestionnaires doivent trouver un ensemble de plans d'action réalisables pour répondre à la situation problématique et les évaluer. Il faut saisir que ces solutions possibles proviennent des indications fournies par l'analyse du problème, en fonction des faits et des connaissances du gestionnaire. Dans notre exemple, madame Ladauversière choisit quelques voitures à partir d'une liste de voitures de catégorie sous-compacte, car c'est la catégorie permise par l'entreprise (fait) et que ces voitures devraient pour la plupart respecter le budget souhaité (connaissances de la gestionnaire).

Une des raisons pour lesquelles les gestionnaires prennent parfois de mauvaises décisions tient au fait qu'ils omettent de déterminer et d'examiner diverses solutions de rechange[31]. Toujours dans notre exemple, la gestionnaire considère trois types de voitures : la Toyota Corolla, la Subaru Legacy et la Ford Focus. Madame Ladauversière croit que, lorsqu'elle aura examiné et évalué ces trois solutions en fonction des critères appropriés (2e étape), elle trouvera parmi celles-ci un modèle qui satisfera à ces critères, ce qui résoudra son problème de flotte périmée. Si aucune de ces solutions ne répond à ses attentes, elle devra reprendre le processus depuis le début.

Ainsi, lorsque les gestionnaires ont dressé une liste de solutions possibles, ils doivent soupeser les avantages et les inconvénients de chacune d'elles[32]. Pour bien évaluer ces solutions, il faut considérer à quel point chacune répond aux critères choisis pour atteindre la situation souhaitée. Toujours dans notre exemple, madame Ladauversière a commencé à se renseigner sur les façons dont les diverses solutions se classaient en fonction de ces critères afin d'accorder à chacune d'elle une note sur 10. Elle a ensuite entré son analyse dans une matrice décisionnelle multicritère (*voir le tableau 4.2*).

> **TABLEAU 4.2**   La matrice décisionnelle multicritère

	Pondération	Pointage de la Corolla (1-10)	Pointage pondéré	Pointage de la Legacy (1-10)	Pointage pondéré	Pointage de la Focus (1-10)	Pointage pondéré
Aspect pratique							
Transmission intégrale	20 %	0	0	10	200	0	0
Entièrement équipée	15 %	9	135	10	150	7	105
Bon rendement énergétique	10 %	10	100	8	80	6	60
Système de freinage antiblocage	5 %	10	50	10	50	10	50
Aspect pratique : total partiel	**50 %**		**285**		**480**		**215**
Faisabilité économique							
Valeur résiduelle dans cinq ans	11 %	10	110	9	99	5	55
Prix sur la route	9 %	9	81	8	72	10	90
Faisabilité économique : total partiel	**20 %**		**191**		**171**		**145**
Aspects éthique et juridique							
Service après-vente et garantie	11 %	10	110	8	88	8	88
Réputation du concessionnaire	10 %	10	100	8	80	6	60
Accessibilité du concessionnaire	9 %	9	81	9	81	10	90
Aspects éthique et juridique : total partiel	**30 %**		**291**		**249**		**238**
Total	**100 %**		**767**		**900**		**598**

- La Subaru Legacy était équipée d'une transmission intégrale, mais ni la Toyota Corolla ni la Ford Focus n'en avaient. Par conséquent, sur un total de 10, madame Ladauversière a accordé 10 à la Subaru et 0 aux deux autres modèles.

- Il était possible d'acheter toutes les voitures entièrement équipées. Toutefois, la Subaru comportait quelques éléments supplémentaires tels que des rétroviseurs extérieurs, des sièges avant et des essuie-glace chauffants. Par contre, la Focus avait des garnitures de qualité inférieure. Madame Ladauversière a donc accordé 10 points à la Legacy, 9 à la Corolla et 7 à la Focus.

- Le rendement énergétique de la Corolla était légèrement supérieur à ceux de la Legacy et de la Focus. La Corolla a donc obtenu 10 points tandis que les deux autres recueillaient respectivement 8 et 6 points.

- Toutes ces voitures avaient un système de freinage antiblocage et ont obtenu le même pointage de la plupart des chroniqueurs automobiles, de sorte que sur cette question, les trois ont obtenu 10 sur 10.

- En ce qui a trait au coût, la plupart des chroniqueurs notaient que la Corolla et la Legacy conservaient très bien leur valeur. Toutefois, la Corolla bénéficiait d'un léger avantage sur ses concurrentes en matière de revente. Par conséquent, la Corolla a reçu une note de 10 points, et la Legacy, 9 points. La Focus, qui avait la plus faible valeur résiduelle après cinq ans, a obtenu seulement 5 points.

- Lorsque madame Ladauversière a examiné le prix des voitures, elle a constaté que la Focus était la moins coûteuse. La Corolla était moins chère que la Legacy, mais elle était aussi un peu moins grande et un peu moins puissante qu'elle. Par contre, Ford se montrait plus accommodant quant à la valeur de reprise de la flotte de vieilles voitures. Il en a donc résulté un pointage de 9 pour la Toyota, de 8 pour la Subaru et de 10 pour la Ford.

- Par expérience et après s'être renseignée, madame Ladauversière sait que le service de révision de Toyota est légèrement supérieur à ceux de Ford et de Subaru en ce qui concerne le prix et le service à la clientèle. Par conséquent, elle a attribué 10 à la Corolla, et 8 à la Legacy et à la Focus.

- Les constructeurs de voitures japonais ont une réputation très enviable par rapport à celle des constructeurs nord-américains, mais Toyota vend beaucoup plus de voitures que Subaru. Sur ce point, la Corolla obtient un 10, la Legacy, un 8, et la Focus, un 6.

- Il y a des concessionnaires Toyota et Subaru à moins de 5 km de l'entreprise et le personnel de vente pourrait assez facilement avoir accès aux deux. Il en résulte que la Corolla et la Legacy reçoivent un 9. Par contre, il y a un concessionnaire Ford à 2,5 km de l'entreprise, de sorte que la Focus mérite un 10.

4.2.5 Étape 5 : Choisir parmi toutes les solutions

Dès que les gestionnaires ont soigneusement évalué l'ensemble des solutions possibles, ils doivent les classer (à l'aide des critères établis dans la sous-section précédente) et prendre une décision. Au moment du classement, ils doivent s'assurer qu'ils ont en main tous les renseignements concernant le problème ou la question à régler. Le fait d'indiquer tous les renseignements qui se rattachent à une décision ne signifie pas que les gestionnaires disposent de toute l'information nécessaire. Dans la plupart des cas, cette information est incomplète. Toutefois, ce qui est probablement plus grave est la tendance, souvent observée chez les gestionnaires, à ne pas tenir compte de renseignements extrêmement importants, même lorsque ceux-ci sont disponibles. Il en sera question plus loin lorsque nous analyserons les façons dont les partis pris cognitifs se manifestent.

Dans notre exemple, les renseignements que madame Ladauversière a recueillis l'amènent à déterminer que la Subaru Legacy est la meilleure solution pour son personnel de vente. Elle apporte donc son analyse et ses résultats à son supérieur pour qu'il donne suite à sa décision.

4.2.6 Étape 6 : Mettre en application la solution choisie

Une fois la solution trouvée et la décision prise, il faut la mettre en application et prendre les nombreuses décisions subséquentes qui s'y rapportent. Ainsi, après avoir choisi un plan d'action, comme l'a fait PUMA avec le lancement d'une nouvelle gamme de vêtements pour un style de vie sportif, il faut prendre les milliers de décisions nécessaires à la mise en application de ce plan. Il s'agit, par exemple, d'embaucher des concepteurs, de se procurer des matières premières de sources éthiques, de trouver des fabricants capables de fournir un produit de qualité supérieure, puis de signer des contrats avec des détaillants pour qu'ils vendent la nouvelle gamme de produits.

Même si la nécessité de prendre des décisions additionnelles peut paraître évidente, de nombreux gestionnaires ne le font pas. Après avoir pris la première décision, ils ne posent aucun geste pour y donner suite[33]. Le résultat est le même que si aucune décision n'avait été prise. Pour s'assurer de la mise en application d'une décision, il faut que les cadres supérieurs laissent les cadres intermédiaires participer aux discussions entourant son adoption, puis qu'ils leur confient la responsabilité de prendre les décisions qui assurent le suivi nécessaire pour atteindre l'objectif fixé. Ils doivent aussi leur fournir suffisamment de ressources pour qu'ils puissent réaliser cet objectif et exiger d'eux qu'ils leur rendent ensuite compte de ce qu'ils ont fait. Le supérieur de madame Ladauversière a été impressionné par la minutie avec laquelle elle a mené son processus de prise de décisions et il est prêt à soutenir l'application de la solution choisie. Madame Ladauversière obtient donc le budget qu'elle a demandé pour acheter les nouvelles Subaru Legacy dont son personnel a besoin.

4.2.7 Étape 7: Évaluer la rétroaction et en tirer des leçons

La dernière étape du processus de prise de décisions consiste à tirer des leçons de la rétroaction. Les gestionnaires qui n'évaluent pas les résultats de leurs décisions ne profitent pas de ce que leurs expériences pourraient leur apprendre. Au lieu de s'améliorer, ils sont susceptibles de refaire sans cesse les mêmes erreurs[34]. Pour éviter ce piège, les gestionnaires doivent établir un processus en bonne et due forme, qui leur permettra d'apprendre des résultats de leurs décisions passées. Ce processus devrait inclure les étapes suivantes.

1. Comparer ce qui s'est réellement produit à ce qu'on s'attendait qu'il se produise à la suite de la décision.

2. Rechercher les raisons pour lesquelles ce qu'on attendait de la décision ne s'est pas produit.

3. Élaborer des principes directeurs qui pourraient aider à prendre des décisions à l'avenir.

Les personnes qui cherchent constamment à apprendre de leurs erreurs et de leurs succès passés continueront probablement à améliorer leur processus de prise de décisions. On trouve beaucoup à apprendre lorsqu'on évalue les résultats de ses décisions et on peut en tirer d'importants avantages. Dans notre exemple, madame Ladauversière a demandé une rétroaction aux membres de son personnel qui ont conduit les Subaru pendant quelques mois pour déterminer si son choix de véhicule répondait à leurs besoins et résolvait le problème initial du type de véhicule à acheter.

Conseils aux gestionnaires

La gestion du processus de prise de décisions

1. Lorsqu'on a pris conscience de la nécessité de prendre une décision, il faut éviter de blâmer qui que ce soit, qu'il s'agisse d'une personne ou d'un groupe.

2. La prise de décisions entraîne souvent des changements dans la stratégie, la structure et la culture de l'organisation. Ces changements peuvent créer un climat d'incertitude, et même susciter de l'angoisse. Pour atténuer ces sentiments peu productifs et favoriser une culture d'inclusion, il faut faire participer le plus grand nombre de parties prenantes possible au processus de prise de décisions.

3. Il faut rassurer les employés et les autres parties prenantes et tenir compte de leurs préoccupations émotives plutôt que de s'en tenir à des explications purement rationnelles lorsque des décisions entraînent des changements perturbateurs dans l'entreprise.

4. Il faut considérer les échecs et les réussites comme des tremplins dans la pratique de la prise de décisions.

OA3	Expliquer les façons dont des partis pris cognitifs peuvent influer sur le processus de prise de décisions et amener les gestionnaires à prendre de mauvaises décisions.

4.3 Le rôle des partis pris dans la prise de décisions

Dans les années 1970, deux psychologues ont émis l'hypothèse d'après laquelle les décideurs, qui doivent tous composer avec une rationalité limitée, ont tendance à employer l'**heuristique**, c'est-à-dire des règles empiriques, pour simplifier le processus de prise de décisions[35]. Selon Daniel Kahneman et Amos Tversky, les règles empiriques sont utiles parce qu'elles aident les décideurs à comprendre une information souvent complexe, incertaine et ambiguë. Cependant, l'emploi de ces règles mène

Heuristique (*heuristics*)
Ensemble de règles empiriques qui simplifient le processus de prise de décisions.

parfois à des erreurs systématiques dans la façon de traiter l'information concernant les choix à faire et la prise de décisions. L'**erreur systématique** est une erreur qu'une personne commet à maintes reprises et qui entraîne une mauvaise prise de décisions[36]. Quatre types de partis pris peuvent avoir des effets négatifs sur la façon dont les gestionnaires prennent leurs décisions : le biais de préjugé, le biais de représentativité, l'illusion de contrôle et l'escalade des engagements (*voir la figure 4.4*).

4.3.1 Le biais de préjugé

Les décideurs qui ont des convictions antérieures fermes concernant la relation entre deux variables sont plus enclins à prendre des décisions en se fiant à ces convictions, même lorsqu'on leur démontre qu'elles sont erronées. Le cas échéant, ils succombent à ce qu'on appelle le « **biais de préjugé** ». Ils ont tendance à rechercher et à utiliser des renseignements qui confirment leurs convictions et ne tiennent aucun compte de ceux qui sont en contradiction avec elles. La société Sony associait l'innovation en matière de produits à la permanence d'emploi. La conviction de ses dirigeants était que des équipes stables ont plus que d'autres la possibilité de mettre au point des technologies de pointe. Toutefois, en adhérant à cette hypothèse, Sony a été dépassée par des entreprises comme Apple, qui ont élaboré des technologies innovatrices comme les écrans à cristaux liquides et la mémoire flash, rendant ses propres technologies obsolètes. Constatant une chute de ses profits, Sony a récemment modifié sa politique de l'emploi permanent pour réduire sa bureaucratie et diminuer ses coûts par une rationalisation de ses activités. Un chef de la direction qui a la conviction profonde de la pertinence d'une stratégie donnée peut continuer à appliquer celle-ci malgré tous les signes indiquant qu'elle est inappropriée ou vouée à l'échec.

Parmi d'autres exemples de ce type de parti pris, mentionnons la décision de Ken Olsen, le fondateur de Digital Equipment Corporation, de continuer à fabriquer des ordinateurs centraux dans les années 1980. Monsieur Olsen ne permettait pas à ses ingénieurs de consacrer des ressources de son entreprise à la conception de nouveaux types d'ordinateurs personnels parce qu'à son avis, il ne s'agissait que de « jouets ». Cette décision lui a coûté son poste de PDG et a presque mené son entreprise à la ruine.

4.3.2 Le biais de représentativité

Beaucoup de décideurs font des généralisations non pertinentes à partir d'un petit échantillon de faits ou même d'un seul cas ou épisode frappant. On a pu observer un exemple intéressant de **biais de représentativité** lorsque Walmart a décidé d'ouvrir des magasins dans différents pays du monde. Ses gestionnaires supposaient que le modèle de l'entreprise, qui fonctionne très bien aux États-Unis, pouvait s'exporter n'importe où ailleurs. Ils avaient

---

Erreur systématique (*systematic error*)
Erreur qu'une personne commet à maintes reprises et qui a pour résultat la prise de mauvaises décisions.

Biais de préjugé (*prior hypothesis bias*)
Parti pris cognitif qui résulte de la tendance à fonder ses décisions sur des convictions antérieures profondes, même lorsque des preuves indiquent que ces convictions sont erronées.

Biais de représentativité (*reprsentativeness bias*)
Parti pris cognitif qui résulte d'une tendance à faire des généralisations inappropriées en se basant sur un petit échantillon ou sur un cas ou un épisode frappant mais isolé.

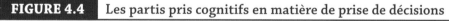

> **FIGURE 4.4** Les partis pris cognitifs en matière de prise de décisions

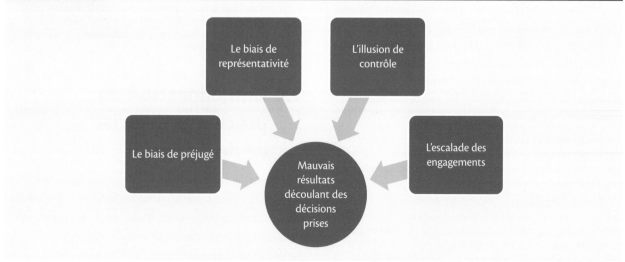

tort. L'aménagement efficace de leurs magasins, qui convenait bien à la culture individualiste américaine, n'a pas attiré les consommateurs asiatiques, habitués à considérer le magasinage comme un événement de nature plus sociale. Walmart a donc dû revoir ses décisions en matière d'expansion internationale.

4.3.3 L'illusion de contrôle

D'autres erreurs en matière de prise de décisions peuvent découler de l'**illusion de contrôle**, c'est-à-dire la tendance des décideurs à surestimer leur capacité d'exercer un contrôle sur des activités et des événements. Les cadres supérieurs sont particulièrement sujets à ce travers.

Comme ils se sont frayé un chemin jusqu'au sommet de la pyramide organisationnelle, ils ont tendance à avoir un sentiment exagéré de leur propre valeur et à présumer de leur capacité à réussir et à exercer un contrôle sur les événements[37]. Cette illusion de contrôle pousse certains d'entre eux à surestimer les chances d'un résultat favorable et à prendre, par conséquent, des décisions inappropriées. Par exemple, Richard Branson a mis sur le marché le MP3 Virgin Pulse pour faire concurrence à l'iPod d'Apple, contre l'avis de son équipe de gestionnaires. Ces derniers considéraient qu'il leur faudrait vendre un très grand nombre d'unités de ce produit pour récupérer l'investissement de 20 millions de dollars que cette aventure allait coûter. Après l'échec prévu par son équipe, monsieur Branson a déclaré: «Je n'ai pas tenu compte de l'avis de mes gestionnaires et j'ai perdu des millions dans l'espoir de battre l'iPod sur son propre terrain. Cette aventure m'a rappelé que le chef de la direction n'a pas toujours raison[38]!»

4.3.4 L'escalade des engagements

Lorsqu'ils ont déjà engagé des ressources importantes dans l'application d'un plan d'action, certains gestionnaires en consacrent encore davantage, même lorsque la rétroaction leur apprend que le projet est voué à l'échec[39]. Un sentiment de responsabilité personnelle envers ce projet semble les empêcher de l'analyser de façon impartiale et les pousse vers une **escalade des engagements**.

Illusion de contrôle (*illusion of control*)
Source de certains partis pris cognitifs qui consiste en une tendance à surestimer sa capacité d'exercer un contrôle sur des activités et des événements.

Escalade des engagements (*escalating commitment*)
Source de parti pris cognitif qui résulte de la tendance à engager des ressources supplémentaires dans un projet, même lorsque les faits prouvent qu'il est voué à l'échec.

Ils décident alors d'augmenter leurs investissements en temps et en argent dans un plan d'action sans tenir compte des signaux qui leur indiquent que ce plan est illégal, contraire à l'éthique, non rentable ou irréaliste (*voir l'encadré 4.2, à la page 124*). Souvent, la meilleure décision consisterait «à y couper court et à se retirer». En effet, l'escalade des engagements peut entraîner des crises organisationnelles et financières[40]. D'après une étude de la Stanford University sur les décisions prises par des analystes financiers, lorsque leurs prévisions des résultats de leur entreprise se révélaient erronées, ces analystes se montraient réticents à modifier leurs estimations de façon à refléter les nouvelles données. En fait, «plus leurs prévisions s'éloignaient du consensus, plus ils se montraient obstinés et plus ils intensifiaient leur appui à leurs prévisions[41]».

Lorsque les gestionnaires prennent des décisions et résolvent des problèmes en équipe, leurs choix de solutions risquent moins de faire l'objet d'erreurs ou d'être entachés de partis pris comme ceux que nous venons de décrire. En effet, ils peuvent compter sur les habiletés, les compétences et les connaissances que possèdent les membres du groupe, et améliorer ainsi leur capacité à trouver des solutions réalisables et à prendre de bonnes décisions. Les décisions de groupe permettent aussi aux gestionnaires d'analyser une plus grande quantité de renseignements et de corriger mutuellement leurs erreurs. En outre, à l'étape de la mise en application, tous les gestionnaires concernés par la décision s'entendent alors pour coopérer. Lorsqu'un groupe de gestionnaires prend une décision (par opposition à un seul cadre supérieur qui la prend lui-même et l'impose à ses subordonnés), la probabilité que cette décision soit appliquée avec succès augmente. Au chapitre 10, nous étudierons des techniques de prise de décisions en groupe.

OA4 Expliquer la façon dont une stratégie de développement durable, l'apprentissage organisationnel et la créativité peuvent aider les gestionnaires à prendre de meilleures décisions.

4.4 L'amélioration du processus de prise de décisions

Comment les gestionnaires peuvent-ils éviter les effets négatifs des partis pris cognitifs et améliorer leurs habiletés en matière de prise de décisions et de résolution de problèmes? Ils doivent certes prendre conscience de leurs partis pris et apprendre à gérer leur temps de façon avisée.

Toutefois, la qualité des prises de décisions dépend aussi de réactions innovatrices aux opportunités et aux menaces présentes dans l'environnement. Les gestionnaires peuvent devenir plus habiles à prendre de bonnes décisions ponctuelles en ayant recours à certains moyens comme adopter une stratégie de développement durable, transformer leur organisation en entreprise apprenante qui encourage la créativité chez les individus et les groupes, et utiliser des systèmes d'information de gestion (SIG) avec efficacité.

4.4.1 La mise en lumière des partis pris et une gestion du temps avisée

Les gestionnaires, comme les entreprises, ont souvent de la difficulté à prendre conscience de leurs partis pris et de leurs présomptions. Ils hésitent à demander l'aide de réseaux situés en dehors de leur entreprise, telles des firmes d'experts-conseils et de marketing[42]. Il est de plus en plus populaire dans les entreprises progressistes de faire preuve d'ouverture et de transparence dans la révélation et le partage de problèmes liés à la prise de décisions. Par exemple, PUMA a entamé des discussions franches concernant ses décisions en matière d'approvisionnement avec ses parties prenantes et ses réseaux dans le but d'examiner les critères qu'elle emploie pour évaluer l'aspect éthique de divers plans d'action et pour déterminer si des partis pris cognitifs ou des méthodes heuristiques ont servi à déterminer les solutions choisies.

Souvent, les gestionnaires négligent d'allouer suffisamment de temps, sans compter d'autres ressources, au processus de prise de décisions. Pourtant, il est essentiel qu'ils développent des habiletés en gestion du temps. Selon les experts, il peut se révéler utile pour les gestionnaires de se rappeler deux décisions récentes qui ont eu, l'une de bons résultats, et l'autre, de mauvais, et d'analyser le processus qui a mené à ces décisions. Ils doivent examiner la quantité de temps qu'ils ont consacrée à chacune des étapes du processus[43] et juger si elle est suffisante. Il leur faut aussi s'assurer qu'à l'avenir, ils réserveront assez de temps sans interruption aux activités importantes de ce processus.

4.4.2 L'adoption d'une stratégie de développement durable

Le **développement durable** est un concept selon lequel il faut prendre des décisions qui répondent aux besoins

---

Développement durable (*sustainability*)
Qualité des décisions qui ont pour résultats de protéger l'environnement, de promouvoir la responsabilité sociale et de respecter les différences culturelles tout en procurant des avantages économiques.

---

de la génération actuelle sans réduire la capacité des générations futures de répondre aux leurs. Elle sert à guider les entreprises dans l'emploi de leurs compétences essentielles pour créer, innover et se tailler une place dans de nouveaux marchés de façon responsable. Une stratégie de développement durable comporte quatre éléments : elle protège l'environnement, favorise la responsabilité sociale et respecte les différences culturelles tout en procurant des avantages économiques. Cette stratégie doit recevoir l'appui de la haute direction d'une entreprise et l'adhésion de ses employés. Ainsi, chacun doit accepter d'assumer sa responsabilité en vue du bien commun.

Chez Saatchi & Saatchi, on encourage des stratégies de développement durable en invitant les employés à se lancer dans des projets personnels à l'intérieur et à l'extérieur de l'entreprise. Il peut s'agir, par exemple, de prendre l'habitude de stationner à une aussi grande distance que possible d'un centre commercial pour marcher en guise d'exercice tout en faisant ses courses ou encore de se rendre au travail à vélo plutôt qu'en voiture. De tels types d'activités favorisent le développement durable et la prise de décisions dans tous les domaines de la vie courante.

La prise de décisions axées sur le développement durable devient particulièrement importante pour les gestionnaires lorsqu'il s'agit de choisir les fournisseurs de leurs facteurs de production. Le chef du C Restaurant de Vancouver, Robert Clark, a pris position en faveur de pratiques de pêche durables en Colombie-Britannique par l'intermédiaire du programme Ocean Wise de l'aquarium de sa ville[44]. Une partie de ce programme consiste à acheter des poissons directement de pêcheurs qui utilisent des méthodes d'élevage biologiques, qui pratiquent la récolte sélective et qui ont recours à des techniques de production spécialement conçues pour favoriser et maintenir la diversité des écosystèmes marins. Compass Group Canada et Sea Choice Canada ont implanté ce programme d'un bout à l'autre du pays en y ajoutant de nouvelles normes d'achat, des mécanismes internes de respect de ces normes ainsi qu'un volet éducation et prise de conscience destiné aux chefs d'entreprise et au public en général. À ce propos, voici ce que déclarait Jack MacDonald, le chef de la direction de Compass Group Canada : « En tant que leaders dans le domaine des services alimentaires et de soutien au Canada, nous sommes fiers d'avoir adopté une politique des aliments de la mer axée sur le développement durable et qui favorise la santé de nos océans. Les changements que nous avons apportés dans notre politique d'achat peuvent avoir un effet important et, pour nous, il s'agissait clairement du bon choix à faire[45]. »

À l'instar de l'Union européenne, qui interdit la mise en cage des poules pondeuses depuis 2012, de nombreux organismes et entreprises nord-américains se sont regroupés en une coalition engagée dans la recherche et le développement pour la production commerciale à grand volume d'œufs provenant de poules qui ne sont pas en cage. En effet, la mise en cage limite considérablement la capacité de ces volatiles d'avoir des comportements qui leur sont naturels tels qu'étirer leurs ailes, marcher, se rouler dans la poussière, poser leurs pattes sur une surface solide ou pondre des œufs dans un nid. Parmi les membres canadiens de cette coalition de production durable se trouvent les Fermes Burnbrae, les Producteurs d'œufs du Canada, l'Université de Guelph et le British Columbia Egg Marketing Board[46].

LE POINT SUR ❯ Gesca

Réagir au déclin de l'industrie des médias écrits

Le quotidien québécois *La Presse* a été publié pour la première fois en 1884 et a connu depuis plusieurs modifications afin de s'adapter à un environnement concurrentiel. Aujourd'hui, malgré une position enviable parmi les leaders de l'information, l'entreprise Gesca, responsable de la publication du journal *La Presse* et filiale de Power Corporation du Canada depuis 1968, a choisi de traverser la crise de l'industrie des médias écrits en adoptant une approche proactive.

D'abord, trois faits marquants ont contribué à enclencher le processus décisionnel et mis en branle les changements organisationnels au sein de Gesca: 1) une baisse marquée des revenus publicitaires pour l'ensemble des quotidiens canadiens (25 % entre 2006 et 2011); 2) le vieillissement du lectorat, le fait de lire un quotidien n'étant pas nécessairement ancré dans les habitudes des jeunes adultes; 3) une diminution du lectorat, consécutive aux changements survenus dans les habitudes de consommation de l'information dans un contexte où plusieurs plateformes gratuites et facilement accessibles se partagent dorénavant le marché de l'information[47]. Ces trois situations sont principalement causées par le développement et l'essor d'Internet et des médias sociaux au cours des dernières années.

Ensuite, placée devant ce constat et désirant procéder aux transformations rendues nécessaires pour assurer la pérennité et la rentabilité de l'entreprise, Gesca a créé et mis en ligne, en 2013, une nouvelle plateforme appelée « La Presse+ », accessible au moyen d'une tablette numérique et, fait important à souligner, entièrement gratuite. Pour certains, le pari de la gratuité était audacieux alors que le modèle privilégié par nombre de quotidiens nord-américains consistait en la mise en place d'un accès gratuit à une partie seulement du contenu, réservant à leurs abonnés l'ensemble du contenu rédactionnel (p. ex. *Le Devoir*). La vision de Guy Crevier, président de Gesca, et également président et éditeur de *La Presse,* se déclinait en quatre objectifs stratégiques: 1) augmenter le lectorat; 2) développer un nouveau marché publicitaire; 3) vendre le concept de cette nouvelle plateforme numérique puisque cette innovation était protégée par un brevet d'invention; et 4) réaliser des économies par l'arrêt de l'impression et de la distribution de la version papier. Étant donné l'importance de l'investissement financier requis pour l'élaboration et le lancement de l'application La Presse+, soit 40 millions de dollars, le processus décisionnel s'est à coup sûr déroulé sur plusieurs mois. La stratégie semble avoir porté ses fruits puisque le lectorat a augmenté de 15 % entre septembre 2014 et septembre 2015, passant de 400 000 à 460 000 usagers. Par ailleurs, en novembre 2014, Gesca a conclu un partenariat avec le quotidien *Toronto Star,* un des plus importants quotidiens anglophones au Canada, afin de permettre à ce dernier de prendre un virage numérique en utilisant la plateforme développée pour *La Presse*. En septembre 2015[48], le *Toronto Star* lançait ainsi sa nouvelle application, appelée « Star Touch ».

Enfin, la mise en œuvre de la stratégie de Gesca n'a pas eu que des effets positifs. Bien que, lors du démarrage du projet, l'élaboration de la plateforme numérique ait nécessité l'embauche de professionnels, l'arrêt de l'impression de la version papier a entraîné la suppression d'une centaine d'emplois relatifs à l'impression et à la distribution du quotidien à l'automne 2015[49].

1. À la suite de l'analyse stratégique élaborée par Guy Crevier, président et éditeur de *La Presse* et président de Gesca, quant à la création d'une plateforme gratuite, nommez chacune des parties prenantes touchées par la proposition de celui-ci ainsi que les arguments persuasifs qu'il a pu faire valoir au regard de la pertinence du projet.

Les entreprises doivent également faire preuve de plus de transparence concernant leurs efforts d'élaboration d'une stratégie de développement durable. Celles qui discutent ouvertement des défis que représentent pour elles les questions de cette nature, comme la société MEC, dont il a été question dans l'entrée en matière du chapitre 3, inspirent de plus en plus de respect et gagnent des parts de marché.

Les consommateurs ont encore de la difficulté à discerner les leaders en matière de développement durable. Dans une étude portant sur l'efficacité de 100 entreprises du S&P à faire connaître leurs efforts dans ce domaine, la firme IMC2 montre que les sociétés financières, médiatiques et culturelles ont les pires politiques et pratiques quand il s'agit de présenter au public leurs efforts en matière de développement durable, tandis que les secteurs de l'automobile et de la foresterie sont les plus habiles dans ce domaine[50].

4.4.3 Le développement d'une entreprise apprenante

L'**apprentissage organisationnel** est le processus par lequel les gestionnaires tentent d'accroître le désir et la capacité des employés de comprendre et de gérer l'organisation et son environnement concurrentiel, de façon qu'ils puissent prendre des décisions susceptibles d'accroître constamment l'efficacité de l'entreprise[51]. Une **entreprise apprenante** est une organisation à l'intérieur de laquelle les gestionnaires font tout ce qui est en leur pouvoir pour maximiser la capacité des personnes et des groupes à réfléchir et à se comporter de façon créative, et pour porter ainsi à son maximum le potentiel d'apprentissage organisationnel.

La **créativité**, qui occupe une place centrale dans cet apprentissage, est la capacité d'un décideur de trouver des idées originales qui mènent à l'élaboration de nouveaux plans d'action réalisables. Encourager la créativité chez les gestionnaires revêt une telle importance dans les entreprises qu'un grand nombre d'entre elles engagent des experts de l'extérieur pour les aider à élaborer des programmes de formation dans l'art de la pensée créatrice et de la résolution de problème destinés à leurs gestionnaires.

4.4.4 La promotion de la créativité individuelle

D'après des recherches sur le sujet, les gens ont plus de chances de faire preuve de créativité lorsqu'ils travaillent dans certaines conditions. Premièrement, on doit leur donner l'occasion et la liberté de concevoir de nouvelles idées. La créativité diminue lorsque les gestionnaires se penchent par-dessus l'épaule d'employés talentueux et essaient d'accélérer le processus d'élaboration d'une solution originale. Comment se sent-on lorsqu'on se fait dire par son patron qu'on dispose d'une semaine pour trouver une idée de produit qui «enfoncera» la concurrence? La créativité se manifeste chez une personne lorsqu'elle a l'occasion d'expérimenter, de prendre des risques, de commettre des erreurs et d'en tirer des leçons. Les entreprises réputées pour leurs succès en matière d'innovation encouragent l'intrapreneuriat au moyen de la structure et des attentes formelles dont elles se sont dotées. L'**intrapreneuriat** est le fait pour un gestionnaire, un scientifique ou un chercheur qui travaille au sein d'une organisation de saisir les occasions qui se présentent de concevoir de nouveaux produits ou d'améliorer des produits existants et de trouver de meilleures façons de les produire. Par exemple, tout récemment, au cours d'une même année, la société 3M a mis sur le marché plus de 200 nouveaux produits, dont un bon nombre provenaient d'intrapreneurs[52]. Des entreprises très innovatrices comme Google, Apple et Facebook ont la réputation de laisser une grande part de liberté à leurs gestionnaires et à leurs employés pour qu'ils expérimentent et développent des produits et des services novateurs[53].

L'innovation, dont il sera question plus en détail au chapitre 7, est un processus qui consiste à mettre en application des idées originales. À cet égard, les entreprises

---

Apprentissage organisationnel (*organizational learning*)
Processus par lequel les gestionnaires tentent d'accroître le désir et la capacité des employés de comprendre et de gérer l'organisation et son environnement concurrentiel.

Entreprise apprenante (*learning organization*)
Organisation à l'intérieur de laquelle les gestionnaires essaient de maximiser la capacité des personnes et des groupes à réfléchir et à se comporter de façon créative en vue d'accroître au maximum le potentiel d'apprentissage organisationnel.

Créativité (*creativity*)
Capacité d'une personne de découvrir des idées nouvelles et originales qui mènent à des innovations, ce qui se traduit, dans le cas d'un décideur, par l'élaboration de plans d'action de rechange réalisables.

Intrapreneuriat (*intrapreneurship*)
Démarche pour un gestionnaire de saisir les occasions qui se présentent de concevoir de nouveaux produits, d'améliorer des produits existants ou de trouver de meilleures façons de les produire.

s'efforcent de favoriser la promotion des innovateurs jusqu'au sein de la haute direction. En effet, les organisations doivent récompenser équitablement l'intrapreneuriat s'ils veulent éviter que leurs employés créatifs les quittent et deviennent des entrepreneurs indépendants susceptibles de fonder leur propre entreprise et de leur faire concurrence. Ce phénomène n'est d'ailleurs pas rare.

Il arrive que certains gestionnaires ratent une bonne occasion en raison de partis pris dans leurs prises de décisions, comme nous l'avons vu un peu plus tôt dans ce chapitre. C'est ce qui se produit parfois parce qu'ils omettent de faire part à leurs collègues de leurs doutes concernant une idée et qu'ils se contentent de la rejeter d'emblée. La discussion en commun des problèmes et des projets ainsi que l'examen de rétroactions provenant de différentes sources, y compris d'autres entreprises par l'intermédiaire du réseautage, peuvent aider les gestionnaires à s'assurer qu'ils ne laissent pas une bonne idée leur échapper, comme l'a fait la société Hewlett-Packard en refusant de développer celle d'un de ses employés. Il en a résulté que l'employé en question, Steve Wozniak, est parti avec son procédé et a cofondé Apple Computer.

L'encadré 4.2 présente d'autres exemples de mauvaises décisions de ce type.

Les gestionnaires s'efforcent d'accroître le désir et la capacité des membres de leur personnel de comprendre et de gérer l'organisation et son environnement concurrentiel afin que les employés puissent prendre des décisions susceptibles d'accroître constamment l'efficacité de leur entreprise. Ils doivent prendre des mesures visant à promouvoir l'apprentissage organisationnel et la créativité en milieu de travail pour améliorer la qualité du processus de prise de décisions. Les employés qui sont conscients de travailler à des projets importants, voire essentiels, se sentent stimulés à fournir la grande quantité d'efforts que requiert la créativité.

Même si les gestionnaires reconnaissent l'importance de favoriser la créativité dans leur entreprise, un sondage récent auprès de 500 chefs de la direction révèle que seulement 6 % d'entre eux considèrent qu'ils réussissent à gérer efficacement le travail de leurs employés créatifs. Selon John MacDonald, cofondateur de la société MacDonald Dettwiler & Associates Ltd. (MDA) de Richmond, en Colombie-Britannique, «gérer des esprits créateurs,

---

ENCADRÉ 4.2   Quelques-unes des pires erreurs commises par des gestionnaires

- Alexander Graham Bell a inventé le téléphone en 1876, mais il a eu beaucoup de difficulté à trouver du financement pour lancer son produit. Le président américain Rutherford B. Hayes, qui s'est servi un jour d'un prototype de cet appareil, avait déclaré: «C'est une invention remarquable, mais qui voudra jamais s'en servir?» Bell avait offert de vendre son brevet d'invention à la Western Union Telegraph. L'entreprise lui a répondu qu'elle ne saurait que faire d'un jouet électrique.

- Un jeune inventeur du nom de Chester Carlson a présenté son idée à 20 entreprises, qui l'ont toutes rejetée. Il a finalement convaincu une petite société de New York, Haloid Co., d'acheter les droits de son procédé électrostatique de reproduction sur papier. Haloid est devenue la société Xerox et le procédé de Carlson a rendu son inventeur et Xerox extrêmement riches.

- En 1962, quatre musiciens ont présenté leurs compositions à la haute direction de Decca Recording Company qui, de l'aveu d'un de ses cadres, n'avait alors pas aimé leur style et considérait de toute façon que les groupes de guitaristes étaient sur leur déclin. Quatre autres maisons de disques ont également décidé de ne pas leur faire confiance. Dans le palmarès des pires décisions, Decca occupe une place de choix pour avoir refusé un contrat aux Beatles.

- La décision de Ken Olsen, le fondateur de Digital Equipment Corporation, de ne fabriquer que des ordinateurs centraux dans les années 1980 et de ne pas permettre à ses ingénieurs de consacrer une partie des ressources de l'entreprise à la conception de nouveaux types d'ordinateurs personnels parce qu'à son avis, «ces ordinateurs [n'étaient] que des jouets», lui a coûté son poste de chef de la direction et a presque conduit son entreprise à la ruine.

- Hewlett-Packard a décidé de ne pas développer un produit conçu par Steve Wozniak, un de ses employés, lequel a quitté l'entreprise avec son dispositif pour cofonder Apple Computer.

- Monster.com a offert au *Globe and Mail* sa collaboration pour afficher des offres d'emploi en ligne, mais sa proposition a été refusée. Le journal a perdu d'importants revenus provenant de ces offres parce que de nombreuses entreprises ont abandonné l'imprimé pour l'électronique.

- Le chef de la direction de Research In Motion (RIM), le fabricant du BlackBerry, a mis plusieurs jours avant de s'excuser auprès de ses clients pour la panne de son système d'alimentation en 2011; c'est ce qui a poussé de nombreux utilisateurs, jusque-là loyaux, à abandonner son produit pour un iPhone ou un Android.

c'est comme essayer de rassembler un millier de prima donna. Ils ont un caractère extrêmement individualiste et refusent de suivre le gros du troupeau, de sorte que les diriger représente tout un défi[54]».

OA5	Expliquer la façon dont l'utilisation de l'information et de systèmes d'information de gestion (SIG) peut se révéler essentielle dans le processus de prise de décisions des gestionnaires.

4.5 L'utilisation de l'information et des systèmes d'information de gestion (SIG)

Pour trouver et évaluer diverses possibilités en vue de prendre une décision, les gestionnaires doivent avoir accès à des données et à de l'information provenant à la fois de l'intérieur de l'organisation et de parties prenantes de l'extérieur. Par exemple, pour fixer le prix d'une place en avion, le directeur du marketing de WestJet a besoin de renseignements sur la façon dont les consommateurs réagiront à différents prix. Il lui faut également connaître les coûts unitaires, pour éviter de fixer un prix qui serait inférieur aux coûts du vol, le nombre approximatif de personnes susceptibles de voyager par avion un jour donné (la classe dans laquelle elles voyageraient : affaires ou économique) ainsi que des renseignements sur les prix de ses concurrents puisque la stratégie de fixation des prix de WestJet doit concorder avec sa stratégie concurrentielle. Une partie de cette information peut provenir de l'extérieur de l'entreprise (p. ex. d'enquêtes auprès des consommateurs), et une autre partie, de l'intérieur (p. ex. les renseignements sur les coûts d'un vol fournis par le service d'exploitation). Comme l'indique cet exemple, la capacité des gestionnaires de prendre des décisions efficaces dépend de leur capacité à se procurer de l'information et à la traiter.

Il ne faut pas confondre « données » et « information »[55]. Les **données** sont des renseignements bruts, non résumés et non analysés, tels que le volume de ventes, les coûts ou le nombre de clients. L'**information** est un ensemble de données organisées de façon à avoir un sens, par exemple sous forme de diagramme qui indique les variations du volume de ventes ou des coûts en fonction du temps.

La distinction entre ces deux concepts est importante parce qu'un des rôles des technologies de l'information consiste à aider les gestionnaires à convertir les données

en information pour arriver à prendre de meilleures décisions. Les **technologies de l'information** sont des moyens d'acquérir, d'organiser, d'entreposer, de traiter et de transmettre de l'information. Les progrès rapides réalisés dans ce domaine, en particulier grâce aux ordinateurs, ont un effet crucial sur les systèmes d'information ainsi que sur les gestionnaires et leur entreprise[56].

4.5.1 Les caractéristiques d'une information utile

Lorsque nous avons vu le processus de prise de décisions un peu plus tôt dans ce chapitre, nous avons pu constater qu'il est souvent difficile d'avoir accès à toute l'information nécessaire pour prendre une décision. Même si l'on recueille encore des renseignements auprès de certaines personnes, l'accès à l'information se fait maintenant en grande partie au moyen des technologies de l'information (les sites Web, les bases de données, etc.). Quelle que soit la manière dont on l'acquiert, on doit déterminer si l'information reçue est utile. Quatre facteurs permettent d'établir son degré d'utilité : la qualité, la rapidité, l'exhaustivité et la pertinence (*voir la figure 4.5*).

Données (*data*)
Renseignements bruts, non résumés et non analysés.

Information (*information*)
Ensemble de données organisées de façon à avoir un sens.

Technologies de l'information (*information technology*)
Ensemble des moyens qui permettent d'acquérir, d'organiser, d'entreposer, de traiter et de transmettre de l'information.

> **FIGURE 4.5** **Les facteurs qui déterminent l'utilité de l'information**

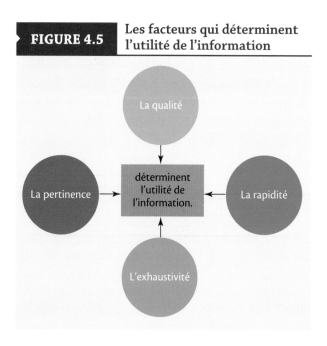

La qualité

La qualité de l'information dépend de sa précision et de sa fiabilité[57]. Plus l'information est précise et fiable, plus sa qualité est élevée. Un système d'information qui fonctionne bien fournit une information de haute qualité. Si les gestionnaires jugent que la qualité de l'information qu'ils reçoivent de leur système d'information est médiocre, ils sont susceptibles de ne plus lui faire confiance et de cesser de l'utiliser. En fait, si des gestionnaires se basent sur de l'information de qualité inférieure pour prendre des décisions, celles-ci risquent d'être mauvaises, sinon désastreuses. Par exemple, la fusion partielle du cœur du réacteur de Three Mile Island en Pennsylvanie, dans les années 1970, a été causée par une information erronée due à une défaillance du système d'information. Ce système indiquait aux ingénieurs chargés de contrôler le réacteur qu'il y avait assez d'eau dans le cœur du dispositif pour refroidir la pile nucléaire alors que ce n'était pas le cas. Il en a résulté une fusion partielle du cœur du réacteur et la libération de gaz radioactifs dans l'atmosphère.

La rapidité

Par rapidité de l'information, on entend que celle-ci est disponible au moment où les gestionnaires en ont besoin pour agir, et non, par exemple, après la prise d'une décision. Dans le monde actuel, où tout évolue constamment, cela signifie souvent que l'information doit être disponible en temps réel[58]. Suivre l'information sur des microblogues tels que Twitter, Tumblr ou Plurk permet d'obtenir de personnes et d'organisations des renseignements de toute dernière minute. L'**information en temps réel** est un ensemble de renseignements qui reflètent les conditions du moment. Dans un secteur qui se caractérise par des changements rapides, elle peut nécessiter une mise à jour fréquente. Les compagnies aériennes utilisent ce type d'information pour connaître le nombre de réservations et les prix de leurs concurrents. Elles peuvent ainsi modifier leurs propres prix d'heure en heure en vue de maximiser leurs ventes.

L'exhaustivité

Une information complète procure aux gestionnaires tous les renseignements dont ils ont besoin pour exercer leurs activités de contrôle et de coordination, ou pour prendre des décisions éclairées. Nous avons déjà vu qu'en raison de l'incertitude et de l'ambiguïté des renseignements ainsi que de contraintes de temps et de coûts, les gestionnaires doivent souvent composer avec une information incomplète[59]. Une des fonctions des systèmes d'information est d'accroître le caractère exhaustif de l'information dont les gestionnaires disposent.

La pertinence

Une information pertinente est utile, c'est-à-dire qu'elle répond aux besoins précis des gestionnaires et convient aux circonstances dans lesquelles ils se trouvent. De l'information non pertinente est inutile et peut même nuire au rendement de gestionnaires occupés lorsqu'ils se voient forcés de perdre un temps précieux à essayer de déterminer si un renseignement leur sera utile ou non. Compte tenu du volume considérable de renseignements actuellement à la disposition des gestionnaires et des capacités limitées de tout être humain à traiter de l'information, il est important que les concepteurs de systèmes d'information s'assurent que les gestionnaires reçoivent seulement de l'information pertinente.

4.5.2 Les systèmes d'information de gestion (SIG)

De nos jours, les systèmes électroniques de collecte et de traitement des données sont au cœur des activités de la plupart des organisations. Les **systèmes d'information de gestion (SIG)** sont des systèmes électroniques formés de composantes reliées entre elles et conçues pour recueillir, traiter, emmagasiner et transmettre des renseignements, de façon à faciliter la prise de décisions, l'organisation, la planification et le contrôle. Ils sont spécialement conçus pour aider les gestionnaires à prendre des décisions efficientes et efficaces dans leurs tâches de planification, de direction, d'organisation et de contrôle du rendement. Nous traiterons de quatre types de systèmes d'information de gestion, tout en mentionnant celui qui les a tous précédés, la hiérarchie organisationnelle.

Quatre types de systèmes électroniques d'information de gestion peuvent se révéler particulièrement utiles pour les gestionnaires en leur fournissant les renseignements dont ils ont besoin pour prendre des décisions, ainsi que pour contrôler et coordonner les ressources de leur entreprise. Il s'agit des systèmes transactionnels, des systèmes d'information des opérations ou de la production, des systèmes d'aide à la décision (SAD) et des systèmes

---

Information en temps réel (*real-time information*)
Ensemble de renseignements fréquemment mis à jour de façon à refléter les conditions du moment.

Système d'information de gestion (SIG)
(*management information system – MIS*)
Ensemble de systèmes électroniques formés de composantes reliées entre elles et conçues pour recueillir, traiter, emmagasiner et transmettre de l'information, de façon à faciliter les activités des gestionnaires en matière de prises de décisions, d'organisation, de planification et de contrôle.

experts. Dans la figure 4.6, ces systèmes sont placés dans un continuum, en fonction de leur degré croissant d'utilité à fournir aux gestionnaires les renseignements requis pour la prise de décisions ponctuelles ou non programmées.

Depuis toujours, la hiérarchie organisationnelle a servi à recueillir les renseignements dont les gestionnaires ont besoin pour leurs activités de coordination et de contrôle du rendement et pour la prise de décisions (*voir le chapitre 6, où il est question de la structure de l'organisation et de sa hiérarchie*). Toutefois, malgré son utilité, cette structure comporte certains inconvénients. Premièrement, dans les organisations où il y a plusieurs échelons de gestionnaires, il faut parfois beaucoup de temps à l'information pour se rendre jusqu'au sommet de la pyramide, et à la décision, pour en revenir. Cette lenteur réduit la rapidité et l'utilité de l'information et empêche l'entreprise de réagir rapidement à un changement dans les conditions du marché[60].

Deuxièmement, l'information peut être déformée en passant d'un échelon décisionnel à un autre. La **distorsion de l'information** est un changement de sens qui se produit à mesure qu'un message passe par une suite d'expéditeurs et de destinataires et qui réduit la qualité de l'information[61].

Troisièmement, comme les gestionnaires ont une capacité limitée de contrôle, plus l'organisation s'agrandit, plus sa structure hiérarchique s'accroît. Cette imposante structure peut faire de la hiérarchie un système d'information très coûteux. L'idée répandue selon laquelle les entreprises ayant une structure hiérarchique de gestion à multiples échelons ont tendance à être bureaucratiques et à se montrer indifférentes aux besoins de leurs clients provient de l'incapacité de leur hiérarchie à traiter efficacement les données et à fournir à leurs gestionnaires une information rapide, exhaustive, pertinente et de qualité supérieure. Toutefois, avant l'arrivée des systèmes d'information électroniques modernes, c'était encore le meilleur système disponible.

Les systèmes transactionnels

Le **système transactionnel** est un système conçu pour traiter de grandes quantités d'opérations ordinaires et récurrentes. Il est apparu au début des années 1960 avec l'arrivée des ordinateurs centraux sur le marché. Il s'agit du premier type de système d'information de gestion électronique à être adopté par un grand nombre d'organisations. Aujourd'hui, c'est chose courante. Les directeurs de banque utilisent ce système pour enregistrer les dépôts qui entrent et les paiements qui sortent des comptes bancaires. Les gestionnaires de supermarché s'en servent pour enregistrer la vente de leurs articles et pour vérifier les niveaux de leurs stocks. De façon générale, la plupart des gestionnaires des grandes entreprises en utilisent pour effectuer des tâches telles que la préparation de la liste de paie et le versement des salaires, la facturation aux clients et le paiement des fournisseurs.

Les systèmes d'information des opérations

De nombreux types de systèmes d'information de gestion ont fait leur apparition peu après celle des premiers systèmes transactionnels dans les années 1960.

Distorsion de l'information (*information distortion*)
Changement d'interprétation au sens d'un message lorsque l'information divulguée passe par une longue suite d'expéditeurs et de destinataires.

Système transactionnel (*transaction-processing system*)
Système d'information de gestion conçu pour traiter de grandes quantités d'opérations habituelles et récurrentes.

> **FIGURE 4.6** Les quatre types de systèmes d'information de gestion (SIG)

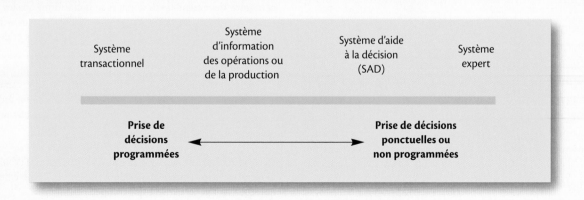

Un **système d'information des opérations** sert à recueillir, à organiser et à résumer des ensembles de données sous une forme utile aux gestionnaires. Contrairement au système transactionnel qui traite des opérations usuelles, il leur fournit de l'information dont ils peuvent se servir lorsqu'ils ont à effectuer des tâches inhabituelles de coordination, de contrôle et de prise de décisions. La plupart des systèmes d'information des opérations sont accouplés à un système transactionnel. Ayant généralement accès aux données recueillies par ce système, ils les traitent pour les transformer en renseignements utiles et les organisent de façon à leur donner une forme accessible aux gestionnaires. Ceux-ci utilisent souvent un système d'information des opérations pour se renseigner sur les ventes, les stocks, la comptabilité et d'autres données liées au rendement de leur entreprise. Par exemple, l'information que T. J. Rodgers, de Cypress Semiconductor, reçoit sur les objectifs et le rendement de ses employés lui est fournie par son système d'information des opérations.

De même, FedEx utilise un système d'information des opérations pour superviser le rendement de ses quelque 1500 centres de distribution. L'entreprise évalue chacun d'eux en fonction de quatre critères : la livraison (l'objectif étant de livrer l'ensemble des colis avant midi le lendemain du jour où ils ont été ramassés), la productivité (mesurée par le nombre de colis expédiés par employé par heure), le coût contrôlable et la rentabilité. Chaque centre a également des cibles spécifiques à atteindre en matière de livraison, d'efficacité, de coûts et de rentabilité. Chaque mois, le système d'information des opérations de FedEx recueille des renseignements sur chacun de ces quatre critères et les résume pour permettre à la haute direction de comparer le rendement de chaque centre à des cibles préétablies pour elle. Ce système indique rapidement aux directeurs principaux les centres dont le rendement est inférieur aux objectifs, de sorte qu'ils peuvent intervenir de façon sélective pour aider à résoudre les problèmes susceptibles d'être à l'origine de ces mauvaises performances.

Les systèmes d'aide à la décision

Un **système d'aide à la décision (SAD)** est un système informatique interactif d'information de gestion qui fournit des modèles aux gestionnaires pour leur permettre de prendre de meilleures décisions ponctuelles ou non programmées[62]. Rappelons que les décisions ponctuelles ou non programmées sont relativement inhabituelles ou sans précédent. Il s'agit, par exemple, d'investir dans une nouvelle capacité de production, de fabriquer un nouveau produit, de lancer une campagne promotionnelle originale, de pénétrer dans un marché jusque-là inaccessible

ou d'étendre ses activités sur la scène internationale. Tandis que le système d'information des opérations organise des renseignements importants en fonction de leur pertinence, le système d'aide à la décision procure aux gestionnaires la capacité de construire des modèles et leur permet ainsi d'utiliser l'information dont ils disposent de diverses manières. Par exemple, ils peuvent s'en servir pour déterminer s'il faut ou non réduire le prix d'un produit. Le système leur fournit alors des modèles indiquant des façons dont des clients et des concurrents réagiraient à une telle décision. L'examen de ces modèles et de leurs résultats pourrait donc les aider dans leur prise de décisions.

Il est important de souligner qu'il s'agit d'une aide car, en fin de compte, ce système n'est pas conçu pour prendre des décisions à la place des gestionnaires. En fait, sa fonction consiste plutôt à leur fournir des renseignements pertinents dont ils peuvent se servir pour améliorer la qualité de leur prise de décisions.

Les systèmes experts et l'intelligence artificielle

Le **système expert** est le système d'information de gestion le plus sophistiqué qui existe. Il utilise des connaissances humaines emmagasinées dans un ordinateur pour résoudre des problèmes qui requièrent généralement une compétence humaine[63]. Il s'agit d'une variante de l'intelligence artificielle[64]. Pour reproduire l'expertise et l'intelligence humaines, l'ordinateur doit au moins pouvoir : 1) reconnaître, énoncer et résoudre un problème ; 2) en expliquer la solution ; et 3) apprendre de ses expériences.

Il n'y a pas si longtemps, chaque entreprise devait acheter le logiciel conçu pour la gestion de l'information et obtenir ainsi le droit d'utiliser ses programmes étroitement protégés. Au cours de la dernière décennie, divers

---

Système d'information des opérations
(*operations information system*)
Système d'information de gestion conçu pour recueillir, organiser et résumer des ensembles de données sous une forme que les gestionnaires peuvent utiliser lorsqu'ils ont à effectuer des tâches inhabituelles de coordination, de contrôle du rendement et de prise de décisions.

Système d'aide à la décision (SAD) (*decision support system*)
Système informatique interactif d'information de gestion capable de concevoir des modèles et que les gestionnaires peuvent utiliser lorsqu'ils doivent prendre des décisions ponctuelles ou non programmées.

Système expert (*expert system*)
Système d'information de gestion qui utilise une base de données fondées sur l'expérience humaine pour résoudre des problèmes qui requièrent généralement une compétence humaine.

types d'applications de services, autrefois distribués de gré à gré à des prix astronomiques aux personnes et aux entreprises, sont devenus accessibles dans Internet pour une fraction du coût antérieur. Des sociétés telles IBM, Amazon et Apple offrent maintenant l'**infonuagique**, c'est-à-dire un ensemble de services fournis dans Internet qui comprend tout, de la gestion de la chaîne logistique (ou gestion de la chaîne d'approvisionnement) et des ressources humaines jusqu'au stockage de données et à la création de contenus numérisés. Il est ainsi possible d'obtenir presque tous les logiciels sous la forme d'un service qui peut s'amalgamer ou se combiner à d'autres applications pour répondre efficacement aux besoins propres à chaque entreprise. Ces services Internet permettent de relier et de synchroniser en ligne les données dont doivent se servir les gestionnaires pour prendre des décisions appropriées.

D'après une étude effectuée par *The Economist*[65], deux groupes de services se distinguent des autres : les suites d'applications intégrées et les plateformes. Parmi les premières, citons Google Apps et Zoho, qui comportent de nombreuses applications, notamment le traitement de texte, la gestion de projet et la gestion de la relation client (ou gestion des relations avec la clientèle). De leur côté, les plateformes, qui sont semblables aux systèmes d'exploitation employés aujourd'hui, offrent des services aux consommateurs, comme le réseau social Facebook. La concurrence est si féroce dans le domaine de l'infonuagique que, selon certains, la rivalité entre les plateformes s'apparente à celle qui a traditionnellement opposé

Microsoft à Apple. En effet, le taux de croissance annuel composé de l'infonuagique se situe aux environs de 30 % depuis 10 ans.

Il en résulte que les centres informatiques deviennent de « véritables usines de services informatiques, que les logiciels sont de plus en plus fournis sous forme de service en ligne et que les réseaux sans fil relient de plus en plus d'appareils à ces offres[66] », rendant obsolètes les grands services de technologie de l'information à l'intérieur des entreprises. Toutefois, la multiplication des centres informatiques pourrait avoir un effet désastreux sur l'environnement. Forte de ce constat, l'entreprise EMC, une firme spécialisée dans l'entreposage, la protection et la gestion des données, s'engage et travaille activement à réduire sa consommation d'énergie et celle de ses fournisseurs[67]. L'Agence de protection de l'environnement estime que la consommation d'énergie de ce secteur correspond à 2 % des émissions mondiales de carbone, soit l'équivalent de celles du transport aérien[68].

L'infonuagique permet à une entreprise de relier et de synchroniser en ligne les données utiles aux gestionnaires pour prendre leurs décisions.

Infonuagique (*cloud computing*)
Ensemble de services fournis dans Internet qui comprend tout, de la gestion de la chaîne logistique (ou gestion de la chaîne d'approvisionnement) et des ressources humaines jusqu'au stockage de données et à la création de contenus numérisés.

4

Résumé et révision

Cette section vous servira à vérifier l'acquisition des objectifs d'apprentissage.

OA1 La nature de la prise de décisions en gestion   Les décisions programmées sont des décisions usuelles qui reviennent si souvent que les gestionnaires ont fini par élaborer des règles à suivre automatiquement pour les prendre. Les décisions ponctuelles ou non programmées sont inhabituelles, c'est-à-dire qu'elles sont prises en réponse à des situations inusitées ou qui ne se reproduiront pas. Dans le modèle classique de prise de décisions, on suppose que les décideurs disposent d'une information exhaustive, qu'ils ont la capacité de la traiter de façon objective et rationnelle, et qu'ils prennent des décisions optimales. James March et Herbert Simon ont élaboré un modèle bureaucratique selon lequel les gestionnaires doivent composer avec une rationalité limitée, ont rarement accès à toute l'information nécessaire pour prendre des décisions optimales et doivent donc s'en tenir au principe du seuil de satisfaction de l'individu, et se fier à leur intuition et à leur jugement lorsqu'ils prennent des décisions.

OA2 Les processus de prise de décisions   Lorsqu'ils prennent des décisions, les gestionnaires ont le choix entre divers modèles de prise de décisions. Il leur est essentiel de bien déterminer le processus le plus approprié à la situation. Parmi les modèles de prise de décisions qui existent, celui de Tichy et Bennis (le Leadership Judgment Process) combine le côté rationnel et intuitif, alors que le PRP (processus de résolution de problèmes) est populaire pour reconnaître le problème prioritaire dans une entreprise. Les gestionnaires peuvent aussi utiliser le processus de prise de décisions par étapes: reconnaître et définir la situation problématique, déterminer les objectifs et leurs critères, analyser le problème en fonction des faits et des connaissances, trouver diverses solutions possibles, en choisir une parmi toutes les solutions, la mettre en application, puis évaluer la rétroaction et en tirer des leçons.

OA3 Le rôle des partis pris dans la prise de décisions   Le plus souvent, les gestionnaires se montrent d'assez bons décideurs. Toutefois, des problèmes se posent lorsqu'ils doivent composer avec une rationalité limitée, c'est-à-dire l'utilisation de règles empiriques pour simplifier le processus de prise de décisions. Leur jugement est alors faussé par des partis pris cognitifs. Ces partis pris proviennent d'erreurs systématiques commises dans la façon dont ils traitent l'information en vue de prendre des décisions et peuvent avoir des effets négatifs sur la façon dont ils les prennent. Les sources de ces erreurs sont notamment le biais de préjugé, le biais de représentativité, l'illusion de contrôle et l'escalade des engagements.

OA4 L'amélioration du processus de prise de décisions   Les gestionnaires peuvent prendre de meilleures décisions lorsqu'ils se rendent compte de leurs partis pris et qu'ils consacrent le temps approprié au processus de prise de décisions. Toutefois, pour prendre les meilleures décisions, ils auraient aussi avantage à adopter une stratégie de développement durable, c'est-à-dire une politique de transparence qui stimule l'intérêt des parties prenantes et qui procure des avantages économiques sans laisser d'empreinte écologique importante. Leur entreprise doit devenir une entreprise apprenante et encourager la créativité, de façon à ne jamais laisser échapper d'idées nouvelles et innovatrices.

OA5 L'utilisation de l'information et des systèmes d'information de gestion (SIG)

Autrefois, les gestionnaires se servaient de la hiérarchie organisationnelle comme principal système de collecte des renseignements dont ils avaient besoin pour coordonner les activités de leur entreprise, contrôler son rendement et prendre des décisions efficaces. De nos jours, ils disposent de quatre types de systèmes d'information électroniques pouvant leur fournir, en temps opportun, une information pertinente, relativement exhaustive et de qualité supérieure qui leur permet de prendre des décisions efficaces. Il s'agit, par ordre croissant de complexité, des systèmes transactionnels, des systèmes d'information des opérations, des systèmes d'aide à la décision (SAD) et des systèmes experts.

TERMES CLÉS

apprentissage organisationnel (p. 123)
biais de préjugé (p. 119)
biais de représentativité (p. 119)
créativité (p. 123)
décision optimale (p. 109)
développement durable (p. 121)
distorsion de l'information (p. 127)
données (p. 125)
entreprise apprenante (p. 123)
erreur systématique (p. 119)
escalade des engagements (p. 120)

heuristique (p. 118)
illusion de contrôle (p. 120)
infonuagique (p. 129)
information (p. 125)
information ambiguë (p. 110)
information en temps réel (p. 126)
intrapreneuriat (p. 123)
intuition (p. 110)
jugement (p. 110)
modèle bureaucratique (p. 109)
modèle classique (p. 109)
principe du seuil de satisfaction de l'individu (p. 110)
prise de décisions (p. 107)

prise de décisions ponctuelles ou non programmées (p. 108)
prise de décisions programmées (p. 107)
rationalité limitée (p. 110)
système d'aide à la décision (SAD) (p. 128)
système d'information de gestion (SIG) (p. 126)
système d'information des opérations (p. 128)
système expert (p. 128)
système transactionnel (p. 127)
technologies de l'information (p. 125)

Solutionnaire
enseignant

Les gestionnaires à l'œuvre

SUJETS À TRAITER ET ACTIVITÉS CONNEXES

NIVEAU 1 Connaissances et compréhension

1. Définissez et décrivez les deux types de décisions des gestionnaires.

2. Décrivez le processus de prise de décisions par étapes.

3. a) Décrivez la différence entre « données » et « information ».

b) Quelles sont les caractéristiques d'une information utile ?

NIVEAU 2 Application et analyse

4. Demandez à un gestionnaire de vous parler de décisions, la pire et la meilleure, qu'il a prises. Tentez de déterminer les raisons pour lesquelles ces décisions étaient bonnes ou mauvaises.

5. Demandez à un gestionnaire de décrire les principaux types de systèmes d'information qu'il utilise habituellement pour son travail.

NIVEAU 3 Synthèse et évaluation

6. Comparez les hypothèses de base des modèles classique et bureaucratique de prise de décisions en insistant sur leurs différences.

7. Supposez que vous êtes cadre de terrain dans une épicerie qui offre un service de livraison à domicile. Vous annoncez à votre patron que vous avez trouvé un assureur pour les conducteurs de camions de livraison qui lui coûterait moins cher que celui avec lequel il fait affaire, tout en lui offrant la même protection. Pourtant, votre patron refuse de changer d'assureur. Quel parti pris influe sur sa décision?

8. Lorsqu'un gestionnaire doit évaluer une solution à l'aide d'une analyse coûts-avantages, à quels critères accorde-t-il le plus d'importance?

EXERCICE PRATIQUE EN PETIT GROUPE

Le choix d'un écran d'ordinateur

Formez un groupe de trois ou quatre personnes et choisissez quelqu'un qui présentera les résultats de votre recherche à toute la classe lorsque votre professeur vous le demandera. Discutez ensemble du scénario suivant.

Supposez qu'on demande à votre groupe de résoudre le problème du remplacement des écrans obsolètes des ordinateurs de bureau d'un service des ressources humaines. Vous devez acheter sept nouveaux écrans, mais vous hésitez sur la marque à choisir. Appliquez les étapes du processus de prise de décisions.

1. Énoncez la question sur laquelle porte la décision.

2. Faites un remue-méninges pour déterminer les marques d'écrans d'ordinateur disponibles.

3. a) Dressez la liste des facteurs qui sont importants dans ce type de décision et classez-les dans les quatre catégories de critères proposées dans le chapitre.

   b) Attribuez une valeur ou une pondération à chaque catégorie de critères et à chaque facteur.

   c) Discutez des avantages et des inconvénients de chaque marque en vous servant des critères de décision et attribuez à chacune une note de 0 à 10 (0 étant la plus faible).

   d) Préparez une matrice décisionnelle multicritère (*voir le tableau 4.2, à la page 116*) pour représenter vos notes pondérées.

4. Quelle marque choisirez-vous? Pourquoi?

5. Comment procéderez-vous pour mettre votre décision en application?

6. Comment saurez-vous si vous avez pris une bonne décision?

Pour vous guider, consultez l'annexe B, à la page 426.

EXERCICE DE PLANIFICATION D'AFFAIRES

Votre équipe veut prendre la meilleure décision possible concernant l'emplacement du restaurant pour lequel vous devez rédiger un plan d'affaires. Il vous faut tenir compte de plusieurs facteurs importants au moment de prendre cette décision (p. ex. l'achalandage de votre clientèle cible). Vous décidez donc d'utiliser le processus de prise de décisions par étapes pour vous aider à choisir un emplacement susceptible d'avoir du succès.

1re étape : Reconnaître la nécessité d'une décision concernant l'emplacement du restaurant sur lequel portera votre plan d'affaires

2e étape : Trouver diverses solutions

Dressez une liste de toutes les possibilités auxquelles vous pensez et inscrivez-les au haut d'un tableau, sous forme de titres de colonnes.

3e étape : Évaluer les diverses solutions à l'aide d'une matrice décisionnelle multicritère (*voir le tableau 4.2, à la page 116*)

1. Dressez une liste de tous les facteurs qui compteront dans votre décision, c'est-à-dire des critères qui entrent dans les quatre catégories présentées dans ce chapitre. Inscrivez-les du côté gauche du tableau, sous forme de titres de rangées. Indiquez tous les facteurs pertinents relatifs à cette décision dans la catégorie de critères qui leur convient, sous forme de sous-titres.

2. Pondérez ensuite les quatre catégories de critères en déterminant leur importance relative dans la décision à prendre. Par exemple, vous pourriez considérer la catégorie «achalandage» comme étant la plus importante (50 %), suivie des «aspects économiques» (30 %) ainsi que des «aspects pratiques», comme l'accessibilité, et des «aspects éthiques», comme l'accessibilité aux personnes à mobilité réduite (10 % chacun).

3. Attribuez une note à chaque variable, en fonction des renseignements que vous avez recueillis au cours de votre recherche. Choisissez par exemple une échelle variant entre 0 et 10, où 0 signifie que ce facteur est sans importance ou qu'il a l'effet le moins avantageux dans la décision définitive, tandis que 10 représente un facteur extrêmement important ou qui a le résultat le plus favorable. (Il est tout à fait acceptable d'avoir des facteurs ayant le même degré d'importance.) Par exemple, d'après votre recherche, un restaurant situé au centre-ville profiterait d'un achalandage de la clientèle cible nettement supérieur à celui du restaurant établi en banlieue, cela vous permettant d'estimer une note de 9 contre 1 pour ce critère. Dans la catégorie des «aspects économiques», le restaurant situé en banlieue obtiendrait une note plus élevée que le restaurant du centre-ville, par exemple 8 au lieu de 2, en raison notamment du prix de location ou d'achat de l'espace commercial. En ce qui a trait aux «aspects pratiques», le restaurant situé au centre-ville aurait besoin de considérer l'accessibilité par transports en commun et le manque de stationnement par rapport au restaurant de banlieue, de sorte qu'il obtiendrait une moins bonne note, par exemple 4, contre 6 pour le restaurant de banlieue.

4. Ajoutez une dernière colonne pour les notes pondérées. Remplissez de haut en bas les colonnes de possibilités et multipliez la note de chaque variable par la valeur de l'importance relative qui lui est attribuée. Dans notre exemple, sous la rubrique «aspects pratiques», on accordera une note pondérée de 4 × 10 = 40 à la possibilité du restaurant au centre-ville. Par ailleurs, dans la catégorie «achalandage», le restaurant du centre-ville recevra 9 × 50 = 450, tandis que le restaurant de banlieue n'obtiendra que 1 × 50 = 50.

5. Enfin, additionnez les notes pondérées que vous avez établies pour chacune des possibilités.

4ᵉ étape : Choisir parmi toutes les solutions possibles

La proposition qui obtient la note la plus élevée est celle sur laquelle devrait porter votre plan d'affaires.

5ᵉ étape : Mettre en application la solution choisie

Maintenant que vous avez pris une décision concernant l'emplacement du restaurant que vous voulez ouvrir, vous devez préparer un plan d'action portant sur la gestion du projet de rédaction du plan d'affaires. Vous pourriez utiliser un calendrier des activités (ou un diagramme de Gantt) pour gérer les tâches à accomplir et les délais à respecter dans la remise de votre plan d'affaires.

6ᵉ étape : Évaluer la rétroaction et en tirer des leçons

Vous aurez la confirmation que vous avez pris la bonne décision si l'investisseur auquel vous présentez votre plan d'action (ou votre professeur) lui fait un accueil favorable.

EXERCICE DE GESTION RELATIF À L'ÉTHIQUE

La prise de décisions et le respect de l'éthique

Il n'est pas toujours simple pour les gestionnaires de prendre les bonnes décisions. Ils doivent souvent composer avec l'incertitude que la décision prise est la bonne. À cette difficulté s'ajoute parfois le compromis à faire entre leur sens de l'éthique et les pressions exercées par l'entreprise. Prenons l'exemple d'une entreprise de fabrication de meubles de cuisine. Plusieurs ébénistes ont pris l'habitude de fabriquer certains meubles pour leur compte personnel durant leur journée de travail. Le contremaître de l'entreprise le sait, mais ferme les yeux, en accord avec la direction, car l'entreprise tient à conserver sa main-d'œuvre alors qu'il y a une pénurie d'ébénistes qualifiés dans le secteur de la fabrication des meubles. Toutefois, le contremaître n'est pas à l'aise avec cette décision, qu'il considère comme contraire à l'éthique. De plus, il constate que son attitude permissive commence à produire certains effets sur d'autres employés de l'entreprise. Il a remarqué, depuis quelque temps, un relâchement dans le respect des heures d'arrivée et de départ sur les lieux de travail, ce qui contribue à raccourcir le temps de travail de l'entreprise et, par conséquent, la productivité des employés.

1. Selon vous, comment le gestionnaire devrait-il composer avec cette situation ?

LA GESTION MISE AU DÉFI

George Stroumboulopoulos, de l'émission *The Hour* à CBC, a lancé une campagne intitulée « One Million Acts of Green[69] » (Un million d'actions vertes) afin d'encourager les Canadiens à poser des gestes qui pourraient réduire les émissions de gaz à effet de serre. Il peut s'agir de mesures aussi simples que de remplacer ses ampoules ordinaires par des ampoules fluorescentes, de participer à un programme de recyclage ou de se rendre au travail à pied.

1. À titre de gestionnaire, quelles décisions pourriez-vous prendre pour favoriser le développement durable ?

PROJET DE PRÉPARATION D'UN DOSSIER DE GESTION

Répondez aux questions suivantes concernant l'organisation que vous avez choisi d'étudier.

1. Essayez de recueillir des témoignages concernant de mauvaises décisions prises par des gestionnaires de l'entreprise au cours de la dernière décennie.

2. S'il y a eu de mauvaises décisions, quel rôle les partis pris ont-ils pu y jouer?

3. Évaluez la politique adoptée par l'entreprise en matière de développement durable.

4. Quels types de SIG l'entreprise utilise-t-elle? En quoi ces systèmes augmentent-ils son efficacité et son rendement?

Solutionnaire
enseignant

Étude de cas

Un choix encore meilleur?

En septembre 2011, Loblaws a réuni une brochette de fins gourmets à la Neubacher Shor Contemporary Gallery de Toronto pour lancer officiellement sa nouvelle gamme de produits de luxe à prix abordables le Choix du Président[70]. Cette gamme de produits a alors été surnommée «Collection noire» en raison de son habillage (même si cette expression n'apparaissait sur aucun emballage parce qu'elle appartenait en exclusivité à la société Johnnie Walker). Les nouveaux produits étaient offerts à des prix variant entre 1,99 $ et 21,99 $ et ont fait leur apparition dans 140 magasins de la chaîne en octobre de la même année. Cette gamme de luxe comptait plus de 200 produits de toutes sortes, dont un cheddar vieilli durant huit ans, une sauce au chocolat épicée au gingembre et de la marmelade au bacon. Toutefois, même le lancement le plus chic n'a pu faire oublier certaines réalités économiques.

À cette époque, le marché canadien de l'alimentation était extrêmement concurrentiel et, comme les consommateurs surveillaient plus attentivement que jamais chaque dollar qu'ils dépensaient, Loblaws, Sobey's, Walmart et d'autres menaient une guerre de prix féroce dans le but de conserver leurs clients. Déjà, le rapport des résultats nets de Loblaws pour le deuxième trimestre, daté de juillet 2011, indiquait une stagnation des ventes de l'entreprise. Le chef de la direction, Galen Weston, a alors déclaré: «La situation incertaine et extrêmement concurrentielle du marché continue à présenter des risques pour les ventes au détail.»

Selon Nielsen Co., les marques maison de produits alimentaires fabriqués pour des détaillants tels que PC, Sobey's (Our Compliments) ou Walmart (Great Value), qualifiées aussi de «marques de distributeur», représentaient alors un marché annuel de 11,4 milliards de dollars au Canada. C'est dans ce contexte qu'en 2010, Loblaws avait décidé de mettre au point et de lancer sa propre gamme de produits de choix pour attirer les consommateurs susceptibles d'acheter l'essentiel de leur épicerie dans ses magasins, puis de se rendre dans une boutique spécialisée pour s'offrir quelques aliments plus raffinés. Il s'agissait de faire de Loblaws un magasin où l'on trouvait de tout et où les fines bouches pouvaient se procurer non seulement leur dentifrice, mais aussi de l'huile d'olive parfumée à la truffe. Toutefois, dans cette période d'austérité, alors qu'avec les produits portant la marque maison, les consommateurs avaient l'impression d'en avoir plus pour leur argent et que moins cher était de plus en plus synonyme de «meilleur», le puissant président de Loblaws a-t-il réussi à trouver des gens prêts à payer pour des produits de luxe ? La marmelade au bacon a-t-elle été un succès de l'entreprise (comme l'a été le biscuit Décadent) ? Cette stratégie gastronomique s'est-elle révélée un pari trop risqué ?

Même s'il s'agissait d'une première au Canada, l'idée que de grandes chaînes d'épiceries puissent offrir des fromages de luxe et des huiles exotiques n'était pas nouvelle. En Grande-Bretagne, et en Europe en général, malgré les difficultés financières récentes, des géants du supermarché comme Tesco et Carrefour réussissaient à proposer des aliments de première qualité (qualifiés de « super-premium ») aux bas prix qui caractérisent les marques maison. La solution consistait à appliquer le modèle des marques maison (qui a fait ses preuves), soit développer des produits originaux et établir de bonnes relations avec des fournisseurs pour réduire le coût des intermédiaires de façon à empocher une plus grande part de la marge bénéficiaire, à un nombre croissant de produits haut de gamme.

Selon Ian Gordon, vice-président des marques Loblaws, la gamme « Black Label » visait à remplir un vide dans l'offre de vente de l'entreprise, en ajoutant un troisième palier à son choix de produits. Dans le langage des producteurs de marques maison, on parle de « produits bons, meilleurs et supérieurs ». À côté des marques sans nom et le Choix du Président, dont « Menu bleu » était le volet santé, il y avait désormais une gamme « Black Label ». Monsieur Gordon avait alors déclaré : « Il reste de 15 à 20 % de produits au sommet de la section des aliments haut de gamme que nous n'offrons pas encore aux consommateurs. C'est un créneau que nous n'avons pas essayé d'explorer jusqu'ici. »

Dans une année typique, un concepteur de produits employé par Loblaws pouvait travailler sur environ 50 nouveaux articles. On a attribué en grande partie à monsieur Hougham ainsi qu'à Maria Charvat, la vice-présidente au développement de produits, le mérite d'avoir préparé pour le marché la totalité des 213 nouveaux produits de la gamme « Black Label » en une période d'environ 9 mois. Heureusement pour eux, la majeure partie des aliments de cette nouvelle gamme n'étaient pas des plats cuisinés, mais plutôt des huiles d'olive, des chocolats, des fromages, des pâtes, etc., par opposition, par exemple, à des lasagnes. Toutefois, dénicher des produits savoureux et des fournisseurs fiables qui répondent aux attentes de l'entreprise dans un délai aussi court tenait vraiment du prodige !

Comme les nouveaux produits n'avaient fait leur apparition que dans 140 magasins au départ, on ne pouvait pas s'attendre à voir Galen Weston Jr. dans une publicité télévisuelle vantant les attraits d'une épice à aromatiser le vin chaud « Black Label ». Il n'y avait pas encore de plan de campagne de marketing à l'échelle nationale. L'entreprise avait plutôt concentré ses efforts sur une campagne électronique visant à expliquer la provenance des produits et à suggérer des façons de les apprêter. Dans quel plat, par exemple, pouvait-on mettre de la pâte à l'umami, cette pâte à base de glutamate qui relève le goût des plats ? Une application pour les téléphones intelligents et les tablettes iPad et BlackBerry répondrait éventuellement à cette question.

Même s'il s'agissait d'une publi-information restreinte, l'entreprise fondait de grands espoirs sur le potentiel de cette gamme de produits. Ses dirigeants faisaient certainement confiance à leur « Black Label » puisqu'ils avaient déjà enclenché le processus de planification de la deuxième étape de cette initiative.

Compte tenu du fait que l'entreprise Tesco obtenait un chiffre d'affaires considérable au Royaume-Uni avec sa gamme de produits raffinés Finest, essentiellement grâce aux plats cuisinés, et que le groupe français Carrefour avait ouvert un magasin entièrement gastronomique et spécialisé dans ce type de plats en Belgique, on ne devait pas s'étonner de voir se développer une offre semblable au Canada.

Il n'y avait évidemment aucune garantie quant à ce que cette expérience ne termine pas sa course au cimetière des mauvais calculs du marché. Toutefois, si l'on pouvait se fier aux tendances internationales – et le succès des marques maison en était une –, l'incursion de la société Loblaws dans le domaine des produits raffinés augurait bien pour cette entreprise et lui permettait de se distinguer de Walmart et de ses autres concurrents – qui appâtaient leurs clients par de plus en plus de réductions – en attirant à elle les consommateurs qui pouvaient se permettre de succomber à la tentation d'acheter des produits haut de gamme.

1. Quel type de décision la société Loblaws a-t-elle prise en lançant sa gamme de produits « Black Label » ?

2. Précisez les opportunités et les menaces qui étaient présentes dans l'environnement concurrentiel de Loblaws et qui ont eu un effet sur sa décision.

3. Quelle a été l'importance de la technologie dans la réussite de la mise en application de cette décision ?

Les processus de planification et de gestion stratégique

OBJECTIFS D'APPRENTISSAGE

OA1 Décrire ce qu'est la planification et l'importance de cette activité, et préciser quelles sont les personnes qui l'effectuent et les types de plans élaborés, ainsi que les qualités qui rendent ces plans efficaces.

OA2 Décrire ce qu'est une vision, une mission et des objectifs généraux d'entreprise et expliquer leur utilisation.

OA3 Expliquer les techniques de diagnostic dont les gestionnaires se servent pour évaluer les opportunités et les menaces dans l'environnement externe d'une organisation.

OA4 Faire la distinction entre une stratégie d'entreprise ou directrice, une stratégie concurrentielle ou d'affaires, et une stratégie fonctionnelle.

OA5 Décrire les façons dont les gestionnaires appliquent une stratégie et en évaluent le succès.

Entrée en matière

Amazon à la conquête du monde en ligne

La rapidité avec laquelle le monde évolue et la complexité de l'environnement qu'elle entraîne obligent les gestionnaires de tous les types d'entreprises à élaborer de nouvelles stratégies pour préserver leur avantage concurrentiel et créer de la valeur. S'ils ne le font pas, ils seront devancés par des concurrents plus ingénieux et qui réagissent plus vite qu'eux aux changements de l'environnement externe, comme les besoins des consommateurs ou l'évolution des technologies. Cette mise en garde s'applique tout particulièrement au secteur de l'informatique mobile, où la concurrence est sans pitié.

Le milliardaire Jeff Bezos a fondé et constitué la société Amazon.com, Inc. en 1994. Il a ouvert son premier magasin Internet en juillet 1995 dans le but de proposer aux consommateurs «le plus vaste choix sur Terre[1]». Sa stratégie consistait à offrir une quantité illimitée de livres et, lorsque c'était possible, à les faire expédier directement des distributeurs aux clients. Son entreprise a pris des proportions gigantesques et s'est emparée d'une grande part du marché de la vente de livres au détail. Circuit City, Borders et d'autres entreprises n'ont pas résisté à cette concurrence acharnée et ont dû fermer boutique, incapables d'offrir une valeur comparable en ce qui a trait au prix, à la diversité des produits en ligne et au service de livraison. La société Amazon

a alors lancé coup sur coup trois magasins en ligne : d'abord de films et d'émissions de télévision en 2006, ensuite de livres électroniques, avec Kindle, en 2007 et, finalement, de musique numérique en format MP3 en 2008. Poursuivant sur sa lancée, elle a inauguré en 2011 un service de vidéotransmission en continu, Netflix. Elle propose aussi maintenant un service de vente aux enchères en ligne à ses clients.

Amazon vise aujourd'hui à offrir « le plus vaste choix sur Terre » en vendant de tout en ligne, des couches pour bébés aux téléviseurs numériques. L'entreprise Best Buy a dû diminuer la taille de ses magasins parce qu'Amazon pouvait fournir des catégories entières de produits identiques aux siens à des prix plus concurrentiels. De son côté, Walmart n'a pas réussi à égaler la fiabilité du réseau d'expédition de sa rivale. Enfin, monsieur Bezos a acheté toutes les entreprises qui, comme Zappos et Diapers. com, pouvaient rivaliser avec Amazon en matière de prix, de variété de produits et de service à la clientèle. Son entreprise s'est accrue de façon phénoménale, alors que ses concurrentes avaient peine à la suivre.

Un des domaines dans lesquels elle a connu sa croissance la plus remarquable est le développement de sa propre plateforme de lecture électronique et de l'offre de services infonuagiques. Son lecteur électronique Kindle Fire, commercialisé en 2011, a poussé les consommateurs à acheter leurs livres chez Amazon, mais il a aussi facilité leur utilisation d'Amazon.com comme principal site pour effectuer leurs achats électroniques en leur proposant une immense variété de produits. Les propriétaires d'un Kindle Fire pouvaient ainsi visionner des films récemment sortis, parcourir des magazines et accéder à leur propre collection de pièces musicales grâce aux serveurs infonuagiques de l'entreprise, ce qui a encore accru l'influence d'un des détaillants qui croissent le plus rapidement au monde.

La stratégie utilisée par monsieur Bezos en 2011 pour concurrencer la tablette électronique d'Apple comportait deux volets. Premièrement, il s'agissait d'offrir des applications, placées sur le système Android de Google, qui dirigeaient les utilisateurs vers le contenu d'Amazon, et d'optimiser leur expérience de magasinage en les débarrassant de l'encombrement du site principal. Le navigateur, appelé «Amazon Silk», facilitait la navigation et l'achat en ligne parce qu'il offrait aux consommateurs un espace de stockage gratuit en leur permettant d'entreposer des données, de la musique et des films sur les serveurs de son vaste service infonuagique plutôt que sur le navigateur de leur appareil. Deuxièmement, le prix d'un Kindle Fire était beaucoup moins élevé que celui d'une tablette électronique d'Apple ou d'un PlayBook de RIM. Monsieur Bezos pouvait se permettre de vendre à un prix moindre que ses concurrents parce qu'il s'attendait à ce que ses clients fassent des achats additionnels, par exemple de jouets, de grille-pain ou de pneus.

Par conséquent, même si la marge bénéficiaire qu'il retirait de la vente du matériel informatique lui-même était faible, il comptait sur son Kindle Fire pour attirer des clients dans son commerce électronique et ses services infonuagiques. L'entreprise se procurait également des revenus grâce aux cotisations qu'elle exigeait de ses abonnés pour des services de livraison préférentielle. Et, comme si cela ne suffisait pas à renforcer sa position concurrentielle, elle a publié 122 livres imprimés et numériques à l'automne 2011, ce qui l'a placée en concurrence directe avec ses propres fournisseurs, sur lesquels elle comptait jusque-là[2].

Toutefois, la marge bénéficiaire déjà mince d'Amazon pourrait être sérieusement menacée si Apple s'emparait d'une part accrue du marché du commerce électronique sur tablette et s'aventurait dans l'infonuagique. Or, c'est exactement ce que ses dirigeants ont commencé à faire. En octobre 2011, ils ont lancé iCloud, un service de communication, d'entreposage de contenu médiatique et de sauvegarde en ligne, pour remplacer MobileMe, une collection peu rentable de produits sur le Web[3].

Voici comment Jeff Bezos a alors commenté la rivalité entre Amazon et Apple: «Tout ce que nous faisons est motivé par les opportunités que nous percevons plutôt que par la préoccupation de nous défendre [...] Les deux entreprises aiment inventer et être à l'avant-garde. Toutes deux ont d'abord le client en tête et cherchent à satisfaire ses besoins. Le même esprit d'entreprise est présent chez elles. Peut-il arriver que deux sociétés comme Amazon et Apple empiètent de temps en temps l'une sur le domaine de l'autre? La réponse est oui[4].»

▶ **Après avoir réfléchi aux concepts présentés dans ce chapitre, vous serez en mesure de répondre aux questions suivantes.**

1. Quelle était la vision d'Amazon.com à ses débuts et en quoi a-t-elle changé?

2. Décrivez la stratégie d'entreprise ou directrice employée par Amazon.

3. À quelles stratégies concurrentielles ou d'affaires Amazon a-t-elle eu recours?

4. Appliquez le modèle d'analyse structurelle des secteurs (ou modèle des cinq forces de Porter) au secteur de la tablette électronique.

Ce chapitre porte sur le rôle du gestionnaire en tant que planificateur et stratège. Les éléments qui y sont traités s'appliquent en tout ou en partie à toute organisation, qu'il s'agisse d'une entreprise privée, d'un organisme sans but lucratif (OSBL), d'un hôpital ou d'un groupe de pression comme Greenpeace. Pour être légitime en 2015, chaque organisation doit faire face au concept du développement durable, où les aspects social et environnemental viennent s'ajouter à l'aspect économique. Désormais, il ne s'agit plus d'être 100 % économique, d'être 100 % écologique ou d'être 100 % socialement acceptable; il faut tenir compte à la fois de ces trois pôles afin de gérer et de développer son organisation à long terme, en toute légitimité. Nous verrons d'abord en quoi consiste la planification, à qui cette tâche incombe, en quoi elle est importante pour obtenir un rendement élevé et les qualités qui rendent les plans efficaces. Nous examinerons ensuite les cinq principales étapes du processus de planification : 1) déterminer et communiquer la vision, la mission et les objectifs généraux de l'entreprise ; 2) analyser les forces en présence dans le contexte organisationnel ; 3) formuler la stratégie d'entreprise, la stratégie concurrentielle et la stratégie fonctionnelle ; 4) mettre en application ces stratégies ; et, finalement, 5) évaluer le succès de ces stratégies dans la réalisation de la vision, de la mission et des objectifs généraux de l'entreprise. À la fin de ce chapitre, vous comprendrez le rôle essentiel que jouent les gestionnaires lorsqu'ils planifient, élaborent et appliquent des stratégies en vue de créer une entreprise à rendement élevé.

OA1 Décrire ce qu'est la planification et l'importance de cette activité, et préciser quelles sont les personnes qui l'effectuent et les types de plans élaborés, ainsi que les qualités qui rendent ces plans efficaces.

5.1 Un aperçu du processus de planification

Comme nous l'avons vu au chapitre 1, la planification est un processus que les gestionnaires utilisent pour déterminer et choisir des objectifs et des plans d'action qui conviennent à leur organisation[5]. Il s'agit d'une des quatre principales tâches de la gestion. Le plan qui résulte de ce processus de planification décrit les objectifs généraux de l'entreprise et précise les façons dont les gestionnaires comptent les atteindre. Par conséquent, la planification est à la fois un processus d'établissement d'objectifs généraux et d'élaboration de stratégies. La figure 5.1 donne un aperçu du processus de planification privilégié aujourd'hui.

Pour exécuter leur tâche de planification, les gestionnaires doivent essentiellement établir et déterminer la situation que leur entreprise occupe actuellement, la situation qu'elle devrait occuper à l'avenir et la façon de la faire progresser pour qu'elle parvienne à l'état souhaité.

Lorsque des gestionnaires planifient, ils doivent prévoir ce qui pourrait se produire à l'avenir pour déterminer ce qu'il faut faire dans l'immédiat. Plus leurs prévisions sont réalistes et plus leur capacité à bien analyser et à bien synthétiser est bonne, mieux ils pourront élaborer des stratégies efficaces pour tirer profit d'opportunités à venir et lutter contre les menaces de la concurrence ou de leur environnement. Comme nous le verrons, la notion de vision prend aujourd'hui une grande importance dans le processus de planification stratégique pour arriver à respecter l'environnement externe, qui est devenu complexe

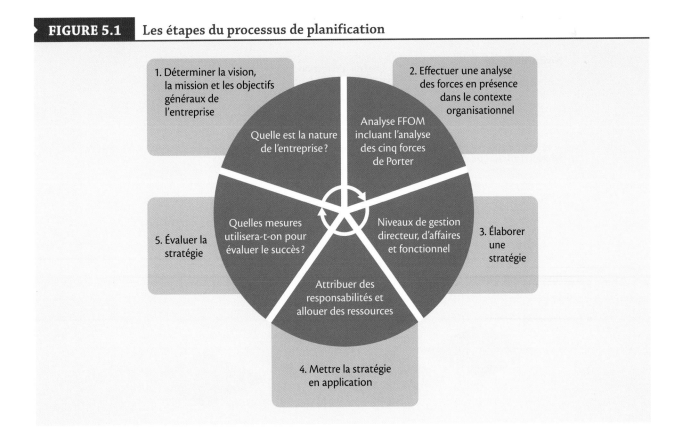

FIGURE 5.1 **Les étapes du processus de planification**

et incertain et où les gestionnaires doivent généralement composer avec une information incomplète et faire face à leur propre rationalité limitée. C'est pourquoi la planification et l'élaboration de stratégies sont aujourd'hui plus que jamais des activités à la fois difficiles et risquées. En effet, si toutes les prévisions des gestionnaires se révélaient fausses, que leurs analyses ou leurs synthèses étaient déficientes et que leurs stratégies échouaient, le rendement de leur entreprise s'en ressentirait grandement.

5.1.1 Qui planifie?

Dans les grandes entreprises, la planification se fait en général à trois niveaux de gestion: directeur (ou d'entreprise), d'affaires (ou concurrentiel) et fonctionnel[6]. Bien que le processus puisse être participatif, c'est à l'échelon de la haute direction que la mission, la vision et les objectifs généraux seront définis. La société GE a trois principaux niveaux de gestion: le niveau directeur, le niveau d'affaires ou des divisions, et le niveau fonctionnel (*voir la figure 5.2*).

Sous le niveau directeur, il y a celui de la gestion d'affaires. On y trouve les diverses divisions de l'entreprise. Une **division** est une unité de l'organisation qui fait concurrence à d'autres entités dans un secteur particulier. La société GE compte plus de 150 divisions, notamment

GE Capital, GE Aviation, GE Éclairage, GE Moteurs industriels et GE Plastiques. Chaque division possède son propre **chef de division**. Elle a aussi son propre ensemble de fonctions ou de services: fabrication, marketing, ressources humaines, recherche et développement, etc.

Même si la planification stratégique relève de la haute direction, les gestionnaires des autres échelons peuvent avoir et ont généralement l'occasion de participer à ce processus. À la société GE et dans beaucoup d'autres entreprises, on encourage les chefs de division et les directeurs à soumettre des propositions de plans d'affaires audacieux au président et aux membres de la haute direction, qui les évaluent et qui déterminent s'ils financeront ou non ces projets[7]. Les gestionnaires d'entreprise ont également la responsabilité d'approuver les différents plans pour s'assurer qu'ils concordent avec le plan stratégique de

---

Division (*division*)
Unité de l'organisation qui possède son propre groupe de gestionnaires et son propre ensemble de fonctions ou de services, et qui fait concurrence à d'autres entités dans un secteur précis.

Chef de division (*divisional manager*)
Gestionnaire qui supervise une des différentes divisions d'une organisation.

> **FIGURE 5.2**   Les niveaux de planification à la société GE

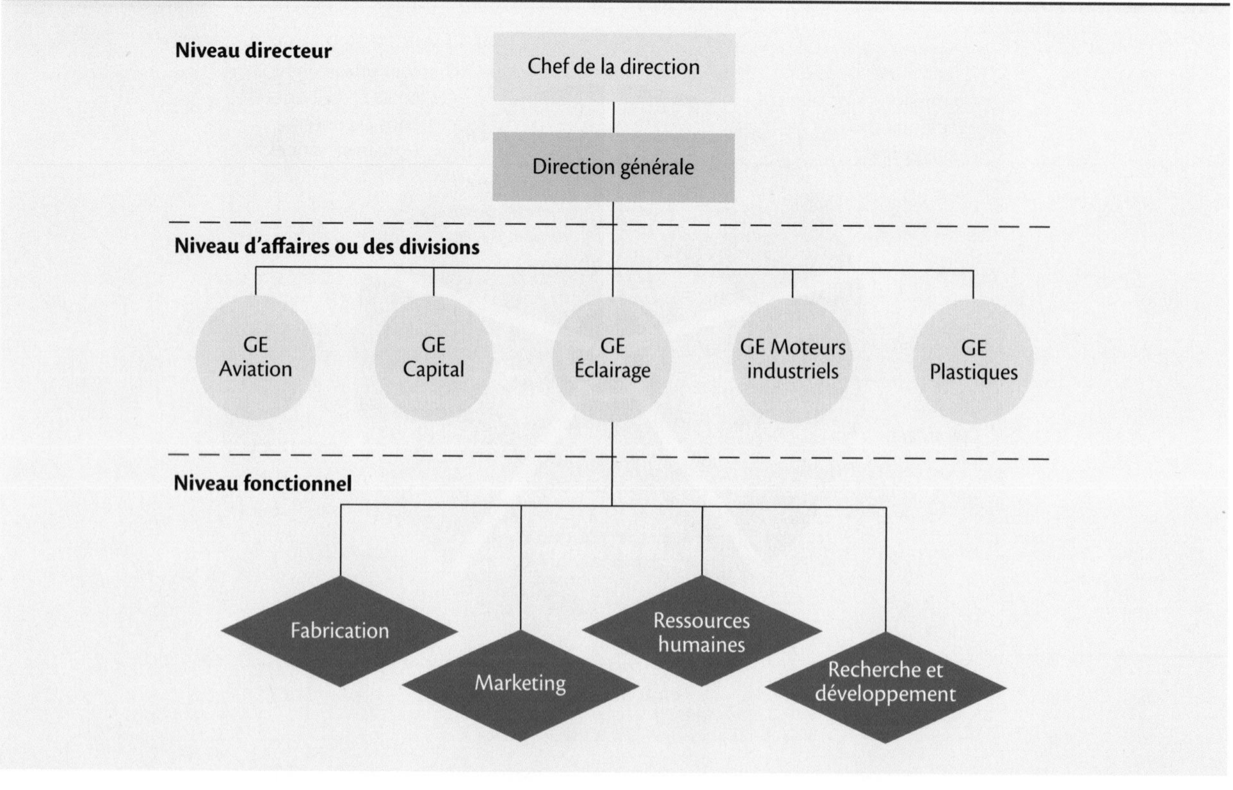

l'entreprise. Assurer la cohérence des stratégies entre les trois niveaux est un des éléments importants du processus de planification. Pour bien comprendre cette cohérence, nous allons traiter, un peu plus loin dans ce chapitre, des différentes stratégies, directrice, d'affaires et fonctionnelle, ainsi que de leur application.

5.1.2 L'horizon temporel des plans

Les plans diffèrent les uns des autres par leur **horizon temporel** ou leur durée prévue. Par exemple, la NASA aura probablement besoin d'un plan de 20 ans, et peut-être plus, pour réussir à envoyer un homme sur la planète Mars. Ici, nous allons nous consacrer aux organisations qui sont en concurrence marquée et qui doivent par conséquent s'adapter fréquemment et rapidement aux opportunités et menaces de l'environnement. Dans ce contexte, les gestionnaires font généralement la distinction entre les plans à long terme, qui ont une durée de cinq ans ou plus (rarement plus puisque, dans un environnement externe de plus en plus complexe et volatil, le plan devient rapidement désuet ou inapproprié), les plans à moyen terme, d'une durée type de trois à cinq ans, et les plans à court terme, d'une durée de trois ans ou moins[8].

Même si la plupart de ces organisations fonctionnent suivant une planification qui a un horizon temporel de cinq ans, il serait inexact d'en conclure qu'elles entreprennent de grands travaux d'élaboration de plans et de moyens d'action seulement une fois tous les cinq ans et

---

Horizon temporel (*time horizon*)
Durée prévue d'un plan.

---

qu'elles s'en tiennent ensuite à un ensemble fixe d'objectifs et de stratégies pour la durée de cette période.

En fait, la plupart des entreprises ont un cycle de planification annuel, généralement lié à leur budget financier, également annuel.

Autrement dit, même si un plan stratégique ou d'affaires peut s'étaler sur cinq années, on le traite généralement comme étant un plan à réexaminer à intervalles réguliers, c'est-à-dire un plan qu'on remet à jour et qu'on modifie chaque année en raison du taux élevé de changements dans l'environnement général et dans la rivalité concurrentielle. Des plans de ce type permettent aux gestionnaires d'apporter les corrections que des changements dans l'environnement externe justifient au fur et à mesure, ou d'en changer le contenu de fond en comble s'ils ne leur paraissent plus appropriés. Ils leur permettent aussi de planifier de façon flexible sans perdre de vue la nécessité de le faire à long terme. La figure 5.3 indique les échelons des gestionnaires chargés de l'élaboration et de l'exécution de divers types de plans.

5.1.3 L'importance de la planification

La planification aide les gestionnaires à prévoir les opportunités et les menaces à venir. C'est pourquoi cette activité est essentielle au développement de l'entreprise. L'exemple de Cisco Systems est probant à cet égard. Alors que ses clients demandaient un nouveau type de routeur, le manque d'analyse et de synthèse de son environnement a fait en sorte que cette entreprise a accumulé un stock désuet de 2 milliards de dollars au début des années 2000. L'absence de plan entraîne souvent de l'hésitation, des décisions imprudentes et des changements de direction

---

FIGURE 5.3 **Les échelons de gestionnaires chargés des divers types de plans**

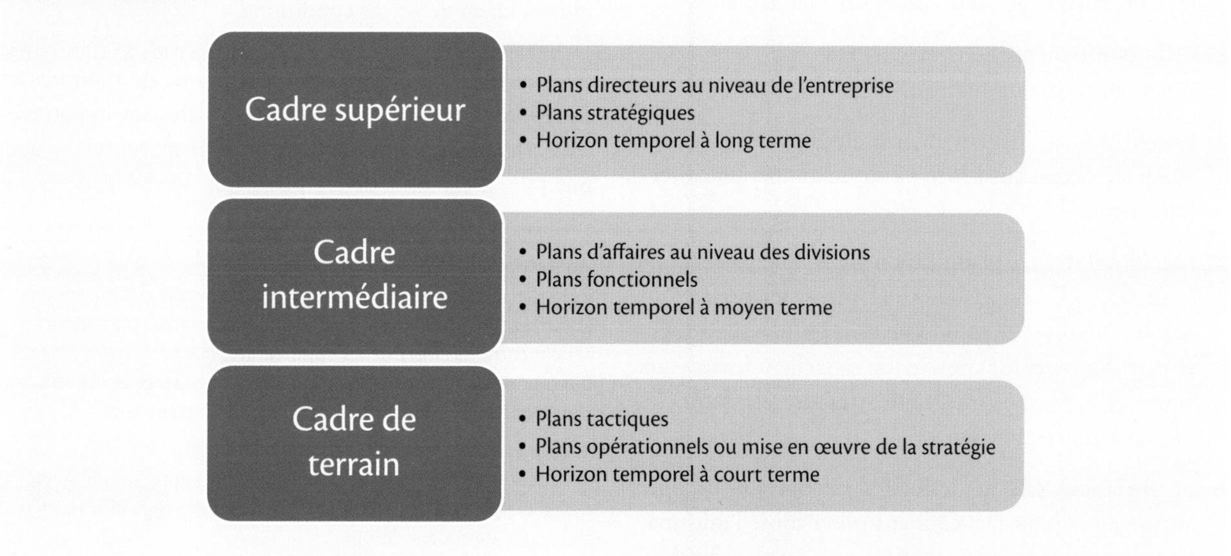

Cadre supérieur
- Plans directeurs au niveau de l'entreprise
- Plans stratégiques
- Horizon temporel à long terme

Cadre intermédiaire
- Plans d'affaires au niveau des divisions
- Plans fonctionnels
- Horizon temporel à moyen terme

Cadre de terrain
- Plans tactiques
- Plans opérationnels ou mise en œuvre de la stratégie
- Horizon temporel à court terme

erronés qui peuvent nuire à une entreprise, voire la mener à la catastrophe. Bien qu'étant un exercice difficile, la planification est importante pour quatre raisons principales.

1. C'est une façon pratique d'amener les gestionnaires à participer à la prise de décisions et à la création de valeur concernant les stratégies et les objectifs qui conviennent à l'entreprise.

2. Il est nécessaire de donner à l'entreprise une direction et un but[9]. En énonçant clairement les stratégies et les objectifs importants, un plan permet aux gestionnaires de ne pas les perdre de vue et, par conséquent, d'employer la part des ressources dont ils disposent de façon plus efficiente et efficace.

3. Un plan aide à coordonner le travail des gestionnaires des divers services et des différentes divisions d'une entreprise de façon qu'ils orientent leurs efforts dans la même direction et qu'ils travaillent ensemble à atteindre l'état souhaité pour elle dans le futur. En l'absence d'un plan établi, il est possible que le personnel du service de fabrication produise plus de biens que ce que le personnel du service des ventes peut vendre et, par conséquent, que l'entreprise accumule une grande quantité de marchandises invendues.

4. Un plan peut servir d'instrument pour contrôler le rendement des gestionnaires à l'intérieur de l'entreprise. Un bon plan précise non seulement les objectifs que l'entreprise s'est fixés et les stratégies qu'elle a choisies pour y parvenir, mais aussi les personnes qui ont la responsabilité d'appliquer ces stratégies en vue de réaliser ces objectifs. Lorsque des gestionnaires savent qu'ils seront tenus responsables de la réalisation d'un objectif, ils se sentent en principe plus stimulés à faire de leur mieux pour s'assurer d'y parvenir.

Les plans efficaces

Les plans efficaces ont quatre qualités[10].

1. L'unité. On ne devrait mettre en application qu'un seul plan stratégique à la fois pour se donner une direction claire.

2. La continuité. La planification ne se fait pas en une seule étape. Il faut élaborer des plans, les perfectionner, les modifier de façon que tous les niveaux (directeur, d'affaires et fonctionnel) se rattachent les uns aux autres pour former une vaste structure et, enfin, les mettre à jour régulièrement.

3. La précision. Les gestionnaires ne doivent négliger aucun effort pour recueillir et utiliser toute l'information disponible au cours du processus de planification.

Il est recommandé d'utiliser toutes les ressources disponibles à tous les échelons de l'entreprise pour trouver et valider l'information issue de l'**analyse FFOM**.

4. La souplesse. Les plans devraient être modifiés lorsque la situation change. Il est presque impossible qu'un plan de cinq ans se déroule selon les prévisions. Il est donc normal aujourd'hui d'adapter, de modifier et même de revoir complètement le plan stratégique de l'entreprise parce que les éléments de l'analyse FFOM se sont transformés significativement ou même radicalement.

En veillant à ce que leurs plans d'action présentent toutes ces caractéristiques, les gestionnaires évitent que de nombreux objectifs et plans entraînent confusion et désordre dans leur entreprise; ils assurent ainsi sa viabilité à long terme. En même temps, les gestionnaires doivent comprendre l'importance de ne pas suivre aveuglément un plan statique parce que les situations évoluent. Ils doivent aussi admettre que l'incertitude existe et que l'information disponible est incomplète ou volatile. Par conséquent, il leur faut planifier du mieux qu'ils le peuvent, puis revoir leurs plans à mesure que les situations changent ou que de nouveaux renseignements leur parviennent.

La technique des scénarios

Un des aspects les plus difficiles de l'élaboration de plans est la nécessité de prévoir ce que sera l'avenir, lequel peut comporter une grande part d'incertitude. Pour cette raison, l'une des méthodes de planification les plus largement employées aujourd'hui est la **technique des scénarios**. On la définit comme étant la production de multiples prévisions des conditions à venir, suivie d'une analyse et d'une synthèse des façons de réagir efficacement à chacune de ces conditions.

Cette technique d'enquête projective et participative consiste à produire des descriptions de nombreuses situations futures en se fondant sur diverses hypothèses concernant les conditions qui pourraient exister à l'avenir, puis à élaborer divers plans qui décrivent de façon

---

Analyse FFOM (*SWOT analysis*)
Exercice de réflexion qui permet aux gestionnaires de déterminer les forces (F) et les faiblesses (F) d'une organisation par rapport à ses concurrents ainsi que les opportunités (O) et les menaces (M) qui sont présentes dans l'environnement du secteur et qui influeront à des degrés différents sur chacun des concurrents.

Technique des scénarios (*scenario planning*)
Production de multiples prévisions des conditions à venir, suivie d'une analyse et d'une synthèse de la façon de réagir efficacement à chacune de ces conditions.

plus ou moins détaillée ce qu'une entreprise devrait faire si un ou plusieurs de ces scénarios se réalisaient. Les gestionnaires de tous les niveaux participent à cette enquête et se servent de cette technique pour élaborer différents scénarios des conditions futures dans l'environnement de l'entreprise. Ils conçoivent ensuite des réactions ou des stratégies pour profiter pleinement d'une opportunité possible ou pour s'adapter à une menace anticipée. Ces scénarios entraînent et créent un ensemble de plans d'action en fonction de ces réactions. La technique des scénarios est extrêmement utile en raison de sa capacité non seulement d'anticiper les défis que comporte un avenir incertain, mais aussi d'enseigner aux gestionnaires à penser au futur, c'est-à-dire à adopter une démarche de réflexion stratégique[11]. Voici ce que faisait remarquer Paul J. H. Schoemaker dans un article paru dans *Business Week* et intitulé «Are you ready for global turmoil?».

> Les systèmes traditionnels de prévision et d'établissement du budget fournissent des projections linéaires nettement inadéquates en périodes de risques et d'incertitude. Mieux vaut recourir à la technique des scénarios, qui permet par exemple des simulations de crises grâce auxquelles les entreprises mettent leurs stratégies et leurs processus à l'épreuve dans un vaste éventail de scénarios pour déterminer les domaines où elles sont vulnérables. Une fois ces points faibles connus, elles peuvent travailler à les renforcer de façon à pouvoir réagir plus efficacement et surmonter des conditions difficiles[12].

La planification et la gestion de crise

Dans bien des cas, les gestionnaires sont incapables de prévoir les conditions qui pourraient obliger leur entreprise à adopter un plan d'urgence. Lorsque des situations imprévues et imprévisibles se produisent, un désastre qui peut sérieusement nuire à une entreprise est généralement imminent. Sa capacité à se remettre d'une telle crise dépend alors en grande partie de sa capacité de saine gestion, c'est-à-dire de l'habileté de ses cadres supérieurs à gérer leurs relations avec leurs parties prenantes de façon éthique, et avec un haut degré de transparence et de franchise. Un **plan de gestion de crise** est conçu en vue de composer avec toute crise éventuelle[13]. Plusieurs entreprises ont eu à subir des crises qu'il leur a fallu gérer de façon à limiter les dégâts.

On peut citer à titre d'exemple l'entreprise de jouets américaine Mattel, qui, en 2007, a rappelé des millions

de jouets fabriqués en Chine contenant de la peinture au plomb et de petits aimants susceptibles d'être avalés par les enfants. À la surprise générale, l'entreprise a assumé l'entière responsabilité de la mauvaise conception des jouets et a fait le rappel de plus de jouets que nécessaire.

Une autre méthode a été utilisée en l'an 2000 par la société Maple Leaf Foods pour gérer la crise qui a exigé la fermeture de l'une de ses usines après que des bactéries aient été trouvées dans ses appareils[14]. Ayant été forcée de rappeler ses stocks de viande après que de graves intoxications et plusieurs décès causés par la listériose se soient produits, l'entreprise a rapidement su mettre en place une stratégie de communication destinée à informer le public de ses démarches pour éliminer cette bactérie.

Conseils aux gestionnaires

La planification

1. La vision est importante parce qu'elle sert de source d'inspiration et de motivation pour les diverses parties prenantes de l'organisation. Il faut rédiger l'énoncé de la vision de façon qu'il fasse connaître ce que l'entreprise s'efforce d'accomplir. Par exemple, la vision d'une banque alimentaire peut être de « mettre un terme à la faim ».

2. La mission ou raison d'être est un énoncé du but de l'entreprise, des produits et services offerts et de la clientèle visée. Par exemple, le but d'une banque alimentaire peut être de «nourrir les personnes qui ont faim dans notre collectivité», et un des services offerts serait de proposer des produits nutritifs à des prix modiques, ou gratuitement.

3. Les objectifs généraux sont des cibles à atteindre. Par exemple, la cible pourrait être de «disposer de suffisamment de ressources pour nourrir les personnes qui ont recours aux services de la banque alimentaire pendant six mois» ou encore de «conserver une réserve de nourriture en tout temps pour une semaine ou de disposer d'un personnel et de bénévoles en nombre suffisant pour répondre à des hausses imprévues de la demande».

5.2 Les cinq étapes du processus de planification

Dans la plupart des organisations, la planification est un processus en cinq étapes (*voir la figure 5.1, à la page 141*). La première étape consiste à déterminer la vision, la mission et les objectifs généraux de l'entreprise.

Plan de gestion de crise (*crisis management plan*)
Plan d'action formulé en vue de gérer toute crise éventuelle.

L'**énoncé de la vision** aide à tracer un portrait général de l'organisation et présente ses intentions pour l'avenir. La vision est importante parce qu'elle sert de source d'inspiration et de motivation pour les parties prenantes de l'organisation, en particulier les employés. Un des grands visionnaires des derrières années a été Steve Jobs. Sa vision était fondée sur la façon de changer le monde (« Parce que les gens assez fous pour penser qu'il peuvent changer le monde sont ceux qui y parviennent[15] »). Il voyait l'informatique comme l'extension de l'être humain et sa vision a grandement inspiré ses employés à dépasser leurs limites. Une vision bien définie est facile à comprendre et apporte quelque chose à la société. Comme nous l'avons vu précédemment, la vision est un élément très important dans un environnement instable et volatil ; ce portrait général et inspirant nous guide dans ce tumulte.

L'**énoncé de la mission** est une déclaration générale de la raison d'être d'une organisation. Il vise à préciser ses valeurs, ses produits et ses clients de même que la façon dont elle se distingue des organisations concurrentes. Un **objectif général** est le résultat qu'une organisation souhaite pour l'avenir et auquel elle s'efforce de parvenir dans un délai déterminé. Habituellement, l'organisation établit ses objectifs généraux en fonction de sa vision et de sa mission. Dès que la mission et les objectifs généraux font l'objet d'un consensus et qu'ils sont énoncés en bonne et due forme dans un plan stratégique, ils servent à orienter les étapes suivantes parce qu'ils permettent de déterminer les objectifs et les stratégies rattachés à chaque action ou chaque projet qui sera choisi à la suite de l'analyse FFOM et de la synthèse de ses constats[16].

La deuxième étape consiste à effectuer une analyse des forces et faiblesses en présence dans le contexte organisationnel et d'y découvrir des opportunités et des menaces. Les gestionnaires emploient plusieurs techniques pour analyser la situation en cours, parmi lesquelles se trouvent l'analyse FFOM et le modèle des cinq forces de Porter. À la troisième étape, il s'agit d'élaborer des plans et des stratégies relatives aux choix provenant de l'analyse FFOM et de la synthèse de ses constats pour que l'entreprise réalise sa

Établir un processus de planification efficace est le défi principal des gestionnaires.

vision, remplisse sa mission et atteigne les objectifs généraux qu'elle s'est fixés. La quatrième étape consiste à mettre le ou les plans en application. À ce stade, les gestionnaires déterminent des modes d'allocation et de répartition des ressources et des responsabilités entre les individus et les groupes à l'intérieur de l'entreprise en vue d'appliquer les stratégies choisies[17]. À la cinquième étape, il faut évaluer la stratégie, le plan et l'implantation. Comment les gestionnaires peuvent-ils déterminer si une stratégie a eu les effets souhaités ? Dans les sections suivantes de ce chapitre, nous examinons les caractéristiques de chacune de ces étapes.

OA2	Décrire ce qu'est une vision, une mission et des objectifs généraux d'entreprise et expliquer leur utilisation.

5.3 Étape 1 : Définir la vision, la mission et les objectifs de l'entreprise

La vision diffère des autres formes d'établissement de l'orientation de l'organisation de plusieurs façons.

Une vision, c'est une image claire et captivante qui propose une façon originale d'apporter des améliorations à la société, qui reconnaît l'importance des traditions et s'en inspire et qui se rattache à des mesures que des personnes peuvent prendre pour réaliser le changement souhaité. La vision s'adresse aux émotions des gens et canalise leur énergie. Formulée de façon appropriée, elle suscite l'enthousiasme qu'on retrouve chez les partisans d'un sport ou d'autres activités de loisir, et transpose la même énergie et le même degré d'engagement dans le milieu de travail[18].

Énoncé de la vision (*vision statement*)
Déclaration générale qui aide à tracer un portrait d'ensemble de l'organisation ou qui constitue un énoncé de ses intentions pour l'avenir.

Énoncé de la mission (*mission statement*)
Déclaration générale de la raison d'être d'une organisation, qui indique ses valeurs, ses produits et sa clientèle cible, ainsi que ce qui la distingue des organisations concurrentes.

Objectif général (*goal*)
Résultat qu'une organisation souhaite et auquel elle s'efforce de parvenir dans un délai déterminé.

La vision d'une entreprise est généralement l'œuvre du chef de la direction. Lorsque Bill Gates a fondé Microsoft, sa vision consistait en « un ordinateur sur chaque pupitre, dans chaque maison et dans chaque bureau[19] ». Steve Ballmer, chef de la direction de Microsoft qui a succédé à Bill Gates, a considéré que cette vision ne suffisait plus dans un monde de haute technologie et en a formulé une nouvelle, soit de « rendre les gens autonomes en tout temps, partout et sur n'importe quel appareil[20] ». Amazon a pour vision d'être « l'entreprise la plus centrée sur ses clients du monde ; un endroit où les gens peuvent se rendre pour trouver et découvrir tout ce qu'ils pourraient avoir envie d'acheter en ligne : le plus vaste choix sur Terre[21] ».

5.3.1 La détermination de la mission

La mission de l'organisation devrait découler de la vision que ses fondateurs ou dirigeants ont pour elle. Pour déterminer la mission d'une entreprise, les gestionnaires doivent d'abord définir son champ d'activité de façon à pouvoir préciser le type de valeur qu'elle fournira à ses clients. Pour ce faire, ils doivent se poser trois questions[22] : 1) Qui sont nos clients ? 2) Lesquels de leurs besoins réussissons-nous à satisfaire ? et 3) Comment procédons-nous pour répondre à ces besoins ?

Ces questions permettent de préciser les besoins des consommateurs que l'entreprise satisfait et la façon dont elle s'y prend pour y arriver. Les réponses qu'ils obtiennent aident les gestionnaires à déterminer non seulement les besoins des consommateurs que leur entreprise satisfait au moment même, mais également ceux qu'elle devrait chercher à satisfaire à l'avenir et, ce faisant, à identifier ses véritables concurrents. Toute cette information leur sert à déterminer la mission de leur entreprise, puis à établir des objectifs généraux appropriés pour la mener à bien. La mission d'Amazon, qui apparaît dans le rapport annuel de l'entreprise en 2010, se lit comme suit : « Nous cherchons à être l'entreprise la plus centrée sur ses clients du monde pour trois principaux ensembles de clients : les consommateurs, les vendeurs et les entreprises. En outre, nous générons des produits grâce à d'autres services de marketing et de promotion, comme la publicité en ligne et des ententes en matière de cartes de crédit comarquées[23]. » De son côté, Gildan, une entreprise montréalaise, s'est donné comme mission en 2002 d'être le fabricant le moins coûteux et le chef de file des responsables marketing des marques de vêtements plein air (tout-aller) et des circuits de distribution en gros en Amérique du Nord et partout dans le monde. Pour atteindre cet objectif général, l'entreprise souhaite offrir la meilleure qualité, le meilleur service et les meilleurs prix à ses clients.

5.3.2 L'établissement des objectifs généraux

Lorsque les gestionnaires ont défini la nature de leur entreprise, ils doivent établir un ensemble d'objectifs fondamentaux qu'elle s'engage à réaliser. L'élaboration de ces objectifs généraux lui donne des cibles claires à atteindre dans le respect de sa vision et de sa mission. Comme nous l'avons vu dans l'entrée en matière de ce chapitre, le chef de la direction d'Amazon s'est engagé à servir ses clients dans un environnement très concurrentiel. Il vise des objectifs généraux en ce qui a trait au nombre de clients et à la satisfaction de la clientèle. Les meilleurs énoncés des objectifs généraux d'une organisation sont généralement ambitieux tout en étant réalistes, c'est-à-dire qu'ils élargissent le champ d'action de l'organisation et exigent que ses membres travaillent à améliorer sa performance[24]. Dans ces conditions, le **leadership stratégique**, c'est-à-dire la capacité du chef de la direction et des membres de la haute direction en général de communiquer au personnel subordonné une vision enthousiaste de ce qu'ils veulent que l'organisation accomplisse, joue un rôle important. Si les employés acceptent la vision de leur entreprise et prennent le comportement de leur leader pour modèle, ils en viendront à effectuer avec empressement le travail difficile et stressant que requiert l'élaboration de projets et de stratégies créatrices et audacieuses[25].

OA3	Expliquer les techniques de diagnostic dont les gestionnaires se servent pour évaluer les opportunités et les menaces dans l'environnement externe d'une organisation.

5.4 Étape 2 : Analyser les forces en présence dans l'environnement

La **démarche de formulation stratégique** consiste à analyser la situation actuelle d'une organisation et à élaborer des stratégies pour qu'elle puisse réaliser sa vision,

---

Leadership stratégique (*strategic leadership*)
Capacité du chef de la direction et des membres de la haute direction en général de communiquer au personnel subordonné une vision enthousiaste de ce qu'ils veulent que l'organisation accomplisse.

Démarche de formulation stratégique (*strategy formulation*)
Analyse de la situation actuelle d'une organisation suivie de l'élaboration de stratégies qui devraient lui permettre de réaliser sa vision, d'accomplir sa mission et de réaliser ses objectifs généraux.

accomplir sa mission et atteindre ses objectifs généraux[26]. Cette démarche commence lorsque les gestionnaires analysent les facteurs à l'intérieur et à l'extérieur de l'entreprise (l'environnement concurrentiel et l'environnement général) qui ont pu ou qui pourraient avoir des effets sur la capacité de l'entreprise à atteindre ses objectifs généraux présents ou futurs. Il existe diverses techniques pour analyser l'environnement externe et interne d'une organisation, y compris l'analyse FFOM[27] et, plus particulièrement, le PESTEL[28], dont chaque lettre représente un environnement externe précis : Politique, Économique, Sociodémographique, Technologique, Écologique et Légal. Il y a aussi le TOWES (test des compétences essentielles dans le milieu de travail) et le modèle des cinq forces de Porter. Dans cette section, nous examinerons l'analyse FFOM et le modèle des cinq forces de Porter. Lorsqu'ils ont analysé les forces présentes dans l'environnement, à la recherche d'opportunités et de menaces, les gestionnaires peuvent prendre des décisions quant aux meilleures manières de réaliser la vision de leur entreprise, d'accomplir sa mission et d'atteindre ses objectifs généraux. Nous verrons ensuite, dans la section 5.5, comment ils transforment ces choix en projet et en stratégies qu'ils appliquent aux niveaux directeur, d'affaires et fonctionnel.

5.4.1 L'analyse FFOM

L'analyse FFOM constitue la première étape dans la démarche de formulation stratégique. Il s'agit d'un exercice de réflexion qui vise, dans un premier temps, à déterminer les forces (F) et les faiblesses (F) de l'organisation en fonction de ses concurrents, pour un secteur donné. Dans un deuxième temps, l'exercice permet de reconnaître les opportunités (O) et les menaces (M) présentes dans l'environnement de ce secteur. À l'aide de ce type

Pour évaluer les nombreux enjeux et défis auxquels l'organisation doit faire face, les gestionnaires peuvent s'aider d'outils comme l'analyse FFOM.

d'analyse, les gestionnaires de tous les niveaux, et particulièrement ceux de la haute direction, peuvent déterminer la capacité stratégique et les facteurs clés de succès de l'entreprise. Dotés d'une bonne capacité de synthèse, ils choisissent les stratégies directrices, d'affaires et fonctionnelles qui prépareront l'entreprise à mieux réaliser sa vision, remplir sa mission et atteindre ses objectifs généraux (*voir les figures 5.4 et 5.5*).

La première étape de l'analyse FFOM consiste à déterminer les forces et les faiblesses qui caractérisent l'état actuel de l'entreprise par rapport à ses concurrents, puis à trouver des moyens de maintenir ses forces et de triompher de ses faiblesses pour développer un avantage concurrentiel. Prenons l'exemple d'Amazon, l'entreprise qui fait l'objet de l'entrée en matière (*voir la figure 5.6*). Il s'agit d'une pionnière dans le domaine du commerce électronique. Elle vend un vaste éventail de produits en ligne, allant des livres, de la musique et des films aux jouets, aux appareils électroniques

---

> **FIGURE 5.4** L'analyse FFOM

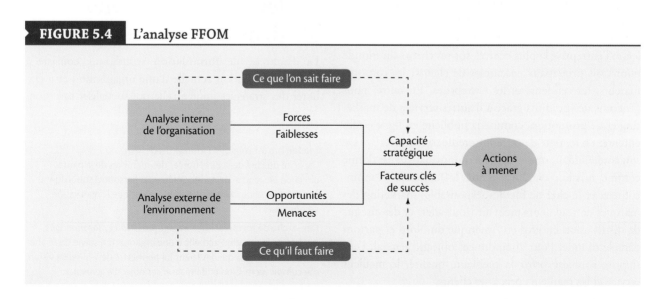

et aux automobiles. Elle a mis au point des technologies et des procédés que les détaillants dans Internet emploient maintenant couramment, notamment l'achat en un clic, les notes de vérification par courriel aux clients et des outils d'achat judicieux. Ces innovations (forces) lui ont permis d'exceller dans la vente au détail en ligne. De son introduction en Bourse en 1997 jusqu'en 2010, ses ventes ont augmenté de 838%, et le nombre de ses clients, de 738%[29].

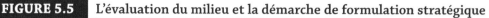

> **FIGURE 5.5** L'évaluation du milieu et la démarche de formulation stratégique

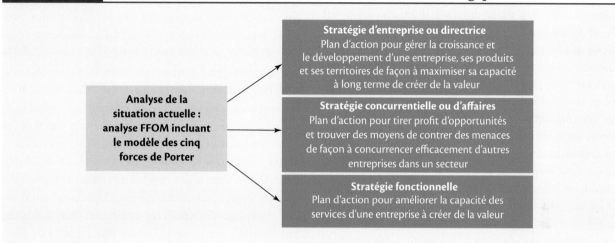

> **FIGURE 5.6** Une analyse sommaire FFOM d'Amazon

Forces	Faiblesses
• Croissance rapide et continue, principalement par l'acquisition d'entreprises concurrentes • Partenariats avec des entreprises Internet pour favoriser ses activités • Service à la clientèle fortement personnalisé: utilisation d'avis par courriel, conseils aux clients, section de livres primés et autres programmes pour aider les clients à faire leur choix parmi les produits à acheter • Satisfaction du client qui fait ses achats dans Internet: le plus vaste éventail de produits offerts en ligne • Site de commerce électronique de prestige et de bonne réputation • Leader avec le service infonuagique • Leader par son modèle de cotisations comme source de revenus	• Site Internet encombré et peu attrayant • Motivation mitigée des employés • Culture organisationnelle secrète ou méconnue des employés • Faible marge bénéficiaire qui augmente la dépendance relative à l'établissement d'une importante base de clients
Opportunités	**Menaces**
• Marché en croissance lié aux gammes de produits pour le commerce électronique • Marché en croissance dans le domaine du matériel pour tablettes électroniques • Marché en croissance pour un contenu original lié à Internet et à des services commerciaux et de communication adaptés à des modes de vie changeants	• Forte concurrence comme Apple (iCloud) et Samsung, qui pourraient s'emparer d'une plus grande part du marché du commerce électronique • Certains concurrents ayant une marque dont la notoriété est plus grande, davantage de ressources, une plus longue expérience en affaires et un plus grand nombre de clients • Parmi les menaces légales et politiques: l'obligation de recouvrer et de verser les montants des taxes de vente dans de nombreux États américains • Croissance limitée au nombre des utilisateurs d'Internet, peu nombreux dans certaines régions du monde

À cette époque, Amazon a conclu des ententes à long terme avec des partenaires stratégiques qui devaient favoriser ses intérêts commerciaux, tels que America Online, Yahoo!, Excite, Netscape, GeoCities, AltaVista, @Home et Prodigy.

Pour déterminer les forces d'une entreprise, il faut analyser ce qu'elle réussit à faire de mieux que ses concurrents. L'analyse FFOM et la synthèse de ses constats a convaincu le chef de la direction d'Amazon.com, Jeff Bezos, que le commerce électronique était la voie de l'avenir et que concentrer ses efforts sur la satisfaction de la clientèle en rendant l'expérience du magasinage en ligne plus simple et plus efficace serait rentable pour son entreprise. Lorsqu'un gestionnaire effectue une analyse FFOM sur un concurrent d'un secteur donné, il considère des forces organisationnelles internes telles que la stratégie, les ressources (les actifs et les personnes), les compétences en matière de gestion, la structure organisationnelle, la capacité et les habiletés, le lieu, les marques de commerce et les brevets d'invention, les années d'expérience dans le domaine et la source de l'avantage concurrentiel. Lorsqu'il en détermine les faiblesses, il examine par exemple des failles possibles dans les forces organisationnelles internes telles que des lacunes en matière d'habiletés, le manque de force concurrentielle, l'aspect financier (le ratio emprunts/capitaux propres, le rendement du capital investi [RCI]), la réputation de l'entreprise, le moral des employés et le manque de compétences chez les gestionnaires. Pour bien déterminer la situation exacte des forces et des faiblesses de l'entreprise, les gestionnaires peuvent la regarder à partir de différents points de vue, comme celui de l'actionnaire, d'un client, d'un concurrent, d'un employé ou encore d'un fournisseur. Il importe d'être le plus objectif possible lors de cet exercice.

C'est dans un environnement externe que l'entreprise trouve des opportunités, c'est-à-dire des chances d'augmenter sa part de marché ou d'améliorer son rendement global. Plus une opportunité est associée à une ou des forces de l'entreprise, plus elle sera pertinente pour créer de la valeur. En d'autres termes, si les concurrents possèdent des forces différentes, certains seront mieux placés que d'autres pour profiter pleinement d'une opportunité en particulier. Les gestionnaires recherchent, dans le contexte organisationnel, des éléments qui offrent des opportunités de ce type. Par contre, les menaces sont des éléments qui sont présents dans l'environnement externe et qui nuisent à la rentabilité et à la croissance de l'entreprise. Il peut s'agir d'une modification dans les besoins des consommateurs, ou de changements légaux ou politiques. Les entreprises doivent gérer en priorité leurs faiblesses, qui sont liées aux menaces ; sinon, elles risquent de devenir vulnérables vis-à-vis de la concurrence. Par exemple, une entreprise qui est plus endettée que ses concurrentes et qui a des marges de profit inférieures à la moyenne est vulnérable devant une menace de récession économique éminente. Elle se doit, de façon prioritaire, de trouver des solutions pour assurer sa viabilité à long terme. L'encadré 5.1 présente des éléments que les gestionnaires examinent au cours de l'analyse FFOM d'un secteur, et le tableau 5.1, des questions qu'ils peuvent se poser.

> **ENCADRÉ 5.1**   **Des exemples de renseignements que les gestionnaires cherchent à connaître dans l'analyse FFOM d'un secteur**

Les forces
- Capacités distinctives
- Avantages concurrentiels
- Ressources distinctives
- Emplacements distinctifs
- Habiletés distinctives des gestionnaires
- Marques de commerce et brevets d'invention de grande valeur

Les faiblesses
- Lacunes dans certaines habiletés
- Manque de force concurrentielle
- Problèmes de gestion financière
- Problèmes de réputation
- Moral des employés
- Lacunes dans certaines capacités de gestion
- Taux de rotation élevé du personnel

Les opportunités
- Tendances significatives dans le développement du marché et des besoins des clients
- Tendances significatives en matière de démographie et de styles de vie
- Tendances significatives en matière de croissance internationale
- Nouvelles technologies

Les menaces
- Nouvelles réalités légales et politiques
- Nouvelles réalités socioculturelles
- Changements sociodémographiques et dans les modes de vie
- Nouvelles réalités technologiques
- Baisse de la demande pour certains produits
- Degré de rivalité entre les concurrents et le pouvoir des fournisseurs

> **TABLEAU 5.1**   Quelques questions que les gestionnaires se posent dans une analyse FFOM

Forces potentielles	Opportunités potentielles	Faiblesses potentielles	Menaces potentielles
Y a-t-il...	Y a-t-il...	Y a-t-il...	Y a-t-il...
• une stratégie bien élaborée ?	• une croissance de certaines activités ou une croissance de nouveaux segments de marché ?	• une stratégie mal élaborée ?	• une augmentation de la concurrence internationale ?
• des gammes de produits performants ?	• une croissance dans des marchés à l'étranger ?	• des gammes de produits obsolètes et restreintes ?	• un changement dans les besoins des consommateurs ?
• une vaste couverture du marché ?	• une croissance dans de nouveaux secteurs connexe ?	• une augmentation des coûts de fabrication ?	• un assouplissement des barrières à l'entrée ?
• des compétences en fabrication ?	• peu de barrières à l'entrée ?	• une diminution des innovations en recherche et développement ?	• une augmentation de nouveaux produits ou de produits de substitution ?
• de grandes habiletés en marketing ?	• peu de rivalité entre concurrents ?	• un plan marketing médiocre ?	• un accroissement de la rivalité à l'intérieur du secteur ?
• de bons systèmes de gestion des matières premières ?	• un contexte politique favorable dans tel pays ?	• de mauvais systèmes de gestion des matières premières ?	• de nouvelles formes de concurrence dans le secteur ?
• des habiletés et un leadership en recherche et développement ?	• un taux de change favorable dans tel pays ?	• des ressources humaines inadéquates ?	• des changements dans les facteurs sociodémographiques ?
• des compétences en ressources humaines ?	• une utilisation de nouvelles technologies ?	• une perte du nom de la marque ?	• des changements dans les facteurs économiques, comme une menace de récession économique ?
• une bonne réputation associée à la marque ?		• une croissance sans direction définie ?	• une hausse des coûts de la main-d'œuvre ?
• un avantage en matière de différenciation des produits ?		• une absence de direction au niveau de l'entreprise ?	• un ralentissement de la croissance du marché ?
• un style de gestion approprié ?		• des querelles entre des divisions ?	
• une structure organisationnelle appropriée ?		• une perte de contrôle de l'entreprise ?	
• des systèmes de contrôle appropriés ?		• une structure organisationnelle et des systèmes de contrôle inadéquats ?	
• une capacité de gérer tout changement stratégique ?		• des conflits et des problèmes politiques ?	

Lorsque les gestionnaires ont pu déterminer, dans leurs environnements, des opportunités et des menaces prévisibles et susceptibles d'avoir un effet immédiat ou futur sur leur entreprise, ils peuvent chercher des façons de tirer profit de certaines opportunités et de contrer les menaces potentielles. Dans le cas d'Amazon, cette analyse a mené à une synthèse, qui a entraîné un changement dans sa stratégie directrice pour tirer parti du marché en plein essor des appareils électroniques de poche. L'entreprise s'est alors lancée dans la conception et la fabrication de son propre matériel pour se tailler une place dans le secteur lucratif mais fortement concurrentiel de la tablette électronique. En 2011, sa proposition dans le domaine du livre électronique, le Kindle Fire, a amené ses utilisateurs à se servir d'Amazon.com pour effectuer tous leurs achats en ligne.

5.4.2 Le modèle des cinq forces de Porter

Le **modèle des cinq forces de Porter (ou modèle d'analyse structurelle des secteurs)**, conçu par Michael Porter, est une technique couramment utilisée pour analyser la rentabilité potentielle d'une entreprise qui veut pénétrer dans un secteur donné et entrer en concurrence avec d'autres organisations (*voir la figure 5.7, à la page suivante*). Il permet aux gestionnaires d'isoler les

Modèle des cinq forces de Porter (ou modèle d'analyse structurelle des secteurs) (*Porter's Five Forces model*)
Technique que les gestionnaires utilisent pour déterminer les menaces et analyser la rentabilité potentielle de pénétrer dans un secteur donné et d'y concurrencer d'autres entreprises.

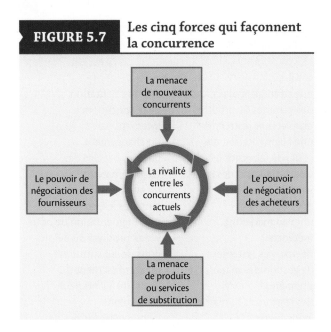

FIGURE 5.7 | **Les cinq forces qui façonnent la concurrence**

forces de l'environnement externe qui représentent des menaces potentielles. Michael Porter a déterminé cinq facteurs (il a déjà été question des quatre premiers au chapitre 2) qui constituent des menaces sérieuses parce qu'elles influent sur le bénéfice net que les entreprises en concurrence dans un même secteur peuvent s'attendre à enregistrer.

1. **Le degré de rivalité entre les entreprises dans un secteur.** Il indique l'ampleur de la concurrence : jusqu'à quel point les entreprises se font-elles concurrence pour attirer des clients ? En réduisant les prix de leurs produits ou en augmentant leurs dépenses en publicité, elles diminuent le niveau du bénéfice net de leur secteur. Par exemple, en 2011, le Kindle Fire se vendait à environ un tiers du prix de la tablette électronique d'Apple, de sorte qu'Amazon retirait une très faible marge bénéficiaire des ventes de ce produit. Autrefois, le degré de vigueur de la concurrence entre des entreprises était conceptualisé sous la forme d'une lutte opposant l'ensemble des activités de l'une et de l'autre. Récemment, comme l'avait prédit Peter Drucker[30], des entreprises ont commencé à mettre de côté leur amour-propre et à coopérer dans certains domaines, tout en maintenant une concurrence acharnée dans d'autres secteurs. Par exemple, les constructeurs de véhicules automobiles et les compagnies aériennes ont depuis longtemps adopté ces alliances stratégiques d'entreprises constituées en réseau pour réaliser des économies d'échelle en collaborant sur des plateformes communes de véhicules ou en partageant des comptoirs d'enregistrement. Malgré ces ententes, la concurrence demeure acharnée quant aux parts de marché. Aussi, récemment, des secteurs comme les médias et les entreprises de messagerie ont accru leur coopération, appelée « **coopétition**[31] ». Ainsi, en vertu d'une entente de 10 ans, l'entreprise allemande de livraison de paquets DHL paie sa rivale américaine UPS pour livrer des colis aux États-Unis, au Canada et au Mexique afin de réduire ses pertes en Amérique du Nord, tout en tirant profit de la capacité excédentaire d'UPS. « Malgré cette entente, UPS reste un concurrent acharné de DHL », a déclaré un cadre supérieur de l'entreprise américaine[32].

2. **Le potentiel d'entrée dans un secteur.** Il s'agit du degré de facilité avec lequel une nouvelle entreprise peut pénétrer dans un secteur industriel. Plus il est facile de pénétrer dans un secteur d'activité (p. ex. parce que les barrières à l'entrée sont perméables) plus il est probable que les prix et, par conséquent, les bénéfices nets soient peu élevés dans ce secteur. Par exemple, il y a de très hautes barrières à l'entrée dans le secteur du pétrole et dans l'industrie aérospatiale parce qu'il faut d'importants investissements de capitaux pour démarrer et faire fonctionner ce type d'entreprises. En outre, la fidélité à la marque, comme celle dont jouit en ce moment Apple, le concurrent d'Amazon, protège les bénéfices nets. Les secteurs qui comptent de grandes barrières à l'entrée, comme Microsoft avec son système d'exploitation Windows ou les sociétés pharmaceutiques, qui obtiennent des brevets de longue durée sur des produits exclusifs, rendent la concurrence plus difficile pour de nouveaux entrants et, par conséquent, jouissent d'un meilleur potentiel en matière de bénéfices nets.

3. **Le pouvoir des fournisseurs.** Lorsque les fournisseurs d'un facteur de production important sont très peu nombreux, ils peuvent faire grimper son prix, ce qui entraîne une baisse du bénéfice net pour le producteur (ou fabricant). La société Samsung est l'un des principaux fournisseurs d'Apple dans les domaines du téléphone intelligent et de la tablette électronique. Les composantes qu'elle fournit à son client comprennent tous les processeurs d'applications de l'iPhone, ce qui

---

Coopétition (*co-opetition*)
Accord en vertu duquel des organisations se livrent une forte concurrence tout en coopérant dans des domaines précis pour réaliser des économies d'échelle.

correspond à 16 % de la valeur de cet appareil. Une telle dépendance envers un seul fournisseur pousse Apple à chercher des moyens de diversifier sa chaîne d'approvisionnement[33].

4. **Le pouvoir des clients.** Le pouvoir de négociation des clients dépend de leur nombre et de l'ampleur du chiffre d'affaires qu'ils procurent à une entreprise. Si celle-ci ne compte que quelques gros clients pour acheter sa production, ces clients peuvent négocier pour lui faire baisser le prix de ses produits. Il en résulte que le producteur retire un bénéfice net moins grand de ses activités. Par exemple, en tant que plus grand détaillant dans l'économie mondiale, la société Walmart a un effet considérable sur les entreprises qui lui fournissent des marchandises. Si elle refuse d'acheter les produits de l'une d'elles, il est peu probable que celle-ci devienne prospère à l'échelle mondiale. La société Walmart est un client si important, elle achète une telle quantité de marchandises et représente une proportion si grande du produit d'un fournisseur que la plupart des entreprises sont prêtes à tout pour protéger leur entente avec ce géant.

5. **La menace des produits de substitution.** Souvent, la production d'un produit dans un secteur peut servir de substitut à la production d'un produit dans un autre (p. ex. le plastique peut remplacer l'acier dans certaines applications). Les entreprises qui fabriquent un produit susceptible d'être remplacé par d'autres produits connus ne peuvent pas le vendre à un prix élevé. Cette contrainte a pour effet de faire stagner leurs bénéfices nets. Par contre, les secteurs dont les produits sont difficiles, sinon impossibles à remplacer peuvent les vendre très cher aussi longtemps qu'il y a une demande pour eux. Par exemple, dans le cas des vêtements, si le prix des vêtements griffés augmente, les consommateurs ont la possibilité d'acheter beaucoup d'autres produits moins chers sans nom de marque. Selon Michael Porter, lorsque les gestionnaires analysent les opportunités et les menaces présentes dans l'environnement, ils devraient porter une attention particulière à ces cinq forces parce qu'elles sont susceptibles d'avoir un effet sur la rentabilité de leur entreprise (*voir le tableau 5.2*). Les gestionnaires ont pour tâche de formuler des stratégies directrices, concurrentielles et fonctionnelles, selon leur niveau de gestion, pour contrer ces menaces de façon à ce que l'entreprise puisse réagir à son environnement concurrentiel et à son environnement général, et réaliser ses objectifs généraux.

TABLEAU 5.2	Un résumé de l'analyse des cinq forces de Porter
Menace	**Résultat**
Degré de rivalité	Un accroissement de la concurrence entraîne une baisse des prix et des bénéfices nets.
Facilité de pénétration dans un marché	Une diminution des barrières à l'entrée entraîne une baisse des prix et des bénéfices nets.
Pouvoir des fournisseurs	Un petit nombre de fournisseurs de facteurs de production importants augmente le coût de l'approvisionnement.
Pouvoir des clients	Un petit nombre d'acheteurs qui accaparent une grande quantité des produits peuvent négocier une baisse des prix.
Produits de substitution	Des produits de substitution facilement accessibles ont tendance à faire baisser les prix et les bénéfices nets.

OA4 Faire la distinction entre une stratégie d'entreprise ou directrice, une stratégie concurrentielle ou d'affaires, et une stratégie fonctionnelle.

5.5 Étape 3 : Élaborer une stratégie

Lorsque les gestionnaires ont analysé les forces en présence dans leur environnement à la recherche d'opportunités et de menaces potentielles, ils doivent faire une synthèse et prendre des décisions concernant les meilleures façons pour leur entreprise de réaliser sa vision, d'accomplir sa mission et d'atteindre ses objectifs généraux. Ces décisions sont ensuite présentées sous forme de stratégies qu'ils appliquent aux niveaux de l'entreprise, des divisions et des services.

5.5.1 La stratégie d'entreprise ou directrice

La **stratégie d'entreprise ou directrice** est un plan d'action portant sur les secteurs et les pays dans lesquels une entreprise devrait investir ses ressources pour

---

Stratégie d'entreprise ou directrice (*corporate-level strategy*)
Plan qui indique les secteurs et les marchés dans lesquels l'organisation a l'intention de concurrencer ses rivales.

réaliser sa vision, accomplir sa mission et atteindre ses objectifs généraux. Au moment d'élaborer une telle stratégie, les gestionnaires doivent s'interroger sur la façon de gérer la croissance et le développement de leur entreprise de manière à optimiser sa capacité de créer de la valeur pour ses clients (et, par conséquent, d'augmenter son rendement) à long terme. Il peut arriver, par exemple, que les consommateurs cessent d'acheter les types de biens et de services qu'une entreprise fabrique (p. ex. avec Cisco Systems et son type de routeur) ou que d'autres entreprises, ayant pénétré dans le même marché, attirent à elles les consommateurs (comme c'est arrivé à Intel dans les années 2000, lorsqu'une société concurrente, AMD, s'est mise à fabriquer des puces électroniques plus puissantes que les siennes). Les cadres supérieurs visent alors à trouver les meilleures stratégies possible pour aider leur entreprise à réagir à ces changements et à améliorer sa performance. Les **plans stratégiques** contiennent des décisions concernant la vision, la mission et les objectifs généraux de l'entreprise, et aussi sa stratégie directrice, sa stratégie d'affaires et ses stratégies fonctionnelles, qui vont faciliter ou consolider sa croissance.

Les principales stratégies directrices que les gestionnaires utilisent pour soutenir la croissance de leur entreprise, pour lui assurer le leadership dans son secteur ou pour l'aider à restreindre ses dépenses et à se réorganiser de façon à mettre fin à un ralentissement de ses activités sont la concentration sur une seule activité ou entreprise (incluant l'intégration horizontale), la diversification et l'intégration verticale.

Ces trois stratégies sont basées sur une même idée, selon laquelle une organisation tire profit de l'application d'une stratégie uniquement lorsque celle-ci l'aide à accroître davantage la valeur des biens et des services qu'elle offre à ses clients. Pour augmenter la valeur de ces biens et services, une stratégie directrice globale doit permettre à l'entreprise ou à l'une de ses divisions de diminuer les coûts d'élaboration et de fabrication des produits ou d'augmenter la différenciation des produits pour qu'un plus grand nombre de consommateurs veuillent les acheter à un prix élevé ou supérieur à celui de la concurrence. Ces deux résultats consolident l'avantage concurrentiel d'une entreprise et accroissent sa performance.

Plan stratégique (*corporate-level plan*)
Ensemble de décisions de la haute direction concernant la vision, la mission, les objectifs généraux, la stratégie directrice, la stratégie d'affaires et les stratégies fonctionnelles de l'organisation.

La concentration sur une seule activité

La plupart des organisations entament leur croissance et leur développement au moyen d'une stratégie directrice qui vise à se concentrer sur une seule activité de façon à se doter d'une position concurrentielle solide à l'intérieur de ce secteur. Dans son succès de librairie intitulé *In search of excellence,* Tom Peters fait remarquer que les entreprises qui réussissent concentrent leurs efforts sur ce qu'elles font de mieux et s'y tiennent[34]. En butte à une vive concurrence de Rogers Communication, le chef de la direction de BCE, Michael Sabia, expliquait comme suit sa seule stratégie et son unique objectif: « En ce moment, l'idée est de ne pas diversifier ou de s'éloigner de Bell; il faut la réorienter, réparer ce qui cloche dans l'entreprise elle-même, la transformer, lui ajouter de la valeur et consolider ses capacités parce que c'est ce qu'on sait faire en tant qu'entreprise et que c'est ce qu'on excelle à faire[35]. »

La concentration sur une seule entreprise peut se révéler une stratégie directrice appropriée, en particulier lorsque les gestionnaires constatent le besoin de réduire la taille de leur entreprise pour en améliorer le rendement.

Une autre stratégie directrice associée à la concentration dans un seul secteur, nommée « intégration horizontale », consiste à faire l'achat partiel ou total d'un concurrent ou de fusionner avec l'un d'eux. Celle-ci vise à créer de meilleures synergies ainsi qu'à diminuer les coûts d'élaboration et de fabrication des produits grâce à une réduction de la rivalité entre les concurrents. Par exemple, lors de l'achat d'A&P Canada, Metro inc. a bénéficié d'une diminution de ses coûts d'approvisionnement et de distribution.

Par contre, les entreprises qui fonctionnent efficacement décident souvent de pénétrer de nouveaux secteurs dans lesquels elles pourront utiliser leurs ressources pour créer davantage de valeur. Elles s'engagent alors soit dans

Bell a pris la décision stratégique de se concentrer sur une seule activité de façon à consolider sa position concurrentielle plutôt que de se diversifier.

une diversification, soit dans une intégration verticale. C'est ce que nous allons étudier maintenant.

La diversification

La **diversification** est une stratégie d'expansion des activités dans une nouvelle entreprise ou un nouveau secteur ainsi qu'une stratégie de fabrication de nouveaux produits ou de prestation de nouveaux services[36]. On peut citer en exemple PepsiCo, qui s'est taillé une place dans le secteur des aliments pour casse-croûte en acquérant Frito-Lay; Time-Warners, qui a décidé d'offrir des services Internet en achetant AOL; ou encore Québecor inc., qui a pris place dans le domaine de la télédiffusion en mettant la main sur Vidéotron ltée. Il existe deux principaux types de diversification: la diversification liée et la diversification conglomérale.

La diversification liée   Lorsqu'une organisation souhaite pénétrer un nouveau marché ou un nouveau secteur en vue de procurer un avantage concurrentiel à une ou plusieurs de ses divisions ou entreprises déjà existantes, elle opte pour la **diversification liée**. Cette stratégie permet d'ajouter de la valeur aux produits de l'entreprise, à condition que les gestionnaires réussissent à faire en sorte que ses divisions mettent en commun leurs habiletés ou leurs ressources de façon à créer une **synergie**[37]. On parvient à une synergie lorsque la valeur créée par la coopération de deux divisions est plus grande que celle qu'elles obtiendraient si elles travaillaient séparément. La fusion de Molson et d'Adolph Coors Company est un autre exemple de synergie puisque l'entreprise ainsi formée, Molson Coors Brewing Co., est devenue l'un des plus grands brasseurs au monde. L'entreprise occupe maintenant une position de leader dans trois des plus grands et des plus rentables marchés de la bière à l'échelle internationale. En convertissant des applications et des systèmes déjà existants en une solution internationale intégrée, le brasseur a pu réduire ses frais d'entretien et créer une synergie en matière de production[38].

La diversification conglomérale   Une entreprise qui pénètre un nouveau secteur d'activité ou qui achète d'autres entreprises dans de nouveaux secteurs qui ne sont liés d'aucune manière à ses activités ou à ses secteurs d'activité actuels pratique la **diversification conglomérale**. Une des principales raisons pour lesquelles les gestionnaires optent pour cette stratégie est qu'il leur est parfois possible d'acheter une entreprise dont le rendement est faible et de la faire profiter de leurs habiletés en gestion, de procéder au redressement de ses activités et d'augmenter ainsi sa rentabilité, ce qui crée de la valeur pour leur organisation. Il y a une autre raison pour se livrer à ce type de diversification. En effet, l'achat d'entreprises dans divers secteurs permet aux gestionnaires d'utiliser une stratégie de portefeuille, qui consiste à partager des actifs financiers entre des divisions de façon à accroître leur rentabilité financière ou à répartir les risques entre diverses entreprises, un peu comme le font des investisseurs individuels avec leur propre portefeuille d'investissements.

La société Brascan, établie à Toronto, est un des derniers grands conglomérats canadiens qui continuent à appliquer une stratégie de diversification dans trois secteurs. Elle est présente en immobilier (Brookfield Properties, à Toronto), en services financiers (Brascan Financial, également à Toronto) et en production d'énergie (filiale de Brascan Power à Masson-Angers au Québec)[39]. L'entreprise possède aussi une compagnie minière, Noranda Inc., et une entreprise de carton, Nexfor Inc., dont les sièges sociaux sont à Toronto. Dans les années 1980, on justifiait la diversification conglomérale par la stratégie de portefeuille. Toutefois, cette pratique s'est attiré de plus en plus de critiques au cours de la décennie suivante[40]. De nos jours, de nombreuses sociétés et leurs dirigeants abandonnent la stratégie de diversification conglomérale parce qu'il semble que lorsqu'elle est employée de façon excessive, elle peut entraîner pour les gestionnaires une perte de contrôle des principales activités de leur organisation, de sorte qu'elle a pour effet de faire diminuer la valeur plutôt que d'en créer[41]. Depuis les années 1990, on observe une tendance dans beaucoup d'entreprises diversifiées à vendre les divisions non liées à leurs activités principales et à concentrer leurs ressources dans ces activités (la diversification liée)[42]. Par exemple, le géant torontois de la préparation de produits alimentaires et des supermarchés, George Weston Ltd., a vendu Connors Bros., située à Blacks Harbour au Nouveau-Brunswick, une entreprise de préparation du poisson, pour pouvoir acheter Bestfoods

---

Diversification (*diversification*)
Expansion des activités dans une nouvelle entreprise ou un nouveau secteur, et production de nouveaux produits ou prestation de nouveaux services.

Diversification liée (*related diversification*)
Pénétration d'une organisation dans un nouveau marché ou un nouveau secteur dans le but de procurer un avantage concurrentiel à une ou à plusieurs de ses divisions ou entreprises déjà existantes.

Synergie (*synergy*)
Accroissement du rendement, qui résulte d'une coordination des activités des services et des personnes.

Diversification conglomérale (*unrelated diversification*)
Entrée dans un nouveau secteur d'activité ou achat d'une entreprise dans un nouveau secteur qui n'est lié d'aucune manière aux activités ou aux secteurs d'activité actuels de l'organisation.

Baking Co. Le président du conseil d'administration, Galen Weston, a expliqué que cette acquisition permettrait à l'entreprise de se concentrer sur ses activités principales, soit «aller de l'avant dans la confection de produits alimentaires et le secteur du supermarché[43]». L'entreprise avait l'impression qu'elle ne jouissait d'aucun avantage concurrentiel dans le secteur de la préparation du poisson. Avec l'acquisition de Bestfoods Baking, George Weston s'est emparé d'un des systèmes de livraison directe les plus grands et les plus efficaces au pays[44].

L'intégration verticale

Lorsqu'une entreprise réussit bien dans son domaine, ses gestionnaires trouvent souvent de nouvelles opportunités de créer de la valeur en lui faisant soit fabriquer ses propres facteurs de production, soit distribuer ses propres produits. Les gestionnaires d'E. & J. Gallo Winery, par exemple, se sont rendu compte qu'ils pouvaient réduire leurs coûts en fabriquant leurs propres bouteilles au lieu de les acheter d'un fournisseur extérieur.

Gallo a donc établi une nouvelle division pour fabriquer des bouteilles en verre. De même, la société Starbucks a commencé à torréfier ses fèves de café et comptait déjà trois usines de torréfaction à la fin des années 1990. En investissant dans ce type d'intégration en amont, l'entreprise pouvait mieux contrôler la qualité des fèves par l'élimination des lots qui n'étaient pas à la hauteur de ses attentes[45].

L'**intégration verticale** est une stratégie directrice qui consiste pour une organisation à trouver des moyens de produire ses propres facteurs de production (intégration verticale en amont) ou de distribuer et de vendre elle-même ses produits (intégration verticale en aval)[46]. Une aciérie qui se procure le minerai de fer dont elle a besoin d'une entreprise minière qui lui appartient fait de l'intégration verticale en amont. Lorsque Steve Jobs a annoncé, en 2001, qu'Apple Computer ouvrirait 25 magasins de détail pour vendre ses appareils Macintosh directement aux consommateurs, il a démontré que son entreprise pouvait faire de l'intégration verticale en aval.

Une des principales raisons pour lesquelles les gestionnaires cherchent à faire de l'intégration verticale est que cette stratégie leur permet soit d'ajouter de la valeur aux produits de l'entreprise en les rendant spéciaux ou uniques, soit de réduire les coûts associés à la création de la valeur. Par exemple, SunOpta Inc. a diminué ses coûts en adoptant une stratégie d'intégration verticale suivant laquelle elle a fait l'acquisition d'entreprises situées en amont et en aval dans sa chaîne logistique. Son but est de former «une chaîne intégrée d'approvisionnement, de transformation et de distribution de produits alimentaires naturels et biologiques, de la semence jusqu'aux produits emballés[47]».

Même si l'intégration verticale peut consolider l'avantage concurrentiel d'une entreprise et accroître son rendement, elle peut aussi diminuer sa souplesse lorsqu'il s'agit de réagir à des changements dans les conditions de son environnement et susciter des menaces contre lesquelles elle devra se défendre en modifiant sa stratégie. Par exemple, la société IBM a fabriqué pendant longtemps la plupart des composants de ses ordinateurs centraux. Cette politique était logique dans les années 1970, alors que l'entreprise jouissait d'un avantage concurrentiel indéniable, mais elle est devenue un sérieux handicap dans les années 1990 lorsque l'utilisation croissante de réseaux d'ordinateurs personnels à l'intérieur des entreprises a fait chuter la demande pour ce type de gros ordinateurs.

IBM avait perdu son avantage concurrentiel et a dû faire face à un problème de capacité excédentaire de composants. Son abandon de cette capacité de production et son retrait du secteur de la fabrication de composants pour ordinateur ont coûté à IBM plus de 5 milliards de dollars[48].

Par conséquent, lorsque les gestionnaires envisagent l'intégration verticale comme stratégie pour ajouter de la valeur à leurs produits ou services, ils doivent se montrer prudents. En effet, elle peut parfois diminuer la capacité de leur entreprise de créer de la valeur lorsque les conditions de son environnement changent. C'est la raison pour laquelle un si grand nombre d'entreprises externalisent la fabrication de leurs facteurs de production et, comme IBM, ont abandonné le secteur des composants. Toutefois, toujours dans les années 1990, la société IBM a trouvé une nouvelle opportunité rentable d'intégration en aval : elle a pénétré dans le secteur des services de consultation en matière de technologies de l'information. Elle offrait par exemple des conseils à de grandes entreprises sur les façons d'installer et de gérer leur matériel informatique et leurs logiciels. La prestation de ces services a été une source importante de rentabilité pour IBM dans les années 2000.

Comme si la prise de décisions concernant la planification d'une intégration verticale, d'une diversification ou d'une concentration sur une seule activité (incluant l'intégration horizontale) n'était pas déjà une tâche assez

---

Intégration verticale (*vertical integration*)
Stratégie qui permet à une organisation de créer de la valeur en produisant ses propres facteurs de production ou en distribuant et en vendant elle-même ses produits.

difficile, les gestionnaires doivent aussi se préoccuper de choisir une façon appropriée pour leur entreprise de se mesurer à la compétition sur les marchés internationaux. Chaque territoire représente son lot d'opportunités et de menaces que les gestionnaires devront considérer dans leurs choix stratégiques.

5.5.2 Une stratégie concurrentielle ou d'affaires

Lorsque les gestionnaires découvrent une opportunité dans un marché ou un secteur, ils doivent aussi élaborer des stratégies d'affaires pour s'assurer d'un avantage concurrentiel. Michael Porter, le concepteur du modèle des cinq forces qui porte son nom, a également formulé une théorie sur la façon dont les gestionnaires peuvent choisir une stratégie concurrentielle ou d'affaires pour obtenir un avantage concurrentiel dans un marché ou un secteur donné[49]. Selon ce chercheur, les gestionnaires doivent choisir entre les deux manières fondamentales d'accroître la valeur des produits d'une entreprise : une qualité accrue ou des coûts réduits. Ils doivent également choisir entre offrir leurs produits et services à l'ensemble du marché ou à un seul secteur du marché. À partir de ces choix, ils peuvent avoir recours à l'une des quatre stratégies d'affaires suivantes : la stratégie de domination (globale) par les coûts, la stratégie de différenciation, la stratégie de concentration avec domination par les coûts ou la stratégie de concentration avec différenciation.

La stratégie de domination (globale) par les coûts

Dans le cas de la stratégie de domination (globale) par les coûts, les gestionnaires s'efforcent d'acquérir un avantage concurrentiel pour leur entreprise en canalisant l'énergie de tous ses services ou fonctions vers une réduction des coûts afin de les rendre inférieurs à ceux de ses concurrents. Selon Michael Porter, les entreprises qui appliquent une stratégie de domination (globale) par les coûts peuvent vendre un produit à moindre prix que leurs concurrents et faire quand même un bénéfice notable parce que davantage de consommateurs seront intéressés par des prix moins élevés. Par conséquent, ces entreprises espèrent obtenir un avantage concurrentiel en raison de leurs faibles prix. Par exemple, Walmart ne profite pas seulement d'un grand pouvoir d'achat, elle a aussi mis en place plusieurs processus en approvisionnement, en gestion du stock et de l'information pour réduire ses coûts et ainsi générer un avantage concurrentiel sur ce plan.

La stratégie de différenciation

Les gestionnaires qui optent pour une stratégie de différenciation cherchent à assurer un avantage concurrentiel à leur entreprise en concentrant l'énergie de tous ses services ou fonctions pour rendre ses produits différents de ceux de ses concurrents par une ou plusieurs caractéristiques importantes telles que la conception, la qualité, le service après-vente ou le service à la clientèle. Par exemple, Best Buy cherche à séduire ses clients par un service personnalisé. Sa stratégie centrée sur la clientèle lui permet de se distinguer de magasins gigantesques comme Walmart et de concurrents tels que Dell et Amazon. Toutefois, le processus de fabrication de produits uniques et différents est souvent coûteux. Cette stratégie exige par exemple que les gestionnaires augmentent les sommes allouées aux activités de conception de produits ou de recherche et développement. Elle entraîne aussi une hausse des coûts liée à la nécessité d'investir en marketing ou en service à la clientèle pour bâtir une image de marque permettant d'obtenir des produits qui se démarquent. Néanmoins, les entreprises dont la stratégie de différenciation donne de bons résultats peuvent demander un prix plus élevé pour leur produit ou service. Un tel prix permet aux entreprises qui ont adopté une stratégie de différenciation de récupérer l'équivalent de leurs coûts élevés. Apple, Coca-Cola, PepsiCo et Procter & Gamble sont quelques-unes des nombreuses entreprises bien connues qui appliquent une stratégie de différenciation. La différenciation peut aussi servir de barrière à l'entrée d'un secteur parce que les nouvelles entreprises n'ont pas encore de nom de marque qui les aiderait à concurrencer celles qui sont déjà établies. Dans ces conditions, les consommateurs peuvent difficilement s'apercevoir que d'autres produits ont les qualités requises pour remplacer ceux qu'ils achètent à prix élevés, ce qui explique justement ces prix élevés et les bénéfices nets importants qu'ils génèrent.

Stratégie concurrentielle ou d'affaires (*business-level strategy*)
Plan qui indique la façon dont une organisation a l'intention de concurrencer ses rivales dans un secteur donné.

Stratégie de domination (globale) par les coûts (*cost-leadership strategy*)
Réduction des coûts de l'organisation pour qu'ils soient inférieurs à ceux de ses concurrents.

Stratégie de différenciation (*differentiation strategy*)
Plan qui vise à distinguer les produits d'une organisation de ceux de ses concurrents par des aspects tels que la conception, la qualité ou le service après-vente.

LE POINT SUR ❯ Victor Innovatex

Le développement durable comme avantage concurrentiel

Entreprise familiale beauceronne créée en 1947, Victor Innovatex[50] est une société manufacturière qui œuvre avec succès dans le domaine du textile, une prouesse qui lui confère un caractère singulier en 2015. En effet, il est surprenant d'observer une entreprise qui parvient à tirer son épingle du jeu au sein de ce secteur d'activité dans un contexte de mondialisation des marchés.

Victor Innovatex conçoit et fabrique des tissus en polyester recyclable destinés aux marchés commerciaux (p. ex. le recouvrement de chaises de bureau pour les complexes hôteliers) et institutionnels (p. ex. des écrans de tissu pour les chambres d'établissements hospitaliers). Dans l'ensemble, la majorité de ses clients est répartie entre le marché canadien (35 %) et américain (65 %). Au tournant du millénaire, les dirigeants de l'entreprise ont mis en œuvre une stratégie de différenciation, ce qui lui a conféré un avantage concurrentiel. Cette stratégie repose sur l'innovation et le développement de produits verts, une approche qui lui permet de continuer de croître dans un marché de niche.

C'est ainsi que l'entreprise, en collaboration avec des partenaires du secteur de l'ingénierie chimique, a pu mettre au point des tissus écologiques qui ont comme propriété d'être perpétuellement recyclables (c.-à-d. qu'ils peuvent être utilisés, récupérés et refabriqués). Le développement de fibres techniques de pointe a naturellement nécessité des investissements importants en recherche et développement ainsi que le recours à un partenariat étroit avec une firme d'experts-conseils spécialisée dans le développement de produits et de procédés durables. Par ailleurs, l'implantation de nouveaux procédés de fabrication a posé plusieurs défis à l'entreprise, notamment le recrutement et la formation d'une main-d'œuvre spécialisée. Le succès de cette démarche de transformation des procédés a reposé sur une planification rigoureuse de l'ensemble du projet.

Fort des enseignements tirés de cette expérience et fervent promoteur du développement durable, le président-directeur général de Victor Innovatex et petit-fils du fondateur, monsieur Alain Duval, est d'avis que tout dirigeant devrait faire l'évaluation de l'empreinte environnementale de son entreprise et chercher à la réduire. À ce titre, l'entreprise Victor Innovatex s'enorgueillit du fait qu'elle est parvenue à réduire de 50 % le recours à l'utilisation de produits chimiques dans la fabrication des tissus, de 80 % ses gaz à effet de serre (GES) et de 24 % sa demande énergétique. Enfin, elle a augmenté de 71 à 91 % son utilisation d'énergie renouvelable. Non seulement la stratégie de différenciation a permis de consolider un partenariat fructueux avec des fournisseurs, mais elle a également constitué un levier important pour la motivation des membres du personnel. En effet, ces derniers sont fiers de collaborer à une entreprise à laquelle le thème du développement durable tient à cœur.

1. À l'aide des informations fournies sur le site Internet de Victor Innovatex et de celles disponibles dans la presse, effectuez une recherche sur l'énoncé de la vision de l'entreprise ainsi que sur l'énoncé de sa mission. Selon vous, ces énoncés sont-ils clairs et précis en regard de la théorie présentée dans le cadre du chapitre ? Justifiez votre réponse.

« Pris entre deux chaises »

D'après la théorie de Porter, les gestionnaires ne peuvent pas simultanément adopter une stratégie de domination (globale) par les coûts et une stratégie de différenciation. Le chercheur a découvert une corrélation simple : la différenciation entraîne une hausse des coûts et, par conséquent, il faut fixer des prix élevés pour récupérer ses investissements. Selon lui, les gestionnaires (et les entreprises) doivent donc choisir entre l'une ou l'autre de ces stratégies. Ceux qui ne l'ont pas fait sont « pris entre deux chaises ». Les entreprises qui se trouvent dans une telle situation ont tendance à avoir un rendement inférieur par rapport à celles qui se servent d'une stratégie de domination (globale) par les coûts ou d'une stratégie de différenciation. Toutefois, il existe des exceptions à cette règle. En effet, dans un bon nombre d'entreprises, les gestionnaires sont parvenus à faire baisser les coûts de manière qu'ils soient inférieurs à ceux de leurs concurrents[51]. Par exemple, le système de production de Toyota, apparemment le plus efficient du monde, lui permet d'employer les deux stratégies. En effet, l'entreprise se sert d'une stratégie de domination (globale) par les coûts envers ses rivales dans le secteur mondial de l'automobile. En même temps, l'entreprise a différencié ses voitures de celles de ses concurrentes en privilégiant une conception et une qualité supérieures aux leurs. Cette supériorité lui permet d'exiger un prix plus élevé pour un bon nombre de ses modèles populaires[52]. Toyota semble donc appliquer simultanément une stratégie de domination (globale) par les coûts et une stratégie de différenciation. Cet exemple permet de croire que même si les théories de Porter se vérifient dans la plupart des cas, des sociétés très bien gérées, comme Toyota, ont à la fois des produits différenciés et fabriqués à faibles coûts.

Les stratégies de concentration avec domination par les coûts et avec différenciation

Porter a défini deux autres stratégies concurrentielles dont le but est de répondre aux besoins des clients dans un seul segment du marché ou dans quelques-uns d'entre eux[53]. Une entreprise qui applique une **stratégie de concentration avec domination par les coûts** fournit ses produits ou services dans un très petit nombre de segments du marché global, voire un seul, et vise à être l'entreprise dont les coûts sont les plus bas dans ce ou ces segments. Au cours de la dernière décennie, le marché mondial des boissons gazeuses a subi un changement de taille lorsque Gerald Pencer, un entrepreneur canadien, a conçu une nouvelle stratégie pour concurrencer de puissants producteurs de ce secteur, soit Coca-Cola et PepsiCo, qui utilisaient une stratégie de différenciation. La sienne consistait à produire un cola de qualité supérieure à faible prix, fabriqué et embouteillé par Cott Corporation, dont il était le chef de la direction à l'époque. Il s'agissait ensuite de vendre ce produit sous la forme de marques de distributeurs de grands détaillants, tels que Walmart (sous la marque Sam's Cola), et de chaînes de supermarchés, notamment Kroger (sous la marque Big K), court-circuitant ainsi les embouteilleurs. Monsieur Pencer a pu appliquer la stratégie de concentration avec domination par les coûts et demander un prix peu élevé pour ses boissons gazeuses parce qu'il n'avait rien à débourser en matière de publicité (les détaillants s'en occupaient) et parce que la distribution des produits de Cott se faisait par les chaînes de magasins et les détaillants, qui utilisent leurs propres systèmes efficients de distribution à l'échelle nationale, tel le système de camionnage mis sur pied par le géant du commerce de détail, Walmart. Les détaillants étaient prêts à se charger de ces tâches parce que la vente des boissons gazeuses bon marché de Cott leur permettait de réaliser un bénéfice net plus élevé que celle des produits de Coca-Cola ou de PepsiCo. Par la même occasion, ces produits de qualité rehaussaient l'image de leur marque de distributeur. En

2004, la société Cott était le plus important fournisseur au monde de boissons gazeuses portant des marques de détaillants. Elle fournissait la plupart des épiceries, pharmacies, grandes surfaces et chaînes de dépanneurs ayant leur propre marque maison sur son territoire. Elle ne fait toujours aucun effort pour jouer sur le même terrain que Coca-Cola et PepsiCo, qui ont adopté des stratégies de différenciation et dont les marques de boissons gazeuses dominent le marché mondial. Inversement, une entreprise qui adopte une **stratégie de concentration avec différenciation** fournit des produits ou des services à un seul segment du marché ou à quelques-uns d'entre eux, et vise à devenir l'entreprise la plus différenciée à servir ce ou ces segments. Par exemple, la société BMW, qui utilise cette stratégie, produit des voitures exclusivement destinées à des clients à revenus élevés. Par contre, Toyota, qui applique une stratégie de différenciation, produit des voitures qui plaisent à des consommateurs dans presque tous les segments du marché de l'automobile, avec des modèles pour le transport de base (la Corolla), pour la classe moyenne (la Camry) et pour des clients bien nantis (la Lexus).

5.5.3 La stratégie fonctionnelle

Une **stratégie fonctionnelle** est un plan d'action conçu pour améliorer la capacité des services d'une entreprise à créer de la valeur et qui concorde avec ses stratégies d'affaires et directrices. Les **fonctions** types d'une entreprise sont la production ou les opérations, la vente et le marketing, la recherche et développement, les ressources humaines et les finances.

Selon Porter, il y a deux façons pour les fonctions ou les services d'ajouter de la valeur aux produits d'une entreprise.

Stratégie de concentration avec domination par les coûts
(*focused low-cost strategy*)
Stratégie qui consiste à servir un seul segment de l'ensemble du marché tout en étant l'organisation qui a les coûts de production les moins élevés dans ce segment.

Stratégie de concentration avec différenciation
(*focused differentiation strategy*)
Stratégie qui consiste à fournir des produits ou des services à un seul segment de l'ensemble du marché et à essayer de devenir l'organisation la plus différenciée à servir ce segment.

Stratégie fonctionnelle (*functional-level strategy*)
Plan qui indique la façon dont un service a l'intention de réaliser ses objectifs.

Fonction (*function*)
Unité ou service dans lequel les employés ont les mêmes habiletés ou utilisent les mêmes ressources pour effectuer leurs tâches.

1. Les **directeurs** peuvent diminuer les coûts associés à la création de cette valeur, de façon que l'entreprise puisse attirer des clients en maintenant ses prix inférieurs à ceux de ses concurrents.

2. Les directeurs peuvent ajouter de la valeur à un produit en concevant des moyens de le différencier des produits des autres entreprises.

Par exemple, les services du marketing et des ventes de Molson-Coors créent de la valeur en renforçant la fidélité à la marque et en trouvant des moyens toujours plus efficaces d'attirer des clients. La stratégie de diminution des coûts de la division Éclairage de GE Canada pourrait quant à elle se traduire par un plan opérationnel destiné au service de production et visant à réduire les coûts de production de 20 % en trois ans. Pour atteindre ce résultat, les stratégies fonctionnelles pourraient inclure un investissement dans des installations de pointe et le développement d'un commerce électronique interentreprises mondial visant à diminuer les coûts des facteurs de production et ceux du stockage. Chaque fonction de l'entreprise a un rôle important à jouer dans la réduction des coûts ou dans l'ajout de valeur à un produit (*voir le tableau 5.3*).

Directeur (*functional manager*)
Gestionnaire qui supervise les différentes fonctions, telles la production, la finance et les ventes.

5.5.4 Le gain d'un avantage concurrentiel

En essayant d'ajouter de la valeur ou de réduire les coûts associés à la création de valeur, tous les gestionnaires devraient tenir compte des quatre objectifs du développement d'un avantage concurrentiel[54].

1. Atteindre une plus grande efficacité. L'efficacité est une mesure de la quantité de facteurs de production requise pour produire une quantité donnée de résultats. Moins il y a de facteurs de production nécessaires pour produire un résultat donné, plus la productivité est grande et plus le coût de ce résultat est bas.

2. Atteindre une qualité supérieure (efficience). Par qualité, on entend ici qu'il faut produire des biens et des services fiables (avec le moins de défauts possible), c'est-à-dire qui effectuent la tâche pour laquelle ils ont été conçus et le font bien[55]. Le fait de fournir des produits de grande qualité établit la réputation de la marque de l'entreprise. Cette meilleure réputation permet ensuite à l'entreprise d'exiger un prix plus élevé pour ses produits.

3. Atteindre un degré supérieur d'innovation. Tout ce qui est nouveau ou inhabituel dans le fonctionnement d'une entreprise ou dans les biens et services qu'elle fabrique ou fournit résulte de l'innovation. L'innovation entraîne des améliorations dans les types de produits, les procédés de fabrication, les systèmes de

TABLEAU 5.3 Des exemples de stratégies fonctionnelles

Service ou fonction	Façons de réduire le coût de la création de valeur (avantages de la domination par les coûts)	Façons d'ajouter de la valeur (avantages de la différenciation)
Ventes et marketing	• Trouver de nouveaux clients • Trouver des méthodes de publicité peu coûteuses	• Faire mieux connaître la marque et encourager la fidélité à la marque • Adapter les produits aux besoins des clients
Gestion des matières premières	• Employer un système de stockage juste-à-temps ou informatisé • Établir des relations à long terme avec des fournisseurs	• Diversifier et établir des relations à long terme avec des fournisseurs pour obtenir des facteurs de production de qualité supérieure
Recherche et développement	• Améliorer l'efficacité du matériel et de l'outillage • Concevoir des produits dont la fabrication est moins coûteuse	• Développer de nouveaux produits • Améliorer les produits existants
Production	• Développer des habiletés en production à faibles coûts	• Accroître la valeur ajoutée et la fiabilité des produits
Gestion des ressources humaines	• Réduire le roulement du personnel et l'absentéisme • Standardiser et accroître les habiletés des employés	• Embaucher des employés hautement qualifiés • Élaborer des programmes de formation innovateurs

gestion, les structures organisationnelles et les stratégies qu'une entreprise élabore. Lorsqu'elle est couronnée de succès, elle donne à l'entreprise quelque chose de spécial que ses concurrents n'ont pas. Ce caractère unique peut accroître la valeur ajoutée d'un produit et permettre ainsi à l'organisation de se distinguer de ses rivales et d'attirer des clients prêts à payer un prix plus élevé pour son produit.

4. Atteindre une plus grande réactivité envers les clients. Une entreprise qui fait preuve de réactivité envers ses clients essaie de satisfaire leurs besoins et de leur donner exactement ce qu'ils veulent. Lorsqu'une organisation répond mieux aux besoins de ses clients que ses concurrentes le font, elle leur fournit un produit ou un service de qualité pour lequel ils pourraient consentir à payer un prix plus élevé.

Il est important de se rappeler que toutes ces techniques peuvent aider une organisation à obtenir un avantage concurrentiel en réduisant les coûts associés à la création de valeur ou en ajoutant à ses produits et services une valeur supérieure à celle qu'offrent ses concurrents.

> **OA5** Décrire les façons dont les gestionnaires appliquent une stratégie et en évaluent le succès.

5.6 Étapes 4 et 5 : Mettre en application la stratégie et l'évaluer

L'application ou l'implantation des stratégies représente un élément essentiel au succès d'une organisation. Pour que la planification stratégique se transforme en réalité, il faut un **plan opérationnel** bien étoffé. Nous allons voir plus en profondeur ce que contient ce plan.

5.6.1 L'application de la stratégie

Après avoir effectué une analyse FFOM et étudié attentivement les forces présentes dans leur secteur, les gestionnaires élaborent des stratégies directrices, d'affaires et fonctionnelles appropriées qui aideront leur entreprise à réaliser sa vision, à accomplir sa mission et à atteindre

---

Plan opérationnel (*functional-level plan*)
Ensemble des décisions des directeurs concernant les objectifs qu'ils se fixent pour aider la division à atteindre ses objectifs d'affaires.

ses objectifs généraux. L'étape suivante du processus de planification est la mise en application, qui consiste pour eux à relever le défi de trouver des moyens de mettre ces stratégies à exécution. Il s'agit d'un processus qui comporte lui-même cinq étapes.

1. Attribuer la responsabilité de la mise en application des stratégies aux personnes ou aux groupes appropriés (pour générer des plans opérationnels ou d'action).

2. Préparer des plans d'action étoffés qui précisent la façon de mettre chaque stratégie en application.

3. Établir un calendrier de mise en application qui comporte des objectifs précis et mesurables associés à la réalisation des plans d'action. Il existe plusieurs outils ; on peut par exemple utiliser un diagramme de Gantt pour gérer ce type de projet[56]. Il s'agit d'un diagramme à barres dont les gestionnaires se servent pour programmer les activités à accomplir au cours d'un projet et qui indique les tâches à effectuer, les personnes qui les effectueront et les échéances à respecter pour y parvenir.

4. Allouer les ressources appropriées aux personnes ou aux groupes chargés de la mise en application du plan.

5. Attribuer la responsabilité de la réalisation de la mise en application des plans d'action aux personnes ou aux groupes appropriés (avoir de bons leaders).

Le processus de réflexion stratégique inclut particulièrement la haute direction, les chefs de division et les cadres supérieurs. Toutefois, l'implantation inclura l'ensemble des employés ou, du moins, une grande partie d'entre eux. Un des défis les plus importants est de réussir à impliquer les parties prenantes, et en particulier les employés, parce que ce sont elles qui feront la différence entre un

Les gestionnaires se servent de différents outils pour déterminer les tâches à accomplir au cours d'un projet, les personnes qui les effectueront et les échéances à respecter pour y parvenir.

franc succès et une performance chancelante et mitigée. Pour y arriver, un des éléments essentiels est le leadership, dont nous traiterons davantage au chapitre 8. Comme le décrivent les étapes 1 et 5, les gestionnaires doivent attribuer la responsabilité de la mise en application des stratégies aux personnes ou aux groupes appropriés. Cette étape est cruciale dans le bon déroulement de la mise en œuvre. Les leaders doivent être choisis avec rigueur, car c'est à eux qu'incombe la responsabilité première d'avoir un bon plan et de le transformer ensuite en réalité. Pour y arriver, ces leaders auront la responsabilité d'amener les parties prenantes à se mobiliser pour la réussite du plan. Les personnes désignées doivent véhiculer et communiquer une vision claire du plan à réaliser. Elles doivent s'assurer que la culture de l'entreprise est en harmonie avec les actions à mener (*voir le chapitre 7*); sinon, la tâche sera encore plus exigeante. Elles devront jouer un rôle de leader (leadership stratégique) et ainsi générer, au besoin, une nouvelle culture d'entreprise liée à la nouvelle position stratégique que l'entreprise veut jouer. Par exemple, une entreprise qui était leader dans son marché devrait se questionner sur sa culture d'entreprise après avoir perdu son leadership ou, du moins, des parts de marché significatives. Elle doit ainsi s'interroger pour savoir si sa culture d'entreprise est un handicap à son développement. C'est précisément sur le plan de la mise en œuvre ou de l'application du plan que les personnes responsables doivent notamment évaluer les activités et les ressources nécessaires pour transformer la culture de l'entreprise au besoin. Une culture d'entreprise trop conservatrice, par exemple, peut-être un obstacle à la réalisation du plan stratégique.

Le leader stratégique se caractérise par sa capacité à bien gérer la résistance au changement et à inspirer les parties prenantes. Ce qui distingue une organisation de ses concurrents prend sa source dans ses ressources humaines. C'est pourquoi il est essentiel d'exercer un leadership fort. Les étapes 2 à 5 de la mise en œuvre (préparer des plans d'action détaillés, établir un calendrier qui comporte des objectifs précis, allouer les ressources appropriées aux personnes concernées et réaliser le plan) nécessitent des leaders et des équipes qui seront responsables de préciser le plan stratégique et de le traduire en un plan opérationnel complet. Bien sûr, il y aura des imprévus; en effet, nous avons vu que les plans efficaces ont quatre qualités, la dernière étant la souplesse : les plans devraient ainsi être modifiés lorsque la situation change. La capacité des leaders et des équipes à suivre l'état de la situation et à se remettre en question sera donc prioritaire pour assurer la pertinence du plan. Toutefois, la mise en œuvre ne se limite pas aux cinq étapes présentées dans cette section;

elle comprend aussi les mesures à prendre pour s'assurer que l'organisation les met vraiment en application.

5.6.2 L'évaluation de la stratégie

La dernière étape du processus de planification consiste à évaluer les stratégies pour savoir si elles ont permis ou non la réalisation des objectifs généraux établis à la première étape. Comment les gestionnaires savent-ils si elles ont été efficaces ? Pour évaluer le succès d'une stratégie, ils doivent en surveiller les progrès, évaluer les niveaux de rendement et apporter les corrections nécessaires s'ils constatent un écart important entre l'objectif et le résultat observé. Il s'agit essentiellement du processus de contrôle du rendement, dont il sera question plus en détail au chapitre 12. Sur une base continue, les équipes pourront déterminer les écarts entre les positions souhaitées et réelles. L'analyse de ces écarts permettra d'adapter au besoin les différentes étapes de la mise en œuvre: revoir les plans d'action, établir un nouveau calendrier qui comporte des objectifs précis et ajuster au besoin l'allocation des ressources appropriées aux personnes concernées.

Pour évaluer le succès d'une stratégie, les gestionnaires doivent en surveiller les progrès, évaluer les niveaux de rendement et apporter les corrections nécessaires s'ils constatent un écart important entre l'objectif et le résultat observé.

À un échelon supérieur, les gestionnaires ont pour tâche de surveiller et de mesurer les niveaux de rendement réels et de comparer les résultats obtenus à l'objectif initialement établi pour chaque stratégie. Par exemple, la société Campbell Soup Company a fait volte-face après avoir perdu son avantage concurrentiel au profit de General Mills, qui a commencé à offrir une gamme de soupes meilleures pour la santé au début des années 2000. L'entreprise a réagi à cette situation en repensant ses produits de façon à satisfaire les nouvelles exigences des consommateurs en matière de nutrition. Entre autres changements, elle a réduit la quantité de sodium dans ses soupes. Toutefois, en 2011, ses ventes étaient stagnantes. La nouvelle chef de la direction, Denise Morrison, a donc abandonné la stratégie des quantités moindres de sodium pour tenter de reprendre des parts du marché. Les niveaux de sodium des soupes Select Harvest sont alors passés de 480 à 650 mg par portion[57]. Lorsqu'une entreprise ne réalise pas ses objectifs, elle doit revoir sa stratégie de façon à rester fidèle à sa vision et à sa mission ; sinon, elle risque de perdre sa notoriété sur le marché.

Il faut noter que le plan d'application d'une stratégie peut exiger une réorganisation radicale de la structure d'une entreprise (restructuration), l'adoption d'un programme destiné à modifier sa culture d'entreprise et l'élaboration de nouveaux systèmes de contrôle. Il sera question de ces deux premières mesures dans les deux chapitres qui suivent et nous traiterons de la question du contrôle au chapitre 12.

5

Résumé et révision

Cette section vous servira à vérifier l'acquisition des objectifs d'apprentissage.

OA1   Un aperçu du processus de planification   La planification consiste à établir des objectifs et à trouver les meilleures stratégies pour les réaliser. Cette tâche relève des gestionnaires des trois niveaux de l'organisation. Les cadres supérieurs ont la responsabilité de la planification stratégique à long terme. Les cadres intermédiaires sont chargés de la planification au niveau des divisions, et les cadres de terrain, au niveau opérationnel. La planification donne une direction et un but à l'entreprise. Elle assure la coordination entre les diverses fonctions et divisions. Elle permet aussi aux gestionnaires de contrôler l'utilisation des ressources. À l'aide de la technique des scénarios, les gestionnaires essaient de prévoir ce qui peut se passer à l'avenir, puis de rassembler des ressources pour répondre aux besoins, profiter des opportunités et réagir aux menaces qu'ils anticipent. Ils ont recours à une gestion de crise lorsque des situations difficiles non prévues ou non planifiées se produisent.

OA2   Étape 1 : Définir la vision, la mission et les objectifs de l'entreprise   La vision, souvent exprimée dans une phrase, présente les intentions de l'entreprise pour l'avenir. L'énoncé de la mission, qui entre facilement sur une demi-page, formule la raison d'être de l'entreprise et devrait encadrer les discussions sur les choix stratégiques de celle-ci. Elle décrit la raison d'être de l'entreprise, ses valeurs, ses responsabilités sociales, économiques et environnementales, sa clientèle, ses produits ainsi que la façon dont elle compte se différencier de ses concurrents. Les objectifs généraux sont des résultats que l'entreprise souhaite atteindre afin de réaliser sa vision et d'accomplir sa mission. Une vision claire, une mission bien définie et des objectifs généraux ambitieux mais réalistes favorisent le développement de l'entreprise en permettant à tous les employés de conjuguer leurs efforts dans la même direction.

OA3   Étape 2 : Analyser les forces en présence dans l'environnement   Pendant cette étape, les gestionnaires effectuent une analyse du contexte organisationnel pour évaluer l'effet que des forces internes et externes peuvent avoir sur leur entreprise relativement aux opportunités et aux menaces. L'analyse FFOM sert à examiner les forces et les faiblesses internes d'une entreprise et à les mettre en relation avec les opportunités et les menaces d'un secteur d'activité donné. Le modèle des cinq forces de Porter permet d'analyser plus en profondeur les menaces possibles et le potentiel de rentabilité, aussi dans un secteur particulier, en examinant son degré de concurrence, la facilité à y pénétrer, le pouvoir des acheteurs et celui des fournisseurs ainsi que la menace que représentent les produits de substitution. Les gestionnaires utilisent ces techniques en vue de déterminer les stratégies à adopter pour s'assurer d'un avantage concurrentiel.

OA4   Étape 3 : Élaborer une stratégie   Au niveau directeur, les gestionnaires comptent sur des stratégies telles que la concentration sur une seule activité ou entreprise (incluant l'intégration horizontale), la diversification et l'intégration verticale pour accroître la valeur des biens et des services que leur entreprise fournit à ses clients. Au niveau des divisions, les gestionnaires ont la responsabilité d'élaborer des stratégies d'affaires comme la concentration avec domination par les coûts ou la différenciation, cette dernière pour l'ensemble du marché, et la première, pour un segment donné du marché. Au niveau fonctionnel, les chefs de service doivent s'efforcer d'ajouter de la valeur au produit ou au service qu'ils offrent par une différenciation ou d'accroître l'efficacité par une réduction des coûts de production. Tous ces gestionnaires essaient de procurer à leur entreprise un avantage concurrentiel en diminuant les coûts, en rehaussant la qualité de ses produits ou services, en augmentant sa réactivité aux besoins de ses clients ainsi qu'en innovant.

OA5 Étapes 4 et 5: Mettre en application la stratégie et l'évaluer Au cours de ces étapes, les gestionnaires doivent confier à divers groupes ou personnes des tâches précises, préparer des plans d'action étoffés définissant les façons de mettre en application les stratégies, établir un échéancier de cette mise en application, lequel comporte des objectifs précis et mesurables à atteindre, et y allouer les ressources nécessaires. L'étape de mise en œuvre est essentielle au succès du plan stratégique ; l'entreprise doit ainsi s'assurer de mettre en place un leadership fort pour mener à bien cette étape. Enfin, les gestionnaires surveillent la progression de cette réalisation et y apportent les corrections nécessaires s'ils constatent qu'une stratégie ou une autre ne permet pas d'accomplir la mission et d'atteindre les objectifs généraux de l'entreprise.

TERMES CLÉS

analyse FFOM (p. 144)
chef de division (p. 142)
coopétition (p. 152)
démarche de formulation
    stratégique (p. 147)
directeur (p. 160)
diversification (p. 155)
diversification conglomérale
    (p. 155)
diversification liée (p. 155)
division (p. 142)
énoncé de la mission (p. 146)
énoncé de la vision (p. 146)
fonction (p. 159)
horizon temporel (p. 143)

intégration verticale (p. 156)
leadership stratégique (p. 147)
modèle des cinq forces
    de Porter (ou modèle
    d'analyse structurelle
    des secteurs) (p. 151)
objectif général (p. 146)
plan de gestion de crise
    (p. 145)
plan opérationnel (p. 161)
plan stratégique (p. 154)
stratégie concurrentielle
    ou d'affaires (p. 157)
stratégie d'entreprise ou
    directrice (p. 153)

stratégie de concentration
    avec différenciation
    (p. 159)
stratégie de concentration
    avec domination par
    les coûts (p. 159)
stratégie de différenciation
    (p. 157)
stratégie de domination
    (globale) par les coûts
    (p. 157)
stratégie fonctionnelle (p. 159)
synergie (p. 155)
technique des scénarios
    (p. 144)

Les gestionnaires à l'œuvre

SUJETS À TRAITER ET ACTIVITÉS CONNEXES

NIVEAU 1 Connaissances et compréhension

1. Décrivez les cinq étapes du processus de planification et la relation entre ces étapes.

Solutionnaire
enseignant

2. Discutez des personnes chargées de la planification, des horizons temporels des plans et des raisons pour lesquelles la planification est importante. Quelles sont les qualités d'un plan efficace?

3. a) Décrivez la technique des scénarios.

b) Comment peut-elle aider les gestionnaires à prévoir ce qui se produira à l'avenir?

NIVEAU 2 Application et analyse

4. Demandez à un gestionnaire de vous décrire les stratégies d'entreprise, d'affaires et fonctionnelles utilisées par son entreprise. Résumez les résultats de votre recherche.

5. Effectuez une recherche dans Internet sur la compagnie aérienne Porter (sur YouTube ou le site de l'entreprise elle-même).

a) Déterminez la mission que s'est donnée cette entreprise.

b) Quel type de stratégie d'affaires applique-t-elle? Justifiez votre réponse à l'aide de renseignements pertinents.

6. Rendez-vous sur le site Internet d'une grande entreprise. Décrivez la mission et les buts de cette entreprise. Quelle stratégie directrice applique-t-elle?

NIVEAU 3 Synthèse et évaluation

7. Effectuez une recherche sur une entreprise très connue et sur laquelle vous pourrez facilement trouver des renseignements. Quel est son principal secteur d'activité? Appliquez le modèle des cinq forces de Porter à ce secteur pour déterminer ses menaces potentielles et sa rentabilité.

8. Présentez un argument appuyant la participation des cadres de terrain au processus de planification stratégique de l'entreprise. Que pourrait-il se passer s'ils n'y apportaient aucune contribution?

9. Effectuez une recherche sur deux entreprises appartenant au même secteur et soumettez-les à une analyse FFOM. Quels types de stratégies d'entreprise, d'affaires et fonctionnelle leur recommanderiez-vous? Donnez les raisons de vos choix.

EXERCICE PRATIQUE EN PETIT GROUPE

Formez un groupe de trois ou quatre personnes et choisissez quelqu'un qui présentera les résultats de votre recherche à toute la classe lorsque votre professeur vous le demandera. Discutez ensemble du scénario suivant.

Une chaîne de magasins d'alimentation vous embauche à titre de conseillers en gestion pour effectuer une étude de faisabilité concernant l'établissement d'un magasin dans votre collectivité. Vous devez répondre aux questions qui suivent et préparer un rapport pour votre client.

1. Dressez la liste des grandes chaînes de supermarchés dans votre ville. Déterminez leurs forces et leurs faiblesses les unes par rapport aux autres. Quelles sont les opportunités et les menaces potentielles dans ce secteur d'activité?

2. Quelles stratégies d'affaires ces supermarchés appliquent-ils en ce moment?

3. Quel type de stratégie serait le plus efficace contre les concurrents actuels dans ce secteur?

4. Que recommanderiez-vous à votre client? Justifiez votre réponse.

Pour vous guider, consultez l'annexe B, à la page 426.

EXERCICE DE PLANIFICATION D'AFFAIRES

Il vous faut maintenant élaborer le profil de l'entreprise que vous avez choisie et celui de son secteur. À l'aide des outils de planification présentés dans le chapitre, effectuez les tâches suivantes.

1. Rédigez les énoncés de la vision et de la mission de votre entreprise.

2. Formulez deux objectifs généraux importants pour cette entreprise. Ils peuvent être liés par exemple à la part de marché à conquérir ou au nombre de clients à servir.

3. Trouvez le code SCIAN (Système de classification des industries de l'Amérique du Nord) de votre secteur d'activité. Effectuez une recherche sur les tendances dans ce secteur.

4. Faites une analyse des menaces potentielles en appliquant le modèle des cinq forces de Porter à ce secteur. Quelles menaces pèsent sur votre secteur d'activité ? Comment pouvez-vous minimiser les risques qu'elles représentent ?

5. Effectuez une analyse FFOM de votre entreprise par rapport à l'une de ses concurrentes directes.

6. Quelle stratégie votre entreprise devrait-elle adopter pour obtenir un avantage concurrentiel sur sa rivale ?

EXERCICE DE GESTION RELATIF À L'ÉTHIQUE

Un grand magasin à rayons a été critiqué à maintes reprises pour sa politique de vente de vêtements fabriqués à faibles coûts dans des pays en voie de développement. Le chef de la direction de ce magasin sait que ses fournisseurs paient 5 % de plus que le taux de rémunération en vigueur dans ces pays et il considère qu'il s'agit d'un salaire approprié. Il sait aussi que les conditions de travail dans leurs usines ne sont pas plus mauvaises que celles d'autres usines de ces pays. Il s'adresse donc à vous pour vérifier ses hypothèses selon lesquelles tant que ses fournisseurs achètent des produits à des installations de fabrication qui offrent des conditions de travail supérieures à la moyenne dans le pays où elles se situent, il n'est pas nécessaire d'en faire plus. Que lui conseilleriez-vous ? Comment justifieriez-vous votre conseil ?

LA GESTION MISE AU DÉFI

Derrière Green Door

The Green Door est un restaurant végétarien d'Ottawa axé sur des aliments locaux, biologiques et qui varient selon les saisons. Il est situé en face de l'Université Saint-Paul (qui fait partie de l'Université d'Ottawa et qui compte environ 1000 étudiants du premier et des deuxième et troisième cycles inscrits dans des programmes de spiritualité, philosophie, sciences humaines, conseil pastoral et études sur les conflits). OttawaPlus.ca considère ce restaurant comme une institution incontournable de la capitale canadienne[58].

1. Nommez quelques restaurants végétariens de votre localité. Effectuez une analyse FFOM et faites une synthèse des constats obtenus.

2. Cherchez dans Internet des articles ou des critiques gastronomiques concernant The Green Door. Si ce restaurant voulait accroître ses activités, quel type de stratégie d'affaires devrait-il adopter ?

PROJET DE PRÉPARATION D'UN DOSSIER DE GESTION

Répondez aux questions suivantes concernant l'organisation que vous avez choisi d'étudier.

1. Déterminez la vision, la mission et les principaux objectifs de l'entreprise.

2. Quelle est sa stratégie d'entreprise (ou directrice)?

3. Quelle est sa stratégie d'affaires (ou concurrentielle)?

4. Ces stratégies aident-elles l'entreprise à réaliser sa vision et à accomplir sa mission? Comment?

5. Y a-t-il eu des changements importants dans les stratégies au cours de la dernière décennie? Si oui, décrivez-les et tentez de déterminer les raisons qui ont poussé l'entreprise à effectuer ces changements.

6. Jusqu'à quel point le processus de planification de l'entreprise est-il efficace?

▶ Étude de cas

Solutionnaire
enseignant

Brasser la soupe

Campbell Soup Co. est une société de fabrication de produits alimentaires parmi les plus anciennes et les plus connues dans le monde. Pourtant, la demande pour son principal produit, la soupe concentrée, a baissé d'environ 30 % au début des années 2000, lorsque les consommateurs ont abandonné les soupes transformées, riches en sel, pour se tourner vers des soupes meilleures pour la santé, à faibles teneurs en matières grasses et en sodium.

Les bénéfices nets et le prix de l'action de Campbell ont chuté quand les ventes de ses soupes se sont effondrées. En 2001, les administrateurs de l'entreprise ont donc choisi un nouveau chef de la direction, Douglas Conant, pour les aider à corriger la situation. Monsieur Conant a jugé qu'il était nécessaire d'établir un plan de redressement de trois ans pour permettre à l'entreprise de raffermir sa position sur le marché vis-à-vis de concurrents dynamiques comme General Mills, dont la division Progresso Soup avait attiré de nombreux clients de Campbell grâce à de nouvelles gammes de soupes santé originales.

Une des premières mesures prises par le nouveau dirigeant a été d'analyser les opportunités et menaces dans le secteur. Cela lui a permis de constater que la croissance du segment des produits biologiques et santé dans le marché de l'alimentation et celle du nombre de types de produits prêts-à-servir (ou plats cuisinés) constituaient une menace pour la principale activité de Campbell, soit les soupes. Cette analyse montrait aussi que Campbell était un chef de file dans les segments du marché des produits alimentaires santé à faible teneur en glucides et de luxe.

Une fois l'analyse de l'environnement externe terminée, monsieur Conant s'est intéressé aux ressources et aux capacités de l'entreprise. Grâce à une analyse interne, il a pu y découvrir un certain nombre de problèmes importants (faiblesses), par exemple des niveaux de dotation en personnel trop élevés par rapport à ceux de la concurrence et des coûts liés à la fabrication des soupes supérieurs à la normale en raison de la vétusté du matériel.

En outre, le chef de la direction a remarqué que chez Campbell, la culture était très conservatrice, en ce sens que les employés semblaient effrayés à l'idée de prendre des risques, une attitude qui pose un sérieux problème dans un secteur où les goûts des consommateurs changent constamment et où il faut continuellement développer de nouveaux produits. Par contre, l'analyse a révélé deux points forts importants (forces) : Campbell profitait d'importantes économies d'échelle en raison des quantités considérables de produits alimentaires qu'elle fabrique et elle possédait une division de recherche et développement de grande qualité, capable de concevoir de nouveaux produits alimentaires attrayants.

À l'aide de ces renseignements, monsieur Conant et ses gestionnaires ont pris une série de décisions. Campbell avait besoin d'utiliser ses habiletés en matière de développement de produits pour revitaliser ses activités de base et les modifier, ou pour les réinventer de façon à tenter de séduire les consommateurs de plus en plus préoccupés de leur santé, mais qui n'ont pas toujours le temps de cuisiner. Il lui fallait aussi élargir sa gamme dans des segments du marché tels que les aliments santé et sport, les produits de collation et les aliments de luxe. De plus, pour augmenter son chiffre d'affaires, Campbell devait s'introduire dans de nouveaux points de vente, par exemple les cafétérias de bureaux et de collèges ainsi que d'autres services de restauration de masse, de façon à élargir l'accès des consommateurs à ses produits. Enfin, il fallait décentraliser l'autorité au profit de cadres d'échelons inférieurs dans l'entreprise et leur donner la responsabilité de développer de nouveaux produits dans le domaine des soupes, de la boulangerie et du chocolat pour satisfaire les besoins sans cesse changeants des consommateurs. Monsieur Conant espérait ainsi revitaliser la culture peu dynamique de Campbell et accélérer l'arrivée de produits nouveaux ou améliorés sur le marché.

En résumé, cette analyse lui a permis de découvrir trois projets importants de croissance : 1) dans le marché en plein essor des boissons santé et sportives, où Campbell occupait déjà une place avec son jus V8 ; 2) dans le marché en plein essor des pains et des biscuits de qualité supérieure, où l'entreprise concurrençait ses rivales avec sa marque Pepperidge Farm ; et 3) dans le domaine des produits du chocolat, où sa marque Godiva avait accru son chiffre d'affaires au cours des années 1990.

Lorsque le chef de la direction de Campbell a mis son plan en application, les ventes de nouvelles soupes ont augmenté. Il a donc commencé à accorder plus d'importance à la vente de soupes dans des points de vente tels que 7-11 et Subway, plutôt que dans les supermarchés, et même à la privilégier[59]. Vers 2004, les analystes ont déclaré qu'il avait nettement amélioré le rendement de Campbell, mais qu'il lui restait encore beaucoup à faire étant donné que la marge bénéficiaire continuait de diminuer. Monsieur Conant a donc décidé que Campbell fabriquerait davantage de produits pour satisfaire aux exigences d'une alimentation à faible teneur en glucides, par exemple de nouveaux types de pains et de biscuits faibles en sucre. Il a aussi décidé de réduire les activités de l'entreprise pour diminuer ses coûts. Son objectif était d'élever la marge bénéficiaire de Campbell au niveau de celles de ses principaux concurrents, soit Kraft et General Mills, et d'y parvenir avant 2007, à l'aide d'un nouveau plan triennal[60].

En 2006, monsieur Conant avait atteint ses objectifs dans l'ensemble : la division des soupes avait connu un redressement tandis que celles de Pepperidge Farm et Godiva enregistraient des chiffres d'affaires et des bénéfices nets records (les ventes des craquelins Goldfish avaient augmenté de 100 % !)[61]. Le prix de l'action de Campbell a grimpé en flèche, de sorte que monsieur Conant et les employés de tous les niveaux ont reçu des primes destinées à récompenser leurs efforts inlassables pour rétablir la rentabilité de l'entreprise. Toutefois, monsieur Conant a immédiatement déclenché une nouvelle série d'analyses FFOM pour trouver d'autres projets, développer des types de produits originaux et aller ainsi chercher de nouveaux clients[62].

En ce qui a trait aux menaces, il apparaissait clairement que les consommateurs voulaient des produits alimentaires d'une plus grande valeur nutritive pour leurs repas et leurs collations. Monsieur Conant a donc remis en branle le processus de recherche en vue de rendre les produits de son entreprise plus attirants pour les consommateurs préoccupés de leur santé. La première possibilité consistait à modifier la recette d'un certain nombre de soupes de façon à réduire leur teneur en sodium. Par conséquent, dès 2007, Campbell a mis sur le marché de nouvelles sortes de soupes à faible teneur en sel. La seconde possibilité consistait à créer des soupes nutritives de luxe pour lesquelles l'entreprise pourrait exiger un prix plus élevé. Ces deux initiatives ont donné de bons résultats. Par contre, pour respecter le nouvel objectif de Campbell de produire des aliments plus nutritifs, monsieur Conant s'est demandé si sa marque pourtant très rentable de chocolats Godiva cadrait avec la nouvelle vocation de l'entreprise. Il a décidé qu'elle se classait maintenant parmi les points faibles de l'organisation et l'a vendue pour 850 millions de dollars en 2008. Il a ensuite utilisé une partie du produit de cette vente pour donner à l'entreprise de nouveaux points forts. Par exemple, il a investi dans la recherche et le développement en vue de doter la fonction des habiletés nécessaires pour adapter les marques de Campbell aux besoins des consommateurs dans des pays comme l'Inde et la Chine, une mesure qui a été le fer de lance de l'expansion des activités de l'entreprise. Sous la férule de Douglas Conant, la valeur des actions de Campbell a augmenté, de même que celle des dividendes annuels. Toutefois, après 2010 et à la suite d'une autre analyse FFOM dans un environnement en mutation constante, l'entreprise a fait volte-face.

Vers 2011, le chiffre d'affaires a commencé à stagner et la nouvelle chef de la direction, Denise Morrison, a abandonné la stratégie des produits à faible teneur en sodium pour tenter de récupérer des parts de marché. Dans les soupes haut de gamme Select Harvest, cette teneur est alors passée de 480 à 650 mg par portion[63]. Les plans d'expansion à l'échelle internationale ont été maintenus, mais il semble qu'en Amérique du Nord, la clientèle loyale des enfants de l'après-guerre a persisté à vouloir retrouver dans sa soupe le goût salé de son enfance.

1. Effectuez une analyse FFOM de la société Campbell.

2. À l'aide du modèle des cinq forces de Porter, précisez ou ajoutez des menaces potentielles à l'analyse FFOM. Analysez le secteur mondial de l'alimentation dans lequel Campbell dispute des parts de marché à ses concurrents.

Solutionnaire
enseignant

Fin de la partie 3 : Un cas à suivre

LE DÉVELOPPEMENT D'UN AVANTAGE CONCURRENTIEL

De même que la population locale, la concurrence a augmenté. Monsieur Lavallée s'est rendu compte assez tôt que la Laiterie Mac et que la Pharmacie Soigne tout étaient en mesure de présenter à leurs clients un plus grand choix de produits que son magasin général. Il a donc dû trouver une nouvelle façon de gérer sa petite entreprise pour qu'elle survive à la concurrence de ces géants. Il a commencé par faire un remue-méninges à la recherche de nouvelles stratégies et il s'est renseigné sur les nouvelles tendances dans le secteur de l'alimentation. L'idée lui est venue qu'il pourrait y avoir un créneau dans la vente des produits de spécialité, par exemple des aliments biologiques et des plats gastronomiques, qui serait rentable pour son établissement. Le cas échéant, monsieur Lavallée ne serait plus en concurrence avec les grandes surfaces. Il a donc rebaptisé son magasin « Les joyaux du terroir » et a commencé à entreposer une grande variété de produits gastronomiques locaux. Il a ajouté à son offre des aliments de luxe, des fromages de la région, du pain frais et des fruits et légumes biologiques. Le problème de dénicher chez les agriculteurs et les producteurs locaux des fournisseurs fiables aurait pu constituer une pierre d'achoppement à ce projet mais, fort heureusement pour lui, monsieur Lavallée pouvait compter sur Jeannette Khan pour diriger les activités d'approvisionnement et de logistique des Joyaux du terroir.

Son plan a fonctionné. Les clients ont été ravis de son nouveau concept de supermarché de luxe. Les produits de qualité supérieure qu'il avait décidé de tenir en magasin se sont envolés rapidement. Lorsqu'il s'est rendu compte qu'il lui fallait tourner cet engouement à son avantage, monsieur Lavallée a sans cesse augmenté la variété des aliments et des boissons biologiques de choix qu'il offrait à ses clients. Tirant parti de la popularité du nom de son magasin, il a mis sur le marché des produits portant l'étiquette « Les joyaux du terroir ». Aujourd'hui, plus de 80 % des articles vendus dans son magasin portent cette étiquette et respectent des normes de production durable sur le plan environnemental.

Pour rester concurrentiel dans le secteur d'activité des produits alimentaires de qualité supérieure et pour encourager ses clients à continuer de lui acheter des produits biologiques à prix élevés, monsieur Lavallée a compris qu'il devait offrir un excellent service à la clientèle. Il a donc fourni une formation et un soutien à ses employés. Ceux-ci, sentant maintenant que leur patron les apprécie, donnent un excellent service à leurs clients, avec lesquels ils développent des relations amicales et qu'ils connaissent même souvent par leur nom. Monsieur Lavallée est particulièrement satisfait de la façon dont son entreprise se comporte envers ses parties prenantes. Il évalue la possibilité de rédiger un code d'éthique en bonne et due forme qui servirait de guide aux nouveaux employés et leur ferait connaître la culture de l'entreprise.

La partie 2 ne contenant pas de cas à suivre, pour répondre aux questions suivantes, revoyez les chapitres 2 à 5.

1. Déterminez les parties prenantes de l'entreprise et leurs intérêts dans ce cas.

2. Quelles menaces et quelles opportunités sont présentes dans l'environnement concurrentiel et l'environnement général des Joyaux du terroir ?

3. Comment décririez-vous la façon dont l'entreprise de monsieur Lavallée se comporte en matière d'éthique et de responsabilité sociale ?

4. Comment monsieur Lavallée utilise-t-il les éléments qui lui procurent un avantage concurrentiel ?

6

La structure organisationnelle

Entrée en matière

Samsung se réorganise en fonction du XXIᵉ siècle

À ses débuts, en 1938, Samsung n'était qu'un petit fabricant de pâtes alimentaires en Corée. Aujourd'hui, il s'agit du plus important conglomérat en Asie. En effet, il comprend 83 entreprises différentes reliées en réseaux et chapeautées par une autre entreprise du nom d'Everland, et ses activités sont extrêmement diversifiées, de la fabrication de radio-transistors à l'offre de services d'assurance et de cartes de crédit. Tout comme General Electric aux États-Unis, le conglomérat du groupe Samsung se retrouve au sein de dizaines de secteurs distincts. La plus grande société du réseau, Samsung Electronics Co. Ltd., est un chef de file en matière de technologie électronique et fabrique plus de téléviseurs, de puces de mémoire et d'écrans plats à cristaux liquides que n'importe quelle autre entreprise au monde. Samsung Electronics comprend 2 principaux groupes de produits ayant 10 divisions opérationnelles : Digital Media and Communications et Device Solutions.

En 2009, Samsung a procédé à une réorganisation de la structure de sa société électronique dans le but de donner plus d'autonomie à chacune de ses divisions. Elle a supprimé l'échelon du chef des activités internationales, lequel était chargé de superviser les divisions opérationnelles[1]. Cette réorganisation a remplacé la structure des « deux groupes d'entreprises par sept entreprises indépendantes

regroupées sous une seule personne morale[2] ». Avant ce changement, les divisions opérationnelles ne contrôlaient pas leur propre budget ; elles ne préparaient elles-mêmes ni bilan ni état des résultats[3]. Cette réorganisation leur a donné l'indépendance nécessaire pour agir comme des entités autonomes ayant chacune leur propre président et chef de la direction ainsi que leur propre directeur des finances. Chaque président et chef de la direction rend maintenant directement des comptes au détenteur d'un poste nouvellement créé, celui de directeur de l'exploitation de toutes les divisions. Ce dernier, qui se trouve à être l'héritier présomptif de l'empire Samsung, a pour tâche d'aider à accélérer les prises de décisions, d'améliorer l'efficience des divisions opérationnelles et de servir de médiateur entre celles-ci. En somme, la hiérarchie de gestion est passée de trois à deux échelons, de sorte que les prises de décisions se font dorénavant plus rapidement, de même que la sortie de nouveaux produits sur le marché. Ce modèle de réorganisation se trouve par ailleurs dans un bon nombre de sociétés multinationales. Sur le plan des ventes, la société Samsung a pris de l'avance par

rapport à ses concurrents. Toutefois, elle souhaite maintenant diversifier ses activités avant que ses marges bénéficiaires peu élevées, la baisse des prix et les cycles de vie accélérés des produits plombent ses bénéfices[4]. Convaincu que les technologies vertes seront le moteur de croissance à l'avenir, le président directeur général, Lee Kun-hee, a déclaré à ses cadres en 2011 : « La majorité de nos produits actuels auront disparu dans 10 ans[5]. » Au cours de la prochaine décennie, l'entreprise compte investir 20 milliards de dollars parmi cinq nouveaux secteurs : les panneaux solaires, la technologie des diodes électroluminescentes (DEL), les batteries de véhicules électriques, les dispositifs médicaux et les médicaments biotechniques. Afin de tirer profit de ces nouvelles opportunités, elle a compris qu'elle doit s'associer à des entreprises émergentes dans chacun de ces secteurs. Par exemple, pour la production de batteries de véhicules électriques, elle a conclu un partenariat avec le fournisseur allemand de pièces d'automobiles Bosch. Cette société en partenariat, appelée « SB LiMotive », compte déjà parmi ses clients Chrysler et BMW.

Ces nouvelles activités éloignent la société Samsung des produits de l'électronique, pour lesquels il existe déjà des substituts, et l'orientent vers une technologie verte et des produits de soins de santé qui, selon elle, devraient être très recherchés au cours du XXIe siècle. Samsung s'est dotée d'une nouvelle structure qui convient à sa nouvelle stratégie.

> ▶ **Après avoir réfléchi aux concepts présentés dans ce chapitre, vous serez en mesure de répondre aux questions suivantes.**
>
> **1.** Comment décririez-vous la nouvelle structure organisationnelle de Samsung Electronics ?
>
> **2.** Quels ont été les effets des changements de la structure organisationnelle de
>
> Samsung sur sa chaîne hiérarchique et sur son étendue des responsabilités ?
>
> **3.** Quels liens peut-on établir entre la stratégie de Samsung et sa structure organisationnelle ?

D ans la partie 4 de cet ouvrage, nous examinerons la façon dont les gestionnaires peuvent mobiliser les ressources humaines et organiser le processus de production en vue de créer des entreprises performantes. Il s'agit pour eux de concevoir une structure qui permet de tirer le meilleur parti possible des ressources disponibles pour produire des biens et offrir des services qui répondent aux besoins des clients. Ils doivent tenir compte de la rapidité avec laquelle l'environnement de leur entreprise change et adapter conséquemment la stratégie, la culture et la structure de leur organisation. En fait, ils conçoivent des structures organisationnelles qui s'adaptent aux facteurs environnementaux ayant le plus d'effets sur leur entreprise et entraînant pour elle le plus d'incertitude[6]. Il n'existe donc pas de méthode unique pour concevoir de telles structures. Chaque conception doit refléter la situation particulière d'une entreprise. Ainsi, des structures de nature stable et de type mécaniste pourraient se révéler appropriées dans certaines situations tandis que des structures de nature flexible et de type organique seraient plus efficaces dans d'autres. Comme nous l'avons vu au chapitre 5, la conception et l'élaboration d'une structure organisationnelle doivent être étroitement liées à sa stratégie. Cette dernière dépend de la nature de l'entreprise, de la concurrence à laquelle elle fait face et de son environnement. Elle est couronnée de succès lorsque les leaders et les équipes de gestion savent déceler les opportunités et les menaces présentes dans l'environnement de leur entreprise et organiser efficacement ses ressources de façon qu'elle puisse affronter ses rivales dans un tel marché. Les leaders doivent prendre des décisions quant aux adaptations et aux changements nécessaires afin que leur organisation demeure concurrentielle. Dans l'entrée en matière de ce chapitre, nous avons exposé la façon dont une organisation aussi vigoureuse et dynamique que Samsung Electronics a modifié sa structure organisationnelle afin qu'elle soit mieux adaptée à sa stratégie pour le XXIe siècle.

À la fin du chapitre, vous vous serez familiarisés avec divers types de structures organisationnelles, mais aussi avec différents facteurs qui déterminent les choix que font les gestionnaires en matière de conception de structure. Au chapitre 7, nous étudierons quelques questions qui se rapportent à la culture des organisations et à ce dont celles-ci ont besoin pour réussir à innover et à se transformer.

OA1 — Déterminer les éléments inhérents à la conception des structures organisationnelles.

6.1 La conception d'une structure organisationnelle

L'organisation est le processus par lequel les gestionnaires conçoivent et élaborent la structure des relations de travail entre les membres d'une organisation afin de permettre à ces derniers d'atteindre les objectifs organisationnels de façon efficace et efficiente. La structure organisationnelle est un système formel de tâches et de rapports d'autorité parmi les membres de l'organisation déterminant la façon dont ils exploitent les ressources disponibles en vue d'atteindre les objectifs fixés[7]. On définit aussi la **conception de la structure organisationnelle** comme étant le

---

Conception de la structure organisationnelle (*organizational design*)
Processus par lequel les gestionnaires font des choix spécifiques en matière d'organisation et qui a pour résultat la mise en place d'un type particulier de structure.

processus dont les gestionnaires se servent pour faire des choix spécifiques en matière d'organisation et qui a pour résultat la mise en place d'un type particulier de structure[8].

Lors de la conception de la structure organisationnelle, les gestionnaires sont appelés à définir les critères les plus pertinents pour son élaboration. Le tableau 6.1 met en évidence les principales questions et réponses qui s'y rattachent. Par ailleurs, et comme nous l'avons déjà souligné, il ne faut pas perdre de vue que la structure organisationnelle d'une entreprise est étroitement liée à sa stratégie et à sa culture. En somme, les gestionnaires conçoivent les structures organisationnelles en tenant compte des quatre composantes suivantes.

1. La répartition des tâches parmi les postes de travail de chacun des employés selon leur capacité à susciter leur intérêt et à les motiver.

2. Le regroupement des postes de travail au sein des unités de travail à mesure que l'entreprise se développe.

3. La répartition de l'autorité hiérarchique entre les unités de travail afin d'assurer leur coordination et de faciliter les interactions entre les individus.

4. Le choix entre une structure organisationnelle de nature rigide ou flexible.

La capacité de faire les bons choix en matière d'organisation favorise la création d'une entreprise performante.

> **TABLEAU 6.1** Les questions et les réponses concernant la structure organisationnelle

Questions à considérer	Choix de structures	Critères
Comment devrait-on répartir les tâches entre les divers postes de travail ?	• Élaboration des tâches : effectuer une première répartition des tâches à exécuter • Élargissement des tâches : augmenter le nombre de tâches à exécuter • Simplification du poste : réduire le nombre de tâches à exécuter • Enrichissement des tâches : ajouter des responsabilités relativement aux tâches à exécuter	• Tenir compte de la manière la plus efficace et efficiente de fournir un produit ou un service et de servir les clients.
Comment devrait-on regrouper les postes de travail au sein des unités de travail ?	• Structure par fonction : la production, la finance, les ressources humaines, les ventes • Structure par départementalisation ou divisionnaire : par produit, par localisation géographique des marchés, par type de clientèle • Structure matricielle : par équipe de produit et hybride • Alliances stratégiques et structure en réseau • Externalisation	• Faire correspondre le contexte organisationnel, les ressources humaines, la technologie et la stratégie de l'entreprise à sa taille et aux ressources disponibles.
Comment devrait-on répartir l'autorité afin que l'organisation puisse coordonner et encadrer ses activités ?	• Chaîne hiérarchique : verticale ou horizontale • Encadrement centralisé ou décentralisé de la prise de décisions	• Appliquer le principe de la chaîne de commandement minimale d'après lequel la hiérarchie de gestion devrait comporter le plus petit nombre possible d'échelons d'autorité nécessaires à une utilisation efficace et efficiente des ressources de l'organisation.
La structure organisationnelle d'ensemble devrait-elle être de nature rigide ou flexible ?	• Structure mécaniste : conventionnelle, stable et de nature rigide • Structure organique : fluide, dynamique et de nature flexible	• Tenir compte de la fréquence des changements de l'environnement organisationnel ainsi que de la présence de nouvelles technologies préconisées par l'industrie, du recours ou non à une main-d'œuvre spécialisée et du type de stratégie adoptée (de domination par les coûts ou de différenciation).

OA2 Expliquer la façon dont les gestionnaires répartissent les tâches au sein des postes de travail tout en favorisant la motivation et la satisfaction des employés.

6.2 L'élaboration et la répartition des tâches au sein des postes de travail

La première étape de la conception de la structure organisationnelle est l'**élaboration des tâches**, où les gestionnaires préconisent la meilleure façon de répartir les tâches à accomplir afin de fournir aux clients des produits et des services. Par exemple, les gestionnaires de McDonald's ont déterminé la meilleure façon de répartir les tâches requises pour que les clients obtiennent rapidement un repas peu coûteux dans chacun des restaurants de la chaîne. Après avoir fait l'essai de divers regroupements de tâches, ils ont établi une répartition des tâches entre les chefs en cuisine et les préposés au comptoir. Ils ont attribué toutes les tâches concernant la préparation et la cuisson des aliments (verser l'huile dans les friteuses, ouvrir les emballages de frites surgelées, placer les galettes de bœuf sur le gril, etc.) au poste de préposé à la production et toutes les activités liées au service des clients (recevoir les clients, prendre les commandes, mettre les frites et les hamburgers dans des sacs, ajouter les serviettes et recevoir le paiement) au poste de préposé au comptoir. Ils ont aussi conçu d'autres types de postes de travail : s'occuper du service au volant, maintenir la propreté de l'établissement, ainsi que superviser les employés et réagir aux situations imprévues. Ce processus d'élaboration des tâches a eu pour résultat une **répartition des tâches** entre les employés qui, selon l'expérience des gestionnaires de McDonald's, est la plus efficiente possible.

L'établissement d'une répartition des tâches appropriée entre les employés est un élément essentiel du processus d'organisation. Il est vital pour accroître l'efficacité et l'efficience d'une entreprise. Chez McDonald's, les tâches associées aux postes de préposé à la production et de préposé au comptoir ont été réparties en emplois distincts parce que les gestionnaires ont constaté que, compte tenu du type de repas servi par l'entreprise, cette approche est la plus efficiente. Elle est efficiente parce que lorsque chaque employé a moins de tâches à effectuer (c'est-à-dire que chaque poste devient un peu plus spécialisé), il devient plus productif dans l'accomplissement des tâches associées à son poste.

Dans les restaurants Subway, par contre, les gestionnaires ont choisi un type de conception des tâches différent. Ainsi, il n'y a pas de répartition des tâches entre les employés qui confectionnent les sandwiches, les emballent, les servent aux clients et en reçoivent le paiement. Les rôles de cuisinier et de préposé au comptoir sont combinés en un seul. Cette répartition différente des postes de travail et des tâches, qui ne conviendrait pas à McDonald's, est efficiente pour Subway parce que son menu se limite essentiellement à des sandwichs de type sous-marin préparés suivant les indications des clients. Son système de production est donc plus simple que celui de McDonald's, qui offre un menu relativement varié et dont les préposés à la production doivent cuisiner les différents types de plats. Par conséquent, dans les restaurants Subway, les rôles de cuisinier et de préposé au comptoir étant combinés, on se trouve en présence d'un élargissement des tâches par rapport à celles de McDonald's, qui sont plus spécialisées. De manière générale, l'élargissement des tâches repose sur la prémisse selon laquelle en accroissant l'éventail des tâches effectuées par une personne, on en réduit la monotonie. Dans chaque entreprise, les gestionnaires doivent analyser l'ensemble des tâches à exécuter et concevoir les postes de travail qui permettent le mieux à l'organisation de fournir les produits et les services que ses clients désirent. Toutefois, dans leurs prises de décisions concernant la façon de répartir les tâches entre chacun des postes de travail, les gestionnaires doivent être prudents et ne pas proposer une trop grande **simplification du poste**, un processus qui consiste à réduire le nombre de tâches que chaque employé exécute au sein de son poste de travail[9]. En effet, une trop grande simplification peut parfois diminuer l'efficience plutôt que de l'augmenter si les travailleurs considèrent leur emploi comme étant ennuyeux et monotone et que, parce qu'ils se sentent démotivés et insatisfaits, leur rendement en souffre.

6.2.1 L'élargissement et l'enrichissement des tâches

Des chercheurs ont examiné les manières d'élaborer les tâches et de les répartir entre les employés afin de favoriser un rendement élevé et d'améliorer leur satisfaction lorsqu'ils accomplissent leur travail. Ils ont alors proposé l'élargissement et l'enrichissement des tâches comme étant de meilleures options que la simplification des tâches à l'intérieur d'un poste de travail.

Élaboration des tâches (*job design*)
Processus par lequel les gestionnaires déterminent les tâches à exécuter et répartissent celles-ci au sein de postes de travail.

Répartition des tâches (*division of labour*)
Résultat général de l'élaboration des tâches et de leur répartition entre les employés dans une organisation.

Simplification du poste (*job simplification*)
Réduction du nombre de tâches que chaque employé exécute au sein de son poste de travail.

L'élargissement des tâches est un accroissement du nombre de tâches différentes dans un poste de travail par une modification de la répartition des tâches[10]. Par exemple, comme les préposés de Subway préparent les aliments en plus de les servir, on peut conclure que leur charge de travail est plus «grande» que celle des serveurs de McDonald's. Cette logique repose sur la prémisse suivante: en accroissant la diversité des tâches effectuées par chaque employé, on diminue l'ennui et la fatigue qu'il finit par ressentir et on peut ainsi favoriser sa motivation à atteindre un rendement élevé et accroître à la fois la quantité et la qualité des produits qu'il fabrique ou des services qu'il fournit. Cependant, cette modification peut être suggérée à un employé qui en ressentira le besoin, car il se peut fort bien que d'autres, ne le ressentant pas, préfèrent l'exécution d'un nombre restreint de tâches.

L'enrichissement des tâches consiste à hausser le degré de responsabilité d'un employé au sein de son poste de travail. Pour ce faire, on peut par exemple: 1) lui permettre d'acquérir une plus grande autonomie en lui proposant de trouver de nouvelles ou de meilleures manières d'effectuer son travail; 2) l'encourager à développer de nouvelles habiletés; 3) lui permettre de décider de la façon d'effectuer son travail et de réagir à des situations imprévues; et 4) lui permettre de superviser et de mesurer son propre rendement[11].

D'après le principe de l'enrichissement des tâches, lorsqu'on augmente le degré de responsabilité des employés, on favorise également leur implication dans leur travail et,

---

Élargissement des tâches (*job enlargement*)
Accroissement du nombre de tâches différentes dans un poste de travail.

Enrichissement des tâches (*job enrichment*)
Augmentation du degré de responsabilité qu'un employé assume au sein de son poste de travail.

---

par conséquent, leur intérêt dans la qualité des produits qu'ils fabriquent ou des services qu'ils fournissent.

En général, lorsque des gestionnaires font des choix en matière de conception qui tendent vers l'enrichissement des tâches et l'implication en matière d'emploi, ils espèrent accroître la capacité de leurs employés à s'adapter aux situations plutôt que d'y être réfractaires. Les employés qui doivent exécuter des tâches restreintes et spécialisées ont tendance à se comporter de façon prévisible tandis que ceux qui effectuent diverses tâches et qu'on autorise – qu'on encourage même – à découvrir de nouvelles et de meilleures façons d'effectuer leur travail sont plus susceptibles que d'autres de faire preuve de flexibilité et de créativité. Par conséquent, les gestionnaires qui élargissent et enrichissent les tâches de leurs employés créent une structure organisationnelle de nature flexible tandis que ceux qui les simplifient établissent une structure de nature plus conventionnelle. Lorsque les employés sont aussi regroupés en équipes autonomes, c'est-à-dire qu'ils ont la responsabilité de superviser leurs propres activités et de contrôler la qualité des produits et des services qu'ils fournissent, l'organisation est généralement de nature flexible, car les membres de ces équipes se soutiennent les uns les autres et peuvent apprendre les uns des autres.

6.2.2 Les caractéristiques de l'emploi

Les caractéristiques de l'emploi selon le modèle proposé par J. R. Hackman et G. R. Oldham sont importantes à considérer en matière d'élaboration des tâches. Ce modèle explique en détail la façon dont les gestionnaires peuvent rendre les postes de travail plus intéressants et plus motivants[12]. Il décrit également les résultats personnels et organisationnels probables de l'enrichissement et de l'élargissement des tâches (*voir la figure 6.1*).

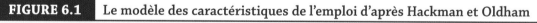

FIGURE 6.1 **Le modèle des caractéristiques de l'emploi d'après Hackman et Oldham**

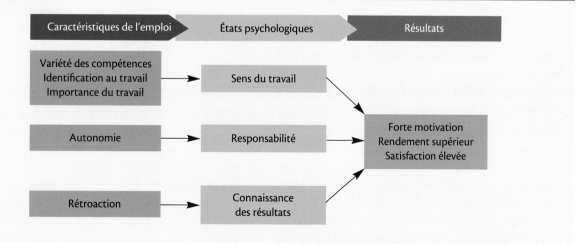

Selon les professeurs Hackman et Oldham, chaque emploi comporte cinq caractéristiques qui déterminent le degré de motivation qu'il peut inspirer. Ces caractéristiques déterminent également la façon dont les employés réagissent à leur travail et elles mènent à des résultats tels qu'un rendement élevé, une grande satisfaction ainsi qu'un faible taux d'absentéisme et de roulement de personnel.

1. **La variété des compétences:** les capacités, connaissances ou habiletés requises lors de l'exécution des tâches d'un poste de travail. Par exemple, un poste d'auxiliaire de recherche en sciences requiert l'utilisation d'une plus grande diversité d'habiletés qu'un poste de préposé au comptoir chez McDonald's.

2. **L'identification au travail:** le nombre d'étapes requises lors de l'exécution d'une tâche que l'employé doit effectuer entre le début et la fin du processus de production. Par exemple, un artisan qui transforme une pièce de bois en un bureau personnalisé a une identification au travail plus importante qu'un travailleur qui effectue une seule des nombreuses opérations nécessaires pour assembler un téléviseur à écran plat.

3. **L'importance du travail:** la perception d'un employé quant à la signification de sa tâche et de ses résultats pour des personnes à l'intérieur de l'organisation, telles que ses collègues de travail, ou à l'extérieur de l'organisation, telles que des clients. Par exemple, un enseignant perçoit l'effet de ses efforts sur ses élèves lorsque ces derniers démontrent qu'ils sont instruits et bien adaptés à la société. L'enseignant est en mesure de mieux cerner l'importance de son travail qu'un plongeur qui effectue la tâche monotone de laver des couverts sales à mesure que les serveurs les apportent à la cuisine.

4. **L'autonomie:** le degré de liberté et d'autonomie dont un employé bénéficie pour planifier l'exécution de diverses tâches et pour déterminer la façon de les effectuer. Par exemple, un membre du personnel de vente qui doit planifier son horaire et déterminer la façon dont il répartit son temps entre différents clients a une grande autonomie en comparaison d'un travailleur d'une chaîne de montage dont les gestes sont déterminés par la vitesse de la chaîne de production.

5. **La rétroaction:** la mesure dans laquelle l'employé qui exécute une tâche reçoit une information claire et directe sur la façon dont il a effectué son travail. Par exemple, un contrôleur aérien, dont les erreurs pourraient provoquer des collisions entre des avions en plein vol, reçoit une rétroaction immédiate sur sa performance tandis qu'une personne qui compile des statistiques pour un magazine

spécialisé n'a souvent aucun moyen de savoir si elle commet des erreurs ou si elle effectue vraiment du bon travail.

Selon les professeurs Hackman et Oldham, ces cinq caractéristiques de l'emploi exercent un effet sur la motivation des employés parce qu'elles influent sur trois états psychologiques essentiels (*voir la figure 6.1, à la page précédente*). Plus les employés ont le sentiment que leur travail a un sens, plus ils perçoivent qu'ils ont la responsabilité des résultats de leur travail et plus ils connaissent les effets de ces résultats sur les autres, plus leur travail leur paraît motivant et plus il est probable qu'ils éprouvent de la satisfaction et que leur rendement soit élevé. En outre, les employés dont le travail est très motivant se trouvent souvent dans des situations où on leur demande d'utiliser leurs habiletés et d'effectuer davantage de tâches tout en leur confiant plus de responsabilités dans leur exécution. Tout ce qui précède caractérise les employés et les tâches qu'on trouve dans les structures de nature flexible, où l'autorité est décentralisée et où les employés travaillent généralement ensemble et doivent acquérir de nouvelles habiletés afin d'effectuer la gamme des tâches qui incombent à leur groupe.

OA3 Décrire la façon dont les gestionnaires peuvent regrouper les postes de travail au sein de structures élaborées par fonction, par départementalisation ou divisionnaires, en réseau ainsi que selon une forme hybride.

6.3 Le regroupement des postes de travail selon différentes structures

Lorsque les gestionnaires ont déterminé la répartition des tâches entre les postes de travail, ils doivent prendre une décision consistant à regrouper les postes à l'intérieur d'unités de travail de façon à répondre aux besoins de l'organisation en ce qui a trait à l'environnement, à la stratégie, à la technologie et aux ressources humaines. En général, ils décident d'abord de regrouper les postes de travail au sein de services. Ils conçoivent alors une structure par fonction en vue d'utiliser efficacement les ressources organisationnelles. À mesure que l'entreprise s'agrandit, il devient de plus en plus difficile d'exercer sur elle un contrôle constant; les gestionnaires doivent alors choisir une structure organisationnelle plus complexe telle que la structure par départementalisation ou divisionnaire, la structure matricielle, la structure par équipe de produit, une structure hybride ou la structure en réseau. Nous examinerons chacune de ces structures organisationnelles. Toutefois, il faut noter que le choix et la conception d'une structure pour accroître l'efficacité et l'efficience de l'entreprise constituent un défi de taille. Comme nous l'avons vu au chapitre 5, les gestionnaires ne peuvent profiter des avantages d'une stratégie bien conçue que s'ils choisissent le type approprié de structure pour l'appliquer.

6.3.1 Les structures par fonction

Une fonction se définit comme un groupe de personnes qui travaillent ensemble, qui ont des habiletés similaires ou qui utilisent les mêmes ressources (connaissances, instruments ou techniques) pour effectuer leurs tâches. À titre d'exemple, la fonction fabrication ou production, la fonction ventes ou la fonction recherche et développement sont souvent organisées par service. Une **structure par fonction** est un

---

Structure par fonction (*functional structure*)
Structure organisationnelle composée de tous les services dont une entreprise a besoin pour la production de ses biens ou la prestation de ses services.

---

type de structure organisationnelle composé de tous les services dont une organisation a besoin pour la production de ses biens ou la prestation de ses services. Piers 1 Imports, une entreprise d'ameublement, préconise une structure par fonction pour fournir à ses clients une vaste gamme de produits provenant de partout dans le monde et susceptibles de satisfaire leurs désirs de s'offrir des produits innovateurs et originaux. La figure 6.2 présente la structure organisationnelle dont s'est dotée l'entreprise.

À Piers 1 Imports, les principales fonctions sont la finance et l'administration, le marchandisage (l'achat des produits), les magasins (la gestion des magasins de détail ou des points de vente), le marketing et la logistique (la gestion de la distribution des produits) ainsi que les ressources humaines. Chaque poste de travail à l'intérieur d'une fonction existe parce que les tâches qui y sont exécutées contribuent à l'ensemble des activités de la fonction et, conséquemment, à la performance organisationnelle. Par exemple, dans le service de la logistique, on trouve tous les postes de travail

> **FIGURE 6.2** La structure par fonction de Piers 1 Imports

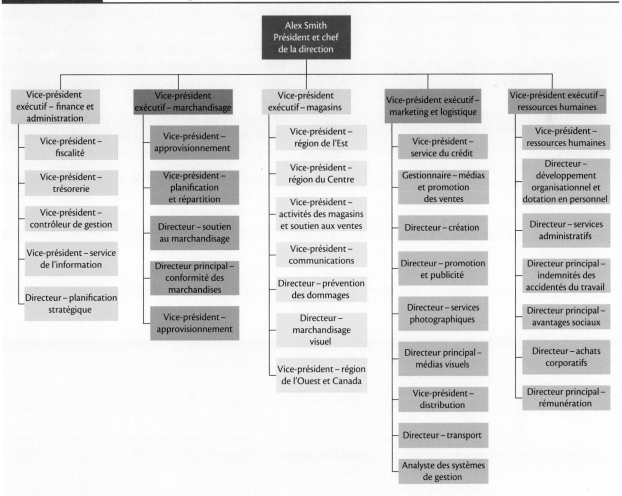

nécessaires pour assurer avec efficience la distribution et le transport des produits vers les magasins. Au service du marketing, tous les postes de travail (p. ex. promotion, photographie et médias visuels) servent à accroître l'attrait des clients pour les produits de Piers 1 Imports. Le regroupement des postes de travail au sein d'une structure par fonction présente plusieurs avantages (*voir le tableau 6.2*).

- Premièrement, lorsqu'on regroupe des employés qui occupent des postes de travail similaires et exécutent des tâches semblables, ils peuvent apprendre en s'observant les uns les autres. Ils deviennent ainsi plus spécialisés et peuvent accomplir un travail de plus grande qualité. Les tâches associées à un poste de travail sont souvent liées à celles d'un autre poste, ce qui favorise la coopération à l'intérieur d'une fonction. Au service de la planification de Pier 1 Imports, par exemple, la personne qui conçoit le volet photographique d'une campagne de publicité travaille en étroite collaboration avec celle qui est chargée de concevoir l'aménagement des magasins et avec les experts en médias visuels. L'entreprise réussit ainsi à préparer des campagnes de marketing dynamiques et bien ciblées pour différencier ses produits de ceux de ses concurrents.

- Deuxièmement, le regroupement de personnes qui effectuent des tâches au sein de postes de travail similaires permet aux gestionnaires de mieux contrôler et d'évaluer plus facilement leur rendement[13]. Imaginez que des experts en marketing, en achats et en immobilier soient regroupés dans un service qu'un gestionnaire en marchandisage est chargé de superviser. De toute évidence, ce dernier n'aurait pas l'expertise nécessaire pour évaluer toutes ces personnes de façon appropriée. Toutefois, une structure par fonction permet aux employés d'évaluer la qualité du travail de leurs collègues ; si certains d'entre eux ont un faible rendement, des employés plus expérimentés peuvent les aider à développer de nouvelles habiletés pour l'améliorer.

Piers 1 Imports préconise une structure par fonction.

- Troisièmement, les gestionnaires apprécient la structure par fonction parce qu'elle leur permet d'établir l'ensemble des fonctions dont ils ont besoin pour effectuer une veille stratégique sur l'environnement concurrentiel de l'entreprise[14]. Lorsqu'ils ont mis en place un ensemble approprié de fonctions, ils sont en mesure d'élaborer une stratégie qui permettrait à l'entreprise de réagir à tout changement dans sa situation. Par exemple, chez Pier 1 Imports, des employés de la fonction marketing peuvent se spécialiser dans la supervision de nouvelles campagnes de publicité pour mieux cibler les besoins des clients de l'entreprise. Des employés de la fonction marchandisage peuvent faire le tour de tous les fournisseurs potentiels d'ameublement au pays et dans le monde pour trouver les produits qui plairont aux clients de l'entreprise et, conséquemment, mieux gérer les ententes d'externalisation prises avec l'ensemble de ses fournisseurs.

À mesure qu'une entreprise se développe et que sa stratégie change en vue de produire un éventail plus large de produits et de services pour divers types de clients, plusieurs problèmes peuvent réduire l'efficacité et l'efficience d'une structure par fonction[15] (*voir le tableau 6.2*).

- Premièrement, les gestionnaires des différentes fonctions peuvent avoir plus de difficulté à communiquer entre

TABLEAU 6.2	Les avantages et les inconvénients de la structure par fonction	
Structure par fonction	**Avantages pour les gestionnaires**	**Inconvénients pour les gestionnaires**
Regroupement de postes similaires	• Les employés apprennent les uns des autres et on les encourage à coopérer. • Le contrôle ainsi que l'évaluation du rendement des employés sont plus faciles. • Des enquêtes ciblées sur l'environnement permettent de préparer une meilleure stratégie et de minimiser les risques.	• La communication d'une fonction à l'autre devient difficile à mesure que l'entreprise grandit. • Les objectifs de chaque service prennent plus d'importance que ceux de l'entreprise dans son ensemble.

eux et à coordonner leurs activités quand ils sont chargés de la fabrication de plusieurs types de produits, surtout lorsque l'entreprise se développe simultanément sur les plans national et international.

- Deuxièmement, au sein d'une structure par fonction, les gestionnaires deviennent parfois si préoccupés par la supervision de leur propre service et par la réalisation de leurs objectifs qu'ils perdent de vue ceux de l'entreprise. Le cas échéant, l'efficacité de l'organisation dans son ensemble en souffre parce qu'ils ne considèrent les enjeux et les problèmes de leur organisation que selon la perspective, relativement étroite, de leur propre service[16].

En définitive, ces deux inconvénients peuvent contribuer à réduire l'efficacité et l'efficience d'une entreprise. Les entreprises de petite taille adoptent souvent une structure très simple dans laquelle le propriétaire est le gestionnaire principal qui assume la responsabilité des activités de toutes les fonctions.

Prenons l'exemple d'un restaurant. Il n'est pas rare de voir le chef gérer la cuisine, c'est-à-dire procéder à l'achat des aliments ainsi qu'à l'embauche et à la supervision du personnel de cuisine tandis qu'un autre gestionnaire s'occupe de tout ce qui concerne la salle à manger, y compris la supervision du personnel de son service, du barman ou du sommelier. Un gestionnaire peut décider d'externaliser certaines activités organisationnelles secondaires qui sont nécessaires au fonctionnement du restaurant, mais non essentiellement liées à sa mission, comme la rémunération des employés et la comptabilité du restaurant.

6.3.2 Les structures par départementalisation ou divisionnaires

Lorsque des problèmes liés à la croissance et à la diversification s'intensifient avec le temps, les gestionnaires doivent trouver de nouvelles manières d'organiser leurs activités pour surmonter les obstacles liés à une structure par fonction.

La plupart des gestionnaires de grandes entreprises choisissent une **structure par départementalisation ou divisionnaire** et établissent une série de divisions opérationnelles pour fabriquer un type spécifique de produit pour un type de client particulier. Chaque division comporte un ensemble de fonctions ou de services qui travaillent de concert à la fabrication de ce produit. L'objectif derrière le choix d'une structure par départementalisation ou divisionnaire vise à établir des unités plus petites et plus facilement gérables à l'intérieur de l'organisation. Il existe trois grandes formes de structure par départementalisation ou divisionnaire (*voir la figure 6.3 , à la page suivante*)[17].

Conseils aux gestionnaires

Le choix d'une structure organisationnelle

1. Au sein d'une entreprise de petite taille, le gestionnaire finit souvent par effectuer lui-même toutes les fonctions selon les besoins organisationnels, ce qui n'est pas nécessairement la méthode d'organisation la plus efficace et la plus efficiente.

2. La décision de fabriquer soi-même un produit ou d'acheter ce dernier auprès d'un fabriquant dépend des coûts relatifs à ces choix. Parfois, une autre entreprise peut exécuter le travail plus rapidement et à moindre coût, soit parce qu'elle est plus spécialisée, soit parce que sa technologie est plus efficace, soit en raison de la présence d'un autre avantage.

3. Il faut privilégier l'externalisation pour les activités qui ne sont pas essentielles à l'organisation lorsqu'il y a lieu de tenir compte des ressources disponibles et des compétences du personnel.

4. Bien qu'il soit important d'adopter une structure organisationnelle appropriée à la vision stratégique de l'entreprise, il faut garder à l'esprit que celles-ci (structure et vision) doivent demeurer flexibles afin que l'organisation puisse s'adapter aux changements imprévisibles de son environnement.

Lorsque l'organisation des divisions se fait en fonction du type de produit ou de service que l'entreprise fournit, on parle de «structure par produit»; quand elle se fait en fonction de la région du pays ou du monde où l'entreprise effectue ses activités, il s'agit d'une «structure par localisation géographique des marchés»; lorsqu'elle dépend des types de clients ciblés, on la nomme «structure par type de clientèle».

La structure par produit

Imaginez les problèmes que la direction de Pier 1 Imports aurait si elle décidait, pour diversifier les activités de l'entreprise, de produire et de vendre des voitures, des plats-minute et de l'assurance maladie en plus de l'ameublement, tout en ayant recours à son groupe actuel de directeurs répartis par fonction afin de superviser la production de ces quatre types de produits. Aucun d'entre

---

Structure par départementalisation ou divisionnaire
(*divisional structure*)
Structure organisationnelle composée de groupes d'activités distincts à l'intérieur desquels on retrouve les fonctions qui, mises ensemble, permettent la fabrication d'un produit spécifique pour un client en particulier ou offrent la prestation d'un service.

FIGURE 6.3   Les structures par produit, par localisation géographique des marchés et par type de clientèle

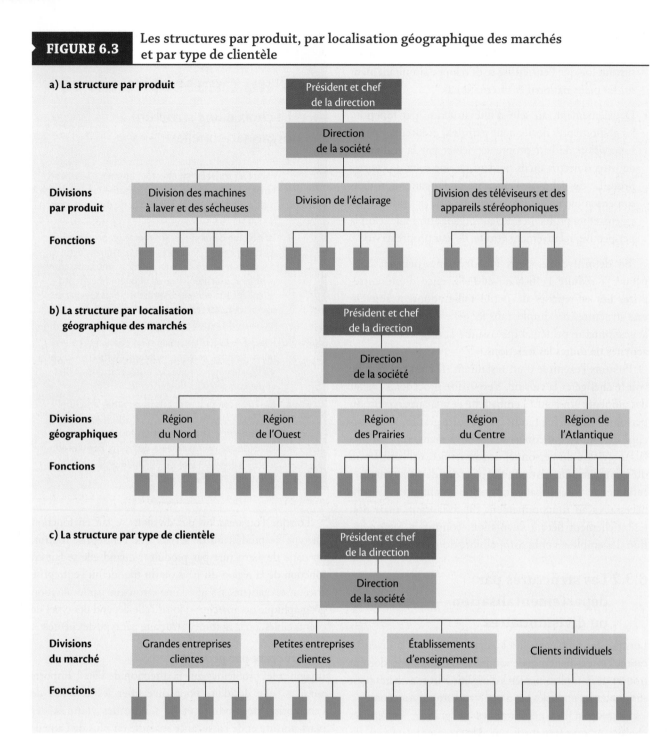

a) La structure par produit

Président et chef de la direction

Direction de la société

Divisions par produit

Division des machines à laver et des sécheuses | Division de l'éclairage | Division des téléviseurs et des appareils stéréophoniques

Fonctions

b) La structure par localisation géographique des marchés

Président et chef de la direction

Direction de la société

Divisions géographiques

Région du Nord | Région de l'Ouest | Région des Prairies | Région du Centre | Région de l'Atlantique

Fonctions

c) La structure par type de clientèle

Président et chef de la direction

Direction de la société

Divisions du marché

Grandes entreprises clientes | Petites entreprises clientes | Établissements d'enseignement | Clients individuels

Fonctions

eux n'aurait les habiletés ou les capacités requises pour accomplir une telle tâche. Par exemple, aucun directeur du marketing ne pourrait, à lui seul, mettre sur le marché de façon efficace des voitures, des plats-minute, de l'assurance maladie et de l'ameublement en même temps. Pour gérer avec succès une fonction, les gestionnaires doivent avoir de l'expérience dans ces marchés ou secteurs particuliers. Par conséquent, lorsque la direction d'une entreprise choisit de diversifier sa production en pénétrant

dans de nouveaux secteurs ou en étendant la gamme de ses produits, ses gestionnaires conçoivent généralement une structure par produit pour organiser leurs activités. Dans la **structure par produit** (*voir la figure 6.3a*),

Structure par produit (*product structure*)
Structure organisationnelle dans laquelle chaque gamme de produits ou chaque activité est prise en charge par une division autonome.

chaque gamme de produits ou chaque activité distincte a droit à sa propre division autonome. Les chefs de division ont la responsabilité d'élaborer une stratégie concurrentielle ou d'affaires appropriée qui permettra à leur division de concurrencer efficacement ses rivales dans le secteur ou le marché qui est le sien[18]. Chaque division est autonome, c'est-à-dire qu'elle comprend l'ensemble complet de fonctions (marketing, recherche et développement, finance, etc.) dont elle a besoin pour fabriquer ou fournir des produits et des services de façon efficace et efficiente. Les directeurs de chacune des fonctions relèvent des chefs de division, lesquels relèvent des cadres supérieurs ou de la haute direction de l'entreprise.

Les entreprises de petite taille peuvent aussi organiser leur structure en fonction de gammes de produits à l'intérieur, par exemple, d'un même magasin. Ainsi, un magasin de souliers peut vendre en un seul lieu des chaussures pour enfants, pour femmes et pour hommes. À mesure que l'entreprise se développe, il pourrait être opportun pour ses gestionnaires d'avoir une vue d'ensemble de chacune de ses catégories de produits pour s'assurer des mêmes avantages qu'une organisation composée d'une structure par départementalisation ou divisionnaire par produit.

Le regroupement de fonctions dans des divisions axées sur des produits ou des services procure plusieurs avantages aux gestionnaires de tous les échelons de l'organisation. Premièrement, une structure par produit permet aux directeurs répartis parmi les fonctions de se spécialiser dans un seul domaine de produits, de sorte qu'ils peuvent acquérir une expertise et parfaire leurs habiletés dans ce domaine particulier. Deuxièmement, elle permet aux chefs de division de devenir des experts dans leur secteur, ce qui les aidera à choisir et à élaborer une stratégie d'affaires pour différencier leurs produits ou réduire leurs coûts, tout en satisfaisant les besoins de leurs clients.

Troisièmement, elle libère les hauts dirigeants de l'entreprise de la nécessité de superviser les activités de chaque division au quotidien, ce qui leur permet de se consacrer à l'élaboration de la meilleure stratégie globale pour maximiser la croissance de l'entreprise et sa capacité à créer de la valeur. Les cadres supérieurs sont probablement les mieux placés pour prendre des décisions concernant les activités à diversifier ou la façon de réussir une expansion à l'échelle internationale parce qu'ils sont en mesure d'envisager la question du point de vue de l'ensemble de l'organisation[19]. Ils sont aussi en mesure d'évaluer avec précision le travail des chefs de division et ils peuvent intervenir pour redresser la situation, si nécessaire.

Cet échelon supplémentaire de gestion, celui des chefs de division, peut favoriser une meilleure utilisation des ressources organisationnelles. De plus, une structure par produit rapproche les chefs de division de leurs clients et

leur permet de réagir rapidement et de façon appropriée aux changements dans cet environnement particulier.

La structure par localisation géographique des marchés

Lorsque les entreprises s'agrandissent rapidement, à la fois localement et à l'échelle internationale, les structures par fonction peuvent poser certains problèmes. En effet, les gestionnaires qui se trouvent en un lieu central peuvent avoir une difficulté croissante à composer avec divers problèmes qui peuvent survenir dans chacune des régions d'un pays ou du monde. Le cas échéant, ils choisissent une **structure par localisation géographique des marchés**, dans laquelle les divisions sont décomposées et installées au sein de régions délimitées d'avance (*voir la figure 6.3b*). Pour que son entreprise puisse accomplir sa mission, qui consiste à livrer le courrier avant la fin du jour suivant, Fred Smith, le président et chef de la direction de Federal Express qui a «le transport dans le sang[20]», a opté pour une structure par localisation géographique de ses marchés et divisé ses activités selon les régions du monde.

De grands détaillants emploient d'ailleurs souvent ce type de structure. Comme les besoins des clients qui achètent au détail diffèrent d'une région à l'autre (p. ex. il faut des parapluies à Vancouver et des manteaux en duvet dans les Prairies et dans l'est du Canada), une structure par localisation géographique des marchés assure aux gestionnaires de ces entreprises régionales la flexibilité nécessaire pour choisir les produits qui répondent le mieux aux besoins de leurs clients régionaux.

Structure par localisation géographique des marchés
(*geographic structure*)
Structure organisationnelle dans laquelle chaque région d'un pays ou partie du monde est desservie par une division autonome.

La structure par localisation géographique des marchés permet à une entreprise de diviser ses activités selon les régions du monde.

> **FIGURE 6.4**   La structure par localisation géographique des marchés et la structure par produit à l'échelle mondiale

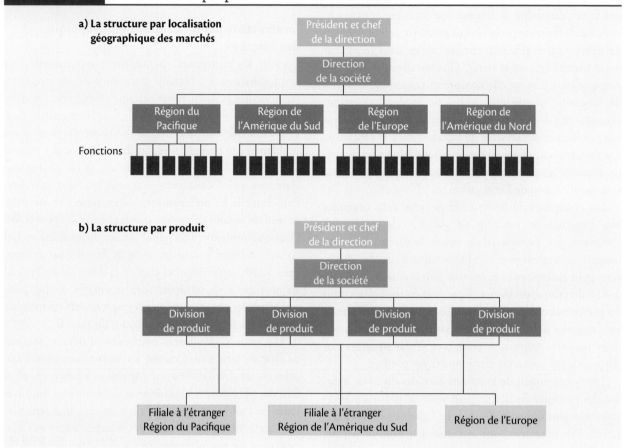

Lorsqu'ils adoptent une structure par localisation géographique des marchés (*voir la figure 6.4a*), les gestionnaires établissent des divisions dans chacune des régions du monde où leur entreprise fait des affaires. Ils le font à peu près toujours lorsque leur entreprise a mis sur pied une stratégie ayant une envergure internationale, parce que les besoins des clients varient considérablement selon les régions du monde et les pays. Par exemple, si des produits qui plaisent aux clients canadiens ne se vendent pas en Europe, sur le littoral du Pacifique ou en Amérique du Sud, les gestionnaires doivent les adapter de façon qu'ils répondent aux besoins de leurs clients dans ces différentes régions. Or, c'est ce qu'une structure par localisation géographique des marchés, comprenant des divisions à l'échelle mondiale, leur permet de faire.

Par contre, dans la mesure où les clients du reste du monde sont prêts à acheter un produit du même type ou légèrement modifié, les gestionnaires adopteront probablement une stratégie globale. Le cas échéant, ils choisiront plutôt une structure par produit, dans laquelle chaque division chargée de la fabrication d'un produit, et non les gestionnaires du pays ou d'une région, prend la responsabilité de déterminer l'endroit où se fera la fabrication de ses produits et la façon dont sera effectuée leur mise en marché à l'échelle internationale (*voir la figure 6.4b*). Les chefs de division de produit gèrent leur propre chaîne logistique et déterminent les endroits où ils établiront les filiales à l'étranger afin de distribuer et de vendre leurs produits à des consommateurs d'autres pays. Comme nous l'avons vu au début du chapitre, la stratégie d'une entreprise est un facteur déterminant dans le choix de sa structure, localement comme à l'échelle internationale.

La structure par type de clientèle

Parfois, les gestionnaires doivent déterminer la façon de regrouper des fonctions selon le type de clientèle qui achète leurs produits afin de pouvoir adapter ceux-ci aux demandes spécifiques de chaque client. Par exemple, la société TELUS, dont le siège social se trouve à Burnaby, en Colombie-Britannique, a une structure formée de six divisions opérationnelles centrées chacune sur un type de clientèle: les solutions consommateurs, qui s'occupent des besoins des ménages et des individus, les solutions affaires, qui visent à servir les petites et les moyennes entreprises ainsi que les entrepreneurs, les solutions clients, qui s'adressent aux grandes entreprises établies au Canada, les solutions partenaires, pour les transporteurs canadiens et internationaux à destination du Canada et à l'intérieur du pays, les solutions sans fil, pour les personnes et les entreprises en mouvement, et TELUS Québec, destinée au marché du Québec.

Pour satisfaire les besoins de ses divers clients, la société TELUS a adopté une **structure par type de clientèle**, qui regroupe des divisions selon le type de clientèle qu'elles servent (*voir la figure 6.3c, à la page 182*). Ce type de structure permet aux gestionnaires d'être réceptifs aux besoins de leurs clients et d'offrir une certaine flexibilité lors de la prise de décisions afin de répondre aux besoins changeants. Par ailleurs, il existe également des coopératives comportant une structure organisationnelle à plusieurs niveaux, car les clients sont à la fois propriétaires

et membres de l'organisation. Les coopératives fournissent des services similaires et sont souvent dotées d'une direction appelée «coopérative parapluie», qui coordonne et appuie l'ensemble des coopératives membres. Cette coopérative parapluie agit alors à titre d'intermédiaire, pour faire la mise en marché des biens produits par ses membres, ou à titre d'acheteur, pour permettre aux organisations membres de réaliser des économies d'échelle lorsqu'elles achètent des fournitures ou des matières premières dont elles ont besoin pour poursuivre leurs activités. Par exemple, la coopérative canadienne Arctic Co-operatives Limited (ACL) présente une structure

---

Structure par type de clientèle (*market structure*)
Structure organisationnelle dans laquelle chaque type de clientèle est servi par une division autonome.

LE POINT SUR ❯ Dollarama

La maîtrise d'une croissance fulgurante

Toute organisation qui connaît une croissance rapide fait face à de nombreux défis qui, s'ils sont négligés, peuvent entraîner la déroute d'une entreprise pleine de promesses. Parmi ceux-ci, on peut mentionner le défi que pose l'élaboration d'une structure organisationnelle adéquate, destinée à constituer la colonne vertébrale de l'organisation.

L'entreprise québécoise Dollarama[21], dont le siège social est situé à Montréal, peut aisément se poser comme l'archétype d'une organisation qui a connu et a su maîtriser une croissance rapide et de grande amplitude. Depuis l'ouverture au public de son premier établissement à Matane, dans la région du Bas-Saint-Laurent en 1992, le fondateur et chef de la direction de cette importante chaîne de magasins de vente au détail, Larry Rossy, préside à la destinée d'une organisation qui atteindra sous peu le seuil des 1000 établissements répartis dans l'ensemble du Canada. Générant des recettes de plus de 650 millions de dollars (août 2015), l'entreprise fait montre d'un succès qui a sans doute dépassé les prévisions les plus optimistes étant donné que le plan d'affaires de Dollarama est fondé sur la vente au détail de menus articles de faible valeur.

On peut tirer de l'analyse de l'évolution de la société Dollarama l'hypothèse voulant qu'une bonne partie de son succès repose sur une approche favorisant une répartition efficace des fonctions et des tâches, une avenue rendue possible par la présence de proches collaborateurs compétents à la haute direction de l'entreprise. L'entreprise étant composée de près de 1000 établissements et dotée d'un effectif de près de 20 000 employés, son

développement a nécessité l'élaboration d'une description précise des tâches pour chacun des postes de travail. Cet exercice a permis de constituer un modèle qui a pu facilement être reproduit dans chaque établissement, permettant à l'entreprise de maintenir une cadence de croissance élevée, comme l'illustre l'ouverture de 50 à 80 nouveaux établissements sur une base annuelle.

Cependant, à l'heure actuelle, l'entreprise éprouve de plus en plus de difficultés à demeurer profitable dans le créneau de la vente d'articles à 1 $ qui est à l'origine du concept imaginé par monsieur Rossy. Parmi les facteurs de l'environnement externe avec lesquels Dollarama doit composer, mentionnons les augmentations successives du salaire minimum, la dévalorisation du dollar canadien, la croissance des coûts de transport, les difficultés au chapitre de l'approvisionnement auprès de fournisseurs pour des articles de faible valeur (p. ex. la Chine), sans oublier l'arrivée sur le marché canadien d'une entreprise concurrente d'envergure en 2010, soit la société américaine Dollar Tree. En raison de ces facteurs environnementaux, Dollarama songe à poursuivre son déploiement en se tournant vers l'Amérique latine.

1. À partir de l'information se trouvant sur le site Internet de l'entreprise Dollarama, déterminez et expliquez le type de structure organisationnelle que l'entreprise a adopté.

2. Faites le portrait des avantages et des inconvénients du type de structure déterminé à la question précédente selon la perspective des gestionnaires de l'organisation.

organisationnelle à plusieurs niveaux. Elle appartient à 32 entreprises coopératives établies au sein des collectivités du Nunavut, des Territoires du Nord-Ouest et du Yukon. Ces organisations sont à la fois ses clients et ses membres-propriétaires. ACL s'occupe du financement, de l'achat des produits et services dont les coopératives qui la composent ont besoin, et également de la commercialisation des œuvres d'art autochtones produites par des propriétaires inuits, métis et dénés d'entreprises membres. Comme dans toute coopérative, chaque propriétaire-membre a une part sociale avec droit de vote qui lui permet de participer à la gouvernance d'ACL. L'excédent des produits est distribué entre les 32 propriétaires membres proportionnellement à leur utilisation des services de la coopérative. En 2014, le total des fonds ainsi redistribués à ces membres s'élevait à 8,4 millions de dollars[22].

6.3.3 Les structures matricielles et par équipe de produit

Adopter une structure organisationnelle par produit, par localisation géographique des marchés ou par type de clientèle permet aux gestionnaires de réagir plus rapidement et avec plus de flexibilité à certaines circonstances. Toutefois, lorsque les technologies de l'information ou les besoins des clients changent rapidement et que l'environnement organisationnel est très incertain, même une structure par départementalisation ou divisionnaire pourrait ne pas fournir la flexibilité suffisante pour réagir en temps voulu.

Pour poursuivre efficacement leurs activités, les gestionnaires doivent parfois créer la structure organisationnelle la plus flexible qui soit : une structure matricielle ou une structure par équipe de produit (*voir la figure 6.5*).

La structure matricielle

Dans une **structure matricielle**, les gestionnaires réunissent des personnes et des ressources simultanément, de deux manières : par fonction et par produit[23]. Les employés sont regroupés au sein de fonctions afin de pouvoir apprendre les uns des autres et d'accroître ainsi leurs habiletés et leur productivité. Ils sont en même temps regroupés par équipe de produit, dont les membres proviennent de différentes fonctions, et travaillent ensemble à l'élaboration d'un produit donné. Il en résulte un réseau complexe de relations de travail entre les équipes de produit et les fonctions, un réseau qui rend

---

Structure matricielle (*matrix structure*)
Structure organisationnelle qui regroupe simultanément des personnes et des ressources par fonction et par produit.

la structure matricielle plus flexible (*voir la figure 6.5a*). Chaque membre d'une équipe de produit relève de deux gestionnaires : le directeur attitré à la fonction, qui intègre différentes personnes à chaque équipe et évalue leur rendement sur le plan de la fonction, et le directeur attitré à l'équipe de produit, qui évalue leur rendement au sein de l'équipe. Par conséquent, on parle des membres d'une telle équipe comme étant des employés ayant deux superviseurs.

Avec le temps, on remplace les employés d'une fonction au sein des équipes de produit à mesure que les habiletés spécifiques requises changent à l'intérieur d'une équipe. Par exemple, au début du processus de développement d'un produit, on intègre des ingénieurs et des spécialistes de la recherche et du développement à une équipe de produit parce que leurs habiletés sont requises pour concevoir un nouveau produit. Lorsqu'ils ont mis au point un prototype provisoire, on intègre des experts en marketing à cette équipe pour qu'ils évaluent la réaction des clients à ce nouveau produit. Lorsque le moment vient de trouver la façon la plus efficiente de fabriquer le produit, des employés de la fonction fabrication se joignent à l'équipe. Dès que chaque groupe a terminé sa tâche, ses membres se dispersent et intègrent d'autres équipes. De cette façon, la structure matricielle permet une utilisation maximale des ressources humaines de l'entreprise. Pour que la structure matricielle demeure flexible, il faut respecter les conditions suivantes.

- Les équipes de produit doivent être autonomes et on doit confier à leurs membres la responsabilité de prendre la plupart des décisions importantes en ce qui concerne le développement des produits[24].

- Les directeurs attitrés aux équipes de produit doivent jouer un rôle de facilitateur, tout en contrôlant les ressources financières et en s'efforçant de faire respecter les délais et le budget prévus.

- Les directeurs attitrés aux fonctions font en sorte de s'assurer que le produit sera d'excellente qualité dans tous ses aspects de façon à pouvoir tirer le meilleur parti possible de l'intérêt qu'il suscite en raison de sa différenciation.

Les entreprises de technologies de pointe utilisent des structures matricielles avec succès depuis de nombreuses années. Comme elles exercent leurs activités au sein d'environnements où de nouveaux produits apparaissent chaque mois ou chaque année, la capacité d'innover rapidement est essentielle à leur survie. Or, la structure matricielle leur procure suffisamment de flexibilité pour leur permettre de demeurer compétitives dans un environnement en constante évolution et de plus en plus complexe. Pour cette raison, des gestionnaires ont aussi conçu des structures

> **FIGURE 6.5** Les structures matricielle et par équipe de produit

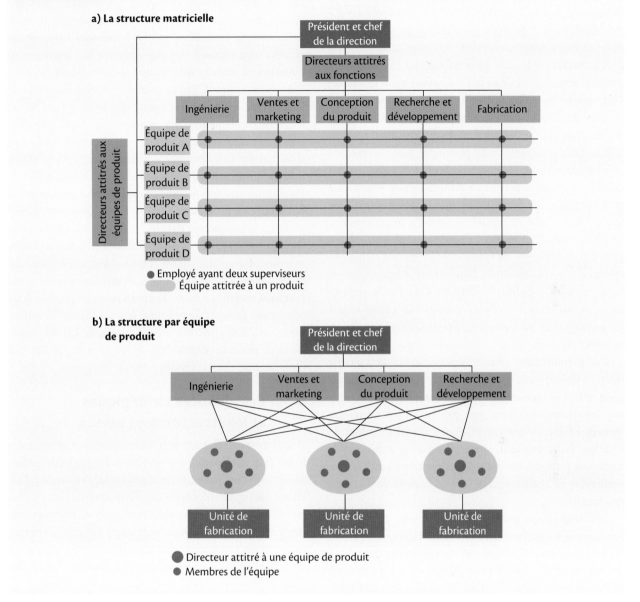

a) La structure matricielle

b) La structure par équipe de produit

matricielles qui leur permettent de contrôler les activités internationales de leurs entreprises lorsqu'elles s'implantent à l'étranger et de régler les problèmes de coordination qui apparaissent entre leurs divisions locales et internationales[25]. Nous verrons au chapitre 10 que les organisations multinationales ont de plus en plus recours à des équipes virtuelles pour organiser des structures matricielles de produits et de services à l'échelle internationale.

La structure par équipe de produit

Le double rapport hiérarchique qui se trouve au centre de la structure matricielle a toujours été difficile à gérer, pour les gestionnaires comme pour les employés.

Souvent, le directeur attitré à une fonction et le directeur attitré à l'équipe de produit ont des exigences contradictoires envers les membres d'une équipe, qui ne savent pas auquel de ces supérieurs ils devraient obéir en premier. En outre, ces deux directeurs peuvent être en désaccord concernant celui des deux qui a autorité sur tel ou tel membre de l'équipe et sur la période de temps pendant laquelle cette autorité s'exercera. Pour éviter ce type de problèmes, les gestionnaires ont élaboré une façon de mobiliser les employés et d'organiser les ressources permettant à l'entreprise de conserver sa flexibilité, tout en rendant sa structure plus facile à gérer : la structure par équipe de produit.

La **structure par équipe de produit** se distingue de la structure matricielle de deux façons: elle élimine le double rapport hiérarchique pour les employés et elle permet d'intégrer de façon permanente des employés de diverses fonctions à une **équipe interfonctionnelle** qui a l'autonomie nécessaire pour mettre sur le marché un produit nouveau ou dont la conception a été modifiée. Une équipe interfonctionnelle est un groupe de personnes qui proviennent de différents services et qu'on réunit pour qu'elles effectuent des tâches organisationnelles. Le regroupement de personnes pour former de telles équipes abolit les frontières artificielles qui existent entre les services et permet de remplacer une vision axée exclusivement sur les objectifs de ces services par une volonté commune de travailler ensemble pour atteindre les objectifs de l'entreprise. Le rendement obtenu grâce à cette façon différente de faire les choses est généralement spectaculaire. Par exemple, l'utilisation d'équipes interfonctionnelles a permis à Chrysler Canada de réduire de quelques mois à quelques semaines le temps requis pour réorganiser ses services en vue de la fabrication d'un nouveau produit.

Les membres de chaque équipe interfonctionnelle relèvent uniquement du directeur attitré à leur équipe ou d'un de ses supérieurs immédiats. Les directeurs attitrés aux fonctions n'ont avec eux qu'un rapport de nature consultatif. Ils peuvent conseiller et aider les membres de l'équipe, leur transmettre des connaissances et fournir de nouveaux produits technologiques en vue d'améliorer le rendement de chaque équipe (*voir la figure 6.5b, à la page précédente*)[26].

Les entreprises modifient parfois leur stratégie et adaptent la structure organisationnelle en conséquence en raison de changements dans le marché et dans l'environnement organisationnel. Autrefois, les entreprises avaient typiquement une structure organisationnelle basée sur les fonctions, telles que la fabrication, les ventes et la recherche et le développement, qui étaient coordonnées et contrôlées par la haute direction, alors que de nos jours, elles utilisent plutôt un mélange hybride de structures.

Par exemple, la société AT&T est divisée en trois entreprises en fonction de ses produits, mais elle préfère privilégier un mélange hybride de structures organisationnelles: par type de clientèle, par produit, par région, par fonction et par processus. La structure organisationnelle de sa division Network Services repose sur des processus tels que le dimensionnement de son réseau, l'entretien, le leadership et la gestion des ressources humaines[27]. Les structures organisationnelles de ce type portent le nom de « structures hybrides ».

6.3.4 Les structures hybrides

On dit d'une grande entreprise qui compte de nombreuses divisions et qui utilise simultanément diverses structures qu'elle a une **structure hybride**. La plupart des grandes organisations ont une structure par départementalisation ou divisionnaire par produit, et créent des divisions autonomes. Chaque chef de division choisit alors la structure qui répond le mieux aux besoins particuliers d'un environnement, d'une stratégie, etc. Ainsi, une division axée sur un ou des produits peut choisir d'utiliser une structure par fonction, une deuxième, adopter une structure par localisation géographique de ses marchés afin de fournir des activités de soutien et d'adapter ses produits à la clientèle de différentes régions, tandis qu'une troisième préférera une structure par équipe de produit en raison de la nature de ses produits ou de sa volonté d'être plus attentive aux besoins des clients. Bombardier, un fournisseur de véhicules sur rail ainsi que d'avions d'affaires et commerciaux reconnu à l'échelle internationale, possède deux principaux groupes de produits, le transport et l'aéronautique, et a une structure organisationnelle hybride composée de divisions organisées par fonction et par région à l'intérieur de chaque groupe (*voir la figure 6.6*).

6.3.5 Les alliances stratégiques et les structures en réseau

Récemment, l'influence de la mondialisation croissante des marchés et l'utilisation de nouvelles technologies de l'information ont fait apparaître deux innovations en matière d'architecture organisationnelle qui s'imposent de plus en plus au sein des entreprises nord-américaines et européennes: des structures par alliances stratégiques et par commerce électronique interentreprises. Une **alliance stratégique** est un accord officiel par lequel deux ou plusieurs entreprises

---

Structure par équipe de produit (*product team structure*)
Structure organisationnelle dans laquelle les employés sont intégrés de façon permanente à une équipe interfonctionnelle et travaillent uniquement sous les ordres du directeur de cette équipe ou d'un de ses supérieurs immédiats.

Équipe interfonctionnelle (*cross-functional team*)
Groupe de personnes qui proviennent de différents services et qu'on réunit pour qu'elles effectuent des tâches organisationnelles.

Structure hybride (*hybrid structure*)
Structure d'une vaste organisation qui compte de nombreuses divisions et qui utilise concurremment diverses formes de structures organisationnelles.

Alliance stratégique (*strategic alliance*)
Accord officiel par lequel deux ou plusieurs entreprises s'engagent à échanger ou à partager leurs ressources en vue de produire et de commercialiser un produit.

FIGURE 6.6 La structure organisationnelle hybride chez Bombardier

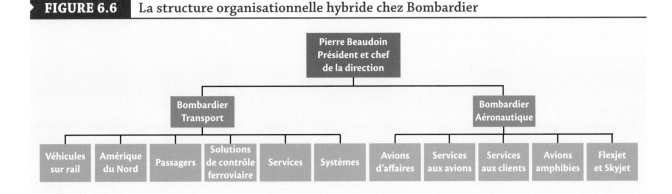

s'engagent à échanger ou à partager leurs ressources en vue de produire et de commercialiser un produit.

En général, ce sont des entreprises ayant des intérêts similaires qui concluent des alliances stratégiques parce qu'elles croient pouvoir tirer des avantages de cette coopération. Par exemple, les constructeurs automobiles japonais Toyota et Honda ont formé de nombreuses alliances stratégiques avec certains fournisseurs de matières premières (ou d'intrants) tels que des essieux, des boîtes de vitesses et des systèmes de climatisation. Avec le temps, ces entreprises ont travaillé en étroite collaboration avec leurs fournisseurs pour améliorer la gestion de ces matières premières (ou intrants) de façon que le produit final – la voiture – soit de meilleure qualité et puisse coûter moins cher à produire. Elles ont aussi établi des alliances stratégiques avec des fournisseurs au Canada, aux États-Unis et au Mexique parce que toutes deux y fabriquent maintenant plusieurs modèles de voitures. Samsung et Bosch collaborent dans la fabrication de batteries destinées aux véhicules électriques de BMW.

L'amélioration constante des technologies de l'information, avec l'arrivée des réseaux intranets mondiaux et de la téléconférence, a grandement facilité la gestion des alliances stratégiques, et permet aux gestionnaires d'échanger des renseignements et de coopérer à des projets. Un des résultats de ce phénomène est la croissance des alliances stratégiques pour former des structures en réseau. Une **structure en réseau** est une série d'alliances stratégiques internationales qu'une organisation conclut avec des fournisseurs, des fabricants ou des distributeurs en vue de produire et de commercialiser un produit. Ce type de structure lui permet de mieux gérer sa chaîne logistique

---

Structure en réseau (*network structure*)
Série d'alliances stratégiques qu'une organisation conclut avec des fournisseurs, des fabricants ou des distributeurs pour produire et commercialiser un produit.

à l'échelle mondiale afin de trouver de nouvelles manières de réduire ses coûts et d'accroître la qualité de ses produits sans engager les coûts faramineux du fonctionnement d'une structure organisationnelle complexe (p. ex. les coûts de l'emploi d'un grand nombre de gestionnaires). Un bon nombre des 83 entreprises du groupe Samsung fournissent des matières premières (ou intrants) à ses autres divisions, telles les puces de microprocesseur qu'on trouve dans les appareils électroménagers et les fours à micro-ondes.

De plus en plus d'entreprises canadiennes, américaines et européennes comptent sur des structures en réseau mondiales afin de communiquer avec des fournisseurs et d'acheter des matières premières (intrants) à bas prix. Cette façon de procéder permet aux gestionnaires de maintenir leurs coûts peu élevés. Comme nous l'avons vu au chapitre 4, PUMA est l'une des entreprises qui s'en est servi abondamment. Nike, le fabricant de chaussures le plus rentable au monde, utilise aussi la structure en réseau pour fabriquer et mettre en marché ses produits. Au chapitre 5, nous avons vu que de nombreuses entreprises qui réussissent aujourd'hui essaient de mener de front une stratégie de concentration avec domination par les coûts et une stratégie de différenciation. Le président et chef de la direction de Nike, Philip Knight, a décidé très tôt que pour ce faire, l'entreprise devait avoir une structure organisationnelle qui lui permettait de mettre l'accent sur certaines fonctions, telle la conception, et d'en laisser d'autres, par exemple la fabrication, à d'autres entreprises grâce à l'externalisation.

La fonction conception, de loin la plus importante du siège social de Nike en Oregon, est composée de créateurs talentueux qui ont été parmi les premiers dans le domaine des chaussures sport à présenter des innovations telles que les pompes à air et les Air Jordan, qui ont connu un immense succès. Ils utilisent la conception assistée par ordinateur (CAO) pour créer des modèles de chaussures et ils entreposent électroniquement tous les renseignements concernant leurs nouveaux produits, y compris les directives de fabrication. Lorsqu'ils ont terminé leur travail, ils transmettent électroniquement tous les plans et caractéristiques techniques de ces produits à un réseau de fournisseurs et de fabricants de l'Asie du Sud-Est avec lesquels Nike a conclu des alliances stratégiques[28]. Par exemple, ils peuvent transmettre les directives relatives à une nouvelle semelle à un fournisseur à Taiwan et celles concernant la tige en cuir à un autre en Malaisie. Ces fournisseurs fabriquent les composantes de chaussures demandées et les envoient pour le montage final à un fabricant en Chine avec lequel Nike a conclu une autre alliance stratégique. Environ 99 % des 120 millions de paires de souliers que Nike offre chaque année à ses clients proviennent de l'Asie du Sud-Est.

Cette structure en réseau donne à Nike deux avantages importants. Premièrement, l'entreprise a la capacité de réagir très rapidement à des changements dans la mode des chaussures sport. À l'aide de son système mondial de technologies de l'information, elle peut modifier les directives fournies à chacun de ses fournisseurs en moins de 24 heures, de sorte qu'en quelques semaines, ces fabricants étrangers produisent de nouveaux types de souliers[29]. Tout partenaire de l'alliance dont le rendement ne répond pas aux normes de Nike est tout simplement remplacé par un autre.

Deuxièmement, les coûts de l'entreprise sont très faibles parce que les salaires dans les pays du Sud-Est asiatique constituent une fraction de ce qu'ils sont aux États-Unis et que cette différence rend possible pour elle une domination par les coûts. En outre, la capacité de Nike d'avoir recours à des fabricants étrangers pour produire ses chaussures ailleurs permet à son président et chef de la direction de maintenir aux États-Unis une structure organisationnelle horizontale et flexible. En effet, l'entreprise utilise une structure par fonction relativement peu coûteuse afin de planifier ses activités. Toutefois, les efforts des fabricants de chaussures sport pour maintenir leurs coûts au plus bas ont suscité de nombreuses critiques. On a accusé Nike et d'autres entreprises de ce secteur de mettre sur pied des ateliers de pressurage et d'offrir des conditions favorisant l'exploitation de leurs employés.

Nike a été l'une des premières sociétés à ressentir le contrecoup de telles critiques lorsque celles-ci ont révélé au public la façon dont les travailleurs de ces pays étaient traités. Par exemple, des travailleurs indonésiens cousaient des souliers dans des usines bruyantes et surchauffées pour un maigre salaire de 80 cents par jour, soit environ 18 $ par mois[30]. Des travailleurs du Vietnam et de la Chine avaient un sort à peine plus enviable puisqu'ils pouvaient recevoir 1,60 $ par jour. Toutefois, dans tous les cas, les critiques ont souligné qu'il fallait un minimum de 3 $ par jour pour maintenir un niveau de vie acceptable.

Ces faits ont soulevé un tollé en Amérique du Nord, et Nike a été vigoureusement blâmée pour ses pratiques en matière de travail. Son chiffre d'affaires s'en est ressenti et Phil Knight, son propriétaire milliardaire, a dû réévaluer les pratiques de gestion de son entreprise en matière d'organisation du travail. Il a alors annoncé que dorénavant, toutes les usines de fabrication de souliers et de vêtements associées à Nike seraient supervisées et inspectées de façon indépendante. Après que son concurrent Reebok, blâmé lui aussi pour le même type de pratiques, a annoncé qu'il augmentait les salaires de 20 % dans ses usines d'Indonésie, Nike a renchéri en offrant une hausse de 25 %, soit un salaire mensuel de 23 $[31]. Même si cette somme peut paraître minime, il s'agissait d'une importante augmentation pour les travailleurs de ces pays.

En Europe, une autre entreprise de produits sport, Adidas, avait échappé en grande partie à cette vague de critiques jusqu'à ce qu'en 1999, on apprenne qu'au Salvador, un sous-traitant taiwanais de l'entreprise employait, dans ses usines, de jeunes filles, dont certaines n'avaient que 14 ans, et les obligeait à travailler plus de 70 heures par semaine. Ces ouvrières ne pouvaient se rendre aux toilettes que deux fois par jour et si elles y restaient plus de trois minutes, elles perdaient le salaire d'une journée[32]. L'entreprise a réagi promptement pour éviter le cauchemar de relations publiques qu'avait vécu Nike. Elle a donc annoncé qu'elle obligerait dorénavant ses sous-traitants à respecter des normes minimales de travail.

Ce qui s'est produit dans le secteur de la chaussure sport s'est répété au tournant du XXIᵉ siècle dans tout le secteur du vêtement ainsi que dans d'autres secteurs comme l'électronique et les jouets. Des entreprises telles que Walmart, Target, Gap, Sony et Mattel ont été contraintes de réévaluer le caractère éthique de leurs pratiques de gestion en matière d'organisation du travail et de promettre de surveiller constamment leurs sous-traitants à l'avenir. Dans tous les secteurs où les entreprises dépendent de chaînes logistiques et de structures organisationnelles en réseau à l'échelle internationale, celles-ci se sont mises à adopter des pratiques de gestion qui doivent respecter un cadre éthique. Cependant, force est d'admettre qu'à l'heure actuelle, certaines entreprises n'ont pas les mêmes repères idéologiques concernant le caractère éthique de leurs pratiques de gestion. Il y a encore du chemin à faire à ce sujet, et seuls de grands accords internationaux assureraient un meilleur respect des pratiques de gestion en ce sens.

Par ailleurs, la capacité des gestionnaires à mettre en place des réseaux pour produire ou fournir des biens et des services que les clients désirent plutôt que de créer des structures organisationnelles complexes comme auparavant a amené des chercheurs et des conseillers à populariser l'idée de l'**organisation sans frontières**, dont les membres sont reliés uniquement au moyen de microordinateurs, de systèmes de conception assistée par ordinateur (CAO) et de systèmes de vidéoconférence. Par conséquent, ceux-ci ne se rencontrent que rarement en personne, sinon jamais.

Dans ce type de structure, on mobilise des individus lorsqu'on a besoin de leurs services, un peu comme dans une structure matricielle, sans toutefois les reconnaître comme des membres de l'organisation. Il s'agit plutôt de spécialistes qui concluent une alliance avec une entreprise, remplissent leurs obligations contractuelles, puis passent au projet suivant.

De grandes sociétés d'experts-conseils, comme Accenture, ont recours à ce type de spécialistes partout dans le monde. Ces derniers sont reliés au système d'information de l'organisation au moyen de microordinateurs portatifs, ce qui permet l'échange d'information entre les spécialistes et les employés de l'organisation afin que les spécialistes puissent résoudre les problèmes que les employés éprouvent lors de l'exécution de leurs tâches. La société iGEN Knowledge Solutions Inc., établie à New Westminster en Colombie-Britannique, exploite une organisation sans frontières qui apporte des solutions techniques à ses clients d'affaires. Ses associés travaillent à partir de bureaux personnels reliés les uns aux autres au moyen de technologies sans fil et d'Internet, et collaborent les uns avec les autres pour résoudre les problèmes de leurs clients. L'utilisation de modèles virtuels permet d'offrir rapidement l'application d'une idée, la prestation d'un service et le développement d'un produit. Ces modèles facilitent la mise sur pied d'activités dans diverses régions du monde sans entraîner de coûts indirects élevés.

L'utilisation de l'externalisation et le développement de structures en réseau augmentent rapidement à mesure que les entreprises prennent conscience des nombreuses opportunités que les structures leur offrent de réduire leurs coûts et d'accroître leur flexibilité organisationnelle. Les efforts pour réduire les coûts ont mené à la mise au point du **commerce électronique interentreprises (B2B)**,

---

Organisation sans frontières (*boundaryless organisation*)
Organisation dont les membres sont reliés uniquement au moyen de microordinateurs, de systèmes de conception assistée par ordinateur (CAO) et de systèmes de vidéoconférence. Ceux-ci ne se rencontrent que rarement en personne, sinon jamais.

Commerce électronique interentreprises (B2B)
(*business-to-business network*)
Activité dans laquelle des organisations se regroupent et, au moyen de logiciels, se relient à des fournisseurs internationaux potentiels pour augmenter l'efficacité et l'efficience de leur entreprise.

---

dans lequel la plupart, sinon toutes les organisations d'un secteur (p. ex. les constructeurs de véhicules automobiles) utilisent la même plateforme logicielle pour se relier les uns aux autres et établir des caractéristiques techniques et des normes pour leur secteur. Ensuite, ces entreprises établissent conjointement une liste des quantités et des caractéristiques techniques des matières premières (intrants) dont elles ont besoin et invitent des milliers de fournisseurs potentiels dans le monde à leur présenter des soumissions. Les fournisseurs utilisent la même plateforme logicielle, ce qui rend possibles des soumissions, des ventes aux enchères et des transactions électroniques entre acheteurs et vendeurs à l'échelle internationale. Au Canada, Mediagrif possède deux réseaux de commerce électronique interentreprises dans neuf domaines : les composants électroniques, les vins et spiritueux, le matériel informatique, le matériel de télécommunication, le marché des accessoires et des pièces de rechange, les pièces pour camions, les appels d'offres électroniques gouvernementaux (y compris le système électronique d'appel d'offres MERX utilisé par le gouvernement canadien), les appareils médicaux et les pièces et le matériel des technologies de l'information[33]. Le principe est le suivant : un protocole standardisé accompagné d'un volume important de transactions peut aider à réduire les coûts d'un secteur.

Le Chemin de fer Canadien Pacifique Limitée (CFCP) a conclu des ententes d'externalisation concernant l'entretien d'applications pour lesquelles il n'a pas besoin de développer d'expertise interne. Par exemple, il a eu recours à l'externalisation quant à l'entretien de certaines de ses applications patrimoniales à la société RIS ainsi qu'à l'infrastructure de son ordinateur central à IBM. Lorsque l'entreprise effectuait cette tâche à l'interne, tout n'allait pas sans problèmes. Allen Borak, le vice-président des services d'information du CFCP à Calgary, le reconnaît : «Cette partie de notre entreprise n'était pas bien gérée[34].» La décision de l'entreprise de recourir à l'externalisation lui a permis de se concentrer sur ce qui est vraiment de son ressort. Les organisations qui se spécialisent en offrant des services d'externalisation aux entreprises, comme EDS Corporation, qui gère les systèmes d'information de grandes entreprises telles que Xerox, Eastman Kodak et même la Banque centrale du Canada[35], sont les principales bénéficiaires de cette nouvelle façon de faire. Toutefois, même si de nombreuses entreprises ont recours à des ententes d'externalisation, toutes n'ont pas réussi à les appliquer avec succès. Les gestionnaires qui considèrent cette possibilité devraient être vigilants quant aux erreurs potentielles souvent commises par les non-initiés : 1) choisir les mauvaises activités à externaliser ; 2) choisir un fournisseur qui n'est pas compétent dans le domaine ;

3) rédiger un contrat qui n'est pas suffisamment précis ou oublier certaines modalités ; 4) négliger de tenir compte de problèmes avec le personnel de l'entreprise ; 5) perdre le contrôle de l'activité ; 6) ne pas tenir compte des frais cachés ; et 7) ne pas élaborer une stratégie de résiliation du contrat (pour engager une autre entreprise ou rapatrier l'activité à l'interne)[36]. D'après une étude portant sur 91 activités privilégiant des ententes d'externalisation, un contrat inadéquat et la perte du contrôle de l'activité sont les deux principales raisons de l'échec de la tentative. Somme toute, le choix d'une structure organisationnelle appropriée est primordial pour une entreprise. Cependant, son élaboration devient de plus en plus complexe. Pour maximiser l'efficacité et l'efficience de leur entreprise, les gestionnaires doivent évaluer attentivement les avantages relatifs à l'exécution d'une tâche à l'interne et d'une alliance potentielle avec une autre entreprise qui effectuerait cette tâche.

OA4 Décrire les façons dont les gestionnaires peuvent répartir l'autorité hiérarchique et coordonner les activités organisationnelles.

6.4 Les interactions et la coordination entre les fonctions et les divisions

Plus la structure qu'une entreprise utilise pour regrouper ses activités est complexe, plus les problèmes d'interactions et de coordination entre ses diverses fonctions et divisions s'aggravent. La coordination peut devenir un problème lorsque chaque fonction ou division développe une vision différente de celles des autres groupes, qui influe sur la façon dont elle interagit avec eux. Les membres d'une fonction ou d'une division peuvent en venir à considérer les problèmes de l'entreprise uniquement de leur propre point de vue. Par exemple, ses membres auront des opinions différentes de celles de leurs collègues provenant d'autres fonctions ou divisions au sujet des principaux objectifs de l'entreprise ou des problèmes qu'elle peut avoir.

Au sein d'une structure par fonction, la fonction fabrication a généralement une vision à court terme puisqu'elle a comme principal objectif de contrôler ses coûts et de sortir le produit de l'usine dans les délais prescrits. À l'opposé, la fonction développement des produits a plutôt une vision à long terme parce que l'élaboration d'un nouveau produit est un processus relativement lent. Pour ses membres, la qualité a plus d'importance que la

réduction des coûts. De telles différences dans les points de vue peuvent rendre le chef de la fabrication et le directeur technique peu enclins à coopérer et à coordonner leurs activités de façon à réaliser les objectifs de l'entreprise. Également, au sein d'une structure par produit, les employés peuvent être plus préoccupés par la réussite de leur division que par la rentabilité de l'entreprise dans son ensemble. Ils pourraient refuser de coopérer avec d'autres divisions et de partager avec elles des renseignements ou des connaissances parce qu'ils n'en voient tout simplement pas la nécessité.

6.4.1 L'attribution des pouvoirs

Après avoir étudié la façon dont les gestionnaires répartissent les activités organisationnelles entre les postes, les fonctions et les divisions pour accroître l'efficacité et l'efficience de chacune d'elles, nous allons maintenant examiner la façon dont ils mettent tous ces morceaux ensemble en élaborant la chaîne hiérarchique[37]. L'**autorité** est le pouvoir légitime de demander à des employés de rendre compte de leurs actes et de prendre des décisions concernant l'utilisation des ressources de l'organisation. La **chaîne hiérarchique** est la chaîne de commandement ou la ligne d'autorité d'une organisation ; elle indique précisément les pouvoirs relatifs de chaque gestionnaire, du président et chef de la direction, au sommet, en passant par les cadres intermédiaires et les cadres de terrain (ou cadres opérationnels), jusqu'au personnel non-cadre, c'est-à-dire les employés qui fabriquent les produits ou fournissent les services. Ainsi, selon l'échelon de la hiérarchie où il se trouve, chaque gestionnaire supervise un ou plusieurs employés. L'expression **étendue des responsabilités** fait référence au nombre de personnes qui relèvent d'un gestionnaire en particulier.

La figure 6.7 est un organigramme simplifié de la chaîne hiérarchique et présente l'étendue des responsabilités chez McDonald's en 2011. Au sommet de la chaîne, on retrouve Jim Skinner, président et directeur général

---

Autorité (*authority*)
Pouvoir légitime de demander à ses employés de rendre compte de leurs actes et de prendre des décisions concernant l'utilisation des ressources de l'organisation.

Chaîne hiérarchique (*hierarchy of authority*)
Chaîne de commandement ou ligne d'autorité dans une organisation, qui indique précisément les pouvoirs relatifs de chaque gestionnaire.

Étendue des responsabilités (*span of control*)
Nombre d'employés qui travaillent directement sous les ordres d'un gestionnaire.

> **FIGURE 6.7** La chaîne hiérarchique et l'étendue des responsabilités de la société McDonald's

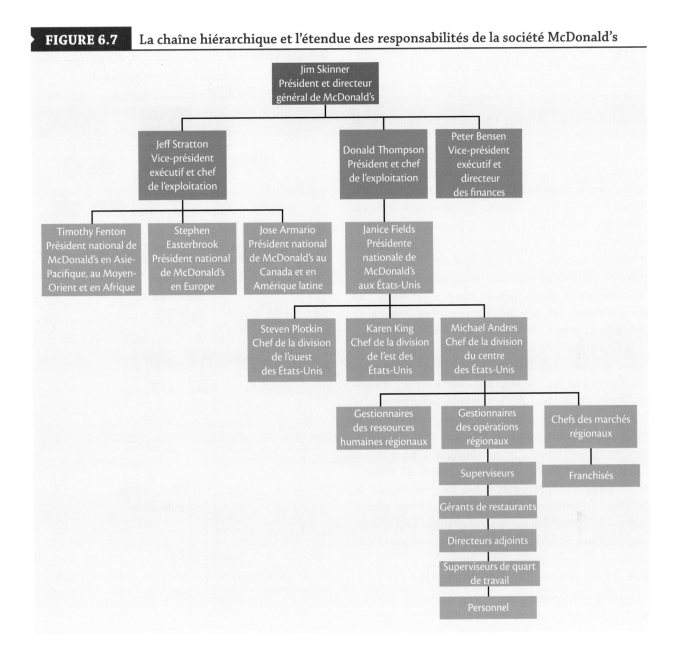

de McDonald's, qui a pris le contrôle de l'entreprise en 2004[38]. Monsieur Skinner porte l'entière responsabilité du rendement de McDonald's et il détient l'autorité nécessaire pour déterminer les façons d'utiliser de manière optimale les ressources de l'organisation au profit de ses différentes parties prenantes. Donald Thompson occupe le poste suivant dans cette chaîne. Il est président et chef de l'exploitation. Il a la responsabilité de superviser l'ensemble des activités des restaurants McDonald's aux États-Unis. Il relève directement de Jim Skinner, comme Peter Bensen, le directeur des finances. Contrairement aux autres gestionnaires, monsieur Bensen n'est pas un **cadre hiérarchique**, c'est-à-dire une personne qui, par son poste dans la chaîne de commandement, exerce

une autorité reconnue sur les personnes et les ressources qui se trouvent à des échelons inférieurs. Il est plutôt un **cadre fonctionnel** chargé d'une fonction spécialisée chez McDonald's, soit la finance. Le chef de l'exploitation des restaurants McDonald's dans le monde entier est Jeff Stratton. Il est chargé de superviser tous les aspects

---

Cadre hiérarchique (*line manager*)
Personne qui, par son poste dans la chaîne de commandement, exerce une autorité officielle sur les personnes et les ressources qui se trouvent à des échelons inférieurs.

Cadre fonctionnel (*staff manager*)
Personne chargée de la gestion d'une fonction spécialisée, par exemple la finance ou le marketing.

fonctionnels des activités de McDonald's à l'étranger. Chaque région du monde a son propre directeur : l'Europe, le Canada et l'Amérique latine, ainsi que l'Asie-Pacifique, le Moyen-Orient et l'Afrique. Il faut aussi souligner le rôle de madame Janice Fields, la présidente des activités de McDonald's aux États-Unis, qui relève de Donald Thompson.

Les gestionnaires de chaque échelon de la hiérarchie attribuent à ceux qui occupent une position hiérarchique inférieure à la leur l'autorité nécessaire pour prendre des décisions sur la façon d'utiliser les ressources organisationnelles. Lorsqu'ils acceptent ce pouvoir, ces derniers doivent assumer la responsabilité de leurs décisions et rendre des comptes selon les résultats obtenus. Ceux qui prennent de bonnes décisions obtiennent généralement des promotions. Pour motiver leurs gestionnaires, les entreprises leur font miroiter cette possibilité ainsi que de plus grandes responsabilités dans la chaîne hiérarchique.

Sous l'autorité de madame Fields, on trouve les principaux échelons de la chaîne hiérarchique de McDonald's aux États-Unis : les vice-présidents directeurs des régions de l'ouest, du centre et de l'est du pays, des gestionnaires régionaux et des superviseurs. Il existe aussi une hiérarchie à l'intérieur de chaque restaurant de l'entreprise. Au sommet, on trouve le gérant du restaurant et, à des échelons inférieurs, son directeur adjoint, les superviseurs de quart de travail, puis le personnel. Selon les gestionnaires de McDonald's, cette chaîne hiérarchique est celle qui permet le mieux à l'entreprise d'optimiser sa stratégie d'affaires, qui consiste à fournir des repas-minute à des prix raisonnables.

6.4.2 Des organisations verticales et horizontales

À mesure que la taille d'une entreprise (qu'on mesure généralement par le nombre de ses gestionnaires et de ses employés) augmente, sa chaîne hiérarchique devient plus longue, ce qui allonge sa structure organisationnelle verticale.

Si, par rapport à sa taille, une organisation compte de nombreux échelons d'autorité, elle est dite « verticale », et si elle en compte peu, elle est dite « horizontale » (*voir la figure 6.8*)[39]. À mesure que la hiérarchie d'une entreprise s'accroît à la verticale, des problèmes peuvent surgir et rendre sa structure moins flexible, ce qui ralentit le processus décisionnel des gestionnaires devant les changements organisationnels et environnementaux.

Par ailleurs, des problèmes de communication peuvent survenir. En effet, lorsqu'une entreprise a de nombreux échelons hiérarchiques, les décisions et les ordres des gestionnaires des échelons supérieurs peuvent mettre beaucoup de temps à arriver aux gestionnaires des échelons

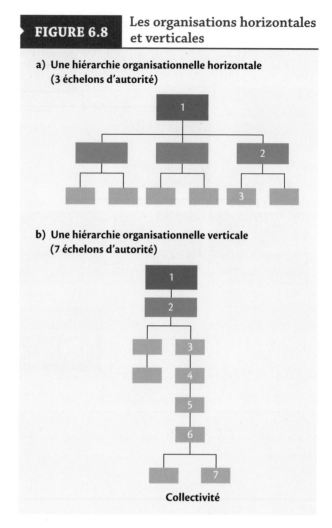

FIGURE 6.8 Les organisations horizontales et verticales

a) Une hiérarchie organisationnelle horizontale (3 échelons d'autorité)

b) Une hiérarchie organisationnelle verticale (7 échelons d'autorité)

Collectivité

inférieurs et, à l'inverse, les résultats bons ou mauvais de ces décisions peuvent également rester inconnus des échelons supérieurs pendant longtemps. L'impression d'avoir perdu le contact avec une partie de l'organisation incite parfois les cadres supérieurs à vouloir vérifier si leurs employés ont suivi leurs directives et à réclamer d'eux des confirmations écrites. Les cadres intermédiaires, qui savent qu'ils devront rendre des comptes exacts de leurs activités, consacrent alors plus de temps au processus de prise de décisions pour s'assurer de ne pas commettre d'erreurs. Ils pourraient même essayer d'éviter les responsabilités qui leur incombent en renvoyant à leurs supérieurs la tâche de prendre les décisions à leur place.

Un autre problème de communication qui découle de la multiplication des échelons d'autorité est la distorsion des ordres et des messages transmis de haut en bas et du bas vers le haut de la chaîne hiérarchique. Il en résulte que les gestionnaires des divers échelons interprètent différemment ce qui se passe. Cette distorsion peut être accidentelle et due au fait que divers gestionnaires interprètent les messages qu'ils reçoivent strictement du point de vue de leur division. Elle peut aussi être intentionnelle lorsque des gestionnaires des échelons inférieurs décident d'interpréter l'information reçue à leur propre avantage. C'est ce qu'on appelle parfois « travailler en silo ».

En outre, la présence d'une structure organisationnelle de grande taille représente habituellement un indicateur que l'entreprise emploie trop de gestionnaires. Or, ceux-ci coûtent cher, car leurs salaires, leurs avantages sociaux, leurs bureaux et leurs secrétaires représentent une dépense considérable pour une entreprise.

De grandes entreprises comme IBM et General Motors versent à leurs gestionnaires des milliards de dollars par année. Au début des années 2000, des centaines de milliers de cadres intermédiaires ont été mis à pied lorsque les entreprises se sont efforcées de réduire leurs coûts en restructurant et en reconfigurant leurs opérations. Au moment de la récession économique de 2008, de nombreuses entreprises ont annoncé des mises à pied pour réduire leurs frais d'exploitation.

6.4.3 La chaîne de commandement minimale

Pour éviter les problèmes qui surviennent lorsqu'une organisation compte trop d'échelons hiérarchiques, les cadres supérieurs doivent déterminer s'ils emploient le nombre approprié de cadres intermédiaires et de cadres opérationnels, et s'ils peuvent concevoir différemment la structure organisationnelle en vue de réduire leur nombre. Pour ce faire, il est bon de suivre un principe d'organisation de base, celui de la chaîne de commandement minimale, d'après lequel toute hiérarchie devrait comporter le plus petit nombre possible d'échelons d'autorité nécessaires pour permettre une utilisation efficace et efficiente des ressources de l'organisation.

Les gestionnaires efficients examinent constamment leur chaîne hiérarchique à la recherche de moyens de réduire son nombre d'échelons, par exemple en éliminant un niveau et en confiant les responsabilités des gestionnaires de ce niveau à ceux situés au-dessus et en donnant plus d'autonomie aux employés situés au-dessous. Par exemple, Canards Illimités, de Stonewall au Manitoba, un organisme privé sans but lucratif fondé par des sportifs qui souhaitent préserver les zones humides et les oiseaux aquatiques qui y vivent, s'efforce de donner de l'autonomie à son personnel[40]. L'entreprise a récemment procédé à une réorganisation qui visait à aplanir sa structure. Ses 330 membres ont été répartis en groupes devant concentrer leur attention sur divers aspects cruciaux pour l'avenir de cette société. Ils examinent des sujets comme le rendement, le développement et l'évaluation des postes de travail. Gary Goodwin, un ancien directeur des ressources humaines, explique que « la réorganisation visait essentiellement à aider les employés à acquérir de l'autonomie ainsi qu'à permettre aux personnes qui travaillent sur le terrain de prendre des décisions rapidement et plus facilement sans avoir à passer par tous les échelons organisationnels[41] ». Cette pratique devient de plus en plus courante aux États-Unis comme au Canada depuis que les entreprises, qui doivent lutter contre la domination par les coûts de concurrents étrangers, recherchent de nouvelles manières de réduire les leurs.

6.4.4 La centralisation et la décentralisation

Une autre façon de préconiser une structure organisationnelle horizontale consiste à adopter la décentralisation, c'est-à-dire à accorder à des cadres inférieurs (p. ex. de terrain ou opérationnels) et à des membres du personnel qui n'occupent pas de poste hiérarchique le droit de prendre ce type de décisions concernant les façons d'utiliser des ressources de l'organisation[42]. Lorsque les gestionnaires des échelons supérieurs confient à des employés d'échelons inférieurs la responsabilité de prendre des décisions importantes et qu'ils se contentent de faire de la gestion par exception, ils réduisent considérablement les problèmes de lenteur décisionnelle et de distorsion des communications mentionnés précédemment. Le cas échéant, une entreprise a besoin de moins de gestionnaires parce que leur rôle ne consiste plus à prendre des décisions, mais à servir de facilitateurs et à aider les autres employés à prendre les meilleures décisions possible. En outre, lorsque la prise de décisions se fait aux échelons inférieurs de l'entreprise et, donc, près des clients, les employés sont souvent mieux placés que leurs supérieurs pour reconnaître les besoins de leurs clients et y répondre adéquatement.

La société Samsung Electronics a procédé à une décentralisation en déléguant des pouvoirs aux chefs de division lorsqu'elle a éliminé la fonction du chef des activités internationales, qui s'étendait à l'ensemble des entreprises, et l'a remplacée par un poste de directeur de l'exploitation de toutes les divisions, dont tous les présidents et chefs de direction relèvent dorénavant.

Chaîne de commandement minimale (*minimum chain of command*)
Principe selon lequel la haute direction doit mettre en place une autorité hiérarchique qui comprend le nombre minimal d'échelons nécessaires à l'utilisation efficace et efficiente des ressources de l'organisation.

Décentralisation (*decentralizing authority*)
Fait d'accorder à des cadres inférieurs (p. ex. de terrain ou opérationnels) et à des membres du personnel qui n'occupent pas de poste hiérarchique le droit de prendre des décisions importantes concernant l'utilisation des ressources de l'organisation.

La décentralisation permet à une organisation et à ses employés de s'adapter aux situations même lorsque l'entreprise se développe et que sa structure s'allonge à la verticale. C'est la raison pour laquelle les gestionnaires acceptent si volontiers d'encourager l'autonomie de leurs employés en créant des équipes autonomes ou interfonctionnelles et en établissant des liens entre ces groupes, les équipes et les services afin d'accroître la communication et la coordination entre les fonctions et les divisions. Ces mécanismes d'intégration sont des innovations conceptuelles qui aident la structure organisationnelle à conserver sa flexibilité et sa capacité à réagir, à s'adapter aux changements de son environnement, à introduire de nouvelles technologies ou à mettre en place des stratégies complexes. Plus la structure d'une organisation est complexe, plus la coordination entre ses membres, ses fonctions et ses divisions est essentielle afin qu'elle fonctionne avec efficacité et efficience[43]. Par conséquent, lorsque des gestionnaires adoptent une structure par départementalisation ou divisionnaire, matricielle ou par équipe de produit, ils doivent se servir de mécanismes d'intégration pour atteindre les objectifs de leur entreprise. Même si de plus en plus d'entreprises prennent des mesures pour accroître la décentralisation, une exagération dans ce sens comporte certains inconvénients.

1. Si les divisions, les fonctions ou les équipes acquièrent une trop grande autonomie en matière de prises de décisions, elles pourraient choisir d'essayer de réaliser leurs propres objectifs au détriment de ceux de l'entreprise. Par exemple, les gestionnaires du service de conception technique ou de recherche et développement pourraient concentrer énormément d'efforts à la conception ou à la fabrication du meilleur produit possible, sans se rendre compte que son prix serait si élevé que peu de gens auraient envie de l'acheter ou les moyens de le faire.

2. Dans le cas d'une trop grande décentralisation, le manque de communication entre les fonctions ou les divisions pourrait empêcher toute forme de synergie entre elles et, par conséquent, nuire au rendement de l'entreprise.

Les cadres supérieurs doivent donc trouver le juste équilibre entre la centralisation et la décentralisation qui convient le mieux aux besoins de leur entreprise. Lorsqu'une entreprise se trouve dans un environnement stable, qu'elle utilise une technologie bien comprise par ses membres et qu'elle produit des articles de consommation courante (comme des produits céréaliers, des soupes en conserve, des livres ou des téléviseurs), il n'y a aucune raison pressante pour elle de décentraliser ses décisions. Ses cadres supérieurs peuvent donc, sans lui nuire, conserver le contrôle d'une grande partie des prises de décisions[44]. Toutefois, dans un environnement incertain et changeant, où les entreprises utilisant des technologies de pointe produisent des biens différenciés, elles n'auront pas d'autre choix que d'accorder une plus grande autonomie à leurs employés et de permettre à leurs équipes de prendre des décisions stratégiques importantes afin que leur entreprise puisse s'adapter aux changements en cours et demeurer concurrentielle.

La société Loblaws a décidé de centraliser ses activités après des années d'autonomie pendant lesquelles ses bureaux régionaux ont créé leurs propres fiefs dysfonctionnels. T&T, la chaîne de supermarchés spécialisée dans les produits asiatiques acquise par cette société en 2009, était contrôlée par deux bureaux différents, l'un en Colombie-Britannique et l'autre en Ontario. Les activités du commerce des produits non comestibles ont été fusionnées en 2010, renforçant la centralisation des activités de Loblaws et accroissant sa réputation du détaillant le plus important au Canada[45].

> **OA5** Examiner les facteurs dont les gestionnaires tiennent compte lorsqu'ils privilégient une structure organisationnelle de nature rigide ou flexible.

6.5 Le choix entre une structure de nature rigide ou flexible

Précédemment dans ce chapitre, nous avons expliqué les choix que font les gestionnaires lorsqu'ils décident de la répartition des tâches entre les postes de travail et du regroupement de ces postes à l'intérieur des unités de travail (les fonctions, les divisions ou les services) de manière à s'assurer d'une coordination efficace et efficiente des ressources organisationnelles. Nous avons exposé l'établissement des relations d'autorité et les principes que les gestionnaires peuvent appliquer afin d'établir la chaîne hiérarchique appropriée. Voyons maintenant la manière dont ils déterminent le degré de rigidité ou de flexibilité nécessaire à la structure de leur entreprise.

Les chercheurs Burns et Stalker ont proposé deux structures organisationnelles simples afin que les gestionnaires puissent planifier et contrôler les activités de l'organisation et ainsi réagir adéquatement aux caractéristiques de son environnement externe : un modèle dit «rigide», la structure mécaniste, et un modèle dit «flexible», la structure organique[46]. La figure 6.9 illustre les différences entre ces deux types de structures. Nous examinerons les facteurs que les gestionnaires doivent considérer lorsqu'ils choisissent l'une ou l'autre de ces structures après les avoir décrites.

> **FIGURE 6.9** Une comparaison des structures mécaniste et organique

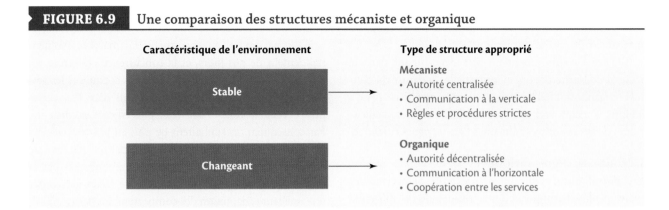

6.5.1 Les structures mécanistes

Lorsque l'environnement d'une entreprise est stable, les gestionnaires ont tendance à choisir une structure de type mécaniste pour organiser et contrôler les activités et afin de favoriser un comportement plutôt prévisible chez leurs employés. Dans une **structure mécaniste**, il y a une centralisation de l'autorité au sommet de la chaîne hiérarchique et cette approche est le principal moyen utilisé pour encadrer le comportement des employés. On y donne une description précise des tâches et des rôles aux employés, et on y exerce une supervision étroite. L'accent est mis sur la discipline et l'ordre, qui doivent être strictement respectés. Chacun connaît sa place et il y a une place prévue pour chaque personne. Une telle structure constitue la manière la plus efficiente de fonctionner dans un environnement stable parce qu'elle permet généralement aux gestionnaires d'obtenir les coûts de production les plus bas, assure à l'organisation le plus grand contrôle qui soit sur ses procédés de transformation et rend possibles une production de biens et une prestation de services des plus efficientes jumelées à une dépense de ressources minimale. Voilà les principaux arguments militant en faveur d'une structure de type mécanisme, le choix fait par McDonald's.

6.5.2 Les structures organiques

À l'opposé, lorsque l'environnement change rapidement, il peut être difficile d'avoir accès aux ressources nécessaires à la réalisation de la mission organisationnelle. Les gestionnaires doivent alors organiser les activités de l'entreprise de façon à favoriser la coopération entre elles, à agir rapidement pour obtenir les ressources requises (p. ex. un nouveau type de bois pour fabriquer des modèles originaux de meubles) et à réagir efficacement en cas d'imprévus. Dans une **structure organique**, l'autorité est décentralisée et confiée aux cadres intermédiaires et de terrain, de façon à les encourager à prendre des responsabilités et à agir promptement pour se procurer des ressources peu disponibles. On souhaite que les services adoptent une perspective interfonctionnelle et

on laisse l'autorité entre les mains des personnes et des services les mieux placés pour régler les problèmes courants de l'entreprise. Dans ce type de structure, l'encadrement est beaucoup moins strict que dans une structure mécaniste et on se fie davantage à des valeurs et à des normes communes pour orienter les activités de l'organisation.

Les gestionnaires peuvent donc réagir plus rapidement à des changements dans l'environnement que leurs homologues qui travaillent dans une structure mécaniste. Toutefois, la structure organique est généralement plus coûteuse à gérer, de sorte qu'on s'en sert uniquement en cas de besoin ou de nécessité, c'est-à-dire afin d'obtenir des résultats satisfaisants lorsque l'environnement organisationnel est instable et qu'il change rapidement. Elle se révèle également plus efficiente lorsque des gestionnaires établissent des semi-structures qui régissent l'allure, la synchronisation et le rythme des activités et des processus organisationnels. Autrement dit, l'introduction d'une certaine forme de structure, tout en préservant une grande partie de la flexibilité de la structure organique, pourrait réduire les frais d'exploitation[47].

6.5.3 Les facteurs qui influent sur le choix d'une structure organisationnelle globale

Les structures organisationnelles doivent s'adapter aux facteurs ou aux circonstances qui influent le plus sur l'entreprise et qui lui causent le plus d'incertitude[48].

Structure mécaniste (*mechanistic structure*)
Structure organisationnelle caractérisée par une centralisation de l'autorité au sommet de la chaîne hiérarchique, une description précise des tâches et des rôles ainsi qu'une supervision étroite des employés.

Structure organique (*organic structure*)
Structure organisationnelle dans laquelle l'autorité est décentralisée et confiée aux cadres intermédiaires et de terrain ; les tâches et les rôles n'y sont pas rigoureusement définis, de façon à encourager les employés à coopérer et à réagir rapidement en cas d'imprévus.

Par conséquent, il n'existe pas de « meilleure » façon de concevoir une organisation. La conception reflète la situation particulière de chaque entreprise.

Quatre facteurs jouent un rôle déterminant dans le choix d'une structure organisationnelle : la nature du contexte organisationnel, le type de stratégie que l'entreprise a adopté, la technologie que celle-ci utilise et les caractéristiques de ses ressources humaines (*voir la figure 6.10*)[49].

Le contexte organisationnel

En général, plus l'environnement externe change rapidement et plus il comporte d'incertitude, plus la difficulté qu'ont les gestionnaires à mettre la main sur des ressources peu disponibles est grande. Dans une telle situation, pour accélérer les processus de prise de décisions et de communication ainsi que pour faciliter l'obtention de ces ressources, les gestionnaires font généralement des choix qui introduisent de la flexibilité dans la structure organisationnelle[50]. Ils ont alors tendance à décentraliser l'autorité et à accroître l'autonomie des employés des derniers échelons pour leur permettre de prendre des décisions importantes en matière d'activités.

Si, au contraire, l'environnement externe est stable, les ressources sont facilement disponibles et le degré d'incertitude est faible, la coordination et les communications entre les personnes et les fonctions sont moins nécessaires pour obtenir ces ressources. Les gestionnaires peuvent alors faire des choix qui introduisent plus de rigidité dans la structure organisationnelle. Dans une telle situation, ils préfèrent prendre des décisions à l'intérieur d'une chaîne hiérarchique clairement définie et établir des règles qui s'appliquent à tous, des procédures uniformisées et des normes restrictives

qui guident et régissent les activités des employés, c'est-à-dire adopter une forme d'organisation de type mécaniste.

Comme discuté au chapitre 2, les marchés évoluent rapidement de nos jours, et la concurrence croissante, au pays et à l'étranger, exerce une pression accrue sur les gestionnaires pour qu'ils attirent des clients dans leur entreprise et rendent celle-ci sans cesse plus efficace et efficiente. Par conséquent, ils souhaitent de plus en plus trouver des moyens de structurer leur organisation, par une plus grande autonomie décisionnelle offerte aux employés ou par la mise en place d'équipes autonomes, de façon à favoriser une meilleure adaptation des comportements des employés et à permettre une certaine flexibilité des services de l'entreprise. Par exemple, Kathleen Dore, chef de la direction de la télévision et de la radio à Canwest Mediaworks Inc., a adopté un style de gestion unique en son genre, qui est orienté vers la responsabilisation des employés. Dans un monde dominé par les hommes, elle est devenue un exemple pour les femmes. Elle emploie l'expression « multiplicateur de forces » pour désigner ce qu'elle décrit comme le fait d'« utiliser ses talents, ses habiletés et son expérience à la façon d'un aimant pour attirer des gens à soi et les amener à vouloir s'impliquer à fond dans ce que vous entreprenez[51] ».

La stratégie

Comme nous l'avons vu au chapitre 5, lorsque les gestionnaires décident d'adopter une stratégie, ils doivent choisir les moyens appropriés pour la mettre en œuvre. La plupart des stratégies requièrent la mise en place de structures organisationnelles différentes. Ainsi, une stratégie de différenciation, qui vise à accroître la valeur des produits et des services d'une entreprise aux yeux de ses clients, a

> **FIGURE 6.10** **Les facteurs qui influent sur la structure organisationnelle dans son ensemble**

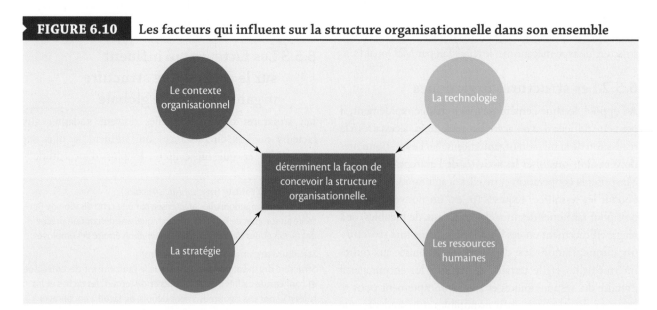

généralement plus de chances d'être efficace dans une structure flexible. La flexibilité aide à l'application d'une telle stratégie parce qu'elle permet aux gestionnaires de développer des produits nouveaux ou innovateurs rapidement, une activité qui exige une coopération sur tous les plans entre les fonctions ou les services. Par contre, une stratégie de concentration avec domination par les coûts, qui vise à réduire les coûts dans toutes les fonctions, réussit le mieux à l'intérieur d'une structure de nature plus rigide dans laquelle les gestionnaires ont un plus grand contrôle sur les dépenses et les activités des divers services de l'entreprise[52].

En outre, dans le cas d'une stratégie d'entreprise, lorsque des gestionnaires décident d'accroître l'envergure des activités organisationnelles, par exemple par une intégration verticale ou une diversification, il leur faut concevoir une structure de nature plus flexible pour assurer une coordination suffisante entre les diverses divisions de l'entreprise[53]. Nous avons vu au chapitre 5 que de nombreuses sociétés se sont départies d'entreprises qui leur appartenaient parce que leurs gestionnaires n'avaient pas réussi à leur assurer un avantage concurrentiel dans un secteur en évolution rapide. En optant pour une structure de nature plus flexible, telle une structure par produit, les chefs de division acquièrent un meilleur contrôle sur leurs diverses entreprises.

Enfin, une expansion à l'échelle internationale et des activités dans de nombreux pays constituent un défi pour les gestionnaires, qui doivent concevoir des structures organisationnelles permettant à leur entreprise de demeurer flexible à l'échelle mondiale[54].

La technologie

Rappelez-vous que la technologie est la combinaison des habiletés, des connaissances, des outils, des appareils, des ordinateurs et du matériel qui servent à la conception, à la production et à la distribution de biens et de services. Généralement, plus la technologie utilisée par une entreprise est de nature complexe, plus il est difficile pour les gestionnaires et les employés d'exercer sur elle un contrôle strict ou de la régir de façon efficace[55]. Par conséquent, le cas échéant, le besoin d'une structure de nature flexible est d'autant plus grand pour accroître la capacité des gestionnaires et des employés de réagir à des situations imprévues et pour leur procurer la liberté d'élaborer des solutions novatrices aux problèmes auxquels ils se heurtent. Par contre, plus une technologie fait partie d'une routine bien établie, plus elle s'accommode d'une structure organisationnelle conventionnelle parce que les tâches à accomplir sont simples et que les étapes à suivre pour produire les biens et fournir les services ont été établies d'avance.

La nature de la technologie employée par une entreprise constitue un facteur important dans le choix de sa structure organisationnelle. De nos jours, on observe une utilisation croissante de la production assistée par ordinateur et une tendance à recourir à des équipes autonomes pour favoriser l'innovation, améliorer la qualité des produits et des services et réduire les coûts de production. Il en résulte que beaucoup d'entreprises s'efforcent de rendre leur structure plus flexible afin de profiter des avantages que procurent les technologies de pointe en matière de création de valeur. Qu'est-ce qui fait qu'une technologie se révèle simple ou complexe lors de son utilisation? Charles Perrow a étudié la question. Selon ce chercheur, deux facteurs déterminent le degré de complexité ou de difficulté d'utilisation d'une technologie: la diversité des tâches et leur caractère analysable[56]. La diversité des tâches dépend du nombre de situations ou de problèmes nouveaux ou imprévus auxquels une personne ou les membres d'une division font face lors de l'accomplissement de leurs tâches. Le caractère analysable des tâches représente le degré d'accessibilité à des solutions programmées offert aux personnes ou au personnel des divisions afin de résoudre ces problèmes. Les technologies de nature complexe se caractérisent par une grande diversité des tâches et un faible caractère analysable. Autrement dit, on voit poindre beaucoup de problèmes différents, dont la résolution requiert d'importantes prises de décisions ponctuelles ou non programmées. Par contre, les technologies de nature simple se reconnaissent par le peu de diversité dans les tâches et leur caractère hautement analysable, c'est-à-dire que les problèmes qui se posent ne varient pas beaucoup et se règlent facilement grâce à des prises de décisions programmées.

Parmi les exemples de technologie de nature complexe, citons celles qu'utilisent des scientifiques dans un laboratoire de recherche et développement pour concevoir de nouveaux produits ou découvrir de nouveaux médicaments ainsi que celles dont se sert une équipe de cadres supérieurs dans le cadre d'une réflexion stratégique de leur entreprise. Parmi les exemples de technologie de nature simple, notons la production de masse ou le travail à la chaîne au sein duquel les travailleurs effectuent la même tâche de façon répétitive. Dans ce cas, les gestionnaires ont déjà déterminé les solutions programmées requises pour accomplir chaque tâche de façon efficiente. De même, dans les entreprises de services telles que les restaurants qui servent des repas-minute, les tâches du personnel affecté à la préparation et au service de ces plats sont très routinières.

Les ressources humaines

Un dernier facteur important qui influe sur le choix de la structure et de la culture d'une entreprise a trait aux caractéristiques de ses ressources humaines. En général, plus la main-d'œuvre d'une organisation est qualifiée et plus il y a de personnes qui doivent travailler en groupe ou en équipe pour effectuer leurs tâches, plus il est possible que l'entreprise utilise une structure de nature flexible et décentralisée. Les employés hautement qualifiés, ou ceux qui ont assimilé des valeurs professionnelles ou des normes de comportement solides au cours de leur formation, préfèrent généralement un certain degré de liberté et d'autonomie, et répugnent à être étroitement surveillés. Par exemple, les comptables ont appris la nécessité de présenter les comptes de leur entreprise d'une façon honnête et impartiale de même que les médecins et les infirmières ont assimilé l'obligation de prodiguer les meilleurs soins possible à leurs patients sans être surveillés dans l'accomplissement de leurs tâches.

Les structures de nature flexible, caractérisées par une autorité décentralisée et la présence d'une plus grande autonomie accordée aux employés conviennent bien aux besoins des personnes hautement qualifiées. Elles conviennent aussi aux personnes qui travaillent au sein d'équipes autonomes et qui doivent pouvoir interagir librement. Par conséquent, au moment de concevoir la structure de leur entreprise, ce qui aura des effets sur sa culture, les gestionnaires doivent accorder une attention particulière aux besoins de la main-d'œuvre ainsi qu'au type de travail à effectuer et à son degré de complexité.

En résumé, les gestionnaires doivent considérer des facteurs tels que l'environnement externe d'une entreprise, sa stratégie ainsi que la technologie et les ressources humaines dont elle se sert pour pouvoir concevoir la structure qui lui convient le mieux. Plus le degré d'incertitude est grand dans l'environnement d'une entreprise, plus sa stratégie et la technologie qu'elle utilise sont complexes, plus sa main-d'œuvre est qualifiée et possède des habiletés, plus il est probable que ses gestionnaires concevront une structure de nature flexible qui peut se modifier rapidement et qui permet à leurs employés de se montrer innovateurs dans la recherche de solutions aux problèmes potentiels, dans les réponses à fournir aux besoins des clients, etc. Par contre, plus l'environnement de l'entreprise est stable, moins sa stratégie ou sa technologie sont de nature complexe (mieux elles sont comprises) et moins sa main-d'œuvre est qualifiée, plus il est probable que ses gestionnaires opteront pour une structure de nature rigide, qui exerce un contrôle sur ses activités. Dans cette optique, les valeurs et les normes préconisées par les gestionnaires façonneront la culture organisationnelle et, plus particulièrement, les comportements des employés puisqu'ils adopteront ceux qui sont attendus dans des situations données.

6

Résumé et révision

Cette section vous servira à vérifier l'acquisition des objectifs d'apprentissage.

OA1 La conception d'une structure organisationnelle Une structure organisationnelle est un système de relations entre les tâches et les rapports d'autorité parmi les membres de l'organisation, qui détermine la façon dont les employés utilisent les ressources en vue d'atteindre les objectifs de l'entreprise. Le fonctionnement d'une telle structure dépend de la façon dont les tâches sont réparties entre les postes de travail, de la façon dont les postes sont regroupés à l'intérieur des unités de travail (les fonctions et les divisions), de la façon dont la coordination et la répartition de l'autorité se font ainsi que de la nature de la structure, soit rigide ou flexible.

OA2 L'élaboration et la répartition des tâches au sein des postes de travail L'élaboration des tâches est le processus initial par lequel les gestionnaires répartissent les tâches entre les postes de travail. Afin de rendre ces derniers plus intéressants et d'amener les employés à avoir un comportement qui s'adapte aux changements, les gestionnaires peuvent élargir et enrichir leurs tâches. Le modèle des caractéristiques de l'emploi proposé par les professeurs Hackman et Oldham leur fournit un outil afin de mesurer le degré de motivation ou de satisfaction du personnel.

OA3 Le regroupement des postes de travail selon différentes structures Les gestionnaires peuvent choisir parmi divers types de structures organisationnelles celle qui favorisera une utilisation optimale des ressources de leur entreprise. En fonction du type de problèmes qu'ils doivent régler, ils peuvent opter pour une structure par fonction, par départementalisation ou divisionnaire (par produit, par localisation géographique des marchés ou par type de clientèle), matricielle, par équipe de produit, en réseau ou de forme hybride, c'est-à-dire qui combine plusieurs formes de structures.

OA4 Les interactions et la coordination entre les fonctions et les divisions Quelle que soit la structure qu'ils choisissent, les gestionnaires doivent déterminer les façons de répartir l'autorité à l'intérieur de leur entreprise, le nombre d'échelons qu'aura la chaîne hiérarchique ainsi que l'équilibre à établir entre la centralisation et la décentralisation afin de maintenir un nombre minimal d'échelons dans la chaîne hiérarchique. À mesure que les entreprises se développent, les gestionnaires doivent accroître les mécanismes d'intégration pour assurer une coordination entre les différentes fonctions et divisions.

OA5 Le choix entre une structure de nature rigide ou flexible Quatre principaux facteurs déterminent le choix d'une structure organisationnelle: l'environnement externe de l'entreprise, sa stratégie, la technologie qu'elle utilise et les ressources humaines dont elle dispose. En général, plus le degré d'incertitude associé à ces facteurs est élevé, plus une structure de nature flexible et adaptable se révèle appropriée par opposition à une structure de nature rigide et conventionnelle.

TERMES CLÉS

alliance stratégique (p. 188)
autorité (p. 192)
cadre fonctionnel (p. 193)
cadre hiérarchique (p. 193)
chaîne de commandement
   minimale (p. 195)
chaîne hiérarchique (p. 192)
commerce électronique
   interentreprises (B2B)
   (p. 191)
conception de la structure
   organisationnelle (p. 174)
décentralisation (p. 195)
élaboration des tâches
   (p. 176)

élargissement des tâches
   (p. 177)
enrichissement des tâches
   (p. 177)
équipe interfonctionnelle
   (p. 188)
étendue des responsabilités
   (p. 192)
organisation sans frontières
   (p. 191)
répartition des tâches (p. 176)
simplification du poste (p. 176)
structure en réseau (p. 189)
structure hybride (p. 188)
structure matricielle (p. 186)

structure mécaniste (p. 197)
structure organique (p. 197)
structure par
   départementalisation
   ou divisionnaire (p. 181)
structure par équipe de
   produit (p. 188)
structure par fonction
   (p. 179)
structure par localisation
   géographique des marchés
   (p. 183)
structure par produit (p. 182)
structure par type de
   clientèle (p. 185)

Solutionnaire
enseignant

Les gestionnaires à l'œuvre

SUJETS À TRAITER ET ACTIVITÉS CONNEXES

NIVEAU 1 Connaissances et compréhension

1. À quel moment et dans quelles conditions un gestionnaire pourrait-il passer d'une structure par fonction

   a) à une structure par produit?

   b) à une structure par localisation géographique de ses marchés?

   c) à une structure par type de clientèle?

2. a) En quoi la structure matricielle diffère-t-elle de la structure par équipe de produit?

   b) Pourquoi la structure par équipe de produit est-elle plus couramment utilisée?

3. En vous servant du modèle des caractéristiques de l'emploi pour vous guider, expliquez la façon dont un gestionnaire pourrait élargir ou enrichir les tâches d'un vendeur et d'un secrétaire de façon à rendre ces postes de travail plus intéressants.

NIVEAU 2 Application et analyse

4. On a décrit la structure organisationnelle de Google comme étant semblable au «mouvement brownien», c'est-à-dire à la façon dont des molécules d'un colorant alimentaire se déplacent dans l'eau d'une bouteille. Faites une recherche dans Internet sur l'entreprise Google et décrivez sa structure organisationnelle selon le mouvement brownien.

5. Faites une entrevue avec un gestionnaire et déterminez le type de structure organisationnelle que son entreprise utilise afin d'assurer une coordination entre les personnes et les ressources disponibles. Discutez avec lui de la répartition de l'autorité au sein de son organisation. Considère-t-il qu'une décentralisation de l'autorité et une plus grande autonomie accordée aux employés conviendraient à son entreprise?

6. Effectuez une recherche sur la structure organisationnelle de Virgin Group Investments Ltd. Décririez-vous la structure de l'empire de monsieur Branson comme étant de type mécaniste ou de type organique?

NIVEAU 3 Synthèse et évaluation

7. Nommez et expliquez les avantages et les inconvénients d'une structure en réseau.

8. Pour les entreprises suivantes, quelle serait la structure la plus appropriée: une structure de nature flexible ou rigide? Justifiez votre réponse.

a) Un grand magasin

b) Un grand cabinet comptable

c) Une entreprise de biotechnologie

9. À quel moment et dans quelles circonstances serait-il approprié pour un gestionnaire de considérer l'externalisation pour certaines des activités de son entreprise? Quels sont les risques associés à une telle décision?

EXERCICE PRATIQUE EN PETIT GROUPE

Les appareils électroménagers Bélisaire Babin

Formez un groupe de trois ou quatre personnes et choisissez quelqu'un qui présentera les résultats de votre recherche à toute la classe lorsque votre professeur vous le demandera. Discutez ensemble du scénario suivant.

La société Les appareils électroménagers Bélisaire Babin est spécialisée dans la vente et l'entretien d'appareils électroménagers tels que les laveuses et sécheuses, les lave-vaisselle, les cuisinières et les réfrigérateurs. Au fil des ans, l'entreprise a acquis une bonne réputation pour la qualité de son service à la clientèle et elle compte de nombreux entrepreneurs locaux parmi ses clients. Récemment, de nouveaux détaillants d'appareils électroménagers, notamment Best Buy, ont ouvert des magasins à proximité. Pour attirer plus de clients, ces magasins offrent, outre des appareils électroménagers, un éventail complet de produits électroniques tels que des téléviseurs, des chaînes stéréo et des ordinateurs. Bélisaire Babin, le propriétaire du magasin du même nom, a décidé que pour continuer à faire des affaires, il devait élargir son offre de produits et concurrencer directement ces grandes chaînes de magasins.

En 2015, il a donc fait construire un nouveau magasin avec un centre de services intégré d'une superficie de 1 800 m². Il embauche dorénavant de nouveaux employés pour vendre et faire l'entretien d'une nouvelle gamme de produits électroniques. En raison de l'accroissement de la taille de son entreprise, monsieur Babin s'interroge sur la meilleure structure organisationnelle à adopter afin de mobiliser son personnel. Jusqu'ici, il utilisait une structure par fonction et avait réparti ses employés au sein de trois fonctions: ventes, achat et comptabilité, et réparations. Toutefois, il se demande si la vente et l'entretien des appareils électroniques diffèrent beaucoup de la vente et de l'entretien des appareils électroménagers. Le cas échéant, devrait-il adopter une structure par produit (*voir la figure à la page suivante*) et établir des ensembles de fonctions distinctes pour chacune de ces deux gammes de produits[57]? Vous faites partie d'une équipe de spécialistes à laquelle monsieur Babin a fait appel pour le guider dans ce choix crucial. Quelle structure organisationnelle lui recommanderiez-vous? Pourquoi?

Structure par fonction

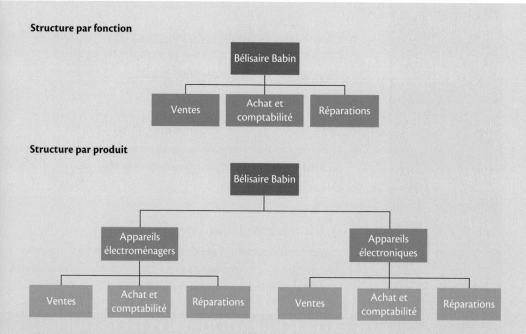

Structure par produit

Pour vous guider,
consultez
l'annexe B,
à la page 426.

EXERCICE DE PLANIFICATION D'AFFAIRES

Après avoir lu ce chapitre, commencez à réfléchir à la façon dont votre entreprise devrait être conçue et structurée pour remplir sa mission et atteindre ses objectifs. Réfléchissez surtout aux questions suivantes pour établir votre plan d'affaires.

1. Quelles sont les tâches qui doivent être effectuées?

2. Quelle serait la meilleure façon de répartir ces tâches entre les postes de travail?

3. Décrivez votre entreprise en ce qui a trait

   a) aux prises de décisions centralisées ou décentralisées;

   b) à l'étendue des responsabilités.

4. Préparez et tracez des organigrammes, l'un pour la première année d'exploitation de votre entreprise, et l'autre, pour la troisième.

   a) Comment pourraient-ils se transformer à mesure que l'entreprise s'agrandit?

   b) Qu'est-ce qui conviendrait le mieux à votre entreprise durant la première année: une structure mécaniste verticale ou une structure organique horizontale? Pourquoi?

EXERCICE DE GESTION RELATIF À L'ÉTHIQUE

Au sein de plusieurs entreprises, telles que les usines de transformation du poulet, les petites sociétés d'ingénierie, les fabricants de meubles, les entrepôts et les bureaux, une main-d'œuvre non spécialisée effectue les mêmes tâches répétitives de nombreuses heures par jour, jour après jour, et souvent pendant des années si le même emploi est conservé. L'ennui est fréquent, tout comme l'apparition de divers maux physiques tels que des affections cutanées, la fatigue musculaire et le syndrome du canal carpien.

1. Considérez-vous comme éthique le fait, pour les gestionnaires, de laisser des travailleurs exécuter les mêmes tâches à répétition pendant de longues périodes de temps?

2. Quelles mesures devraient être appliquées afin de résoudre ce problème ?

3. Jusqu'à quel point devrait-on reconfigurer des postes de travail afin de changer une telle situation et d'enrichir des tâches alors qu'un tel exercice représenterait aussi une augmentation des coûts et rendrait l'entreprise moins concurrentielle ?

4. Comment pourrait-on transformer les structures organisationnelles afin que ce problème soit moins répandu ?

LA GESTION MISE AU DÉFI

Accélérer l'élaboration de sites Internet

Vous avez été récemment embauché par une entreprise de conception, de production et d'hébergement de sites Internet dont la spécialité, la conception de sites animés, suscite beaucoup d'attention et attire de nouveaux clients. En ce moment, ses employés sont répartis au sein des fonctions de l'entreprise, soit les fonctions matériel, conception de logiciels, art graphique, hébergement de sites Internet, marketing et ressources humaines. Les membres de chaque fonction travaillent à tour de rôle sur un nouveau projet, de la demande initiale du client jusqu'à l'hébergement final en ligne du site Internet.

Toutefois, en ce moment, l'entreprise éprouve un problème de gestion du temps : entre l'étape de l'idée initiale d'un site et celle de sa mise en ligne, il s'écoule en moyenne une année. Elle voudrait réduire cette période de moitié pour protéger et élargir son créneau. En discutant avec d'autres gestionnaires, vous découvrez que la cause du problème réside dans la structure par fonction de l'entreprise, qui ne permet pas aux employés d'élaborer des sites suffisamment vite pour répondre aux exigences des clients. Ils désirent que vous leur proposiez une structure organisationnelle plus appropriée.

1. Discutez de propositions que vous pourriez formuler afin d'améliorer la structure par fonction actuelle de l'entreprise de façon à accélérer l'élaboration des sites Internet.

2. Évaluez les avantages et les inconvénients de remplacer la structure actuelle par chacune des structures suivantes afin de réduire les délais d'élaboration des sites.

   a) La structure par départementalisation ou divisionnaire

   b) La structure matricielle

   c) La structure par équipe de produit

3. Parmi les structures organisationnelles que vous proposez, laquelle vous paraît la plus appropriée ? Pourquoi ?

PROJET DE PRÉPARATION D'UN DOSSIER DE GESTION

Répondez aux questions suivantes concernant l'organisation que vous avez choisi d'étudier.

1. Décrivez la structure organisationnelle de cette entreprise.

2. L'encadrement de la prise de décisions y est-il centralisé ou décentralisé ?

3. Combien y a-t-il d'échelons dans la chaîne hiérarchique ? S'agit-il d'une structure verticale ou horizontale ?

4. La structure adoptée convient-elle au contexte organisationnel dans lequel l'entreprise évolue, à la stratégie, à la technologie et aux ressources humaines disponibles ? Si votre réponse est « non », suggérez des façons dont elle pourrait améliorer sa structure pour favoriser l'accomplissement de sa mission.

Étude de cas

Le Régime de pensions du Canada fait une offre d'achat à la société Yahoo! après sa restructuration

L'Office d'investissement du régime de pensions du Canada s'est associé à Microsoft pour faire une offre d'achat à Yahoo!, quelques semaines seulement après le renvoi de Carol Bartz, la présidente et chef de la direction de cette société[58].

Au cours de son bref passage à la tête de Yahoo!, madame Bartz a pris l'initiative d'effectuer un important remaniement de la gestion de l'entreprise et a modifié sa structure organisationnelle. Dans son billet, sur le site officiel de Yahoo!, elle a émis un commentaire indiquant que «bien des choses ont amené cette entreprise à s'embourber» et que la nouvelle structure organisationnelle allait «la rendre beaucoup plus vite sur ses patins[59]». Avant ces changements, l'entreprise avait un système de gestion matriciel dans lequel les cadres supérieurs collaboraient au développement de nouveaux produits et de projets. Chacun des groupes de produits préconisait une prise de décisions décentralisée, où chacun gérait l'ensemble de ses activités, y compris l'ingénierie dans chaque région du monde. Il en résultait une lenteur dans les prises de décisions et très peu d'imputabilité. Madame Bartz a en outre mentionné ceci: «Les gens seraient surpris de voir à quel point certaines choses sont compliquées ici.»

La présidente et chef de la direction a entrepris de centraliser les prises de décisions et d'endosser plus de responsabilités. Elle a supprimé certains postes de gestionnaires et nommé une seule personne à la tête de tous les groupes de produits. Elle a également fusionné les activités à l'échelle internationale en les confiant à un seul gestionnaire (il y avait jusque-là trois divisions régionales distinctes). Elle a aussi nommé un nouveau directeur de l'exploitation pour l'Amérique du Nord. Selon Ben Schachter, analyste pour UBS Securities, «un organigramme simplifié permet à l'entreprise de se concentrer davantage sur ses activités essentielles». Toutefois, pour Jeffrey Lindsa, analyste chez Sanford Bernstein, trop de centralisation peut nuire à l'innovation dans le développement de produits. Il préfère ainsi une structure qui met l'accent sur des produits stratégiques comme le référencement payant. Pourtant, d'autres considèrent cette réorganisation comme une grande amélioration par rapport au système matriciel, qui avait ralenti la prise de décisions et où les gestionnaires assumaient peu leurs responsabilités.

Une fois la nouvelle structure organisationnelle en place, madame Bartz s'attendait à ce que l'entreprise récupère la part de marché perdue au profit de Google et de Facebook, mais ses prévisions ne se sont pas réalisées. En fait, le président du conseil d'administration lui a signifié par téléphone qu'elle était congédiée en septembre 2011. Le produit du deuxième trimestre, publié par Yahoo! en juillet, était inférieur aux estimations parce que le remaniement du personnel de vente sur le territoire américain effectué par madame Bartz nuisait à la conclusion d'ententes et ralentissait la croissance de la vente de publicités. Même si une partie des problèmes de Yahoo! existait avant le remaniement, «le ralentissement de la vente de publicités n'a pas d'autre cause que l'incapacité de madame Bartz à maintenir la cohésion au sein de l'équipe affectée à cette tâche au cours des 18 derniers mois», a affirmé Ross Sandler, analyste à RBC Marchés des Capitaux à New York[60].

L'entreprise a considéré les offres d'achat provenant de Microsoft en partenariat avec le Régime de pensions du Canada, mais Google et d'autres ont également fait des offres publiques d'achat. En 2008, Yahoo! a refusé une offre de 44,6 milliards de dollars provenant de Microsoft. Depuis lors, la valeur de ses actions a baissé de 44 % et l'entreprise pourrait bien être achetée pour environ la moitié de son prix.

1. Tout au début, par quels moyens l'ex-présidente et chef de la direction, Carol Bartz, a-t-elle modifié la structure de Yahoo!?

2. Pourquoi a-t-elle effectué ces changements? De quelles manières la nouvelle structure devait-elle assurer le succès de la stratégie de Yahoo! et, conséquemment, améliorer son rendement?

7

L'innovation et la gestion du changement organisationnel

OA1 Expliquer le rôle que doivent jouer les gestionnaires pour promouvoir la culture organisationnelle.

OA2 Reconnaître le rôle de l'innovation dans le développement d'une culture organisationnelle motivante.

OA3 Décrire la relation entre le changement organisationnel et la culture organisationnelle.

OA4 Expliquer les processus mis en œuvre afin de gérer le changement organisationnel.

OA5 Reconnaître et examiner les défis que les gestionnaires doivent relever pour établir un équilibre entre une culture axée sur la performance organisationnelle, l'innovation et le changement organisationnel.

Entrée en matière

Le changement de culture chez Ford

Comment les gestionnaires peuvent-ils transformer une culture organisationnelle ?

Lorsque la société Ford a affiché une perte record de 13,3 milliards de dollars en 2006, William Ford III, président et chef de la direction depuis cinq ans, a décidé qu'il n'était pas celui qu'il fallait pour remettre l'entreprise sur pied. En fait, il contribuait au problème parce qu'au cours des années, il avait préservé et valorisé une culture organisationnelle visant à bâtir un empire et il constatait maintenant que les cadres supérieurs avaient adopté ses façons de faire. En effet, ceux-ci s'étaient efforcés de bâtir leur propre empire et, pour le protéger, ils refusaient systématiquement de reconnaître les erreurs qui y étaient commises. Le conseil d'administration a fini par se rendre compte qu'il devait faire appel à quelqu'un de l'extérieur de l'organisation pour changer cette culture et la façon dont elle était contrôlée. Il a alors engagé un nouveau président et chef de la direction, Alan Mullaly, ancien PDG chez Boeing.

Après sa nomination, monsieur Mulally a participé à des centaines de réunions pour rencontrer ses nouveaux gestionnaires et pour mieux les connaître. Lors d'une réunion de cadres supérieurs, il a été intrigué par le fait que l'un d'eux, visiblement incapable de répondre à une question relative au rendement de sa division, a dit n'importe quoi pendant quelques minutes plutôt que de reconnaître son ignorance sur le sujet.

Monsieur Mulally s'est alors tourné vers son adjoint immédiat, Mark Fields, pour lui demander des explications concernant le comportement de ce gestionnaire. Monsieur Fields lui a expliqué que «chez Ford, on n'admet jamais qu'on ne sait pas quelque chose[1]».

En fait, au fil des ans, Ford avait développé une structure hiérarchique composée de gestionnaires dont le principal objectif était de protéger leur division et d'éviter d'être blâmés directement pour la baisse radicale des ventes de véhicules. Par conséquent, lorsqu'on leur demandait les raisons de la diminution de leur chiffre d'affaires, ils refusaient de reconnaître l'existence de problèmes de mauvaise conception et de qualité inférieure dans leur division et les camouflaient sous une abondance de détails. Ils arrivaient aux réunions munis de volumineux documents et présentaient des listes de prix élevés de composants et de coûts exorbitants de main-d'œuvre pour justifier le fait que leurs propres modèles de véhicules se vendaient peu ou devaient être vendus à perte. Monsieur Mulally a voulu connaître les raisons pour lesquelles les cadres supérieurs de Ford avaient cette mentalité plutôt particulière.

Il s'est rapidement rendu compte que le problème résidait dans les valeurs et les normes de la culture de Ford. Celles-ci avaient engendré une situation dans laquelle les gestionnaires des diverses divisions et fonctions de l'entreprise étaient convaincus que la meilleure façon de préserver leur emploi, leur salaire et leur statut consistait à recueillir de l'information sans jamais la partager avec leurs collègues. Les valeurs et les normes organisationnelles encourageaient la culture du secret tout en mettant l'accent sur le statut et le rang servant à protéger l'information. Cette culture permettait aux gestionnaires de l'entreprise de dissimuler l'ampleur des problèmes auxquels ils faisaient face et leur mauvaise performance. La culture de Ford, qui tenait en ces quelques mots: «Tais-toi et occupe-toi de tes affaires!», devait changer si l'on voulait améliorer les choses. Que pouvait bien faire monsieur Mulally?

À cet égard, il a donné l'ordre aux gestionnaires de chaque division de transmettre à chacun de leurs collègues des autres divisions un état détaillé des coûts de fabrication de leurs véhicules. Il a insisté pour que tous les directeurs de division participent à une réunion hebdomadaire plutôt que mensuelle pour discuter ouvertement et mettre en évidence les problèmes qui se posaient au sein des diverses divisions de l'entreprise. Il leur a également demandé d'être accompagnés d'un employé différent à chaque réunion, de sorte que tous les gestionnaires des divers niveaux hiérarchiques soient mis au courant des problèmes qu'on leur avait cachés jusque-là[2]. L'objectif de monsieur Mulally était d'abord et avant tout de changer les valeurs et les normes inhérentes à la culture de Ford, celles qui avaient poussé initialement les gestionnaires à concentrer leur attention sur leur propre division au détriment de l'ensemble de l'entreprise. On ne leur permettrait plus de protéger leur carrière aux dépens des clients.

Monsieur Mulally avait comme objectif de promouvoir de nouvelles valeurs et normes, selon lesquelles il faut admettre ses erreurs, communiquer aux autres l'information portant sur les aspects de la conception et des coûts des modèles de véhicules et, bien sûr, trouver des moyens d'accélérer le développement et de réduire les coûts. Il voulait également mettre l'accent sur des normes de coopération, tant à l'intérieur des divisions qu'entre chacune d'elles, pour améliorer la performance organisationnelle. Lorsqu'il a accédé au poste de président et chef de la direction, monsieur Mulally s'est aperçu que tous les modèles de Ford avaient des composants de base différents, même les plus élémentaires comme les rétroviseurs extérieurs ou les charnières de capot, ce qui augmentait considérablement leurs coûts. Aujourd'hui, il en va autrement. Par exemple, il a standardisé la production des minces appuis de métal qui soutiennent les barres servant à tenir ouverts les capots dans tous les modèles de véhicules construits par Ford. Il a aussi vendu les gammes Jaguar et Land Rover, qui n'étaient plus

rentables. Dorénavant, on aborde tous les problèmes qui se posent dans l'entreprise avec ouverture et dans un esprit de coopération entre les divisions.

Comment une telle situation a-t-elle pu perdurer chez un important constructeur de véhicules automobiles malgré une croissance constante de la concurrence depuis le milieu des années 1970? Plusieurs facteurs sont en cause, dont l'un des plus importants est la culture organisationnelle: les valeurs et les normes inhérentes à la culture organisationnelle sont difficiles à changer et, malgré les problèmes de taille pressentis dans l'organisation, aucun président et chef de la direction précédent n'avait réussi à modifier la mentalité des cadres supérieurs de l'entreprise. En fait, à mesure que ses problèmes s'aggravaient, l'entreprise devenait de plus en plus hiérarchisée et bureaucratique, son faible rendement poussant les gestionnaires à se placer encore plus sur la défensive et à protéger leur division. Pendant les cinq premières années qu'a passées Mulally à la tête de Ford, et malgré le pire climat économique depuis des décennies, l'entreprise a connu un redressement spectaculaire (Ford a été le seul constructeur de véhicules automobiles à ne pas être renfloué ou aidé financièrement par le gouvernement étasunien en 2008-2009). Elle est devenue rentable, son chiffre d'affaires a augmenté de 20 %, soit presque le double de celui de ses concurrents, et a regagné des parts de marché. Monsieur Mulally a réussi à faire évoluer les mentalités et les comportements des employés et à les amener à travailler ensemble à la réalisation d'un objectif commun. Au sujet de la main-d'œuvre, il a dit ceci: «Les employés connaissent dorénavant la raison pour laquelle ils viennent travailler à l'usine le matin. Ils savent comment on se sent quand on réussit[3].»

> **Après avoir réfléchi aux concepts présentés dans ce chapitre, vous serez en mesure de répondre aux questions suivantes.**
>
> 1. L'ancienne culture organisationnelle de Ford était-elle axée sur la flexibilité ou sur la stabilité?
>
> 2. Comment l'entreprise a-t-elle su qu'il était temps de faire des changements?
>
> 3. Quelles sont les forces motivationnelles et les forces de résistance qui ont influencé le changement dans ce cas?

l y a plus de 10 ans, deux professeurs de Harvard, John Kotter et James Heskett, ont effectué des recherches de nature empirique auprès de plus de 200 entreprises, comme Hewlett-Packard, Xerox et Nissan, et ont démontré les effets significatifs, positifs ou négatifs, de la culture d'une entreprise sur sa performance économique. Selon eux, les entreprises qui ont des cultures axées sur la flexibilité, même si elles ne sont pas nécessairement très solides sous certains aspects, sont celles qui ont le plus de chances de survivre. D'une organisation à l'autre, les cultures diffèrent selon les diverses façons dont les gestionnaires interagissent avec leurs employés. Comme nous l'avons vu au chapitre 6, la structure organisationnelle donne à une entreprise sa charpente, mais c'est le côté humain, par son leadership et sa culture, qui lui fournit les muscles, les nerfs et les sensations qui permettent à ses gestionnaires de régir et de contrôler ses activités. La culture organisationnelle influe sur la capacité d'une entreprise à se lancer dans l'innovation et le changement lorsqu'il devient nécessaire de s'adapter à de nouveaux environnements. L'entrée en matière montre qu'il est plutôt difficile de changer des cultures mais, comme dans le cas de Ford, celles qui réussissent à s'adapter peuvent redresser une telle situation.

Dans ce chapitre, nous nous intéresserons d'abord à la culture organisationnelle et nous examinerons la façon dont les membres d'une organisation se familiarisent avec elle. Nous discuterons des façons dont les gestionnaires et les leaders mobilisent les ressources humaines en vue d'accroître la performance organisationnelle (p. ex. la répartition de l'autorité, la coordination des activités). Nous examinerons plus particulièrement les raisons pour lesquelles la culture organisationnelle peut servir d'inspiration aux employés afin qu'ils réalisent des objectifs ambitieux ou, au contraire, desservir les intérêts d'une entreprise et la mener à sa faillite. Ensuite, nous traiterons du rôle de l'innovation organisationnelle comme vecteur important de la culture intrapreneuriale au sein des entreprises. Par ailleurs, nous verrons les manières de gérer la mise en œuvre d'un changement en surmontant la résistance des employés à l'égard de celui-ci. À la fin du chapitre, vous comprendrez mieux la façon dont une culture imprégnée par l'innovation permet de donner un sens et un but aux activités des employés. Vous saisirez aussi davantage le rôle vital que joue le changement dans un cadre concurrentiel afin que l'entreprise soit performante.

OA1 Expliquer le rôle que doivent jouer les gestionnaires pour promouvoir la culture organisationnelle.

7.1 L'influence des gestionnaires sur la culture organisationnelle

La **culture organisationnelle** est un ensemble partagé de convictions, d'attentes, de valeurs, de normes et de comportements qui influent sur les relations entre les membres d'une organisation et sur la façon dont ceux-ci travaillent ensemble à réaliser ses objectifs. Il s'agit d'un mode de fonctionnement propre à une organisation qui est partagé par ses membres et qui la distingue des autres organisations[4]. Une culture solide fait office de « colle » : elle valorise le maintien de la cohésion parmi les membres de l'organisation. Elle guide aussi leur comportement. Les employés nouvellement embauchés se familiarisent avec elle en écoutant et en observant leurs supérieurs et les autres employés.

On peut décrire cette culture comme étant quelque chose qui aide les employés à mieux comprendre leur entreprise et à adopter le comportement qu'on attend d'eux. Autrement dit, la culture organisationnelle établit les règles du jeu.

Chaque entreprise détermine un ensemble de postulats, de conditions et de règles implicites qui régissent le comportement quotidien de chacun au travail[5]. Par exemple, il est attendu que les employés affectés au service à la clientèle appliquent des règles de bienséance envers les clients : saluer, remercier, être à l'écoute, etc.

La culture organisationnelle permet de modeler le comportement des personnes et des groupes au sein de l'entreprise parce que les employés assimilent ses valeurs et ses normes, et que ces dernières les guident dans leurs décisions et leurs actions. Les valeurs sont des convictions profondes et indéfectibles relatives à ce qui a de

---

Culture organisationnelle (*organizational culture*)
Ensemble partagé de convictions, d'attentes, de valeurs, de normes et de comportements qui influent sur les relations entre les membres d'une organisation et sur la façon dont ceux-ci travaillent ensemble à réaliser ses objectifs.

l'importance. Les **normes** sont des règles ou des directives non écrites concernant le comportement approprié dans une situation donnée. Les normes découlent des valeurs[6].

Dans leur vie en société, les gens se conforment généralement à des valeurs et à des normes socialement acceptables, comme d'attendre patiemment en ligne aux caisses à la sortie des supermarchés. De même, à l'intérieur d'une entreprise, les personnes ont conscience de la pression des valeurs et des normes qui y ont cours. En présence d'un ensemble de valeurs et de normes bien ancrées et significatives, les employés s'efforcent de réfléchir à ce qu'il y a de mieux pour l'entreprise à long terme. Ainsi, toutes leurs décisions et leurs actions font en sorte qu'ils contribuent à la performance organisationnelle. Par exemple, un enseignant consacrera du temps après les heures de classe à donner des leçons particulières ou des conseils à des élèves, un scientifique en recherche et développement travaillera 80 heures par semaine, y compris les soirs et les fins de semaine, pour faire avancer plus rapidement un projet qui prend du retard ou un vendeur dans un grand magasin tentera de joindre un client qui a oublié sa carte de crédit à sa caisse. Des cultures organisationnelles bien ancrées selon les valeurs et les normes reconnues par les employés favorisent la créativité, c'est-à-dire la capacité d'une personne de découvrir des idées nouvelles et originales qui mènent à l'innovation (*voir la section 7.2*).

7.1.1 Les deux dimensions de la culture

La culture organisationnelle existe généralement selon deux plans parallèles, soit les plans visible et invisible. D'abord, il est possible de percevoir la culture par ses **symboles** (plan visible), soit ce qu'on voit, entend ou ressent lorsqu'on se trouve à l'intérieur d'une entreprise. Par exemple, les entreprises ont des lignes de conduite différentes concernant la tenue vestimentaire de leurs employés, des façons qui leur sont propres d'organiser les locaux de leurs bureaux ou des idées qui varient quant à ce qu'on peut afficher ou non au mur. Ce qu'on voit révèle la culture organisationnelle ; comme W. W. Burke le suggère, « les symboles [...] sont des manifestations, des plans superficiels de la culture, mais non son essence[7] ».

Ensuite, sur le plan invisible, on trouve les valeurs, les croyances et les postulats dont est également composée une culture organisationnelle. Les **croyances** sont les façons de comprendre les relations qui existent entre des objets et des idées. Les **postulats** sont les principes directeurs que l'on tient pour acquis sur la façon dont certaines choses devraient être ou se passer dans une organisation. En raison des croyances et des postulats qui sont partagés par les membres d'une organisation et auxquels ceux-ci souscrivent,

il est parfois difficile d'y introduire du changement et de l'adapter à de nouveaux environnements concurrentiels. Par exemple, chez Ford, le fait de ne pas partager l'information entre les divisions était, avant la venue d'Allen Mulally, un postulat admis et accepté chez les responsables des divisions.

Les valeurs et les postulats d'une organisation ne sont pas facilement observables. Ils peuvent se révéler insaisissables, intangibles, implicites et tenus pour acquis. Par conséquent, pour les découvrir, on se sert des symboles de la culture organisationnelle, c'est-à-dire ce qu'on peut voir. Par exemple, le comportement des gestionnaires et des employés est souvent révélateur des valeurs et des postulats de leur entreprise. Lorsque des employés arrêtent de parler entre eux devant un client qui arrive, cela nous amène à comprendre que cette entreprise mise sur un service à la clientèle hors de l'ordinaire.

7.1.2 Le développement d'une culture organisationnelle significative

Il y a trois façons de développer et de promouvoir une culture[8].

1. Les fondateurs ou les cadres supérieurs de l'entreprise mobilisent les employés et les incitent à penser et à percevoir le cadre de travail comme eux le font.

2. Les dirigeants inculquent à leurs employés leur façon de penser et de ressentir les choses.

3. Les membres de la haute direction servent de modèles. En observant leur comportement, les employés s'identifient à eux et assimilent leurs croyances, leurs valeurs et leurs postulats.

Les valeurs et les normes d'une entreprise indiquent clairement à ses membres les objectifs qu'ils devraient s'efforcer d'atteindre et les façons dont ils devraient se comporter pour y arriver. Par conséquent, elles remplissent la même fonction que des objectifs explicites, des règles écrites

---

Norme (*norm*)
Règle ou directive non écrite concernant le comportement approprié à adopter dans une situation donnée.

Symbole (*artifact*)
Aspect de la culture d'une organisation qu'on peut voir, entendre ou ressentir.

Croyance (*belief*)
Façon de comprendre des relations qui existent entre des objets et des idées.

Postulat (*assumption*)
Principe directeur qu'on tient pour acquis sur la façon dont certaines choses devraient se passer dans une organisation.

ou une supervision directe. Selon certaines recherches, le fait d'avoir une culture organisationnelle bien ancrée constitue généralement un avantage, sauf dans les périodes où l'environnement change[9]. En effet, les entreprises qui ont des cultures de ce type ont tendance à afficher des rendements du capital investi, des taux de croissance du bénéfice net et des hausses de valeur de leurs actions supérieurs à ceux d'entreprises dont la culture est plus flexible. Toutefois, une culture bien ancrée peut aussi se révéler une entrave pour certaines entreprises lorsque l'environnement se transforme parce qu'elles ont généralement plus de difficultés que les autres à modifier les processus pour s'y adapter car, les valeurs et les normes étant par nature invisibles, il arrive parfois qu'elles soient méconnues des membres de l'organisation[10]. Par ailleurs, les valeurs peuvent être incompatibles avec le changement souhaité. Dans cet ordre d'idées, il est pertinent et nécessaire que les gestionnaires assurent et facilitent la transmission des valeurs et des normes qu'ils souhaitent véhiculer au sein de leur entreprise.

Certains vont favoriser la croissance de valeurs et de normes qui encouragent leurs employés à exercer leur fonction de façon innovatrice et créative. Ils les incitent ainsi à expérimenter et à prendre des risques, même lorsqu'ils ont peu de chances de réussir. C'est le cas au sein d'entreprises comme Lucent Technologies et 3M Canada, où les cadres supérieurs poussent leurs employés à adopter de telles valeurs pour appuyer l'engagement de leur organisation à soutenir l'innovation comme source d'avantages concurrentiels (*voir la section 7.2*).

D'autres gestionnaires, par contre, cultivent plutôt des valeurs et des normes qui indiquent à leurs employés qu'ils devraient toujours se comporter de façon conservatrice et prudente dans leurs rapports avec les autres. Dans ces entreprises, les employés sont constamment tenus de consulter leurs supérieurs avant de prendre des décisions importantes et de noter par écrit ce qu'ils font, de façon qu'on puisse les tenir responsables des résultats obtenus, quels qu'ils soient. Dans un contexte où la prudence est de mise (p. ex. dans les centrales nucléaires, les grandes raffineries, les usines de produits chimiques, les institutions financières et les compagnies d'assurance), une attitude conservatrice et prudente dans la prise de décisions peut toutefois s'avérer appropriée[11]. Cependant, lorsqu'on en abuse, elle peut entraver la capacité d'innovation ou de communication des employés, comme nous l'avons souligné dans l'entrée en matière.

7.1.3 Les cultures axées sur la flexibilité et celles axées sur la stabilité

Selon de nombreux chercheurs et gestionnaires, des employés de certaines organisations se donnent de la peine pour aider leur entreprise en raison de sa culture organisationnelle bien ancrée et de la solidarité qui y règne (une culture axée sur la flexibilité qui encourage les attitudes et les comportements positifs propres à favoriser la créativité et l'innovation). Des entreprises telles que WestJet et 3M Canada ont adopté des cultures de ce type, dont les valeurs et les normes leur donnent une «force d'impulsion» et les aident à croître et à se transformer selon les besoins du moment pour atteindre leurs objectifs et être efficaces. À l'opposé, les cultures axées sur la stabilité sont celles dont les valeurs et les normes ne réussissent pas à motiver ou à inspirer les employés. Elles mènent à la stagnation et éventuellement, avec le temps, à l'échec de l'entreprise. Qu'est-ce qui favorise une culture plutôt axée sur la flexibilité? Ou, au contraire, qu'est-ce qui favorise une culture axée sur la stabilité?

Selon des chercheurs, les entreprises qui ont de fortes cultures axées sur la flexibilité mobilisent leurs employés en permanence en s'efforçant d'éviter des mises à pied et en mettant l'accent, par exemple, sur des relations d'emploi durables. De plus, elles conçoivent pour eux des carrières à long terme et investissent des sommes considérables dans la formation et le perfectionnement afin d'accroître la valeur de ces employés pour l'organisation. Ainsi, des valeurs de nature personnelle et sociale favorisent le développement d'attitudes et de comportements bénéfiques au travail.

Au sein de cultures axées sur la flexibilité, les employés reçoivent souvent des récompenses liées directement à leur rendement et au rendement de l'entreprise dans son ensemble. Il existe, par exemple, des régimes d'options permettant aux employés de procéder à l'achat d'actions de leur entreprise. Ces derniers possèdent ainsi une partie de l'organisation qui les emploie et sont, par le fait même, plus enclins à acquérir des habiletés qui leur permettront d'être plus performants et de rechercher activement des façons d'améliorer la qualité, l'efficience et la performance de leur entreprise.

Toutefois, certaines entreprises développent des cultures dont les valeurs ne privilégient pas la protection et l'accroissement de la valeur de leurs ressources humaines. Leurs pratiques en matière d'emploi sont basées sur un horizon à court terme en fonction de leurs besoins. Ces organisations s'engagent minimalement auprès de leurs employés, qui accomplissent des tâches simples et répétitives. De plus, ces derniers ne sont souvent pas récompensés pour leur rendement, de sorte qu'ils sont peu motivés à améliorer leurs habiletés ou, de façon générale, à s'investir dans leur entreprise pour l'aider à atteindre ses objectifs et à améliorer sa performance. Dans une entreprise où la culture est axée sur la stabilité, il est plus probable que de mauvaises relations de travail se développent entre les dirigeants de l'organisation et les employés. On y observe souvent des valeurs qui contribuent à la rivalité et au laisser-aller parmi les employés ainsi que des normes de travail qui entravent la production et, ultimement, influent sur la performance organisationnelle.

En outre, une culture axée sur la flexibilité met généralement l'accent sur l'innovation et le respect des employés, et leur permet d'utiliser des structures, comme celle des équipes interfonctionnelles, qui leur assurent l'autonomie nécessaire pour prendre des décisions et les motivent à réussir. À l'opposé, au sein de cultures axées sur la stabilité, les employés se contentent de faire ce qu'on leur demande et ont peu de motivation ou d'encouragement à avoir un rendement supérieur au minimum qu'on exige d'eux. Comme on pourrait s'y attendre, l'accent y est généralement mis sur une supervision étroite et le respect de l'autorité hiérarchique. Il en résulte une culture qui rend difficile l'adaptation à des changements dans l'environnement.

Pendant longtemps, la société Nokia a été le plus important fabricant de téléphones sans fil au monde. En 2012, Samsung l'a dépassée sur le plan du volume de ventes et de la part de marché mondial, l'obligeant à mettre à pied 10 000 employés et à fermer de nombreuses installations, y compris une située au Canada. Pourtant, cette société dont le siège social se trouve en Finlande est un bon exemple d'une entreprise où les gestionnaires se sont efforcés d'établir une culture axée sur la flexibilité. Selon le président et chef de la direction sortant, Matti Alahuhta, les valeurs culturelles de Nokia sont à l'image des Finlandais, qu'il dit pratiques, rationnels et francs. Ils sont aussi très accueillants et démocratiques, et ne croient pas à une hiérarchie de nature rigide basée sur l'autorité d'une personne ou d'une classe sociale. La culture de cette entreprise, située en sol finlandais, reflète ces valeurs. L'innovation et les prises de décisions sont présentes à tous les niveaux, de la direction jusqu'aux équipes d'employés qui relèvent le défi de produire des téléphones toujours plus petits et plus perfectionnés, et qui font la renommée de leur entreprise. La bureaucratie de Nokia est réduite au minimum, sa culture axée sur la flexibilité étant basée sur des relations simples et personnelles ainsi que sur des normes de coopération et de travail en équipe.

Pour promouvoir sa culture, Nokia a construit un immeuble à espace décloisonné en acier et en verre un peu à l'extérieur d'Helsinki. Dans un environnement ouvert, les employés du service de recherche et développement travaillent ensemble à innover dans le domaine des nouveaux types de téléphones sans fil. Plus du tiers des 60 000 employés de Nokia sont affectés à la recherche, ce qui contribue à leur solidarité et à leur passion pour ce qu'ils font. La mission de leur entreprise consiste à produire des téléphones meilleurs, moins chers, plus petits et plus faciles à utiliser que ceux de leurs concurrents[12]. Il s'agit de la « façon Nokia », un système de valeurs et de normes invisible mais sans cesse présent, qui rapproche les employés les uns des autres. On y trouve également un langage et des anecdotes propres à l'organisation et dont l'ensemble des employés se sert afin de préserver le caractère distinct de cette entreprise.

La société Merck & Co. est une autre entreprise dotée d'une culture axée sur la flexibilité. Il s'agit d'un des plus importants producteurs de médicaments sur ordonnance au monde. Elle doit une grande partie de son succès à sa capacité d'attirer les meilleurs chercheurs scientifiques en raison de sa culture qui leur permet de progresser dans ce domaine d'activité et qui met l'accent sur des valeurs et des normes d'innovation. Ces chercheurs ont toute la liberté nécessaire pour se concentrer sur des idées qui piquent leur curiosité, même si les échéanciers de réalisation outrepassent parfois le cadre budgétaire prévisionnel. De plus, l'organisation les encourage à considérer leurs travaux comme une quête pour soulager la maladie et la souffrance humaine dans le monde. Enfin, l'entreprise a la réputation de s'inscrire dans une éthique qui accorde plus d'importance aux gens qu'aux bénéfices.

Même si les exemples de Nokia et de Merck & Co. suggèrent qu'une culture organisationnelle peut donner lieu à des mesures de gestion qui finissent par être bénéfiques pour l'entreprise, ce n'est pas toujours le cas. Les cultures de certaines organisations deviennent dysfonctionnelles et encouragent des mesures de gestion qui nuisent à l'entreprise et en découragent d'autres, qui pourraient éventuellement améliorer leur performance[13]. Ainsi, comme nous l'avons vu dans l'entrée en matière, la société Ford a presque fait faillite au début des années 2000. Son président, Alan Mulally, chargé de déterminer la source du problème, en a attribué la responsabilité à la culture organisationnelle développée depuis des générations par d'anciens présidents

Une vue aérienne de la cafétéria au siège social de Nokia à Espoo, en Finlande. L'environnement ouvert symbolise la culture de l'entreprise, qui est fondée sur des relations simples et personnelles ainsi que sur des normes de coopération et de travail en équipe.

et chefs de la direction de la famille Ford. Cette culture, axée sur la stabilité et basée sur la peur et le blâme, poussait les gestionnaires de division à se battre pour promouvoir leur façon de faire et protéger leurs acquis. Au sein de cette culture, ils craignaient tout changement et évitaient d'en suggérer, ne sachant pas ce qui pourrait alors leur advenir. Monsieur Mulally a trouvé difficile de changer la culture de l'entreprise, compte tenu du fait que ses cadres supérieurs étaient attachés aux anciennes valeurs et normes. En exigeant de la transparence et une communication régulière entre les divisions et les services, il a entrepris un long processus de modification de ces valeurs et normes pour mettre l'accent sur la coopération, le travail en équipe et le respect des autres. De toute évidence, il est possible pour les gestionnaires d'influencer la façon dont la culture de leur organisation se développe avec le temps et, parfois, dans une période relativement courte.

7.1.4 L'apprentissage de la culture organisationnelle

Les gestionnaires cultivent et développent intentionnellement les valeurs et les normes organisationnelles qui conviennent le mieux à l'environnement de leur entreprise, à sa stratégie ou à la technologie qu'elle utilise. La culture organisationnelle se transmet d'abord aux membres de l'organisation et, ensuite, ceux-ci la partagent grâce aux valeurs du fondateur de l'entreprise (ou du président-directeur général), au processus de socialisation, à des cérémonies et à des rites ainsi qu'à des anecdotes et à un langage donné (*voir la figure 7.1*).

FIGURE 7.1   Les facteurs d'apprentissage d'une culture organisationnelle

Les valeurs du fondateur → La culture organisationnelle ← Les cérémonies et les rites

La socialisation → La culture organisationnelle ← Les anecdotes et le langage

Les valeurs du fondateur ou du président-directeur général

Au premier chef, c'est le fondateur de l'entreprise (ou le président-directeur général) qui a une influence prépondérante sur la culture organisationnelle, car ses propres valeurs et normes influent grandement sur les

valeurs, normes et comportements des employés, qui s'en imprègnent avec le temps[14]. En fait, le fondateur prépare le terrain et oriente la façon dont les valeurs et normes de l'entreprise évolueront parce qu'il choisit et embauche ceux qui l'aideront à gérer son entreprise. Or, on peut raisonnablement supposer qu'il les choisit parce qu'ils partagent les mêmes valeurs et objectifs que l'entreprise et lui-même, ainsi que la même vision de ce que l'organisation devrait accomplir. En général, les nouveaux gestionnaires apprennent rapidement du fondateur à reconnaître les valeurs et les normes qui conviennent à son entreprise et ce qu'il attend d'eux. Ainsi, ces derniers imitent son style et, à leur tour, transmettent ces valeurs et ces normes à leurs employés, de sorte qu'avec le temps, elles s'étendent à toute son entreprise[15].

Un dirigeant qui exige des marques de respect de la part de ses gestionnaires et qui, par exemple, insiste sur l'emploi de titres de poste officiels et sur une réglementation ayant trait à la tenue vestimentaire encourage ceux-ci à se comporter de la même façon avec les employés de leur unité de travail. Les valeurs personnelles du fondateur peuvent présenter un avantage concurrentiel pour l'entreprise. Par exemple, Frank Stronach, le fondateur de la société Magna Corporation, établie à Aurora, en Ontario, croit que ses employés devraient éprouver un vif sentiment d'appartenance et de créativité. Il met cette croyance en pratique en investissant 10 % des bénéfices avant impôts de son entreprise dans des régimes d'options d'achat d'actions (ou de participation aux bénéfices) qui leur sont destinés. De même, les salaires de ses gestionnaires sont intentionnellement fixés à un niveau inférieur aux normes du secteur d'activité de façon qu'ils puissent recevoir des sommes supérieures grâce à ces régimes d'intéressement. Pour donner davantage d'importance à la responsabilité des tâches de gestion, il accorde à ses gestionnaires une grande autonomie en matière d'achat, de vente et d'embauche de personnel. Grâce à ces régimes d'intéressement et au moyen d'une plus grande autonomie décisionnelle accordée à ceux-ci, monsieur Stronach a contribué au développement de ressources humaines qui ont fait de Magna l'une des entreprises les plus performantes au Canada.

Enfin, une autre réussite qui ressemble à un rêve devenu réalité et qui illustre la transmission des valeurs de son fondateur est le Cirque du Soleil, une entreprise québécoise innovatrice. Chaque tournée de spectacles que présente cette compagnie a son propre directeur artistique, qui s'assure que la production respecte les valeurs et la passion de son fondateur, Guy Laliberté[16].

La socialisation

Avec le temps, les membres d'une organisation apprennent les uns des autres à distinguer les valeurs qui sont importantes dans une entreprise et les normes qui précisent le caractère approprié ou non des comportements. Tôt ou tard, ils se comportent conformément à ces valeurs et normes, souvent sans même s'en rendre compte.

La **socialisation organisationnelle** est un processus par lequel les nouveaux venus prennent connaissance des valeurs et des normes de l'organisation et acquièrent les comportements nécessaires pour effectuer leurs tâches efficacement[17]. Les expériences de socialisation permettent aux employés d'apprendre les valeurs et les normes de l'entreprise et de se comporter de manière à s'y conformer non seulement parce qu'ils ont l'impression qu'ils doivent le faire, mais aussi parce qu'ils pensent qu'elles décrivent la bonne manière de faire les choses[18].

La plupart des entreprises ont une forme quelconque de programme de socialisation pour aider les nouveaux employés à apprendre « les règles du jeu », c'est-à-dire les valeurs et normes, et ainsi à s'imprégner de la culture de leur entreprise. Les militaires, par exemple, sont réputés pour le processus de socialisation rigoureux qu'ils utilisent pour transformer des recrues en soldats disciplinés et engagés. De même, bon nombre d'entreprises offrent un programme de formation à leurs nouveaux employés pour leur fournir les connaissances dont ils auront besoin non seulement pour effectuer leurs tâches correctement, mais aussi pour bien les représenter auprès de leurs clients. Ainsi, par un programme de socialisation organisationnelle, le fondateur et les cadres supérieurs d'une

---

Socialisation organisationnelle (*organizational socialization*)
Processus par lequel les nouveaux venus découvrent les valeurs et les normes de l'organisation et acquièrent les comportements au travail nécessaires pour effectuer leurs tâches efficacement.

Les nouveaux membres d'une organisation se familiarisent avec la culture de celle-ci en participant aux événements sociaux.

entreprise transmettent à leurs employés les valeurs et les normes qui leur servent à modeler leurs comportements.

Les cérémonies et les rites

Afin de développer et de promouvoir la culture organisationnelle au sein de l'organisation, les gestionnaires peuvent aussi avoir recours à d'autres moyens, par exemple à des cérémonies et à des rites, c'est-à-dire des événements officiels qui servent à souligner ce qui se passe d'important pour l'entreprise dans son ensemble et pour certains de ses employés[19]. Les rites les plus courants dont se servent les organisations pour transmettre les valeurs et normes à leurs membres sont des rites d'initiation, des rites d'intégration ainsi que des programmes de reconnaissance (*voir le tableau 7.1*)[20].

> **TABLEAU 7.1**   Les rites organisationnels

Type de rite	Exemple	Objectif
Rite d'initiation	Accueil et formation des nouveaux employés	Apprentissage et assimilation des valeurs et des normes
Rite d'intégration	Fête de Noël au bureau	Promotion de valeurs et de normes partagées
Programme de reconnaissance	Remise de distinctions particulières à certains employés	Consolidation de l'engagement à respecter les valeurs et les normes organisationnelles

Premièrement, les rites d'initiation servent à indiquer au nouvel employé les valeurs et les normes organisationnelles. Ces rites peuvent également servir de point d'ancrage pour les promotions au sein de l'entreprise. Par exemple, le Cirque du Soleil tient chaque année une activité d'initiation au siège social de l'entreprise, à Montréal, pour toutes les recrues provenant d'un peu partout dans le monde. Pour beaucoup d'entre eux, il s'agit d'une adaptation culturelle importante sur deux plans : d'abord, ils doivent découvrir un nouveau pays ; ensuite, pour assimiler pleinement les valeurs de l'entreprise, il leur faut changer de registre et passer d'un mode de compétition à un mode d'expression. Les activités de nature sociale élaborées par les entreprises constituent également des rites d'initiation, au même titre que les méthodes qu'elles utilisent pour préparer leurs membres à une promotion ou à la retraite.

Toutefois, il arrive que des rites d'initiation échappent à tout contrôle. Des associations d'étudiants, des équipes sportives et même des groupes militaires emploient de manière inappropriée ce genre de rites. Par exemple, certaines de ces pratiques d'initiation comprennent « la privation de sommeil, la nudité en public ou des farces de mauvais goût, ou pire encore, une ivresse avancée, des propos racistes, grossiers ou choquants et même des coups et blessures[21] ». Ainsi, l'enregistrement d'images d'activités d'initiation sur la base militaire de Petawawa a entraîné le démantèlement du Régiment aéroporté canadien en 1995. L'objectif de ce rite était peut-être d'insensibiliser des recrues à la brutalité de la guerre, mais de nombreux Canadiens ont jugé que les choses avaient dépassé la mesure. La pression de l'opinion publique a influencé le gouvernement canadien, qui a choisi de dissoudre le régiment. Par ailleurs, en Australie, un tribunal a tenu une organisation responsable de voies de fait après qu'un adolescent, qui avait été enveloppé dans une pellicule moulante au cours d'un rite d'initiation, a porté plainte contre l'entreprise et deux de ses directeurs en vertu des lois régissant la sécurité dans les lieux de travail.

Deuxièmement, les rites d'intégration, comme les fêtes de bureau, les repas en plein air et les annonces officielles de réussites organisationnelles construisent et consolident les liens qui unissent les membres d'une organisation. La société WestJet, établie à Calgary, est réputée pour organiser des cérémonies et perpétuer des rites destinés à favoriser la cohésion parmi les employés de l'organisation par des manifestations démontrant qu'elle reconnaît leur valeur. Deux fois par année, l'entreprise tient de grandes fêtes spéciales, l'une à l'automne et l'autre au printemps, pour remettre des chèques à ses employés. Le président et chef de la direction, Gregg Saretsky, l'explique en ces termes : « Une des caractéristiques de notre culture organisationnelle est que nous célébrons notre réussite. Je trouve qu'il n'y a pas de meilleure manière de fêter le succès de l'entreprise que de distribuer des chèques en mains propres. Nous organisons une grande fête avec un orchestre. Nous nous amusons ferme. Tout le monde se côtoie et l'atmosphère ressemble beaucoup à celle d'un festival[22]. »

Troisièmement, des programmes de reconnaissance, tels que les banquets de remise de prix, les communiqués de presse et les promotions d'employés, permettent aux entreprises de reconnaître publiquement et de récompenser les contributions de leurs employés, et ainsi de consolider leur engagement à promouvoir les valeurs organisationnelles. En favorisant la cohésion parmi les membres de l'organisation, les programmes de reconnaissance aident à accroître la cohésion de groupe.

Les anecdotes et le langage

Les anecdotes (ou récits) et le langage servent également à communiquer la culture organisationnelle. Les employés de WestJet ne parlent jamais de « passagers », mais utilisent plutôt le terme « invités » à bord. Des anecdotes (réelles ou fictives) concernant les principaux acteurs du passé ainsi que leurs faits et gestes fournissent des indices importants sur les valeurs et les normes d'une organisation. Elles peuvent révéler les types de comportements approuvés par l'entreprise et ceux qui s'attirent la réprobation générale[23]. Par exemple, les anecdotes concernant Steve Jobs, l'homme qui a fait de la société Apple Computers ce qu'elle est aujourd'hui, éclairent de nombreux aspects de la culture de son entreprise. Celles qui mettent en scène Bill Newnham, le fondateur du Seneca College à Toronto, en disent long sur son courage et sur l'influence qu'il continue d'exercer sur la culture organisationnelle de cet établissement. Le langage, sous la forme de slogans, de symboles et de jargon, aide les employés à comprendre ce qu'on attend d'eux tout en créant des liens entre eux.

Les symboles Le concept de langage organisationnel ne se limite pas au langage parlé. Il englobe aussi la tenue vestimentaire des employés, les bureaux qu'ils occupent, les véhicules qu'ils conduisent et le degré de formalisme avec lequel ils s'adressent les uns aux autres. Autrefois, les employés d'IBM Canada portaient tous un costume bleu foncé mais, à partir des années 1990, la société a modifié ses critères vestimentaires pour que ses clients se sentent plus à l'aise dans leurs interactions avec eux[24]. Lorsque les employés d'une entreprise parlent et comprennent le langage de sa culture organisationnelle, ils connaissent les comportements à adopter et les attitudes qu'on attend d'eux.

L'aménagement d'une entreprise constitue un symbole concret de même que la taille des bureaux, le port d'un uniforme ou un code vestimentaire, ou encore le type de véhicule attribué aux cadres supérieurs[25]. Les symboles peuvent également indiquer aux employés qui sont les personnes importantes au sein de l'organisation et le type de lien à entretenir avec les cadres supérieurs ainsi que les comportements appropriés qu'ils doivent démontrer en leur présence. C'est une caractéristique des environnements industriels, en particulier en Asie, où la conformité aux normes du groupe est importante dans le processus de production. En revanche, à la société d'usinage industriel Willow Manufacturing de Toronto, tout le monde porte le même uniforme, du président et chef de la direction jusqu'aux employés. Au contraire, dans les entreprises de conception de technologies de pointe, la conformité à un code vestimentaire fait rarement partie de la culture organisationnelle.

Les cadres intermédiaires de WestJet sont installés au sein d'espaces semi-cloisonnés à proximité de grandes fenêtres. Ils profitent ainsi de la lumière naturelle et d'une vue sur les pistes de départ et d'arrivée de l'aéroport international de Calgary. Ils peuvent aussi contempler, à l'arrière-plan, la silhouette majestueuse des Rocheuses. Par contre, les bureaux des cadres supérieurs, modernes mais modestes, sont situés à l'intérieur de l'immeuble, c'est-à-dire sans vue sur l'extérieur. De même, à la société Husky Injection Molding Systems, établie à Bolton en Ontario, les employés et les cadres partagent les mêmes infrastructures : espaces de stationnement, salle à manger et salles de toilettes, pour indiquer qu'il s'agit d'un milieu de travail égalitaire.

OA2	Reconnaître le rôle de l'innovation dans le développement d'une culture organisationnelle motivante.

7.2 Le développement et la valorisation de la culture organisationnelle par l'innovation

De nos jours, en raison de l'omniprésence de la concurrence provenant particulièrement de petites entreprises dynamiques, il est devenu de plus en plus important pour les grandes organisations d'encourager et de développer une culture de l'intrapreneuriat afin d'accroître le degré d'innovation et l'application d'idées créatives en leur sein. Comme nous l'avons vu au chapitre 1, les gestionnaires ont la responsabilité de superviser l'utilisation de ressources humaines et d'autres ressources en vue de réaliser de façon efficace et efficiente les objectifs de leur entreprise. Avant d'introduire le concept d'**intrapreneur**, il nous faut présenter celui d'**entrepreneur**. Les entrepreneurs sont des personnes qui perçoivent des occasions d'affaires et qui prennent la responsabilité de mobiliser les ressources nécessaires pour produire des biens ou fournir des services nouveaux ou améliorés.

On peut décrire les entrepreneurs comme étant généralement ceux qui introduisent des changements au sein de différents secteurs de l'économie, parce qu'ils découvrent des façons nouvelles et améliorées d'utiliser des ressources pour fabriquer des produits que les consommateurs voudront acheter. Par ailleurs, ceux d'entre eux qui démarrent de nouvelles entreprises ont la responsabilité de tous les processus de planification, d'organisation, de direction et de contrôle nécessaires

pour transformer leur idée en réalité. Par conséquent, ils constituent une source importante de créativité et d'innovation dans le monde des entreprises. Si leur idée est viable et qu'ils attirent des clients, leur entreprise grandit et ils doivent engager des gestionnaires qui prendront la responsabilité d'organiser et de contrôler toutes les activités spécifiques essentielles au succès de leur entreprise en croissance, telles que la fabrication, la comptabilité et le marketing.

En général, les entrepreneurs assument un risque élevé associé au démarrage d'une nouvelle entreprise (et d'ailleurs, plusieurs de ces nouvelles entreprises échouent lors de cette étape cruciale). En retour, ils reçoivent tout le rendement ou les profits qui découlent de cette entreprise lorsqu'ils réussissent. Ces gens, ce sont les Ted Rogers (fondateur de Rogers Communications Inc.) de ce monde, qui amassent une immense fortune lorsque leur entreprise a du succès, contrairement aux millions d'autres qui créent une nouvelle entreprise, mais qui finissent par y perdre leur argent lorsqu'elle fait faillite. Malgré le fait que près de 50 % des petites entreprises québécoises échouent dans les trois à cinq premières années de leur existence[26], certains estiment que de nos jours, environ 16,7 % de la population active souhaite démarrer sa propre entreprise[27].

Les **entrepreneurs sociaux** prennent des initiatives et cherchent des occasions de résoudre des problèmes ou de répondre à des besoins en vue d'améliorer la société ou le bien-être des gens, par exemple en réduisant la pauvreté, en augmentant le taux d'alphabétisation, en protégeant l'environnement ou en luttant contre l'abus de psychotropes[28]. Leur motivation n'est pas la maximisation du profit, mais plutôt le désir d'aider leurs semblables. Les entrepreneurs sociaux s'efforcent de mobiliser des ressources pour résoudre des

---

Intrapreneur (*product champion*)
Employé qui perçoit des occasions d'améliorer un produit ou un service au sein d'une entreprise existante et qui prend la responsabilité de gérer le processus de développement qui s'ensuit.

Entrepreneur (*entrepreneur*)
Personne qui perçoit des possibilités et qui prend la responsabilité de mobiliser les ressources nécessaires pour produire ou fournir des biens ou des services nouveaux ou améliorés lors de la création et de la mise sur pied d'une nouvelle entreprise.

Entrepreneur social (*social entrepreneur*)
Personne d'initiative qui mobilise des ressources et qui cherche des occasions et des solutions innovatrices pour répondre à des besoins de nature sociale en vue d'améliorer le bien-être des gens et la société.

problèmes par des solutions créatives[29]. Ils fondent des entreprises à mission sociale. Selon Muhammad Yunus, pionnier dans ce domaine et fondateur de la Grameen Bank, qui fournissait du microcrédit à des agriculteurs pauvres afin qu'ils puissent démarrer leur entreprise, «on peut considérer l'entreprise sociale comme étant une entité désintéressée dont l'objectif est de mettre fin à un problème social. Dans ce type d'activité, l'entreprise réalise des profits, mais personne ne les empoche et les profits seront réinvestis pour réaliser la mission de l'entreprise. Comme elle se consacre entièrement à une cause sociale, elle écarte toute idée de réaliser un profit personnel. Après une certaine période de temps, son propriétaire ne peut reprendre que le montant qu'il a initialement investi[30]». Les entrepreneurs sociaux ont souvent de la difficulté à trouver l'argent nécessaire pour soutenir leur initiative, mais la situation change, car de plus en plus d'investisseurs cherchent des façons innovatrices d'obtenir un effet social durable. L'expression **innovation sociale** fait référence à la recherche de nouvelles manières de résoudre des problèmes d'ordre social, tels que la pauvreté, l'itinérance et l'insécurité alimentaire.

L'entrepreneuriat ne prend pas fin après la création et la mise sur pied d'une nouvelle entreprise. Il se poursuit à l'intérieur de l'organisation avec le temps, et de nombreuses personnes qui y travaillent assument des responsabilités liées à la mise au point de produits et de services innovateurs. Par exemple, des gestionnaires, des scientifiques et des chercheurs employés par des entreprises déjà existantes mènent une activité entrepreneuriale lorsqu'ils développent de nouveaux produits ou travaillent à améliorer ceux qui existent déjà. Pour les distinguer de ceux qui mettent sur pied leur propre entreprise, on les appelle des «intrapreneurs». Il s'agit d'employés qui perçoivent des occasions d'améliorer un produit ou un service et prennent la responsabilité de gérer le processus de développement qui s'ensuit. De façon générale, l'**entrepreneuriat** est la mobilisation des ressources en vue de profiter d'une occasion de fournir aux consommateurs des produits et services nouveaux ou améliorés par la création d'une nouvelle entreprise, alors que les intrapreneurs réalisent des activités de nature entrepreneuriale à l'intérieur d'une entreprise déjà existante.

Innovation sociale (*social innovation*)
Conception et mise au point de nouvelles manières de résoudre des problèmes d'ordre social.

Entrepreneuriat (*entrepreneurship*)
Mobilisation de ressources pour profiter d'une occasion de procurer à une clientèle des produits et services nouveaux ou améliorés.

Par ailleurs, il existe une relation intéressante entre les entrepreneurs et les intrapreneurs. Plusieurs intrapreneurs éprouvent de l'insatisfaction lorsque leurs supérieurs décident de ne pas soutenir ou financer des efforts de conception ou de développement de nouveaux produits qui, à leur avis, auront du succès. Les entreprises dotées de cultures organisationnelles axées sur la stabilité ont tendance à ne pas soutenir la prise de risques créatifs nécessaire pour favoriser l'innovation. Que font alors les intrapreneurs? Le plus souvent, ils décident de quitter leur employeur et de démarrer leur propre entreprise pour tirer profit de leurs idées concernant de nouveaux produits. Autrement dit, ils deviennent des entrepreneurs et mettent sur pied des entreprises qui peuvent faire concurrence à celle qu'ils ont alors quittée.

Un bon nombre des entreprises les plus prospères dans le monde ont été fondées par des intrapreneurs insatisfaits qui ont décidé de se lancer eux-mêmes en affaires. William Hewlett et David Packard ont quitté Fairchild Semiconductor, un leader de son secteur à l'époque, lorsque les gestionnaires de cette entreprise ont refusé de s'intéresser à leurs idées. Leur société a rapidement surpassé Fairchild. Également, la société Compaq Computer a été fondée par Rod Canion et quelques-uns de ses collègues, qui ont quitté Texas Instruments (TI) lorsque la direction de l'entreprise a refusé de donner suite à leur idée selon laquelle TI aurait dû mettre au point son propre ordinateur personnel. Pour empêcher le départ d'employés talentueux, les entreprises devraient prendre des mesures visant à promouvoir une culture qui encourage l'intrapreneuriat.

Comme nous l'avons vu au chapitre 4, une entreprise apprenante encourage ses employés à reconnaître les occasions qui se présentent et à résoudre des problèmes de façon à pouvoir sans cesse expérimenter, s'améliorer et accroître sa capacité à fournir à ses clients des produits et services nouveaux et améliorés. Plus le niveau d'intrapreneuriat au sein d'une organisation est élevé, plus on y trouve de la créativité et de l'innovation, c'est-à-dire l'application d'idées nouvelles. Comment les entreprises peuvent-elles promouvoir l'innovation et favoriser l'intrapreneuriat (*voir la figure 7.2, à la page suivante*)?

7.2.1 Devenir intrapreneur

Une façon de promouvoir l'intrapreneuriat consiste à encourager des personnes à assumer le rôle d'intrapreneur, c'est-à-dire un gestionnaire qui «prend en main» un projet et qui fournit le leadership et la vision nécessaires pour amener un produit de l'étape du concept à celle de sa vente à la clientèle ciblée.

FIGURE 7.2 Le processus d'innovation

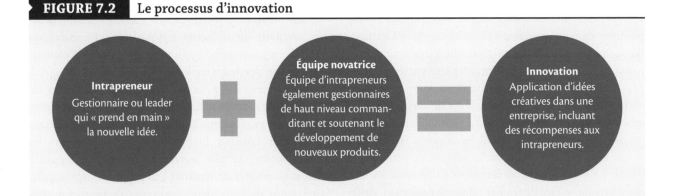

LE POINT SUR ❯ Sommex

La mise en œuvre de nouvelles stratégies et ses conséquences

Comme bien des entreprises manufacturières, Sommex[31] a subi les soubresauts qui ont secoué le secteur industriel depuis l'avènement de la mondialisation. Cette entreprise trifluvienne, spécialisée dans la fabrication de matelas, a été fondée en 1973 par Normand Ricard, puis vendue en 2003 à un groupe torontois. Un retournement de situation se produit cependant en 2013, lorsqu'à l'âge de 67 ans, monsieur Ricard sort de sa retraite et rachète l'entreprise qu'il avait fondée alors qu'elle menace de fermer en raison de difficultés financières. Animé d'intentions altruistes, monsieur Ricard désire, par cette intervention, sauver et maintenir la cinquantaine d'emplois de l'usine de fabrication. D'ailleurs, dans un esprit de solidarité, les employés syndiqués acceptent alors de renoncer à leur hausse salariale en 2014 et de prolonger d'une année leur convention collective.

Cependant, la remise sur pied d'une entreprise n'est pas chose facile, car il arrive parfois que la confiance des fournisseurs s'émousse en de telles circonstances. De même, les difficultés qu'a connues l'entreprise avant le retour aux commandes de monsieur Ricard perdurent. En 2013, une aide financière gouvernementale, sous la forme d'un prêt de 750 000 $ accordé par Investissement Québec, se révèle un apport salutaire. L'innovation liée à l'application de deux nouvelles idées prometteuses demeure toutefois la clé de voûte de la réussite de l'entreprise. Le développement de nouveaux marchés est une priorité capitale dans la stratégie de redressement élaborée par monsieur Ricard, mais la concurrence est féroce, et les défis, nombreux. Ainsi, la participation à des foires commerciales nord-américaines permettrait de promouvoir les différents produits. Ensuite, afin de permettre à l'entreprise de se démarquer de ses

compétiteurs, de nouveaux produits axés sur les liens avec la santé, développés en partenariat avec une équipe de chiropraticiens universitaires, constituent également, au moment de son retour, une avenue intéressante à explorer. De plus, bien que monsieur Ricard soit un générateur d'idées nouvelles, celui-ci pourrait également favoriser l'esprit d'intrapreneuriat auprès des employés en mettant sur pied des équipes de travail axées sur l'innovation.

Bien qu'ils visent à assurer la survie de l'entreprise au sein de cette industrie concurrentielle, les changements apportés par la direction de l'entreprise touchent au premier chef les employés. Étant donné les concessions salariales consenties, il semble bien que ces derniers ont choisi de s'adapter à cette réalité organisationnelle. La communication et le soutien ont sûrement été des éléments clés de l'accroissement de la motivation des employés. Par ailleurs, une des conditions essentielles de la nécessité du changement et de la complexité de la situation est sans nul doute la confiance mutuelle entre les parties. À l'évidence, monsieur Ricard possède de solides compétences acquises au fil de sa carrière de gestionnaire, sur les plans tant administratif que technique, mais ce sont ses compétences humaines et relationnelles qui lui seront d'une grande aide afin de répondre aux préoccupations exprimées par les employés.

1. Quelles sont les valeurs qui semblent animer monsieur Ricard lors de son retour en 2013 ?

2. En équipe, imaginez les éléments clés du discours prononcé par monsieur Ricard aux employés de l'entreprise lors de son retour relativement aux difficultés et aux défis auxquels l'entreprise faisait face et présentez-les à toute la classe.

La société 3M Canada, dont les efforts pour promouvoir l'intrapreneuriat sont bien connus, encourage tous ses gestionnaires à devenir intrapreneurs et à innover en suggérant de nouvelles idées. Un intrapreneur assume la responsabilité de l'élaboration d'un plan d'affaires pour le produit qu'il défend. Il se présente avec ce plan devant le comité de développement de produits de 3M Canada, constitué d'une équipe de cadres supérieurs. Cette équipe analyse les forces et les faiblesses du plan et détermine s'il vaut la peine d'être soutenu financièrement. S'il est accepté, l'intrapreneur assume la responsabilité du développement de ce produit.

7.2.2 Les équipes novatrices

L'idée qui sous-tend le rôle d'intrapreneur est fort simple : les employés qui éprouvent un sentiment d'appartenance envers un projet ont tendance à se comporter comme des entrepreneurs et à se donner beaucoup de mal afin de le mener à bien. Par ailleurs, la mise sur pied d'équipes novatrices peut aussi accroître ce sentiment d'appartenance. Une **équipe novatrice** est composée d'un groupe d'intrapreneurs de la même entreprise, principalement des gestionnaires de haut niveau, dévoués entièrement au développement de nouveaux produits et n'exerçant plus leurs tâches habituelles (soit celles de gestionnaire de haut niveau) au sein de celle-ci. En effet, il a été observé que lorsque ces personnes sont isolées du reste de l'entreprise, elles s'investissent si intensément dans un projet que la phase de développement du nouveau produit sera relativement brève, et que sa qualité s'en trouvera rehaussée. Le concept de ce type d'équipe vient de la société Lockheed, qui avait formé une équipe d'ingénieurs concepteurs pour mettre au point l'avion espion U2. Comme cette équipe travaillait dans le plus grand secret et qu'il y avait beaucoup de spéculations quant au but de ses efforts, on lui a accordé un statut spécial. L'avion régional de petite taille de Bombardier, appelé « C Series », a été développé de la même façon.

7.2.3 Des récompenses pour l'innovation

Afin d'encourager les gestionnaires à réduire leur incertitude et les risques inhérents au travail exigeant qu'ils exercent en tant qu'intrapreneurs, il est nécessaire d'associer des récompenses au rendement. De plus en plus, les entreprises récompensent leurs intrapreneurs en fonction du résultat du processus de développement de leur produit. Lorsque leurs projets aboutissent et connaissent du succès, ils reçoivent des primes élevées ou obtiennent des options d'achat d'actions qui peuvent faire d'eux des millionnaires si leur produit se vend bien. Ainsi, Microsoft et Google ont fait des centaines de multimillionnaires parmi leurs employés grâce à la mise sur pied de régimes d'options

d'achat d'actions qui leur ont été accordés à titre d'avantages accompagnant leur rémunération. En plus de la rentabilité de leur investissement, les intrapreneurs dont les projets sont une réussite peuvent s'attendre à une promotion au sein de la haute direction de leur entreprise. La plupart des cadres supérieurs de 3M Canada, par exemple, ont atteint ce niveau hiérarchique grâce à la réalisation de leurs projets de nature intrapreneuriale. Les entreprises doivent récompenser équitablement leurs intrapreneurs si elles veulent éviter de les voir partir et fonder une entreprise rivale. Néanmoins, ces derniers pourraient tout de même finir par quitter l'organisation un jour ou l'autre.

> **OA3** Décrire la relation entre le changement organisationnel et la culture organisationnelle.

7.3 Le changement et la culture organisationnels

Un changement organisationnel peut avoir des effets sur presque tous les aspects du fonctionnement d'une entreprise, y compris sa structure, ses stratégies, ses systèmes de contrôle, ses groupes et ses équipes, de même que sur le système de gestion des ressources humaines et certains processus essentiels tels que la communication, la motivation et le leadership. Un **changement organisationnel** est une évolution de l'état présent d'une organisation vers un état souhaité dans le but d'accroître son efficacité et son efficience. Il peut modifier la façon dont les gestionnaires accomplissent leurs tâches essentielles de planification, d'organisation, de direction et de contrôle ainsi que la manière dont ils jouent leur rôle de gestionnaire. Par conséquent, tout changement doit être effectué dans le contexte d'un examen de la culture organisationnelle. Par ailleurs, même si les cultures axées sur la flexibilité favorisent la promotion de l'innovation et tendent à faciliter l'introduction et le développement de nouvelles idées, la mise en œuvre d'un changement se heurte souvent à une certaine résistance de la part des employés.

Équipe novatrice (*skunkwork*)
Équipe composée d'intrapreneurs qui sont également des gestionnaires au sein d'une entreprise et que l'on sépare délibérément du processus normal de fonctionnement de celle-ci afin de les encourager à consacrer toute leur attention au développement de nouveaux produits.

Changement organisationnel (*organizational change*)
Évolution de l'état présent d'une organisation vers un état souhaité dans le but d'accroître sa performance organisationnelle.

Il existe deux façons de mettre en œuvre un changement organisationnel : on peut le provoquer ou se le faire imposer. L'expression « changement planifié » désigne la mise en place d'une nouvelle disposition institutionnelle qui a été planifiée en ce qui a trait à la stratégie, à la technologie, aux ressources humaines ou à la structure organisationnelle. Le changement planifié et adopté en réaction à des modifications provenant de l'environnement de l'organisation vise le maintien ou l'obtention d'un avantage concurrentiel. On peut considérer un **changement prescrit** comme étant une nouvelle disposition institutionnelle mise en place en raison de modifications de lois ou de règlements auxquels il faut se conformer. Par exemple, lorsque la ville de Toronto a légiféré pour interdire aux personnes de fumer dans les restaurants, tous ces établissements ont dû accepter ce changement et appliquer des stratégies de rechange pour leurs clients fumeurs, même s'il s'agissait d'une mesure prescrite.

Même un changement planifié, amorcé au sein de l'entreprise, peut comporter son lot de risques et de difficultés. En effet, les initiatives de changements et les transformations d'entreprises ne sont pas toujours fructueuses. Un des obstacles les plus fréquemment rencontrés est la difficulté de convaincre, par les sentiments ou la raison, les employés de tous les niveaux hiérarchiques de la nécessité du changement. Le rachat d'entreprise par des investisseurs et les questions culturelles peuvent également constituer de sérieux obstacles. Par ailleurs, les entreprises qui veulent changer d'orientation, par des regroupements d'entreprises, des acquisitions ou une expansion à l'échelle internationale (dans un esprit de réaménagement, de renouvellement, de réalignement ou de redéploiement)[32], doivent modifier leurs structures, leurs politiques, leurs comportements et leurs croyances pour passer de « la façon dont on a toujours fait les choses » à une nouvelle façon de faire. Par conséquent, tous les changements qu'on désire apporter au sein d'une organisation doivent être effectués dans le cadre d'un examen attentif et sensible des modifications à apporter à la culture organisationnelle. En outre, la nécessité de plus en plus grande de devenir une **entreprise électronique**, c'est-à-dire qui favorise l'utilisation des applications d'Internet et de l'intranet pour communiquer avec ses employés, ses fournisseurs, ses clients et d'autres parties prenantes, constitue un des plus grands défis que doivent relever les entreprises de nos jours. Transformer une entreprise traditionnelle en une entreprise virtuelle exige des changements

considérables au sein de la culture de l'organisation, puisque cette opération change de fond en comble sa façon de considérer, de servir et de satisfaire ses clients.

Comme nous l'avons vu dans l'entrée en matière sur la société Ford, des changements dans n'importe laquelle des activités d'une entreprise entraînent souvent de la résistance au changement.

Comme il est plutôt difficile d'analyser un changement organisationnel prescrit et provenant de l'environnement externe, nous allons nous intéresser, au cours de la prochaine section, aux aspects du changement organisationnel lorsqu'il est planifié à l'interne. La figure 7.3 illustre les types de changements qui se produisent dans une organisation lorsqu'ils sont planifiés. Ces changements peuvent avoir des effets sur presque tous les aspects du fonctionnement de l'entreprise, y compris sa structure, ses processus de production en lien avec la technologie et la mise au point de nouveaux produits, ainsi que sur les valeurs et les normes de sa culture organisationnelle. Dans une entreprise, un **changement de structure (ou structurel)** englobe tout changement, comme la façon dont l'entreprise est conçue et planifiée, le rendement est contrôlé et l'autorité est répartie, ainsi que la manière dont les activités et services y sont intégrés et coordonnés. Par exemple, la société Bombardier a modifié sa structure organisationnelle lorsqu'elle a mis sur pied des équipes novatrices afin de développer ses avions C Series. Des **changements technologiques** se produisent lorsqu'on procède à des modifications des processus technologiques d'une organisation pour rendre les processus de production plus performants

---

Changement planifié (*induced change*)
Nouvelle disposition institutionnelle planifiée et adoptée dans le but de maintenir ou de procurer un avantage concurrentiel à l'entreprise.

Changement prescrit (*imposed change*)
Nouvelle disposition institutionnelle adoptée pour se conformer à des règlements imposés par l'environnement externe.

Entreprise électronique (*e-business*)
Lien établi par une entreprise entre ses fournisseurs, ses clients, ses employés et d'autres parties prenantes qui utilisent des applications d'Internet et d'un intranet pour faciliter leurs rapports commerciaux.

Changement de structure (ou structurel) (*structural change*)
Tout changement dans la conception et la gestion d'une organisation.

Changement technologique (*technological change*)
Tout changement lié au système technologique d'une organisation.

FIGURE 7.3 Les types de changements organisationnels influant sur les processus de gestion

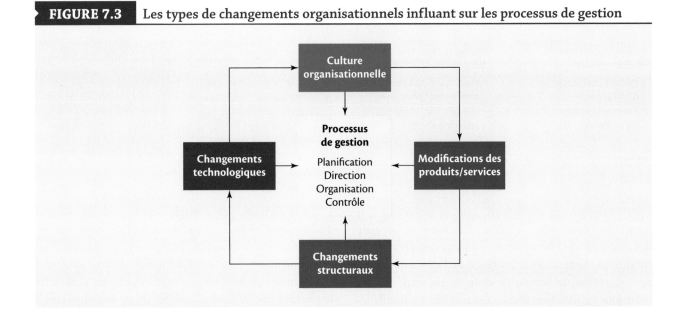

qu'auparavant. Par exemple, une technologie étroitement liée à la chaîne logistique de commerces de détail ou d'entreprises de restauration permet aux gestionnaires de suivre la progression de leurs ventes et de commander du stock dans la même opération. Par ailleurs, lorsque la mise en œuvre d'idées créatives a pour résultat de nouveaux produits ou services, il y a une **modification de produits (ou services)**. Par exemple, l'avion régional C Series est un nouveau produit de la société Bombardier et le résultat d'une modification de ses produits afin de mieux répondre aux besoins de sa clientèle. Les **changements culturels** sont la modification des convictions, valeurs, normes et comportements qui influent sur les relations entre les membres d'une organisation et sur la façon dont ils travaillent ensemble à réaliser ses objectifs. Le leadership exercé par les gestionnaires, la formation des employés et l'information qui leur est divulguée jouent un rôle essentiel pour modifier les croyances et les attitudes des gens concernant la façon dont les choses se sont toujours faites, et pour les amener à adopter les nouvelles façons de faire.

Modification de produits (ou services) (*product change*)
Changement dans les produits (ou les services) offerts par l'organisation.

Changement culturel (*cultural change*)
Modification des convictions, valeurs, normes et comportements qui influent sur les relations entre les membres d'une organisation et sur la façon dont ils travaillent ensemble à réaliser ses objectifs.

OA4 Expliquer les processus mis en œuvre afin de gérer le changement organisationnel.

7.4 La gestion du changement organisationnel

Compte tenu de la nécessité de rechercher sans cesse des moyens d'améliorer la performance organisationnelle, les gestionnaires doivent développent les habiletés requises pour gérer le changement de façon efficace. De plus, la modification de l'état actuel d'une entreprise vers un état souhaité en vue d'améliorer sa performance doit être bien gérée si l'on veut que le changement soit couronné de succès. Des experts ont proposé un modèle que les gestionnaires peuvent appliquer pour réussir la mise en œuvre d'un changement tout en gérant efficacement les conflits qui surgissent parfois lors de l'opération de changement[33]. La figure 7.4, à la page suivante, en résume les étapes.

7.4.1 L'évaluation du besoin de changement

La décision relative à la façon de changer une organisation est complexe, d'abord parce que tout changement perturbe le *statu quo,* ce qui constitue une menace et pousse les employés à résister aux tentatives de modifier les relations et les méthodes de travail, et ensuite parce que foncièrement, l'être humain n'aime pas le changement.

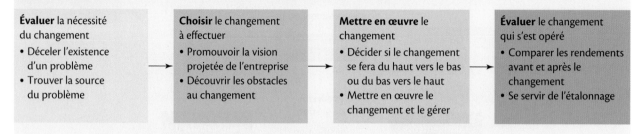

FIGURE 7.4 Les quatre étapes du processus de changement organisationnel

Évaluer la nécessité du changement
- Déceler l'existence d'un problème
- Trouver la source du problème

→

Choisir le changement à effectuer
- Promouvoir la vision projetée de l'entreprise
- Découvrir les obstacles au changement

→

Mettre en œuvre le changement
- Décider si le changement se fera du haut vers le bas ou du bas vers le haut
- Mettre en œuvre le changement et le gérer

→

Évaluer le changement qui s'est opéré
- Comparer les rendements avant et après le changement
- Se servir de l'étalonnage

L'apprentissage organisationnel, soit le processus par lequel les gestionnaires essaient d'accroître la capacité des membres de l'organisation à mieux comprendre les conditions changeantes et à y réagir de façon appropriée, peut se révéler un vecteur de changement important et aider tous les membres d'une organisation, y compris les gestionnaires, à prendre des décisions efficaces concernant les changements nécessaires à apporter.

L'évaluation du besoin d'un changement exige deux activités importantes: déceler l'existence d'un problème et déterminer sa source. Parfois, le besoin de changement est évident, par exemple lorsque le rendement de l'entreprise baisse, comme c'était le cas chez Ford. Toutefois, les gestionnaires ont souvent de la difficulté à déterminer que les choses vont mal parce que le problème apparaît progressivement et que les impacts se font peu ressentir de prime abord. Le rendement de l'entreprise peut diminuer pendant quelques années avant qu'on se rende compte de ce qui ne va pas. Même lorsqu'il n'y a pas de problème de rendement, la mise en œuvre d'une nouvelle idée ou d'une innovation peut exiger des changements de structure, de stratégie et de processus de contrôle, et c'est là que se situe le problème. Par conséquent, lors de la première étape d'un processus de changement, les gestionnaires doivent déceler le problème qui requiert un changement et en déterminer la source.

Souvent, un **écart de rendement**, c'est-à-dire la différence entre les niveaux de performance souhaités et réels, indique la présence d'un problème. En examinant les indicateurs de rendement, par exemple une baisse de la part de marché ou des bénéfices, une hausse des coûts ou l'échec des employés à respecter des budgets ou à réaliser les objectifs qu'on leur a fixés, les gestionnaires peuvent juger de la nécessité ou non d'un changement. Ces indicateurs sont fournis par les systèmes de contrôle de l'entreprise (dont il sera question au chapitre 12).

Écart de rendement (*performance gap*)
Différence entre les niveaux de performance souhaités et réels.

D'autres facteurs, par exemple l'application de mesures de durabilité, de nouvelles idées ou de technologies capables d'accroître l'efficience, précipitent la nécessité d'un changement. À l'ère de l'entreprise électronique, des changements technologiques rapides obligent parfois les entreprises traditionnelles, établies en un lieu physique, à modifier radicalement leurs façons de faire pour concurrencer des entreprises rivales dont les coûts sont moindres que les leurs.

7.4.2 Le choix du changement à effectuer

Lorsque les gestionnaires ont décelé la source du problème, ils doivent choisir et promouvoir ce que devrait être, selon eux, la vision projetée de l'entreprise une fois le problème réglé. Autrement dit, ils doivent déterminer la position qu'elle devrait occuper à l'avenir, c'est-à-dire le type de produits et services qu'elle devrait offrir, la stratégie d'affaires qu'elle devrait appliquer, les changements qu'elle devrait apporter à sa structure, etc. Au cours de cette étape, il faut aussi que les gestionnaires planifient les manières de parvenir à cet état souhaité de l'entreprise. Les sociétés qui se transforment en entreprises électroniques créent de la valeur pour leurs clients en utilisant la réseautique pour améliorer les communications entre leurs employés (environnement interne) et avec leurs clients, leurs fournisseurs et leurs partenaires stratégiques (environnement externe). Idéalement, les entreprises hybrides, à la fois traditionnelles et électroniques, peuvent offrir un meilleur service à leurs clients grâce à des produits personnalisés, à un temps de livraison plus rapide, à un excellent service à la clientèle et, parfois, à des coûts moins élevés. Toutefois, le fait de passer d'une entreprise traditionnelle (ayant pignon sur rue) à une entreprise électronique présente des défis importants pour les gestionnaires et les employés d'aujourd'hui (*voir la figure 7.5*)[34].

Cette étape du processus de changement comprend aussi la détermination des obstacles ou des sources de résistance au changement (dont il sera davantage question dans la section suivante). Les gestionnaires doivent ainsi

> **FIGURE 7.5** La transformation d'une entreprise traditionnelle vers une entreprise électronique

Aujourd'hui		Demain
• Problèmes des clients considérés comme des irritants • Information sur la clientèle déduite à partir de données secondaires • Lenteur à réagir aux comportements d'achat des clients • Produits et services standards • Utilisation du publipostage et de la promotion traditionnelle • Divergence importante entre les canaux de communication traditionnels et ceux de format électronique	**Élargissement des compétences en gestion de la clientèle** →	• Règlement rapide des problèmes des clients par des solutions Internet • Bonne connaissance des clients grâce à la capacité de prévoir leur comportement • Produits et services spécialisés en fonction de la spécificité des clients • Promotions personnalisées en fonction des besoins particuliers des clients • Stratégies de coordination entre les canaux de communication traditionnels et électroniques pour réduire les conflits
• Listes de clients et de prix soigneusement protégées • Listes de renseignements sur la disponibilité des produits et leurs caractéristiques soigneusement protégées • Maintien par les fournisseurs d'un niveau de stock adéquat • Données concernant les clients et les fournisseurs conservées dans des systèmes d'information distincts • Objectif : accroissement de l'efficience de production	**Gestion de la veille stratégique** →	• Meilleure connaissance de la structure de l'entreprise par les clients et les fournisseurs grâce à Internet • Renseignements sur la disponibilité des produits et leurs caractéristiques grâce à Internet • Configuration par le client de son produit grâce à Internet et envoi direct de la commande grâce au réseau d'approvisionnement • Intégration des renseignements de la chaîne logistique • Objectif : accroissement de la productivité et des renseignements sur les clients, les distributeurs ou grossistes et le personnel de vente
• Établissement des prix par des intermédiaires selon l'offre et la demande des produits • Concurrence basée sur le prix • Dépendance envers un personnel de vente coûteux	**Compréhension de l'économie de l'entreprise** →	• Établissement des prix selon l'offre et la demande, et fondé sur la relation entre l'acheteur et le vendeur • Concurrence basée sur l'innovation des services à la clientèle • Investissements stratégiques orientés vers les ventes effectuées par Internet et la disponibilité des instruments de veille stratégique

analyser les facteurs qui peuvent empêcher leur entreprise d'atteindre la vision projetée. Des obstacles au changement peuvent surgir à tous les niveaux de l'entreprise : ils se situent quelquefois dans l'ensemble de l'entreprise, et parfois à l'échelle des divisions, des services ou des personnes.

Les changements qui s'inscrivent globalement dans la stratégie de l'entreprise, même lorsqu'ils sont en apparence anodins, peuvent influencer sensiblement le comportement des chefs de division et de service. Supposons que pour concurrencer des entreprises étrangères dont les coûts sont peu élevés, les cadres supérieurs choisissent d'accorder plus de ressources à l'acquisition de matériel de fine pointe et de réduire en conséquence les ressources affectées au marketing ou à la recherche et au développement. Ce choix et cette décision modifieraient l'équilibre du pouvoir entre les services et pourraient accroître les tensions et les conflits entre les employés des divisions si une mésentente s'installait entre les gestionnaires de division afin de maintenir leur statut au sein de l'entreprise. La stratégie et la structure existantes d'une entreprise constituent de puissants obstacles à tout changement visant à les modifier.

Le fait que la culture organisationnelle soit axée sur la flexibilité ou la stabilité peut faciliter le changement ou, au contraire, l'entraver. Les organisations qui font preuve d'innovation, telles les entreprises de haute technologie, changent de manière générale beaucoup plus facilement que celles qui ont des cultures axées sur la stabilité, lesquelles se retrouvent parfois dans de grandes structures bureaucratiques (p. ex. la Gendarmerie royale du Canada ou, comme nous l'avons vu dans l'entrée en matière, l'entreprise Ford).

Les mêmes obstacles au changement existent aussi à l'échelle des divisions et des services. Les chefs de division peuvent adopter une attitude défensive lorsque leurs cadres supérieurs leur proposent un changement et ils s'y opposeront s'ils perçoivent que leurs intérêts et leur pouvoir semblent menacés. Les gestionnaires de tous les échelons s'opposent généralement au changement afin de protéger leur pouvoir et leur contrôle sur les ressources. Étant donné que les différentes fonctions et les divers services au sein d'une organisation ont des objectifs différents, les responsables de ces fonctions ou services peuvent également réagir différemment aux changements que leur proposent d'autres gestionnaires. Par exemple, lorsque des cadres supérieurs essaient de réduire les coûts, les directeurs des ventes peuvent résister à des tentatives de diminuer les frais de vente s'ils croient que les problèmes proviennent plutôt de l'inefficacité des chefs de la fabrication.

Sur le plan individuel, les personnes aussi ont souvent tendance à résister aux changements parce que ceux-ci laissent planer de l'incertitude, et que cette incertitude est source d'anxiété. Par exemple, des employés ayant plusieurs années d'expérience résistent parfois à l'adoption de nouvelles technologies lors de la modification d'une entreprise traditionnelle vers une entreprise électronique parce qu'ils doutent de leur capacité à les apprendre et à s'en servir de façon efficace.

Ces différents types de résistance ralentissent le processus de changement des organisations. Les gestionnaires doivent reconnaître l'existence de ces obstacles potentiels et en tenir compte. De ce fait, eux-mêmes ainsi que les employés peuvent devenir plus émotifs, souffrir d'anxiété ou éprouver de la colère ou du découragement. Les gestionnaires responsables du changement peuvent surmonter certains obstacles en améliorant les mécanismes de communication et d'intégration de façon que tous les membres de l'organisation soient au courant de la nécessité d'un changement et de la nature des mesures à prendre pour l'appliquer. Lors de la phase d'introduction et tout au long du processus de changement, le soutien des gestionnaires est essentiel et constitue un vecteur important d'ouverture au changement. Par ailleurs, en plus de leur offrir du soutien, le fait de favoriser l'autonomie décisionnelle chez les employés et de les inviter à participer à la planification d'un changement peut aussi les aider à surmonter leur résistance et à diminuer leurs craintes. En mettant l'accent sur des objectifs globaux, tels qu'un accroissement de l'efficacité de l'entreprise et l'acquisition d'un avantage concurrentiel, on peut amener les membres d'une organisation qui résistent à un changement à se rendre compte que celui-ci profitera finalement à tous parce qu'il accroîtra le rendement de l'entreprise. Plus une entreprise est grande et plus sa structure est complexe, plus le processus de changement sera complexe.

7.4.3 La mise en œuvre du changement

En général, les gestionnaires peuvent mettre en œuvre et gérer un changement organisationnel du haut vers le bas ou du bas vers le haut de l'entreprise. Un **changement amorcé par le haut (ou du haut vers le bas)** est rapidement mis en application. Les cadres supérieurs reconnaissent la nécessité d'un changement, déterminent ce qu'il faut faire et agissent rapidement pour y procéder dans l'ensemble de l'organisation. Par exemple, s'ils décident de restructurer et de redimensionner l'entreprise, ils donneront aux chefs de division et de service des objectifs précis à atteindre. Dans les changements du haut vers le bas, on insiste sur la nécessité de procéder rapidement et de régler les problèmes au fur et à mesure qu'ils se présentent. Bien que cette façon de faire soit parfois avantageuse à mettre sur pied, elle comporte son lot de risques : accroître la résistance au changement des employés qui auront besoin de comprendre sa raison d'être (à moins que les circonstances du moment se prêtent à un changement).

En revanche, un **changement amorcé par la base (ou du bas vers le haut)** se fait généralement de façon graduelle. Les cadres supérieurs consultent les cadres

---

Changement amorcé par le haut (ou du haut vers le bas) (*top-down change*)
Changement mis en application dans l'ensemble d'une organisation par la haute direction.

Changement amorcé par la base (ou du bas vers le haut) (*bottom-up change*)
Changement qui est mis en œuvre par des cadres et des employés de tous les échelons de l'organisation.

intermédiaires et de terrain concernant la nécessité d'un changement. Ensuite, pendant une certaine période de temps, les cadres intermédiaires travaillent avec leurs employés à l'établissement d'un plan détaillé des modifications à apporter. L'accent est alors mis sur le soutien et la participation ainsi que sur l'information aux employés concernant ce qui se passe, une façon de procéder qui a pour avantage de diminuer leur incertitude et leur résistance à l'égard du changement. En revanche, le temps de mise en œuvre du changement peut parfois s'avérer plus long. Malgré cela, cette façon de faire représente une avenue intéressante puisqu'en général, il y a moins d'énergie perdue à régler des conflits parmi les membres du personnel que lors d'un changement amorcé par le haut.

Par exemple, pour comprendre les changements qu'une entreprise traditionnelle doit adopter pour se transformer en une entreprise électronique, on peut examiner la façon dont fonctionne une organisation créée et développée strictement dans Internet. L'entreprise électronique se sert et dépend de l'efficacité de ses réseaux de fournisseurs, d'entrepôts, de sociétés de traitement des paiements, de distributeurs ou de grossistes qui, ensemble, lui fournissent des produits ou des services fiables au moment et à l'endroit où ses clients en ont besoin, et de la façon dont ils en ont besoin. Une stratégie couramment utilisée par de telles entreprises consiste à se concentrer sur la demande non satisfaite des consommateurs pour des produits personnalisés et surtout offerts à des coûts inférieurs comparativement à ceux provenant d'entreprises traditionnelles, qui doivent parfois composer avec des coûts structurels importants.

La société TD Waterhouse, une maison de courtage en ligne caractérisée par des frais de commission minimes, en est un exemple. Elle s'adresse à des clients qui ne veulent pas payer des frais de commission élevés pour obtenir l'aide d'un conseiller financier. Un compte ouvert dans ce type de société permet au client d'effectuer des opérations boursières rapidement et à un prix relativement bas. Ainsi, on pourrait dire que les entreprises électroniques représentent des facilitateurs et des intermédiaires dans leur secteur d'activité. Elles simplifient les transactions d'affaires en utilisant Internet afin de coordonner le travail des fournisseurs pour le compte de leurs clients.

7.4.4 L'évaluation des effets du changement

La dernière étape du processus de changement consiste à évaluer le degré auquel ses résultats ont permis d'améliorer la performance organisationnelle[35]. À l'aide d'indicateurs (p. ex. la part de marché, les bénéfices ou le taux de satisfaction de la clientèle), il est possible de comparer le rendement de l'entreprise après le changement avec son rendement antérieur. Les gestionnaires peuvent également se servir de l'**étalonnage**, une comparaison de la performance d'une organisation sous certains aspects avec celle d'organisations reconnues, souvent du même secteur d'activité, et considérées comme étant parmi les meilleures, pour déterminer le degré de réussite du changement. Par exemple, alors que Xerox affichait un mauvais rendement dans les années 1980, elle a comparé, sur le plan de l'efficience, ses activités de distribution à celles de L. L. Bean, les activités de son système informatique de gestion à celles de John Deere ainsi que ses activités de marketing à celles de Procter & Gamble. Ces entreprises sont réputées pour leur expertise dans ces divers domaines et, en analysant leurs façons de procéder de manière comparative à celles-ci, Xerox a réussi à accroître de façon spectaculaire sa propre performance organisationnelle.

La gestion du changement joue un rôle essentiel dans l'amélioration de la performance d'une entreprise. Lorsque les cadres supérieurs réagissent aux occasions et aux menaces présentes dans l'environnement, ils doivent rester conscients de la nécessité d'une cohérence entre de nouvelles stratégies et la structure de leur entreprise. L'innovation et le changement ont plus de chances de succès dans des organisations dont la culture est axée sur l'innovation et la flexibilité. Les entreprises très performantes sont caractérisées par la

---

Conseils aux gestionnaires

La mise en œuvre d'un changement

1. Expliquer les « raisons » du changement, sa nécessité, la logique qui le sous-tend, les bénéfices à en tirer ou d'autres façons de l'aborder peut se révéler sans succès.

2. Les explications rationnelles échouent souvent parce qu'elles sont perçues comme étant une manifestation d'indifférence ; les personnes ont l'impression qu'on ne tient pas compte de leurs préoccupations émotives.

3. Il faut répondre aux personnes touchées par un changement en reconnaissant l'importance de leurs préoccupations émotives.

Étalonnage (*benchmarking*)
Comparaison, sous certains aspects, de la performance d'une organisation avec celle d'organisations reconnues, souvent du même secteur d'activité et considérées comme étant très performantes.

présence de gestionnaires habitués à la nécessité de modifier constamment leurs façons de faire. Ceux-ci privilégient des méthodes et techniques favorisant une culture organisationnelle axée sur la flexibilité, où l'innovation est valorisée, de même que la formation de groupes et d'équipes de travail autonomes. Enfin, ils préconisent l'utilisation de techniques d'étalonnage afin que leur organisation demeure concurrentielle dans un monde sans frontières.

| OA5 | Reconnaître et examiner les défis que les gestionnaires doivent relever pour établir un équilibre entre une culture axée sur la performance organisationnelle, l'innovation et le changement organisationnel. |

7.5 Des modèles de changement organisationnel

Les entreprises et leurs gestionnaires doivent être en mesure de contrôler leurs activités afin de les rendre routinières et prévisibles, malgré les bouleversements pouvant venir de l'environnement. Toutefois, malgré le souhait de gérer un milieu de travail stable, il leur faut aussi se montrer réceptifs au besoin d'innovation et de changement. Ainsi, les gestionnaires et les employés doivent être en permanence « sur le qui-vive » pour reconnaître le moment où il est nécessaire d'abandonner des activités de nature prévisible pour réagir à des événements imprévus. Les employés ont besoin de sentir qu'ils ont l'appui de leur supérieur et qu'ils jouissent d'une certaine autonomie décisionnelle pour modifier leurs tâches et comportements lorsqu'il devient indispensable de faire preuve d'innovation. Ils ne doivent pas craindre d'être pénalisés en vertu de règles et de règlements stricts en fonction des initiatives qu'ils désirent mettre en œuvre. C'est la raison pour laquelle de nombreux chercheurs croient que les organisations les plus performantes sont celles qui changent constamment dans leurs efforts pour devenir toujours plus efficientes et efficaces, acquérant ainsi une expérience du changement. Dans cette section, nous étudierons deux modèles de changement organisationnel, celui en trois étapes proposé par Lewin ainsi que la théorie de la complexité proposée par Ralph Stacey. Nous terminerons notre discussion en examinant les façons de composer avec le changement dans un milieu organisationnel syndiqué.

7.5.1 Le modèle de changement en trois étapes de Lewin

Kurt Lewin a proposé un processus de changement en trois étapes que les entreprises devraient privilégier afin de mieux gérer le changement et éviter ses écueils : la décristallisation (ou le dégel) du *statu quo,* la transition (ou le mouvement) vers un nouvel état et la recristallisation (ou le regel) du changement réalisé pour le rendre permanent[36].

D'abord, les entreprises sont caractérisées par la présence d'un *statu quo* et, lorsque le changement se présente, ils passent à la première étape, soit celle de la « décristallisation ». Cette étape consiste pour les gestionnaires à surmonter la résistance au changement et elle se décline généralement de trois façons (*voir la figure 7.6*) : soit par une augmentation des **forces motivationnelles**, qui orientent le comportement de façon à l'éloigner du *statu quo*, soit par une diminution des **forces de résistance**, qui empêchent tout mouvement visant à s'éloigner de l'équilibre existant, soit par une combinaison de ces deux façons de procéder.

En général, les personnes résistent aux changements pour deux raisons principales.

1. La peur. Les gens ont peur de l'inconnu. L'impression qu'un changement peut entraîner une perte de pouvoir, de reconnaissance, de sécurité ou de privilèges pèse souvent dans la balance, surtout lorsqu'il est question d'une réaffectation des ressources ou des budgets. Il peut y avoir des gagnants et des perdants lors d'un processus de changement.

2. Le doute. Si les employés doutent du bien-fondé du changement ou s'ils perçoivent qu'il n'est pas vraiment fait dans l'intérêt de l'entreprise, ils exerceront probablement une force de résistance pour empêcher ce changement.

Les gestionnaires peuvent prendre certaines mesures pour vaincre cette résistance.

1. Ils peuvent communiquer clairement le résultat escompté du changement ou préciser l'état souhaité au moment de mettre en œuvre le changement ou une fois qu'il a été mis en branle. Ils peuvent également inviter d'autres personnes à contribuer à apaiser les inquiétudes par le soutien qu'elles peuvent offrir.

2. Ils peuvent accroître les forces motivationnelles en promettant de nouveaux avantages ou récompenses

---

Forces motivationnelles (*driving forces*)
Forces qui orientent le comportement de façon à l'éloigner du *statu quo*.

Forces de résistance (*restraining forces*)
Forces qui empêchent tout mouvement visant à s'éloigner de l'équilibre existant.

FIGURE 7.6 Le modèle de changement de Kurt Lewin

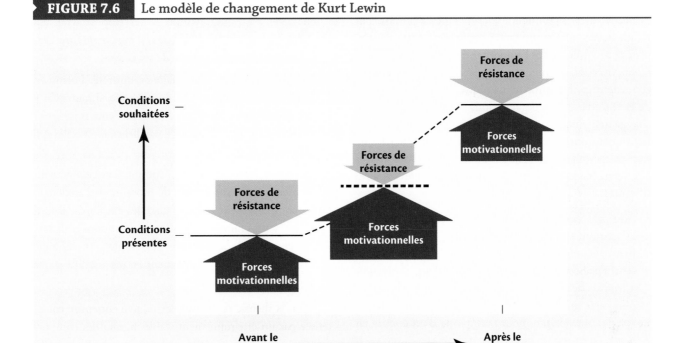

aux employés s'ils participent à la réalisation du changement.

3. Ils peuvent aussi neutraliser certaines forces de résistance. Par exemple, si des employés craignent un changement en raison des compétences qu'ils n'ont pas lors de l'introduction d'une nouvelle technologie, les gestionnaires pourraient leur indiquer qu'une formation est prévue afin de les préparer adéquatement aux nouvelles tâches à exécuter et ainsi atténuer leurs craintes.

4. Lorsque la résistance au changement est plutôt forte, ils pourraient avoir à utiliser à la fois les forces motivationnelles et les forces de résistance afin que la décristallisation soit une réussite.

5. En dernier recours, les gestionnaires peuvent utiliser le pouvoir que leur confère leur poste pour refuser des récompenses ou ultimement appliquer des mesures disciplinaires dans le but de convaincre les employés d'adopter les changements proposés.

Ensuite, la deuxième étape, appelée « transition », correspond à la mise en œuvre du processus de changement. Enfin, lorsque le changement a été mis en œuvre, la troisième étape consiste à « recristalliser » les nouveaux comportements acquis par les employés afin qu'ils présentent un caractère prévisible et routinier ; autrement, le changement effectué risque d'être de courte durée et les

employés retourneront probablement à leurs anciens comportements de travail. La recristallisation permet d'équilibrer les forces motivationnelles et de résistance pour empêcher un retour en arrière. Pour recristalliser le changement, les gestionnaires doivent s'assurer que les forces motivationnelles deviennent permanentes. Par exemple, un nouveau système de boni pourrait consolider certains changements particuliers. Avec le temps, les nouveaux comportements présents au sein des groupes de travail et des gestionnaires aideront à consolider le changement, à condition qu'ils aient été suffisamment renforcés par la haute direction. Soulignons qu'il peut s'avérer judicieux que les parties prenantes touchées directement ou indirectement par le changement participent aux différentes phases de mise en œuvre afin de favoriser une meilleure transition.

7.5.2 La théorie de la complexité et le changement organisationnel

En général, pour adopter une stratégie qui lui apportera un avantage concurrentiel, une entreprise doit faire adopter à ses membres de nouveaux comportements et de nouvelles pratiques jusqu'à ce qu'ils deviennent une seconde nature pour eux.

Dans un tel contexte, elle doit alors recristalliser les comportements développés pour qu'ils correspondent à la nouvelle stratégie. Elle sera ainsi bien placée pour tirer profit de ses forces internes et pour lutter contre les menaces externes. Toutefois, selon le modèle proposé par Ralph Stacey, une trop grande conformité entre l'entreprise et son milieu peut l'empêcher d'effectuer les changements nécessaires pour concurrencer ses rivales dans un contexte organisationnel dynamique. D'après la **théorie de la complexité**, les organisations réagissent mieux à un changement important lorsqu'elles se tiennent en équilibre « à la frontière du chaos », c'est-à-dire lorsqu'elles ne sont pas parfaitement adaptées à leur milieu. Pour arriver à cet état, les gestionnaires devraient prendre les mesures suivantes.

- Accroître les canaux de communication pour favoriser la gestion spontanée de nouveaux changements à mettre en œuvre, c'est-à-dire des employés qui choisissent d'élaborer un plan en raison de leur motivation à trouver de nouvelles manières de faire les choses, et non parce que les responsables de leur division ou service les ont désignés pour faire partie d'un comité en particulier.

- Ne pas fournir d'échéancier ni établir d'objectifs précis, mais déterminer les problèmes que les employés auront à résoudre ou souligner des incohérences quant à l'état actuel des choses. Par exemple, demander : comment pourrions-nous à la fois innover avec succès et produire à faibles coûts ? Établir des règles et imposer des contraintes pour les débats, mais ne pas essayer d'en prévoir les résultats.

- Encourager une rotation régulière aux postes de travail des employés pour que ceux-ci ne perdent pas leur intérêt vis-à-vis des tâches à accomplir et qu'ils puissent à la fois communiquer leur expertise à d'autres et se tenir au courant de ce qui se passe ailleurs dans l'entreprise. Intégrer à l'entreprise des gens de l'extérieur qui ont des formations et des cultures différentes. Faire appel à la participation de gens qui travaillent en périphérie de l'entreprise et qui n'ont pas encore parfaitement assimilé sa culture.

- Éviter de faire aveuglément confiance à l'équipe de gestionnaires en place. Dans de nombreuses entreprises, plus on s'élève dans la hiérarchie, plus l'adhésion à la logique dominante et au *statu quo* prédomine. Par conséquent, il faut trouver des agents de changement ailleurs qu'au sommet.

Théorie de la complexité (*complexity theory*)
Théorie selon laquelle les organisations réagissent mieux au changement lorsqu'elles ne sont pas parfaitement adaptées à leur milieu.

- Tolérer les développements parallèles. Dans un monde où l'avenir est imprévisible, rester trop attaché aux règles peut se révéler désastreux. Il faut permettre l'expérimentation et apprendre de ses échecs.

- Éviter de rechercher la parfaite conformité. Lorsqu'on désire remettre en question le *statu quo*, il faut qu'il y ait suffisamment de flexibilité dans l'entreprise pour explorer de nouvelles avenues parallèlement à celles qui existent déjà.

- Essayer de réduire l'anxiété. Comme tout changement est menaçant et susceptible de produire de l'anxiété et un comportement défensif chez les employés, il faut apaiser leurs craintes par l'offre de conditions réalistes : par exemple, la sauvegarde des emplois en échange d'une ouverture au changement et aux modifications qui surviendront[37].

Selon la théorie de la complexité, une entreprise caractérisée par un environnement stable induira des comportements prévisibles et peu appelés à être modifiés au fil du temps. En revanche, une entreprise caractérisée par un environnement instable et appelée à adopter des changements organisationnels fréquents devra modifier à plus forte raison les comportements de ses employés afin de demeurer compétitive. La théorie de la complexité porte davantage sur une dynamique et des processus organisationnels qui remettent en question la notion traditionnelle selon laquelle on peut planifier et programmer une stratégie.

7.5.3 La gestion du changement dans un milieu syndiqué

Dans un milieu de travail syndiqué, les gestionnaires doivent souvent tenir compte de facteurs dont il n'a pas été question jusqu'ici. Deux experts-conseils qui ont travaillé dans un certain nombre d'entreprises canadiennes au cours des dernières années ont indiqué quatre éléments essentiels concernant la gestion du changement dans un milieu syndiqué[38].

1. Un système efficace pour résoudre les problèmes au jour le jour. Il faut mettre en place d'autres solutions que la procédure de grief pour que les employés aient l'impression de pouvoir se faire entendre facilement. Si leur milieu de travail est à l'écoute des problèmes qui les préoccupent, il témoignera d'un engagement des gestionnaires à favoriser leur participation ainsi que leur autonomie décisionnelle.

2. Un processus d'information mis en place au sein de l'entreprise. Comme les dirigeants des syndicats et leurs membres s'inquiètent des effets du changement sur leur emploi, rendre l'information pertinente disponible peut contribuer à les aider à mieux comprendre sa nécessité. Une meilleure connaissance des facteurs inhérents à la prise de décision et des effets sur la performance organisationnelle leur permettrait de mieux évaluer les décisions prises par ses dirigeants.

3. Une vision stratégique du changement élaborée conjointement. En donnant aux syndiqués l'occasion de participer à l'établissement de la vision de l'entreprise (dans un contexte où l'entreprise doit se démarquer de la concurrence, par exemple), on les amène à concentrer leur attention sur la façon de faire les changements plutôt que sur l'utilité de les faire ou non. La vision «devrait décrire les attentes en matière de rendement, de conception du travail, de structure organisationnelle, de chaîne logistique, de gouvernance, de système de rémunération et de récompenses, de technologie, d'information et de formation, de processus d'exploitation, de participation des employés, de sécurité d'emploi, ainsi que de rôles respectifs du syndicat et des membres de la direction et de leurs relations[39]».

4. Une méthode non traditionnelle de résolution de problèmes en matière de négociation de conventions collectives. Les gestionnaires doivent établir une atmosphère de tolérance et d'écoute. Ils pourraient aussi modifier les façons de faire traditionnelles relativement aux négociations en y incluant, par exemple, des problèmes complexes à résoudre tels que l'élaboration de plans stratégiques. Les cadres supérieurs ne sont généralement pas très favorables à échanger avec les membres de la partie syndicale concernant ce type de problèmes. Pourtant, lorsqu'ils le font, ils indiquent leur volonté de s'engager à travailler de concert avec leurs employés syndiqués.

Comme nous l'avons vu dans ce chapitre, les gestionnaires ont de nombreux défis à relever lorsqu'il leur faut réussir à maintenir un équilibre entre le développement d'une culture organisationnelle liée à la vision de l'entreprise et de son fondateur, à promouvoir l'innovation afin de maintenir cette culture et, enfin, à reconnaître les changements qu'il leur faut orchestrer. L'innovation, soit la mise en œuvre d'idées nouvelles et créatives en vue de maintenir ou d'obtenir un avantage concurrentiel, est le propre des entreprises dont la culture organisationnelle est fondée sur des valeurs et des normes favorisant la créativité individuelle, l'apprentissage organisationnel et la prise de risques. Les gestionnaires doivent récompenser de façon adéquate les intrapreneurs qui proposent de nouvelles idées, même lorsque celles-ci ne se rendent finalement pas jusqu'à l'étape de la mise en marché. Les employés et les gestionnaires percevant qu'ils jouissent d'une autonomie décisionnelle pour travailler à de nouvelles solutions sans risque de répercussions collaborent au développement et à la valorisation d'une culture organisationnelle axée sur la flexibilité. Par ailleurs, les changements effectués dans n'importe quel aspect des activités d'une entreprise, de sa stratégie ou de sa structure peuvent susciter une résistance chez les employés et les gestionnaires qui préféreraient maintenir le *statu quo* plutôt que de perdre le moindre pouvoir ou privilège. Cependant, les gestionnaires doivent développer des techniques pour contrer ces résistances au changement. Le défi qu'ils doivent relever est de trouver un juste équilibre entre la nécessité pour leur entreprise d'effectuer sans accroc des activités prévisibles et celle de réagir promptement à des changements dans l'environnement pour maintenir ou acquérir un avantage concurrentiel. Les entreprises démontrant une capacité organisationnelle à effectuer des changements à mesure que la nécessité s'en fait sentir sont généralement caractérisées par la présence d'une culture axée sur la flexibilité et encourageant l'innovation chez les employés. Elles pourront ainsi s'attendre à récolter les fruits de leurs efforts de gestion lorsque leurs gestionnaires réussiront à mobiliser les employés, particulièrement en présence de changements organisationnels importants.

7

Résumé et révision

Cette section vous servira à vérifier l'acquisition des objectifs d'apprentissage.

OA1 L'influence des gestionnaires sur la culture organisationnelle La culture organisationnelle est un ensemble partagé de convictions, de valeurs, de normes et de comportements qui influent sur les façons dont les individus et les groupes interagissent dans une organisation et dont ils travaillent ensemble à réaliser ses objectifs. Cette culture guide leurs comportements et fait partie intégrante de leur quotidien. Elle est transmise aux employés par les valeurs du fondateur de l'entreprise ou de son président-directeur général, le processus de socialisation, des cérémonies, des rites organisationnels, des anecdotes, un langage commun et des symboles. La façon dont les gestionnaires exercent leur leadership et s'acquittent de leurs tâches de gestion a un effet sur le type de culture qu'une entreprise développe, c'est-à-dire une culture axée sur la flexibilité ou sur la stabilité.

OA2 Le développement et la valorisation de la culture organisationnelle par l'innovation L'innovation se définit comme étant la mise en œuvre de nouvelles idées au sein d'une entreprise. Il est généralement reconnu que les employés ont une plus grande motivation à faire preuve d'innovation au sein de leur organisation lorsque la culture organisationnelle est axée sur la flexibilité. En outre, les gestionnaires peuvent promouvoir cette innovation en encourageant l'esprit d'intrapreneuriat, en mettant sur pied des équipes de travail novatrices et en récompensant les employés prêts à prendre des initiatives lorsqu'on leur accorde une plus grande autonomie décisionnelle.

OA3 Le changement et la culture organisationnels Le changement organisationnel est une évolution de l'entreprise de son état actuel vers un état souhaité en vue d'accroître son efficacité et son efficience. Pour réussir un changement organisationnel planifié ou prescrit par l'environnement externe, il est nécessaire d'effectuer aussi des changements concernant la culture de l'entreprise, c'est-à-dire ses valeurs, ses normes et les comportements des employés.

OA4 La gestion du changement organisationnel La gestion du changement organisationnel est une des tâches les plus importantes et les plus ardues des gestionnaires. Les quatre étapes de ce processus sont l'évaluation de la nécessité d'un changement, le choix du changement à effectuer, la mise en œuvre du changement et, enfin, l'évaluation de la situation après que le changement a été effectué.

OA5 Des modèles de changement organisationnel Un des principaux défis des gestionnaires consiste à préserver le juste équilibre entre les procédures de travail stables et prévisibles des employés et la nécessité de réagir aux changements de l'environnement. Kurt Lewin a suggéré un modèle en trois étapes pour gérer le changement : 1) la « décristallisation » du *statu quo* ; 2) une « transition » de l'organisation de son état actuel vers un état souhaité ; et 3) la « recristallisation » des changements afin d'offrir à nouveau une stabilité organisationnelle, et ce, de manière permanente. De son côté, Ralph Stacey propose la théorie de la complexité, d'après laquelle, pour gérer efficacement le changement, les gestionnaires doivent élaborer des systèmes de nature flexible qui se situent « à la frontière du chaos » plutôt que des structures de nature rigide. Par ailleurs, au sein d'un milieu syndiqué, il est suggéré que les gestionnaires et employés travaillent conjointement afin : 1) de résoudre les problèmes qui se posent au jour le jour ; 2) d'échanger de l'information sur le changement organisationnel ; 3) d'élaborer une vision qui est partagée par les deux parties ; et 4) d'instaurer de nouvelles ententes de coopération en matière de résolution de problèmes. Une organisation dont la culture est fondée sur des valeurs et des normes qui encouragent l'innovation est mieux adaptée que d'autres organisations qui n'en voient pas la pertinence.

TERMES CLÉS

changement amorcé par la base (ou du bas vers le haut) (p. 226)

changement amorcé par le haut (ou du haut vers le bas) (p. 226)

changement culturel (p. 223)

changement de structure (ou structurel) (p. 222)

changement organisationnel (p. 221)

changement planifié (p. 222)

changement prescrit (p. 222)

changement technologique (p. 222)

croyance (p. 212)

culture organisationnelle (p. 211)

écart de rendement (p. 224)

entrepreneur (p. 218)

entrepreneuriat (p. 219)

entrepreneur social (p. 218)

entreprise électronique (p. 222)

équipe novatrice (p. 221)

étalonnage (p. 227)

forces de résistance (p. 228)

forces motivationnelles (p. 228)

innovation sociale (p. 219)

intrapreneur (p. 218)

modification de produits (ou services) (p. 223)

norme (p. 212)

postulat (p. 212)

socialisation organisationnelle (p. 216)

symbole (p. 212)

théorie de la complexité (p. 230)

Solutionnaire
enseignant

Les gestionnaires à l'œuvre

SUJETS À TRAITER ET ACTIVITÉS CONNEXES

NIVEAU 1 Connaissances et compréhension

1. a) Qu'est-ce qu'une culture organisationnelle ?

   b) Comment guide-t-elle le comportement des gens à l'intérieur d'une entreprise ?

   c) Comment développe-t-on et valorise-t-on une culture organisationnelle ?

2. Expliquez comment les employés se familiarisent avec la culture de leur entreprise.

3. Décrivez les quatre étapes de la gestion d'un changement organisationnel.

NIVEAU 2 Application et analyse

4. Effectuez une recherche sur Internet concernant la société Google et répondez aux questions suivantes.

   a) Décrivez la culture organisationnelle de Google.

b) Comment Google fait-elle la promotion de sa culture ?

c) Quels types d'initiatives écologiques font partie de la culture de Google ?

5. Réalisez des entrevues avec des employés d'une entreprise. Interrogez-les sur les valeurs, les normes, les pratiques de socialisation, les rites et les cérémonies, le langage, les anecdotes et les symboles qui lui sont propres. En vous servant des renseignements que vous aurez obtenus, décrivez la culture de cette entreprise.

6. Interrogez un gestionnaire au sujet d'un changement qu'il a récemment mis en œuvre.

a) À quels problèmes initiaux voulait-il remédier ?

b) Quelles difficultés l'entreprise a-t-elle éprouvées dans son effort de changement ?

c) De quelle façon s'est effectuée la mise en œuvre du changement ?

d) Quel a été le résultat du processus de changement ?

NIVEAU 3 Synthèse et évaluation

7. Analysez les difficultés auxquelles les gestionnaires se heurtent lorsqu'ils essaient de procéder à un changement organisationnel. Comment pourraient-ils surmonter certaines d'entre elles ?

8. Effectuez une recherche dans Internet et écoutez quelques émissions en baladodiffusion concernant la société Pixar. Décrivez la façon dont son cofondateur, Ed Catmull, favorise le développement d'une culture créative dans cette entreprise.

9. Analysez et évaluez l'importance de la théorie de la complexité dans la gestion du changement.

EXERCICE PRATIQUE EN PETIT GROUPE

La résistance au changement concernant les nouvelles technologies de l'information

Formez un groupe de trois ou quatre personnes et choisissez quelqu'un qui présentera les résultats de votre recherche à toute la classe lorsque votre professeur vous le demandera. Discutez ensemble du scénario suivant.

Vous formez ensemble une équipe de gestionnaires chargés de l'information et des communications dans une grande entreprise de fabrication de produits grand public. Votre entreprise a déjà adopté plusieurs technologies de l'information. Les gestionnaires et les employés ont accès à la messagerie vocale, au courrier électronique, à Internet, à l'intranet et à un collecticiel.

La plupart des employés se servent de ces nouvelles technologies, mais certains se montrent réticents à les utiliser, ce qui cause des problèmes de communication. Par exemple, tous les gestionnaires ont une adresse de courrier électronique et un ordinateur dans leur bureau ; toutefois, quelques-uns refusent non seulement de transmettre ou de recevoir des courriels, mais aussi de mettre leur appareil en marche. Ils considèrent qu'ils devraient pouvoir communiquer comme ils l'ont toujours fait, c'est-à-dire en personne, par téléphone ou par écrit. Par conséquent, lorsque des collègues qui ne sont pas au courant de leurs préférences leur envoient des messages, ceux-ci ne sont jamais lus.

En outre, les gestionnaires récalcitrants ne lisent jamais les nouvelles concernant l'entreprise qui leur sont envoyées par courrier électronique. Un autre exemple de résistance aux nouvelles technologies concerne l'utilisation du collecticiel. Des membres de certains groupes de travail ne veulent pas communiquer de renseignements de façon électronique à leurs collègues par ordinateur.

En tant que responsables de l'information et des communications, vous ne voulez pas obliger qui que ce soit à utiliser ces technologies, mais vous souhaiteriez tout de même qu'ils en fassent l'essai et les jugent par leurs résultats. Vous vous réunissez donc aujourd'hui pour élaborer des stratégies qui permettraient de réduire la résistance aux nouvelles technologies.

1. Un premier groupe de récalcitrants est formé de membres de la haute direction. Certains d'entre eux semblent avoir la phobie des ordinateurs. Ils n'ont jamais utilisé d'ordinateurs personnels et ne veulent pas commencer à le faire, même pour communiquer avec des collègues. Quelles mesures allez-vous suggérer pour les inviter à essayer leur ordinateur personnel?

2. Un deuxième groupe d'employés récalcitrants se compose de cadres intermédiaires. Certains d'entre eux ne veulent pas utiliser l'intranet de l'entreprise. Même s'ils ne s'opposent pas à la technologie en soi et qu'ils se servent de leur ordinateur personnel pour différentes activités, y compris les communications, ils semblent se méfier de l'intranet en tant que façon de communiquer quant à l'exécution de certaines tâches. Quelles mesures allez-vous suggérer pour inviter ces cadres à tirer parti des avantages de l'intranet?

3. Un troisième groupe d'employés réticents comprend des membres de groupes et d'équipes qui refusent d'utiliser le collecticiel que l'entreprise leur a fourni. Vous croyez que cet outil pourrait améliorer la communication entre eux et leur rendement mais, apparemment, ils ont une opinion différente. Quelles mesures allez-vous suggérer pour inviter ces personnes à utiliser le collecticiel?

EXERCICE DE PLANIFICATION D'AFFAIRES

Pour vous guider, consultez l'annexe B, à la page 426.

La culture organisationnelle se reflète dans chaque aspect de votre entreprise et de ses activités, des tableaux d'art ornant les murs jusqu'à la transparence démontrée par ses gestionnaires dans leurs relations avec les actionnaires. Dans le cadre de votre planification, vous visez à intégrer vos valeurs et vos normes (plutôt invisibles) au moyen de symboles (visibles). Réfléchissez à cette question et à ce que vous souhaiteriez inclure dans la composante «culture organisationnelle» de votre plan d'affaires.

1. Élaborez un ensemble de valeurs et de normes ou une philosophie que vous aimeriez mettre en place dans votre entreprise.

2. Décrivez la culture organisationnelle que vous souhaiteriez développer.

3. Comment transmettriez-vous ces valeurs et ces normes aux gestionnaires et à l'ensemble de vos employés?

EXERCICE DE GESTION RELATIF À L'ÉTHIQUE

Certaines entreprises, telles que les sociétés Arthur Andersen et Enron, semblent avoir développé une culture composée de valeurs et de normes qui ont poussé leurs membres à se comporter de façon contraire à l'éthique. De quelle manière une culture organisationnelle qui valorise une performance remarquable peut-elle finalement inciter des personnes à avoir un comportement allant à l'encontre de principes de nature éthique? Comment les organisations peuvent-elles éviter que leurs valeurs et leurs normes deviennent trop contraignantes?

LA GESTION MISE AU DÉFI

Une touche personnelle

Une entreprise de fabrication de plastique demande votre aide[40]. Depuis sa création, il y a cinq ans, elle a connu une croissance phénoménale et un très grand succès financier. Elle s'est agrandie rapidement et compte maintenant plus de 100 employés. Toutefois, les membres de la direction constatent que sa culture, très «pratique» en ce qui a trait à l'expertise technique, convient moins bien aux relations avec la main-d'œuvre, et qu'elle a rebuté quelques-uns des nouveaux membres de son personnel. En fait, trois de ses meilleurs employés ont récemment quitté l'entreprise. Au moment de leur départ, ils ont invoqué comme prétexte que l'organisation était devenue très «impersonnelle» et qu'ils ne souhaitaient plus travailler à l'intérieur de ce type de structure.

1. Quelles suggestions pourriez-vous faire aux dirigeants de cette entreprise pour qu'ils développent une culture organisationnelle plus «conviviale»?

2. Comment pourriez-vous aider les gestionnaires à développer aussi une culture du travail en équipe?

PROJET DE PRÉPARATION D'UN DOSSIER DE GESTION

Répondez aux questions suivantes concernant l'organisation que vous avez choisi d'étudier.

1. Décrivez la culture organisationnelle de cette entreprise.

2. Quels moyens cette organisation privilégie-t-elle pour promouvoir ses valeurs et ses normes auprès de ses gestionnaires et employés?

3. Cette entreprise a-t-elle effectué un changement important au cours de la dernière décennie? Décrivez les forces motivationnelles et de résistance qui se sont manifestées au cours de ce changement.

4. Si l'entreprise effectuait un changement important dans un avenir rapproché, quelles mesures pourrait-elle prendre pour s'assurer que ce changement soit une réussite?

Solutionnaire enseignant

▶ Étude de cas

La valeur proposée par WestJet

Si vous passez une journée au siège social de WestJet, vous n'entendrez jamais prononcer le mot «passager», même si la compagnie aérienne à bas prix assure le transport de 15 millions de personnes par année[41]. Le mot «employé» échappe parfois à quelqu'un dans le cours d'une conversation, mais ce n'est pas le terme généralement utilisé pour désigner près de 7 900 personnes qui travaillent pour ce transporteur aérien. À Calgary, une ville de l'Ouest canadien renommée pour ses rodéos, les «WestJeters/propriétaires» font partie d'une compagnie d'aviation dont l'équipage s'est bâti une réputation d'amabilité et qui transporte des «invités» à bord d'une flotte de 91 avions de type 737 de nouvelle génération (dont les cabines ne comportent qu'une seule classe pour tous) à destination de diverses villes canadiennes et de lieux touristiques aux États-Unis ainsi que, de plus en plus, aux Antilles et au Mexique.

Le choix des mots utilisés par le personnel n'est pas la seule chose qui indique que ce transporteur de près de 15 ans d'existence diffère quelque peu des autres compagnies aériennes. L'immeuble qui abrite son siège social a été construit en 2009 au coût de 120 millions de dollars canadiens et mesure 106 680 m². Son rez-de-chaussée comporte un café Starbucks et une aire de restauration de grande envergure, tous deux fréquentés par des employés de tous les échelons hiérarchiques à toute heure du jour, mais particulièrement à l'heure du déjeuner. Les cadres intermédiaires de WestJet sont installés dans des espaces semi-cloisonnés situés à proximité de grandes fenêtres. Ils profitent ainsi de de la lumière naturelle qui y pénètre à flot et d'une vue sur les pistes de départ et d'arrivée de l'aéroport international de Calgary. Ils peuvent aussi voir, à l'arrière-plan, la silhouette majestueuse des Rocheuses. Les bureaux des cadres supérieurs, modernes mais modestes, sont situés à l'intérieur de l'immeuble, c'est-à-dire sans vue sur l'extérieur.

« Il n'y a pas de distinction entre eux et nous », explique le président et chef de la direction, Gregg Saretsky, au cours d'une longue entrevue accordée à ATW dans son bureau. Celui-ci comporte deux murs en vitre, de sorte que n'importe quel employé qui passe peut voir à l'intérieur. « Nous n'avons pas d'espace de stationnement réservé [...] Si je suis le premier arrivé, j'obtiens un bon emplacement. Si je rentre plus tard, j'aurai une place au fond du stationnement, là-bas [...] Je pense que si vous allez chez nos concurrents américains et canadiens, vous verrez que tous les cadres supérieurs ont un espace de stationnement réservé à proximité de l'immeuble et une salle à manger pour les membres de la direction. [Les cadres supérieurs de WestJet prennent régulièrement leur repas au rez-de-chaussée de l'immeuble.] [...] Selon moi, les directeurs [d'entreprise] en Amérique du Nord ont acquis une réputation bien méritée d'élitisme. »

Monsieur Saretsky fait remarquer que 85 % de ses employés possèdent des actions de l'entreprise grâce à un régime d'options d'achat d'actions pour les employés. (Il n'y a aucun syndicat à WestJet.) Un WestJeter peut consacrer jusqu'à 20 % de son salaire à l'achat d'actions et l'entreprise « lui donnera l'équivalent d'un dollar pour chaque dollar investi ». Selon le président et chef de la direction, « c'est du jamais vu dans ce secteur ».

L'entreprise tient deux grandes fêtes spéciales par an, l'une à l'automne et l'autre au printemps, pour remettre des chèques à ses employés. Monsieur Saretsky l'explique en ces termes : « Une des caractéristiques de notre culture organisationnelle est que nous célébrons notre réussite. Je trouve qu'il n'y a pas de meilleure manière de fêter le succès de l'entreprise que de distribuer des chèques en mains propres [...] Nous organisons une grande fête avec un orchestre. Nous nous amusons ferme. Tout le monde se côtoie et l'atmosphère ressemble beaucoup à celle d'un festival. »

Ce transporteur aérien a eu beaucoup de choses à célébrer au cours des quelque 14 ans qui se sont écoulés depuis sa création par des entrepreneurs de Calgary dirigés par Clive Beddoe, qui se sont inspirés du modèle de la Southwest Airlines. Au début, WestJet comptait trois avions 737-200 qui faisaient la navette entre cinq villes. De nos jours, l'entreprise offre environ 420 vols quotidiens vers 71 villes (soit deux fois plus que les 35 villes qu'elle desservait en 2006), dont 31 au Canada, 17 dans les Antilles (y compris les Bermudes), 13 aux États-Unis (y compris 5 en Floride), 4 à Hawaï et 6 au Mexique. Elle possède 37 % du marché intérieur canadien de ce secteur. Sur la plupart de ses vols, elle propose des émissions de télévision en direct et des films facturés selon le temps de visionnement (les passagers peuvent acheter des écouteurs ou apporter les leurs), ainsi que des sandwiches et des collations payantes.

« Notre stratégie repose principalement sur deux éléments clés : l'expérience vécue par nos invités et l'offre de billets de transport à prix réduit. »

Des niveaux élevés de croissance et de rentabilité associés à une image de marque très positive aux yeux des Canadiens et des relations entre la direction et la main-d'œuvre qui font sûrement l'envie de nombreuses compagnies aériennes dans le monde entier sont des gages de réussite pour WestJet. L'entreprise a d'ailleurs réussi à traverser la récession mondiale à peu près sans pertes.

« À une époque où beaucoup de compagnies d'aviation accordaient des congés sans solde à leurs employés et clouaient leurs avions au sol, minant le moral du personnel, nous avons connu une certaine croissance grâce à notre structure à faibles coûts, même lorsque les résultats financiers sont inférieurs aux attentes. Les WestJeters n'ont pas encore connu de mises à pied. Je touche du bois en disant ça, mais nous avons eu 14 années de croissance et les employés se sentent vraiment à l'aise dans leur milieu de travail […] Nous avions une [capacité] de croissance dans les deux chiffres pour l'ensemble de la période [de récession], sauf en 2009 où notre croissance a été moindre [2,6 %]. C'est tout un contraste avec la plupart de nos concurrents qui, eux, étaient carrément en décroissance. »

Selon monsieur Saretsky, une grande partie du succès de WestJet repose sur l'approche préconisée par les fondateurs de l'entreprise : « Ils connaissent la recette depuis longtemps. Les résultats obtenus parlent d'eux-mêmes. Je ne veux pas être le président et chef de la direction qui gâche quelque chose qui marche bien. Par contre, j'ai 25 ans d'expérience et je crois que je peux aider à apporter certains changements de façon efficace. »

1. Comment décririez-vous la culture organisationnelle de WestJet ?

2. Comment les WestJeters se familiarisent-ils avec la culture de leur organisation ?

3. Qu'est-ce qui permet à monsieur Saretsky de penser qu'il peut apporter des changements de façon efficace ?

Solutionnaire
enseignant

Fin de la partie 4 : Un cas à suivre

LA CULTURE ET LA STRUCTURE ORGANISATIONNELLES

À titre de président et chef de la direction des Joyaux du terroir, Maurice Lavallée gère le processus de fabrication à l'externe des produits de sa marque maison et il supervise le travail des employés du magasin, tandis que Janet Khan s'occupe de l'approvisionnement en produits biologiques et gère le service de livraison. Tous deux ont besoin que leurs employés respectifs présentent une performance organisationnelle remarquable, mais ils ont une vision très différente de la façon de les motiver. Monsieur Lavallée a choisi comme méthode la décentralisation de l'autorité. Il accorde aux membres de son personnel de vente l'autonomie décisionnelle nécessaire pour qu'ils assument la responsabilité de satisfaire les besoins des clients. Il a créé un environnement dans lequel il respecte la façon de faire de tous ses employés et où ces derniers perçoivent qu'il reconnaît la valeur de chacun d'eux en tant que personne. Plutôt que de les obliger à suivre des règles strictes, il les laisse libres de prendre des décisions et de fournir aux clients des services personnalisés. Les employés ont donc l'impression qu'ils sont eux aussi « propriétaires » du magasin. Par contre, les employés de madame Khan l'accusent de faire de la « microgestion ». Par exemple, même si elle ne connaît pas la ville aussi bien que les conducteurs des camions de livraison, elle insiste pour déterminer la logistique de ce service. Cette façon de faire a pour résultat qu'un petit nombre seulement des livraisons se font aux heures convenues. Le plus souvent, les livreurs ne trouvent personne sur place parce qu'ils arrivent trop tôt ou trop tard. Ils sont également mécontents des règles compliquées que leur impose madame Khan et des multiples formulaires qu'ils doivent remplir pour la satisfaire.

1. Établissez l'organigramme des Joyaux du terroir et décrivez sa structure hiérarchique.

2. Décririez-vous la structure de l'entreprise comme étant de type organique ou mécaniste ?

3. Donnez les caractéristiques de la culture des Joyaux du terroir selon le point de vue des employés du magasin (sous la supervision de monsieur Lavallée), et ensuite, selon le point de vue des conducteurs de camions de livraison (sous la supervision de madame Khan).

4. Quelles méthodes et techniques madame Khan pourrait-elle privilégier afin de motiver les conducteurs des camions de livraison et de favoriser une culture organisationnelle mieux adaptée aux circonstances ?

8

Le leadership

Entrée en matière

Un visionnaire en télécommunication reçoit le Canadian Business Leader Award

Comment un gestionnaire peut-il transformer une entreprise dans un environnement en évolution rapide ?

Le 2 mars 2011, devant une foule record de plus de 900 personnes, le recteur de l'Alberta School of Business, Mike Percy, annonçait, en compagnie de Darren Entwistle, le leader de la société TELUS et le chef de la direction qui a le plus d'ancienneté parmi les titulaires actuels de ce poste dans les entreprises de télécommunications du monde entier, que celui-ci était le récipiendaire du 30e Canadian Business Leader Award (CBLA).

« Recevoir le Canadian Business Leader Award est vraiment un honneur, a déclaré monsieur Entwistle. Je remercie sincèrement tous les membres de l'équipe de TELUS pour leur extraordinaire soutien dans l'application de la stratégie de notre entreprise ainsi que pour leur dévouement envers nos clients et les collectivités dans lesquelles nous vivons et travaillons, et que nous servons[1]. »

Darren Entwistle est né à Montréal en 1962. Il détient un diplôme de baccalauréat spécialisé en économie de l'Université Concordia, une maîtrise en administration des affaires (MBA), section finance, de l'Université McGill et un diplôme en ingénierie de

réseau de l'Université de Toronto. Avant d'occuper le poste de chef de la direction de TELUS, il avait déjà cumulé 30 années d'expérience dans le secteur des communications, dont 7 comme membre de l'équipe de direction de Cable & Wireless au Royaume-Uni. Darren Entwistle est président et chef de la direction de TELUS depuis le 10 juillet 2000.

Au cours des 12 années suivant son entrée en fonction, l'une des périodes les plus instables dans l'histoire des télécommunications au Canada, il a transformé cette entreprise de téléphonie régionale en un chef de file national en matière de services de communication grâce à une stratégie de croissance axée sur l'accessibilité des données et la radiocommunication. En 2000, TELUS est devenue un fournisseur national de communications sans fil par suite de l'acquisition de Clearnet pour une somme de 6,6 milliards de dollars. L'entreprise a étendu son champ de compétences et sa clientèle en acquérant d'autres sociétés telles que QuébecTel, Williams Communications Canada Inc., Emergis et Black's Photography.

De nos jours, TELUS est reconnue dans le monde entier pour sa capacité d'innovation et sa solide performance financière. En particulier, entre le début de l'an 2000 et le mois d'août 2012, TELUS a procuré à ses actionnaires un rendement total de 190 %, c'est-à-dire un taux plus élevé que ceux de toutes les entreprises de télécommunications du monde. Monsieur Entwistle a changé du tout au tout la destinée de l'entreprise. Il a enlevé à la société Bell Canada d'importants contrats, et a devancé ses rivaux sur plusieurs fronts à la fois, en particulier dans le domaine des communications sans fil, où la croissance et les profits de l'entreprise ont été tout simplement phénoménaux.

En plus de sa performance financière enviable, TELUS s'est engagée à devenir la première entreprise citoyenne au Canada. En 2010, l'Association of Fundraising Professionals, établie aux États-Unis, l'a proclamée la plus remarquable société philanthropique du monde. C'est la première fois qu'on accordait un tel honneur à une entreprise canadienne. La philosophie de TELUS se résume en quelques mots : « Nous donnons où nous vivons. » De 2000 à 2013, l'entreprise et ses membres ont versé plus de 300 millions de dollars à des organismes de bienfaisance et sans but lucratif et ont effectué plus de 4,8 millions d'heures de bénévolat dans leur collectivité locale. Quatorze conseils communautaires, dirigés par des leaders locaux, poursuivent les initiatives philanthropiques de cette société d'un océan à l'autre[2].

L'entreprise s'est aussi engagée à aider à transformer le système de soins de santé au Canada, en y investissant plus d'un milliard de dollars et en utilisant des technologies innovatrices pour améliorer l'efficience des services aux patients et leur état de santé. Branham Group, un leader en conseil TI (technologies de l'information), lui a décerné le titre de plus importante entreprise informatique en soins de santé au Canada cinq années de suite[3].

Guidé par sa confiance dans la capacité de l'équipe de TELUS de produire une valeur durable, monsieur Entwistle a investi la somme totale de sa rémunération annuelle après impôts dans des actions de la société, et ce, pendant quatre années consécutives. Interrogé sur l'importance d'établir une culture organisationnelle de qualité, il a répondu: «Les concurrents peuvent copier vos stratégies de mise en marché ou vos produits, mais ils ne peuvent pas recréer votre culture organisationnelle[4].»

Selon lui, la culture de son entreprise est le principal et le seul élément durable de son avantage concurrentiel. Il encourage tous les leaders de TELUS à développer des réservoirs de talents diversifiés pour favoriser la permanence de la créativité et de l'innovation dans l'entreprise.

À cet égard, monsieur Entwistle croit aussi que tous les employés doivent avoir accès à une formation et au développement de leurs compétences, car c'est une composante essentielle d'un plan de carrière. Pour promouvoir la culture organisationnelle, il met de l'avant quatre grandes valeurs entrepreneuriales conçues en collaboration avec des employés il y a plus de 10 ans: adopter le changement et susciter des occasions de progresser, avoir une passion pour la croissance, croire en un travail d'équipe accompli avec enthousiasme et avoir le courage d'innover.

Monsieur Entwistle vise également à accroître la responsabilité de chacun dans la performance de l'entreprise. On le cite souvent disant: «Ce qui se mesure se fait.» Il exige donc de ses leaders qu'ils établissent des objectifs SMART + C (Spécifiques, Mesurables, Atteignables, Réalistes, Temporels et bien Communiqués) qui correspondent aux obligations stratégiques et aux priorités de l'entreprise (*voir le chapitre 5*).

Au sujet de son style en tant que communicateur, un journaliste du *Globe and Mail* a écrit qu'il avait l'air d'un étudiant de première année d'université, mais qu'il parlait comme un chef d'État aguerri prononçant un discours devant l'assemblée des Nations Unies[5]. Lorsqu'il a assumé le rôle de chef de la direction, monsieur Entwistle a tout de suite compris qu'il lui fallait transformer l'entreprise pour qu'elle demeure concurrentielle et qu'elle se taille une place dans l'économie mondiale. Pour lui, TELUS était un «dinosaure à câbles» qui, pour survivre, devait réussir à réduire ses coûts et apprendre à être rentable dans la nouvelle ère numérique. C'est exactement ce qu'il lui a fait faire en inspirant son équipe par son dynamisme et sa passion à réaliser sa vision et à accomplir la mission stratégique de l'entreprise, qui est d'«exploiter la puissance d'Internet afin d'apporter aux Canadiens les meilleures solutions au foyer, au travail et sur la route». Jusqu'à ce jour, TELUS est l'une des rares compagnies de téléphone au monde qui a eu la discipline de s'en tenir à sa vision depuis plus de 10 ans.

▶ **Après avoir réfléchi aux concepts présentés dans ce chapitre, vous serez en mesure de répondre aux questions suivantes.**

1. Quels traits de caractère et quelles caractéristiques font de Darren Entwistle un leader efficace?

2. Monsieur Entwistle est-il un leader transformationnel? Pourquoi?

L'entrée en matière nous montre ce que pourrait être une nouvelle conception du leadership, allant au-delà du modèle traditionnel du leader et de ses subordonnés pour présenter la vision et l'énergie qu'un gestionnaire ou une personne en position d'autorité peut apporter à son organisation. Au chapitre 1, nous avons vu qu'une des quatre principales tâches des gestionnaires consiste à diriger. Il n'est donc pas surprenant que le leadership soit un élément clé d'une gestion efficace. Lorsque des leaders sont efficaces, leurs subordonnés sont motivés, s'investissent dans leur travail et parviennent à un rendement élevé. Sous la direction de leaders inefficaces, il y a fort à parier que ces mêmes personnes auront un rendement inférieur aux attentes compte tenu de leurs habiletés, qu'ils manqueront de motivation et qu'ils se sentiront aussi insatisfaits. Le leadership est un ingrédient important d'une gestion efficace à tous les échelons d'une organisation : chez les cadres supérieurs, intermédiaires et de terrain. De plus, il est un élément essentiel du succès des petites comme des grandes entreprises.

Dans ce chapitre, nous décrirons ce qu'est le leadership et nous examinerons les principales théories du leadership qui permettent de déterminer les facteurs propres à faire des gestionnaires des leaders efficaces. L'approche axée sur les traits de personnalité ainsi que les modèles béhavioristes ou comportementaux portent sur ce que sont les leaders et sur ce qu'ils font, respectivement. Les modèles de contingence (le modèle de contingence de Fiedler, le modèle situationnel de Hersey et Blanchard ou modèle du leadership situationnel, la théorie de l'intégration des buts personnels et la théorie du substitut du leader) tiennent compte de la complexité du contexte dans lequel le leadership s'exerce et du rôle de la situation dans l'efficacité du leader.

Nous décrirons l'influence considérable que les gestionnaires peuvent exercer sur leur organisation grâce au leadership transformationnel. De même, nous examinerons la relation entre le leadership et, respectivement, le genre, la culture et l'intelligence émotionnelle. À la fin du chapitre, vous pourrez mieux évaluer les divers facteurs et problèmes auxquels les gestionnaires font face dans leurs efforts pour devenir des leaders efficaces.

inspire, motive et dirige leurs activités en vue de les aider à réaliser des objectifs d'un groupe ou d'une organisation[6]. La personne qui exerce une telle influence est appelée un « **leader** ». Lorsque les leaders sont efficaces, l'influence qu'ils ont sur les autres aide leur groupe ou leur organisation à réaliser ses objectifs de rendement. Par contre, lorsqu'ils sont inefficaces, leur influence non seulement ne contribue pas à la réalisation d'objectifs, mais elle peut même y nuire. Nous avons vu dans l'entrée en matière que Darren Entwistle prend diverses mesures pour inspirer et motiver les employés de TELUS de façon à les aider à réaliser des objectifs de l'entreprise.

En plus de favoriser la réalisation des objectifs de rendement, un leadership efficace augmente la capacité d'une entreprise à relever les multiples défis du monde actuel dont il a été question dans ce manuel, comme la nécessité de s'assurer d'un avantage concurrentiel, ou celle de gérer une main-d'œuvre diversifiée de façon juste et équitable. Les leaders qui exercent une influence en vue de faciliter la réalisation de ces objectifs augmentent les chances de réussite de leur entreprise. La légitimité du leadership se mesure par l'adhésion des employés à la vision et aux objectifs ambitieux du leader. Plus l'engagement des employés est fort, meilleur est le leadership. Comme nous l'avons vu avec Darren Entwistle, sa vision et ses actions portent sur un projet collectif pour soutenir l'adhésion de ses employés à la mission de l'entreprise, qui est d'exploiter la puissance d'Internet afin d'apporter aux Canadiens les meilleures solutions au foyer, au travail et sur la route.

Dans cette section, nous considérerons d'abord les styles de leadership et les façons dont ils influent sur les tâches de gestion, puis l'influence de la culture sur ces styles. Nous nous intéresserons ensuite à l'élément clé du leadership, c'est-à-dire le pouvoir, qui peut provenir de sources diverses. Enfin, nous traiterons de la dynamique contemporaine de l'autonomisation et de son rapport avec un leadership efficace.

OA1 Expliquer ce qu'est le leadership et déterminer les éléments de pouvoir que les leaders utilisent pour influencer les autres.

8.1 Qu'est-ce que le leadership ?

Le **leadership** est le processus grâce auquel une personne exerce de l'influence sur d'autres personnes et

---

Leadership (*leadership*)
Processus par lequel une personne exerce de l'influence sur d'autres personnes et inspire, motive et dirige leurs activités de façon à les aider à la réalisation des objectifs d'un groupe ou d'une organisation.

Leader (*leader*)
Personne capable d'exercer de l'influence sur d'autres personnes, qui les inspire et les motive pour faciliter la réalisation des objectifs d'un groupe ou d'une organisation.

8.1.1 Le style de leadership personnel et les tâches de gestion

Le **style de leadership personnel** d'un gestionnaire, c'est-à-dire les façons d'agir qu'il choisit pour influencer ses subordonnés, détermine la manière dont il aborde la planification, l'organisation et le contrôle du rendement. Historiquement, le style de leadership personnel représentait davantage une méthode de gestion ou une façon de faire. À l'époque de la révolution industrielle jusqu'aux années 1970, les éléments de vision et d'engagement étaient peu développés. Certains éléments de cette époque persistent encore de nos jours. Par exemple, Michael Tibeau, propriétaire et gestionnaire d'un nettoyeur à sec dans le nord-est du Nouveau-Brunswick, pratique une gestion main à la pâte. Il conserve l'autorité exclusive de déterminer les horaires de travail et l'attribution des tâches des 15 employés de son magasin (une tâche d'organisation). Il prend lui-même toutes les décisions importantes (une tâche de planification). Il supervise étroitement le rendement de ses employés et récompense les plus performants par des augmentations de salaire (une tâche de contrôle du rendement). Ce style de leadership personnel se révèle efficace dans son entreprise. En effet, ses employés ne manquent pas de motivation, ont un rendement élevé et sont satisfaits de leurs conditions de travail. De plus, son entreprise est très rentable.

Il est possible de s'inspirer des théories et concepts étudiés dans ce chapitre pouvant contribuer au style de leadership personnel d'un leader. Toutefois, un examen de la nature du leadership entraîne encore et toujours la même question concernant la gestion : comment amener d'autres personnes à obéir aux ordres et à effectuer des tâches de façon efficace ?

Dans ses écrits datant du début du xxᵉ siècle, Henri Fayol a expliqué très clairement l'unité de commandement et l'importance, selon lui, d'une centralisation des décisions[7]. Avec ses trois principales formes d'autorité (rationnelle, traditionnelle et charismatique), élaborées dans le premier quart de ce siècle, Max Weber a été l'un des premiers spécialistes des sciences sociales à traiter de cette question[8]. Mary Parker Follett s'est aussi intéressée au problème de «donner des ordres» et d'obéir dans une série de conférences publiées à peu après cette époque[9]. En fait, la pensée de la période classique du développement des théories de la gestion, et tout particulièrement la théorie scientifique de la gestion de Frederick W. Taylor, a été consacrée au traitement de cette question cruciale. Le tableau 8.1[10] montre une certaine évolution du leadership. Tandis que Taylor et Fayol parlent de commander et de diriger d'une façon rationnelle et logique, un peu comme si l'administration des choses pouvait aussi s'appliquer à la gouvernance des personnes, Weber, avec son apport sur le plan de l'autorité traditionnelle et charismatique, et Mary Parker Follet, avec sa vision d'une gestion plus participative, ont contribué à voir le leadership comme la gouvernance des personnes, c'est-à-dire comme une façon intuitive et humaine de diriger. Henry Mintzberg et d'autres théoriciens du leadership de son époque s'entendent sur le fait que, quel que soit le style de leadership d'une personne, une des composantes essentielles qu'il doit posséder pour être efficace est son pouvoir d'influencer le comportement des autres et de les amener à agir de certaines manières[11].

8.1.2 Le pouvoir : la clé du leadership

French et Raven ont décrit cinq types de pouvoir social : le pouvoir légitime, le pouvoir de récompense, le pouvoir de coercition, le pouvoir d'expert et le pouvoir de référence (*voir la figure 8.1*)[12].

Le pouvoir légitime

Le **pouvoir légitime** relève de l'autorité que détient un gestionnaire en vertu de sa position dans la hiérarchie d'une organisation. Le style de leadership personnel

---

Style de leadership personnel (*personal leadership style*)
Ensemble des moyens choisis par un gestionnaire pour influencer ses subordonnés ainsi que ses façons d'aborder la planification, l'organisation et le contrôle du rendement.

Pouvoir légitime (*legitimate power*)
Autorité que détient un gestionnaire en vertu de sa position dans la hiérarchie d'une organisation.

> **TABLEAU 8.1** Les théoriciens de la gestion au sujet du pouvoir et de l'autorité

Henri Fayol (1841-1925)	Frederick W. Taylor (1856-1915)	Max Weber (1864-1920)	Mary Parker Follett (1868-1933)
• Prise de décisions centralisée, du haut vers le bas • Unité de la chaîne de commandement	• Gestion scientifique • Retrait de toute liberté d'action et de prise de décisions aux travailleurs • Planification des tâches à accomplir par les gestionnaires	• Autorité traditionnelle • Autorité légale et rationnelle • Autorité charismatique	• Loi de la situation • Prise de décisions participative

FIGURE 8.1 — Les sources du pouvoir de gestion selon French et Raven

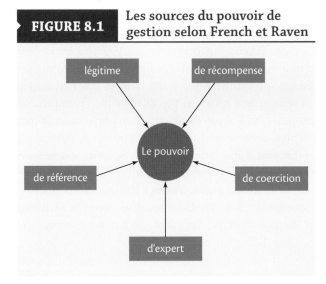

influe souvent sur la façon dont un gestionnaire exerce son pouvoir légitime. Prenons le cas de Carole Lorrain, cadre de terrain dans une entreprise de conception de cartes de souhaits. Elle dirige une équipe composée de 15 artistes et concepteurs. Madame Lorrain a le pouvoir légitime d'embaucher de nouveaux employés, d'assigner des projets aux artistes et aux concepteurs, de superviser leur travail et d'évaluer leur rendement. Elle utilise ce pouvoir de façon efficace parce qu'elle comprend que ce sont des humains. D'abord, elle s'assure toujours que les projets attribués correspondent autant que possible aux centres d'intérêt de ses subordonnés, de sorte qu'ils puissent prendre plaisir à leur travail. Elle supervise leur travail pour vérifier s'ils ont bien compris ce qu'ils ont à faire, mais évite toute forme de surveillance étroite qui pourrait nuire à leur créativité. Dans ses évaluations du rendement, elle considère toujours le développement de la personne et fournit à chacun des conseils pratiques concernant des aspects susceptibles d'être améliorés. Récemment, madame Lorrain a négocié avec son supérieur un accroissement de son pouvoir légitime, de sorte qu'elle peut maintenant concevoir et développer des propositions de nouvelles gammes de cartes.

Le pouvoir de récompense

Le **pouvoir de récompense** est la capacité d'un gestionnaire d'accorder ou de refuser des récompenses matérielles (des augmentations de salaire, des primes, le choix des tâches assignées) ou immatérielles (des compliments, des félicitations, le respect de son entourage). Comme nous le verrons au chapitre 9, les membres d'une organisation sont motivés à fournir un rendement élevé lorsqu'on leur offre un choix de récompenses. La possibilité d'accorder ou de refuser des récompenses en fonction du rendement est une source importante de pouvoir qui permet aux

gestionnaires d'avoir une main-d'œuvre plus motivée. Les gestionnaires qui dirigent le personnel de vente d'entreprises de détail, par exemple, des concessionnaires d'automobiles tels que General Motors et Ford, ou des magasins de meubles comme Brick et Brault & Martineau utilisent fréquemment leur pouvoir de récompense pour motiver leur personnel. Les employés de ce type d'entreprises reçoivent souvent des commissions sur ce qu'ils vendent et des récompenses pour la qualité de leur service à la clientèle, ce qui les motive à faire de leur mieux pour les mériter. Les gestionnaires efficaces utilisent leur pouvoir de récompense de manière à faire sentir à leurs subordonnés qu'ils ont fait du bon travail et que leurs efforts sont appréciés.

Les gestionnaires peuvent aussi prendre des mesures pour accroître leur pouvoir de récompense. Mentionnons un exemple d'utilisation appropriée du pouvoir de récompense. Craig Johnston a reçu de son employeur, Postes Canada, un chèque de 10 000 $ et a mérité le respect de ses patrons et l'admiration de ses collègues pour une idée ingénieuse. Il a permis à Postes Canada d'économiser du temps et de moderniser son équipement en mettant au point un dispositif qui a réinventé sa table mécanique de classement de façon qu'elle produise des codes à barres postaux à la volée. Jusque-là, les colis qui n'avaient pas de tels codes devaient être triés manuellement par les employés. Cette activité, qui requérait beaucoup de main-d'œuvre, contribuait à engorger l'équipement. La récompense de 10 000 $ faisait partie d'un programme de Postes Canada pour inciter ses employés à participer à l'amélioration des services. Il s'agissait d'une initiative conçue pour encourager et récompenser l'innovation au travail[13].

Le pouvoir de coercition

Le **pouvoir de coercition** est la capacité qu'a un gestionnaire de persuader une personne de faire quelque chose qu'elle ne ferait pas autrement en utilisant différentes mesures contraignantes ou punitives pour conserver un bon climat de travail et atteindre les objectifs de l'organisation telles que des avertissements oraux, des mises au point écrites ou des suspensions sans traitement. Bien qu'il soit indispensable à la bonne marche d'une organisation, le pouvoir de coercition doit être appliqué avec jugement et détachement pour ne pas générer l'effet inverse.

Pouvoir de récompense (*reward power*)
Capacité d'un gestionnaire d'accorder ou de refuser des récompenses matérielles ou immatérielles.

Pouvoir de coercition (*coercive power*)
Capacité de persuader une personne de faire quelque chose qu'elle ne ferait pas autrement en utilisant différentes mesures contraignantes ou punitives.

Le pouvoir d'expert

Le **pouvoir d'expert** est fondé sur les connaissances, les habiletés et l'expertise particulières que possède un leader. La nature de ce pouvoir varie en fonction de la position du leader dans la hiérarchie. Les cadres de terrain et les cadres intermédiaires ont souvent une expertise technique relative aux tâches que leurs subordonnés doivent exécuter. Leur pouvoir d'expert leur donne une influence considérable sur ces travailleurs. C'est le cas de madame Lorrain qui, étant elle-même une artiste, a conçu et dessiné quelques-unes des cartes de souhaits de l'entreprise qui se vendent le mieux.

Darren Entwistle, dont il est question dans l'entrée en matière, détient un pouvoir d'expert grâce au fait qu'il a plus de 20 ans d'expérience dans le domaine des télécommunications. Le pouvoir d'expert de certains cadres supérieurs provient de leur expertise technique. En tant qu'ancien maître d'œuvre de logiciels chez Microsoft, d'inventeur des Lotus Notes et de fondateur de Cocomo en 2012, Ray Ozzie a une expertise dans la conception de logiciels. Toutefois, un grand nombre de cadres supérieurs n'ont aucune expertise technique. Leur pouvoir d'expert leur vient alors de leurs compétences et de leurs talents en matière d'organisation et d'élaboration de stratégies dans leur secteur d'activité. Jack Welch, bien connu en tant qu'ancien leader et chef de la direction de la société General Electric, résumait la situation ainsi: «Ce qui est fondamental et ce que nous savons, nous, les cadres supérieurs, c'est que nous ne connaissons rien au travail qui s'effectue dans notre entreprise. Ce que nous avons, du moins je l'espère, c'est une habileté à répartir des ressources, des gens et de l'argent[14].»

Les leaders efficaces prennent des mesures pour s'assurer qu'ils ont suffisamment de pouvoir d'expert pour remplir leur rôle. Ils peuvent acquérir une formation additionnelle ou suivre des cours dans leur domaine pour se tenir au courant des derniers progrès et changements technologiques, rester à l'avant-garde en matière d'innovations grâce à la fréquentation d'associations professionnelles ou encore lire beaucoup de publications du domaine des affaires pour en savoir davantage sur ce qui se produit d'important dans les environnements concurrentiel et général de leur entreprise. Ceux qui utilisent le mieux le pouvoir d'expert ont tendance à le faire pour guider ou pour expliquer plutôt que pour se comporter de façon arrogante ou autoritaire.

Le pouvoir de référence

Le **pouvoir de référence** est plus difficile à cerner que les autres types de pouvoir. Il dépend des caractéristiques personnelles d'un leader et découle du respect, de l'admiration et de la loyauté que lui vouent ses subordonnés et ses collègues de travail. Est-ce que Darren Entwistle influence et inspire ses employés davantage par son pouvoir de référence ou par son pouvoir d'expert? Le pouvoir de référence est complexe; on y trouve les notions d'intuition, de passion, de réalisation et de charisme. Les leaders qui ont de belles réalisations et qui s'intéressent réellement aux gens qui travaillent dans l'entreprise en proposant une vision inspirante et un projet collectif sont les plus susceptibles de détenir un pouvoir de référence.

En plus d'être un actif précieux pour les cadres supérieurs, le pouvoir de référence peut aider des cadres de terrain et des cadres intermédiaires à être des leaders efficaces. Par exemple, Suzanne Carrière est gestionnaire de terrain et dirige un groupe d'employés de bureau au service des finances d'une grande université. Ses secrétaires ont la réputation d'être parmi les meilleures de cette institution. On attribue une grande partie de leur empressement à faire plus et mieux que ce qu'on exige d'eux à la vision et à la personnalité chaleureuse et empathique de madame Carrière, qui fait en sorte que chacun de ces employés se sente important et apprécié dans son travail. Les gestionnaires peuvent prendre des mesures pour accroître leur pouvoir de référence, par exemple par la communication d'une vision mobilisatrice, en consacrant du temps à bien connaître leurs subordonnés et en leur témoignant de l'intérêt et de la sollicitude. Ce pouvoir découle de la confiance et du soutien que leur accordent leurs employés en raison de ce qu'ils sont et de la façon dont les autres les perçoivent. Toutefois, en raison de sa source même, il s'agit d'un avantage précaire, car lorsque la confiance et le respect que les autres portent au leader sont ébranlés, ce pouvoir peut rapidement disparaître[15]. C'est pourquoi le leader qui compte sur son pouvoir de référence doit être profondément humain et avoir non seulement une vision inspirante et collective, mais aussi une vision qui apporte des défis ambitieux mais réalisables grâce auxquels chacun aura l'occasion de se dépasser.

8.1.3 L'autonomisation: une des composantes de la gestion moderne

De nos jours, un nombre croissant de gestionnaires intègrent à leur style de leadership personnel un élément qui, à première vue, ne cadre pas avec la notion traditionnelle de l'autorité ou du leadership. Dans le chapitre 1, il

---

Pouvoir d'expert (*expert power*)
Pouvoir fondé sur les connaissances, les habiletés et l'expertise particulières que possède un leader.

Pouvoir de référence (*referent power*)
Pouvoir d'un leader qui découle du respect, de l'admiration et de la loyauté que lui vouent ses subordonnés et ses collègues de travail relativement à ses capacités et à ses réalisations antérieures.

a été question de la popularité grandissante que connaît l'autonomisation, soit le processus qui consiste à donner aux employés de tous les échelons de l'entreprise l'autorité nécessaire pour prendre des décisions, endosser la responsabilité de leur rendement, améliorer la qualité de leur travail et en réduire les coûts. Lorsque des leaders accordent plus d'autonomie à leurs subordonnés, ceux-ci assument certaines responsabilités et une partie de l'autorité jusque-là détenue par le leader ou le gestionnaire, tel le droit de refuser des pièces qui ne sont pas conformes aux normes de qualité, de vérifier leur propre travail et d'ordonnancer les activités liées à leur travail. Les subordonnés habilités ont reçu le pouvoir de prendre certaines des décisions dont leurs leaders ou leurs superviseurs avaient l'habitude de se charger auparavant.

Du point de vue de Fayol et Taylor (*voir le tableau 8.1 à la page 244*), l'autonomisation pourrait sembler incompatible avec un leadership efficace puisque les gestionnaires permettent à leurs subordonnés de jouer un rôle plus actif dans la direction de leur travail. De plus, il faut comprendre que chaque employé est différent ; par conséquent, le gestionnaire doit responsabiliser ceux-ci dans le respect de leurs capacités et de leur intérêt à prendre ou non plus de responsabilités. Toutefois, les employés sont en général de plus en plus enclins (en matière de capacités et d'intérêt) à prendre plus de responsabilités. Il y a aussi plusieurs raisons pour lesquelles l'autonomisation peut aujourd'hui contribuer à l'efficacité du leadership. À titre d'exemple :

- elle augmente la capacité des gestionnaires de faire exécuter des tâches parce qu'ils ont l'appui et l'aide de leurs employés, lesquels, dans certains cas, ont une connaissance spécialisée des tâches à accomplir ;

- elle accroît souvent l'engagement des employés envers leur entreprise, ainsi que leur motivation et leur volonté de participer à la réalisation de ses objectifs ;

- elle permet aux gestionnaires de consacrer plus de temps à des occupations pressantes parce qu'ils en perdent moins à des activités quotidiennes de supervision.

Des gestionnaires efficaces comme Darren Entwistle comprennent les avantages de l'autonomisation. Les gestionnaires inefficaces essaient de garder le contrôle sur toutes les prises de décisions et obligent leurs subordonnés à les approuver ou à s'y conformer. Le style de leadership personnel des gestionnaires qui accordent de l'autonomie à leurs subordonnés consiste souvent à favoriser le développement des compétences de ces employés, de façon qu'ils puissent prendre de bonnes décisions, et à leur servir de guides, d'instructeurs et de source d'inspiration. L'autonomisation gagne en popularité au Canada et aux États-Unis dans des entreprises aussi différentes qu'United Parcel Service of America Inc. (une entreprise de livraison de colis), Dominion Information Services Inc. (à Burnaby, en Colombie-Britannique, l'éditeur des Super Pages), et Redwood Plastics Corp. (une entreprise de fabrication établie à Langley, en Colombie-Britannique)[16]. Même des entreprises de Corée du Sud, telles que Samsung, Hyundai et Daewoo, dans lesquelles la prise de décisions était généralement centralisée et réservée à la famille du fondateur, accordent de l'autonomie en cette matière aux cadres des échelons inférieurs de la hiérarchie[17].

Comme nous l'avons mentionné précédemment, tous les employés ne sont pas de bons candidats à l'autonomisation. En effet, d'après une étude effectuée sous la direction du professeur Jia Lin Xie et de ses collègues de la Joseph L. Rotman School of Management de l'Université de Toronto, les personnes qui manquent de confiance peuvent se rendre malades lorsqu'on leur laisse toute la responsabilité de leur propre travail. Selon ces chercheurs, « les travailleurs qui avaient des degrés élevés de contrôle sur leurs tâches, mais peu de confiance en leurs habiletés ou qui se blâmaient eux-mêmes pour des problèmes survenus dans le milieu de travail présentaient généralement des taux d'anticorps moins élevés que les autres et attrapaient plus souvent le rhume et la grippe[18] ».

De plus, certaines difficultés relatives à l'autonomisation peuvent survenir parce que plusieurs entreprises n'introduisent pas correctement ce concept. Selon le professeur Dan Ondrack de la Rotman School of Management, quatre conditions doivent être remplies avant qu'on puisse accorder de l'autonomie à des employés : 1) il faut avoir une définition claire de la vision, des valeurs et de la mission de l'entreprise ; 2) l'entreprise doit aider ses employés à acquérir les habiletés appropriées ; 3) les employés doivent être soutenus dans leurs prises

L'autonomisation contribue à rendre les employés plus impliqués, motivés et engagés.

de décisions, et non critiqués lorsqu'ils essaient de faire quelque chose qui sort de l'ordinaire; 4) les employés ont besoin que leurs efforts soient reconnus[19]. Ainsi, pour le chef de la direction de VPI, une société spécialisée dans la gestion de carrières et d'emplois établie à Toronto, l'autonomisation «est un élément essentiel à la satisfaction que procure un emploi, et cette satisfaction entraîne à son tour un engagement plus profond envers l'entreprise. Lorsque cette évolution est bien gérée, il en résulte une situation gagnante sur tous les plans[20]».

> **OA2** Décrire les premières théories du leadership en définissant l'approche axée sur les traits de personnalité ou les caractéristiques de la personnalité ainsi que les modèles béhavioristes ou comportementaux, et étudier les limites de ces modèles.

8.2 Les premières théories du leadership

Existe-t-il une différence entre le leadership et la gestion? Selon le professeur John Kotter de la Harvard Business School, «les gestionnaires encouragent la stabilité tandis que les leaders insistent pour amener du changement, et seules les entreprises qui intègrent ces deux aspects de la contradiction peuvent survivre dans des périodes de turbulence[21]». Pour le professeur Rabindra Kanungo de l'Université McGill, il existe un consensus de plus en plus fort «parmi les spécialistes de la gestion selon lequel il faut distinguer le concept de "leadership" de celui de "supervision/gestion"[22]». Les leaders considèrent l'ensemble de la situation, fournissant ainsi la vision et la stratégie. Les gestionnaires ont pour tâche de réaliser cette vision et d'appliquer cette stratégie; ils coordonnent les activités et embauchent le personnel de l'entreprise, tout en réglant les problèmes qui surviennent au jour le jour.

La direction est un processus d'une telle importance pour tous les types d'organisations, que ce soient des organismes à but non lucratif, des organismes publics, des établissements d'enseignement ou des entreprises à but lucratif, qu'on l'étudie depuis des décennies. Les premières considérations en matière de leadership, appelées «approche axée sur les traits de personnalité» et «modèle béhavioriste», tâchaient de déterminer le type de personnes que sont les leaders efficaces et ce qu'ils font pour le devenir.

Les théories sur le leadership élaborées avant les années 1980 mettaient l'accent sur l'aspect de supervision de ce rôle. Par conséquent, elles traitaient de la gestion des activités quotidiennes des employés. Ces théories avaient trois manières différentes d'envisager la supervision: 1) Les leaders ont-ils des traits de personnalité différents des non-leaders? 2) Les leaders devraient-ils adopter des comportements particuliers? 3) La situation dans laquelle un leader se trouve a-t-elle de l'importance?

8.2.1 L'approche axée sur les traits de personnalité

L'approche axée sur les traits de personnalité des leaders cherche à déterminer les caractéristiques personnelles grâce auxquelles un leadership est efficace. Pour certains chercheurs, les leaders efficaces doivent posséder quelques qualités personnelles particulières qui les distinguent des leaders inefficaces et des personnes qui ne deviennent jamais des leaders. Des décennies de recherches (à partir des années 1930) et des centaines d'études indiquent que certaines caractéristiques semblent être associées à un leadership efficace (*voir le tableau 8.2*)[23]. Notons que, malgré le nom d'«approche axée sur les traits de personnalité», certaines des caractéristiques qui ont été retenues ne sont pas, à proprement parler, des traits de caractère: elles se rapportent plutôt aux habiletés, aux capacités, aux connaissances et à l'expertise du leader. Les leaders qui ne possèdent pas ces traits sont susceptibles d'être inefficaces.

Toutefois, les traits de caractère ne suffisent pas à comprendre l'efficacité en matière de leadership. Certains leaders qui ne possèdent pas tous ces traits s'avèrent efficaces alors que d'autres qui les possèdent sont néanmoins inefficaces dans ce rôle. Cette absence d'une relation constante entre les traits de caractère d'un leader et son efficacité a amené les chercheurs à envisager de nouvelles explications au phénomène du leadership efficace. Plutôt que de mettre l'accent sur la personnalité des leaders (leurs traits de caractère), ils ont commencé à concentrer leur attention sur ce que font les leaders, autrement dit, sur les comportements qui leur permettent d'influencer leurs subordonnés de façon que ceux-ci réalisent les objectifs de leur groupe et de leur organisation.

8.2.2 Les modèles béhavioristes

Il existe divers modèles béhavioristes du leadership, dont les Ohio Studies[24], les Michigan Studies[25] et la grille du management de Blake et Mouton[26].

Ces modèles déterminent deux types fondamentaux de comportements que de nombreux leaders utilisent aux États-Unis, en Allemagne et dans d'autres pays pour influencer leurs subordonnés: les comportements centrés sur les relations et les comportements centrés sur les tâches.

Toutes les théories béhavioristes suggèrent que les leaders doivent tenir compte du caractère de leurs

TABLEAU 8.2	Les caractéristiques et les traits personnels associés à un leadership efficace
Trait de caractère	**Description de la contribution**
Intelligence	Aide les gestionnaires à comprendre des problèmes complexes et à les résoudre.
Connaissances et expertise	Aident les gestionnaires à prendre de bonnes décisions et à trouver des moyens d'accroître l'efficience et l'efficacité organisationnelles.
Dominance (aptitude à diriger)	Aide les gestionnaires à influencer leurs subordonnés pour qu'ils réalisent leurs objectifs organisationnels.
Confiance en soi	Aide les gestionnaires à avoir une influence efficace sur leurs subordonnés et leur permet de persévérer malgré les obstacles et les difficultés.
Grande énergie	Aide les gestionnaires à composer avec les nombreuses exigences de leur poste.
Tolérance au stress	Aide les gestionnaires à composer avec l'incertitude et à prendre des décisions difficiles.
Intégrité et honnêteté	Aident les gestionnaires à se comporter de façon éthique et à mériter la confiance de leurs subordonnés.
Maturité	Aide les gestionnaires à éviter de se comporter de façon égoïste, à contrôler leurs sentiments et, lorsqu'ils se trompent, à reconnaître leur erreur.

subordonnés lorsqu'ils essaient de déterminer dans quelle mesure ils devraient avoir recours à ces deux types de comportements. À la base des cours de formation en leadership, on trouve la notion selon laquelle on peut enseigner aux gens les comportements qui leur permettront d'être efficaces.

Les comportements centrés sur les relations

Les leaders adoptent un **comportement centré sur les relations** lorsqu'ils indiquent à leurs subordonnés qu'ils leur font confiance, qu'ils les respectent et qu'ils se préoccupent de leur bien-être. L'efficacité de ce comportement de leadership est corroborée par des employés enthousiastes[27]. D'après un sondage d'opinion mené par les spécialistes de la recherche sur les attitudes de la société Sirota, les nouveaux employés commencent généralement par déborder d'enthousiasme. Toutefois, c'est la gestion/supervision qui, tôt ou tard, finit par les décourager.

Par conséquent, les gestionnaires qui se préoccupent véritablement du bien-être de leurs employés et qui font tout ce qui est en leur pouvoir pour les aider à se sentir bien et à aimer leur travail adoptent des comportements centrés sur les relations. Compte tenu de l'importance croissante pour les entreprises d'offrir à leur clientèle un service de qualité supérieure, de nombreux gestionnaires comprennent que lorsqu'ils témoignent de la considération à leurs employés, ceux-ci ont alors davantage tendance à être eux-mêmes attentifs aux besoins de leurs clients. L'inverse est aussi vrai. Dans l'entrée en matière, Darren Entwistle adopte un comportement centré sur les relations lorsqu'il favorise le développement d'une culture inclusive d'attention aux autres. Ce comportement ne permet peut-être pas d'inspirer ses employés à se dépasser, mais il favorise un certain rendement.

Les comportements centrés sur les tâches

Les leaders adoptent un **comportement centré sur les tâches** lorsqu'ils mettent davantage l'accent sur les objectifs et sur les processus pour s'assurer que le travail se fait, que leurs subordonnés s'acquittent de leurs tâches correctement et que leur organisation est efficace. Assigner des tâches à des personnes ou à des groupes de travail, indiquer aux employés ce qu'on attend d'eux, déterminer la façon dont le travail doit être exécuté, établir les horaires, encourager le respect des règles et des règlements, et motiver les employés à effectuer un travail de qualité constitue autant d'exemples de comportements centrés sur la tâche[28]. Marcel Thérien, le gérant d'une boutique haut de gamme qui vend des chaussures importées pour hommes et femmes à Winnipeg, utilise des comportements centrés sur les tâches lorsqu'il planifie le travail hebdomadaire de ses employés ainsi que les horaires de leurs repas et de leurs pauses pour s'assurer qu'il y a, en permanence, un nombre suffisant de vendeurs sur place. Il utilise le même type de comportement lorsqu'il discute des plus récents

Comportement centré sur les relations (*consideration or employee centered behaviour*)
Comportement qui indique qu'un gestionnaire fait confiance à ses subordonnés, les respecte et se préoccupe de leur bien-être.

Comportement centré sur les tâches (*initiating structure*)
Comportement adopté par un gestionnaire pour s'assurer que le travail se fait, que ses subordonnés s'acquittent de leurs tâches correctement et que l'organisation est efficace.

modèles de chaussures avec ses employés pour qu'ils puissent répondre à toutes les questions de leurs clients, qu'il leur rappelle de respecter les politiques de remboursement et d'échange du magasin et qu'il les encourage à fournir un service à la clientèle de qualité supérieure et à éviter toute forme de vente persuasive.

8.2.3 La grille du management

La grille du management (ou grille managériale) élaborée par Blake et Mouton fournit aux gestionnaires un cadre utile pour évaluer le type de comportements qui a tendance à prédominer dans leur style de leadership (*voir la figure 8.2*)[29]. En portant sur cette simple grille les types de comportements adoptés, on observe cinq styles de leadership différents. L'intérêt porté aux problèmes humains indique le degré de considération du leader pour ses subordonnés tandis que l'intérêt accordé aux impératifs de la production indique que le leader privilégie les comportements centrés sur la tâche. Si le comportement d'un leader indique un intérêt élevé à l'égard des problèmes humains et faible pour les impératifs de la production, il entre dans la catégorie du «club social». Ce style de leadership peut procurer un environnement plaisant et encourageant pour les employés, mais cela se fait aux dépens de l'exécution des tâches et de la réalisation des objectifs organisationnels. Le style anémique (ou laisser-faire) est caractéristique d'un leader qui a un faible intérêt pour des comportements centrés sur les relations et pour la production. Inutile de préciser qu'il est inefficace. Un leader qui manifeste une grande préoccupation à l'égard de ses employés et de la production adopte un style démocratique (ou participatif). Il instaure

---

LE POINT SUR ❯ Le Mouvement Desjardins

Le leadership de Monique Leroux

Consacré en 2014 par l'agence d'information financière Bloomberg comme étant l'institution bancaire la plus solide en Amérique du Nord et parmi les cinq plus solides au monde, le Mouvement Desjardins[30] est sans contredit l'histoire d'un succès québécois. Ce premier groupe financier coopératif en Amérique fondé au tournant du XXe siècle par Alphonse et Dorimène Desjardins est aujourd'hui l'un des 20 plus importants employeurs au Canada, avec un effectif de 45 000 employés déployé au Québec et en Ontario ainsi que dans 30 pays en voie de développement.

Une croissance aussi fulgurante n'est possible qu'en présence de leaders de grande stature. L'impulsion imprimée par la dirigeante Monique Leroux dans un environnement en transformation continue témoigne du leadership qu'elle exerce avec succès depuis son accession à la tête du Mouvement en tant que présidente et chef de la direction en 2008. Cette ascension au sommet témoigne de son habileté à exercer une fonction de pouvoir. Pouvoir légitime au premier chef, découlant de sa position hiérarchique au sein de l'organisation, et également pouvoir d'expert et pouvoir de référence, associés au charisme. Elle favorise un leadership transformationnel fondé sur l'adhésion et la persuasion, une stratégie qui donne lieu à des changements plus durables.

Au cours de sa carrière, Monique Leroux a occupé des postes prestigieux témoignant de cette expertise et de ce charisme avant son arrivée au Mouvement Desjardins, en 2001. Elle a été notamment première vice-présidente Direction du Québec et première vice-présidente Finances à la Banque Royale du Canada (1995-2000), et première vice-présidente exécutive et chef de l'exploitation de Québecor inc. (2000-2001). La trajectoire professionnelle de Monique Leroux est en outre jalonnée de nombreuses marques de distinction : membre de l'Ordre du Canada, officière de l'Ordre du Québec et récipiendaire de l'insigne de Chevalier de l'Ordre de la Pléiade de l'Assemblée parlementaire de la Francophonie, pour n'en nommer que quelques-unes, sans compter les multiples doctorats *honoris causa* qui lui ont été remis.

De surcroît, la vision, le leadership et l'expertise de Monique Leroux sont sollicités par de nombreux organismes œuvrant à l'échelle locale, provinciale, nationale et internationale. Récemment, la chancelière allemande Angela Merkel l'invitait, ainsi que 62 leaders en provenance de 29 pays, à participer au Forum de dialogue avec les femmes, tenu en marge de la réunion des pays du G7 à Berlin, en septembre 2015. Sans conteste, Monique Leroux est une administratrice de grande expérience et la figure de proue du géant financier québécois où elle jouit, de plus, d'une reconnaissance à l'échelle internationale.

1. À l'aide du tableau 8.2 de la page 249 (Les caractéristiques et les traits personnels associés à un leadership efficace) et de vos recherches personnelles effectuées dans Internet ou dans toute autre source d'information pertinente, nommez les principaux traits de caractère de Monique Leroux. Justifiez votre réponse.

FIGURE 8.2 La grille du management

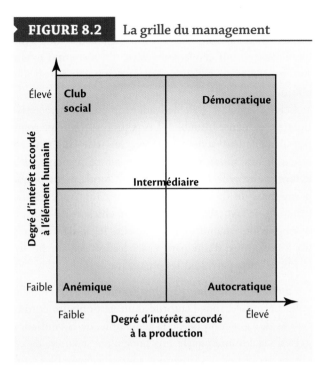

une atmosphère de confiance et de respect qui favorise une grande motivation et beaucoup de satisfaction chez les travailleurs. Il en résulte des niveaux de rendement élevés. Selon Blake et Mouton, cette combinaison présente les comportements de leadership optimaux en matière d'efficience et d'efficacité. Le style de leadership autocratique accorde quant à lui une grande importance à la réalisation des objectifs au détriment de la préoccupation d'assurer le bien-être des employés. Dans ce type de leadership, le leader tend à recourir à des règles et à des règlements rigides ainsi qu'à son pouvoir de coercition pour arriver à ses fins. Enfin, dans le style de leadership intermédiaire, on semble se préoccuper modérément des employés et de la production. Ce n'est pas non plus une solution optimale, d'après ce modèle, parce que ce style de leadership requiert des compromis sur les deux ensembles de comportements, de sorte qu'il ne permet d'accomplir ni l'un ni l'autre et qu'il en résulte des niveaux de rendement moyens.

On pourrait s'attendre à ce que les leaders et les gestionnaires efficaces soient ceux qui combinent les deux types de comportements mais, selon les chercheurs, ce n'est pas nécessairement le cas. La relation entre les comportements centrés sur les relations et ceux centrés sur les tâches, d'une part, et l'efficacité des leaders, d'autre part, n'est pas clairement définie. Bien que les leaders qui combinent les deux types de comportements puissent, en général, obtenir de meilleurs résultats, d'autres facteurs entrent en ligne de compte. Comme dans le cas de l'approche axée sur les traits de personnalité, le modèle béhavioriste ne peut expliquer seul toute la complexité de l'efficacité des leaders.

D'autres théoriciens ont vivement critiqué les théories béhavioristes du leadership d'après lesquelles les gestionnaires les plus efficaces adoptent également ces deux types de comportements. Selon eux, cette conclusion ne tient pas compte des circonstances particulières dans lesquelles chaque leader joue son rôle. De même que les théories béhavioristes sont apparues comme une critique du modèle des traits en affirmant que ce ne sont pas les caractéristiques des leaders qui comptent, mais leurs actions, on a reproché aux modèles béhavioristes d'être basés sur l'hypothèse d'après laquelle un seul style de comportements convenait à toutes les situations. Ayant réfléchi à ces critiques, les chercheurs ont commencé à élaborer des modèles plus complexes qui insistaient non seulement sur les caractéristiques et les comportements des leaders, mais aussi sur la situation ou le contexte dans lesquels se manifeste le leadership. Cette évolution des études sur le leadership a mené au développement des **modèles de contingence du leadership**.

OA3 Expliquer la façon dont les modèles de contingence du leadership permettent de mieux comprendre l'efficacité du leadership et de la gestion dans les organisations.

8.3 Les modèles de contingence du leadership

Le fait de posséder certains traits de caractère ou d'adopter certains comportements ne signifie pas qu'un gestionnaire sera un leader efficace dans toutes les situations dans lesquelles il devra exercer son leadership. Des gestionnaires qui semblent dotés des caractéristiques appropriées et qui adoptent les « bons » comportements peuvent se révéler, dans certaines situations, des leaders inefficaces. Les gestionnaires doivent exercer leur leadership dans une grande diversité de situations et d'entreprises. Ils ont aussi toutes sortes d'employés qui effectuent des tâches très diverses dans des environnements et des contextes très variés. Compte tenu de la diversité des situations dans lesquelles il leur faut faire preuve de leadership, ce qui fait des gestionnaires des leaders efficaces dans une situation (p. ex. certains traits ou certains comportements) ne sera pas nécessairement ce dont ils auront besoin pour l'être dans une situation différente. Un chef d'entreprise efficace

Modèles de contingence du leadership
(*contingency models of leadership*)
Modèles qui tiennent compte des variables indissociables de la situation ou du contexte dans lesquels le leadership s'exerce.

pourrait ne pas être un bon recteur; et ce même chef d'entreprise efficace pourrait ne pas l'être autant au sein d'une autre entreprise, dans un autre secteur d'activité et avec des employés au profil différent. Alors que les théories béhavioristes essaient de déterminer si les gestionnaires devraient avoir un comportement plus centré sur les relations que sur les tâches, ou vice versa, d'après les modèles de contingence, tout dépend de la situation et du contexte.

En fait, l'efficacité ou l'inefficacité d'un leader résulte d'une interaction entre ce qu'il est, ce qu'il fait et la situation dans laquelle il exerce son leadership. Dans cette section, nous examinerons quatre grands modèles de contingence qui permettent de mieux comprendre ce qui rend des gestionnaires efficaces comme leaders: le modèle de contingence de Fiedler, le modèle situationnel de Hersey et Blanchard, la théorie de l'intégration des buts personnels de House et la théorie du substitut du leader. Ces modèles se complètent les uns les autres parce que chacun d'eux met l'accent sur un aspect quelque peu différent d'un leadership efficace au sein des entreprises. Encore une fois, ces théories laissent peu de place à l'importance de l'intuition, de la passion, du charisme et d'une vision inspirante. Toutefois, une brève description de ces quatre théories apportera un certain éclairage sur les différentes nuances inhérentes au concept de leadership.

8.3.1 Le modèle de contingence de Fiedler

Fred E. Fiedler compte parmi les premiers théoriciens du leadership à reconnaître qu'un leadership efficace dépend à la fois des caractéristiques du leader et de celles de la situation. Son modèle aide à expliquer les raisons pour lesquelles un leader peut se révéler efficace dans une situation et inefficace dans une autre. Il fait aussi quelques suggestions quant aux types de gestionnaires susceptibles d'être les plus efficaces en fonction des contextes[31].

Comme dans le cas des théories fondées sur les traits de caractère, Fiedler émet l'hypothèse que les caractéristiques personnelles peuvent avoir un effet sur l'efficacité des leaders. Il emploie l'expression «style de leader» pour désigner la façon caractéristique dont un gestionnaire aborde le leadership et détermine deux styles fondamentaux: centré sur les relations et centré sur la tâche. Tous les gestionnaires, selon Fiedler, peuvent être décrits comme ayant l'un ou l'autre de ces styles.

Les leaders centrés sur les relations se préoccupent principalement d'établir de bonnes relations avec leurs subordonnés et d'être appréciés d'eux. Les gestionnaires de ce type cherchent avant tout à avoir des relations interpersonnelles de qualité avec leurs employés. Toutefois, cela ne signifie pas que le travail en souffre, mais plutôt que la qualité du facteur humain constitue pour eux la principale

préoccupation. Pour leur part, les leaders centrés sur la tâche essaient d'abord et avant tout de s'assurer que leurs employés ont un rendement élevé. Ils mettent l'accent sur l'exécution des tâches et veillent à ce que le travail soit effectué.

Selon Fiedler, le style de leadership est une caractéristique permanente (durable). Les gestionnaires ne peuvent pas changer leur style ni adopter un style différent en fonction des situations. Se basant sur ce principe, il a déterminé trois facteurs situationnels fondamentaux qui permettent de déterminer la mesure dans laquelle une situation est favorable à un leadership efficace. Il a ensuite distingué les situations dans lesquelles les leaders centrés sur les relations, d'une part, et les leaders centrés sur les tâches, d'autre part, sont les plus efficaces.

- La **relation dirigeant-dirigés**. La mesure dans laquelle les personnes sous l'autorité d'un gestionnaire éprouvent de l'affection ou de la sympathie, de la confiance et de la loyauté envers lui. Lorsqu'une relation de ce type est bonne, les situations sont plus favorables à un leadership efficace.

- La **structure de tâche**. La mesure dans laquelle le travail à accomplir est expliqué avec précision, de façon que les employés sachent ce qui doit être effectué et la façon de le faire. Lorsque cette mesure est élevée, les situations se prêtent bien à un leadership efficace. Lorsque cette mesure est faible, les objectifs sont plutôt vagues et les employés peuvent ressentir de l'incertitude quant à ce qu'ils ont à faire et à la façon de le faire. La situation n'est alors pas favorable à un leadership efficace.

- Le **pouvoir lié au poste**. La quantité importante ou négligeable de pouvoir légitime, de récompense et de coercition qu'un leader possède en raison du poste qu'il occupe dans une organisation. Dans les circonstances où il faut exercer un leadership efficace, la situation est plus favorable lorsque ces types de pouvoir sont grands.

Relation dirigeant-dirigés (*leader-member relation*)
Mesure dans laquelle les personnes sous l'autorité d'un gestionnaire éprouvent envers lui de l'affection, de la confiance et de la loyauté; cette relation peut être solide ou fragile.

Structure de tâche (*task structure*)
Degré de précision de la définition du travail à accomplir, de sorte que les subordonnés d'un gestionnaire savent ce qui doit être effectué et la façon dont ils devraient le faire; peut être élevé ou faible.

Pouvoir lié au poste (*position power*)
Quantité importante ou négligeable de pouvoir légitime, de récompense et de coercition qu'un gestionnaire possède en raison du poste qu'il occupe dans une organisation.

En considérant toutes les combinaisons possibles de bonnes et de mauvaises relations dirigeant-dirigés, de degrés élevé et faible de structure de tâche, et de pouvoir fort et faible lié au poste, Fiedler a établi huit situations d'exercice du leadership qui varient selon leur caractère plus ou moins favorable à un leadership efficace (*voir la figure 8.3*). Après des travaux approfondis, il est parvenu à la conclusion que les leaders centrés sur les relations montrent le plus d'efficacité dans les situations modérément favorables et défavorables (IV, V, VI et VII) et que les leaders centrés sur les tâches font preuve de la plus grande efficacité dans les situations très favorables ou favorables (I, II et III) ou dans les situations très défavorables (VIII). Pour donner des précisions sur la compréhension du concept de Fiedler, prenons les situations I, II et III dans un premier temps, et la situation VIII dans un deuxième temps. Lorsqu'une situation est très favorable ou favorable à une direction efficace, il est relativement facile pour les gestionnaires d'influencer leurs employés de façon qu'ils aient un rendement élevé et qu'ils contribuent à l'efficacité de leur organisation. Par conséquent, il est plus logique pour eux d'être centrés sur les tâches parce que la relation dirigeant-dirigés est déjà bonne.

Dans une situation très défavorable à un leadership efficace, il est beaucoup plus difficile, voire impossible pour les gestionnaires d'exercer une influence sur les employés. Il est donc préférable pour eux d'adopter aussi un comportement centré sur les tâches.

Selon Fiedler, les personnes ne peuvent pas changer leur style de leadership. Par conséquent, il faut les placer dans des situations qui conviennent à leur style ou alors modifier les situations pour qu'elles leur conviennent.

Il est possible de changer des situations, par exemple en accordant aux gestionnaires un plus grand pouvoir lié au poste ou en prenant des mesures pour accroître la structure de tâche, comme de clarifier des objectifs. Les recherches tendent à confirmer certains aspects du modèle de Fiedler, mais indiquent néanmoins que comme la plupart des théories, il requiert des modifications[32]. Certains chercheurs ont aussi mis en doute le principe de base de ce modèle d'après lequel les leaders ne peuvent pas changer leur style. Autrement dit, il est probable qu'en se rendant compte de la situation dans laquelle ils se trouvent, au moins quelques leaders puissent constater que leur style ne convient pas aux circonstances et le modifier de façon à le rendre plus conforme au type de leadership qu'exige cette situation.

8.3.2 Le modèle situationnel de Hersey et Blanchard

Le **modèle du leadership situationnel ou modèle situationnel** de Paul Hersey et Ken Blanchard[33] fait partie des programmes de formation en leadership de nombreuses entreprises comptant parmi les 500 sociétés de la revue *Fortune*. Chaque année, plus d'un million de gestionnaires étudient ses concepts de base[34].

Au Québec, Pierre-Marc Meunier a développé le concept de l'autorité 3A (pour Alignement, Appui, Appropriation)[35]. Ce concept a des similitudes avec la

---

Modèle du leadership situationnel ou modèle situationnel (*situational leadership theory*)
Modèle de leadership qui met l'accent sur la bonne volonté des membres du personnel à accomplir leurs tâches.

> **FIGURE 8.3**   Le modèle de contingence de Fiedler

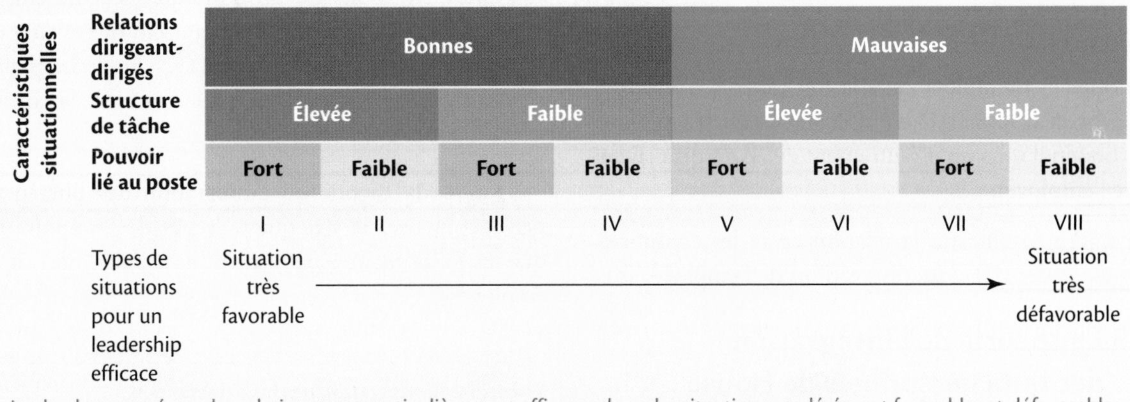

Les leaders centrés sur les relations sont particulièrement efficaces dans des situations modérément favorables et défavorables à un leadership efficace (IV, V, VI et VII) tandis que les leaders centrés sur les tâches sont les plus efficaces dans des situations très favorables et favorables (I, II et III) ou très défavorables à un leadership efficace (VIII).

théorie de Hersey et Blanchard, tout comme avec celle de l'intégration des buts personnels de House. Selon Pierre-Marc Meunier, l'employé peut être influencé ou dirigé de trois façons différentes. Après une analyse des besoins particuliers de l'employé, le leader optera pour un ou l'autre des trois «A» afin d'avoir de bonnes relations avec ses employés et aussi d'atteindre les objectifs organisationnels. Il choisira l'alignement si, par exemple, l'employé a besoin d'un meilleur encadrement, de consignes plus claires sur les tâches ou de précisions sur les résultats à atteindre. Il optera pour l'appui si, par exemple, l'employé manque de confiance en lui pour réaliser ses tâches ou s'il doute de ses capacités. Enfin, il choisira l'appropriation si, par exemple, l'employé a besoin de nouvelles responsabilités, d'un nouveau défi ou d'une promotion.

La théorie de Hersey et Blanchard décrit quant à elle quatre comportements de leadership spécifiques que les gestionnaires peuvent utiliser avec leurs employés: diriger, convaincre, se concerter (participer) et déléguer. Les styles de leadership varient selon qu'ils sont plus ou moins centrés sur les tâches ou centrés sur les relations. Le style approprié dépend de la capacité et des besoins de l'employé.

- Diriger: si l'employé est incapable d'effectuer une tâche et se montre peu disposé à l'accomplir, le leader doit lui donner des indications claires et précises.
- Convaincre: si un employé est incapable d'effectuer une tâche, mais disposé à l'accomplir, le leader doit adopter un comportement à la fois très centré sur les tâches et très centré sur les relations. Le comportement centré sur les tâches compensera le manque d'habiletés de l'employé. Le comportement centré sur les relations l'encouragera à accepter ce que le leader veut (autrement dit, le leader doit convaincre l'employé d'effectuer sa tâche).
- Se concerter (ou participer): si l'employé est capable d'effectuer la tâche, mais peu disposé à l'accomplir, le leader doit adopter un style de soutien et de concertation.
- Déléguer: si l'employé est à la fois capable d'effectuer la tâche et disposé à l'accomplir, le leader n'a presque pas besoin d'intervenir (autrement dit, il n'a qu'à laisser faire l'employé).

La figure 8.4 illustre la relation entre les comportements du leader (C) et les dispositions de l'employé (D).

8.3.3 La théorie de l'intégration des buts personnels de House

La **théorie de l'intégration des buts personnels (ou théorie trajet-but)**, élaborée par le professeur Martin Evans de la Rotman School of Management à la fin des années 1960, puis étoffée par Robert House, porte sur ce que les leaders peuvent faire pour motiver leurs employés de façon qu'ils atteignent les objectifs de leur groupe ou de leur entreprise[36]. Cette théorie s'appuie sur l'idée que les leaders efficaces motivent leurs employés à atteindre des objectifs: 1) en déterminant les récompenses que ceux-ci souhaitent obtenir de leur milieu de travail; 2) en les récompensant lorsqu'ils fournissent un rendement élevé et atteignent les objectifs fixés; 3) en leur expliquant clairement les trajets à suivre pour réaliser les objectifs (buts) de l'entreprise. Cette théorie constitue un modèle situationnel parce que les mesures que les gestionnaires devraient prendre pour motiver leurs employés dépendent à la fois de la nature de ceux-ci et du type de travail qu'ils exécutent.

Inspirée de la théorie des attentes de Vroom en matière de motivation (*voir le chapitre 9*), la théorie de l'intégration des buts personnels de House fournit aux gestionnaires trois directives à suivre pour être des leaders efficaces.

1. Déterminer les récompenses que leurs employés cherchent à obtenir de leur travail et de l'entreprise. Ces récompenses peuvent prendre différentes formes, par exemple une rémunération au mérite ou des attributions de tâches intéressantes et stimulantes. Lorsqu'ils ont déterminé la nature de ces récompenses, les gestionnaires devraient s'assurer qu'ils ont le pouvoir requis pour les accorder ou les refuser.

2. Récompenser leurs subordonnés lorsqu'ils ont un rendement élevé et qu'ils réalisent les objectifs fixés en leur accordant les récompenses qu'ils souhaitent obtenir.

3. Indiquer clairement aux employés les trajets à suivre pour atteindre les objectifs fixés, supprimer tout obstacle à un rendement élevé et témoigner de la confiance dans leurs capacités. Cela ne signifie pas que les gestionnaires ont besoin d'indiquer à leurs employés ce qu'ils doivent faire. Il leur faut plutôt s'assurer qu'ils ont bien compris ce qu'ils ont à accomplir et qu'ils disposent des capacités, des ressources et de la confiance nécessaires pour réussir.

D'après la théorie de l'intégration des buts personnels de House, il y a quatre types de comportements que les gestionnaires peuvent utiliser pour motiver leurs employés.

Théorie de l'intégration des buts personnels (ou théorie trajet-but) (*path-goal theory*)
Modèle du leadership situationnel selon lequel il est possible pour les leaders de motiver leurs subordonnés.

> **FIGURE 8.4** Les styles de leadership dans le modèle situationnel de Hersey et Blanchard

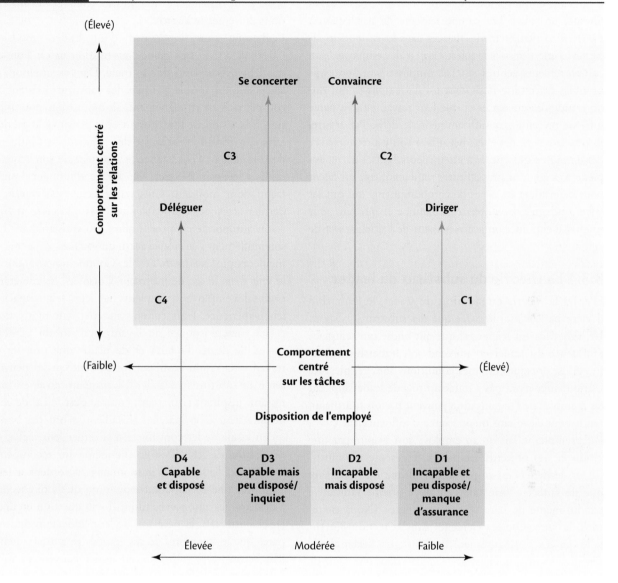

1. **Des comportements directifs (ou autocratiques):** établir des objectifs, assigner des tâches, montrer aux employés des façons d'effectuer des tâches et prendre des mesures concrètes pour améliorer le rendement.

2. **Des comportements de soutien (ou de motivation):** se préoccuper du bien-être de leurs subordonnés et prendre leurs intérêts à cœur.

3. **Des comportements de participation:** donner à leurs employés l'occasion de s'exprimer sur des questions et des décisions qui les concernent.

4. **Des comportements centrés sur l'accomplissement (ou de délégation):** donner de la marge de manœuvre à leurs employés afin de leur permettre de fournir le meilleur rendement possible, par exemple en établissant avec eux des objectifs très ambitieux, en s'attendant à ce qu'ils les atteignent et en ayant confiance en leur capacité à le faire.

Lesquels de ces comportements les gestionnaires devraient-ils adopter pour être des leaders efficaces? La réponse à cette question dépend de la nature de leurs employés et du type de travail qu'ils effectuent.

Les comportements directifs (ou autocratiques) peuvent être bénéfiques dans le cas d'employés qui ont de la difficulté à terminer les tâches qu'on leur a assignées. Toutefois, ils peuvent se révéler nuisibles lorsqu'il s'agit de personnes de caractère indépendant qui travaillent mieux lorsqu'elles sont laissées à elles-mêmes. Les comportements de soutien sont souvent recommandés lorsque des employés ressentent de l'insécurité ou de hauts niveaux de stress. Les comportements de participation s'avèrent particulièrement efficaces dans les cas où l'application d'une décision requiert l'appui des employés. Les comportements centrés sur l'accomplissement sont susceptibles d'accroître la motivation des employés qui ont de grandes compétences et que leur travail ennuie parce qu'il ne présente pas suffisamment de défis. Par contre, ils peuvent avoir des effets négatifs si l'on y a recours avec des employés qui ont déjà atteint leurs limites de rendement. Les gestionnaires efficaces semblent avoir un talent pour déterminer les types de comportements qui ont les effets souhaités dans diverses situations et qui ont pour résultat d'entraîner un accroissement de l'efficience et de l'efficacité.

8.3.4 La théorie du substitut du leader

D'après la théorie du substitut du leader, le leadership devient parfois inutile parce que des substituts existent. Un **substitut du leader** est quelque chose qui remplace l'influence du leader et qui rend son leadership superflu. Ainsi, lorsque certaines conditions sont réunies, les gestionnaires n'ont pas à jouer un rôle de leadership, car les membres de l'organisation peuvent parfois fournir un rendement élevé sans qu'on exerce d'influence sur eux[37]. Par exemple, le fait qu'un employé soit inspiré par une vision et des objectifs ambitieux représente un substitut du leader. N'est-ce pas le but ultime du leadership que de faire en sorte que l'employé prenne l'initiative par lui-même de faire ce qu'il a à faire ? (Nous traiterons davantage de ces éléments dans la section 8.4 sur le leader transformationnel.) Prenons aussi l'exemple de David Cotsonas, qui enseigne l'anglais dans une école de langues étrangères à Chypre, une île de la Méditerranée. Monsieur Cotsonas parle couramment le grec, l'anglais et le français. C'est un excellent professeur et il est très motivé. Bon nombre de ses étudiants sont des dirigeants d'entreprise qui ont des connaissances de base en anglais et qui souhaitent accroître leur aisance à s'exprimer dans cette langue de façon à acquérir une plus vaste clientèle anglophone. Il aime leur enseigner l'anglais et aussi se renseigner sur leur travail ; il reste ainsi souvent en contact avec eux après la fin de leurs cours. Deux fois par

année, monsieur Cotsonas rencontre le directeur de son école pour discuter des horaires de cours et des inscriptions du semestre à venir.

Presque sans l'influence d'un leader, monsieur Cotsonas a une très grande motivation et est l'un des meilleurs enseignants de son école. Dans sa situation, un leadership est inutile puisque des substituts existent. Sa compétence en enseignement, sa motivation, son adhésion à la vision de l'institution et le plaisir qu'il prend à faire son travail constituent des substituts à l'influence d'un leader, en l'occurrence le directeur de son école. Si celui-ci essayait d'exercer davantage d'influence sur la façon dont monsieur Cotsonas effectue son travail, ce dernier accepterait probablement très mal cette atteinte à son autonomie et il serait alors peu vraisemblable que son rendement s'en trouve accru puisqu'il est déjà l'un des meilleurs professeurs de l'école. Comme nous venons de le voir dans le cas de monsieur Cotsonas, les caractéristiques des employés (p. ex. leurs habiletés, leurs capacités, leur expérience, leurs connaissances et leur motivation) et les caractéristiques de la situation ou du contexte (p. ex. le degré d'intérêt et de plaisir que procure un travail et la vision mobilisatrice de l'entreprise) peuvent servir de substituts au leader[38]. Lorsqu'un travail est intéressant, inspirant et plaisant, comme c'est le cas de celui de monsieur Cotsonas, les travailleurs n'ont pas besoin qu'on essaie de les convaincre d'effectuer leur tâche, car l'exécution de celle-ci est en elle-même une récompense. De même, lorsque des gestionnaires accordent à leurs employés une certaine autonomie ou qu'ils ont recours à des équipes autonomes (dont il sera question en détail au chapitre 10), la nécessité de leur leadership diminue parce que les membres de ces équipes gèrent eux-mêmes leur travail. Des substituts du leader peuvent accroître l'efficience et l'efficacité organisationnelles parce qu'ils libèrent un temps précieux pour les gestionnaires, permettant à ceux-ci de concentrer leurs efforts à trouver de nouvelles manières d'accroître cette efficience et cette efficacité. Le directeur de l'école de langues étrangères, par exemple, dispose de plus de temps pour prendre les mesures nécessaires à l'ouverture d'une deuxième école grâce à l'existence de substituts du leader, non seulement dans le cas de monsieur Cotsonas, mais aussi dans celui de la plupart des autres professeurs de son école.

8.3.5 Conclusion et synthèse

Dans une organisation, il y a un leadership efficace lorsque les gestionnaires prennent des mesures pour diriger les employés travaillant sous leurs ordres d'une façon appropriée à la situation ou au contexte et qui leur convient.

Substitut du leader (*leader substitute*)
Ensemble des caractéristiques d'un subordonné, d'une situation ou d'un contexte qui remplacent l'influence d'un leader et rendent le leadership inutile.

Conseils aux gestionnaires

L'application des modèles de contingence du leadership

1. Lorsque deux personnes sont en conflit et qu'elles adoptent une attitude compétitive l'une par rapport à l'autre, elles ont tendance à être très sûres d'elles-mêmes et très peu motivées à trouver une solution. Le cas échéant, il faut avoir recours à un style de leadership à la fois directif ou autocratique, et aussi participatif ou consultatif pour les encadrer et les responsabiliser à trouver une solution acceptable pour les deux.

2. Un accroissement de l'absentéisme et des retards au travail peut indiquer un épuisement professionnel. Dans ce cas, un style de leadership axé sur des comportements de soutien sera approprié pour accroître le rendement.

3. Dans le cas d'une main-d'œuvre très compétente et très motivée, il faut promouvoir un style de leadership plus participatif, qui permet aux employés de travailler efficacement dans des équipes autonomes. Les gestionnaires gagnent ainsi du temps pour élaborer et communiquer une vision susceptible d'inspirer d'autres employés à réaliser les objectifs de l'entreprise.

Chacun des quatre modèles de contingence que nous venons d'examiner donne des pistes aux gestionnaires afin de déterminer les éléments nécessaires à un leadership efficace, en apportant des nuances intéressantes sur la question. Le modèle de contingence de Fiedler explore la correspondance entre le style de leadership du gestionnaire et la situation dans laquelle il doit diriger en vue d'atteindre une efficacité maximale. Le modèle situationnel de Hersey et Blanchard porte sur la nécessité pour les dirigeants d'adapter leur style de leadership aux habiletés et aux besoins de leurs employés. La théorie de l'intégration des buts personnels de House explique la façon dont les gestionnaires devraient motiver leurs employés et décrit des types spécifiques de comportements à adopter pour que la motivation de la main-d'œuvre soit élevée. La théorie du substitut du leader permet aux gestionnaires de prendre conscience qu'ils n'ont pas toujours besoin d'exercer une influence directe sur leurs employés et qu'ils peuvent ainsi gagner du temps pour effectuer d'autres tâches importantes. Le tableau 8.3 donne un aperçu de ces quatre théories.

OA4   Présenter et comparer le leadership transactionnel et le leadership transformationnel.

8.4 Les modèles de leadership transactionnel et transformationnel

Le leadership transformationnel est souvent comparé au leadership transactionnel. Dans ce dernier type de leadership, les gestionnaires utilisent leur pouvoir de

> **TABLEAU 8.3**   Les modèles de contingence du leadership

Théorie	Objet	Éléments principaux
Modèle de contingence de Fiedler	Décrit deux styles de leadership, centré sur les relations et centré sur les tâches, et les situations dans lesquelles chaque type de leader est le plus efficace.	Trois facteurs influent sur le caractère plus ou moins favorable de l'exercice d'un leadership efficace : les relations dirigeant-dirigés, la structure de tâche et le pouvoir lié au poste.
Modèle situationnel de Hersey et Blanchard	Décrit la façon dont les leaders adaptent leur style pour qu'il convienne aux habiletés de leurs employés et à leurs besoins.	Les styles que les gestionnaires devraient utiliser dépendent des habiletés et des besoins de leurs employés.
Théorie de l'intégration des buts personnels de House	Décrit la façon dont les leaders efficaces motivent leurs subordonnés.	Les comportements que les gestionnaires devraient adopter pour exercer un leadership efficace dépendent de la nature de leurs employés et du travail qu'ils effectuent.
Théorie du substitut du leader	Décrit les situations dans lesquelles le leadership n'est pas nécessaire.	La nécessité d'exercer ou non un leadership pour obtenir un rendement élevé des employés dépend des caractéristiques de ceux-ci et de la situation.

récompense et leur pouvoir de coercition (ou coercitif) pour obtenir les rendements attendus. Il y a **leadership transactionnel** lorsque les gestionnaires guident leurs subordonnés vers des objectifs établis ou les motivent à les atteindre. Les leaders transactionnels utilisent des récompenses pour témoigner leur appréciation des comportements appropriés. Dans ce type de leadership, les employés répondent généralement aux attentes en matière de rendement, mais ils les dépassent rarement[39]. En général, lorsque des gestionnaires récompensent les employés qui ont un rendement élevé et qu'ils réprimandent ceux qui ont un faible rendement, ils exercent un leadership transactionnel. Toutefois, ce style de leadership «produit des rendements inférieurs à ceux du leadership transformationnel en partie parce qu'il ne valorise pas (voire décourage) l'innovation et l'initiative dans le milieu de travail[40]». Le leadership transactionnel n'est pas mauvais en soi. C'est un leadership qui, comme la plupart des théories que nous avons vues, s'adapte à certaines situations. Le leadership transactionnel est particulièrement performant dans un contexte organisationnel stable. Les entreprises fortement hiérarchisées dominent encore la liste des entreprises canadiennes «les plus respectées[41]», mais certaines s'efforcent de devenir plus innovatrices, d'évoluer plus rapidement et d'être plus réceptives aux idées de leurs employés. Elles ont choisi un style de leadership différent dans lequel les leaders et les gestionnaires doivent non seulement effectuer des tâches de supervision, mais aussi concentrer leurs efforts en vue d'établir une vision. Des théories tentent d'expliquer la façon dont certains leaders peuvent obtenir des rendements extraordinaires de leurs employés et elles attirent l'attention sur des comportements de leadership symboliques et inspirants sur le plan émotif[42].

Les gestionnaires qui parviennent à des résultats aussi spectaculaires avec leurs employés et leur entreprise dans son ensemble exercent un **leadership transformationnel**. Dans leur cas, on parle de leadership transformationnel

---

Leadership transactionnel (*transactional leadership*)
Type de leadership qui consiste à mener ses subordonnés vers des objectifs anticipés en les récompensant lorsque leur rendement est élevé et en les blâmant lorsqu'il est faible, mais sans s'attendre à ce que leurs comportements aillent au-delà des attentes.

Leadership transformationnel (*transformational leadership*)
Type de leadership qui rend les subordonnés conscients de l'importance de leurs tâches et de leur rendement pour l'organisation ainsi que de leurs propres besoins de croissance personnelle, et qui les stimule à travailler dans l'intérêt de leur organisation.

---

parce qu'ils changent (ou transforment) leurs employés de trois façons importantes[43].

1. Les leaders transformationnels rendent leurs employés conscients de l'importance de leurs tâches pour l'entreprise et de la nécessité pour eux de les effectuer du mieux qu'ils le peuvent pour aider l'entreprise à réaliser ses objectifs. Comme Darren Entwistle l'a mentionné au début de son discours du 2 mars 2011 pour expliquer son succès, il est clair pour lui que ses employés sont à la base du succès de TELUS : «Je remercie sincèrement tous les membres de l'équipe de TELUS pour leur extraordinaire soutien dans l'application de la stratégie de notre entreprise ainsi que pour leur dévouement envers nos clients et les collectivités dans lesquelles nous vivons et travaillons, et que nous servons.»

2. Les leaders transformationnels font prendre conscience à leurs employés de leurs propres besoins de croissance personnelle, de développement des compétences et d'accomplissement de soi. Une des mesures importantes prises par Darren Entwistle à TELUS a été de créer une culture organisationnelle basée sur l'innovation, qui encourage les employés à atteindre leur plein potentiel pour qu'ils se sentent libres de réfléchir à de nouvelles manières de faire les choses dans leur entreprise.

3. Les leaders transformationnels motivent leurs employés à travailler pour le bien de leur organisation dans son ensemble, et non seulement dans leur intérêt personnel. En transformant TELUS, monsieur Entwistle a expliqué à ses employés la nécessité de ce changement et le fait qu'une croissance et une amélioration de la productivité rendraient l'entreprise plus solide, ce qui serait avantageux pour tous. Il a encouragé ses employés à prendre conscience de leur responsabilité à rendre à la collectivité une partie de ce qu'elle leur donne. Ils se sont alors engagés dans des activités philanthropiques qui ont valu à l'entreprise une récompense prestigieuse.

De nombreux leaders transformationnels gardent une vue d'ensemble : ils savent que la situation de leur entreprise pourrait être encore bien meilleure et que leurs employés ont la capacité de réaliser beaucoup plus ; ils comprennent l'importance de traiter ceux-ci avec respect et de les aider à atteindre leur plein potentiel. Le leader est en quelque sorte à la source d'un engagement profond de chaque employé. Par sa vision, par son côté humain et éthique ainsi que par des objectifs ambitieux, il inspire ses employés ; ceux-ci s'engagent alors dans le succès de l'entreprise. Cet engagement est à la base des efforts, de la persévérance, de la créativité et du rendement supérieur qu'offrira chaque employé à son organisation. Comment Steve Jobs a-t-il réussi à faire d'Apple l'organisation le plus rentable au monde ? Par une vision mobilisatrice et inspirante « de changer le monde », par des objectifs très ambitieux et par une grande confiance dans son personnel.

8.4.1 L'influence sur les autres

Comment des gestionnaires comme Darren Entwistle transforment-ils leurs employés et produisent-ils des effets aussi spectaculaires dans leur entreprise ? Il y a au moins trois manières pour les gestionnaires et autres leaders transformationnels d'influencer leurs subordonnés : être des leaders charismatiques, stimuler intellectuellement leurs subordonnés et s'intéresser au développement de la personne (*voir l'encadré 8.1*).

> **ENCADRÉ 8.1** | **Le leadership transformationnel**

Les leaders transformationnels :

- ont tendance à être charismatiques ;
- stimulent intellectuellement leurs subordonnés ;
- s'intéressent au développement de la personne.

Les employés des leaders transformationnels :

- ont une conscience accrue de l'importance de leur travail et d'un rendement élevé ;
- connaissent leurs propres besoins en matière de croissance, de développement des compétences et d'accomplissement de soi ;
- travaillent pour le bien de l'entreprise, et non seulement pour leur propre avantage.

Être un leader charismatique

Les leaders transformationnels tels que Darren Entwistle et Steve Jobs sont des **leaders charismatiques**. Ils ont une vision de ce qui est souhaitable pour leurs équipes de travail et leur entreprise et elle ne ressemble en rien au *statu quo*. Leur vision entraîne généralement des améliorations spectaculaires dans le rendement des équipes de travail et de l'entreprise. De telles améliorations résultent des changements qu'ils apportent à la structure, à la culture, à la stratégie ainsi qu'aux autres processus et aux facteurs cruciaux de l'organisation. En préparant ainsi le terrain, leur vision permet à l'entreprise de s'assurer d'un avantage concurrentiel. Dans l'entrée en matière, on voit clairement que la vision de Darren Entwistle pour TELUS est de faire de TELUS non seulement le chef de file dans

le domaine des communications sans fil, mais aussi une entreprise citoyenne, par l'adoption de la philosophie « Nous donnons où nous vivons. »

Les leaders charismatiques éprouvent de l'enthousiasme pour leur vision et ils la communiquent clairement à leurs subordonnés. Leur exaltation et leur confiance en eux-mêmes leur permettent de susciter chez les autres un soutien tout aussi enthousiaste pour cette vision[44]. Darren Entwistle a peut-être l'air jeune, mais il s'exprime comme un homme d'État qui s'adresserait à l'assemblée des Nations Unies. Les gens considèrent souvent les leaders charismatiques comme étant « plus grands que nature ». Toutefois, l'essence du charisme consiste à avoir une vision et à la communiquer aux autres avec enthousiasme. Par conséquent, les gestionnaires qui paraissent tranquilles et sérieux peuvent aussi être charismatiques.

L'analyse la plus complète sur le leadership charismatique a été effectuée par le professeur Rabindra Kanungo, de l'Université McGill, en collaboration avec Jay Conger[45]. À partir d'études sur des gestionnaires du Canada, des États-Unis et de l'Inde, ils ont déterminé cinq caractéristiques du leadership charismatique (*voir l'encadré 8.2, à la page suivante*)[46].

Le leadership charismatique fait-il vraiment avancer les choses ? D'après une étude inédite de Robert House et de certains de ses collègues portant sur 63 entreprises américaines et 49 entreprises canadiennes (y compris Nortel Networks, Molson [devenue Molson Coors], Gulf Canada [devenue ConocoPhillips] et Financière Manuvie), « de 15 à 25 % des écarts de rentabilité entre ces entreprises s'expliquaient par les qualités de leadership de leur chef de la direction[47] ». Les leaders charismatiques dirigeaient les entreprises les plus rentables. Au cours des 10 années durant lesquelles Darren Entwistle a été chef de la direction de TELUS, l'entreprise a atteint les taux de rendement de l'action les plus élevés parmi les entreprises de télécommunications actives dans le monde pendant cette période.

Un nombre croissant de recherches indiquent que les personnes qui travaillent pour des leaders charismatiques ont la motivation requise pour fournir des efforts supplémentaires au travail et, parce qu'elles apprécient leur leader, en ressentent de la satisfaction[48]. L'une des études les plus citées sur les effets du leadership charismatique a été effectuée au début des années 1980 à l'Université de la Colombie-Britannique par Jane Howell (maintenant professeur à la Richard Ivey School of Business de l'Université Western, en Ontario) et

---

Leader charismatique (*charismatic leader*)
Leader enthousiaste et sûr de lui, capable de communiquer clairement sa vision et les objectifs ambitieux de l'organisation.

▶ **ENCADRÉ 8.2** *Les principales caractéristiques d'un leader charismatique*

1. **Vision et expressivité.** Il a une vision, exprimée sous la forme d'un objectif idéal, qui propose un avenir meilleur différent du *statu quo*; il peut expliquer clairement l'importance de sa vision de façon que les autres la comprennent.

2. **Risque personnel.** Il est prêt à prendre personnellement des risques sérieux, à engager des coûts élevés et à se sacrifier lui-même pour réaliser sa vision. Que dire de Darren Entwistle, qui a pris la totalité de son salaire pour acheter des actions de TELUS.

3. **Sensibilité à l'environnement.** Il peut faire des évaluations réalistes des contraintes de l'environnement et des ressources nécessaires pour apporter du changement.

4. **Sensibilité aux besoins de ses subordonnés.** Il perçoit les habiletés des autres, et se montre réceptif à leurs besoins et respectueux de leurs sentiments.

5. **Comportement non conventionnel.** Il adopte des comportements qui apparaissent comme étant avant-gardistes, à l'encontre des normes.

Peter Frost[49]. Cette étude a révélé que les personnes qui travaillaient sous les ordres d'un leader charismatique avaient plus d'idées, produisaient de meilleurs résultats, manifestaient une plus grande satisfaction à l'égard de leur travail et faisaient preuve d'une loyauté plus profonde que les autres. En résumant ces résultats, madame Howell a déclaré: «Les leaders charismatiques savent s'y prendre pour inspirer à leurs subordonnés le goût d'orienter leur pensée différemment[50].»

Les scandales financiers et les faillites très médiatisées de grandes entreprises nord-américaines, comme Enron et WorldCom, donnent une idée de certains des dangers du leadership charismatique. Bernard Ebbers de WorldCom Inc. et Kenneth Lay d'Enron Corp. «semblaient appartenir à une classe à part dotée de pouvoirs visionnaires exceptionnels[51]» dans les années 1990, à l'époque où la valeur des actions de leurs entreprises respectives augmentait à un rythme vertigineux. Toutefois, après ces scandales, les entreprises ont recherché des chefs de la direction non seulement visionnaires, mais surtout dotés d'un grand sens éthique lié au développement durable. Un bon leader charismatique est au service de la communauté; il n'est donc pas là pour s'enrichir au détriment d'autres parties prenantes comme les clients, les employés ou la collectivité.

La stimulation intellectuelle des subordonnés

Les gestionnaires transformationnels partagent ouvertement de l'information avec leurs subordonnés de sorte que ceux-ci se rendent compte des problèmes de l'entreprise et de la nécessité d'y apporter des changements. Être un leader transformationnel, c'est être éthique et, par conséquent, transparent.

Les leaders de ce type amènent leurs subordonnés à voir les problèmes au sein de leurs groupes et dans l'entreprise sous un angle différent qui correspond à leur vision. Par le passé, les employés pouvaient ne pas être au courant de certains problèmes, les considérer comme étant du «ressort de la direction» et, donc, hors de leur champ de compétence ou comme étant des obstacles insurmontables. Toutefois, la **stimulation intellectuelle** que leur procure le leader transformationnel leur permet de les envisager comme des défis qu'ils sont aptes, et même prêts à relever. Ces gestionnaires encouragent leurs subordonnés à prendre personnellement la responsabilité d'aider à résoudre ces problèmes et leur accordent l'autonomie nécessaire pour le faire[52]. Par exemple, contrairement à d'autres entreprises qui demandent à une équipe de proposer une idée ou de résoudre un problème et qui, ensuite, indiquent la somme qui lui sera allouée pour cette tâche, Guy Laliberté, un des fondateurs du Cirque du Soleil, déterminait d'abord la somme qui pourrait être dépensée pour un nouveau spectacle et «s'attendait à ce que l'équipe de création présente un concept à l'intérieur de ces limites financières[53]».

La considération du développement de la personne

Lorsque des gestionnaires décident de s'occuper de **considération du développement de la personne**, ils ne se contentent pas d'adopter les comportements décrits précédemment (p. ex. manifester une véritable préoccupation pour le bien-être de leurs subordonnés): ils vont encore plus loin. Ils prennent la peine de soutenir et d'encourager leurs subordonnés, de leur fournir des occasions d'améliorer leurs habiletés et leurs capacités, de favoriser leur croissance personnelle et de les aider à se surpasser dans leur travail[54].

Stimulation intellectuelle (*intellectual stimulation*)
Comportement adopté par un leader pour faire prendre conscience à ses subordonnés de certains problèmes et pour les amener à considérer ces problèmes sous de nouveaux angles qui concordent avec sa vision des choses.

Considération du développement de la personne (*developmental consideration*)
Comportement adopté par un leader pour soutenir et encourager ses subordonnés et les aider à développer leurs compétences et à s'épanouir dans leur emploi.

8.4.2 L'état des recherches sur le leadership

Les preuves appuyant la supériorité du leadership transformationnel par rapport à d'autres formes de leadership sont extrêmement impressionnantes. Par exemple, des études portant sur des officiers des armées canadienne, américaine et allemande ont démontré que les leaders transformationnels de tous les échelons étaient considérés comme étant plus efficaces que leurs collègues transactionnels (*voir le tableau 8.4*)[55]. La professeure Jane Howell (de l'Université Western, en Ontario) et ses collègues ont étudié le rendement de 250 cadres dirigeants et gestionnaires d'une importante entreprise de services financiers et ont trouvé que «les leaders transformationnels étaient parvenus, dans leur secteur d'affaires, à des résultats plus élevés de 34 % que ceux des autres types de leaders[56]». Sous la férule de Darren Entwistle, la croissance et le taux de rentabilité des actions de TELUS ont été prodigieux. Les chercheurs ont également trouvé que lorsque des gestionnaires adoptent un leadership transformationnel, leurs subordonnés tendent à avoir, relativement à leur travail, des niveaux de rendement et de satisfaction plus élevés que la moyenne[57]. De plus, ces subordonnés sont probablement plus enclins à avoir confiance en ce type de leaders et en leur entreprise. Ils considèrent qu'ils sont traités de façon équitable, ce qui peut, en contrepartie,

La supervision directe est nécessaire quand les subordonnés ont des difficultés à accomplir certaines tâches.

> **TABLEAU 8.4**   Une comparaison des leaderships transactionnel et transformationnel

Leadership transactionnel	Leadership transformationnel
Les gestionnaires guident et motivent leurs subordonnés pour qu'ils réalisent les objectifs de l'entreprise par des méthodes traditionnelles telles que la supervision directe.	Il produit des effets spectaculaires sur le rendement de l'entreprise en inspirant aux subordonnés le désir de dépasser les objectifs fixés et en donnant l'exemple des comportements souhaités.
C'est le maintien de l'état actuel des choses : les activités quotidiennes de planification, de direction, d'organisation et de contrôle du rendement sont effectuées de façon efficace.	Le leader a une vision qui va au-delà du *statu quo* et qui entraîne des changements dans la structure de l'entreprise, sa culture et sa stratégie ainsi que dans d'autres facteurs cruciaux en vue de lui assurer un avantage concurrentiel.
Les employés satisfont aux attentes en matière de rendement, mais les dépassent rarement.	Les employés ont des niveaux de rendement qui dépassent les attentes.
Les règles, les règlements officiels et la peur de sanctions génèrent des insatisfactions qui découragent la prise de risques et l'innovation.	Le leader manifeste de la fébrilité et de l'enthousiasme, fait preuve de confiance et de respect, et montre une préoccupation pour la croissance personnelle et le développement des compétences de ses subordonnés. Il les encourage à prendre des risques et à faire preuve de témérité et d'initiative.
Les gestionnaires utilisent surtout le pouvoir légitime et le pouvoir de récompense pour exercer leur autorité et tenir compte des rendements élevés ou faibles des employés.	Les leaders sont charismatiques s'ils détiennent un pouvoir de référence. Ils stimulent intellectuellement leurs employés et utilisent la considération du développement de la personne pour favoriser un rendement élevé.
Le modèle est efficace dans un contexte organisationnel stable.	Le modèle est efficace particulièrement dans un contexte organisationnel instable et dynamique, lorsqu'on souhaite un changement dans le fonctionnement de l'entreprise ou que ce changement est nécessaire pour lui assurer un avantage concurrentiel.

influencer de façon positive leur motivation au travail (*voir le chapitre 9*)[58].

Toutes les entreprises, qu'elles soient petites ou grandes, qu'elles réussissent ou non, peuvent tirer avantage du fait que leurs gestionnaires adoptent un style de leadership transformationnel. De plus, même si les bénéfices qu'il procure sont souvent plus évidents lorsqu'une entreprise est en difficulté, ce type de leadership peut devenir une méthode permanente qui mènera, à long terme, à une efficacité organisationnelle.

| OA5 | Expliquer les effets du genre, de la culture et de l'intelligence émotionnelle sur l'efficacité du leadership. |

8.5 Le genre, la culture, l'intelligence émotionnelle et le leadership

Certains chercheurs se sont demandé si les hommes et les femmes ont des styles de leadership différents et si les différences qu'on observe entre les leaders masculins et féminins sont davantage liées à la personnalité des individus qu'à leur genre. D'autres ont examiné les styles de leadership dans diverses cultures pour savoir s'ils se ressemblaient partout et si les théories nord-américaines concernant ce concept s'appliquaient dans d'autres pays. Plus récemment, on a scruté avec attention les effets de l'humeur et des émotions des leaders sur leur efficacité. Il sera question de ces sujets dans les prochaines sections.

8.5.1 Le genre et le leadership

Le nombre croissant de femmes qui deviennent cadres supérieurs et les problèmes qui se posent à celles qui souhaitent être engagées comme gestionnaires ou promues à des postes de cadres ont incité les chercheurs à examiner la relation entre le genre et le leadership. Même s'il y a relativement plus de femmes en position d'autorité qu'il y a 10 ans, elles sont encore très peu nombreuses parmi les membres de la haute direction des grandes entreprises et même, dans certaines organisations, parmi les cadres intermédiaires.

Ainsi, alors que les femmes représentent 45 % de la main-d'œuvre au Canada, elles n'occupent que 32 % des postes de gestionnaires et seulement 12 % des postes de cadres dirigeants. En 2008, seules 12 des 500 sociétés de la revue *Fortune* avaient pour chefs de la direction des femmes[59]. Au Canada, le nombre d'entreprises possédées par des femmes a considérablement augmenté. En 2010, il y en avait plus d'un million. Même si l'entrepreneuriat féminin connaît une croissance plus rapide que celui des hommes, on compte moins d'entreprises appartenant à des femmes qui bénéficient d'un chiffre d'affaires supérieur à un million de dollars que de telles entreprises appartenant à des hommes.

Lorsque des femmes accèdent à des postes de haute direction, on accorde souvent une attention particulière au fait qu'il s'agit de femmes. Étant peu nombreuses à se rendre jusqu'au poste de chef de la direction, elles ne passent pas inaperçues. Il est indéniable que des femmes se sont frayé un chemin vers des postes qui requièrent du leadership ; toutefois, elles continuent d'être très sous-représentées à l'échelon des cadres supérieurs. Par exemple, en 2011, il n'y avait que 3,2 % de femmes parmi les chefs de la direction des 500 sociétés de la revue *Fortune*[60] et 5,6 % parmi ceux des 500 sociétés du *Financial Post*[61]. Dans ce dernier cas, le pourcentage représentait 27 entreprises sur 500. D'après le Conference Board du Canada, le pourcentage de femmes occupant des postes de cadres supérieurs n'a presque pas varié depuis 1987[62]. L'encadré 8.3 énumère neuf mesures à prendre pour promouvoir l'égalité entre les genres dans les entreprises[63].

Trois entreprises dignes de mention ont apporté leur soutien à l'accession des femmes à des rôles de leadership.

- La compagnie de chemin de fer Canadien Pacifique a mis en œuvre une série de politiques favorables aux femmes dans ses milieux de travail, renforcées par un programme de communication énergique.

- Manitoba Lotteries Corporation a élaboré un vaste modèle de compétences et s'en est servie pour apporter des changements importants dans ses systèmes d'embauche.

- Groupe financier Banque TD a mis sur pied le comité Femmes en position de leadership et aide ses employées à former des réseaux et à se fournir mutuellement un mentorat.

Néanmoins, de nombreux obstacles restent à surmonter. En général, tous les membres de la direction ont de la difficulté à concilier leur travail et leur vie quotidienne. Compte tenu des exigences de leur poste, ils peuvent facilement travailler de 60 à 80 heures par semaine. Ils ne trouvent pas toujours le temps d'avoir une vie en dehors du travail. Les entreprises doivent reconnaître que les cadres féminins et masculins n'ont généralement pas les mêmes contraintes. La culture organisationnelle doit s'adapter aux besoins individuels des cadres supérieurs en matière de flexibilité et de solutions pratiques qui permettent de soutenir et d'encourager l'équilibre des genres dans les postes de direction.

Un stéréotype très répandu décrit les femmes comme des personnes qui prennent soin des autres, les

> **ENCADRÉ 8.3** Les meilleures façons de procéder pour parvenir à l'équilibre des genres

- Mettre en place des stratégies de recrutement qui donnent des chances égales aux femmes d'accéder à des postes de direction
- Trouver des talents et élaborer des projets de planification de la relève
- Mettre sur pied des programmes de mentorat et d'assistance professionnelle
- Offrir des possibilités de rotation des postes
- Assurer une évaluation continue

- Établir un contexte de travail inclusif par la sensibilisation
- Éviter le plafond de verre (la barrière invisible qui, dans certaines organisations, semble empêcher les femmes d'accéder aux postes les plus élevés) et embaucher des femmes sur la base des compétences plutôt que sur la base de quotas
- Donner de la visibilité à des modèles et faire connaître leurs succès
- S'assurer du soutien de la haute direction

encouragent et se préoccupent des relations interpersonnelles. Un autre, tout aussi répandu, présente les hommes comme étant enclins à diriger et à se concentrer sur l'exécution des tâches. Ces stéréotypes donnent à penser que les femmes gestionnaires ont davantage tendance à s'occuper des relations interpersonnelles et qu'elles ont des comportements plus attentifs aux autres alors que leurs collègues masculins sont plus centrés sur les tâches. Le comportement des vrais gestionnaires masculins et féminins confirme-t-il ces stéréotypes ? Les femmes et les hommes gestionnaires ont-ils une façon différente de diriger ? Lesquels sont les plus efficaces en tant que leaders ?

D'après des recherches, les gestionnaires des deux genres qui ont un rôle de leaders se comportent de façons similaires[64]. Les femmes ne recourent pas davantage aux comportements centrés sur les relations que les hommes et ceux-ci ne privilégient pas les comportements centrés sur les tâches plus que le font les femmes. Toutefois, ces recherches indiquent que le style de leadership peut varier d'un genre à l'autre. En tant que leaders, les femmes ont tendance à favoriser la participation un peu plus que les hommes. Elles associent leurs subordonnés au processus de prise de décisions et cherchent à obtenir leur contribution[65]. Les gestionnaires masculins prennent davantage de décisions seuls et tiennent à faire les choses à leur manière. Il semble aussi qu'ils soient plus sévères que les femmes lorsqu'ils imposent des sanctions disciplinaires à leurs subordonnés[66].

Il y a au moins deux raisons pour lesquelles les femmes gestionnaires sont plus enclines à la participation que leurs homologues masculins[67]. Premièrement, leurs subordonnés ont tendance à résister davantage à leur influence qu'à celle de leaders masculins. En effet, certains d'entre eux n'ont peut-être jamais travaillé sous l'autorité d'une femme auparavant. D'autres peuvent considérer à tort que le rôle de leader convient mieux aux hommes qu'aux

femmes et simplement résister au fait d'être dirigés par une femme. Pour surmonter cette résistance et se gagner la confiance et le respect de leurs employés, certaines femmes gestionnaires choisissent d'adopter une approche basée sur la participation. Deuxièmement, les femmes gestionnaires leaders utilisent davantage la participation parce qu'elles ont parfois de meilleures habiletés interpersonnelles que leurs collègues masculins[68]. Cette façon de voir le leadership requiert des niveaux élevés d'interaction et d'engagement entre le leader et ses subordonnés, de la considération pour les sentiments des autres et la capacité de prendre des décisions susceptibles d'être impopulaires auprès d'eux lorsqu'elles sont nécessaires pour atteindre les objectifs fixés. De grandes habiletés interpersonnelles peuvent aider les femmes gestionnaires à avoir, avec leurs subordonnés, des interactions efficaces qui sont cruciales pour encourager la participation[69]. Les gestionnaires masculins qui ont de la difficulté à gérer les relations interpersonnelles peuvent se montrer réticents à avoir de nombreuses interactions avec leurs subordonnés, même si elles sont essentielles à une véritable participation.

Toutefois, la découverte la plus importante qui ressort des recherches sur les comportements des leaders porte sur le fait que les gestionnaires hommes et femmes diffèrent peu dans leur propension à adopter diverses façons d'exercer leur leadership. Même si elles ont tendance à encourager la participation, les femmes gestionnaires ne recourent pas davantage aux comportements centrés sur les relations ou n'utilisent pas moins les comportements centrés sur les tâches que les hommes.

La question la plus importante est peut-être de savoir s'il y a des différences entre les genres en matière d'efficacité. Conformément aux constatations concernant les comportements de leadership, des recherches indiquent que peu importe les types de contextes organisationnels, les hommes et les femmes tendent à être aussi efficaces en tant que leaders[70]. Il n'y a donc aucun fondement logique aux stéréotypes favorables aux gestionnaires et aux leaders masculins ainsi qu'à l'existence du plafond de verre. Comme les femmes et les hommes sont aussi efficaces en tant que leaders, le nombre croissant de femmes sur le marché du travail devrait avoir pour effet d'accroître le réservoir de candidats hautement qualifiées pour les postes de gestion des grandes entreprises et, en fin de compte, d'améliorer l'efficacité des entreprises elles-mêmes[71].

8.5.2 Les styles de leadership selon les cultures

On a pu observer que les styles de leadership varient non seulement entre les personnes, mais aussi entre les pays et les cultures. D'après certaines recherches, la culture collectiviste du Japon accorde une importance primordiale au groupe et minimise celle des individus, de leur personnalité, de leurs besoins et de leurs désirs. En Amérique du Nord, les entreprises ont tendance à être très centrées sur le profit et, par conséquent, à minimiser elles aussi l'importance des besoins et des désirs individuels de leurs employés. Certains des gestionnaires européens sont quant à eux plus centrés sur les personnes que le sont leurs homologues japonais ou américains. Par exemple, les gestionnaires européens éprouvent de la réticence à mettre à pied des employés et, lorsque c'est absolument nécessaire, ils préparent et adoptent des mesures pour rendre les effets d'un licenciement moins pénibles[72].

D'un pays à l'autre, les gestionnaires ont souvent des horizons temporels dissemblables, mais il pourrait aussi s'agir de disparités culturelles. Ainsi, à l'inverse des sociétés japonaises, les entreprises nord-américaines ont généralement une orientation à court terme en matière de profits. Par conséquent, le style de leadership de leurs gestionnaires met l'accent sur le rendement à court terme, contrairement au style de leurs homologues japonais, qui favorise plutôt le rendement à long terme. Selon Justus Mische, aujourd'hui président du conseil d'administration de l'entreprise européenne Aventis (autrefois Hoechst), «les pays européens ou, du moins, les grandes entreprises internationales européennes ont une philosophie qui se situe quelque part entre le long terme des Japonais et le court terme des Américains[73]».

Nous pouvons établir ici un parallèle avec le concept de «code du leadership[74]» élaboré par Dave Ulrich, Norm Smallwood et Kate Sweetman. Après un travail de synthèse de toutes les théories existantes à ce sujet et de validation auprès de grands leaders de ce monde, ces auteurs ont formulé cinq règles essentielles quant à l'émergence d'un leadership de haut niveau. Chacune

des règles représente un champ de compétence et se doit d'être présente pour assurer un bon leadership et l'atteinte des objectifs organisationnels.

1. Dessiner le futur de l'entreprise

2. Faire en sorte que les choses se produisent

3. Mobiliser les employés et les talents

4. Bâtir la prochaine génération d'employés

5. Investir dans soi-même

Ainsi, pour exercer un tel leadership, le gestionnaire doit d'abord s'assurer de garder un équilibre entre les actions à court et à long terme (les règles 1 et 4 ont plus d'impact à long terme tandis que l'effet des règles 2 et 3 se produit à court terme). Ensuite, l'équilibre doit aussi être maintenu entre la gestion des ressources humaines et l'administration de l'entreprise (les règles 1 et 2 sont plus axées sur les processus ou l'organisation tandis que les règles 3 et 4 concernent le côté humain ou les employés).

Par ailleurs, la culture d'un pays étant considérée comme un élément de l'environnement général de l'organisation, il importe pour le gestionnaire d'exercer son leadership en respectant ce contexte. Il doit donc s'assurer que la culture de son organisation est à la fois compatible avec la culture du pays et source d'un leadership de haut niveau, en appliquant chacune des cinq règles. Par conséquent, selon le code du leadership, un leader qui dirigerait en fonction d'une certaine culture, selon un horizon temporel plus axé sur les profits à court terme, n'exercerait pas, à la base, un bon leadership. Cela pourrait expliquer, par exemple, que des entreprises japonaises de l'industrie automobile établies en sol américain génèrent une meilleure productivité que les sociétés américaines. Il semble en effet que dans ce cas particulier, respecter la culture du pays (pour les entreprises américaines) n'a pas suffi pour atteindre le plus haut degré de leadership. Cet exemple vient appuyer le concept de «code du leadership», selon lequel un leadership de haut niveau provient d'une culture d'entreprise qui respecte à la fois les règles du code du leadership et la culture du pays concerné.

Pour finir, la règle 5, qui est directement liée à l'intelligence émotionnelle, s'avère un multiplicateur de chacune des quatre premières règles.

8.5.3 L'intelligence émotionnelle et le leadership

L'humeur et les émotions que les gestionnaires éprouvent dans l'accomplissement de leurs tâches influencent-elles leur comportement et leur efficacité en tant que leaders? Les chercheurs semblent le croire. Par exemple, d'après une étude, lorsque les chefs de succursale sont d'humeur agréable au travail, les vendeurs qu'ils dirigent fournissent un service à la clientèle de grande qualité et sont moins enclins à vouloir quitter leur emploi[75]. Une autre étude montre que les groupes dont les leaders sont de bonne humeur ont une meilleure coordination que ceux dont les leaders sont de mauvaise humeur et qui, par conséquent, doivent fournir plus d'efforts pour arriver au même but. Les membres des groupes dont les leaders sont d'humeur agréable ont également tendance à être eux-mêmes de meilleure humeur que ceux des groupes ayant des leaders d'humeur maussade[76]. Il apparaît que les émotions sont contagieuses et que certaines aident plus les employés que d'autres à atteindre les objectifs organisationnels. Toute organisation aurait donc avantage à les gérer.

L'**intelligence émotionnelle** est la capacité à comprendre et à gérer son humeur et ses émotions ainsi que celles d'autres personnes. L'intelligence émotionnelle des leaders peut jouer un rôle crucial dans l'efficacité de leur leadership[77]. Par exemple, ce type d'intelligence peut les aider à élaborer une vision pour leur entreprise, à motiver leurs employés à y adhérer et à leur transmettre l'énergie nécessaire pour qu'ils travaillent avec enthousiasme à la réaliser. Il peut aussi leur permettre de s'identifier de façon significative à leur entreprise, d'instiller des sentiments élevés de confiance et de coopération en son sein, tout en maintenant la flexibilité nécessaire pour réagir à des changements dans les contextes organisationnel et général[78]. Il existe diverses façons de cultiver l'ensemble des habiletés qui composent l'intelligence émotionnelle (*voir l'encadré 8.4*)[79].

L'intelligence émotionnelle joue également un rôle fondamental dans les relations entre les leaders et leurs subordonnés ainsi que dans la façon dont ils les traitent, en particulier lorsqu'il s'agit de les encourager

---

Intelligence émotionnelle (*emotional intelligence*)
Capacité à comprendre et à gérer son humeur et ses émotions ainsi que celles des autres autour de soi.

| **ENCADRÉ 8.4** | Quelques façons de cultiver l'intelligence émotionnelle |

- Développer la conscience de soi, ce qui inclut savoir gérer ses émotions (l'autorégulation); il ne s'agit pas de réprimer ses émotions, mais plutôt de les gérer pour ne pas laisser celles qui sont perturbatrices nuire à sa vie.

- Ordonner ses émotions et ses passions positives pour mener une vie bien remplie.

- Développer de l'empathie en essayant de déceler ce que les autres ressentent et de prendre conscience de ce qui se passe en général dans la société.

- Mettre en pratique tous ces éléments dans ses interactions avec les autres.

à faire preuve de créativité[80]. La créativité est un processus chargé d'émotions qui entraîne souvent une remise en question du *statu quo,* une volonté de prendre des risques, d'accepter ses échecs et d'en tirer des leçons ainsi qu'une capacité de travailler très fort pour mener à bien des idées innovatrices qui auront pour résultats de nouveaux produits ou services, processus ou procédés, dans un climat où l'incertitude est nécessairement élevée[81]. Les leaders qui ont une grande intelligence émotionnelle sont plus susceptibles que d'autres de comprendre la gamme des émotions qui accompagnent les efforts de création, d'inspirer et de soutenir efficacement les initiatives de leurs employés, et de leur fournir le type d'encouragement qui favorise l'épanouissement de la créativité dans les entreprises[82].

Les leaders, comme n'importe qui d'autre, se trompent parfois. L'intelligence émotionnelle peut aussi les aider à réagir de façon appropriée lorsqu'ils se rendent compte de leur erreur. Les leaders qui sont intelligents émotionnellement sont plus humains, plus éthiques, plus matures et plus humbles. Ils ont donc plus de facilité à admettre leurs erreurs et à les gérer.

8

Résumé et révision

Cette section vous servira à vérifier l'acquisition des objectifs d'apprentissage.

OA1 Qu'est-ce que le leadership ?   Le leadership est un processus par lequel une personne exerce de l'influence sur d'autres personnes, inspire, motive et dirige leurs activités pour les aider à atteindre les objectifs de leur groupe ou de l'entreprise. Les leaders peuvent influencer les autres parce qu'ils détiennent du pouvoir. Ils disposent de cinq types de pouvoir : le pouvoir légitime, le pouvoir de récompense, le pouvoir de coercition, le pouvoir d'expert et le pouvoir de référence. Le pouvoir de référence, bien que complexe, est un multiplicateur important. Enfin, de nombreux gestionnaires se servent de l'autonomisation comme moyen d'accroître leur efficacité en tant que leaders.

OA2 Les premières théories du leadership   L'approche axée sur les traits de personnalité (ou modèle ou théories des traits) décrit les caractéristiques personnelles qui contribuent à l'efficacité du leadership. Toutefois, certains leaders qui possèdent tous ces traits ne sont pas efficaces tandis que d'autres qui n'en possèdent que quelques-uns le sont néanmoins. Le modèle béhavioriste décrit deux types de comportements que la plupart des leaders adoptent : les comportements centrés sur les relations et les comportements centrés sur les tâches. La grille du management (ou grille managériale) présente cinq styles de leadership établis d'après la prépondérance des comportements associés à chacun de ces deux types. Bien que le modèle béhavioriste soit incomplet, il fournit des nuances intéressantes dans l'application du leadership.

OA3 Les modèles de contingence du leadership   Les modèles de contingence du leadership tiennent compte de la complexité des éléments qui entourent l'exercice du leadership et du rôle que joue la situation quand il s'agit de déterminer si un gestionnaire est un leader efficace ou inefficace. Le modèle de contingence de Fiedler explique les raisons pour lesquelles les gestionnaires peuvent être des leaders efficaces dans une situation et inefficaces dans une autre. Le modèle situationnel de Hersey et Blanchard examine la nécessité pour les leaders d'adapter leur style de leadership aux habiletés et au degré de motivation de leurs subordonnés. La théorie de l'intégration des buts personnels de House porte sur les façons dont les gestionnaires efficaces motivent leurs employés en déterminant les récompenses que ceux-ci recherchent, en les récompensant lorsqu'ils atteignent leurs objectifs ou ont un rendement élevé, et en leur expliquant clairement les trajets à suivre pour atteindre ces objectifs. La théorie du substitut du leader indique que les gestionnaires ne sont pas toujours obligés de jouer un rôle de leadership, en particulier lorsque leurs employés ont un rendement élevé sans qu'ils exercent la moindre influence sur eux. Bien que ces théories ne soient pas applicables à toutes les situations, elles éclairent la notion de leadership.

OA4 Les modèles de leadership transactionnel et transformationnel   Les leaders transactionnels motivent généralement leurs subordonnés à répondre aux attentes en les récompensant lorsqu'ils ont un rendement adéquat et en utilisant des sanctions en cas de comportements non souhaitables. Les leaders transformationnels ont des effets spectaculaires sur leurs employés et sur leur entreprise dans son ensemble. Ils donnent à leurs subordonnés l'inspiration et l'énergie nécessaires pour régler les problèmes qui se posent dans leur travail afin d'améliorer leur rendement. Pour ce faire, ils leur font voir l'importance de bien effectuer leurs tâches et d'avoir un rendement élevé; ils leur font aussi prendre conscience de leurs besoins de croissance personnelle, de développement de leurs compétences et d'accomplissement de soi; enfin, ils les motivent à travailler au bon fonctionnement de l'entreprise, et non seulement dans leur propre intérêt. Pour développer un leadership transformationnel, les gestionnaires doivent mettre en place une vision inspirante et des objectifs ambitieux; ils doivent aussi être charismatiques, stimuler leurs employés intellectuellement et considérer le développement de la personne.

OA5 Le genre, la culture, l'intelligence émotionnelle et le leadership Le nombre de cadres supérieurs de genre féminin est demeuré relativement constant au cours des deux dernières décennies. Les femmes continuent d'être sous-représentées en raison des défis particuliers qu'elles doivent relever en matière de conciliation travail-famille. Les gestionnaires hommes et femmes adoptent des comportements similaires en tant que leaders, contrairement à ce que laissent croire les stéréotypes selon lesquels les femmes sont plus centrées sur les relations, et les hommes, plus centrés sur les tâches. Toutefois, les femmes gestionnaires ont plus tendance que les hommes à encourager la participation. D'après des chercheurs, les hommes et les femmes sont aussi efficaces en tant que gestionnaires et leaders. Des études ont décelé des différences dans les styles de leadership selon les cultures. Par exemple, les leaders européens occidentaux ont généralement tendance à être plus centrés sur les personnes que les leaders américains ou japonais. De même, les horizons temporels des leaders varient. Les leaders nord-américains sont plus axés sur le court terme tandis que les leaders japonais s'orientent davantage vers le long terme dans leur façon de concevoir la direction. Toutefois, selon le concept du «code du leadership», il est préférable pour le gestionnaire de miser sur une culture d'entreprise qui tient compte à la fois de la culture du pays visé et des cinq règles de ce code afin d'obtenir un leadership de haut niveau. Enfin, l'humeur des leaders et les émotions qu'ils éprouvent au travail ainsi que leur habileté à les gérer adéquatement peuvent influer sur leur efficacité. C'est donc dire que l'intelligence émotionnelle peut contribuer à l'efficacité du leadership de diverses manières, notamment quand elle encourage et soutient la créativité des employés.

TERMES CLÉS

comportement centré sur les relations (p. 249)

comportement centré sur les tâches (p. 249)

considération du développement de la personne (p. 260)

intelligence émotionnelle (p. 265)

leader (p. 243)

leader charismatique (p. 259)

leadership (p. 243)

leadership transactionnel (p. 258)

leadership transformationnel (p. 258)

modèle du leadership situationnel ou modèle situationnel (p. 253)

modèles de contingence du leadership (p. 251)

pouvoir d'expert (p. 246)

pouvoir de coercition (p. 245)

pouvoir de récompense (p. 245)

pouvoir de référence (p. 246)

pouvoir légitime (p. 244)

pouvoir lié au poste (p. 252)

relation dirigeant-dirigés (p. 252)

stimulation intellectuelle (p. 260)

structure de tâche (p. 252)

style de leadership personnel (p. 244)

substitut du leader (p. 256)

théorie de l'intégration des buts personnels (ou théorie trajet-but) (p. 254)

Solutionnaire
enseignant

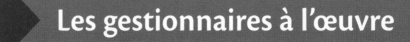

Les gestionnaires à l'œuvre

SUJETS À TRAITER ET ACTIVITÉS CONNEXES

NIVEAU 1 Connaissances et compréhension

1. a) Qu'entend-on par «leadership»?

   b) Sur quels types de pouvoir les leaders s'appuient-ils pour amener les autres à s'efforcer de réaliser les objectifs de leur entreprise?

2. Décrivez l'approche axée sur les traits de personnalité et les modèles béhavioristes (comportement centré sur les relations ou sur les tâches) du leadership et indiquez leurs limites.

3. Décrivez les styles de leadership qui découlent de la grille du management. Lequel est considéré comme étant optimal? Pour quelles raisons? S'agit-il d'un style approprié à toutes les situations?

NIVEAU 2 Application et analyse

4. Nommez des situations particulières dans lesquelles il serait particulièrement important qu'un gestionnaire ait recours aux comportements centrés sur les relations et aux comportements centrés sur les tâches.

5. Interrogez un gestionnaire pour savoir comment les trois caractéristiques déterminées par Fiedler influent sur sa capacité à exercer un leadership. Décrivez le résultat de votre recherche.

6. Discutez des raisons pour lesquelles des substituts du leader peuvent contribuer à l'efficacité organisationnelle.

NIVEAU 3 Synthèse et évaluation

7. Comparez les styles de leadership transactionnel et transformationnel. En quoi se ressemblent-ils? En quoi diffèrent-ils?

8. À votre avis, pourquoi certaines personnes persistent-elles à croire que les hommes sont de meilleurs gestionnaires que les femmes, même si de nombreuses études indiquent que les hommes et les femmes sont aussi efficaces en tant que gestionnaires et leaders?

EXERCICE PRATIQUE EN PETIT GROUPE

Un renforcement de l'efficacité du leadership

Formez un groupe de trois ou quatre personnes et choisissez un étudiant qui présentera les résultats de votre recherche à toute la classe quand votre professeur vous le demandera. Discutez ensemble du scénario suivant.

Votre équipe de conseillers en ressources humaines a été engagée par Carla Caruso, une entrepreneure en décoration intérieure. Au départ, madame Caruso travaillait seule. Toutefois, en raison d'un important accroissement de la construction domiciliaire dans la région, elle a décidé de passer du statut de travailleuse autonome à celui de chef d'une petite entreprise.

Elle a embauché une secrétaire, qui est aussi comptable, ainsi que quatre décorateurs ensembliers, et continue elle-même d'y exercer son métier. En tant que chef d'entreprise, elle accorde beaucoup d'autonomie à ses quatre employés parce qu'elle considère que la décoration intérieure exige un effort de création très personnel. Plutôt que de les payer à la commission, elle leur verse un salaire supérieur à la moyenne pour qu'ils soient motivés à exécuter le meilleur travail possible pour leurs clients. Elle veut ainsi éviter qu'ils cherchent à gonfler les factures afin d'augmenter leurs commissions.

Tout allait apparemment pour le mieux jusqu'à ce que des clients commencent à se plaindre. Selon eux, les décorateurs étaient difficiles à rejoindre, promettaient des délais de livraison irréalistes, se présentaient en retard aux rendez-vous ou n'y venaient pas du tout. En outre, ils se montraient impatients et désagréables lorsque les propriétaires hésitaient ou avaient du mal à prendre une décision. Madame Caruso sait que ses employés sont compétents et craint de ne pas les diriger de façon efficace et de ne pas savoir comment s'y prendre avec eux. Elle vous demande votre avis.

1. Quels conseils pourriez-vous donner à madame Caruso pour qu'elle accroisse son pouvoir ou qu'elle l'utilise plus efficacement?

2. Madame Caruso semble-t-elle avoir des comportements de leadership appropriés dans cette situation? Quels conseils pourriez-vous lui donner concernant les types de comportements qu'elle devrait adopter?

3. Comment madame Caruso pourrait-elle accroître la motivation de ses employés à fournir un service à la clientèle de qualité supérieure?

4. Conseilleriez-vous à madame Caruso d'adopter un leadership transformationnel dans la situation actuelle? Sinon, pourquoi? Si oui, quelles mesures lui recommanderiez-vous de prendre?

EXERCICE DE PLANIFICATION D'AFFAIRES

Pour vous guider, consultez l'annexe B, à la page 426.

En groupe, réfléchissez à la formation d'une équipe de gestion pour votre nouvelle entreprise. Votre plan d'affaires doit contenir une section concernant les rôles et les responsabilités que les membres de cette équipe devront assumer ainsi que les compétences qu'ils doivent posséder pour être aptes à diriger l'entreprise.

1. Déterminez les caractéristiques (ou traits de personnalité) que les gestionnaires de votre entreprise devraient avoir.

2. Choisissez un service, une fonction ou un domaine d'activité. À votre avis, lequel de ces deux leaders conviendrait le mieux à la tête de ce service: un leader centré sur les relations ou un leader centré sur les tâches? Pourquoi?

3. Quel type de leader conviendrait le mieux pour diriger votre entreprise: un leader transactionnel ou transformationnel?

EXERCICE DE GESTION RELATIF À L'ÉTHIQUE

Un adjoint a remarqué que son supérieur hiérarchique a exagéré ses dépenses à maintes reprises dans les comptes rendus de ses notes de frais. En effet, il facture toujours des dépenses pour une journée supplémentaire lorsqu'il effectue des voyages d'affaires. L'employé subordonné sait pourtant que, chaque fois, le gestionnaire est resté à la maison et y a effectué du travail. L'adjoint met en doute ces comptes rendus parce que son supérieur en a déjà présenté 15 semblables cette année.

1. Comment le gestionnaire pourrait-il utiliser sa connaissance du pouvoir pour résoudre ce problème?

2. Quel type de pouvoir serait le plus éthique à utiliser? Pourquoi?

LA GESTION MISE AU DÉFI

Napoléon et le leadership[83]

Jean Martin, un de vos amis, est chef de la direction dans une petite entreprise de plastiques. Il vous invite à le rencontrer pour discuter d'un ouvrage récent qu'il vient de lire concernant Napoléon Bonaparte et le leadership[84]. Dans un courriel, il vous apprend que l'auteur de ce livre a déterminé les six principes de base du leadership de l'empereur français. Il veut en discuter avec vous relativement à un cours que vous avez suivi ensemble alors que vous fréquentiez l'école de gestion. Il tient à connaître votre opinion sur le sujet. Ces principes sont les suivants.

- L'exactitude. L'empereur visait une précision rigoureuse par des recherches approfondies, une planification constante et une conscience sans cesse en éveil de la situation dans laquelle il se trouvait, allant jusqu'à réfléchir à ce qui pouvait se produire. En résumé, conscience de la situation, recherches et planification sans cesse en cours.

- La rapidité. Il reconnaissait que la force d'impulsion (la masse multipliée par la vitesse) s'appliquait aussi à la réalisation d'objectifs concernant les personnes. Selon l'auteur, «il savait que la résistance diminue la force d'impulsion. Accroître la vitesse signifiait réduire la résistance, augmenter le sentiment d'urgence et produire une convergence par l'emploi d'une concentration et d'une économie de force». En résumé, réduction de la résistance, accroissement du sentiment d'urgence et convergence.

- La flexibilité. Napoléon s'assurait que ses régiments pouvaient réagir rapidement à n'importe quelle situation tout en respectant un plan stratégique. Il organisait ses troupes en unités mobiles et les rendait autonomes en leur communiquant des renseignements concernant leur mission et en les structurant de façon qu'elles puissent agir indépendamment les unes des autres. Toutefois, il s'assurait aussi qu'elles agissaient toutes suivant une même doctrine et qu'elles étaient au service d'un seul leader absolu. En résumé, formation d'équipes capables de s'adapter, autonomes et unifiées.

- La simplicité. Il s'assurait que ses objectifs, ses messages et ses processus étaient simples pour réduire la désorganisation. Selon lui, «l'art de la guerre ne requiert pas de manœuvres compliquées. Les plus simples sont les meilleures». En résumé, simplicité et clarté des objectifs, des messages et des processus.

- Le caractère. Tout en étant guidé par son ambition, Napoléon est toujours resté un homme d'honneur, intègre, calme et responsable, qui encourageait le respect des autres cultures.

- La force morale. Selon l'empereur, «à la guerre, tout dépend du moral». Les gens donnent le meilleur d'eux-mêmes lorsqu'ils ont confiance en eux, lorsqu'ils sentent que ce qu'ils font en vaut la peine et qu'on reconnaît leurs efforts. En résumé, ordre, motivation et récompense.

Les six principes de Napoléon conviennent-ils mieux à un leader transformationnel ou à un leader transactionnel? Expliquez votre réponse.

PROJET DE PRÉPARATION D'UN DOSSIER DE GESTION

Répondez aux questions suivantes concernant l'organisation que vous avez choisi d'étudier.

1. Selon vous, quelles sont les caractéristiques du style de leadership du chef de la direction?

2. À votre avis, le chef de la direction est-il un leader transactionnel ou transformationnel? Justifiez votre réponse. Ce style convient-il à l'environnement concurrentiel et général dans lequel l'entreprise se trouve?

3. Sur quelles formes de pouvoir le chef de la direction compte-t-il le plus?

Solutionnaire enseignant

Étude de cas

Sortir «Ted» de la société Turner Broadcasting[85]

Avez-vous déjà entendu parler de Phil Kent? Peut-être que non. Après tout, le chef de la direction de Turner Broadcasting se révèle beaucoup plus discret que Ted Turner, la prétendue «Voix du Sud», qui est resté à l'avant-scène longtemps après avoir vendu son empire de câblodistribution à Time Warner, dans les années 1990. Toutefois, monsieur Kent est sorti de l'ombre que lui faisait Ted Turner et est en train de devenir l'un des cadres supérieurs les plus importants de Time Warner. Si ce géant des médias multiplie ses propres projets à partir de sa division AOL, qui lui a longtemps causé des problèmes, comme on s'y attendait, l'ensemble des canaux que monsieur Kent supervise, entre autres TNT, TBS, TCM et CNN, contribuera à près de la moitié des bénéfices de l'entreprise.

Au cours des six dernières années, Phil Kent a défié les réseaux de diffusion en offrant une grande variété de programmation avec laquelle peu d'autres câblodiffuseurs pouvaient rivaliser. Alors que de plus en plus d'argent destiné à la publicité quitte les réseaux traditionnels au profit des câblodiffuseurs, il s'est donné comme mission de trouver des publicitaires qui dépenseraient autant pour du temps d'antenne sur Turner Broadcasting qu'ils le font auprès des quatre plus grands diffuseurs américains. Il s'agit d'une campagne que monsieur Kent compte intensifier au cours des prochaines semaines étant donné que les publicitaires se réunissent à New York pour le rituel annuel d'achat de publicités, appelé aussi le «marché préférentiel» ou «marché prioritaire».

Phil Kent, âgé de 54 ans, est le premier à diriger la société Turner sans la présence intimidante de son fantasque fondateur, qui a quitté Time Warner en 2006. Intrinsèquement, la société Turner a beaucoup changé. «À l'époque de Ted, explique Jeffrey L. Bewkes, le chef de la direction de Time Warner, la direction, c'était toujours Ted.» Si Ted Turner se délectait de ses apparitions dans ses propres journaux télévisés, Phil Kent est l'antithèse d'un cadre médiatisé. Même s'il a appris son métier en travaillant pour l'éminence grise légendaire de Hollywood Michael Ovitz, de la Creative Artists Agency, à la fin des années 1980, il est dégoûté de la publicité que chacun s'y fait soi-même et exècre le culte du chef de la direction. «Ce n'est décidément pas un cadre qui se prend pour une vedette rock!» dit de lui un de ses principaux lieutenants, Steven R. Koonin.

Dans deux circonstances très importantes de sa carrière, Phil Kent a quitté la mêlée, chaque fois parce qu'il ne prenait plus aucun plaisir à ce qu'il faisait. Après avoir travaillé six ans pour Michael Ovitz, il s'est libéré et est parti faire le tour du monde, refusant de prêter l'oreille aux cajoleries de membres d'agences de recrutement qui l'ont poursuivi jusque dans un café situé sur un toit à Marrakech. Dans les années 1990, monsieur Kent travaillait pour la société Turner, mais il a démissionné en 2001 après la fusion entre AOL et Time Warner. «Il faut avoir quitté un emploi pour se rendre compte que la Terre continue de tourner, même sans vous! C'est ce qui fait qu'on a moins peur de prendre des décisions difficiles. Somme toute, lorsqu'on s'est déjà mis à la porte soi-même, on craint beaucoup moins d'être renvoyé par quelqu'un d'autre!» explique monsieur Kent.

Jeffrey Bewkes recherchait quelqu'un qui pouvait prendre des décisions difficiles lorsqu'il a réussi à convaincre Phil Kent de revenir chez Turner pour diriger cette société en 2003. À l'époque, le réseau de câblodistribution connaissait un certain déclin de ses activités. Monsieur Bewkes, qui avait transformé HBO en un événement de la culture populaire, voulait que Phil Kent revalorise les marques de commerce de la société Turner et crée un engouement pour ses chaînes de télévision.

Phil Kent a investi beaucoup d'argent dans la diversification des émissions d'information, de dessins animés, de sports et originales. Pour attirer des téléspectateurs jeunes et membres de professions libérales, un groupe toujours convoité, il a poussé TNT et TBS à inclure dans leur programmation des émissions originales avec des têtes d'affiche.

Phil Kent a aussi financé Adult Swim, une chaîne spécialisée dans les comédies qui apparaît en soirée sur le réseau de dessins animés de la société Turner. Ce réseau à l'intérieur d'un réseau a permis d'aller chercher deux groupes démographiques importants: d'une part, les adolescents et les hommes dans la jeune vingtaine qui suivent les propos piquants d'Adult Swim le soir et, d'autre part, les enfants et leurs parents, qui regardent les dessins animés pendant la journée. La vision et la stratégie de Phil Kent a attiré un éventail de publicitaires de premier ordre tels que T-Mobile, DirecTV, Hewlett-Packard et Procter & Gamble. Sous la férule de ce chef de la direction, le chiffre d'affaires de la société Turner, par une combinaison de revenus publicitaires et de frais de distribution, a presque doublé, atteignant 7 milliards de dollars, d'après les experts en chiffres. Même chose pour le flux de trésorerie, qui s'élèverait à 2,3 milliards de dollars (Time Warner n'affiche pas ces chiffres).

Par bien des aspects, la société Turner est devenue beaucoup plus inclusive depuis l'arrivée de Phil Kent à sa tête. Monsieur Kent a confié que ses «années sabbatiques» lui ont appris à se méfier de la manie des chefs de la direction de planifier chaque moment de la journée, car elle est contre-productive. Partageant ses semaines entre les sièges sociaux de Turner Broadcasting à Atlanta et à New York, il se réserve du temps pour rencontrer ses collègues, arpentant les corridors et s'arrêtant dans les bureaux des uns et des autres. Selon monsieur Koonin, c'est pendant l'une de ces visites impromptues qu'ils ont discuté de l'idée de faire davantage pour les auditoires délaissés. Cet entretien a finalement mené à la proposition faite au comique George Lopez d'animer sa propre émission d'interview-variétés en fin de soirée à TBS pour faire concurrence à Conan et à Dave et attirer des téléspectateurs hispanophones.

Dans l'exercice de ses fonctions, Phil Kent n'a pas eu une gestion sans faille. En 2007, il a dû s'excuser publiquement pour un coup de publicité d'Adult Swim fait à Boston, qui comportait des appareils électroniques lumineux placés un peu partout dans la ville et que les passants ont pris par erreur pour des bombes. TNT a également annulé une comédie publicitaire, *Trust Me,* après seulement une saison. Toutefois, maintenant que la société Turner apparaît comme un des fleurons d'une Time Warner amincie, Phil Kent devra endosser un rôle qui le met mal à l'aise, celui d'un chef de la direction en vue.

Les investisseurs surveilleront étroitement l'entreprise pour voir si elle peut réellement amener les publicitaires à payer davantage pour du temps d'antenne sur les chaînes de la société Turner. Les réseaux de câblodistribution obtiennent généralement un tiers ou moins des tarifs de publicité que recueillent les grands réseaux de diffusion. Phil Kent reconnaît qu'il ne sera pas facile de changer cette dynamique, mais il ajoute ceci: «Nous pouvons faire beaucoup mieux en ce qui a trait à la vente des productions de Turner.»

1. Comment décririez-vous le style de leadership personnel de Phil Kent?

2. Quels sont ses principaux traits de caractère à votre avis?

3. Selon vous, quels comportements Phil Kent va-t-il probablement adopter?

4. Croyez-vous que Phil Kent soit un leader transformationnel? Pourquoi?

9

La motivation

OA1 Décrire ce qu'est la motivation et les façons dont elle permet d'atteindre des objectifs intrinsèques et extrinsèques.

OA2 Expliquer la façon dont les diverses théories des besoins en matière de motivation aident les gestionnaires à mieux comprendre les besoins de leurs employés et à leur procurer des éléments quiles satisferont.

OA3 Décrire la façon dont les théories processuelles de la motivation aident les gestionnaires à expliquer des niveaux de rendement élevés ou faibles.

OA4 Déterminer les leçons que les gestionnaires peuvent tirer des théories de l'apprentissage en matière de motivation.

OA5 Expliquer les façons dont les gestionnaires peuvent utiliser des systèmes de récompense pour accroître la motivation des employés.

Entrée en matière

La motivation à la société Enterprise Rent-A-Car

Comment les gestionnaires peuvent-ils accroître la motivation de leurs employés à fournir un excellent service à la clientèle ?

La société Enterprise Rent-A-Car a été fondée en 1957 par Jack Taylor à Saint-Louis, au Missouri. Au départ, il s'agissait d'un très modeste établissement de location de voitures, dont le parc ne comptait que sept automobiles[1]. Il est aujourd'hui devenu une marque de commerce reconnue mondialement et il compte plus de 6 000 succursales situées dans divers quartiers et aéroports des États-Unis, du Canada, du Royaume-Uni, de l'Irlande et de l'Allemagne. Avec un chiffre d'affaires annuel supérieur à 12,6 milliards de dollars et plus de 68 000 employés, l'entreprise et ses filiales Alamo et National comptent plus d'un million de voitures et de camions, ce qui en fait le plus gros fournisseur de services de location de véhicules au monde, en ce qui a trait aux produits, au nombre d'employés et à la taille de son parc. Enterprise Rent-A-Car est l'un des plus importants employeurs de nouveaux diplômés et en embauche généralement plus de 8 000 par année. En 2015, on lui a attribué le titre de Premier employeur de travailleurs nouvellement diplômés, c'est-à-dire sans expérience[2].

Société non cotée en bourse, Enterprise Rent-A-Car est d'abord et avant tout une entreprise familiale. Depuis ses débuts, elle a eu seulement

deux chefs de la direction : son fondateur Jack Taylor, maintenant à la retraite, mais toujours actif dans l'entreprise, et son fils Andrew, devenu directeur général en 1980 et chef de la direction en 1994[3]. Néanmoins, grâce à une politique de promotion à l'interne, tous les employés qui ont un bon rendement peuvent espérer obtenir de l'avancement au sein de l'entreprise[4].

Un des secrets de son succès est la façon dont elle motive ses employés à fournir un excellent service à la clientèle. Presque tous les nouveaux employés participent au Programme d'apprentissage de la gestion de l'entreprise. Ils y découvrent tous les aspects de ses activités et des façons de fournir un service à la clientèle de grande qualité.

Les apprentis gestionnaires reçoivent d'abord une formation de quatre jours portant essentiellement sur la culture de l'entreprise. Ensuite, pendant 8 à 12 mois, on les envoie dans une succursale où ils se familiarisent avec tous les rouages du métier, de la négociation avec les ateliers de réparation de carrosserie à l'aide à apporter aux clients et au lavage des véhicules[5]. Au cours de leur formation, ils apprennent l'importance que l'entreprise accorde à un service à la clientèle de qualité supérieure ainsi que des façons de fournir personnellement le meilleur service possible, ce qui les aide à accroître leur confiance en leurs capacités.

Tous ceux qui obtiennent une bonne note dans ce programme sont promus après environ un an à un poste d'adjoint de gestion. S'ils accomplissent bien leur travail, ils deviennent ensuite directeurs adjoints de leur succursale et on leur confie la responsabilité du mentorat et de la supervision des employés. Encore une fois, s'ils se sont acquittés de leurs tâches avec succès, ils peuvent accéder au poste de directeur de leur succursale. Ils doivent alors gérer le travail de leurs employés et la prestation des services à la clientèle, le parc de voitures à louer et la performance financière de leur établissement. Les directeurs de succursale qui ont cumulé environ cinq années d'expérience à ce niveau obtiennent souvent des postes de direction au siège social de l'entreprise ou deviennent chefs de secteur et supervisent alors toutes les succursales établies à l'intérieur d'un territoire géographique donné. En procurant à tous leurs nouveaux employés une formation dans tous les aspects du fonctionnement de l'entreprise, y compris une prestation de services à la clientèle impeccable, en leur fournissant une expérience utile comportant des degrés croissants de responsabilité et d'autonomisation et en assurant à chaque nouveau venu qui effectue bien son travail des possibilités d'avancement, la société Enterprise Rent-A-Car s'est constitué une main-d'œuvre très motivée. Patrick Farrell, vice-président aux communications de l'entreprise, le formule ainsi : « Ce qu'il y a d'unique chez nous, c'est que tous sont passés par le même système, du chef de la direction jusqu'au simple employé [...] Tous les membres de notre personnel sans exception ont commencé par une formation en gestion[6]. »

Non seulement l'entreprise encourage ses employés à donner le meilleur d'eux-mêmes et à offrir un excellent service à la clientèle en leur fournissant une formation et des possibilités d'avancement, mais elle utilise aussi des incitatifs financiers pour les motiver. Chaque succursale est considérée essentiellement comme un centre de profits, et les gestionnaires qui la supervisent et qui s'occupent de tous les aspects de son fonctionnement ont la responsabilité d'assurer sa rentabilité et l'autonomie nécessaire pour le faire, presque comme s'il s'agissait de leur propre entreprise ou d'une franchise[7]. À partir du directeur adjoint jusqu'à des échelons plus hauts

dans la hiérarchie, leur rémunération mensuelle varie en fonction de la rentabilité de la succursale. Ceux qui ont de plus grandes responsabilités, par exemple les chefs de secteur, ont une rémunération mensuelle liée à la rentabilité de la région qu'ils supervisent. Par conséquent, les gestionnaires de tous les niveaux savent que leur salaire dépend de la rentabilité des affaires dont ils ont la responsabilité. Ils ont aussi l'autonomie requise pour prendre des décisions allant de l'achat et de la vente de véhicules jusqu'à l'ouverture de nouvelles succursales[8].

Enfin, des activités philanthropiques et des initiatives écologiques visant la protection des milieux naturels fournissent à Enterprise Rent-A-Car une autre façon de motiver ses employés. Par exemple, la fondation de l'entreprise s'est engagée à verser 50 millions de dollars pour la plantation de 50 millions d'arbres dans des forêts publiques sur une période de 50 ans. Elle s'efforce aussi de soutenir les collectivités dans lesquelles l'entreprise a établi des succursales et de leur redonner une partie de ses profits[9]. Parmi toutes les entreprises de location de véhicules, Enterprise Rent-A-Car est celle qui possède le plus important parc de voitures écoénergétiques[10]. Les divers moyens qu'elle utilise pour motiver ses employés et satisfaire ses clients ont, sans contredit, contribué à l'histoire de sa réussite, qui se poursuit au fil des ans[11].

▶ **Après avoir réfléchi aux concepts présentés dans ce chapitre, vous serez en mesure de répondre aux questions suivantes.**

1. Comment peut-on appliquer la théorie bifactorielle de Herzberg au cas d'Enterprise Rent-A-Car ?

2. Comment peut-on appliquer la théorie des attentes de Vroom au cas d'Enterprise Rent-A-Car ?

3. Comment Enterprise Rent-A-Car utilise-t-elle une stratégie de la récompense générale pour motiver ses employés à améliorer leur performance ?

M ême lorsqu'elle adopte la meilleure stratégie possible et une structure organisationnelle qui lui convient, une entreprise ne sera efficace que si ses membres ont la motivation nécessaire pour fournir le meilleur rendement possible. De toute évidence, Jack et

Andrew Taylor, d'Enterprise Rent-A-Car, l'ont compris. Une des raisons pour lesquelles diriger constitue une activité si importante pour les gestionnaires est qu'elle exige d'eux de s'assurer que chaque membre de leur organisation a une motivation suffisante pour fournir un rendement élevé

> **FIGURE 9.1** Les principales théories de la motivation

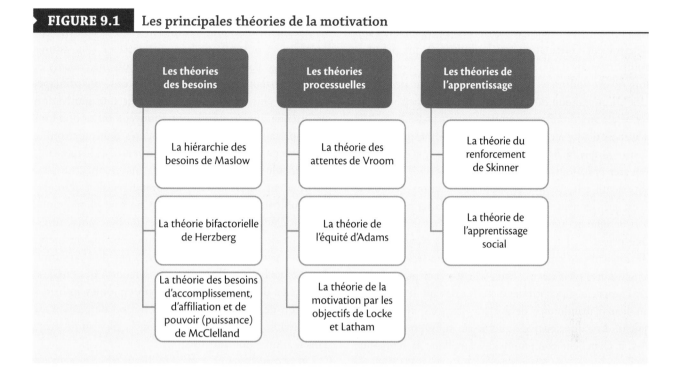

et pour aider l'entreprise à atteindre ses objectifs. Un de leurs principaux défis est d'encourager les employés à avoir un niveau élevé de performance, dans les petites comme dans les grandes entreprises. Après avoir vu, au chapitre 8, l'importance du leader et de l'engagement organisationnel, nous verrons dans ce chapitre les différentes théories de la motivation. Une bonne compréhension de ces dernières permet au gestionnaire de mettre en place les pratiques nécessaires pour atteindre les objectifs de l'entreprise. La figure 9.1 présente quelques-unes des principales théories de la motivation.

Ces théories fournissent aux gestionnaires des indications importantes sur les façons de motiver les membres de leur organisation. Elles sont complémentaires parce que chacune d'elles porte sur un aspect légèrement différent de la motivation. Les théories des besoins aident à comprendre les raisons pour lesquelles les besoins des êtres humains les poussent à agir de manière à satisfaire ceux-ci, soit intrinsèquement, soit extrinsèquement. Les théories processuelles permettent d'expliquer les raisons des comportements des personnes et aident ainsi les gestionnaires à comprendre les causes des niveaux de rendement (ou de productivité) élevés ou faibles des travailleurs. Les théories de l'apprentissage montrent le lien entre l'attribution de récompenses pour un comportement associé à une performance élevée et la répétition de ce comportement par les travailleurs. L'examen de toutes ces théories réunies aide à avoir une

compréhension plus approfondie des multiples questions qui se posent et des problèmes qui surviennent lorsqu'on cherche à établir des degrés élevés de motivation au sein d'une entreprise. Bien qu'aucune d'elles ne puisse revendiquer la vérité et que chaque humain soit en quelque sorte unique, ces théories convergent tout de même dans une direction : l'humain aime relever des défis, il désire se réaliser et donner un sens à sa vie, et il a besoin d'être reconnu. Chacune des théories nous permettra d'ajouter des nuances à cette direction pour mieux comprendre toute la complexité des êtres humains. Nous terminerons ce chapitre par une étude de la stratégie de la récompense générale comme outil de motivation, ce qui permettra de saisir une autre nuance au regard de ce qu'il faut faire pour obtenir une main-d'œuvre plus motivée.

OA1 Décrire ce qu'est la motivation et les façons dont elle permet d'atteindre des objectifs intrinsèques et extrinsèques.

9.1 Une définition de la motivation

Le terme « motivation » se rapproche énormément de l'engagement organisationnel dont nous avons traité dans le chapitre 8. Un employé engagé dans la réalisation des objectifs organisationnels est aussi un employé motivé. En fait, la **motivation** désigne les forces psychologiques qui déterminent l'orientation (ou la direction) que prend le comportement d'une personne dans une entreprise, l'effort qu'elle fournit et sa persévérance devant des obstacles[12]. L'orientation du comportement d'une personne fait référence aux nombreux comportements possibles qu'elle a le choix d'adopter. Ainsi, les employés d'Enterprise Rent-A-Car savent qu'ils doivent faire tout ce qui est en leur pouvoir pour fournir à leurs clients un service de qualité supérieure, par exemple en allant chercher ou reconduire ceux qui viennent louer une voiture ou la rapporter. L'effort désigne la quantité et la qualité du travail fourni par une personne. Les employés d'Enterprise Rent-A-Car se distinguent par leurs efforts pour offrir un service propre à satisfaire pleinement leurs clients. La persévérance est la capacité de continuer à essayer de faire le nécessaire au lieu d'abandonner devant les obstacles, quels qu'ils soient. Les directeurs de succursale d'Enterprise Rent-A-Car cherchent constamment à améliorer la rentabilité de l'entreprise, notamment grâce à un service à la clientèle sans failles.

La motivation est un élément essentiel de la gestion parce qu'elle permet d'expliquer les raisons des comportements des membres d'une organisation (p. ex. le fait qu'un serveur de restaurant se montre courtois ou impoli, ou qu'une éducatrice de garderie fasse tout en son pouvoir pour que les enfants prennent plaisir à apprendre plutôt que d'accomplir strictement les tâches qu'on lui a assignées). Elle permet d'expliquer pourquoi certains gestionnaires se préoccupent d'abord et avant tout des intérêts de leur entreprise alors que d'autres cherchent plutôt à maximiser leur salaire et pourquoi des travailleurs s'efforcent plus que d'autres de bien exécuter leurs tâches.

La motivation peut avoir des sources intrinsèques ou extrinsèques. Un **comportement à motivation intrinsèque** est un comportement qu'on adopte parce qu'on en retire du plaisir ou une certaine satisfaction. La motivation intrinsèque est considérée comme le plus haut niveau de motivation autodéterminée que peut atteindre un individu. L'autodétermination fait référence surtout au besoin d'autonomie, soit à la nécessité pour la personne de se sentir comme étant celle à la base de ses choix au moment d'amorcer un comportement; par exemple, un employé qui demande à son patron de mettre en place un système de rangement pour sa propre satisfaction vient répondre à son besoin d'autonomie. La motivation prend donc sa source dans les actions que ce comportement dicte et elle provient de l'exécution du travail en soi. De nombreux gestionnaires

sont mus par une motivation intrinsèque: ils éprouvent un sentiment d'accomplissement lorsqu'ils contribuent à réaliser les objectifs de leur entreprise et à lui assurer un avantage concurrentiel. Des emplois intéressants et qui permettent de relever des défis ont, en principe, beaucoup plus de chances de susciter une motivation intrinsèque que ceux qui sont ennuyeux ou qui ne font pas appel aux talents et aux habiletés d'une personne. Une enseignante dans une école primaire qui aime vraiment inculquer des connaissances aux enfants, un programmateur informatique qui prend plaisir à résoudre des problèmes de programmation ou une photographe publicitaire que la conception de photographies originales passionne sont tous motivés intrinsèquement. Pour ces personnes, la motivation vient de l'exécution de leurs tâches, qu'il s'agisse d'enseigner à des enfants, de déceler des bogues dans des programmes informatiques ou de faire des photos. La notion de passion est une variable incontournable, sinon la plus importante dans la motivation intrinsèque.

Un **comportement à motivation extrinsèque** est un comportement qu'on adopte pour obtenir une récompense matérielle ou sociale, ou pour éviter une sanction. Ce type de motivation prend sa source dans les avantages qui découlent du comportement, et non dans le comportement lui-même. On peut penser, par exemple, à un vendeur de voitures qui est motivé par la commission à laquelle il a droit sur chacun des véhicules qu'il vendra ou à un avocat motivé par des honoraires élevés et le statut que lui confère son emploi. Cette motivation provient des avantages qu'ils retirent comme une récompense de leur comportement au travail.

La motivation d'une personne peut être intrinsèque, extrinsèque ou les deux à la fois[13]. Un cadre supérieur qui éprouve un sentiment d'accomplissement et de réussite dans sa gestion d'une grande entreprise et qui s'efforce d'atteindre les objectifs annuels prévus pour obtenir une prime substantielle a une motivation à la fois intrinsèque

---

Motivation (*motivation*)
Ensemble de forces psychologiques qui déterminent le type de comportement d'une personne dans une organisation, l'intensité des efforts qu'elle déploie et son degré de persévérance.

Comportement à motivation intrinsèque
(*intrinsically motivated behavior*)
Comportement qu'une personne adopte parce qu'elle en retire du plaisir ou une certaine satisfaction.

Comportement à motivation extrinsèque
(*extrinsically motivated behavior*)
Comportement qu'une personne adopte pour obtenir une récompense matérielle ou sociale, ou pour éviter une sanction.

et extrinsèque. Une bonne partie des employés d'Enterprise Rent-A-Car sont motivés à la fois de façon extrinsèque, en raison des possibilités d'avancement et du lien qui existe entre leur salaire et le rendement de leur succursale ou de leur secteur et, de façon intrinsèque, parce qu'ils retirent un sentiment de réalisation et une certaine satisfaction pour des services rendus à leur clientèle et pour le bon fonctionnement des opérations.

Les motivations intrinsèques, extrinsèques ou une combinaison des deux dépendent de multiples facteurs : 1) les caractéristiques propres à chaque personne (p. ex. sa personnalité, ses habiletés, ses valeurs, ses attitudes et ses besoins) ; 2) les caractéristiques de l'emploi (p. ex. s'il est intéressant et stimulant) ; 3) la nature de l'entreprise (sa structure, sa culture organisationnelle, ses systèmes de contrôle, son système de gestion des ressources humaines et les façons dont elle distribue les récompenses ; p. ex. la rémunération de ses employés).

En plus d'avoir une motivation intrinsèque ou extrinsèque, certaines personnes ont une motivation prosociale inspirée par leur travail[14]. Une **action sociale positive (ou comportement prosocial)** est un comportement adopté parce qu'il procure des avantages à d'autres ou dans le but de les aider[15]. Comme le font remarquer Bugg-Levine et Emerson, « les jeunes gens talentueux ont de plus en plus envie d'emplois qui leur permettent de consacrer des efforts à créer des avantages sociaux et environnementaux, et cette envie n'est plus comblée par une simple participation au banquet annuel de charité de l'entreprise ou par une tâche effectuée gratuitement pour aider quelqu'un dans le besoin[16] ». Un comportement peut être à la fois motivé prosocialement et de façon intrinsèque ou extrinsèque. Lorsqu'un enseignant d'école primaire, qui aime enseigner à de jeunes enfants (motivation intrinsèque élevée), souhaite aussi ardemment leur fournir la meilleure expérience d'apprentissage possible, aider ceux qui ont des difficultés d'apprentissage à surmonter leur handicap et se tenir au courant des plus récentes recherches en matière de développement de l'enfant et de méthodes pédagogiques de façon à améliorer l'efficacité de son enseignement, il fait preuve d'une motivation prosociale en plus d'une forte motivation intrinsèque. Une chirurgienne spécialisée dans la transplantation d'organes qui aime relever les défis que représentent des opérations complexes, qui désire grandement aider ses patients à recouvrer la santé et prolonger leur vie grâce à des greffes réussies et qui est également motivée par des honoraires relativement élevés, a une motivation fortement intrinsèque, prosociale et extrinsèque. Un entrepreneur social qui fonde une entreprise dans laquelle il

Lorsqu'un enseignant d'école primaire qui aime enseigner à de jeunes enfants souhaite aussi leur fournir la meilleure expérience d'apprentissage possible, il fait preuve d'une motivation intrinsèque élevée.

emploie des personnes que la société marginalise peut également être motivé par ces trois principes. D'après des constats préliminaires issus de recherches récentes, une motivation fortement prosociale combinée à une grande motivation intrinsèque chez des travailleurs peut avoir des effets particulièrement bénéfiques sur leur rendement au travail[17].

Que leur motivation soit intrinsèque, extrinsèque ou prosociale, des gens s'unissent et travaillent au sein d'entreprises avec pour motivation d'obtenir certaines récompenses. Une **récompense** est un avantage qu'une personne retire d'un emploi ou d'une organisation. Certaines récompenses souhaitées, par exemple l'autonomie, la responsabilité, un sentiment d'accomplissement ou le plaisir de faire quelque chose d'intéressant ou de plaisant, découlent d'un comportement à motivation intrinsèque. D'autres, comme l'amélioration de la vie ou l'accroissement du bien-être des gens et le fait d'accomplir de bonnes œuvres en les aidant, inspirent un comportement à motivation prosociale. D'autres encore, comme la rémunération au mérite, des avantages et des congés liés au rendement obtenu, entraînent un comportement à motivation extrinsèque.

Les entreprises embauchent des personnes pour obtenir d'elles des contributions. Une **contribution** se définit

---

Action sociale positive (ou comportement prosocial) (*prosocially motivated behavior*)
Comportement adopté parce qu'il procure des avantages à d'autres ou dans le but de les aider.

Récompense (*outcome*)
Ce qu'une personne obtient d'un emploi ou d'une organisation.

Contribution (*input*)
Tout apport d'une personne à son emploi ou à son organisation.

comme étant tout apport que fait une personne à son emploi ou à son organisation. Par exemple, il peut s'agir de temps, d'effort, d'éducation, d'expérience, d'habiletés, de connaissances ou de véritables comportements de travail. Ces diverses formes de contributions sont nécessaires pour permettre à une entreprise d'atteindre ses objectifs. Les gestionnaires s'efforcent de motiver leurs employés pour qu'ils apportent des contributions (par leur comportement, leurs efforts et leur persévérance) qui aideront à la réalisation de ces objectifs. Pour ce faire, ils s'assurent que les membres de leur organisation obtiennent les récompenses qu'ils souhaitent en échange des contributions dont elle a besoin. Les gestionnaires utilisent des récompenses pour motiver leurs employés à fournir chacun sa contribution. Le fait d'accorder des récompenses à ceux qui apportent une contribution et qui ont un rendement élevé permet de faire concorder les intérêts des employés avec les objectifs de l'entreprise dans son ensemble, parce que lorsque les employés aident l'organisation à devenir plus prospère, ils en retirent personnellement des avantages.

On peut représenter cette concordance entre les intérêts des employés et les objectifs de l'entreprise par l'équation de la motivation qui apparaît dans la figure 9.2. Selon cette équation, les gestionnaires visent à s'assurer que les employés ont la motivation requise pour fournir des contributions importantes à l'entreprise, que ces contributions sont utilisées de façon efficace ou canalisées dans le sens d'un accroissement du rendement et que ce rendement élevé permet aux employés de recevoir les récompenses qu'ils souhaitent obtenir.

Chacune des théories de la motivation que nous examinerons dans ce chapitre porte sur un ou plusieurs aspects de l'équation de la motivation. Regroupées, ces théories fournissent un ensemble complet de directives et de nuances que les gestionnaires peuvent suivre pour favoriser de hauts degrés de motivation chez leurs employés. Les gestionnaires efficaces ont tendance à mettre en application un grand nombre de ces directives.

> **OA2** Expliquer la façon dont les diverses théories des besoins en matière de motivation aident les gestionnaires à mieux comprendre les besoins de leurs employés et à leur procurer des éléments qui les satisferont.

9.2 Les théories des besoins en matière de motivation

Un **besoin** est une exigence ou une nécessité pour la survie et le bien-être d'une personne. Les théories des besoins reposent sur le principe que les personnes ont pour motivation de chercher à obtenir, grâce à leur travail, des récompenses qui satisferont leurs besoins.

D'après les **théories des besoins**, pour motiver une personne à fournir une contribution valable dans l'exécution de ses tâches et à avoir un rendement élevé, les gestionnaires doivent déterminer les besoins qu'elle cherche à combler par son travail et s'assurer qu'elle reçoit des

---

Besoin (*need*)
Exigence ou nécessité pour la survie et le bien-être.

Théories des besoins (*need theories*)
Théories de la motivation qui portent sur les besoins que les personnes cherchent à satisfaire par leur travail et sur les récompenses susceptibles de satisfaire ces besoins.

> **FIGURE 9.2** L'équation de la motivation

Contributions des membres de l'organisation	Rendement	Récompenses obtenues par les membres de l'organisation
• Temps • Effort • Éducation • Expérience • Habiletés • Connaissances • Comportements au travail	• Efficience organisationnelle • Efficacité organisationnelle • Réalisation des objectifs de l'organisation	• Vacances et congés • Primes et commission • Autonomie • Responsabilité • Sentiment d'accomplissement et de réalisation de soi • Plaisir d'effectuer un travail intéressant

récompenses qui l'aideront à satisfaire ces besoins chaque fois que sa performance est supérieure à la moyenne et qu'elle contribue à la réalisation des objectifs de l'entreprise.

Il existe plusieurs théories des besoins. Nous étudierons trois d'entre elles dans cette section : la hiérarchie des besoins d'Abraham Maslow, la théorie bifactorielle, ou théorie des facteurs dits « motivateurs » et d'hygiène, de Frederick Herzberg, et la théorie des besoins d'accomplissement, d'affiliation et de pouvoir (ou de puissance) de David McClelland. Ces théories décrivent les besoins que les gens tentent de satisfaire par le travail. Elles fournissent ainsi aux gestionnaires un aperçu des facteurs qui motivent les employés d'une entreprise à améliorer leur rendement et à apporter leur contribution pour aider leur entreprise à réaliser ses objectifs.

9.2.1 La hiérarchie des besoins de Maslow

Selon le psychologue Abraham Maslow, les êtres humains cherchent à satisfaire cinq types de besoins de base : des besoins physiologiques, de sécurité, sociaux, d'estime de soi et de réalisation (*voir la figure 9.3*)[18]. Il les a donc classés selon leur importance, une classification représentée dans la hiérarchie des besoins de Maslow, dont les plus fondamentaux ou indispensables, les besoins physiologiques

---

Hiérarchie des besoins de Maslow (*Maslow's hierarchy of needs*) Classification de cinq types de besoins qui motivent les comportements humains.

---

et de sécurité, forment la base. Selon lui, ces deux types de besoins doivent être satisfaits entièrement ou presque avant qu'une personne cherche à combler ceux qui se situent plus haut dans la hiérarchie, comme les besoins sociaux et d'estime de soi. Lorsqu'un besoin est satisfait, il ne constitue plus, d'après Maslow, une source de motivation, et ce sont alors les besoins de l'échelon suivant qui poussent la personne à agir pour les satisfaire.

Même si cette théorie isole des besoins susceptibles d'être des sources importantes de motivation pour beaucoup de gens, des recherches ultérieures n'ont pas permis de confirmer l'existence d'une telle hiérarchie des besoins ni l'hypothèse selon laquelle la motivation ne peut venir que d'un seul niveau de besoins à la fois[19]. On peut néanmoins tirer une conclusion importante des travaux de Maslow : les gens ne cherchent pas tous à satisfaire les mêmes besoins par le travail, et la satisfaction d'un besoin peut générer plus ou moins de résultats pour une entreprise que la satisfaction d'un autre besoin. Par exemple, la satisfaction du besoin d'un emploi stable peut générer moins de résultats pour l'entreprise que le besoin de relever un défi. Pour encourager leurs employés à réaliser des objectifs, les gestionnaires doivent déterminer les besoins qu'ils essaient de combler par leur emploi et s'assurer ensuite qu'ils obtiendront des récompenses susceptibles de satisfaire ces besoins lorsqu'ils fournissent un rendement élevé et contribuent au bon fonctionnement de l'entreprise. Ce faisant, ils font concorder les intérêts des membres de l'organisation avec ceux de l'organisation dans son

FIGURE 9.3 La hiérarchie des besoins de Maslow

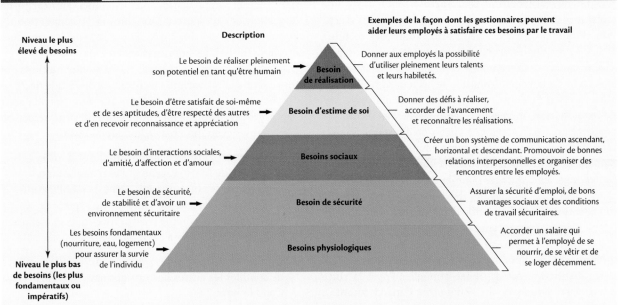

ensemble. Lorsqu'ils contribuent à la réussite de l'entreprise (c'est-à-dire qu'ils ont un rendement élevé), les employés doivent recevoir des récompenses qui satisfont leurs besoins.

Dans une économie de plus en plus mondialisée, il est important pour les gestionnaires de prendre aussi conscience du fait que les besoins que les travailleurs cherchent à satisfaire peuvent varier selon les pays[20]. Même s'il s'agit de nuances, le fait de considérer une particularité propre à un pays peut apporter un meilleur rendement à l'entreprise. Par exemple, d'après certains chercheurs, en Grèce et au Japon, les travailleurs sont particulièrement motivés par le besoin de sécurité tandis qu'en Suède, en Norvège et au Danemark, ils accordent plus d'importance à leurs besoins sociaux[21]. Dans des pays où le niveau de vie est peu élevé, les besoins physiologiques et de sécurité servent généralement de principales motivations. À mesure qu'un pays s'enrichit et que son niveau de vie s'élève, les besoins liés à la croissance personnelle et à l'accomplissement (telles l'estime de soi et la réalisation) acquièrent de l'importance en matière de motivation du comportement. Il ne faut pas oublier que chaque individu est différent ; par conséquent, les particularités propres à un pays demeurent seulement une tendance à considérer dans la gestion de la motivation.

LE POINT SUR ❯ La Coop fédérée

Une croissance fondée sur ses ressources humaines

Créée par voie législative en 1922, la Coop fédérée[22] est née de la nécessité de regrouper trois grandes coopératives œuvrant dans le secteur agroalimentaire, plus précisément dans la production de fromages et de semences. Aujourd'hui, la Coop fédérée emploie à elle seule plus de 10 000 personnes, et son chiffre d'affaires s'élève à près de 5,4 milliards de dollars. La Coop fédérée et son réseau pancanadien de coopératives affiliées comptent au total 16 000 employés et affichent un chiffre d'affaires de 9,1 milliards de dollars. Ces attributs en font la plus grande entreprise agroalimentaire au Québec et une des 100 coopératives et mutuelles les plus importantes au monde.

Au fil de son évolution, l'entreprise a connu une solide croissance et a grandement diversifié ses champs d'activité, notamment par des acquisitions dans des secteurs ciblés. Après une restructuration récente de son organisation, la Coop fédérée repose désormais sur trois socles : le secteur de la transformation, le secteur agricole ainsi que le secteur du détail et de l'innovation. Selon son chef de l'exploitation, monsieur Gaétan Desroches, le modèle coopératif s'inscrit dans une vision de développement à long terme qui mise sur un juste équilibre entre le rendement et la productivité pour assurer la pérennité de l'entreprise, les avantages pour les membres des coopératives ainsi que l'adhésion du personnel aux valeurs organisationnelles. Il qualifie d'ailleurs cet ensemble de « capitalisme consciencieux ».

La Coop fédérée a été admise dans les rangs sélects du niveau or des Employeurs de choix pour l'année 2016. Cette distinction est attribuée annuellement à la suite d'une vaste étude de la firme Aon Canada visant à reconnaître les organisations qui ont su créer un excellent environnement de travail. En 2016, Aon Canada a procédé à l'analyse des résultats présentés par 236 employeurs à l'échelle canadienne, 80 d'entre eux ayant été désignés comme employeurs de choix en fonction de critères d'excellence. Cet exercice est par ailleurs mené dans de nombreux pays. Portant particulièrement sur la mesure de la mobilisation du personnel, cette étude est fondée sur des sondages menés auprès des employés de tous les échelons d'une organisation afin de recueillir leur perception à l'égard des pratiques de gestion des ressources humaines de leur employeur. Parmi les facteur sclés de la mobilisation du personnel mesurés, on trouve la reconnaissance et l'appréciation du personnel, l'efficacité de la gestion des ressources humaines et la stimulation de la productivité des employés. Reposant sur des concepts étroitement liés, les bonnes pratiques en mobilisation du personnel consistent à mettre en place des conditions qui favorisent sa motivation. Les résultats de l'étude de 2016 des Employeurs de choix diffusés par Aon Canada sont de nature à attester le bien-fondé des mesures mises en place par les gestionnaires de la Coop fédérée.

1. Déterminez, parmi les besoins figurant dans la hiérarchie de Maslow, celui qui est satisfait (ou comblé) par les mesures suivantes de mobilisation du personnel de la Coop fédérée : un régime de retraite, un programme d'assurance collective et un programme d'égalité à l'emploi. Justifiez votre choix.

2. Quelles sont les avenues possibles à considérer afin de combler les autres besoins des employés de la Coop fédérée ?

Pour conclure, il est important de se questionner sur le levier de chaque niveau des besoins de Maslow au regard des résultats possibles pour l'entreprise. Bien que chaque niveau génère de la motivation pour l'employé, cette motivation se transforme-t-elle en rendement pour l'entreprise? Sur ce point, nous pouvons conclure qu'en général, la satisfaction des besoins au niveau supérieur, soit le besoin d'estime de soi et de réalisation, est nettement plus efficace dans l'atteinte des objectifs de l'entreprise.

9.2.2 La théorie bifactorielle de Herzberg

Frederick Herzberg a adopté une approche différente de celle de Maslow en se concentrant sur deux facteurs: les éléments qui peuvent entraîner une motivation et une satisfaction élevées en matière d'emploi, et ceux qui peuvent empêcher les employés d'être insatisfaits. D'après la **théorie bifactorielle de Herzberg**, les personnes ont deux ensembles de facteurs, soit les facteurs «motivateurs» ou moteurs, et les facteurs d'hygiène ou d'ambiance[23]. Les facteurs motivateurs sont liés à la nature du travail et au degré de difficulté qu'il présente. Des facteurs tels qu'un travail intéressant, l'autonomie, des responsabilités, la possibilité d'une croissance et d'un développement personnels ainsi qu'un sentiment d'accomplissement de soi et de réussite aident à motiver une personne. Pour avoir une main-d'œuvre fortement motivée et très satisfaite, selon Herzberg, les gestionnaires devraient prendre des mesures pour s'assurer de satisfaire ces facteurs motivateurs ou moteurs. Il est intéressant de noter que les facteurs motivateurs ou moteurs de Herzberg correspondent, en grande partie, aux besoins d'estime de soi et de réalisation de Maslow.

Les facteurs d'hygiène ou d'ambiance sont liés au contexte physique et psychologique dans lequel le travail est exécuté. Ils peuvent être satisfaits par des conditions de travail agréables et confortables, une rémunération équitable, la sécurité d'emploi, des relations cordiales entre les travailleurs et une supervision efficace. Selon Herzberg, lorsque ces facteurs ne sont pas comblés, les travailleurs sont insatisfaits, mais cela ne veut pas dire pour autant que lorsqu'ils sont comblés, les travailleurs sont satisfaits. En fait, la satisfaction de ces facteurs n'entraîne pas une motivation élevée. Donc, pour

que l'individu ressente beaucoup de motivation et de satisfaction dans son travail, il faut que ses facteurs motivateurs soient satisfaits. Il est aussi intéressant de noter que les facteurs d'hygiène ou d'ambiance de Herzberg correspondent, en grande partie, aux besoins physiologiques, de sécurité et sociaux de Maslow. Pour mesurer le degré d'insatisfaction et de satisfaction, Herzberg utilise deux continuums (ou axes) parce que les facteurs qui engendrent chacun de ces sentiments sont différents. Selon lui, le contraire de la satisfaction n'est pas l'insatisfaction, mais plutôt l'absence de satisfaction. De même, le contraire de l'insatisfaction est l'absence d'insatisfaction. Les facteurs d'hygiène doivent correspondre aux attentes des employés pour que ceux-ci ne ressentent aucune insatisfaction alors que leurs emplois doivent leur procurer suffisamment d'autonomie pour qu'ils éprouvent de la satisfaction (*voir la figure 9.4, à la page suivante*).

De nombreuses études faites par des chercheurs ont mis les propositions de Herzberg à l'épreuve et, dans l'ensemble, sa théorie n'a pas réussi à les convaincre[24]. Néanmoins, la façon dont il l'a exprimée a contribué à améliorer notre compréhension de la motivation d'au moins deux manières. Premièrement, il est possible de faire des liens avec la théorie de Maslow. Herzberg répartit en deux catégories les besoins de Maslow: 1) les besoins physiologiques, de sécurité et sociaux sont associés aux facteurs d'hygiène ou d'ambiance et 2) les besoins d'estime de soi et de réalisation sont associés aux facteurs motivateurs ou moteurs. Deuxièmement, Herzberg les a poussés à réfléchir à des façons de concevoir ou de repenser les tâches de manière à les rendre intrinsèquement motivantes en se questionnant sur la diversité des habiletés, l'identification à la tâche et l'importance de la tâche.

La diversité des habiletés est liée au nombre de tâches. En général, plus un emploi comporte un vaste éventail de tâches, plus il présente un degré élevé de diversité des habiletés requises. L'identification à la tâche indique le degré auquel une personne s'associe personnellement au travail qu'elle fait ou à sa profession. La mesure dans laquelle elle contrôle le processus de production dans son ensemble ou simplement une petite partie de ce processus détermine cette identification. Des emplois qui comportent une conceptualisation du produit et l'exécution des tâches requises pour sa production ont un degré élevé d'identification. L'importance de la tâche est une mesure de sa pertinence sociale. Les trois caractéristiques essentielles des tâches que nous venons de décrire ont la capacité de susciter chez l'employé un sentiment d'utilité et entraînent généralement des résultats

---

Théorie bifactorielle de Herzberg
(*Herzberg's motivator-hygiene theory*)
Théorie des besoins qui distingue les facteurs «motivateurs» ou moteurs (liés à la nature du travail) et les facteurs d'hygiène ou d'ambiance (liés au contexte physique et psychologique dans lequel le travail s'effectue).

> **FIGURE 9.4**   La théorie bifactorielle de Herzberg

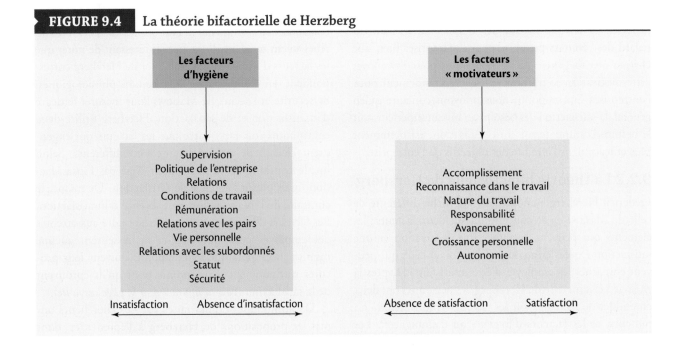

positifs sur les plans personnel et organisationnel. Donc, en général, lorsqu'une tâche comporte une certaine autonomie, l'employé qui l'effectue peut diriger son propre travail et atteindre un degré de satisfaction élevé. Toutefois, le degré auquel les caractéristiques essentielles d'une tâche devraient être intégrées dans la conception d'un emploi dépend du besoin de l'employé en matière de croissance personnelle, c'est-à-dire de son désir et de sa capacité de prendre des responsabilités et de se fixer des objectifs ambitieux.

9.2.3 La théorie des besoins d'accomplissement, d'affiliation et de pouvoir de McClelland

Le psychologue David McClelland a effectué des recherches approfondies sur les besoins d'accomplissement, d'affiliation et de pouvoir[25]. Le **besoin d'accomplissement ou de réussite** est la mesure dans laquelle une personne désire effectuer de façon compétente des tâches difficiles et atteindre ses propres standards d'excellence. Les personnes qui ont un besoin impératif d'accomplissement se fixent généralement des objectifs clairs et aiment obtenir une rétroaction concernant leur rendement. Le **besoin d'affiliation** est la mesure dans laquelle une personne se préoccupe d'établir et de maintenir de bonnes relations interpersonnelles, d'inspirer de l'affection et de faire en sorte que les gens de son entourage soient en bons termes les uns avec les autres.

Le **besoin de pouvoir ou de puissance** se définit comme étant la mesure dans laquelle une personne souhaite contrôler ou influencer les autres[26].

Même si ces besoins sont présents dans chaque personne à un degré quelconque, leur importance dans le milieu de travail dépend aussi du poste que chacun occupe. Par exemple, selon les chercheurs, des besoins profonds d'accomplissement et de pouvoir constituent des atouts pour les cadres de terrain et les cadres intermédiaires tandis qu'un besoin élevé de pouvoir est particulièrement important dans la position de cadre supérieur[27]. D'après une étude, les présidents des États-Unis qui présentaient ce besoin à un degré relativement élevé avaient tendance à se montrer grandement efficaces au cours de leur mandat[28]. Par contre, un grand besoin d'affiliation n'est pas nécessairement souhaitable chez les gestionnaires et les leaders en général parce qu'il pourrait les inciter à essayer

---

Besoin d'accomplissement ou de réussite (*need for achievement*)
Degré auquel une personne souhaite effectuer efficacement des tâches difficiles et atteindre ses propres standards d'excellence.

Besoin d'affiliation (*need for affiliation*)
Degré auquel une personne se préoccupe d'établir et de maintenir de bonnes relations interpersonnelles, de se sentir aimée et de voir les gens de son entourage en bons termes les uns avec les autres.

Besoin de pouvoir ou de puissance (*need for power*)
Mesure dans laquelle une personne souhaite contrôler ou influencer les autres.

exagérément de se faire aimer des autres (y compris de leurs subordonnés) plutôt que de faire tout ce qui est en leur pouvoir pour que tous atteignent le rendement le plus élevé possible. Même si la plupart des recherches sur ce sujet ont été effectuées aux États-Unis, certaines d'entre elles pourraient s'appliquer à d'autres pays tels que l'Inde et la Nouvelle-Zélande[29].

9.2.4 D'autres besoins

De toute évidence, d'autres besoins que ceux décrits dans ces théories peuvent motiver les employés. Par exemple, de plus en plus d'entre eux ressentent le besoin d'établir un équilibre entre leur vie personnelle et leur vie professionnelle. Ils veulent disposer de temps libre pour s'occuper des gens qu'ils aiment, tout en étant fortement motivés par leur travail. Il est intéressant de noter que d'après des recherches récentes, une exposition à la nature (même s'il s'agit seulement de regarder des arbres par la fenêtre de son bureau) comporte de nombreux effets bénéfiques et que l'absence d'une telle exposition peut réellement nuire au bien-être d'une personne et à son rendement[30].

Les gestionnaires qui font des efforts pour s'assurer de satisfaire, dans leur lieu de travail, le plus grand nombre possible de besoins des employés qu'ils estiment obtiennent de meilleurs résultats. En conclusion, nous pouvons dire que les trois théories traitées, soit celles de Maslow, de Herzberg et de McClelland, bien que possédant chacune leurs nuances et leurs limites, demeurent néanmoins cohérentes entre elles et nous permettent toutes les trois d'associer les besoins de relever un défi et d'être reconnu à des éléments importants pour atteindre les objectifs organisationnels. Nous allons voir que les théories sur les processus vont aussi dans le même sens.

> **OA3** Décrire la façon dont les théories processuelles de la motivation aident les gestionnaires à expliquer des niveaux de rendement élevés ou faibles.

9.3 Les théories processuelles de la motivation

Les **théories processuelles** expliquent les processus grâce auxquels il est possible de provoquer des comportements chez des employés, puis de les orienter. Nous traiterons de la théorie des attentes, de la théorie de l'équité et de la théorie de la motivation par les objectifs. Il est important de noter que la motivation est une question de perception et, donc, de subjectivité d'une personne à l'autre. La théorie des attentes et celle de l'équité en feront la démonstration.

9.3.1 La théorie des attentes

Pour Victor H. Vroom, les employés choisissent délibérément d'avoir ou non un rendement élevé au travail. Cette décision dépend uniquement de leur degré de motivation qui, à son tour, découle de trois facteurs étroitement liés : l'attente ou l'expectation, l'instrumentalité et la valence. D'après la **théorie des attentes**, formulée par ce chercheur dans les années 1960, la motivation est grande lorsque les employés pensent qu'un degré élevé d'effort leur permettra d'atteindre une performance supérieure à la moyenne et que cette performance leur apportera des résultats qu'ils souhaitent obtenir. La théorie des attentes est une des théories de la motivation au travail les plus populaires parce qu'elle met l'accent sur les trois variables de l'équation de la motivation à la fois : la contribution (ou les efforts), le rendement (ou la productivité) et les résultats (ou les récompenses) (*voir la figure 9.5, à la page suivante*)[31].

L'attente

L'**attente ou expectation** est la perception qu'une personne a de la mesure dans laquelle un effort (une contribution) entraînera un certain niveau de rendement. Le niveau d'attente de l'employé détermine s'il croit qu'un degré élevé d'effort aura pour résultat un niveau élevé de rendement. Les gens ont la motivation nécessaire pour faire beaucoup d'efforts dans l'exécution de leurs tâches uniquement s'ils pensent que ces efforts leur vaudront une performance supérieure à la moyenne, c'est-à-dire s'ils ont des attentes élevées[32]. Demandez-vous quelle serait votre motivation à étudier pour un examen si vous pensiez que, malgré tous

---

Théories processuelles (*process theories*)
Théories qui expliquent les processus par lesquels il est possible de provoquer des comportements chez des employés, puis de les orienter.

Théorie des attentes (*expectancy theory*)
Théorie d'après laquelle la motivation d'un employé est élevée lorsqu'il croit qu'un degré élevé d'effort lui permettra d'atteindre un niveau élevé de rendement et que ce niveau de rendement entraînera l'obtention des résultats qu'il souhaite.

Attente ou expectation (*expectancy*)
Dans la théorie des attentes, perception concernant la mesure dans laquelle l'effort aura pour effet un certain niveau de rendement.

> **FIGURE 9.5**   L'attente, l'instrumentalité et la valence

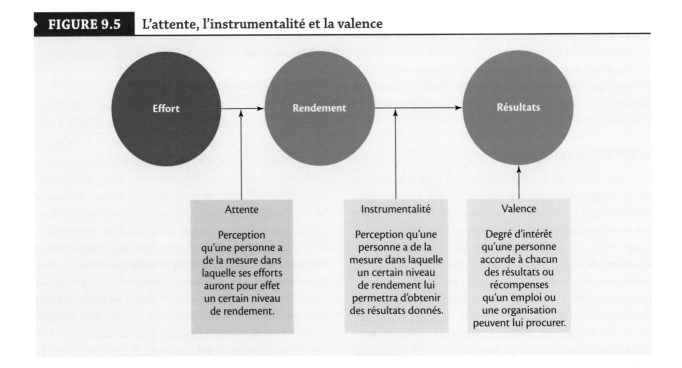

vos efforts, vous ne pourriez obtenir que la note de passage. Songez à la motivation qu'aurait un directeur du marketing s'il croyait que, peu importe la quantité de travail qu'il est prêt à fournir, il n'a aucune possibilité d'augmenter les ventes d'un produit impopulaire. Dans chacun de ces cas, si les attentes sont faibles, la motivation dans son ensemble l'est aussi.

Pour essayer d'influer sur l'importance des attentes, les gestionnaires doivent faire en sorte de convaincre les subordonnés auxquels ils tiennent que s'ils travaillent fort, ils peuvent vraiment réussir. En plus de leur témoigner de la confiance, ils pourraient rehausser leurs attentes et accroître leur motivation en leur donnant une formation, de façon à leur permettre d'acquérir toute l'expertise nécessaire pour fournir un rendement élevé. La société Irving Oil, dont le siège social se situe à Saint-Jean, au Nouveau-Brunswick, est une entreprise privée et régionale appartenant à la famille Irving, qui transforme, transporte et commercialise du pétrole. Ses gestionnaires suivent une formation en leadership sous la forme de divers programmes qui leur inspirent le goût d'apprendre tout au long de leur vie et de développer leur potentiel. Cette formation comprend des cours de niveaux collégial et universitaire en affaires, donnés en partenariat avec les universités de la province, ainsi que des conférences-discussions sur le leadership qui traitent de questions internationales et d'événements d'actualité[33].

Une telle formation accroît l'expectation des employés de l'entreprise en améliorant leur capacité à fournir un bon rendement. Dans le cas de la société Enterprise Rent-A-Car, sur laquelle porte l'entrée en matière, le Programme d'apprentissage en gestion aide les nouveaux venus à développer des attentes élevées qui se maintiennent à mesure que ceux-ci, ayant pris de l'expérience, assument de nouvelles responsabilités et acquièrent l'autonomie nécessaire pour assurer la rentabilité de leur succursale et offrir un excellent service à leurs clients.

L'instrumentalité

L'attente est une perception qu'une personne a de la relation entre l'effort fourni et le rendement. L'**instrumentalité**, le deuxième grand concept de la théorie des attentes, concerne la perception qu'une personne a de la mesure dans laquelle un certain niveau de rendement lui permettra de recevoir certains résultats ou récompenses (*voir la figure 9.5*). D'après cette théorie, les employés sont motivés à fournir une performance supérieure à la moyenne uniquement s'ils pensent que ce rendement élevé entraînera des résultats ou jouera un rôle instrumental pour leur permettre d'atteindre ces résultats, tels qu'une rémunération appréciable, la sécurité d'emploi, l'attribution de tâches intéressantes ou un sentiment d'accomplissement. Autrement dit, l'instrumentalité doit être élevée pour que la motivation le soit; les employés

---

Instrumentalité (*instrumentality*)
Dans la théorie des attentes, perception de la mesure dans laquelle le rendement permettra d'obtenir des résultats donnés.

doivent percevoir que c'est en raison d'une performance supérieure à la moyenne qu'ils recevront les résultats ou récompenses désirés[34].

Les gestionnaires favorisent un degré élevé d'instrumentalité lorsqu'ils lient le rendement aux résultats souhaités et qu'ils communiquent clairement ce lien. En s'assurant que les employés de leur entreprise sont récompensés en fonction de leur rendement, c'est-à-dire que ceux qui ont des rendements élevés reçoivent davantage que ceux dont les rendements sont faibles ou moyens, ils encouragent de hauts degrés d'instrumentalité et de motivation. Dans le cas de Cognos inc., une entreprise de logiciels établie à Ottawa (devenue une filiale d'IBM), lorsque les employés se sont rendu compte qu'ils recevraient plus de rétroactions, de reconnaissance et d'aide pour réaliser leurs objectifs personnels, ils se sont sentis plus motivés à rester avec l'entreprise. Ils ont constaté le lien entre le rendement et les récompenses. Andrew Taylor, le chef de la direction d'Enterprise Rent-A-Car, a haussé les degrés d'instrumentalité et de motivation de ses employés en associant les possibilités d'avancement et la rémunération au rendement.

La valence

Même si tous les membres d'une organisation doivent avoir des attentes élevées et un haut degré d'instrumentalité, la théorie des attentes reconnaît que tout le monde n'a pas les mêmes préférences en matière de résultats ou récompenses.

Pour beaucoup, la rémunération est le résultat le plus important du travail. Pour d'autres, un sentiment d'accomplissement ou le plaisir éprouvé en effectuant leurs tâches compte plus que le reste. Le terme **valence** fait référence à l'intérêt d'une personne à l'égard de ce que lui procure un emploi ou une organisation, ou à la valeur qu'elle y accorde. Pour motiver les employés de leur entreprise, les gestionnaires doivent déterminer les résultats ou récompenses qui ont la valence la plus élevée (c'est-à-dire ceux que les travailleurs souhaitent le plus) et doivent s'assurer qu'ils les obtiennent lorsque leur rendement est supérieur à la moyenne. Comme nous avons pu le voir dans l'entrée en matière, la rémunération n'est pas le seul résultat désiré. L'autonomie, la responsabilité, l'engagement envers la sauvegarde de l'environnement et des possibilités d'avancement constituent aussi des résultats très souhaitables pour de nombreux employés d'Enterprise Rent-A-Car.

Synthèse et conclusion sur la théorie des attentes

D'après la théorie des attentes, une motivation élevée résulte de degrés élevés d'attentes, d'instrumentalité et de valence (*voir la figure 9.6*). Si le degré de l'un de ces trois éléments est faible, la motivation risque de l'être également. Peu importe les liens, si étroits soient-ils, entre les résultats désirés et le rendement, si l'employé pense qu'il lui sera pratiquement impossible d'atteindre un niveau de rendement élevé, sa motivation à s'efforcer d'y arriver sera extrêmement faible. De même, si une personne ne croit pas que des résultats sont liés à un rendement élevé ou si elle n'est pas intéressée par les résultats associés à ce rendement, sa motivation à atteindre une performance supérieure à la moyenne sera faible. Les gestionnaires compétents tâchent

Valence (*valence*)
Dans la théorie des attentes, intérêt qu'une personne accorde à chacun des résultats ou récompenses qu'un emploi ou une organisation peuvent lui procurer.

FIGURE 9.6 La théorie des attentes

Attentes élevées
Les employés ont la perception que s'ils font de grands efforts, ils peuvent atteindre un niveau de rendement élevé.

Degré d'instrumentalité élevé
Les employés ont la perception qu'un rendement élevé entraînera l'obtention de certains résultats ou récompenses souhaitables.

Degré de valence élevé
Les employés souhaitent recevoir les résultats ou récompenses qui découlent d'un rendement élevé.

Motivation élevée

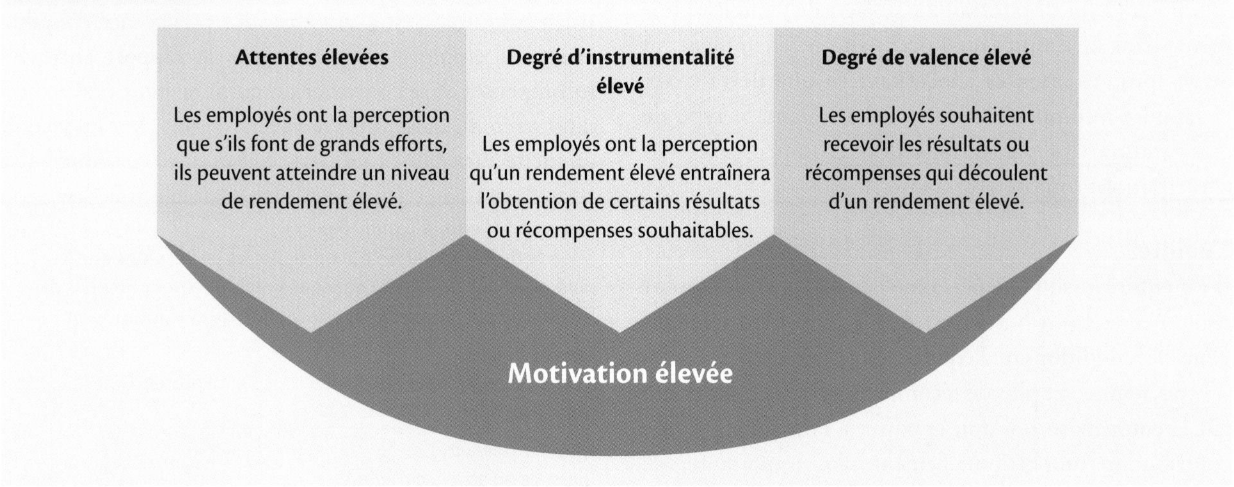

Accroître les attentes	Accroître le degré d'instrumentalité	Accroître le degré de valence
En fournissant le support et la formation appropriée.	En respectant ses promesses et en faisant preuve de transparence dans la répartition des résultats (récompenses).	En accordant des résultats et des récompenses qui correspondent à ce que les employés souhaitent recevoir individuellement.

de s'assurer que les degrés d'attente, d'instrumentalité et de valence de leurs employés sont élevés, de façon que ceux-ci soient fortement motivés (*voir la figure 9.7*).

9.3.2 La théorie de l'équité

La **théorie de l'équité** est une théorie de la motivation qui porte principalement sur les perceptions que les personnes ont de l'équité des récompenses associées à leur travail par rapport à la contribution qu'elles fournissent. Cette théorie complète celles des besoins et des attentes en mettant l'accent sur les façons dont les employés perçoivent la relation entre les récompenses qu'ils reçoivent pour leur travail et de leur entreprise, et la contribution qu'ils fournissent à celle-ci. Formulée dans les années 1960 par J. Stacy Adams, cette théorie insiste sur l'importance, pour déterminer la motivation, de l'équité relative plutôt qu'absolue des récompenses qu'une personne obtient par rapport à la contribution qu'elle fournit. Plus précisément, la motivation de chaque employé est influencée par la comparaison entre son rapport récompenses/contribution et celui d'un référent[35]. Ce référent peut être un autre employé ou un groupe d'employés qu'il perçoit comme étant semblables à lui. Il pourrait aussi s'agir de l'employé lui-même dans un emploi qu'il occupait précédemment ou de ses propres attentes concernant ce que devrait être le rapport récompenses/contribution. Dans ce type de comparaison, les perceptions des récompenses et des contributions sont déterminantes.

L'équité

Il y a **équité** lorsqu'une personne perçoit que son rapport récompenses/contribution est égal à celui d'un référent. Dans des conditions où l'équité règne (*voir le tableau 9.1*), si le référent reçoit plus de récompenses que l'employé qui fait la comparaison, il doit apporter à l'organisation une contribution proportionnellement plus importante, de façon que le rapport reste le même. Supposons que Marie

Lavigne et Émilie Proulx travaillent toutes deux dans une boutique de chaussures d'une grande galerie marchande.

Le salaire horaire de madame Lavigne est plus élevé que celui de madame Proulx, mais la première fournit une plus grande contribution, par exemple en s'occupant d'une partie de la comptabilité, en fermant la boutique en fin de journée et en allant périodiquement déposer le contenu de la caisse à la banque. Lorsque madame Proulx compare son rapport récompenses/contribution à celui de madame Lavigne (son référent), elle perçoit qu'ils sont équitables parce que le niveau plus élevé de rémunération de madame Lavigne (la récompense) est proportionnel à l'importance de sa contribution (comptabilité, fermeture de la boutique et activités bancaires). De même, si une personne reçoit, dans des conditions d'équité, plus de récompenses qu'un référent, on suppose que sa contribution est proportionnellement plus grande que celle de ce référent. Lorsqu'il y a équité, les employés sont motivés à maintenir leur contribution actuelle pour recevoir leurs récompenses actuelles. Si un employé souhaite augmenter ses récompenses dans des conditions d'équité, il sera motivé à accroître sa contribution.

L'iniquité

Il y a **iniquité**, c'est-à-dire injustice ou absence d'équité, lorsqu'un employé ne perçoit pas le rapport entre ses récompenses et sa contribution comme étant égal à celui d'un référent. L'iniquité crée de la tension chez les gens et les incite à rétablir l'équité en rétablissant l'équilibre entre

Théorie de l'équité (*equity theory*)
Théorie de la motivation qui porte sur les perceptions que les personnes ont de l'équité quant aux récompenses obtenues dans leur travail par rapport à la contribution qu'elles fournissent.

Équité (*equity*)
Justice et impartialité auxquelles tous les membres d'une organisation ont droit.

Iniquité (*inequity*)
Injustice ou absence d'équité.

TABLEAU 9.1	La théorie de l'équité

Condition	Personne		Référent	Exemple
Équité	$\dfrac{\text{Récompenses}}{\text{contribution}}$	=	$\dfrac{\text{Récompenses}}{\text{contribution}}$	Un ingénieur constate qu'il apporte une plus grande contribution (en temps et en efforts) et qu'il reçoit proportionnellement plus de récompenses (un salaire plus élevé et l'attribution de tâches plus intéressantes) que son référent.
Iniquité d'une rémunération insuffisante	$\dfrac{\text{Récompenses}}{\text{contribution}}$	< (moins que)	$\dfrac{\text{Récompenses}}{\text{contribution}}$	Un ingénieur s'aperçoit que sa contribution est plus grande que celle de son référent, mais qu'il obtient les mêmes récompenses que lui.
Iniquité d'une rémunération excessive	$\dfrac{\text{Récompenses}}{\text{contribution}}$	> (plus que)	$\dfrac{\text{Récompenses}}{\text{contribution}}$	Un ingénieur se rend compte qu'il apporte la même contribution que son référent, mais qu'il en retire plus de récompenses que lui.

les deux ratios. Il existe deux types d'iniquité : l'iniquité d'une rémunération insuffisante et celle d'une rémunération excessive (*voir le tableau 9.1*). On parle d'**iniquité d'une rémunération insuffisante** lorsque le rapport récompenses/contribution d'une personne est perçu comme étant inférieur à celui d'un référent. Autrement dit, lorsqu'elle se compare à un référent, cette personne considère qu'elle ne reçoit pas les récompenses auxquelles elle a droit compte tenu de sa contribution. Inversement, il y a **iniquité d'une rémunération excessive** lorsqu'une personne s'aperçoit que son propre rapport récompenses/contribution est supérieur à celui d'un référent. En se comparant à ce référent, elle constate qu'elle reçoit des récompenses supérieures à ce qu'elles devraient être, compte tenu de sa contribution.

Les divers moyens de rétablir l'équité

D'après la théorie de l'équité, l'iniquité d'une rémunération insuffisante de même que celle d'une rémunération excessive entraînent des tensions qui motivent la plupart des gens à vouloir rétablir l'équité dans les rapports récompenses/contribution en ramenant l'équilibre entre eux (*voir l'encadré 9.1*)[36]. Lorsque des employés se trouvent dans une situation d'iniquité de rémunération insuffisante, ils peuvent être motivés à réduire leur contribution (p. ex. en diminuant leurs heures de travail, en faisant moins d'efforts dans l'exécution de leurs tâches ou en s'absentant de leur travail) ou être motivés à augmenter leurs récompenses (p. ex. en demandant une augmentation de salaire ou de l'avancement). Prenons l'exemple de Maryse Campeau, analyste financière dans une grande entreprise. Elle a remarqué qu'elle faisait plus d'heures supplémentaires et qu'elle accomplissait plus de travail qu'un collègue, lequel occupe le même poste qu'elle. Pourtant, elle reçoit exactement le même salaire et jouit des mêmes avantages que lui. Pour rétablir l'équité, madame Campeau a décidé de cesser de se présenter au

---

Iniquité d'une rémunération insuffisante
(*underpayment inequity*)
Injustice qui existe lorsqu'une personne se rend compte que le rapport entre les récompenses qu'elle reçoit et sa contribution est inférieur à celui d'un référent.

Iniquité d'une rémunération excessive (*overpayment inequity*)
Injustice qui existe lorsqu'une personne se rend compte que le rapport entre les récompenses qu'elle reçoit et sa contribution est supérieur à celui d'un référent.

ENCADRÉ 9.1	Des moyens possibles pour rétablir l'équité

En cas d'iniquité d'une rémunération insuffisante

- Réduire les contributions
- Augmenter les récompenses
- Changer de référent
- Quitter son emploi

En cas d'iniquité d'une rémunération excessive

- Changer sa perception de ses propres contributions et récompenses ou des contributions et récompenses de son référent
- Changer de référent

travail tôt le matin et de quitter son bureau à la même heure que son collègue. Elle aurait également pu rétablir l'équilibre en tentant d'accroître ses récompenses, en demandant par exemple une augmentation de salaire à son supérieur.

Parfois, l'impossibilité de rétablir l'équilibre en cas d'iniquité d'une rémunération insuffisante peut aussi amener une personne à changer la perception qu'elle a de sa propre contribution ou de ses propres récompenses, ou de celles de son référent. Ainsi, elle peut se rendre compte que son référent travaille vraiment sur des projets plus difficiles que les siens ou qu'elle prend plus de jours de congé que lui. Par ailleurs, il est beaucoup plus probable que des employés qui considèrent qu'ils sont mal rémunérés et qui reçoivent des offres d'une autre entreprise choisissent de quitter celle qui les emploie.

Prenons l'exemple de Jean Saintonge, directeur adjoint dans une école secondaire. Monsieur Saintonge s'est aperçu d'une iniquité de rémunération insuffisante lorsqu'il a appris que ses homologues des autres écoles secondaires de son secteur ont été promus directeurs bien qu'ils aient occupé le poste d'adjoint moins longtemps que lui. Or, son rendement a toujours été évalué très favorablement. Voyant qu'on ne donnait pas suite à ses demandes répétées de promotion, il s'est trouvé un emploi de directeur dans un autre secteur.

Lorsqu'un employé constate une iniquité de rémunération excessive, il peut décider de rétablir l'équité en modifiant sa perception de ses propres contributions et récompenses ou de celles de son référent. En fait, il lui suffit de prendre conscience qu'il apporte une contribution plus considérable qu'il le croyait d'abord ou alors que la contribution de son référent est moins élevée, ou ses récompenses, plus grandes qu'il le pensait. Lorsque l'équité est rétablie de cette manière, les contributions et les récompenses demeurent inchangées, et l'employé dont la rémunération est excessive ne prend aucune mesure corrective. Ce qui a changé, c'est la perception qu'il a de ses contributions ou de ses récompenses ou de celles de son référent, ou sa façon de les envisager. Par exemple, Suzanne Martineau a cru à une iniquité de rémunération excessive lorsqu'elle a constaté qu'elle recevait 2 $ l'heure de plus qu'un de ses collègues de travail qui accomplit la même tâche qu'elle dans un magasin de musique et qui fournit le même volume de contribution. Toutefois, elle a rétabli l'équité en modifiant sa façon d'envisager sa propre contribution. Elle s'est rendu compte qu'elle travaillait davantage que son collègue et qu'elle réglait plus de problèmes que lui au magasin.

Lorsqu'on fait l'expérience d'une iniquité de rémunération insuffisante ou excessive, on peut aussi décider que le référent n'est pas approprié parce qu'il est, somme toute, trop différent de soi. Choisir un référent plus approprié peut, dans certains cas, rétablir l'équité entre les rapports récompenses/contribution. Angela Martinez, cadre intermédiaire dans le service technique (ou à l'ingénierie) d'une entreprise de produits chimiques, a cru à une iniquité de rémunération excessive lorsqu'elle s'est rendu compte qu'elle était payée davantage que son amie, une cadre intermédiaire dans le service de marketing de la même entreprise. Après avoir réfléchi quelque temps à cet écart, madame Martinez en a conclu que l'ingénierie et le marketing sont des domaines tellement différents qu'elle n'aurait pas dû comparer son travail à celui de son amie, même si toutes deux sont des cadres intermédiaires. Elle a rétabli l'équité en changeant de point de comparaison et en choisissant comme nouveau référent un cadre intermédiaire de son propre service.

En raison de conditions économiques difficiles et de la concurrence internationale accrue, certains employés voient le nombre de leurs heures de travail augmenter (une augmentation de leur contribution) sans qu'il y ait le moindre accroissement de leurs récompenses. Par conséquent, ceux dont les référents ne subissent pas de tels changements dans leurs conditions de travail sont susceptibles de ressentir de l'iniquité.

La motivation est à son niveau le plus élevé lorsque, dans une entreprise, le plus grand nombre possible d'employés ont le sentiment d'être traités équitablement, c'est-à-dire qu'il existe un équilibre entre leurs récompenses et leur contribution. Les travailleurs qui fournissent le plus d'efforts et qui ont les rendements les plus élevés sont motivés à continuer de fournir une plus grande contribution parce qu'ils reçoivent les récompenses auxquelles ils ont droit. Ceux dont les efforts et le rendement sont faibles se rendent compte que pour augmenter leurs

Lorsque les gestionnaires inspirent un sentiment de justice et d'équité, les employés sont motivés à accroître leur contribution au sein de l'entreprise afin de recevoir leurs récompenses.

récompenses, ils doivent accroître leur contribution. Les gestionnaires compétents, comme Jack et Andrew Taylor d'Enterprise Rent-A-Car, comprennent l'importance de l'équité pour accroître la motivation et le rendement du personnel, et s'efforcent ainsi constamment de s'assurer que leurs employés se sentent traités équitablement.

9.3.3 La théorie de la motivation par les objectifs

La **théorie de la motivation par les objectifs** traite des façons de motiver les travailleurs à fournir les efforts nécessaires pour bien effectuer leurs tâches et contribuer ainsi au succès de leur entreprise. En ce sens, elle est semblable à la théorie des attentes et à celle de l'équité. Toutefois, elle va plus loin puisqu'elle considère aussi la façon dont les gestionnaires peuvent s'assurer que les membres de leur organisation orientent leur contribution de manière à favoriser un rendement élevé et à réaliser les objectifs de l'entreprise.

Selon Ed Locke et Gary Latham, les principaux chercheurs dans ce domaine, les objectifs que les membres d'une organisation s'efforcent d'atteindre déterminent leur motivation et, par conséquent, leur rendement. Un objectif se définit comme ce qu'une personne essaie d'accomplir par ses efforts et son comportement[37]. Comme un étudiant qui s'est fixé comme but d'obtenir une bonne note pour un cours, les employés d'une entreprise ont des objectifs qu'ils s'efforcent de réaliser. Par exemple, chez Harry Rosen, un détaillant de vêtements haut de gamme pour hommes, le personnel de vente vise à atteindre des objectifs de vente, tandis que les cadres supérieurs veulent accroître la part du marché de l'entreprise et réaliser des objectifs de rentabilité.

D'après la théorie de la motivation par les objectifs, pour parvenir à un degré de motivation élevé et à un haut niveau de rendement, il faut se fixer des objectifs SMART + C (Spécifiques, Mesurables, Atteignables, Réalistes, Temporels et bien Communiqués), donc précis et ambitieux (ou difficiles à atteindre)[38]. Les objectifs précis sont quantitatifs : par exemple, pour un vendeur, vendre l'équivalent de 2 000 $ de marchandise chaque jour ; pour un chef de la direction, réduire la dette de son entreprise de 40 % avant la fin de l'année et augmenter ses ventes de 20 % d'ici 6 mois ; pour un gérant de restaurant, servir 150 clients chaque soir. Par opposition, des objectifs vagues du type « faire de son mieux » ou « vendre autant de marchandises que possible » n'ont pas la même force en matière de motivation. Les objectifs ambitieux sont difficiles mais non impossibles à atteindre. Par opposition, des objectifs faciles à atteindre sont ceux auxquels n'importe qui peut parvenir alors que les objectifs moyens sont ceux que la majorité des gens sont capables d'atteindre. En ce qui a trait à la motivation, les objectifs faciles et moyennement faciles à atteindre ont moins de puissance que les objectifs ambitieux.

Peu importe qui fixe les objectifs précis et ambitieux ; que ce soient les gestionnaires, les travailleurs ou ces deux groupes ensemble, ces objectifs mènent à des degrés élevés de motivation et de performance. Lorsque les gestionnaires fixent des objectifs pour leurs subordonnés, il importe que ceux-ci les acceptent ou soient d'accord pour travailler à les atteindre et qu'ils aient la volonté d'y arriver ou veuillent vraiment le faire. Certains gestionnaires constatent que lorsque leurs subordonnés participent au processus d'établissement des objectifs, ils sont nettement plus enclins à les accepter et à s'engager à les réaliser. Il est également important que les membres de l'organisation reçoivent une rétroaction concernant ce qu'ils ont accompli. Cette rétroaction peut prendre la forme d'une évaluation de leur performance ou de leur rendement.

Des objectifs précis et ambitieux influent sur la motivation de deux façons. Premièrement, ils constituent pour les travailleurs une motivation à accroître leur contribution à leur travail. Ils les amènent à redoubler d'efforts pour réussir. Par exemple, lorsqu'un étudiant vise l'objectif d'obtenir un A plutôt qu'un C dans un cours, il sera plus motivé à étudier avec beaucoup plus d'ardeur. De même, un vendeur déploiera de plus grands efforts pour faire passer son chiffre de vente quotidien de 1 000 $ à 2 000 $. Des objectifs précis et ambitieux, plus que des objectifs faciles, moyennement ardus ou imprécis, obligent aussi les travailleurs qui se trouvent devant des obstacles à faire preuve de persévérance. Comme nous l'avons vu au chapitre 8, la persévérance est aussi liée à l'engagement. Un employé qui s'engage à atteindre un objectif sera beaucoup plus persévérant, l'engagement procurant la motivation profonde à trouver des solutions, quoi qu'il arrive.

Deuxièmement, des objectifs précis et ambitieux agissent sur la motivation en aidant les employés à canaliser leurs efforts dans la bonne direction. Ces objectifs leur permettent de déterminer les éléments sur lesquels ils devraient concentrer leur attention, que ce soit un accroissement des ventes, une amélioration de la qualité du service à la clientèle ou une

---

Théorie de la motivation par les objectifs (*goal-setting theory*)
Théorie qui vise à déterminer les types d'objectifs les plus efficaces pour susciter des degrés élevés de motivation et de performance, et à expliquer les raisons pour lesquelles ils produisent ces effets.

diminution de la durée de développement de nouveaux produits. Le caractère précis et ambitieux des objectifs incite souvent les gens à élaborer des plans d'action pour les réaliser[39]. Ces plans d'action peuvent comporter des stratégies pour atteindre les objectifs fixés et des échéanciers ou des calendriers pour l'exécution des diverses activités essentielles à leur réalisation. Comme les objectifs eux-mêmes, les plans d'action permettent de s'assurer que les efforts déployés vont dans la bonne direction et que les employés ne sont pas détournés de leur but en chemin.

Toutefois, même si l'on a constaté, au Canada comme dans d'autres pays, que des objectifs précis et ambitieux permettaient d'accroître la motivation et le rendement des personnes dans un vaste éventail d'emplois et d'entreprises, des recherches récentes indiquent qu'ils pourraient aussi diminuer le rendement dans certaines conditions. Par exemple, lorsque des gens effectuent des tâches complexes, très stimulantes et qui les obligent à se concentrer sur une grande quantité d'apprentissages, des objectifs précis et difficiles à atteindre peuvent carrément nuire à leur rendement[40]. Dans le cas d'un travail qui demande beaucoup de créativité et qui, par conséquent, comporte de l'incertitude, des objectifs trop précis et difficiles à atteindre peuvent aussi être nuisibles. C'est donc lorsque la personne a appris à maîtriser sa tâche et que celle-ci ne lui paraît pas trop complexe ou très ardue que l'établissement d'objectifs précis et ambitieux peut avoir des effets positifs.

En conclusion, les théories processuelles que nous venons d'étudier sensibilisent les gestionnaires à l'importance de connaître les perceptions de leurs employés. Pour bien gérer la motivation, les gestionnaires doivent s'assurer que les perceptions de leurs employés sont pertinentes et légitimes, comme dans l'exemple de la cadre au service de l'ingénierie qui se compare à une collègue du même niveau hiérarchique au service du marketing. D'une part, les gestionnaires doivent être sensibles à l'importance d'informer les employés sur les comparables pertinents et légitimes (p. ex. communiquer les risques d'erreur relatifs à la comparaison des salaires du service de l'ingénierie avec ceux du service du marketing d'une même entreprise) et aussi sur les caractéristiques propres à l'entreprise. D'autre part, les gestionnaires doivent être en mesure de bien comprendre les éléments qui motivent leurs employés et même les distinctions entre chacun d'eux. La gestion de la motivation est une activité complexe qui demande d'être bien au fait des théories sur la motivation.

OA4 Déterminer les leçons que les gestionnaires peuvent tirer des théories de l'apprentissage en matière de motivation.

9.4 Les théories de l'apprentissage

Les **théories de l'apprentissage** appliquées aux entreprises s'appuient sur le principe de base selon lequel les gestionnaires peuvent accroître la motivation et le rendement de leurs employés en établissant des liens entre les récompenses consenties, d'une part, et l'adoption de comportements souhaités et la réalisation d'objectifs fixés, d'autre part. Par conséquent, ces théories mettent l'accent sur le lien entre le rendement et les résultats (récompenses et sanctions) dans l'équation de la motivation (*voir la figure 9.2, à la page 280*). On peut définir l'**apprentissage** comme étant un changement relativement permanent dans les connaissances ou le comportement d'une personne qui découle de la pratique ou de l'expérience[41]. Il y a apprentissage lorsque des employés s'efforcent d'adopter des comportements donnés ou nouveaux en vue d'obtenir certaines récompenses. Ainsi, un employé apprend à exécuter une tâche de façon plus efficace qu'avant ou à se rendre plus tôt que d'habitude au travail parce qu'il a comme motivation d'obtenir les récompenses qui découlent de ces comportements, tels une rémunération au mérite ou des éloges de la part de son superviseur. Dans l'entrée en matière, nous avons vu que l'importance accordée par Enterprise Rent-A-Car à la formation lui permet de s'assurer que ses nouveaux employés apprennent à fournir un excellent service à la clientèle (apprentissages) et à effectuer toutes les tâches nécessaires au succès des activités de leur succursale (nouveaux comportements).

Parmi les diverses théories de l'apprentissage, celle du conditionnement opérant (ou conditionnement instrumental), appelée aussi « théorie du renforcement », et la théorie de l'apprentissage social fournissent aux gestionnaires les meilleurs conseils dans leurs efforts pour acquérir une main-d'œuvre motivée. D'après la

---

Théories de l'apprentissage (*learning theories*)
Théories qui visent à accroître la motivation et la performance des employés en reliant les récompenses qu'ils obtiennent à l'adoption de comportements souhaités et à la réalisation d'objectifs.

Apprentissage (*learning*)
Changement relativement permanent, dans les connaissances ou le comportement, qui découle de la pratique ou de l'expérience.

théorie du conditionnement opérant (ou du conditionnement instrumental) conçue par le psychologue B. F. Skinner, les personnes apprennent à adopter des comportements qui entraînent des effets souhaités et à éviter ceux qui mènent à des conséquences non souhaitées[42].

Il s'agit donc d'une théorie de la motivation qui examine la relation entre le comportement et ses effets. Selon son auteur, les personnes sont motivées à fournir un rendement élevé et à atteindre des objectifs de travail donnés dans la mesure où une performance supérieure à la moyenne et la réalisation de certains objectifs leur permettent d'obtenir les récompenses qu'elles souhaitent. De même, elles éviteront d'adopter des comportements qui entraînent des sanctions qu'elles ne souhaitent pas. En liant le rendement qui découle de comportements précis à l'obtention de résultats (récompenses et sanctions) précis, les gestionnaires peuvent motiver les membres de leur organisation à fournir un rendement qui les aide à réaliser leurs objectifs. La théorie du conditionnement opérant propose quatre outils dont les gestionnaires peuvent se servir pour motiver les employés à fournir un rendement élevé et pour combattre l'absentéisme et les autres comportements qui nuisent à l'efficacité de l'entreprise. Il s'agit du renforcement positif, du renforcement négatif, de l'extinction et de la sanction, ou mesure disciplinaire[43].

Le renforcement positif et la sanction impliquent la présentation d'un stimulus ou d'un renforçateur, tandis que le renforcement négatif ou l'extinction impliquent leur suppression. Un **renforçateur** se définit comme tout stimulus, ou agent de renforcement, qui a pour effet la répétition d'un comportement souhaité ou la cessation d'un comportement indésirable (*voir le tableau 9.2*). Les gestionnaires utilisent ces quatre techniques pour modifier des comportements de travail nuisibles à l'entreprise chez leurs employés, tels que l'absentéisme et le manque de ponctualité.

Théorie du conditionnement opérant (ou du conditionnement instrumental) (*operant conditioning theory*)
Théorie d'après laquelle les gens apprennent à adopter des comportements qui entraînent des effets souhaités et apprennent également à ne pas adopter des comportements qui entraînent des conséquences non désirées.

Renforçateur (*reinforcer*)
Tout stimulus servant au renforcement, positif ou négatif, qui a pour effet la répétition d'un comportement souhaité ou la cessation d'un comportement indésirable.

TABLEAU 9.2	Quatre techniques du conditionnement opérant	
	Type de stimulus	
Action	**Positif**	**Négatif**
Présenter le renforçateur ou le stimulus	**Renforcement positif :** Encourage le comportement souhaité. Donner une récompense lorsqu'on constate l'adoption des comportements souhaités.	**Sanction :** Décourage le comportement indésirable. Imposer une conséquence désagréable (stimulus négatif) lorsque le comportement non souhaité se manifeste.
	Par exemple : Monsieur Joinville arrive tôt à son bureau (comportement souhaité), ce qui lui vaut des éloges de son supérieur (stimulus positif).	**Par exemple :** Madame Sauvé arrive régulièrement en retard au bureau (comportement indésirable). Son supérieur l'oblige alors à rester plus tard le soir (sanction ou stimulus négatif) pour rattraper le temps perdu.
Supprimer le renforçateur ou le stimulus	**Extinction :** Décourage le comportement non souhaité. Supprimer le stimulus qui renforce un comportement non souhaitable lorsqu'il se produit pour éviter qu'il se répète.	**Renforcement négatif :** Encourage le comportement souhaité. Supprimer la conséquence ou la sanction lorsqu'on observe l'adoption du comportement souhaité
	Par exemple : Monsieur Aubert pose constamment des questions non pertinentes aux réunions du personnel. Plutôt que d'en tenir compte et de lui donner l'occasion de se faire entendre (stimulus positif), son supérieur feint de ne pas voir sa main levée (retrait du stimulus positif).	**Par exemple :** Lorsque madame Sauvé arrive au bureau à temps (comportement souhaité), son supérieur ne lui demande pas de rester à son poste au-delà des heures normales (retrait du stimulus négatif).

9.4.1 Le renforcement positif

Le **renforcement positif** est un procédé qui consiste à fournir à une personne les récompenses qu'elle souhaite obtenir lorsque son rendement est satisfaisant, telles qu'une rémunération au mérite avantageuse, des éloges ou de l'avancement. Un bon rendement peut signifier la production de biens et la prestation de services de grande qualité, ainsi qu'un service à la clientèle supérieur à la moyenne et le respect des échéances fixées. En associant des renforcements positifs à des rendements élevés, les gestionnaires motivent leurs employés à adopter les comportements souhaités. Par exemple, les gestionnaires d'un abattoir de 400 employés désirent utiliser une mesure incitative pour encourager leurs employés à se présenter à leur quart de travail. Il y a actuellement un haut taux d'absentéisme (autour de 12 %), ce qui est inacceptable pour la bonne marche des opérations. Pour remédier à la situation et faire suite à un sondage mené auprès de son personnel, l'entreprise décide d'instaurer une mesure innovatrice où elle investira plus de 1 % de sa masse salariale. Elle organise donc une tombola qui aura lieu tous les trois mois et dont le premier prix sera un camion, rien de moins. Les employés ne doivent manquer aucun de leurs quarts de travail pendant toute cette période pour participer au tirage. De plus, les employés qui n'ont jamais été absents durant des périodes plus longues obtiendront des participations additionnelles au tirage. Ce programme portera-t-il ses fruits ? C'est le pari de l'entreprise, et les chances sont bonnes. Tout est en place pour que les employés fournissent plus d'efforts au travail : trois mois sans absence est un comportement réaliste sur une année et le prix représente une récompense plus que souhaitable pour la majorité des employés. L'objectif est une baisse d'au moins 3 % (de 12 à 9 %) du taux d'absentéisme. La réalisation de cet objectif serait un succès sans pareil pour l'entreprise.

Les gestionnaires utilisent le renforcement positif pour motiver les employés à adopter les comportements souhaités.

9.4.2 Le renforcement négatif

Le **renforcement négatif** peut aussi servir à encourager les employés à adopter des comportements souhaités ou utiles pour leur entreprise. Les gestionnaires qui ont recours à cette technique éliminent ou suppriment des sanctions non souhaitées lorsque le comportement voulu est adopté. L'utilisation de renforçateurs négatifs motive les employés à adopter les comportements souhaités pour éviter des conséquences non désirées ou y mettre fin. Par exemple, lorsqu'un vendeur dépasse son quota de vente, son gérant met fin à ses laïus d'encouragement répétés. Dans le cas présent, la sanction ou le stimulus négatif (le laïus) est supprimé parce que le vendeur a adopté le comportement souhaité (augmenter son quota de vente).

Chaque fois qu'il leur est possible de le faire, les gestionnaires devraient s'efforcer de privilégier le renforcement positif. En effet, l'application de sanctions ou de pression demande certaines compétences relationnelles comme le détachement et la connaissance approfondie de chacun de ses employés. Dans le cas contraire, cela peut rendre un milieu de travail très déplaisant et avoir même des effets négatifs sur la culture organisationnelle.

9.4.3 L'extinction

Certains membres d'une organisation sont parfois motivés à adopter des comportements qui diminuent réellement son efficacité. Selon la théorie du conditionnement opérant, tous les comportements sont contrôlés ou déterminés par leurs effets. Une des façons dont les gestionnaires peuvent restreindre l'adoption de comportements inappropriés consiste à supprimer tout ce qui les renforce. Ce processus porte le nom d'**extinction**. Supposons qu'un chef de service a un subordonné qui s'arrête fréquemment à son bureau pour bavarder. Il veut parfois discuter de questions relatives au travail, mais quelquefois de toutes sortes de sujets. Tous deux ont en commun certains champs d'intérêt, de sorte qu'ils s'absorbent dans leurs conversations et semblent y prendre plaisir. Toutefois, à cause de la fréquence et de la longueur

---

Renforcement positif (*positive reinforcement*)
Procédé qui consiste à accorder à une personne les récompenses qu'elle souhaite obtenir lorsqu'elle adopte des comportements productifs pour l'organisation.

Renforcement négatif (*negative reinforcement*)
Élimination ou suppression de sanctions non désirées lorsqu'une personne a adopté un comportement jugé utile pour l'organisation.

Extinction (*extinction*)
Fait de mettre fin à des comportements qui nuisent à l'entreprise en éliminant tout ce qui les renforce.

de ces échanges, le chef de service est obligé de rester après les heures de bureau pour rattraper le temps perdu pendant la journée. Il se rend compte qu'il renforce lui-même le comportement de son subordonné en se montrant intéressé par les sujets qu'il aborde et en répondant longuement à ses propos. Pour mettre fin à ce comportement, le gestionnaire décide de cesser de manifester de l'intérêt pour des conversations qui ne se rapportent pas au travail et, tout en demeurant poli et amical, de s'en tenir à des réponses brèves. N'étant plus encouragé dans ses amorces de conversation, le subordonné finit par perdre toute motivation à interrompre son supérieur pendant ses heures de travail pour discuter de sujets qui n'ont aucun rapport avec leur travail.

9.4.4 La sanction

Les gestionnaires ne peuvent pas toujours s'en tenir à l'extinction pour éliminer des comportements nuisibles à l'entreprise. En effet, il arrive qu'ils soient incapables de contrôler ce qui renforce de tels comportements ou qu'ils ne disposent pas du temps nécessaire pour recourir à cette technique. C'est le cas lorsque les employés ont des comportements à risque, illégaux ou contraires à l'éthique, ou tout simplement qu'ils n'agissent pas pour atteindre leurs objectifs de travail. Par exemple, le harcèlement sexuel est un comportement perturbateur qu'on ne peut pas tolérer dans une organisation. Les gestionnaires ont alors recours à la **sanction ou mesure disciplinaire**, c'est-à-dire à des conséquences non souhaitées ou déplaisantes qu'on impose à une personne en raison de son comportement. Les sanctions ou mesures disciplinaires qu'utilisent les entreprises varient : réprimande verbale, réprimande écrite, mise à pied disciplinaire temporaire avec ou sans salaire, rétrogradation ou congédiement. Toutefois, elles peuvent avoir des effets indésirables imprévus (p. ex. le ressentiment, la perte de l'estime de soi, le désir de représailles, etc.) et on ne devrait les employer qu'en cas d'absolue nécessité. Même si, dans le cas du harcèlement sexuel, la sanction est essentielle, qu'en est-il pour un employé qui prend une pause un peu longue, ou qui atteint 80 ou 90 % de son objectif de production ?

Dans ces situations, les sanctions peuvent aussi causer d'autres effets, plus pervers. Par exemple, personne n'aime être constamment critiqué, menacé par la pression à offrir une bonne performance ou en butte à d'autres types de sanctions. L'utilisation d'une telle technique cause parfois

---

Sanction ou mesure disciplinaire (*punishment*)
Conséquence indésirable ou négative imposée à une personne en réponse à un comportement perturbateur de sa part.

---

du ressentiment envers les gestionnaires et peut inciter leurs employés à exercer des représailles. Il est essentiel pour les gestionnaires de prendre conscience des effets pervers de la sanction, y compris la pression de réussir ou de se conformer. Bien que la sanction soit nécessaire, l'appliquer n'est pas toujours aussi évident qu'on pourrait le croire. Premièrement, il est essentiel que les gestionnaires choisissent des comportements sur lesquels les employés ont un certain contrôle. Autrement dit, ceux-ci doivent avoir la liberté et l'occasion de mettre en pratique les comportements qui font l'objet d'une sanction. Comment peut-on corriger la situation avant de prendre des mesures disciplinaires ou d'appliquer des sanctions ? Par exemple, l'employé a-t-il besoin d'une formation ? manque-t-il de motivation ? Pourquoi ? Deuxièmement, il est essentiel que ces comportements contribuent à l'efficacité de l'entreprise. Pour éviter les effets indésirables de ces sanctions, les gestionnaires devraient tenir compte des directives suivantes.

- Minimiser l'aspect émotif de la sanction. Il faut indiquer clairement qu'on réprouve l'adoption d'un comportement inadmissible, et non la personne elle-même.

- Tâcher d'imposer des sanctions contre les comportements inadmissibles le plus rapidement possible après qu'ils se sont produits et s'assurer que les effets non souhaités constituent une source de punition pour les individus concernés. Il faut s'assurer que ces personnes connaissent exactement les raisons de la sanction.

- Éviter d'imposer une sanction à une personne devant d'autres employés. Une sanction « publique » peut la blesser dans son amour-propre et diminuer le respect que ses collègues de travail ont pour elle, en plus de les mettre mal à l'aise[44]. Toutefois, faire savoir aux autres membres de l'organisation qu'une personne a été sanctionnée pour avoir commis une infraction grave peut parfois s'avérer efficace pour les empêcher de commettre la même infraction à leur tour. Un tel avertissement sert à signaler clairement que certains comportements sont inacceptables. Par exemple, lorsque des employés apprennent qu'un gestionnaire a été l'objet de mesures disciplinaires pour harcèlement sexuel de subordonnés, ils apprennent ou on leur rappelle que ce type de comportement n'est pas du tout toléré.

Les gestionnaires confondent souvent le renforcement négatif et la sanction. Il existe deux grandes différences entre ces notions. Premièrement, le renforcement négatif sert à favoriser l'adoption de comportements utiles à l'entreprise, tandis que la sanction vise à mettre fin à l'adoption de comportements perturbateurs. Deuxièmement, le renforcement négatif consiste à supprimer une conséquence non désirée après l'adoption de comportements utiles à l'entreprise, tandis que la sanction comporte l'imposition de conséquences non désirées en cas d'adoption de comportements perturbateurs.

9.4.5 La théorie de l'apprentissage social

Selon la **théorie de l'apprentissage social**, la motivation provient non seulement de l'expérience directe acquise grâce à des récompenses et à des sanctions, mais aussi de la façon de penser d'une personne et de ses convictions. Elle comprend trois volets : 1) la motivation par l'observation d'un modèle (apprentissage par observation ou vicariant) ; 2) la motivation par l'autocontrôle (auto-renforcement) ; 3) la motivation par la confiance en leurs propres capacités (connaissance de ses propres capacités)[45].

L'apprentissage par observation ou vicariant

L'**apprentissage par observation ou vicariant** se fait lorsqu'une personne (l'apprenant) devient motivée à adopter un comportement en l'observant chez une autre personne (le modèle) et en constatant que celle-ci reçoit un renforcement positif en raison de ce comportement. L'apprentissage vicariant est une source importante de motivation dans beaucoup d'emplois. En effet, les gens apprennent à adopter des comportements fonctionnels en regardant la façon dont les autres procèdent. En général, les gens ont plus tendance à être motivés à prendre pour modèles des personnes très compétentes et à reproduire leur comportement lorsque ces personnes sont (en quelque sorte) des experts dans ces comportements, ont un statut enviable, obtiennent des renforcements intéressants et sont sympathiques ou facilement abordables[46].

L'auto-renforcement

Même si ce sont souvent les gestionnaires qui accordent des renforcements dans les entreprises, certaines personnes se motivent parfois elles-mêmes par auto-renforcement. Il est possible de contrôler son comportement en se fixant soi-même des objectifs et en s'accordant des renforcements lorsqu'on les atteint[47]. L'**auto-renforcement** est tout résultat souhaitable ou intéressant ou toute récompense qu'une personne peut s'offrir à elle-même lorsqu'elle est satisfaite de son rendement et qu'elle a le sentiment d'avoir accompli quelque chose d'important. Cette récompense peut prendre la forme, par exemple, d'une soirée au cinéma, d'un dîner au restaurant, de l'achat d'un nouveau CD ou d'un congé pour aller jouer au golf. Lorsque les membres d'une organisation contrôlent leur propre comportement par auto-renforcement, les gestionnaires n'ont pas besoin de consacrer autant de

temps qu'ils le doivent habituellement à les motiver et à contrôler ce qu'ils font par les techniques courantes parce que leurs subordonnés s'en chargent eux-mêmes. En fait, on désigne souvent cet autocontrôle par l'expression « comportement autogéré ».

La connaissance de ses propres capacités

La **connaissance de ses propres capacités** se définit comme étant la conviction d'une personne concernant sa capacité à reproduire un comportement avec succès[48]. Malgré l'attrait exercé par toutes les récompenses ou les renforcements les plus attrayants qui accompagnent un rendement élevé, les gens n'éprouvent aucune motivation s'ils ne croient pas pouvoir réellement atteindre un tel niveau de rendement. De même, lorsque des personnes contrôlent leur propre comportement, il est probable qu'elles se fixeront elles-mêmes des objectifs ambitieux qui mèneront à des réalisations remarquables uniquement si elles croient avoir la capacité de les atteindre. Par conséquent, la connaissance de ses propres capacités et la confiance en celles-ci influent sur la motivation non seulement lorsque les gestionnaires offrent des renforcements, mais aussi lorsque les travailleurs se les offrent eux-mêmes[49].

Mieux une personne connaît ses propres capacités, plus sa motivation et son rendement sont élevés. Dans l'entrée en matière, nous avons vu que les gestionnaires d'Enterprise Rent-A-Car encouragent leurs employés à bien connaître leurs propres capacités. Pour ce faire, ils leur fournissent des périodes de formation et augmentent leurs niveaux d'autonomie et de responsabilité à mesure que ces employés acquièrent de l'expérience dans l'entreprise. De plus, ils leur témoignent de la confiance en reconnaissant leur capacité à atteindre les objectifs de l'organisation.

Théorie de l'apprentissage social (*social learning theory*)
Théorie qui tient compte de la façon dont la pensée et les convictions d'une personne et ses observations du comportement d'autres personnes influent sur son apprentissage et sa motivation.

Apprentissage par observation ou vicariant (*vicarious learning*)
Apprentissage qui se fait lorsqu'une personne devient motivée à adopter un comportement en l'observant chez une autre personne et en constatant que cette autre personne reçoit un renforcement positif en raison de ce comportement.

Auto-renforcement (*self-reinforcer*)
Tout résultat souhaitable ou intéressant ou toute récompense qu'une personne s'offre à elle-même lorsqu'elle est satisfaite de sa performance.

Connaissance de ses propres capacités (*self-efficacy*)
Conviction d'une personne concernant sa capacité à reproduire un comportement avec succès.

9.5 La stratégie de la récompense générale

Un sondage Gallup[50] a révélé que seulement 29 % des Canadiens se disent heureux au travail. Il faut comprendre que d'énormes défis se présentent aux gestionnaires pour bien gérer la motivation au travail. Dans cette section, nous verrons comment les gestionnaires peuvent se servir de récompenses pour motiver leurs employés. Une **stratégie de la récompense générale** englobe à la fois des facteurs de motivation intrinsèques et extrinsèques. Il peut s'agir de renforcement positif, de reconnaissance du travail accompli, de possibilités d'avancement et de croissance personnelle, de responsabilités accrues, d'une formation appropriée pour hausser les attentes ainsi que d'avantages personnels tels que des horaires flexibles pour permettre une conciliation travail-famille. Examinons le principe de base selon lequel les systèmes de récompense doivent être adaptés aux besoins des personnes pour avoir un effet motivateur.

Quand on s'interroge sur la perception des employés en matière de récompenses équitables, on constate que leur principale préoccupation ne concerne ni la rémunération globale ni les augmentations de salaire, mais plutôt l'accès à des occasions de faire progresser leur plan de carrière. Un sondage récent indique cinq grandes préoccupations au sujet de l'équité des récompenses[51].

1. La progression du plan de carrière

2. L'accroissement de la rémunération au mérite

3. Le salaire de base

4. La reconnaissance non financière

5. Le développement des compétences et la formation des employés

Les théories de la motivation aident les gestionnaires à comprendre que les travailleurs sont motivés par les récompenses qu'ils reçoivent en contrepartie de leurs efforts. Ces récompenses peuvent être des facteurs de motivation intrinsèques ou extrinsèques. Une stratégie de la récompense générale englobe ces deux types de motivation. Une reconnaissance non financière pour une tâche bien effectuée compte parmi les cinq principales préoccupations en matière d'équité et

constitue l'un des moyens les plus simples de motiver un employé.

Les travailleurs éprouvent de la satisfaction lorsqu'ils constatent que leurs efforts sont reconnus par leurs supérieurs. Les **programmes de reconnaissance du travail des employés** découlent du principe selon lequel il faut porter une attention particulière au rendement d'un employé et manifester de l'intérêt, de l'approbation et de la gratitude pour une tâche bien exécutée. Les employés dont la direction reconnaît le travail comme étant une contribution importante à leur organisation sont plus susceptibles que d'autres d'être motivés à atteindre des niveaux élevés de rendement. Les entreprises doivent reconnaître les bonnes performances, idéalement à partir d'objectifs organisationnels précis, ambitieux et connus de tous.

9.5.1 La rémunération et la motivation

Les gestionnaires peuvent aussi utiliser la rémunération pour motiver leurs employés à avoir des niveaux élevés de rendement et à atteindre leurs objectifs. Elle sert ainsi à motiver les nouveaux venus, les gestionnaires de terrain et intermédiaires, et même les cadres supérieurs comme le chef de la direction. C'est un facteur de motivation extrinsèque qui ne constitue qu'un des éléments de la stratégie de la récompense générale. Dans la présente sous-section, nous concentrerons notre attention sur différentes façons d'utiliser la rémunération pour motiver des gens à adopter des comportements qui aideront leur organisation à atteindre ses objectifs ainsi que pour recruter des employés et les retenir ensuite au sein de l'organisation.

Comme le montre la figure 9.8, à la page suivante, la rémunération est un facteur de motivation extrinsèque important, qui se trouve à la fois dans les théories des besoins et dans les théories processuelles.

- Les théories des besoins. La rémunération au mérite aide, selon Herzberg à combler les facteurs motivateurs. Selon lui, les offres salariales doivent aussi être appropriées pour que les employés n'éprouvent pas

---

Stratégie de la récompense générale (*total reward strategy*)
Stratégie qui englobe à la fois des facteurs de motivation intrinsèques et extrinsèques.

Programme de reconnaissance du travail des employés (*employee recognition program*)
Expression par la direction de son intérêt, de son approbation et de sa gratitude pour un travail bien fait, effectué par une personne ou un groupe de personnes à son emploi.

> **FIGURE 9.8** La rémunération et la motivation

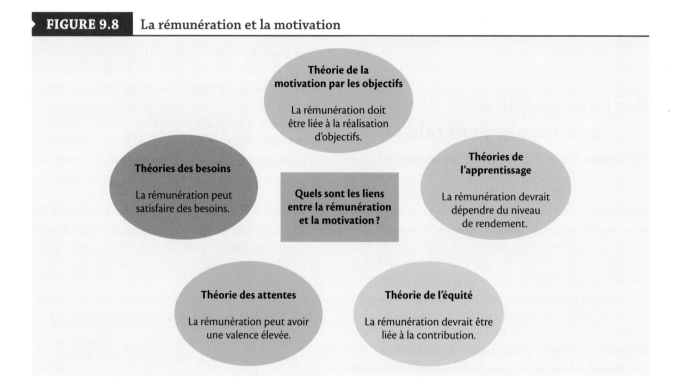

d'insatisfaction (facteur d'hygiène ou d'ambiance), mais elles ne contribuent pas à accroître la satisfaction des personnes.

- La théorie des attentes. L'instrumentalité, soit le lien entre le rendement et des résultats tels que la rémunération au mérite, doit être élevée pour que la motivation le soit. La rémunération est également un résultat qui a une valence positive.

- La théorie de la motivation par les objectifs. Des récompenses telles que la rémunération devraient être liées à la réalisation d'objectifs.

- La théorie de l'équité. Des récompenses telles que la rémunération devraient être réparties proportionnellement à la contribution fournie.

- Les théories de l'apprentissage. La répartition de la rémunération devrait être liée à l'adoption de comportements efficaces dans les lieux de travail.

Comme ces théories le suggèrent, pour favoriser une motivation élevée, les gestionnaires devraient répartir la rémunération en fonction de niveaux de rendement, de sorte que ceux qui en font plus soient mieux rémunérés que ceux qui en font moins (toutes choses étant égales par ailleurs)[52]. Donc, il est important de comprendre qu'il existe une certaine constance, c'est-à-dire que la rémunération semble générer plus de motivation si elle est liée à la réalisation d'objectifs ou de défis, ou encore à la reconnaissance d'un travail bien fait. Il faut se rappeler

que la rémunération ne constitue toutefois qu'une partie de la stratégie de la récompense globale.

9.5.2 Les systèmes de rémunération variable ou rémunération au mérite

Lorsque les gestionnaires déterminent s'ils rémunéreront ou non le rendement, ils doivent choisir entre des hausses de salaire et des primes. Ainsi, certains programmes de rémunération en fonction du rendement (en particulier ceux qui consistent en des primes) sont des **systèmes de rémunération variable ou rémunération au mérite** dans lesquels les revenus augmentent ou diminuent annuellement selon le rendement[53]. Par conséquent, il n'y a aucune garantie qu'un employé recevra la même rémunération pour l'année en cours que celle reçue l'année précédente.

Le nombre d'employés qui sont rémunérés suivant ce système a augmenté au Canada. Selon Keri Humber, conseillère principale en rémunération chez Hewitt Associates, «dans la situation économique actuelle, les employeurs doivent continuer de s'assurer que leurs stratégies de rémunération sont appliquées de façon appropriée […] Pour demeurer concurrentielles et pour continuer à attirer des gens très compétents, les

---

Système de rémunération variable ou rémunération au mérite (*merit pay plan*)
Plan de rétribution dans lequel le salaire est établi en fonction de la performance.

entreprises doivent trouver autre chose que le salaire de base pour récompenser et motiver leurs employés […] Les programmes de rémunération variable constituent une des solutions possibles[54]».

Ces systèmes sont plus couramment utilisés pour des travailleurs non syndiqués[55]. Selon Prem Benimadhu du Conference Board du Canada, «les syndicats canadiens sont très allergiques à la rémunération variable[56]». Outre qu'elle entraîne une incertitude salariale, des employés pourraient s'opposer à la rémunération en fonction du rendement s'ils ont l'impression que des facteurs qui ne sont pas de leur ressort peuvent influer sur la possibilité d'obtenir les primes promises. Ce pourrait être le cas par exemple d'un rappel de produit, d'une concurrence plus féroce que prévu ou du départ inattendu de plusieurs employés clés.

Les plans de rémunération variable basés sur le rendement individuel, de groupe ou organisationnel

Les gestionnaires peuvent établir leur système de rémunération variable ou au mérite d'après le rendement d'une personne, d'un groupe ou de l'ensemble de l'entreprise. Comme nous l'avons mentionné au début de la section 9.5, selon un récent sondage sur l'équité des récompenses, des outils de rémunération variable, telles les primes et les mesures incitatives, font partie des cinq principales préoccupations des travailleurs (*voir le point 2 de la liste à la page 297*). Dans des conditions où il est possible de déterminer avec exactitude le rendement d'une personne (p. ex. la valeur en dollars des articles vendus par un commis, le nombre de haut-parleurs qu'un monteur a assemblés et le nombre d'heures qu'un avocat peut facturer), la motivation de cette personne atteint probablement un sommet lorsque la rémunération se fait en fonction de ce type de rendement[57]. Lorsque des employés d'une entreprise travaillent ensemble en étroite collaboration et qu'on ne peut pas mesurer avec précision le rendement individuel (p. ex. dans le cas d'une équipe de programmeurs informatiques qui développent un seul progiciel), il est pratiquement impossible d'établir la rémunération en fonction du rendement individuel et il faut utiliser un plan basé sur le rendement du groupe ou de l'entreprise dans son ensemble. La rémunération au mérite des équipes offre un excellent potentiel de motivation. Bien qu'il faille avoir un bon jugement, les tendances actuelles portent à croire que la complexité de l'environnement serait plus propice à une rémunération au mérite des équipes. Il est donc de plus en plus important de s'assurer que les récompenses sur une base

individuelle sont pertinentes et légitimes et qu'elles ne créent pas d'effets pervers entre les employés.

Ainsi, lorsque la réalisation des objectifs d'une organisation dépend d'un travail en étroite collaboration et d'une coopération de ses membres les uns avec les autres (p. ex. dans les entreprises qui construisent des maisons sur commande), les systèmes de rémunération basés sur le rendement de groupes ou de l'ensemble de l'entreprise sont plus appropriés que des systèmes de rémunération basés sur le rendement individuel[58].

Il est aussi possible de combiner des éléments d'un plan de rémunération individuelle à celui d'une rémunération de groupe ou d'entreprise pour motiver chaque personne à accroître son rendement tout en motivant tous les membres du groupe à travailler efficacement ensemble, à coopérer les uns avec les autres et à s'entraider au besoin. Les employés sont également motivés à apporter leur contribution à l'entreprise parce que cette contribution servira à déterminer leur part de la prime collective.

Une hausse de salaire ou une prime?

Les gestionnaires peuvent donner à leurs employés une rémunération au mérite sous forme d'une hausse de salaire ou d'une prime qui s'ajoute à leur salaire de base. Même si le montant en dollars de la hausse peut être égal à celui de la prime, les primes ont souvent un effet motivateur plus important pour au moins trois raisons. Premièrement, les échelons de salaire sont généralement établis en fonction du rendement moyen prévu, d'emplois comparables sur le marché et d'autres considérations, à partir du moment où un travailleur est embauché par une entreprise. Autrement dit, l'échelon salarial absolu repose en grande partie sur des facteurs qui n'ont aucun rapport avec le rendement réel de l'employé. Deuxièmement, d'autres facteurs peuvent influer sur une hausse du salaire actuel, par exemple une augmentation du coût de la vie ou des rajustements généraux et uniformes d'un poste par rapport à un autre. Troisièmement, comme les entreprises réduisent rarement les salaires, les échelons de salaire ont moins tendance à varier que les niveaux de rendement. Ainsi, les primes laissent aux gestionnaires plus de latitude que les hausses de salaire dans la distribution des récompenses. Lorsqu'une entreprise est prospère, les primes qui récompensent les contributions de ses employés peuvent être relativement importantes. Toutefois, contrairement aux hausses de salaire, les primes peuvent être réduites lorsque les affaires de l'entreprise ralentissent. À tout prendre, les programmes de primes ont nettement un plus grand effet motivateur que les hausses de salaire parce que leurs montants peuvent être établis directement et exclusivement en fonction du rendement[59].

Conformément aux leçons à tirer des théories de la motivation, on peut établir un lien direct entre les primes et le rendement, et les faire varier d'une année à l'autre ainsi que d'une équipe à l'autre ou d'un employé à l'autre. En plus de recevoir des augmentations de salaire et des primes, les gestionnaires situés au haut de la hiérarchie organisationnelle et les cadres supérieurs reçoivent parfois des options d'achat d'actions. Les **options d'achat d'actions** sont des instruments financiers qui donnent au porteur le droit d'acheter des actions d'une organisation à un prix déterminé pendant une période de temps donnée ou dans certaines conditions. Par exemple, des entreprises utilisent parfois des options d'achat d'actions, en plus de salaires alléchants, pour attirer des gestionnaires de haut niveau. Dans les entreprises de technologie de pointe ou en démarrage, des options semblables sont parfois accordées aux mêmes conditions à des employés de divers échelons de la hiérarchie[60].

Sur le plan de la motivation, les options d'achat d'actions servent moins à récompenser un rendement individuel déjà obtenu qu'à motiver les employés à continuer de travailler à la prospérité de l'entreprise dans son ensemble. En effet, les options d'achat d'actions émises au prix actuel de l'action n'auront de valeur dans l'avenir que si l'entreprise fait de bonnes affaires et si le prix de ses actions augmente. C'est pourquoi ce type de rémunération est souvent accordé à des cadres impliqués dans la gestion globale de l'entreprise afin de les encourager à accroître l'efficacité de l'entreprise à l'avenir[61].

D'autres exemples de systèmes de rémunération au mérite

Les gestionnaires peuvent choisir parmi divers systèmes de rémunération au mérite en fonction du travail que leurs employés accomplissent et d'autres considérations. Par exemple, dans la méthode du salaire à la pièce basé sur le travail individuel, les gestionnaires établissent le salaire de leurs employés en fonction du nombre d'unités de produit que chacun d'eux fabrique, qu'il s'agisse de téléviseurs, de composantes d'ordinateurs ou de pièces d'autos. Des progrès récents en matière de technologies de l'information simplifient l'application de ce type de rémunération dans divers secteurs. Par exemple, la plupart des agriculteurs utilisaient autrefois un procédé compliqué et chronophage pour calculer le salaire à la pièce de leurs ouvriers agricoles. De nos jours, ils emploient des boutons métalliques de

la taille d'une pièce de 10 cents que les ouvriers agricoles fixent à leur chemise ou mettent dans leur poche. Ces boutons, fabriqués par la société Dallas Semiconductor Corporation, ont été adaptés à la production agricole par l'Agricultural Data Systems, dont le siège social se trouve à Laguna Niguel, en Californie[62]. Chaque bouton contient un semi-conducteur relié à des ordinateurs par une sonde qui se trouve dans le champ[63]. Le mécanisme enregistre le nombre de boîtes de fruits ou de légumes que chaque travailleur remplit de même que le type et la qualité des produits, l'endroit où ils ont été cueillis ainsi que l'heure et la date de la cueillette. Pour activer ces boutons, il suffit de les effleurer avec la sonde, d'où leur nom de «boutons à mémoire tactile». En général, les gestionnaires constatent que ce type d'instrument leur permet de gagner du temps, améliore la précision des mesures et leur fournit des renseignements utiles sur les récoltes et le rendement[64].

Les gestionnaires utilisent aussi la commission, une autre forme de rémunération au mérite basée sur le travail individuel et calculée à partir des ventes. Par exemple, ceux de la réputée société immobilière Re/Max International ont recours à la commission pour payer leurs agents. Certains grands magasins utilisent aussi ce système pour rémunérer leur personnel de vente.

Parmi les exemples de systèmes de rémunération au mérite en fonction du rendement de l'ensemble de l'entreprise, mentionnons le système Scanlon et l'intéressement (ou la participation aux bénéfices). Le système Scanlon (élaboré par Joseph Scanlon, un représentant syndical d'une usine d'acier et d'étain des États-Unis dans les années 1920) vise à réduire les dépenses ou les coûts. Pour motiver ses employés à trouver et à mettre en œuvre des stratégies de réduction des coûts, l'entreprise leur verse un pourcentage des économies réalisées au cours d'une période déterminée[65]. Dans un régime d'intéressement, les employés reçoivent une partie des bénéfices de leur entreprise. Ce système de rémunération est appliqué à environ 16 % des travailleurs dans les moyennes et grandes entreprises, et à environ 25 % de ceux des petites entreprises[66]. Quel que soit le type de plan utilisé, les gestionnaires devraient toujours s'efforcer d'établir un lien entre la rémunération et l'adoption de comportements propices à la réalisation des objectifs de l'entreprise.

Les grandes entreprises japonaises ont longtemps boudé les systèmes de rémunération au mérite, au profit de plans qui récompensent l'ancienneté. Toutefois, un nombre croissant d'entre elles ont commencé à adopter ce type de systèmes en raison de leurs avantages en matière de motivation. Parmi elles, on compte Site Design, Tokio Marine and Fire Insurance et Hissho Iwai, une société de commerce international.

Option d'achat d'actions (*employee stock option*)
Contrat d'option qui permet au porteur d'acheter des actions d'une organisation à un prix déterminé pendant une période de temps donnée ou dans certaines conditions.

Résumé et révision

Cette section vous servira à vérifier l'acquisition des objectifs d'apprentissage.

OA1 Une définition de la motivation   La motivation englobe les forces psychologiques propres à une personne qui déterminent l'orientation de son comportement à l'intérieur d'une entreprise, les efforts qu'elle fournit et son degré de persévérance à surmonter les difficultés. Les gestionnaires s'efforcent de motiver leurs employés pour qu'ils apportent leur contribution à l'entreprise. Ils canalisent ces contributions pour qu'il en résulte un rendement élevé et s'assurent que les membres de l'organisation reçoivent les récompenses qu'ils souhaitent obtenir lorsque leur performance est supérieure à la moyenne. Les personnes sont motivées à travailler assidûment par des facteurs extrinsèques (pour obtenir des récompenses matérielles ou éviter des sanctions), par des facteurs intrinsèques (pour la satisfaction qu'elles retirent de leur travail en soi) et pour des raisons sociales (p. ex. pour aider les autres).

OA2 Les théories des besoins en matière de motivation   D'après les théories des besoins, pour motiver leurs employés, les gestionnaires doivent déterminer les besoins que ceux-ci cherchent à satisfaire et s'assurer qu'ils reçoivent les éléments appropriés pour combler ces besoins afin de fournir un rendement élevé et contribuer à l'efficacité de l'entreprise. Les théories des besoins s'entendent pour dire que l'humain aime relever des défis, qu'il désire se réaliser et donner un sens à sa vie, et qu'il a besoin d'être reconnu.

OA3 Les théories processuelles de la motivation   Les théories processuelles ajoutent des nuances à la compréhension de la motivation en expliquant les raisons pour lesquelles les gens agissent comme ils le font.

OA4 Les théories de l'apprentissage   Les théories de l'apprentissage aident les gestionnaires à saisir le lien entre l'attribution d'une récompense pour l'adoption d'un comportement qui favorise un rendement élevé et la répétition de ce comportement par les employés.

OA5 La stratégie de la récompense générale   Chacune des théories de la motivation examinée dans ce chapitre note l'importance de la rémunération et suggère de la lier au rendement (ou à la productivité). La rémunération n'est qu'une partie de la stratégie de la récompense générale, qui inclut à la fois des éléments extrinsèques, tels que la rémunération au mérite et une reconnaissance non financière, et aussi des éléments intrinsèques, tels que des défis intéressants et une bonne autonomie au travail.

TERMES CLÉS

action sociale positive (ou comportement prosocial) (p. 279)

apprentissage (p. 292)

apprentissage par observation ou vicariant (p. 296)

attente ou expectation (p. 285)

auto-renforcement (p. 296)

besoin (p. 280)

besoin d'accomplissement ou de réussite (p. 284)

besoin d'affiliation (p. 284)

besoin de pouvoir ou de puissance (p. 284)

comportement à motivation extrinsèque (p. 278)

comportement à motivation intrinsèque (p. 278)

connaissance de ses propres capacités (p. 296)

contribution (p. 279)

équité (p. 288)

extinction (p. 294)

hiérarchie des besoins de Maslow (p. 281)

iniquité (p. 288)

iniquité d'une rémunération excessive (p. 289)

iniquité d'une rémunération insuffisante (p. 289)

instrumentalité (p. 286)

motivation (p. 278)

option d'achat d'actions (p. 300)

programme de reconnaissance du travail des employés (p. 297)

récompense (p. 279)

renforçateur (p. 293)

renforcement négatif (p. 294)

renforcement positif (p. 294)

sanction ou mesure disciplinaire (p. 295)

stratégie de la récompense générale (p. 297)

système de rémunération variable ou rémunération au mérite (p. 298)

théorie bifactorielle de Herzberg (p. 283)

théorie de l'apprentissage social (p. 296)

théorie de l'équité (p. 288)

théorie de la motivation par les objectifs (p. 291)

théorie des attentes (p. 285)

théorie du conditionnement opérant (ou du conditionnement instrumental) (p. 293)

théories de l'apprentissage (p. 292)

théories des besoins (p. 280)

théories processuelles (p. 285)

valence (p. 287)

Solutionnaire
enseignant

Les gestionnaires à l'œuvre

SUJETS À TRAITER ET ACTIVITÉS CONNEXES

NIVEAU 1 Connaissances et compréhension

1. Définissez la motivation et décrivez son lien avec les comportements que les gestionnaires s'efforcent de promouvoir dans leurs entreprises.

2. Quelles caractéristiques des objectifs organisationnels peuvent rendre ceux-ci motivants?

3. Expliquez la façon dont chacune des théories de la motivation traite la rémunération comme faisant partie d'une stratégie de la récompense générale.

NIVEAU 2 Application et analyse

4. Évaluez ce que les gestionnaires devraient faire, d'après la théorie des attentes, pour obtenir une main-d'œuvre motivée.

5. Dans le cadre de la théorie de l'équité, évaluez ce que les gestionnaires devraient faire pour obtenir une main-d'œuvre motivée.

6. Choisissez l'une des théories suivantes: la hiérarchie des besoins de Maslow, la théorie bifactorielle de Herzberg ou la théorie des besoins selon McClelland. Décrivez-la et suggérez des façons pour les gestionnaires de l'appliquer dans leur milieu de travail.

NIVEAU 3   Synthèse et évaluation

7. Comment les gestionnaires peuvent-ils s'inspirer de la théorie de l'apprentissage social pour former une équipe de travail motivée ?

8. Discutez des raisons pour lesquelles deux personnes ayant des habiletés similaires peuvent avoir des attentes très différentes en ce qui a trait à un rendement élevé. Quelles mesures un gestionnaire pourrait-il mettre en place pour hausser les attentes ainsi que les degrés d'instrumentalité et de valence de ses employés ?

9. Dans quelles circonstances un gestionnaire devrait-il utiliser chacune des techniques de la théorie du conditionnement opérant ? Laquelle de ces techniques convient le mieux lorsqu'il s'agit de modifier un comportement à long terme ?

EXERCICE PRATIQUE EN PETIT GROUPE

Formez un groupe de trois ou quatre personnes et choisissez quelqu'un qui présentera les résultats de vos recherches à toute la classe quand votre professeur vous le demandera. Discutez ensemble du scénario suivant.

Supposez que vous êtes gestionnaire d'une petite entreprise et que vous avez engagé cinq personnes, dont deux travaillant au salaire minimum. L'un de ces employés, monsieur Cloutier, a tendance à faire preuve de nonchalance lorsque vous n'êtes pas là pour le superviser. En votre présence, il déploie plus d'efforts au travail pour éviter d'être réprimandé, mais il paraît manquer de motivation. Monsieur Braque est le boute-en-train de l'entreprise. Il passe le plus clair de ses journées à raconter des blagues et à faire rire ses collègues. Il n'est presque jamais à l'heure au travail. La dernière fois qu'il est arrivé en retard, vous l'avez réprimandé en présence des autres employés. Monsieur Braque s'est alors senti très mal à l'aise, mais il a quand même trouvé le moyen de tourner la situation en plaisanterie. Récemment, monsieur Cloutier a pris plusieurs jours de congé de maladie. Quelque chose ne tourne pas rond dans votre entreprise.

1. Que pouvez-vous faire pour motiver messieurs Cloutier et Braque à fournir un rendement élevé ?

2. Indiquez les comportements non souhaitables que vous observez le plus souvent chez monsieur Cloutier et chez monsieur Braque et les moyens utilisés pour les corriger.

3. Concevez un programme basé sur la théorie du conditionnement opérant pour

a) accroître la fréquence des comportements utiles à l'entreprise que vous voudriez voir vos employés adopter ;

b) réduire la fréquence de leurs comportements perturbateurs.

EXERCICE DE PLANIFICATION D'AFFAIRES

Pour vous guider, consultez l'annexe B, à la page. 426.

Votre plan d'affaires doit être terminé dans quatre semaines et vous vous trouvez dans une situation typique : plusieurs membres de l'équipe que vous avez réunie pour rédiger ce plan ont de la difficulté à trouver la motivation nécessaire pour achever la mise au point du projet.

Déterminez des moyens de les motiver à l'aide des théories suivantes de la motivation.

- La hiérarchie des besoins de Maslow
- La théorie bifactorielle de Herzberg
- La théorie des attentes
- La théorie de la motivation par les objectifs
- La théorie de l'apprentissage

EXERCICE DE GESTION RELATIF À L'ÉTHIQUE

Vous êtes le nouveau chef de la direction d'une société pharmaceutique qui a la réputation d'offrir une bonne rémunération à ses cadres, mais non à ses employés. Les cadres supérieurs et intermédiaires reçoivent 6 % d'augmentation de façon générale et uniforme, tandis que les autres employés obtiennent seulement 1 % d'augmentation par année. La raison invoquée pour expliquer cette disparité est que les gestionnaires courent des risques, prennent des décisions et doivent concevoir des stratégies. Toutefois, le fait est que depuis des années, un grand nombre des décisions les plus importantes pour l'entreprise ont été prises par des équipes et que tout le monde participe à la planification stratégique. Dans les périodes les plus occupées, les employés doivent en outre effectuer beaucoup de travail en dehors de leur horaire normal sans pour autant recevoir de rémunération pour ces heures supplémentaires. Vous constatez que leur moral est au plus bas. Même s'ils ne paraissent pas démotivés parce qu'ils sont passionnés par leur travail, qui consiste à concevoir des médicaments pour aider à soulager ou à guérir des maladies graves, beaucoup d'entre eux menacent de quitter l'entreprise s'ils ne sont pas rémunérés de façon plus équitable. Que pouvez-vous faire ?

LA GESTION MISE AU DÉFI

Céder sa place

Récemment, vous avez reçu un coup de fil d'une ancienne collègue de travail. Elle occupe un poste dans une entreprise que vous connaissez bien, car vous y avez travaillé à ses côtés pendant sept ans avant de devenir conseiller en motivation. Il s'agit d'une entreprise familiale qui compte 100 employés, et votre ancienne collègue est la fille de son fondateur. Celui-ci semble avoir beaucoup de réticence à lui en céder entièrement la direction. Il sait qu'il devra tôt ou tard s'y résigner, mais il répète sans cesse qu'il a besoin d'un «petit stimulus additionnel». Votre ancienne collègue pense que vous auriez la «solution motivationnelle» pour faciliter ce transfert de pouvoir.

1. Parmi les théories de la motivation présentées dans ce chapitre, laquelle ou lesquelles choisiriez-vous pour essayer de résoudre ce problème délicat ?

2. Quel plan en matière de motivation vous est le plus familier et vous paraîtrait le plus simple à présenter à votre ancienne collègue ?

PROJET DE PRÉPARATION D'UN DOSSIER DE GESTION

Répondez aux questions suivantes concernant l'organisation que vous avez choisi d'étudier.

1. Quels indices de l'application des diverses théories de la motivation observez-vous dans cette entreprise ? Par exemple, s'il existe une récompense du type «employé du mois», quels besoins vise-t-elle à satisfaire ?

2. Quelles mesures la direction prend-elle pour accroître les attentes de ses employés ? leur degré d'instrumentalité ?

3. Par quelles mesures la direction s'assure-t-elle que ses employés ont la perception d'être traités avec équité dans l'entreprise ? Semble-t-il y avoir une répartition équitable des récompenses ?

Étude de cas

La prochaine mégamarque de commerce au Canada : comment Lululemon motive ses clients et ses actionnaires

Chip Wilson a ouvert son premier magasin de vente au détail, une petite boutique de vêtements de yoga pour toutes les tailles, à Vancouver en 1998. En 2011, ses efforts lui ont permis de se hisser au 15e rang des Canadiens les plus riches[67]. Ses clients comme ses actionnaires sont motivés par Lululemon, la prochaine mégamarque de commerce canadienne.

Qu'y a-t-il derrière le succès de cette entreprise ? Lorsqu'on la considère de l'extérieur, on ne voit qu'une autre chaîne de boutiques de vêtements de sport. Toutefois, en pénétrant dans l'une d'elles, on s'aperçoit qu'elle offre quelque chose de beaucoup plus séduisant qu'une nouvelle image : « le potentiel de se transformer en la meilleure version de soi-même qu'on puisse concevoir[68] ». Ses clients ont comparé leur expérience de magasinage dans ces oasis de motivation à un « éveil spirituel », qui a suscité une fidélité à la marque allant presque jusqu'au culte. Lululemon ne vend pas simplement des vêtements d'entraînement, mais bien une adhésion à un club populaire, qui vient avec l'uniforme. Ce club fait la promotion d'une éthique de l'amélioration de soi par l'exercice et la pensée positive ainsi que par des vêtements confortables qui conviennent à tous les âges et qui flattent toutes les silhouettes. Les employés de chaque boutique sont envoyés suivre des sessions de yoga et d'entraînement physique dans le quartier où ils travaillent, vêtus à la dernière mode, évidemment. Ils offrent ensuite des séances d'entraînement physique gratuites dans leur magasin où ils accueillent également des événements communautaires. L'acheteur et le vendeur se retrouvent alors du même côté du comptoir et travaillent à atteindre des objectifs communs. L'espace de vente est transformé en un lieu de détente qui encourage la croissance personnelle. Un client qui entre chez Lululemon est considéré comme un invité et s'adresse à un employé qui devient son instructeur. Il lui parle de ce qui l'intéresse et le passionne puis, ensemble, ils choisissent le vêtement qui lui convient le mieux. L'achat final représente pour l'invité un investissement dans son propre perfectionnement, ses idées et ses objectifs, ce qui relègue la transaction à l'arrière-plan. Pour consolider le processus, les employés tiennent sous leur comptoir des formulaires d'établissement d'objectifs qu'ils remettent à leurs clients pour les aider à planifier leur cheminement vers la réalisation de leur moi idéal. Ils peuvent même enseigner à leurs invités des poses de yoga dans le magasin, pour leur donner confiance en eux-mêmes et associer un sentiment de bien-être au nom de la marque. La culture organisationnelle de Lululemon est résumée dans son manifeste. Son code de conduite, qui ressemble à un mode de vie, est adopté par les « invités » comme par les instructeurs. Par exemple, on y trouve cette phrase : « Les amis sont plus importants que l'argent[69]. »

1. Quel est le type de motivation des clients de Lululemon ?

2. Appliquez la théorie des attentes à l'expérience de magasinage offerte chez Lululemon.

3. Comment le personnel de Lululemon utilise-t-il la théorie de la motivation par les objectifs pour motiver sa clientèle ?

10

La gestion des ressources humaines et la gestion des équipes

Entrée en matière

Richard Branson, de Virgin Group : « Les personnes constituent votre actif le plus précieux. Traitez-les en conséquence. »

Comment les gestionnaires doivent-ils traiter leurs employés (actuels et futurs) et comment peuvent-ils se servir des équipes ou des groupes pour obtenir un avantage concurrentiel[1] ?

La façon dont une nouvelle entreprise traite ses clients détermine souvent si elle aura du succès. Les grandes sociétés le savent et sont habiles à transformer leurs clients en partisans enthousiastes de leurs produits ou services. Leurs efforts de marketing sont alors soutenus par une publicité de bouche à oreille et par des commentaires élogieux sur les sites d'évaluation de l'industrie ou du secteur, ainsi que par les médias sociaux.

La fidélisation des clients est importante pour n'importe quelle entreprise. En effet, il est plus logique de conserver de bons clients que d'essayer sans cesse d'en trouver de nouveaux. Dans le secteur des voyages, par exemple, les entreprises doivent prendre le service à la clientèle au sérieux si elles veulent réussir. En effet, un merveilleux voyage en avion, en train et, peut-être même un jour, en vaisseau spatial commence et se termine par un service de première qualité. Même si les entreprises peuvent mettre en place des moyens d'améliorer

l'intérieur de leurs avions ou de leurs trains, notamment en y installant des sièges plus confortables et en servant des repas plus savoureux, la technologie coûteuse et le design de luxe ne leur seront d'aucune utilité si leur service à la clientèle est médiocre.

Richard Branson s'est rendu compte de l'importance du service à la clientèle pour toutes les entreprises, nouvelles et anciennes. Lorsqu'il a repris contact avec l'équipe de Virgin America, il a observé des liens que l'on peut établir entre les employés (actuels et futurs) et le service à la clientèle. Non seulement il est essentiel qu'une organisation traite ses clients de la façon la plus optimale, mais il faut également qu'elle traite ses employés de la même manière. Ainsi, toutes les composantes de la gestion des ressources humaines, de l'embauche à l'évaluation du rendement en passant par la formation et la détermination du salaire, requièrent une attention particulière. Le soin apporté à la planification et à l'organisation de chacune de ces composantes indique aux employés (futurs et actuels) le soin qu'il faut apporter aux relations humaines. Dans cette optique, voici trois leçons de base qu'on peut,

selon monsieur Branson, appliquer à n'importe quelle organisation relativement à cette affirmation.

Premièrement, accorder la primauté à la formation de ses employés, c'est investir dans son entreprise. Les compagnies aériennes doivent s'assurer que tous les membres de leur personnel, des pilotes jusqu'aux employés au sol, ont reçu une formation rigoureuse en matière d'opérations et de sécurité, et même de soins médicaux. De plus, le personnel doit s'imprégner des valeurs organisationnelles à l'occasion de rencontres annuelles de deux jours. Au cours de ces rencontres, les employés concentrent leur attention sur des moyens d'améliorer l'expérience de vol des clients dans l'ensemble de la compagnie aérienne.

Les équipages navigants, c'est-à-dire les employés responsables de la préparation technique du vol et ceux qui participent à ce vol, rencontrent leurs collègues des divers services (p. ex. ceux des secteurs du transport de passagers et du transport de marchandises [fret]). Ils reçoivent une formation en résolution de conflits, en hospitalité et en intelligence émotionnelle, qui devrait les aider à vraiment comprendre le point de vue des clients et à résoudre les problèmes qu'ils éprouvent plutôt que de les repousser vers le haut dans la chaîne hiérarchique.

Comment peut-on réunir les membres d'une équipe pour qu'ils résolvent ensemble des problèmes et qu'ils apprennent à se faire mutuellement confiance? Au sein d'une petite entreprise, il pourrait s'agir d'une chose très simple, comme de déjeuner ensemble et de discuter de la façon dont le travail se fait.

Deuxièmement, il faut parfois prendre les devants en tant que dirigeant et réunir les employés afin de répondre à leurs questions et faire en sorte d'aborder leurs préoccupations. C'est une étape essentielle afin d'établir des liens de confiance entre le personnel de première ligne et les directeurs, car elle contribue à mettre en place des communications simples et décontractées.

Il peut être bénéfique pour des gestionnaires de sortir des bureaux fermés, de déambuler parmi les employés et d'échanger de manière informelle avec eux afin de mieux les connaître. Si une entreprise est trop vaste pour planifier des réunions régulières, le fait pour ses dirigeants de consacrer quelques heures à s'occuper eux-mêmes des plaintes de clients ou de travailler au niveau opérationnel leur permettra de savoir ce qui s'y passe vraiment et de contrecarrer ce qui nuit aux communications au sein de l'organisation.

Troisièmement, les gestionnaires doivent s'assurer que leurs employés ont les moyens et les outils à leur portée afin d'être efficaces et efficients. Les journées de formation montrent aux employés de Virgin America des façons de résoudre les problèmes par eux-mêmes, ce qui est un élément essentiel d'un excellent service à la clientèle. C'est pourtant une façon inhabituelle de procéder. La plupart des entreprises imposent des restrictions à leur personnel en ce qui a trait aux types de problèmes que chacun peut résoudre et à l'autorité dont il dispose pour le faire. Toutefois, l'expérience prouve que la meilleure solution consiste à donner aux gens les habiletés et la confiance dont ils ont besoin pour composer eux-mêmes avec les problèmes qui se présentent, sans suivre un scénario déjà planifié ou une opération programmée.

La plupart du temps, c'est l'information qui manque. Si les dirigeants constatent, lorsqu'ils travaillent avec leurs employés ou lors de réunions avec le personnel, que certains d'entre eux cherchent désespérément des réponses à leurs questions, il leur faut agir.

Il peut être intéressant d'offrir aux employés l'accès aux bases de données en investissant dans de nouvelles technologies de l'information et de leur permettre de prendre des initiatives. Il est également suggéré de faire connaître les succès remportés au moyen de communications internes afin d'encourager les autres à faire de même.

Lors de périodes difficiles, notamment lorsque des concurrents réduisent leurs prix, il est parfois tentant de suivre leur exemple et, par conséquent, de diminuer le nombre d'heures allouées au service à la clientèle pour demeurer rentable. Toutefois, une réduction considérable des prix n'est pas la seule solution. Chaque client est important. En somme, une entreprise qui fonctionne de manière optimale mise sur des relations sociales de qualité avec ses employés. Au bout du compte, non seulement le climat organisationnel sera plus serein, mais l'entreprise et les clients obtiendront aussi indirectement des résultats intéressants associés au service à la clientèle.

▶ **Après avoir réfléchi aux concepts présentés dans ce chapitre, vous serez en mesure de répondre aux questions suivantes.**

1. Comment l'entreprise Virgin Group peut-elle miser sur la formation de ses employés dans le but d'offrir un service à la clientèle hors pair à ses clients?

2. Comment les équipes de Virgin America contribuent-elles à l'efficacité de l'entreprise?

3. Comment les gestionnaires dont il est question ici réussissent-ils à créer une cohésion de groupe et pourquoi est-ce important pour obtenir un rendement élevé?

Les gestionnaires ont la responsabilité de l'acquisition, du développement, de la protection et de l'utilisation des ressources dont une organisation a besoin pour être efficace et efficiente. Les ressources humaines, c'est-à-dire les personnes qui participent à la production et à la distribution des biens et des services, constituent l'une des ressources les plus importantes dans toutes les organisations. Elles comprennent tous les membres d'une organisation, des cadres supérieurs jusqu'aux employés nouvellement embauchés. Des gestionnaires de ressources humaines efficaces, comme Richard Branson dans l'entrée en matière, se rendent compte de l'immense valeur de ces ressources et prennent des mesures énergiques pour s'assurer que leur entreprise les développe et les utilise pleinement pour se procurer un avantage concurrentiel.

Dans ce chapitre, nous examinerons les moyens que prennent les gestionnaires pour adapter leur système de gestion des ressources humaines à la stratégie et à la structure de leur organisation. Nous étudierons en particulier les principales composantes de la gestion de cette ressource, soit le recrutement et la sélection, la formation et le développement des compétences, l'évaluation de la performance et la rétroaction sur le rendement, ainsi que le salaire et les avantages sociaux. Par ailleurs, les entreprises du groupe Virgin ne sont pas les seules à utiliser des groupes et des équipes pour améliorer leur efficacité organisationnelle. Les gestionnaires de grandes et de petites entreprises y ont recours pour améliorer leur rendement et le service à la clientèle, stimuler l'innovation et motiver leurs employés. Ainsi, nous examinerons en détail les différents types de groupes et d'équipes et la façon dont ils peuvent contribuer à l'efficacité organisationnelle. Nous analyserons les divers éléments de la dynamique de groupe qui influent sur le fonctionnement et l'efficacité de ces groupes et nous verrons les façons dont les gestionnaires peuvent motiver leurs membres à réaliser les objectifs de leur entreprise et à y réduire la paresse sociale. À la fin de ce chapitre, vous serez en mesure de comprendre le rôle essentiel que joue la gestion des ressources humaines dans le développement d'une entreprise hautement performante et les raisons pour lesquelles une gestion efficace des groupes et des équipes constitue un élément clé de l'efficacité et du rendement d'une organisation.

OA1 Expliquer les façons dont la gestion stratégique et la planification des ressources humaines peuvent concourir à offrir un avantage concurrentiel à l'organisation.

10.1 La gestion stratégique et la planification des ressources humaines

La **gestion des ressources humaines (GRH)** comprend toutes les activités que les gestionnaires entreprennent pour attirer et favoriser la rétention des personnes dans leur organisation, pour s'assurer qu'elles effectuent un travail de grande qualité et qu'elles contribuent à la réalisation de ses objectifs. De telles activités constituent l'essentiel du système de GRH d'une entreprise, lequel compte quatre principales composantes : le recrutement et la sélection, la formation et le développement des compétences, l'évaluation de la performance et la rétroaction sur le rendement, ainsi que le salaire et les avantages sociaux. Selon la taille de l'organisation, le service des ressources humaines pourrait avoir une structure formelle comportant un nombre d'employés attitrés au soutien des autres services de l'organisation (entreprise de grande taille). À l'opposé, il se peut qu'une seule personne ait pour rôle de voir aux quatre composantes puisque le petit nombre d'employés ne justifie pas de mettre sur pied un tel service (organisation de petite taille).

10.1.1 La gestion stratégique des ressources humaines

La **gestion stratégique des ressources humaines** est le processus par lequel les gestionnaires conçoivent les composantes d'un système de gestion de ces ressources pour qu'elles concordent les unes avec les autres, avec d'autres éléments de la structure organisationnelle ainsi qu'avec la stratégie et les objectifs de leur organisation[2]. Elle a pour objectif d'élaborer un système qui sera en mesure d'accroître l'efficience, la qualité des produits et des services ainsi que la capacité d'innovation, et d'offrir la meilleure réponse aux besoins des clients de l'entreprise, c'est-à-dire les quatre éléments fondamentaux de l'avantage concurrentiel dont il a été question au chapitre 2.

Gestion des ressources humaines (GRH)
(human resource management)
Ensemble des activités que les gestionnaires mettent en œuvre pour attirer et favoriser la rétention des personnes dans leur organisation, pour s'assurer qu'elles y effectuent un travail de qualité et qu'elles contribuent à la réalisation de ses objectifs.

Gestion stratégique des ressources humaines
(strategic human resource management)
Processus par lequel un gestionnaire conçoit les composantes d'un système de GRH pour qu'elles soient compatibles entre elles, avec d'autres éléments de la structure organisationnelle ainsi qu'avec la stratégie et les objectifs de l'organisation.

10.1.2 La planification des ressources humaines

La **planification des ressources humaines** est l'ensemble des moyens que les gestionnaires utilisent pour prévoir les besoins actuels et futurs de leur organisation en matière de ressources humaines. Par besoins actuels, on entend les employés dont l'organisation a besoin dans l'immédiat pour fournir des produits et des services de qualité à ses clients. Les employés dont elle aura besoin à une date ultérieure pour réaliser ses objectifs à long terme constituent ses besoins futurs. Dans leur planification des ressources humaines, les gestionnaires doivent établir à la fois des prévisions de la demande et des prévisions de l'offre. Les prévisions de la demande consistent en des estimations de la compétence et du nombre des employés dont une organisation aura besoin pour réaliser ses objectifs et appliquer ses stratégies. Les prévisions de l'offre consistent en des estimations de la disponibilité et de la compétence des employés actuels et futurs, et de l'offre d'employés compétents sur le marché du travail. Par exemple, un des facteurs avec lesquels certains parcs d'attractions doivent parfois composer est le manque d'étudiants disponibles pour y travailler ou souhaitant le faire. Comme l'offre est faible, ces entreprises doivent se tourner vers les personnes retraitées comme solution à leur problème de main-d'œuvre.

Dans leur planification des ressources humaines, les gestionnaires décident parfois d'avoir recours à l'externalisation pour répondre à des besoins particuliers en matière de main-d'œuvre. Plutôt que de recruter et d'embaucher des employés pour fabriquer les produits et fournir les services de leur organisation, ils s'entendent avec des fournisseurs de services de l'extérieur de leur organisation, auxquels ils confient le soin d'effectuer certains travaux.

Un grand nombre de tâches peuvent être externalisées de façon efficace et assurer des économies de coûts considérables[3]. L'évaluation des besoins actuels et futurs de l'organisation en ressources humaines contribue à aider les gestionnaires à déterminer les compétences requises de candidats potentiels qu'ils doivent privilégier lors du recrutement et de l'embauche en vue de la réalisation des objectifs présents et futurs de leur entreprise.

Un plan de relève permet d'éviter la perte de savoirs essentiels pour une entreprise lorsque des employés quittent leur emploi ou prennent leur retraite. Le plan doit être soigneusement élaboré. Pour ce faire, les gestionnaires des ressources humaines utilisent souvent une grille de renouvellement du personnel.

Une **grille de renouvellement du personnel** est un tableau sur lequel on indique tous les postes actuels accompagnés des noms des personnes qui les occupent ainsi que les habiletés et les compétences qu'elles possèdent, de même qu'une note indiquant si leur rendement les rend admissibles à un avancement à mesure que des postes sont créés ou deviennent vacants. Pour élaborer une telle grille, il faut effectuer une analyse minutieuse de chaque poste.

OA2 Décrire les quatre composantes de la gestion des ressources humaines et expliquer la façon dont elles doivent concorder avec la stratégie et la structure organisationnelles.

10.2 Un aperçu des composantes de la gestion des ressources humaines

Le système de GRH d'une organisation compte quatre composantes principales : 1) le recrutement et la sélection ; 2) la formation et le développement des compétences ; 3) l'évaluation de la performance et la rétroaction sur le rendement ; et 4) la rémunération et les avantages sociaux (*voir la figure 10.1*). Les gestionnaires ont recours au recrutement et à la sélection, la première composante d'un système de GRH, pour attirer et embaucher de nouveaux employés qui possèdent les compétences, les habiletés et l'expérience requises pour aider l'organisation à atteindre ses objectifs.

Après le recrutement et la sélection, les gestionnaires utilisent une deuxième composante de ce système, soit la formation et le développement des compétences, pour s'assurer que les membres de l'organisation développent les habiletés et les compétences qui leur permettront d'effectuer leur travail de façon efficace et efficiente. Il s'agit d'un processus continu, car des changements dans les technologies, l'environnement, les stratégies et les

---

Planification des ressources humaines
(*human resource planning*)
Ensemble de moyens que les gestionnaires utilisent pour prévoir les besoins actuels et futurs de l'organisation en matière de ressources humaines.

Grille de renouvellement du personnel
(*personnel replacement chart*)
Illustration graphique des postes actuels et des noms des personnes qui les occupent, accompagnés d'une note indiquant si elles possèdent les habiletés et les qualifications nécessaires dans le cadre de la gestion prévisionnelle du personnel.

> **FIGURE 10.1** Les composantes d'un système de gestion des ressources humaines

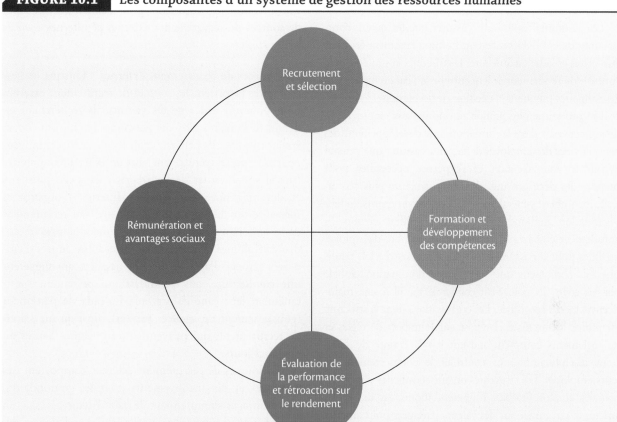

Chaque composante influe sur les autres,
et toutes doivent être en accord.

objectifs d'une organisation requièrent souvent que ses membres apprennent de nouvelles techniques et des méthodes de travail différentes.

La troisième composante, l'évaluation de la performance et la rétroaction sur le rendement, a deux buts en GRH. Premièrement, l'évaluation de la performance fournit aux gestionnaires les renseignements dont ils ont besoin pour prendre des décisions judicieuses en matière de ressources humaines, des décisions sur les façons de former, de motiver et de récompenser les membres de l'organisation[4]. Par conséquent, cette composante constitue une sorte de système de contrôle dont on peut se servir dans le cadre de la gestion par objectifs (présentée de façon plus détaillée dans les chapitres 5 et 12). Deuxièmement, la rétroaction qui suit l'évaluation de la performance peut aider à combler les besoins en matière de perfectionnement des membres d'une organisation. Lorsque les gestionnaires évaluent fréquemment le rendement de leurs employés, ils peuvent fournir à ceux-ci des renseignements utiles au sujet des compétences acquises et de celles qu'ils doivent développer davantage,

et leur indiquer également les domaines dans lesquels ils devraient concentrer leurs efforts. Les gestionnaires utilisent aussi ces évaluations de la performance pour déterminer la rémunération des employés.

La quatrième composante de la GRH, la rémunération et les avantages sociaux, consiste pour les gestionnaires à rémunérer leurs employés en établissant d'abord leur salaire de départ, puis en déterminant s'ils méritent une hausse de salaire ou une prime. En récompensant les membres de l'organisation qui ont un rendement élevé par des hausses de salaire, des primes, etc., ils accroissent la possibilité que les éléments les plus précieux de leurs ressources humaines soient motivés à continuer d'apporter à leur organisation le meilleur d'eux-mêmes. De plus, lorsque la rémunération est liée au rendement, l'entreprise a une capacité accrue de conserver ses employés les plus performants et les gestionnaires ont de meilleures chances de trouver des employés qualifiés pour pourvoir à des postes vacants. Des avantages sociaux tels que l'assurance maladie collective ou le nombre de congés annuels sont des bénéfices que les employés reçoivent en surplus de leur rémunération en raison de leur appartenance à une entreprise.

Les gestionnaires doivent s'assurer que les quatre composantes de la GRH s'intègrent harmonieusement les unes aux autres et aident à améliorer la structure, la stratégie et le contrôle du rendement de leur entreprise[5]. Par exemple, si les gestionnaires prennent la décision de décentraliser l'autorité et d'accorder une plus grande autonomie aux employés, ils devront investir dans la formation et le développement des compétences des employés de façon à s'assurer que ceux-ci auront les connaissances et l'expertise nécessaires pour prendre des décisions qui, dans une structure plus centralisée, incombent généralement aux cadres dirigeants. Si leur organisation applique une stratégie de différenciation, ils auront peut-être besoin d'accroître le nombre d'employés qualifiés pour lui assurer un avantage concurrentiel, tandis que s'ils choisissent une stratégie de domination globale par les coûts, ils pourraient confier le travail à une main-d'œuvre moins spécialisée. Les organisations dont la structure est plutôt hiérarchisée et repose sur le respect de règles et de règlements comptent souvent sur la crainte de sanctions disciplinaires pour contrôler le comportement de leurs employés. Les structures organisationnelles plus horizontales et plus flexibles s'appuient moins sur des règles strictes et davantage sur des valeurs partagées pour amener leurs employés à adopter des comportements appropriés. Diverses formes de contrôle sont décrites en détail dans le chapitre 12.

Chacune des composantes de la GRH influe sur les autres[6]. Les types de personnes qu'une organisation attire et embauche par son système de recrutement et de sélection, par exemple, permettent de déterminer la formation et le développement des compétences dont ces personnes auront besoin, la façon d'évaluer leur performance et les types de rémunération et d'avantages sociaux qui seront appropriés selon les postes à combler et les compétences recherchées. Examinons maintenant en détail chacune de ces composantes.

10.2.1 Le recrutement et la sélection

Une fois la planification des ressources humaines et l'analyse des postes effectuées, les gestionnaires peuvent commencer à recruter et à choisir des candidats potentiels.

Le **recrutement** comprend toutes les activités au moyen desquelles les gestionnaires disposent d'un bassin de candidats qualifiés en vue de pourvoir à des postes[7]. La **sélection** est le processus utilisé par les gestionnaires pour déterminer les compétences relatives des candidats à un poste et leur capacité à bien effectuer les tâches propres à cet emploi.

Les sources de recrutement externes et internes

Les gestionnaires utilisent généralement deux types de sources de recrutement : externes et internes (*voir la figure 10.2*).

Les sources de recrutement externes   Lorsque les gestionnaires favorisent les sources de recrutement externes pour pourvoir à des postes vacants, ils recherchent en dehors de l'organisation des personnes qui n'y ont encore jamais travaillé. Ils peuvent avoir recours à divers moyens pour faire un tel recrutement : aux offres d'emploi publiées (sur le site Internet de l'entreprise, dans des journaux et des magazines, sur les sites Internet d'organismes spécialisés et dans les médias sociaux), au recrutement dans les établissements d'enseignement auprès d'étudiants diplômés, au réseautage, c'est-à-dire auprès d'employés actuels, d'amis et de connaissances qui suggèrent une candidature, aux candidats qui présentent spontanément leur candidature, aux bureaux de placement (gouvernement ou agences privées), ainsi qu'aux salons de recrutement, qui peuvent durer quelques heures ou quelques jours.

Les sources de recrutement externes comportent des avantages et des inconvénients pour les gestionnaires. Les avantages comprennent le fait d'avoir accès à un vaste bassin de candidats potentiels, d'embaucher des personnes qui ont les compétences, les connaissances et les habiletés dont l'organisation a besoin pour atteindre ses objectifs ainsi que la possibilité d'accueillir de nouveaux venus qui pourraient apporter à l'entreprise des façons différentes d'envisager les problèmes et connaître les plus récentes technologies. Toutefois, les gestionnaires doivent examiner soigneusement ces avantages par rapport aux inconvénients qu'ils peuvent entraîner, notamment une baisse du moral chez les employés actuels, qui pensent que certains d'entre eux auraient dû obtenir une promotion.

De plus, le recours aux sources de recrutement externes est généralement plus onéreux. En effet, les employés que l'organisation va chercher ailleurs ne connaissent pas son fonctionnement interne et doivent donc recevoir une formation plus intensive que ceux qui sont recrutés à l'intérieur de celle-ci. Enfin, avec ce type de recrutement,

---

Recrutement (*recruitment*)
Activités au moyen desquelles les gestionnaires disposent d'un bassin de candidats qualifiés en vue de pourvoir à des postes.

Sélection (*selection*)
Processus utilisé par les gestionnaires pour déterminer les compétences des candidats relatives à un poste et leur capacité à bien effectuer les tâches propres à cet emploi.

> **FIGURE 10.2** Les sources de recrutement externes et internes

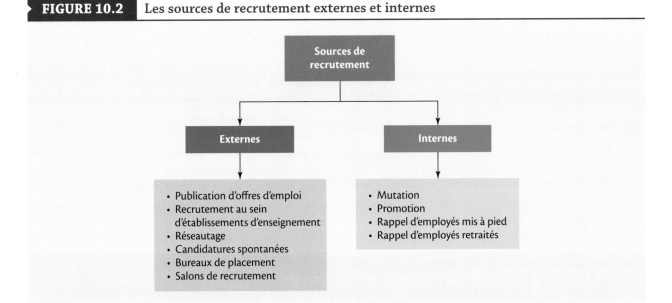

il y a toujours de l'incertitude concernant le niveau de rendement des nouveaux venus. Néanmoins, les gestionnaires peuvent prendre diverses mesures pour réduire quelques-uns des facteurs d'incertitude liés au recrutement externe. Par exemple, l'entreprise pharmaceutique Angiotech Pharmaceuticals Inc., située à Vancouver, a réglé ce problème en travaillant avec des employés potentiels plusieurs années avant qu'ils soient prêts à être embauchés. Ainsi, elle accorde des bourses de recherche à des étudiants diplômés de l'Université de la Colombie-Britannique, qui travaillent à des projets étroitement liés à ses propres besoins.

Les sources de recrutement internes Quand les gestionnaires font appel à des employés de l'entreprise pour pourvoir à des postes vacants, ils utilisent des sources de recrutement internes. Les employés recrutés de cette façon souhaitent une **mutation** (un changement de poste qui ne comporte aucune modification importante en ce qui concerne le degré de responsabilité ou d'autorité) ou une promotion. Ce type de recrutement présente plusieurs avantages. Premièrement, les candidats issus de l'entreprise connaissent déjà l'organisation (en particulier, ses objectifs, sa structure, sa culture, ses règles et ses normes). Deuxièmement, les gestionnaires connaissent déjà ces candidats ; ils ont accumulé des renseignements sur leurs compétences et leurs habiletés ainsi que sur leur comportement au travail. Troisièmement, le recrutement à l'interne peut aider à favoriser la motivation des employés, non seulement chez ceux qui obtiennent un nouveau poste, mais aussi chez les autres. En effet, ceux qui ne cherchent pas à obtenir de l'avancement, ou qui ne sont pas encore prêts à accéder à un échelon supérieur, observent qu'il y a des possibilités pour eux au sein de l'entreprise. Ils savent aussi qu'ils peuvent obtenir une mutation si la tâche qu'ils effectuent et qu'ils maîtrisent parfaitement devient plutôt fastidieuse. Il s'agit également pour eux d'une occasion d'apprendre de nouvelles habiletés. Enfin, le recrutement à l'interne est généralement moins chronophage et moins coûteux que le recrutement à l'externe.

Toutefois, ce type de recrutement comporte aussi quelques inconvénients, notamment l'accès à un bassin plus restreint de candidats et une tendance chez ceux-ci à être peu disposés à changer les façons de procéder dans l'organisation. Il arrive aussi souvent qu'une organisation n'ait tout simplement aucun candidat de valeur pour occuper un poste vacant. Parfois, même si le nombre de candidats à l'interne semble satisfaisant, les gestionnaires comptent sur le recrutement à l'externe pour trouver le meilleur candidat possible ou pour introduire des idées ou des méthodes nouvelles dans l'entreprise. Lorsque les entreprises éprouvent des difficultés et que leur rendement est faible, elles choisissent souvent d'aller chercher, en dehors de l'organisation, un gestionnaire particulièrement compétent qui aura une façon différente de considérer les choses.

Mutation (*lateral move*)
Changement de poste qui n'entraîne aucune modification importante du degré de responsabilité ou d'autorité.

Le processus de sélection

Lorsque les gestionnaires ont constitué un bassin de candidats potentiels pour des postes vacants à l'aide du processus de recrutement, ils doivent essayer de savoir si chacun d'eux est qualifié pour occuper le poste à pourvoir et si son rendement au travail sera satisfaisant. Si plus d'un candidat satisfait à ces deux conditions, ils doivent en outre déterminer lesquels d'entre eux pourraient avoir le meilleur rendement. Heureusement, ils disposent de divers outils de sélection pour les aider à décider des compétences relatives de chacun d'eux et pour évaluer leur potentiel de rendement dans un emploi en particulier. Parmi ces outils de sélection, il y a l'analyse du dossier des candidats, la passation d'entrevues, des tests, des épreuves de performance et la vérification des références[8].

L'analyse du dossier des candidats Pour faciliter le processus de sélection, les gestionnaires se réfèrent aux antécédents des candidats présentés dans les formulaires de demande d'emploi et dans les curriculum vitæ. Ils obtiennent ainsi des renseignements sur le niveau de scolarité du candidat (collégial ou universitaire, majeure ou mineure dans un champ d'études donné), l'établissement d'enseignement supérieur fréquenté, le type et le nombre d'années d'expérience de travail ainsi que la maîtrise de langues étrangères. Ces renseignements permettent à la fois d'éliminer

---

LE POINT SUR ❯ Transport Gilmyr

Relever les défis de la pénurie et de la raréfaction de la main-d'œuvre

Transporteur routier transcontinental ayant élu domicile à Montmagny, où se trouve toujours son siège social, l'entreprise Transport Gilmyr inc., fondée en 1993 par Gilbert Thibault et Myrtha D'Amours, compte en 2016 sur un effectif de 285 employés et sur une importante flotte composée de 122 camions et 320 remorques[9]. Aux installations de Montmagny, constituées d'un terminal, d'un atelier de mécanique et d'entrepôts, se sont ajoutés, au fil du temps, un terminal à Montréal ainsi que des bureaux d'affaires à Québec et en Ontario. Parmi les enjeux auxquels l'entreprise et le secteur du transport routier en général font face, le renouvellement de la main-d'œuvre s'impose indéniablement comme une priorité.

Bien qu'il présente une perspective d'emploi en croissance au cours des prochaines années, le secteur du transport routier de marchandises, en raison notamment du vieillissement de son effectif, se dirige tout droit vers une pénurie de main-d'œuvre d'envergure. Selon les prévisions du Conference Board, un organisme pancanadien de recherche et d'analyse économique, il manquera 5 000 conducteurs de camion en 2020, au Québec seulement. Malgré une rémunération intéressante, les semaines de 70 heures hors du foyer qui, aux yeux de plusieurs, caractérisent la carrière de conducteur de camion représentent un frein à l'embauche de la relève. Par ailleurs, le diagnostic réalisé à cet égard par le Comité sectoriel de main-d'œuvre de l'industrie du transport routier au Québec (CAMO-Route) fait état de caractéristiques qui représentent un frein à l'embauche pour les entreprises telles que l'adéquation inégale de la formation de la main-d'œuvre selon les régions ainsi que le caractère saisonnier de certains secteurs d'activité (transport de produits forestiers, transport hors norme, entretien des routes, transport par bétonnière). Dans un tel contexte, marqué au surplus par un certain désintérêt de la jeune génération pour la carrière de camionneur, il est urgent et impératif pour les entreprises de déployer diverses stratégies liées à la fois au recrutement et à la rétention de la main-d'œuvre. Les sociétés spécialisées dans le transport routier de marchandises n'ont d'autres choix que d'adapter leurs pratiques en concevant des horaires de travail qui correspondent mieux à l'évolution de la société québécoise.

C'est ainsi que comme toute entreprise de transport routier, Gilmyr doit se préoccuper encore plus des questions liées à la gestion stratégique de ses ressources humaines. Bien que la société évolue en région, où certaines des problématiques soulevées se posent avec moins d'acuité, Transport Gilmyr n'échappe pas à ces défis. Prenant notamment acte de la mouvance des générations montantes vers un meilleur équilibre dans la conciliation travail-famille, ses dirigeants ont résolument favorisé l'implantation et le maintien d'une culture familiale au sein de l'entreprise.

1. En supposant que vous êtes consultant de l'industrie du transport routier de marchandises, formulez quelques recommandations aux responsables de l'entreprise Transport Gilmyr afin de: a) contrer les difficultés de recrutement de conducteurs de véhicules lourds des prochaines années; et b) favoriser la rétention du personnel déjà en poste.

Le processus de recrutement sert à constituer un bassin de candidats potentiels et qualifiés pour occuper des postes vacants.

les candidats qui n'ont pas les compétences essentielles ou la formation requise et de déterminer, parmi les candidats qualifiés, ceux qui sont les plus prometteurs (p. ex. ceux qui ont obtenu un baccalauréat en sciences peuvent être acceptables, mais on leur préférera ceux qui ont une maîtrise en administration des affaires [MBA]).

Les entrevues   Pratiquement toutes les entreprises ont recours à l'entrevue dans le processus de sélection. L'entrevue permet de se faire une idée du candidat pour essayer de déterminer s'il correspond bien à l'emploi qu'il postule et s'il peut bien s'intégrer à la culture organisationnelle. Elle devrait aussi servir à donner aux candidats potentiels un **aperçu réaliste des tâches** qu'ils auraient à effectuer, c'est-à-dire à les renseigner sur les aspects positifs et négatifs de l'emploi qui leur est offert pour éviter un décalage entre leurs attentes et la réalité, et un taux de roulement élevé.

Lors de ces entrevues, les gestionnaires doivent éviter soigneusement de poser des questions n'ayant aucun lien avec l'emploi offert. Autrement, leur organisation pourrait s'exposer à des poursuites coûteuses. Il est inapproprié et illégal, par exemple, d'interroger un candidat sur son conjoint ou de demander à une candidate si elle a l'intention d'avoir des enfants. Ce type de questions, qui n'ont rien à voir avec l'accomplissement des tâches prévues, sont non valides et peuvent être considérées comme étant discriminatoires et contrevenir aux droits et libertés de la personne. Par conséquent, les interviewers doivent eux aussi se renseigner sur ce que les lois prescrivent ou proscrivent lors des entrevues de sélection.

Les tests de sélection   On peut demander aux candidats de se soumettre à des tests de sélection. Il existe deux principaux types de tests afin de sélectionner des candidats : le test d'aptitude et le test de personnalité. Le **test d'aptitude** consiste à évaluer jusqu'à quel point les candidats possèdent les habiletés nécessaires pour exécuter correctement leurs tâches. Il sert par exemple à déterminer leur degré de compréhension ou leurs habiletés numériques. Ainsi, les travailleurs de l'automobile que les sociétés General Motors, Chrysler et Ford embauchent sont généralement soumis à des tests qui permettent d'évaluer leurs habiletés en lecture et en mathématiques[10].

Les **tests de personnalité** permettent de mesurer les traits de la personnalité qui ont rapport avec l'exécution d'une tâche. Les employeurs qui tiennent à trouver et à garder des travailleurs compétents utilisent ce type de tests pour faciliter toutes sortes d'activités, allant du recrutement des employés à la formation d'équipes de travail. Ceux qui sont en faveur de ces tests disent qu'ils sont essentiels, mais ceux qui les critiquent s'inquiètent de leur caractère parfois indiscret, inefficace et, à la limite, illégal[11]. Par exemple, certains magasins de vente au détail font passer à leurs candidats des tests d'honnêteté pour déterminer à quel point ils sont dignes de confiance. L'utilisation des tests de personnalité (y compris des tests d'honnêteté) à des fins d'embauche est controversée. Ainsi, selon certains, les tests d'honnêteté ne mesurent pas vraiment l'honnêteté d'une personne (ils ne sont pas valables) et peuvent même être déjoués par des candidats astucieux. Avant de recourir à des tests de sélection, les gestionnaires doivent avoir des preuves que ces tests de personnalité permettent réellement de prédire adéquatement le rendement d'un candidat dans le poste à pourvoir. Ceux qui utilisent ces tests sans posséder de telles preuves s'exposent à des poursuites coûteuses pour discrimination.

Pour les emplois qui requièrent des habiletés physiques (p. ex. la lutte contre les incendies, l'enlèvement des ordures ménagères et la livraison de colis), les gestionnaires disposent d'outils tels que les **tests d'aptitude physique**, qui mesurent la force et la résistance physiques d'une personne. Ainsi, les travailleurs de l'automobile sont généralement soumis à des tests de dextérité mécanique

---

Aperçu réaliste des tâches (*realistic job preview*)
Communication des aspects positifs et négatifs d'un emploi à un candidat à un poste pour éviter un décalage entre ses attentes et la réalité, et un taux de roulement élevé.

Test d'aptitude (*ability test*)
Évaluation des habiletés nécessaires pour exécuter correctement une tâche.

Test de personnalité (*personality test*)
Mesure des traits de la personnalité qui ont rapport avec l'exécution d'une tâche.

Test d'aptitude physique (*physical ability test*)
Mesure de la force et de la résistance physiques.

parce que cette habileté physique est importante pour obtenir un niveau de rendement élevé dans de nombreuses usines de montage de véhicules automobiles[12].

Les épreuves de performance   Une épreuve de performance mesure la capacité d'une personne à effectuer réellement des tâches propres à un emploi. Par exemple, les candidats à un poste de secrétariat doivent généralement se soumettre à un test de vitesse de frappe pour qu'on mesure la rapidité et la précision avec lesquelles ils peuvent produire un texte.

De même, des candidats à des postes de cadres intermédiaires ou de cadres supérieurs se voient parfois confier des projets à court terme à réaliser (p. ex. des projets concernant des situations qu'ils auraient à régler s'ils occupaient le poste à pourvoir) pour évaluer leurs connaissances et leurs compétences en matière de résolution de problèmes[13].

La vérification de références   Dans beaucoup d'emplois, on exige des candidats qu'ils fournissent des références d'anciens employeurs ou d'autres sources bien informées (p. ex. un professeur d'université ou un conseiller) qui connaissent le candidat depuis un certain temps et sont en mesure d'évaluer ses compétences et ses habiletés. On demande à ces personnes de faire preuve de franchise dans

les renseignements qu'ils fournissent sur les candidats. Les références servent généralement à la fin du processus de sélection pour confirmer la décision d'embaucher le candidat. Toutefois, le fait que de nombreux anciens employeurs sont réticents à fournir des renseignements défavorables lorsqu'on leur demande des références rend parfois difficile l'interprétation de ce qu'on y dit concernant un candidat.

En fait, en raison de plusieurs poursuites judiciaires récentes intentées par des candidats qui considéraient avoir été injustement traités ou que leur droit à la vie privée avait été bafoué par des références défavorables provenant d'anciens employeurs, les gestionnaires sont devenus de plus en plus circonspects lorsqu'il s'agit de fournir n'importe quel type de renseignements peu favorables, même lorsqu'ils sont exacts. Toutefois, dans le cas d'un poste qui confère à son titulaire la responsabilité de la sécurité et de la vie d'autres personnes, le fait de ne pas fournir de tels renseignements dans une référence s'ils sont exacts signifie non seulement que l'employeur pourrait embaucher une personne impropre à l'emploi, mais aussi que la vie d'autres personnes pourrait être en danger. La figure 10.3 présente un aperçu des étapes qu'on trouve généralement dans le processus d'embauche.

En résumé, les gestionnaires ont l'obligation éthique et légale d'utiliser des outils de sélection fiables et valables. Toutefois, comme la fiabilité et la validité sont des caractéristiques relatives, ils devraient surtout s'efforcer d'utiliser ces outils de sélection de manière à atteindre le degré de fiabilité et de validité le plus élevé possible. Dans

---

Épreuve de performance (*performance test*)
Mesure de la capacité d'une personne à effectuer les tâches propres au poste à pourvoir.

FIGURE 10.3   Les étapes d'un processus d'embauche typique

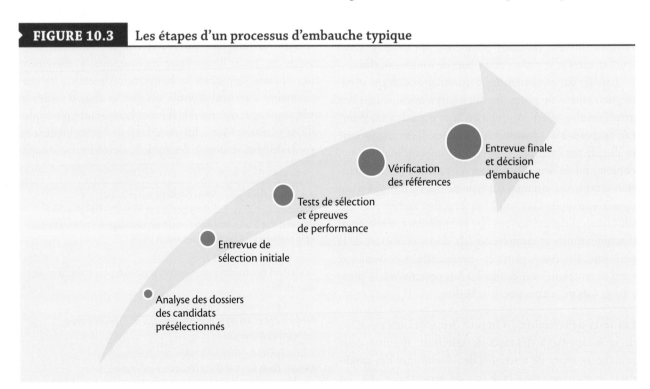

le cas de tests concernant une habileté particulière, ils devraient se tenir au courant des progrès les plus récents dans le domaine et les utiliser avec les barèmes de fiabilité et de validité qui conviennent le mieux à leurs objectifs. En ce qui a trait aux entrevues, les gestionnaires peuvent en accroître la fiabilité en demandant à plus d'une personne d'interviewer chaque candidat à un poste.

> ## Conseils aux gestionnaires
>
> ### Le recrutement et la sélection
>
> 1. Faire preuve de franchise avec les candidats potentiels en ce qui a trait aux avantages et aux inconvénients d'un emploi.
> 2. Être conscient du fait que des employés plus âgés pourraient constituer une solution en cas de pénurie d'habiletés dans l'entreprise.
> 3. Penser sérieusement à toutes les aptitudes en leadership dont l'entreprise aura besoin pour réussir à l'avenir.
> 4. S'assurer d'utiliser des outils de sélection des candidats qui sont fiables et valables.

10.2.2 La formation et le développement des compétences

La formation et le développement des compétences permettent de s'assurer que les membres d'une organisation ont les connaissances et les habiletés nécessaires pour accomplir leur travail efficacement, assumer de nouvelles responsabilités et s'adapter à des changements qui surviennent dans leurs conditions de travail. La **formation** sert principalement à enseigner aux membres d'une organisation la façon d'effectuer leurs tâches actuelles, ainsi qu'à les aider à acquérir les connaissances et les habiletés nécessaires pour travailler efficacement. Le **développement des compétences** consiste à accroître les connaissances et les habiletés des membres de l'organisation en vue de les préparer à assumer de nouvelles responsabilités et à relever de nouveaux défis.

Avant d'établir des programmes de formation et de développement des compétences, les gestionnaires devraient effectuer une **évaluation des besoins** en vue de déterminer les employés qui bénéficieraient le plus d'une formation ou d'un développement de compétences ainsi que le type d'habiletés ou de connaissances qu'ils devraient acquérir (*voir la figure 10.4*)[14].

Formation (*training*)
Enseignement fourni aux membres d'une organisation sur la façon d'effectuer leurs tâches actuelles et qui les aide à acquérir les connaissances et les habiletés nécessaires pour travailler efficacement.

Développement des compétences (*development*)
Fait d'accroître les connaissances et les habiletés des membres d'une organisation en vue de les préparer à assumer de nouvelles responsabilités et à relever de nouveaux défis.

Évaluation des besoins (*needs assessment*)
Évaluation qui permet de déterminer les employés qui ont besoin de formation ou de développement des compétences ainsi que le type d'habiletés ou de connaissances qu'ils devraient acquérir.

FIGURE 10.4 La formation et le développement des compétences

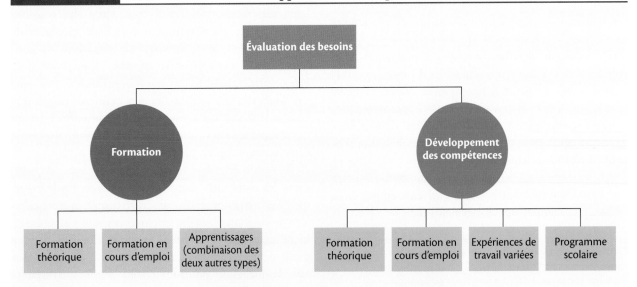

Les types de formation

Il existe deux types de formation : la formation théorique et la formation en cours d'emploi. Les apprentissages sont réalisés au moyen de ces deux types de formation.

La formation théorique Dans le cadre de la formation théorique, les employés acquièrent les connaissances et les habiletés dont ils ont besoin par un enseignement en classe. Cet enseignement peut se faire dans l'entreprise ou à l'extérieur de celle-ci, par exemple sous la forme de cours au sein d'établissements d'enseignement locaux. De nombreuses organisations établissent même leur propre service d'enseignement, qualifiés parfois de « collèges », pour fournir à leurs employés l'enseignement scolaire dont ils ont besoin.

Cet enseignement en classe comporte souvent l'utilisation de vidéos et de jeux de rôles en plus du matériel didactique ordinaire tel que les manuels, les conférences et les discussions de groupe. Par exemple, on utilisera une vidéo pour représenter des comportements appropriés et inappropriés au travail. On peut également se servir de simulations, en particulier dans le cas de tâches complexes qui requièrent l'apprentissage d'une grande quantité de connaissances et où la présence d'erreurs peut entraîner des coûts importants. Une simulation consiste à reproduire aussi fidèlement que possible les principaux aspects d'un travail ou d'une tâche hors du cadre réel.

La formation en cours d'emploi Dans le cadre de la formation en cours d'emploi, l'apprentissage s'effectue en milieu de travail pendant que l'employé s'acquitte des tâches qui lui ont été confiées. Cette formation est donnée par des collègues de travail ou des superviseurs, ou alors l'employé acquiert par lui-même de l'expérience et des connaissances en effectuant ses tâches. Les serveurs nouvellement engagés dans des chaînes de restaurants bénéficient le plus souvent de la formation sur le tas, qu'ils reçoivent d'autres employés expérimentés. De même, le superviseur d'un conducteur d'autobus nouvellement embauché pourrait accompagner celui-ci pendant une semaine pour s'assurer qu'il connaît les trajets à suivre et qu'il se conforme aux règles de sécurité en vigueur. Lors de la formation en cours d'emploi, les employés apprennent en effectuant leurs tâches.

Les gestionnaires offrent ce type de formation sur une base régulière pour s'assurer que leurs employés se tiennent au courant des changements dans les objectifs,

Formation en cours d'emploi (*on-the-job training*)
Formation qui s'effectue en milieu de travail pendant que l'employé s'acquitte des tâches liées à son poste.

la technologie et les produits, ou dans les besoins et les préférences des clients.

Les types de développement des compétences

La formation théorique et la formation en cours d'emploi peuvent servir tant à la formation qu'au développement des compétences. Par ailleurs, dans ce dernier cas, on a également recours à des activités additionnelles telles que des expériences de travail variées et un programme scolaire.

Des expériences de travail variées Les membres de la haute direction doivent acquérir une compréhension et une expertise en ce qui a trait à diverses fonctions, à de multiples produits et services ainsi qu'aux marchés dans lesquels leur entreprise évolue. Pour former des cadres dirigeants qui posséderont cette expertise, les gestionnaires ciblent des employés qui ont des talents prometteurs et leur offrent une grande variété d'expériences de travail au sein de postes opérationnels ou fonctionnels. Cette variété d'expériences élargit les horizons de ces employés et les aide à développer une vue d'ensemble. Par exemple, les entreprises envoient de plus en plus leurs cadres faire des séjours d'un à trois ans à l'étranger pour qu'ils acquièrent des expériences de travail internationales. Dans un contexte de mondialisation, les gestionnaires ont besoin de développer une compréhension des valeurs, des croyances, des cultures et des régions de même que des façons de faire des affaires dans différents pays.

Le mentorat est une autre façon de favoriser le développement des compétences. Un mentor est un membre expérimenté d'une organisation qui donne des conseils et apporte de l'aide à un autre membre moins expérimenté, appelé un « mentoré ». Avec l'aide d'un mentor, les gestionnaires peuvent élargir l'éventail de leurs expériences de travail et accepter des missions ou des postes qui contribueront au développement de leurs compétences et en tirer un maximum de connaissances[15]. Le lien entre mentor et mentoré peut être informel, mais les organisations ont découvert que des programmes de mentorat en bonne et due forme constituent des façons intéressantes de contribuer au développement des compétences des gestionnaires et de tous les employés en général.

En établissant officiellement des programmes de mentorat, les entreprises s'assurent que ce type d'aide existe, qu'il s'agit d'un processus structuré et qu'à tous les échelons de l'organisation, des employés peuvent y avoir également accès. Elles fournissent une formation à ceux qui y participent et s'efforcent de les jumeler à des personnes avec lesquelles ils pourront établir des liens favorables au développement de leurs compétences. Elles peuvent ensuite faire le suivi des réactions et évaluer les avantages potentiels de tels programmes.

Grâce à leurs programmes de mentorat en bonne et due forme, les organisations peuvent mettre cet important outil de développement des compétences à la portée de tous leurs employés[16]. Lorsque des membres d'une organisation n'ont pas accès à des mentors, le développement de leurs compétences et leur avancement à des postes plus élevés peuvent être entravés. Une avocate et conseillère en questions liées au travail, Ida Abbott, a récemment présenté un document à la Minority Corporate Counsel Association, dans lequel elle écrivait : « Le manque de mentorat a nui à la réussite professionnelle des femmes avocates et des avocats issus de minorités ethniques, et a entraîné parmi eux un taux élevé d'insatisfaction dans leur travail et de départs hâtifs de la profession[17]. »

De façon générale, le développement des compétences est un processus continu pour tous les gestionnaires. On peut ajouter que la plupart des personnes qui font du mentorat se rendent compte que ce type d'aide contribue à leur développement personnel.

Le progamme scolaire   Beaucoup de grandes entreprises remboursent les droits de scolarité que leurs employés doivent payer lorsqu'ils s'inscrivent à des cours dans un établissement d'enseignement supérieur en vue d'obtenir des diplômes. Il ne s'agit pas simplement de bienveillance de la part de l'employeur ou même d'une récompense accordée à des employés. En fait, l'éducation systématique est reconnue comme étant un moyen efficace de former des employés susceptibles d'assumer de nouvelles responsabilités et d'effectuer des tâches plus complexes. Pour des raisons similaires, les entreprises dépensent des milliers de dollars pour envoyer leurs gestionnaires suivre des programmes de formation (ou de perfectionnement). Dans ces programmes, des experts leur enseignent les plus récentes techniques et méthodes en affaires et en gestion.

Lorsque la formation et le développement des compétences ont lieu en dehors du travail ou dans une classe, il est essentiel que les gestionnaires encouragent le transfert des connaissances et des habiletés acquises à une situation concrète dans leur milieu de travail. On devrait s'attendre à ce que les stagiaires utilisent leur nouvelle expertise dans le cadre de leur travail, et même les encourager à le faire.

10.2.3 L'évaluation de la performance et la rétroaction sur le rendement

Les composantes du recrutement et de la sélection ainsi que de la formation et du développement des compétences d'un système de GRH visent à s'assurer que les employés possèdent les connaissances et les habiletés requises pour accomplir efficacement leurs tâches maintenant et à l'avenir.

L'évaluation de la performance et la rétroaction sur le rendement servent de compléments à ces composantes. L'**évaluation de la performance (ou du rendement)** est l'évaluation du rendement des employés dans l'exécution de leurs tâches et de leur apport au bon fonctionnement de l'organisation. La **rétroaction sur le rendement** est le processus qui consiste pour un gestionnaire à communiquer les résultats d'une évaluation de rendement à des employés, à leur donner l'occasion de réfléchir à leur propre performance et à élaborer avec eux des plans pour la prochaine année. Pour effectuer une telle rétroaction, il doit d'abord y avoir eu une évaluation de la performance. Par contre, on peut procéder à une telle évaluation sans ensuite transmettre de rétroaction, mais les gestionnaires avisés prennent la peine de faire cette démarche parce qu'ils savent qu'elle peut aider à accroître la motivation et le rendement de leurs employés.

L'évaluation de la performance et la rétroaction sur le rendement contribuent de diverses façons à une gestion efficace des ressources humaines. L'évaluation de la performance fournit aux gestionnaires des renseignements importants dont ils se servent pour prendre des décisions concernant les ressources humaines[18]. Ainsi, les décisions relatives aux augmentations de salaire, aux primes, à l'avancement et aux mutations dépendent toutes d'une évaluation précise du rendement. Cette évaluation permet aussi aux gestionnaires de déterminer les employés qui sont éligibles à une formation ou au développement de nouvelles compétences ainsi que les domaines dans lesquels ces perfectionnements auront lieu. La rétroaction sur le rendement favorise un degré de motivation et un niveau de rendement élevés chez les employés. Elle indique à ceux qui travaillent efficacement que leurs efforts sont importants pour l'entreprise, et à ceux qui font peu d'efforts, que leur performance doit être améliorée. Elle fournit aussi aux employés compétents et aux autres une idée de leurs points forts et de leurs points à améliorer, ainsi que des moyens afin d'accroître leur rendement dans le futur.

Évaluation de la performance (ou du rendement) (*performance appraisal*)
Évaluation du rendement des employés dans l'exécution de leurs tâches et de leur apport au bon fonctionnement de l'organisation.

Rétroaction sur le rendement (*performance feedback*)
Processus qui consiste pour un gestionnaire à communiquer les résultats d'une évaluation du rendement à des employés, à leur donner l'occasion de réfléchir à leur propre performance et à élaborer avec eux des plans pour la prochaine année.

Les types d'évaluation de la performance

L'évaluation de la performance met surtout l'accent sur les comportements et les résultats[19]. Lors de celle-ci, les gestionnaires se servent d'indicateurs de nature objective ou subjective. À certains moments, il peut être fort utile d'avoir recours à une grille d'évaluation.

L'évaluation des comportements L'évaluation des comportements permet aux gestionnaires de déterminer la façon dont les employés effectuent leur travail, c'est-à-dire leurs actions et leurs comportements dans les lieux de travail. Elle évalue ce que font les employés. Les gestionnaires peuvent vérifier, par exemple, si un employé fournit un rendement adéquat pour les besoins de l'organisation et s'il a les compétences nécessaires pour résoudre des problèmes précis.

L'évaluation des comportements est particulièrement utile lorsqu'il est important de recueillir des données sur la façon dont des travailleurs exécutent leurs tâches. Dans les établissements d'enseignement, telles les écoles secondaires, on doit absolument connaître le nombre des cours et celui des élèves qui y sont inscrits, et aussi la façon dont les enseignants leur donnent les cours et les méthodes qu'ils utilisent pour s'assurer qu'il en résulte un apprentissage. L'évaluation des comportements a l'avantage de fournir aux employés des renseignements précis sur ce qu'ils font correctement ou non, et sur les façons dont ils peuvent améliorer leur rendement.

La grille d'évaluation L'outil le plus couramment employé pour évaluer la performance des employés est la grille d'évaluation. Dans cette méthode, l'évaluateur note l'employé d'après un certain nombre de critères qui indiquent son niveau de rendement dans des domaines tels que la qualité, la productivité, la connaissance de l'emploi, la fiabilité, la disponibilité et la capacité à travailler de façon individuelle ou en équipe. Il se sert de descriptions précises du comportement pour les divers aspects relatifs aux exigences de la tâche en cours. Il attribue des points pour chacun de ces aspects et calcule leur total, puis la moyenne des résultats pour l'ensemble de la performance (*voir le tableau 10.1*).

L'évaluation des résultats Dans certains emplois, la façon dont les employés effectuent leur travail a moins d'importance que ce qu'ils accomplissent ou que les résultats qu'ils obtiennent. Dans l'évaluation des résultats, les gestionnaires mesurent le rendement en fonction des résultats ou de manifestations des comportements au travail. Prenons le cas de deux vendeurs de voitures neuves. L'un d'eux s'efforce de développer des liens personnels avec ses clients. Il consacre des heures à discuter avec eux et leur téléphone souvent pour savoir s'ils sont prêts à prendre une décision. L'autre vendeur a un style moins interventionniste. Il est toujours bien informé, répond poliment aux questions des clients puis attend qu'ils aient besoin de ses services. Tous deux vendent, en moyenne, le même nombre de voitures (par mois) et leurs clients respectifs sont également satisfaits des services qu'ils reçoivent, si l'on en croit leurs réponses au questionnaire que le concessionnaire envoie à tous

---

TABLEAU 10.1	Les éléments d'une grille type d'évaluation		
Facteurs		**Notation**	**Commentaires**
Qualité : Le degré d'excellence et de minutie dans le travail effectué			
Productivité : La quantité de travail effectué dans une période de temps donnée			
Connaissance de l'emploi : L'ensemble des habiletés et des connaissances spécialisées requises par le poste			
Fiabilité : Le degré auquel on peut compter sur l'employé pour réaliser sa tâche jusqu'à la fin et faire le suivi requis			
Disponibilité : Le taux d'absentéisme et le degré de ponctualité de l'employé			
Autonomie : Le degré de supervision requis pour s'assurer que le travail est fait			
Travail en équipe : La capacité de travailler efficacement au sein d'une équipe			

Échelle d'évaluation

Remarquable : Rendement exceptionnel et supérieur à la moyenne (91-100)

Très bon : Niveau de rendement qui dépasse les exigences de façon constante (81-90)

Bon : Niveau de rendement efficace et fiable (71-80)

Amélioration nécessaire : Rendement inférieur aux exigences dans certains domaines (61-70)

Insatisfaisant : Niveau de rendement inacceptable (60 et moins)

ses clients afin d'évaluer leur degré de satisfaction. Le gérant de la concession utilise l'évaluation par les résultats (le chiffre des ventes mensuelles et la satisfaction des clients) avec raison pour juger du rendement de ses vendeurs puisque, peu importe le comportement que ceux-ci adoptent, l'essentiel est qu'ils vendent le nombre voulu de voitures et que leurs clients soient satisfaits.

Par contre, si un vendeur vend trop peu de voitures, le gestionnaire lui donnera une rétroaction sur son faible rendement en matière de ventes. Évidemment, même si l'accent n'est pas mis sur le comportement, il va sans dire que si le gestionnaire perçoit qu'un vendeur se comporte de manière inappropriée (p. ex. s'il se comporte de manière trop familière avec les clients qu'il ne connaît pas), il lui en fera part et lui demandera de modifier ce comportement.

Les évaluations objective et subjective Que les gestionnaires évaluent le rendement en fonction de comportements ou de résultats, l'information qu'ils examinent est de nature objective ou subjective. L'**évaluation objective** est fondée sur des données généralement numériques: le nombre de voitures vendues, de repas préparés, de retards accumulés ou d'audits effectués. Les gestionnaires l'utilisent souvent lorsqu'ils évaluent des résultats parce que ceux-ci sont normalement plus faciles à quantifier que des comportements. Toutefois, lorsque la façon dont les employés effectuent leur travail est importante, les évaluations subjectives se révèlent plus appropriées que des évaluations de résultats (comme il a été souligné dans l'exemple des vendeurs de voitures neuves).

L'**évaluation subjective** est essentiellement fondée sur les perceptions des gestionnaires concernant les comportements ou les résultats des employés. Or, il y a toujours une possibilité que ces perceptions soient inexactes. C'est la raison pour laquelle il est essentiel de se servir d'une grille d'évaluation afin de présenter une mesure du rendement qui est fiable et valide.

Les sources d'évaluation de la performance

Nous avons inféré jusqu'ici que les gestionnaires ou les superviseurs des employés étaient les seuls à évaluer leur rendement, ce qui est généralement le cas. Il s'agit en effet d'une partie importante du travail de la plupart des gestionnaires. Ceux-ci ont la responsabilité de motiver leurs employés à atteindre un niveau de rendement élevé et ils prennent de nombreuses décisions qui dépendent d'évaluations du rendement, en particulier en ce qui a trait aux hausses de la rémunération et à l'avancement. Toutefois, leur évaluation pourrait être plus fiable s'ils y ajoutaient d'autres évaluations provenant de sources différentes (*voir la figure 10.5*).

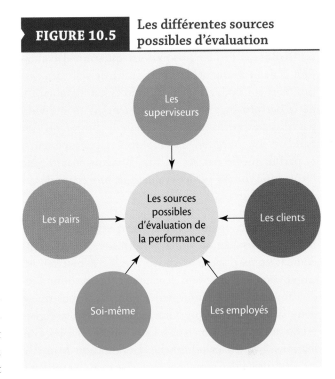

FIGURE 10.5 Les différentes sources possibles d'évaluation

Une avenue qu'il est intéressant de préconiser dans le cadre d'une évaluation de la performance d'un employé consiste à lui demander de remplir une grille d'évaluation selon des critères prédéterminés (autoévaluation) afin de pouvoir comparer les perceptions puisque l'exercice consiste à jumeler les grilles d'évaluation remplies par l'employé et par le gestionnaire. Un autre type d'évaluation consiste à une évaluation par les pairs, c'est-à-dire effectuée par des collègues de travail. La rétroaction provenant de ce type d'évaluation peut motiver les employés, surtout lorsque ceux-ci travaillent en groupe ou en équipe. Par ailleurs, ce type d'évaluation fournit aux gestionnaires des renseignements importants qui leur serviront dans leurs prises de décisions.

Un nombre croissant d'entreprises demandent aussi à leurs employés d'évaluer le rendement et le leadership de leurs gestionnaires. Parfois, les clients eux-mêmes fournissent une évaluation du rendement selon leur degré de satisfaction de la réponse à leurs besoins et la qualité du service qu'ils ont reçu.

Évaluation objective (*objective appraisal*)
Évaluation fondée sur des données généralement numériques.

Évaluation subjective (*subjective appraisal*)
Évaluation fondée sur des perceptions concernant des comportements ou des résultats des employés.

Pour accroître la motivation et le rendement de leur effectif, certaines entreprises utilisent l'**évaluation multisources (360°)** lorsqu'il est question d'évaluation de la performance, en particulier de celle des gestionnaires. L'évaluation multisources est l'évaluation de la performance (ou du rendement) d'un individu par diverses personnes, par exemple lui-même, ses pairs ou ses collègues, ses employés et ses supérieurs, et parfois même par ses clients. Il reçoit ensuite une rétroaction fondée sur les évaluations provenant de ces multiples sources.

Une rétroaction sur le rendement efficace

Pour que l'évaluation de la performance (ou du rendement) puisse servir à encourager et à motiver les employés à accroître leur rendement, les gestionnaires doivent leur fournir une rétroaction. Ils disposent de deux types d'évaluation pour recueillir des renseignements utiles à transmettre à leurs employés : les évaluations formelle et informelle. L'**évaluation formelle** est effectuée à des moments fixés d'avance durant l'année et est basée sur des aspects et des mesures prédéterminées du rendement. Par exemple, un directeur de magasin pourrait évaluer un vendeur deux fois par année sur des aspects de son rendement tels que le nombre de ses ventes et son service à la clientèle, le premier étant calculé à l'aide des relevés des ventes, et le second, d'après le taux de satisfaction des clients. De son côté, l'employé peut demander une **évaluation informelle**, c'est-à-dire une évaluation supplémentaire des progrès en cours et des domaines possibles d'amélioration. De plus, lorsque les responsabilités d'un poste, les assignations ou les objectifs changent, des évaluations informelles peuvent procurer aux employés une rétroaction en temps opportun sur la façon dont ils assument leurs nouvelles responsabilités. L'évaluation formelle ne serait pas complète sans une rencontre entre le gestionnaire et

son employé au cours de laquelle ce dernier reçoit une rétroaction sur son rendement.

Pour plusieurs gestionnaires, offrir une rétroaction sur le rendement des employés n'est pas une activité qu'ils prisent, en particulier lorsqu'elle est défavorable. Toutefois, il s'agit d'une activité importante qui fait partie de leur tâche. Voici quelques directives sur la façon de procéder de manière à accroître la motivation et le rendement de l'employé.

- Être précis et mettre l'accent sur les comportements ou les résultats qui peuvent être corrigés et que l'employé a la capacité d'améliorer. Par exemple, faire remarquer à un vendeur qu'il se montre trop timide dans ses interactions avec les clients aura probablement pour seul résultat de diminuer sa confiance en lui-même et de le mettre sur la défensive. Il serait plus efficace de lui indiquer des comportements précis qu'il pourrait adopter (p. ex. saluer les clients aussitôt qu'ils entrent dans son rayon, leur demander s'il peut leur être utile et leur proposer de les aider à trouver des articles qu'ils cherchent s'ils semblent avoir de la difficulté à le faire).

- Considérer l'évaluation du rendement comme un exercice de résolution de problèmes et de recherche de solutions plutôt que de critique. Par exemple, plutôt que de critiquer un analyste financier parce qu'il présente souvent ses rapports en retard, le gestionnaire pourrait l'aider à déterminer les raisons de ces retards et à trouver des moyens de mieux gérer son temps.

- Exprimer sa confiance dans la capacité d'un employé de s'améliorer. Par exemple, plutôt que de faire preuve de scepticisme, un cadre de terrain confiera à un employé sa conviction que celui-ci est capable d'atteindre des niveaux de qualité plus élevés dans son travail.

- Fournir des rétroactions sur le rendement de façon formelle et informelle. Par exemple, le personnel d'un établissement préscolaire reçoit une rétroaction sur son rendement sous forme d'évaluations formelles deux fois l'an. Le directeur de l'école leur fournit aussi fréquemment des rétroactions informelles, telles que les complimenter pour la créativité dont ils ont fait preuve dans la conception de projets spéciaux et souligner le travail exemplaire qu'ils font auprès d'un élève difficile, mais il leur fait aussi remarquer les occasions où la supervision n'a pas été suffisante.

- Féliciter un employé dans les cas où il a eu un rendement élevé et souligner les aspects d'une tâche dans laquelle il excelle. Par exemple, plutôt que de concentrer

---

Évaluation multisources (360°) (*360-degree appraisal*)
Évaluation de la performance (ou du rendement) d'un individu (souvent un gestionnaire) par ses pairs, ses employés et ses supérieurs, et parfois même par ses clients.

Évaluation formelle (*formal appraisal*)
Évaluation effectuée à des moments fixes au cours de l'année et basée sur des aspects quantitatifs et qualitatifs prédéterminés du rendement de l'employé.

Évaluation informelle (*informal appraisal*)
Évaluation souvent demandée par l'employé afin qu'il soit au courant des progrès en cours et des domaines possibles d'amélioration.

uniquement ses remarques sur ce qui ne va pas, le gestionnaire discutera avec son employé des aspects du travail qu'il exécute parfaitement et lui indiquera ceux qu'il devrait améliorer.

- Éviter toute critique personnelle et toujours traiter ses employés avec respect. Par exemple, un directeur des services techniques reconnaît l'expertise de ses employés et les traite comme des professionnels. Même lorsqu'il doit leur signaler des problèmes de rendement, il évite de faire des critiques qui les touchent personnellement.

- Convenir d'un échéancier concernant des améliorations à apporter au rendement. Par exemple, un cadre de terrain et un de ses employés peuvent décider de se revoir au bout d'un mois pour déterminer si la qualité du travail de l'employé s'est améliorée.

En suivant ces directives, les gestionnaires doivent garder en mémoire les raisons pour lesquelles ils fournissent une rétroaction sur le rendement, c'est-à-dire pour favoriser un accroissement de la motivation et du rendement de leurs employés. En outre, les renseignements recueillis dans l'évaluation de la performance et la rétroaction sur le rendement les aident à déterminer les façons de répartir les hausses de salaire et les primes, et à qui les accorder.

10.2.4 La rémunération et les avantages sociaux

La rémunération comprend le salaire de base, les hausses de salaire et les primes. Elle est déterminée par divers facteurs, dont les caractéristiques de l'organisation, le poste et le niveau de rendement. Les avantages sociaux consentis aux employés le sont en raison de leur appartenance à l'organisation (et non nécessairement en raison du poste ou de l'emploi). Nous avons souligné au chapitre 9 les façons dont on peut se servir de la rémunération pour motiver les membres d'une organisation à accroître leur rendement ainsi que les divers types de systèmes de rémunération que les gestionnaires peuvent préconiser pour aider leur organisation à atteindre ses objectifs et à s'assurer d'obtenir un avantage concurrentiel. Dans ces conditions, il est important que la rémunération soit liée aux comportements et aux résultats qui accroissent l'efficacité d'une entreprise. Nous examinerons d'abord la façon dont les organisations déterminent l'offre salariale et la structure salariale.

L'offre salariale

L'offre salariale est un concept général qui indique la façon dont la rémunération globale dans une entreprise se compare à celles d'autres organisations du même secteur qui emploient le même type de main-d'œuvre. Les gestionnaires

doivent décider s'ils offriront à leurs employés des salaires relativement élevés, moyens ou relativement faibles.

Des salaires élevés assurent à une entreprise la possibilité de recruter, d'embaucher et de favoriser la rétention des employés dont le rendement est élevé, mais ils augmentent aussi ses coûts. Des salaires relativement faibles lui procurent un avantage concurrentiel par les coûts. Par contre, ils peuvent restreindre sa capacité à recruter et à embaucher des employés dont le rendement est supérieur à la moyenne ainsi qu'à motiver ses employés actuels à fournir un tel rendement. L'une ou l'autre de ces situations risque d'entraîner une baisse de la qualité de ses produits ou de son service à la clientèle.

La structure salariale

Après avoir déterminé l'offre salariale, les gestionnaires doivent préparer une structure salariale pour les divers postes de leur organisation. L'établissement d'une structure salariale consiste à classer les postes par catégories qui reflètent leur importance relative pour l'organisation tout en tenant compte des tâches à accomplir au sein de ces postes de travail. La description des tâches et le degré d'habiletés requis représentent deux composantes que les gestionnaires considèrent comme importantes lors de l'établissement d'une structure salariale où un éventail salarial est proposé pour chaque catégorie de postes. La rémunération d'un employé à l'intérieur de chacune de ces catégories dépend ensuite de facteurs tels que le rendement, l'ancienneté et les habiletés requises pour les postes en question.

Les avantages sociaux

Les avantages sociaux des employés sont fonction de leur appartenance à l'organisation (et non nécessairement du poste qu'ils occupent). Ils comprennent les congés de maladie et les congés annuels ainsi que les régimes collectifs d'assurance vie et d'assurance maladie. D'autres avantages sociaux, tels que les régimes d'assurance maladie complémentaires et d'assurance dentaire, des heures de travail flexibles, des services de garde en milieu de travail et un programme d'aide au personnel, sont laissés à la discrétion de l'employeur.

Offre salariale (*pay level*)
Concept général qui indique la façon dont la rémunération globale dans une entreprise se compare à celles d'autres organisations du même secteur qui emploient le même type de main-d'œuvre.

Structure salariale (*pay structure*)
Classification des postes par catégories qui reflètent leur importance relative pour l'organisation tout en tenant compte des tâches à accomplir au sein de ces postes de travail.

Avantages sociaux (*benefits*)
Bénéfices que les employés reçoivent en surplus de leur rémunération de la part de l'entreprise.

De nombreux travailleurs accordent de plus en plus d'importance aux avantages sociaux offerts par les entreprises lors de leur embauche, lesquels leur permettent de satisfaire à la fois les exigences de leur travail et celles de leur vie privée, étant donné le peu de temps et d'énergie dont ils disposent pour y répondre. Au sein d'entreprises privées, la haute direction détermine les avantages sociaux qui pourraient le mieux convenir à ses employés et offre le même ensemble d'avantages à tous, indistinctement de leur poste ou leur niveau hiérarchique. Dans d'autres cas, on considère que les employés ont probablement des attentes et des besoins différents en matière d'avantages, de sorte qu'on leur offre un régime à la carte, dans lequel ils peuvent eux-mêmes choisir ceux qu'ils préfèrent. Parmi ces avantages, on compte des services de garde, des heures de travail flexibles, des régimes de perfectionnement, des centres de conditionnement physique sur les lieux de travail, en plus de régimes d'assurance maladie complémentaires et d'assurance dentaire.

Le régime à la carte contribue à satisfaire les employés qui se sentent injustement traités parce qu'il leur est impossible de profiter de certains avantages offerts à d'autres, par exemple les services de garde pour ceux qui ont des enfants, tandis qu'ils ne sont pas touchés par cette situation. Certaines entreprises ont mis sur pied avec succès des régimes à la carte, tandis que d'autres les trouvent plutôt difficiles à gérer.

OA3	Expliquer les raisons pour lesquelles les groupes et les équipes contribuent grandement à l'efficacité d'une organisation.

10.3 La gestion des équipes et la performance organisationnelle

Il suffit de consulter n'importe quel magazine d'affaires pour trouver quantité d'articles portant sur des équipes en milieu organisationnel. Par exemple, aux États-Unis, en 1999, au moins la moitié des employés de 80 % des 500 sociétés de la revue *Fortune* travaillaient en équipe tandis que 68 % des petits fabricants utilisaient des équipes dans leurs aires de production[20].

On peut définir un groupe comme étant deux ou plusieurs personnes qui interagissent entre elles pour atteindre certains objectifs ou répondre à certains besoins[21]. Une équipe est un groupe dont les membres travaillent ensemble de façon intensive et interagissent

régulièrement en vue de réaliser un objectif commun. Comme ces deux définitions l'indiquent, toutes les équipes sont des groupes, mais tous les groupes ne sont pas des équipes. Deux caractéristiques les distinguent : l'intensité avec laquelle les membres d'une équipe travaillent ensemble et la fréquence de leurs interactions ainsi que la présence d'un but ou d'un objectif prioritaire (*voir le tableau 10.2*).

À la société Virgin America, les gestionnaires forment une équipe et travaillent ensemble intensivement à atteindre l'objectif d'améliorer le service à la clientèle. Par contre, les membres d'un petit cabinet de comptables agréés forment un groupe. Ils peuvent interagir de temps à autre pour atteindre des objectifs tels que se tenir au courant des plus récents changements en matière de principes et de règles comptables, assurer le bon fonctionnement de leur bureau, ou faire en sorte de satisfaire leurs clients et d'en attirer de nouveaux. Toutefois, ils ne constituent pas une équipe parce qu'ils ne travaillent pas ensemble de façon intensive et régulière en vue de réaliser un objectif commun. Chaque comptable concentre ses efforts à satisfaire les besoins de ses propres clients.

Dans ce chapitre, lorsque nous emploierons le terme « groupe », nous ferons référence à la fois aux groupes et aux équipes. On comprendra qu'en raison du travail intensif et collectif que doivent effectuer les personnes qui en font partie, les équipes sont parfois difficiles à

Régime à la carte (*cafeteria-style benefit plan*)
Régime dans lequel les employés peuvent choisir les avantages sociaux dont ils veulent profiter.

Groupe (*group*)
Ensemble de deux ou de plusieurs personnes entre lesquelles il y a des interactions qui visent à atteindre certains objectifs ou à répondre à certains besoins.

Équipe (*team*)
Groupe dont les membres travaillent ensemble de façon intensive et interagissent régulièrement pour atteindre un but ou réaliser un objectif commun.

TABLEAU 10.2	Les différences entre les groupes et les équipes
Groupes	**Équipes**
Interactions flexibles	Interactions intenses, régulières et fréquentes
Réalisation des objectifs organisationnels	Vision ou but précis de l'équipe qui soutient les objectifs organisationnels

constituer. Il faut du temps aux membres d'une équipe pour apprendre à travailler ensemble efficacement.

10.3.1 Les groupes, les équipes et l'efficacité organisationnelle

Un des principaux avantages de l'utilisation de groupes est le type de synergie qu'il est possible d'obtenir d'eux. Les personnes qui travaillent en équipe sont en mesure de produire davantage ou de fournir des produits d'une plus grande qualité que si chacune d'elles avait travaillé séparément et qu'on additionnait la somme de tous leurs efforts individuels. L'essence de la synergie s'énonce comme suit : « L'ensemble vaut davantage que la somme de ses parties. » Parmi les facteurs qui contribuent à la synergie des groupes, notons la capacité de leurs membres à soumettre des idées aux autres pour en tirer des réactions, à corriger mutuellement leurs erreurs, à résoudre des problèmes aussitôt qu'ils se présentent, à apporter une base de connaissances diversifiées et complémentaires pour s'attaquer à un problème ou à la réalisation d'objectifs, ainsi qu'à accomplir un travail trop considérable ou qui englobe trop d'aspects pour qu'une personne puisse le faire seule.

Pour tirer avantage du potentiel de synergie des groupes, les gestionnaires doivent s'assurer qu'ils sont constitués de personnes ayant des habiletés complémentaires et des connaissances pertinentes au regard du travail à accomplir.

Par exemple, à la société Hallmark Cards, on crée une synergie en réunissant des employés de plusieurs secteurs de l'organisation pour concevoir et produire une carte de souhaits grâce à la mise sur pied d'une équipe interfonctionnelle, c'est-à-dire composée de personnes provenant de divers services ou fonctions. Par exemple, des dessinateurs, des rédacteurs, des concepteurs et des experts en marketing travaillent ensemble dans une même équipe à créer de nouvelles cartes[22]. Dans cette société, les habiletés et la compétence des dessinateurs mettent en valeur l'apport des rédacteurs, et vice versa.

Les gestionnaires doivent accorder aux groupes l'autonomie nécessaire pour qu'ils puissent résoudre eux-mêmes les problèmes qui se présentent et déterminer la façon d'atteindre leurs buts et leurs objectifs, comme le font les équipes interfonctionnelles de Hallmark et celles de Virgin America (présentées dans l'entrée en matière). Pour favoriser une synergie entre leurs employés, les gestionnaires doivent leur fournir une certaine autonomie décisionnelle, leur servir de guides et leur offrir les ressources nécessaires, mais éviter d'endosser un rôle qui comporte plus de direction ou de supervision. Le potentiel de synergie par la création de telles équipes explique probablement le fait que de plus en plus de gestionnaires préconisent un style de leadership qui favorise la mobilisation des employés (*voir le chapitre 8*).

10.3.2 Les groupes, les équipes et la réponse aux besoins des clients

Répondre aux besoins des clients n'est pas toujours simple. Au sein d'entreprises de fabrication, par exemple, les besoins des clients et leurs désirs d'acquérir des produits nouveaux et améliorés doivent être jugés en fonction de contraintes d'ingénierie, de coûts de production et de faisabilité, de réglementation gouvernementale en matière de sécurité et de défis liés au marketing. Pour répondre aux besoins des clients, il faut disposer du vaste éventail d'habiletés et d'expertises qui se trouvent au sein des différents services et à divers échelons de la hiérarchie. Parfois, les employés qui se situent au bas de la hiérarchie (p. ex. les représentants d'une entreprise d'informatique) sont plus près des clients et comprennent mieux que quiconque leurs besoins. Toutefois, à ce niveau, ils possèdent rarement l'expertise technique requise pour proposer de nouvelles idées de produits comme peuvent le faire les employés du service de recherche et développement. La réunion des représentants des ventes avec les experts du service de recherche et développement au sein d'un groupe ou d'une équipe interfonctionnelle permet de mieux répondre aux besoins des clients en accroissant les habiletés et l'expertise disponibles. Par conséquent, lorsque des gestionnaires constituent ce genre d'équipe, ils doivent s'assurer qu'elle renferme une diversité en matière d'expertises et de connaissances requises pour répondre aux besoins des clients. C'est ce qui rend les équipes interfonctionnelles si ingénieuses et populaires. À Virgin America, tous les membres du personnel, des pilotes et des équipages navigants aux employés au sol, se réunissent pour résoudre les problèmes qui se posent dans l'amélioration de l'expérience de voyage de leurs clients.

Les membres qui forment une équipe interfonctionnelle peuvent offrir l'expertise et les connaissances qu'ils possèdent lorsqu'ils travaillent au sein des différents services d'où ils proviennent. Les gestionnaires des entreprises performantes prennent soin de déterminer les types d'expertise et de connaissances requis et utilisent ces renseignements pour constituer ces équipes, qui sont indispensables afin de répondre aux besoins des clients.

10.3.3 Les équipes et l'innovation

L'innovation, soit la mise en application d'idées originales pour de nouveaux produits ou services, de nouvelles technologies ou même de nouvelles structures organisationnelles, est essentielle à l'efficacité d'une entreprise. Souvent, une personne qui travaille seule ne possède pas l'ensemble vaste et diversifié d'habiletés, de connaissances et d'expertise nécessaires pour innover avec succès. Pour encourager l'innovation, les gestionnaires auraient intérêt à constituer des équipes de personnes ayant diverses habiletés et qui, ensemble, possèdent des connaissances pertinentes concernant un type donné d'innovation, plutôt que de faire confiance à des personnes qui travaillent chacune de leur côté. L'utilisation d'équipes pour innover offre aussi deux autres avantages. Premièrement, les membres d'une équipe peuvent souvent déceler les erreurs ou les hypothèses erronées, ce qu'une personne seule pourrait être incapable de faire en ce qui concerne son propre travail. Deuxièmement, ils peuvent critiquer les méthodes utilisées par les autres lorsque c'est nécessaire et progresser en s'appuyant sur les points forts de chacun d'eux tout en compensant leurs points à améliorer (c'est un des avantages de la technique « se faire l'avocat du diable », dont il sera question plus loin dans le chapitre).

Pour favoriser encore plus l'innovation, les gestionnaires devraient encourager l'autonomie décisionnelle de ces équipes et rendre leurs membres pleinement responsables du processus d'innovation dans son ensemble. Leur rôle se limite alors à fournir les conseils, l'aide, la formation et les ressources dont ces « experts » ont besoin, et non à diriger ou à superviser étroitement leurs activités.

À la société Virgin America, plutôt que d'obliger leurs employés à obéir à des ordres ou à suivre un scénario

Les personnes qui travaillent en équipe contribuent souvent au développement d'une meilleure performance organisationnelle comparativement à une personne travaillant seule.

élaboré par la direction, les gestionnaires leur permettent d'acquérir les habiletés et la confiance nécessaires pour qu'ils puissent résoudre eux-mêmes les problèmes qui se présentent. En vue d'accélérer l'innovation, ils doivent aussi former des équipes dans lesquelles chaque membre apporte une ressource unique, tels un talent en ingénierie, des connaissances en production, ou encore une expertise en marketing ou en finance. Pour réussir, l'innovation requiert parfois des équipes composées de membres venant de divers pays et de différentes cultures. La société Amazon utilise des équipes de ce type pour stimuler l'innovation et a ainsi conçu de nombreuses caractéristiques originales de son site Internet, qui lui permettent de réagir aux besoins de ses clients et de les satisfaire. Par exemple, c'est une de ces équipes qui a mis au point l'outil « Search Inside the Book », grâce auquel ses clients peuvent trouver le contenu de plus de 100 000 livres[23].

10.3.4 Les groupes et les équipes : un élément motivateur

Les gestionnaires décident souvent de former des groupes et des équipes pour réaliser certains objectifs organisationnels et découvrent alors que cette façon de procéder leur apporte des avantages additionnels. Les membres des groupes, et en particulier ceux des équipes (en raison de la fréquence de leurs interactions), sont susceptibles d'être beaucoup plus motivés et satisfaits par ce qu'ils font qu'ils le seraient s'ils travaillaient séparément. L'expérience de travailler avec d'autres personnes dynamiques et motivées peut se révéler stimulante et constituer un facteur intrinsèque de motivation. Les membres d'une équipe voient plus facilement que d'autres la façon dont leurs efforts et leur expertise contribuent directement au succès de l'équipe et à la réalisation d'objectifs organisationnels et ils se sentent personnellement responsables des résultats ou des produits de leur travail. C'est ce qu'ont constaté les employés de Hallmark Cards.

La motivation et la satisfaction accrues produites par l'utilisation d'équipes interfonctionnelles ont aussi d'autres effets, par exemple un faible taux d'absentéisme ou de rotation du personnel.

Le travail en groupe ou en équipe peut aussi satisfaire les besoins des membres d'une organisation en matière d'interactions sociales et leur donner le sentiment d'être étroitement liés à d'autres personnes. Pour les travailleurs qui effectuent des tâches extrêmement stressantes, l'appartenance à un groupe peut constituer une source importante de soutien moral et de motivation (p. ex. le personnel de l'urgence ou d'une salle d'opération d'un hôpital). Les membres de leur famille ou leurs amis ne peuvent pas toujours comprendre ou estimer pleinement certaines sources de stress liées à leurs tâches tandis que les membres de leur groupe de travail en font l'expérience sur le terrain. En outre, entre membres d'un même groupe, ils composent parfois mieux avec les éléments de stress lorsqu'ils sont en mesure de les partager avec leurs coéquipiers. De plus, ils utilisent des techniques afin de diminuer le stress, par exemple en se racontant des blagues.

Pourquoi les gestionnaires de tous les types d'organisations font-ils autant confiance aux groupes et aux équipes ? Parce que le fait de les gérer efficacement contribue à les aider dans leurs efforts pour parvenir à un rendement élevé, à répondre de manière plus optimale aux besoins des clients et à accroître la motivation des employés. Avant d'examiner la façon de gérer efficacement les groupes, nous commencerons par décrire les types de groupes que l'on trouve au sein des organisations.

> **OA4** Déterminer les divers types de groupes et d'équipes qui aident les gestionnaires et les entreprises à réaliser leurs objectifs.

10.4 Les types de groupes et d'équipes en milieu organisationnel

Pour atteindre des objectifs tels qu'un rendement élevé, une réponse adéquate aux besoins des clients, un taux élevé d'innovation et une grande motivation des employés, les gestionnaires peuvent constituer divers types de groupes et d'équipes (*voir la figure 10.6*). Le **groupe formel** est celui qu'un gestionnaire monte pour atteindre des objectifs de

l'organisation. Parmi les groupes formels, on compte l'équipe interfonctionnelle, composée de membres provenant de divers services, comme dans l'exemple de la société Hallmark Cards, et l'équipe interculturelle, formée de membres de diverses cultures ou provenant de différents pays, comme les équipes des constructeurs automobiles internationaux.

Parfois, des membres de l'organisation, gestionnaires ou employés, se regroupent parce qu'ils ont l'impression de pouvoir, de cette manière, satisfaire leurs besoins individuels (p. ex. leur besoin d'interactions sociales). Il s'agit alors de **groupes informels ou spontanés**. Quatre infirmières qui travaillent dans le même hôpital et qui déjeunent ensemble deux fois par semaine pour le plaisir d'être réunies constituent un groupe informel.

10.4.1 Les membres de la haute direction

Une des principales préoccupations du président et chef de la direction d'une entreprise est de constituer une équipe composée de membres de la haute direction pour l'aider à réaliser la mission et les objectifs organisationnels. Cette équipe a la responsabilité d'élaborer les stratégies qui procureront à l'entreprise un avantage concurrentiel. La plupart du temps, une telle équipe compte entre cinq et sept membres. Au moment de sa formation, un chef de

---

Groupe formel (*formal group*)
Groupe établi par un gestionnaire pour atteindre des objectifs de l'organisation.

Groupe informel ou spontané (*informal group*)
Groupe que des cadres ou des employés forment en vue de satisfaire leurs besoins individuels.

> **FIGURE 10.6** Les types de groupes et d'équipes dans les organisations

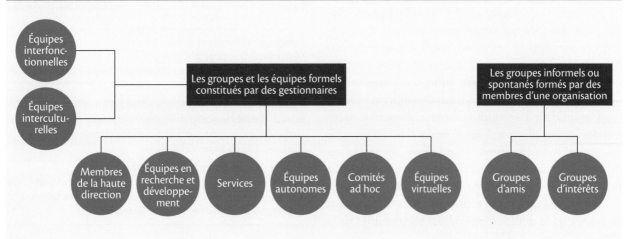

la direction aurait intérêt à mettre l'accent sur la diversité et la complémentarité en matière d'expertise, d'habiletés, de connaissances et d'expérience. Par conséquent, de nombreuses équipes interfonctionnelles sont constituées de membres de la haute direction, c'est-à-dire formées de dirigeants provenant de différents services, tels que les services financiers, le marketing, la production et les services techniques. Cette diversité leur assure l'expérience et les ressources nécessaires pour prendre de sages décisions. Elle les protège aussi de la pensée de groupe, un processus de prises de décisions incorrect résultant du fait que les membres du groupe s'efforcent d'arriver à un consensus au lieu de procéder à une évaluation juste de la situation. Il en sera question en détail plus loin dans ce chapitre.

10.4.2 L'équipe en recherche et développement

Dans les secteurs de la pharmaceutique, de l'informatique, de l'électronique, de l'imagerie par ordinateur et d'autres technologies de pointe, les gestionnaires constituent souvent des équipes dont le mandat vise la recherche et le développement pour concevoir de nouveaux produits, appelées « **équipes en recherche et développement** ». Ils choisissent les membres de ces groupes en fonction de leur expertise et de leur expérience dans un domaine donné. Parfois, ces équipes sont interfonctionnelles et composées de personnes provenant de services tels que les services techniques, le marketing et la production, en plus de compter des employés du service de recherche et développement proprement dit.

10.4.3 Le service

Les employés qui relèvent d'un même superviseur font partie d'un service. Lorsque les membres de la haute direction conçoivent la structure de leur organisation et qu'ils établissent l'éventail de subordination et la chaîne hiérarchique (*voir le chapitre 6*), ils créent essentiellement des groupes qui constituent des sections ou des services regroupés en unités de travail. Les services contribuent à l'efficacité organisationnelle. Pour que des groupes de ce type aident leur entreprise à acquérir un avantage concurrentiel, les gestionnaires doivent motiver leurs membres à fournir un rendement élevé et se montrer des leaders efficaces. Mentionnons, à titre d'exemple de groupes qu'on appelle « services », les membres du personnel de vente de La Baie qui travaillent au sein d'un même rayon, les employés d'une petite entreprise de vente et d'entretien de piscines dont le supérieur immédiat est le directeur général, les téléphonistes de la compagnie d'assurances Financière Manuvie qui relèvent d'un même superviseur et les travailleurs d'une chaîne de montage chez Ford Canada qui obéissent aux ordres du même cadre de terrain.

10.4.4 Le comité ad hoc

Les gestionnaires forment des **comités ad hoc** qui sont chargés de réaliser des objectifs précis ou de résoudre des problèmes à l'intérieur d'une période de temps déterminée. Une fois que leur mandat a pris fin, le comité ad hoc est dissous. L'entreprise Myra Falls, établie sur l'île de Vancouver et propriétaire d'une mine de cuivre et de zinc, connaissait des conflits de travail depuis des années au moment de la vente de cette mine en 1998 à la société suédoise Boliden AB[24]. Pour remédier à la situation, celle-ci a dépêché un nouveau gestionnaire, dont la première tâche a été de constituer cinq comités ad hoc en fonction des domaines problématiques cruciaux. Par exemple, le comité ad hoc chargé de la question du soutènement a constaté que les anciens propriétaires avaient négligé un certain nombre de problèmes de sécurité. La nouvelle entreprise a appliqué ses recommandations et a effectué des travaux de réfection d'une valeur de 15 millions de dollars. Cette mesure a indiqué clairement aux employés de la mine que la nouvelle direction se préoccupait de leur sécurité. Les comités ad hoc peuvent se révéler un outil précieux pour des gestionnaires occupés qui n'ont pas le temps d'examiner eux-mêmes et en profondeur une question importante.

Les organisations doivent parfois s'attaquer à un problème persistant ou à une question à long terme comme trouver la façon la plus utile de contribuer au bien-être de leur collectivité ou s'assurer que leur entreprise pourrait accueillir d'éventuels employés ayant une limitation fonctionnelle. Les groupes de travail ayant un caractère permanent portent plutôt le nom de **comités permanents**. Les

---

Équipe en recherche et développement (*research and development team*)
Équipe dont les membres ont l'expertise et l'expérience nécessaires pour développer de nouveaux produits.

Comité ad hoc (*task force*)
Équipe interfonctionnelle chargée de résoudre un problème particulier ou de s'attaquer à une question donnée à l'intérieur d'une période de temps déterminée.

Comité permanent (*standing committee*)
Groupe de travail permanent chargé de s'attaquer à des problèmes à long terme ou persistants auxquels l'organisation fait face ou à des questions impossibles à régler rapidement.

membres de ces comités changent avec le temps. Ils peuvent par exemple y siéger pendant une période de deux ou trois ans, puis être remplacés. Comme la durée de l'appartenance au comité n'est pas la même pour tous, il en reste toujours quelques-uns qui ont de l'expérience pour initier les nouveaux venus. Les gestionnaires forment et maintiennent des comités permanents pour s'assurer que l'entreprise continuera de se préoccuper de questions importantes.

Après le tsunami du 26 décembre 2004 en Asie du Sud, le secrétaire général de l'ONU de l'époque, Kofi Annan, a lancé le Projet du millénaire (Objectifs du Millénaire pour le développement). Il a mis sur pied 10 comités ad hoc qui devaient élaborer des propositions concrètes et innovatrices sur la façon de réaliser des objectifs envisagés initialement dans le rapport de 2002 intitulé *Investir dans le développement* et sur lesquels les pays s'étaient entendus[25]. Huit objectifs devaient être atteints avant 2015. Cet échéancier a été revu et un nouveau programme dédié au développement durable a été conçu, avec 17 objectifs ainsi qu'un échéancier dorénavant fixé à 2030[26]. Alors que certains ont considéré l'ensemble de cette planification comme étant visionnaire, d'autres ont perçu cet effort de façon plutôt cynique. Pendant la lecture de la liste ci-dessous, il faut se rappeler ce qui a été dit sur l'intelligence émotionnelle et l'intelligence sociale au chapitre 8. S'il est possible d'envisager et de formuler des objectifs et des cibles, il faut du courage, de l'intelligence émotionnelle et sociale, une capacité à composer avec les conflits et les forces politiques ainsi qu'une vision de leadership pour s'assurer que ces efforts portent des fruits.

Les huit objectifs qui devaient être atteints en 2015 sont les suivants.

1. Réduire de moitié le nombre de personnes qui vivent avec moins de 1 $ par jour.

2. Rendre l'enseignement primaire accessible à tous les enfants.

3. Réduire la mortalité infantile des deux tiers.

4. Réduire la mortalité liée à la maternité des trois quarts.

5. Promouvoir l'égalité des sexes.

6. Arrêter la propagation du VIH, du SIDA et du paludisme et faire régresser ces maladies.

7. Mettre fin au gaspillage des ressources environnementales.

8. Mettre en place un partenariat mondial pour le développement.

10.4.5 L'équipe autonome

Les **équipes autonomes**[27] sont des équipes dont les membres sont habilités par leurs supérieurs et ont la responsabilité et l'autonomie requises pour effectuer des tâches précises. Au quotidien, les membres de ces équipes déterminent ce qu'ils feront ensemble, la façon dont ils le feront et la tâche précise que chacun d'eux aura à accomplir[28]. Les gestionnaires leur fournissent des objectifs généraux (p. ex. assembler des claviers pour ordinateurs exempts de défauts), mais les laissent décider de la façon de les réaliser. On constitue généralement des équipes autonomes pour améliorer la qualité et réduire les coûts des produits, tout en accroissant la motivation et la satisfaction des employés.

Souvent, en établissant une équipe autonome, les gestionnaires combinent des tâches que des employés avaient généralement l'habitude d'effectuer individuellement, de sorte que l'équipe se voit confier, par exemple, la responsabilité de l'ensemble des tâches qui mènent à l'obtention d'un résultat donné ou d'un produit fini. Selon le Conference Board du Canada, les équipes autonomes servent dans un vaste éventail de milieux de travail (p. ex. le secteur de l'automobile et celui des produits chimiques) et de services (p. ex. les hôtels, les banques et les compagnies aériennes)[29].

Les gestionnaires peuvent prendre diverses mesures pour s'assurer qu'une telle équipe est efficace et qu'elle aide l'entreprise à atteindre ses objectifs[30].

- Offrir à l'équipe suffisamment de responsabilités et d'indépendance pour qu'elle soit vraiment autonome. Éviter de dire à ses membres quoi faire ou de résoudre des problèmes à leur place même lorsqu'on sait (en tant que gestionnaire) ce qu'il faudrait faire.

- S'assurer que le travail attribué à l'équipe est suffisamment complexe pour comporter un certain nombre d'étapes ou de procédures à suivre et qu'il a pour résultat un type quelconque de produit fini.

- Choisir méticuleusement ses membres. Ils doivent présenter la variété d'habiletés requises pour effectuer le travail prévu, avoir la capacité de travailler avec d'autres et vouloir faire partie d'une équipe.

- Reconnaître qu'une équipe autonome a besoin d'être guidée, informée et soutenue, et non supervisée en tout temps. Les gestionnaires doivent constituer une ressource vers laquelle l'équipe se tourne au besoin.

Équipe autonome (*self-managed [or self-directed] work team*)
Équipe dont les membres sont habilités par leurs supérieurs et ont la responsabilité et l'autonomie requises pour effectuer des tâches précises.

- Déterminer le type de formation dont les membres de l'équipe ont besoin et le leur fournir. Le travail dans une équipe autonome requiert souvent que les employés possèdent des habiletés techniques et interpersonnelles plus développées que ceux qui travaillent individuellement.

On s'est rendu compte, dans une grande variété d'organisations, que les équipes autonomes aidaient à la réalisation des objectifs organisationnels[31]. Toutefois, elles peuvent éprouver certains problèmes. Parmi ceux-ci, notons la réticence des membres à se discipliner les uns les autres, ce qui peut engendrer un problème de rendement[32]. Un certain malaise peut s'installer lorsque les membres doivent procéder à l'évaluation de la performance de leurs collègues. Ce malaise peut s'expliquer, entre autres raisons, par les relations personnelles étroites qui se développent parfois entre les membres d'une même équipe. En outre, les membres de ce type d'équipes mettent parfois réellement plus de temps que d'autres à effectuer des tâches, en particulier lorsqu'ils ont de la difficulté à coordonner leurs efforts.

10.4.6 L'équipe virtuelle

Les **équipes virtuelles** sont des regroupements dont les membres se rencontrent rarement, sinon jamais, et qui interagissent plutôt au moyen de divers types de technologies de l'information, tels le courrier électronique, les réseaux informatiques, le téléphone, la télécopie et la vidéoconférence. Dans un monde où les entreprises ont de plus en plus de relations internationales et mènent des activités dans des régions éloignées de la planète, et où le besoin de connaissances spécialisées augmente en raison des progrès technologiques constants, les gestionnaires créent des équipes virtuelles qui servent à régler des problèmes ou à explorer des opportunités, mais qui ne sont pas limitées par la nécessité pour leurs membres de travailler dans un même lieu géographique[33].

Prenons le cas d'une entreprise qui a des usines en Australie, au Canada, aux États-Unis et au Mexique, et qui éprouve un problème de qualité dans un processus de fabrication complexe. Chaque usine a une équipe de contrôle de la qualité, dirigée par un chef du contrôle de la qualité.

La vice-présidente à la production ne tente pas de résoudre le problème en constituant et en dirigeant une équipe à une des quatre usines de la société. Elle choisit plutôt de former et de diriger une équipe virtuelle composée des chefs du contrôle de la qualité et des directeurs généraux des quatre usines. Les membres de l'équipe communiquent entre eux par courriels et par vidéoconférence et utilisent leur vaste éventail de connaissances et d'expériences pour résoudre le problème.

Le principal avantage des équipes virtuelles est de permettre aux gestionnaires de réunir des personnes qui ont les connaissances, l'expertise et l'expérience requises pour résoudre un problème particulier ou pour tirer parti d'une opportunité donnée sans se préoccuper des distances géographiques[34]. Ces équipes peuvent aussi comprendre des individus qui ne sont pas employés par l'entreprise elle-même. Par exemple, elles pourraient inclure des employés d'une entreprise à laquelle on a eu recours par externalisation. De plus en plus d'entreprises (p. ex. Hewlett-Packard, PricewaterhouseCoopers et Kodak) utilisent ou explorent la possibilité d'utiliser des équipes virtuelles[35].

Avec la mondialisation croissante, il est probable que le nombre d'organisations qui comptent sur le travail de telles équipes continuera d'augmenter et qu'elles leur confieront de plus en plus de tâches[36]. Un des principaux défis des membres de ces équipes est de réussir à établir entre eux une relation basée sur la camaraderie et la confiance même s'ils se réunissent rarement, sinon jamais, en un même lieu. Pour ce faire, certaines entreprises planifient des activités récréatives, par exemple des excursions de ski, afin que les coéquipiers puissent se rencontrer. D'autres s'assurent qu'ils ont l'occasion de se parler en personne peu après la formation de l'équipe et planifient ensuite des rencontres périodiques pour favoriser la confiance, la compréhension et la coopération entre ses membres[37]. Le besoin de ce type de rencontres a été mis en évidence par des recherches d'après lesquelles même si certaines équipes virtuelles peuvent être aussi efficaces que celles dont les membres se rencontrent, leurs membres pourraient se sentir moins satisfaits des efforts résultant du travail du groupe et éprouver moins de sentiments de camaraderie ou de cohésion. (Il sera question de la cohésion de groupe en détail plus loin dans le chapitre.)

Des recherches indiquent aussi qu'il est important que les gestionnaires se tiennent au courant du travail effectué par leurs équipes virtuelles et qu'ils interviennent lorsque c'est nécessaire. Par exemple, ils peuvent encourager les membres d'une équipe qui ne communiquent pas assez souvent entre eux à surveiller les progrès de l'ensemble du groupe ainsi que s'assurer que tous ont le temps d'exécuter leurs tâches et qu'ils obtiennent la reconnaissance qui leur est due pour leur travail[38]. En outre, lorsque ces équipes connaissent des temps morts ou des difficultés

---

Équipe virtuelle (*virtual team*)

Équipe dont les membres se rencontrent rarement, sinon jamais, et qui interagissent au moyen de divers types de technologies de l'information, tels le courrier électronique, les réseaux informatiques, le téléphone, la télécopie et la vidéoconférence.

particulières, les gestionnaires pourraient tenter de planifier des rencontres de travail en un lieu précis pour que leurs membres se rassemblent et pour les aider à concentrer leurs efforts sur la réalisation de leurs objectifs[39]. Les membres de certaines équipes virtuelles se réunissent ainsi périodiquement pour accroître la confiance, la compréhension et la coopération entre eux.

Des chercheurs de la London Business School, notamment le professeur Lynda Gratton, ont récemment étudié des équipes virtuelles internationales pour tenter de déterminer des facteurs qui pourraient aider à améliorer leur efficacité[40].

Se basant sur ses recherches, le professeur Gratton suggère que lors de la formation de telles équipes, il serait bénéfique d'y inclure quelques personnes qui se connaissent déjà, d'autres personnes qui ont des contacts utiles à l'extérieur de l'équipe et, lorsque c'est possible, des personnes qui se sont proposées pour faire partie de l'équipe[41]. Il serait également avantageux pour les entreprises d'avoir un site intranet grâce auquel les membres de l'équipe pourraient en apprendre davantage les uns sur les autres et sur les types de travaux auxquels ils se consacrent. Ils pourraient également disposer d'un espace de travail en ligne (p. ex. un wiki, c'est-à-dire un site Internet collaboratif) qui leur serait accessible en tout temps[42]. Des communications fréquentes seraient également bénéfiques. Enfin, les projets des équipes virtuelles devraient être perçus par leurs membres comme étant significatifs, intéressants et importants, de façon à favoriser et à entretenir leur motivation[43].

10.4.7 Le groupe d'amis

Les regroupements décrits jusqu'à présent étaient plutôt formels. Par contre, les **groupes d'amis** sont des groupes informels ou spontanés composés d'employés qui apprécient leur compagnie mutuelle et se fréquentent entre eux. Les membres de ces groupes peuvent déjeuner ensemble, profiter de leurs pauses pour bavarder ou se rencontrer après le travail pour partager un repas, faire du sport ou participer à d'autres activités.

Les groupes d'amis permettent aux employés de satisfaire leurs besoins en matière d'interactions personnelles, leur fournissent un soutien en temps de stress et peuvent contribuer à rehausser leurs sentiments de bien-être et de satisfaction au travail. Les gestionnaires eux-mêmes forment souvent des groupes d'amis. Les relations informelles qu'ils établissent dans ces groupes peuvent les aider à résoudre des problèmes liés au travail parce que leurs membres discutent généralement de sujets relatifs à ce qu'ils font et n'hésitent pas à se donner des conseils.

10.4.8 Le groupe d'intérêts

Les employés forment des **groupes d'intérêts** spontanés lorsqu'ils cherchent à réaliser un objectif commun en rapport avec leur appartenance à une organisation. Ils souhaiteront, par exemple, inciter leurs gestionnaires à considérer la planification d'horaires de travail flexibles, l'établissement de services de garde en milieu de travail, une amélioration de leurs conditions de travail ou un soutien proactif à la protection de l'environnement. Ces groupes peuvent apporter aux gestionnaires des points de vue utiles concernant des sujets et des préoccupations qui comptent pour leurs employés. Ils peuvent aussi indiquer la nécessité d'un changement.

OA5 | Expliquer l'influence de divers éléments de la dynamique de groupe sur le fonctionnement et l'efficacité des groupes et des équipes.

10.5 La dynamique de groupe et la performance organisationnelle

La façon dont les groupes et les équipes fonctionnent et leur degré d'efficacité dépend en fin de compte d'un certain nombre de caractéristiques et de processus qui font partie de ce qu'on désigne par l'expression **dynamique de groupe**. Dans cette section, nous traiterons de cinq éléments essentiels de cette dynamique : la taille et les rôles des membres d'un groupe, son leadership, son évolution, ses normes et sa cohésion. Comme nous l'avons vu précédemment dans ce chapitre, les termes « équipes » et « groupes » ne sont pas interchangeables, même si c'est le cas pour certains des processus qui les caractérisent. Par conséquent, une grande partie de ce qu'on appelle ici la « dynamique de groupe » s'applique également aux équipes.

Groupe d'amis (*friendship group*)
Groupe informel composé d'employés qui apprécient la compagnie les uns des autres et qui aiment se rencontrer en dehors du travail.

Groupe d'intérêts (*interest group*)
Groupe spontané composé d'employés qui cherchent à réaliser un objectif commun en rapport avec leur appartenance à une organisation.

Dynamique de groupe (*group dynamic*)
Ensemble des types d'interactions qui se produisent à l'intérieur d'un groupe et qui déterminent le degré d'efficacité de ses membres.

10.5.1 La taille des groupes et les rôles de leurs membres

Les gestionnaires doivent réfléchir sérieusement à la taille des groupes et aux rôles que sont appelés à jouer les membres du groupe lorsqu'ils veulent mettre sur pied et maintenir des équipes et des groupes performants.

La taille des groupes

Dans un groupe, le nombre de membres peut être un facteur important de motivation et d'engagement, ainsi que du rendement du groupe dans son ensemble. Il y a plusieurs avantages à maintenir la taille des groupes relativement restreinte (entre deux et neuf membres). Contrairement à ceux des grands groupes, les membres des petits groupes:

- ont tendance à interagir davantage les uns avec les autres et éprouvent plus de facilité à coordonner leurs efforts;
- sont plus motivés, plus satisfaits par leur travail et plus engagés;
- ont plus de facilité à partager des renseignements;
- sont davantage en mesure de percevoir l'importance de leur contribution personnelle à la réussite du groupe.

Conscients de ces avantages, Nathan Myhrvold, l'ancien directeur de la technologie de Microsoft, a découvert que le groupe idéal comptait huit membres, en particulier lorsqu'il s'agissait de constituer des équipes en recherche et développement pour la conception de nouveaux logiciels[44]. Par contre, l'inconvénient des petits groupes est que leurs membres disposent de moins de ressources pour réaliser leurs objectifs.

Les grands groupes (ceux qui comptent 10 membres ou plus) offrent également certains avantages. Ils ont à leur disposition plus de ressources pour réaliser leurs objectifs que les petits groupes. Parmi ces ressources, il y a les connaissances, l'expérience, les habiletés et les capacités des membres, en plus du temps et des efforts que ceux-ci peuvent réellement fournir. Les grands groupes bénéficient aussi d'avantages provenant de la division du travail, qui consiste à séparer le travail à effectuer en tâches bien définies et à les attribuer à des travailleurs individuels. Les personnes qui se spécialisent dans l'exécution de certaines tâches sont susceptibles d'acquérir des habiletés à les effectuer et d'apporter ainsi une contribution importante à un rendement de groupe élevé.

Toutefois, les grands groupes connaissent un certain nombre de problèmes, y compris des difficultés en matière de communication et de coordination des tâches ainsi qu'un degré moins élevé de motivation, de satisfaction et d'engagement. Il est clairement plus difficile de partager des renseignements et de coordonner des activités dans un groupe qui compte 16 membres plutôt que 8. De plus, les membres de grands groupes peuvent avoir l'impression que leurs efforts ne sont pas vraiment nécessaires et même, parfois, ne pas sentir qu'ils font vraiment partie du groupe.

En déterminant la taille appropriée pour un groupe, les gestionnaires cherchent à profiter des avantages des groupes de petite taille tout en formant des groupes qui auront des ressources suffisantes pour réaliser leurs objectifs et qui bénéficieront d'une division du travail bien organisée. En général, un groupe ne devrait pas compter plus de membres qu'il en faut pour obtenir une division du travail équilibrée et pour disposer des ressources nécessaires à la réalisation de ses objectifs.

En recherche et développement, par exemple, la taille du groupe est trop grande lorsque:

- ses membres consacrent plus de temps à se communiquer ce qu'ils savent qu'à appliquer leurs connaissances à la résolution de problèmes et à la conception de nouveaux produits;
- la productivité individuelle diminue;
- le rendement du groupe laisse à désirer[45].

Les rôles des membres d'un groupe

Les **rôles des membres d'un groupe** sont un ensemble de comportements et de tâches qu'on s'attend à voir adoptés et effectués par chacun de ses membres en raison de sa position dans ce groupe. Les membres des équipes interfonctionnelles, par exemple, adoptent les rôles qui conviennent à leur domaine d'expertise respectif. Dans le cas des équipes interfonctionnelles de Hallmark Cards décrites précédemment, le rôle des rédacteurs consiste à composer des vers pour les nouvelles cartes, celui des dessinateurs, à créer des illustrations, et celui des concepteurs, à réunir ces deux éléments pour obtenir une carte qui retient l'attention et plaît aux acheteurs. Les rôles des membres de la haute direction dépendent essentiellement du domaine d'expertise de chacun d'eux (la production, le marketing, la finance ou la recherche et développement), mais, en général, ces dirigeants puisent également dans leur vaste expérience en tant que planificateurs et stratèges.

Lorsqu'ils mettent sur pied un groupe ou une équipe, les gestionnaires doivent communiquer clairement leurs attentes concernant chaque rôle au sein du groupe, ce

---

Rôles des membres d'un groupe (*group roles*)
Ensemble des comportements et des tâches qu'on s'attend à voir adoptés et effectués par chaque membre d'un groupe en raison de sa position dans ce groupe.

Un bon gestionnaire doit communiquer clairement ses attentes à un groupe quant au rôle de chaque membre et à la façon dont les divers rôles se complètent pour réaliser les objectifs du groupe.

qui est requis de chacun des membres et la façon dont les divers rôles se complètent pour réaliser les objectifs de l'ensemble et respecter l'échéancier, le cas échéant. Ils doivent aussi se rendre compte du fait que les rôles à l'intérieur d'un groupe changent et évoluent à mesure que ses tâches et ses objectifs se modifient et que ses membres acquièrent de l'expérience et des connaissances. Par conséquent, pour obtenir des hausses de rendement qui découlent de l'expérience, ou apprentissage par la pratique, les gestionnaires devraient encourager les membres du groupe à prendre des initiatives pour modifier les rôles qui leur ont été assignés en assumant des responsabilités additionnelles lorsqu'ils le jugent approprié. Ce processus, appelé « **rôle décisionnel** », peut accroître le rendement des individus et du groupe.

Au-delà des simples rôles dont chaque personne s'acquitte en vue d'exécuter la tâche qui lui a été confiée, il existe deux autres types de rôles importants : le rôle axé sur la tâche et le rôle axé sur les relations. Les membres d'un groupe adoptent des **rôles axés sur la tâche** pour s'assurer que les tâches assignées à leur groupe seront exécutées. Les **rôles axés sur les relations** sont des rôles dont les membres d'un groupe se chargent pour s'assurer que les relations entre eux restent bonnes.

Pour que des équipes soient efficaces, il faut maintenir un certain équilibre entre l'attention axée sur la tâche et celle axée sur de bonnes relations. Au sein d'équipes autonomes ainsi que d'autres groupes que nous avons examinés jusqu'à présent, les membres assument eux-mêmes la responsabilité de créer et d'assigner des rôles à chacun. Il arrive aussi souvent qu'ils choisissent leur propre leader. Lorsque les membres d'un groupe créent leur propre rôle, les gestionnaires devraient se mettre à leur disposition à titre de conseillers pour les aider à régler efficacement tout conflit ou désaccord. À la société Johnsonville Foods,

par exemple, l'appellation d'emploi « cadre de terrain » a été remplacée par « chef conseiller » afin de refléter le nouveau rôle que ces gestionnaires jouent aux côtés des équipes autonomes qu'ils supervisent[46].

10.5.2 Le leadership d'un groupe

Tous les groupes et toutes les équipes ont besoin de leadership, comme en témoigne l'exemple de Richard Branson dans l'entrée en matière. Nous avons d'ailleurs vu au chapitre 8 qu'un leadership efficace est un élément clé des groupes, des équipes et des organisations dont le rendement est élevé. Les gestionnaires assument parfois un rôle de leadership, comme c'est le cas dans de nombreux groupes qui s'apparentent aux services ou aux fonctions d'une organisation. Ils peuvent aussi choisir parmi les membres d'un groupe un leader ou un président qui n'est pas lui-même gestionnaire, par exemple dans un comité ad hoc ou un comité permanent. Dans d'autres cas, les membres du groupe choisissent eux-mêmes leur leader ou alors un leader surgit naturellement du groupe pendant que celui-ci travaille à la réalisation de ses objectifs.

Lorsqu'il est possible pour des gestionnaires de créer des équipes autonomes, ils laissent souvent leurs membres choisir leur propre leader. Certaines de ces équipes trouvent qu'il est efficace d'effectuer une rotation du rôle de leader entre eux. Que ces leaders soient des gestionnaires ou non, et qu'ils soient nommés par des gestionnaires (on parle alors de « leaders formels ») ou qu'ils émergent naturellement du groupe (on parle alors de « leaders informels »), ils jouent un rôle important, car ils s'assurent que leur groupe fournit un rendement correspondant à son potentiel.

10.5.3 L'évolution d'un groupe avec le temps

Comme l'ont appris de nombreux gestionnaires chargés de leur supervision, il faut parfois de deux ou trois ans pour que les équipes autonomes atteignent un rendement qui se rapproche d'un fonctionnement optimal[47]. En effet, l'expérience indique que la capacité d'un groupe

---

Rôle décisionnel (*role making*)
Initiative qu'une personne prend de modifier un rôle qui lui a été attribué en assumant des responsabilités additionnelles.

Rôle axé sur la tâche (*task-oriented role*)
Rôle que remplissent des membres d'un groupe pour s'assurer qu'une tâche sera exécutée.

Rôle axé sur les relations (*maintenance role*)
Rôle que les membres d'un groupe adoptent pour s'assurer que les relations entre eux restent bonnes.

dépend en partie de l'étape à laquelle il est rendu dans son évolution. Sachant que les équipes autonomes mettent beaucoup de temps à démarrer puis à bien fonctionner, les gestionnaires doivent avoir des attentes réalistes et savoir qu'ils doivent fournir aux nouveaux membres une bonne quantité de formation et de soutien. Chaque groupe évolue à sa manière dans le temps. Toutefois, des chercheurs ont déterminé cinq étapes qui font partie de l'évolution de la plupart des groupes (*voir la figure 10.7*)[48].

- La formation. Les membres du groupe font des efforts pour mieux se connaître et finissent par s'entendre sur ce qu'ils veulent accomplir et sur les comportements à adopter. À cette étape, les gestionnaires devraient s'efforcer de faire sentir à chacun l'importance de son rôle dans le groupe.

- La phase des conflits. Les membres du groupe sont en conflit et ont des désaccords parce que certains d'entre eux ne souhaitent pas se soumettre aux exigences des autres. Par exemple, des disputes éclatent parfois à propos du choix d'un leader. Les équipes autonomes peuvent être particulièrement vulnérables à cette étape. Les gestionnaires devraient donc exercer une surveillance accrue pour éviter que des conflits deviennent impossibles à régler.

- La cohésion. Des liens étroits se tissent entre les membres du groupe et des sentiments d'amitié et de camaraderie naissent entre eux. Les membres du groupe parviennent à un consensus concernant les objectifs qu'ils veulent réaliser et sur la façon dont ils devraient se comporter les uns envers les autres.

- L'exécution. Le vrai travail du groupe s'effectue à cette étape. Selon le type de chaque groupe, les gestionnaires doivent prendre diverses mesures pour l'aider à accomplir ses tâches efficacement. Par exemple, les chefs de service doivent faire en sorte que les membres de leur groupe soient motivés et s'efforcer de les diriger de façon efficace. Les gestionnaires qui supervisent des équipes autonomes doivent accorder de l'autonomie à leurs membres et s'assurer qu'on leur donne suffisamment de responsabilités et d'indépendance pendant cette étape cruciale.

- La cessation des activités. Cette étape ne s'applique qu'aux groupes dont les membres finiront par se disperser, tels les comités ad hoc. Au cours de cette phase, le groupe se dissout. Cette étape a parfois lieu lorsqu'il a terminé la préparation du produit fini, par exemple, dans le cas d'un comité ad hoc chargé d'examiner les avantages et les inconvénients de l'établissement d'une garderie en milieu de travail, quand il a rédigé un rapport appuyant sa recommandation.

Les gestionnaires doivent se montrer flexibles lors de l'évolution des groupes et rester à l'affût de leurs divers besoins et exigences à chacune de ces étapes[49]. D'abord et avant tout, quelle que soit l'étape à laquelle les groupes sont parvenus, les gestionnaires doivent se considérer essentiellement comme une ressource disponible pour le groupe et accepter le fait que l'évolution du groupe n'est pas forcément linéaire. En effet, les groupes peuvent passer d'une étape à l'autre selon les événements qui influent sur leur parcours. Par conséquent, les gestionnaires devraient toujours être à la recherche de moyens de les aider à fonctionner le plus efficacement possible.

10.5.4 Les normes de groupe

Tous les groupes, qu'il s'agisse de groupes composés de membres de la direction, d'équipes autonomes ou de services, doivent exercer un contrôle sur le comportement de leurs membres pour s'assurer d'avoir un rendement satisfaisant et de réaliser leurs objectifs. Pour ce faire, ils utilisent des rôles et aussi des normes de groupe[50]. Les **normes de groupe** sont des directives ou des règles comportementales communes auxquelles la majorité des membres d'un groupe doivent se soumettre. Les membres d'un groupe peuvent élaborer les normes du groupe auquel ils appartiennent pour une grande diversité de comportements, y compris leurs heures de travail, le partage de renseignements entre leurs membres, la façon d'effectuer certaines tâches et même la façon de se vêtir.

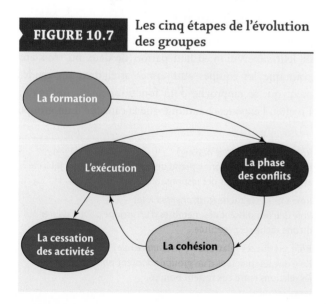

> **FIGURE 10.7**   **Les cinq étapes de l'évolution des groupes**

Normes de groupe (*group norms*)
Directives ou règles comportementales communes auxquelles la majorité des membres d'un groupe se soumettent.

Les gestionnaires devraient encourager les membres de groupes à élaborer des normes qui contribuent à leur rendement et à la réalisation de leurs objectifs. Des normes de ce type pourraient exiger, par exemple, que chaque membre d'une équipe interfonctionnelle soit toujours disponible pour ses coéquipiers lorsque sa contribution est requise, rappelle les coéquipiers dans un délai raisonnable, informe ces derniers de ses plans en matière de déplacements et fournisse un numéro de téléphone où ils peuvent le joindre pendant son absence. Dans le cas de la société Ryder System Inc., établie à Mississauga en Ontario, les équipes virtuelles établissent des normes concernant la fréquence de leurs conférences téléphoniques et de leurs rencontres en personne afin d'accroître l'efficience de leurs communications.

La conformité et la déviance

Il y a trois raisons pour lesquelles les membres d'un groupe se conforment à ses normes.

1. Ils veulent obtenir des récompenses et éviter des sanctions.

2. Ils veulent imiter les membres du groupe pour lesquels ils ont de l'affection et de l'admiration.

3. Ils ont assimilé les normes et considèrent qu'il s'agit d'une façon correcte et appropriée de se comporter[51].

Considérons le cas d'un employé qui, se conformant à une norme de son service, participe à une collecte de fonds pour une banque alimentaire locale. Le fait que cet employé se conforme à la norme peut s'expliquer : 1) par son désir de faire bonne impression sur son groupe et d'entretenir des relations amicales avec ses membres (obtenir des récompenses) ; 2) par son désir d'imiter le comportement d'autres membres du service qu'il respecte et qui participent toujours à ces événements (imiter des membres du groupe) ; ou 3) par sa conviction profonde qu'un soutien aux activités de cette banque alimentaire est souhaitable (croire qu'il s'agit de la façon correcte et appropriée de se comporter).

Le fait pour un membre de ne pas se conformer à une norme de son groupe ou de l'enfreindre est appelé une « déviance ». Ce comportement indique que le groupe ne contrôle pas le comportement d'un de ses membres. Il y a généralement trois façons dont les groupes réagissent à ce type de comportement non conforme[52].

1. Le groupe peut tenter d'amener la personne à changer de comportement et à se conformer à la norme en question. Les autres membres du groupe cherchent parfois à la convaincre de la nécessité de s'y conformer ; ils peuvent aussi fermer les yeux sur son comportement

ou le sanctionner. Par exemple, à l'usine de Jacksonville Foods, une membre d'une équipe autonome chargée de peser des saucisses a négligé de respecter la norme d'après laquelle les membres du groupe devaient périodiquement nettoyer une salle d'entrevues en désordre. Parce qu'elle refusait de participer aux efforts de l'équipe pour effectuer cette corvée, ses coéquipiers ont décidé de réduire sa prime mensuelle d'environ 225 $ durant une période de deux mois[53]. Elle a appris à ses dépens le prix à payer pour un comportement déviant dans son équipe.

2. Le groupe peut expulser le membre pris en défaut.

3. Le groupe peut choisir de modifier une norme initialement instaurée pour se conformer au comportement du membre.

Cette dernière solution permet de croire que certains comportements non conformes peuvent être productifs pour des groupes lorsque les normes de rendement sont peu élevées. Une transgression est utile pour un groupe lorsqu'elle oblige ses membres à prendre le temps d'évaluer des normes tenues pour acquises, mais qui ne sont peut-être pas appropriées. Souvent, les membres d'un groupe ne s'interrogent pas sur les raisons pour lesquelles ils adoptent certains comportements ou se conforment à certaines normes. La déviance peut les obliger à réfléchir à ces normes et à les modifier si le besoin s'en fait sentir, par exemple lorsqu'un nouvel employé, qui n'est pas au courant de « LA bonne façon » d'effectuer une tâche, suggère une nouvelle manière de procéder et que les autres membres du groupe se rendent compte que sa suggestion constitue une amélioration.

Prenons le cas d'un groupe de réceptionnistes dans un institut de beauté, qui se conformaient à la norme selon laquelle tous les rendez-vous devaient être notés à la main dans un grand cahier et, à la fin de la journée, entrés dans le système informatique de l'établissement. L'horaire quotidien de chaque coiffeuse était ensuite imprimé. Un jour, une des réceptionnistes a décidé d'entrer directement les rendez-vous dans l'ordinateur au moment des appels, sans passer par le grand cahier. Ce comportement déviant a incité les autres réceptionnistes à s'interroger sur l'utilité du cahier puisque tous les rendez-vous pouvaient être inscrits au fur et à mesure dans l'ordinateur. Après avoir consulté la propriétaire de l'institut, le groupe a modifié sa norme. Depuis ce jour, les rendez-vous sont directement inscrits dans l'ordinateur, ce qui épargne du temps et réduit les erreurs de copie dans l'établissement des horaires de travail. Au bout du compte, il a été possible d'améliorer l'efficience organisationnelle.

Un équilibre entre la conformité aux normes et la déviance

Pour que les groupes et les équipes soient efficaces et qu'ils aident leur entreprise à obtenir un avantage concurrentiel, ils doivent établir un équilibre entre la conformité aux normes et la déviance (*voir la figure 10.8*). Chaque groupe a besoin d'un certain degré de conformité pour pouvoir contrôler le comportement de ses membres et le canaliser de façon à obtenir un rendement élevé et à réaliser ses objectifs. Il a également besoin d'un certain degré de déviance pour lui permettre de se débarrasser de normes inefficaces et de les remplacer par celles qui mèneront à de meilleurs résultats. L'équilibre entre la conformité aux normes et la déviance préoccupe sérieusement tous les groupes, qu'il s'agisse de membres de la haute direction, d'équipes en recherche et développement, de services ou d'équipes autonomes.

Le degré de conformité aux normes et de réactions à la déviance à l'intérieur des groupes dépend de leurs membres. Les trois raisons qui justifient la conformité, décrites précédemment, constituent des forces puissantes qui, le plus souvent, ont pour résultat que les membres d'un groupe respectent ses normes. Parfois, ces forces sont si influentes que les transgressions sont rares et, lorsqu'elles se manifestent, fortement réprimées.

Les gestionnaires peuvent prendre plusieurs mesures pour s'assurer que chaque groupe fait preuve d'une certaine tolérance à l'égard de la non-conformité, de sorte que ses membres acceptent volontiers d'abandonner des normes inefficaces et que, lorsqu'une transgression se produit dans leur sein, ils réfléchissent à la pertinence de la norme enfreinte et la changent, au besoin.

Premièrement, les gestionnaires peuvent servir de modèles aux groupes et aux équipes qu'ils supervisent. Lorsqu'ils encouragent et acceptent des suggestions de changements dans les procédures de la part de leurs employés, qu'ils ne se montrent pas inflexibles pour que les tâches soient accomplies d'une certaine manière et qu'ils reconnaissent l'inefficacité d'une norme qu'ils appuyaient jusque-là lorsque la démonstration est probante, ils indiquent aux membres du groupe que la conformité aux normes ne devrait pas entraver des changements ou des améliorations nécessaires. Deuxièmement, ils devraient laisser savoir aux employés

> **FIGURE 10.8**   **L'équilibre entre la conformité aux normes et la déviance dans les groupes**

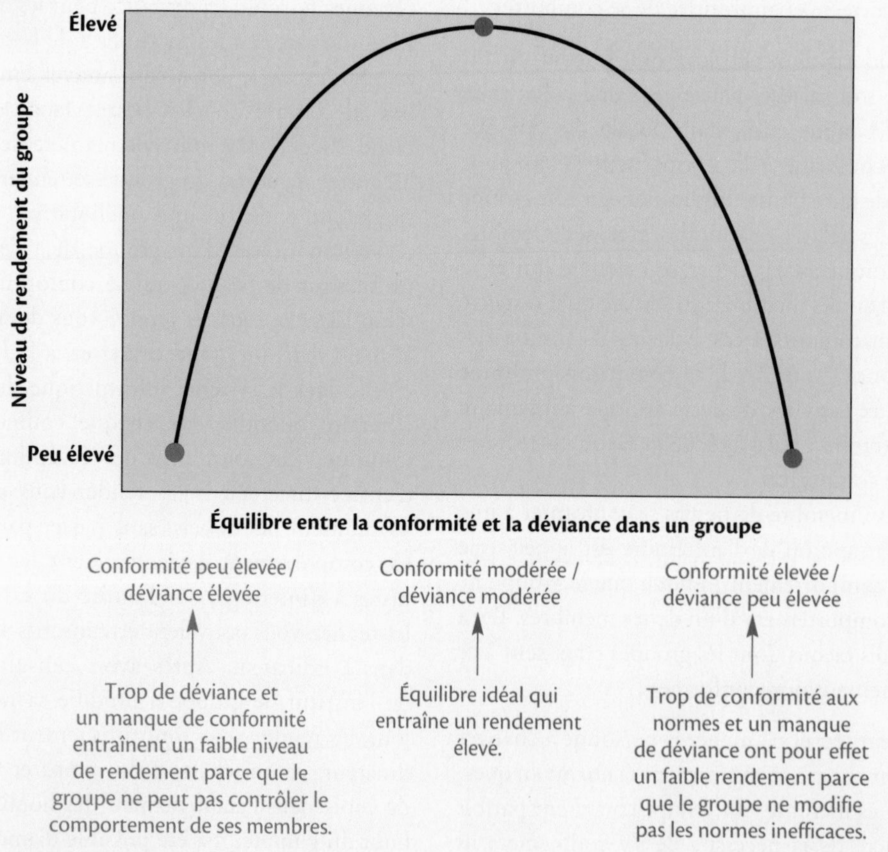

Axe vertical : Niveau de rendement du groupe (Élevé / Peu élevé)

Axe horizontal : Équilibre entre la conformité et la déviance dans un groupe

Conformité peu élevée / déviance élevée	Conformité modérée / déviance modérée	Conformité élevée / déviance peu élevée
Trop de déviance et un manque de conformité entraînent un faible niveau de rendement parce que le groupe ne peut pas contrôler le comportement de ses membres.	Équilibre idéal qui entraîne un rendement élevé.	Trop de conformité aux normes et un manque de déviance ont pour effet un faible rendement parce que le groupe ne modifie pas les normes inefficaces.

qu'il y a toujours moyen d'améliorer les processus et les niveaux de rendement du groupe et, par conséquent, qu'il est possible de remplacer des normes existantes par d'autres qui permettront au groupe de mieux réaliser ses objectifs et d'avoir un niveau de rendement élevé. Troisièmement, ils devraient encourager les membres de leurs groupes et de leurs équipes à réévaluer périodiquement la pertinence des normes qu'ils ont établies.

10.5.5 La cohésion de groupe

Un autre élément important de la dynamique de groupe qui influe sur le rendement et l'efficacité est la **cohésion de groupe**, c'est-à-dire le degré d'allégeance ou de loyauté que les membres ressentent envers le groupe[54]. Lorsque le degré de cohésion est élevé, les individus accordent une grande importance à leur appartenance au groupe, trouvent le groupe attrayant et désirent profondément continuer d'en faire partie. Lorsque, au contraire, ce degré de cohésion est faible, ils ne sont pas particulièrement intéressés par leur groupe et ont peu envie d'en demeurer membres. Selon des chercheurs, les gestionnaires devraient s'efforcer d'obtenir un degré de cohésion modéré au sein des groupes et des équipes qu'ils gèrent parce que cet état de fait est le plus susceptible de contribuer à procurer un avantage concurrentiel à leur entreprise.

Les effets de la cohésion de groupe

L'accroissement de la cohésion d'un groupe influe sur trois facteurs cruciaux : le degré de participation à l'intérieur du groupe, le degré de conformité aux normes du groupe et l'importance accordée à la réalisation des objectifs du groupe (*voir la figure 10.9*)[55].

À mesure que la cohésion augmente dans un groupe, le degré de participation des membres à l'intérieur du groupe s'accroît et cette cohésion accrue a pour résultat une plus grande conformité aux normes établies. Il s'agit d'une situation avantageuse pour une entreprise lorsque ses normes de rendement sont élevées. Toutefois, lorsque ces normes sont peu élevées, les membres ont besoin d'une certaine dose de déviance pour modifier leur perception et adopter de meilleures habitudes de travail. Enfin, à mesure que la cohésion du groupe s'accroît, l'importance que ses membres accordent à la réalisation de ses propres objectifs s'améliore également.

Un degré modéré de cohésion de groupe motive ses membres à réaliser à la fois les objectifs de leur groupe et ceux de l'organisation. Il aide à faire en sorte que ses membres prennent une part active aux activités du groupe et qu'ils communiquent efficacement les uns avec les autres. L'exemple qui suit illustre la raison pour laquelle les gestionnaires pourraient ne pas vouloir encourager des degrés trop élevés de cohésion. Il s'agit de celui de deux équipes interfonctionnelles chargées de concevoir de nouveaux jouets. Dans l'équipe Alpha, il y a un degré élevé de cohésion. Ses membres ont des réunions longues et fréquentes, qui commencent par des conversations sans

Cohésion de groupe (*group cohesiveness*)
Degré d'allégeance ou de loyauté que les membres ressentent envers leur groupe.

> **FIGURE 10.9** Les sources et les effets de la cohésion de groupe

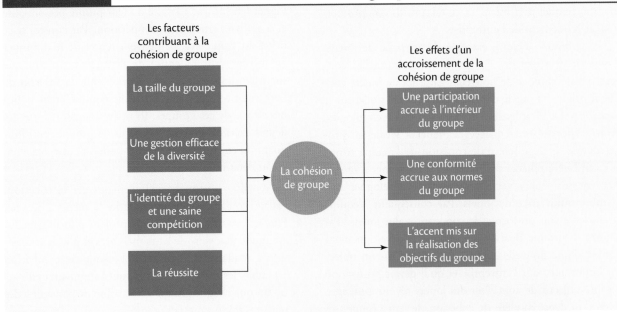

liens réels avec le travail et échangent des blagues. Ils se réunissent plus souvent que ceux de la plupart des autres équipes interfonctionnelles de l'entreprise et passent une bonne partie de leur temps à se communiquer en détail tous les renseignements concernant la contribution de leur service dans le domaine des nouveaux jouets. Dans l'équipe Beta, le degré de cohésion est modéré. La plupart du temps, ses membres ont des réunions efficientes au cours desquelles ils se font part de leurs idées et en discutent. Ils ne se réunissent pas plus souvent que nécessaire et mettent en commun tous les renseignements concernant leur expertise, dans la mesure où ils sont pertinents pour le processus de développement de nouveaux jouets. Les deux équipes ont développé certains jouets qui sont parmi les meilleurs vendeurs sur le marché. Toutefois, le groupe Alpha consacre en général 30 % plus de temps à ce travail que le groupe Beta. On peut en déduire que trop de cohésion nuit, alors qu'à un degré modéré, celle-ci produit souvent de meilleurs résultats.

À mesure que la cohésion augmente, l'accent mis sur la réalisation des objectifs du groupe s'accroît aussi. Toutefois, trop insister sur la réalisation de ces objectifs n'est pas nécessairement favorable à l'efficacité organisationnelle. Pour qu'une organisation soit efficace et qu'elle obtienne un avantage concurrentiel, les groupes et les équipes qui la composent doivent coopérer et être motivés à atteindre les objectifs organisationnels, même si c'est au détriment de la réalisation des leurs. Un degré modéré de cohésion les motive à réaliser à la fois leurs objectifs et ceux de leur entreprise. Lorsque le degré de cohésion est élevé, il peut pousser les membres d'un groupe à se concentrer exclusivement à la réalisation de ses propres objectifs, qu'ils s'efforceront d'atteindre à n'importe quel prix même si, ce faisant, ils compromettent le rendement de l'entreprise.

Pour revenir à notre exemple d'entreprise de jouets, l'objectif principal des équipes interfonctionnelles consistait à développer de nouvelles gammes de jouets vraiment originales qui se démarquaient de celles déjà sur le marché grâce à l'utilisation des plus récentes technologies. Lorsqu'elles se sont engagées à mener à terme un projet donné, le degré élevé de cohésion de l'équipe Alpha a contribué à pousser ses membres à continuer à mettre l'accent sur leur objectif commun de développer une gamme innovatrice de jouets. Par conséquent, l'équipe a conservé son protocole de conception des jouets. Par contre, le groupe Beta a compris que le développement rapide d'une nouvelle gamme de jouets était un objectif important pour l'entreprise et qu'il devait primer son propre objectif de concevoir des jouets révolutionnaires. Grâce au degré modéré de cohésion de leur groupe, ses

membres ont fait ce qu'il y avait de mieux pour favoriser les intérêts de l'entreprise dans ce cas.

Quatre facteurs contribuent au degré de cohésion d'un groupe (*voir la figure 10.9, à la page précédente*)[56]. En agissant sur ces déterminants, les gestionnaires peuvent augmenter ou diminuer ce degré de façon à le rendre modéré.

- **La taille du groupe.** Pour favoriser la cohésion, les gestionnaires devraient, lorsque c'est possible, former des groupes de taille petite à moyenne (de 2 à 15 membres). Lorsqu'un groupe manque de cohésion et compte un grand nombre de membres, ils peuvent considérer la possibilité de le scinder en deux et d'attribuer des tâches et des objectifs différents aux deux nouvelles entités.

- **Une gestion efficace de la diversité.** Des groupes de composition diversifiée proposent souvent des idées plus originales et créatives que les autres. Une des raisons pour lesquelles les équipes interfonctionnelles sont si populaires dans des entreprises telles que Hallmark Cards est que la diversité d'expertise qu'on y trouve permet d'atteindre des niveaux de rendement élevés. Dans la formation de groupes et d'équipes, les gestionnaires doivent s'assurer d'avoir une variété en matière de connaissances, d'expérience, d'expertise et d'autres caractéristiques nécessaires pour que leurs membres réalisent les objectifs de leur groupe. Ils doivent aussi s'assurer que cette diversité est gérée efficacement pour permettre au groupe d'avoir une certaine cohésion (*voir le chapitre 3*).

- **L'identité du groupe et une saine compétition.** Lorsque le degré de cohésion des groupes est faible, les gestionnaires peuvent l'accroître en les encourageant à développer leur propre identité ou leur propre personnalité et à se livrer une saine compétition. Par contre, si ce degré est trop élevé, ils peuvent tenter de le diminuer en insistant sur l'identité de l'entreprise (plutôt que sur celle des groupes) et en présentant la mission de l'organisation dans son ensemble comme étant le but des efforts de ces groupes. Ils peuvent aussi réduire des degrés excessifs de cohésion dans les groupes en diminuant ou en supprimant la compétition entre eux et en récompensant la coopération.

- **La réussite.** Lorsqu'il s'agit d'encourager la cohésion, l'adage voulant que le succès attire le succès a du vrai. Plus les groupes réussissent de projets, plus ils gagnent en intérêt aux yeux de leurs membres et plus leur cohésion a tendance à augmenter. Lorsque cette cohésion est faible, les gestionnaires peuvent l'augmenter en s'assurant que chaque groupe a l'occasion de parvenir à des réussites importantes et manifestes.

Une mise en garde. En 1972, le psychologue Irving Janis a observé un phénomène qu'il a surnommé la « pensée de groupe »[57]. Lorsque la pensée de groupe se manifeste, la cohésion se met à avoir de mauvais effets. Autrement dit, les processus de prise de décisions deviennent défaillants parce que les membres ne considèrent plus toutes les solutions possibles. Ils recherchent plutôt l'unanimité au détriment de la qualité de leurs décisions. Pour faire échec à ce problème, il faut se livrer à une analyse critique de la façon dont le groupe prend ses décisions. Nous nous intéresserons maintenant à cette question.

OA6 Déterminer les façons dont on peut améliorer la prise de décisions en groupe en minimisant la pensée de groupe et en encourageant la créativité et l'innovation.

10.6 La prise de décisions en groupe

Une grande partie, sinon la plupart des décisions organisationnelles importantes sont prises par des groupes de gestionnaires plutôt que par des individus. À plusieurs égards, la prise de décisions en groupe est de meilleure qualité que la prise de décisions individuelle. Lorsque les gestionnaires travaillent en équipe pour prendre des décisions et résoudre des problèmes, leur choix de possibilités risque moins d'être influencé par des partis pris et des erreurs systématiques. Comme ils ont à leur disposition une combinaison d'habiletés, de compétences et de connaissances provenant des membres du groupe, leur capacité à proposer des solutions et à prendre de bonnes décisions s'en trouve accrue. En travaillant en groupe, ils peuvent aussi traiter une plus grande quantité d'informations qu'un individu seul pourrait le faire et corriger mutuellement leurs erreurs.

À l'étape de l'application, tous les gestionnaires concernés par la décision s'entendent pour coopérer. S'ils prennent cette décision en groupe, elle a plus de chances d'être appliquée avec succès que si l'un d'entre eux la prend seul et l'impose aux autres.

Néanmoins, la prise de décisions en groupe comporte aussi certains inconvénients. Par exemple, les groupes prennent souvent plus de temps qu'un individu seul à prendre une décision. Il peut aussi se révéler difficile d'amener deux ou plusieurs gestionnaires à s'entendre sur une même solution parce que, souvent, ils ont des préférences et des intérêts différents. Il arrive aussi que les décisions en groupe, comme celles qui sont prises individuellement, soient teintées par des biais. La pensée de groupe constitue une des principales sources de biais.

10.6.1 Les dangers de la pensée de groupe

La **pensée de groupe** est un processus de prise de décisions erroné et empreint de biais au sein d'un groupe dont les membres cherchent à s'entendre entre eux plutôt qu'à évaluer correctement les renseignements pertinents relatifs à chaque décision[58]. Lorsque des personnes se conforment à la pensée de groupe, elles choisissent collectivement un plan d'action sans établir de critères appropriés pour évaluer d'autres possibilités. En général, un groupe se rallie à un individu ayant une forte personnalité (bien souvent son leader) et au plan d'action qu'il défend. Les membres du groupe s'engagent alors aveuglément à soutenir ce plan sans en évaluer correctement les mérites. Leur engagement est souvent fondé sur une évaluation subjective plutôt qu'objective du meilleur plan à adopter. Les indices de la pensée de groupe se reconnaissent facilement[59].

- Une illusion d'invulnérabilité. Les membres du groupe deviennent exagérément confiants en eux-mêmes, ce qui les amène à prendre des risques démesurés.

- Une présomption de moralité. Les membres du groupe sont convaincus d'avoir établi des objectifs moralement justifiés, de sorte qu'ils ne discutent pas de l'aspect éthique de leurs actions.

- Une résistance rationalisée. Peu importe la solidité des preuves qui contredisent leurs hypothèses de base, les membres du groupe trouvent des explications logiques pour justifier la pertinence des hypothèses proposées et considèrent les arguments qui y sont opposés comme étant erronés.

- La pression des pairs. Les membres qui expriment des doutes concernant n'importe laquelle des opinions partagées par le groupe subissent des pressions visant à les amener à mettre de côté leurs préoccupations et à soutenir leurs collègues sans réserve.

- Une banalisation des doutes. Les membres du groupe qui ont des doutes ou des points de vue différents de ceux des autres préfèrent parfois se taire et même minimiser à leurs propres yeux l'importance de leurs doutes.

- L'illusion d'unanimité. On suppose qu'une personne qui ne dit rien est d'accord avec le groupe. Autrement dit, le silence devient un vote en faveur de toute proposition.

Pensée de groupe (*groupthink*)
Processus de prise de décisions erroné et empreint de biais au sein d'un groupe dont les membres cherchent à s'entendre entre eux plutôt qu'à évaluer correctement les renseignements pertinents relatifs à chaque décision.

Les pressions exercées pour préserver la bonne entente et l'harmonie à l'intérieur d'un groupe peuvent avoir l'effet non intentionnel de décourager les individus qui voudraient traiter de sujets qui vont à l'encontre de l'opinion de la majorité. À ce propos, il serait intéressant d'évoquer un personnage haut en couleur du nom de Sherman Kent, qui était autrefois professeur d'histoire à l'Université Yale. On le surnommait « Buffalo Bill, le cowboy cultivé » parce qu'il portait des bretelles rouges, contait des blagues grivoises et employait un langage vulgaire. Il avait enseigné pendant 17 ans au personnel de la CIA et insistait sur l'importance pour les analystes des services de renseignements de mettre en doute leurs hypothèses, de reconnaître l'incertitude et l'ambiguïté, de se méfier de leurs propres biais et de répondre aux besoins des stratèges sans se laisser convaincre par eux. Lorsque le Comité spécial du Sénat américain sur les renseignements a publié son rapport en juillet 2004, il a démontré qu'on n'avait tenu aucun compte des conseils du professeur Kent, au point où « les responsables des services de renseignements n'ont pas tenté d'expliquer les incertitudes qui planaient sur leur affirmation d'après laquelle l'Iraq était en train de se doter d'armes biologiques, chimiques et nucléaires[60] ». Ils s'étaient tout simplement laissé influencer par la « pensée de groupe ».

Il existe un corpus considérable de preuves secondaires qui illustrent les répercussions négatives de la pensée de groupe en milieu organisationnel, mais peu de recherches expérimentales ont été menées sur le sujet[61]. En fait, on a récemment critiqué le rôle joué par la pensée de groupe parce qu'on surestimait l'importance du lien entre le processus de prise de décisions et ses résultats[62], et qu'on suggérait que son effet était entièrement négatif[63]. Une étude de ce phénomène dans cinq grandes entreprises a permis de constater que certains de ses éléments peuvent avoir des effets différents sur la prise de décisions. Par exemple, l'illusion d'invulnérabilité, la conviction de la moralité inhérente au groupe et l'illusion d'unanimité ont souvent entraîné un rendement d'équipe plus élevé, contrairement à ce que suggéraient les critiques concernant la pensée de groupe[64].

10.6.2 Les façons d'améliorer la prise de décisions en groupe

On peut prendre diverses mesures pour améliorer le processus de prise de décisions en groupe[65]. Les gestionnaires devraient recommander aux leaders de groupes de faire preuve d'impartialité dans leur leadership et de rechercher activement la contribution de chacun de leurs membres. Ils devraient également éviter d'exprimer leurs propres opinions dans les premières étapes des discussions.

Une autre stratégie propre à améliorer la prise de décisions en groupe consiste à encourager un de ses membres à jouer le rôle de l'avocat du diable. L'**avocat du diable** fait une analyse critique d'une solution préférée pour en souligner les points forts et les points faibles avant qu'elle soit appliquée (*voir la figure 10.10*)[66]. Il critique la façon dont les membres du groupe ont évalué les diverses possibilités et choisi l'une d'elles, et la remet en question. Son but est de déterminer les raisons pour lesquelles la solution choisie pourrait, tout compte fait, se révéler inacceptable. Grâce à ce procédé, les décideurs prennent conscience des dangers potentiels des lignes de conduite qu'ils recommandent.

On peut aussi améliorer la prise de décisions en favorisant la diversité au sein des groupes chargés de ce processus[67]. En réunissant des gestionnaires, hommes et femmes, d'origines ethniques et de nationalités diverses, et ayant des expériences professionnelles différentes, on élargit l'éventail de formations et d'opinions dont les membres des groupes peuvent tirer parti pour concevoir et évaluer des solutions, et choisir celle qui convient le mieux. En outre, les groupes diversifiés sont parfois moins enclins à la pensée de groupe que les autres parce que leurs membres sont déjà tous différents et, par conséquent, qu'ils ont moins tendance à exercer des pressions pour uniformiser la pensée. La société suisse The BrainStore tire profit de la diversité pour améliorer ses prises de décisions en réunissant des enfants et des gestionnaires.

Avocat du diable (*devil's advocacy*)
Membre d'un groupe qui fait une analyse critique d'une solution préférée par l'ensemble et qui défend des solutions impopulaires ou opposées à cette solution pour provoquer des réactions chez ses collègues.

> **FIGURE 10.10**　　**Le rôle de l'avocat du diable**

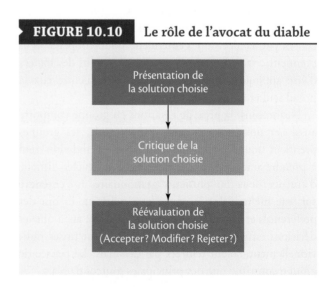

10.6.3 Les façons de favoriser la créativité au sein d'un groupe

Pour encourager la créativité au sein des groupes, les organisations peuvent utiliser des techniques de résolution de problèmes conçues pour favoriser les idées originales et les solutions innovatrices. Ces mêmes techniques peuvent aussi servir à empêcher la pensée de groupe et à aider les gestionnaires et les employés à démasquer les biais. Nous examinerons ici trois techniques de prise de décisions en groupe : le remue-méninges, la technique du groupe nominal et la méthode Delphi.

Le remue-méninges

Le **remue-méninges** est une technique de résolution de problèmes en groupe qui consiste à réunir des personnes dans un même lieu pour qu'elles proposent une grande variété de solutions et qu'elles en discutent, en vue de prendre une décision[68]. En général, entre 5 et 15 personnes se réunissent pour une séance de travail à huis clos au cours de laquelle elles procèdent comme suit.

- Une personne donne un aperçu du problème auquel le groupe doit s'attaquer.

- Les membres du groupe mettent alors leurs idées en commun et proposent divers plans d'action.

- Pendant la présentation de chaque plan d'action, les membres du groupe n'ont pas le droit de faire de critiques concernant les idées proposées. Ils réservent leur jugement jusqu'au moment où toutes les idées ont été énoncées. Un membre du groupe note chacune d'elles sur un tableau de conférence.

- Les membres du groupe sont encouragés à se montrer aussi innovateurs et audacieux que possible. On ne leur impose aucune limite, et plus le nombre d'idées est élevé, plus le processus est prometteur. En outre, on les invite à se servir des suggestions des autres pour élaborer les leurs.

- Lorsque plus personne n'a de proposition à faire, les membres du groupe discutent des avantages et des inconvénients de chacune d'elles et préparent une liste comportant un nombre restreint de meilleures options.

La méthode du remue-méninges est utile dans certaines situations où il s'agit de résoudre des problèmes (p. ex. lorsqu'on cherche un nom pour un nouveau parfum ou un nouveau modèle de voiture). Toutefois, il arrive que des individus travaillant seuls puissent produire plus d'idées. Cela s'explique par le phénomène du **blocage**, qui se produit dans les groupes lorsque leurs membres n'arrivent pas à comprendre simultanément toutes les options proposées, à en suggérer d'autres et à se rappeler ce à quoi ils avaient pensé[69].

La technique du groupe nominal

Pour éviter le blocage, on utilise souvent la **technique du groupe nominal**, qui offre une manière structurée de produire des solutions écrites, ce qui donne à chaque membre du groupe plus de temps et d'occasions de trouver d'autres solutions. Cette technique est particulièrement utile dans le cas d'une question controversée et lorsqu'on s'attend à ce que les différents membres du groupe défendent des plans d'action opposés. Elle consiste généralement à réunir un petit groupe de personnes à huis clos, qui suivent la procédure ci-après.

- Une personne présente le problème à résoudre et les membres du groupe disposent de 30 à 40 minutes pour noter par écrit des idées et des solutions. On les encourage à faire preuve de créativité.

- Chaque personne lit à son tour ses suggestions au reste du groupe. Quelqu'un les note sur un tableau de conférence. Les membres du groupe ne peuvent ni critiquer ni évaluer les propositions tant qu'elles n'ont pas toutes été lues.

- Les membres du groupe discutent ensuite des suggestions, une par une, dans l'ordre où elles ont été présentées. À ce stade, ils peuvent demander des explications et critiquer chacune d'elles en déterminant ses avantages et ses inconvénients.

- Lorsque toutes les propositions ont été discutées, chaque membre du groupe les classe par ordre décroissant de préférence. Le groupe choisit alors celle qui revient le plus souvent en tête du classement[70].

La méthode Delphi

Lors de l'utilisation des techniques du remue-méninges et du groupe nominal, des personnes doivent se réunir pour concevoir des idées originales et travailler ensemble

---

Remue-méninges (*brainstorming*)
Technique de résolution de problèmes en groupe qui consiste à réunir des personnes dans un même lieu pour qu'elles proposent et discutent d'une grande variété de solutions, parmi lesquelles elles feront un choix pour prendre une décision.

Blocage (*production blocking*)
Perte de productivité durant les séances de remue-méninges, due au caractère non structuré de l'exercice.

Technique du groupe nominal (*nominal group technique*)
Technique de prise de décisions qui consiste, pour les membres d'un groupe, à noter par écrit des idées et des solutions, à lire leurs suggestions à l'ensemble du groupe, puis à en discuter pour ensuite les classer selon leur importance.

à la résolution d'un problème. Que se passe-t-il lorsque certaines d'entre elles se trouvent dans des villes ou des parties du monde différentes et ne peuvent pas se rencontrer en un même lieu? La vidéoconférence est un moyen de permettre à des gens éloignés de faire ensemble un remue-méninges. La **méthode Delphi** en est un autre. Elle utilise l'écriture pour encourager l'originalité dans la résolution de problèmes[71]. La procédure est la suivante.

- Le leader du groupe rédige un énoncé du problème et une série de questions auxquelles les participants doivent répondre.

- Les questions sont transmises aux gestionnaires et aux experts des services qui sont les mieux informés concernant le problème. Ils doivent proposer des solutions et transmettre leurs réponses au leader du groupe.

- Le leader enregistre et résume ces réponses. Il transmet ensuite les résultats aux participants en y ajoutant de nouvelles questions auxquelles ils doivent répondre avant qu'une décision soit prise.

- Le processus se répète jusqu'à ce que le groupe parvienne à un consensus et que le plan d'action le plus approprié ressorte clairement.

OA7 Décrire comment les gestionnaires favorisent la performance au sein des équipes en motivant leurs membres à réaliser les objectifs organisationnels, en réduisant la paresse sociale et en gérant efficacement les conflits.

10.7 La gestion des groupes et des équipes en vue d'un rendement élevé

Après avoir vu les raisons de l'importance des groupes et des équipes pour les organisations ainsi que les types de groupes que les gestionnaires peuvent constituer, leur dynamique, leur processus de prise de décisions et les dangers de la pensée de groupe, nous examinerons d'autres mesures que les gestionnaires peuvent prendre pour s'assurer que ces groupes et ces équipes ont un rendement élevé et contribuent à l'efficacité de leur

organisation. Les gestionnaires qui souhaitent avoir des équipes et des groupes performants doivent: 1) motiver les membres des groupes pour qu'ils travaillent à réaliser les objectifs organisationnels; 2) réduire la paresse sociale; et 3) aider les groupes à gérer efficacement leurs conflits.

10.7.1 La motivation des membres du groupe en vue de la réalisation des objectifs organisationnels

Lorsque le travail d'un groupe est difficile, monotone ou qu'il requiert beaucoup de dévouement et d'énergie, les gestionnaires ne peuvent pas supposer que ses membres auront toujours la motivation nécessaire pour travailler à atteindre les objectifs de leur organisation. Considérons le cas d'un groupe de peintres en bâtiment qui peignent l'intérieur et l'extérieur de maisons neuves pour le compte d'une entreprise de construction et qui sont rémunérés à l'heure. Pourquoi s'efforceraient-ils de terminer leurs tâches avec efficience si, ce faisant, ils sont tout simplement plus fatigués à la fin de la journée et n'en retirent aucun avantage tangible? Il est plus logique pour eux d'adopter une façon de procéder plus détendue, de faire des pauses fréquentes et de travailler à un rythme plus lent. Toutefois, cette façon de procéder diminue la capacité de leur entreprise d'obtenir un avantage concurrentiel parce que cela augmente les coûts des services offerts et le temps requis pour terminer les travaux sur chaque nouvelle maison.

Les gestionnaires peuvent motiver les membres de leurs groupes et équipes à atteindre les objectifs de l'entreprise et à lui procurer un avantage concurrentiel en s'assurant que ces travailleurs eux-mêmes tirent profit du fait que leur groupe a un rendement élevé. Si les membres d'une équipe autonome savent qu'ils recevront un pourcentage des économies réalisées par l'équipe, ils essaieront probablement de réduire les coûts. Par exemple, la société Canadian Tire offre des primes d'équipe aux employés de ses postes d'essence. Des «clients-mystères» se rendent régulièrement dans ces points de vente et les évaluent en fonction de facteurs tels que la propreté, la façon d'effectuer les transactions et les types de produits offerts à l'aide d'un système de notation de 100 points. Lorsque le pointage dépasse un certain seuil, l'équipe se partage une rémunération additionnelle. De même, la société Xerox Canada, par son programme XTRA, récompense les régions qui atteignent des cibles en matière de bénéfices et de satisfaction de la clientèle. Des primes sont alors réparties également à l'intérieur de la région.

Méthode Delphi (Delphi technique)
Technique de prise de décisions dans laquelle les membres d'un groupe (habituellement des gestionnaires et des experts) ne se rencontrent pas, mais répondent par écrit à des questions qui leur sont posées par le leader du groupe.

Les gestionnaires comptent souvent sur une combinaison de mesures incitatives individuelles et collectives pour motiver les membres des groupes et des équipes à travailler à la réalisation des objectifs de leur entreprise et à l'obtention d'un avantage concurrentiel. Lorsqu'il leur est possible d'évaluer les rendements individuels à l'intérieur d'un groupe, ils déterminent souvent la rémunération en fonction de ce rendement ou du rendement combiné des individus et du groupe. Lorsqu'il est impossible d'évaluer avec précision le rendement individuel à l'intérieur d'un groupe, la performance du groupe devient le principal déterminant de la rémunération. Beaucoup d'entreprises qui utilisent des équipes autonomes se basent en partie sur le rendement de chaque équipe pour déterminer la rémunération de ses membres[72]. Élaborer un système de rémunération équitable qui favorisera à la fois une grande motivation chez les individus et un rendement élevé des équipes ou des groupes constitue un défi de taille pour les gestionnaires.

Outre les récompenses pécuniaires, les gestionnaires peuvent offrir d'autres avantages aux membres d'un groupe lorsque celui-ci a un rendement élevé, par exemple de l'équipement informatique et des logiciels, des honneurs et d'autres formes de reconnaissance ainsi que la possibilité de choisir les tâches qui leur seront assignées à l'avenir. Par exemple, les membres des équipes autonomes qui développent de nouveaux logiciels au sein d'entreprises telles que Microsoft sont souvent plutôt désireux de travailler à des projets intéressants et importants, de sorte que, lorsque leur équipe a un rendement élevé, on les récompense en leur confiant ce type de nouveaux projets.

10.7.2 La paresse sociale au sein des groupes

Jusqu'ici, il a surtout été question des mesures que les gestionnaires peuvent prendre pour encourager des niveaux de rendement élevés au sein de groupes. Toutefois, ils doivent être conscients d'un important inconvénient du travail de groupe ou d'équipe, soit le phénomène de la paresse sociale, qui diminue le rendement des groupes ou des équipes. La **paresse sociale** est la tendance qu'ont certaines personnes à fournir moins d'efforts lorsqu'elles travaillent en groupe plutôt qu'individuellement[73]. La majorité d'entre nous ont pu observer le phénomène dans une situation donnée, où un ou deux membres d'un groupe semblaient ne jamais effectuer leur part du travail

(p. ex. des étudiants faisant partie d'un club ou d'un comité qui ne se présentaient pas aux réunions ou qui ne se portaient jamais volontaires pour des activités, ou encore des travailleurs dans une équipe qui ralentissaient leur cadence sachant que d'autres membres du groupe compenseraient leur faible degré d'effort). Ce type de comportement est caractérisé par la paresse sociale.

La paresse sociale peut se produire dans n'importe quel type de groupe ou d'équipe et au sein de n'importe quel type d'organisation. Elle peut entraîner une baisse du rendement du groupe, et même l'empêcher d'atteindre ses objectifs. Heureusement, les gestionnaires disposent de certaines mesures pour réduire ce phénomène, et parfois même l'éliminer complètement. En voici trois.

1. S'assurer qu'on peut retracer l'auteur de chaque contribution individuelle d'un groupe. Certaines personnes s'adonnent à la paresse sociale lorsqu'elles travaillent en groupe parce qu'elles pensent pouvoir passer inaperçus parmi les autres. Elles se disent que nul ne le remarquera si elles font moins d'efforts qu'elles le devraient. D'autres pensent qu'on ne remarquera pas leur degré élevé d'efforts et leur contribution à l'intérieur d'un groupe et, par conséquent, qu'il est inutile de dépenser autant d'énergie pour rien[74].

   Pour éliminer de façon efficace la paresse sociale, les gestionnaires peuvent s'assurer que les contributions individuelles à l'intérieur d'un groupe sont reconnaissables, de sorte que ses membres sachent que leurs efforts élevés ou faibles seront remarqués, et leur contribution, évaluée[75]. Il leur suffit d'attribuer des tâches précises à chaque membre du groupe et de leur confier la responsabilité de leur exécution. Prenons le cas d'un groupe de huit employés chargés de remettre sur les rayons les livres rapportés dans une grande bibliothèque publique de Vancouver. La bibliothécaire en chef était préoccupée par le fait qu'il y avait toujours sept ou huit chariots de livres en attente d'être remis sur les rayons, même si les employés ne semblaient jamais très occupés et que certains trouvaient même le temps de s'asseoir et de lire des journaux ou des revues. Elle a donc décidé d'éliminer cette apparence de paresse sociale en attribuant à chaque employé la responsabilité de regarnir les rayons d'une section particulière de la bibliothèque. Comme les employés de la réception de la bibliothèque classent les livres rapportés par section dans les chariots à mesure qu'ils arrivent, il devenait facile de tenir ces employés responsables de leur section. Lorsque ceux-ci ont été informés du fait que la bibliothécaire en chef pouvait reconnaître leurs efforts individuels ou leur paresse, les

---

Paresse sociale (*social loafing*)
Tendance qu'ont certaines personnes à fournir moins d'efforts lorsqu'elles travaillent en groupe plutôt qu'individuellement.

chariots de livres en attente d'être rangés sont devenus de plus en plus rares.

Parfois, les membres d'un groupe peuvent coopérer à l'élimination de la paresse sociale en rendant les contributions individuelles identifiables. Par exemple, dans une petite entreprise de sécurité, les membres d'une équipe autonome qui assemblent des boîtes de commande pour des systèmes d'alarme résidentiels commencent chaque matin par déterminer qui effectuera quelles tâches et quelle quantité de travail chaque membre du groupe et le groupe dans son ensemble devraient exécuter ce jour-là. Chacun ne peut donc ignorer qu'à la fin de la journée, ses coéquipiers sauront exactement la quantité de travail qu'il a accompli. Grâce à ce système, il n'y a jamais de paresse sociale dans cette équipe. Toutefois, il ne faut pas oublier que, dans certains groupes, les contributions individuelles sont impossibles à déterminer.

2. Souligner l'importance des contributions de chaque membre du groupe. Une autre raison peut expliquer la paresse sociale : les gens pensent parfois que leurs efforts sont inutiles ou sans importance quand ils travaillent à l'intérieur d'un groupe. Ils ont l'impression que le groupe réalisera ses objectifs et aura un rendement acceptable qu'ils aient ou non personnellement un rendement élevé. Pour mettre fin à cette croyance, les gestionnaires devraient choisir les membres de chaque groupe en fonction des importantes contributions que chacun d'eux peut apporter au groupe dans son ensemble. Les personnes qui sentent que leur contribution compte seront alors moins portées à se laisser aller à la paresse sociale.

3. S'assurer que la taille de chaque groupe est appropriée (*voir la figure 10.11*). À mesure que la taille d'un groupe augmente, il devient de plus en plus difficile de distinguer les contributions individuelles, et ses membres sont de plus en plus portés à croire que leurs efforts personnels ont peu d'importance. Pour remédier à la situation, les gestionnaires devraient constituer des groupes qui ne comptent que le nombre nécessaire de membres pour que ceux-ci puissent atteindre les objectifs de leur groupe et avoir un rendement élevé[76].

10.7.3 L'aide aux groupes dans la gestion des conflits internes

Presque tous les groupes sont, à un moment donné, aux prises avec un conflit, que ce soit à l'intérieur du groupe (conflit intragroupe) ou avec d'autres groupes (conflit

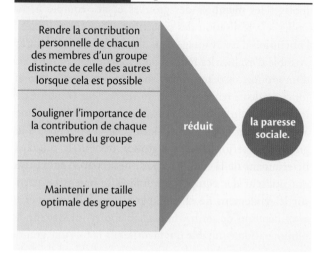

FIGURE 10.11 Trois moyens de diminuer la paresse sociale

Rendre la contribution personnelle de chacun des membres d'un groupe distincte de celle des autres lorsque cela est possible

Souligner l'importance de la contribution de chaque membre du groupe

Maintenir une taille optimale des groupes

réduit → **la paresse sociale.**

intergroupe). Au chapitre 11, nous examinerons plus en profondeur les sources des conflits et des moyens de les gérer de façon efficace.

Comme nous le verrons, certaines personnes ont parfois des relations de travail tendues et conflictuelles, de sorte que les gestionnaires doivent prendre des mesures pour les aider à gérer leurs mésententes et leurs désaccords. Nous nous intéresserons à deux types de conflits observés au sein de groupes et à ce que les gestionnaires peuvent faire pour mieux les gérer.

Il y a d'abord le **conflit lié à la tâche** (**ou conflit constructif**), qui survient lorsque les membres d'un groupe perçoivent un problème ou se trouvent en désaccord relativement à la nature d'une tâche ou d'un projet, mais sans que leur relation soit mise en cause. Ce type de conflit est relativement facile à résoudre. Il s'agit de chercher des éclaircissements concernant la nature de la tâche à effectuer ou du problème à résoudre. Dans un **conflit relationnel**, par contre, des membres d'un groupe ont l'impression que les attitudes des uns envers les autres constituent la source du problème. Des divergences d'opinions sont alors considérées comme étant des attaques personnelles qui menacent de faire avorter le projet. Les gestionnaires devraient avoir recours aux

Conflit lié à la tâche (ou conflit constructif) (*task-related conflict*)
Situation dans laquelle les membres d'un groupe perçoivent un problème ou se trouvent en désaccord relativement à la nature d'une tâche ou d'un projet.

Conflit relationnel (*relationship conflict*)
Situation dans laquelle un ou des membres d'un groupe perçoivent que l'attitude d'un ou de certains autres membres pose problème.

quatre stratégies suivantes pour atténuer et décourager les conflits relationnels.

1. **Réduire l'hostilité interpersonnelle en développant des degrés élevés d'intelligence émotionnelle.** Les membres d'une équipe qui ont des degrés élevés d'intelligence émotionnelle risquent moins de perdre leur sang-froid lorsque des désaccords surviennent (*voir le chapitre 8*).

2. **Favoriser la cohésion.** Les membres des équipes dans lesquelles la loyauté et l'engagement sont grands tolèrent mieux les réactions émotionnelles de certains coéquipiers et n'ont pas tendance à se sentir personnellement insultés lorsque la discussion s'envenime.

3. **Promouvoir l'adoption de normes de groupe constructives.** La présence de normes au sein du groupe, telles que celles qui encouragent les discussions libres et franches et celles qui établissent des rôles axés sur les relations du groupe, peut contribuer à diminuer les conflits relationnels.

Les gestionnaires disposent de toutes sortes de mesures pour gérer efficacement les conflits.

4. **Encourager la collaboration dans la gestion des conflits.** Lorsque des membres du groupe ayant des relations conflictuelles peuvent collaborer sans agressivité en faisant clairement valoir leurs intérêts et leurs points de vue, et qu'ils désirent sincèrement une issue positive à leur désaccord, il peut en résulter une solution gagnante pour chacune des parties. Par contre, si les comportements de gestion de conflits de certains membres sont axés sur la rivalité et sur l'imposition de leur propre point de vue concernant la situation, les relations conflictuelles risquent de s'aggraver.

Conseils aux gestionnaires

La formation d'équipes en vue d'atteindre un rendement élevé[77]

1. Clarifier les rôles et les responsabilités des membres du groupe afin qu'ils travaillent ensemble de façon efficace.

2. Gérer les conflits interpersonnels entre les membres des équipes.

3. Maximiser la productivité de l'équipe en encourageant les discussions et la résolution de problèmes en groupe.

4. Surmonter les obstacles au sein de l'organisation, de la direction et des employés en ce qui a trait au travail des équipes en tentant de renforcer l'intelligence émotionnelle chez leurs membres.

5. Déterminer et gérer efficacement les récompenses à accorder aux équipes.

10

Résumé et révision

Cette section vous servira à vérifier l'acquisition des objectifs d'apprentissage.

OA1 La gestion stratégique et la planification des ressources humaines   La gestion des ressources humaines (GRH) comprend toutes les activités qui permettent aux gestionnaires de s'assurer que leur organisation peut attirer, favoriser la rétention et utiliser efficacement ce type de ressources. La gestion stratégique des ressources humaines est le processus par lequel les gestionnaires conçoivent les composantes d'un système de GRH pour qu'elles concordent les unes avec les autres, avec d'autres éléments de la structure organisationnelle ainsi qu'avec la stratégie et les objectifs de l'organisation. La planification des ressources humaines est l'ensemble des activités que les gestionnaires entreprennent pour prévoir les besoins actuels et futurs de l'organisation en matière de ressources humaines.

OA2 Un aperçu des composantes de la gestion des ressources humaines   Les principales composantes de la GRH sont: 1) le recrutement et la sélection; 2) la formation et le développement des compétences; 3) l'évaluation de la performance et la rétroaction sur le rendement; 4) la rémunération et les avantages sociaux. Le recrutement est l'ensemble des activités au moyen desquelles les gestionnaires disposent d'un bassin de candidats qualifiés en vue de pourvoir à des postes. La sélection est le processus qu'ils utilisent pour déterminer les compétences relatives des candidats à un poste et leur capacité à bien effectuer les tâches qui s'y rattachent. La formation sert à enseigner aux membres d'une organisation la façon de s'acquitter efficacement des tâches propres à leur emploi. Le développement des compétences vise à accroître les connaissances et les habiletés des membres de l'organisation en vue de les préparer à assumer de nouvelles responsabilités et à relever de nouveaux défis.

L'évaluation de la performance permet de mesurer le rendement des employés dans l'exécution de leurs tâches et leur apport au bon fonctionnement de l'organisation. Elle fournit aux gestionnaires des renseignements utiles pour la prise de décisions concernant les salaires et l'avancement. La rétroaction sur le rendement est le processus qui consiste, pour un gestionnaire, à communiquer les résultats d'une évaluation de rendement à des employés, à leur donner l'occasion de réfléchir à leur propre performance et à élaborer avec eux des plans pour l'avenir. Ce type de rétroaction peut encourager une motivation et un niveau de rendement élevés. L'offre salariale est un concept indiquant la comparaison entre la façon dont la rémunération globale d'une entreprise se compare à celles d'autres organisations du même secteur qui emploient le même type de main-d'œuvre. La structure salariale permet de classer les postes par catégories qui reflètent leur importance relative pour l'organisation et ses objectifs, les habiletés requises et d'autres caractéristiques pertinentes. On établit ensuite un éventail salarial pour chaque catégorie de postes. Les entreprises offrent une gamme d'avantages sociaux à leurs employés, ce qui favorise leur rétention au sein de l'organisation.

OA3 La gestion des équipes et la performance organisationnelle   Un groupe est formé de deux personnes ou plus qui interagissent en vue d'atteindre certains objectifs ou de répondre à certains besoins. Une équipe est un groupe dont les membres travaillent ensemble de façon intensive pour réaliser un objectif ou un but commun précis. Les groupes et les équipes peuvent contribuer à l'efficacité d'une organisation en accroissant son rendement, en s'assurant de répondre adéquatement aux besoins de ses clients et en accroissant son potentiel d'innovation, tout en étant une source de motivation pour leurs propres membres.

OA4 Les types de groupes et d'équipes en milieu organisationnel Les gestionnaires mettent sur pied des groupes formels au sein de leur organisation pour atteindre les objectifs de l'entreprise. Il peut s'agir d'équipes interfonctionnelles, d'équipes interculturelles, de membres de la haute direction, d'équipes en recherche et développement, de services, de comités ad hoc, d'équipes autonomes ou d'équipes virtuelles. Les groupes informels sont des regroupements formés par des employés parce qu'ils désirent bien souvent satisfaire leurs besoins individuels, comme leur besoin d'interactions sociales ; parmi ces groupes, on trouve les groupes d'amis et les groupes d'intérêts.

OA5 La dynamique de groupe et la performance organisationnelle Les composantes clés de la dynamique de groupe sont la taille du groupe et les rôles de ses membres, son leadership, son évolution, ses normes et sa cohésion. En ce qui a trait à la taille, les gestionnaires devraient constituer des groupes qui ne comptent qu'un nombre optimal de membres afin d'atteindre leurs objectifs de manière efficiente tout en procédant à une meilleure division du travail. Les rôles des membres d'un groupe sont importants au sein d'une organisation et regroupent un ensemble de comportements et de tâches guidés par un leader. Les cinq étapes de l'évolution des groupes, par lesquelles la plupart passent, sont les suivantes : la formation, la phase des conflits, la cohésion, l'exécution et la cessation des activités. Les normes d'un groupe sont des règles communes de comportement auxquelles la majorité de ses membres se soumettent. Pour être efficaces, les groupes doivent établir un juste équilibre entre la conformité aux normes et la déviance relative à celles-ci. La conformité aux normes permet aux groupes de contrôler les comportements de leurs membres en vue d'atteindre leurs objectifs. La déviance apporte un élan qui aide à effectuer des changements nécessaires. La cohésion est l'attrait qu'exerce un groupe ou une équipe sur ses membres. À mesure que la cohésion des groupes augmente, le degré de participation et de communication à l'intérieur du groupe augmente également, de même que le degré de conformité aux normes du groupe et l'importance accordée à la réalisation de ses propres objectifs. Les gestionnaires devraient s'efforcer de maintenir un degré modéré de cohésion dans les groupes et les équipes qu'ils dirigent.

OA6 La prise de décisions en groupe Les gestionnaires doivent prendre conscience des dangers de la pensée de groupe. Ce phénomène s'observe lorsque les membres d'un groupe s'efforcent de parvenir à une décision sans considérer avec suffisamment d'attention toutes les autres solutions possibles. On peut le minimiser en confiant à l'un d'eux le rôle de l'avocat du diable. On peut aussi encourager la créativité et l'innovation de façon à améliorer le processus de prise de décisions en ayant recours à trois techniques. Le remue-méninges consiste à proposer de multiples options originales, sans les critiquer au départ, au cours d'une réunion des membres d'un groupe en un même lieu. L'évaluation de ces propositions se fait après le remue-méninges proprement dit. La technique du groupe nominal permet pour sa part aux membres de trouver chacun de son côté des suggestions possibles et de les noter par écrit pour qu'elles soient plus tard examinées par l'ensemble du groupe. La méthode Delphi sert quant à elle à résoudre des problèmes en permettant à des experts de proposer des solutions et des plans d'action appropriés et d'en débattre jusqu'à l'obtention d'un consensus.

OA7 La gestion des groupes et des équipes en vue d'un rendement élevé   Pour s'assurer que les groupes et les équipes ont un rendement élevé, les gestionnaires doivent motiver leurs membres à travailler à la réalisation des objectifs de l'entreprise. Ils doivent aussi surmonter des obstacles tels que la paresse sociale et les conflits. Pour motiver les membres des groupes et des équipes à travailler à atteindre les objectifs de leur organisation, les gestionnaires peuvent s'assurer qu'ils bénéficient personnellement du rendement élevé de leur équipe ou de leur groupe.

TERMES CLÉS

aperçu réaliste des tâches (p. 315)

avantages sociaux (p. 323)

avocat du diable (p. 340)

blocage (p. 341)

cohésion de groupe (p. 337)

comité ad hoc (p. 328)

comité permanent (p. 328)

conflit lié à la tâche (ou conflit constructif) (p. 344)

conflit relationnel (p. 344)

développement des compétences (p. 317)

dynamique de groupe (p. 331)

épreuve de performance (p. 316)

équipe (p. 324)

équipe autonome (p. 329)

équipe en recherche et développement (p. 328)

équipe virtuelle (p. 330)

évaluation de la performance (ou du rendement) (p. 319)

évaluation des besoins (p. 317)

évaluation formelle (p. 322)

évaluation informelle (p. 322)

évaluation multisources (360°) (p. 322)

évaluation objective (p. 321)

évaluation subjective (p. 321)

formation (p. 317)

formation en cours d'emploi (p. 318)

gestion des ressources humaines (GRH) (p. 309)

gestion stratégique des ressources humaines (p. 309)

grille de renouvellement du personnel (p. 310)

groupe (p. 324)

groupe d'amis (p. 331)

groupe d'intérêts (p. 331)

groupe formel (p. 327)

groupe informel ou spontané (p. 327)

méthode Delphi (p. 342)

mutation (p. 313)

normes de groupe (p. 334)

offre salariale (p. 323)

paresse sociale (p. 343)

pensée de groupe (p. 339)

planification des ressources humaines (p. 310)

recrutement (p. 312)

régime à la carte (p. 324)

remue-méninges (p. 341)

rétroaction sur le rendement (p. 319)

rôle axé sur la tâche (p. 333)

rôle axé sur les relations (p. 333)

rôle décisionnel (p. 333)

rôles des membres d'un groupe (p. 332)

sélection (p. 312)

structure salariale (p. 323)

technique du groupe nominal (p. 341)

test d'aptitude (p. 315)

test d'aptitude physique (p. 315)

test de personnalité (p. 315)

Solutionnaire enseignant

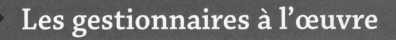

Les gestionnaires à l'œuvre

SUJETS À TRAITER ET ACTIVITÉS CONNEXES

NIVEAU 1 Connaissances et compréhension

1. Décrivez les quatre composantes d'un système de GRH.

2. Décrivez la meilleure façon pour les gestionnaires de fournir une rétroaction sur le rendement à leurs employés.

3. Décrivez les façons dont les équipes peuvent accroître l'avantage concurrentiel de leur entreprise.

4. Faites une description des divers types de groupes et d'équipes qu'on trouve dans les entreprises.

5. Décrivez trois techniques auxquelles les gestionnaires peuvent avoir recours pour améliorer la prise de décisions en groupe et favoriser la créativité.

NIVEAU 2 Application et analyse

6. Discutez des raisons pour lesquelles il est important d'harmoniser les composantes du système de GRH entre elles ainsi qu'avec la stratégie et les objectifs d'une organisation.

7. Expliquez les raisons pour lesquelles les gestionnaires favorisent la mise sur pied d'équipes autonomes pour réaliser les objectifs de leur entreprise et les façons dont ils procèdent. Quels sont quelques-uns des inconvénients de l'utilisation de ce type d'équipes?

8. Décrivez les rôles axés sur la tâche et les rôles axés sur les relations qui favorisent un fonctionnement efficace des groupes. À votre avis, lequel de ces deux types de rôles est le plus important? Pour quelles raisons?

NIVEAU 3 Synthèse et évaluation

9. Les équipes devraient avoir un degré de cohésion modéré et établir un équilibre entre les degrés de conformité et de déviance en matière de respect des normes. Que pensez-vous de cette affirmation? Pourquoi est-ce important pour leur rendement?

10. Imaginez que vous êtes le gérant d'un hôtel. Quelles mesures prendriez-vous pour réduire la paresse sociale chez les membres du personnel d'entretien qui sont chargés de maintenir les salles communes et les chambres des clients dans une propreté impeccable?

11. a) Quels sont les pièges de la pensée de groupe?

    b) Comment peut-on résoudre des conflits de groupe?

EXERCICE PRATIQUE EN PETIT GROUPE

La formation d'une équipe interfonctionnelle

Formez un groupe de trois ou quatre personnes et choisissez quelqu'un qui présentera les résultats de votre recherche à toute la classe lorsque votre professeur vous le demandera. Discutez ensemble du scénario suivant.

Vous formez un groupe de gestionnaires et vous avez la responsabilité de gérer les services alimentaires d'une grande université. Récemment, un sondage a été effectué auprès des étudiants, du personnel enseignant et du personnel administratif pour évaluer la satisfaction des clients en ce qui a trait aux services alimentaires fournis par les huit cafétérias de l'université. Les résultats se sont révélés décevants (et c'est peu dire). Les plaintes étaient variées, allant de l'insatisfaction quant aux types et à la variété des repas et des goûters offerts, aux heures d'ouverture et à la température des aliments jusqu'au refus de tenir compte des préoccupations actuelles concernant l'importance de consommer des repas à faible teneur en glucides, mais à teneur élevée en protéines, et des besoins des végétariens. Vous décidez donc de former une équipe interfonctionnelle qui évaluera en profondeur les résultats du sondage et préparera des suggestions de changements possibles pour accroître la satisfaction des clients.

1. Déterminez les personnes qui devraient faire partie de cette équipe interfonctionnelle et justifiez vos choix.

2. Décrivez les objectifs que l'équipe devrait s'efforcer d'atteindre.

3. Décrivez les divers rôles que les membres de l'équipe devront jouer.

4. Décrivez les mesures que vous prendrez pour vous assurer que l'équipe a un juste équilibre en matière de conformité et de déviance au regard des normes ainsi qu'un degré de cohésion modéré.

Pour vous guider, consultez l'annexe B, à la page 426.

EXERCICE DE PLANIFICATION D'AFFAIRES

Vous vous rendez compte que votre équipe de planification d'affaires pourrait devoir travailler à la manière d'une équipe virtuelle parce que les horaires de travail et de cours de ses membres ne concordent pas. Il n'y a presque aucun moment où plus de trois d'entre vous pourraient se rencontrer en personne. Les équipes virtuelles présentent des avantages, mais elles comportent aussi quelques inconvénients.

1. Comment allez-vous développer une certaine cohésion dans cette équipe?

2. Rédigez un «contrat d'équipe» qui porte sur la façon dont le groupe se divisera le travail de préparation du plan d'affaires (les rôles et les responsabilités de chacun de ses membres), les normes à établir pour faciliter le fonctionnement du groupe, les moyens de prévenir la paresse sociale et les conséquences pour ceux qui ne respecteront pas leurs engagements.

EXERCICE DE GESTION RELATIF À L'ÉTHIQUE

La société Moon Fuel a mis sur pied des équipes autonomes pour développer et produire de nouveaux sites Internet. Certains membres d'une équipe s'adonnent à la paresse sociale, mais leurs collègues hésitent à se plaindre. En effet, lorsqu'à la fin de chaque projet, les membres de l'équipe doivent évaluer mutuellement leur rendement, certains d'entre eux accordent la même note à tout le monde pour éviter des conflits. Toutefois, cette pratique mine le moral de l'équipe parce qu'un travail acharné a pour résultat la même rémunération que la paresse sociale. Des membres de l'équipe trouvent qu'il est contraire à l'éthique d'accorder la même note à tout le monde, surtout lorsque les performances varient considérablement. L'un d'entre eux vient vous voir et vous demande votre avis à titre d'expert en rendement des équipes et en éthique. Que lui conseilleriez-vous de faire? Comment pourrait-on améliorer le rendement de l'équipe?

LA GESTION MISE AU DÉFI

Le développement d'un esprit d'équipe[78]

Jim Clemmer, de Kitchener en Ontario, est un conférencier professionnel, un animateur d'ateliers et de sessions de ressourcement et l'auteur de *Principes immuables de la réussite d'une équipe et d'une entreprise*. Selon lui, «l'esprit d'équipe est le catalyseur dont chaque organisation a besoin pour atteindre un rendement exceptionnel». Il ajoute que «l'engagement organisationnel des individus qui utilisent les outils mis à leur disposition et qui exécutent les plans élaborés détermine si les entreprises vont échouer ou avoir un succès phénoménal». Il explique ensuite de quelles manières les entreprises peuvent éliminer ou développer cet esprit.

En raison de vos connaissances et de vos habiletés en matière de rendement du travail d'équipe, on fait appel à vous pour discuter avec les 2 partenaires fondateurs et les 10 employés d'une entreprise qui se spécialise dans la fabrication d'un nouveau type de pneu et qui s'apprête à ouvrir ses portes à Winnipeg, au Manitoba. La plupart des employés de l'organisation sont des amis de longue date et cette familiarité amène des comportements qui ne sont pas désirés. Ainsi, les propriétaires de l'organisation souhaitent apporter des changements. Par exemple, pendant l'étape de la planification, ils ont toléré l'utilisation d'appareils sans fil au cours de leurs réunions. Ils se rendent maintenant compte que certains de leurs membres n'aiment pas cette « présence additionnelle » alors que l'équipe fait tout ce qu'elle peut pour encourager ses membres à communiquer entre eux. Les propriétaires ont découvert que des membres, ennuyés par les discussions, s'envoient subtilement des courriels durant les réunions.

1. Quel est le problème de l'équipe à votre avis ?

2. Quel est le meilleur conseil que vous pouvez donner à ce groupe en matière de développement d'un esprit d'équipe ?

PROJET DE PRÉPARATION D'UN DOSSIER DE GESTION

Répondez aux questions suivantes concernant l'organisation que vous avez choisi d'étudier.

1. Quels types de groupes et d'équipes pouvez-vous observer dans cette organisation ?

2. Cette organisation a-t-elle des équipes autonomes ? Comment sont-elles organisées ?

3. Utilise-t-elle des équipes virtuelles ? Si oui, dans quels domaines d'activité travaillent-elles ?

4. Observez-vous des conflits dans cette entreprise ? Quelles en sont les causes et comment les résoudriez-vous ?

Étude de cas

Solutionnaire enseignant

Rien ne va dans l'espace lorsque l'équipe n'est pas au mieux de sa forme.

Même s'il s'agit d'une petite entreprise, Neptec Design Group a appris à travailler avec les grandes agences spatiales en adoptant leur façon de penser[79].

L'entreprise d'Ottawa est un important joueur de l'industrie aérospatiale. Au cours de ses quelque 20 années d'existence, Neptec a collaboré à des projets technologiques d'envergure, notamment lors de six vols spatiaux de la NASA. La clé du succès de cette entreprise de petite taille, selon Iain Christie, chef de la direction, réside dans le fait qu'elle se comporte comme un joueur de l'équipe, c'est-à-dire qu'elle résout des problèmes de la façon dont ses clients voudraient qu'ils soient résolus. Neptec conçoit et construit des capteurs et toute une gamme d'appareils de robotique à la fine pointe de la technologie pour les secteurs de l'astronautique et de la défense nationale. L'entreprise se spécialise plus particulièrement dans le développement et le fonctionnement de systèmes de vision stéréoscopique (3D) pour l'inspection et le positionnement de l'équipement. Cette année, elle est devenue la première société qui n'est pas établie aux États-Unis à remporter le prix George M. Low de la NASA, qui récompense la qualité et le rendement.

En plus de faire des affaires au Canada et aux États-Unis, elle a signé des contrats avec l'agence spatiale japonaise ainsi qu'avec l'Agence spatiale européenne (ASE) et a entrepris des négociations qui pourraient l'amener à travailler en Russie. Elle recherche également des associés à l'étranger pour sa nouvelle entreprise Neptec Technologies Corp., et souhaite tirer profit de son expertise technologique pour se distinguer dans des secteurs tels que la défense nationale et l'énergie.

Monsieur Iain Christie a obtenu son doctorat en physique de l'Université d'Ottawa. La majorité de son personnel a reçu sa formation au sein d'universités canadiennes telles que Waterloo, Carleton et Laval. Voici ses réponses aux questions du journaliste de la publication *Business without Borders*.

Pourquoi votre entreprise a-t-elle obtenu le prix George M. Low de la NASA?

Nous travaillons à la manière de la NASA. Nous ne nous contentons pas de comprendre ce que l'agence veut explicitement, mais nous faisons ce qu'elle nous demande de la façon dont elle a implicitement besoin que ce soit fait. Leurs spécialistes comprennent que, lorsque nous faisons partie de l'équipe, nous en sommes membres à part entière. Rien ne va lorsque l'équipe n'est pas au mieux de sa forme.

Qu'entendez-vous par «de la façon dont elle a implicitement besoin que ce soit fait»?

La première fois que je me suis rendu au Johnson Space Centre à Houston, au tout début de ma carrière, j'ai travaillé un certain temps sur le système de vision spatiale, que nous avons finalement utilisé pour mettre sur pied la station spatiale. Ce système était muni d'une caméra pour examiner des cibles. Nous avons pensé qu'il vaudrait mieux utiliser deux caméras. J'avais déjà travaillé pendant un an à découvrir une façon de produire ce que nous appelons l'«algorithme des deux caméras». Je me suis donc rendu à la NASA à titre d'agent de liaison entre notre entreprise et l'agence. Le jour même de mon arrivée, nous avions une réunion et j'ai dit aux participants: «Nous avons développé cet algorithme des deux caméras et il va grandement améliorer les choses. Il sera beaucoup plus précis et devrait résoudre vos problèmes.» La première personne qui a pris la parole m'a répondu: «C'est très intéressant, mais nous devons être quasi insensibles à une seule défaillance, c'est-à-dire que si nous perdons une caméra, nous pourrons encore fonctionner. Par conséquent, pour faire ce que vous nous proposez, il nous faudrait au moins trois, et peut-être même quatre caméras. C'est impossible. Je suis désolé, mais nous ne pouvons pas utiliser votre algorithme des deux caméras. Qu'avez-vous d'autre à nous proposer?» Cette expérience a été ma première leçon. Résoudre un problème de la façon dont vous le voulez, ça peut être intéressant, mais si vous êtes incapable de bien comprendre ce que votre client veut et que vous ne pouvez pas le faire à sa façon, vous n'avez pas vraiment réglé le problème.

Quelle leçon en avez-vous tirée?

Le principal facteur dans la résolution de problèmes n'est pas seulement de comprendre les contraintes que le client est prêt à vous indiquer par écrit, mais aussi ses contraintes implicites, c'est-à-dire celles qui proviennent de sa culture. Miser sur des solutions n'offrant aucune défaillance technologique fait partie du code de la NASA, mais c'est aussi très profondément ancré dans sa culture. Ses membres ne considèrent pas la possibilité de faire quoi que ce soit autrement. Lorsque vous pouvez arriver à un point où ils vous disent «Avez-vous fait ceci, avez-vous fait cela et est-ce que ça peut faire telle chose?» et que vous avez chaque fois la bonne réponse, ils commencent à se détendre et à croire que «quand ces gens-là nous apportent une solution, ça va être la solution de la NASA et pas celle de Neptec».

Est-ce la clé du succès de votre entreprise?

Notre capacité à nous intégrer aux équipes de nos clients, à adopter leurs contraintes, leurs attitudes et leurs objectifs a pour résultat qu'ils continuent d'avoir recours à nos services et qu'ils font preuve d'une grande loyauté envers nous. Beaucoup de grandes sociétés apprécient les innovations que leur fournissent les petites entreprises, mais elles s'en méfient parce qu'elles ne connaissent pas les façons de les contrôler. Elles se demandent si elles peuvent avoir confiance dans le produit qu'elles obtiennent. Elles ne savent pas si ce produit sera fiable ou s'il aura toujours la même qualité.

Quelle est la plus grande limitation pour une petite entreprise?

Toute entreprise qui fixe son attention sur le flux de trésorerie plutôt que sur le bilan est une petite entreprise. Neptec est une petite entreprise. La pire contrainte d'une petite entreprise est qu'elle peut faire des plans et établir des stratégies à long terme, mais qu'elle est toujours à la merci de problèmes à court terme. Et d'une façon ou d'une autre, ces problèmes la ramènent toujours à des questions de flux de trésorerie. Le loup n'est jamais assez loin de la porte de la bergerie. Ça nous empêche de mettre de côté les considérations à court terme plutôt que de mettre l'accent sur celles à long terme.

C'est une bonne nouvelle de savoir qu'on peut trouver du personnel compétent au Canada.

Nous avons un système d'enseignement postsecondaire de première qualité et notre société permet aux gens de se concentrer sur leur emploi. Comme nous vivons dans une société stable où il y a peu d'agitation sociale ou de problèmes, les personnes peuvent investir toute leur énergie et leur créativité dans leur travail, ce qui est un grand avantage pour ceux qui les emploient.

1. Comment l'équipe de Neptec contribue-t-elle à l'efficacité organisationnelle de la NASA?
2. Quelle est la clé du succès de la méthode de travail de l'équipe de Neptec?
3. Comment la pensée de groupe joue-t-elle un rôle dans cette situation?

11 La communication organisationnelle et la gestion des conflits

OA1 Expliquer l'importance et la pertinence d'une communication efficace et décrire le processus de communication.

OA2 Définir la richesse de l'information et décrire les caractéristiques des différents moyens de communication qui sont à la disposition des gestionnaires.

OA3 Déterminer les sources des conflits organisationnels et comprendre les façons dont il est possible de les gérer.

OA4 Décrire les stratégies de gestion de conflit que les gestionnaires peuvent employer pour régler efficacement des conflits interpersonnels et organisationnels.

OA5 Faire la distinction entre la négociation distributive et la négociation raisonnée, définir la négociation collective et déterminer les façons d'utiliser la négociation pour résoudre les conflits intergroupes.

Entrée en matière

Un fabricant de médicaments canadien préconise l'utilisation d'outils de collaboration technologiques pour résoudre la crise qui touche la chaîne d'approvisionnement[1].

Comment les gestionnaires peuvent-ils doter leur entreprise d'un avantage concurrentiel en se servant de la technologie pour améliorer la communication ?

Il y a quelques années, une entreprise pharmaceutique canadienne a constaté qu'elle se trouvait constamment en situation de crise organisationnelle. Le seul moyen de sortir de ce chaos consistait à amener tous ses membres à communiquer les uns avec les autres.

L'entreprise, Ratiopharm Canada, n'arrivait pas à être suffisamment flexible pour répondre aux changements liés aux demandes de ses clients. Par exemple, il arrivait que la division de la chaîne logistique ignore pendant une période aussi longue que quatre mois qu'il y avait eu un ralentissement de la production en raison d'une grave erreur de fabrication ou d'un problème de contrôle de la qualité.

L'entreprise s'est rendu compte que la solution consistait à favoriser la communication entre tous ses membres. Le fabricant de médicaments génériques s'est donc servi d'un outil de

collaboration technologique appelé «collecticiel».
Antonio Martins était vice-président responsable
de la chaîne logistique en 2005, au moment où il
a mis en place cet outil à Ratiopharm. Il raconte:
«Lorsque l'ensemble de l'établissement subit de
fortes tensions, il passe en mode de crise. Nous
étions constamment en mode de crise. Lorsque
le stress disparaît, tout peut soudainement se
remettre en ordre. L'entreprise dans son ensemble
devient alors beaucoup plus efficiente.»

Toujours selon monsieur Martins, qui a également été vice-président responsable de la chaîne
logistique à Teva Canada, la société qui a fait l'acquisition de Ratiopharm en 2010, le problème
découlait d'un manque de communication organisationnelle concernant la chaîne d'approvisionnement. Lorsque quelque chose n'allait pas dans le
processus de la chaîne logistique, de deux à quatre
mois pouvaient s'écouler avant que l'information
parvienne aux personnes qui avaient le plus besoin
d'en être avisées.

Comment peut-on minimiser un tel intervalle en
matière de communication? Monsieur Martins a eu

recours à la technologie Web 2.0 et à des outils de
collaboration technologiques, en commençant par
le SharePoint de Microsoft et en passant ensuite à
Strategy-Nets, puis à Moxie Software, dont l'entreprise se sert encore aujourd'hui. Selon lui, ces outils
de collaboration ont facilité la communication
entre les employés, ce qui a permis à l'entreprise de
résoudre les problèmes liés à sa chaîne logistique
et au service et, en fin de compte, de préserver des
emplois et même de survivre pendant des périodes
difficiles.

Martins explique que vers 2005, à Ratiopharm,
on mettait trop de temps à déceler les situations problématiques au sein de la chaîne d'approvisionnement. En effet, si des points noirs
rebutants provenant d'une substance étrangère
apparaissent soudainement dans les ingrédients
servant à fabriquer un lot de comprimés, il faut
idéalement arrêter le processus de fabrication et
retirer les capsules contaminées. «Ce lot qui se
trouve dans des tonneaux, nous l'attendons sans
savoir que quelque chose ne va pas, alors que nous
devons découvrir le plus tôt possible ce qui cloche.

[...] Nous ne voulions pas que le problème passe par tous les échelons de la hiérarchie parce que c'est trop long d'attendre que les patrons se parlent d'un échelon à l'autre. »

Monsieur Martins fait remarquer qu'à ce stade-là, l'entreprise avait commencé à utiliser SharePoint. Il a donc amené ses employés à se servir du babillard de ce collecticiel. « Les uns affichaient le problème et les autres le résolvaient. Le temps qu'il fallait pour se rendre compte de l'existence d'un problème est passé de deux à quatre mois à deux à quatre semaines, puis à quelques heures ou à quelques jours. »

SharePoint fonctionnait bien, mais l'entreprise voulait disposer de plus d'outils de collaboration technologiques, de sorte qu'en 2007, elle a eu recours au collecticiel Strategy-Nets et a élargi son programme de collaboration au-delà de la chaîne logistique pour y inclure le service à la clientèle, les ventes et le marketing.

Après Strategy-Nets, Ratiopharm a adopté le logiciel Moxie, qui comprend en outre des outils de conversation en temps réel, des blogues, des sites wikis et de partage de documents. Monsieur Martins apprécie l'offre de Moxie en raison de son architecture fiable et de sa plate-forme ouverte. Selon lui, une fois que les membres du personnel des divers services sont branchés, ils sont en mesure de faire de meilleures prévisions concernant le marché et « de réagir avant que des problèmes surgissent soudainement et déstabilisent l'entreprise ».

L'emploi systématique de logiciels de collaboration technologiques et l'adoption d'outils plus complexes et plus variés ont permis à Ratiopharm d'accroître la qualité de son service de 98 % pendant trois années consécutives. En outre, l'entreprise est parvenue à fabriquer ses produits trois fois plus vite qu'avant, améliorant ainsi sa capacité à répondre à la demande, même en période de pointe.

Monsieur Martins conclut : « Si vous mettez en place des milieux de travail dans lesquels les employés peuvent signaler un problème dès qu'il se produit, vous vous dotez d'un outil puissant. Une collaboration de ce type vous permet de savoir ce qui se passe à l'interne. Et si vous pensez à la façon dont se fait la production dans l'entreprise, vous avez dorénavant une base solide qui permet de tout faire plus rapidement. »

▶ **Après avoir réfléchi aux concepts présentés dans ce chapitre, vous serez en mesure de répondre aux questions suivantes.**

1. En quoi la communication à Ratiopharm était-elle inefficace ?

2. Comment l'utilisation d'outils de collaboration technologiques a-t-elle aidé Ratiopharm à résoudre ses problèmes de communication ?

3. Quel degré de richesse de l'information atteint-on grâce aux outils de collaboration technologiques suivants ?

   a) Les outils de conversation en temps réel.

   b) Les blogues, les sites wikis et le partage de documents.

Comme l'indiquent les initiatives de Ratiopharm, la mise en place de nouvelles technologies de l'information en vue d'améliorer la communication et la prise de décisions est un élément essentiel de la tâche des gestionnaires. En effet, la communication constitue une composante fondamentale de la structure d'un milieu de travail sain. Non seulement elle protège les employés contre des environnements de travail toxiques, mais elle peut être le pivot du travail au quotidien. Une communication inefficace nuit aux gestionnaires, aux employés et aux entreprises ; elle peut provoquer des conflits, envenimer les relations interpersonnelles et entraîner une baisse du rendement, de la qualité du service à la clientèle et de la satisfaction des clients. Les gestionnaires de tous les échelons doivent être de bons communicateurs pour que leur entreprise soit efficace et puisse acquérir un avantage concurrentiel.

Dans ce chapitre, nous décrirons la nature des types de communication et du processus de communication, et nous verrons les raisons pour lesquelles il est important que tous les gestionnaires et leurs employés soient des communicateurs efficaces. Nous examinerons les moyens de communication à la disposition des gestionnaires et les facteurs que ceux-ci doivent considérer dans le choix de l'un de ces moyens pour chacun des messages qu'ils envoient. Nous déterminerons les habiletés en communication nécessaires afin d'aider les individus à devenir des expéditeurs et des destinataires efficaces de ces messages. Nous décrirons les différents types de conflits potentiels au sein des organisations et les stratégies que les gestionnaires peuvent utiliser pour les résoudre de façon compétente. Nous étudierons en détail une des principales techniques de résolution de conflit, la négociation, et nous définirons les mesures que les gestionnaires doivent prendre pour être de bons négociateurs. À la fin de ce chapitre, vous comprendrez clairement la nature de la communication et ce que chacun des membres d'une organisation peut faire pour s'assurer d'être un communicateur efficace. Enfin, vous prendrez connaissance des habiletés nécessaires pour gérer les conflits organisationnels.

OA1 Expliquer l'importance et la pertinence d'une communication efficace et décrire le processus de communication.

11.1 La communication, compétence essentielle des membres de l'organisation

La **communication** est le partage de renseignements entre deux ou plusieurs personnes ou groupes dans le but de parvenir à se comprendre mutuellement[2]. Certaines organisations le font plus efficacement que d'autres, comme nous l'avons souligné dans l'entrée en matière.

Premièrement, peu importe les moyens par lesquels la communication se fait (p. ex. verbale, écrite), c'est une activité humaine qui implique des personnes et des groupes. Deuxièmement, il n'y a pas de communication si ces personnes et ces groupes ne parviennent pas

Communication (*communication*)
Partage de renseignements entre deux ou plusieurs personnes ou groupes dans le but de parvenir à une compréhension commune d'un sujet.

à se comprendre mutuellement. Par conséquent, si vous essayez de joindre une personne du service à la clientèle ou du service de la facturation d'une entreprise et qu'on vous renvoie pour toute réponse des messages automatiques interminables ou des menus dans lesquels vous devez choisir un sous-menu, et que vous finissez par raccrocher, en proie à la frustration, il n'y a pas eu de communication.

Au chapitre 1, nous avons souligné que pour procurer à leur entreprise un avantage concurrentiel, les gestionnaires doivent s'efforcer d'accroître son efficience, d'améliorer la qualité de ses produits, de répondre adéquatement aux besoins des clients et, enfin, d'augmenter sa capacité d'innovation. Une communication efficace joue un rôle essentiel dans la réalisation de chacun de ces quatre objectifs et, par conséquent, elle est indispensable à l'obtention d'un avantage concurrentiel.

Les gestionnaires peuvent accroître l'efficience de leur entreprise en mettant à jour le processus de production de façon à tirer profit de nouvelles technologies plus efficientes et en offrant à leurs employés la formation nécessaire pour utiliser ces technologies et accroître leurs habiletés. C'est grâce à une communication efficace qu'ils peuvent découvrir l'existence de ces nouvelles technologies, les implanter dans leur entreprise et fournir à leurs employés la formation requise pour s'en servir. De même, l'amélioration de la qualité des produits (ou des services) dépend de l'efficacité de la communication. Les gestionnaires doivent communiquer à tous les membres de leur organisation l'importance et la pertinence de fabriquer des produits de qualité supérieure et les façons d'y parvenir. Leurs employés doivent les informer s'il survient des problèmes liés à la qualité des produits et formuler des suggestions afin d'y remédier. De même, les membres des équipes autonomes doivent échanger leurs idées sur les façons d'améliorer la qualité des produits.

Une bonne communication joue également un rôle afin de bien répondre aux besoins des clients. Lorsqu'on habilite les membres de l'organisation qui sont le plus près des clients, tels les vendeurs de grands magasins ou les préposés au service des banques, à transmettre les besoins et les souhaits des clients à leurs gestionnaires, ces derniers peuvent y réagir plus efficacement. Ils doivent à leur tour communiquer avec d'autres membres de l'organisation pour déterminer les meilleures manières de répondre aux changements selon les préférences de la clientèle. Comme nous l'avons déjà souligné au chapitre 5, une communication efficace se révèle particulièrement importante dans un cadre de gestion de crise organisationnelle. La société

Maple Leaf Foods est considérée comme un modèle en matière de réussite dans la communication avec ses clients pour la façon dont elle a géré le plus important rappel d'aliments jamais survenu au Canada en août 2008, après l'apparition de cas de listériose, une maladie potentiellement mortelle, due à des produits provenant d'une de ses usines. À cette époque, le chef de la direction, Michael McCain, a réagi rapidement en tenant une conférence de presse et en diffusant une vidéo, sur YouTube, dans laquelle il expliquait en détail les mesures que son entreprise prenait pour résoudre ce problème. Maple Leaf a également engagé des frais publicitaires afin de publier des renseignements essentiels aux consommateurs (dans les journaux et à la télévision). Par contre, en 2011, les chefs de la direction de Research In Motion (RIM) ont attendu que le problème de panne du BlackBerry, qui avait pris des proportions internationales, soit réglé avant que l'un d'eux, Mike Lazaridis, se présente sur YouTube pour donner des explications.

L'innovation, qui est souvent la raison d'être des équipes interfonctionnelles, requiert également une communication efficace. Par exemple, les membres d'équipes de ce type chargées de développer un nouveau type de lecteur de disques compacts doivent communiquer efficacement les uns avec les autres pour concevoir un appareil d'une qualité supérieure qui répondra aux besoins des clients et dont la production se fera de façon efficiente. Ils doivent également communiquer avec des gestionnaires au sein de l'organisation pour se procurer les ressources dont ils ont besoin pour mettre au point ce lecteur et les tenir au courant des progrès qu'ils accomplissent dans la réalisation de ce projet.

En résumé, une communication efficace est indispensable pour que les gestionnaires et tous les membres d'une organisation puissent en accroître l'efficience, la qualité, la réactivité aux besoins des clients et l'innovation, et lui procurer ainsi un avantage concurrentiel. Les gestionnaires doivent donc bien comprendre le processus de communication s'ils veulent accomplir leurs tâches efficacement. Un véritable travail d'équipe comporte un certain nombre de composantes interdépendantes mais distinctes, et requiert la participation de personnes ayant des domaines d'expertise différents, mais qui doivent coordonner minutieusement leurs efforts. À ce propos, les collectiels peuvent se révéler des outils de communication puissants, comme il a été souligné dans l'entrée en matière de ce chapitre.

11.1.1 Le processus de communication

Le processus de communication comporte deux phases : la phase de transmission, où deux ou plusieurs personnes se communiquent des renseignements, et la phase de rétroaction, où ces personnes parviennent à se comprendre mutuellement. Chacune de ces phases comporte un certain nombre d'étapes distinctes requises pour que la communication ait lieu (*voir la figure 11.1*)[3].

L'expéditeur déclenche la phase de transmission en choisissant un message. Ensuite, l'expéditeur traduit le

---

Expéditeur (*sender*)
Personne ou groupe qui souhaite faire part de renseignements à d'autres.

Message (*message*)
Renseignement qu'un expéditeur souhaite transmettre à d'autres personnes.

> **FIGURE 11.1** Le processus de communication

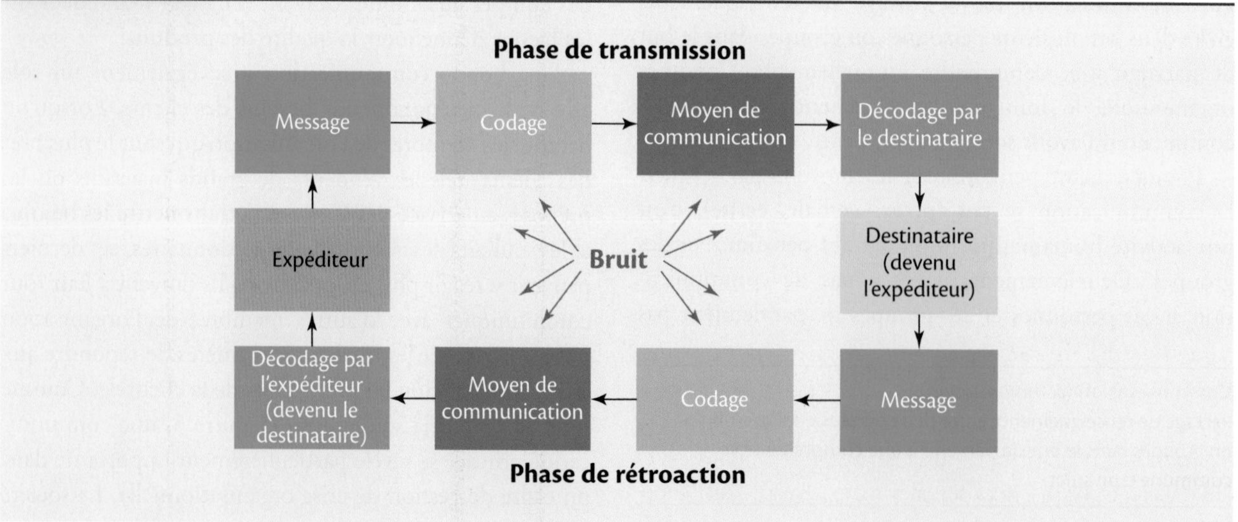

message en symboles ou en mots, un processus qu'on appelle « codage ». Souvent, les messages sont transmis en mots, mais ils peuvent aussi l'être à l'aide de binettes (p. ex. :-D). Le **bruit** est un terme général qui désigne tout ce qui entrave le déroulement de n'importe laquelle des étapes du processus de communication.

Après avoir été codé, le message est transmis par un moyen de communication au destinataire, la personne ou le groupe auquel il est destiné. Le **moyen de communication** est simplement la voie empruntée (p. ex. un appel téléphonique, une lettre, une note, un courriel ou encore une communication en personne lors d'une réunion) pour transmettre un message codé à son destinataire. À l'étape suivante, le destinataire interprète le message et tente d'en comprendre le sens, un processus appelé « décodage ». C'est le moment critique d'une communication. La phase de rétroaction est déclenchée par le destinataire (qui devient alors l'expéditeur). Celui-ci décide du message qu'il doit envoyer à l'expéditeur de départ (qui devient alors le destinataire). Puis, il le code et le transmet par un moyen de son choix. Le message peut contenir une confirmation du fait que le message de départ a été reçu et compris, une paraphrase de ce message, par laquelle le nouvel expéditeur s'assure d'avoir correctement interprété le message de départ, ou une demande de renseignements additionnels. L'expéditeur de départ, décode ce message et vérifie si la compréhension du message est la même de part et d'autre. S'il se rend compte que son message n'a pas été bien compris, il reprend avec le destinataire l'ensemble du processus de communication aussi souvent que nécessaire, jusqu'à ce que les deux arrivent à la même compréhension du message. Le fait de ne pas écouter leurs employés empêche bon nombre de gestionnaires de recevoir leur rétroaction et de parvenir avec eux à une compréhension mutuelle. La rétroaction permet d'éliminer les malentendus, de s'assurer que les messages ont été correctement interprétés et de parvenir à une compréhension commune entre les expéditeurs et les destinataires.

Le codage des messages en mots, écrits ou parlés, constitue la **communication verbale**. On code également des messages sans utiliser le langage écrit ou parlé. La **communication non verbale** sert au partage de renseignements au moyen d'expressions faciales (un sourire, l'élévation d'un sourcil, le froncement des sourcils ou un mouvement de la mâchoire vers le bas), du langage corporel (la position du corps, les gestes, les signes de tête et les haussements d'épaules) et même de styles d'habillement (décontracté, formel, conservateur ou à la mode). Selon Natasha vandenHoven, vice-présidente directrice des ressources humaines d'Aon Consulting, à Toronto, « les gens portent des jugements sur vous d'après votre apparence. Si vous êtes habillé de façon négligée ou comme si vous alliez à la plage, vous faites mauvaise impression sur les clients et les autres employés[4] ».

La communication non verbale peut servir à renforcer les messages verbaux. Ainsi, un sourire spontané et chaleureux fera ressortir quelques mots de gratitude pour un travail bien fait, et une expression faciale témoignant de l'inquiétude renforcera des mots de sympathie concernant un problème personnel. Dans de tels cas, la similarité entre les communications verbale et non verbale aide à ce que la compréhension du « message » soit la même de part et d'autre. Toutefois, ce n'est pas toujours aussi simple. Certains gestes de communication non verbale sont basés sur des valeurs culturelles, c'est-à-dire que des personnes au sein de cultures différentes les perçoivent et les interprètent différemment. Par exemple, au sein de la culture occidentale, lever les deux pouces indique que tout va bien alors qu'au Moyen-Orient, ce geste est perçu comme une insulte. De même, si au Canada, maintenir un contact visuel est interprété comme étant un signe d'attention et de concentration, au Japon, on considère qu'il s'agit d'un comportement impoli et d'une violation de l'intimité[5].

Des indices non verbaux, par exemple un regard intense échangé entre deux personnes, peuvent fournir aux gestionnaires et aux employés des renseignements importants qui les aident à prendre de meilleures décisions. Parfois, lorsque des membres d'une organisation décident de ne pas exprimer un message verbalement, ils le font par inadvertance non verbalement. Les gens ont généralement moins de contrôle sur leur communication non verbale et expriment souvent par leur corps ou leur

---

Codage (*encoding*)
Traduction d'un message en symboles ou dans un langage compréhensible.

Bruit (*noise*)
Tout ce qui entrave n'importe laquelle des étapes du processus de communication.

Destinataire (*receiver*)
Individu ou groupe auquel un message est destiné.

Moyen de communication (*medium*)
Voie utilisée pour transmettre un message codé à un destinataire.

Décodage (*decoding*)
Interprétation et recherche du sens d'un message.

Communication verbale (*verbal communication*)
Codage de messages en mots, écrits ou parlés.

Communication non verbale (*nonverbal communication*)
Codage de messages au moyen d'expressions faciales, du langage corporel et de styles d'habillement.

visage un message verbal qu'ils veulent taire. Par exemple, un gestionnaire qui donne son accord à une proposition qu'il n'approuve pas réellement peut exprimer involontairement son insatisfaction par une grimace.

La communication non verbale sert parfois à envoyer des messages qu'on ne peut pas exprimer verbalement. De nombreux avocats connaissent bien cette tactique. Ils ont généralement appris à utiliser diverses techniques de communication non verbale. Par exemple, ils choisissent judicieusement l'endroit où ils se tiendront dans une salle d'audience pour obtenir un effet maximal ou ils ont recours au contact visuel à diverses étapes d'un procès. Ils se mettent aussi parfois dans l'embarras en utilisant des éléments de communication non verbale inappropriés en vue d'influencer les membres d'un jury.

Il est aussi important de prendre conscience des aspects non verbaux de la communication que du sens littéral des mots. Par exemple, il faut porter une attention particulière aux contradictions entre les messages. Un gestionnaire peut déclarer que c'est le bon moment pour discuter d'une augmentation de salaire, mais jeter constamment des coups d'œil à l'horloge. Ce signal non verbal pourrait indiquer que ce n'est vraiment pas le moment d'en parler. Souvent, les gestes sont plus éloquents (et plus précis) que les mots. Il existe divers ouvrages de vulgarisation destinés à aider les gens à interpréter le langage corporel. Toutefois, il faut faire preuve de prudence à ce sujet. Par exemple, on pense souvent que le fait de se croiser les bras devant la poitrine est un signe de résistance à un message, alors que cette posture peut aussi simplement indiquer que la personne a froid.

L'inefficacité des gestionnaires et des employés en matière de communication a souvent des effets négatifs sur le rendement de leur organisation et lui fera probablement perdre tout avantage concurrentiel qu'elle pourrait avoir. Une mauvaise communication peut aussi parfois se révéler carrément dangereuse et même entraîner des pertes de vies. Ainsi, des chercheurs de Harvard ont examiné les causes d'erreurs, telles que la prescription d'un médicament inapproprié à un patient, dans deux grands hôpitaux de la région de Boston. Ils ont découvert que certaines erreurs commises au sein de ces types d'établissements sont dues à des problèmes de communication (p. ex. des médecins qui ne disposent pas des renseignements nécessaires pour prescrire les médicaments appropriés à leurs patients ou des infirmiers qui n'ont pas l'information dont ils ont besoin pour les administrer correctement). Ils en ont conclu qu'une partie de la responsabilité de ces erreurs est imputable à la direction de l'hôpital, qui n'a pas pris les mesures requises pour améliorer la communication à l'interne[6].

La communication non verbale peut servir à renforcer les messages verbaux afin de s'assurer que la compréhension du « message » est la même de part et d'autre.

11.1.2 Le rôle de la perception en communication

La perception joue un rôle essentiel en communication et influe à la fois sur la phase de transmission et sur la phase de la rétroaction. La **perception** est le processus par lequel les personnes choisissent, organisent et interprètent des éléments sensoriels en vue de donner un sens au monde qui les entoure et d'y mettre de l'ordre.

Toutefois, il s'agit d'un processus subjectif et qui subit l'influence des traits de personnalité des individus, de leurs valeurs, de leurs attitudes, de leurs besoins, de leurs motivations ainsi que de leur expérience et de leurs connaissances. En effet, lorsque les expéditeurs et les destinataires de messages communiquent entre eux, ils le font en se basant sur des perceptions subjectives. Le codage et le décodage des messages, et même le choix du moyen de communication, dépendent des perceptions des uns et des autres.

En outre, des partis pris en matière de perceptions peuvent nuire à l'efficacité de la communication. Au chapitre 3, nous avons vu que le parti pris se définit comme une tendance systématique à utiliser des renseignements sur les autres de telles façons qu'il en résulte des perceptions inexactes. Nous avons décrit quelques partis pris susceptibles d'entraîner un traitement inéquitable de divers membres d'une organisation. Ces mêmes partis pris peuvent également rendre la communication inefficace. Par exemple, les stéréotypes, c'est-à-dire des convictions simplistes et souvent inexactes concernant les caractéristiques

Perception (*perception*)
Processus par lequel les personnes choisissent, organisent et interprètent des éléments sensoriels en vue de donner un sens au monde qui les entoure et d'y mettre de l'ordre.

typiques de groupes de personnes en particulier, peuvent entraver le codage et le décodage des messages.

Un groupe qui a considérablement souffert depuis des siècles de la fabrication de stéréotypes injustifiés est la population autochtone du Canada. Toutefois, de nos jours, les entrepreneurs autochtones sont de plus en plus nombreux et débordent largement les limites de leur territoire. Orrin Benn, le président de la Canadian Aboriginal and Minority Supplier Council (CAMSC), travaille d'arrache-pied pour s'assurer qu'ils réussissent à promouvoir les entreprises autochtones canadiennes. Autrement, selon lui, étant donné les perceptions basées sur des stéréotypes, «le Canada y perd[7]». John Bernard, président et fondateur de Donna Cona Inc., une des plus grandes entreprises autochtones de technologie, a eu l'occasion de faire l'expérience des défis inégalés que les entrepreneurs doivent relever lorsqu'ils sont d'origine autochtone ou qu'ils proviennent d'une minorité ethnique. Il reconnaît volontiers que le fait d'être autochtone rend l'accès aux chaînes logistiques des grandes entreprises particulièrement difficile.

Six mois après avoir damé le pion aux dirigeants d'IBM et de CGI pour la conception de l'infrastructure qui permettrait aux résidants du Nunavut de communiquer d'un bout à l'autre du plus vaste territoire au Canada, soit deux millions de kilomètres carrés, monsieur Bernard a appris que parce qu'il est autochtone, il aurait pu ne jamais obtenir ce contrat. «J'assistais à une rencontre en compagnie du directeur des services informatiques du projet et il m'a demandé si j'étais autochtone. "Oui, lui ai-je répondu, n'est-ce pas une des raisons pour lesquelles j'ai décroché le contrat?" "Oh! mon Dieu, non! Vous l'avez eu parce que votre proposition était la meilleure. En fait, si nous avions su que vous étiez autochtone, ça vous aurait nui." Pourquoi? En raison du stéréotype d'après lequel les entreprises autochtones ne sont pas fiables. Lorsqu'une entreprise autochtone commet une erreur, elle rejaillit sur l'ensemble de la collectivité. C'est un sérieux obstacle à surmonter[8].»

Plutôt que de se laisser influencer par des stéréotypes, les communicateurs efficaces s'efforcent de percevoir les personnes auxquelles ils ont affaire en prêtant attention à leurs comportements, à leurs connaissances, à leurs habiletés et à leurs capacités. Des perceptions exactes contribuent en retour à une communication efficace. À cet égard, nous avons déjà souligné, dans le chapitre 8, l'importance de l'intelligence émotionnelle du leader quant à ses relations sociales avec les employés de l'organisation.

Une bonne communication est essentielle au fonctionnement efficace des organisations. Les gestionnaires consacrent environ 85 % de leur temps à communiquer, d'une façon ou d'une autre, dans le cadre de réunions, d'entretiens téléphoniques, de courriels ou d'interactions directes. Les employés ont eux aussi besoin d'être des communicateurs compétents[9]. Lorsque tous les membres d'une organisation sont capables de communiquer efficacement les uns avec les autres et avec des personnes à l'extérieur de l'organisation, celle-ci a beaucoup plus de chances d'avoir un rendement élevé et d'acquérir un avantage concurrentiel.

OA2 Définir la richesse de l'information et décrire les caractéristiques des différents moyens de communication qui sont à la disposition des gestionnaires.

11.2 La richesse de l'information et les moyens de communication

Pour être des communicateurs efficaces, les personnes doivent choisir un moyen de communication approprié pour chacun des messages qu'elles envoient. Faut-il communiquer à ses employés un changement dans la procédure en leur adressant une note de service ou en leur envoyant un courriel? Dans le cas d'un message de félicitations pour une réalisation importante, faut-il envoyer une lettre, donner un coup de fil ou inviter la personne à déjeuner? Et une annonce de mises à pied devrait-elle faire l'objet d'une note de service ou être communiquée lors d'une réunion des employés? Les membres d'une équipe responsable de l'approvisionnement devraient-ils se rendre en Europe pour conclure une entente avec un nouveau fournisseur ou procéder par documents électroniques et télécopies? Les gestionnaires doivent prendre ce type de décisions jour après jour.

Il n'y a pas de moyen de communication plus prédominant qu'un autre. Lorsqu'on en choisit un pour transmettre n'importe quel type de message, il faut considérer trois facteurs.

1. **Le degré de richesse de l'information requis.** La **richesse de l'information** est la quantité de renseignements qu'un moyen de communication peut transmettre et le degré auquel ce moyen permet aux expéditeurs et aux destinataires de parvenir à se comprendre mutuellement[10]. Les moyens de communication utilisés

---

Richesse de l'information (*information richness*)
Quantité de renseignements qu'un moyen de communication peut transmettre et degré auquel ce moyen permet aux expéditeurs et aux destinataires de se comprendre mutuellement.

par les gestionnaires n'ont pas tous la même richesse. Les moyens qui offrent une bonne richesse de l'information peuvent transmettre une grande quantité de renseignements et permettent généralement aux destinataires et aux expéditeurs de parvenir à une compréhension mutuelle.

2. Le temps requis pour la communication. Le temps des gestionnaires et des autres membres d'une organisation est précieux, et ce facteur influe sur le moyen de communication des messages.

3. La nécessité de conserver une preuve écrite ou électronique. Une personne peut vouloir avoir en main des documents écrits indiquant qu'un message a été expédié et reçu.

11.2.1 La communication verbale et écrite

Dans les prochains paragraphes, nous examinerons quatre types de moyens de communication : verbale directe, verbale transmise électroniquement, écrite adressée à une ou des personnes et, enfin, écrite impersonnelle (*voir la figure 11.2*)[11]. L'efficacité de chacun de ces moyens varie en fonction des trois facteurs que nous venons de souligner, soit la richesse de l'information, le temps et la nécessité de conserver une preuve écrite ou électronique[12].

La communication verbale directe

La communication verbale directe offre le degré le plus élevé de richesse de l'information. Lorsque plus de deux personnes communiquent face à face, elles peuvent non seulement profiter des avantages de la communication verbale, mais aussi interpréter les signes non verbaux de chacune, tels que les expressions faciales ou le langage corporel. Un air préoccupé ou perplexe en dit parfois davantage que 1000 mots ; l'interlocuteur peut ainsi répondre sur-le-champ à ces signaux non verbaux. La communication verbale directe permet également d'obtenir une rétroaction immédiate. Des éléments qui semblent obscurs, ambigus ou mal compris peuvent aussitôt être clarifiés ; les interlocuteurs sont alors en mesure de reprendre le processus de communication autant de fois qu'ils en ont besoin pour parvenir à se comprendre mutuellement.

La **gestion sur le terrain** est une technique de communication verbale directe efficace pour bon nombre

---

Gestion sur le terrain (*management by wandering around – MBWA*) Technique de communication verbale directe qui consiste pour un gestionnaire à se promener sur un lieu de travail et à discuter informellement avec les employés de divers sujets qui les intéressent et les préoccupent.

FIGURE 11.2 **La richesse de l'information dans les moyens de communication**

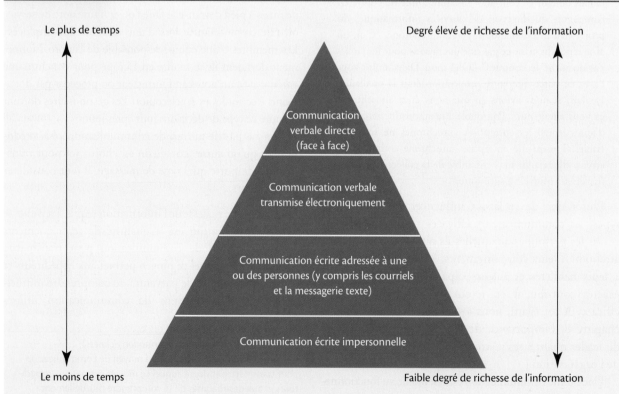

Le plus de temps — Degré élevé de richesse de l'information

Communication verbale directe (face à face)

Communication verbale transmise électroniquement

Communication écrite adressée à une ou des personnes (y compris les courriels et la messagerie texte)

Communication écrite impersonnelle

Le moins de temps — Faible degré de richesse de l'information

de gestionnaires à tous les niveaux d'une organisation[13]. Plutôt que de planifier des réunions officielles avec leurs employés, ils se promènent librement et à leur guise dans leur milieu de travail et discutent avec des employés dans une atmosphère détendue de sujets ou de questions qui les concernent et les préoccupent. Ces conversations informelles sans cérémonie leur fournissent des renseignements souvent précieux tout en favorisant le développement de relations constructives. William Hewlett et David Packard, les fondateurs et anciens dirigeants de la société Hewlett-Packard, considéraient ce type de gestion comme un moyen extrêmement efficace de communiquer avec leurs employés.

La communication verbale directe étant celle qui présente le degré le plus élevé de richesse de l'information, on pourrait croire qu'il s'agit du moyen idéal de communiquer un message. Pourtant, ce n'est pas nécessairement le moyen à privilégier en raison du temps qu'il faut y consacrer et de l'absence de preuve écrite ou électronique qui en résulte. Toutefois, pour les messages importants à transmettre, personnels ou qui pourraient être mal perçus, il vaut souvent mieux prendre le temps d'avoir recours à la communication verbale directe et, si nécessaire, d'y ajouter une forme quelconque de communication écrite pour consigner le message.

Par ailleurs, les progrès qui caractérisent depuis plusieurs années les technologies de l'information fournissent aux gestionnaires de nouveaux moyens de communication qui se rapprochent de la communication verbale directe.

Dorénavant, de nombreuses entreprises utilisent les vidéoconférences pour se prévaloir de certains des avantages de la communication verbale directe (tel l'accès aux expressions faciales) tout en épargnant du temps et de l'argent, car les personnes qui se trouvent dans des endroits différents ne sont plus nécessairement obligées de se déplacer pour échanger dans le cadre d'une rencontre formelle. Outre l'économie des frais de voyage, les vidéoconférences permettent d'accélérer la prise de décisions, de réduire la durée de développement de nouveaux produits et d'accroître l'efficience des réunions. Certains gestionnaires ont constaté que leurs réunions étaient écourtées de 20 à 30 % lorsqu'ils utilisaient la vidéoconférence au lieu de la communication verbale directe[14].

La communication verbale transmise électroniquement

La communication verbale transmise électroniquement, soit par téléphone, représente la deuxième forme de communication en matière de richesse de l'information. Même si les personnes qui communiquent par téléphone n'ont pas accès au langage corporel et aux expressions faciales, elles peuvent interpréter le ton de la voix utilisé pour transmettre le message, l'insistance que met l'expéditeur sur certaines parties de ce message et la façon générale dont il s'exprime pour le communiquer, en plus d'apprécier les mots utilisés. Par conséquent, les entretiens téléphoniques ont la capacité de transmettre de grandes quantités de renseignements. Les interlocuteurs peuvent aussi s'assurer d'être parvenus à une compréhension mutuelle parce qu'il leur est possible de recevoir une rétroaction rapide et de répondre aux questions de l'un à l'autre.

Par ailleurs, les systèmes de messagerie vocale et les répondeurs automatiques permettent aussi d'envoyer et de recevoir des messages verbaux par voie électronique. Les systèmes de messagerie vocale sont utilisés dans l'ensemble de l'entreprise. Ils permettent à l'expéditeur d'enregistrer des messages adressés aux membres de l'organisation qui ne se trouvent pas à leur bureau, et aux destinataires d'y avoir accès, même lorsqu'ils sont à des centaines de kilomètres de leur lieu de travail. Il est évident que de tels systèmes deviennent une nécessité lorsque les gestionnaires ou les employés s'absentent fréquemment de leur bureau. Par conséquent, ceux qui doivent voyager feraient bien de vérifier périodiquement s'il y a des messages sur leur système de messagerie vocale. En revanche, ces systèmes ne permettent pas d'offrir une rétroaction instantanée aux utilisateurs.

La communication écrite adressée à une ou des personnes

Dans la pyramide de la richesse de l'information, en dessous de la communication verbale transmise électroniquement, se trouve la communication écrite adressée à une personne, ce qui comprend l'envoi de messages textes. Un des avantages de la communication verbale directe et de la communication verbale transmise électroniquement est que celles-ci exigent que les deux personnes impliquées dans le processus de communication (l'expéditeur et le destinataire) soient attentives au message qui est livré. La communication écrite adressée à une personne, tels une note de service, une lettre ou un courriel, présente aussi cet avantage. Comme elle est adressée à quelqu'un en particulier, il est très probable que cette personne la remarque davantage parmi d'autres messages écrits qu'elle a reçus et qu'elle y accorde l'attention souhaitée. De plus, l'expéditeur peut rédiger le message de la façon qui sera la plus compréhensible pour le destinataire. Toutefois, la communication écrite, tout comme le système de messagerie vocale, ne permet pas au destinataire d'obtenir une rétroaction immédiate, comme dans le cas de la communication verbale directe ; toutefois, lorsque les messages sont clairement rédigés et qu'une rétroaction est fournie, il est encore possible de parvenir à une compréhension mutuelle.

Même lorsque les gestionnaires utilisent la communication verbale directe, il leur faut souvent envoyer une lettre de rappel, surtout dans le cas de messages importants ou complexes, et auxquels on doit se reporter ultérieurement. C'est précisément ce que Karen Binder, administratrice de rentes d'invalidité à la Financière Manuvie, faisait lorsqu'elle devait informer un de ses employés concernant un changement important dans la façon dont la compagnie allait désormais traiter les refus de paiement d'indemnités d'assurance. Madame Binder rencontrait son employé et lui expliquait de vive voix les changements adoptés. Après s'être assurée qu'il avait compris les modifications à effectuer, elle lui remettait une feuille sur laquelle elle avait noté des instructions à suivre et qui, essentiellement, résumait les renseignements dont ils venaient de discuter.

Les courriels, Twitter, Facebook et les forums de clavardage entrent également dans cette catégorie de moyens de communication parce qu'ils permettent aux expéditeurs et aux destinataires de communiquer par écrit en s'adressant à une personne en particulier. Dans ce type de communication électronique, on emploie souvent des formes abrégées de mots et des symboles lorsque l'espace est restreint, par exemple sur Twitter. L'envoi de courriels et de messages textes est aujourd'hui si répandu dans le monde des affaires que les gestionnaires en sont même venus à développer leur propre protocole.

Même si l'emploi croissant de courriels et de messages textes a permis d'améliorer la communication à l'intérieur des organisations, ces moyens ne comptent pas que des avantages. Beaucoup d'employés se plaignent de recevoir une surcharge de courriels et d'être incapables de prendre connaissance de tous les messages qui leur parviennent de cette façon. De plus, ils trouvent souvent leur boîte de courrier électronique engorgée par des pourriels. Un sondage récent révélait que plus de la moitié des organisations qui y ont participé ont des problèmes avec leur système de courrier électronique[15].

Pour éviter de tels problèmes et d'autres formes coûteuses d'abus de ces systèmes, les gestionnaires doivent élaborer une politique claire concernant ce à quoi les courriels peuvent et doivent servir dans l'entreprise et ce qui est interdit, puis la communiquer à tous les membres de l'organisation. Ils peuvent aussi décrire les mesures qui seront prises dans les cas où l'on soupçonnerait une utilisation abusive des courriels, ainsi que les conséquences qui en résulteraient si cette accusation était fondée.

L'emploi de plus en plus courant de la messagerie vocale et des courriels dans les petites et grandes entreprises a donné lieu à certaines préoccupations éthiques. Ces formes de communication sont toutefois assujetties à une certaine protection. Ainsi, la *Loi sur la protection des renseignements personnels* et la *Loi sur l'accès à l'information* du gouvernement fédéral s'appliquent à tous ses ministères, à la plupart des organismes fédéraux et à certaines sociétés d'État. Au Québec, la Loi sur l'accès aux documents des organismes publics et sur la protection des renseignements personnels s'applique aux documents détenus par les organismes gouvernementaux provinciaux, les organismes municipaux et les établissements de santé ou de services sociaux. Le secteur privé (provincial) est quant à lui régi par la Loi sur la protection des renseignements personnels dans le secteur privé.

Le fait que des tiers écoutent des messages vocaux ou lisent des courriels qui ne leur sont pas adressés deviendra probablement l'objet d'une préoccupation croissante sur le plan éthique pour les gestionnaires. D'après un sondage récent effectué auprès de plus de 2 000 grandes entreprises américaines, 38 % d'entre elles ont reconnu qu'elles « entreposaient et examinaient » les courriels de leurs employés[16]. Les gouvernements de l'Ontario, du Manitoba et de la Colombie-Britannique ont prévenu leurs employés que leurs courriels seraient surveillés en cas de soupçons d'utilisation abusive. Ils considèrent qu'Internet et le courrier électronique ne devraient être utilisés qu'à des fins relatives au travail.

La communication écrite impersonnelle

La communication écrite impersonnelle est le moyen qui comporte le plus faible degré de richesse de l'information. Elle convient surtout aux messages qui doivent rejoindre un grand nombre de destinataires. Comme ce type de message n'est adressé à personne en particulier, il suscite très peu de rétroaction. Il faut donc s'assurer que les messages envoyés par ce moyen sont clairement rédigés et dans un langage que tous les destinataires comprendront.

Les gestionnaires peuvent utiliser la communication écrite impersonnelle, y compris les bulletins de l'entreprise, pour divers types de messages, entre autres des énoncés de règles, de règlements et de politiques, des renseignements qui valent la peine d'être diffusés et des annonces concernant des changements dans les procédures ou l'arrivée de nouveaux membres au sein de l'organisation.

La communication écrite impersonnelle peut aussi servir à transmettre des directives sur la façon d'utiliser du matériel ou de traiter les bons de travail ou les demandes des clients. La trace écrite laissée par ce moyen de communication peut avoir une valeur inestimable pour les employés. Une grande partie de ces renseignements peut aussi être affichée dans le réseau intranet de l'entreprise. Toutefois, la communication écrite impersonnelle présente toujours le danger que certaines personnes ne lisent pas les messages parce qu'il y a beaucoup d'information à considérer et qu'il est parfois difficile d'en distinguer les éléments importants. Il est donc essentiel d'attirer l'attention des employés sur ceux qui sont importants.

Tout comme la communication écrite personnelle, la communication écrite impersonnelle peut être transmise et récupérée électroniquement, et c'est ce que font de plus en plus de petites et grandes entreprises. Malheureusement, la facilité avec laquelle on peut transmettre ce type de messages a aussi entraîné leur prolifération. Il en résulte qu'ils encombrent les boîtes de courrier électronique de nombreux gestionnaires et employés, qui ont rarement le temps de lire tous les renseignements concernant leur travail qui leur sont ainsi fournis. Le problème de la **surinformation (ou infobésité)**, c'est-à-dire la surabondance de renseignements, est la probabilité que l'information importante passe inaperçue ou qu'on n'en tienne pas compte alors que des renseignements secondaires retiennent l'attention. En outre, la surinformation peut mener à des pertes de productivité équivalant à des milliers d'heures de travail et à des millions de dollars.

11.2.2 Les progrès en matière de systèmes d'information

Depuis l'avènement d'Internet, l'évolution des systèmes d'information a considérablement facilité et amélioré le processus de communication au sein des organisations. Elle a ainsi permis aux gestionnaires d'élaborer des systèmes de gestion qui leur fournissent des renseignements en temps opportun, complets, pertinents et de grande qualité.

Comme nous l'avons souligné au chapitre 4, la technologie permet aux entreprises d'améliorer leur réactivité aux besoins de leurs clients, de minimiser leurs coûts et, par conséquent, d'améliorer leur position concurrentielle. Le lien qui existe entre les systèmes d'information, la communication et la position concurrentielle est important et peut déterminer la réussite ou l'échec d'une entreprise dans un environnement mondial de plus en plus compétitif.

La communication sans fil

Une tendance d'une importance cruciale dans le domaine des systèmes d'information est la croissance rapide des technologies de communication sans fil, en particulier des télécommunications numériques. Ces technologies

jouent un rôle essentiel dans la révolution des technologies de l'information parce qu'elles facilitent l'établissement de liens entre les personnes et les ordinateurs, ce qui améliore grandement leur capacité de prendre des décisions. Un ingénieur ou un représentant de commerce qui travaille sur le terrain peut transmettre de l'information au bureau principal et en recevoir en utilisant la caractéristique sans fil incorporée dans les téléphones intelligents, les ordinateurs portatifs et les tablettes électroniques.

Les réseaux informatiques

L'amélioration constante de la puissance et de la capacité des micro-ordinateurs a favorisé une plus grande utilisation des canaux de communication sans fil et, de ce fait, simplifié le **réseautage**, c'est-à-dire l'échange d'information

---

Surinformation (ou infobésité) (*information overload*)
Surabondance de renseignements ayant pour effet d'augmenter la probabilité qu'on ne voie pas ceux qui ont de l'importance ou qu'on n'en tienne pas compte alors que des renseignements secondaires retiennent l'attention.

Réseautage (*networking*)
Échange d'information par l'intermédiaire d'un groupe ou d'un réseau d'ordinateurs reliés les uns aux autres.

par l'intermédiaire d'un groupe ou d'un réseau d'ordinateurs reliés les uns aux autres.

L'agencement le plus courant qui émerge de nos jours est un réseau à trois niveaux constitué des clients, des serveurs et d'un ordinateur central (*voir la figure 11.3*). Les « nœuds » extérieurs d'un réseau de ce type sont les ordinateurs personnels qui se trouvent sur les bureaux d'utilisateurs individuels. Ces ordinateurs, appelés « clients », sont rattachés à un serveur local, un ordinateur intermédiaire puissant qui « sert » des clients ou ordinateurs personnels. Ces serveurs hébergent souvent des programmes informatiques et, conséquemment, offrent une plus grande efficience que les ordinateurs personnels. Ces serveurs ont aussi la capacité de gérer simultanément plusieurs imprimantes, dont des centaines de clients peuvent se servir. Enfin, ils emmagasinent des fichiers de données et s'occupent de la communication par courriels entre les clients. Les ordinateurs clients reliés directement à un serveur constituent un réseau local. À l'intérieur d'une même organisation, on peut avoir plusieurs réseaux locaux (p. ex. un dans chacune des divisions et chacun des services). Au centre d'un réseau à trois niveaux, on trouve un ordinateur central, un gros ordinateur puissant qu'on peut utiliser pour emmagasiner et traiter des quantités importantes de

renseignements. Ce type d'ordinateur peut aussi servir à transmettre les communications électroniques entre des ordinateurs personnels de divers réseaux locaux.

Enfin, l'ordinateur central d'une entreprise peut être relié à ceux d'autres entreprises et, grâce à eux, à leurs réseaux locaux. De plus en plus, Internet, qui est un réseau international d'ordinateurs reliés les uns aux autres, sert de voie de communication pour rattacher entre eux les systèmes informatiques de diverses organisations.

Un gestionnaire équipé d'un ordinateur personnel connecté à un système à trois niveaux peut avoir accès à des données et à des logiciels entreposés dans le serveur local, l'ordinateur central ou, par l'intermédiaire d'Internet, dans des ordinateurs d'une autre organisation. Par conséquent, il peut communiquer de façon électronique avec d'autres personnes liées au système, qu'elles se trouvent dans son propre réseau local, dans un autre réseau local à l'intérieur de son entreprise ou dans une autre entreprise. De plus, en raison de l'accroissement des réseaux de communication sans fil, une personne équipée du matériel approprié peut se brancher au système où qu'elle soit : dans sa maison, en bateau, sur la plage ou dans les airs, bref partout où il est possible d'établir des liens de communication sans fil.

> **FIGURE 11.3**   **Un système typique d'information à trois niveaux**

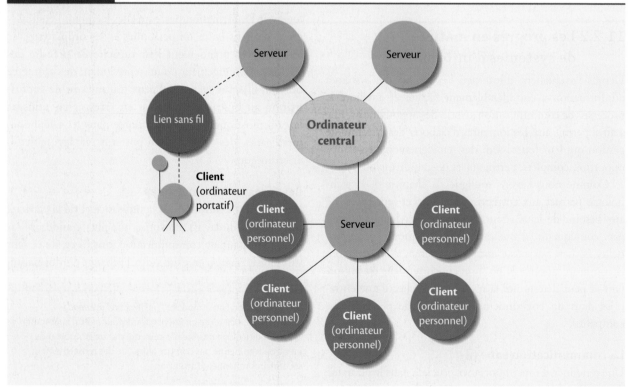

Le développement de logiciels

Si le matériel informatique se développe rapidement, c'est aussi le cas des logiciels. Un **logiciel de système d'exploitation** régit le fonctionnement du matériel informatique. Les **logiciels d'application**, tels les programmes de traitement de texte, les tableurs, les logiciels graphiques et les logiciels de gestion de bases de données, sont conçus respectivement pour une tâche ou une utilisation particulière.

L'augmentation de la puissance du traitement de données a permis aux développeurs de logiciels de préparer des programmes de plus en plus performants et, en même temps, de plus en plus conviviaux. Grâce à la puissance en pleine croissance des microprocesseurs, les logiciels d'application ont considérablement accru la capacité des gestionnaires à acquérir des renseignements, à les organiser, à les traiter et à les transmettre. Ce faisant, ils ont également accru leur habileté à coordonner et à contrôler les activités à l'intérieur de leur organisation et à prendre des décisions, comme nous l'avons souligné au chapitre 4.

Logiciel de système d'exploitation (*operating system software*)
Logiciel qui régit le fonctionnement du matériel informatique.

Logiciel d'application (*application software*)
Logiciel conçu pour une tâche ou une utilisation particulière.

LE POINT SUR ❯ Poka

Une plateforme de communication collaborative intraorganisationnelle

Manifestement entraîné dans le sillage d'une famille d'entrepreneurs de père en fils, Alexandre Leclerc, cofondateur de la jeune entreprise Internet Poka[17], une nouvelle entreprise innovatrice qui possède un fort potentiel de croissance et dont le siège social est situé à Québec, s'est rapidement intéressé, à la faveur d'observations réalisées au sein de l'entreprise Groupe Biscuits Leclerc, à la problématique de la rétention du savoir dans les organisations.

De même, afin de pallier les lacunes observées au chapitre du transfert des connaissances, une dimension qui fait défaut à bien des organisations, Alexandre Leclerc s'est associé à son ami et ingénieur en logiciels, Antoine Brisson, afin de développer un moyen de communication intraorganisationnelle propre au secteur industriel. Ils ont créé un système d'information inspiré des réseaux sociaux (un « Facebook industriel », disent-ils) destiné à favoriser une gestion intégrée du savoir collectif au moyen des technologies modernes et qui offre une richesse considérable de l'information. Ce système permet de bonifier la communication en mettant en lien les employés de bureau, les gestionnaires et les employés d'usine. L'outil a été développé prioritairement pour les employés d'usine, ce qui le distingue des produits offerts par la concurrence, qui visent en priorité les employés de bureau (p. ex. Yammer, Jive et Crowdbase).

C'est ainsi qu'à l'aide d'une tablette numérique, les employés d'usine, souvent éparpillés sur plusieurs sites d'une entreprise (comme le Groupe Biscuits Leclerc), peuvent faire plusieurs usages de cet outil de communication collaborative. Ce dispositif vise à former de nouveaux employés, à assurer la rétention et le partage des connaissances et, enfin, à solliciter la contribution du personnel à l'enrichissement des savoirs dans l'organisation. De surcroît, puisqu'il favorise la mise en œuvre d'initiatives, il contribue à mobiliser les employés et à accroître leur productivité. Les deux fondateurs soutiennent que cela aurait pour effet de favoriser une plus grande synergie au sein de l'organisation en dépit de la dispersion géographique de ses différents sites de production. En soutien à cette affirmation, les dirigeants de Poka font valoir que l'implantation de cet outil au sein de l'entreprise Groupe Biscuits Leclerc, qui compte parmi les premiers clients de Poka, s'est notamment traduite par une augmentation substantielle de 33 % au titre de la participation du personnel aux festivités de Noël organisées par l'entreprise pour ses employés. Outre l'entreprise familiale Groupe Biscuits Leclerc, Poka compte, dans ses carnets de clients, des entreprises telles qu'Exceldor, Permacon et Les Bois de planchers PG, et ambitionne de partir à la conquête des marchés américains et européens.

1. Quels seraient, selon vous, les principaux avantages (autres que ceux déjà énumérés dans le texte) et inconvénients pour les dirigeants d'une entreprise qui choisiraient de mettre en œuvre la solution proposée par Poka afin de faciliter le transfert de connaissances entre les employés ?

L'accès à une information pertinente en temps réel peut se révéler un facteur crucial dans la réussite d'une entreprise.

L'**intelligence artificielle** est un autre aspect intéressant et potentiellement productif du développement des logiciels. Elle se définit comme étant le comportement d'une machine qui serait qualifié d'« intelligent » si on l'observait chez un être humain[18]. Elle a déjà permis d'élaborer des programmes capables de résoudre des problèmes et d'exécuter certaines tâches simples. Par exemple, des programmes informatiques appelés aussi « agents logiciels », « robots logiciels » ou « robots bibliothécaires » peuvent servir à effectuer des tâches de gestion simples telles que trier de grandes quantités de données, ou les courriels qui entrent, à la recherche de données ou de messages importants. Ces programmes ont la caractéristique intéressante de pouvoir « apprendre » ce que veut un gestionnaire en « l'observant » lorsqu'il effectue cette tâche. Ils peuvent ensuite exécuter une partie de ce travail à sa place pour lui permettre de consacrer plus de temps à d'autres tâches.

Un autre produit informatique en développement, qui commence à avoir un effet sur le travail des gestionnaires, est le logiciel de reconnaissance vocale. Pour le moment, cet ensemble de programmes doit être « entraîné » à reconnaître et à comprendre la voix de chaque personne et, pour ce faire, le locuteur doit faire une pause après chaque mot. Toutefois, la puissance croissante des microprocesseurs a permis de mettre au point des programmes de reconnaissance vocale plus rapides, d'une plus grande complexité et capables de traiter plus de variables. Par exemple, un gestionnaire sur la route peut communiquer avec un ordinateur par un lien sans fil et lui donner des directives vocales compliquées.

Les limites des systèmes d'information

Malgré leur utilité, les systèmes d'information ont certaines limites. Nous avons mentionné un problème potentiel sérieux lié à ces systèmes au début du chapitre. Les systèmes d'information de gestion (SIG), les communications électroniques par l'intermédiaire de réseaux d'ordinateurs et les autres technologies semblables soulèvent beaucoup d'enthousiasme de la part des dirigeants et des futurs utilisateurs, mais ils pourraient mener à la disparition d'un élément vital de la communication : l'aspect humain. Certains types de renseignements ne peuvent tout simplement pas être regroupés et résumés dans un rapport de SIG en raison de problèmes qui se rattachent

---

Intelligence artificielle (*artificial intelligence*)
Comportement d'une machine qui serait qualifié d'« intelligent » si on l'observait chez un être humain.

à la richesse de l'information. Pour influencer, motiver, coordonner et contrôler les activités d'une entreprise et pour prendre des décisions judicieuses, il faut souvent un degré élevé de richesse de l'information qui va bien au-delà de ce qu'on peut quantifier et rassembler.

L'importance de la richesse de l'information est un argument de taille en faveur de l'utilisation de moyens de communication électroniques pour soutenir la communication verbale directe, mais non pour la remplacer. Par exemple, ce serait une erreur d'évaluer le rendement d'une personne (p. ex. son niveau de productivité, c'est-à-dire le nombre d'appels répondus au sein d'un centre d'appels) simplement en se fiant aux chiffres fournis par un SIG. Ces chiffres devraient plutôt servir à attirer l'attention des gestionnaires sur des employés qui pourraient avoir des problèmes de rendement. Il leur faudrait alors enquêter sur la nature de ces problèmes au cours d'une rencontre avec ces personnes pendant laquelle ils auraient l'occasion de recueillir une information plus étoffée. Comme le disait un cadre supérieur de Boeing : « Chez nous, l'utilisation des courriels et de la vidéoconférence n'a pas diminué la nécessité de rencontrer des gens qui se trouvent à d'autres endroits. Au contraire, elle l'a augmentée. Les courriels ont certes facilité l'établissement de canaux de communication entre des personnes qui, auparavant, ne communiquaient pas les unes avec les autres, ce qui est une bonne chose, mais des rencontres directes sont toujours nécessaires pour consolider des relations de travail développées à partir de la communication électronique[19]. »

11.2.3 Le développement d'habiletés en communication

Il existe divers types d'obstacles à une communication efficace au sein des entreprises. Certains d'entre eux sont attribuables à l'expéditeur. Lorsque des messages sont confus, incomplets ou difficiles à comprendre, qu'ils sont expédiés par un moyen de communication inapproprié ou qu'aucune disposition n'a été prise pour recevoir une rétroaction, la communication entre deux parties peut parfois en souffrir. À l'inverse, d'autres obstacles peuvent provenir du destinataire. Si celui-ci ne prête aucune attention au message, ne l'écoute pas ou ne fait aucun effort pour le comprendre, ou encore perçoit mal le message, la communication, encore une fois, sera probablement inefficace.

Pour surmonter ces obstacles et communiquer de façon efficace avec les autres, les gestionnaires (ainsi que les autres membres d'une organisation) doivent posséder ou acquérir certaines habiletés en communication. Quelques-unes d'entre elles jouent un rôle particulièrement important lors de l'envoi des messages, et d'autres sont cruciales lors de leur réception. Ces habiletés permettent non seulement de communiquer de l'information, mais aussi d'obtenir les renseignements nécessaires pour prendre des décisions judicieuses et les mesures appropriées, et pour parvenir à se comprendre mutuellement.

Les habiletés en communication nécessaires aux expéditeurs

Lorsqu'une personne entreprend un processus de communication, elle doit s'assurer de ne négliger aucune des étapes décrites ci-dessous. L'encadré 11.1 présente brièvement sept habiletés en communication permettant de s'assurer qu'un message envoyé sera correctement compris et que l'étape de transmission se déroulera efficacement.

> **ENCADRÉ 11.1** — **Les sept habiletés d'un bon communicateur**
>
> 1. Envoyer des messages clairs et complets.
> 2. Pour le codage des messages, utiliser des symboles que le destinataire comprend.
> 3. Choisir un moyen de communication qui convient au message.
> 4. Choisir un moyen de communication que le destinataire utilise.
> 5. Éviter le filtrage et la distorsion de l'information.
> 6. S'assurer d'intégrer un mécanisme de rétroaction dans le message.
> 7. Fournir une information exacte pour éviter que de fausses rumeurs se répandent.

Examinons en quoi consiste chacune de ces habiletés.

1. Envoyer des messages clairs et complets. Chaque personne doit apprendre des façons d'envoyer des messages clairs et complets. Un message est clair lorsque le destinataire peut facilement le comprendre et l'interpréter. Il est complet lorsqu'il renferme tous les renseignements dont l'expéditeur et le destinataire ont besoin pour parvenir à une compréhension mutuelle. Lorsqu'ils s'efforcent d'envoyer des messages à la fois clairs et complets, les gestionnaires doivent apprendre à anticiper la façon dont le destinataire les interprétera et, parfois, à les modifier de façon à dissiper des malentendus et des incompréhensions possibles.

2. Pour le codage des messages, utiliser des symboles que le destinataire comprend. Au moment du codage des messages, il faut employer des symboles ou un langage que le destinataire comprend. Par exemple, lorsqu'on envoie un message en français à des destinataires dont le français n'est pas la langue maternelle, il est important de faire usage d'un vocabulaire simple et d'éviter les expressions toutes faites qui, lorsqu'elles sont traduites littéralement à l'aide d'un logiciel, sont incompréhensibles et, dans certains cas et sans qu'on le veuille, peuvent paraître comiques ou insultantes.

Le **jargon technique** est un langage spécialisé que les membres d'une profession ou d'un métier, d'un groupe ou d'une organisation élaborent pour faciliter la communication entre eux. Toutefois, on ne devrait jamais s'en servir pour communiquer avec des personnes qui sont en dehors de ces cercles particuliers. Par exemple, les employés du ministère du Revenu du Québec sont plutôt habitués à utiliser les différents formulaires que les particuliers doivent joindre à leur déclaration de revenus (p. ex. TP-1, annexe 1, relevé 4, etc.). L'utilisation de ce jargon entre les employés du ministère du Revenu du Québec représente une communication efficace parce que ceux-ci connaissent précisément ce que chaque formulaire désigne réellement. Toutefois, si l'un d'eux employait ce langage pour envoyer un message électronique à un destinataire pour qui le jargon technique est peu familier, la personne ne comprendrait rien à ce message.

3. Choisir un moyen de communication qui convient au message. Lorsqu'ils choisissent un moyen de communication, les expéditeurs doivent tenir compte du degré de richesse de l'information requis, des contraintes de temps et de la nécessité de conserver une preuve écrite ou électronique du message. La préoccupation principale dans le choix de ce moyen doit être la nature du message. S'agit-il d'un message important, personnel, inhabituel, susceptible d'être mal compris ou qui requiert davantage d'éclaircissements? Le cas échéant, il vaut mieux recourir à une communication verbale directe.

4. Choisir un moyen de communication que le destinataire utilise. Lorsqu'on choisit un moyen de communication, il faut se demander si c'est l'un de ceux dont le destinataire se sert habituellement. Chacun ne vérifie pas régulièrement s'il y a des messages dans sa boîte vocale ou dans sa messagerie électronique.

Jargon technique (*jargon*)
Langage spécialisé que les membres d'une profession ou d'un métier, d'un groupe ou d'une organisation élaborent pour faciliter la communication entre eux.

Beaucoup de gens se contentent de choisir le moyen de communication qu'ils utilisent le plus souvent et auquel ils sont le plus habitués, mais un tel comportement peut souvent entraîner une communication inefficace. Même si l'on aime privilégier la messagerie électronique, il ne sert à rien de transmettre des courriels à quelqu'un qui ne lit jamais les siens. Les gestionnaires doivent s'informer des moyens privilégiés par ceux auxquels ils envoient des messages et ensuite choisir le moyen le plus approprié (messages écrits ou interactions directes) pour accroître les chances que le destinataire reçoive ceux qui lui sont envoyés et leur prête attention. De même, il faut tenir compte des handicaps qui pourraient limiter la capacité d'un destinataire à décoder certains types de messages. Un destinataire malvoyant, par exemple, ne pourrait évidemment pas lire un message écrit. Les gestionnaires doivent s'assurer que les employés qui ont un handicap ont à leur disposition les ressources nécessaires pour communiquer efficacement avec les autres.

5. Éviter le filtrage et la distorsion de l'information. Il y a **filtrage** de l'information lorsque l'expéditeur omet volontairement de transmettre une partie d'un message parce qu'il croit (à tort) que le destinataire n'a pas besoin des renseignements qu'elle contient ou qu'il ne souhaite pas les recevoir. Le filtrage peut se produire à tous les échelons d'une organisation, autant dans les communications à la verticale qu'à l'horizontale. Les employés de la base peuvent filtrer les messages qu'ils envoient aux cadres de terrain. Ces derniers peuvent filtrer ceux qu'ils transmettent aux cadres intermédiaires qui, à leur tour, filtreront peut-être ceux qu'ils expédient à la haute direction. Ce type de filtrage est le plus susceptible de se produire lorsque les messages renferment de mauvaises nouvelles ou que des problèmes pour lesquels les employés craignent d'être blâmés surviennent.

Il y a distorsion de l'information lorsque le sens du message change à mesure qu'il passe par une longue suite d'expéditeurs et de destinataires. Un tel phénomène peut être accidentel (p. ex. en raison d'un codage ou d'un décodage erroné ou de l'absence de rétroaction). Toutefois, il peut aussi être délibéré. Certains expéditeurs peuvent modifier un message pour donner une impression favorable d'eux-mêmes ou de leur groupe, ou pour s'assurer d'avantages particuliers. La **rumeur** est une information divulguée à l'aide d'un moyen informel de communication à l'intérieur d'une organisation. Elle est basée sur un réseau de nouvelles colportées par bavardage. Chose surprenante, la plus

grande partie des renseignements expédiés ou reçus par l'intermédiaire de ce type de moyen est rarement déformée. Les gestionnaires peuvent tirer profit de la rumeur pour lancer de nouvelles idées et évaluer la réaction de leurs employés avant de procéder à un changement.

Les gestionnaires eux-mêmes devraient éviter de recourir au filtrage et à la distorsion de l'information. Toutefois, comment peuvent-ils éliminer ces obstacles à une communication efficace dans leur organisation? Ils doivent faire en sorte que la confiance y règne. Des employés qui ont confiance en leurs supérieurs croient que ceux-ci ne les blâmeront pas pour des problèmes sur lesquels ils n'ont aucun contrôle et qu'ils les traiteront équitablement. Les gestionnaires qui font confiance à leurs employés leur fourniront des renseignements clairs et complets, et ne leur cacheront rien de ce qu'ils devraient savoir.

6. S'assurer d'intégrer un mécanisme de rétroaction dans le message. La rétroaction est essentielle à une communication efficace. Il faut donc intégrer un mécanisme afin de la recevoir dans le cadre des messages que l'on transmet, soit en insérant une demande formelle de rétroaction, soit en indiquant quand et comment on compte faire le suivi du message pour s'assurer qu'il a bien été reçu et compris. Lorsque les gestionnaires envoient des lettres écrites, des notes de service ou des télécopies, ils peuvent demander au destinataire de répondre par des commentaires et des suggestions sous forme de lettre, de note ou de télécopie, planifier une rencontre pour discuter du sujet ou faire le suivi au moyen d'un appel téléphonique. L'intégration de ce type de mécanismes de rétroaction dans les messages permet de s'assurer qu'ils sont reçus et compris.

7. Fournir une information exacte pour éviter que de fausses rumeurs se répandent. Par ailleurs, dès que des rumeurs circulent, elles se répandent rapidement et portent souvent sur des sujets que les membres de l'organisation considèrent comme étant importants, intéressants ou amusants. Toutefois, les rumeurs peuvent être trompeuses et nuire à des employés ou à

Filtrage (*filtering*)
Fait de retenir une partie d'un message en se fondant sur la conviction erronée que le destinataire n'a pas besoin des renseignements qu'elle contient ou n'en veut pas.

Rumeur (*rumour*)
Information divulguée à l'aide d'un moyen informel de communication à l'intérieur d'une organisation.

l'organisation lorsqu'elles sont fausses, malveillantes ou non fondées. Les gestionnaires peuvent mettre fin à la transmission de rumeurs trompeuses en fournissant à leurs employés des renseignements exacts sur les sujets qui les concernent par l'intermédiaire du moyen de communication approprié.

La rétroaction

Nous avons souligné l'utilité de la rétroaction afin de nous assurer que la communication a été comprise. Nous pourrions également en parler de manière générale parce que la rétroaction est une des tâches importantes des gestionnaires. Même s'il est relativement facile de donner une rétroaction positive, de nombreuses personnes négligent de le faire. Par contre, la plupart des gestionnaires trouvent plus difficile de donner une rétroaction négative qu'une rétroaction positive. Notons toutefois qu'au lieu d'utiliser le terme « rétroaction négative », il serait possible d'utiliser celui de « rétroaction constructive ». En effet, lorsque cette dernière est utilisée de manière appropriée, elle amène les individus à modifier leurs comportements et à répondre ainsi aux attentes organisationnelles. À l'opposé, une rétroaction négative pourrait être mal perçue et ne pas résoudre nécessairement la situation (voire l'empirer). Il est donc important de la fournir en temps opportun et de manière appropriée. Voici quelques suggestions pour accroître l'efficacité de la rétroaction.

- Insister sur des comportements particuliers. Il faut indiquer clairement à la personne ce qu'elle a bien ou médiocrement accompli plutôt que de se contenter de déclarer qu'elle a fait un bon travail. On apprend davantage de commentaires du type « Votre présentation était vraiment bien structurée » ou « Votre gestion du temps dans ce projet s'est révélée très efficace » que d'un simple « Beau travail ! »

- S'en tenir à l'aspect impersonnel de la rétroaction. Lorsqu'on fournit une rétroaction, il faut décrire le comportement plutôt que de juger ou d'évaluer la personne[20]. En particulier, lorsqu'on donne une rétroaction constructive, il est facile de mettre l'accent sur des caractéristiques personnelles (impolitesse, paresse, incompétence, etc.), mais une telle façon de procéder aide rarement l'employé à apprendre de ses erreurs. Il vaut mieux lui expliquer, par exemple, que son rapport a été remis en retard, qu'il renfermait un certain nombre d'erreurs et qu'il y manquait une partie importante.

- Garder la rétroaction axée sur les objectifs. On ne devrait pas donner une rétroaction uniquement parce que dire ce qu'on pense est une façon de se sentir mieux. Elle devrait plutôt avoir un but, par exemple celui d'améliorer le rendement de la personne d'ici à la prochaine évaluation.

- Fournir la rétroaction au bon moment. La rétroaction devrait survenir peu de temps après le comportement qui en fait l'objet. On s'assure ainsi que la personne se rappelle l'événement visé. En outre, ce type d'information aura alors pour effet un changement, si celui-ci est nécessaire. Une rétroaction qui arrive six mois plus tard, au cours d'une évaluation du rendement, est généralement de peu d'utilité. Toutefois, lorsqu'une situation a provoqué une réaction émotive, il serait sage de retarder la rétroaction pendant un certain temps, jusqu'à ce que le choc émotionnel s'atténue.

- Axer la rétroaction constructive sur les comportements que le destinataire peut contrôler. Avant de donner une rétroaction constructive, il faut considérer les problèmes que la personne peut régler elle-même et ceux sur lesquels elle n'a aucun contrôle. Critiquer les habiletés en écriture d'une personne, puis lui suggérer de suivre un cours de rédaction met l'accent sur un comportement qu'elle peut contrôler. Par contre, la critiquer pour ne pas avoir envoyé un courriel important alors que le réseau de l'entreprise était en panne est inutile puisqu'elle ne pouvait ni remédier à la situation ni la contrôler.

Les habiletés en communication nécessaires aux destinataires

Les expéditeurs reçoivent aussi des messages. Ils doivent donc posséder ou acquérir des habiletés en communication qui leur permettent d'être des destinataires efficaces. Nous examinerons en détail trois de ces habiletés importantes.

Prêter attention Les personnes surchargées de travail et qui doivent penser à plusieurs choses à la fois ne prêtent pas toujours suffisamment attention aux messages qu'elles reçoivent. Toutefois, pour être efficaces, elles devraient toujours le faire, quelle que soit leur charge de travail. Par exemple, lorsqu'il discute d'un projet avec un employé, un gestionnaire efficace porte toute son attention sur ce projet, et non sur une prochaine réunion qu'il doit avoir avec son propre supérieur. De même, lorsqu'on lit une communication écrite, il faut concentrer son attention pour comprendre ce qu'on lit sans se laisser distraire par la pensée d'autres sujets.

Écouter attentivement Une partie du rôle d'un bon communicateur consiste à savoir écouter. Il s'agit d'une habileté essentielle en communication pour tous les membres d'une organisation. Toutefois, cette tâche est étonnamment plus ardue qu'on pourrait le croire. Normalement, en parlant, une personne émet de

125 à 200 mots à la minute, mais celle qui l'écoute peut traiter de façon efficace jusqu'à 400 mots à la minute. Par conséquent, cette dernière pense souvent à autre chose pendant que quelqu'un lui parle.

Il est important d'écouter activement, c'est-à-dire de prêter attention à ce que l'autre dit, de l'interpréter et de s'en souvenir. L'écoute active requiert un effort volontaire pour entendre ce que la personne dit et l'interpréter de façon à savoir si ce qu'on perçoit a un sens. Savoir écouter est une habileté de communication essentielle dans de nombreux types d'organisations, des plus petites entreprises aux plus grandes sociétés. Pour écouter activement, les membres d'une organisation peuvent s'exercer à adopter les comportements suivants[21].

1. Regarder la personne qui parle dans les yeux, lorsque c'est jugé culturellement approprié. Le contact des yeux permet à la personne qui parle de savoir que la personne qui l'écoute lui accorde toute son attention et permet à cette dernière de remarquer des indices non verbaux. Toutefois, cette pratique est considérée comme étant impolie au Japon. Par conséquent, savoir écouter signifie aussi tenir compte des différences culturelles.

2. Manifester son attention par des signes de tête affirmatifs et des expressions faciales appropriées. En hochant la tête et en adoptant des expressions faciales appropriées, on montre à la personne qui parle qu'on l'écoute.

3. Éviter de faire des mouvements ou des gestes susceptibles de distraire l'attention. Il ne faut pas regarder sa montre, déplacer des papiers, jouer avec son crayon ou se livrer à des activités distrayantes du même type lorsqu'on écoute quelqu'un. Ces gestes laissent croire à celui qui parle qu'on s'ennuie ou qu'on n'est pas intéressé par ce qu'il dit. Ils indiquent aussi qu'on ne concentre probablement pas toute son attention sur la conversation en cours.

4. Poser des questions. La personne qui écoute de façon intelligente analyse ce qu'elle entend et pose des questions. Poser des questions permet d'obtenir des clarifications, de diminuer l'ambiguïté et de parvenir à une meilleure compréhension. Cela montre aussi à la personne qui parle qu'on l'écoute.

5. Paraphraser. Par paraphraser, on entend répéter dans ses propres mots ce que la personne vient de dire. Une personne qui écoute de façon efficace emploiera des expressions du type «Ce que vous me dites, c'est que…» ou «Voulez-vous dire que…?» La paraphrase est une façon de vérifier si l'on a écouté attentivement et si l'on a correctement compris.

6. Éviter d'interrompre la personne qui parle. Les interruptions peuvent faire perdre le fil de ses pensées à la personne qui parle. Elles peuvent aussi amener celle qui écoute à sauter aux mauvaises conclusions parce qu'elle se base sur une information incomplète.

7. Éviter de trop parler. La plupart des gens préfèrent parler plutôt que d'écouter. Toutefois, savoir écouter signifie aussi reconnaître l'importance de laisser chacun s'exprimer à son tour.

8. Ménager des transitions entre les rôles de celui qui parle et de celui qui écoute. Quelqu'un qui écoute efficacement sait faire la transition entre le rôle qui consiste à s'exprimer et celui qui consiste à écouter, et vice versa. Toutefois, il est important d'écouter attentivement plutôt que de planifier ce qu'on dira ensuite.

Manifester de l'empathie   Le destinataire manifeste de l'empathie lorsqu'il essaie de comprendre ce que ressent l'expéditeur et d'interpréter son message à la lumière du point de vue de ce dernier plutôt qu'en le considérant seulement de son propre point de vue.

OA3	Déterminer les sources des conflits organisationnels et comprendre les façons dont il est possible de les gérer.

11.3 La gestion des conflits et la communication

Un **conflit organisationnel** est souvent le résultat de ruptures dans la communication entre des personnes ou des services. C'est un désaccord qui survient lorsque les objectifs, les besoins, les intérêts ou les valeurs de divers individus ou groupes sont incompatibles et que ces individus ou groupes entravent ou contrarient les efforts les uns des autres pour réaliser ou défendre leurs propres objectifs, besoins, intérêts ou valeurs[22]. Nous avons souligné, au chapitre 10, les façons dont les gestionnaires peuvent résoudre des conflits relationnels et des conflits liés à la tâche à l'intérieur des groupes ou entre eux. Le conflit est une composante normale de la vie organisationnelle en raison souvent de l'incompatibilité des objectifs, des besoins,

---

Conflit organisationnel (*organizational conflict*)

Désaccord qui survient lorsque les objectifs, les besoins les intérêts ou les valeurs de divers individus ou groupes sont incompatibles, et que ces individus ou groupes entravent ou contrarient les efforts les uns des autres pour réaliser ou défendre leurs objectifs, besoins, intérêts ou valeurs.

des intérêts ou des valeurs de diverses parties prenantes, tels les gestionnaires et les employés. Il peut aussi survenir entre des services ou des divisions qui sont en concurrence les uns avec les autres pour se procurer des ressources, ou même entre des gestionnaires ou des employés qui rivalisent pour obtenir une promotion et passer à un échelon supérieur dans la hiérarchie organisationnelle.

Même si la vaste majorité des gestionnaires n'aiment pas les conflits, ceux-ci ne nuisent pas nécessairement au fonctionnement d'une organisation. En effet, une insuffisance de conflits peut se révéler aussi dommageable qu'une surabondance dans ce domaine puisqu'à trop vouloir faire consensus rapidement (afin d'éviter un conflit potentiel), on peut négliger de trouver la bonne solution à un problème donné. Par contre, un degré modéré d'affrontements peut encourager une variété de points de vue susceptibles d'améliorer le fonctionnement de l'organisation, d'accroître son efficience et de faciliter la prise de décisions. Le conflit est une force qu'il faut apprendre à gérer plutôt qu'à éliminer[23]. Ainsi, il est plus recommandé pour les gestionnaires de développer des compétences dans la gestion des conflits que de tenter de les éviter ou de les éliminer. Pour composer avec les conflits de façon efficace, les gestionnaires ont avantage à bien en connaître les sources et à comprendre le comportement des individus qui s'y engagent.

11.3.1 Les sources des conflits organisationnels

Un conflit organisationnel peut survenir entre des personnes (conflit interpersonnel), à l'intérieur d'un groupe ou d'un service (conflit intragroupe), entre des groupes ou des services (conflit intergroupe) ou encore entre des organisations (conflit interorganisationnel). Bien qu'il existe potentiellement plusieurs sources à l'origine d'un conflit, il importe de souligner que la communication constitue souvent la première source de conflit. C'est la raison pour laquelle la première partie de ce chapitre accorde la primauté aux caractéristiques de la communication. Nous ne soulignerons jamais assez qu'en tout temps, l'expéditeur d'un message doit prioritairement s'assurer que les mots qu'il choisit pour coder le message à transmettre sont cohérents et pertinents. Ainsi, les gestionnaires ont tout intérêt à développer leurs compétences en communication. Par ailleurs, les autres sources potentielles de conflits organisationnels que nous aborderons au cours des prochains paragraphes et illustrées à la figure 11.4 peuvent être dus à la présence d'un chevauchement des activités et de l'autorité organisationnelles, de l'interdépendance de certaines tâches, de systèmes d'évaluation et de récompense contradictoires, de ressources organisationnelles limitées, d'une ambiguïté liée au statut d'un employé et, enfin, d'une incohérence entre les objectifs organisationnels et leur horizon temporel[24].

Un chevauchement des activités et de l'autorité organisationnelles

Au chapitre 6, nous avons souligné, parmi les types de structures organisationnelles, la structure matricielle. Elle regroupe les personnes et les ressources par fonction et par produit. Les membres d'une équipe provenant de divers services ou fonctions se réunissent, par exemple pour développer de nouveaux produits. Ce type de structure

FIGURE 11.4   Les sources de conflits organisationnels

est très flexible et favorise l'innovation dans le développement de produits. Par contre, elle présente un inconvénient non négligeable. En effet, les membres de chaque équipe relèvent alors de deux patrons: le directeur attitré à la fonction à laquelle ils appartiennent et le chef de leur équipe de produit. Il est facile d'imaginer que ce mécanisme de double rapport hiérarchique peut entraîner des demandes contradictoires, de sorte que les membres de ces équipes ne savent pas lequel de leurs patrons satisfaire en premier. En outre, les deux gestionnaires, celui attitré à la fonction et le chef d'équipe, peuvent se trouver en conflit lorsqu'il s'agit de déterminer leur autorité respective sur chacun des membres de l'équipe et la durée de cette autorité. Le chevauchement des activités et de l'autorité organisationnelles, comme dans le cas de la structure matricielle, peut constituer une source de conflits.

L'interdépendance des tâches

Lorsque le travail de personnes au sein d'unités de travail dépend du travail d'autres personnes provenant d'autres unités de travail (p. ex. pour leur fournir de l'information, des ressources matérielles ou de l'aide), il est alors question d'interdépendance des tâches.

Ainsi, les unités de travail fortement interdépendantes entre elles ont, plus que d'autres, besoin d'une coordination, d'une communication et d'une adaptation réciproques afin de maintenir leur rendement au travail. Plus le degré d'interdépendance des tâches est élevé, plus le risque de conflits est grand parce que la possibilité que l'une des unités intervienne dans le travail de l'autre ou le perturbe est élevée. Prenons l'exemple du processus de production d'un fabricant de boissons gazeuses. Les employés qui remplissent les bouteilles, les emballent et les expédient comptent sur ceux qui fabriquent ces bouteilles pour pouvoir poursuivre le processus de production de façon régulière et en temps opportun. Si un problème survient dans la fabrication des bouteilles, le travail à l'autre bout de la chaîne de montage est perturbé.

Des systèmes d'évaluation et de récompense contradictoires

Souvent, les gestionnaires élaborent des systèmes d'évaluation du rendement et de récompense des employés qui provoquent des conflits entre les groupes parce qu'ils vont à l'encontre des objectifs de chacun de ces groupes ou n'en tiennent pas compte. Si nous poursuivons avec notre exemple de production de boissons gazeuses, un conflit peut survenir lorsque les fabricants de bouteilles et ceux qui les remplissent et les emballent sont évalués d'après leur production de résultats différents. Supposons, par exemple, que le gestionnaire de l'unité en amont de la chaîne de production évalue les employés qui fabriquent les bouteilles à la quantité de bouteilles qu'ils produisent et qu'ils envoient le long de la chaîne de production pour qu'elles soient remplies. Ces travailleurs sont récompensés lorsqu'ils atteignent ou dépassent les objectifs établis par leur gestionnaire en ce qui a trait au nombre de bouteilles fabriquées par quart de travail. À l'autre extrémité de la chaîne de production, le gestionnaire de l'unité évalue les employés qui remplissent et emballent les bouteilles en fonction de la qualité du produit et leur accorde des primes lorsqu'ils réduisent au minimum le nombre de plaintes des clients et de retours. Ces travailleurs ont donc une motivation pour rejeter toute bouteille qui ne correspond pas à certaines normes de qualité. Toutefois, moins il y a de bouteilles rejetées dans la section du remplissage, plus les primes des employés qui fabriquent ces bouteilles sont élevées. Ainsi, la façon dont les gestionnaires ont conçu les systèmes d'évaluation et de récompense de ces deux groupes peut provoquer des conflits entre eux. Les fabricants de bouteilles se plaignent que ceux qui les remplissent sont trop difficiles dans leur estimation de la qualité tandis que ceux-ci acceptent mal que les fabricants mettent en doute leurs décisions en matière de contrôle de la qualité.

Des ressources organisationnelles limitées

Lorsque les ressources sont rares, au point, par exemple, où il est nécessaire d'envisager des restrictions budgétaires, les employés se sentent motivés à entrer en compétition avec d'autres qui ont aussi besoin de ces ressources pour réaliser leurs objectifs. Les chefs de division et les directeurs d'usine doivent parfois résoudre ce type de conflit concernant l'engagement de dépenses, parce qu'il y a rarement assez d'argent pour satisfaire les besoins de tous.

Une ambiguïté liée au statut d'un employé

Des attentes équivoques en matière de postes peuvent accroître la possibilité que certaines personnes ne fassent pas ce qu'on attend d'elles. On parle alors d'ambiguïté des rôles pour désigner des ensembles d'attentes peu claires concernant les responsabilités liées à un emploi, qui peuvent entraîner des conflits et diminuer le rendement d'une entreprise. Les appellations d'emplois correspondent non seulement à un statut, c'est-à-dire à une autorité reconnue au sein de la hiérarchie d'une organisation, mais aussi à des attentes en ce qui a trait à la responsabilité et à l'obligation de rendre des comptes. On demande parfois à un employé d'effectuer certaines tâches de gestion sans lui donner le titre, le statut et la reconnaissance associés à la position de gestionnaire. Une telle situation peut entraîner des conflits avec les employés qui considèrent qu'ils n'ont pas à effectuer ce qu'on leur demande parce que la personne qui leur en donne l'ordre n'a pas le statut approprié.

Par ailleurs, une personne à qui l'on demande d'assumer des responsabilités de gestion, mais sans lui accorder ni le pouvoir ni les récompenses normalement associés à cette position, risque d'être mécontente de cette situation. Une ambiguïté liée au statut d'un employé peut parfois créer des conflits au sein des organisations.

Une incohérence entre les objectifs organisationnels et leur horizon temporel

Une des principales sources de conflits est l'incohérence entre les objectifs organisationnels et leur horizon temporel auprès des employés ou des services. Revenons à notre exemple de relations entre les fabricants de bouteilles et les embouteilleurs de boissons gazeuses. Les employés responsables de l'embouteillage veulent éviter que les clients se plaignent de la qualité des produits tandis que les employés affectés à la fabrication de bouteilles veulent minimiser le nombre de bouteilles rejetées à l'étape de l'embouteillage. Les employés qui embouteillent le produit réalisent leur objectif en vérifiant méticuleusement la qualité des bouteilles emballées et livrées aux clients. Toutefois, cet objectif ne cadre pas avec celui des fabricants, qui consiste à produire le plus grand nombre de bouteilles possible. Par conséquent, ces objectifs contradictoires entraînent des conflits entre les deux groupes.

Par ailleurs, il arrive parfois que divers services aient des contraintes de temps différentes en ce qui a trait à l'exécution d'une tâche, ce qui provoque des tensions entre eux. Par exemple, les employés du service de la production d'un magazine établissent une échéance après laquelle aucune publicité ne sera acceptée dans le prochain numéro afin d'avoir suffisamment de temps pour le produire et l'imprimer. Toutefois, cette décision va à l'encontre des intérêts des représentants, qui veulent conclure le plus de ventes possible afin de maximiser leurs commissions. Comme une journée de plus de ventes peut faire une différence importante sur le salaire net qu'ils obtiennent, ils essaient sans cesse de repousser l'échéance qui leur est imposée.

De même, les employés du service de recherche et développement ont l'habitude de fonctionner à l'intérieur de limites temporelles à long terme lorsqu'ils travaillent au développement de nouveaux produits. Toutefois, on leur impose des échéances de mise au point pour permettre aux employés du service de marketing et des ventes de préparer des campagnes de promotion pour ces produits à l'intérieur d'une année budgétaire donnée. Si la recherche et le développement d'un nouveau produit se prolongent au-delà du cadre temporel prévu, les employés du service de marketing et des ventes risquent de perdre le budget qui leur est alloué pour ce produit. La pression pour que le produit soit prêt à temps de façon que les employés du service de marketing et des ventes puissent commencer leur travail peut alors provoquer des conflits.

11.3.2 Les comportements axés sur la résolution des conflits

Quelle que soit la source d'un conflit, connaître la façon de le gérer constitue une habileté importante pour les gestionnaires qui pourraient avoir à intervenir pour le régler. William James, philosophe et psychologue américain du XIXe siècle, disait que «chaque fois que vous êtes en conflit avec quelqu'un, un facteur peut faire la différence entre nuire à votre relation avec lui et l'approfondir. Ce facteur, c'est votre attitude[25]». Il existe deux catégories de comportements qui permettent de composer avec les conflits: la coopération (le degré auquel une partie essaie de satisfaire les préoccupations de l'autre partie) et l'affirmation de soi (le degré auquel une partie tente de satisfaire ses propres préoccupations)[26]. La figure 11.5 en donne un aperçu[27]. En se servant de ces deux catégories, on peut dégager cinq comportements en matière de gestion des conflits.

1. **Éviter.** Se retirer du conflit.

2. **Faire concurrence.** Une personne tente de satisfaire ses propres objectifs, intérêts ou besoins sans se préoccuper de ceux de la partie adverse.

3. **Faire des compromis.** Chaque partie est préoccupée par la réalisation de ses propres objectifs et par la

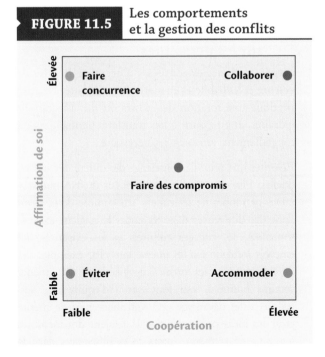

FIGURE 11.5 Les comportements et la gestion des conflits

réalisation de ceux de l'autre partie, et est prête à discuter et à faire des concessions jusqu'à ce que les deux parviennent à une résolution raisonnable du conflit.

4. Accommoder. Une personne essaie de plaire à l'autre en faisant passer les objectifs, intérêts ou besoins de cette dernière avant les siens.

5. Collaborer. Les parties à un conflit essaient de réaliser leurs propres objectifs, intérêts ou besoins en ne faisant aucune concession, mais trouvent plutôt une façon de régler leur différend qui améliore la situation de chacune d'elles.

Lorsque les parties intéressées dans un conflit sont disposées à coopérer l'une avec l'autre et à trouver une solution acceptable pour les deux (par un compromis ou une collaboration), l'organisation a plus de chances de réaliser ses objectifs.

> **OA4** Décrire les stratégies de gestion de conflit que les gestionnaires peuvent employer pour régler efficacement des conflits interpersonnels et organisationnels.

11.4 Les stratégies de gestion des conflits

Les stratégies de gestion qui servent à résoudre les conflits de façon efficace mettent l'accent sur les personnes, les groupes et l'organisation dans son ensemble. Nous décrirons quelques stratégies axées selon ces perspectives.

11.4.1 Les stratégies axées sur les personnes

Ces types de stratégies consistent à accroître la prise de conscience et les habiletés en matière de diversité, à mettre en pratique une rotation des postes ou des affectations temporaires, et à recourir à des transferts permanents ou au congédiement, lorsque c'est nécessaire.

1. Favoriser une prise de conscience des différences individuelles. Plusieurs conflits proviennent du fait que certaines personnes ne se rendent pas compte de la façon dont des différences dans les codes langagiers, les personnalités, les bagages culturels et les exigences des emplois influent sur les interactions. Par exemple, des différences dans les codes langagiers peuvent amener certains hommes, qui font partie d'équipes de travail, à parler davantage et à s'attribuer plus de mérite pour les idées présentées que le feraient des membres féminins de la même équipe. Ces différences dans la

communication peuvent susciter des conflits lorsque les hommes supposent à tort que les femmes ne sont pas intéressées par ce qu'elles font ou sont moins compétentes parce qu'elles participent moins qu'eux. De même, les femmes peuvent penser à tort que les hommes sont autoritaires et qu'ils ne s'intéressent pas à leurs idées parce qu'ils paraissent accaparer tout le temps de parole. Des conflits peuvent également éclater lorsque des travailleurs ignorent tout des exigences des emplois de leurs coéquipiers et s'attendent, de façon irréaliste, à ce que ceux-ci terminent un projet dans les mêmes délais qu'eux. Lorsqu'il est possible de déterminer la source d'un conflit, il devient plus facile de prendre les mesures appropriées et de favoriser ensuite des interactions plus agréables entre les parties concernées. Il est possible d'accroître la prise de conscience des différences individuelles par une formation à la diversité et au processus de communication ainsi que par une rotation des postes ou des affectations temporaires, ce qui permet d'améliorer la compréhension des activités et des exigences associées aux tâches que les autres membres d'une organisation ont à assumer.

2. Recourir aux transferts permanents ou au congédiement. Lorsque les stratégies habituelles de règlement de conflit échouent, les gestionnaires sont parfois dans l'obligation de prendre des mesures plus radicales, passant de la rotation des postes et des affectations temporaires aux transferts permanents, et allant jusqu'au congédiement, lorsqu'il n'y a plus rien d'autre à faire.

Supposons que deux cadres de terrain qui travaillent dans le même service sont sans cesse en train de se quereller. Des conflits fréquents et acrimonieux éclatent entre eux même si chacun semble bien s'entendre avec ses collègues de travail respectifs. Peu importe les moyens que leur superviseur emploie pour les amener à mieux se comprendre mutuellement, ces conflits continuent à se produire. Le cas échéant, le superviseur pourrait décider de transférer l'un d'eux, ou les deux, pour diminuer les interactions entre eux et ainsi favoriser un meilleur climat de travail pour l'ensemble des employés. Lorsque des conflits sérieux se produisent entre des cadres supérieurs qui ne parviennent pas à régler leurs différends et à se comprendre mutuellement, il est parfois nécessaire que l'un d'eux quitte l'entreprise.

11.4.2 Les stratégies axées sur l'organisation

Par ailleurs, voici deux stratégies qui mettent l'accent sur l'organisation dans son ensemble et qui consistent à changer la structure ou la culture de l'organisation, ou encore à agir directement sur la source du conflit.

1. Changer la structure ou la culture. Un conflit peut indiquer la nécessité d'effectuer des changements dans la structure ou la culture d'une organisation. Parfois, les gestionnaires réussissent à régler efficacement un conflit en modifiant la structure organisationnelle utilisée pour regrouper des personnes et des tâches[28]. Par exemple, si une entreprise utilisait une structure fonctionnelle à ses débuts, il se peut que celle-ci ait perdu de son efficience à mesure que l'organisation s'agrandissait, de sorte qu'un passage à une structure par produit pourrait permettre de mieux résoudre les conflits (*voir le chapitre 6*).

   Les gestionnaires peuvent également régler efficacement des conflits en accroissant les niveaux d'intégration dans leur organisation. Lorsque des employés provenant de divers services sont affectés à la même équipe, il leur est alors possible de résoudre des problèmes eux-mêmes à mesure qu'ils se produisent plutôt que de s'en remettre à leur service.

   Parfois, les gestionnaires doivent prendre des mesures pour modifier la culture organisationnelle en vue de régler des conflits (*voir le chapitre 7*). Certaines normes et valeurs de cette culture peuvent, sans que ce soit voulu, provoquer de graves conflits qui perturbent le fonctionnement d'un service et sont difficiles à régler. Par exemple, des normes qui insistent sur le respect de l'autorité officielle peuvent entraîner des conflits presque insolubles lorsqu'on crée des équipes autonomes dans une organisation. De même, les valeurs qui mettent l'accent sur la compétition entre les personnes peuvent compliquer le règlement des conflits lorsqu'il devient nécessaire pour des membres d'une organisation de faire passer les objectifs, intérêts ou besoins d'autres parties avant les leurs. Dans de telles circonstances, le fait de modifier ces normes et ces valeurs peut se révéler une stratégie de résolution de conflit efficace. Par contre, bien que cette stratégie soit intéressante à développer, elle nécessitera du temps, car il est plutôt difficile de changer des normes et des valeurs au sein d'une organisation sans une prise de conscience individuelle en premier, puis collective par la suite.

2. Agir sur la source du conflit. Lorsqu'un conflit est causé par la présence d'un chevauchement des activités et de l'autorité organisationnelles, d'une ambiguïté liée au statut d'un employé et de systèmes d'évaluation et de récompense contradictoires, les gestionnaires peuvent parfois le régler efficacement en modifiant directement la source du conflit. Par exemple, ils peuvent clarifier la hiérarchie de commandement et réassigner des tâches et des responsabilités pour résoudre un conflit dû à un chevauchement d'autorités.

OA5 Faire la distinction entre la négociation distributive et la négociation raisonnée, définir la négociation collective et déterminer les façons d'utiliser la négociation pour résoudre les conflits intergroupes.

11.5 Les types de négociation

Une technique de résolution de conflit particulièrement importante pour les gestionnaires et les autres membres de l'organisation est la **négociation**. On doit l'utiliser dans le cadre de situations où les parties qui s'affrontent ont à peu près le même niveau de pouvoir. Au cours d'une négociation, les parties adverses essaient de trouver une solution acceptable pour chacune, tout en examinant divers moyens de répartir des ressources entre elles[29]. D'abord, nous exposerons les deux principaux types de négociation, puis nous décrirons brièvement les grandes caractéristiques de la négociation collective.

11.5.1 La négociation distributive et la négociation raisonnée

Il existe deux principaux types de négociation : la négociation distributive et la négociation raisonnée[30]. Dans la **négociation distributive**, les parties perçoivent qu'elles se trouvent devant des ressources limitées qu'elles doivent se répartir[31]. Elles adoptent donc une attitude concurrentielle et plutôt antagoniste. Elles ont conscience du fait qu'il leur faudra concéder quelque chose, mais elles ont l'intention d'obtenir la part la plus importante des ressources[32]. Elles ne voient pas la nécessité d'interagir l'une avec l'autre dans un esprit de coopération et se préoccupent peu de nuire à leurs relations interpersonnelles ou de les rompre par leur concurrence acharnée[33]. Dans ce type de négociation, il y a généralement un gagnant et un perdant. Les parties s'appuient sur le pouvoir et les manigances pour s'assurer d'obtenir un avantage. La négociation distributive peut parfois être appropriée lorsque le conflit est vraiment restreint à une lutte pour une ressource particulière. Toutefois, peu de conflits organisationnels s'expliquent par des intérêts complètement opposés et des ressources limitées à partager. En fait, dans

---

Négociation (*negociation*)
Méthode de résolution de conflit dans laquelle des parties adverses examinent divers moyens de répartir des ressources entre elles de façon à parvenir à une solution acceptable pour toutes.

Négociation distributive (*distributive negociation*)
Négociation dans laquelle les parties opposées rivalisent pour obtenir la part la plus importante des ressources tout en faisant le moins de concessions possible.

la plupart des cas, il est possible de trouver des solutions acceptables pour les deux parties.

Dans la **négociation raisonnée**, les parties adoptent une orientation qui leur permet de parvenir à une solution satisfaisante pour les deux. En effet, elles perçoivent qu'elles pourraient réussir à accroître la disponibilité des ressources en cherchant une solution innovatrice au conflit. Les parties ne voient pas le conflit comme une compétition dans laquelle l'une gagne et l'autre perd, mais plutôt comme un effort de coopération qui leur permettra à toutes deux de faire des gains. Ce type de négociation se caractérise par une atmosphère de confiance, un partage de l'information et le désir de toutes les parties de parvenir à un règlement satisfaisant[34]. Pour que les parties adverses s'engagent de bonne foi dans une négociation raisonnée, il faut que chacune d'elles découvre des moyens de satisfaire quelques-uns des besoins de l'autre partie plutôt que de s'en tenir à une position de rivalité. Il existe cinq stratégies qui permettent d'accroître la probabilité de parvenir à une solution satisfaisante pour toutes les parties[35].

1. Insister sur les objectifs communs. C'est une façon de rappeler à chacun que tous travaillent ensemble à réaliser un but ou un objectif plus vaste malgré leurs désaccords.

2. Mettre l'accent sur le problème, et non sur les personnes. Dans un conflit, les parties doivent garder leur attention fixée sur la source du problème et éviter de céder à la tentation de se discréditer mutuellement en personnalisant le conflit.

3. Insister sur les objectifs, intérêts ou besoins de chacun, et non sur ses demandes. Les demandes sont ce qu'une personne veut, et ses objectifs, intérêts ou besoins représentent les raisons pour lesquelles elle veut qu'on les exauce. Lorsque deux personnes sont en conflit, il est peu probable que les demandes des deux puissent être comblées. Toutefois, il y a souvent moyen de satisfaire les enjeux sous-jacents au problème initial de façon à obtenir une solution intéressante pour les deux.

4. Proposer de nouvelles solutions qui permettent aux deux parties de faire des gains. Plutôt que de se contenter d'un ensemble rigide de solutions parmi lesquelles les deux parties doivent choisir, celles-ci peuvent proposer de nouvelles solutions qui pourraient même accroître les ressources disponibles.

5. Insister sur ce qui est juste. Il faut insister sur le principe d'équité pour aider les parties à s'entendre sur la meilleure solution au problème.

N'importe laquelle de ces stratégies (ou toutes) peut aider des parties qui s'opposent à négocier ensemble plus efficacement. Lorsque les gestionnaires adoptent ces cinq stratégies et encouragent les autres membres de l'organisation à faire de même, ils ont de fortes chances de parvenir à régler leurs conflits de façon satisfaisante. Par ailleurs, durant l'ensemble du processus de négociation, tous doivent être conscients des partis pris qui peuvent entraîner une prise de décisions erronées et s'en méfier (*voir le chapitre 4*)[36].

11.5.2 La négociation collective

La négociation collective est une négociation entre syndicats et dirigeants en vue de résoudre des conflits et des différends portant sur des questions importantes telles que les horaires de travail, les salaires, les avantages (ou prestations), les conditions de travail et la sécurité d'emploi. Lorsqu'une entente survient entre la direction et les syndiqués (parfois avec l'aide d'un tiers neutre appelé un « médiateur »), les chefs syndicaux et les dirigeants signent un contrat qui explique clairement les clauses de leur négociation et qui est appelé une « convention collective ».

La négociation collective est un processus permanent dans les relations de travail. Après avoir été signée, une entente doit être gérée et les règles qui régissent les conditions de travail doivent être respectées par les deux parties. Toutefois, des désaccords et des conflits peuvent survenir relativement à l'interprétation des clauses de ce contrat. Le cas échéant, on fait appel à un arbitre, c'est-à-dire une troisième partie neutre, pour régler le différend. Une composante importante des conventions collectives est la procédure de règlement des griefs, par laquelle on permet aux travailleurs qui estiment être injustement traités d'exprimer leurs préoccupations et de demander à leur syndicat de défendre leurs intérêts. Par exemple, lorsque des employés pensent avoir été congédiés sans raison valable, en violation de leur contrat syndical par exemple, ils peuvent déposer un grief, demander à leur syndicat de les représenter et réintégrer leur emploi si l'arbitre reconnaît le bien-fondé de leur réclamation.

Négociation raisonnée (*integrative bargaining*)
Négociation en coopération dans laquelle les parties adverses travaillent ensemble pour parvenir à une solution qui est dans leur intérêt à toutes.

Résumé et révision

Cette section vous servira à vérifier l'acquisition des objectifs d'apprentissage.

OA1 La communication, compétence essentielle des membres de l'organisation

Une communication efficace est un partage de renseignements entre deux ou plusieurs personnes ou groupes dans le but de parvenir à une compréhension mutuelle. Elle est essentielle pour assurer un avantage concurrentiel à une organisation. Elle consiste en un processus cyclique composé de deux phases : la transmission et la rétroaction.

OA2 La richesse de l'information et les moyens de communication

La richesse de l'information est la quantité de renseignements qu'un moyen de communication peut transmettre ; elle indique aussi jusqu'à quel point ce moyen permet aux expéditeurs et aux destinataires de se comprendre mutuellement. Il existe quatre catégories de moyens de communication qui sont, par ordre décroissant de richesse de l'information, la communication verbale directe (y compris la vidéoconférence), la communication verbale transmise électroniquement (y compris la messagerie vocale), la communication écrite adressée à une personne ou à des personnes (y compris les courriels et les messages textes) et la communication écrite impersonnelle. Les progrès de la technologie ont eu une influence significative sur les façons de communiquer des gestionnaires.

OA3 La gestion des conflits et la communication

Un conflit organisationnel est un désaccord qui survient lorsque les objectifs, les besoins, les intérêts ou les valeurs de certains individus ou groupes ne sont pas compatibles et que ces individus ou groupes entravent ou contrarient les efforts les uns des autres pour réaliser ou défendre les leurs. Parmi les sources de conflits organisationnels, on trouve un chevauchement des activités et de l'autorité organisationnelles, l'interdépendance de certaines tâches, des systèmes d'évaluation et de récompense contradictoires, des ressources organisationnelles limitées, une ambiguïté liée au statut d'un employé et, enfin, une incohérence entre les objectifs organisationnels et leur horizon temporel.

OA4 Les stratégies de gestion des conflits

Les personnes gèrent les conflits en se basant sur deux aspects dynamiques variables, leur degré de coopération et leur degré d'affirmation de soi, ce qui donne lieu à cinq types de comportements de gestion des conflits : faire concurrence, éviter, faire des compromis, accommoder et collaborer. Un comportement axé sur la collaboration a généralement l'effet de mener à des solutions satisfaisantes pour les deux parties. Les stratégies de gestion de conflit centrées sur les personnes consistent notamment à accroître la prise de conscience des sources d'un conflit et celle de la diversité ainsi que des habiletés qu'elle procure, ou à recourir à des transferts permanents ou à des congédiements, lorsque c'est nécessaire. Parmi les stratégies axées sur l'ensemble de l'organisation, on compte des mesures comme changer la structure ou la culture organisationnelles, et agir sur la source du conflit.

OA5 Les types de négociation

La négociation est une technique de règlement de conflit qu'on utilise dans les situations où les parties opposées ont à peu près le même niveau de pouvoir et recherchent des moyens acceptables de se partager les ressources disponibles entre elles. Dans la négociation distributive, les parties perçoivent qu'il y a une quantité limitée des ressources disponibles pour tous à se partager et chacune rivalise avec les autres pour en obtenir la plus grande part possible au détriment des autres parties. Dans la négociation raisonnée, celles-ci se rendent compte qu'elles pourraient réussir à accroître la quantité des ressources disponibles en découvrant une solution innovatrice à leur conflit, en se faisant mutuellement confiance et en coopérant les unes avec les autres pour parvenir à une résolution du conflit qui est satisfaisante pour toutes. Les gestionnaires peuvent employer cinq stratégies pour faciliter la négociation raisonnée : insister sur les objectifs communs ; mettre l'accent sur le problème, et non sur les personnes ; insister sur les objectifs, les besoins et les intérêts de chacun, et non sur ses demandes ; proposer de nouvelles solutions qui satisfont les deux parties ; et concentrer les efforts sur ce qui est juste. La négociation collective est un processus par lequel les syndicats et les dirigeants d'entreprise s'entendent sur des conditions de travail dans l'ensemble de l'organisation en signant des conventions collectives.

TERMES CLÉS

bruit (p. 359)
codage (p. 359)
communication (p. 357)
communication non verbale (p. 359)
communication verbale (p. 359)
conflit organisationnel (p. 372)
décodage (p. 359)
destinataire (p. 359)
expéditeur (p. 358)

filtrage (p. 370)
gestion sur le terrain (p. 362)
intelligence artificielle (p. 368)
jargon technique (p. 369)
logiciel d'application (p. 367)
logiciel de système d'exploitation (p. 367)
message (p. 358)
moyen de communication (p. 359)
négociation (p. 377)

négociation distributive (p. 377)
négociation raisonnée (p. 378)
perception (p. 360)
réseautage (p. 365)
richesse de l'information (p. 361)
rumeur (p. 370)
surinformation (ou infobésité) (p. 365)

Solutionnaire
enseignant

Les gestionnaires à l'œuvre

SUJETS À TRAITER ET ACTIVITÉS CONNEXES

NIVEAU 1 Connaissances et compréhension

1. Décrivez le processus de communication. Pourquoi la perception est-elle importante ?

2. Décrivez les sources des conflits organisationnels. Quels types de stratégies (axées sur les personnes ou axées sur la structure et la culture de l'organisation) permettent d'agir sur chacune de ces sources de conflits ?

3. Pourquoi certains gestionnaires ont-ils de la difficulté à écouter efficacement ?

NIVEAU 2 Application et analyse

4. Expliquez les raisons pour lesquelles des employés pourraient filtrer ou déformer de l'information concernant des problèmes et des écarts de rendement lorsqu'ils communiquent avec leurs gestionnaires.

5. Interviewez un gestionnaire pour déterminer les types de conflits qui se produisent dans son entreprise et les stratégies qu'il déploie pour les régler. Décrivez le résultat de votre recherche.

6. À votre avis, quels moyens de communication un gestionnaire devrait-il utiliser pour envoyer les messages suivants à un employé? Justifiez vos choix.

   a) Lui annoncer qu'il obtient une hausse de salaire.

   b) Lui annoncer qu'il n'obtient pas de promotion.

   c) Lui imposer une sanction pour des retards fréquents.

   d) Lui confier de nouvelles responsabilités.

   e) Préparer l'horaire des journées de congé pour la prochaine année.

NIVEAU 3   Synthèse et évaluation

7. Pourquoi la négociation raisonnée est-elle plus efficace que la négociation distributive pour régler les conflits?

8. Expliquez les raisons pour lesquelles des différences sur le plan des expressions langagières peuvent entraîner une communication inefficace.

EXERCICE PRATIQUE EN PETIT GROUPE

La négociation d'une solution

Formez un groupe de trois ou quatre personnes. Un membre de votre groupe jouera le rôle de Johanne Richer, et un autre, celui de Michel Schwartz. Un ou deux autres membres seront des observateurs et des porte-parole pour votre groupe.

Johanne Richer et Michel Schwartz sont directeurs adjoints d'un grand magasin. Ils relèvent directement du directeur du magasin. Ils se rencontrent aujourd'hui pour discuter de problèmes importants qui doivent être réglés, mais sur lesquels ils ne s'entendent pas.

Le premier problème porte sur le fait qu'il faut toujours que l'un d'eux soit de service lorsque le magasin est ouvert. Au cours des six derniers mois, madame Richer a assumé la plupart des heures les moins plaisantes (les soirs et les fins de semaine). Les deux directeurs adjoints doivent maintenant planifier leurs horaires des six prochains mois. Madame Richer espère que son collègue se chargera dorénavant d'une plus grande partie des heures moins plaisantes, mais celui-ci lui annonce que sa conjointe vient d'obtenir un emploi d'infirmière et qu'elle travaille les fins de semaine, de sorte qu'il doit rester à la maison pendant ces périodes pour s'occuper de leur fillette âgée de deux ans.

Le deuxième problème concerne un chef de rayon qui a de la difficulté à conserver son personnel de vente. En fait, la rotation du personnel y est deux fois plus élevée que dans les autres rayons du magasin. Madame Richer pense qu'il est inefficace et veut le congédier. Monsieur Schwartz croit plutôt qu'il s'agit d'un pur hasard et que ce gestionnaire fait bien son travail.

Enfin, le dernier problème a pour objet les vacances des deux directeurs adjoints. Tous deux veulent les prendre la première semaine de juillet. Toutefois, comme nous l'avons vu précédemment, l'un d'eux doit absolument être sur place lorsque le magasin est ouvert.

1. Les deux membres du groupe choisis pour incarner madame Richer et monsieur Schwartz endossent leur rôle respectif et négocient pour trouver une solution à chacun de ces trois problèmes.

2. Les observateurs prennent des notes détaillées sur la façon dont madame Richer et monsieur Schwartz négocient pour trouver des solutions aux problèmes soulevés.

3. Les observateurs déterminent jusqu'à quel point madame Richer et monsieur Schwartz ont recours à la négociation distributive ou à la négociation raisonnée pour régler leurs conflits.

4. À la demande du professeur, les porte-parole décrivent au reste de la classe la façon dont madame Richer et monsieur Schwartz ont réglé leurs conflits. Ils expliquent le type de négociation (distributive ou raisonnée) qu'ils ont utilisé et les solutions auxquelles ils sont parvenus.

Pour vous guider, consultez l'annexe B, à la page 426.

EXERCICE DE PLANIFICATION D'AFFAIRES

Dans le cadre de l'exploitation de votre entreprise, vous vous rendez compte que votre équipe et vous devrez négocier avec différentes personnes.

1. Dressez une liste de toutes les parties avec lesquelles vous devrez négocier pour assurer le fonctionnement de cette entreprise.

2. Quelle stratégie de négociation utiliserez-vous avec chacune de ces parties ? Pourquoi ?

EXERCICE DE GESTION RELATIF À L'ÉTHIQUE

Environ 75 % des moyennes et grandes entreprises qui ont participé à un sondage exercent une forme quelconque de surveillance sur les courriels et les activités Internet de leurs employés. Pour certains, il s'agit d'une atteinte à la vie privée. D'autres rétorquent que la navigation de nature personnelle dans Internet coûte aux entreprises des millions de dollars en perte de productivité. Répondez aux questions suivantes à ce sujet.

1. Jusqu'à quel point devrait-on permettre la navigation dans Internet par les employés durant les heures de bureau ?

2. À quel moment l'utilisation d'Internet pendant les heures de travail devient-elle contraire à l'éthique professionnelle ?

3. Jusqu'à quel point devrait-elle être surveillée ?

4. À quel moment une telle surveillance devient-elle contraire à l'éthique professionnelle ?

LA GESTION MISE AU DÉFI

Supposez que vous êtes cadre intermédiaire dans une entreprise de traitement de données. Après avoir examiné les statistiques d'utilisation d'Internet, vous vous rendez compte que plusieurs employés consacrent une partie de leurs heures de travail à envoyer des courriels personnels. Votre patron vous demande d'élaborer une politique pour l'entreprise relativement aux courriels personnels au travail et d'envoyer une note de service aux employés pour l'expliquer. Faites part de vos idées à deux autres étudiants et demandez-leur leur avis. Organisez ensuite l'ensemble des idées mises de l'avant concernant cette politique pour rédiger la note de service qui sera adressée à tous les employés.

PROJET DE PRÉPARATION D'UN DOSSIER DE GESTION

Répondez aux questions suivantes concernant l'organisation que vous avez choisi d'étudier.

1. Quels types de moyens de communication utilise-t-on couramment dans cette organisation pour les divers types de messages à envoyer ? Ces moyens conviennent-ils aux messages ?

2. Y a-t-il déjà eu des exemples de conflits organisationnels ? Quelle était la nature de ces conflits ? Comment ont-ils été réglés ?

Solutionnaire
enseignant

Étude de cas

Anthony Lacavera, chef de la direction de Wind Mobile

Le chef de la direction de Wind Mobile, Anthony Lacavera[37], souhaiterait que le gouvernement renforce les règlements en vigueur concernant le partage des antennes et des tours de transmission de téléphonie cellulaire. Selon lui, même si, en théorie, l'idée que les trois plus grandes sociétés de communication (Telus, Bell et Rogers) partagent des infrastructures avec leurs concurrents semble bonne, il est certain que son application se révèle souvent un processus lent et ardu.

Voici ce que monsieur Lacavera avait à dire sur la question : « Nous nous sommes exprimés à plusieurs reprises sur la nécessité de remanier les politiques en matière de partage des antennes et des tours de transmission de téléphonie cellulaire et d'établir des sanctions lorsqu'elles ne sont pas respectées. Nous essayons d'effectuer une expansion de notre réseau et une très grande partie de ce travail se fait grâce à un effort de collaboration, en particulier dans certaines municipalités où l'établissement de nouvelles antennes ne serait une solution idéale ni pour les résidants ni pour les entreprises, pour toutes sortes de raisons.

Nous avons clairement fait savoir aux autorités du secteur et à nos concurrents que nous allons bâtir notre réseau quoiqu'il arrive ; naturellement, les gros joueurs aimeraient bien nous ralentir autant qu'ils le peuvent. Malheureusement, le gouvernement n'en fait pas assez pour obliger ces entreprises à agir dans des cas où il serait logique de partager, de sorte qu'elles savent qu'elles peuvent s'abstenir de coopérer avec leurs concurrents sans en subir les conséquences. »

Pour monsieur Lacavera, il ne s'agit pas d'une véritable barrière à l'entrée, mais il reconnaît que cette situation freine considérablement l'élan d'entreprises comme la sienne. Le partage des antennes et des tours de transmission de téléphonie cellulaire reste une question cruciale pour Wind Mobile.

« Le pire, c'est que le gouvernement a vraiment coupé les moyens de subsistance aux nouveaux concurrents en ne nous permettant pas d'acheter suffisamment de bandes de fréquences. Il ne reconnaît même pas l'injustice et le déséquilibre invraisemblables qui règnent concernant l'allocation des bandes dans ce pays où trois entreprises de télécommunications qui exploitent deux réseaux possèdent 85 % de l'ensemble des bandes de fréquences. »

Même si monsieur Lacavera ne blâme pas ouvertement le ministre de l'Industrie, Christian Paradis, pour ce ralentissement, il est évident qu'il voudrait voir le gouvernement fédéral en faire davantage.

« Je comprends qu'il y a beaucoup de questions qui se font concurrence à l'ordre du jour lorsqu'on essaie d'établir une coopération et je ne veux pas sous-estimer la complexité de la tâche qu'il [le ministre Paradis] a à accomplir. Toutefois, je crois qu'il capitule devant les intérêts en place lorsqu'il n'insiste pas pour que les grandes sociétés partagent les infrastructures là où celles-ci ne constituent clairement pas des actifs essentiels pour elles. »

En beaucoup d'endroits, Wind Mobile a construit des antennes autonomes à proximité d'antennes que Bell partage avec Telus et Rogers. Pour monsieur Lacavera, cette situation est peu rationnelle, sinon tout à fait illogique.

« Nous sommes prêts à payer le même loyer commercial pour installer notre matériel sur les antennes. Ils auraient ainsi de nouveaux revenus qui réduiraient leurs coûts. Si j'étais à leur place, j'essaierais probablement de dresser les mêmes obstacles, mais il faudra bien que quelqu'un leur fasse entendre raison. » De toute évidence, ce quelqu'un doit être le gouvernement fédéral.

Ce qui stupéfie monsieur Lacavera et certains propriétaires d'autres petites entreprises de télécommunications est l'évidence même de ces obstacles, de sorte qu'ils s'interrogent sur les raisons pour lesquelles on continue de les tolérer. Il semble n'y avoir aucun système d'arbitrage pour mettre fin à ces pratiques. Or, cet arbitrage relève sans nul doute des compétences du gouvernement fédéral. Monsieur Lacavera ne comprend pas non plus pourquoi les trois géants des télécommunications s'en font autant à l'idée d'un partage.

« J'ai toujours fait la remarque, dans nos démêlés avec Rogers, par exemple, que plutôt que de nous empêcher de partager avec elle, cette société devrait chercher à offrir à ses clients un meilleur service et un produit encore plus performant. »

Entre-temps, selon le ministre de l'Industrie, Christian Paradis, il n'y a aucun plan dans un avenir rapproché pour alléger les restrictions concernant la propriété étrangère des grandes entreprises de télécommunications, soit Bell, Telus et Rogers. Toutefois, cela ne fait pas partie des préoccupations de monsieur Lacavera ni, vraisemblablement, de celles des autres petites entreprises de ce secteur.

« Ça ne fait pas une différence significative chez les petits joueurs de l'industrie des télécommunications qu'ils se laissent ou non acheter par les géants. Comme ils sont déjà une présence importante, bien établie sur le marché, ils offrent souvent un coût du capital très intéressant. »

Pour qu'un certain nombre des nouveaux venus en télécommunications puissent continuer à subsister, il est très possible qu'il soit nécessaire d'effectuer certaines fusions et convergences d'actifs avec le temps. Il pourrait s'agir de fusions ou d'acquisitions, ou encore de partage de clientèles et de réseaux. Qu'ils se regroupent ou qu'ils fassent cavalier seul, une chose est sûre d'après ce que le gouvernement a proposé : les concurrents devront coopérer s'ils veulent survivre.

À longue échéance, il n'est pas irréaliste de penser que des entreprises telles que Wind Mobile, Public Mobile et Mobilicity puissent tenter de combiner leurs forces pour avoir plus de succès dans leur lutte contre les géants du secteur des télécommunications.

1. Quelle est la source du conflit dans lequel s'enlise Wind Mobile ?

2. Imaginez que vous êtes le conseiller en gestion de Wind Mobile. Quelles recommandations feriez-vous au chef de la direction pour régler le problème ?

3. Selon vous, quel type de négociation, distributive ou raisonnée, envisage Wind Mobile avec les trois géants des télécommunications, Bell, Telus et Rogers ? Justifiez votre réponse.

Solutionnaire
enseignant

Fin de la partie 5 : Un cas à suivre

LA GESTION DE NIVEAUX ÉLEVÉS DE RENDEMENT

Jeannette Khan dirige l'équipe de chauffeurs courtois du magasin d'alimentation Les joyaux du terroir, qui connaissent bien leur métier et tous les coins de la ville. Toutefois, ils se plaignent parfois des horaires et des trajets qu'elle leur assigne et qui les obligent à faire des livraisons trop tôt ou trop tard, ou les empêchent complètement de les faire. Certains d'entre eux vont même jusqu'à dire que la gestion de madame Khan est trop stricte. Ils souhaiteraient qu'elle leur accorde l'autonomie nécessaire pour établir leurs propres trajets et leurs propres horaires.

Pour aggraver la situation, un autre magasin d'alimentation du quartier a annoncé par communiqué qu'il avait commencé à livrer à domicile. Il s'agit d'un magasin établi depuis peu et, heureusement selon madame Khan, même s'il offre des produits biologiques, ceux-ci sont de moins bonne qualité qu'aux Joyaux du terroir. Néanmoins, un des cinq chauffeurs de son équipe a donné sa démission et s'est trouvé un emploi chez ce concurrent. En partant, il a exprimé son insatisfaction concernant les méthodes de gestion de madame Khan à tous ceux qui voulaient l'entendre. Il n'avait manifestement nulle envie de régler son désaccord avec elle. Son exemple a poussé les autres chauffeurs à se plaindre à leur tour, mais aucun n'a proposé de solutions. Madame Khan reconnaît que l'organisation du système de livraison est improvisée, qu'elle manque de personnel et qu'on peut faire mieux. Toutefois, elle continue de penser que ses employés devraient suivre ses directives. Après tout, c'est elle, la patronne! En attendant, elle va devoir trouver un autre chauffeur, l'embaucher, le former et en favoriser la rétention.

1. Quel type de structure d'équipe recommanderiez-vous à madame Khan d'utiliser avec les chauffeurs pour les encourager à avoir un rendement élevé?

2. Suggérez une stratégie de récompense pour motiver l'ensemble des chauffeurs.

3. Indiquez un exemple de pensée de groupe associé à la situation.

4. Décrivez le comportement de gestion de conflit adopté par

   a) le chauffeur qui a démissionné;

   b) madame Khan.

5. Madame Khan a-t-elle un style de leadership transformationnel ou transactionnel? Justifiez votre réponse.

12

Les systèmes de contrôle organisationnel

Entrée en matière

Une solution de Husky pour le contrôle du rendement

La société Husky Injection Molding Systems[1] est devenue un modèle attrayant d'innovation en matière de mesures de contrôle et de gestion avant-gardistes des employés. L'entreprise, située à Bolton en Ontario, a créé une culture d'innovation et traite de façon proactive toutes les questions concernant le contrôle dans les lieux de travail.

La société Husky Injection Molding Systems est un fournisseur mondial de matériel et de services de moulage par injection pour le secteur du plastique. Elle offre une gamme de produits qui compte parmi les plus vastes dans le domaine. Ses clients ont recours à son équipement et à ses services pour fabriquer une grande variété de produits tels que des bouteilles de boissons et leurs capsules, des contenants pour aliments ainsi que des pièces d'équipement médical et d'appareils électroniques grand public. L'entreprise possède plus de 40 bureaux de vente et de service qui s'occupent de ses clients dans plus de 100 pays. Elle a des usines au Canada, aux États-Unis, au Luxembourg, en Autriche et en Chine[2].

La société Husky offre aussi un vaste assortiment d'outils logiciels conçus pour un entretien axé sur la prévision, la prévention et une démarche proactive ainsi que pour un contrôle (ou une surveillance) de la productivité et des processus. Ses clients obtiennent ainsi des solutions en temps réel qui leur permettent de maximiser leur productivité,

de superviser leurs procédés de fabrication avec précision et de résoudre des problèmes de matériel, ce qui aide à réduire les arrêts-machines.

En matière de gestion des ressources humaines, l'entreprise offre à ses employés, dans chacune de ses installations, un centre de la petite enfance et des cafétérias où l'on sert des aliments santé. Husky possède également un centre de bien-être qui emploie un naturothérapeute ainsi qu'un massothérapeute-chiropraticien à plein temps. Des séances de yoga figurent parmi les cours offerts quotidiennement dans son centre de conditionnement physique. Husky considère le bien-être de ses employés comme étant une priorité et constate le succès de cette politique par le rendement obtenu. Le taux d'absentéisme y est inférieur à la moyenne nationale. Les dépenses qui se rattachent à son plan d'assurance médicaments, qui couvre également les remèdes naturopathiques, se chiffrent à la moitié de la moyenne nationale. Les réclamations des travailleurs auprès de la Commission de la sécurité professionnelle et de l'assurance contre les accidents du travail (CSPAAT) de l'Ontario correspondent à 1,35 % par 200 000 heures d'activité, alors que dans ce secteur, la moyenne est de 5,5 % par 200 000 heures de travail. L'entreprise offre aussi les programmes habituels d'aide et d'écoute pour les personnes en détresse, ce qui libère les gestionnaires de ce fardeau.

▶ **Après avoir réfléchi aux concepts présentés dans ce chapitre, vous serez en mesure de répondre à la question suivante.**

1. En matière de contrôle du rendement, que fait la société Husky pour aider ses clients et sa propre organisation ?

Comme nous l'avons vu au chapitre 6, une des principales tâches des gestionnaires consiste à organiser, c'est-à-dire à établir la structure de tâche et les rapports hiérarchiques qui permettent aux membres d'une organisation d'utiliser ses ressources avec le plus d'efficacité possible. Toutefois, la structure seule ne suffit pas à garantir que les gens adoptent des comportements qui aideront leur entreprise à réaliser ses objectifs. Le but du contrôle organisationnel est de fournir aux gestionnaires et aux employés des renseignements et des mesures sur différents éléments afin qu'ils puissent s'assurer que ceux-ci travaillent à atteindre les objectifs de l'entreprise. La structure organisationnelle donne à l'entreprise un squelette auquel le contrôle du rendement, le leadership et la culture ajoutent des muscles, des tendons et des nerfs qui permettent aux gestionnaires de régler et de diriger ses activités. Leurs fonctions d'organisation, de leadership et de contrôle du rendement sont inséparables l'une de l'autre, et les gestionnaires efficaces, comme ceux de Husky, doivent apprendre à les combiner de façon harmonieuse.

Dans ce chapitre, nous examinerons la nature du contrôle organisationnel et nous décrirons les étapes de ce processus. Nous traiterons à la fois des méthodes traditionnelles qui ont fait leur preuve et qui ont toujours leur utilité dans certains contextes, et de méthodes plus modernes, comme les tableaux de bord et le contrôle par le clan ou basé sur l'engagement, qui, aujourd'hui, sont plus adaptées à soutenir certaines stratégies, comme celle de la différenciation ou de l'innovation. Nous analyserons trois systèmes de contrôle traditionnels utilisés dans la gestion de l'exploitation (ou des opérations) et de la chaîne logistique (ou chaîne d'approvisionnement). Nous nous intéresserons ensuite à des questions de gouvernance. Comment contrôle-t-on le comportement des gestionnaires ? Nous verrons les divers types de contrôle que les gestionnaires peuvent utiliser pour influencer les employés et contrôler le rendement des ressources et de la main-d'œuvre : le contrôle de la production, le contrôle des comportements et le contrôle par le clan (basé sur l'engagement). En dernier lieu, nous traiterons de la façon dont des cultures innovatrices et conservatrices influent sur l'attitude des gestionnaires en matière de planification, d'organisation, de direction et de contrôle du rendement[3]. À la fin de ce chapitre, nous verrons la grande variété de mesures de contrôle dont les gestionnaires disposent et nous expliquerons les raisons pour lesquelles il est essentiel d'élaborer un système de contrôle approprié pour accroître le rendement d'une entreprise et de son personnel.

OA1 Définir le contrôle organisationnel et analyser les façons dont il contribue à maintenir un avantage concurrentiel ainsi que les raisons de son importance pour le rendement général.

12.1 Qu'est-ce que le contrôle organisationnel ?

Nous avons vu au chapitre 1 que le contrôle du rendement est le processus grâce auquel les gestionnaires peuvent vérifier et évaluer l'efficience et l'efficacité d'une organisation et de ses membres en matière de réalisation des objectifs fixés, puis adopter des mesures pour maintenir ou améliorer sa performance. Nous avons également vu dans des chapitres antérieurs que, dans leurs tâches de planification et d'organisation, les gestionnaires élaborent une stratégie pour leur entreprise, puis créent une structure qui, selon eux, lui permettra d'utiliser ses ressources le plus efficacement possible de façon à produire de la valeur pour ses clients. Dans le contrôle du rendement, ils vérifient et évaluent la stratégie et la structure de l'entreprise pour savoir si elles fonctionnent comme prévu, et s'il existe des façons de les améliorer ou de les modifier lorsqu'elles ne donnent pas les résultats attendus.

Toutefois, contrôler ne signifie pas seulement se contenter de réagir aux événements après qu'ils sont survenus. En fait, il s'agit de garder l'entreprise sur la bonne voie, de prévoir ce qui pourrait se produire pour l'avantager ou lui nuire, et de procéder ensuite à des changements qui lui permettront de réagir à n'importe quels constats ou situations insatisfaisantes ou imprévues (écarts négatifs ou positifs entre le réel [la mesure] et le désiré [la norme ou l'objectif]). Il s'agit aussi de maintenir les compétences et la motivation des employés, de se préoccuper des problèmes de productivité auxquels l'entreprise fait face et de travailler de concert avec les différentes parties prenantes à effectuer les changements susceptibles de l'aider à accroître son rendement avec le temps. Comme le montre l'entrée en matière, Husky Injection Molding Systems a élaboré des façons innovatrices de contrôler son rendement, en particulier de s'améliorer pour atteindre des normes exigeantes en matière de gestion des ressources humaines.

12.1.1 Le contrôle organisationnel et le maintien d'un avantage concurrentiel

Pour comprendre l'importance du contrôle organisationnel, voyons de quelles façons il aide les gestionnaires à obtenir pour leur entreprise une efficacité accrue, une qualité supérieure, un meilleur service à la clientèle et davantage d'innovation, quatre éléments importants pour maintenir un avantage concurrentiel.

Pour déterminer le degré d'efficacité de l'utilisation des ressources de l'entreprise, les gestionnaires doivent pouvoir mesurer avec précision le nombre d'unités de facteurs de production (matières premières, ressources humaines, etc.) qui entrent dans la fabrication d'une unité de production. Ils doivent aussi être en mesure de déterminer le nombre d'unités de production (biens et services) obtenues. Une augmentation de la **productivité**, c'est-à-dire du rapport entre les biens et services produits d'un côté et leurs facteurs de production de l'autre, constitue la mesure de l'efficacité d'une organisation.

Un **système de contrôle** comporte des mesures ou des critères d'évaluation (ou moyens d'appréciation) qui permettent de déterminer le degré d'efficacité de l'entreprise, par exemple en matière de production de biens et de prestation de services. Les gestionnaires peuvent aussi avoir recours à l'étalonnage pour comparer des aspects particuliers de la performance de leur organisation avec ceux d'autres organisations reconnues comme étant parmi les meilleures, en vue de déterminer des façons d'accroître sa productivité. Par exemple, alors que Xerox affichait un mauvais rendement dans les années 1980, elle a comparé, sur le plan de l'efficacité, ses activités de distribution à celles de L. L. Bean, les activités de son ordinateur central à celles de John Deere et ses habiletés en marketing à celles de Procter & Gamble. Ces entreprises sont réputées pour leurs habiletés dans ces divers domaines. En analysant leurs façons de procéder, Xerox a réussi à accroître son propre rendement de façon spectaculaire.

De plus, lorsque des gestionnaires essaient de changer la façon dont leur entreprise fabrique certains produits ou fournit certains services afin de trouver une méthode de production plus efficace, ils peuvent adopter les principes de qualité de la **méthode Six Sigma**. En se conformant à ces principes, une entreprise s'assure que ses produits et services sont aussi dépourvus d'erreurs ou de défauts grâce à diverses initiatives en matière de ressources humaines et de service à la clientèle. Jack Welch, l'ancien chef de la direction de la société General Electric a déjà fait savoir que ces mêmes initiatives avaient permis à cette entreprise d'épargner des millions de dollars. D'autres entreprises, par exemple Maple Leaf Foods, le Groupe financier Banque TD, Whirlpool et le Canadien Pacifique, ont également utilisé les principes de qualité de la méthode Six Sigma. Toutefois, pour que ces initiatives soient efficaces, les cadres supérieurs doivent s'engager à acquérir les compétences voulues pour devenir des spécialistes de cette méthode et leurs employés doivent être motivés à suivre ses principes. Par exemple, si les membres de la haute direction ne s'engagent pas activement dans cette initiative d'augmentation de la qualité, ils ne consacreront peut-être pas le temps et les ressources nécessaires pour qu'elle réussisse et risqueront de s'en désintéresser prématurément[4].

De nos jours, la qualité est un préalable pour maintenir un avantage concurrentiel. C'est pourquoi les entreprises sont centrées sur l'accroissement de la qualité des biens et des services. Par exemple, dans le secteur de l'automobile, les voitures à l'intérieur de chaque fourchette de prix se font concurrence sur des éléments tels que les caractéristiques techniques, la conception et la fiabilité. Ainsi, un consommateur choisira d'acheter une Taurus de Ford, une Grand Prix de GM, une Sebring de Chrysler, une Camry de Toyota ou une Accord de Honda, notamment en fonction de la qualité de chacun de ces produits. Si une de ces automobiles a une mauvaise réputation en matière de qualité, elle perdra sa capacité concurrentielle.

Le contrôle organisationnel joue donc un rôle important lorsqu'il s'agit de déterminer la qualité des produits et des services parce qu'il fournit aux gestionnaires une rétroaction concernant cette qualité. Lorsque les gestionnaires des grands constructeurs de voitures mesurent avec régularité le nombre de plaintes de leurs clients et le nombre de nouvelles voitures qui sont retournées pour réparation, ou lorsque des directeurs d'école mesurent le nombre d'élèves qui abandonnent leurs études ou la façon dont leurs résultats aux examens nationaux varient avec le temps, ils disposent d'un bon indicateur de la qualité qu'ils ont incorporée à leur produit ou à leur service, qu'il s'agisse d'un élève ayant une solide éducation ou d'une voiture qui

---

Productivité (*productivity*)
Rapport entre les biens et services produits et leurs facteurs de production.

Système de contrôle (*control system*)
Système de détermination des éléments à contrôler, d'établissement des normes, de surveillance, d'évaluation et de rétroaction qui peuvent fournir aux gestionnaires des renseignements sur le degré d'efficacité et d'efficience de la stratégie et de la structure de l'organisation.

Méthode Six Sigma (*Six Sigma*)
Approche structurée pour améliorer la qualité et l'efficacité des processus, fondée sur une production de biens exempte de défauts ou une prestation de services impeccable.

ne tombe pas en panne. La **gestion intégrale de la qualité (GIQ)** est une méthode d'amélioration continue qui vise à accroître la qualité à chaque étape de la production par le travail d'équipes ou de cercles de qualité qui utilisent la méthode de résolution des problèmes de production. Les équipes qui effectuent le travail ou les tâches requises prennent des décisions ou font des recommandations sur des façons d'améliorer le processus de production. Les gestionnaires efficaces établissent un système qui leur permet de contrôler régulièrement la qualité des produits et des services de façon à pouvoir l'améliorer constamment, une méthode qui leur assure de maintenir un avantage concurrentiel.

Les gestionnaires peuvent aussi contribuer à améliorer le service à la clientèle de l'organisation en mettant sur pied un système de contrôle qui leur permet d'évaluer à quel point les employés chargés de ce service s'acquittent bien de leur tâche. La surveillance de leurs comportements peut aider les gestionnaires à trouver des mesures correctives ou des moyens d'accroître leur niveau de rendement, par exemple en indiquant des domaines dans lesquels une formation pourrait leur être utile ou en trouvant de nouvelles marches à suivre qui leur permettraient de mieux effectuer leurs tâches. De plus, lorsqu'ils savent que leurs comportements sont surveillés, les employés sont plus enclins à se montrer serviables et à se conduire en tout temps de façon courtoise avec les clients. Par exemple, pour améliorer son service à la clientèle, la société Ford

Gestion intégrale de la qualité (GIQ)
(*total quality management* – *TQM*)
Méthode d'amélioration continue de la qualité appliquée à chaque étape de la production.

sonde régulièrement ses clients sur leur expérience chez certains de ses concessionnaires. Si un concessionnaire fait l'objet d'un trop grand nombre de plaintes, les gestionnaires de l'entreprise enquêtent pour déterminer les sources du problème et pour suggérer des solutions ou imposer des mesures correctives. Si nécessaire, ils peuvent même le menacer de réduire le nombre de voitures qu'il reçoit pour l'obliger à améliorer la qualité de son service à la clientèle.

Enfin, le contrôle du rendement peut servir à accroître le degré d'innovation dans une entreprise. L'innovation a des chances de réussir lorsque les gestionnaires créent un climat organisationnel dans lequel l'autonomie accordée aux employés leur permet de faire preuve de créativité et où la décentralisation de l'autorité les amène à se sentir libres d'expérimenter et de prendre des risques. Le choix de systèmes de contrôle du rendement appropriés qui encouragent la prise de risques représente un défi important pour les gestionnaires qui développent une culture organisationnelle innovatrice, comme nous l'avons vu au chapitre 7.

12.1.2 L'importance du contrôle pour le rendement organisationnel

Les systèmes de contrôle ont été conçus pour améliorer la performance des organisations. Comme le montre la figure 12.1[5], les systèmes de contrôle modernes aident les gestionnaires à s'adapter aux changements et à l'incertitude, à découvrir les mauvaises pratiques et les erreurs, à réduire les coûts, à augmenter la productivité ou la valeur ajoutée à leurs produits ou services, à déceler des opportunités, à composer avec la complexité, à décentraliser la prise de décisions et à faciliter le travail en équipe.

> **FIGURE 12.1** **L'importance du contrôle du rendement aujourd'hui**

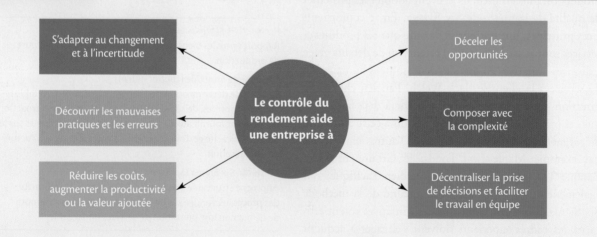

1. S'adapter aux changements et à l'incertitude. Nous avons décrit au chapitre 2 la façon dont les gestionnaires composent avec les environnements concurrentiel et général. De nouveaux fournisseurs et clients de même que de nouvelles technologies et de nouveaux règlements peuvent apparaître. Les systèmes de contrôle permettent aux gestionnaires de déterminer les éléments à contrôler, de mesurer ces changements et de s'y préparer en mettant en place les bonnes mesures correctives.

2. Découvrir les mauvaises pratiques et les erreurs. Des problèmes en matière de contrôle de la qualité, de service à la clientèle ou même de gestion des ressources humaines sont toujours susceptibles de se produire. Les systèmes de contrôle aident les gestionnaires à les découvrir plus rapidement avant qu'ils deviennent impossibles à résoudre.

3. Réduire les coûts, augmenter la productivité ou la valeur ajoutée. Les gestionnaires peuvent utiliser les systèmes de contrôle pour réduire les coûts de main-d'œuvre ou de production, améliorer la productivité ou ajouter de la valeur à un produit de façon à le rendre plus attrayant pour les clients.

4. Déceler les opportunités. Les systèmes de contrôle qui mesurent notamment les parts de marché, la satisfaction de la clientèle, la qualité des matières premières et la performance des ressources humaines permettent aux gestionnaires de poser les mesures correctives afin de découvrir de nouveaux marchés, de tenir compte des changements démographiques, de trouver de nouveaux fournisseurs et de saisir des occasions d'affaires.

5. Composer avec la complexité. Lorsque les organisations prennent de l'ampleur, il leur devient parfois impossible de savoir ce que font leurs différentes parties. C'est surtout le cas lors de la fusion de deux entreprises. Il peut y avoir une perte de synergie, des problèmes dans les gammes de produits ou un surplus de main-d'œuvre. Les systèmes de contrôle comme les tableaux de bord (que nous verrons plus loin) permettent aux gestionnaires de faire face à ces problèmes complexes.

6. Décentraliser la prise de décisions et faciliter le travail en équipe. Une fois les systèmes de contrôle installés, les gestionnaires peuvent autoriser les employés à prendre un plus grand nombre de décisions et à travailler en équipe. Les méthodes de contrôle modernes comme le contrôle par le clan ou basé sur l'engagement vont dans ce sens.

OA2 Décrire les étapes du processus de contrôle.

12.2 Le processus de contrôle organisationnel : les étapes et les enjeux

On peut décomposer le processus de contrôle en quatre étapes : 1) la détermination des éléments à contrôler et l'établissement de normes de rendement ; 2) la mesure du rendement réel ; 3) la comparaison du rendement réel avec les normes établies ; et 4) l'évaluation des résultats et l'application des mesures correctives (*voir la figure 12.2, à la page suivante*)[6].

12.2.1 La détermination des éléments à contrôler et l'établissement de normes de rendement : la 1re étape

À la première étape du processus de contrôle, les gestionnaires doivent déterminer les éléments à contrôler et établir des normes pour chacun de ces éléments. Quels sont les éléments à contrôler ? Tout se contrôle, ou presque. Toutefois, comme l'activité de contrôle représente un coût, il ne serait pas opportun de chercher à tout contrôler. Il faut agir d'une façon stratégique et miser sur des éléments qui sont liés à l'avantage concurrentiel et à la base d'une bonne et saine gestion. Par exemple, plusieurs entreprises utilisent aujourd'hui des tableaux de bord pour déterminer les éléments stratégiques à contrôler. De nos jours, le développement durable demande aux organisations de tenir compte non seulement d'éléments économiques, mais aussi de certains éléments sociaux et environnementaux. Les tableaux de bord sont un pas dans cette direction ; ils incitent les gestionnaires à tenir compte de plusieurs éléments et, par conséquent, à considérer plusieurs parties prenantes (pas seulement les actionnaires). Normalement, ces tableaux de bord comprennent quatre sections : 1) la satisfaction des actionnaires (p. ex. les éléments à contrôler seront liés à la rentabilité tels le retour sur le capital investi, la marge de profit brut, la marge de profit net) ; 2) la satisfaction des clients (p. ex. les éléments liés à la croissance, à la satisfaction de la clientèle et à la compétitivité telles les parts de marché et les plaintes des clients) ; 3) les capacités et les activités stratégiques liées à l'avantage concurrentiel (p. ex. la gestion des savoirs associée à une mesure des heures de formation dans des domaines précis ou la gestion de l'innovation telle la recherche et développement) ; et 4) la satisfaction des employés et la gestion des

> **FIGURE 12.2**   Les étapes du contrôle organisationnel

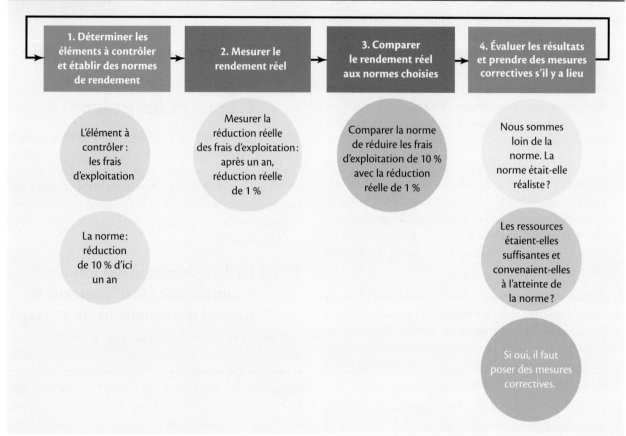

ressources (matières premières et technologies) (p. ex. les compétences, la satisfaction et la motivation des employés d'un côté et, de l'autre côté, la disponibilité, les coûts et l'efficience des ressources nécessaires à la chaîne de valeur [les absences non motivées, le nombre de suggestions, les systèmes d'information employés, la bonne utilisation des matières premières stratégiques]). Chaque organisation déterminera les éléments à contrôler en fonction de sa situation et de son contexte. Chaque partie de l'entreprise (division, fonction, usine, etc.) s'inspirera ensuite de ces éléments pour les aborder d'une façon qui lui est propre. Par exemple, la fonction marketing ne contrôlera pas la motivation et les compétences de tous, mais seulement des gens qui font partie de ce service. Une fois les éléments à contrôler déterminés, il s'agit d'établir les normes de rendement, les objectifs ou cibles dont les gestionnaires, et même les employés dans certains cas, se serviront pour évaluer chaque élément choisi. Ces éléments et ces normes permettront d'évaluer le rendement de l'entreprise dans son ensemble ou d'une de ses parties, par exemple une division, une fonction ou un individu. Les normes que les gestionnaires choisissent visent à mesurer, par exemple, l'efficacité, la qualité, le service à la clientèle

et l'innovation[7]. Dans un même ordre d'idée, s'ils décident d'adopter une stratégie de concentration avec domination par les coûts, ils doivent en mesurer l'efficacité à tous les niveaux de l'organisation, et particulièrement les processus de sa chaîne de valeur.

À la société Husky, la direction a choisi certains éléments pour mesurer la qualité de sa gestion des ressources humaines. Elle a déterminé l'absentéisme, les sommes réclamées par ses employés en matière d'assurance médicaments et les accidents du travail. La société Husky est convaincue qu'une bonne gestion des ressources humaines permettra le maintien de son avantage concurrentiel. Pour s'en assurer, elle fixera des normes ou des objectifs ambitieux pour chacun de ces éléments, par exemple avoir un taux d'absentéisme de 20 % inférieur à la moyenne du secteur, des réclamations moyennes par employé en assurance médicaments de 40 % inférieures à celles du secteur ainsi qu'un nombre de jours perdus en raison des accidents du travail de 30 % inférieur à celui observé dans le secteur. Un autre exemple, dans un contexte différent, serait de choisir les frais d'exploitation comme un élément important à contrôler, soit les coûts réels associés à la fabrication des produits et à la prestation des services, y compris l'ensemble des coûts liés au personnel. Des cadres dirigeants pourraient établir, comme norme ou objectif pour cet élément, de «réduire les frais d'exploitation de 10% au cours de la prochaine année» pour accroître l'efficacité de l'entreprise et la rendre plus concurrentielle. Les gestionnaires voudront alors évaluer l'habileté des chefs de division à diminuer les frais d'exploitation à l'intérieur de leur division respective. De leur côté, les chefs de division pourraient établir des normes ou des cibles d'économie d'échelle pour les directeurs. Ainsi, les normes de rendement choisies à un niveau influent sur celles des autres niveaux et, en fin de compte, chaque gestionnaire est évalué en fonction de sa capacité à réduire les coûts.

Les gestionnaires peuvent établir toutes sortes de normes, y compris des normes de temps, de production, de qualité et de comportements. Les standards (ou normes) de temps portent sur la durée estimée de l'exécution d'une tâche. Ainsi, certaines entreprises demandent à leurs employés de répondre à tous leurs courriels dans un délai de moins de 24 heures. Les normes en matière de production concernent la quantité d'un service ou d'un bien qu'un employé doit produire. Les normes de qualité portent sur les attentes en matière de qualité des produits et services. Par exemple, une entreprise peut établir ce qu'elle considère comme étant une quantité acceptable de défauts ou un magasin de détail peut se fixer une norme de une plainte par 1000 clients servis. Enfin, une entreprise pourrait avoir, en matière de comportements, des normes qui gouvernent des facteurs tels que le nombre d'heures de travail effectuées, le code vestimentaire ou la façon de se conduire avec ses collègues.

Les gestionnaires doivent prendre garde de ne pas choisir des éléments à contrôler qui se limitent à un aspect particulier de la gestion. En effet, en mettant l'accent sur un seul aspect (p. ex. améliorer l'efficacité) sans tenir compte des autres (p. ex. déterminer ce que les clients veulent vraiment et créer une nouvelle gamme de produits qui les satisfera), ils pourraient nuire au rendement de l'entreprise. De nos jours, une entreprise peut-elle se contenter de mesurer uniquement la satisfaction de ses actionnaires? Ses clients sont-ils essentiels? Qu'en est-il de ses employés? de la communauté dans laquelle elle évolue? de l'environnement? Dans cet esprit, les tableaux de bord que nous avons vus précédemment aident les gestionnaires à avoir une meilleure vue d'ensemble des éléments à contrôler.

12.2.2 La mesure du rendement réel: la 2e étape

Lorsque des gestionnaires ont pris des décisions concernant les éléments à contrôler et les normes ou cibles qui serviront à l'évaluation du rendement, l'étape suivante du processus de contrôle consiste à mesurer le rendement réel. En pratique, il leur suffit de mesurer ou d'évaluer deux éléments: 1) la production actuelle due à l'activité (ou aux comportements) des employés et 2) les comportements eux-mêmes (d'où les expressions «contrôle de la production» et «contrôle des comportements»)[8]. La production désigne la mesure d'une quantité ou de l'efficacité. L'activité, au sens large, comprend les activités qui visent à produire des unités, à les vendre, à faire l'entretien des équipements ou à concevoir un nouveau produit, ou encore celles associées au service à la clientèle. En somme, il s'agit de toutes les activités relatives à la gestion d'une organisation.

Dans certains cas, on peut facilement mesurer la production et les activités (ou les comportements). C'est relativement simple en restauration rapide, par exemple, parce que les employés effectuent des tâches routinières. Pour mesurer la production, les gérants de ce type de restaurant comptent le nombre de clients servis par heure par leurs employés et la somme dépensée par client. Il leur est également facile d'observer le comportement de chaque employé et de prendre rapidement des mesures pour résoudre tout problème qui pourrait surgir.

Par contre, lorsqu'une organisation et ses membres effectuent des activités plus complexes et non routinières, donc difficilement mesurables, il est beaucoup plus compliqué pour les gestionnaires d'évaluer la production ou les comportements[9]. Ainsi, il n'est pas évident pour le directeur du service de recherche et développement de RIM ou de TELUS de mesurer ou d'évaluer le rendement général de chacun de ses employés parce qu'il faut parfois plusieurs années pour mettre au point un prototype et le tester. En outre, il est impossible de mesurer le degré de créativité d'un chercheur simplement en observant ce qu'il fait.

En général, plus les activités d'une entreprise sont complexes ou non routinières, plus il est difficile pour les gestionnaires d'établir des normes afin de mesurer la production ou les comportements[10]. C'est pourquoi ces deux méthodes sont surtout utilisées dans les services de production, de vente et du service à la clientèle. Toutefois, la production s'évalue généralement plus facilement que les comportements parce qu'il s'agit d'un facteur matériel et objectif. Par conséquent, les premières méthodes de mesure du rendement que les gestionnaires utilisent sont généralement celles relatives à la production. Ils établissent ensuite des mesures ou des normes de rendement qui leur permettent d'évaluer les comportements de façon à pouvoir déterminer si les employés de tous les échelons travaillent à la réalisation des objectifs de l'organisation. Voici quelques mesures simples en matière de comportements : les employés arrivent-ils au travail à l'heure ? Suivent-ils toujours les règles établies pour accueillir et servir les clients ? Plus loin dans le chapitre, nous analyserons plus en détail ces types de contrôle de la production et des comportements ainsi que la façon de les utiliser à chacun des échelons de l'organisation : global, de division, de fonction et individuel.

12.2.3 La comparaison du rendement réel avec les normes établies : la 3e étape

Au cours de la 3e étape, les gestionnaires évaluent si le rendement varie par rapport aux normes choisies à la 1re étape, et si oui, jusqu'à quel point. Si ce rendement dépasse les attentes, ils décideront peut-être que les normes sont trop peu élevées et pourront les hausser pour la période suivante en vue de mettre les employés au défi de faire mieux[11].

Les cadres supérieurs des entreprises japonaises sont reconnus pour leur façon d'accroître le rendement, laquelle consiste à hausser sans cesse les normes de performance pour motiver leurs gestionnaires et leurs employés à trouver de nouvelles manières de réduire les coûts ou d'accroître la qualité des produits ou services.

Toutefois, si le rendement est trop faible et que les normes ne sont pas atteintes, ou qu'on a établi des normes élevées mais réalistes que les employés ne sont pas parvenus à satisfaire, les gestionnaires doivent décider si l'écart est assez grand pour justifier l'adoption de mesures correctives[12]. Pour ce faire, ils peuvent avoir recours à une analyse des écarts (*voir la figure 12.3*). S'ils proposent de prendre une forme quelconque de mesures correctives, ils doivent passer à la 4e étape.

12.2.4 L'évaluation des résultats et l'application de mesures correctives au besoin : la 4e étape

La dernière étape du processus de contrôle consiste à évaluer les résultats et à prendre les mesures correctives qui s'imposent pour atteindre les normes de rendement. Que ces normes aient été atteintes ou non, cette dernière étape peut se révéler très instructive pour les gestionnaires. Si ceux-ci décident que le niveau de rendement est inacceptable, ils doivent tâcher de résoudre le problème. Le problème vient parfois du fait qu'une norme est trop élevée (p. ex. une cible de vente trop optimiste peut être impossible à atteindre). Le cas échéant, l'adoption de normes plus réalistes devrait réduire l'écart entre le rendement obtenu et le rendement souhaité. Toutefois, lorsque les gestionnaires se rendent compte que quelque chose dans la situation est à l'origine du problème, il leur

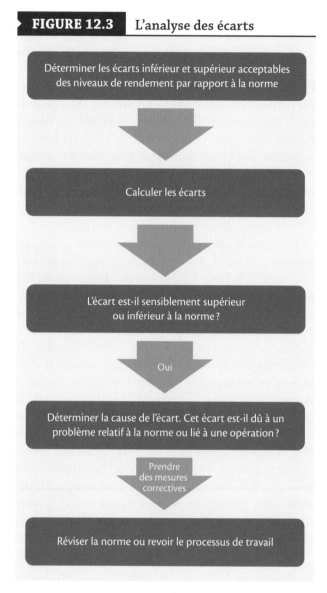

FIGURE 12.3   L'analyse des écarts

- Déterminer les écarts inférieur et supérieur acceptables des niveaux de rendement par rapport à la norme
- Calculer les écarts
- L'écart est-il sensiblement supérieur ou inférieur à la norme ?

Oui

- Déterminer la cause de l'écart. Cet écart est-il dû à un problème relatif à la norme ou lié à une opération ?

Prendre des mesures correctives

- Réviser la norme ou revoir le processus de travail

faut modifier la façon dont les ressources sont utilisées pour augmenter le rendement[13]. Ils doivent alors se poser plusieurs questions, par exemple : les employés utilisent-ils la plus récente technologie ? Ont-ils reçu la formation de pointe dont ils auraient besoin pour accroître leur rendement ? L'entreprise devrait-elle acheter ses facteurs de production ou faire assembler ses produits à l'étranger pour concurrencer des rivales qui ont adopté une stratégie de domination par les coûts ? Devrait-elle enfin effectuer une restructuration ou reconfigurer ses processus de production pour accroître leur efficacité ? Si les gestionnaires constatent que le niveau de rendement a été atteint ou qu'il a dépassé la norme, ils peuvent se demander si celle-ci n'a pas été établie à un niveau trop bas. Toutefois, ils devraient aussi songer à récompenser leurs employés pour un travail bien accompli.

L'exemple le plus simple d'un système de contrôle est celui du thermostat installé dans une maison. En le fixant à une température donnée, on établit une norme de rendement à laquelle on peut ensuite comparer la température ambiante. Cet appareil contient un capteur ou un dispositif de surveillance qui mesure et compare constamment la température réelle à la température souhaitée. Chaque fois qu'il y a un écart entre les deux, il démarre le système de chauffage ou de climatisation pour ramener la température au degré fixé. Autrement dit, il prend une mesure corrective. C'est un système de contrôle très élémentaire parce qu'il est entièrement autonome et que l'élément à contrôler (la température) est facile à mesurer.

Nous avons vu dans l'entrée en matière que la société Husky fournit à ses clients des outils logiciels d'entretien et de prévision qui les avertissent lorsque certains seuils sont franchis pour leur permettre de prendre des mesures correctives et de réduire ainsi les arrêts-machines. La détermination des éléments à contrôler et la conception de systèmes de mesure constituent parfois des tâches ardues pour les gestionnaires. En effet, en raison du degré élevé d'incertitude dans le contexte organisationnel, ils savent rarement à quoi s'attendre. Par conséquent, il est essentiel pour eux de concevoir des systèmes de contrôle qui leur signalent les problèmes et leur permettent de les régler avant qu'ils deviennent de véritables menaces. En outre, les gestionnaires ne se préoccupent pas uniquement de hausser le rendement de l'entreprise jusqu'à une norme prédéterminée ; ils veulent élever cette norme pour encourager les employés de tous les échelons à trouver de nouvelles façons d'améliorer leur rendement. Les normes élevées de la société Husky en matière d'absentéisme, de réclamation en assurance médicaments chez leur personnel et de jours de travail perdus pour cause d'accident montrent l'attention de la société Husky pour le bien-être de ses employés et illustrent bien que des normes élevées procurent un rendement élevé.

OA3 Décrire trois systèmes de contrôle traditionnels utilisés dans la gestion de l'exploitation (ou des opérations).

12.3 Les systèmes de contrôle traditionnels et la gestion des opérations

Comme nous l'avons vu à propos du processus de contrôle décrit dans la section précédente, les gestionnaires ont besoin de systèmes de contrôle efficaces pour les aider à déterminer s'ils réussiront à atteindre les cibles de rendement établies. Les systèmes de contrôle sont des systèmes qui permettent la détermination des éléments à contrôler, l'établissement des normes, la surveillance, l'évaluation et la rétroaction qui peuvent fournir aux gestionnaires des renseignements sur le degré d'efficacité et d'efficience de la stratégie et de la structure de l'organisation[14]. Les plus efficaces avertissent les gestionnaires dès que quelque chose ne va pas et leur donnent le temps de réagir correctement en fonction des différents constats ou situations. Un système de contrôle efficace présente trois caractéristiques.

1. Il est suffisamment flexible pour permettre aux gestionnaires de réagir aux imprévus lorsque c'est nécessaire.

2. Il fournit des renseignements exacts aux gestionnaires et leur donne un portrait réaliste du rendement de l'entreprise.

3. Il fournit aux gestionnaires des renseignements en temps opportun parce que prendre des décisions en se basant sur des renseignements périmés est le plus sûr moyen d'échouer.

De nouvelles technologies de l'information ont révolutionné les systèmes de contrôle en facilitant la circulation de données précises en temps opportun, du haut vers le bas de la hiérarchie de l'entreprise et entre les fonctions et les divisions. De nos jours, les employés de tous les échelons d'une organisation fournissent systématiquement des renseignements au système ou au réseau d'information de leur entreprise et contribuent par le fait même à la chaîne des événements qui influent sur les prises de décisions dans une autre partie de l'entreprise.

Il peut s'agir d'un commis de grand magasin qui, à l'aide d'un lecteur optique, signale au gestionnaire responsable des stocks la vente d'un article vestimentaire, lui indiquant ainsi le type de vêtements à commander de nouveau. Il peut s'agir aussi d'un représentant de commerce qui utilise un ordinateur portatif sans fil pour transmettre des renseignements concernant des changements dans les besoins des clients de son entreprise ou les problèmes qu'ils éprouvent.

La **gestion de l'exploitation (ou des opérations)** est le processus par lequel une organisation gère l'utilisation

---

Gestion de l'exploitation (ou des opérations)
(*operations management*)
Processus de gestion de l'utilisation des matières et d'autres ressources dans la production de biens et la prestation de services par l'organisation.

des matières et d'autres ressources dans la production de biens et la prestation de services. Parmi les responsables de l'exploitation (ou des opérations), on compte notamment le chef de la fabrication, le directeur de l'approvisionnement (directeur des achats ou chef du service des achats), le directeur de l'ingénierie et des méthodes et le directeur des transports. Ces gestionnaires se préoccupent des cinq facteurs des activités de l'entreprise : la main-d'œuvre, les installations, les facteurs de production, les procédés (la technologie et le déroulement du travail ainsi que la planification) et les systèmes de contrôle (les normes et les mesures de contrôle de la qualité).

Un **système global de production** est le système qu'une organisation utilise pour se procurer des facteurs de production, transformer ceux-ci en biens ou en services, et les vendre. Les **responsables de l'exploitation (ou des opérations)** sont chargés de la gestion de ce système. Ils supervisent la transformation des facteurs de production en biens ou en services. Leur tâche consiste à gérer les trois étapes des opérations, soit l'acquisition des facteurs de production (matières premières, main-d'œuvre, technologies, etc.), le contrôle du processus de transformation et l'écoulement des produits, et à déterminer s'il serait possible d'apporter des améliorations à ces activités pour accroître notamment l'efficacité, la qualité des produits et services, le service à la clientèle et la capacité d'innovation, de façon à maintenir un avantage concurrentiel. Le système global de production comprend des techniques de gestion qui permettent de mesurer le rendement à chacune de ces étapes (*voir la figure 12.4*).

12.3.1 Le contrôle proactif

Avant que le travail commence, les gestionnaires ont recours au **contrôle proactif** pour mesurer des éléments qui permettent de détecter des problèmes potentiels de façon à pouvoir les éviter en cours de production[15]. Par exemple, en donnant d'avance aux fournisseurs une caractérisation minutieuse des produits (une forme de norme de rendement), une entreprise peut contrôler la qualité des facteurs de production qu'elle leur achète et éviter ainsi des problèmes potentiels à l'étape du contrôle du processus de transformation (*voir la figure 12.5*).

Système global de production (*production system*)
Système qu'une organisation utilise pour se procurer des facteurs de production, les transformer en biens ou en services, et les vendre.

Responsable de l'exploitation (ou des opérations) (*operations manager*)
Gestionnaire chargé de la gestion du système global de production d'une organisation.

Contrôle proactif (*feedforward control*)
Contrôle par lequel les gestionnaires mesurent des éléments qui permettent de détecter des problèmes potentiels et d'y remédier.

> **FIGURE 12.4** Le système global de production

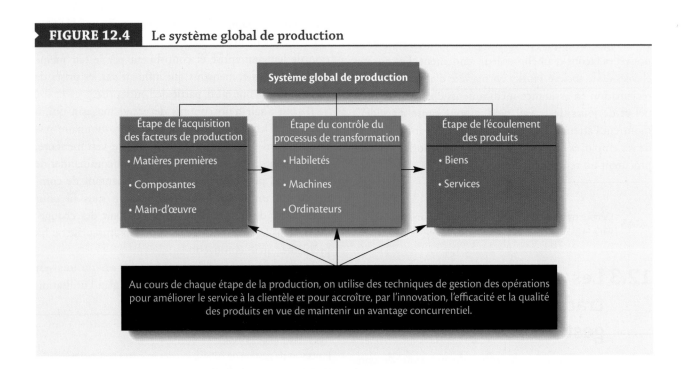

FIGURE 12.5 Les systèmes de contrôle de la gestion de l'exploitation et le système global de production

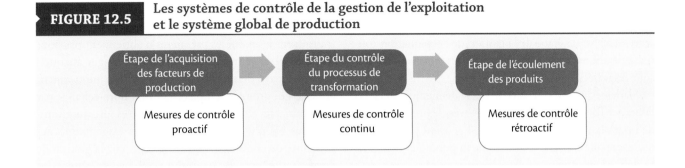

De même, en effectuant une sélection des candidats à un emploi et en leur faisant passer plusieurs entrevues pour choisir ceux qui sont les plus compétents et les plus compatibles avec l'emploi, les gestionnaires minimisent les risques d'embaucher des personnes qui n'adhèrent pas aux valeurs et à la culture de l'entreprise ou qui n'ont pas les habiletés, la motivation ou l'expérience requises pour exécuter un travail de façon efficace. Une autre forme de contrôle proactif qui est utilisée en contrôle continu consiste à élaborer des systèmes d'information de gestion (SIG). Ces systèmes fournissent aux gestionnaires des renseignements en temps opportun sur les changements qui surviennent dans les environnements concurrentiel et général et qui pourraient tôt ou tard avoir des effets sur leur entreprise. En outre, les gestionnaires efficaces surveillent toujours les tendances et les changements qui se produisent dans l'environnement externe pour tâcher de prévoir les problèmes potentiels.

12.3.2 Le contrôle continu

À l'étape du contrôle du processus de transformation, le contrôle continu (ou concourant) fournit aux gestionnaires une rétroaction immédiate sur le degré d'efficacité de la conversion des facteurs de production en produits, ce qui leur permet de régler les problèmes aussitôt qu'ils se présentent.

En effet, ce type de contrôle les avertit de la nécessité de réagir rapidement à la source du problème, qu'il s'agisse d'un lot de facteurs de production défectueux, d'une machine mal ajustée ou d'un employé qui ne possède pas les habiletés requises pour exécuter efficacement une tâche. Par exemple, en 2004, Husky a lancé le logiciel Smartlink. Ce dernier donne aux chefs de fabrication des renseignements en temps réel sur les dépassements des niveaux-seuils de température ou de lubrifiant dans leurs machines de moulage par injection. Le contrôle continu constitue une partie essentielle des programmes de gestion intégrale de la qualité dans lesquels on s'attend à ce

que les employés surveillent en permanence la qualité des produits ou des services qu'ils fournissent à chaque étape du processus de production et qu'ils posent les mesures appropriées aussitôt qu'ils décèlent des problèmes. Par exemple, un des points forts du système global de production de Toyota est qu'il confère à des employés de production l'autorité nécessaire pour appuyer sur un bouton et arrêter la chaîne de montage dès qu'ils observent un problème de qualité.

Lorsque tous les problèmes ont été réglés, l'entreprise obtient un produit fini dont la fiabilité est reconnue par les clients ou les utilisateurs.

12.3.3 Le contrôle rétroactif

Lorsque le travail est terminé, les gestionnaires ont recours au **contrôle rétroactif**, qui les renseigne sur les réactions des clients aux produits et aux services de leur entreprise pour qu'ils puissent prendre des mesures correctives si nécessaire. Par exemple, un système de contrôle rétroactif qui enregistre le nombre de retours par rapport aux ventes signale aux gestionnaires qu'il y a eu fabrication de produits défectueux, et un système qui mesure la hausse ou la baisse des ventes d'un produit les avertit de changements dans les goûts des consommateurs, de sorte que l'entreprise peut, selon le cas, augmenter ou diminuer sa production de certains biens.

Contrôle continu (ou concourant) (*concurrent control*)
Contrôle qui fournit aux gestionnaires une rétroaction immédiate concernant le degré d'efficacité de la transformation des facteurs de production en produits, de façon à leur permettre de régler les problèmes dès qu'ils se présentent.

Contrôle rétroactif (*feedback control*)
Contrôle qui fournit aux gestionnaires des renseignements sur les réactions des clients aux produits et aux services de leur entreprise pour qu'ils puissent prendre des mesures correctives au besoin.

En résumé, il existe des mesures de contrôle pour tous les processus de production de biens et de prestation de services à chaque étape de la gestion de l'exploitation (ou des opérations) pour déterminer si les normes établies sont respectées.

Si des écarts importants entre le rendement réel et l'objectif fixé (la norme) sont observés, les responsables de l'exploitation (ou des opérations) peuvent prendre des mesures pour corriger la situation n'importe où le long de la chaîne logistique.

En raison de la mondialisation de l'économie, le contrôle de la production et des chaînes logistiques s'est complexifié et n'a pas toute la transparence souhaitable. Les travailleurs des pays en voie de développement qui fournissent les matières premières n'obtiennent pas pour leur travail la rémunération ou les avantages auxquels ceux des pays développés s'attendent. Un mouvement éthique qui prône le remplacement du libre-échange par le commerce équitable inspire diverses organisations. De plus en plus, les consommateurs exigent que des principes de commerce équitable régissent la gestion de l'exploitation (ou des opérations). Il faut s'attendre, au cours des prochaines années, à voir apparaître de nouvelles normes en matière d'externalisation à l'étranger.

LE POINT SUR ❯ Pur Vodka

De néophyte à leader mondial : la trajectoire de Nicolas Duvernois

Démarrée en 2006 par un jeune et ambitieux entrepreneur québécois de 26 ans, l'entreprise PUR Vodka commercialise aujourd'hui une vodka primée par de nombreux concours internationaux et classée parmi les meilleures, sinon la meilleure au monde par les experts[16]. Néophyte en la matière, c'est par une simple requête dans Google que le fondateur de cette entreprise québécoise dit avoir amorcé la mise au point de la recette et du procédé de fabrication de sa vodka, qu'il veut la plus pure possible. S'appuyant sur une stratégie de qualité des ingrédients, du processus de fermentation et, ultimement, du produit, PUR Vodka a consacré trois ans au développement d'un produit distinctif composé à partir de maïs indigène alors que la plupart des vodkas sont élaborées à partir de la pomme de terre, du blé ou de la betterave. Convaincu que la qualité de l'eau est une composante de première importance et en dépit de l'abondance d'eau pure disponible au Québec, l'entrepreneur a mis deux ans à trouver une source d'eau qui le satisfaisait.

Nul n'étant prophète en son pays, c'est l'accumulation de plus de 30 prix d'excellence remportés à travers le monde qui lui a valu d'obtenir que la Société des alcools du Québec (SAQ) accepte de distribuer cette première vodka québécoise. Depuis, PUR Vodka connaît une forte croissance et a étendu sa distribution dans tout le pays, avec comme objectif de poursuivre sur sa lancée à l'échelle internationale. Parmi les éléments qui ont contribué à cette consécration, Duvernois, actionnaire principal de PUR Vodka à hauteur de 51 %, souligne l'importance de trouver des associés qui sont complémentaires. C'est ainsi qu'il s'est notamment associé à Christopher Lecky, qui veille à la production du produit alors que le procédé de distillation est confié à un sous-traitant.

Basée à Montréal, PUR Vodka compte sur un effectif de 20 à 25 employés, a atteint le seuil des 100 000 bouteilles produites en 2014 et prévoit en vendre 250 000 en 2015. Nicolas Duvernois a entrepris de s'attaquer au marché mondial en tâtant le pouls de distributeurs en Europe, en Asie et en Océanie. Les défis auxquels il fait face sont essentiellement liés à la bonne maîtrise d'une forte croissance de ses activités, une croissance qui, de son propre aveu, est difficile à contrôler. Ainsi, la réussite de l'arrimage des ventes, de la capacité de production et de la distribution repose sur un équilibre complexe, particulièrement lorsque l'ensemble évolue sur le plan international, où la multiplicité des réglementations entourant le secteur des alcools constitue, à n'en pas douter, un exercice qui présente un coefficient de difficulté accru.

1. En consultant les différentes sources d'information disponibles dans Internet ou toute autre source appropriée que vous jugerez pertinente, déterminez les principaux indicateurs de performance permettant à monsieur Duvernois d'exercer un contrôle optimal de son entreprise.

2. Regroupez les indicateurs déterminés à la question 1 selon qu'ils appartiennent à l'étape de l'acquisition des facteurs de production (contrôle proactif), à l'étape du contrôle du processus de transformation (contrôle continu) ou à l'étape de l'écoulement des produits (contrôle rétroactif).

OA4 Déterminer les façons dont le contrôle de la production, le contrôle des comportements et le contrôle par le clan (ou basé sur l'engagement) permettent de coordonner les tâches et de motiver les employés à atteindre les objectifs organisationnels.

12.4 L'impact du contrôle sur la coordination des tâches et la motivation du personnel

Les gestionnaires doivent choisir des mesures de contrôle interne susceptibles de maintenir la motivation des employés et de faire en sorte qu'ils exécutent efficacement leurs tâches. Dans les sous-sections suivantes, nous examinerons les trois plus importants types de contrôle auxquels les gestionnaires ont recours aujourd'hui pour assurer la coordination des tâches et pour influencer leurs employés : le contrôle de la production, le contrôle des comportements et le contrôle par le clan (ou basé sur l'engagement) (*voir le tableau 12.1*).

TABLEAU 12.1	**Les types de mesures de contrôle**
Type de contrôle	**Mécanismes de contrôle**
Contrôle de la production	• Mesures financières du rendement • Objectifs organisationnels • Budgets d'exploitation
Contrôle des comportements	• Gouvernance • Supervision directe • Direction (ou gestion) par objectifs • Contrôle bureaucratique
Contrôle par le clan (ou basé sur l'engagement)	• Valeurs • Normes • Socialisation • Culture forte

12.4.1 Le contrôle de la production

Tous les gestionnaires élaborent un système de contrôle de la production dans leur entreprise. D'abord, ils déterminent les éléments à contrôler et choisissent les objectifs ou les normes de rendement en matière de production qui, selon eux, permettront de mesurer le mieux des facteurs tels que l'efficacité, la qualité, l'innovation et le service à la clientèle. Ils les mesurent ensuite pour savoir si les objectifs et normes de rendement ont été atteints au niveau de l'entreprise, des divisions, des fonctions et des travailleurs. Au départ, les trois principaux mécanismes dont ils disposent pour évaluer la production ou le rendement sont les mesures financières, les objectifs organisationnels et les budgets d'exploitation.

Les mesures financières du rendement

Les cadres supérieurs se préoccupent de la performance globale de l'entreprise et utilisent diverses mesures financières pour l'évaluer. Les plus courantes de ces mesures sont les taux de rentabilité (relativement à la satisfaction des actionnaires, ce que nous avons vu dans la présentation du tableau de bord), les coefficients de liquidité, les ratios de structure financière et les ratios d'activité (*voir le tableau 12.2, à la page suivante*)[17]. Nous les examinerons en détail.

• Les taux de rentabilité mesurent l'efficacité de l'entreprise à utiliser ces ressources pour générer des bénéfices. Le rendement du capital investi (RCI), soit le bénéfice net de l'entreprise (après impôts) divisé par le total de ses actifs, est la mesure de rendement la plus couramment utilisée parce qu'elle permet à l'entreprise de comparer sa performance financière à celle d'autres entreprises. La marge bénéficiaire brute se définit comme étant la différence entre le revenu provenant de la vente d'un produit et le coût des ressources utilisées pour le fabriquer. Elle renseigne l'entreprise sur son degré d'efficacité dans l'utilisation de ses ressources et sur l'attrait plus ou moins grand exercé par le produit sur les consommateurs. C'est également souvent un moyen d'évaluer la capacité d'une entreprise à maintenir un avantage concurrentiel.

• Les coefficients de liquidité mesurent l'efficacité de l'entreprise à protéger ces ressources financières de façon qu'elle puisse payer ses dettes à court terme. Le ratio de liquidité générale (c'est-à-dire le total des actifs à court terme divisé par le total des passifs à court terme) indique si l'entreprise dispose des ressources financières nécessaires pour rembourser ses créances à court terme. Le ratio de liquidité relative précise s'il lui est possible de payer ces créances sans vendre le stock.

• Les ratios de structure financière tels que le ratio d'endettement et le ratio de couverture des intérêts révèlent à quel point l'entreprise utilise des dettes (de l'argent emprunté) ou des capitaux propres (par l'émission de nouvelles actions) pour financer ses activités en cours.

> **TABLEAU 12.2** Les quatre mesures de la performance financière

Ratio			Utilité
Taux de rentabilité			
Rendement du capital investi	=	$\dfrac{\text{Bénéfice net après impôts}}{\text{Total des actifs}}$	Il permet de mesurer l'efficacité de l'entreprise dans l'utilisation des ressources disponibles pour produire des bénéfices.
Marge bénéficiaire brute	=	$\dfrac{\text{Chiffre d'affaires – Coût des marchandises vendues}}{\text{Chiffre d'affaires}}$	Il s'agit de la différence entre le revenu provenant de la vente du produit et le coût des ressources utilisées pour fabriquer ce produit. Il permet à l'entreprise de mesurer sa capacité à fabriquer un produit à un coût compétitif.
Coefficients de liquidité			
Ratio de liquidité générale	=	$\dfrac{\text{Total des actifs à court terme}}{\text{Total des passifs à court terme}}$	Il permet de mesurer si l'entreprise a les ressources nécessaires pour satisfaire les réclamations des détenteurs de créances à court terme.
Ratio de liquidité relative	=	$\dfrac{\text{Total des actifs à court terme – Stocks}}{\text{Total des passifs à court terme}}$	Il permet à l'entreprise de mesurer si elle peut rembourser les détenteurs de créances à court terme sans vendre le stock.
Ratios de structure financière			
Ratio d'endettement	=	$\dfrac{\text{Total du passif}}{\text{Total de l'actif}}$	Il permet de mesurer jusqu'à quel point l'entreprise utilise des emprunts pour financer ses investissements.
Ratio de couverture des intérêts	=	$\dfrac{\text{Bénéfices avant les intérêts et les impôts}}{\text{Total des intérêts sur la dette}}$	Il permet de mesurer le point limite où les bénéfices peuvent diminuer avant que l'entreprise ne puisse plus payer les frais d'intérêts. Lorsque ce ratio est inférieur à 1, l'entreprise est techniquement en situation d'insolvabilité.
Ratios d'activité			
Coefficient de rotation des stocks	=	$\dfrac{\text{Coûts des marchandises vendues}}{\text{Valeur des stocks}}$	Il permet de mesurer l'efficacité de l'entreprise à assurer la rotation des stocks pour éviter de fabriquer trop de produits.
Délai moyen de recouvrement	=	$\dfrac{\text{Créances clients} \times 360}{\text{Chiffre d'affaires net}}$	Il permet de mesurer le nombre moyen de jours qu'il faut à l'entreprise pour recouvrer les créances clients et payer les dépenses.

Une entreprise est fortement endettée lorsqu'elle a davantage recours à de l'argent emprunté qu'à ses fonds propres. Des dettes peuvent constituer un risque important si les bénéfices ne suffisent pas à couvrir le paiement de leurs intérêts.

• Les ratios d'activité donnent une mesure de la capacité de l'entreprise à créer de la valeur à partir de ses actifs. Le coefficient de rotation des stocks mesure l'efficacité à assurer cette rotation pour éviter de fabriquer trop de produits. Le délai moyen de recouvrement renseigne sur l'efficacité de l'entreprise à recouvrer ses comptes clients pour qu'elle puisse payer ses dépenses en temps opportun.

L'objectivité de ces mesures financières du rendement permet d'expliquer leur popularité auprès d'un grand nombre de gestionnaires, qui les utilisent pour évaluer l'efficacité de leur entreprise. Lorsqu'une entreprise se révèle incapable d'atteindre des cibles de rendement qui se rapprochent de la performance attendue, telles que le RCI, les ventes ou le prix cible de l'action, les gestionnaires savent qu'ils doivent prendre des mesures correctives. Autrement dit, le contrôle financier leur signale le moment où des mesures pourraient s'imposer, celles-ci pouvant parfois même aller jusqu'à se départir de divisions ou à se retirer d'un marché, et celui où ils devraient revoir les stratégies globales[18]. Par exemple, Starbucks a dû repenser sa stratégie d'entreprise après un déclin de 53 % de ses profits en 2008[19].

Même si l'information financière constitue un élément important du contrôle de la production, elle ne fournit pas aux gestionnaires tous les renseignements dont ils ont besoin pour savoir si les plans qu'ils ont établis ont porté des fruits. En fait, elle leur apprend les résultats de décisions qu'ils ont déjà prises. Toutefois, elle ne leur indique pas toutes les façons d'assurer à leur entreprise de maintenir un avantage concurrentiel dans le futur. Afin d'encourager une démarche orientée vers l'avenir, les cadres supérieurs, dans leur fonction de planification, établissent pour l'organisation des objectifs qui servent à guider les cadres intermédiaires et de terrain. Exerçant ensuite leur fonction de contrôle, ils évaluent si ces objectifs ont été atteints.

Les objectifs de l'organisation

Une fois que les cadres supérieurs, ayant consulté les gestionnaires des échelons inférieurs, ont établi les objectifs généraux de l'entreprise, ils les utilisent pour définir des normes de rendement pour ses diverses divisions et fonctions. Ces normes précisent aux gestionnaires de chacune de ces unités le niveau de rendement auquel elle doit parvenir pour que l'entreprise puisse atteindre ses objectifs généraux[20]. Par exemple, si les objectifs annuels comprennent un accroissement des ventes, de la qualité et de l'innovation, les directeurs des ventes pourraient être évalués en fonction de leur capacité à augmenter les ventes, les directeurs de l'approvisionnement, en fonction de leur capacité à accroître la qualité des facteurs de production, et les gestionnaires en recherche et développement, en fonction du nombre de produits nouveaux qui ont été créés ou de brevets qu'ils ont obtenus. En comparant leur rendement aux objectifs fixés, les gestionnaires de tous les échelons peuvent savoir si les plans qu'ils ont élaborés ont été bien exécutés ou s'il faut apporter des corrections soit aux plans établis, soit aux comportements des gestionnaires et des employés. Par conséquent, les objectifs d'une entreprise peuvent constituer une forme de contrôle en fournissant une structure pour ce qui doit être évalué.

Comme le contrôle de la production se fait à tous les échelons de l'entreprise, il est essentiel que les objectifs établis pour chacun d'eux soient en conformité avec ceux des autres échelons de façon que les gestionnaires et les employés de toute l'organisation travaillent ensemble à atteindre ceux que les cadres supérieurs ont établis[21]. Il importe également que ces objectifs soient conçus

d'une façon appropriée pour que les cadres soient motivés à les réaliser. S'ils sont fixés à un niveau impossible à atteindre, les gestionnaires sont susceptibles de travailler sans enthousiasme à leur réalisation parce qu'ils auront la certitude de ne pas pouvoir y arriver. Par contre, s'ils sont trop faciles à atteindre, les gestionnaires ne seront pas motivés à utiliser toutes leurs ressources avec autant d'efficacité et d'efficience que possible. Comme nous l'avons vu au chapitre 9, les meilleurs objectifs sont précis et ambitieux; ils représentent un défi pour les gestionnaires et mettent leurs habiletés à l'épreuve, mais sans être hors de portée et sans nécessiter une dépense démesurée de temps et d'énergie de leur part. On parle alors d'objectifs SMART + C.

Savoir distinguer un objectif précis et ambitieux d'un autre trop difficile ou trop facile à atteindre est une habileté que les gestionnaires doivent acquérir. En se basant sur leur jugement personnel et sur leur expérience de travail, quel que soit l'échelon où ils se trouvent, ils doivent évaluer le degré de difficulté d'une tâche en particulier ainsi que la capacité de chaque gestionnaire qui relève d'eux d'atteindre l'objectif qui lui est fixé. S'ils réussissent à le faire, la complexité des objectifs et les interrelations entre eux (des objectifs qui se renforcent les uns les autres et qui tendent vers la réalisation d'objectifs globaux) stimuleront le fonctionnement de l'ensemble de l'entreprise.

Les budgets d'exploitation

Lorsqu'on attribue aux gestionnaires de chaque échelon un objectif à réaliser ou une cible à atteindre, l'étape suivante dans l'élaboration d'un système de contrôle de la production consiste à établir des budgets d'exploitation qui réglementent les façons dont les gestionnaires et les employés atteindront cet objectif.

Le budget d'exploitation est une mesure essentielle qui permet aux gestionnaires de mieux contrôler les activités de l'entreprise.

Un **budget d'exploitation** est comparable à une mesure de contrôle proactif qui indique la façon dont les gestionnaires comptent utiliser les ressources de l'organisation pour réaliser certains de ses objectifs de façon efficace. En général, les gestionnaires d'un échelon donné allouent à des gestionnaires subordonnés une quantité précise de ressources pour fabriquer des produits ou fournir des services. Lorsqu'ils ont reçu un budget, ces derniers doivent décider de la façon dont ils répartiront ces ressources entre les diverses activités de l'entreprise. On les évalue ensuite selon leur habileté à respecter les limites de leur budget et à utiliser au mieux les ressources disponibles. Par exemple, supposons que les gestionnaires de la division européenne de Husky disposent de 50 millions de dollars pour mettre sur pied et fabriquer une nouvelle gamme de machines de moulage par injection : ils doivent déterminer la somme qu'ils alloueront à leurs diverses fonctions, telles la recherche et développement, l'ingénierie et la fabrication, de façon à maximiser la mise en place de cette nouvelle gamme.

La plupart des grandes entreprises traitent leurs divisions comme des centres d'activité (ou centres de responsabilité) autonomes. Leurs dirigeants évaluent alors la contribution de chacune d'elles au rendement de l'ensemble de l'entreprise. Les chefs de division reçoivent parfois un budget fixe pour les ressources (c'est la méthode «budget des frais») et sont évalués en fonction de la quantité de produits que la division peut fabriquer ou

de services qu'elle peut fournir à l'aide de ces ressources. De même, ils pourraient devoir maximiser les revenus de la vente des biens et services produits (c'est la méthode «budget des ventes»). Ils pourraient aussi être évalués sur la base de l'écart entre les produits de la vente des biens ou des services et les coûts budgétés de leur fabrication ou de leur prestation (c'est la méthode «budget d'exploitation prévisionnel ou état des résultats prévisionnel»).

En résumé, un contrôle efficace de la production repose sur trois composantes : des mesures financières objectives, des normes de rendement établies à partir des objectifs stratégiques de l'entreprise et des budgets d'exploitation appropriés. La plupart des entreprises élaborent des systèmes de contrôle de la production complexes qui permettent aux gestionnaires de tous les échelons d'avoir en tout temps un portrait exact des activités en cours, de façon qu'ils puissent prendre rapidement des mesures correctives au besoin[22]. Le contrôle de la production est un élément essentiel de la gestion.

Les problèmes associés au contrôle de la production

Les conseils d'administration doivent vérifier, en collaboration avec les gestionnaires et les cadres dirigeants de leur entreprise, si les systèmes de contrôle de la production réduisent, sinon éliminent les conflits éthiques potentiels. Au moment de la conception de ces systèmes, les gestionnaires doivent faire preuve de prudence pour éviter certains pièges (*voir la figure 12.6*). Ils doivent s'assurer que leurs normes de production maintiennent la motivation des gestionnaires et des employés de tous les échelons et qu'elles ne les poussent pas à adopter des comportements inappropriés, comme tricher dans le seul but d'atteindre les objectifs fixés.

Budget d'exploitation (*operating budget*)
Budget qui indique la façon dont les gestionnaires comptent utiliser les ressources de l'organisation pour atteindre ses objectifs.

> **FIGURE 12.6**   **Les pièges du contrôle de la production**

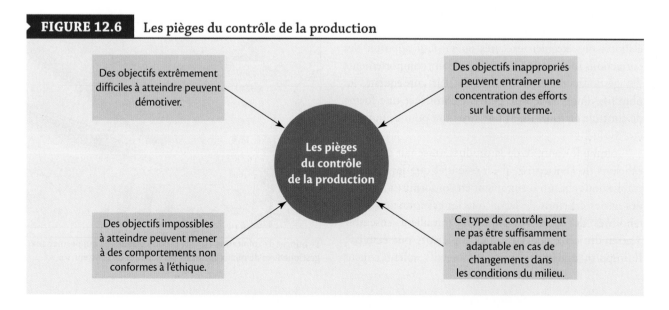

Des objectifs extrêmement difficiles à atteindre peuvent démotiver.

Des objectifs inappropriés peuvent entraîner une concentration des efforts sur le court terme.

Les pièges du contrôle de la production

Des objectifs impossibles à atteindre peuvent mener à des comportements non conformes à l'éthique.

Ce type de contrôle peut ne pas être suffisamment adaptable en cas de changements dans les conditions du milieu.

Le système de ScotiaMcLeod, qui consistait à récompenser ses courtiers pour chacune de leurs transactions, a fini par créer un petit scandale financier. En effet, les courtiers de cette société conseillaient à leurs clients de multiplier les transactions, mais pour quelle raison? Après avoir fait enquête, les organismes de réglementation ont imposé des amendes et des mesures disciplinaires pour mettre fin à ces formes de courtage et sanctionner les individus qui les avaient pratiquées.

Des problèmes peuvent aussi survenir si les normes établies se révèlent irréalistes. Supposons que la haute direction d'une entreprise donne à ses chefs de division l'objectif de doubler les bénéfices sur une période de trois ans. Au départ, lorsque les gestionnaires se mettent d'accord, cet objectif paraît à tous ambitieux mais réalisable. Effectivement, au cours des deux premières années, les bénéfices augmentent de 70 %. Toutefois, dans la troisième année, une récession sévit et les ventes baissent considérablement. Les chefs de division considèrent qu'il est de plus en plus improbable qu'ils atteignent l'objectif établi. Toutefois, un échec signifierait la perte de la prime financière substantielle associée à la réalisation de cet objectif. Comment ces gestionnaires pourraient-ils se comporter pour essayer de préserver leur prime?

Une solution possible consisterait à trouver des moyens de réduire les coûts, puisque l'augmentation des bénéfices se fait soit par un accroissement des ventes, soit par une réduction des coûts. Par conséquent, les chefs de division pourraient réduire les activités coûteuses en recherche et développement, retarder l'entretien du matériel (ou de l'équipement), réduire les coûts de marketing et mettre à pied des cadres intermédiaires et des employés de façon qu'à la fin de l'année, ils atteignent leur cible, c'est-à-dire doubler les bénéfices, et obtiennent leur prime. Une telle tactique peut leur permettre d'atteindre un objectif à court terme (p. ex. doubler les bénéfices), mais les mesures prises pour y arriver nuiront à la rentabilité à long terme (par exemple, parce qu'une réduction des activités de recherche et développement est susceptible de diminuer le taux d'innovation en matière de produits au cours des prochaines années, qu'une réduction des activités de marketing peut entraîner la perte de clients, etc.).

Les gestionnaires d'entreprise devraient se préoccuper d'abord et avant tout d'avoir un comportement éthique et de maintenir un bon équilibre entre le court terme et le long terme. Par conséquent, il faut que la haute direction réfléchisse toujours sérieusement au degré de flexibilité à adopter dans l'utilisation du contrôle de la production. Lorsque les conditions changent (ce qui est inévitable en raison de l'incertitude qui règne dans les environnements concurrentiel et général), il est préférable qu'elle fasse savoir aux gestionnaires des échelons inférieurs qu'elle est consciente de ce qui se passe et qu'elle est prête à réviser ses objectifs et à abaisser ses normes afin d'éviter ces effets pervers. En fait, la plupart des entreprises planifient des révisions annuelles de leurs plans et objectifs quinquennaux.

L'utilisation inappropriée de mesures de contrôle de la production peut donc pousser des gestionnaires et des employés à adopter un comportement non conforme à l'éthique ou à les démotiver. Lorsque des objectifs sont trop ambitieux, les employés sont parfois tentés de se conduire de façon peu éthique avec leurs clients, comme on a pu l'observer dans certaines maisons de courtage. ScotiaMcLeod a donc adopté un système de rémunération différent pour changer la façon dont ses courtiers sont récompensés en vue de réduire la possibilité de conflits à caractère éthique.

Il est clair que même si le contrôle de la production est un instrument utile pour soutenir la motivation des gestionnaires et des employés de tous les échelons et pour maintenir l'entreprise sur la bonne voie, il ne s'agit que d'un guide en ce qui concerne la ligne de conduite appropriée. Il doit être assez flexible pour tenir compte des changements qui se produisent dans le contexte organisationnel. Par conséquent, les gestionnaires doivent l'utiliser avec prudence et constamment surveiller ses effets à tous les échelons de l'entreprise.

12.4.2 Le contrôle des comportements

La structure organisationnelle est souvent considérée comme un moyen de contrôle parce qu'elle définit la position hiérarchique et les responsabilités de chacun dans une entreprise. Toutefois, elle ne comporte elle-même aucun mécanisme visant à influencer les gestionnaires et le personnel non-cadre à adopter des comportements propres à assurer son fonctionnement ou même à l'améliorer, d'où la nécessité d'un contrôle. Le contrôle de la production est un moyen d'influencer les gens. Le contrôle des comportements en est un autre.

Dans cette sous-section, nous examinerons d'abord les moyens de rendre les gestionnaires responsables de leurs comportements en vertu de principes de gouvernance. Nous verrons ensuite trois mécanismes conventionnels que les gestionnaires peuvent utiliser pour s'assurer que leurs subordonnés suivent les règles pour faire fonctionner les structures organisationnelles de la façon dont elles ont été conçues, soit la supervision directe, la gestion par objectifs et le contrôle bureaucratique.

La gouvernance et le contrôle

Après les scandales d'Enron et de WorldCom portant sur l'information financière des entreprises au début des années 2000, on s'est interrogé sur les façons dont les cadres supérieurs présentaient leur rendement ou en rendaient compte. Bernard Ebbers, chef de la direction de WorldCom et Canadien d'origine, a posé des jugements comptables douteux qui donnaient une information fausse ou trompeuse du niveau de rendement réel de l'entreprise dans un effort artificiel ou fictif pour maintenir la valeur de l'action à un niveau élevé et satisfaire les investisseurs. Toutefois, ces gestes frauduleux lui ont valu une peine d'emprisonnement et l'entreprise a fait faillite. Dans le cas d'Enron, le directeur des finances, Andrew Fastow, avait mis sur pied une méthode comptable qui lui permettait de frauder les investisseurs tout en masquant le rendement décroissant de l'entreprise aux actionnaires. Ces scandales, et d'autres qui se sont produits plus récemment un peu partout dans le monde, tels que Satyam en Inde, Nortel Networks, Goldman Sachs, Hollinger Inc., Bank of America et Facebook, ont donné lieu à des réformes dans la façon dont les entreprises abordent la gouvernance et la responsabilité. Nous en avons déjà traité, la **gouvernance** est un ensemble de processus de contrôle dont les entreprises se servent pour rendre des comptes aux parties prenantes, notamment les investisseurs, les employés, les clients et les collectivités. L'échec des activités d'autoréglementation des entreprises a poussé les actionnaires, en particulier les investisseurs institutionnels, à prendre une part plus active dans le contrôle de la gestion de leurs actifs et à scruter à la loupe le comportement de leurs gestionnaires.

Comment les entreprises peuvent-elles rendre leurs gestionnaires responsables de leurs comportements? Prenons l'exemple du géant des technologies, Research In Motion (RIM). Son résultat net annuel a augmenté de 45 000 % dans ses 10 premières années d'activité. Avec une croissance aussi rapide, comment l'entreprise a-t-elle maintenu un contrôle de son rendement et une conformité aux normes réglementaires de comptabilité?

En 2006, RIM a entrepris de son propre chef un examen interne de ses pratiques d'attribution d'options d'achat d'actions après la constatation d'erreurs comptables quant à l'administration de ce programme entre février 2002 et août 2006. Cette révision a provoqué des changements importants dans la structure de gouvernance de l'entreprise. Premièrement, les postes de président du conseil d'administration et de chef de la direction ont été séparés, et la présidence du CA a obtenu plus de pouvoirs. Deuxièmement, l'entreprise a formé un comité de surveillance du conseil d'administration pour mettre en application des changements à l'intérieur de ce conseil, du comité d'audit, du comité de rémunération et du comité des candidatures ainsi que dans divers postes de gestion. Même si aucun employé n'a été renvoyé après la découverte d'erreurs dans la gouvernance, RIM a dû redresser les états financiers de plusieurs exercices et effectuer des modifications importantes à sa structure organisationnelle.

Messieurs Estill et Richardson, du comité spécial d'enquête, ont alors émis une déclaration commune: «Nous sommes satisfaits de la méticulosité de cette révision et nous croyons que les améliorations apportées à la gouvernance et aux systèmes de contrôle de RIM rendront l'entreprise encore plus solide à mesure qu'elle continuera de croître et de faire figure de chef de file dans le marché en plein essor qu'elle a contribué à créer. Nous ajoutons également que nous avons la plus grande confiance en Jim Balsillie et en l'équipe de la haute direction. Au cours des 10 dernières années, malgré des difficultés significatives, leur gestion a permis d'obtenir des résultats intéressants. Cette continuité en dit long sur la volonté des membres de l'équipe de direction de RIM et pour ses actionnaires[23].» En 2012, après une diminution soutenue de la part de marché de l'entreprise sur quelques années, les deux chefs de la direction ont quitté leur poste et ont été remplacés par Thorsten Heins. À la surprise générale, Jim Balsillie a également démissionné du conseil d'administration tandis que Mike Lazaridis y est resté.

À la lumière de ces événements, le rôle du conseil d'administration a été considérablement modifié (*voir le tableau 12.3*). Pour encourager les membres des conseils d'administration et les cadres supérieurs à effectuer leurs tâches de façon plus transparente et efficace, des groupes de parties prenantes ont exposé leur point de vue et incité les gouvernements à appliquer des lois et des principes directeurs. En 2002, le gouvernement américain a adopté le *Sarbanes-Oxley Act,* qui impose d'importantes exigences aux membres des conseils d'administration des sociétés cotées en Bourse en ce qui a trait à leurs responsabilités. Des lois similaires mais nettement moins contraignantes ont été mises en place par les commissions des valeurs mobilières des différentes provinces canadiennes. Leurs principes et leurs lignes de conduite vont néanmoins au-delà d'un simple encouragement à la responsabilité en matière financière.

La supervision directe

La forme la plus immédiate et la plus efficace de contrôle des comportements est la supervision directe par les

---

Gouvernance (*corporate governance*)
Ensemble des mesures de contrôle employées par les entreprises pour rendre des comptes aux parties prenantes, y compris les investisseurs, les employés, les clients et les collectivités.

> **TABLEAU 12.3** Une comparaison des anciennes et des nouvelles règles de gouvernance d'entreprises

Le chef de la direction, également président du conseil d'administration	La haute direction, indépendante du conseil d'administration
• Le CA prend ses décisions et régit ses pratiques lui-même. • Les membres du CA ont des liens professionnels ou personnels étroits avec l'entreprise. • Le CA se fie à l'expertise de la haute direction. • Le CA se réunit rarement et a peu accès aux renseignements pertinents requis pour effectuer sa tâche. • Les opérations d'initiés et autres activités similaires ne sont pas divulguées publiquement.	• Le CA surveille le chef de la direction et les systèmes de contrôle. • Les membres du CA sont indépendants de l'entreprise. • Les membres du CA possèdent une expertise pertinente en ce qui a trait au secteur, à l'entreprise, à la gouvernance et aux activités des fonctions. • Le CA se réunit fréquemment et dispose de toutes les ressources requises. • Les activités et les transactions sont communiquées en temps opportun et de façon transparente. • Le comité d'audit interne est indépendant.

gestionnaires, qui consiste à surveiller et à observer activement les comportements de leurs subordonnés, à les renseigner sur les comportements appropriés et non appropriés ainsi qu'à intervenir pour prendre des mesures correctives au besoin. Lorsque les gestionnaires supervisent personnellement leurs subordonnés, ils les dirigent en leur donnant l'exemple et, de cette façon, ils peuvent les aider à développer et à accroître leurs propres habiletés (*voir le chapitre 8*). Le contrôle par surveillance personnelle peut donc se révéler très efficace pour influencer les employés et encourager des comportements qui accroissent l'efficacité[24]. Néanmoins, ce type de supervision pose certains problèmes.

- Il est très coûteux. Un gestionnaire ne peut lui-même superviser efficacement qu'un petit nombre de subordonnés. Par conséquent, une telle mesure requiert un grand nombre de gestionnaires, ce qui fait augmenter son coût.

- Il peut réduire la motivation si les subordonnés ne se sentent pas libres de prendre leurs propres décisions ou s'ils se sentent surveillés. Ils éviteront de prendre des responsabilités s'ils croient que leur supérieur n'attend que l'occasion de réprimander le premier qui commettra la plus légère erreur.

- Dans beaucoup de cas, la supervision directe est tout simplement impossible. Plus un travail est complexe, plus il est difficile pour les gestionnaires d'évaluer la qualité du rendement de leurs subordonnés.

Pour toutes ces raisons, on préfère généralement le contrôle de la production à celui des comportements. En fait, c'est le premier type de contrôle que les gestionnaires de tous les échelons ont tendance à utiliser pour évaluer le rendement. Toutefois, la supervision directe est

très appropriée avec les nouveaux employés et elle peut prendre la forme de mentorat.

La gestion par objectifs

Pour établir un cadre conceptuel à l'intérieur duquel les gestionnaires peuvent évaluer le comportement de leurs subordonnés et, en particulier, pour leur permettre de déterminer les progrès accomplis dans la réalisation des objectifs, de nombreuses entreprises mettent en application une des versions de la gestion par objectifs.

La **gestion (ou direction) par objectifs** est un système d'évaluation de la capacité des subordonnés à réaliser des objectifs précis de l'organisation ou à atteindre des normes de rendement. La plupart des entreprises s'en servent d'une manière ou d'une autre parce qu'il est inutile d'établir des objectifs sans ensuite communiquer ces objectifs ainsi que la façon de les mesurer aux employés. La gestion par objectifs comporte trois étapes.

- 1re étape : On établit des objectifs propres à chaque échelon de l'organisation. La gestion par objectifs commence lorsque la haute direction établit des objectifs pour l'ensemble de l'entreprise, par exemple des cibles de performance financière précises. L'établissement d'objectifs se poursuit ensuite vers le bas, à chaque échelon de l'organisation, lorsque les chefs de division et les directeurs fixent leurs propres objectifs en vue de réaliser ceux de l'entreprise[25]. Enfin, les cadres de terrain et les travailleurs établissent ensemble des objectifs qui contribueront à la réalisation de ceux de leur fonction ou service.

Gestion (ou direction) par objectifs (*management by objectives*) Système d'évaluation de la capacité des subordonnés à réaliser des objectifs précis de l'organisation ou à satisfaire à ses normes de rendement.

- 2e étape : Les gestionnaires fixent avec leurs subordonnés les objectifs que ceux-ci doivent atteindre. Une des caractéristiques importantes de la gestion par objectifs est son recours à la participation. Les gestionnaires de tous les échelons déterminent avec leurs gestionnaires subordonnés (ceux qui relèvent directement d'eux) des objectifs appropriés et réalisables, et négocient ensuite le budget ou les ressources dont ceux-ci auront besoin pour les réaliser. La participation des subordonnés dans le processus d'établissement des objectifs constitue un moyen de renforcer leur engagement à les atteindre[26]. C'est aussi – et il s'agit d'une autre raison pour laquelle il est essentiel que les subordonnés (équipes et individus) participent à ce processus – une façon de leur permettre d'informer leurs supérieurs de ce qu'ils pensent pouvoir faire[27].

- 3e étape : Les gestionnaires révisent périodiquement avec leurs subordonnés les progrès de ceux-ci en ce qui a trait à la réalisation des objectifs. Lorsqu'il y a eu une entente concernant des objectifs précis, les gestionnaires de chaque échelon ont la responsabilité de les suivre. Périodiquement, ils rencontrent leurs subordonnés pour évaluer leurs progrès. Des discussions concernant une rémunération au mérite sous une forme ou une autre accompagnent le processus d'établissement des objectifs afin de les motiver.

En ce qui a trait au contrôle, l'élément important de la gestion par objectifs est la troisième étape, celle où les gestionnaires doivent examiner périodiquement avec leurs subordonnés les progrès que ceux-ci font dans la réalisation des objectifs fixés. Les cadres et les employés qui atteignent leurs objectifs reçoivent des récompenses plus substantielles que ceux qui n'y arrivent pas. La question de la conception de systèmes de récompense propres à motiver les gestionnaires et les autres employés de l'organisation est traitée au chapitre 9.

Dans les entreprises où la responsabilité de la production de biens et de la prestation de services est décentralisée de façon à autonomiser des équipes interfonctionnelles ou autres, la direction examine ce que chaque équipe a accompli et les récompenses sont liées au rendement de l'équipe plutôt qu'à un membre en particulier. La gestion par objectifs crée les conditions pour déterminer des normes qui servent à l'évaluation.

La société Cypress Semiconductor offre un exemple intéressant de la façon d'utiliser les technologies de l'information pour rendre le processus de gestion par objectifs rapide et efficace. Dans le domaine en constante évolution des semi-conducteurs, on accorde une grande importance à la flexibilité organisationnelle. Le chef de la direction de la société Cypress, T. J. Rodgers, s'est demandé comment il pourrait contrôler une entreprise en plein essor de 1500 employés sans développer une hiérarchie de gestion de type bureaucratique. Convaincu qu'une hiérarchie à la verticale nuirait à la capacité de l'entreprise de s'adapter aux conditions sans cesse changeantes du secteur, il était déterminé à maintenir une structure organisationnelle horizontale et décentralisée comportant un minimum d'échelons de gestionnaires. Pourtant, il lui fallait aussi contrôler ses employés pour s'assurer que l'exécution de leurs tâches se fasse d'une manière qui correspond aux objectifs de l'entreprise. Comment y parvenir sans avoir recours à la supervision directe et à la hiérarchie de gestion qu'elle exige ?

Pour résoudre ce problème, monsieur Rodgers a installé un système d'information en ligne grâce auquel il peut gérer ce que chacun de ses employés et chacune de ses équipes font dans son organisation décentralisée et toujours en évolution. Chaque employé dresse une liste de 10 à 15 tâches telles que « réunion avec l'équipe de marketing pour le lancement d'un nouveau produit » ou « vérification à faire sans faute auprès du client X ». À côté de chacun de ces éléments de la liste apparaissent trois remarques : le moment où il a convenu de cette tâche, celui auquel il doit la réaliser et s'il a effectivement réalisé cette tâche. Tous ces renseignements sont emmagasinés dans un ordinateur central. Monsieur Rodgers affirme pouvoir prendre connaissance des tâches de tous les employés dans une période d'environ quatre heures et dit le faire chaque semaine[28]. Comment est-ce possible ? Grâce à la gestion par exception, c'est-à-dire lorsque les gestionnaires n'interviennent et ne prennent des mesures correctives que lorsque c'est nécessaire, le chef de la direction de Cypress recherche seulement les employés dont les tâches prennent du retard. Il les appelle alors non pour les réprimander, mais pour leur demander ce qu'il pourrait faire pour les aider à effectuer leur travail. Les employés consacrent environ une demi-heure par semaine à vérifier leur liste et à la remettre à jour. Ce système permet à monsieur Rodgers d'exercer un contrôle sur son entreprise sans avoir recours à des méthodes coûteuses telles qu'une hiérarchie de gestionnaires et la supervision directe.

Le contrôle bureaucratique

Lorsque la surveillance directe se révèle trop coûteuse et que la gestion par objectifs ne convient pas, les gestionnaires peuvent toujours utiliser un autre mécanisme pour présenter un modèle de comportements à leurs employés et les motiver à l'adopter. Le **contrôle bureaucratique** est un contrôle des comportements au moyen d'un système complet de règles et de procédures d'exploitation uniformisées qui servent à normaliser les comportements au niveau des divisions, des fonctions et des employés. Toutes les entreprises utilisent des règles et des procédures bureaucratiques, mais certaines le font davantage que d'autres[29].

Les règles et les procédures d'exploitation uniformisées servent à guider les comportements et à indiquer avec précision aux employés ce qu'ils doivent faire lorsqu'ils sont aux prises avec un problème. La responsabilité d'élaborer des règles qui permettent aux travailleurs d'effectuer leurs activités de façon efficace incombe aux gestionnaires. Lorsque les employés se conforment à ces règles, leurs comportements sont uniformisés, c'est-à-dire qu'ils effectuent des tâches de la même manière, de façon répétitive, et le résultat de leur travail est prévisible. En outre, dans la mesure où les gestionnaires peuvent rendre les comportements de leurs employés prévisibles, il devient inutile d'évaluer les résultats de ces comportements puisque des comportements uniformisés entraînent une production standardisée.

Lorsque les procédures d'exploitation et les comportements des employés deviennent uniformisés, les produits ont une qualité plus constante.

Supposons qu'un employé de Toyota trouve une manière de fixer les tuyaux d'échappement qui réduit le nombre des étapes de la chaîne de montage et qui accroît son efficacité. Toujours à la recherche de moyens d'uniformiser les procédures, les gestionnaires feront de cette idée la base d'une nouvelle règle du type : « Dorénavant, la procédure pour fixer un tuyau d'échappement à une voiture est la suivante… » Si tous les employés suivent cette règle à la lettre, chaque voiture sortira de la chaîne de montage avec son tuyau d'échappement fixé de la nouvelle

manière. En pratique, des erreurs et des moments d'inattention peuvent survenir, de sorte qu'il y a un contrôle de la production à l'extrémité de la chaîne de montage et que chaque système d'échappement d'une voiture est soumis à une inspection régulière. Toutefois, le nombre de problèmes de qualité liés au système d'échappement est minimisé parce que les employés suivent la règle (le contrôle bureaucratique).

Les entreprises de service telles que les magasins de détail et les établissements de restauration rapide s'efforcent d'uniformiser les comportements de leurs employés en leur apprenant la manière convenable d'accueillir les clients ou la façon appropriée de servir ou d'emballer les aliments. Les employés reçoivent une formation pour suivre des règles qui ont été reconnues comme étant les plus efficaces dans une situation donnée. Plus leur formation est appropriée et complète, plus leurs comportements seront standardisés et plus leurs supérieurs pourront être sûrs que la production (par exemple, la qualité des plats) sera toujours la même.

Des comportements erratiques et non souhaitables de la part des employés, tels que l'absentéisme, le manque de ponctualité et un faible rendement, peuvent être traités par le recours à des mesures disciplinaires. Une **procédure (ou sanction) disciplinaire** consiste à infliger des sanctions en cas de comportements indésirables en milieu de travail pour tenter d'en diminuer la fréquence. Une telle procédure est basée sur la théorie de l'apprentissage (*voir le chapitre 9*). La direction utilise un stimulus déplaisant, tel qu'une réprimande ou la retenue du salaire, par exemple lorsqu'un employé effectue mal sa tâche ou arrive en retard. Lorsque la sanction disciplinaire est appliquée de façon objective, juste et cohérente, de façon à indiquer clairement à l'employé la nature du comportement non souhaité, elle constitue une forme de contrôle valable. Les gestionnaires ont recours à divers degrés de sanctions en fonction de la nature de la faute. Après une série de

---

Contrôle bureaucratique (*bureaucratic control*)
Contrôle des comportements au moyen d'un système complet de procédures d'exploitation uniformisées.

Procédure d'exploitation uniformisée
(*standard operating procedure – SOP*)
Ensemble de règles et de principes directeurs de normalisation des comportements.

Procédure (ou sanction) disciplinaire (*discipline*)
Contrôle de gestion qui consiste à infliger des sanctions en cas de comportements non souhaitables en milieu de travail, tels que l'absentéisme, le manque de ponctualité et un faible rendement, pour tenter d'en diminuer la fréquence.

réprimandes écrites pour un manque constant de ponctualité, l'étape suivante de la procédure disciplinaire consisterait à prélever par exemple une amende sur le salaire, puis à suspendre l'employé temporairement. On ne se sert de sanctions disciplinaires graves, comme le renvoi, qu'en cas de comportements délinquants tels que le vol ou le sabotage. Le but est d'obtenir que l'employé se conforme aux objectifs et aux normes de l'entreprise par la réprimande la moins sévère possible (*voir la figure 12.7*).

Des problèmes dus au contrôle bureaucratique Plusieurs entreprises font usage du contrôle bureaucratique parce que les règles et les procédures d'exploitation uniformisées permettent de contrôler efficacement les activités organisationnelles habituelles. Une fois le système de contrôle bureaucratique établi, les gestionnaires font de la gestion par exception. Toutefois, un certain nombre de problèmes associés à cette forme de contrôle peuvent réduire l'efficacité d'une entreprise[30].

Premièrement, il est toujours plus facile d'établir des règles que de s'en débarrasser. Il en résulte que les entreprises ont tendance, avec le temps, à devenir exagérément bureaucratiques si leurs gestionnaires s'en tiennent constamment aux règles établies. Une surabondance de « formalités administratives » entraîne un ralentissement dans les prises de décisions et dans le temps de réaction des cadres aux changements dans les conditions du milieu. Cette lenteur à agir peut mettre en danger la survie de l'entreprise si de nouveaux concurrents plus rapides font leur apparition. De plus, trop de règles peuvent avoir un impact négatif sur la motivation du personnel et, par conséquent, sur sa capacité à améliorer ses méthodes de travail sur une base continue, ce qui nous amène au deuxième point.

Deuxièmement, les règles encadrent étroitement les comportements et tendent à les uniformiser, amenant ainsi les personnes à se conduire de façon prévisible. Les travailleurs peuvent devenir si habitués à les suivre qu'ils arrêtent de penser par eux-mêmes. Or, les nouvelles idées ne se conçoivent pas en suivant aveuglément des procédures uniformisées. De même, le besoin d'innover requiert que les gestionnaires s'engagent à rechercher activement de nouvelles manières de procéder. Or, l'innovation est incompatible avec une utilisation systématique du contrôle bureaucratique.

Les gestionnaires doivent donc être vigilants dans leur façon d'utiliser le contrôle bureaucratique. Ce type de contrôle est particulièrement utile lorsque les activités organisationnelles sont répétitives et bien comprises, et que les prises de décisions des employés sont programmées, par exemple dans des contextes de production en série ou dans des endroits où le service se fait toujours de la même manière (p. ex. dans des restaurants tels que Tim Hortons et des magasins tels que Canadian Tire et Midas). Il l'est moins dans des situations où les employés doivent prendre des décisions ponctuelles et où les gestionnaires doivent réagir rapidement à des changements dans le contexte organisationnel.

Avant d'avoir recours au contrôle de la production et au contrôle des comportements, les gestionnaires doivent être en mesure de déterminer les résultats qu'ils recherchent et les comportements que leurs employés doivent adopter pour les atteindre. Dans le cas d'un bon nombre des plus importantes activités organisationnelles, le contrôle de la production et le contrôle des comportements se révèlent inappropriés pour les raisons suivantes.

- Il est impossible d'observer quotidiennement tous les employés.

- Les règles et les procédures d'exploitation uniformisées sont de peu d'utilité dans des situations de crise ou qui requièrent de l'innovation.

> **FIGURE 12.7**   **La progression dans les sanctions disciplinaires**

Réprimande verbale
- manque de ponctualité occasionnel
- absentéisme occasionnel
- comportements non souhaitables occasionnels

Réprimande écrite
- ensemble de comportements non souhaitables répétés
- recours au congé de maladie chaque vendredi

Licenciement
- vol
- falsification de documents comptables
- détournement de fonds

- Le contrôle de la production peut être constitué de mesures très rudimentaires de la qualité du rendement et pourrait même nuire à celui-ci dans certains cas.

> ## Conseils aux gestionnaires
>
> ### Le contrôle
>
> 1. Dresser la liste des objectifs de l'organisation en tenant compte de toutes les parties prenantes importantes et mettre en place un bon tableau de bord pour le secteur.
> 2. Pour chacun des objectifs du secteur, s'assurer d'avoir des objectifs précis et ambitieux (SMART + C).
> 3. Faire participer les employés aux choix des objectifs (SMART + C) pour le secteur ; cela les aidera à maintenir leur motivation et à mieux s'acquitter de leurs tâches, et cela permettra aussi au secteur et à l'organisation de mieux atteindre les objectifs.
> 4. Faire savoir aux employés qu'ils seront récompensés s'ils réalisent ou dépassent les objectifs du secteur.

12.4.3 Le contrôle par le clan (ou basé sur l'engagement)

Les professionnels tels que les scientifiques, les ingénieurs, les médecins et les professeurs doivent souvent effectuer des tâches qui peuvent difficilement être encadrées par des procédures d'exploitation uniformisées et qui requièrent des solutions adaptées à la situation. Comment des gestionnaires peuvent-ils aller plus loin en matière de contrôle et de performance dans un tel contexte ? Un type de contrôle auquel on a de plus en plus recours dans les entreprises est le contrôle par le clan (ou basé sur l'engagement), lequel nécessite un bon leadership et une solide culture organisationnelle. Cette forme de contrôle est aussi de plus en plus courante dans les entreprises pour lesquelles l'innovation a beaucoup d'importance et qui veulent accorder de l'autonomie à leurs employés.

Le fonctionnement du contrôle par le clan (ou basé sur l'engagement)

Comme nous l'avons vu au chapitre 7, la culture organisationnelle est un ensemble commun de convictions, d'attentes, de valeurs, de normes et de modes d'exécution des tâches qui influent sur les relations entre les membres d'une organisation et sur la façon dont ils travaillent ensemble à réaliser ses objectifs.

William Ouchi a employé l'expression **contrôle par le clan (ou basé sur l'engagement)** pour désigner le contrôle exercé sur des personnes et des groupes dans une organisation au moyen de valeurs, de normes, de types de comportements et d'attentes communs. Ce contrôle par le clan ne constitue pas un système de contraintes imposées de l'extérieur, telles que la supervision directe ou des règles et des procédures, mais de contraintes qui ont leur origine dans le leadership et la culture organisationnelle. En fait, les employés assimilent les valeurs et les normes de leur leader et de la culture de leur organisation et se laissent guider par elles dans leurs décisions et leurs actions. De même que les personnes qui vivent en société ont généralement un comportement conforme à des valeurs et à des normes socialement acceptables (p. ex. elles respectent la norme d'après laquelle il faut faire la queue à la caisse d'un supermarché pour payer ses achats), celles qui travaillent dans un contexte organisationnel gardent toujours en tête les valeurs et les normes de leur entreprise.

Le contrôle par le clan est une forme importante de contrôle pour deux raisons. Premièrement, il rend le contrôle possible dans des situations où les gestionnaires ne peuvent pas utiliser le contrôle de la production ni celui des comportements. Deuxièmement, et ce qui est plus important encore, lorsqu'il existe un bon leadership et un ensemble solide et cohérent de valeurs et de normes organisationnelles, les employés s'efforcent de réfléchir à ce qui est la meilleure chose à faire pour l'entreprise à long terme. Toutes leurs décisions et leurs actions tendent à l'aider à atteindre un rendement élevé. Selon de nombreux chercheurs et gestionnaires, certains employés se donnent beaucoup de peine pour aider leur entreprise parce que celle-ci possède justement un leadership transformateur et une culture organisationnelle forte et cohésive, une culture qui influence leurs attitudes et leurs comportements[31]. Un contrôle bureaucratique fort est moins susceptible d'influencer des attitudes et des comportements qui encouragent les employés à aller au-delà des attentes. Comme nous l'avons vu au chapitre 8, le leadership transformateur est à la source d'une vision inspirante et d'une culture organisationnelle forte.

Contrôle par le clan (ou basé sur l'engagement) (*clan control*) Contrôle exercé sur des personnes et des groupes dans une organisation au moyen de valeurs, de normes, de types de comportements et d'attentes communs.

OA5 Expliquer l'influence des cultures innovatrices et conservatrices sur l'activité de gestion.

12.5 L'influence de la culture sur les mécanismes de contrôle organisationnel

L'influence et le contrôle de la culture organisationnelle sur le comportement apparaissent clairement dans la façon dont les gestionnaires s'acquittent de leurs quatre principales fonctions (la planification, l'organisation, la direction et le contrôle) dans divers genres d'entreprises (*voir le tableau 12.4*). La culture conservatrice est associée à des méthodes conventionnelles ou traditionnelles de contrôle tandis que la culture innovatrice a davantage trait à une culture d'entreprise et à un leadership forts. Lorsqu'on considère ces fonctions, on doit distinguer deux catégories de cadres supérieurs : 1) les leaders, qui conçoivent des valeurs et des normes organisationnelles visant à encourager des comportements créatifs, innovateurs et propres à s'adapter aux changements, et 2) les gestionnaires conventionnels, qui favorisent des comportements prudents et conservateurs chez leurs subordonnés. Nous avons vu précédemment que ces deux types de valeurs et de normes peuvent se révéler appropriés selon les situations.

12.5.1 La planification

Dans une entreprise dotée d'une culture innovatrice, il y a de fortes chances que la haute direction encourage les gestionnaires des échelons inférieurs à participer au processus de planification et qu'elle se montre flexible dans sa façon d'aborder ce processus. Elle aura tendance à s'intéresser à de nouvelles idées et à prendre des risques en ce qui concerne la conception de nouveaux produits.

Par contre, la haute direction d'une organisation ayant des valeurs conservatrices a plutôt tendance à mettre l'accent sur une planification provenant du haut. Les suggestions des gestionnaires des échelons inférieurs sont généralement soumises à une étude en bonne et due forme, ce qui peut considérablement ralentir la prise de décisions. Cette façon circonspecte d'aborder les choses améliorerait probablement la qualité du travail dans une centrale nucléaire, mais elle peut aussi avoir des conséquences imprévisibles. Par exemple, des ingénieurs qui ont travaillé méticuleusement pour monter un manuel d'entretien pourraient être aux prises avec le fait que les employés d'entretien ne se sentent pas à l'aise à l'idée d'utiliser le manuel sous prétexte que certaines instructions ou procédures sont inutiles ou incompréhensibles. Dans ce cas, le manuel conçu par des experts générerait des effets pervers ou des conséquences imprévisibles en augmentant le risque d'accident nucléaire au lieu de le réduire. Dans une centrale nucléaire, ce risque est inacceptable.

La société IBM est un autre exemple de culture conservatrice. Avant son redressement majeur entamé en 1993, le processus de planification prenait une forme si officielle que les gestionnaires consacraient la plus grande partie de leur temps à préparer des diaporamas complexes et des documents dans le but de défendre leur position plutôt que de réfléchir à ce qu'ils pourraient faire pour permettre à leur entreprise de rester concurrentielle dans le secteur en évolution rapide de l'informatique.

12.5.2 L'organisation

En mettant l'accent sur la créativité, les leaders des cultures innovatrices sont susceptibles d'essayer de doter leur entreprise d'une structure organique, horizontale, qui

▶ **TABLEAU 12.4**	L'influence du leadership et de la culture organisationnelle sur les fonctions de gestion	
	Type d'entreprise	
Fonctions de gestion	**Conservatrice**	**Innovatrice**
Planification	Planification en bonne et due forme, du haut vers le bas	Tous les gestionnaires sont encouragés à participer au processus de prise de décisions.
Organisation	Chaîne hiérarchique bien définie et rapports de subordination clairs	Structure organique et flexible
Direction	Gestion par objectifs rigide et supervision constante	Les leaders dirigent par l'exemple et inspirent leurs employés. Ils encouragent la prise de risques.
Contrôle du rendement	Contrôle bureaucratique La gouvernance se fait en secret.	Contrôle par le clan La gouvernance est transparente.

comporte peu d'échelons hiérarchiques et dans laquelle l'autorité est décentralisée, de sorte qu'elle encourage les employés à rechercher ensemble des solutions aux problèmes courants. Une structure par équipe de produit peut très bien convenir à une entreprise dont la culture est innovatrice.

Par contre, dans les cultures conservatrices, les gestionnaires créent généralement une chaîne hiérarchique bien définie et établissent des rapports de subordination clairs, de sorte que chaque employé sait exactement de qui il relève et la façon dont il doit réagir à n'importe quel problème qui survient.

12.5.3 La direction

Dans une culture innovatrice, les leaders préfèrent diriger en donnant l'exemple, en inspirant les employés et en les encourageant à prendre des risques et à tenter des expériences. Ils les aident et les soutiennent ensuite, qu'ils réussissent ou échouent dans leurs tentatives. Dans une culture conservatrice, par contre, les gestionnaires ont tendance à élaborer un système rigide de direction par objectifs. Ils supervisent constamment les progrès de leurs subordonnés dans la réalisation de ces objectifs et surveillent leurs moindres mouvements.

12.5.4 Le contrôle du rendement

Comme nous l'avons vu précédemment, il existe de nombreux systèmes de contrôle que les cadres peuvent adopter pour modeler et influencer le comportement de leurs employés. Les systèmes que les gestionnaires choisissent indiquent la façon dont ils entendent influencer les membres de leur organisation et garder leur attention concentrée sur l'atteinte des objectifs organisationnels. Les leaders qui s'efforcent de favoriser le développement de valeurs et de normes innovatrices, lesquelles encouragent la prise de risques, choisissent des mesures de contrôle de la production et des comportements qui conviennent à un tel but. Ils auront tendance à préférer le contrôle par le clan ou basé sur l'engagement, à privilégier ensuite le contrôle de la production qui mesure le rendement à long terme et, enfin, à élaborer un système flexible de gestion par objectifs qui respecte le processus lent et incertain de l'innovation.

À l'inverse, les gestionnaires qui cherchent à encourager le développement de valeurs conservatrices opteront pour la combinaison opposée. Ils compteront davantage sur la supervision directe et sur des règles et des règlements bureaucratiques pour restreindre les initiatives de leurs employés par la crainte de sanctions disciplinaires. Il arrive que des entreprises engagent des gestionnaires qui ne réussissent pas à s'intégrer à la culture ambiante. Par exemple, la société WestJet, dont le siège social est situé à Calgary, a renvoyé son chef de la direction, Steve Smith, parce qu'il avait un style de contrôle beaucoup plus rigide que le voulaient le leadership et la culture organisationnelle. Les fondateurs de l'entreprise ont envoyé un message clair à leurs employés en congédiant monsieur Smith, à un moment où WestJet connaissait d'excellents résultats financiers. WestJet est à la recherche de leaders, et non de gestionnaires conventionnels.

Les valeurs et les normes d'une culture organisationnelle peuvent grandement influencer la façon dont les gestionnaires effectuent leurs tâches. Leur adhésion plus ou moins forte à ces valeurs et à ces normes façonne leur vision du monde ainsi que leurs actions et leurs décisions dans certaines circonstances[32]. De même, les mesures qu'ils prennent peuvent influer sur le rendement de leur entreprise. Par conséquent, le leadership, la culture organisationnelle, les mesures de contrôle des gestionnaires et le rendement de l'entreprise sont étroitement liés.

Même si la culture organisationnelle peut inspirer aux gestionnaires des mesures qui finiront par être bénéfiques pour l'entreprise, ce n'est pas toujours le cas. Nous avons vu au chapitre 7 que, parfois, cette culture est si bien ancrée dans une entreprise qu'il devient difficile d'y effectuer des changements et d'en améliorer le rendement[33]. Par exemple, Wayne Sales, l'ancien chef de la direction de Canadian Tire, a tenté désespérément de revitaliser le service à la clientèle de ses magasins. Les consommateurs étaient si habitués à la piètre qualité du service qu'on leur offrait que le personnel ne voyait pas l'utilité de faire des efforts. Toutefois, avec la concurrence croissante de chaînes telles que Home Depot Canada, RONA, Home Hardware et Lowe's Canada, la question des déficiences du service à la clientèle est devenue cruciale. Monsieur Sales s'est mis à l'œuvre avec l'intention de faire disparaître l'image de « pneu poussiéreux » qui collait à la chaîne en modifiant les systèmes de contrôle pour encourager les employés à être plus attentifs à leurs clients[34].

12

Résumé et révision

Cette section vous servira à vérifier l'acquisition des objectifs d'apprentissage.

OA1 Qu'est-ce que le contrôle organisationnel?   Le contrôle est le processus que les gestionnaires utilisent pour superviser et évaluer l'efficacité avec laquelle une organisation et ses membres effectuent les activités nécessaires à la réalisation d'objectifs prédéterminés. Lorsque des objectifs ne sont pas atteints, les gestionnaires peuvent prendre des mesures correctives pour redresser la situation. Les systèmes de contrôle leur permettent d'évaluer l'efficacité de l'entreprise, notamment en matière de production de biens et de prestation de services, de service à la clientèle, de la place de l'innovation dans la culture de l'organisation et de la façon d'accroître la qualité des produits et des services en vue de maintenir un avantage concurrentiel. Le contrôle organisationnel est important parce qu'il aide les gestionnaires à s'adapter aux changements et à l'incertitude, à découvrir les mauvaises pratiques et les erreurs, à réduire les coûts, à augmenter la productivité ou la valeur ajoutée, à déceler les opportunités et à composer avec la complexité, ainsi qu'à décentraliser les prises de décisions et à faciliter le travail en équipe.

OA2 Le processus de contrôle organisationnel: les étapes et les enjeux   Le contrôle du rendement comporte quatre étapes: 1) la détermination des éléments à contrôler et l'établissement de normes de rendement; 2) la mesure du rendement réel; 3) la comparaison du rendement réel avec les normes établies; et 4) l'évaluation des résultats et l'application de mesures correctives, au besoin.

OA3 Les systèmes de contrôle traditionnels et la gestion des opérations   Les systèmes de contrôle servent à déterminer des éléments à contrôler, à établir des normes, ainsi qu'à superviser et à évaluer le rendement, et aident les gestionnaires à s'assurer que l'entreprise fonctionne avec efficacité de façon à réaliser ses objectifs organisationnels. Pour ce faire, les responsables de l'exploitation (ou des opérations) et les gestionnaires de la chaîne logistique ont recours à trois systèmes de contrôle: le contrôle proactif, qui leur permet de contrôler l'acquisition des facteurs de production, le contrôle continu (ou concourant), qu'ils utilisent durant l'étape du contrôle du processus de transformation, et le contrôle rétroactif, qui leur fournit des renseignements après la production.

OA4 L'impact du contrôle sur la coordination des tâches et la motivation du personnel   Les systèmes de contrôle de la production et des comportements servent à coordonner les tâches et à influencer les employés. Les principaux mécanismes utilisés pour faire le suivi de la production sont les mesures financières du rendement, les objectifs organisationnels et les budgets d'exploitation. Les pratiques de gouvernance permettent de contrôler le comportement des gestionnaires tandis que les principaux mécanismes utilisés pour superviser les comportements des employés et pour les encourager à réaliser les objectifs de l'entreprise sont la supervision directe, la gestion par objectifs et le contrôle bureaucratique, basé sur des procédures d'exploitation uniformisées. Le contrôle par le clan (ou basé sur l'engagement) s'exerce dans une entreprise ayant un bon leadership et une culture organisationnelle solidement établie, et dans laquelle les individus et les groupes partagent des valeurs et des normes communes et ont les mêmes types de comportements et les mêmes attentes.

OA5 L'influence de la culture sur les mécanismes de contrôle organisationnel

Dans les entreprises dotées d'une culture innovatrice, les leaders effectuent leurs fonctions de planification, de direction, d'organisation et de contrôle du rendement de façon très différente de celle des cadres des entreprises dont la culture est conservatrice. Dans le premier cas, le contrôle par le clan l'emporte sur les types de contrôle employés dans le second cas, c'est-à-dire le contrôle bureaucratique et la supervision directe.

TERMES CLÉS

budget d'exploitation (p. 402)

contrôle bureaucratique (p. 407)

contrôle continu (ou concourant) (p. 397)

contrôle par le clan (ou basé sur l'engagement) (p. 409)

contrôle proactif (p. 396)

contrôle rétroactif (p. 397)

gestion de l'exploitation (ou des opérations) (p. 395)

gestion intégrale de la qualité (GIQ) (p. 390)

gestion (ou direction) par objectifs (p. 405)

gouvernance (p. 404)

méthode Six Sigma (p. 389)

procédure d'exploitation uniformisée (p. 407)

procédure (ou sanction) disciplinaire (p. 407)

productivité (p. 389)

responsable de l'exploitation (ou des opérations) (p. 396)

système de contrôle (p. 389)

système global de production (p. 396)

Solutionnaire enseignant

Les gestionnaires à l'œuvre

SUJETS À TRAITER ET ACTIVITÉS CONNEXES

NIVEAU 1 Connaissances et compréhension

1. Définissez le contrôle organisationnel et la façon dont il contribue à maintenir la compétitivité d'une entreprise. Pourquoi est-ce important pour l'ensemble du rendement organisationnel?

2. Décrivez les quatre étapes du processus de contrôle.

3. Décrivez trois systèmes de contrôle que les gestionnaires peuvent utiliser dans la gestion de l'exploitation (ou des opérations).

NIVEAU 2 Application et analyse

4. Déterminez les principales méthodes de contrôle de la production et des comportements. Analysez leurs avantages et leurs inconvénients en tant que moyens de coordination des tâches et de motivation des employés.

5. Pourquoi est-ce important pour les gestionnaires de faire participer leurs subordonnés au processus de contrôle?

6. Qu'est-ce que le contrôle par le clan (ou basé sur l'engagement) et comment influe-t-il sur le comportement des employés?

NIVEAU 3 Synthèse et évaluation

7. Quels types de contrôle vous attendriez-vous à trouver dans a) un hôpital, b) les forces armées et c) un corps policier municipal? Pourquoi?

8. Expliquez l'influence des cultures innovatrices et conservatrices sur les mécanismes de contrôle organisationnel.

EXERCICE PRATIQUE EN PETIT GROUPE

Le meilleur moyen de contrôler son personnel de vente

Formez un groupe de trois ou quatre personnes et choisissez quelqu'un qui présentera les résultats de votre recherche à toute la classe lorsque votre professeur vous le demandera. Discutez ensemble du scénario suivant.

Vous êtes chef du service régional des ventes d'une entreprise qui fournit des portes et des fenêtres de qualité supérieure à des centres d'approvisionnement d'entreprises de construction dans tout le pays. Au cours des trois dernières années, le rythme de croissance des ventes a ralenti. Il devient de plus en plus évident que, pour se faciliter la tâche, le personnel de vente pourvoie principalement aux besoins des gros clients et ne se préoccupe pas des petits.

En outre, les représentants de commerce ne donnent pas rapidement suite aux questions et aux réclamations, particulièrement à celles des petits clients, et ce manque d'attention envers la clientèle a entraîné une baisse du service après-vente. Après avoir discuté de ces problèmes, vous vous rencontrez pour concevoir un système de contrôle qui permettrait d'accroître le nombre de ventes sans nuire au service à la clientèle.

1. Selon vous, quel type de contrôle réussirait le mieux à motiver les représentants de commerce à réaliser cet objectif?

2. Quelle importance relative accordez-vous a) au contrôle de la production, b) au contrôle des comportements et c) à la culture organisationnelle et au contrôle par le clan (ou basé sur l'engagement) dans la conception de ce système?

EXERCICE DE PLANIFICATION D'AFFAIRES

Pour vous guider, consultez l'annexe B, à la p. 426.

Votre équipe et vous devez employer diverses mesures de contrôle dans votre entreprise pour superviser et évaluer l'utilisation des ressources et vous assurer que les objectifs sont atteints. Pour terminer le plan de financement qui fait partie de votre plan d'affaires, vous savez que vous devez avoir recours à des techniques de contrôle de la production, notamment les équations et les ratios financiers présentés dans ce chapitre, pour prévoir le flux net de trésorerie d'un exercice entier et le seuil de rentabilité. Des investisseurs providentiels ou n'importe quelle banque demanderont à voir les bénéfices nets après impôt associés au total des actifs pour déterminer si leur rendement sur le capital investi sera satisfaisant. Pour préparer ce plan financier, vous devez élaborer les bases d'un flux net de trésorerie *pro forma*, d'un seuil de rentabilité, d'un état des résultats et d'un bilan initial.

1. Projections du flux de trésorerie net pour le premier exercice et seuil de rentabilité. À quels moments au cours de l'exercice l'ensemble de vos décaissements dépassera-t-il vos encaissements? Comment compenserez-vous ce manque à gagner?

2. Projections de l'état des résultats. Soustrayez toutes les charges de vos ventes pour déterminer d'avance si vous enregistrerez un bénéfice net ou une perte nette pour cet exercice. Il s'agit de votre état des résultats *pro forma*.

3. Bilan initial. Les actifs sont-ils égaux aux passifs plus les capitaux propres?

EXERCICE DE GESTION RELATIF À L'ÉTHIQUE

Vous dirigez un groupe de 10 employés qui ont tous moins de 30 ans. Ils ont beaucoup de créativité et ne sont pas habitués à suivre des règles et des règlements stricts. Pourtant, la direction de l'entreprise insiste pour maintenir l'ordre et contrôler tous les aspects de l'entreprise. Votre équipe lutte pour faire abolir les règles imposées, ce qui vous place devant un dilemme éthique. Ses membres sont très productifs et innovateurs, mais ne se comportent clairement pas de la façon dont la haute direction le souhaite. Celle-ci vous a demandé d'imposer à votre équipe une discipline plus sévère. Or, vous appréciez réellement votre groupe. Vous pensez que ces jeunes gens sont efficaces, mais qu'ils démissionneront si on les oblige à se conformer à des règles venues d'en haut. En outre, l'entreprise a besoin de leur expertise et de leur énergie pour demeurer concurrentielle dans le secteur de la technologie de pointe. Que pouvez-vous faire?

LA GESTION MISE AU DÉFI

Un projet d'Aide à l'enfance

Supposez que votre professeur vous demande de vous renseigner sur un programme spécial et innovateur qui serait parrainé par l'organisme Aide à l'enfance et d'en gérer la conception. Dix équipes de cinq étudiants travailleront ensemble à élaborer ce programme.

L'organisme Aide à l'enfance sera le juge ultime dans ce concours et choisira le programme gagnant parmi tous ceux qui lui seront soumis par les collèges et les universités du pays. Vous devez gérer ces 10 équipes. Compte tenu du délai très court qui vous est alloué, il faudra que chacune d'elles ne conçoive que certains aspects de ce programme parce qu'aucune ne peut s'occuper de l'ensemble à elle seule. Cependant, à 10, elles devront les avoir tous couverts; chacune d'elles aura ainsi contribué au produit fini. Votre professeur vous attribuera une note en fonction de votre efficacité à gérer ce projet, à influencer les étudiants qui y participent et à mettre en application des mesures de contrôle pour aider chaque équipe à travailler de façon optimale.

1. Quel est votre plan pour contrôler les activités des 10 équipes de façon à optimiser le fonctionnement de chacune d'elles?

PROJET DE PRÉPARATION D'UN DOSSIER DE GESTION

Répondez aux questions suivantes concernant l'organisation que vous avez choisi d'étudier.

1. Quels sont les principaux types de contrôle que la direction utilise pour superviser et évaluer le rendement de l'entreprise et de ses employés?

2. Ces méthodes de contrôle sont-elles appropriées, compte tenu de la stratégie, du leadership et de la culture de l'entreprise?

3. Quelles recommandations feriez-vous en ce qui concerne le contrôle organisationnel de cette entreprise?

Étude de cas

Un employé est blessé au travail : la société 3M Canada reçoit une amende de 55 000 $

La société 3M Canada a été condamnée à payer une amende de 55 000 $ pour avoir enfreint la *Loi sur la santé et la sécurité au travail*[35]. Un de ses employés a été blessé au travail.

Le 24 septembre 2009, un travailleur à l'usine 3M de Perth utilisait une chaîne de production. On lui avait dit qu'un produit était défectueux à la sortie de la chaîne de production. Pour corriger le problème, le travailleur a essayé d'essuyer une lame fixée à deux rouleaux qui guidaient le produit le long de la chaîne de production. Sa main a été entraînée dans la machine par les deux rouleaux et a été blessée.

Pendant son enquête, le ministère du Travail a constaté que la lame et les rouleaux n'étaient pas protégés au moyen d'un écran de sécurité.

La société 3M Canada a plaidé coupable à l'infraction de ne pas avoir veillé à ce que la machine fût munie d'un écran de sécurité qui aurait bloqué l'accès au point de pincement.

L'amende a été imposée par le juge de paix Raymond J. Switzer. La cour a également imposé la suramende de 25 % supplémentaire que prévoit la *Loi sur les infractions provinciales*. La suramende est mise dans un compte particulier du gouvernement provincial dont le but est d'aider les victimes d'un acte criminel.

1. Quel type de système de contrôle a servi à déterminer qu'un produit défectueux sortait de la chaîne de montage ?

2. Lorsque le travailleur a tenté de nettoyer la lame sur la chaîne de montage pour régler le problème, quel type de mesure de contrôle utilisait-il ?

3. Quel type de mesure de contrôle proactif la société 3M Canada aurait-elle pu utiliser pour éviter cet accident ?

Solutionnaire
enseignant

Fin de la partie 6 : Un cas à suivre

LE CONTRÔLE DES ACTIVITÉS

Lorsque monsieur Lavallée a pris la décision de vendre ses propres produits sous la marque « Les joyaux du terroir », il a également décidé d'en externaliser la production. Le problème de dénicher chez les agriculteurs et les producteurs locaux des fournisseurs fiables de produits frais biologiques s'est révélé une pierre d'achoppement à sa réussite, même s'il a engagé Jeannette Khan pour diriger les activités d'approvisionnement et de logistique de son entreprise. Lorsque les fournisseurs font leurs livraisons au magasin, madame Khan doit vérifier le contenu de chacune de leurs boîtes pour s'assurer de la qualité et de la quantité des produits qu'elle contient. Si leur contenu reçoit son approbation, les boîtes sont entreposées dans les chambres réfrigérées jusqu'à ce que les produits soient prêts à être offerts aux consommateurs en magasin dans des présentoirs. Lorsqu'un produit se trouve dans un présentoir depuis un certain temps, un des employés de madame Khan l'inspecte et en enlève les parties mortes ou défraîchies pour que son apparence soit meilleure et la plus attrayante possible. Les employés doivent prendre note de chacune de leurs activités dans le magasin. Madame Khan s'assure que les produits sont aussi bien présentés qu'ils devraient l'être en observant ses employés pendant qu'ils travaillent et en révisant leurs notes de travail. S'ils ne réussissent pas à atteindre les normes qu'elle a établies, madame Khan n'hésite pas à réduire leurs heures de travail. Elle ne tolère aucune oisiveté. Il arrive parfois qu'un client rapporte un produit sous prétexte qu'il n'est pas suffisamment frais. Madame Khan essaie d'éviter que ce type de situation se produise. Elle prend donc soin de n'engager que des employés compétents et elle leur donne une formation appropriée.

1. Quels sont quelques-uns des avantages et des inconvénients de l'externalisation auxquels monsieur Lavallée pourrait s'attendre ?

2. Quelles mesures de contrôle proactif, de contrôle continu et de contrôle rétroactif le comportement de madame Khan illustre-t-il ?

3. Comment madame Khan pourrait-elle utiliser les principes du commerce équitable et un système d'information de gestion (SIG) pour mieux gérer ses relations avec les fournisseurs ?

4. Comment monsieur Lavallée pourrait-il utiliser la gestion par objectifs pour contrôler le rendement de madame Khan ?

5. Décririez-vous madame Khan comme une gestionnaire innovatrice ou conservatrice ? Justifiez votre réponse.

L'évolution des théories de la gestion

Depuis le début de son histoire, l'humanité pratique la gestion. En effet, grâce à leur fonctionnement grégaire et à leur capacité d'abstraction et de communication, les humains ont rapidement collaboré pour répondre à des besoins communs, par exemple se nourrir et s'abriter. À partir de ce moment, ils ont divisé leurs tâches et coordonné leurs efforts. La chasse aux mammouths ne pouvait se réaliser autrement. Sous l'égide de leurs chefs, les sociétés se sont mobilisées pour construire des villes, des aqueducs et des sépultures grandioses, qui témoignent encore de nos jours de la qualité et du contrôle de leur réalisation. La Grande Muraille de Chine, les pyramides d'Égypte et les temples aztèques révèlent une gestion efficace, qui a permis de grands accomplissements.

Grâce aux progrès techniques, il a été possible d'accomplir certaines tâches à l'aide de machines au lieu d'hommes. L'invention de la machine à vapeur, le développement du chemin de fer et la génération d'électricité ont provoqué en Europe une révolution industrielle s'échelonnant sur les XVIIIᵉ et XIXᵉ siècles, qui a concentré les travailleurs autour des machines, favorisé la création d'usines de production et ainsi transformé l'organisation du travail. Ce travail de production liant les hommes aux machines, ainsi que le développement du commerce qui s'en est suivi, a alors entraîné des questionnements importants sur l'efficience et l'efficacité du travail et de sa gestion.

L'ensemble des théories qui portent sur les pratiques de gestion a beaucoup évolué à l'époque contemporaine (*voir la figure A.1*). Les théories de gestion dites « classiques » sont apparues à la fin du XIXᵉ siècle. Parmi elles, on compte l'organisation scientifique du travail, qui s'intéresse surtout à la correspondance entre les personnes et les tâches pour maximiser le rendement, et l'organisation administrative du travail, qui cherche à déterminer les principes susceptibles de mener à l'élaboration du système d'organisation et de gestion le plus efficient possible. La théorie du comportement organisationnel, développée au cours du XXᵉ siècle, traite de la façon dont les gestionnaires devraient diriger et contrôler leur main-d'œuvre pour accroître son rendement. La théorie de la science de la gestion, élaborée au cours de la Seconde Guerre mondiale, a pris de l'importance à mesure que des

FIGURE A.1 L'évolution des théories de la gestion

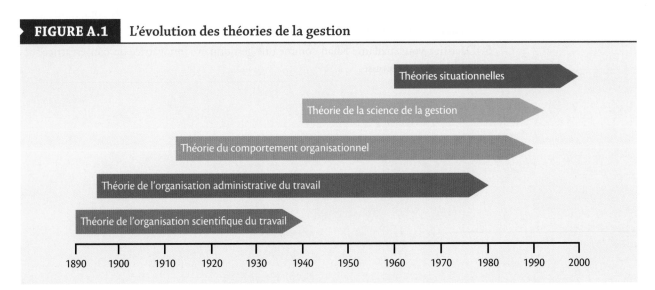

chercheurs ont conçu des techniques analytiques et quantitatives rigoureuses pour aider les gestionnaires à mesurer et à contrôler le rendement organisationnel. Enfin, d'autres théories, dites «situationnelles», ont vu le jour au cours des années 1960 et 1970 pour expliquer les effets de l'environnement externe sur le fonctionnement des organisations et les activités des gestionnaires.

A.1 La théorie de l'organisation scientifique du travail

La gestion moderne a commencé son évolution dans les dernières décennies du XIXᵉ siècle, à l'époque où la révolution industrielle finissait d'envahir l'Europe, le Canada et les États-Unis. On a alors assisté au remplacement des petits ateliers dirigés par des travailleurs qualifiés qui fabriquaient des produits à la main (un système de production artisanale) par de grandes usines. Dans ces usines, des centaines et même des milliers de travailleurs spécialisés ou non contrôlaient les machines complexes qui fabriquaient des produits.

Un grand nombre de gestionnaires et de chefs de section n'avaient que des connaissances techniques de leur profession. Rien ne les préparait aux problèmes sociaux qui surviennent lorsque des personnes travaillent ensemble en grand nombre (comme dans un système d'usines et d'ateliers). Ils ont donc cherché de nouvelles manières de gérer les ressources de leur organisation et ont bientôt commencé à s'intéresser aux façons d'augmenter l'efficience de la combinaison de la main-d'œuvre et des tâches.

A.1.1 La spécialisation des tâches et la division du travail

Adam Smith, le célèbre économiste écossais, a été l'un des premiers à étudier les effets de différents systèmes de fabrication. Il a comparé les rendements relatifs de deux méthodes de production différentes. Dans la première, qui ressemblait à la production artisanale, chacun des employés devait effectuer les 18 tâches requises pour fabriquer une épingle. Dans la seconde, chacun d'eux n'effectuait qu'une seule (ou quelques-unes seulement) des 18 tâches nécessaires à la fabrication d'une épingle complète.

Smith a découvert que les usines dans lesquelles chaque employé se spécialisait dans une activité ou dans un nombre restreint d'activités avaient un rendement plus élevé que celles où chaque employé effectuait à lui seul les 18 tâches en question.

En fait, Smith s'est rendu compte que 10 employés spécialisés dans une tâche donnée pouvaient fabriquer ensemble 48 000 épingles par jour, tandis que les employés qui exécutaient seuls toutes les tâches de la fabrication en produisaient presque 20 fois moins, soit quelques milliers par jour, au mieux.

D'après le raisonnement de Smith, cette différence de rendement s'expliquait par le fait qu'en se spécialisant, les employés devenaient beaucoup plus habiles dans l'exécution de leur tâche particulière. Par conséquent, en tant que groupe, ils pouvaient fabriquer un produit plus rapidement que les employés du groupe dans lequel chacun devait effectuer de nombreuses tâches. L'économiste en a conclu qu'en élevant le degré de spécialisation des tâches, c'est-à-dire le processus de division du travail dans lequel des employés se spécialisent progressivement dans des tâches différentes, on augmentait la performance des travailleurs et on obtenait un rendement organisationnel supérieur.

Se basant sur les observations d'Adam Smith, les premiers praticiens et théoriciens de la gestion ont concentré leur attention sur les façons dont les gestionnaires devraient organiser et contrôler le processus du travail dans le but de maximiser les avantages de la spécialisation des tâches et de la division du travail.

A.1.2 Frederick W. Taylor et l'organisation scientifique du travail

L'ingénieur américain Frederick Winslow Taylor (1856-1915) est surtout connu pour sa définition des techniques de l'organisation scientifique du travail, une étude systématique des relations entre des personnes et des tâches en vue de repenser le processus de travail pour en augmenter l'efficience. Selon lui, le processus de production deviendrait plus efficient s'il était possible de réduire la quantité de temps et d'efforts que chaque employé consacre à la fabrication d'une unité de produit fini (un bien ou un service complet). Taylor avait observé qu'une spécialisation accrue et la division des tâches pouvaient augmenter l'efficience des travailleurs. Il était convaincu que pour obtenir la division du travail la plus efficiente, il s'agissait d'utiliser des techniques de gestion scientifiques plutôt que des connaissances intuitives ou de simples règles empiriques. En se basant sur ses expériences et ses observations à titre de gestionnaire dans divers types d'entreprises, comme les mouvements requis pour accomplir une tâche, il a élaboré quatre principes visant à accroître la performance des travailleurs dans un milieu de travail.

1. Étudier la façon dont les travailleurs effectuent leurs tâches, recueillir toutes les connaissances empiriques qu'ils possèdent et essayer différentes manières d'améliorer l'exécution de ces tâches.

2. Codifier les nouvelles méthodes d'exécution des tâches sous forme de règles écrites et de procédures d'exploitation uniformisées.

3. Choisir des travailleurs avec discernement de façon que leurs habiletés et leurs capacités correspondent à celles qu'exige la tâche à effectuer et leur donner la formation nécessaire pour qu'ils l'effectuent suivant les règles et la procédure établies.

4. Déterminer un niveau de rendement juste ou acceptable pour une tâche, puis élaborer un système salarial qui récompense un rendement supérieur au niveau acceptable.

Vers 1910, le système d'organisation scientifique du travail de Taylor était déjà connu et, dans bien des cas, appliqué fidèlement et intégralement. Toutefois, les gestionnaires de nombreuses organisations ont préféré utiliser ces nouveaux principes de gestion de façon sélective, ce qui a finalement entraîné des problèmes. Par exemple, certains d'entre eux qui avaient adopté le système de Taylor ont obtenu une augmentation du rendement mais, au lieu de partager les bénéfices qui en découlaient avec leurs employés par des primes au rendement (comme le recommandait Taylor), ils ont simplement augmenté la quantité de travail que chaque employé devait effectuer. Les employés se sont alors rendu compte qu'on exigeait d'eux plus de travail pour le même salaire. Ils ont aussi compris que l'accroissement de leur rendement se traduisait souvent par des mises à pied, parce que moins d'employés pouvaient exécuter la même quantité de travail. En outre, comme les tâches spécialisées et simplifiées se révélaient souvent répétitives et monotones, beaucoup de travailleurs ont commencé à être insatisfaits de leur emploi.

Somme toute, l'organisation scientifique du travail s'est révélée plus néfaste que bénéfique pour de nombreux travailleurs, lesquels ont commencé à se méfier des gestionnaires qui ne paraissaient pas se préoccuper de leur bien-être. Insatisfaits, ils ont résisté aux efforts d'implantation de ces nouvelles techniques. Par exemple, ils ont cessé de fournir aux gestionnaires les connaissances concernant l'exécution de leurs tâches pour protéger leur emploi et leur salaire. *Les temps modernes,* ce film bien connu de Charlie Chaplin, illustre avec humour les grandeurs et misères de cette organisation du travail au début du XXe siècle.

Les recherches de Taylor ont eu un effet durable sur la gestion des systèmes de production. Dans toutes les organisations, qu'elles produisent des biens ou des services, les gestionnaires analysent maintenant minutieusement les tâches de base qui doivent être exécutées et tentent d'élaborer des systèmes de travail qui permettront à leur organisation de fonctionner de la façon la plus efficiente possible. On peut penser à Henri Ford qui, en introduisant le Modèle T en 1908, fut l'un des premiers industriels à instaurer le taylorisme dans ses usines de voitures. La grandeur de son succès, en fournissant une voiture standard à prix réduit, a marqué l'histoire, au point où l'on parle désormais de « fordisme » pour les systèmes standardisés de production de masse. De nos jours encore, les industries de masse telles que l'électronique ou le textile fondent leurs opérations sur l'étude des tâches, la spécialisation et la standardisation afin d'augmenter leur rendement.

A.1.3 Frank et Lillian Gilbreth

Taylor a eu deux éminents disciples, Frank Gilbreth (1868-1924) et Lillian Gilbreth (1878-1972), qui ont perfectionné son analyse des mouvements du travail et ont grandement contribué à l'étude du temps et des mouvements. Ils avaient les trois buts suivants : décomposer une tâche donnée en une série d'actions individuelles et analyser chacune des étapes nécessaires pour accomplir cette tâche ; trouver de meilleures façons d'effectuer chaque étape ; et réorganiser chacune des étapes afin que l'action dans son ensemble soit exécutée de manière plus efficiente, à un coût moindre en durée et en efforts.

À diverses occasions, les Gilbreth ont filmé un employé occupé à effectuer une tâche et découpé ensuite les actions propres à cette tâche, cadre par cadre, en mouvements détachés. Ils avaient pour objectif de maximiser l'efficience avec laquelle chaque tâche était accomplie de façon que les bénéfices sur l'ensemble des tâches effectuées se traduisent par des économies considérables en matière de temps et d'efforts.

Les travaux des Gilbreth, de Taylor et de beaucoup d'autres théoriciens ont eu un effet important sur la pratique de la gestion dans les ateliers et les usines. En conséquence de l'application des principes de l'organisation scientifique du travail, les tâches étaient devenues plus répétitives, ennuyeuses et monotones que dans l'ancien système de type artisanal. Le mécontentement des travailleurs s'est accru. Souvent, la gestion de l'établissement des tâches se transformait en un jeu opposant les deux forces en présence. Les gestionnaires tentaient d'introduire de nouvelles méthodes de travail pour augmenter le rendement alors que les employés s'efforçaient de cacher l'efficience potentielle réelle de ces méthodes en vue de protéger leur propre bien-être.

A.2 La théorie de l'organisation administrative du travail

Pendant que les tenants de l'organisation scientifique du travail étudiaient la combinaison personne-tâche en vue d'en accroître l'efficience, d'autres chercheurs concentraient leur attention sur la gestion administrative, c'est-à-dire l'étude des façons de créer une structure organisationnelle susceptible de maximiser l'efficacité et l'efficience des organisations. La structure organisationnelle est un système de relations entre les tâches et de rapports de subordination qui sert à contrôler la façon dont les employés utilisent des ressources pour réaliser les objectifs de l'organisation. Deux des idées qui ont eu le plus d'influence en ce qui a trait à la création de systèmes d'administration organisationnelle efficients ont été développées en Europe.

Max Weber, un professeur de sociologie allemand, est l'auteur de l'une de ces théories ; Henri Fayol, un gestionnaire français, a élaboré l'autre.

A.2.1 La théorie de la bureaucratie

La théorie de Max Weber (1864-1920) date du début du XXe siècle, à l'époque où la révolution industrielle était en cours en Allemagne. Elle visait à faciliter la gestion de la croissance des entreprises de son pays, qui aspirait alors à devenir une grande puissance mondiale. Pour ce faire, le sociologue a élaboré les principes de la bureaucratie, soit un système d'organisation et d'administration institutionnalisé conçu principalement pour assurer et l'efficacité et l'efficience des organisations publiques. En effet, derrière l'idée de rendement des organisations publiques, son but était de favoriser l'impersonnalité des services rendus aux citoyens et d'éviter ainsi le favoritisme prépondérant à l'époque.

1. Dans une bureaucratie, l'autorité du gestionnaire découle du poste qu'il occupe dans l'organisation.

   Dans un système d'administration bureaucratique, on doit obéir à un gestionnaire non en raison des qualités personnelles qu'il peut posséder, tels la personnalité, la richesse ou le statut social, mais en raison du poste qu'il occupe et qui est associé à un degré d'autorité et à une étendue de responsabilité prédéterminés.

2. Dans une bureaucratie, les personnes devraient occuper des postes en raison de leur rendement, et non de leur statut social ou de leurs relations personnelles.

Ce principe n'a pas toujours été respecté à l'époque de Weber et, encore de nos jours, on en tient rarement compte. Même s'il est vrai que les principes de bureaucratie visaient particulièrement les institutions publiques, Weber avait démontré l'intérêt de leur application dans le secteur privé. Néanmoins, il existe toujours, dans certaines organisations et dans certains secteurs, des réseaux sociaux dans lesquels les relations personnelles, et non les habiletés propres à l'emploi, influent sur les décisions concernant le recrutement des salariés et leur avancement.

3. Il faut préciser clairement le degré d'autorité et l'étendue des responsabilités en matière de tâches correspondant à chaque poste.

   On doit aussi indiquer clairement la relation entre chaque poste et tous les autres à l'intérieur de l'organisation. Lorsqu'on a formellement défini les tâches et l'autorité associées à chacun des postes d'une organisation, les gestionnaires et les employés savent ce qu'on attend d'eux et à quoi s'attendre les uns des autres. En outre, une organisation peut exiger que tous ses employés répondent de leurs actes si chacun d'eux connaît parfaitement ses responsabilités.

4. Pour que l'autorité s'exerce efficacement dans une organisation, il faut que les postes se situent dans un ordre hiérarchique. Une telle structure aide les employés à savoir à qui ils doivent rendre des comptes et qui doit leur en rendre.

   Les gestionnaires doivent établir une hiérarchie organisationnelle qui permet de savoir clairement qui est le supérieur de qui et à qui les gestionnaires et les employés doivent s'adresser en cas de conflits ou de problèmes. Ce principe de l'unité de commandement est particulièrement important dans les Forces armées canadiennes, le Service canadien du renseignement de sécurité (SCRS) et la Gendarmerie royale du Canada (GRC) ainsi que dans d'autres organisations qui doivent faire face à des situations très délicates pouvant avoir des répercussions importantes, compte tenu de l'imputabilité de leurs gestionnaires.

5. Les gestionnaires doivent élaborer un système bien défini de règles, de procédures d'exploitation uniformisées et de normes pour pouvoir contrôler de façon efficace les comportements à l'intérieur de leur organisation.

   Les règles, les procédures d'exploitation uniformisées et les normes fournissent des principes directeurs en matière de comportements qui améliorent le rendement d'un système bureaucratique parce qu'elles indiquent avec précision les meilleures façons d'effectuer les tâches organisationnelles. Les règles sont des directives écrites qui précisent les mesures à prendre dans différentes circonstances pour atteindre des objectifs déterminés. Une procédure d'exploitation uniformisée, ou standard de procédé, est un ensemble particulier de directives écrites concernant la façon d'exécuter un certain aspect d'une tâche. Une norme est une règle non écrite ou un code de conduite non officiel concernant la façon d'agir dans une situation donnée. Des entreprises telles que McDonald's et Walmart ont établi des règles et des procédures d'exploitation uniformisées détaillées qui précisent les types de comportements exigés des employés, tels que «Accueillez toujours un client avec le sourire. »

Selon Weber, une organisation qui applique ces cinq principes établit un système bureaucratique qui accroîtra son rendement. Les descriptions de postes et l'utilisation de règles et de procédures d'exploitation uniformisées pour régir la façon d'exécuter les tâches permettent aux gestionnaires d'organiser et de contrôler plus facilement le travail de leurs subordonnés. De même, des systèmes de sélection et d'avancement justes et impartiaux augmentent le sentiment de sécurité, réduisent le stress et encouragent des comportements éthiques chez les gestionnaires comme chez les employés, tout en favorisant les intérêts de l'organisation.

Toutefois, avec le temps, ce système a donné lieu à plusieurs problèmes, notamment entre les employés et les machines, ou entre les opérateurs et l'administration. Les gestionnaires laissent parfois les règles et les procédures, ou «formalités administratives», devenir si encombrantes qu'elles ralentissent le processus de prise de décisions et le rendent inefficace. Les organisations sont alors incapables d'évoluer. De même, lorsque les gestionnaires comptent trop sur des règles et ne se fient pas suffisamment à leurs habiletés et à leur jugement pour résoudre les problèmes, leur comportement devient inflexible. Le plus grand défi des gestionnaires consiste à appliquer les principes bureaucratiques de façon à favoriser la croissance de l'organisation plutôt que de manière à lui nuire.

A.2.2 Les principes de gestion de Fayol

À la même époque que Weber, mais indépendamment de lui, le Français Henri Fayol (1841-1925), chef de la direction des Houillères de Commentry, a formulé 14 principes (*voir l'encadré A.1*) qu'il considérait comme essentiels pour accroître la performance du processus de gestion. Même si certains de ces principes ont disparu des

méthodes de gestion moderne, la plupart ont résisté au passage du temps.

Les principes que Fayol et Weber ont mis de l'avant représentent encore aujourd'hui un ensemble de directives claires et pertinentes que les gestionnaires peuvent appliquer pour établir un milieu de travail dans lequel l'utilisation des ressources organisationnelles est à la fois efficace et efficiente. Ces principes demeurent les fondements de la théorie de la gestion moderne. Récemment, des chercheurs les ont perfectionnés ou développés pour les adapter aux conditions actuelles. Par exemple, les préoccupations de Weber et de Fayol concernant l'équité et l'établissement de liens appropriés entre le rendement et la récompense sont devenues des thèmes centraux dans les théories contemporaines du leadership (*voir le chapitre 8*) et de la motivation (*voir le chapitre 9*).

A.3 La théorie du comportement organisationnel

Les théoriciens du comportement organisationnel qui ont écrit pendant la première moitié du XXe siècle ont tous traité des façons dont les gestionnaires devraient se comporter pour motiver les employés et les encourager à fournir un rendement élevé et à prendre à cœur la réalisation des objectifs de l'organisation.

A.3.1 Les travaux de Mary Parker Follett

Si F. W. Taylor est considéré comme le père de la réflexion sur la gestion, Mary Parker Follett (1868-1933) pourrait en être la mère. Dans une grande partie de ses écrits portant sur la gestion et sur la façon dont les gestionnaires devraient se comporter envers leurs employés, elle a réagi au fait que Taylor négligeait le côté humain de toute organisation. Elle a également émis la proposition selon laquelle les connaissances et l'expertise, plutôt que la position dans la hiérarchie, devraient servir à déterminer le leader à n'importe quel moment donné. Elle croyait, comme beaucoup de théoriciens modernes de la gestion, que le pouvoir est fluide et qu'il devrait se transmettre à la personne qui peut le mieux aider l'organisation à réaliser ses objectifs. Madame Follett avait une conception horizontale du pouvoir et de l'autorité, contrairement à Fayol, qui considérait qu'une chaîne de commandement formelle et verticale était absolument essentielle à une gestion efficace. La méthode béhavioriste de Mary Parker Follett était radicalement nouvelle à son époque.

> **ENCADRÉ A.1**   Les 14 principes de gestion de Fayol

1. **La division du travail.** La spécialisation des tâches et la répartition du travail devraient augmenter l'efficience, en particulier si les gestionnaires prennent des mesures pour diminuer l'ennui chez les employés.

2. **L'autorité.** Les gestionnaires ont le droit de donner des ordres et le pouvoir d'inciter leurs subordonnés à y obéir.

3. **L'unité de commandement.** Un employé ne devrait recevoir d'ordres que d'un seul supérieur.

4. **La hiérarchie.** La longueur de la chaîne de commandement, qui s'étend du sommet à la base d'une organisation, devrait être limitée.

5. **La centralisation.** L'autorité au sommet de la hiérarchie peut être distribuée ou décentralisée vers d'autres parties de l'organisation en fonction des objectifs des unités.

6. **L'unité de direction.** L'organisation devrait avoir un seul plan directeur pour guider les gestionnaires et les employés.

7. **L'équité.** Tous les membres de l'organisation ont le droit d'être traités avec justice et respect.

8. **L'ordre.** L'agencement des postes à l'intérieur d'une organisation devrait lui permettre de maximiser son rendement et de fournir à ses employés des possibilités de carrières satisfaisantes.

9. **L'initiative.** Les gestionnaires devraient permettre à leurs employés de se montrer innovateurs et créatifs.

10. **La discipline.** Les gestionnaires doivent se constituer une main-d'œuvre qui s'efforce de réaliser les objectifs de leur organisation.

11. **La rémunération du personnel.** Le système utilisé par les gestionnaires pour récompenser les employés devrait être équitable à la fois pour les employés et pour l'organisation.

12. **La stabilité du personnel.** Les employés de longue date développent des habiletés qui peuvent améliorer l'efficience de l'organisation.

13. **La subordination de l'intérêt individuel à l'intérêt général.** Les employés devraient comprendre l'effet de leur rendement personnel sur le rendement de l'ensemble de l'organisation.

14. **L'union du personnel.** Les gestionnaires devraient encourager le développement de sentiments partagés de camaraderie, d'enthousiasme ou de dévouement à une cause commune.

A.3.2 Les études Hawthorne et les relations humaines

En raison de leur radicalisme, les travaux de Mary Parker Follett n'ont pas été appréciés à leur juste valeur par les gestionnaires, et ce, jusqu'à tout récemment. Les chercheurs eux-mêmes ont plutôt marché sur les traces de Taylor et des Gilbreth. Ils se sont intéressés, entre autres sujets, à la façon d'accroître l'efficience par l'amélioration de diverses caractéristiques des milieux de travail telles que la spécialisation des tâches ou les types d'outils utilisés par les employés. Une série d'études ont été menées par Elton Mayo et son équipe, entre 1924 et 1932, aux ateliers Hawthorne de la Western Electric Company. Ces travaux de recherche, qui portent le nom d'« études Hawthorne », ont d'abord consisté à observer et à essayer de déterminer les effets de certaines caractéristiques du lieu de travail, en particulier l'intensité de l'éclairage, sur la fatigue et le rendement des employés. Les chercheurs ont effectué une expérience dans laquelle ils ont mesuré de façon systématique la productivité des employés à différents degrés de luminosité.

Une des principales conclusions qu'on peut tirer des études Hawthorne est que le comportement des gestionnaires et des employés dans un lieu de travail joue un rôle aussi important dans le niveau de rendement que les aspects purement techniques de la tâche à accomplir. Les gestionnaires doivent comprendre le fonctionnement de l'organisation informelle, c'est-à-dire le système de règles et de normes comportementales qui prend naissance dans un groupe lorsqu'ils essaient de gérer ou de modifier le comportement des employés. De nombreuses études indiquent en effet qu'avec le temps, les groupes développent souvent des façons de procéder et des normes complexes qui lient leurs membres les uns aux autres, et leur permettent d'agir de concert pour coopérer avec les gestionnaires afin d'accroître le rendement ou, au contraire, pour limiter la production et nuire à la réalisation des objectifs organisationnels. Les études Hawthorne ont démontré l'importance de comprendre l'effet sur le rendement des sentiments, des pensées et du comportement des membres d'un groupe de travail et des gestionnaires. Pour les chercheurs, il devenait évident que la compréhension du comportement des membres d'une organisation est un processus complexe mais essentiel à l'accroissement du rendement. En fait, l'intérêt grandissant pour le domaine de la gestion appelé « comportement (ou psychologie) organisationnel », soit l'étude des facteurs qui influent sur les façons dont des individus et des groupes réagissent à des organisations et agissent au sein des organisations, date de cette époque.

A.3.3 La théorie X et la théorie Y

Après la Seconde Guerre mondiale, plusieurs études ont montré les effets des hypothèses concernant les attitudes et les comportements des employés sur le comportement des gestionnaires. La méthode élaborée par Douglas McGregor, docteur en psychologie de l'Université de Harvard, est probablement celle qui a eu le plus d'influence. D'après ce chercheur, deux ensembles différents d'hypothèses sur les attitudes et les comportements au travail prédominent dans la façon de penser des gestionnaires et influent sur leur comportement dans les organisations. McGregor a nommé ces deux ensembles de conceptions opposées «théorie X» et «théorie Y». D'après les hypothèses de la théorie X, l'employé moyen est paresseux, il déteste le travail et essaie d'en faire le moins possible. En outre, il a peu d'ambition et souhaite se soustraire à ses responsabilités. La tâche du gestionnaire consiste donc à neutraliser cette tendance naturelle de l'individu à éviter de travailler. Pour maintenir le rendement des employés à un niveau élevé, le gestionnaire doit les superviser étroitement et contrôler leur comportement au moyen de récompenses et de punitions.

Dans la théorie Y, on suppose que les employés ne sont ni fondamentalement paresseux ni naturellement réfractaires au travail et que, si on leur en donne l'occasion, ils agiront dans l'intérêt de l'organisation. D'après cette théorie, les caractéristiques du milieu de travail déterminent si les employés considèrent les tâches qu'on leur assigne comme étant une source de satisfaction ou, au contraire, une punition. Les gestionnaires n'ont donc pas à surveiller étroitement le comportement de leurs employés pour maintenir un rendement élevé. En effet, ceux-ci vont exercer eux-mêmes ce contrôle s'ils s'investissent dans la réalisation des objectifs de l'organisation. Les gestionnaires ont donc la tâche de leur offrir un milieu de travail qui les encourage à prendre à cœur les objectifs de l'organisation et qui leur procure des occasions de se servir de leur imagination, de faire preuve d'initiative et de travailler de façon autonome.

A.4 La théorie de la science de la gestion

La théorie de la science de la gestion est une façon moderne d'aborder la gestion, qui préconise l'application de techniques quantitatives rigoureuses. Elle vise à aider les gestionnaires à maximiser l'utilisation des ressources organisationnelles dans la production de biens et de services. En substance, il s'agit d'une extension contemporaine de l'organisation scientifique du travail. Il existe différentes branches à cette science de la gestion. Chacune d'elles traite d'un ensemble particulier de préoccupations.

- La gestion quantitative emploie des techniques mathématiques, telles la programmation linéaire et non linéaire, la modélisation, la simulation, la théorie des files d'attente et la théorie du chaos, pour aider les gestionnaires à prendre des décisions (p. ex. la quantité de marchandises à conserver à différentes périodes de l'année, le lieu de construction de nouvelles installations ou le meilleur investissement pour le capital financier de l'organisation).

- La gestion de la production, aussi appelée «recherche opérationnelle», fournit aux gestionnaires un ensemble de techniques qu'ils peuvent utiliser pour analyser n'importe quel aspect du système de production d'une organisation en vue d'accroître sa performance.

- La gestion intégrale de la qualité (GIQ) porte principalement sur l'analyse des facteurs de production et des activités de transformation et de production d'une organisation en vue d'augmenter la qualité de ses produits.

- Le système d'information de gestion (SIG) aide les gestionnaires à concevoir des systèmes d'information qui les renseignent sur ce qui se passe à l'intérieur comme à l'extérieur de leur organisation, ce qui est essentiel pour une prise de décisions efficace.

Tous ces sous-domaines de la science de la gestion procurent aux gestionnaires des outils et des techniques qu'ils peuvent utiliser pour améliorer la qualité de leurs prises de décisions et accroître l'efficacité et l'efficience de leur organisation.

A.5 Les théories situationnelles

Une étape importante a été franchie dans l'histoire des théories de la gestion lorsque les chercheurs sont allés au-delà de l'étude des façons dont les gestionnaires peuvent influencer les comportements à l'intérieur de leur organisation pour s'intéresser aux façons dont ils contrôlent les relations de leur organisation avec son environnement externe, appelé aussi le «contexte organisationnel», c'est-à-dire l'ensemble des forces et des conditions qui existent au-delà des limites d'une organisation, mais qui influent sur la capacité des gestionnaires à acquérir et à utiliser des ressources. Parmi les ressources présentes dans le contexte organisationnel, on trouve les matières premières et la main-d'œuvre qualifiée dont une organisation a besoin pour produire des biens et des services, de même que l'appui de groupes (p. ex. les clients qui achètent ces biens et services) qui lui fournissent des ressources financières. L'importance de l'étude de ce contexte organisationnel est devenue évidente après l'élaboration des théories des systèmes ouverts et de la contingence structurelle au cours des années 1960.

A.5.1 Le concept de système ouvert

Dans les années 1960, trois chercheurs américains se sont intéressés aux effets de l'environnement externe sur les organisations, et leur point de vue a eu une influence considérable. Il s'agit de Daniel Katz, Robert Kahn, tous deux psychologues, et James Thompson, sociologue. Ces théoriciens concevaient l'organisation comme un système ouvert, c'est-à-dire un système qui tire des ressources de son environnement externe et qui les transforme en biens et en services, qu'il retourne ensuite dans cet environnement pour que des clients les achètent.

On dit que le système est «ouvert» parce que l'organisation puise dans l'environnement externe et interagit avec lui pour survivre. Autrement dit, l'organisation a accès à son environnement et lui est accessible. Par opposition, un système fermé est un système autonome qui n'est pas touché par les changements qui se produisent dans son environnement externe. Les organisations qui fonctionnent comme des systèmes fermés, qui ne tiennent aucun compte de leur environnement externe et qui n'en tirent pas leurs facteurs de production risquent l'entropie, c'est-à-dire qu'elles ont tendance à se dissoudre et à se désintégrer parce qu'elles finissent par perdre la capacité de se contrôler elles-mêmes.

Les chercheurs qui utilisent la notion de système ouvert s'intéressent aux façons dont les différentes parties d'un tel système, autrement dit les «sous-systèmes», occupent chacune un rôle et se coordonnent pour favoriser l'efficacité et l'efficience du système. Selon cette approche, le système est dynamique et il évolue de façon irréversible selon des principes d'interaction et de rétroaction entre les sous-systèmes et leurs composantes. Selon les principes d'équifinalité et de totalité, les sous-systèmes peuvent aussi atteindre un objectif de différentes manières, tout en conservant l'ensemble du système. Les théoriciens de l'approche systémique soutiennent volontiers que «le tout est supérieur à la somme des parties». Autrement dit, une organisation atteint un niveau élevé de rendement lorsque tous ses services travaillent de concert plutôt que séparément. La synergie, c'est-à-dire l'ensemble des gains de rendement qui se produisent lorsque des personnes et des services coordonnent leurs actions, n'est possible que dans un système organisé. L'intérêt récent pour l'utilisation d'équipes formées d'employés provenant de différents services témoigne de l'intérêt des théoriciens à concevoir des systèmes organisationnels capables de créer une synergie et, par conséquent, d'augmenter l'efficacité et l'efficience de l'organisation.

A.5.2 La théorie de la contingence

Une autre étape importante dans l'évolution des théories de la gestion est l'élaboration, dans les années 1960-1970, de la théorie de la contingence par les Britanniques Tom Burns et G. M. Stalker, et les Américains Paul Lawrence et Jay Lorsch. Compte tenu du besoin des organisations d'acquérir des ressources précieuses, le message essentiel de cette théorie se résume au fait qu'il n'existe pas une meilleure façon que les autres de les organiser ou de les diriger. Autrement dit, les structures organisationnelles et les systèmes de contrôle que les gestionnaires choisissent dépendent des caractéristiques de l'environnement externe dans lequel une organisation exerce ses activités. Il s'agit d'une perspective déterministe au sens où les gestionnaires et les organisations réagissent aux éléments externes plutôt que de chercher à les modifier à leur avantage comme une perspective volontariste le suggérerait.

Une des caractéristiques importantes de l'environnement externe qui a un effet sur la capacité d'une organisation à obtenir des ressources est le degré d'évolution de cet environnement. Les changements dans le contexte organisationnel peuvent prendre de multiples aspects: des changements technologiques qui entraînent souvent la création de nouveaux produits (p. ex. les enregistrements numériques MP3) et la disparition de produits existants (p. ex. la cassette à ruban); l'arrivée de nouveaux concurrents (p. ex. des organisations étrangères qui entrent en compétition pour l'acquisition des ressources disponibles); et des conditions économiques instables. En général, plus les changements dans le contexte organisationnel sont rapides, plus les problèmes associés à l'accès aux ressources s'aggravent et plus les gestionnaires doivent trouver des moyens de coordonner les activités des employés de différents services pour réagir à ces changements de façon rapide et efficace.

L'idée de base de la théorie de la contingence, soit qu'aucune façon de concevoir ou de diriger une organisation n'est meilleure que les autres, a été intégrée à d'autres domaines de la théorie de la gestion, notamment aux théories sur le leadership.

B L'élaboration d'un plan d'affaires

B.1 Le plan d'affaires en tant qu'exercice du processus de gestion

La rédaction d'un plan d'affaires[1] n'a peut-être jamais été une tâche aussi importante que dans le contexte actuel, caractérisé par des changements rapides dans l'environnement. Même pour ceux qui ne souhaitent pas devenir entrepreneurs et développer une idée originale pour mettre un nouveau produit ou service sur le marché, l'élaboration d'un plan d'affaires demeure un exercice utile qui permet de se familiariser avec les processus de gestion. Ce plan constitue une étape indispensable dans la gestion d'une organisation. Nous traiterons la préparation d'un plan d'affaires comme une occasion de s'exercer aux divers processus de gestion que sont la planification, l'organisation, la direction et le contrôle. Les exercices proposés à la fin de chaque chapitre donnent la base requise pour établir un plan qui vous aidera à développer des habiletés de gestionnaire. L'expérience que ces exercices vous permettront d'acquérir s'applique aussi bien aux organisations à but lucratif qu'à celles sans but lucratif, de même qu'à des entreprises nouvelles ou déjà existantes. La rédaction d'un plan d'affaires vous habituera à réfléchir à diverses activités de gestion telles que :

- développer une idée pour résoudre un problème ;
- profiter d'opportunités ou contrer des menaces dans un contexte de concurrence ;
- organiser des ressources pour atteindre des objectifs ;
- cibler des clients potentiels au moyen d'activités promotionnelles ;
- concevoir une structure organisationnelle efficace ;
- s'assurer des sources de financement ;
- contrôler les risques.

B.2 Qu'est-ce qu'un plan d'affaires ?

Un plan d'affaires est un outil de gestion reconnu qu'on utilise pour documenter les objectifs de son organisation et pour décrire les façons dont on prévoit les réaliser à l'intérieur d'un cadre temporel donné. Il s'agit d'un document écrit qui explique qui vous êtes, ce que vous avez l'intention d'accomplir, les façons dont vous organiserez des ressources pour atteindre vos objectifs et dont vous surmonterez les risques que présente cette aventure pour parvenir au rendement anticipé. En général, un plan d'affaires comporte plusieurs éléments, et chacun d'eux donne aux lecteurs une partie du portrait global du projet que vous vous apprêtez à développer ; il présente aussi les raisons visant à convaincre les lecteurs que votre projet sera couronné de succès. Les gestionnaires et les entrepreneurs se servent d'un plan d'affaires lorsqu'ils cherchent du soutien et du financement pour assurer la croissance d'une organisation déjà existante ou pour financer une nouvelle entreprise.

B.3 L'assemblage des composantes

Tout au long du cours, vous avez été invité à effectuer les exercices de fin de chapitre portant sur l'élaboration d'un plan d'affaires. Il est maintenant temps d'assembler toutes les pièces du casse-tête pour établir un plan d'affaires détaillé. Servez-vous des travaux que vous avez déjà accomplis pour rédiger les principales composantes de ce plan. La liste présentée dans l'aide-mémoire du tableau B.1 vous aidera à vous assurer de ne rien oublier.

À ce stade, vous devriez vous familiariser avec un logiciel d'élaboration d'un plan d'affaires. Comme il en existe toute une gamme sur le marché, votre

| TABLEAU B.1 | Les principales composantes d'un plan d'affaires |

Principales composantes	Date de réalisation	Commentaires
1. Énoncé de non-divulgation		
2. Sommaire décisionnel		
3. Présentation de l'organisation		
4. Présentation du secteur d'activité		
5. Présentation du produit ou du service		
6. Plan de marketing		
7. Plan de l'organisation		
8. Plan opérationnel et systèmes de contrôle		
9. Plan de financement		
10. Annexes		

professeur vous indiquera celui qui convient le mieux au cours que vous suivez. Ce type de logiciel vous aidera à compiler les principaux éléments de votre plan et à faire les calculs des états financiers qui y correspondent.

B.3.1 L'énoncé de non-divulgation

Un accord de non-divulgation est facultatif dans un plan d'affaires. On s'en sert généralement pour indiquer que les renseignements contenus dans ce plan sont protégés par un droit de propriété et qu'ils ne doivent être ni partagés, ni recopiés, ni divulgués. Cet accord devrait comporter un « numéro d'exemplaire » unique, qui est le même que le nombre inscrit sur la page de titre du plan, et un espace réservé à la signature du destinataire de ce document (*voir l'encadré B.1*). Il devrait être rédigé sur une feuille mobile ou sur une page que vous pouvez détacher du plan et conserver.

| ENCADRÉ B.1 | Un exemple d'accord de non-divulgation |

Numéro de l'exemplaire ___123___

Le plan d'affaires de la firme de conseil FFP inc. est confidentiel et renferme des renseignements qui appartiennent en propre à la firme de conseil FFP inc. Aucun renseignement contenu dans ce plan ne peut être reproduit ou divulgué à quelque personne que ce soit et dans quelques circonstances que ce soit sans l'autorisation écrite et explicite de la firme de conseil FFP inc. J'accepte de me conformer à cet accord et m'engage à protéger la confidentialité de ce plan d'affaires.

_____

Signature du destinataire

B.3.2 Le sommaire décisionnel

Le sommaire décisionnel est le premier élément, outre la table des matières et la page de titre, que les lecteurs voient. Par contre, c'est généralement la dernière section que le concepteur du plan rédige. On peut décrire ce sommaire comme étant un abrégé du plan d'affaires, qui tient dans une page au maximum. Il s'agit probablement de la partie la plus importante du plan parce que les lecteurs s'en serviront pour déterminer s'ils continueront ou non à le lire.

Le sommaire décisionnel fournit aux lecteurs les renseignements suivants.

- Votre formation et vos réalisations ainsi que ce que fait votre entreprise ou votre organisation.
- Les produits ou les services que vous fournissez ou que vous avez l'intention de fournir.
- Vos marchés cibles, c'est-à-dire vos clients actuels ou potentiels.
- Les moyens que vous utiliserez pour faire la promotion de votre produit ou service auprès de votre clientèle.
- Vos projections financières pour une période donnée.
- La façon dont votre entreprise réalisera ses objectifs, c'est-à-dire votre stratégie pour obtenir un avantage concurrentiel.
- Les points forts de votre équipe de gestion et les raisons pour lesquelles les lecteurs devraient croire que vous pouvez effectuer ce que vous vous proposez de faire.
- Les principaux risques auxquels vous vous attendez et les solutions auxquelles vous aurez recours pour les minimiser.

Le sommaire décisionnel ne devrait pas dépasser une page.

B.3.3 Une présentation de l'organisation

Cette section du plan d'affaires indique aux lecteurs votre vision ainsi que la mission et les objectifs de votre organisation. Les questions suivantes peuvent vous aider dans sa préparation.

- Quel est le nom de votre entreprise ou organisation ?
- Quelle est sa structure juridique et quelle est la forme de son droit de propriété ?
- Quelles sont vos raisons pour fonder cette entreprise ?
- Quel problème le produit ou le service que vous offrez servira-t-il à résoudre ou quel créneau de marché permettra-t-il de combler ?
- Quelle expérience avez-vous acquise qui vous permettrait d'assurer la réussite de cette entreprise ?
- Qui sont les membres de votre équipe de gestion et quels rôles et responsabilités assumeront-ils ?

L'énoncé de vision

La vision de votre entreprise ou organisation devrait être présentée sous la forme d'un énoncé écrit qui renseigne les lecteurs sur l'orientation qu'elle devrait prendre ou sur le rêve que vous souhaitez qu'elle réalise au cours des trois à cinq prochaines années. Rédigez cet énoncé au futur. Comme nous l'avons vu au chapitre 5, lorsque Bill Gates a fondé Microsoft, il a formulé sa vision comme suit : « Un ordinateur sur chaque pupitre, dans chaque maison et dans chaque bureau ». Celle du Groupe Banque TD se résume à « être la meilleure banque[2] ». La société Cara Operations Ltd., fondée par la famille Phelan en 1883, est une entreprise privée canadienne et le plus grand exploitant de restaurants à service complet, et le principal service de traiteur pour le secteur des voyages au Canada. Sa vision consiste justement à être le « chef de file dans le domaine de la restauration intégrée » au pays[3].

Vous trouverez d'autres exemples d'énoncés de vision en consultant le chapitre 5.

Reportez-vous à l'exercice que vous avez effectué à la fin du chapitre 5. Rédigez l'énoncé de vision de votre entreprise en restant concis et intéressant.

L'énoncé de mission

L'énoncé de mission a pour but de faire connaître aux lecteurs l'objectif de votre entreprise ou organisation. Demandez-vous quelle est la raison d'être de votre entreprise. Quelles seront ses véritables activités ? Pour quelles raisons a-t-elle été créée ? Sur quelles valeurs est-elle basée ? Chacun des substantifs, des adjectifs et des verbes

employés dans cet énoncé est important et devrait servir à expliquer le problème que l'entreprise servira à résoudre ou le besoin qu'elle pourra satisfaire si votre plan d'affaires est mis en œuvre. Votre énoncé de mission devrait refléter vos convictions profondes, vos valeurs et vos principes.

- Retournez à l'exposé des valeurs et au code d'éthique que vous avez élaborés pour l'exercice de planification d'affaires du chapitre 3. Intégrez ces valeurs et ces principes à votre énoncé de mission.
- Reportez-vous à l'énoncé de la mission d'entreprise que vous avez rédigé pour l'exercice de planification d'affaires du chapitre 5 et dont vous pourriez aussi vous inspirer.

Rédigez l'énoncé de mission de votre entreprise en 150 mots ou moins.

Les objectifs organisationnels

Il faut déterminer des objectifs organisationnels pour l'ensemble de l'entreprise et pour chacune de ses fonctions. À l'échelle de l'entreprise, il s'agit d'objectifs à long terme et de nature stratégique tandis que les objectifs opérationnels sont à court terme et de nature plus pratique. Par exemple, les objectifs de l'entreprise et de ses divisions concernent généralement des domaines tels que la part de marché, la rentabilité et le rendement du capital investi. Les objectifs opérationnels portent plutôt sur les façons dont les services peuvent ajouter de la valeur à un produit ou à un service aux yeux de la clientèle et réduire leurs coûts de fabrication ou de prestation. De façon générale, les objectifs sont des énoncés du niveau de rendement souhaité à l'intérieur d'un cadre temporel déterminé. On doit les formuler de façon qu'ils soient

- spécifiques ;
- mesurables ;
- atteignables ;
- réalistes ;
- temporels ;
- bien communiqués.

Un exemple d'objectif clairement énoncé portant sur la part de marché pourrait prendre la forme suivante : « À la fin de sa première année d'activité, l'entreprise ABC aura conquis une part équivalant à 20 % du marché pour son produit XYZ. »

La société Mountain Equipment Coop pourrait formuler l'objectif suivant : « Remettre 5 % de sa marge bénéficiaire brute à de grandes associations écologistes d'ici l'an 2020. »

Cet objectif concorde avec la mission de l'entreprise et sa vision stratégique. Après avoir établi des objectifs, il faut rédiger des plans qui permettent de les réaliser. De tels plans sont généralement désignés par le terme « stratégies ». La formulation des stratégies dépend des opportunités et des menaces que votre entreprise doit respectivement saisir ou contrer, et qui sont suscitées par les forces présentes dans le contexte organisationnel. Vous formulerez votre stratégie après avoir analysé la situation qui a cours. L'analyse et la stratégie concurrentielles devront être effectuées dans le contexte du secteur dans son ensemble et présentées en détail dans le plan de marketing de votre plan d'affaires.

Exprimez l'objectif principal de votre entreprise dans son ensemble à l'intérieur d'un cadre temporel d'une année.

Le type de propriété

Si vous rédigez un plan d'affaires pour une entreprise déjà existante, son entité juridique est certainement déjà établie. Toutefois, il pourrait être logique d'envisager une entité juridique distincte pour le nouveau produit ou service. Si vous êtes un entrepreneur ou que vous faites partie d'un groupe d'entrepreneurs, vous devez déterminer la forme d'entité juridique (la forme de propriété) qui conviendra le mieux à la nature de l'entreprise, à sa stratégie concurrentielle et à sa structure organisationnelle. Aurez-vous besoin d'un partenaire ? Devriez-vous constituer une société de capitaux ou simplement exploiter une société à propriétaire unique ? Quels seraient les avantages, s'il y en a, d'adopter une structure coopérative ? Revoyez les avantages et les inconvénients propres à chacune de ces structures juridiques (*voir le chapitre 2*). Maintenant que vous avez clarifié vos idées et atteint ce stade dans l'élaboration de votre plan d'affaires, décrivez la forme juridique de votre entreprise ou organisation.

À votre avis, quelle structure juridique est la plus appropriée ? Pourquoi ?

L'équipe de gestion

Lorsqu'une nouvelle entreprise voit le jour, la personne qui joue le rôle le plus important dans la rédaction du plan d'affaires exerce généralement une autorité prédominante sur les autres membres de l'équipe de gestion, lorsqu'il y en a une. Dans le cas où plusieurs personnes font partie d'une telle équipe, il faut décrire la position que chacune d'elles occupera ainsi que le rôle qu'elle jouera, et les justifier en invoquant son expérience et son expertise.

Fournissez une courte biographie[4] de chaque membre de l'équipe de gestion et décrivez les rôles et les responsabilités que chacun aura dans l'entreprise.

B.3.4 Une présentation du secteur d'activité

Il existe une classification et une codification des secteurs en fonction de critères précis utilisés dans l'ensemble de l'Amérique du Nord. C'est le code SCIAN (Système de classification des industries de l'Amérique du Nord)[5]. Vous auriez avantage à connaître le code SCIAN de votre entreprise et le secteur auquel elle appartient pour vous informer sur des changements dans les tendances dues aux forces qui s'exercent à l'intérieur de son contexte organisationnel (*voir le chapitre 2*). Par exemple, si votre plan d'affaires consiste à exploiter un restaurant de style familial, vous constaterez que ce type d'entreprise se classe dans le secteur des restaurants à service complet (SCIAN 72211). À partir de là, vous pouvez effectuer une recherche sur les forces actives à l'intérieur de ce secteur qui procurent des opportunités de croissance ou constituent une menace pour votre entreprise. À l'aide du modèle des cinq forces de Porter, procédez ensuite à une analyse des menaces à la rentabilité dans ce secteur (*voir le chapitre 5*). Vous pouvez également trouver des renseignements sur les changements dans les tendances auprès de Statistique Canada et des associations du secteur. Pour ce qui est de l'exemple de restaurant de style familial, on peut se rendre sur le site Internet de Restaurants Canada pour en apprendre davantage sur les tendances dans ce secteur. On y découvre, par exemple, que les ventes du secteur des services alimentaires ont augmenté de 4,3 % durant les 10 premiers mois de 2015, ce qui est au-dessus de la croissance annuelle moyenne de 3,9 % des 15 dernières années. Néanmoins, Restaurants Canada prévoit un ralentissement du secteur en 2016, avec une croissance de seulement 3,8 %[6]. Ce ralentissement serait principalement causé par une diminution prévue du revenu disponible, l'un des principaux facteurs pour déterminer le dynamisme du secteur. De plus, malgré une croissance prévue du produit intérieur brut de 1,2 % en 2015 à 1,7 %, en 2016, le taux de chômage croissant et le fort taux d'endettement des ménages semblent contribuer à une baisse de l'indice de confiance des consommateurs concernant l'économie[7]. Si la tendance est à la contraction plutôt qu'à l'expansion, vous devez indiquer à vos lecteurs (investisseurs ou prêteurs) la façon dont vous avez l'intention de composer avec les risques qui en découlent.

Décrivez les tendances que vous observez dans le secteur que vous avez choisi et indiquez si elles constituent une opportunité de croissance ou une menace à la rentabilité de votre entreprise.

Indiquez les façons dont vous minimiserez les risques que votre entreprise pourrait courir.

B.3.5 Une présentation du produit ou du service

Cette partie du plan d'affaires fournit au lecteur un aperçu complet de tous les produits et services que votre entreprise compte offrir.

La description du produit ou du service

Il est important de bien faire ressortir aux yeux des lecteurs l'originalité du produit ou du service que vous offrez. Qu'est-ce que votre entreprise fournira ou fera qui la distinguera de ses concurrents ? Pourquoi des consommateurs achèteraient-ils votre produit ou choisiraient-ils votre service de préférence à celui d'une autre entreprise ?

Décrivez, en donnant le plus de renseignements possible, le caractère unique du produit ou du service que votre entreprise offrira.

Les règlements, les licences et les permis

Au Canada, toutes les entreprises sont assujetties à des règlements provenant des divers paliers de gouvernement. Consultez à ce propos BizPal, un site Internet conçu pour aider les dirigeants d'entreprise à se renseigner sur tous les règlements auxquels leur organisation doit se soumettre ainsi que sur les permis et les licences dont ils ont besoin pour l'exploiter. Si vous avez mis au point un prototype d'un produit original ou que vous avez modifié un produit existant, vous devriez présenter une demande pour obtenir un brevet d'invention ou la protection de votre propriété intellectuelle. Vous pouvez le faire en ligne en vous rendant sur le site de l'Office de la propriété intellectuelle du Canada.

Décrivez les licences et les permis requis pour exploiter votre entreprise. Indiquez toutes les composantes de vos coûts dans les projections pour votre plan financier.

Le développement de produits et l'innovation dans le futur

Dans cette section, indiquez aux lecteurs la façon dont vous prévoyez que les produits ou les services que vous proposez se modifieront dans le futur. Planifiez-vous une croissance ? Envisagez-vous d'ajouter de nouveaux produits ou services à la gamme de produits ou services déjà existants et à quel moment ? Comment assurerez-vous la croissance de votre entreprise lorsqu'elle aura atteint sa maturité ? Donnez aux lecteurs une idée de ce qui attend votre entreprise dans un futur éloigné. Avez-vous l'intention de la vendre, de développer des franchises ou de procéder à une dissolution ?

Décrivez les stratégies d'avenir envisagées pour votre entreprise (p. ex. le développement de nouveaux produits).

B.3.6 Le plan de marketing

Cette partie du plan d'affaires comprend une analyse des forces et des faiblesses de votre entreprise par rapport à ses concurrentes (une analyse FFOM) de même qu'une analyse des quatre variables du marketing mix, soit le produit, le circuit de distribution ou la distribution, le prix et la promotion (les 4 P). Vous devez effectuer une recherche pour recueillir des renseignements détaillés sur la clientèle à laquelle s'adresse votre produit ou votre service, la taille potentielle du marché cible de votre entreprise et ses possibilités de croissance (s'il y en a), la détermination des prix qui devraient être réclamés, la distribution du produit ou la prestation du service ainsi que la stratégie de promotion la plus efficace pour atteindre votre marché cible.

Une analyse FFOM

En vous référant à l'analyse FFOM que vous avez effectuée au chapitre 5, déterminez les forces et les faiblesses de votre entreprise par rapport à celles d'une de ses principales concurrentes. Il est possible de trouver ses concurrents directs en consultant les Pages Jaunes ainsi que les sites Internet d'associations, de magazines spécialisés, de chambres de commerce et de Statistique Canada. La figure B.1 propose quelques éléments de comparaison à utiliser lors de l'analyse FFOM.

Les stratégies pour se procurer un avantage concurrentiel

À l'aide de l'analyse FFOM que vous avez effectuée par rapport à vos concurrents au chapitre 5 et à partir de l'étude du secteur industriel que vous avez réalisée au chapitre 4, vous êtes maintenant en mesure d'établir le type de stratégie qui vous permettra d'obtenir un avantage concurrentiel. Adopterez-vous une stratégie de domination par les coûts ou une stratégie de différenciation ? Sur quoi axerez-vous cette stratégie ? Pour vous aider, reportez-vous au chapitre 5.

Décrivez la stratégie d'affaires que vous comptez utiliser pour acquérir un avantage concurrentiel.

FIGURE B.1   Quelques éléments de comparaison utiles pour l'analyse FFOM

Forces	Faiblesses
• Les ressources (actifs et personnes) • L'expérience • La diversité • Le lieu • Une stratégie durable • La qualité du produit ou du service	• Des lacunes en matière de capacités • L'absence de réputation • Une faible réactivité aux besoins de la clientèle • Un manque de ressources (actifs et personnes) • L'inexpérience • Une qualité inférieure du produit ou du service
Opportunités	**Menaces**
• La demande du marché/des changements dans les tendances • Les faiblesses des concurrents • Des partenariats • L'innovation • Des avantages concurrentiels	• Des problèmes d'ordre juridique ou politique • Les tendances démographiques • Des avantages concurrentiels • Des barrières à l'entrée • Les fournisseurs

Les caractéristiques du marché cible

De quel segment de marché feront partie ceux qui achèteront votre produit ou votre service ? Vous devez effectuer des recherches pour vous renseigner sur certaines caractéristiques démographiques telles que l'âge, le revenu, le lieu géographique et le comportement de votre clientèle cible. Pour ce faire, on établit habituellement des groupes types, on effectue des enquêtes et des entrevues auprès de segments de marché potentiels et on observe les comportements habituels des clients avant et après l'apparition du produit. Les sites Internet d'associations et de Statistique Canada sont de bonnes sources de données, notamment celles du recensement de 2011.

Pour chaque segment de marché, élaborez un profil de la clientèle en compilant des renseignements sur les éléments suivants.

- Les données démographiques
- L'attitude des clients quant au prix et à la qualité
- Le lieu où les clients achètent en ce moment le produit ou se procurent le service que vous voulez leur proposer
- Le lieu où ils souhaitent acheter ce produit ou se procurer ce service
- L'influence de la publicité sur leurs décisions
- La quantité et la fréquence d'achat du produit ou du service par les clients
- Les raisons pour lesquelles les clients achètent ce produit ou se procurent ce service

Pour vous aider à établir la liste des caractéristiques des clients, remplissez le tableau B.2, à la page suivante.

Décrivez votre ou vos marchés cibles.

La fixation des prix

Avant d'établir le prix de votre produit ou de votre service, vous devez évaluer vos coûts unitaires, le montant de la marge brute (ou marge sur coût d'achat) et le prix fixé par vos concurrents pour un produit ou un service similaire. Le coût des produits fabriqués devrait comprendre le coût des matières, les coûts indirects de la main-d'œuvre (les services publics, le loyer, les assurances et les salaires) ainsi que les coûts des fournisseurs. Vous devez additionner l'ensemble de ces coûts en vous basant sur une estimation du volume de ventes. Vous pouvez vous renseigner sur la marge brute appliquée dans votre secteur en consultant une revue spécialisée ou en interrogeant vos fournisseurs. Cette marge comprend généralement un pourcentage de profit, qui constitue un standard dans votre secteur. Vous trouverez une liste de ces normes établies d'avance sur le site de Statistique Canada et sur ceux d'associations et d'organisations telles que Dun & Bradstreet.

Si vous planifiez accroître votre pénétration du marché en ayant recours à l'établissement de prix spéciaux ou à des remises sur quantité, vous devriez les décrire. Avant de décider de vendre moins cher que vos concurrents et d'augmenter ainsi votre part du marché, réfléchissez au fait que vos concurrents pourraient aussi réduire leurs prix et, par conséquent, diminuer la marge bénéficiaire de tout le monde.

Si vous adoptez une stratégie de différenciation pour votre produit ou service, vous serez peut-être en mesure de justifier l'imposition d'un prix supérieur à celui de vos concurrents. Toutefois, vous devez alors offrir à vos

> **TABLEAU B.2**   Un exemple de liste de profil de clientèle

Caractéristiques des clients	Profil de la clientèle en fonction du produit ou du service offert par votre entreprise	Potentiel de croissance et tendances	Source
• Données démographiques • Fréquence des achats • Nombre d'unités du produit achetées annuellement • Sensibilité au prix • Mode de vie et personnalité • Influences de la publicité • Motivation • Raisons des décisions d'achat • Autres			

clients un produit ou un service unique en son genre ou d'une qualité supérieure, de sorte que les consommateurs accepteront de payer un prix plus élevé que celui de vos concurrents.

Décrivez votre stratégie de fixation des prix et soulignez la façon dont elle se distingue de celle de vos concurrents.

La distribution

Comment vous y prendrez-vous pour faciliter l'accès de votre produit ou service à votre clientèle ? Avant de choisir un circuit de distribution, vous devez considérer l'état du marché, les caractéristiques de votre produit ou service ainsi que de votre entreprise, et réaliser une analyse coût-avantage. La vente directe aux clients ou à un détaillant peut se révéler une solution appropriée si le marché cible est concentré dans une région géographique donnée. Dans le cas contraire, il sera peut-être préférable d'avoir recours à un distributeur ou à un grossiste. S'il s'agit d'un produit de grande taille, volumineux, périssable, dangereux ou coûteux, la règle empirique favorise généralement un passage par le circuit de la vente directe. Si la vente indirecte (par l'intermédiaire d'un détaillant ou d'un grossiste) peut se faire à un coût minimal tout en rapportant un bénéfice élevé parce qu'elle permet d'atteindre un marché fragmenté mais plus vaste, il pourrait être préférable d'utiliser ce moyen. Enfin, si l'entreprise est financièrement très solide, vous pourriez considérer divers circuits de distribution.

Si vous avez l'intention d'avoir recours à des concessionnaires ou à des distributeurs, il vous faudra leur consentir des remises ou des commissions que vous devrez décrire en détail dans votre plan.

Décrivez votre stratégie de distribution.

Lorsque vous choisissez un emplacement pour vos installations, vous devez considérer la quantité d'espace dont vous aurez besoin pour vos activités et déterminer si elles seront accessibles à la clientèle (en cas de vente directe). En cas d'acquisition ou de location d'un immeuble, il faut tenir compte de certains autres critères pertinents. Par exemple : l'immeuble est-il situé dans une zone commerciale ? A-t-il besoin de rénovations ? Y a-t-il suffisamment d'espace pour un éventuel agrandissement ? Le parc de stationnement est-il assez spacieux ? Quel est le coût au mètre carré ? Combien y a-t-il de concurrents dans le voisinage ? D'autres critères peuvent également influer sur votre décision relative à un emplacement. Appliquez ces critères à deux ou trois autres emplacements en remplissant le tableau B.3 afin de vous aider à prendre la meilleure décision concernant le futur site de votre entreprise.

Décrivez l'emplacement de votre entreprise.

La promotion

La réussite de votre entreprise dépendra en grande partie de votre plan de promotion. La publicité, les relations publiques et le marketing par Internet sont autant de techniques courantes qui vous permettront de faire la promotion de votre entreprise auprès de votre marché

TABLEAU B.3	Un exemple de liste de critères d'emplacement		
Critères	**Emplacement X**	**Emplacement Y**	**Emplacement Z**
• Coût par mètre carré • Parc de stationnement • Accessibilité • Historique de l'immeuble • Nombre de concurrents dans la région • Règlements de zonage • Potentiel d'agrandissement • Caractéristiques de l'emplacement (précisez) • Autres (précisez)			

cible. Toutefois, n'oubliez pas que chaque segment de marché pourrait nécessiter des activités promotionnelles différentes. Tenez également compte de la mesure dans laquelle la publicité peut influencer votre marché cible. Un slogan publicitaire conviendrait-il pour exprimer clairement la vision de votre organisation ou pour vous aider à tirer parti du caractère unique de votre produit ou de votre service ?

Concevez un slogan publicitaire ou un logo qui fait la promotion de l'image que vous voulez projeter de votre entreprise ou de votre produit ou service.

Déterminez si, dans vos efforts promotionnels, vous utiliserez une stratégie d'attraction ou une stratégie oblique. Pour ce faire, considérez les éléments suivants.

• La stratégie d'attraction exige un contact direct avec la clientèle, ce qui nécessite un investissement important en publicité. L'objectif est d'attirer l'attention des consommateurs sur chaque point de vente (ou débouché) de votre produit ou service. Si un nombre suffisant de clients demandent votre produit, les points de vente voudront en avoir en stock. Le cas échéant, son prix et sa qualité deviennent des critères importants.

• La stratégie oblique requiert un investissement en publicité moins important que la stratégie d'attraction. Elle vise à maximiser l'utilisation de tous les circuits de distribution disponibles pour amener l'offre sur le marché, généralement en accordant des commissions ou des remises importantes pour encourager ces circuits à faire la promotion du produit. Toutefois, avant d'adopter une telle stratégie, il faut effectuer des recherches sur les exigences de ces circuits en matière de remises et sur la relation qui existe entre vos concurrents et chacun d'eux.

En vous servant du tableau B.4, à la page suivante, établissez une liste de types de relations publiques, d'activités dans Internet et de formes de publicité que vous pouvez entreprendre pour attirer l'attention sur votre entreprise dans votre marché cible.

Parmi les résultats anticipés, on compte le public rejoint et les retombées de ces diverses formes d'exposition pour votre entreprise. N'oubliez pas d'indiquer les coûts de votre stratégie de promotion dans la section financière de votre plan d'affaires.

Rédigez votre stratégie de promotion pour chaque segment de marché.

B.3.7 Le plan de l'organisation

Dans cette section, vous fournirez une description de la structure et de la culture organisationnelles ainsi que du plan de gestion des ressources humaines de votre entreprise.

La structure organisationnelle

Dans la conception de la structure organisationnelle d'une entreprise, il faut réfléchir à certains éléments.

• Comment regrouper des tâches similaires en unités ou en services ?

• Quelle forme devrait prendre la chaîne de commandement en vue de coordonner les activités ?

• De combien d'échelons d'autorité a-t-on besoin dans l'entreprise ?

La relation entre les postes apparaît dans un organigramme. Cet organigramme indique la situation de chaque membre de l'organisation par rapport aux autres. Reportez-vous aux organigrammes que vous avez préparés lors de l'exercice de planification d'affaires du chapitre 6.

> **TABLEAU B.4** Un exemple de liste d'activités de promotion

Activités de promotion	Date et personne à joindre	Coût et durée de la promotion	Résultats anticipés
• Envoyer aux journaux et aux revues spécialisées un dossier de presse contenant une présentation de votre entreprise, des photos et des communiqués • Organiser une opération portes ouvertes • Participer à un salon (commercial) • Rédiger des lettres aux directeurs de divers journaux • Développer un site Internet pour l'entreprise • Élaborer un blogue pour l'entreprise • Enregistrer l'entreprise dans des moteurs de recherche • Concevoir des bandeaux publicitaires • Concevoir des panneaux-réclames • Concevoir de la publicité pour la radio et la télévision • Autres			

Tracez un organigramme pour la première année d'exploitation de votre entreprise.

La culture organisationnelle

La structure organisationnelle permet d'établir une base pour la coordination du travail à accomplir. Toutefois, il est aussi essentiel à la réussite de l'entreprise de trouver la bonne combinaison de personnes pour assumer les responsabilités décrites dans cette structure que de fabriquer un produit vendable.

Pendant l'élaboration de la culture organisationnelle, le fondateur de l'entreprise et son équipe de direction doivent encourager le respect des valeurs et des principes qui sont incorporés dans les énoncés de vision et de mission. Il leur faut constamment donner à leurs employés l'exemple de comportements conformes à la culture que l'entreprise souhaite développer. Cette culture doit en outre être délibérément incorporée dans les symboles et les pratiques de l'organisation pour assurer son succès. À ce sujet, revoyez l'énoncé des valeurs que vous avez rédigé au chapitre 3.

Décrivez les valeurs, les principes et les normes qui constituent la base de la culture organisationnelle de votre entreprise.

Le plan de gestion des ressources humaines

La planification des ressources humaines vise à offrir aux personnes qui ont les compétences voulues des emplois qui leur conviennent au moment opportun. Cette section du plan d'affaires fournit aux lecteurs une analyse des tâches associées aux principaux postes et indique la façon dont les gestionnaires entendent recruter, choisir, former, évaluer et rémunérer les employés. Voici quelques éléments à considérer.

- De quels types de main-d'œuvre (spécifications) aurez-vous besoin pour accomplir les tâches associées aux différents postes ouverts (descriptions)?

- Comment recruterez-vous vos employés?

- Quelles techniques de sélection utiliserez-vous pour déterminer les meilleurs candidats?

- Quels types de formation et de développement des compétences leur offrirez-vous?

- Comment saurez-vous si vos employés ont bien appris à effectuer les tâches propres à leur poste?

- Quels échelons salariaux et quelles structures salariales établirez-vous pour qu'ils correspondent à la stratégie choisie pour votre entreprise?

L'analyse des postes

Pour faire l'analyse des postes à pourvoir dans votre entreprise, consultez le chapitre 10 de même que les sites Internet de votre secteur industriel et de votre association. Ils vous permettront de déterminer les tâches qui correspondent à chaque poste. Considérez le degré d'enrichissement que vous intégrez à chaque tâche comme étant un facteur de motivation.

Effectuez une recherche sur chaque poste figurant dans l'organigramme de votre entreprise et rédigez une description de ce poste et de l'ensemble de ses fonctions.

Le recrutement

Où trouverez-vous les employés dont vous avez besoin pour exploiter votre entreprise? Vous faudra-t-il des ressources humaines hautement spécialisées ou qualifiées? Si c'est le cas, déterminez s'il y aura une pénurie de main-d'œuvre pour les postes à pourvoir au cours de la première année d'exploitation.

Dressez une liste des sources externes de recrutement de candidats potentiels pour chaque poste.

La sélection

Quelles méthodes utiliserez-vous pour choisir le candidat le plus qualifié et qui convient le mieux à un poste? Les techniques que vous emploierez, telles que les entrevues, les tests d'aptitudes, les renseignements sur les antécédents et autres doivent être fiables et valables.

Décrivez les techniques de sélection que vous utiliserez pour embaucher de nouveaux employés et donnez les raisons pour lesquelles vous les trouvez fiables et valables.

La formation et le développement des compétences

Lorsque vous avez offert un poste à un candidat, vous devez l'orienter et lui fournir la formation dont il a besoin pour bien accomplir ses tâches et assumer les responsabilités qui y sont associées. Consultez le chapitre 10 pour déterminer les types de programmes de formation et de développement des compétences qui conviennent à chaque poste.

Décrivez les types de formation que vous fournirez aux titulaires de chacun des postes de votre entreprise.

L'évaluation du rendement

Pour s'assurer qu'un employé a appris à s'acquitter efficacement de ses tâches, la direction doit évaluer son niveau de rendement. La section de votre plan d'affaires intitulée «Planification des ressources humaines de l'entreprise» devrait décrire la façon dont vous procéderez pour évaluer le rendement de vos employés et le cadre temporel à l'intérieur duquel vous prévoyez effectuer cette évaluation.

Comment procéderez-vous pour évaluer le rendement des employés et pour leur fournir une rétroaction?

La rémunération

Effectuez des recherches sur les échelons salariaux et les structures salariales qui correspondent aux types de postes qu'on trouve dans votre entreprise. Vous obtiendrez des renseignements sur les normes en vigueur dans votre secteur d'activité en consultant le site de Statistique Canada. La rémunération que vous offrirez devrait concorder avec la stratégie que vous avez adoptée. Par exemple, pour un restaurant de style familial qui cherche à se démarquer de ses concurrents en choisissant comme marché cible des familles à revenus élevés, il est logique de verser à son personnel en salle un salaire plus élevé que s'il avait adopté une stratégie de domination globale par les coûts en se concentrant sur une clientèle composée de familles à revenus modestes. En général, lorsque l'avantage concurrentiel découle d'une qualité ou d'un service à la clientèle supérieurs à la moyenne et de l'innovation, l'entreprise verse des salaires plus élevés que ceux qu'on trouve dans son secteur d'activité. Par contre, si l'avantage concurrentiel est lié à l'efficacité, l'entreprise verse des salaires inférieurs à ceux du reste du secteur.

Offrirez-vous des salaires supérieurs ou inférieurs à la moyenne de votre secteur d'activité? Justifiez votre réponse en fonction de la stratégie adoptée par votre entreprise.

B.3.8 Le plan opérationnel et les systèmes de contrôle

Cette section du plan d'affaires sert à décrire le flux des marchandises et des services aux trois principales étapes de l'exploitation, soit celle des facteurs de production, celle de la transformation et celle des produits et services. Vous aurez à établir des normes pour l'utilisation des ressources à chacune de ces étapes et à appliquer des mesures de contrôle pour vous assurer du respect de ces normes. Pour ce faire, vous devrez procéder à une analyse de l'ensemble de la chaîne logistique. Vous pourrez terminer votre analyse en remplissant le tableau B.5, à la page suivante. Il faudra en particulier analyser le travail des fournisseurs et le contrôle des stocks, sans oublier l'évaluation du flux des produits jusqu'aux clients, que l'entreprise soit un magasin de vente au détail, un fournisseur de services ou un fabricant de produits.

> **TABLEAU B.5** Un exemple de liste de normes et de mesures de contrôle

Étapes du plan opérationnel	Normes/objectifs	Mesures de contrôle
• Évaluation des fournisseurs • Contrôle des stocks et contrôle de la qualité • Flux des produits jusqu'aux clients • Satisfaction des clients		

Le magasin de vente au détail ou le fournisseur de services

Si votre entreprise est un magasin de détail ou un fournisseur de services, vous devez prendre en considération les éléments suivants.

1. À qui achèterez-vous des marchandises?

   • Tenez compte de la réputation du fournisseur, de ses antécédents, de ses prix par rapport à ceux de ses concurrents et de ses méthodes de livraison. Vous devez aussi vous demander s'il fournit vos concurrents et déterminer à quel point votre entreprise a de l'importance pour lui.

2. Comment fonctionneront les systèmes de contrôle des stocks et de contrôle de la qualité?

   • Réfléchissez aux méthodes d'inspection des marchandises reçues que vous adopterez et aux mesures que vous prendrez si vous recevez des matières défectueuses.

   • Évaluez vos besoins en matière d'espace d'entreposage et de fabrication (ou de transformation).

   • Établissez votre processus de commande des matières (ou facteurs de production).

3. Comment les produits se rendront-ils jusqu'aux clients?

   • Réfléchissez aux étapes à suivre dans chaque opération commerciale.

   • Déterminez la technologie (p. ex. lecteurs optiques) dont vous aurez besoin pour servir vos clients efficacement.

Établissez des normes pour chaque étape du plan opérationnel et décrivez les mesures de contrôle que vous utiliserez pour vous assurer qu'elles sont respectées.

Le fabricant de produits

Si votre projet consiste à créer une entreprise de fabrication, vous devriez faire une description complète du processus de gestion de son exploitation. Certains éléments seront identiques à ceux qui ont été traités précédemment, mais d'autres peuvent différer. Dans l'évaluation des fournisseurs, vous devriez indiquer le pourcentage du processus de fabrication qui est donné en sous-traitance, s'il y a lieu. Qui effectuera ce travail et comment déterminerez-vous les activités à externaliser et celles qui doivent être effectuées dans l'entreprise? De quels matériel (ou équipement) et outillage spécialisés aurez-vous besoin et qui vous les fournira? Quels seront vos besoins et vos dépenses en immobilisations de matériel? Incluez ces coûts dans votre plan financier ainsi qu'une liste exhaustive du matériel dans les annexes. Dans votre analyse du flux des produits jusqu'aux clients, illustrez l'aménagement de vos installations de production et toutes les étapes du processus de fabrication.

Les fournisseurs de services et les fabricants devraient établir des normes qui les obligent à une certaine réactivité aux besoins de leurs clients. Par exemple, le service à la clientèle pourrait se fixer comme objectif «une entière satisfaction ou un remboursement garanti!» Les entreprises doivent incorporer à leurs activités des mesures de contrôle par rétroaction, tels des questionnaires et des sondages, qui permettent à leurs clients de se plaindre ou d'exprimer leur satisfaction relativement à un service reçu ou à un produit acheté.

Décrivez les risques potentiels associés à la gestion des activités de votre entreprise et des moyens de les minimiser.

B.3.9 Le plan de financement

Le plan de financement dévoile au lecteur le degré d'engagement potentiel requis en matière d'investissements et lui indique si le plan d'affaires peut être ou non réalisé concrètement. Il décrit en détail les besoins en capitaux pour lancer l'entreprise, ou pour appliquer une nouvelle stratégie dans le cas d'une entreprise déjà existante, les prévisions en ce qui a trait au chiffre d'affaires et les dépenses liées à la vente du produit ou à la prestation du service pendant un certain nombre de mois ou d'années.

Toute personne qui lira vos projections financières voudra connaître les hypothèses sur lesquelles elles s'appuient, notamment celles qui portent sur la taille du marché et la capacité de l'entreprise à s'y tailler une place, les plans de recrutement du personnel, les salaires des gestionnaires, le ratio de rotation des stocks, l'état des flux de trésorerie ainsi que les attentes en matière d'investissements ou de prêts.

Consultez l'exercice de planification d'affaires du chapitre 12 et un manuel de comptabilité pour vous aider à calculer les états financiers de votre entreprise sur une période de deux ans. Vous pouvez aussi utiliser un logiciel de planification d'affaires et en suivre les directives. Vous obtiendrez alors des feuilles de calcul à ajouter à votre plan.

L'état des résultats *pro forma*

Dans l'état des résultats, on soustrait tous les coûts d'exploitation de l'entreprise des revenus obtenus de la vente des produits ou de la prestation des services. Le résultat correspond au résultat net (c'est-à-dire le bénéfice net ou la perte nette) pour l'exercice. Vous devrez indiquer les revenus et les dépenses de chaque mois de la première année et de chaque trimestre de la deuxième année.

Les prévisions de trésorerie

L'état des flux de trésorerie indique les sommes d'argent dont vous pouvez disposer à n'importe quel moment pendant l'exécution de votre plan d'affaires. Si jamais vous constatez un flux de trésorerie négatif (ou une encaisse négative), il vous faudra revoir vos projections concernant les revenus et les dépenses. Pour remédier à une encaisse négative, vous devrez augmenter vos revenus, réduire vos dépenses, ou encore faire des demandes pour un prêt ou un investissement. Vous devez établir vos projections en matière de flux de trésorerie pour chaque mois durant la première année et pour chaque trimestre durant la deuxième année.

Le bilan *pro forma*

Le bilan se divise en deux sections : d'un côté les actifs, et de l'autre, les passifs et les capitaux propres. Ces deux sections doivent toujours s'équilibrer. Vous devez représenter chaque actif, chaque passif et chaque composante des capitaux propres par une somme dans le bilan. Les projections de bilan se font pour chaque mois de la première année et pour chaque trimestre de la deuxième année.

L'analyse de rentabilité

La projection du moment où les revenus dépasseront les dépenses d'une entreprise porte le nom de « seuil de rentabilité », et on la représente généralement sous la forme d'un graphique.

Des scénarios de rechange

Lorsque vous présentez votre plan d'affaires à un investisseur ou à votre équipe de direction, il importe de leur soumettre des projections de revenus et de dépenses qui correspondent à la meilleure et à la pire des situations possibles. Il est recommandé de fournir certaines explications concernant les circonstances qui pourraient entraîner l'une ou l'autre de ces situations dans la section des hypothèses financières.

Préparez un état des résultats *pro forma*, un état des flux de trésorerie, un bilan et une analyse de rentabilité pour votre plan d'affaires.

B.3.10 Les annexes

Les annexes d'un plan d'affaires renferment généralement tous les documents dont il est question dans ce plan et tout document connexe que vous n'étiez pas tenu d'inclure dans le texte du plan lui-même. Par exemple, vous pourriez penser à présenter :

- des échantillons du produit ou des services ;
- des données provenant d'études de marché ;
- des formulaires et des documents légaux ;
- les baux et les contrats ;
- les listes de prix des fournisseurs, lorsqu'il y en a ;
- des exemples de matériel promotionnel ;
- les curriculum vitæ des membres de l'équipe de direction ;
- tout autre document connexe.

Glossaire

Action sociale positive (ou comportement prosocial) (*prosocially motivated behavior*) Comportement adopté parce qu'il procure des avantages à d'autres ou dans le but de les aider.

Agent d'éthique (*ethics ombudsperson*) Personne qui surveille les activités et les façons de procéder d'une organisation pour s'assurer qu'elles sont en conformité avec le code d'éthique.

Alliance stratégique (*strategic alliance*) Accord officiel par lequel deux ou plusieurs entreprises s'engagent à échanger ou à partager leurs ressources en vue de produire et de commercialiser un produit.

Analyse FFOM (*SWOT analysis*) Exercice de réflexion qui permet aux gestionnaires de déterminer les forces (F) et les faiblesses (F) d'une organisation par rapport à ses concurrents ainsi que les opportunités (O) et les menaces (M) qui sont présentes dans l'environnement du secteur et qui influeront à des degrés différents sur chacun des concurrents.

Aperçu réaliste des tâches (*realistic job preview*) Communication des aspects positifs et négatifs d'un emploi à un candidat à un poste pour éviter un décalage entre ses attentes et la réalité, et un taux de roulement élevé.

Apprentissage (*learning*) Changement relativement permanent, dans les connaissances ou le comportement, qui découle de la pratique ou de l'expérience.

Apprentissage organisationnel (*organizational learning*) Processus par lequel les gestionnaires tentent d'accroître le désir et la capacité des employés de comprendre et de gérer l'organisation et son environnement concurrentiel.

Apprentissage par observation ou vicariant (*vicarious learning*)
Apprentissage qui se fait lorsqu'une personne devient motivée à adopter un comportement en l'observant chez une autre personne et en constatant que cette autre personne reçoit un renforcement positif en raison de ce comportement.

Attente ou expectation (*expectancy*) Dans la théorie des attentes, perception concernant la mesure dans laquelle l'effort aura pour effet un certain niveau de rendement.

Attitude conciliante (*accomodative approach*) Engagement modéré en matière de responsabilité sociale et disposition à faire plus que ce que la loi exige, dans le cas d'une demande à cet effet.

Attitude défensive (*defensive approach*) Engagement minimal en matière de responsabilité sociale et disposition à ne faire que ce que la loi exige, et rien d'autre.

Attitude obstructionniste (*obstructionist approach*) Refus de tenir compte de sa responsabilité sociale et disposition à adopter un comportement non éthique et souvent illégal et à en dissimuler les traces.

Attitude proactive, dynamique ou progressiste (*proactive approach*) Engagement ferme à tenir compte de sa responsabilité sociale et disposition à faire plus que ce que la loi exige et à utiliser les ressources de l'organisation pour promouvoir les intérêts de toutes ses parties prenantes.

Audit sociétal (*social audit*) Instrument qui permet aux gestionnaires d'analyser la rentabilité d'activités socialement responsables sur les plans financier et social.

Autonomisation (*empowerment*) Chez les membres du personnel, accroissement des connaissances, des tâches et des responsabilités en matière de prise de décisions.

Auto-renforcement (*self-reinforcer*) Tout résultat souhaitable ou intéressant ou toute récompense qu'une personne s'offre à elle-même lorsqu'elle est satisfaite de sa performance.

Autorité (*authority*) Pouvoir légitime de demander à ses employés de rendre compte de leurs actes et de prendre des décisions concernant l'utilisation des ressources de l'organisation.

Avantage concurrentiel (*competitive advantage*) Capacité d'une organisation d'obtenir un meilleur rendement que d'autres parce qu'elle fournit des produits ou des services en demande de façon plus efficace et plus efficiente que ses concurrents.

Avantages sociaux (*benefits*) Bénéfices que les employés reçoivent en surplus de leur rémunération de la part de l'entreprise.

Avocat du diable (*devil's advocacy*) Membre d'un groupe qui fait une analyse critique d'une solution préférée par l'ensemble et qui défend des solutions impopulaires ou opposées à cette solution pour provoquer des réactions chez ses collègues.

Barrière à l'entrée (*barrier to entry*) Facteur qui rend difficile et coûteuse l'entrée d'une organisation dans un environnement concurrentiel ou un secteur donné.

Barrière à la sortie (*barrier to exit*) Facteur qui rend difficile et coûteuse la sortie d'une organisation de son environnement concurrentiel ou de son secteur d'activité.

Besoin (*need*) Exigence ou nécessité pour la survie et le bien-être.

Besoin d'accomplissement ou de réussite (*need for achievement*) Degré auquel une personne souhaite effectuer efficacement des tâches difficiles et atteindre ses propres standards d'excellence.

Besoin d'affiliation (*need for affiliation*) Degré auquel une personne se préoccupe d'établir et de maintenir de bonnes relations interpersonnelles, de se sentir aimée et de voir les gens de son entourage en bons termes les uns avec les autres.

Besoin de pouvoir ou de puissance (*need for power*) Mesure dans laquelle une personne souhaite contrôler ou influencer les autres.

Biais de préjugé (*prior hypothesis bias*) Parti pris cognitif qui résulte de la tendance à fonder ses décisions sur des convictions antérieures profondes, même lorsque des preuves indiquent que ces convictions sont erronées.

Biais de représentativité (*reprsentativeness bias*) Parti pris cognitif qui résulte d'une tendance à faire des généralisations inappropriées en se basant sur un petit échantillon ou sur un cas ou un épisode frappant mais isolé.

Blocage (*production blocking*) Perte de productivité durant les séances de remue-méninges, due au caractère non structuré de l'exercice.

Bruit (*noise*) Tout ce qui entrave n'importe laquelle des étapes du processus de communication.

Budget d'exploitation (*operating budget*) Budget qui indique la façon dont les gestionnaires comptent utiliser les ressources de l'organisation pour atteindre ses objectifs.

Cadre de terrain (*middle manager*) Cadre responsable de la supervision et de la coordination quotidiennes du travail du personnel non-cadre.

Cadre fonctionnel (*staff manager*) Personne chargée de la gestion d'une fonction spécialisée, par exemple la finance ou le marketing.

Cadre hiérarchique (*line manager*) Personne qui, par son poste dans la

chaîne de commandement, exerce une autorité officielle sur les personnes et les ressources qui se trouvent à des échelons inférieurs.

Cadre intermédiaire (*first-line manager*) Personne chargée de superviser le travail des cadres de terrain et de trouver la meilleure manière d'utiliser des ressources en vue de la réalisation des objectifs de l'organisation.

Cadre supérieur (*top manager*) Gestionnaire qui établit certains objectifs de l'organisation, détermine les stratégies pour les réaliser, décide des modes de division et de coordination entre les services, et supervise et évalue le travail des cadres intermédiaires.

Certitude (*certainty*) État dans lequel les forces du milieu sont suffisamment stables pour permettre de prévoir les résultats possibles de certaines décisions.

Chaîne de commandement minimale (*minimum chain of command*) Principe selon lequel la haute direction doit mettre en place une autorité hiérarchique qui comprend le nombre minimal d'échelons nécessaires à l'utilisation efficace et efficiente des ressources de l'organisation.

Chaîne hiérarchique (*hierarchy of authority*) Chaîne de commandement ou ligne d'autorité dans une organisation, qui indique précisément les pouvoirs relatifs de chaque gestionnaire.

Changement amorcé par la base (ou du bas vers le haut) (*bottom-up change*) Changement qui est mis en oeuvre par des cadres et des employés de tous les échelons de l'organisation.

Changement amorcé par le haut (ou du haut vers le bas) (*top-down change*) Changement mis en application dans l'ensemble d'une organisation par la haute direction.

Changement culturel (*cultural change*) Modification des convictions, valeurs,

normes et comportements qui influent sur les relations entre les membres d'une organisation et sur la façon dont ils travaillent ensemble à réaliser ses objectifs.

Changement de structure (ou structurel) (*structural change*) Tout changement dans la conception et la gestion d'une organisation.

Changement organisationnel (*organizational change*) Évolution de l'état présent d'une organisation vers un état souhaité dans le but d'accroître sa performance organisationnelle.

Changement planifié (*induced change*) Nouvelle disposition institutionnelle planifiée et adoptée dans le but de maintenir ou de procurer un avantage concurrentiel à l'entreprise.

Changement prescrit (*imposed change*) Nouvelle disposition institutionnelle adoptée pour se conformer à des règlements imposés par l'environnement externe.

Changement technologique (*technological change*) Tout changement lié au système technologique d'une organisation.

Chef de division (*divisional manager*) Gestionnaire qui supervise une des différentes divisions d'une organisation.

Client (*customer*) Personne ou groupe de personnes qui achètent les biens et les services produits par une organisation.

Codage (*encoding*) Traduction d'un message en symboles ou dans un langage compréhensible.

Code d'éthique (*code of ethics*) Ensemble de normes et de règles normatives fondées sur des convictions concernant ce qui est bien ou mal, que les gestionnaires peuvent utiliser pour prendre des décisions appropriées dans l'intérêt des parties prenantes de l'organisation.

Cohésion de groupe (*group cohesiveness*) Degré d'allégeance ou de loyauté que les membres ressentent envers leur groupe.

Collectivisme (*collectivism*) Dimension culturelle de Hofstede correspondant à une vision du monde qui prône la soumission de l'individu aux objectifs du groupe et le principe d'après lequel on doit évaluer les gens en fonction de leur contribution au groupe.

Comité ad hoc (*task force*) Équipe interfonctionnelle chargée de résoudre un problème particulier ou de s'attaquer à une question donnée à l'intérieur d'une période de temps déterminée.

Comité permanent (*standing committee*) Groupe de travail permanent chargé de s'attaquer à des problèmes à long terme ou persistants auxquels l'organisation fait face ou à des questions impossibles à régler rapidement.

Commerce électronique interentreprises (B2B) (*business-to-business network*) Activité dans laquelle des organisations se regroupent et, au moyen de logiciels, se relient à des fournisseurs internationaux potentiels pour augmenter l'efficacité et l'efficience de leur entreprise.

Communication (*communication*) Partage de renseignements entre deux ou plusieurs personnes ou groupes dans le but de parvenir à une compréhension commune d'un sujet.

Communication non verbale (*nonverbal communication*) Codage de messages au moyen d'expressions faciales, du langage corporel et de styles d'habillement.

Communication verbale (*verbal communication*) Codage de messages en mots, écrits ou parlés.

Comportement à motivation extrinsèque (*extrinsically motivated behavior*) Comportement qu'une personne adopte pour obtenir une récompense matérielle ou sociale, ou pour éviter une sanction.

Comportement à motivation intrinsèque (*intrinsically motivated behavior*) Comportement qu'une personne adopte parce qu'elle en retire du plaisir ou une certaine satisfaction.

Comportement centré sur les relations (*consideration or employee centered behaviour*) Comportement qui indique qu'un gestionnaire fait confiance à ses subordonnés, les respecte et se préoccupe de leur bien-être.

Comportement centré sur les tâches (*initiating structure*) Comportement adopté par un gestionnaire pour s'assurer que le travail se fait, que ses subordonnés s'acquittent de leurs tâches correctement et que l'organisation est efficace.

Conception de la structure organisationnelle (*organizational design*) Processus par lequel les gestionnaires font des choix spécifiques en matière d'organisation et qui a pour résultat la mise en place d'un type particulier de structure.

Concurrent (*competitor*) Organisation qui produit des biens et des services semblables à ceux d'une organisation donnée.

Conflit lié à la tâche (ou conflit constructif) (*task-related conflict*) Situation dans laquelle les membres d'un groupe perçoivent un problème ou se trouvent en désaccord relativement à la nature d'une tâche ou d'un projet.

Conflit organisationnel (*organizational conflict*) Désaccord qui survient lorsque les objectifs, les besoins les intérêts ou les valeurs de divers individus ou groupes sont incompatibles, et que ces individus ou groupes entravent ou contrarient les efforts les uns des autres pour réaliser ou défendre leurs objectifs, besoins, intérêts ou valeurs.

Conflit relationnel (*relationship conflict*) Situation dans laquelle un ou des membres d'un groupe perçoivent que l'attitude d'un ou de certains autres membres pose problème.

Connaissance de ses propres capacités (*self-efficacy*) Conviction d'une personne concernant sa capacité à reproduire un comportement avec succès.

Considération du développement de la personne (*developmental consideration*) Comportement adopté par un leader pour soutenir et encourager ses subordonnés et les aider à développer leurs compétences et à s'épanouir dans leur emploi.

Contexte organisationnel (*organizational environment*) Cadre dans lequel évolue l'organisation, regroupant un ensemble de forces et de conditions qui peuvent influer sur la façon dont l'organisation fonctionne.

Contribution (*input*) Tout apport d'une personne à son emploi ou à son organisation.

Contrôle bureaucratique (*bureaucratic control*) Contrôle des comportements au moyen d'un système complet de procédures d'exploitation uniformisées.

Contrôle continu (ou concourant) (*concurrent control*) Contrôle qui fournit aux gestionnaires une rétroaction immédiate concernant le degré d'efficacité de la transformation des facteurs de production en produits, de façon à leur permettre de régler les problèmes dès qu'ils se présentent.

Contrôle de l'incertitude (*uncertainty avoidance*) Dimension culturelle de Hofstede correspondant au degré de tolérance d'une société à l'égard de l'incertitude et du risque.

Contrôle du rendement (*controlling*) Fonction du processus de gestion qui consiste à évaluer le degré de réussite d'une organisation à réaliser ses objectifs et à prendre des mesures pour maintenir ou améliorer sa performance.

Contrôle par le clan (ou basé sur l'engagement) (*clan control*) Contrôle exercé sur des personnes et des groupes dans une organisation au moyen de valeurs, de normes, de types de comportements et d'attentes communs.

Contrôle proactif (*feedforward control*) Contrôle par lequel les gestionnaires mesurent des éléments qui permettent de détecter des problèmes potentiels et d'y remédier.

Contrôle rétroactif (*feedback control*) Contrôle qui fournit aux gestionnaires des renseignements sur les réactions des clients aux produits et aux services de leur entreprise pour qu'ils puissent prendre des mesures correctives au besoin.

Coopérative (*cooperative*) Personne morale constituée par l'association de membres pour répondre à leurs besoins.

Coopétition (*co-opetition*) Accord en vertu duquel des organisations se livrent une forte concurrence tout en coopérant dans des domaines précis pour réaliser des économies d'échelle.

Créativité (*creativity*) Capacité d'une personne de découvrir des idées nouvelles et originales qui mènent à des innovations, ce qui se traduit, dans le cas d'un décideur, par l'élaboration de plans d'action de rechange réalisables.

Croyance (*belief*) Façon de comprendre des relations qui existent entre des objets et des idées.

Culture nationale (*national culture*) Ensemble de valeurs qu'une société juge importantes et de normes en matière de comportements approuvés ou permis dans cette société.

Culture organisationnelle (*organizational culture*) Ensemble partagé de convictions, d'attentes, de valeurs, de normes et de comportements qui influent sur les relations entre les membres d'une organisation et sur la façon dont ceux-ci travaillent ensemble à réaliser ses objectifs.

Décentralisation (*decentralizing authority*) Fait d'accorder à des cadres inférieurs (p. ex. de terrain ou opérationnels) et à des membres du personnel qui n'occupent pas de poste hiérarchique le droit de prendre des décisions importantes concernant l'utilisation des ressources de l'organisation.

Décision éthique (*ethical decision*) Décision que des parties prenantes raisonnables ou typiques trouveraient acceptable parce qu'elle est dans leur intérêt et dans celui de l'organisation ou de la société.

Décision non éthique (*unethical decision*) Décision qu'un gestionnaire préférerait camoufler ou cacher parce qu'elle permet à une organisation ou à une personne en particulier d'obtenir des avantages au détriment de la société ou d'autres parties prenantes.

Décision optimale (*optimum decision*) Meilleure décision compte tenu de ce que les gestionnaires pensent être les conséquences les plus souhaitables pour leur organisation.

Décodage (*decoding*) Interprétation et recherche du sens d'un message.

Degré de féminité (*nurturing orientation*) Dimension culturelle de Hofstede correspondant à une vision du monde qui accorde de l'importance à la qualité de vie des personnes, à la cordialité des relations et à la coopération, ainsi qu'à des services et à des soins pour les personnes vulnérables.

Degré de masculinité (*achievement orientation*) Dimension culturelle de Hofstede correspondant à une vision du monde qui accorde de l'importance à l'affirmation de soi, au rendement, au succès et à la compétitivité.

Démarche de formulation stratégique (*strategy formulation*) Analyse de la situation actuelle d'une organisation suivie de l'élaboration de stratégies qui devraient lui permettre de réaliser sa vision, d'accomplir sa mission et de réaliser ses objectifs généraux.

Destinataire (*receiver*) Individu ou groupe auquel un message est destiné.

Développement des compétences (*development*) Fait d'accroître les connaissances et les habiletés des membres d'une organisation en vue de les préparer à assumer de nouvelles responsabilités et à relever de nouveaux défis.

Développement durable (*sustainability*) Qualité des décisions qui ont pour résultats de protéger l'environnement, de promouvoir la responsabilité sociale et de respecter les différences culturelles tout en procurant des avantages économiques.

Dilemme éthique ou moral (*ethical dilemma*) Choix devant lequel se trouve une personne lorsqu'elle a à décider si elle devrait agir de façon à aider une autre personne ou un groupe, tout en sachant que ce geste risque de nuire à une autre personne ou à ses propres intérêts.

Directeur (*functional manager*) Gestionnaire qui supervise les différentes fonctions, telles la production, la finance et les ventes.

Direction (*leading*) Fonction du processus de gestion qui consiste à formuler clairement les ambitions de l'organisation, puis à stimuler ses membres et à leur accorder l'autonomie nécessaire pour que tous comprennent leur rôle personnel dans la réalisation de ses buts.

Discrimination flagrante ou manifeste (*overt discrimination*) Fait de refuser sciemment et volontairement à certaines personnes issues de groupes minoritaires ou sous-représentés l'accès à des possibilités ou à des récompenses dans l'organisation.

Distance hiérarchique (*power distance*) Dimension culturelle de Hofstede correspondant au degré d'acceptation que les inégalités des membres de la société en matière de pouvoir et de bien-être sont attribuables à des différences individuelles dans les capacités physiques et intellectuelles ainsi que dans l'hérédité des individus.

Distorsion de l'information (*information distortion*) Changement d'interprétation au sens d'un message lorsque l'information divulguée passe par une longue suite d'expéditeurs et de destinataires.

Distributeur ou grossiste (*distributor*) Organisation qui aide d'autres organisations à vendre leurs produits ou leurs services à des clients.

Diversification (*diversification*) Expansion des activités dans une nouvelle entreprise ou un nouveau secteur, et production de nouveaux produits ou prestation de nouveaux services.

Diversification conglomérale (*unrelated diversification*) Entrée dans un nouveau secteur d'activité ou achat d'une entreprise dans un nouveau secteur qui n'est lié d'aucune manière aux activités ou aux secteurs d'activité actuels de l'organisation.

Diversification liée (*related diversification*) Pénétration d'une organisation dans un nouveau marché ou un nouveau secteur dans le but de procurer un avantage concurrentiel à une ou à plusieurs de ses divisions ou entreprises déjà existantes.

Diversité (*diversity*) Différences entre les personnes en matière d'âge, de genre, de race, d'origine nationale ou ethnique, de couleur, de religion, d'orientation sexuelle, d'habiletés, d'état matrimonial, de situation de famille, etc.

Division (*division*) Unité de l'organisation qui possède son propre groupe de gestionnaires et son propre ensemble de fonctions ou de services, et qui fait concurrence à d'autres entités dans un secteur précis.

Données (*data*) Renseignements bruts, non résumés et non analysés.

Droit de propriété (*right of ownership*) Droit de posséder des biens, de les utiliser librement et d'en tirer profit.

Dynamique de groupe (*group dynamic*) Ensemble des types d'interactions qui se produisent à l'intérieur d'un groupe et qui déterminent le degré d'efficacité de ses membres.

Écart de rendement (*performance gap*) Différence entre les niveaux de performance souhaités et réels.

Économie sociale (*social economy*) Concept « passerelle » des organisations dont la mission et les activités sont axées sur des objectifs sociaux et qui adoptent des objectifs économiques explicites ou qui produisent une valeur économique quelconque grâce aux services qu'elles procurent et aux achats qu'elles effectuent.

Économies d'échelle (*economies of scale*) Avantage concurrentiel par les coûts associés à un grand volume d'activités.

Efficacité (*effectiveness*) Mesure de la pertinence des objectifs qu'une organisation s'est fixés et du succès avec lequel elle parvient à les réaliser.

Efficience (*efficiency*) Mesure du degré de succès ou de la productivité dans l'utilisation des ressources pour atteindre un objectif.

Élaboration des tâches (*job design*) Processus par lequel les gestionnaires déterminent les tâches à exécuter et répartissent celles-ci au sein de postes de travail.

Élargissement des tâches (*job enlargement*) Accroissement du nombre de tâches différentes dans un poste de travail.

Énoncé de la mission (*mission statement*) Déclaration générale de la raison d'être d'une organisation, qui indique ses valeurs, ses produits et sa clientèle cible, ainsi que ce qui la distingue des organisations concurrentes.

Énoncé de la vision (*vision statement*) Déclaration générale qui aide à tracer un portrait d'ensemble de l'organisation ou qui constitue un énoncé de ses intentions pour l'avenir.

Enrichissement des tâches (*job enrichment*) Augmentation du degré de responsabilité qu'un employé assume au sein de son poste de travail.

Entrepreneur (*entrepreneur*) Personne qui perçoit des possibilités et qui prend la responsabilité de mobiliser les ressources nécessaires pour produire ou fournir des biens ou des services nouveaux ou améliorés lors de la création et de la mise sur pied d'une nouvelle entreprise.

Entrepreneuriat (*entrepreneurship*) Mobilisation de ressources pour profiter d'une occasion de procurer à une clientèle des produits et services nouveaux ou améliorés.

Entrepreneur social (*social entrepreneur*) Personne d'initiative qui mobilise des ressources et qui cherche des occasions et des solutions innovatrices pour répondre à des besoins de nature sociale en vue d'améliorer le bien-être des gens et la société.

Entreprise apprenante (*learning organization*) Organisation à l'intérieur de laquelle les gestionnaires essaient de maximiser la capacité des personnes et des groupes à réfléchir et à se comporter de façon créative en vue d'accroître au maximum le potentiel d'apprentissage organisationnel.

Entreprise électronique (*e-business*) Lien établi par une entreprise entre ses fournisseurs, ses clients, ses employés et d'autres parties prenantes qui utilisent des applications d'Internet et d'un intranet pour faciliter leurs rapports commerciaux.

Entreprise individuelle (*sole proprietorship*) Entreprise à propriétaire unique.

Environnement concurrentiel (*task environment*) Ensemble des forces exercées directement sur une organisation et des conditions imposées par les fournisseurs, les distributeurs ou grossistes, les clients et les concurrents qui influent sur la capacité de l'organisation d'obtenir les facteurs de production dont elle a besoin et d'écouler sa production, parce qu'elles influencent quotidiennement les décisions des gestionnaires.

Environnement externe (external environment) Ensemble des forces qui s'exercent en dehors de l'organisation et qui influent sur son fonctionnement.

Environnement général (general environment) Ensemble des forces économiques, politiques et juridiques, technologiques, socioculturelles, démographiques, écologiques et internationales qui influent sur une organisation et son environnement concurrentiel.

Environnement interne (internal environment) Ensemble des forces qui s'exercent à l'intérieur d'une organisation et qui sont issues de la structure et de la culture de l'organisation.

Épreuve de performance (performance test) Mesure de la capacité d'une personne à effectuer les tâches propres au poste à pourvoir.

Équipe (team) Groupe dont les membres travaillent ensemble de façon intensive et interagissent régulièrement pour atteindre un but ou réaliser un objectif commun.

Équipe autogérée (self-managed team) Groupe d'employés qui supervisent leurs propres activités et contrôlent la qualité des produits et services qu'ils fournissent.

Équipe autonome (self-managed [or self-directed] work team) Équipe dont les membres sont habilités par leurs supérieurs et ont la responsabilité et l'autonomie requises pour effectuer des tâches précises.

Équipe en recherche et développement (research and development team) Équipe dont les membres ont l'expertise et l'expérience nécessaires pour développer de nouveaux produits.

Équipe interfonctionnelle (cross-functional team) Groupe de personnes qui proviennent de différents services et qu'on réunit pour qu'elles effectuent des tâches organisationnelles.

Équipe novatrice (skunkwork) Équipe composée d'intrapreneurs qui sont également des gestionnaires au sein d'une entreprise et que l'on sépare délibérément du processus normal de fonctionnement de celle-ci afin de les encourager à consacrer toute leur attention au développement de nouveaux produits.

Équipe virtuelle (virtual team) Équipe dont les membres se rencontrent rarement, sinon jamais, et qui interagissent au moyen de divers types de technologies de l'information, tels le courrier électronique, les réseaux informatiques, le téléphone, la télécopie et la vidéoconférence.

Équité (equity) Justice et impartialité auxquelles tous les membres d'une organisation ont droit.

Erreur systématique (systematic error) Erreur qu'une personne commet à maintes reprises et qui a pour résultat la prise de mauvaises décisions.

Escalade des engagements (escalating commitment) Source de parti pris cognitif qui résulte de la tendance à engager des ressources supplémentaires dans un projet, même lorsque les faits prouvent qu'il est voué à l'échec.

Étalonnage (benchmarking) Comparaison, sous certains aspects, de la performance d'une organisation avec celle d'organisations reconnues, souvent du même secteur d'activité et considérées comme étant très performantes.

Étendue des responsabilités (span of control) Nombre d'employés qui travaillent directement sous les ordres d'un gestionnaire.

Éthique (ethics) Ensemble de principes moraux ou de convictions concernant ce qui est bien ou mal.

Éthique personnelle (individual ethics) Ensemble de normes individuelles qui régissent les relations interpersonnelles.

Éthique professionnelle ou déontologie (professional ethics) Ensemble de normes qui régissent la façon dont les membres d'une profession prennent des décisions lorsque le comportement à adopter n'est pas bien défini.

Éthique sociale (societal ethics) Ensemble de normes qui régissent la façon dont les membres d'une société se traitent les uns les autres en matière d'équité, de justice et de droits individuels.

Évaluation de la performance (ou du rendement) (performance appraisal) Évaluation du rendement des employés dans l'exécution de leurs tâches et de leur apport au bon fonctionnement de l'organisation.

Évaluation des besoins (needs assessment) Évaluation qui permet de déterminer les employés qui ont besoin de formation ou de développement des compétences ainsi que le type d'habiletés ou de connaissances qu'ils devraient acquérir.

Évaluation formelle (formal appraisal) Évaluation effectuée à des moments fixes au cours de l'année et basée sur des aspects quantitatifs et qualitatifs prédéterminés du rendement de l'employé.

Évaluation informelle (informal appraisal) Évaluation souvent demandée par l'employé afin qu'il soit au courant des progrès en cours et des domaines possibles d'amélioration.

Évaluation multisources (360°) (360-degree appraisal) Évaluation de la performance (ou du rendement) d'un individu (souvent un gestionnaire) par ses pairs, ses employés et ses supérieurs, et parfois même par ses clients.

Évaluation objective (*objective appraisal*) Évaluation fondée sur des données généralement numériques.

Évaluation subjective (*subjective appraisal*) Évaluation fondée sur des perceptions concernant des comportements ou des résultats des employés.

Expéditeur (*sender*) Personne ou groupe qui souhaite faire part de renseignements à d'autres.

Externalisation (*outsourcing*) Fait de confier à une autre entreprise, par contrat, une activité que l'organisation effectuait elle-même jusque-là.

Extinction (*extinction*) Fait de mettre fin à des comportements qui nuisent à l'entreprise en éliminant tout ce qui les renforce.

Fidélité à la marque (*brand loyalty*) Avantage concurrentiel par la préférence des consommateurs pour des produits de certaines entreprises qui coexistent dans un même environnement concurrentiel.

Filtrage (*filtering*) Fait de retenir une partie d'un message en se fondant sur la conviction erronée que le destinataire n'a pas besoin des renseignements qu'elle contient ou n'en veut pas.

Fonction (*function*) Unité ou service dans lequel les employés ont les mêmes habiletés ou utilisent les mêmes ressources pour effectuer leurs tâches.

Forces démographiques (*demographic forces*) Résultats de variations dans les caractéristiques d'une population, telles que l'âge, le genre, l'origine ethnique, la race, l'orientation sexuelle et la classe sociale, ou dans les attitudes envers ces caractéristiques.

Forces de résistance (*restraining forces*) Forces qui empêchent tout mouvement visant à s'éloigner de l'équilibre existant.

Forces écologiques (*ecological forces*) Résultats de changements dans les rapports entre les éléments de la biosphère, de l'atmosphère et de la lithosphère.

Forces économiques (*economic forces*) Facteurs tels que les taux d'intérêt, l'inflation, le chômage, la croissance économique et autres qui influent sur la santé et le bien-être d'un pays dans son ensemble ou sur l'économie régionale d'une organisation.

Forces internationales (*global forces*) Résultats de changements dans les relations entre les pays et de modifications aux systèmes économiques, politiques, juridiques et technologiques des pays, notamment à cause de leur interdépendance.

Forces motivationnelles (*driving forces*) Forces qui orientent le comportement de façon à l'éloigner du *statu quo*.

Forces politiques et juridiques (*political and legal forces*) Résultats de changements dans les lois et les règlements, telles la déréglementation des industries et la privatisation des organisations, et de l'insistance accrue des pouvoirs en matière de protection de l'environnement.

Forces socioculturelles (*socio-cultural forces*) Pressions qui proviennent de la structure sociale d'un pays (ou d'une société) ou d'une culture nationale.

Forces technologiques (*technological forces*) Résultats de changements dans les technologies que les gestionnaires utilisent pour concevoir, produire ou distribuer des biens et des services.

Formation (*training*) Enseignement fourni aux membres d'une organisation sur la façon d'effectuer leurs tâches actuelles et qui les aide à acquérir les connaissances et les habiletés nécessaires pour travailler efficacement.

Formation en cours d'emploi (*on-the-job training*) Formation qui s'effectue en milieu de travail pendant que l'employé s'acquitte des tâches liées à son poste.

Fournisseur (*supplier*) Personne ou organisation qui fournit à une autre organisation les facteurs de production tangibles ou intangibles nécessaires pour fabriquer des biens ou offrir des services.

Génération Y ou post-boom (*generation Y*) Ensemble des personnes nées entre 1981 et 1992.

Gestion (*management*) Action de planifier, d'organiser, de diriger et de contrôler les ressources en vue de réaliser les objectifs de l'entreprise avec efficacité et efficience.

Gestion de l'exploitation (ou des opérations) (*operations management*) Processus de gestion de l'utilisation des matières et d'autres ressources dans la production de biens et la prestation de services par l'organisation.

Gestion des ressources humaines (GRH) (*human resource management*) Ensemble des activités que les gestionnaires mettent en œuvre pour attirer et favoriser la rétention des personnes dans leur organisation, pour s'assurer qu'elles y effectuent un travail de qualité et qu'elles contribuent à la réalisation de ses objectifs.

Gestion intégrale de la qualité (GIQ) (*total quality management – TQM*) Méthode d'amélioration continue de la qualité appliquée à chaque étape de la production.

Gestion (ou direction) par objectifs (*management by objectives*) Système d'évaluation de la capacité des subordonnés à réaliser des objectifs précis de l'organisation ou à satisfaire à ses normes de rendement.

Gestion stratégique des ressources humaines (*strategic human resource management*) Processus par lequel un gestionnaire conçoit les composantes d'un système de GRH pour qu'elles soient compatibles entre elles, avec d'autres éléments de la structure organisationnelle ainsi qu'avec la stratégie et les objectifs de l'organisation.

Gestion sur le terrain (*management by wandering around – MBWA*) Technique de communication verbale directe qui consiste pour un gestionnaire à se promener sur un lieu de travail et à discuter informellement avec les employés de divers sujets qui les intéressent et les préoccupent.

Gestionnaire (*manager*) Personne chargée de superviser l'utilisation des ressources d'une organisation de façon que celle-ci réalise ses objectifs.

Gouvernance (*corporate governance*) Ensemble des mesures de contrôle employées par les entreprises pour rendre des comptes aux parties prenantes, y compris les investisseurs, les employés, les clients et les collectivités.

Grille de renouvellement du personnel (*personnel replacement chart*) Illustration graphique des postes actuels et des noms des personnes qui les occupent, accompagnés d'une note indiquant si elles possèdent les habiletés et les qualifications nécessaires dans le cadre de la gestion prévisionnelle du personnel.

Groupe (*group*) Ensemble de deux ou de plusieurs personnes entre lesquelles il y a des interactions qui visent à atteindre certains objectifs ou à répondre à certains besoins.

Groupe d'amis (*friendship group*) Groupe informel composé d'employés qui apprécient la compagnie les uns des autres et qui aiment se rencontrer en dehors du travail.

Groupe d'intérêts (*interest group*) Groupe spontané composé d'employés qui cherchent à réaliser un objectif commun en rapport avec leur appartenance à une organisation.

Groupe formel (*formal group*) Groupe établi par un gestionnaire pour atteindre des objectifs de l'organisation.

Groupe informel ou spontané (*informal group*) Groupe que des cadres ou des employés forment en vue de satisfaire leurs besoins individuels.

Habileté conceptuelle (*conceptual skill*) Capacité d'analyser une situation, de diagnostiquer un problème et de distinguer les causes des effets, tout en considérant les caractéristiques et le contexte de l'organisation.

Habileté interpersonnelle (*human skill*) Capacité à comprendre, à modifier, à guider et à superviser le comportement d'autres personnes et de groupes de personnes.

Habiletés techniques (*technical skills*) Ensemble des connaissances et des techniques correspondant à un emploi donné et qui sont requises pour remplir un rôle dans une organisation.

Harcèlement en milieu de travail (*workplace harassment*) Comportement envers un employé généralement reconnu (ou qui devrait l'être) comme étant insultant et humiliant.

Harcèlement sexuel (*sexual harassment*) Comportement de nature sexuelle non sollicité dans un milieu de travail et qui a une influence défavorable sur le climat de ce milieu ou qui entraîne des conséquences désagréables en matière d'emploi pour une employée ou un employé.

Harcèlement sexuel par chantage (*quid pro quo sexual harassment*) Fait de demander à une personne ou d'exiger d'elle des faveurs sexuelles en échange d'une récompense ou pour éviter des conséquences négatives.

Haute direction (*top-management team*) Groupe composé du chef de la direction, du directeur général et des chefs des principaux services (cadres supérieurs).

Heuristique (*heuristics*) Ensemble de règles empiriques qui simplifient le processus de prise de décisions.

Hiérarchie des besoins de Maslow (*Maslow's hierarchy of needs*) Classification de cinq types de besoins qui motivent les comportements humains.

Horizon temporel (*time horizon*) Durée prévue d'un plan.

Illusion de contrôle (*illusion of control*) Source de certains partis pris cognitifs qui consiste en une tendance à surestimer sa capacité d'exercer un contrôle sur des activités et des événements.

Incertitude (*uncertainty*) État dans lequel les forces de l'environnement externe évoluent si rapidement que les gestionnaires ne peuvent prédire les résultats probables d'un plan d'action.

Individualisme (*individualism*) Dimension culturelle de Hofstede correspondant à une vision du monde qui consiste à privilégier la liberté individuelle et l'expression de soi et à adopter le principe selon lequel on devrait évaluer les gens en fonction de leurs réalisations individuelles plutôt que de leur origine sociale.

Infonuagique (*cloud computing*) Ensemble de services fournis dans Internet qui comprend tout, de la gestion de la chaîne logistique (ou gestion de la chaîne d'approvisionnement) et des ressources humaines jusqu'au stockage de données et à la création de contenus numérisés.

Information (*information*) Ensemble de données organisées de façon à avoir un sens.

Information ambiguë (*ambiguous information*) Renseignement qu'on peut interpréter de multiples manières, souvent contradictoires.

Information en temps réel (*real-time information*) Ensemble de renseignements fréquemment mis à jour de façon à refléter les conditions du moment.

Iniquité (*inequity*) Injustice ou absence d'équité.

Iniquité d'une rémunération excessive (*overpayment inequity*) Injustice qui existe lorsqu'une personne se rend compte que le rapport entre les récompenses qu'elle reçoit et sa contribution est supérieur à celui d'un référent.

Iniquité d'une rémunération insuffisante (*underpayment inequity*) Injustice qui existe lorsqu'une personne se rend compte que le rapport entre les récompenses qu'elle reçoit et sa contribution est inférieur à celui d'un référent.

Innovation (*innovation*) Processus qui consiste à créer de nouveaux produits et services, ou encore à mettre au point de meilleures façons de les produire ou de les fournir.

Innovation sociale (*social innovation*) Conception et mise au point de nouvelles manières de résoudre des problèmes d'ordre social.

Instrumentalité (*instrumentality*) Dans la théorie des attentes, perception de la mesure dans laquelle le rendement permettra d'obtenir des résultats donnés.

Intégration verticale (*vertical integration*) Stratégie qui permet à une organisation de créer de la valeur en produisant ses propres facteurs de production ou en distribuant et en vendant elle-même ses produits.

Intelligence artificielle (*artificial intelligence*) Comportement d'une machine qui serait qualifié d'« intelligent » si on l'observait chez un être humain.

Intelligence émotionnelle (*emotional intelligence*) Capacité à comprendre et à gérer son humeur et ses émotions ainsi que celles des autres autour de soi.

Intrapreneur (*product champion*) Employé qui perçoit des occasions d'améliorer un produit ou un service au sein d'une entreprise existante et qui prend la responsabilité de gérer le processus de développement qui s'ensuit.

Intrapreneuriat (*intrapreneurship*) Démarche pour un gestionnaire de saisir les occasions qui se présentent de concevoir

de nouveaux produits, d'améliorer des produits existants ou de trouver de meilleures façons de les produire.

Intuition (*intuition*) Capacité de prendre des décisions judicieuses fondées sur des expériences passées et sur des impressions immédiates concernant les renseignements disponibles.

Investissement socialement responsable (*impact investment*) Investissement destiné à résoudre des problèmes sociaux ou environnementaux tout en étant rentable financièrement pour les investisseurs.

Jargon technique (*jargon*) Langage spécialisé que les membres d'une profession ou d'un métier, d'un groupe ou d'une organisation élaborent pour faciliter la communication entre eux.

Jugement (*judgment*) Capacité de se former une opinion éclairée fondée sur sa propre évaluation de l'importance des renseignements disponibles.

Justice distributive (*distributive justice*) Principe moral d'après lequel la répartition de hausses de salaire, de promotions et d'autres ressources organisationnelles doit se faire en fonction de la valeur de la contribution des personnes, et non d'après des caractéristiques personnelles sur lesquelles elles n'ont aucun contrôle.

Justice procédurale (*procedural justice*) Principe moral qui exige le recours à des méthodes équitables pour déterminer la façon de répartir des récompenses entre les membres de l'organisation.

Leader (*leader*) Personne capable d'exercer de l'influence sur d'autres personnes, qui les inspire et les motive pour faciliter la réalisation des objectifs d'un groupe ou d'une organisation.

Leader charismatique (*charismatic leader*) Leader enthousiaste et sûr de lui, capable de communiquer clairement sa vision et les objectifs ambitieux de l'organisation.

Leadership (*leadership*) Processus par lequel une personne exerce de l'influence sur d'autres personnes et inspire, motive et dirige leurs activités de façon à les aider à la réalisation des objectifs d'un groupe ou d'une organisation.

Leadership stratégique (*strategic leadership*) Capacité du chef de la direction et des membres de la haute direction en général de communiquer au personnel subordonné une vision enthousiaste de ce qu'ils veulent que l'organisation accomplisse.

Leadership transactionnel (*transactional leadership*) Type de leadership qui consiste à mener ses subordonnés vers des objectifs anticipés en les récompensant lorsque leur rendement est élevé et en les blâmant lorsqu'il est faible, mais sans s'attendre à ce que leurs comportements aillent au-delà des attentes.

Leadership transformationnel (*transformational leadership*) Type de leadership qui rend les subordonnés conscients de l'importance de leurs tâches et de leur rendement pour l'organisation ainsi que de leurs propres besoins de croissance personnelle, et qui les stimule à travailler dans l'intérêt de leur organisation.

Logiciel d'application (*application software*) Logiciel conçu pour une tâche ou une utilisation particulière.

Logiciel de système d'exploitation (*operating system software*) Logiciel qui régit le fonctionnement du matériel informatique.

Message (*message*) Renseignement qu'un expéditeur souhaite transmettre à d'autres personnes.

Méthode Delphi (*Delphi technique*) Technique de prise de décisions dans laquelle les membres d'un groupe (habituellement des gestionnaires et des experts) ne se rencontrent pas, mais répondent par écrit à des questions qui leur sont posées par le leader du groupe.

Méthode Six Sigma (*Six Sigma*) Approche structurée pour améliorer la qualité et l'efficacité des processus, fondée sur une production de biens exempte de défauts ou une prestation de services impeccable.

Milieu de travail malsain (*hostile work environment sexual harassment*) Ensemble de comportements tels que raconter des plaisanteries obscènes, afficher des images pornographiques, formuler des remarques de nature sexuelle concernant l'apparence d'une personne ou toute autre action à connotation sexuelle qui rend un climat de travail déplaisant.

Modèle bureaucratique (*administrative model*) Façon de considérer la prise de décisions en tant que processus intrinsèquement incertain et risqué, où les gestionnaires prennent des décisions satisfaisantes plutôt qu'optimales.

Modèle classique (*classical model*) Façon normative d'aborder la prise de décisions fondée sur l'idée que la personne qui décide est en mesure de déterminer et d'évaluer toutes les possibilités et leurs conséquences ainsi que de choisir de façon rationnelle le plan d'action le plus approprié.

Modèle de l'utilitarisme (*utilitarian model*) Modèle selon lequel une décision éthique est celle qui produit le plus d'avantages pour le plus grand nombre de personnes.

Modèle de la justice (*justice model*) Modèle dans lequel une décision éthique est une décision par laquelle on répartit les avantages et les désavantages entre des personnes et des groupes de façon juste, équitable ou impartiale.

Modèle des cinq forces de Porter (ou modèle d'analyse structurelle des secteurs) (*Porter's Five Forces model*) Technique que les gestionnaires utilisent pour déterminer les menaces et analyser la rentabilité potentielle de pénétrer dans un secteur donné et d'y concurrencer d'autres entreprises.

Modèle des droits moraux (*moral rights model*) Modèle selon lequel une décision éthique est celle qui permet le mieux de maintenir et de protéger les droits et privilèges fondamentaux et inaliénables des personnes auxquelles elle s'applique.

Modèle du leadership situationnel ou modèle situationnel (*situational leadership theory*) Modèle de leadership qui met l'accent sur la bonne volonté des membres du personnel à accomplir leurs tâches.

Modèles de contingence du leadership (*contingency models of leadership*) Modèles qui tiennent compte des variables indissociables de la situation ou du contexte dans lesquels le leadership s'exerce.

Modification de produits (ou services) (*product change*) Changement dans les produits (ou les services) offerts par l'organisation.

Mondialisation (*globalization*) Mouvement résultant d'un ensemble de forces générales et spécifiques qui contribuent à intégrer et à relier les uns aux autres divers systèmes économiques, politiques et sociaux dans différents pays, cultures ou régions géographiques, de sorte que les nations deviennent de plus en plus interdépendantes et tendent à se ressembler.

Motivation (*motivation*) Ensemble de forces psychologiques qui déterminent le type de comportement d'une personne dans une organisation, l'intensité des efforts qu'elle déploie et son degré de persévérance.

Moyen de communication (*medium*) Voie utilisée pour transmettre un message codé à un destinataire.

Mutation (*lateral move*) Changement de poste qui n'entraîne aucune modification importante du degré de responsabilité ou d'autorité.

Négociation (*negociation*) Méthode de résolution de conflit dans laquelle des parties adverses examinent divers moyens de répartir des ressources entre elles de façon à parvenir à une solution acceptable pour toutes.

Négociation distributive (*distributive negociation*) Négociation dans laquelle les parties opposées rivalisent pour obtenir la part la plus importante des ressources tout en faisant le moins de concessions possible.

Négociation raisonnée (*integrative bargaining*) Négociation en coopération dans laquelle les parties adverses travaillent ensemble pour parvenir à une solution qui est dans leur intérêt à toutes.

Norme (*norm*) Règle ou directive non écrite concernant le comportement approprié à adopter dans une situation donnée.

Normes de groupe (*group norms*) Directives ou règles comportementales communes auxquelles la majorité des membres d'un groupe se soumettent.

Objectif général (*goal*) Résultat qu'une organisation souhaite et auquel elle s'efforce de parvenir dans un délai déterminé.

Offre salariale (*pay level*) Concept général qui indique la façon dont la rémunération globale dans une entreprise se compare à celles d'autres organisations du même secteur qui emploient le même type de main-d'oeuvre.

Option d'achat d'actions (*employee stock option*) Contrat d'option qui permet au porteur d'acheter des actions d'une organisation à un prix déterminé pendant une période de temps donnée ou dans certaines conditions.

Organisation 1. (*organization*) Groupe de personnes qui travaillent ensemble et qui coordonnent leurs activités en vue d'atteindre des objectifs et d'obtenir des résultats souhaités. 2. (*organizing*) Fonction du processus de gestion qui consiste à diviser le travail et à établir des modes de coordination en structurant les relations en milieu de travail de façon que les membres d'une organisation travaillent de concert à la réalisation de ses objectifs.

Organisation internationale (global organization) Organisation dont les activités se déroulent dans plus d'un pays et qui fait face à des concurrents dans chacun de ces pays.

Organisation sans frontières (boundaryless organisation) Organisation dont les membres sont reliés uniquement au moyen de micro-ordinateurs, de systèmes de conception assistée par ordinateur (CAO) et de systèmes de vidéoconférence. Ceux-ci ne se rencontrent que rarement en personne, sinon jamais.

Orientation à court terme (short-term orientation) Dimension culturelle de Hofstede correspondant à une vision du monde qui accorde de l'importance à la stabilité ou au bonheur personnel et à la vie au jour le jour, et qui vise le profit à court terme.

Orientation à long terme (long-term orientation) Dimension culturelle de Hofstede correspondant à une vision du monde qui privilégie l'épargne et la persévérance en matière de réalisation des objectifs, et qui vise le profit à long terme.

Paresse sociale (social loafing) Tendance qu'ont certaines personnes à fournir moins d'efforts lorsqu'elles travaillent en groupe plutôt qu'individuellement.

Parti pris (bias) Tendance systématique à utiliser des renseignements sur les autres de telles façons qu'il en résulte des perceptions inexactes.

Partie prenante (organizational stakeholder) Personne, groupe ou organisation sur lesquels les activités et les décisions d'une organisation ont une influence directe.

Pensée de groupe (groupthink) Processus de prise de décisions erroné et empreint de biais au sein d'un groupe dont les membres cherchent à s'entendre entre eux plutôt qu'à évaluer correctement les renseignements pertinents relatifs à chaque décision.

Perception (perception) Processus par lequel les personnes choisissent, organisent et interprètent des éléments sensoriels en vue de donner un sens au monde qui les entoure et d'y mettre de l'ordre.

Personne morale (legal person) Entité juridique qui donne une existence légale à une entreprise.

Plan de gestion de crise (crisis management plan) Plan d'action formulé en vue de gérer toute crise éventuelle.

Plan opérationnel (functional-level plan) Ensemble des décisions des directeurs concernant les objectifs qu'ils se fixent pour aider la division à atteindre ses objectifs d'affaires.

Plan stratégique (corporate-level plan) Ensemble de décisions de la haute direction concernant la vision, la mission, les objectifs généraux, la stratégie directrice, la stratégie d'affaires et les stratégies fonctionnelles de l'organisation.

Planification (planning) Fonction du processus de gestion qui consiste à déterminer et à choisir des objectifs et des façons de procéder appropriés.

Planification des ressources humaines (human resource planning) Ensemble de moyens que les gestionnaires utilisent pour prévoir les besoins actuels et futurs de l'organisation en matière de ressources humaines.

Postulat (assumption) Principe directeur qu'on tient pour acquis sur la façon dont certaines choses devraient se passer dans une organisation.

Pouvoir d'expert (expert power) Pouvoir fondé sur les connaissances, les habiletés et l'expertise particulières que possède un leader.

Pouvoir de coercition (coercive power) Capacité de persuader une personne de faire quelque chose qu'elle ne ferait pas autrement en utilisant différentes mesures contraignantes ou punitives.

Pouvoir de récompense (reward power) Capacité d'un gestionnaire d'accorder ou de refuser des récompenses matérielles ou immatérielles.

Pouvoir de référence (referent power) Pouvoir d'un leader qui découle du respect, de l'admiration et de la loyauté que lui vouent ses subordonnés et ses collègues de travail relativement à ses capacités et à ses réalisations antérieures.

Pouvoir légitime (legitimate power) Autorité que détient un gestionnaire en vertu de sa position dans la hiérarchie d'une organisation.

Pouvoir lié au poste (position power) Quantité importante ou négligeable de pouvoir légitime, de récompense et de coercition qu'un gestionnaire possède en raison du poste qu'il occupe dans une organisation.

Principe du seuil de satisfaction de l'individu (satisficing) Recherche et choix de moyens acceptables ou satisfaisants de réagir à des problèmes et de profiter des opportunités qui se présentent plutôt que d'essayer de prendre la meilleure décision.

Prise de décisions (decision making) Processus par lequel les gestionnaires réagissent aux situations qui se présentent dans l'environnement organisationnel en analysant diverses possibilités et en déterminant des objectifs et des plans d'action appropriés pour leur organisation.

Prise de décisions ponctuelles ou non programmées (nonprogrammed decision making) Prise de décisions non usuelles en réponse à l'apparition de situations inhabituelles et imprévisibles.

Prise de décisions programmées (*programmed decision making*) Prise de décisions usuelles, presque automatiques, qui se conforment à des règles ou à des directives préétablies.

Procédure d'exploitation uniformisée (*standard operating procedure – SOP*) Ensemble de règles et de principes directeurs de normalisation des comportements.

Procédure (ou sanction) disciplinaire (*discipline*) Contrôle de gestion qui consiste à infliger des sanctions en cas de comportements non souhaitables en milieu de travail, tels que l'absentéisme, le manque de ponctualité et un faible rendement, pour tenter d'en diminuer la fréquence.

Productivité (*productivity*) Rapport entre les biens et services produits et leurs facteurs de production.

Programme de reconnaissance du travail des employés (*employee recognition program*) Expression par la direction de son intérêt, de son approbation et de sa gratitude pour un travail bien fait, effectué par une personne ou un groupe de personnes à son emploi.

Rationalité limitée (*bounded rationality*) Concept d'après lequel des limites cognitives gênent la capacité d'une personne à interpréter l'information, à la traiter et à agir en conséquence.

Récompense (*outcome*) Ce qu'une personne obtient d'un emploi ou d'une organisation.

Recrutement (*recruitment*) Activités au moyen desquelles les gestionnaires disposent d'un bassin de candidats qualifiés en vue de pourvoir à des postes.

Régime à la carte (*cafeteria-style benefit plan*) Régime dans lequel les employés peuvent choisir les avantages sociaux dont ils veulent profiter.

Relation dirigeant-dirigés (*leader-member relation*) Mesure dans laquelle les personnes sous l'autorité d'un gestionnaire éprouvent envers lui de l'affection, de la confiance et de la loyauté; cette relation peut être solide ou fragile.

Remue-méninges (*brainstorming*) Technique de résolution de problèmes en groupe qui consiste à réunir des personnes dans un même lieu pour qu'elles proposent et discutent d'une grande variété de solutions, parmi lesquelles elles feront un choix pour prendre une décision.

Rendement organisationnel (*organizational performance*) Mesure de l'efficience et de l'efficacité avec lesquelles un gestionnaire utilise des ressources en vue de satisfaire les clients et de réaliser les objectifs d'une organisation.

Renforçateur (*reinforcer*) Tout stimulus servant au renforcement, positif ou négatif, qui a pour effet la répétition d'un comportement souhaité ou la cessation d'un comportement indésirable.

Renforcement négatif (*negative reinforcement*) Élimination ou suppression de sanctions non désirées lorsqu'une personne a adopté un comportement jugé utile pour l'organisation.

Renforcement positif (*positive reinforcement*) Procédé qui consiste à accorder à une personne les récompenses qu'elle souhaite obtenir lorsqu'elle adopte des comportements productifs pour l'organisation.

Répartition des tâches (*division of labour*) Résultat général de l'élaboration des tâches et de leur répartition entre les employés dans une organisation.

Réputation (*reputation*) Estime ou renom que les personnes ou les organisations acquièrent lorsqu'elles se comportent de façon éthique.

Réseautage (*networking*) Échange d'information par l'intermédiaire d'un groupe ou d'un réseau d'ordinateurs reliés les uns aux autres.

Responsabilité sociale (*social responsability*) Devoir ou obligation des gestionnaires de prendre des décisions qui favorisent le bien-être des parties prenantes de l'organisation et de la société dans son ensemble.

Responsable de l'exploitation (ou des opérations) (*operations manager*) Gestionnaire chargé de la gestion du système global de production d'une organisation.

Ressources (*resources*) Actifs tels que la main-d'œuvre, le matériel, les matières premières, les connaissances, les habiletés et le capital financier.

Restructuration (*restructuring*) Redimensionnement d'une organisation par la suppression d'un grand nombre de postes de cadres dirigeants, intermédiaires et de terrain, ainsi que du personnel non-cadre.

Rétroaction sur le rendement (*performance feedback*) Processus qui consiste pour un gestionnaire à communiquer les résultats d'une évaluation du rendement à des employés, à leur donner l'occasion de réfléchir à leur propre performance et à élaborer avec eux des plans pour la prochaine année.

Richesse de l'information (*information richness*) Quantité de renseignements qu'un moyen de communication peut transmettre et degré auquel ce moyen permet aux expéditeurs et aux destinataires de se comprendre mutuellement.

Rôle (*role*) Ensemble des tâches spécifiques qu'une personne est tenue d'effectuer en raison du poste qu'elle occupe dans une organisation.

Rôle axé sur la tâche (*task-oriented role*) Rôle que remplissent des membres d'un groupe pour s'assurer qu'une tâche sera exécutée.

Rôle axé sur les relations (*maintenance role*) Rôle que les membres d'un groupe adoptent pour s'assurer que les relations entre eux restent bonnes.

Rôles des membres d'un groupe (*group roles*) Ensemble des comportements et des tâches qu'on s'attend à voir adoptés et effectués par chaque membre d'un groupe en raison de sa position dans ce groupe. Initiative qu'une personne prend de modifier un rôle qui lui a été attribué en assumant des responsabilités additionnelles.

Rumeur (*rumour*) Information divulguée à l'aide d'un moyen informel de communication à l'intérieur d'une organisation.

Sanction ou mesure disciplinaire (*punishment*) Conséquence indésirable ou négative imposée à une personne en réponse à un comportement perturbateur de sa part.

Sélection (*selection*) Processus utilisé par les gestionnaires pour déterminer les compétences des candidats relatives à un poste et leur capacité à bien effectuer les tâches propres à cet emploi.

Service (*department*) Groupe de personnes qui possèdent des habiletés similaires ou qui utilisent les mêmes connaissances et qui travaillent ensemble sous l'autorité d'un même chef.

Simplification du poste (*job simplification*) Réduction du nombre de tâches que chaque employé exécute au sein de son poste de travail.

Socialisation organisationnelle (*organizational socialization*) Processus par lequel les nouveaux venus découvrent les valeurs et les normes de l'organisation et acquièrent les comportements au travail nécessaires pour effectuer leurs tâches efficacement.

Société de personnes (*partnership*) Entreprise créée par l'association de partenaires dans leurs activités.

Société par actions (*joint stock company*) Personne morale constituée par des actionnaires dont la responsabilité est limitée à leur investissement.

Stéréotype (*stereotype*) Conviction simpliste et souvent inexacte concernant les caractéristiques typiques de certains groupes de personnes.

Stimulation intellectuelle (*intellectual stimulation*) Comportement adopté par un leader pour faire prendre conscience à ses subordonnés de certains problèmes et pour les amener à considérer ces problèmes sous de nouveaux angles qui concordent avec sa vision des choses.

Stratégie (*strategy*) Ensemble de décisions prises en fonction de la mission de l'organisation concernant les objectifs à atteindre, les mesures à prendre et les façons d'utiliser des ressources pour les réaliser.

Stratégie concurrentielle ou d'affaires (*business-level strategy*) Plan qui indique la façon dont une organisation a l'intention de concurrencer ses rivales dans un secteur donné.

Stratégie d'entreprise ou directrice (*corporate-level strategy*) Plan qui indique les secteurs et les marchés dans lesquels l'organisation a l'intention de concurrencer ses rivales.

Stratégie de concentration avec différenciation (*focused differentiation strategy*) Stratégie qui consiste à fournir des produits ou des services à un seul segment de l'ensemble du marché et à essayer de devenir l'organisation la plus différenciée à servir ce segment.

Stratégie de concentration avec domination par les coûts (*focused low-cost strategy*) Stratégie qui consiste à servir un seul segment de l'ensemble du marché tout en étant l'organisation qui a les coûts de production les moins élevés dans ce segment.

Stratégie de différenciation (*differentiation strategy*) Plan qui vise à distinguer les produits d'une organisation de ceux de ses concurrents par des aspects tels que la conception, la qualité ou le service après-vente.

Stratégie de domination (globale) par les coûts (*cost-leadership strategy*) Réduction des coûts de l'organisation pour qu'ils soient inférieurs à ceux de ses concurrents.

Stratégie de la récompense générale (*total reward strategy*) Stratégie qui englobe à la fois des facteurs de motivation intrinsèques et extrinsèques.

Stratégie fonctionnelle (*functional-level strategy*) Plan qui indique la façon dont un service a l'intention de réaliser ses objectifs.

Structure de tâche (*task structure*) Degré de précision de la définition du travail à accomplir, de sorte que les subordonnés d'un gestionnaire savent ce qui doit être effectué et la façon dont ils devraient le faire ; peut être élevé ou faible.

Structure en réseau (*network structure*) Série d'alliances stratégiques qu'une organisation conclut avec des fournisseurs, des fabricants ou des distributeurs pour produire et commercialiser un produit.

Structure hybride (*hybrid structure*) Structure d'une vaste organisation qui compte de nombreuses divisions et qui utilise concurremment diverses formes de structures organisationnelles.

Structure matricielle (*matrix structure*) Structure organisationnelle qui regroupe simultanément des personnes et des ressources par fonction et par produit.

Structure mécaniste (*mechanistic structure*) Structure organisationnelle caractérisée par une centralisation de l'autorité au sommet de la chaîne hiérarchique, une description précise des tâches et des rôles ainsi qu'une supervision étroite des employés.

Structure organique (*organic structure*) Structure organisationnelle dans laquelle l'autorité est décentralisée et confiée aux cadres intermédiaires et de terrain ; les tâches et les rôles n'y sont pas rigoureusement définis, de façon à encourager les employés à coopérer et à réagir rapidement en cas d'imprévus.

Structure organisationnelle (*organizational structure*) Système formel de tâches interreliées et de rapports de subordination qui sert à coordonner et à stimuler les efforts des membres de l'organisation de façon qu'ils travaillent ensemble à la réalisation de ses objectifs.

Structure par départementalisation ou divisionnaire (*divisional structure*) Structure organisationnelle composée de groupes d'activités distincts à l'intérieur desquels on retrouve les fonctions qui, mises ensemble, permettent la fabrication d'un produit spécifique pour un client en particulier ou offrent la prestation d'un service.

Structure par équipe de produit (*product team structure*) Structure organisationnelle dans laquelle les employés sont intégrés de façon permanente à une équipe interfonctionnelle et travaillent uniquement sous les ordres du directeur de cette équipe ou d'un de ses supérieurs immédiats.

Structure par fonction (*functional structure*) Structure organisationnelle composée de tous les services dont une entreprise a besoin pour la production de ses biens ou la prestation de ses services.

Structure par localisation géographique des marchés (*geographic structure*) Structure organisationnelle dans laquelle chaque région d'un pays ou partie du monde est desservie par une division autonome.

Structure par produit (*product structure*) Structure organisationnelle dans laquelle chaque gamme de produits ou chaque activité est prise en charge par une division autonome.

Structure par type de clientèle (*market structure*) Structure organisationnelle dans laquelle chaque type de clientèle est servi par une division autonome.

Structure salariale (*pay structure*) Classification des postes par catégories qui reflètent leur importance relative pour l'organisation tout en tenant compte des tâches à accomplir au sein de ces postes de travail.

Structure sociale (*social structure*) Ensemble organisé de relations entre les personnes et les groupes dans une société.

Style de leadership personnel (*personal leadership style*) Ensemble des moyens choisis par un gestionnaire pour influencer ses subordonnés ainsi que ses façons d'aborder la planification, l'organisation et le contrôle du rendement.

Substitut du leader (*leader substitute*) Ensemble des caractéristiques d'un subordonné, d'une situation ou d'un contexte qui remplacent l'influence d'un leader et rendent le leadership inutile.

Surinformation (ou infobésité) (*information overload*) Surabondance de renseignements ayant pour effet d'augmenter la probabilité qu'on ne voie pas ceux qui ont de l'importance ou qu'on n'en tienne pas compte alors que des renseignements secondaires retiennent l'attention.

Symbole (*artifact*) Aspect de la culture d'une organisation qu'on peut voir, entendre ou ressentir.

Synergie (*synergy*) Accroissement du rendement, qui résulte d'une coordination des activités des services et des personnes.

Système d'aide à la décision (SAD) (*decision support system*) Système informatique interactif d'information de gestion capable de concevoir des modèles et que les gestionnaires peuvent utiliser lorsqu'ils doivent prendre des décisions ponctuelles ou non programmées.

Système d'information de gestion (SIG) (*management information system – MIS*) Ensemble de systèmes électroniques formés de composantes reliées entre elles et conçues pour recueillir, traiter, emmagasiner et transmettre de l'information, de façon à faciliter les activités des gestionnaires en matière de prises de décisions, d'organisation, de planification et de contrôle.

Système d'information des opérations (*operations information system*) Système d'information de gestion conçu pour recueillir, organiser et résumer des ensembles de données sous une forme que les gestionnaires peuvent utiliser lorsqu'ils ont à effectuer des tâches inhabituelles de coordination, de contrôle du rendement et de prise de décisions.

Système de contrôle (*control system*) Système de détermination des éléments à contrôler, d'établissement des normes, de surveillance, d'évaluation et de rétroaction qui peuvent fournir aux gestionnaires des renseignements sur le degré d'efficacité et d'efficience de la stratégie et de la structure de l'organisation.

Système de rémunération variable ou rémunération au mérite (*merit pay plan*) Plan de rétribution dans lequel le salaire est établi en fonction de la performance.

Système expert (*expert system*) Système d'information de gestion qui utilise une base de données fondées sur l'expérience humaine pour résoudre des problèmes qui requièrent généralement une compétence humaine.

Système global de production (*production system*) Système qu'une organisation utilise pour se procurer des facteurs de production, les transformer en biens ou en services, et les vendre.

Système transactionnel (*transaction-processing system*) Système d'information de gestion conçu pour traiter de grandes quantités d'opérations habituelles et récurrentes.

Technique des scénarios (*scenario planning*) Production de multiples prévisions des conditions à venir, suivie d'une analyse et d'une synthèse de la façon de réagir efficacement à chacune de ces conditions.

Technique du groupe nominal (*nominal group technique*) Technique de prise de décisions qui consiste, pour les membres d'un groupe, à noter par écrit des idées et des solutions, à lire leurs suggestions à l'ensemble du groupe, puis à en discuter pour ensuite les classer selon leur importance.

Technologie (*technology*) Combinaison du savoir-faire et du matériel que les gestionnaires utilisent dans la conception, la production et la distribution de biens et de services.

Technologies de l'information (*information technology*) Ensemble des moyens qui permettent d'acquérir, d'organiser, d'entreposer, de traiter et de transmettre de l'information.

Test d'aptitude (*ability test*) Évaluation des habiletés nécessaires pour exécuter correctement une tâche.

Test d'aptitude physique (*physical ability test*) Mesure de la force et de la résistance physiques.

Test de personnalité (*personality test*) Mesure des traits de la personnalité qui ont rapport avec l'exécution d'une tâche.

Théorie bifactorielle de Herzberg (*Herzberg's motivator-hygiene theory*) Théorie des besoins qui distingue les facteurs « motivateurs » ou moteurs (liés à la nature du travail) et les facteurs d'hygiène ou d'ambiance (liés au contexte physique et psychologique dans lequel le travail s'effectue).

Théorie de l'apprentissage social (*social learning theory*) Théorie qui tient compte de la façon dont la pensée et les convictions d'une personne et ses observations du comportement d'autres personnes influent sur son apprentissage et sa motivation.

Théorie de l'équité (*equity theory*) Théorie de la motivation qui porte sur les perceptions que les personnes ont de l'équité quant aux récompenses obtenues dans leur travail par rapport à la contribution qu'elles fournissent.

Théorie de l'intégration des buts personnels (ou théorie trajet-but) (*path-goal theory*) Modèle du leadership situationnel selon lequel il est possible pour les leaders de motiver leurs subordonnés.

Théorie de la complexité (*complexity theory*) Théorie selon laquelle les organisations réagissent mieux au changement lorsqu'elles ne sont pas parfaitement adaptées à leur milieu.

Théorie de la motivation par les objectifs (*goal-setting theory*) Théorie qui vise à déterminer les types d'objectifs les plus efficaces pour susciter des degrés élevés de motivation et de performance, et à expliquer les raisons pour lesquelles ils produisent ces effets.

Théorie des attentes (*expectancy theory*) Théorie d'après laquelle la motivation d'un employé est élevée lorsqu'il croit qu'un degré élevé d'effort lui permettra d'atteindre un niveau élevé de rendement et que ce niveau de rendement entraînera l'obtention des résultats qu'il souhaite.

Théorie du conditionnement opérant (ou du conditionnement instrumental) (*operant conditioning theory*) Théorie d'après laquelle les gens apprennent à adopter des comportements qui entraînent des effets souhaités et apprennent également à ne pas adopter des comportements qui entraînent des conséquences non désirées.

Théories de l'apprentissage (*learning theories*) Théories qui visent à accroître la motivation et la performance des employés en reliant les récompenses qu'ils obtiennent à l'adoption de comportements souhaités et à la réalisation d'objectifs.

Théories des besoins (*need theories*) Théories de la motivation qui portent sur les besoins que les personnes cherchent à satisfaire par leur travail et sur les récompenses susceptibles de satisfaire ces besoins.

Théories processuelles (*process theories*) Théories qui expliquent les processus par lesquels il est possible de provoquer des comportements chez des employés, puis de les orienter.

Valence (*valence*) Dans la théorie des attentes, intérêt qu'une personne accorde à chacun des résultats ou récompenses qu'un emploi ou une organisation peuvent lui procurer.

Valeurs (*values*) Idées normatives concernant ce qu'une société croit être bien, juste, désirable ou beau ; convictions profondes et indéfectibles relatives à ce qui a de l'importance.

Variation des forces dans le milieu (ou changements de l'environnement externe) (*environmental changes*) Degré auquel les forces en présence dans les environnements concurrentiel et général varient et évoluent dans le temps.

Notes et références

Chapitre 1

1. Brick Brewing Co. (2015). *Our Brands*. Repéré à www.brickbeer.com/ourbrands

2. Brick Brewing Co. (2008, 1er octobre). *Brick Brewing announces appointment of new chief financial officer*. Communiqué de presse. Repéré sur le site de CNW : http://archive.newswire.ca/en/story/229805/brick-brewing-announces-appointment-of-new-chief-financial-officer

3. *Ibid.* Traduction libre.

4. Jones, G. R. (1995). *Organizational theory*. Reading, MA : Addison-Wesley.

5. Industrie Canada. (2013, août). *Principales statistiques relatives aux petites entreprises – Août 2013*. Recherche et statistique sur la PME. Repéré à www.ic.gc.ca/eic/site/061.nsf/vwapj/PSRPE-KSBS_Aout-August2013_fra.pdf/$FILE/PSRPE-KSBS_Aout-August2013_fra.pdf

6. Adapté de MaRS. (2009). *Enabling solutions to complex social problems*. Rapport. Repéré à www.marsdd.com/wp-content/uploads/2011/02/MaRSReport-Social-venture-finance.pdf

7. Quarter, J., Mook, L. et Armstrong, A. (2009). *Understanding the social economy : A Canadian perspective*. Toronto, Ontario : University of Toronto Press.

8. *Ibid*, p. 4.

9. Emmett, B. et Emmett, G. (2015, juin). *Portrait du secteur économique formé par les organismes de bienfaisance du Canada*. Document de discussion. Repéré sur le site d'Imagine Canada : www.imaginecanada.ca/sites/default/files/imaginecanada_portrait_secteur_economique_organismes_bienfaisance_2015-06-22.pdf

10. Industrie Canada. (2013, août). *Op. cit.*

11. Brick Brewing Co. (2011, 16 mars). *Corby distilleries and Brick Brewing announce completion of transaction for Canadian rights to Seagram Coolers*. Communiqué de presse. Repéré sur le site de CNW : www.newswire.ca/en/releases/archive/March2011/17/c3677.html

12. Drucker, P. (1974). *Management : Tasks, responsibilities, practices*. New York, NY : Harper and Row.

13. Campbell, J. P. (1977). On the nature of organizational effectiveness. Dans P. S. Goodman, J. M. Pennings et collab. (dir.), *New perspectives on organizational effectiveness* (p. 13-55). San Francisco, CA : Jossey-Bass.

14. Ordre des Administrateurs agréés du Québec (ADMA). (2015). *Principes de saine gestion généralement reconnus*. Repéré à www.adma.qc.ca/Membre/Principes_saine_gestion.aspx?sc_lang=fr-CA

15. Provitera, M. J. (2003, août). What management is : How it works and why it's everyone's business. *Academy of Management Executive, 17*, p. 152-154.

16. Combs, J. G. et Skill, M. S. (2003, février). Managerialist and human capital explanations for key executive pay premium : A contingency perspective. *Academy of Management Journal, 46*, p. 63-74.

17. Jones, G. R. (1995). *Op. cit.*

18. Drucker, P. F. (1974). *Op. cit.*

19. Dixon, G. (2001, 8 mai). Clock ticking for new CEOs. *The Globe and Mail.*

20. Brick Brewing Co. (2011, 12 mai). Brick Brewing, Ontario's original craft brewery, is honored with four madals at the Ontario Breweing. Communiqué de presse. Repéré sur le site d'ADVFN : http://fr.advfn.com/actualites/BRICK-BREWING-ONTARIOS-ORIGINAL-CRAFT-BREWERY-IS_47642761.html. Traduction libre.

21. Adapté de Pitts, G. (2007, 13 août). As tough as her father ? Some say even tougher. *The Globe and Mail*, p. B1 et B8.

22. Kotter, J. (1992). *The general managers*. New York, NY : Free Press.

23. Hales, C. P. (1986, janvier). What do managers do ? A critical review of the evidence. *Journal of Management Studies*, p. 88-115 ; Kraul, A. I., Pedigo, P. R., McKenna, D. D. et Dunnette, M. D. (1989, novembre). The role of the manager : What's really important in different management jobs. *Academy of management executive*, p. 286-293.

24. Gupta, A. K. (1988). Contingency perspectives on strategic leadership. Dans D. C. Hambrick (dir.), *The executive effect : Concepts and methods for studying top managers* (p. 147-178). Greenwich, CT : JAI Press.

25. Ancona, D. G. (1990). Top management teams : Preparing for the revolution. Dans J. S. Carroll (dir.), *Applied social psychology and organizational settings* (p. 99-128). Hillsdale, NJ : Erlbaum ; Hambrick, D. C. et Mason, P. A. (1984). Upper echelons : The organization as a reflection of its top managers. *Academy of Management Journal, 9*, p. 193-206.

26. Gomez-Mejia, L., McCann, J. et Page, R. C. (1985). The structure of managerial behaviours and rewards. *Industrial Relations, 24*, p. 147-154 ; Mahoney, T. A., Jerdee, T. H. et Carroll, S.J. (1965). The jobs of management. *Industrial Relations, 4*(2), p. 97-110.

27. Katz, R. L. (1974, septembre-octobre). Skills of an effective administrator. *Harvard Business Review*, p. 90-102.

28. *Ibid.*

29. Tharenou, P. (2001, octobre). Going up ? Do traits and informal social processes predict advancing in management ? *Academy of Management Journal, 44*, p. 1005-1018.

30. Collins, C. J. et Clark, K. D. (2003, décembre). Strategic human resource practices, top management team social networks, and firm performance : The role of human resource practices in creating organizational competitive advantage. *Academy of Management Journal, 46*, p. 740-752.

31. Voir le site www.bestar.ca/fr

32. Mintzberg, H. (1975, juillet-août). The manager's job : Folklore and fact. *Harvard Business Review*, p. 56-62.

33. Mintzberg, H. (2008). *Le manager au quotidien : les dix rôles du cadre.* Paris, France : Éditions d'Organisation.

34. *Ibid.*

35. Labich, K. (1989, 8 mai). Making over middle managers. *Fortune,* p. 58-64.

36. Wysocki, B. (1995, 5 juillet). Some companies cut costs too far, suffer from corporate anorexia. *The Wall Street Journal,* p. A1.

37. Grnak, A., Hughes, J. et Hunter, D. (2006). *Building the best : Lessons from inside Canada's best managed companies.* Toronto, Ontario : Viking Canada, p. 91.

38. Adapté de Kozak-Holland, M. (2004, 18 octobre). Plan for the unthinkable. *The Financial Post,* p. FE9. Traduction libre.

39. Rosenberg, J. (s.d.). *Sinking of the Titanic.* Repéré à history1900s.about.com/od/1910s/p/titanic.htm

40. Adapté de Atchison, C. (2011, 16 février). Secrets of Canada's best bosses. *Profit Magazine.* www.profitguide.com/manage-grow/leadership/secrets-of-canada's-best-bosses-30084. Traduction libre.

Chapitre 2

1. IKEA : How the Swedish retailer became a global cult brand. (2005, 14 novembre). *BusinessWeek.* Repéré à www.businessweek.com/magazine/content/05_46/b3959001.htm. Publié avec la permission de Bloomberg L.P. Copyright© 2016. Tous droits réservés.

2. Bourgeois, L. J. (1985). Strategy and environment : A conceptual integration. *Academy of Management Review,* (5), p. 25-39.

3. Business : Link in the global chain. (2001, 2 juin). *The Economist,* p. 62-63.

4. Li & Fung Ltd. (2015). *Our people.* Rapport annuel 2014. Repéré à www.lifung.com/wp-content/uploads/2015/06/2014-Annual-Report_our-people1.pdf

5. IKEA : How the Swedish retailer became a global cult brand. (2005, 14 novembre). *Op. cit.* Traduction libre.

6. Porter, M. (2003). *L'avantage concurrentiel.* Paris, France : Dunod.

7. IKEA : How the Swedish retailer became a global cult brand. (2005, 14 novembre). *Op. cit.* Traduction libre.

8. Baldwin, J. R. (2000). *L'innovation et la formation dans les nouvelles entreprises – Division de l'analyse micro-économique.* Statistique Canada. Repéré à http://publications.gc.ca/Collection/CS11-0019-123F.pdf

9. IKEA : How the Swedish retailer became a global cult brand. (2005, 14 novembre). *Op. cit.* Traduction libre.

10. Pour des opinions sur les barrières à l'entrée selon une perspective économique, voir Porter, M. (1999). *Choix stratégiques et concurrence.* Paris, France : Economica ; selon la perspective sociologique, voir Pfeffer, J. et Salancik, G. R. (1978). *The external control of organization : A resource dependence perspective.* New York, NY : Harper and Row.

11. Bain, J. E. (1956). *Barriers to new competition.* Cambridge, MA : Harvard University Press ; Gilbert, R. J. (1989). Mobility barriers and the value of incumbency. Dans R. Schmalensee et R. D. Willig (dir.), *Handbook of industrial organization* (vol. 1, p. 475-536). New York, NY : Elsevier Science Publishing ; Porter, M. E. (1999). *Op. cit.*

12. Jang, B. (2005, 18 mars). Leblanc on sorrow, remorse and his little "white lie". *The Globe and Mail,* p. B1 et B2. Traduction libre.

13. Hill, C. W. L. (1995). The computer industry : The new industry of industries. Dans C. W. L. Hill et G. R. Jones (dir.), *Strategic management : An integrated approach* (3e éd., p. C135-C154). Boston, MA : Houghton Mifflin.

14. IKEA : How the Swedish retailer became a global cult brand. (2005, 14 novembre). *Op. cit.* Traduction libre.

15. Bhagwati, J. (1993). *Protectionisme.* Paris, France : Dunod.

16. When fortune frowned : A special report on the world economy. (2008, 11 octobre). *The Economist,* p. 3.

17. Canwest News Service. (2008, 9 octobre). Canada's banks ranked the soundest. *Canada.com.* Repéré à www.canada.com/topics/news/story.html?id=c3a67e3b-1aef-4daf-a768-a54eedb80185

18. Schumpeter, J. A. (1950). *Capitalism, socialism and democracy.* Londres, Royaume-Uni : Macmillan, p. 68. Voir aussi Nelson, R. R. et Winter, S. G. (1982). *An evolutionary theory of economic change.* Cambridge, MA : Harvard University Press.

19. United Nations Environnement Programme (UNEP). (2015). *Déclaration de Rio sur l'environnement et le développement.* Repéré à www.unep.org/Documents.multilingual/Default.asp?DocumentID=78&ArticleID=1163&l=fr

20. *La bombe à retardement démographique : atténuer les effets des changements démographiques au Canada.* (2006, juin). Rapport du Comité sénatorial permanent des banques et du commerce. Repéré à www.parl.gc.ca/content/sen/committee/391/bank/rep/rep03jun06-f.htm. Traduction libre.

21. Emploi et Développement social Canada. (2016, 2 février). La demande de main-d'œuvre 2013-2022. *Système de projection des professions du Canada – Projections 2013.* Repéré à http://professions.edsc.gc.ca/sppc-cops/l.3bd.2t.1ilshtml@-fra.jsp?lid=22&fid=1&lang=fr

22. Women in Canada. (2015, 6 mai). *Catalyst.* Repéré à www.catalyst.org/knowledge/women-canada#footnote25_iabsaqw

23. Women matter 2010. (s.d.). *McKinsey & Company.* Repéré à www.mckinsey.com/locations/paris/home/womenmatter.asp

24. Milan, A. (2011, juillet). *Rapport sur l'état de la population du Canada : structure par âge et sexe : Canada, provinces et territoires, 2010.* Repéré à www.statcan.gc.ca/pub/91-209-x/2011001/article/11511-fra.pdf

25. Central Intelligence Agency (CIA). (2001, juillet). *Long-term global demographic trends : Reshaping the geopolitical landscape,* p. 5. Repéré à www.cia.gov/library/reports/general-reports-1/Demo_Trends_For_Web.pdf

26. Goodman, N. (1991). *An introduction to sociology.* New York, NY : HarperCollins ; Nakane, C. (1974). *La société japonaise.* Paris, France : Armand Colin.

27. Pour une analyse détaillée de l'importance de la structure juridique en tant que facteur pouvant expliquer le changement et la croissance

économiques, voir North, D. C. (1990). *Institutions, institutional change and economic performance.* Cambridge, MA : Cambridge University Press.

28. Shecter, B. (2005, 14 juin). Cineplex snaps up rival. *The Financial Post,* p. FP1 et FP6. Voir aussi Blackwell, R. (2005, 22 juin). Movie marriage promises blockbuster savings. *The Globe and Mail,* p. B3 ; MacDonald, G. (2005, 15 juin). Movie boss has best seat in the house. *The Globe and Mail,* p. B1 et B4. Traduction libre.

29. Reich, R. (1993). *L'économie mondialisée.* Paris, France : Dunod.

30. Bhagwati, J. (1993). *Op. cit.*

31. Gouvernement du Canada. (1993). *Règlement sur les règles d'origine (ALÉNA) – DORS/94-14.* Repéré sur le site Web de la législation (Justice) : http://laws-lois.justice. gc.ca/fra/reglements/DORS-94-14/ TexteComplet.html

32. Lesage, V. (2012, 12 mai). Une affaire de cœur. *Les affaires.* Repéré à www. lesaffaires.com/archives/generale/ une-affaire-de-coeur/544256

33. Équipe Perspective Monde (Université de Sherbrooke). (2015). État de droit : brève définition. *Perspective Monde.* Repéré à http://perspective. usherbrooke.ca/bilan/servlet/ BMDictionnaire?iddictionnaire=1493

34. Québec. (1991). Code civil du Québec. *Gazette officielle du Québec, partie 2 : Lois et règlements.* Éditeur officiel du Québec, chap. 64, art. 947. Repéré à www2.publicationsduquebec. gouv.qc.ca/dynamicSearch/telecharge. php?type=2&file=/CCQ_1991/ CCQ1991.html

35. Réseau Entreprises Canada. (2016, 11 janiver). *Société par actions, société en nom collectif, ou entreprise à propriétaire unique ?* Repéré à www. entreprisescanada.ca/fra/page/2853

36. Ministère de l'Agriculture, de l'Alimentation et des Affaires rurales de l'Ontario. (s.d). *Comment créer une coopérative.* Repéré à www.omafra.gov. on.ca/french/busdev/facts/02-020.htm

37. Innovation, Sciences et Développement économique Canada. (2016, 14 janvier). *Création d'une coopérative.* Repéré à www.ic.gc.ca/eic/site/cd-dgc. nsf/fra/cs03954.html ; Québec. (1982). Loi sur les coopératives.

Gazette officielle du Québec, partie 2 : Lois et règlements. Éditeur officiel du Québec, chap. 67.2. Repéré à www2.publicationsduquebec.gouv. qc.ca/dynamicSearch/telecharge. php?type=2&file=/C_67_2/C67_2. html

38. Tylor, E. B. (2009). *Primitive culture : Researches into the development of mythology, philosophy, religion, language, art, and custom.* Whitefish, MT : Kessinger Publishing.

39. Moore, K. (s.d.). *Great global managers : They don't come from the great powers. Here's where to look.* The Conference Board. Repéré à www.academia.edu/1065247/ Great_global_managers

40. *Ibid.*

41. Bellah, R. (1985). *Habits of the heart : Individualism and commitment in American life.* Berkeley, CA : University of California Press

42. Bellah, R. (1957). *The Tokugawa religion.* New York, NY : Free Press.

43. Nakane, C. (1974). *Op. cit.*

44. Moore, K. (s.d.). *Op. cit.* Traduction libre.

45. *Ibid.*

46. Hofstede, G. (1983, automne). The cultural relativity of organizational practices and theories. *Journal of International Business Studies,* p. 75-89.

47. Hofstede, G., Neuijen, B., Ohayv, D. D. et Sanders, G. (1990). Measuring organizational cultures : A qualitative and quantitative study across twenty cases. *Administrative Science Quarterly,* (35), p. 286-316.

48. In praise of the stateless multinational. (2008, 20 septembre). *The Economist,* p. 20.

49. Roll-up-Rim contest wasteful, critics say. (2005, 2 mars). *The London Free Press.* Repéré à www.canoe.ca/ NewsStand/LondonFreePress/News/ 2005/03/02/946850-sun.html

50. Mah, B. (2005, 1er mars). Tim Hortons contest a litterbug, critics say : Roll up the Rim Begins. *The National Post.* Traduction libre.

51. Duncan, R. B. (1972). Characteristics of organization environment and perceived environment. *Administrative Science Quarterly,* (17), p. 313-327.

52. McDonald's. (2016, 1er février). *McDonald's : tout sur nos aliments.* Repéré à www1.mcdonalds. ca/NutritionCalculator/ IngredientFactsFR.pdf

53. Tous les experts ne sont pas d'accord avec cette évaluation. Certains pensent même que les organisations et les gestionnaires en tant qu'individus ont peu d'effet sur l'environnement externe. Voir Hannan, M. T. et Freeman, J. (1984). Structural inertia and organizational change. *American Sociological Review,* (49), p. 149-164.

54. Foreign investment in Canada, lie back and forget the maple leaf. (2008, 5 avril). *The Economist,* p. 42.

55. Shama, A. (1993). Management under fire : The transformation of management in the Soviet Union and Eastern Europe. *Academy of Management Executive,* p. 22-35.

56. Grnak, A., Hughes, J. et Hunter, D. (2006). *Building the best : Lessons from inside Canada's best managed companies.* Toronto, Ontario : Viking Canada, p. 86. Traduction libre.

57. *Ibid,* p. 37. Traduction libre.

58. Rachlis, M. (2004, 26 avril). Medicare made easy. *The Globe and Mail,* p. A13.

59. IKEA : How the Swedish retailer became a global cult brand. (2005, 14 novembre). *Op. cit.* Traduction libre.

60. Seiders, K. et Berry, L. L. (1998). Service fairness : What it is and why it matters. *Academy of Management Executive,* (12), p. 8-20.

61. Grnak, A., Hughes, J. et Hunter, D. (2006). *Op. cit.* Traduction libre.

62. Anderson, C. (1997). Values-based management. *Academy of Management Executive,* (11), p. 25-46.

63. Donaldson, T. (1982). *Corporations and morality.* Englewood Cliffs, NJ : Prentice-Hall ; Shaw, W. H. et Barry, V. (1995). *Moral issues in business* (6e éd.). Belmont, CA : Wadsworth.

64. Tobin, D. R. (1998). *The knowledge enabled organization.* New York, NY : AMACOM.

Chapitre 3

1. MEC. (2014, avril). *Rapport annuel 2014 de MEC.* Repéré à

www.mec.ca/media/Images/pdf/
annualreport/Rapport_annuel_2014_
MEC_v2_m56577569836394601.pdf

2. Beauchamp, T. L. et Bowie, N. E. (dir.). (1979). *Ethical theory and business.* Englewood Cliffs, NJ : Prentice-Hall ; MacIntyre, A. (2013). *Après la vertu.* Paris, France : PUF.

3. Goodin, R. E. (1975, juillet). How to determine who should get what. *Ethics,* p. 310-321.

4. Pearce, J. A. (1982, printemps). The company mission as a strategic tool. *Sloan Management Review,* p. 15-24.

5. Barnard, C. I. (1948). *The functions of the executive.* Cambridge, MA : Harvard University Press.

6. Pearce, J. A. (1982, printemps). *Op. cit.*

7. Barnard, C. I. (1948). *Op. cit.*

8. Freeman, R. E. (1984). *Strategic management : A stakeholder approach.* Marshfield, MA : Pitman.

9. Adler, P. S. (2002, août). Corporate scandals : It's time for reflection in business schools. *Academy of Management Executive,* (16), p. 148-150.

10. Richest CEOs reportedly earn 235 times average salary. (2013, 2 janvier). *CBCNews.* Repéré à www.cbc.ca/news/business/richest-ceos-reportedly-earn-235-times-average-salary-1.1368720

11. Organisation internationale du Travail. (2015). *Déclaration de l'OIT relative aux principes et droits fondamentaux au travail.* Repéré à www.ilo.org/declaration/lang--fr/index.htm

12. Kelly, E. P. (2000, mai). A better way to think about business. *Academy of Management Executive,* (14), p. 127-129.

13. Cavanaugh, G. F., Moberg, D. J. et Velasquez, M. (1981). The ethics of organizational politics. *Academy of Management Review,* (6), p. 363-374 ; Jones, T. M. (1991). Ethical decision making by individuals in organizations : An issue contingent model. *Academy of Management Journal,* (16), p. 366-395.

14. Jones, T. M. (1995). Instrumental stakeholder theory : A synthesis of ethics and economics. *Academy of Management Review,* (20), p. 404-437.

15. Shaw, W. H. et Barry, V. (1995). *Moral issues in business* (6ᵉ éd.). Belmont, CA : Wadsworth ; Trevino, L. K. (1986). Ethical decision making in organizations : A person–situation interactionist model. *Academy of Management Review,* (11), p. 601-617.

16. Gellerman, S. W. (1989). Why good managers make bad decisions. Dans K. R. Andrews (dir.), *Ethics in practice : Managing the moral corporation* (p. 85-90). Boston, MA : Harvard Business School Press.

17. Waterman, A. S. (1988). On the uses of psychological theory and research in the process of ethical inquiry. *Psychological Bulletin, 103*(3), p. 283-298.

18. Frankel, M. S. (1989). Professional codes : Why, how, and with what Impact ? *Ethics,* (8), p. 109-115.

19. Ordre des administrateurs agréés du Québec. (2015, 1ᵉʳ juin). *Code de déontologie des administrateurs agréés.* Repéré à www2.publicationsduquebec.gouv.qc.ca/dynamicSearch/telecharge.php?type=3&file=/C_26/C26R14_1.HTM

20. Van Maanen, J. et Barley, S. R. (1984). Occupational communities : Culture and control in organizations. Dans B. Staw et L. Cummings (dir.), *Research in organizational behavior* (vol. 6, p. 287-365). Greenwich, CT : JAI Press.

21. Jones, T. M. (1991). *Op. cit.*

22. MEC. (s.d.). *Charte de MEC.* Repéré à www.mec.ca/AST/ContentPrimary/AboutMEC/AboutOurCoOp/MecCharter.jsp

23. Jones, G. R. (1997). *Organizational theory : Text and cases.* Reading, MA : Addison-Wesley.

24. Murphy, P. E. (1981, hiver). Creating ethical corporate structure. *Sloan Management Review,* p. 81-87.

25. When it comes to ethics, Canadian companies are all talk and little action a survey shows. (2000, 17 février). *Canadian Press Newswire.*

26. India IT boss quits over scandal. (2009, 7 janvier). *BBC News.* Repéré à http://news.bbc.co.uk/2/hi/business/7815031.stm. Traduction libre.

27. Gatewood, E. et Carroll, A. B. (1981, septembre-octobre). The anatomy of corporate social response. *Business Horizons,* p. 9-16.

28. Friedman, M. (1970, 13 septembre). A Friedman doctrine : The social responsibility of business is to increase its profits. *The New York Times Magazine,* p. 33.

29. Extrait de Cooper, S. (s.d.). *CSR – Milton Friedman was right.* Repéré à www.mcxindia.com/csr/newsarticle/pdf/csr_news41.pdf. Traduction libre.

30. Mining could be more resourceful (2008, 16 août). *The Economist,* p. 64.

31. Wal-Mart Canada says imports from Myanmar ended in spring. (2000, 18 juillet). *Canadian Press Newswire.* Traduction libre.

32. Sacks, D. (2007, septembre). Working with the enemy. *Fast Company,* p. 74-81. Repéré à www.fastcompany.com/magazine/118/working-with-the-enemy.html. Traduction libre.

33. Walmart Canada. (2007, 20 février). *Dr. David Suzuki challenges Wal-Mart Canada's management and suppliers.* Communiqué de presse. Repéré sur le site de CNW : www.newswire.ca/news-releases/dr-david-suzuki-challenges-wal-mart-canadas-management-and-suppliers-533461571.html

34. *Ibid.* Traduction libre.

35. Ouchi, W. (1982). *Théorie Z : faire face au défi japonais.* Paris, France : Inter Éditions.

36. McGuire, J. B., Sundgren, A. et Schneewis, T. (1988). Corporate social responsibility and firm financial performance. *Academy of Management Review,* (31), p. 854-872.

37. Millennium Ecosystem Assessment. (2005). *Ecosystems and human well-being : Synthesis.* Washington, DC : Island Press. Repéré à www.millenniumassessment.org/documents/document.356.aspx.pdf

38. Jedras, J. (2001, 30 juillet). Social workers. *Silicon Valley NORTH,* p. 1. Traduction libre.

39. Friedman, M. (1970), 13 septembre). *Op. cit.,* p. 32, 33, 122, 124, 126.

40. Saltuk, Y., Bouri, A. et Leung, G. (2011, 14 décembre). Insight into the impact investment market : An in-depth analysis of investor perspectives and over 2,200 transactions. *Global Impact Investing Network.* Repéré à https://thegiin.org/

knowledge/publication/insight-into-the-impact-investment-market

41. Bowman, E. D. (1973, hiver). Corporate social responsibility and the investor. *Journal of Contemporary Business*, p. 49-58.

42. Cascades. (2016). *Historique : la naissance d'une vision durable*. Repéré à www.cascades.com/fr/entreprise/historique

43. Gardenswartz, L. et Rowe, A. (1994). Repéré à http://collaborativejourneys.com/diversity-a-pathway-to-connection-common-ground-and-innovation. Traduction libre.

44. Statistique Canada. (2011). *Enquête nationale auprès des ménages de 2011 : Tableaux des données*. Repéré à www12.statcan.gc.ca/census-recensement/2011/dp-pd/index-fra.cfm

45. Perkel, C. (2008, 1er mai). Highly educated immigrants still lag in earnings. *The Toronto Star*. Repéré à www.thestar.com/Canada/Census/article/420336. Traduction libre.

46. Calgary Economic Development. (2006, juin). The changing profile of Calgary's workforce labour force profile. *CalgaryWorks*, p. 32. Traduction libre. Voir aussi Sankey, D. (2009, 9 avril). The many faces of diversity. *The National Post*, FP WORKING, p. WK3.

47. Tableau extrait de Employers Access to Support and Employees. (s.d.). *Generation Y : Myths & realities*. Repéré à www1.toronto.ca/wps/portal/contentonly?vgnextoid=6f041d3080012410Vgn VCM10000071d60f89RCRD. Traduction libre.

48. Folger, R. et Konovsky, M. A. (1989). Effects of procedural and distributive justice on reactions to pay raise decisions. *Academy of Management Journal*, (32), p. 115-130 ; Greenberg, J. (1990). Organizational justice : Yesterday, today, and tomorrow. *Journal of Management*, (16), p. 399-402.

49. Enbridge. (2014, 10 février). *Dynamic through diversity : Enbridge named one of Canada's Best Diversity Employers for 2014*. Repéré à www.enbridge.com/Viewer?id=3E05FAD54FD74B82A1 E80DE67FE0ECFD

50. Greenberg, J. (1990). *Op. cit.*

51. Canadian Association for Prior Learning Assessment (CAPLA). (s.d.). *The history of CAPLA*. Repéré à http://capla.ca/home/history-of-capla

52. Robinson, G. et Dechant, K. (1997). Building a case for business diversity. *Academy of Management Executive*, p. 3, 32-47.

53. Grnak, A., Hughes, J. et Hunter, D. (2006). *Building the best, lessons from inside Canada's best managed companies*. Toronto, Ontario : Viking Canada.

54. Kalawsky, K. (2001, 10 avril). US group wants Royal's Centura buy delayed : Alleges takeover target discriminates against minorities. *The Financial Post (National Post)*, p. C4. Traduction libre.

55. Christoff, S. (s.d.). Racism and reasonable accommodation in Quebec : The debate is a farce. *National Post*. Repéré à http://hour.ca/2007/11/15/the-debate-is-a-farce

56. Branswell, H. (2001, 14 mai). When Nestlé Canada said last month it would no longer be making chocolate bars in a nut-free facility, thousands wrote in to protest. *Canadian Press Newswire*. Traduction libre.

57. *Ibid.* Traduction libre.

58. Carnevale, A. P. et Stone, S. C. (1994, octobre). Diversity : Beyond the golden rule. *Training & Development*, p. 22-39.

59. Canada's Top 100 Employers 2015 (s.d.). *Canada's best diversity employers*. Repéré à www.canadastop100.com/diversity

60. Gouvernement du Canada. (2015). *Guide de la détermination de l'admissibilité*. Repéré à www.servicecanada.gc.ca/fra/ae/guide/6_5_0.shtml

61. Canada. (1985). *Loi canadienne sur les droits de la personne*, L.R.C., ch. H6. 3 (1). Repéré à laws-lois.justice.gc.ca/fra/lois/H-6/TexteComplet.html

62. Treasury Board of Canada Secretariat. Harassment in the workplace. Repéré à www.collectionscanada.gc.ca/eppp-archive/100/201/301/tbs-sct/tb_manual-ef/Pubs_pol/hrpubs/TB_851/HARAE1.html. Traduction libre.

63. Conseil canadien de la sécurité. (s.d.). *L'intimidation en milieu de travail*. Repéré à https://canadasafetycouncil.

org/fr/la-securite-au-travail/lintimidation-en-milieu-de-travail

64. Jugements de la Cour suprême du Canada (1989). Janzen c. Platy Enterprises Ltd. Repéré à http://scc-csc.lexum.com/scc-csc/scc-csc/fr/item/456/index.do

65. Vic Toews promises new RCMP discipline legislation : Government promises to help RCMP deal with problem officers. (2012, 30 mai). *CBC News*. Repéré à www.cbc.ca/news/canada/british-columbia/story/2012/05/29/bc-rcmp-discipline-law.html

66. Carton, B. (1994, 29 novembre). Muscled out ? At Jenny Craig, men are ones who claim sex discrimination. *The Wall Street Journal*, p. A1, A7.

67. Paetzold, R. L. et O'Leary-Kelly, A. M. (1993). Organizational communication and the legal dimensions of hostile work environment sexual harassment. Dans G. L. Kreps (dir.), *Sexual harassment : Communication implications* (p. 63-77). Cresskill, NJ : Hampton Press.

68. Galen, M., Weber, J. et Cuneo, A. Z. (1991, 28 octobre). Sexual harassment : Out of the shadows. *Fortune*, p. 30-31.

69. Employers underestimate extent of sexual harassment, report says. (2001, 8 mars). *The Vancouver Sun*, p. D6.

70. O'Leary-Kelly, A. M., Paetzold, R. L. et Griffin, R.W. (1995, août). Sexual harassment as aggressive action : A framework for understanding sexual harassment. Communication présentée dans le cadre de la réunion annuelle de l'Academy of Management, Vancouver.

71. Employers underestimate extent of sexual harassment, report says. (2001, 8 mars). *Op. cit.* Traduction libre.

72. Les renseignements contenus dans ce paragraphe sont basés sur l'article de Jack, I. (1997, 10 septembre). Magna suit spotlights auto industry practices. *The Financial Post Daily*, p. 1.

73. The Sexual Assault/Rape Crisis Centre of Peel. (s.d.). *Sexual harassment in the workplace*. Publié par le Metropolitain Action Committee on Violence Against Women and Children, www.metrac.org. Repéré à http://vincent.mucchielli.free.fr/PUA/Misc/Workplace%20

Sexual%20Harrasment.pdf. Traduction libre.

74. Bresler, S. J. et Thacker, R. (1993, mai). Four-point plan helps solve harassment problems. *HR Magazine,* p. 117-124.

75. Orser, B. (2001). Sexual harassment is still a management issue. *Gender Diversity Tool Kit,* Resources No. 1, The Conference Board of Canada. Repéré à http://wall.oise.utoronto.ca/inequity/2orserharassment.pdf

76. Adapté de Levitt, H. (2005, 9 mars). Spurning lover or workplace harasser? *The National Post,* p. FP10. Traduction libre. Avec l'autorisation de Howard Levitt (Levitt Grosman LLP).

Chapitre 4

1. Sacks, D. (2006, octobre). The catalyst. *Fast Company,* p. 59-61.

2. Puma SE. (2016). *History.* Repéré à http://about.puma.com/en/this-is-puma/history

3. Sacks, D. (2006, octobre). *Op.cit.*

4. Puma SE. (2016). *Chemicals management.* Repéré à http://about.puma.com/en/sustainability/environment/chemicals-management

5. Sacks, D. (2006, octobre). *Op.cit.*

6. *Ibid.* Traduction libre.

7. Sacks, D. (2006, octobre). *Op.cit.*

8. Huber, G. P. (1993). *Managerial decision making.* Glenview, IL: Scott, Foresman.

9. Sacks, D. (2006, octobre). *Op.cit.*

10. What Steve Jobs taught me by kicking my butt. (2011, 10 octobre). *Canadian Business,* p. 17.

11. Simon, H. A. (1977). *The new science of management decision.* Englewood Cliffs, NJ: Prentice-Hall.

12. Jaffe, E. (2004, mai). What was I thinking? Kahneman explains how intuition leads us astray. *American Psychological Society, 17*(5), p. 23-26; Kahneman, D. (2002, 8 décembre). *Maps of bounded rationality: A perspective on intuitive judgment and choice,* conférence, cérémonie de remise des prix Nobel.

13. Kearns, A. (2005, 4 mai). The big career decisions. *The National Post,* p. FP9. Traduction libre. Voir aussi le site www.econlib.org/library/Enc/bios/Simon.html

14. Simon, H. A. (1947). *Administrative behavior.* New York, NY: Macmillan, p. 79.

15. Simon, H. A. (1957). *Models of man.* New York, NY: Wiley.

16. Arrow, K. J. (1965). *Aspects of the theory of risk bearing.* Helsinki, Finlande: Yrjo Johnssonis Saatio.

17. Daft, R. L. et Lengel, R. H. (1986). Organizational information requirements, media richness and structural design. *Management Science,* (32), p. 554-571.

18. Cyert, R. et March, J. (1970). *Processus de décision dans l'entreprise.* Paris, France: Dunod.

19. March, J. G. et Simon, H. A. (1999). *Les organisations.* Paris, France: Dunod.

20. Simon, H. A. (1987). Making management decisions: The role of intuition and emotion. *Academy of Management Executive,* (1), p. 57-64.

21. Bazerman, M. H. (1986). *Judgment in managerial decision making.* New York, NY: Wiley. Voir aussi Simon, H. A. (1947). *Op. cit.*

22. Tichy, N. et Bennis, W. (2007, octobre). Making Judgment Calls. *Harvard Business Review.* Repéré à https://hbr.org/2007/10/making-judgment-calls

23. Mouvement québécois de la qualité (s.d.). *Processus de résolution de problèmes.* Repéré à www.qualite.qc.ca/centre-des-connaissances/fiches-outils-detaillees/processus-de-resolution-de-problemes/methodologie

24. Bazerman, M. H. (1986). *Op. cit.*; Huber, G. P. (1993). *Op. cit.*; Russo, J. E. et Schoemaker, P. J. (1994). *Les chausse-trappes de la prise de decision.* Paris, France: éditions d'Organisation.

25. Cohen, M. D., March, J. G. et Olsen, J. P. (1972). A garbage can model of organizational choice. *Administrative Science Quarterly,* (17), p. 1-25.

26. *Ibid.*

27. Bazerman, M. H. (1986). *Op. cit.*

28. Berger, B. (2004, 26 janvier). NASA: One year after *Columbia:* Bush's new vision changes agency's course midstream. *Space News Business Report.* Repéré à www.space.com/spacenews/businessmonday_040126.html

29. Glanz, J. et Schwartz, J. (2003, 26 septembre). Dogged engineer's

effort to assess shuttle damage. *The New York Times,* p. A1.

30. Wald, M. L. et Schwartz, J. (2003, 28 août). NASA chief promises a shift in attitude. *The New York Times,* p. A23.

31. Bazerman, M. H. (1986). *Op. cit.*; Nutt, P. C. (2002). *Why decisions fail: Avoiding the blunders and traps that lead to debacles.* San Francisco, CA: Berrett-Koehler Publishers.

32. Russo, J. E. et Schoemaker, P. J. (1994). *Op. cit.*

33. Nutt, P. C. (2002). *Op. cit.*

34. Russo, J. E. et Schoemaker, P. J. (1994). *Op. cit.*

35. Kahneman, D. et Tversky, A. (1974). Judgment under scrutiny: Heuristics and biases. *Science,* (185), p. 1124-1131.

36. Schwenk, C. R. (1984). Cognitive simplification processes in strategic decision making. *Strategic Management Journal,* (5), p. 111-128.

37. Richard Roll présente un cas intéressant d'illusion de contrôle dans ce qu'il appelle l'« hypoyhèse présomptueuse des acquisitions ». Voir Roll, R. (1986). The hubris hypothesis of corporate takeovers. *Journal of Business,* (59), p. 197-216.

38. What Steve Jobs taught me by kicking my butt. (2011, 10 octobre). *Op. cit.* Traduction libre.

39. Staw, B. M. (1981). The escalation of commitment to a course of action. *Academy of Management Review,* (6), p. 577-587.

40. Edwards, J. C. (2001). Self-fulfilling prophecy and escalating commitment. *The Journal of Applied Behavioral Science, 37*(3), p. 343-360. Repéré à http://jab.sagepub.com/cgi/content/abstract/37/3/343. Voir aussi Street, M. et Street, V. L. (2006). The effects of escalating commitment on ethical decision-making. *Journal of Business Ethics,* (64), p. 343-356. Repéré à www.springerlink.com/content/g0u1r47kv975w272

41. Really bad advice. (2011, 19 septembre). *Maclean's,* p. 43. Traduction libre.

42. Russo, J. E. et Schoemaker, P. J. (1994). *Op. cit.*

43. *Ibid.*

44. Vancoucer Aquarium. (2015, 10 juillet). *Ocean wise and sustainable seafood*. Vidéo. Repéré à www.vanaqua.org/act/direct-action/ocean-wise

45. Compass Group Canada et Ocean Wise. (2008, 9 mai). *Compass Group Canada takes a leading role in sustainable seafood purchasing*. Communiqué de presse. Repéré à www.oceanwise.ca/sites/oceanwise.ca/files/CompassGroupCanadatakesleadingroleinsustainableseafoodpurchasing.pdf. Traduction libre.

46. Coalition for Sustainable Egg Supply. (s.d.). *About The Coalition for Sustainable Egg Supply*. Repéré à www2.sustainableeggcoalition.org/about

47. Brin, C. et St-Pierre, M. (2013). *Crise des médias et effectifs rédactionnels au Québec*. Québec, Québec : Centre d'études sur les médias, Université Laval. Repéré à www.cem.ulaval.ca/pdf/Crise%20des%20medias%20et%20effectifs.pdf

48. Radio-Canada et La Presse Canadienne. (2015, 15 septembre). Le Toronto Star lance Star Touch, équivalent de La Presse+. *ICI Radio-Canada.ca*. Repéré à http://ici.radio-canada.ca/regions/ontario/2015/09/15/011-toronto-star-star-touch-la-presse-plus.shtml

49. Bertrand, M. (2015, 24 septembre). La Presse supprime 158 postes, dont 43 à la rédaction. *ICI Radio-Canada.ca*. Repéré à http://ici.radio-canada.ca/nouvelles/economie/2015/09/24/002-la-presse-compressions-journalistes-tablettes.shtml

50. Greenbiz Staff. (2008, 25 octobre). Survey of S&P 100 Identifies Best Practices for Sustainability Communications. *GreenBiz.com*. Repéré à www.greenbiz.com/news/2008/10/15/survey-sp-100-identifies-best-practices-sustainability-communications

51. Voir Senge, P. (1993). *La cinquième discipline : l'art et la manière des organisations qui apprennent*. Paris, France : First.

52. Schellhardt, T. D. (1996, 23 mai). David in Goliath. *The Wall Street Journal*, p. R14 ; Stewart, T. A. (1996, 5 février). 3M fights back. *Fortune*, p. 94-99.

53. Salter, C. (2008, mars). FAST 50 : The world's most innovative companies. *Fast Company*, p. 73-117.

54. Ullmann, M. (2001, février). Creativity cubed : Burntsand has found a novel program to motivate its most creative employees. Can it work for you ? *SVN Canada*, p. B22-B23. Traduction libre.

55. Macintosh, N. B. (1995). *The social software of accounting information systems*. New York, NY : Wiley.

56. Benjamin, R. I. et Blunt, J. (1992, été). Critical IT issues : The next ten years. *Sloan Management Review*, p. 7-19 ; Davidow, W. H. et Malone, M. (1995). *L'entreprise à l'âge virtuel*. Paris, France : Maxima.

57. O'Reilly, C. A. (1982). Variations in decision makers' use of information : The impact of quality and accessibility. *Academy of Management Journal*, (25), p. 756-771.

58. Stalk, G. et Hout, T. H. (1990). *Competing against time*. New York, NY : Free Press.

59. Cyert, R. et March, J. (1970). *Processus de décision dans l'entreprise*. Paris, France : Dunod.

60. Hill, C. W. L. et Pickering, J. F. (1986). Divisionalization, decentralization, and performance of large United Kingdom companies. *Journal of Management Studies*, (23), p. 26-50.

61. Williamson, O. E. (1975). *Markets and hierarchies : Analysis and anti-trust implications*. New York, NY : Free Press.

62. Turban, E. (1988). *Decision support and expert systems*. New York, NY : Macmillan.

63. *Ibid.*, p. 346.

64. Rich, E. (1987). *Intelligence artificielle*. Paris, France : Masson.

65. A special report on corporate IT. (2008, 25 au 31 octobre). *The Economist*, p. 10.

66. *Ibid.*, p. 4. Traduction libre.

67. EMC2. (s.d.). *Energy and climate change strategy*. Repéré à http://canada.emc.com/corporate/sustainability/operations/energy-climate-change-strategy.htm

68. American Chemical Society. (2013, 23 janvier). *Toward reducing the greenhouse gas emissions of the Internet and telecommunications*. Communiqué de presse. Repéré à www.acs.org/content/acs/en/pressroom/presspacs/2013/acs-presspac-january-23-2013/toward-reducing-the-greenhouse-gas-emissions-of-the-internet-and-telecommunications.html

69. One million acts of green. (s.d.). *Greenliving*. Repéré à www.greenlivingonline.com/article/one-million-acts-green

70. Adapté de Beer, J. (2011, 5 octobre). An even better choice ? A bad economy didn't deter Loblaws' luxury grocery gamble. Bacon marmalade, anyone ? *Canadian Business*. Repéré à www.canadianbusiness.com/business-strategy/an-even-better-choice. Consulté le 11 octobre 2011. Les citations sont des traductions libres.

Chapitre 5

1. Rapport annuel de 2010. Repéré à http://phx.corporate-ir.net/External.File?item=UGFyZW50SUQ9OTA4OTN8Q2hpbGRJRD0tMXxUeXBlPTM=&t=1ir.net/External.File?item=UGFyZW50SUQ9OTA4OTN8Q2hpbGRJRD0tMXxUeXBlPTM=&t=1. Les citations sont des traductions libres.

2. Amazon : The Kindle tablet. (2011, 17 octobre). *The New York Times*. Repéré à http://topics.nytimes.com/top/news/business/companies/amazon_inc/index.html

3. Gupta, P. et Finkle, J. (2011, 13 octobre). Problems plague Apple iCloud, iOS launch. *Thomson Reuters*. Repéré à www.reuters.com/article/2011/10/13/us-apple-software-idUSTRE79C7JX20111013

4. Stone, B. (2011, 28 septembre). Amazon, the company that ate the world. *BusinessWeek*. Repéré à www.businessweek.com/magazine the-omnivore-09282011.html. Traduction libre.

5. Chandler, C. (1989). *Stratégies et structures de l'entreprise*. Paris, France : Éditions d'Organisation.

6. Aguilar, F. J. (1992). General Electric : Reg Jones and Jack Welch. *General Managers in Action*. Oxford : Oxford University Press.

7. *Ibid.*

8. Hofer, C. W. et Schendel, D. (1978). *Strategy formulation: Analytical concepts.* St. Paul, MN: West.

9. Fayol, H. (1999). *Administration industrielle et générale.* Paris, France: Dunod. Cet ouvrage de Fayol a été publié pour la première fois en 1916.

10. *Ibid.*

11. Phelps, R., Chan, C. et Kapsalis, S. C. (2001, mars). Does scenario planning affect firm performance? *Journal of Business Research,* p. 223-232.

12. Schoemaker, P. J. H. (2008, 29 avril). Are you ready for global turmoil? *Business Week.* Repéré à www.bloomberg. com/bw/stories/2008-04-29/ are-you-ready-for-global-turmoil- businessweek-business-news- stock-market-and-financial-advice. Traduction libre.

13. Hill, C. W. L. et McShane, S. (2008). *Principles of management.* New York, NY: McGraw-Hill/Irwin, p. 111.

14. How Maple Leaf Foods is handling the Listeria outbreak. (2008, 28 août). *CBCNews – Business.* Repéré à www. cbc.ca/news/business/how-maple- leaf-foods-is-handling-the-listeria- outbreak-1.763404

15. Beahm, G. (2012). *Steve Jobs quotes: The man in his own words by Steve Jobs* (Kindle Edition). Evanston, IL: Agate Publishing. Traduction libre.

16. Pearce, J. A. (1992, printemps). The company mission as a strategic tool. *Sloan Management Review,* p. 15-24.

17. Chandler, A. (1989). *Stratégies et structures de l'entreprise.* Paris, France: Éditions d'Organisation.

18. Nutt, P. C. et Backoff, R. W. (1997, décembre). Crafting vision. *Journal of Management Inquiry,* p. 309. Traduction libre.

19. Bill Gates Interview. (2010, 23 septembre). *Academy of Achievment.* Repéré à www. achievement.org/autodoc/page/ gat0int-1

20. Ingram, M. (2001, 12 mai). Our job is to be better. *The Globe and Mail,* p. F3. Traduction libre.

21. FAQs. Amazon.com. Repéré à http://phx.corporate-ir.net/phoenix. zhtml?c=97664&p=irol-faq#14296. Traduction libre.

22. Abell, D. F. (1980). *Defining the business: The starting point of strategic planning.* Englewood Cliffs, NJ: Prentice-Hall.

23. FAQs. Amazon.com. *Op.cit.* Traduction libre.

24. Hamel, G. et Prahalad, C. K. (1989, mai-juin). Strategic intent. *Harvard Business Review,* p. 63-73.

25. Bass, B. M. et Avolio, B. J. (1990, janvier). Transformational and transactional leadership: 1992 and beyond. *Journal of European Industrial Training,* p. 20-35; Jung, D. I. et Avolio, B. J. (2000, décembre). Opening the black box: An experimental investigation of the mediating effects of trust and value congruence on transformational and transactional leadership. *Journal of Organizational Behavior,* p. 949-964.

26. Andrews, K. R. (1971). *The concept of corporate strategy.* Homewood, IL: Irwin.

27. *Ibid.*

28. Johnson, G. et collab. (2014). *Stratégique* (10e éd.). Montreuil, France: Pearson, p. 37-43.

29. Amazon.com. (2010). *Rapport annuel.* Repéré à http://phx.corporate-ir.net/ External.File?item=UGFyZW50SUQ 9OTA4OTN8Q2hpbGRJRD0tMXx UeXBllPTM=&t=1

30. Drucker, P. (2001). The next society: a survey of the near future. *The Economist, 3*(1), p. 2-20.

31. Brandenburger, A. M. et Nalebuff, B. J. (1996). *La co-opétition, une révolution dans la manière de jouer concurrence et coopération.* Paris, France: Village mondial; Dealing with the downturn: Make love—and war. (2008, 9 août). *The Economist,* p. 57.

32. *Ibid.* Traduction libre.

33. Samsung, the Next Big Bet. (2011, 1er octobre). *The Economist* (version imprimée). Repéré à www.economist. com/node/21530976

34. Peters, T. et Waterman, Jr., R. H. (2004). *Le prix de l'excellence.* Paris, France: Dunod.

35. McLean, C. et Pitts, G. (2005, 14 mai). Bell adopts a new party line. *The Globe and Mail,* p. B4. Traduction libre.

36. Penrose, E. (1963). *Facteurs, conditions et mécanismes de la croissance de l'entreprise.* Paris, France: Hommes et techniques.

37. Porter, M. E. (1987). From competitive advantage to corporate strategy. *Harvard Business Review,* (65), p. 43-59.

38. Success story. (2008). *Electronic Data Systems Corporation.* Repéré à www.eds. com/sites/success/coors.aspx

39. Pitts, G. (2002, 1er avril). Small is beautiful, conglomerates signal. *The Globe and Mail,* p. B1, B4.

40. Pour une synthèse des critiques, voir Hill, C. W. L. et Jones, G. R. (2000). *Strategic management: An integrated approach* (3e éd.). Boston, MA: Houghton Mifflin.

41. Ramanujam, V. et Varadarajan, P. (1989). Research on corporate diversification: A synthesis. *Strategic Management Journal,* (10), p. 523-551. Voir aussi Shleifer, A. et Vishny, R. W. (1994). Takeovers in the 1960s and 1980s: Evidence and implications. Dans R. P. Rumelt, D. E. Schendel et D. J. Teece (dir.), *Fundamental issues in strategy* (p. 403-422). Boston, MA: Harvard Business School Press.

42. Williams, J. R., Paez, B. L. et Sanders, L. (1988). Conglomerates revisited. *Strategic Management Journal,* (9), p. 403-414.

43. Shaw, H. (2001, 20 février). Fish, dairy units sacrificed to help raise cash for baked goods: Bestfoods deal. *The Financial Post (National Post),* p. C1, C6. Traduction libre.

44. Krumrei, D. (2001, 1er décembre). Corporate profiles: George Weston Bakeries, Inc. *Milling & Baking News.*

45. Thompson Jr, A. A. et Strickland, A. J. (1999). *Strategic management: Concepts and cases* (11e éd.). Boston, MA: McGraw-Hill/Irwin. Repéré à www. mhhe.com/business/management/ thompson/11e/case/starbucks-2.html

46. Perry, M. K. (1989). Vertical integration: Determinants and effects. Dans R. Schmalensee et R. D. Willig (dir.), *Handbook of industrial organization* (vol. 1, p. 183-255). New York, NY: Elsevier Science Publishing.

47. SunOpta Inc. (29 novembre 2007). *SunOpta acquires tradin organic agriculture of Amsterdam, expands*

global organic ingredient sourcing and processing platform. Communiqué de presse. Repéré à http://investor.sunopta.com/releasedetail.cfm?ReleaseID=287202. Traduction libre.

48. Ghemawat, P. (1991). *Commitment: The dynamic of strategy.* New York, NY: Free Press.

49. Porter, M. E. (1999). *Choix stratégiques et concurrence.* Paris, France: Économica.

50. Voir le site www.victor-innovatex.com/fr

51. Hill, C. W. L. (1988). Differentiation versus low cost or differentiation and low cost: A contingency framework. *Academy of Management Review,* (13), p. 401-412.

52. Pour plus de renseignements, voir Womack, J. P., Jones, D. T. et Roos, D. (1992). *Le système qui va changer le monde: une analyse des industries automobiles mondiales,* Paris, France: Dunod.

53. Porter, M. E. (1999). *Op. cit.*

54. Hill, C. W. L. et Jones, G. R. (2000). *Op. cit.*

55. Crosby, P. B. (1980). *Quality is free.* New York, NY: Mentor Books; Gabor, A. (1990). *The Man Who Discovered Quality.* New York: Times Books. Garvin, D. (1984, automne). What does product quality really mean? *Sloan Management Review,* (26), p. 25-44.

56. Nickels et collab. (2005). *Understanding Canadian Business.* Toronto, Ontario: McGraw-Hill Ryerson.

57. Weeks, C. (2011, 15 juillet). Campbell's adding salt back to its soups. *The Globe and Mail.* Repéré à www.theglobeandmail.com/life/health/new-health/health-news/Campbell's-adding-salt-back-to-its-soups/article2097659

58. Green Door Vegetarian Restaurant – Profile. (s.d.). *OttawaPlus.ca.* Repéré à www.ottawaplus.ca/portal/profile.do?profileID=45275

59. Mulvihill, G. (2004, 5 août). Campbell is really cooking. *San Diego Tribune.com.* Repéré à www.utsandiego.com/uniontrib/20040805/news_1b5campbell.html

60. Crotty, W. D. (2004, 24 mai). Campbell's not so hot. The Motley Fool. Repéré à www.fool.com/investing/general/2004/05/24/campbells-not-so-hot.aspx?source=isesitlnk0000001&mrr=0.33

61. Halperin, A. (2006, 24 mai). Chicken soup for the investor's soul. Repéré à www.bloomberg.com/bw/stories/2006-05-24/chicken-soup-for-the-investors-soulbusinessweek-business-news-stock-market-and-financial-advice

62. Carter, A. (2006, 4 décembre). Lighting a fire under Campbell. Repéré à www.bloomberg.com/bw/stories/2006-12-03/lighting-a-fire-under-campbell

63. Weeks, C. (2011, 15 juillet). *Op. cit.*

Chapitre 6

1. Samsung Electronics appoints new executive leadership in major organizational realignment. (2009, 17 décembre). *Samsung – News.* Repéré à www.samsung.com/ca/news/global/samsung-electronics-appoints-new-executive-leadership-in-major-organizational-realignment

2. Tatcher, J. (2009, 19 décembre). Samsung Electronics Names New CEO. *Reuters.* Repéré à www.reuters.com/article/2009/12/15/us-samsungelec-ceo-idUSTRE5BE05T20091215. Traduction libre.

3. Chang, S.-J. (2008). *Sony versus Samsung.* Hoboken, NJ: John Wiley and Sons, p. 128.

4. Samsung and its attractions: Asia's new model company. (2011, 1er octobre). *The Economist.* Repéré à www.economist.com/node/21530984

5. Samsung: The next big bet. (2011, 29 septembre). *The Economist.* Repéré à www.economist.com/node/21530976. Traduction libre.

6. Lawrence, P. R. et Lorsch, J. W. (1994). *Adapter les structures: intégration ou différenciation.* Paris, France: Éditions d'Organisation.

7. Jones, G. R. (1995). *Organizational theory: Text and cases.* Reading, MA: Addison-Wesley.

8. Child, J. (1977). *Organization: A guide for managers and administrators.* New York, NY: Harper and Row.

9. Taylor, F. W. (1971). *La direction scientifique des entreprises.* Paris, France: Dunod.

10. Griffin, R. W. (1982). *Task design: An integrative approach.* Glenview, IL: Scott, Foresman.

11. *Ibid.*

12. Adapté de Hackman, J. R. et Oldham, G. R. (1980). *Work redesign.* Reading, MA: Addison-Wesley, figure 4.2. p. 77, © 1980 Pearson Education.

13. Galbraith, J. R. et Kazanjian, R. K. (1986). *Strategy implementation: Structure, system, and process* (2e éd.). St. Paul, MN: West.

14. Lawrence, P. R. et Lorsch, J. W. (1994). *Op.cit.*

15. Jones, G. R. (1995). *Op. cit.*

16. Lawrence, P. R. et Lorsch, J. W. (1994). *Op. cit.*

17. Hall, R. H. (1972). *Organizations: Structure and process.* Englewood Cliffs, NJ: Prentice-Hall; Miles, R. (1980). *Macro organizational behaviour.* Santa Monica, CA: Goodyear.

18. Chandler, A. D. (1989). *Stratégies et structures de l'entreprise.* Paris, France: Éditions d'Organisation.

19. Jones, G. R. et Hill, C. W. L. (1988). Transaction cost analysis of strategy-structure choice. *Strategic Management Journal,* (9), p. 159-172.

20. Morgan, K. (s.d.). Fred Smith – Federal Express Renegade. *Island Connections.* Repéré à www.islandconnections.com/edit/smith.htm. Traduction libre.

21. Cowan, J. (2010, 14 avril). La fabuleuse ascension de Dollarama. *L'actualité.* Repéré à www.lactualite.com/lactualite-affaires/la-fabuleuse-ascension-de-dollarama

22. Arctic Co-operatives Limited (ACL). (s.d.). *Welcome!* Repéré à www.arcticco-op.com

23. Davis, S. M. et Lawrence, P. R. (1977). *Matrix.* Reading, MA: Addison-Wesley; Galbraith, J. R. (1971). Matrix organization designs: How to combine functional and project forms. *Business Horizons,* (14), p. 29-40.

24. Burns, L. R. (1989). Matrix management in hospitals: Testing theories of matrix structure and development. *Administrative Science Quarterly,* (34), p. 349-368.

25. Hill, C. W. L. (1997). *International business.* Homewood, IL: Irwin.

26. Jones, G. R. (1995). *Op. cit.*

27. Maccoby, M. (1996, janvier-février). Knowledge workers need new structures. *Research Technology Management, 30*(3), p. 56-58. Repéré à www.maccoby.com/Articles/KnowledgeWorkers.shtml

28. Capowski, G. S. (1993, juin). Designing a corporate identity. *Management Review,* p. 37-38.

29. Marcia, J. (1995, janvier). Just doing it. *Distribution,* p. 36-40.

30. Nike battles backlash from overseas sweatshops. (1988, 9 novembre). *Marketing News,* p. 14.

31. Laabs, J. (1998, décembre). Nike gives Indonesian workers a raise. *Workforce,* p. 15-16.

32. Echikson, W. (1999, 19 juillet). It's Europe's turn to sweat about sweatshops. *BusinessWeek,* p. 96.

33. Grnak, A., Hughes, J. et Hunter, D. (2006). *Building the best: Lessons from inside Canada's best managed companies.* Toronto, Ontario: Viking Canada, p. 154.

34. Khanna, P. (2004, 10 décembre). CP Rail jumps aboard outsourcing train. *Computing Canada,* p. 30. Traduction libre. Pour d'autres renseignements sur l'externalisation, voir le site www.ezgoal.com/outsourcing/c.asp?a=Canada&outsourcing

35. Rosenthal, B. E. (2007, 1er juin). Outsourcing manages risk while transforming processes for Canada's Central Bank. Repéré à www.outsourcing-center.com/2007-06-outsourcing-manages-risk-while-transforming-processes-for-canadas-central-bank-article-37535.html

36. Barthelemy, J. et Adsit, D. (2003). The seven deadly sins of outsourcing. *Academy of Management Executive, 17*(2), p. 87-100.

37. Blau, P. (1970). A formal theory of differentiation in organizations. *American Sociological Review,* (35), p. 684-695.

38. Grey, S. (2004, 16 juillet). McDonald's CEO announces shifts of top executives. *The Wall Street Journal,* p. A11.

39. Child, J. (1977). *Op. cit.*

40. Les renseignements sur Canards Illimités proviennent de Salute! Celebrating the progressive employer. (1999, mars). Supplément publicitaire, *Benefits Canada,* p. supp. 1-23.

41. *Ibid.* Traduction libre.

42. Blau, P. M. et Schoenherr, R. A. (1971). *The structure of organizations.* New York, NY: Basic Books.

43. Lawrence, P. R. et Lorsch, J. W. (1994). *Op. cit.*

44. Jones, G. R. (1995). *Op. cit.*

45. Strauss, M. (2011, mai). Leadership secrets of the Invisible Man. *The Globe and Mail Report on Business,* p. 56-62.

46. Burns, T. et Stalker, G. M. (1961). *The management of innovation.* Londres, Royaume-Uni: Tavistock.

47. Perlow, L. A., Okhuysen, G. A. et Repenning, N. P. (2002). The speed trap: Exploring the relationship between decision making and temporal context. *Academy of Management Journal,* (45), p. 931-955.

48. Lawrence, P. R. et Lorsch, J. W. (1994). *Op. cit.*

49. Duncan, R. (1979, hiver). What is the right organizational design? *Organizational Dynamics,* p. 59-80.

50. Burns, T. et Stalker, G. R. (1966). *The management of innovation.* Londres, Royaume-Uni: Tavistock.

51. Peterson, S. (2005, 18 mai). Good leaders empower people. *The National Post,* p. FP9. Traduction libre.

52. Miller, D. (1987). Strategy making and structure: Analysis and implications for performance. *Academy of Management Journal,* (30), p. 7-32.

53. Chandler, A. D. (1989). *Op. cit.*

54. Stopford, J. et Wells, L. (1974). *Direction et gestion des entreprises multinationales.* Paris, France: CLM-Publi-Union.

55. Woodward, J. (1958). *Management and technology.* Londres, Royaume-Uni: Her Majesty's Stationery Office.

56. Perrow, C. (1970). *Organizational analysis: A sociological view.* Belmont, CA: Wadsworth.

57. Adapté de Jones, G. (2007). *Essentials of contemporary management* (2e éd.). Boston, MA: McGraw-Hill Ryerson.

58. Couts, A. (2011, 20 octobre). Microsoft moving forward in bid to buy yahoo: Report. *Digital Trends.* Repéré à www.digitaltrends.com/web/microsoft-moving-forward-in-bid-to-buy-yahoo-report

59. Hof, R. D. (2009, 26 février). Yahoo's Bartz shows who's boss. *BusinessWeek online.* Repéré à www.bloomberg.com/bw/stories/2009-02-26/yahoos-bartz-shows-whos-bossbusinessweek-business-news-stock-market-and-financial-advice. Traduction libre.

60. MacMillan, D., King, I. et Levy, A. (2011, 7 septembre). Bartz fired as Yahoo CEO amid plans for strategic review. *Businessweek.* Repéré à www.businessweek.com/technology/bartz-fired-as-yahoo-ceo-amid-plans-for-strategic-review-09072011.html. Traduction libre.

Chapitre 7

1. Kiley, D. (2007, 3 juin). The new heat on Ford. *Bloomberg Business.* Repéré à www.bloomberg.com/bw/stories/2007-06-03/the-new-heat-on-ford. Traduction libre.

2. *Ibid.*

3. Bodnar, K. (2011, 15 février). Manufacturing industry best practices: Ford's culture shift. *Manufacturing Industry News.* Repéré à http://cdn2.hubspot.net/hub/53/file-13204581-pdf/docs/insider-secrets-20-manufacturing-secrets-the-fortune-500-know-and-you-dont.pdf. Traduction libre.

4. Voir, par exemple, Becker, H. S. (1982, été). Culture: A sociological view. *Yale Review,* p. 513-527; et Schein, E. H. (1985). *Organizational culture and leadership.* San Francisco, CA: Jossey-Bass, p. 168.

5. Deal, T. E. et Kennedy, A. A. (1983, novembre). Culture: A new look through old lenses. *Journal of Applied Behavioral Science,* p. 501.

6. Rokeach, M. (1973). *The nature of human values.* New York, NY: Free Press.

7. Burke, W. W. (1992). *Organizational development: A process of learning and changing* (2e éd.). Reading, MA: Addison-Wesley, p. 10-11. Traduction libre.

8. Schein, E. H. (1996). Leadership and organizational culture. Dans

F. Hesselbein, M. Goldsmith et R. Beckhard (dir.), *The leader of the future* (p. 61-62). San Francisco, CA : Jossey-Bass.

9. Sorensen, J. B. (2002). The strength of corporate culture and the reliability of firm performance. *Administrative Science Quarterly, 47*(1), p. 70-91.

10. Lemay, L., Bernier, L., Rinfret, N. et Houlfort, N. (2012). Maturité organisationnelle des organisations publiques et management des connaissances. *Administration publique du Canada, 55*(2), p. 291-314.

11. Feldman, D. C. (1984). The development and enforcement of group norms. *Academy of Management Review, 9*, p. 47-53.

12. De Bendern, P. (2000, 16 novembre). Quirky culture paves Nokia's road to fortune. *Web Business.* Repéré à www.itweb.co.za/index.php?option=com_content&view=article&id=100418

13. Weick, K. E. (1979). *The social psychology of organization.* Reading, MA : Addison-Wesley.

14. Jones, G. R. (1995). *Organizational theory : Text and cases.* Reading, MA : Addison-Wesley.

15. Schein, H. (1983). The role of the founder in creating organizational culture. *Organizational Dynamics,* (12), p. 13-28.

16. Grnak, A., Hughes, J. et Hunter, D. (2006). *Building the best : Lessons from inside Canada's best managed companies.* Toronto, Ontario : Viking Canada.

17. George, J. M. (1990). Personality, affect, and behaviour in groups. *Journal of Applied Psychology,* (75), p. 107-116.

18. Van Maanen, J. (1975). Police socialization : A longitudinal examination of job attitudes in an urban police department. *Administrative Science Quarterly,* (20), p. 207-228.

19. Berger, P. et Luckman, T. (1996). *La construction sociale de la réalité* (2ᵉ éd.). Paris, France : Masson/ Armand-Colin.

20. Trice, H. M. et Beyer, J. M. (1984). Studying organizational culture through rites and ceremonials. *Academy of Management Review,* (9), p. 653-669.

21. Chidley, J. (1995, 30 janvier). Bonding and brutality : Hazing survives as a way of forging loyalty to groups. *Maclean's,* p. 18. Traduction libre.

22. Karp, A. (2011, 1ᵉʳ janvier). WestJet's value proposition. *Air Transport World.* Repéré à http://atwonline.com/airline-finance-data/article/WestJet-s-value-proposition-1231. Traduction libre.

23. Ortega, B. (1994, 3 juin). Wal-Mart's meeting is a reason to party. *The Wall Street Journal,* p. A1.

24. Akin, D. (1999, 11 octobre). Big blue chills out : A Canadian executive leads the campaign to turn IBM into cool blue. *Financial Post (National Post),* p. C1 et C6.

25. Rafaeli, A. et Pratt, M. G. (1993, janvier). Tailored meanings : On the meaning and impact of organizational dress. *Academy of Management Review,* p. 32-55.

26. Ministère du Développement économique, de l'Innovation et des Exportations (MDEIE). (2008). *Taux de survie des nouvelles entreprises au Québec.* Québec, Québec : Le Ministère.

27. Langford, C. et Josty, P. (2014). *Driving wealth creation & social development in Canada.* Global Entrepreneurship Monitor Canadian Report 2014. Calgary, Manitoba : The Centre for Innovation Studies (THECiS).

28. Hsu, C. (2005, 31 octobre). Entrepreneur for social change. U.S.News.com. Repéré à www.ashoka.org/files/newsletters/news/05nov/6-4_us_news/index.html ; Sullivan, D. M. (2007). Stimulating social entrepreneurship : Can support from cities make a difference ? Academy of Management Perspectives, (78). What is a social entrepreneur ? (s.d.). *Ashoka Innovators for the Public.* Repéré à http://ashoka.org/social_entrepreneur

29. *Ibid.*

30. Yunus, M. (2011). *Pour une économie plus humaine : construire le social-business.* Paris, France : JC Latttès.

31. Survie de l'usine Sommex : un combat de tous les instants. *Le Nouvelliste.* Repéré à www.lapresse.ca/le-nouvelliste/economie/201505/25/01-4872246-survie-de-lusine-sommex-un-combat-de-tous-les-instants.php

32. Rondeau, A. (2008). L'évolution de la pensée en gestion du changement : leçons pour la mise en œuvre de changements complexes. *Télescope, 14*(3), p. 1-12.

33. Brown, L. (1972). Research action : Organizational feedback, understanding and change. *Journal of Applied Behavioral Research,* (8), p. 697-711 ; Clark, P. A. (1972). *Action research and organizational change.* New York, NY : Harper and Row ; Margulies, N. et Raia, A. P. (dir.). (1978). *Conceptual foundations of organizational development.* New York, NY : McGraw-Hill.

34. French, W. L. et Bell, C. H. (1990). *Organizational development.* Englewood Cliffs, NJ : Prentice-Hall.

35. French, W. L. (1994). A checklist for organizing and implementing an OD effort. Dans W. L. French, C. H. Bell et R. A. Zawacki (dir.). *Organizational development and transformation* (p. 484-495). Homewood, IL : Irwin.

36. Lewin, K. (1951). *Field theory in social science.* New York, NY : Harper and Row.

37. Turner, I. (1998, janvier-février). Strategy, complexity and uncertainty. *Pool.*

38. Stepp. J. R. et Schneider, T. J. (1995, été). Fostering change in a unionized environment. *Canadian Business Review,* p. 13-16.

39. *Ibid.* Traduction libre.

40. Adapté de Impersonal approach hurts business, study says. (2003, 20 août). *The Globe and Mail,* p. C3.

41. Karp, A. (2011, 1ᵉʳ janvier). *Op. cit.* Traduction libre.

Chapitre 8

1. Business school honours Telus CEO as visionary. (2011, 3 mars). *The Edmonton Journal.* Repéré à www.canada.com/story_print.html?id=630cb428-e09d-45d8-acbb-f231df705116&sponsor=. Traduction libre.

2. TELUS. (2013, 19 novembre). *TELUS remet 1,5 million de dollars à 50 organismes de la grande région de Québec.* Communiqué de presse. Repéré à http://about.telus.com/community/french/news_centre/news_releases/blog/2013/11/19/

telus-remet-15-million-de-dollars-à-50-organismes-de-la-grande-région-de-québec

3. Top 5 mixed-play healthcare ICT companies. (s.d.). *Branham 300*. Repéré à www.branham300.com/index.php?year=2011&listing=13

4. Darren Entwistle – Canadian Business Leader of the Year Award recipient. (2011, 7 mars). *Alberta School of Business Blog*. Repéré à http://abfiualberta.wordpress.com/2011/03/07/133. Traduction libre.

5. Reguly, E. (2006, 27 octobre). Perfectly unhappy. *The Globe and Mail*. Repéré à www.theglobeandmail.com/report-on-business/perfectly-unhappy/article850573/page2

6. Stogdill, R. M. (1974). *Handbook of leadership : A survey of the literature*. New York, NY : Free Press ; Yukl, G. (1989). *Leadership in organizations* (2e éd.). New York, NY : Academic Press.

7. Fayol, H. (1999). *Administration industrielle et générale*. Paris, France : Dunod. Ouvrage paru pour la première fois en 1916.

8. Weber, M. (1949). The types of authority and imperative coordination. Dans M. Weber (dir.), *The theory of social and economic organization* (p. 324-366). New York, NY : Oxford University Press. Traduit en anglais par A. M. Henderson et T. Parsons.

9. Parker Follett, M. (1949). Giving of orders and the psychology of control. Dans L. Urwick (dir.), *Freedom and coordination : Lectures in business organisation by Mary Parker Follett* (p. 50 à 70). Londres, Royaume-Uni : Management Trust Publications Ltd. Conférences prononcées en janvier 1933 à la London School of Economics.

10. Taylor, F. W. (1957). *La direction scientifique des entreprises*. Paris, France : Dunod. Ouvrage paru pour la première fois en anglais en 1911.

11. Mintzberg, H. (1990). *Le pouvoir dans les organisations*. Paris, France : Les Éditions d'Organisation ; Pfeffer, J. (1981). *Power in organizations*. Marshfield, MA : Pitman.

12. French Jr., R. P. et Raven, B. (1960). The bases of social power. Dans D.

Cartwright et A. F. Zander (dir.), *Group dynamics* (p. 607-623). Evanston, IL : Row, Peterson.

13. Shaw, R. (2005, 19 août). Reward employee ideas-literally. *The Globe and Mail*, p. C1-C2.

14. Loeb, M. (1995, 29 mai). Jack Welch lets fly on budgets, bonuses, and buddy boards. *Fortune*, p. 146. Traduction libre.

15. Prashad, S. (2003, 23 juillet). Fill your power gap. *The Globe and Mail*, p. C3.

16. Burton, T. M. (1995, 3 février). Visionary's reward : Combine "simple ideas" and some failures ; Result : Sweet revenge. *The Wall Street Journal*, p. A1 et A5.

17. Nakarmi, L. (1995, 20 mars). A flying leap toward the 21st Century ? Pressure from competitors and seoul may transform the Chaebol. *Business Week*, p. 78-80.

18. Owens, A. M. (2001, 30 avril). Empowerment can make you ill, study says. *The National Post*, p. A1 et A8. Traduction libre ; Schaubroeck, J., Jones, J. R. et Xie, J. L. (2001). Individual differences in utilizing control to cope with job demands : Effects on susceptibility to infectious disease. *Journal of Applied Psychology*, 86(2), p. 265-278.

19. Delta promotes empowerment. (1999, 31 mai). *The Globe and Mail*, supplément publicitaire, p. C5.

20. How do I manage a mobile workforce ? (2008, 3 mars). *National Post*, p. FP8. Chronique spécialisée présentée par CISCO. Repéré à www.financialpost.com/small_business/story.html?id=343859. Traduction libre.

21. Kotter, J. P. (1990, mai-juin). What leaders really do. *Harvard Business Review*, p. 103-111. Traduction libre.

22. Kanungo, R. N. (1998). Leadership in organizations : Looking ahead to the 21st Century. *Canadian Psychology*, 39(1-2), p. 77. Pour d'autres indices de ce consensus, voir Adler, N. (1994). *Comportement organisationnel : une approche multiculturelle*. Repentigny, Québec : R. Goulet ; House, R. J. (1995). Leadership in the twenty-first Century. Dans A. Howard (dir.), *The changing nature of work* (p. 411-450). San Francisco, CA : Jossey-Bass ;

Kanungo, R. N. et Mendonca, M. (1996). *Ethical dimensions of leadership*. Thousand Oaks, CA : Sage Publications ; Zaleznik, A. (1990). The leadership gap. *Academy of Management Executive*, 4(1), p. 7-22. Traduction libre.

23. Bass, B. M. et Stogdill, R. M. (1990). *Handbook of leadership : Theory, research, and managerial applications* (3e éd.). New York, NY : Free Press ; House, R. J. et Baetz, M. L. (1979). Leadership : Some empirical generalizations and new research directions. Dans B. M. Staw et L. L. Cummings (dir.), *Research in organizational behavior* (vol. 1, p. 341-423). Greenwich, CT : JAI Press ; Kirpatrick, S. A. et Locke, E. A. (1991). Leadership : Do traits matter ? *Academy of Management Executive*, 5(2), p. 48-60 ; Yukl, G. (1989). *Op. cit.* ; Yukl, G. et Van Fleet, D. D. (1992). Theory and research on leadership in organizations. Dans M. D. Dunnette et L. M. Hough (dir.), *Handbook of industrial and organizational psychology* (2e éd., vol. 3, p. 147-197). Palo Alto, CA : Consulting Psychologists Press.

24. Fleishman, E. A. (1953). The description of supervisory behavior. *Personnel Psychology*, 37, p. 1-6 ; Fleishman, E. A. (1967). Performance assessment based on an empirically derived task taxonomy. *Human Factors*, 9, p. 349-366 ; Halpin, A.W. et Winer, B. J. (1957). A factorial study of the leader behavior descriptions. Dans R. M. Stogdill et A. I. Coons (dir.), *Leader behavior : Its description and measurement*. Columbus Bureau of Business Research, Ohio State University ; Tscheulin, D. (1971). Leader behavior measurement in German industry. *Journal of Applied Psychology*, 56, p. 28-31.

25. Likert, R. (1961). *New patterns of management*. New York, NY : McGraw-Hill ; Morse, N. C. et Reimer, E. (1956). The experimental change of a major organizational variable. *Journal of Abnormal and Social Psychology*, 52, p. 120-129.

26. Blake, R. R. et Mouton, J. S. (1987). *La troisième dimension du management*. Paris, France : Éditions d'Organisation.

27. Sirota, D., Mischkind, L. A. et Irwin Meltzer, M. (2005, 29 juillet). Nothing beats an enthusiastic employee. *The Globe and Mail,* p. C1.

28. Fleishman, E. A. et Harris, E. F. (1962). Patterns of leadership behavior related to employee grievances and turnover. *Personnel Psychology, 15,* p. 43-56.

29. Diagramme extrait de *The Blake Mouton Managerial Grid: Balancing task- and people-oriented leadership.* (s.d.). Repéré sur le site de Mind Tools: www.mindtools.com/pages/article/newLDR_73.htm. Traduction libre.

30. Monique F. Leroux, C.M., O.Q., FCPA, FCA. (2015). *Desjardins, Gouvernance et démocratie.* Repéré à www.desjardins.com/a-propos/desjardins/gouvernance-democratie/monique-f-leroux

31. Fiedler, F. E. (1967). *A theory of leadership effectiveness.* New York, NY: McGraw-Hill; Fiedler, F. E. (1978). The contingency model and the dynamics of the leadership process. Dans L. Berkowitz (dir.), *Advances in experimental social psychology* (vol. 11, p. 59-112). New York, NY: Academic Press.

32. House, R. J. et Baetz, M. L. (1979). *Op. cit.*; Peters, L. H., Hartke, D. D. et Pohlmann, J. T. (1985). Fiedler's contingency theory of leadership: An application of the meta-analysis procedures of Schmidt and Hunter. *Psychological Bulletin, 97,* p. 274-285; Schriesheim, C. A., Tepper B. J. et Tetrault, L. A. (1994). Least preferred co-worker score, situational control, and leadership effectiveness: A meta-analysis of contingency model performance predictions. *Journal of Applied Psychology, 79,* p. 561-573.

33. Hersey, P. et Blanchard, K. H. (1974, février). So you want to know your leadership style? *Training and Development Journal,* p. 1-15; Hersey, P. et Blanchard, K. H. (1993). *Management of organizational behavior: Utilizing human resources* (6e éd.). Englewood Cliffs, NJ: Prentice-Hall.

34. Extrait de Fernandez, C. F. et Vecchio, R. P. (1997). Situational leadership theory revisited: A test of an across-jobs perspective. *Leadership Quarterly, 8*(1), p. 67.

35. Meunier, P.-M. (1998). *Profession patron.* Montréal, Québec: Éditions Transcontinental.

36. Evans, M. G. (1970). Leadership and motivation: A core concept. *Academy of Management Journal, 13,* p. 91-102; Evans, M. G. (1970). The effects of supervisory behavior on the path-goal relationship. *Organizational Behavior and Human Performance, 5,* p. 277-298; Evans, M. G. (1979). Leadership. Dans S. Kerr (dir.), *Organizational behavior.* Columbus, OH: Grid Publishing; Evans, M. G. (1995). Fuhrungstheorien, Weg-ziel-theorie (traduit par. G. Reber). Dans A. Kieser, G. Reber et R. Wunderer (dir.), *Handwörterbuch Der Fuhrung* (2e éd., p. 1075-1091). Stuttgart, Allemagne: Schaffer Poeschal Verlag; House, R. J. (1971, septembre). A path-goal theory of leader effectiveness. *Administrative Science Quarterly,* p. 321-338; House, R. J. (1987). Retrospective commen. Dans L. E. Boone et D. D. Bowen (dir.), *The great writings in management and organizational behavior* (2e éd., p. 354-364). New York, NY: Random House; House R. J. et Mitchell, T. R. (1974, septembre). Path-goal theory of leadership. *Journal of Contemporary Business,* p. 86; Wofford J. C. et Liska, L. Z. (1993). Path-goal theories of leadership: A meta-analysis. *Journal of Management, 19,* p. 857-876.

37. Kerr, S. et Jermier, J. M. (1978). Substitutes for leadership: Their meaning and measurement. *Organizational Behavior and Human Performance, 22,* p. 375-403; Podsakoff, P. M., Niehoff, B. P., MacKenzie S. B. et Williams, M. L. (1993). Do substitutes for leadership really substitute for leadership? An empirical examination of Kerr and Jermier's situational leadership model. *Organizational Behavior and Human Decision Processes, 54,* p. 1-44.

38. Kerr, S. et Jermier, J. M. (1978). *Op. cit.*; Podsakoff, P. M., Niehoff, B. P., MacKenzie, S. B. et Williams, M. L. (1993). *Op. cit.*

39. Howell, J. M. et Avolio, B. J. (1998, 15 mai). The leverage of leadership. *Leadership: Achieving Exceptional Performance,* supplément élaboré par la Richard Ivey School of Business pour *The Globe and Mail,* p. C1 et C2.

40. *Ibid.* Traduction libre.

41. Smith, V. (1999, avril). Leading us on. Dans *Report on Business Magazine,* p. 91-96. Traduction libre.

42. Bryman, A. (1996). Leadership in organizations. Dans S. R. Clegg, C. Hardy et W. R. Nord (dir.), *Handbook of organization studies* (p. 276-292). Londres, Royaume-Uni: Sage Publications.

43. Bass, B. M. (1985). *Leadership and performance beyond expectations.* New York, NY: Free Press; Bass, B. M. et Stogdill's, R. M. (1990). *Op. cit.*; Yukl, G. et Van Fleet, D. D. (1992). *Op. cit.*

44. Conger, J. A. et Kanungo, R. N. (1988). Behavioral dimensions of charismatic leadership. Dans A. Conger et R. N. Kanungo (dir.), *Charismatic leadership* (p. 78-97). San Francisco, CA: Jossey-Bass.

45. Conger, J. A. et Kanungo, R. N. (1988). *Charismatic leadership in organizations.* Thousand Oaks, CA: Sage.

46. Conger, J. A., Kanungo, R. N. et Menon, S. T. (1998, août). Charismatic leadership and follower outcome effects. Communication présentée au 58th Annual Academy of Management Meetings, San Diego, CA.

47. Building a better boss. (1996, 30 septembre). *Maclean's,* p. 41. Traduction libre.

48. Conger, J. A. et Kanungo, R. N. (1998). *Op. cit.*; Dvir, T., Eden, D., Avolio, B. J. et Shamir, B. (2002). Impact of transformational leadership on follower development and performance: A field experiment. *Academy of Management Journal, 45*(4), p. 735-744; House, R. J., Woycke, J. et Fodor, E. M. (1998). Charismatic and moncharismatic leaders: Differences in behavior and effectiveness. Dans J. A. Conger et R. N. Kanungo (dir.), *Charismatic leadership in organizations* (p. 103-104). Thousand Oaks, CA: Sage; Kirkpatrick, S. A. et Locke, E. A. (1996, février). Direct and indirect effects of three core charismatic leadership components on performance and attitudes. *Journal of Applied*

Psychology, p. 36-51 ; Waldman, D. A., Bass, B. M. et Yammarino, F. J. (1990, décembre). Adding to contingent-reward behavior : The augmenting effect of charismatic leadership. *Group & Organization Studies,* p. 381-394.

49. Howell, J. M. et Frost, P. J. (1989, avril). A laboratory study of charismatic leadership. *Organizational Behavior & Human Decision Processes, 43*(2), p. 243-269.

50. Building a better boss. (1996, 30 septembre). *Op. cit.* Traduction libre.

51. Elsner, A. (2002, 10 juillet). The era of CEO as superhero ends amid corporate scandals. *The Globe and Mail,* p. C1.

52. Bass, B. M. (1985). *Op. cit* ; Bass, B. M. et Stogdill, R. M. (1990). *Op. cit.* ; Yukl, G. et Van Fleet, D. D. (1992). *Op. cit.*

53. Grnak, A., Hughes, J. et Hunter, D. (2006). *Building the best, lessons from inside Canada's best managed companies.* Toronto, Ontario : Vicking Canada, p. 195. Traduction libre.

54. Sy, T., Cote, S. et Saavedra, R. (2005). The contagious leader : Impact of the leader's mood on the mood of group members, group affective tone, and group processes. *Journal of Applied Psychology, 90*(2), p. 295-305.

55. Extrait de Bass, B. M. et Avolio, B. J. (1990, janvier). Developing transformational leadership : 1992 and beyond. *Journal of European Industrial Training,* p. 23.

56. Howell, J. M. et Avolio, B. J. (1998, 15 mai). *Op. cit.,* p. C2. Traduction libre.

57. Bass, B. M. et Avolio, B. J. (1993). Transformational leadership : A response to critiques. Dans M. M. Chemers et R. Ayman (dir.), *Leadership theory and research : Perspectives and directions* (p. 49-80). San Diego, CA : Academic Press ; Bass, B. M., Avolio, B. J. et Goodheim, L. (1987). Biography and the assessment of transformational leadership at the world class level. *Journal of Management, 13,* p. 7-20 ; Bass, B. M. et Stogdill, R. M. (1990). *Op. cit.* ; Hater, J. J. et Bass, B. M. (1988). Supervisors' evaluations and subordinates' perceptions of transformational and transactional leadership. *Journal of Applied Psychology, 73,* p. 695-702 ; Pillai,

R. (1996). Crisis and emergence of charismatic leadership in groups : An experimental investigation. *Journal of Applied Psychology, 26,* p. 543-562 ; Seltzer, J. et Bass, B. M. (1990). Transformational leadership : Beyond initiation and consideration. *Journal of Management, 16,* p. 693-703 ; Waldman, D. A., Bass, B. M. et Einstein, W. O. (1987). Effort, performance, transformational leadership in industrial and military service. *Journal of Occupational and Organizational Psychology, 60,* p. 1-10.

58. Pillai, R., Schriesheim, C. A. et Williams, E. S. (1999). Fairness perceptions and trust as mediators of transformational and transactional leadership : A two-sample study. *Journal of Management, 25,* p. 897-933.

59. Mero, J. (2008, 24 avril). Fortune 500 Women CEOs. *Fortune.* Repéré à http://archive.fortune. com/galleries/2008/fortune/0804/ gallery.500_women_ceos.fortune/ index.html

60. Women CEOs of the Fortune 1000. (2011, octobre). *Catalyst.* Repéré à www.catalyst.org/publication/271/ women-ceos-of-the-fortune-1000

61. Women CEOs and heads of the Financial Post 500. (2011, novembre). *Catalyst.* Repéré à www.catalyst.org/ publication/322/women-ceos-and-heads-of-the-financial-post-500

62. Women in senior management : Strategies for creating an environment where women thrive. (2011, novembre). *The Conference Board of Canada.* Repéré à www. conferenceboard.ca/e-library/abstract. aspx?did=4475

63. *Ibid.*

64. Eagly, A. H. et Johnson, B. T. (1990). Gender and leadership style : A meta-analysis. *Psychological Bulletin, 108,* p. 233-256.

65. *Ibid.*

66. The Economist. (2000, 19 août). Workers resent scoldings from female bosses. *Houston Chronicle,* p. 1C.

67. Eagly, A. H. et Johnson, B. T. (1990). *Op. cit.*

68. *Ibid.*

69. *Ibid.*

70. Eagly, A. H., Karau, S. J. et Makhijani, M. G. (1995). Gender and the effectiveness of leaders : A meta-analysis. *Psychological Bulletin, 117,* p. 125-145.

71. *Ibid.*

72. Calori, R. et Dufour, D. (1995). Management European style. *Academy of Management Executive, 9*(3), p. 61-70.

73. *Ibid.* Traduction libre.

74. Ulrich, D., Smallwood, N. et Sweetman, K. (2009). *Leadership code : Five rules to lead.* Boston, MA : HBS Press.

75. George, J. M. et Bettenhausen, K. (1990). Understanding prosocial behavior, sales performance, and turnover : A group-level analysis in a service context. *Journal of Applied Psychology, 75,* p. 698-709.

76. Sy, T., Cote, S. et Saavedra, R. (2005). *Op. cit.*

77. Ashkanasy, N. M. et Daus, C. S. (2002). Emotion in the workplace : The new challenge for managers. *Academy of Management Executive, 16*(1), p. 76-86 ; George, J. M. (2000). Emotions and leadership : The role of emotional intelligence. *Human Relations, 53,* p. 1027-1055.

78. George, J. M. (2000). *Op. cit.*

79. The brain and emotional intelligence : An interview with Daniel Goleman. (2011, 18 mai). *Tricycle.* Repéré à www.tricycle.com/blog/brain-and-emotional-intelligence-interview-daniel-goleman

80. Zhou, J. et George, J. M. (2003, août-octobre). Awakening employee creativity : The role of leader emotional intelligence. *The Leadership Quarterly, 14*(45), p. 545-568.

81. *Ibid.*

82. *Ibid.*

83. Adapté de Schachter, H. (2006, 3 juillet). Monday morning manager. *The Globe and Mail,* p. B2, et du site Amazon.com : www.amazon.com/gp/ product/078521285X/002-5716207-3409632?v=glance&n=283155. Traduction libre.

84. Manas, J. (2006). *Napoleon on project management : Timeless lessons in planning, execution, and leadership.*

Toronto, Ontario : Nelson Business. Traduction libre.

85. Lowry, T. (2009, 21 avril). Taking the Ted out of Turner Broadcasting. *BusinessWeek*. Traduction libre. Publié avec la permission de Bloomberg L.P. Copyright © 2016. Tous droits réservés.

Chapitre 9

1. Loomis, C. J. (2006, 14 juillet). The big surprise is enterprise : Quietly beating out rivals Hertz and Avis, this privately held outfit reigns as the No. 1 car-rental company in America, and the Taylor family aims to keep it on top. *Fortune*. Repéré à http://archive.fortune.com/magazines/fortune/fortune_archive/2006/07/24/8381691/index.htm ; voir aussi le site www.enterprise.ca/fr/about.html

2. Top Entry Level Employers. (s.d.). *CollegeGrad.com*. Repéré à https://collegegrad.com/topemployers

3. Loomis, C. J. (2006, 14 juillet). *Op. cit.*

4. Enterprise Rent-A-Car's Pam Nicholson named to *Fortune's* 50 Most Powerful Women in Business 2007. (2007, 1er octobre). *Enterprise Holdings*. Repéré à www.enterpriseholdings.com/PressReleases/Pam_FORTUNE_50_Oct07.pdf

5. Lehman, P. (2006, 17 septembre). No. 5 enterprise : A clear road to the top. *Bloomberg Business*. Repéré à www.bloomberg.com/bw/stories/2006-09-17/no-dot-5-enterprise-a-clear-road-to-the-top6. Traduction libre.

7. C. J. Loomis. (2006, 14 juillet). *Op. cit.*

8. *Ibid.* ; Lehman, P. (2006, 17 septembre). *Op. cit.*

9. Taylor Kindle, J. A. (2007, 29 juin). Enterprise : Why we give where we give. *Bloomberg Business*. Repéré à www.bloomberg.com/bw/stories/2007-06-29/enterprise-why-we-give-where-we-givebusinessweek-business-news-stock-market-and-financial-advice

10. Enterprise Rent-A-Car. (2007, 6 juin). Enterprise Rent-A-Car announces most comprehensive environmental platform in its industry. Communiqué de presse. Repéré sur le site de Business Wire : www.businesswire.com/news/home/20070606005200/en/Enterprise-Rent-A-Car-Announces-Comprehensive-Environmental-Platform-Industry ; Gunther, M. (2008, 17 janvier). Renting 'green' ? Not so easy : Enterprise-Rent-A-Car wants to do its part to save Mother Earth. But there's only so much it can do. *Fortune*. Repéré à http://archive.fortune.com/2008/01/16/news/companies/enterprise_green_cars.fortune/index.htm

11. Lehman, P. (2006, 17 septembre). *Op. cit.* ; Loomis, C. J. (2006, 14 juillet). Op. cit.

12. Kanfer, R. (1990). Motivation theory and industrial and organizational psychology. Dans M. D. Dunnette et L. M. Hough (dir.), *Handbook of industrial and organizational psychology* (2e éd., vol. 1, p. 75-170). Palo Alto, CA : Consulting Psychologists Press.

13. Nicholson, N. (2003, janvier). How to motivate your problem people. *Harvard Business Review*, p. 57-65.

14. Grant, A. M. (2008). Does intrinsic motivation fuel the prosocial fire ? : Motivational synergy in predicting persistence, performance, and productivity. *Journal of Applied Psychology, 93*(1), p. 48-58.

15. *Ibid.* ; Batson, C. D. (1987). Prosocial motivation : Is it ever truly altruistic ? Dans L. Berkowitz (dir.), *Advances in experimental social psychology* (vol. 20, p. 65-122). New York, NY : Academic Press.

16. Bugg-Levine, A. et Emerson, J. (2011). *Impact investing, transforming how we make money while making a difference*. San Francisco, CA : Jossey-Bass, p. xii. Traduction libre.

17. Grant, A. M. (2008). *Op. cit.*

18. Campbell, J. P. et Pritchard, R. D. (1976). Motivation theory in industrial and organizational psychology. Dans M. D. Dunnette (dir.), *Handbook of industrial and organizational psychology* (p. 63-130). Chicago, IL : Rand McNally ; Maslow, A. H. (2008). *Devenir le meilleur de soi-même : besoins fondamentaux, motivation et personnalité*. Paris, France : Eyrolles.

19. Kanfer, R. (1990). *Op. cit.*

20. Ronen, S. (1994). An underlying structure of motivational need taxonomies : A cross-cultural confirmation. Dans H. C. Triandis, M. D. Dunnette et L.M. Hough (dir.), *Handbook of industrial and organizational psychology* (vol. 4, p. 241-269). Palo Alto, CA : Consulting Psychologists Press.

21. Adler, N. J. (1994). *Comportement organisationnel : une approche multiculturelle*. Ottawa, Ontario : Éditions Reynald Goulet ; Hofstede, G. (1980, été). Motivation, leadership and organization : Do American theories apply abroad, *Organizational Dynamics*, p. 42-63.

22. L'historique. (s.d.). Repéré sur le site de La Coop fédérée : http://web.lacoop.coop/fr/lhistorique

23. Herzberg, F. (1978). *Le travail et la nature de l'homme*. Paris, France : EME.

24. King, N. (1970). Clarification and evaluation of the two-factor theory of job satisfaction. *Psychological Bulletin*, (74), p. 18-31 ; Locke, E. A. (1976). The nature and causes of job satisfaction. Dans M. D. Dunnette (dir.), *Handbook of industrial and organizational psychology* (p. 1297-1349). Chicago, IL : Rand McNally.

25. McClelland, D. C. (1978). Managing motivation to expand human freedom. *American Psychologist, 33*, p. 201-210 ; McClelland, D. C. (1985). How motives, skills, and values determine what people do. *American Psychologist, 40*, p. 812-825 ; McClelland, D. C. (1985). *Human motivation*. Glenview, IL : Scott, Foresman.

26. Winter, D. G. (1973). *The power motive*. New York, NY : Free Press.

27. McClelland, D. C. et Burnham, D. H. (1976). Power is the great motivator. *Harvard Business Review, 54*, p. 100-110 ; Stahl, M. J. (1983). Achievement, power, and managerial motivation : Selecting managerial talent with the job choice exercise. *Personnel Psychology, 36*, p. 775-789.

28. House, R. J., Spangler, W. D. et Woycke, J. (1991). Personality and charisma in the U.S. Presidency : A psychological theory of leader effectiveness. *Administrative Science Quarterly, 36*, p. 364-396.

29. Hines, G. H. (1973). Achievement, motivation, occupations, and labor turnover in New Zealand. *Journal of Applied Psychology, 58*, p. 313-317 ;

Hundal, P. S. (1971). A study of entrepreneurial motivation : Comparison of fast- and slow-progressing small scale industrial entrepreneurs in Punjab, India. *Journal of Applied Psychology, 55,* p. 317-323.

30. Clay, R. A. (2001, avril). Green is good for you. *Monitor on Psychology,* p. 40-42.

31. Mitchell, T. R. (1982). Expectancy-value models in organizational psychology. Dans N. T. Feather (dir.), *Expectations and actions : Expectancy-value models in psychology* (p. 293-312). Hillsdale, NJ : Erlbaum ; Vroom, V. H. (1964). *Work and motivation.* New York, NY : Wiley.

32. Shope Griffin, N. (2003). Personalize your management development. *Harvard Business Review, 8*(10), p. 113-119.

33. Cox, K. (2004, 21 avril). Irving Oil fuels its leaders. *The Globe and Mail,* p. C1 et C3.

34. Maurer, T. J., Weiss, E. M. et Barbeite, F. G. (2003). A model of involvement in work-related learning and development activity : The effects of individual, situational, motivational, and age variables. *Journal of Applied Psychology, 88*(4), p. 707-724.

35. Adams, J. S. (1963). Toward an understanding of inequity. *Journal of Abnormal and Social Psychology, 67,* p. 422-436.

36. Adams, J. S. (1963). *Op. cit.* ; Greenberg, J. (1982). Approaching equity and avoiding inequity in groups and organizations. Dans J. Greenberg et R. L. Cohen (dir.), *Equity and justice in social behavior* (p. 389-435). New York, NY : Academic Press ; Greenberg, J. (1988). Equity and workplace status : A field experiment. *Journal of Applied Psychology, 73,* p. 606-613 ; Mowday, R. T. (1987). Equity theory predictions of behavior in organizations. Dans R. M. Steers et L. W. Porter, (dir.), *Motivation and work behavior* (p. 89-110). New York, NY : McGraw-Hill.

37. Locke, E. A. et Latham, G. P. (1990). *A theory of goal setting and task performance.* Englewood Cliffs, NJ : Prentice-Hall.

38. Donovan, J. J. et Radosevich, D. J. (1998). The moderating role of goal commitment on the goal difficulty–performance relationship : A meta-analytic review and critical analysis. *Journal of Applied Psychology, 83,* p. 308-315 ; Locke, E. A. et Latham, G. P. (1990). *Op. cit.* ; Tubbs, M. E. (1986). Goal setting : A meta-analytic examination of the empirical evidence. *Journal of Applied Psychology, 71,* p. 474-483.

39. Locke, E. A., Shaw, K. N., Saari, L. M. et Latham, G. P. (1981). Goal setting and task performance : 1969-1980. *Psychological Bulletin, 90,* p. 125-152.

40. Earley, P. C., Connolly, T. et Ekegren, G. (1989). Goals, strategy development, and task performance : Some limits on the efficacy of goal setting. *Journal of Applied Psychology, 74,* p. 24-33 ; Kanfer, R. et Ackerman, P. L. (1989). Motivation and cognitive abilities : An integrative/aptitude-treatment interaction approach to skill acquisition. *Journal of Applied Psychology, 74,* p. 657-690.

41. Hamner, W. C. (1974). Reinforcement theory and contingency management in organizational settings. Dans H. Tosi et W. C. Hamner (dir.), *Organizational behavior and management : A contingency approach* (p. 86-112). Chicago, IL : St. Clair Press.

42. Skinner, B. F. (1969). *Contingencies of reinforcement.* New York, NY : Appleton-Century-Crofts.

43. Weiss, H. W. (1990). Learning theory and industrial and organizational psychology. Dans M. D. Dunnette et L. M. Hough (dir.), *Handbook of industrial and organizational psychology* (2ᵉ éd., vol. 1, p. 171-221). Palo Alto, CA : Consulting Psychologists Press.

44. Hamner, W. C. (1974). *Op. cit.*

45. Bandura, A. (1969). *Principles of behavior modification.* New York, NY : Holt, Rinehart and Winston ; Bandura, A. (1985). *L'apprentissage social.* (s.l.) : Mardaga ; Davis, T. R. V. et Luthans, F. (1980). A social learning approach to organizational behavior. *Academy of Management Review, 5,* p. 281-290.

46. Goldstein, A. P. et Sorcher, M. (1974). *Changing supervisor behaviors.* New York, NY : Pergamon Press ; Luthans, F. et Kreitner, R. (1985). *Organizational behavior modification and beyond.* Glenview, IL : Scott, Foresman.

47. Bandura, A. (1976). Self-reinforcement : Theoretical and methodological considerations. *Behaviorism, 4,* p. 135-155.

48. Bandura, A. (2003). *Auto-efficacité : le sentiment d'efficacité personnelle.* Bruxelles, Belgique : De Boeck ; Vancouver, J. B., More, K. M. et Yoder, R. J. (2008). Self-efficacy and resource allocation : Support for a nonmonotonic, discontinous model. *Journal of Applied Psychology, 93*(1), p. 35-47.

49. Bandura, A. (1982). Self-efficacy mechanism in human agency. *American Psychologist, 37,* p. 122-127 ; Gist, M. E. et Mitchell, T. R. (1992). Self-efficacy : A theoretical analysis of its determinants and malleability. *Academy of Management Review, 17,* p. 183-211.

50. Gallup. (2013). *State of the global workplace : Employee engagement insights for business leaders worldwide.* Rapport repéré à www.philosophie-management.com/docs/2015/Gallup_-_State_of_the_Global_Workplace_Report_2013.pdf

51. Development opportunities top factor in reward fairness : Study. (2011, 25 juillet). *HR Reporter.* Repéré à www.hrreporter.com/articleview?&article id=10847&headline=development-opportunities-top-factor-in-reward-fairness-study

52. Lawler III, E. E. (1981). *Pay and organization development.* Reading, MA : Addison-Wesley.

53. D'après Gross, S. E. et Bacher, J. P. (1993, janvier-février). The new variable pay programs : How some succeed, why some don't. *Compensation & Benefits Review,* p. 51 ; Schuster, J. R. et Zingheim, P. K. (1993, mars-avril). The new variable pay : Key design issues. *Compensation & Benefits Review,* p. 28.

54. Brieger, P. (2002, 13 septembre). Variable pay packages gain favour : Signing bonuses, profit sharing taking place of salary hikes. *The Financial Post* (*National Post*), p. FP5. Traduction libre.

55. Beauchesne, E. (2002, 13 septembre). Pay bonuses improve productivity, study shows. *The Vancouver Sun,* p. D5.

56. Hope for higher pay : The squeeze on incomes is gradually easing up. (1996, 25 novembre). *Maclean's,* p. 100-101. Traduction libre.

57. Lawler III, E. E. (1981). *Op.cit.*

58. *Ibid.*

59. *Ibid.*

60. Entrevue avec le professeur Bala Dharan. Jones Graduate School of Business, Rice University.

61. *Ibid.*

62. Michels, A. J. (1994, 16 mai). Dallas semiconductor. *Fortune,* p. 81.

63. Betts, M. (1992, 3 août). Big things come in small buttons. *Computerworld,* p. 30.

64. Boslet, M. (1994, 1er juin). Metal buttons toted by crop pickers act as mini databases. *The Wall Street Journal,* p. B3.

65. Fisher, C. D., Schoenfeldt, L. F. et Shaw, J. B. (1990). *Human resource management.* Boston, MA : Houghton Mifflin ; Geare, A. J. (1976). Productivity from Scanlon type plans. *Academy of Management Review, 1,* p. 99-108 ; Graham-Moore, B. E. et Ross, T. L. (1983). *Productivity gainsharing.* Englewood Cliffs, NJ : Prentice Hall.

66. Labate, J. et Norton, R. (1993, 19 avril). Deal those workers in. *Fortune, 127*(8), p. 26.

67. Lululemon founder biggest gainer on Canada's rich list. (2011, 6 octobre). *The Financial Post.* Repéré à http://business.financialpost.com/news/economy/lululemon-founder-biggest-gainer-on-canadas-rich-list.

68. Nelson, J. (2011, 9 mai). Loco for Lulu. *Canadian Business,* p. 28-32. Traduction libre.

69. Manifeste de Lululemon. Repéré à http://fr.lululemon.com/about/manifesto

Chapitre 10

1. Adapté de Branson, R. (2011, 3 novembre). People are your biggest asset. Treat them like it. *Canadian Business.* Repéré à www.canadianbusiness.com/article/54597--people-are-your-biggest-asset-treat-them-like-it. Traduction libre.

2. Butler, J. E., Ferris, G. R. et Napier, N. K. (1991). *Strategy and human resource management.* Cincinnati, OH : South Western ; Wright P. M. et McMahan, G. C. (1992). Theoretical perspectives for strategic human resource management. *Journal of Management,* (18), p. 295-320.

3. Learning to live with offshoring. (2006, 30 janvier). *BusinessWeek,* p. 122.

4. Fisher, C. D., Schoenfeldt, L. F. et Shaw, J. B. (1990). *Human resource management.* Boston, MA : Houghton Mifflin.

5. Wright, P. M. et McMahan, G. C. (1992). *Op. cit.*

6. Baird, L. et Meshoulam, I. (1989). Managing two fits for strategic human resource management. *Academy of Management Review,* (14), p. 116-128 ; Milliman, J., Von Glinow, M. et Nathan, M. (1991). Organizational life cycles and strategic international human resource management in multinational companies : Implications for congruence theory. *Academy of Management Review,* (16), p. 318-339 ; Schuler, R. S. et Jackson, S. E. (1987). Linking competitive strategies with human resource management practices. *Academy of Management Executive,* (1), p. 207-219 ; Wright, P. M. et Snell, S. A. (1991). Toward an integrative view of strategic human resource management. *Human Resource Management Review,* (1), p. 203-225.

7. Rynes, S. L. (1991). Recruitment, job choice, and post-hire consequences : A call for new research directions. Dans M. D. Dunnette et L. M. Hough (dir.), *Handbook of industrial and organizational psychology* (vol. 2, p. 399-444). Palo Alto, CA : Consulting Psychologists Press.

8. Guion, R. M. (1991). Personnel assessment, selection, and placement. Dans M. D. Dunnette et L. M. Hough (dir.), *Handbook of industrial and organizational psychology* (vol. 2, p. 327-397). Palo Alto, CA : Consulting Psychologists Press.

9. Voir le site Internet www.gilmyr.com/compagnie-transport-routier

10. Flint, J. (1995, 9 octobre). Can you tell applesauce from pickles ? *Forbes,* p. 106-108.

11. Grant, T. (2008, 21 mai). Colour them controversial. *The Globe and Mail,* p. C1 et C4. Voir aussi Crawshaw, C. (2008, 14 mai). Questionnaires test job seker's patience. *The National Post,* p. FP15.

12. Flint, J. (1995, 9 octobre). *Op. cit.*

13. Wanted : Middle managers, audition required. (1995, 28 décembre). *The Wall Street Journal,* p. A1.

14. Goldstein, I. L. (1991). Training in work organizations. Dans M. D. Dunnette et L. M. Hough (dir.), *Handbook of industrial and organizational psychology* (vol. 2, p. 507-619). Palo Alto, CA : Consulting Psychologists Press.

15. Allen, T. D., Eby, L. T., Poteet, M. L., Lentz, E. et Lima, L. (2004). Career benefits associated with mentoring for protégés : A meta-analysis. *Journal of Applied Psychology, 89*(1), p. 127-136.

16. Garfinkel, P. (2004, 18 janvier). Putting a formal stamp on mentoring. *The New York Times,* p. BU10.

17. *Ibid.* Traduction libre.

18. Fisher, C. D., Schoenfeldt, L. F. et Shaw, J. B. (1990). *Op. cit.*

19. *Ibid.* ; Latham, G. P. et Wexley, K. N. (1992). *Increasing productivity through performance appraisal.* Reading, MA : Addison-Wesley.

20. Joinson, C. (1999, mai). Teams at work. *HRMagazine,* p. 30 ; Strozniak, P. (2000, 18 septembre). Teams at work. *Industry Week,* p. 47-50.

21. Mills, T. M. (1967). *The sociology of small groups.* Englewood Cliffs, NJ : Prentice-Hall ; Shaw, M. E. (1981). *Group dynamics.* New York, NY : McGraw-Hill.

22. Buday, R. S. (1993, mars-avril). Reengineering one firm's product development and another's service delivery. *Planning Review,* p. 14-19 ; Burcke, J. M. (1993, 26 avril). Hallmark's quest for quality is a job never done. *Business Insurance,* p. 122 ; Hammer, M. et Champy, J. (2003). *Le reengineering.* Paris, France : Dunod ; Stewart, T. A. (1992, 18 mai). The search for the organization of tomorrow. *Fortune,* p. 92-98.

23. Deutschman, A. (2004, août). Inside the mind of Jeff Bezos. *Fast Company,* p. 50-58.

24. Willcocks, P. (2000, septembre). Yours and mine ? Can the new owner of

the once-troubled Myra Falls Copper and Zinc Mine near Campbell River forge a new relationship with workers and their union to create a true partnership? *BCBusiness Magazine*, p. 114-120.

25. www.unmillenniumproject.org

26. www.un.org/sustainabledevelopment

27. Pour des documents et articles concernant les équipes autonomes, voir Bullock, M., Friday, C et Belcher, K. (1996). *The International Conference on Work Teams proceedings. Anniversary collection: The best of 1990-1994.* Denton, TX: The Interdisciplinary Center for the Study of Work Teams.

28. Pearce II, J. A. et Ravlin, E. C. (1987). The design and activation of self-regulating work groups. *Human Relations, 11,* p. 751-782.

29. Booth, P. (1994). *Op. cit.*

30. Dumaine, B. (1990, 7 mai). Who needs a boss? *Fortune,* p. 52-60; Pearce II, J. A. et Ravlin, E. C. (1987). *Op. cit.*

31. Dumaine, B. (1990, 7 mai). *Op. cit.*; Montebello A. R. et Buzzotta, V. R. (1993, mars). Work teams that work. *Training & Development,* p. 59-64.

32. Wall, T. D., Kemp, N. J., Jackson, P. R. et Clegg, C. W. (1986). Outcomes of autonomous work groups: A long-term field experiment. *Academy of Management Journal, 29,* p. 280-304.

33. Pape, W. R. (1997, 17 juin). Group insurance. *Inc.* (Inc. Technology Supplement), p. 29-31; Townsend, A. M., DeMarie, S. M. et Hendrickson, A. R. (1996, septembre). Are you ready for virtual teams? *HRMagazine,* p. 122-126; Townsend, A. M., DeMarie, S. M. et Hendrickson, A. R. (1998). Virtual teams: Technology and the workplace of the future. *Academy of Management Executive, 12*(3), p. 17-29.

34. Townsend, A. M., DeMarie, S. M. et Hendrickson, A. R. (1996, septembre). *Op. cit.*

35. Pape, W. R. (1997, 17 juin). *Op. cit.*; Townsend, A. M., DeMarie, S. M. et Hendrickson, A. R. (1996, septembre). *Op. cit.*

36. Finholt T. et Sproull, L. S. (1990). Electronic groups at work. *Organization Science, 1,* p. 41-64;

37. Geber, B. (1995, août). Virtual teams. *Training, 32*(4), p. 36-40.

37. Geber, B. (1995, août). *Op.cit.*

38. Furst, S. A., Reeves, M., Rosen, B. et Blackburn, R. S. (2004, mai). Managing the life cycle of virtual teams. *Academy of Management Executive, 18*(2), p. 6-20.

39. *Ibid.*

40. Gratton, L. (2007, 16 juin). Working together... when apart. *The Wall Street Journal.* Repéré à www.wsj.com/articles/SB118165895540732559

41. *Ibid.*

42. *Ibid.*

43. *Ibid.*

44. Deutschman, A. (1994, 17 octobre). The managing wisdom of high-tech superstars. *Fortune,* p. 197-206.

45. *Ibid.*

46. Lublin, J. S. (1995, 12 avril). My colleague, my boss. *The Wall Street Journal,* p. R4 et R12. Traduction libre.

47. LeFauve, R. G. et Hax, A. C. (1992, printemps). Managerial and technological innovations at Saturn Corporation. *MIT Managemen,* p. 8-19.

48. Tuckman, B. W. (1965). Developmental sequences in small groups. *Psychological Bulletin, 63,* p. 384-399; Tuckman, B. W. et Jensen, M. C. (1977). Stages of small group development. *Group and organizational studies, 2,* p. 419-427.

49. Gersick, C. J. G. (1998, 31 mars). Time and transition in work teams: Toward a new model of group development. *Academy of Management Journal,* p. 9-41; Gersick, C. J. G. (1989, juin). Marking time: Predictable transitions in task groups. *Academy of Management Journal, 32,* p. 274-309.

50. Hackman, J. R. (1992). Group influences on individuals in organizations. Dans M. D. Dunnette et L. M. Hough (dir.), *Handbook of industrial and organizational psychology* (2ᵉ éd., vol. 3, p. 199-267). Palo Alto, CA: Consulting Psychologists Press.

51. *Ibid.*

52. *Ibid.*

53. Adapté de Lublin, J. S. (1995, 12 avril). *Op. cit.*

54. Festinger, L. (1950). Informal social communication. *Psychological Review, 57,* p. 271-282; Shaw, M. E. (1981). *Group dynamics.* New York, NY: McGraw-Hill.

55. Hackman, J. R. (1992). *Op. cit.*; Shaw, M. E. (1981). *Op. cit.*

56. Cartwright, D. (1968). The nature of group cohesiveness. Dans D. Cartwright et A. Zander (dir.), *Group dynamics* (3ᵉ éd., p. 91-109). New York, NY: Harper & Row; Festinger, L., Schacter, S. et Black, K. (1950). *Social pressures in informal groups.* New York, NY: Harper & Row; Shaw, M.E. (1981). *Op. cit.*

57. Janis, I. L. (1972). *Victims of groupthink.* Boston, MA: Houghton Mifflin. Voir aussi Janis, I. L. (1982). *Groupthink: Psychological studies of policy decisions and fiascos* (2ᵉ éd.). Boston, MA: Houghton Mifflin.

58. Janis, I. L. (1982). *Op. cit.*

59. *Ibid.*

60. Pear, R. (2004, 11 juillet). He wrote the book on intelligence. *The New York Times,* p. WK12. Traduction libre.

61. Choi, J. N. et Kim, M. U. (1999). The organizational application of groupthink and its limitations in organizations. *Journal of Applied Psychology, 84,* p. 297-306.

62. Graham, S. (1991). A review of attribution theory in achievement contexts. *Educational Psychology Review, 3,* p. 5-39; McCauley, C. (1989). The nature of social influence in groupthink: Compliance and internalization. *Journal of Personality and Social Psychology, 57,* p. 250-260; Moorhead, G. et Montanari, J. R. (1986). An empirical investigation of the groupthink phenomenon. *Human Relations, 39,* p. 399-410; Tetlock, P. E., Peterson, R. S., McGuire, C., Chang, S. et Feld, P. (1992). Assessing political group dynamics: A test of the groupthink model. *Journal of Personality and Social Psychology, 63,* p. 781-796.

63. Longley, J. et Pruitt, D. G. (1980). Groupthink: A critique of Janis' theory. Dans L. Wheeler (dir.), *Review of personality and social psychology* (p. 124-155). Newbury Park, CA: Sage; Sniezek, J. A. (1992). Groups under uncertainty: An examination of

confidence in group decision making. *Organizational Behavior and Human Decision Processes, 52,* p. 124-155.

64. Choi, J. N. et Kim, M. U. (1999). *Op. cit.*

65. Voir Janis, I. L. (1982). *Op. cit.*; Leana, C. R. (1985, printemps). A partial Test of Janis' groupthink model: Effects of group cohesiveness and leader behavior on defective decision making. *Journal of Management,* p. 5-17; Maier, N. R. F. (1957). *Op. cit.*

66. Voir Cosier, R. A. et Aplin, J. C. (1980). A critical view of dialectic inquiry in strategic planning. *Strategic Management Journal, 1,* p. 343-356; Mason, R. O. (1969). A dialectic approach to strategic planning. *Management Science, 13,* p. 403-414; Mitroff, I. I. et Mason, R. O. (1980). Structuring III – Structured policy issues: Further explorations in a methodology for messy problems. *Strategic Management Journal, 1,* p. 331-342.

67. Gentile, M. C. (1994). *Differences that work: Organizational excellence through diversity.* Boston, MA: Harvard Business School Press.

68. Bouchard Jr., T. J., Barsaloux, J. et Drauden, G. (1974). Brainstorming procedure, group size, and sex as determinants of problem solving effectiveness of individuals and groups. *Journal of Applied Psychology, 59,* p. 135-138.

69. Diehl, M. et Stroebe, W. (1987). Productivity loss in brainstorming groups: Towards the solution of a riddle. *Journal of Personality and Social Psychology, 53,* p. 497-09; Mullen, B., Johnson, C. et Salas, E. (1991). Productivity loss in brainstorming groups: A meta-analytic integration. *Basic and Applied Social Psychology, 12*(1), p. 3-23; Thompson, L. et Brajkovich, L. F. (2003). Improving the creativity of organizational work groups. *Academy of Management Executive, 17*(1), p. 96-111.

70. Gustafson, D. H., Shulka, R. K., Delbecq, A. et Walster, W. G. (1973). A comparative study of differences in subjective likelihood estimates made by individuals, interacting groups, Delphi groups, and nominal groups. *Organizational Behavior and Human Performance, 9,* p. 280-291.

71. Dalkey, N. (1989). *The Delphi method: An experimental study of group decision making.* Santa Monica, CA: Rand Corp.

72. Lublin, J. S. (1995, 12 avril). *Op. cit.*

73. Earley, P. C. (1989). Social loafing and collectivism: A comparison of the United States and the people's Republic of China. *Administrative Science Quarterly, 34,* p. 565-581; George, J. M. (1992). Extrinsic and intrinsic origins of perceived social loafing in organizations. *Academy of Management Journal, 35,* p. 191-202; Harkins, S. G., Latane, B. et Williams, K. (1980). Social loafing: Allocating effort or taking it easy. *Journal of Experimental Social Psychology, 16,* p. 457-465; Latane, B., Williams, K. D. et Harkins, S. (1979). Many hands make light the work: The causes and consequences of social loafing. *Journal of Personality and Social Psychology, 37,* p. 822-832; Shepperd, J. A. (1993). Productivity loss in performance groups: A motivation analysis. *Psychological Bulletin, 113,* p. 67-81.

74. George, J. M. (1992). *Op. cit.*; Jones, G. R. (1984). Task visibility, free riding, and shirking: Explaining the effect of structure and technology on employee behavior. *Academy of Management Review, 9,* p. 684-695; Williams, K., Harkins, S. et Latane, B. (1981). Identifiability as a deterrent to social loafing: Two cheering experiments. *Journal of Personality and Social Psychology, 40,* p. 303-311.

75. Harkins S. et Jackson, J. (1985). The role of evaluation in eliminating social loafing. *Personality and Social Psychology Bulletin, 11,* p. 457-465; Kerr, N. L. et Bruun, S. E. (1981). Ringelman revisited: Alternative explanations for the social loafing effect. *Personality and Social Psychology Bulletin, 7,* p. 224-231; Williams, K., Harkins, S. et Latane, B. (1981). *Op. cit.*

76. Latane, B. (1986). Responsibility and effort in organizations. P. S. Goodman, (dir.), *Designing effective work groups* (p. 277-304). San Francisco, CA: Jossey-Bass; Latane, B., Williams, K. D. et Harkins, S. (1979). *Op. cit.*; Steiner, I. D. (1972). *Group process and productivity.* New York, NY: Academic Press.

77. Adapté de American Management Association. (s.d.). *How to build high-performance teams.* Cours d'autoformation. Repéré à www.amanet.org/selfstudy/b13759.htm

78. Adapté de Clemmer, J. (2004, 26 novembre). Team spirit built from the top. *The Globe and Mail,* p. C1. Traduction libre.

79. Fine, S. (2011, 2 août). Nobody has a good day in space if the team has a bad day. *Business without Borders.* Traduction libre.

Chapitre 11

1. Adapté de Gaudin, A. (2011, 25 juillet). Canadian drug maker goes social to help supply chain crisis. Repéré à www.itworldcanada.com/News/canadian-drug-maker-goes-social-to-help-supply-chain-crisis/143614. Traduction libre.

2. O'Reilly, C. A. et Pondy, L. R. (1979). Organizational communication. Dans S. Kerr (dir.), *Organizational behavior* (p. 119-150). Columbus, OH: Grid.

3. Rogers, E. M. et Agarwala-Rogers, R. (1976). *Communication in organizations.* New York, NY: Free Press.

4. Waisberg, D. (2005, 6 août). Dress code still in force though it's stinking hot. *The National Post,* p. FW3. Traduction libre.

5. Fatehi, K. (1996). *International management.* Upper Saddle River, NJ: Prentice Hall.

6. Winslow, R. (1995, 5 juillet). Hospitals' weak systems hurt patients, study says. *The Wall Street Journal,* p. B1 et B6.

7. Bitti, M. T. (2005, 2 mai). The new face of Canadian business. FP ENTREPRENEUR: Strategies for small and mid-size businesses. *The National Post,* p. FP110. Repéré à www.donnacona.com/media/7081/national_postmay2.pdf. Traduction libre.

8. *Ibid.* Traduction libre.

9. Adams, D. A., Todd, P. A. et Nelson, R. R. (1993). A comparative evaluation of the impact of electronic and voice mail on organizational communication. *Information & Management, 24,* p. 9-21.

10. Daft, R. L. et Lengel, R. H. (1984). Information richness: A new

approach to managerial behavior and organization design. Dans B. M. Staw et L. L. Cummings (dir.), *Research in organizational behavior* (p. 191-233). Greenwich, CT : JAI Press ; Daft, R. L., Lengel, R. H. et Trevino, L. K. (1987). Message equivocality, media selection, and manager performance : Implications for information systems. *MIS Quarterly, 11,* p. 355-366.

11. Daft, R. L. (1992). *Organization theory and design.* St. Paul, MN : West.

12. *Ibid.*

13. Peters, T. et Austin, N. (1985). *A passion for excellence : The leadership difference.* New York, NY : Random House ; Peters, T. et Waterman Jr., P. (1983). *Le prix de l'excellence (les secrets des meilleures entreprises).* Paris, France : InterÉditions.

14. Lights, camera, meeting : Teleconferencing becomes a time-saving tool. (1995, 21 février). *The Wall Street Journal,* p. A1.

15. E-mail abuse : Workers discover high-tech ways to cause trouble in the office. (1994, 22 novembre). *The Wall Street Journal,* p. A1 ; E-mail alert : Companies lag in devising policies on how it should be used. (1994, 29 décembre). *The Wall Street Journal,* p. A1.

16. Kay, J. (2001, janvier). Someone will watch over me : Think your office e-mails are private ? Think again. *The National Post Business,* p. 59-64. Traduction libre.

17. Voir le site www.poka.io/fr

18. Rich, E. (1978). *Intelligence artificielle.* Paris, France : Masson.

19. Jones, G. R. et George, J. M. (2011). *Essentials of contemporary management* (4ᵉ éd.). New York, NY : McGraw-Hill Irwin. Traduction libre.

20. Mill, C. R. (1976). Feedback : The art of giving and receiving help. Dans L. Porter et C. R. Mill (dir.), *The reading book for human relations training* (p. 18-19). Bethel, ME : NTL Institute of Applied Behavioral Science.

21. D'après Robbins, S. P. et Hunsaker, P. L. (1996). *Training in interpersonal skills : TIPS for managing people at work* (2ᵉ éd.). Upper Saddle River, NJ : Prentice-Hall, chap. 3.

22. Litterer, J. A. (1966). Conflict in organizations : A reexamination.

Academy of Management Journal, 9, p. 178-186 ; Miles, R. H. (1980). *Macro organizational behavior.* Santa Monica, CA : Goodyear ; Schmidt, S. M. et Kochan, T. A. (1972). Conflict : Towards conceptual clarity. *Administrative Science Quarterly, 13,* p. 359-370.

23. Coser, L. (1982). *Les fonctions du conflit social.* Paris, France : Presses universitaires de France ; Robbins, S. P. (1974). *Managing organizational conflict : A nontraditional approach.* Englewood Cliffs, NJ : Prentice-Hall.

24. Pondy, L. R. (1967). Organizational conflict : Concepts and models. *Administrative Science Quarterly, 2,* p. 296-320 ; Walton, R. E. et Dutton, J. M. (1969). The management of interdepartmental conflict : A model and review. *Administrative Science Quarterly, 14,* p. 62-73.

25. Conflict quotes. (s.d.). *Thinkexist. com.* Repéré à http://thinkexist.com/ quotations/conflict. Traduction libre.

26. Thomas, K. W. (1992). Conflict and negotiation processes in organizations. Dans M. D. Dunnette et L. M. Hough (dir.), *Handbook of industrial and organizational psychology* (2ᵉ éd., vol. 3, p. 651-717). Palo Alto, CA : Consulting Psychologists Press.

27. Adapté de Thomas, K. W. (1977, juillet). Toward multi-dimensional values in teaching : The example of conflict behaviors. Tableau 2 : Situations in which to use the five conflict-handling modes as reported by 28 chief executives of organizations. *Academy of Management Review, 2*(3), p. 487.

28. Lawrence, P. R., Barnes, L. B. et Lorsch, J. W. (1976). *Organizational behavior and administration.* Homewood, IL : Irwin.

29. Lewicki, R. J. et Litterer, J. R. (1985). *Negotiation.* Homewood, IL : Irwin ; Northcraft, G. B. et Neale, M. A. (1994). *Organizational behavior.* Fort Worth, TX : Dryden ; Rubin, J. Z. et Brown, B. R. (1975). *The social psychology of bargaining and negotiation.* New York, NY : Academic Press.

30. Thompson, L. et Hastie, R. (1990). Social perception in negotiation. *Organizational Behavior and Human Decision Processes, 47,* p. 98-123.

31. Thomas, K. W. (1992). *Op. cit.*

32. Lewicki, R. J., Weiss, S. E. et Lewin, D. (1992). Models of conflict, negotiation and third party intervention : A review and synthesis. *Journal of Organizational Behavior, 13,* p. 209-252.

33. Northcraft, G. B. et Neale, M. A. (1994). *Op. cit.*

34. Lewicki, R. J., Weiss, S. E. et Lewin, D. (1992). *Op. cit.* ; Northcraft, G. B. et Neale, M. A. (1994). *Op. cit.* ; Pruitt, D. G. (1983). Achieving integrative agreements. Dans M. H. Bazerman et R. J. Lewicki (dir.), *Negotiating in organizations* (p. 35-50). Beverly Hills, CA : Sage.

35. Fischer, R. et Ury, W. (1982). *Comment réussir une négociation.* Paris, France : Seuil ; Northcraft, G. B. et Neale, M. A. (1994). *Op. cit.*

36. Carnevale, P. J. et Pruitt, D. G. (1992). Negotiation and mediation. *Annual Review of Psychology, 43,* p. 531-582.

37. Gillespie, A. (2012, 12 juillet). Anthony Lacavera - Wind CEO. *The Canadian Business Journal.* Repéré à www.cbj.ca/features/july_12_features/ anthony_lacavera_ceo_wind_mobile. html. Traduction libre.

Chapitre 12

1. Adapté de McMurdy, D. (2005, 15 janvier). People get stress relief express-style. *The Financial Post,* p. IN1, 2.

2. Husky Injection Molding Systems. (2016). À propos de Husky. Repéré à www.husky.co/FR-FR/About-us.aspx

3. Ouchi, W. G. (1980). Markets, bureaucracies, and clans. *Administrative Science Quarterly, 25,* p. 129-141.

4. Clifford, L. (2001, 22 janvier). Why you can safely ignore Six Sigma. *Fortune,* p. 140.

5. Kinicki, A. et Williams, B. K. (2003). *Management : A practical introduction.* Boston, MA : McGraw-Hill Irwin.

6. Lawler III, E. E. et Rhode, J. G. (1976). *Information and control in organizations.* Pacific Palisades, CA : Goodyear.

7. Hill, C. W. L. et Jones, G. R. (1997). *Strategic management : An integrated approach* (4ᵉ éd.). Boston, MA : Houghton Mifflin.

8. Ouchi, W. G. (1978). The transmission of control through organizational hierarchy. *Academy of Management Journal, 21*, p. 173-192.

9. Ouchi, W. G. (1977). The relationship between organizational structure and organizational control. *Administrative Science Quarterly, 22*, p. 95-113.

10. Ouchi, W. G. (1980). Markets, bureaucracies, and clan. *Administrative Science Quarterly, 25*, p. 129-141.

11. Newman, W. H. (1975). *Constructive control*. Englewood Cliffs, NJ : Prentice-Hall.

12. Thompson, J. D. (1967). *Organizations in action*. New York, NY : McGraw-Hill.

13. Anthony, R. N. (1993). *La fonction contrôle de gestion*. Paris, France : Éd. Publi-Union.

14. Lorange, P., Morton, M. et Ghoshal, S. (1986). *Strategic control*. St. Paul, MN : West.

15. Koontz, H. et Bradspies, R. W. (1972, juin). Managing through feedforward control. *Business Horizons*, p. 25-36.

16. Voir le site www.purvodka.com

17. Ouchi, W. G. (1980). *Op. cit.*

18. Hill, C. W. L. et Jones, G. R. (1997). *Op. cit.*

19. James, A. (2008, 11 novembre). Starbucks profit takes bitter shot for the year. *Seattle P-I.* Repéré à http://seattlepi.nwsource.com/business/387203_sbuxearns11.html

20. Simons, R. (1991). Strategic orientation and top management attention to control systems. *Strategic Management Journal, 12*, p. 49-62.

21. Woolridge, B. et Floyd, S. W. (1990). The strategy process, middle management involvement, and organizational performance. *Strategic Management Journal, 11*, p. 231-241.

22. Alexander, J. A. (1991). Adaptive changes in corporate control practices. *Academy of Management Journal, 34*, p. 162-193.

23. RIM provides status update and reports on results of internal review of stock option grants by special committee. (s.d.). Communiqué de presse. Repéré sur le site de Blackberry : http://press.rim.com/financial/release.jsp?id=1193. Traduction libre.

24. Ross, G. H. B. (1992). Revolution in management control. *Management Accounting, 72*, p. 23-27.

25. Carroll, S. J. et Tosi, H. L. (1973). *Management by objectives : Applications and research*. New York, NY : Macmillan.

26. Rodgers, R. et Hunter, J. E. (1991). Impact of management by objectives on organizational productivity. *Journal of Applied Psychology, 76*, p. 322-326.

27. Gavin, M. B., Green, S. G. et Fairhurst, G. T. (1995). Managerial control strategies for poor performance over time and the impact on subordinate reactions. *Organizational Behavior and Human Decision Processes, 63*, p. 207-221.

28. Dumaine, B. (1991, 17 juin). The bureaucracy busters. *Fortune*, p. 46.

29. Pugh, D. S., Hickson, D. J., Hinings, C. R. et Turner, C. (1968). Dimensions of organizational structure. *Administrative Science Quarterly, 13*, p. 65-91.

30. Blau, P. M. (1955). *The dynamics of bureaucracy*. Chicago, IL : University of Chicago Press.

31. Peters, T. et Waterman, R. H. (2012). *Le prix de l'excellence*. Paris, France : Dunod

32. Mcgee, S. (1995, 31 juillet). Garish jackets add to clamor of Chicago pits. *The Wall Street Journal*, p. C1.

33. Weick, K. E. (1979). *The social psychology of organization*. Reading, MA : Addison-Wesley.

34. McCann, J. (2001, mars). Cutting the crap. *The National Post Business*, p. 47-57. Traduction libre.

35. Gouvernement de l'Ontario. (2011, 3 mars). *Un employé est blessé au travail : la société 3M Canada reçoit une amende de 55 000 $*. Repéré à http://news.ontario.ca/mol/fr/2011/03/un-employe-est-blesse-au-travail-la-societe-3m-canada-recoit-une-amende-de-55-000.html. © Imprimeur de la Reine pour l'Ontario, 2011. Reproduit avec la permission de l'imprimeur.

Annexe B

1. Cette annexe est adaptée de celle rédigée par la professeure J. W. Haddad de la School of Business Management, Seneca College of Applied Arts and Technology, Toronto, Canada. Traduction libre.

2. Groupe financier Banque TD. (2005). *Nous bâtissons de solides relations avec les clients, les investisseurs, les employés et les collectivités depuis des générations.* Rapport annuel – 2005 (150ᵉ), p. 8. Repéré à www.td.com/francais/document/PDF/ar2005/td-ar2005-ar2005.pdf

3. CARA. (s.d.). *Our history.* Repéré à www.cara.com/history.php

4. Il ne s'agit pas d'un profil complet. On peut inclure ce type de profil dans les annexes. Dans cette section du plan d'affaires, il suffit d'indiquer l'expérience ou les titres professionnels appropriés au poste de gestionnaire dans l'entreprise.

5. Statistique Canada. (2016). *Le Système de classification des industries de l'Amérique du Nord (SCIAN) 2002 – Canada.* Repéré à www.statcan.gc.ca/fra/sujets/norme/scian/2002/scian2002l

6. Restaurants Canada. (s.d). *Sales to cool down in 2016 after a healthy 2015.* Repéré à www.restaurantscanada.org/en/Business-Tools/article/sales-to-cool-down-in-2016-after-a-healthy-2015-48001

7. Elliott, C. (18 janvier 2016). *Restaurant outlook survey – Fourth quarter 2015.* Repéré à www.restaurantscanada.org/Portals/0/Documents/ROS%20Q4-topline.pdf

Sources iconographiques

Couverture

Allsport Concepts/Getty Images.

Chapitre 1

p. 3 : Brick Brewing ; p. 17 : AzmanL/iStockphoto ; p. 20 : Ivan Cholakov/iStockphoto.

Chapitre 2

p. 31 : Tony Tremblay/iStockphoto ; p. 36 : cozyta/Shutterstock.com ; p. 41 : Daryl Lang /Shutterstock.com ; p. 43 : Monkey Business Images/Shutterstock.com ; p. 45 : wavebreakmedia/Shutterstock.com ; p. 47 : ArtisticPhoto/Shutterstock.com ; p. 50 : g-stockstudio/Shutterstock.com ; p. 52 : TonyV3112/Shutterstock.com.

Chapitre 3

p. 71 : courtoisie de MEC/Sterling Lorence photographe, Whistler, Colombie-Britannique ; p. 91 : liveostockimages/Shutterstock.com ; p. 94 : Peter Dazeley/Photographer's Choice.

Chapitre 4

p. 105 : Ken Wolter/Shutterstock.com ; p. 111 : PTstock/Shutterstock.com ; p. 129 : Oleksiy Mark/Shutterstock.com.

Chapitre 5

p. 139 : Geoffrey Robinson/Rex Features ; p. 146 : Martin Barraud/OJO Images/Getty Images ; p. 148 : Rido/Shutterstock.com ; p. 154 : courtoisie de Bell ; p. 161 : Andrey_Popov/Shutterstock.com ; p. 162 : g-stockstudio/Shutterstock.com.

Chapitre 6

p. 173 : AP Photo/Jae C. Hong ; p. 180 : ValeStock/Shutterstock.com ; p. 183 : NASA/GSFC/NOAA/USGS.

Chapitre 7

p. 209 : 360b/Shutterstock.com ; p. 214 : AP Photo/Markku Ulander ; p. 216 : Photographee.eu/Shutterstock.com.

Chapitre 8

p. 241 : Karen Mackenrot, membre de l'équipe TELUS ; p. 247 : Shutterstock.com ; p. 261 : Monkey Business Images/Shutterstock.com.

Chapitre 9

p. 275 : Enterprise Holdings ; p. 279 : Michael Jung/Shutterstock.com ; p. 290 : Minerva Studio/Shutterstock.com ; p. 294 : Dragon Images/Shutterstock.com.

Chapitre 10

p. 307 : DEAN LEWINS/EPA/Landov ; p. 315 : Nagy-Bagoly Arpad/Shutterstock.com ; p. 326 : Lise Gagne/iStockphoto ; p. 333 : AVAVA/Shutterstock.com ; p. 345 : Helder Almeida/Shutterstock.com.

Chapitre 11

p. 355 : Raysonho/Wikipedia ; p. 360 : webphotographeer/iStockphoto.

Chapitre 12

p. 387 : Husky Injection Molding Systems ; p. 401 : Robbi/Shutterstock.com ; p. 407 : Madlen/Shutterstock.com.

Index